CATALOGUE
DES LIVRES
DE LA BIBLIOTHÈQUE
DE M. LE BARON
JAMES DE ROTHSCHILD.

TOME QUATRIÈME.

CATALOGUE
DES LIVRES

COMPOSANT LA BIBLIOTHÈQUE
DE FEU M. LE BARON

JAMES DE ROTHSCHILD

TOME QUATRIÈME.

PARIS,

DAMASCÈNE MORGAND, LIBRAIRE,

ÉDOUARD RAHIR, SUCCESSEUR.

55, PASSAGE DES PANORAMAS.

1912.

CATALOGUE
DES LIVRES

DE LA BIBLIOTHÈQUE

DE M. LE BARON JAMES DE ROTHSCHILD.

SECOND SUPPLÉMENT

THÉOLOGIE.

I. — ÉCRITURE SAINTE.

2736 (4 a). Versvs psalmoɪ̧ ‖ penitēᵉ · cū letanijs. *S. l. n. d.* [*Anvers, vers* 1500], in-4 de 10 ff. non chiffr., dont la page la plus pleine a 39 lignes, impr. en lettres de forme, sign. *A* par 6, *B* par 4, mar. r. jans., tr. dor. (*Chambolle-Duru.*)

> Le titre est taillé dans un bloc de bois ou de métal. Il est orné d'une figure, gravée sur métal, qui représente la victoire de David sur Goliath. (Voy. la reproduction ci-contre). Hendrik Eckert avait déjà employé cette figure, en 1498, sur le titre du Psautier néerlandais (*Duytsche Psalter*). Voy. Catal. J. and J. Leighton, n° 4243.
> Le v° du titre est blanc.
>
> Le f. *Aij* commence par deux distiques de dédicace adressés par Gilles de Delft [Egidius Delfus] « Ad christianissimum Francorum regem », et par cinq distiques intitulés *Exhortatio ad poetas.*
>
> Le recueil contient ensuite : les sept psaumes de la pénitence, paraphrasés en vers hexamètres, et accompagnés d'un commentaire en prose ; les *Letanie secundum usum romanum,* également en hexamètres, puis diverses petites pièces sur les commandements de Dieu, les sept œuvres de miséricorde corporelles et spirituelles, etc. Au f. *Bi* v° sont deux pièces adressées « Ad episcopum Aniciensem » (il s'agit de Geoffroy de Pompadour,

qui fut évêque du Puy de 1486 à 1514). Au f. *B ij*, après trois citations tirées des pères latins, est un éloge poétique de saint Mathias « Ad archiepiscopum Bisuntinensem (il doit s'agir de François de Busleiden (1498-1502). A l'avant-dernier f. on relève deux distiques « Ad Philippum Willandum, archiducis consiliarium », et quatre distiques sur la naissance de Charles-Quint « De anno, die et hora nativitatis filii archiducis, ad episcopum Asturicensem ».

Le volume se termine par une liste de corrections devant être apportées à une édition antérieure exécutée à l'insu de l'auteur. Le dernier f. contient : au r° les huit dernières lignes de texte et une figure représentant le Christ en croix ; au v°, la marque de *Hendrik Eckert* de Homberg, marque représentant une licorne qui tient entre ses pattes l'écu de la ville d'Anvers (voy. Ferd. Vander Haeghen, *Marques typographiques*; Gand 1894, I, *Anvers*, Eckert, n° 1). La date, évidemment toute récente, de la naissance de Charles-Quint (24 février 1500) permet de penser que l'édition aura été imprimée la même année.

Outre l'édition que nous venons de décrire et celle qui l'avait précédée, on cite une édition s. l. n. d., avec quelques additions (cum quibusdam aliis) : British Museum, 3089. d., et une réimpression d'*Erfurt*, 1515 (Panzer, *Annalen*, XI, p. 412).

L'auteur était, en 1507, professeur de théologie à Paris.

2737 (5 *a*). PSALMES || de Dauid, || Translatez de plusieurs Au- || theurs, || & principallement de || Cle. Marot. || ☛ Ou est adiouste ung sermon du bon & || mauluais pasteur, prins & extraict || du .x. chapitre de S. Iean, nou- || uellement translaté par || ledit Clement || Marot. || Veu recongneu & corrigé dés [*sic*] || theologiens. — [Au v° du dernier f. :]

Psal. 104. ||
Psalme & chanson ie chanteray ||
à un seul Dieu, tant que seray. ||

☛ *Imprime en Anuers,* || *par Antoine des Gois. Lan* || M.D.XLI [1541]. Pet. in-8 de 52 ff. non chiffr. de 24 lignes à la page, sign. * par 4, *A-F* par 8, car. ital. — SERMON || tres-utile et salutai- || re du bon pasteur & du mauuais, || prins & extraict du .x. chapitre || de sainct Iehan. Compose || & mis en rithme fran- || coise par Clement || Marot. || Veu & recongneu des theo- || logiens. Pet. in-8 de 12 ff. non chiffr. de 26 lignes à la page pleine, sign. A par 8, B par 4, car. ital., v. n., fil., comp., tr. jaunes. (*Rel. du XVI*e *siècle.*)

PSALMES. — Voir ci-contre la reproduction du titre.

Le v° du titre est blanc.

Les ff. * *ij-A i* contiennent une épître, en vers, de Marot. « Au treschrestien roy de France » :

Ja n'est besoing, roy qui n'as on pareil,
Me soucier ne demander conseil....
(Éd. Jannet, IV, p. 59.)

Le volume contient 40 psaumes dont l'un, le 130°, est traduit trois fois, et un autre, le 133ᵉ, deux fois. De ces 40 psaumes, 30 sont traduits par CLÉMENT MAROT, savoir : Psaumes 1, 2, 3, 4, 5, 6, 7, 8, 9, 10, 11, 12, 13, 14, 15, 19, 22, 24, 32, 37, 38, 51, 103, 104, 113 (le même psaume est traduit par DEL.), 104, [*lis.* 114], 115, 130 (le même psaume est traduit par N. et par A.), 137, 143.

Le texte des psaumes traduits par Marot se trouve dans les diverses éditions de ses œuvres et du Psautier protestant ; mais il est ici très différent de ce qu'il est devenu plus tard.

PSALMES
de Dauid,
Tranflatez de plufieurs Autheurs,
& principallement de
Cle. Marot.

Ou est adioufté ung fermon du bon &
mauluais pafteur, prins & extraict
du x. chapitre de S. Iean, nouz
uellement tranflaté par
ledit Clement
Marot.

*Veu recongneu & corrigé des
theologiens.*

Quant aux psaumes qui n'ont pas été traduits par Marot, les noms de deux des auteurs sont indiqués en toutes lettres ; les noms des autres ne sont donnés qu'en abrégé ou remplacés par de simples initiales. Nous trouvons là toute une série de poètes contemporains et probablement amis de Marot, qui sont restés presque tous inconnus. Voici, par ordre alphabétique, la liste de ces poètes avec l'indication des psaumes qu'ils ont signés :

A.

Psalme CXXX. Sus : *L'amour de moy* [*si est enclose*]..., *Amy, souffrez*... A.

De ceste abysme tant profonde
A toy je crie, mon Seigneur... (fol. F 1 v°).

Le même psaume *De profundis* a été traduit par N. et par Cl. Marot.

SECOND SUPPLÉMENT.

ADEL.

Psalme C. ADEL. Sus : *Aventuriers de France*...

> Tous habitans du monde
> Faictes triumphe à Dieu... (fol. D 7).

Cette pièce se retrouve dans les *Chansons spiritueles à l'honneur de Dieu*, 1596, p. 134.

Psal. CXV [*lis.* CXIII]. ADEL.

> Non pas à nous, non pas, Seigneur,
> Mais à ton nom donne l'honneur... (fol. E 5 v°).

Psal. CXXXIII. ADEL.

> C'est grand vision
> Et belle action... (fol. F 2).

Autrement. ADEL.

> Que c'est chosse bonne,
> Joyeuse et mygnonne... (fol. F 2 v°).

Psal. C L. Sus : *Voulez ouyr chanson*. ADEL.

> Louez Dieu en tout territoyre ;
> C'est l'Eternel... (fol. F 6 v°).

Ce nom abrégé, dans lequel M. Douen a été tenté de voir deux mots hébreux (*Clément Marot et le Psautier huguenot*, I, p. 316, n. 3) doit être lu ᾿Αδελφός. Ainsi l'auteur s'appelait probablement LE FRÈRE, ou FRÈRE.

C. D.

Psal. XLIII. Sus : *Jouyssance vous donneray*. C. D.

> Juge moy, mon Dieu, mon sauveur,
> Discerne ma cause et mon pleur... (fol. D 4 v°).

D.

Psal. CXLII. Sus : *Dueil, double dueil*... D.

> Vers l'Eternel, des oppressés le pere,
> Je ploureray, luy monstrant l'improphere... (fol. F 4 v°).

DEL.

Psal. CXIII. Sus : *Le cœur est mien...., D'estre amoureux, ce n'est pas trop*... DEL.

> Louez, enfans, le Seigneur sans gaudir,
> Louez son nom lequel il vous revelle... (fol. E 4).

J. FAVRE.

Psal. CVIII. J. FAVRE. Sus : *Faulte d'argent [c'est douleur nompareille]*.

> O Dieu, mon cœur par toy, comme doitz croire,
> Est preparé ; pour ce ne me talray... (fol. F 5 v°).

Le traducteur est sans doute le JEHAN FAVRE qui corrigea, vers le même temps, pour Françoise de Polignac, dame de Saint-Vallier, sept épîtres de Marguerite d'Angoulême, et y ajouta une épître de sa composition :

> Humble salut Jehan Favre vous envoye...

(Ms. porté au Cat. Destailleur, 1891, n° 1049, ayant fait partie ensuite de la bibliothèque de feu M. Ernest Stroehlin, à Genève.)

Favre se préoccupait de la réforme orthographique. Son système est à peu près celui de Meigret.

Clément Grolier.

Psal. XXIX. Cl. Grolier.

> Princes et roys, sans excepter nul age,
> A l'Eternel rendez gloire et louange... (fol. D l v°).

Clément l'Esc.

Psal. CXVII. Cl. L'Esc.

> Vous, peuples et lignees,
> Gens de toutes contrees... (fol. E 7 v°)

N.

Psal. CXXVIII. N.

> Heureuse est la personne qui bien craint le Seigneur,
> Cheminant en ses voyes, lui servant de bon cœur.. (fol. E 8).

Psalme CXXX. Sus : *C'est une dure departie.* N.

> A toy, Seigneur, sans cesser crie
> Et du plus profond de mon cœur... (fol. E 8 v°).

Cette pièce se retrouve dans les *Chansons spirituelles à l'honneur de Dieu*, 1596, p. 64.

C'est peut-être le même auteur qui a signé de la lettre N une pièce contenue dans les *Traductions* de Clément Marot et autres, 1550, fol. F i v° (voy. notre t. II, n° 808, p. 549).

L'édition que nous venons de décrire n'est citée par aucun bibliographe ; c'est un remaniement d'une édition mentionnée par M. Bovet (*Histoire du Psautier des églises réformées*, 1872, p. 248, n° 2) et par M. Douen (*Clément Marot et le Psautier huguenot*, 1879, p. 506), et dont le titre primitif est ainsi conçu :

Psalmes || de Dauid. || Translatez de plusieurs Au- || theurs, & principalement de || Cle. Marot. || ☞ Veu recongneu et || corrige par les theologiens, nommeement || par nostre M. F. Pierre Alexandre || Concionateur ordinaire de la || Royne de Hongrie || L'an M.D.XLI. || Cum gratia & priuilegio.

Pour des raisons que nous ignorons, le premier cahier a été réimprimé. Le titre de notre volume ne porte plus le nom de frère Pierre Alexandre ; mais il mentionne en plus le *Sermon du bon et maulvais pasteur*.

Il faut rapprocher des éditions de 1541 un recueil manuscrit de Psaumes conservé à la Bibliothèque nationale (ms. fr. 2336). Les traductions contenues dans ce volume sont signées de : A (fol. 44), Adam (fol. 36), Adel. (fol. 15, 25, 34, 46), Adelph. (fol. 47), C. D. (fol. 75), D (fol. 47 *bis*), Del. (fol. 31), J. Favre (fol. 20), Pierre Le Gay (fol. 5), Clément Grolier (fol. 61), Clément L'Esc. (fol. 35), G. de La Magdalene (fol. 62, 83), Clément Marot (fol. 1, 3, 4, 5, 8, 62), N. (fol. 42, 44), Maurice Scève (fol. 59, 84), Vaudemont, c'est-à-dire Pierre Gringore (fol. 7, 9, 10, 13, 16, 21, 22, 31, 35, 36, 37, 42, 49, 51, 53, 55, 56, 58, 63, 68, 77, 82).

Sermon. — Cette pièce, bien qu'elle ait un titre spécial, ne peut être séparée des *Psalmes*, puisqu'elle est mentionnée sur le premier titre,

Voici la reproduction du second titre :

SERMON

TRESVTILE ET SALVTAI-
re du bon pasteur & du mauuais,
prins & extraict du .x. chapitre
de sainct Iehan. Compose
& mis en rithme fran-
coise par Clement
Marot.

*Veu et recongneu des theo-
logiens.*

Le poème commence ainsi :

    Près de Paris, nostre grande cité,
    Sire, je fus, le karesme, incité....

Il est accompagné ici de notes marginales.

Le *Sermon* est suivi : d'un morceau en 18 vers :

    Christ est-il mort? Ouy certainement...
        (Marot, éd. Jannet, IV, p. 8.)

d'un sixain intitulé : *Adam et Eve :*

    Clercs et lays, nobles et gentils :
        (Éd. Jannet, IV, p. 58.)

d'un *Chant royal :*

    Qu'est-il facheux icy longuement vivre !...
Refr. La mort est fin et principe de vie.
        (Éd. Jannet, II, p. 119.)

Le v° du dernier f. est blanc.

A la suite des *Psalmes de David* et du *Sermon*, le volume contient : *Le Miroir de la treschrestienne princesse Marguerite de France*, etc., 1539. Voy. ci-après le n° 2860.

2738 (7 *a*). ⁌ Les choses contenues || en ce present Liure. || ⁌ Vne Epistre exhortatoire. || ⁌ La .S. Euangile selon .S. Matthieu. || ⁌ La .S. Euangile selon .S. Marc. || ⁌ La .S. Euangile selon .S. Luc. || ⁌ La .S. Euangile selon .S. Iehan. || ⁌ Christus dicit || Marci .xvj. || ⁌ Predicate Euangelium omni || creature. Qui crediderit / ɇ ba- || ptisatus fuerit : saluus erit. || ⁌ *Imprime a Paris. Lan de grace* || *mil cinq cens vingt cinq. Le seiziesme* || *iour Octobre* — [A la fin de la *Table*, fol. *zviij* :] ⁌ *Imprime a Paris. Recongneu ɇ diligem-* || *ment purge de toutes faultes* ɇ

THÉOLOGIE. 7

incorrections. || *Auec les concordãces des passaiges de la sain-* || *cte escripture / mises aux marges. Lan mil* || *cinq cēs, xxv. le quatorziesme iour Doctobre.* In-8 goth. de 7 ff. lim., 164 ff. chiffr. et 13 ff. non chiffr. pour la *Table*. — ℂ Le contenu en ceste seconde || partie du nouueau || testament. || ℂ Vne epistre exhortatoire || ℂ Les epistres .S. Paul. || ℂ Les epistres Catholiques. || ℂ Les actes des apostres. || ℂ Lapocalypse .S. Iehan. || ij. Timothe .iij. || ℂ Omnis scriptura diuinitus inspirata / vti- || lis est ad docendum / ad arguendum / || ad corripiēdum / ad erudiendū / || in iustitia vt perfectus sit || homo dei ad omne || opus bonum || instructus || (₊*₊) || ℂ *Imprime a Paris. Lan de grace mil cinq* || *cens vingtcinq. le seiziesme iour Doctobre*. — [Fol. 134 :] ℂ *Imprime a Paris par maistre Simon du* || *boys. Recongneu ⁊ diligemment purge de tou* || *tes faultes ⁊ incorrections. Auec les concordã* || *ces des passaiges de la saĩcte escripture / mises aux marges. Lan mil cinq cens vingtcinq* || *le sixiesme* [sic] *iour Doctobre*. In-8 goth. de 10 ff. lim. et 134 ff. chiffr. — ℂ Les actes des Apostres / || escriptz par sainct Luc / || Euangeliste. || ℂ *Imprime a Paris. Lan de grace Mil cinq* || *cens vingtcinq le douziesme* || *iour Doctobre*. — [Au r° du dernier f., au dessous d'un explicit en 10 lignes :] ℂ *Ceste seconde partie du nouueau testamēt /* || *contenant les epistres sainct Paul / les epi-* || *stres catholiques / les actes des apostres / et* || *lapocalypse de sainct Iehan leuangeliste /* || *fut acheuee de imprimer a Paris* (*Recongneu et diligēmēt purge de toutes faultes* || *⁊ incorrectiõs. Auec les concordances des* || *passaiges de la saincte escripture / mises aux* || *marges. Lan mil cinq cens vingtcinq / le* || *dixneufiesme iour Doctobre*. In-8 de 1 f. pour le titre, 73 ff. chiffr., 1 f. pour la souscription et 1 f. blanc. — Ens. 3 part. en un vol. in-8 goth., v. f., fil. et comp. estampés à froid, tr. dor. et cis., fermoirs. (*Rel. du XVI*ᵉ *siècle*.)

Cette édition, très bien imprimée et ornée de 10 petits bois représentant les évangelistes et les apôtres, paraît être la septième édition du *Nouveau Testament* traduit par JACQUES LE FÈVRE, d'Etaples.

Voici, croyons-nous, dans quel ordre les éditions se sont succédées :

1° *Paris, Simon de Colines*, 8 juin, 17 octobre, 6 novembre 1523, in-8 (Renouard, *Bibliographie... de Simon de Colines*, 1894, p. 51.)

2° *Anvers, Guillaume Vorsterman*, 1523, in-8. (Caxton Celebration, 1877, n° 734.)

3° *Paris, Simon de Colines*, 7 avril 1524, 10 janvier 1525 (n. s.), 12 octobre 1524, in-8° : (Renouard, *Simon de Colines*, p. 65.)

4° *S. l. n. n. d'imprimeur*, 7 oct. 1524, in-8 (Brunet, V, col. 747.)

5° *Paris, Simon de Colines*, 12 décembre 1524, in-8. Edition imprimée avec des caractères très différents de ceux qu'employait Simon de Colines ; ce doit être, ou une réimpression exécutée pour lui par un de ses confrères, probablement *Antoine Couteau*, ou une simple contrefaçon. (Renouard, p. 67.)

6° *Anvers, Guillaume Vorsterman*, 22 novembre 1524, 14 décembre 1524, 4 janvier 1525, in-8. (British Museum, C. 36. b. 16.)

Le septième rang appartient, soit à l'édition de *Simon Du Boys* dont on n'a cité jusqu'ici qu'un exemplaire appartenant à la Bibliothèque de Genève, soit à une édition imprimée à *Bâle* (probablement par *Joh. Bebel*), pour *Joh. Schabeler*, 1525, in-8 (Cat. Roger, 1884, n° 18 ; British Museum, 217. d. 12).

Vers le même temps se place une édition s. d., imprimée « A. *Turin* pour *Françoys Cavillon* demeurant a *Nice*, sur la riviere de Gennes ». (*Bulletin du Protestantisme franç.*, 1896, pp. 160-168).

Simon Du Bois publia une réimpression du *Nouveau Testament* datée de novembre 1529 (*Bull. du Protestant.*, 1896, p. 200).

La vie de Simon est peu connue. On sait seulement qu'après avoir exercé à Paris de 1525 à 1529, il s'établit à Alençon, où il travailla de 1530 à 1533. Il était de retour à Paris en 1534 quand il fut poursuivi comme suspect d'hérésie (*Cronique du roy Françoys, premier de ce nom, publiée par Georges Guiffroy*, 1860 p. 131).

Voici la liste de celles de ses impressions qui nous sont connues. L'astérisque indique celles qui ne portent pas son nom, mais que l'étude des caractères employés permet d'identifier facilement :

Impressions de Paris :

*[Sept. 1525]. *Brief Recueil de la substance et principal fondement de la doctrine evangelique* (*Bull. du Protestantisme franç.*, 1896, p. 165).

Oct. 1525. *Nouveau Testament*, décrit ci-dessus.

*[Vers 1525-1527.] *Consolation chrestienne contre les afflictions de ce monde et scrupules de conscience.* (*Bull. du Protest.*, 1887, p. 665.)

20 avril 1527. *Les Motz dorez de Seneque*, par Claude de Seyssel (Brunet, V, col. 281.)

25 avril 1527. *Les Chants royaulx de Guillaume Cretin.* (Voy. notre t. Ier, n° 485.)

20 mai 1527. *Les Rondeaux en nombre trois cens cinquante.* (Musée Condé à Chantilly.)

22 octobre 1527. *Hore in laudem beatissime virginis Marie.* (Voy. Paul Lacombe, *Livres d'heures imprimés au XV° et au XVI° siècle*, 1907, n° 364.)

[1527.] *Hore secundum ritum Ecclesiae romanae.* (Cat. Cousin, 1891, n° 15 ; — Cat. J. Leighton, n° 2598.)

1527. *Aphorismi Hippocratis.*

1er févr. 1528. *Notables, Enseignemens, Adages et Proverbes*, par Pierre Gringore.

31 août 1528. *Theorique des ciels*, par Oronce Finé.

Sept. 1528. *Rhases philosophus de ratione curandi pestilentiam.*

1528. *Le Livre faisant mention des sept parolles que Jesuchrist dit sur l'arbre de la croix*, par Jehan de Ganay.

Oct. 1528. *Scribonii Largi de compositionibus medicamentorum Liber unus, Joanne Ruellio castigatore.* (Musée Condé à Chantilly.)

Oct. 1528 — [Févr. 1529]. *Aurelii Cornelii Celsi de re medica Libri octo... industria Joannis Ruellii.* (Musée Condé à Chantilly.)

*Avril 1529. *Le Livre de vraye et parfaicte oraison.* (Voy. *Bull. du Protestant.*, 1888, p. 155.)

THÉOLOGIE.

*Nov. 1529. *Nouveau Testament.* (Voy. *Bull. du Protestant.*, 1896, p. 200.)

S. d. *Le Traicté de la sphere*, par Nicole Oresme. (Voy. notre t. 1er, n° 202).

Impressions d'Alençon :

1530. *Sommaire de toute medecine et chirurgie*, par Jehan Gœurot.

*[1530]. *Quatre Instructions fideles pour les simples et les rudes.* (Voy. *Bull. du Protestant.*, 1888, p. 432.)

1531. *Le Miroir de l'ame pecheresse*, par Marguerite d'Angoulême.

1533. *Dialogue en 'orme de vision*, par la même princesse. (Musée Condé à Chantilly.)

1533. *Le Miroir de l'ame pecheresse.* (Musée Condé à Chantilly.)

Il est probable que Simon Du Bois évita le bûcher en 1534 ; mais que devint-il par la suite ? Nous n'osons hasarder des hypothèses, et nous nous garderons d'affirmer qu'il doit être identifié avec un imprimeur du même nom qui, associé avec Guillaume Guéroult, fit paraître en 1555 et 1556, probablement à Lyon les livres III à VII des *Moduli quos vulgus Moteta vocat.* (Eitner, *Bibliographie der Musik-Sammelwerke des XVI. und XVII. Jahrhunderts*, 1877, pp. 141, 142, 147).

Cet exemplaire porte à l'intérieur de la couverture la mention suivante : « N. BISCHOFF, Lutetiae. 1 test. 1525 ». Le même personnage a inscrit de plus sur le titre ces mots : « Est NICOLAI EPISCOPII, 1525 ». Il s'agit d'un imprimeur bâlois bien connu. Celui-ci était né à Rittershofen, près de Wissembourg en Alsace. Il fut reçu bourgeois de Bâle en 1520, et, en 1529, épousa Justina Froben, fille de l'imprimeur. Il commença d'imprimer la même année et mourut le 7 mars 1564, six mois avant sa femme. (Voy. Heitz und Bernouilli, *Basler Büchermarken*, p. xxij.) On lit encore sur le titre : « Cest present livre appartien à moy, FORTUNÉ SPRECHER, de Davos, 1602 ». Au-dessous de cette mention est le timbre d'EMMANUEL VON GRAFFENRIED et de sa femme, GABRIELE FREIIN VON BARCO. Le fils de ces derniers, ALBERT-EMMANUEL DE GRAFFENRIED, a mis à côté sa signature avec la date de 1847.

2739 (16 a). LES FIGVRES de || l'Apocalipse de || saint Ian Apostre, || & dernier Euangeliste, exposées || en Latin & vers Françoys. || Auec priuilege du Roy, || pour 6. ans. || *A Paris,* || *De l'Imprimerie d'Estienne Groulleau, demou-* || *rant en la rue Neuue nostre Dame à l'en-* || *seigne saint Ian Baptiste.* || 1547. In-16 de 31 ff. non chiffr. et 1 f. blanc, sign. A-D par 8. — DIX HISTOIRES || du Nouueau Testa- || ment exposees, tant en || Latin, que rithme Françoyse. || Auec vn cantique Crestien, en fa- || ueur de ceux qui ayment les sain- || ctes & sacrées chansons. || Par le petit Angeuin. — [A la fin :] *Imprimé à Paris par Estienne* || *Groulleau.* In-16 de 16 ff. non chiffr., sign. *E-F* par 8. — Ens. 2 part. en un vol. in-16, mar. v. olive jans., tr. dor. (*Chambolle-Duru.*)

Figures. — Le titre est orné d'un encadrement dans lequel se lit la devise empruntée par Groulleau à Denys Janot : *Nul ne s'y frote.* La même devise est répétée sur un bandeau qui sépare le titre en deux parties.

Le f. *A ij* contient un extrait du privilège accordé pour six ans, le 14 août 1546, à « *Janne de Marnef*, veſve de feu *Denys Janot*, en son vivant imprimeur du roy en langue françoise et libraire de l'université de Paris, à present femme d'*Estienne Groulleau*, libraire et imprimeur, demourant audit lieu. » A la suite, est un achevé d'imprimer du 13 août 1547.

Les ff. *A iij-A iiij* sont occupés par deux pièces en vers : une *Epistre du translateur à son amy maistre René Melinot, licencié es droitz* et un *Douzain de l'autheur au dessusdit.*

Au f. *A v* est un faux-titre inscrit dans un cartouche à la devise : *Nul ne s'y frote.*

Au v° du même f. est la première figure qui est entourée de 4 bordures réunies en forme de cadre. Au-dessous, séparé par un bandeau à la devise : *Nul ne s'y frote*, est le passage latin de l'Apocalypse.

Au r° du f. *A vj* est un douzain paraphrasant le texte.

La même disposition est observée dans les ff. suivants. Les figures et les douzains ou dixains sont au nombre de vingt-six. L'imprimeur a eu soin de varier les bordures accompagnant les bois.

Au f. *D vij* v° on lit ces mots : *Fin des Fi- || gures de l'A- || pocalypse saint || Ian*, placés dans un petit cadre.

Le f. *D viij* est blanc.

Histoires. — Le titre est entouré d'un encadrement et traversé par un bandeau sans inscription.

Au f. *E ij* est une épître en prose « A tous pourtrateurs, paintres et autres favorisans icelles divines sciences. » Ce morceau est très important pour l'histoire du recueil. On y rappelle que les artistes ont reçu précédemment de l'imprimerie de Denys Janot « plusieurs livres, tant divins qu'humains, enrichiz de diverses et bien belles paintures, mesmes ces dernieres annees la *Tapisserie de l'Eglise*, ou l'epitome de la plus grande et saine partie des matieres du Nouveau Testament est contenu et compris ». Les curieux ayant désiré avoir aussi les peintures de l'Apocalypse, « j'ay bien voulu », dit l'auteur, « essayer à trouver moyen de satisfaire à une et meilleure partie de vos desirs, non tant pour ambition ou avarice, que pour monstrer de quel bon cueur je me delecte profiter à la posterité, luy donnant quelque cause de contentement et honneste plaisir. Ayant doncques les Revelations de saint Jan l'Evangeliste esté exposées en prose latine et rithme françoyse par l'un de mes meilleurs amys, et demeurant encores un nombre de tables du Nouveau Testament, non jamais, au moins en leur forme, mises sous la presse, je me suis desrobé quelques heures de mes vacations acoustumées pour les vous mettre d'ordre en lumiere, esperant par cy-après mettre peine que vous les aurez toutes au Nouveau Testament latin, le plus riche qui ayt encores esté soumis à l'impression. Que si le temps me permet passer outre, et vous le preniez en bonne part, vous pourrez avoir par mon moyen celles du Viel Testament, et en brief.... » L'épître est signée : « vostre petit serviteur : L'Angevin ».

L'ouvrage est orné de 10 figures, illustrant des passages de saint Mathieu, des Actes des Apôtres et l'Epître canonique de saint Jacques. Ces figures sont disposées comme celles de l'Apocalypse, accompagnées du texte latin et de dixains français imprimés en regard. Nous reproduisons ci-dessus la première.

Au f. F iiij v° on lit dans un cartouche la devise : *Probe et tacite*.

Les 4 derniers ff. contiennent un *Cantique crestien de la misericorde du Seigneur Dieu et de nostre redemption par le moyen de Jesus-Crist son filz, nostre sauveur et tousjours servateur* :

> Muses cessez les amours langoureuses
> Des sotz amans et plaintes doloreuses...

On vient de voir que l'épître placée en tête de la seconde partie est l'œuvre de Jean Maugin, dit Le Petit Angevin. Celui-ci nous déclare que les vers accompagnant les figures de l'Apocalypse sont l'œuvre d'un de ses meilleurs amis. Cet ami est également l'auteur des deux pièces adressées à René Mélinot. Quel a donc été le rôle de Jean Maugin ? Ou il a complété les vers composés par un de ses amis, ou il a gravé les figures. Nous inclinons plutôt à voir en lui le graveur. M. Duplessis, frappé de la similitude qu'offrent les planches publiées par Groulleau avec celles que l'on sait avoir été exécutées par Bernard Salomon, dit le Petit Bernard, n'hésite pas, dans son *Histoire de la gravure en France*, à les attribuer au même artiste. Nous pensons que Salomon et Maugin furent rivaux ; l'un s'appela « le petit Bernard », l'autre « le petit Angevin ». Jean Maugin composait au besoin de mauvais vers ou traduisait de l'italien ; mais on voit par l'épître dont nous avons reproduit les principaux passages que ce n'étaient pas là ses « vacations acoustumées ». Dessinait-il lui-même les sujets qu'il gravait ? C'est là une question toute différente, et sur laquelle nous n'avons aucun renseignement. On peut donc, si l'on veut, attribuer les dessins à Jean Cousin ; mais cette attribution ne peut être appuyée d'aucune preuve.

2740 (16 *b*). Les || Figvres de l'A- || pocalipse de sainct || Iean Apostre et dernier || Euangeliste, exposées en Latin || & vers François. || Auec dix histoires des Actes des Apostres, || exposées, tant en Latin, que rithme || Francoise. || *A Paris.* || *Par Nicolas Bonfons, demeurant rue neuue* || *nostre Dame, à l'enseigne S. Nicolas.* || 1574. In-16 de 24 ff. non chiffr., demi-rel. bas. r.

Contrefaçon du recueil précédent.

Le titre est orné d'un petit bois, qui représente le Christ bénissant.

Au v° du titre est un joli bois qui représente saint Jean et son aigle.

Le volume contient les mêmes pièces que celui de 1547, moins les épîtres et le privilège. Les figures, que *Guill. Merlin* avait déjà employées pour des éditions du Nouveau Testament publiées en 1559 et en 1564, ne sont pas mal gravées ; mais le tirage en est très mauvais.

Nous avons reproduit à titre de spécimen, la première figure de la seconde partie.

Exemplaire de VIOLLET LE DUC.

II. — LITURGIE.

2741 (19*a*). [HEURES a l'usaige de Beauvès]. Ces présentes heures a lusaige de Beauues || tout au long sans requerir pour *Symon vostre. S. d.* [v. 1502], gr. in-8 de 144 ff. non chiffr., sign. *a-e* par 8, *d* par 4, *e-o* par 8, *p* par 12, ℔, ℥, ⁎⁎ par 8, v. f., fil. et riches comp. dor., tr. dor. (*Reliure du XVI° siècle.*)

Le titre porte la marque de *Simon Vostre* (Silvestre, n° 32).
Au v° du titre est un *Almanach pour .XX. ans* (1502-1520).
Au f. *a ij* est la figure de l'homme anatomique.
Le calendrier occupe les ff. *a ij* v°-*a viij* r°.
Toutes les pages sont décorées de bordures finement gravées. Les bordures du dernier cahier contiennent la danse des morts.
Outre la figure de l'homme anatomique, le volume renferme 21 grandes figures occupant chacune une page, savoir :
1° (fol. *a viij* v°) le Martyre de S. Jean ; — 2° (fol. *b iv* v°) le Baiser de Judas ; — 3° (fol. *d iv* v°) l'Arbre de Jessé ; — 4° (fol. *e i*) l'Annonciation ; — 5° (fol. *f iij* v°) la Sibylle ; — 6° (fol. *g ij*) la Crèche ; — 7° (fol. *g v* v°) l'Apparition aux bergers ; — 8° (fol. *g vj*) l'Adoration des bergers ; — 9° (fol. *g viij* v°) l'Adoration des trois rois ; — 10° (fol. *h iij*) la Présentation au temple ; — 11° (fol. *h v* v°) le Massacre des innocents ; — 12° (fol. *i ij* v°) la Mort de la Vierge ; — 13° (fol. *i viij* v°) David et Urie ; — 14° (fol. *k i*) Mort d'Urie ; — 15° (fol. *l iij* v°) le Repas du mauvais riche ; — 16° (fol. *l iv*) le Jugement dernier ; — 17° (fol. *o iv* v°) Jésus portant sa croix ; — 18° (fol. *o vij* v°) la Pentecôte ; — 19° (fol. *p v*) le Paradis et l'Église ; — 20° (fol. ℔ *iij*) le Triomphe de la Vierge ; — 21° (fol. ℔ *vij*) la Mise au tombeau.
La *Table* occupe le dernier f. du cahier ℔. Le cahier ⁎⁎ renferme les prières pour les défunts.
Les initiales de l'exemplaire sont rubriquées avec soin ; mais aucune des figures n'a été coloriée.
On lit au centre du premier plat de la reliure : MA || RIE, et, au centre du second plat : BIL || LART.

Les présentes Heures sont au nombre de celles dont M. Paul Lacombe n'a trouvé aucun exemplaire dans les bibliothèques publiques de Paris.

2742 (33 a). 🙋 Sapphicæ Petri || Busseroni Medicam colentis facultatem, || Horę, ad fidissimorum christicolarum vsum, || De salutifero Christi Aduentu, de Ignomi- || niosa illius morte, de cōdignis eiusdem Ma- || tris illibatæ Laudibus, cum septem monstris || mortalibus, & præconiis Cœlicolarum, Del || phineis in oris editæ. || *Prostant Lugduni sub signo Sphæræ apud* || *AEgidium & Iacobum Huguetan fratres.* || Cum Priuilegio. || M. D. XXXVIII [1538]. In-8 de 70 ff. non chiffr., sign. *A-H* par 8, I par 6, texte encadré, figg. sur bois, mar. br., fil. à froid, dos et plats ornés de fleurs de lys dorées, tr. dor. et cis. (*Rel. du XVIe siècle.*)

Le titre, imprimé en rouge et en noir, porte la marque des frères *Huguetan*, une sphère armillaire avec cette devise : Ὁ οὐρανὸς τοῦ πεπρωμένου πυξίον.
Le cahier *A* contient : le titre ; une longue épigramme, ou plutôt épître à François Ier (fol. *A* 2) ; 4 vers saphiques au même (fol. *A* 3) ; 6 distiques adressés au dauphin Henri de Valois (fol. *A* 3) ; 3 petites pièces à Charles de Valois, duc d'Orléans (fol. *A* 3 v°) ; 4 pièces adressées à Antoine Du Prat, cardinal-légat (fol. *A* 4) ; 3 pièces au cardinal François de Tournon (fol. *A* 4 v°) ; 10 distiques « Ad perquam disertum D. Bartholomaeum de Luco, doctorem sacrae paginae, reverendum episcopum Troiacensem ac meritissimum Lugdunensem et Viennensem suffraganeum » (fol. *A* 5) ; une réponse, en prose latine, du même Barthélemy de Luc (fol. *A* 5 v°) ; une épigramme de remerciement à lui adressée par P. Busseron (fol. *A* 6) ; *Le Double du privilege* (fol. *A* 6 v°) ; 2 épigrammes de l'auteur (fol. *A* 8) ; la première figure et la première strophe du texte (fol. *A* 8 v°).
Au f. *G* 1 v° sont 4 distiques « Ad perspicacem Stephanum Rolandum, utriusque juris doctorem, viennensis primatus officialem ». A la suite vient un assez long morceau en prose, daté de La Côte-Saint-André, au mois de mars 1537.
Au f. *I* 4 r° et v°, on trouve 9 distiques adressés « Ad peritissimum Jacobum Saecurivagum, corruptos ornate castigantem libros apud Lugdunum » ; et quatre distiques de ce correcteur, Jacobus Saecurivagus, dont il n'est pas facile de retrouver le nom vulgaire.
Tout le volume, imprimé en rouge et en noir, est décoré d'encadrements imités de ceux qui ornent les Grandes Heures de *Geofroy Tory*, 1526, n. s. (voy. notre t. I, n° 28). On relève dans ces encadrements les mots *Jesus, D. O. M.* [= *Deo optimo maximo*], *Hugetan* [sic], G. V., *Laus honor soli Deo*, G. R. F., et la date de 1537. Les initiales G. V., G. R. F. doivent désigner le graveur ou les graveurs. Les dernières signifient sans doute *Giorgio Reverdi*, ou *Georges Reverdy fecit*. Voy. sur ce graveur Natalis Rondot, *L'Art et les Artistes à Lyon*, 19 2, pp. 13, 207, 219, et ci-après, n° 2788, p. 80.
Le volume est orné en outre de 10 figures, dont une est répétée deux fois. Ces figures sont presque toutes des copies avec variantes de celle de *Tory*. En voici la liste :

1° (fol. *A* 8 v°) l'Annonciation, réduction des deux bois de *Tory*, fol. *D iij* v°-*D iiij*. — 2° (fol. *B* 4 v°) la Pentecôte. — 3° (fol. *C* 1) l'Annonciation, répétition du n° 1. — 4° (fol. *C* 2 v°) la Visitation (*Tory*, fol. *E ij* v°). — 5° (fol. *C* 4) la Crèche (*Tory*, fol. *E vij*). — 6° (fol. *C* 6 v°) l'Adoration des bergers (*Tory*, fol. *F i*). — 7° (fol. *C* 7 v°) l'Adoration des rois mages (*Tory*, fol. *F iij*). — 8° (fol. *C* 8) la Circoncision (*Tory*, fol. *F v*). — 9° (fol. *D* 2 v°) le Christ en croix. — 10° (fol. *G* 7) la Pénitence de David (*Tory*, fol. *N iiij*). — 11° (fol. *I* 3 v°) le Triomphe de la Mort (*Tory*, fol. *O iiij*).

Voici la reproduction de cette dernière figure.

Le cahier *l* contient les 2 ff. cartonnés qui sont signalés par M. Paul Lacombe (*Livres d'heures imprimés au XVI° et au XV° siècle conservés dans les bibliothèques publiques de Paris*, 1907, n° 505).

Le privilège royal, daté de Dijon le 1ᵉʳ décembre 1533, est accordé pour cinq ans (à partir de la première impression) à maître Pierre Busseron, « medicin ». Il y est dit que « depuis quatre ou cinq ans » ledit Busseron « a appliqué son temps, soing, sçavoir et estude a composer en carmes et prose ung livre intitulé : *Les Heures sapphiques*, etc. »

La reliure de cet exemplaire est ornée sur le dos et sur les plats d'un semis de fleurs de lys sans nombre.

IV. — Théologiens.

2743 (44 *a*). Traité de la Communion sous les deux Especes. Par Messire Jacques Benigne Bossuet, Evesque de Meaux, Conseiller du Roy en ses Conseils, cy-devant Précepteur de Monseigneur le Dauphin, premier Aumosnier de Madame la Dauphine. *A Paris, Chez Sebastien Mabre-Cramoisy, Imprimeur du Roy, ruë Saint-Jacques, aux Cicognes.* M. DC. LXXXII [1682]. Avec Privilege du Roy. In-12 de 4 ff. lim., 461 pp. et 1 f., mar. r. jans., tr. dor. (*Thibaron-Joly*).

Le titre porte la marque de Mabre-Cramoisy (les Cigognes). Les 3 ff. qui suivent contiennent la *Table*.

Le privilège, dont un extrait, est placé à la fin du volume, est un privilège général daté du 12 août 1682. Bossuet est autorisé à faire imprimer par tel imprimeur qu'il voudra choisir « tous les livres qu'il aura composez, ou qu'il jugera à propos de faire imprimer pour l'utilité publique ». Ses droits sont garantis pendant vingt ans.

Il n'y a pas d'achevé d'imprimer.

2744 (45 *a*). Specvlvm epi ‖ scoporum seu prelatorum. — [Au v° du 7° f., au-dessous de 10 lignes de texte : ❡ *Explicit speculum episcoporum ‖ seu prelatorũ impressum parisius ‖ impensis Iacobi verard. commo- ‖ rātis ĩ vico diui Iacobi ante edem ‖ Mathurinorum. S. d.* [*v.* 1510], in-8 goth. de 7 ff. non chiffr. de 23 lignes à la page, impr. en lettres de forme, et 1 f. blanc, sign. *a-b,* mar. r. jans., tr. dor. (*Chambolle-Duru fils*)

Le titre n'est orné d'aucun bois :

Speculum epi
scoporum seu prelatorum.

Au v° du titre est un joli bois, qui représente l'évêque veillant sur son troupeau :

Latratu canum et baculo pastorũ lupi sunt arcendi.

Nous reproduisons également le vº du dernier f., où l'on trouve le nom d'un libraire inconnu jusqu'ici, et sans nul doute de la même famille que le célèbre *Antoine Vérard* :

> nifestari oportet ante tribunal xpi
> vt referat vnusquisqz propria cor-
> poris prout gessit siue bonum siue
> malum. et procedent qui bona fece
> runt (Joh. v.) in resurrectione vi-
> te. Qui vero mala egerūt in resur-
> rectionem iudicii. Ad quā vite re-
> surrectionem. Ille nos benedicat
> Qui sine fine viuit et regnat in se-
> cula seculorum. Amen.
>
> ¶ Explicit speculum episcoporum
> seu prelatorū impressum parisius
> impensis Jacobi verard. commo-
> rātis ī vico diui Jacobi ante edem
> Mathurinorum.

Le *Speculum episcoporum*, qui fait pendant au *Speculum sacerdotum* d'Hugues de Saint-Cher, est un petit traité où sont résumés les devoirs des évêques, avec une foule de renvois aux saints pères, aux théologiens et aux textes du droit canon. Il commence ainsi :

> « Quoniam, ut inquit Cicero, omnis quæ a ratione suscipitur institutio de aliqua re a diffinitione proficisci debet, ut intelligatur de quo disputatur.... »

2745 (47 *a*). DES. ERASMI ROT. ‖ Ecclesiastae ‖ siue de ratione concionandi libri ‖ quatuor, opus recens, nec antehac à quo- ‖ quam excusum. ‖ *Basileæ in officina Fro-* ‖ *beniana anno* ‖ M D XXXV [1535] ‖ Cum gratia & priuilegio Cæsareo ad annos quatuor. — [Au vº de l'avant-dernier f. ; au-dessous de l'*Index chartarum* :] *Basileæ in officina Frobeniana, per Hiero-* ‖ *nymum Frobenium et Nicolaum Epi-* ‖ *scopium mense Augusto an-* ‖ *no* M D XXXV [1535]. In-fol. de 4 ff. lim., 444 pp. et 6 ff., v. f., fil. et entrelacs de mar. noir, riche dor., tr. dor. (*Rel. du XVIᵉ siècle.*)

Le titre porte la marque des *Froben*.
Les ff. a 2-a 3 contiennent une épître d'Érasme « Clarissimo principi et

N° 2745. DES. BRASMI ROT. ECCLESIASTES. 1535.
(EXEMPLAIRE DE JEAN GROLIER)
Dimensions de l'original. 320 × 211 millim

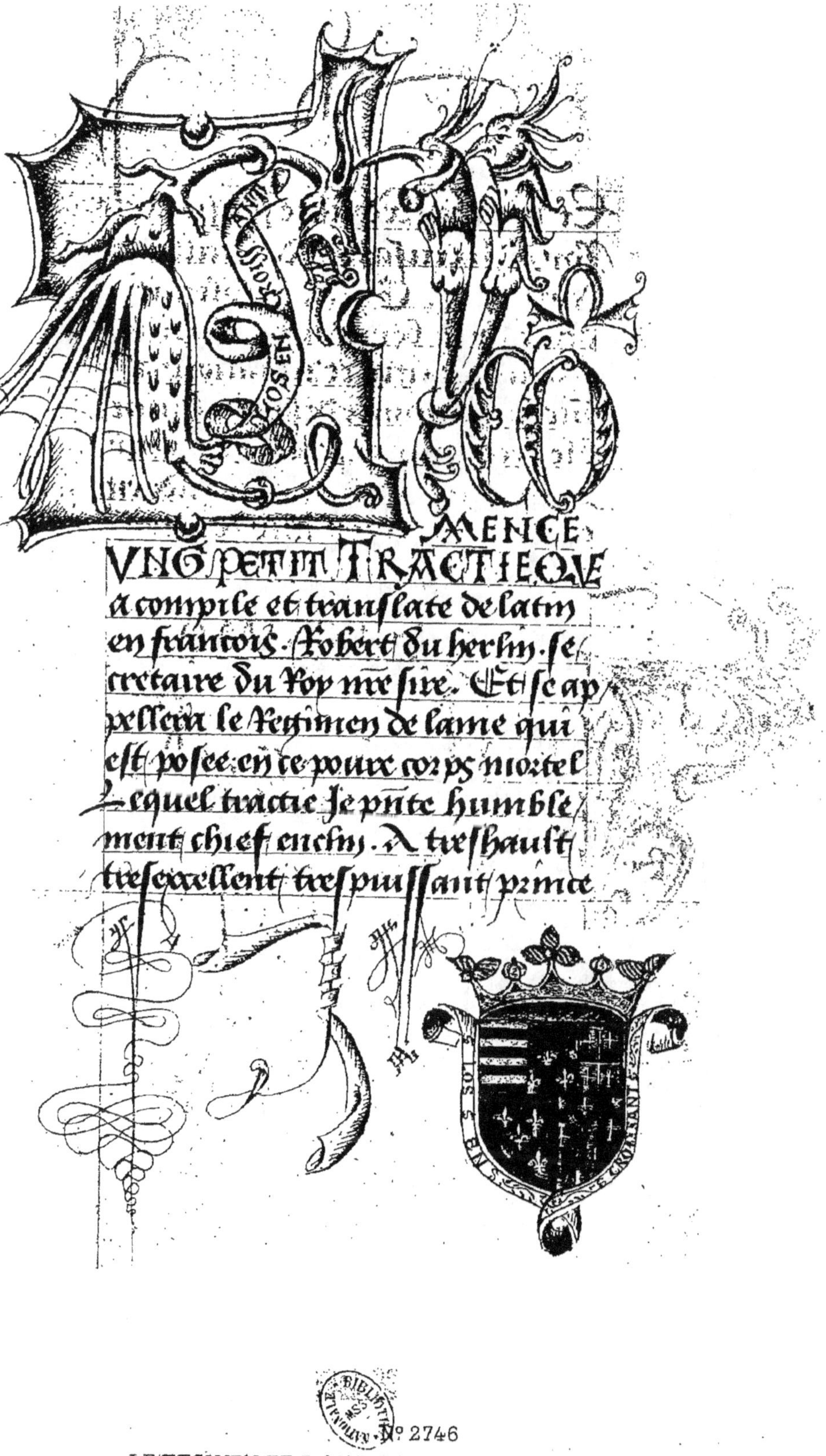
MENCE
VNG PETIT TRACTIE QVE
a compile et translate de latin
en francois. Robert du herlin. se
cretaire du Roy mre sire. Et se ap
pellera le Regimen de lame qui
est posee en ce povre corps mortel
Lequel tractie je pñte humble
ment chief enclin. A treshault
tresexcellent trespuissant prince

N° 2746
LE REGIMEN DE L'AME, PAR ROBERT DU HERLIN, 1466.
(AUX ARMES DU ROI RENÉ D'ANJOU.)

THEOLOGIE.

amplissimo praesuli Christophoro a Stadio, episcopo Augustae Vindelicorum », épître datée de Bâle, « postridie nonas Augusti » 1535.

Le f. *a* 4, blanc au r°, est occupé, au v°, par un portrait d'Érasme dont on peut voir la reproduction dans notre t. III, p. 370, et par six distiques latins et un distique grec de GILBERT COUSIN (COGNATUS).

Les 6 ff. qui terminent le volume contiennent l'*Index* ; un avis d'Érasme au lecteur, où il est dit que, malgré ses soins, malgré la révision de son « amanuensis » [GILBERT COUSIN] et celle de SIGISMOND GELENIUS [VAN GHELEN ?], le texte renferme encore quelques fautes ; la liste des errata ; la souscription ; la marque des *Froben* (comme au titre).

Exemplaire de JEAN GROLIER, portant sur le premier plat le titre de l'ouvrage et les mots : *Jo. Grolierii et amicorum*. Voy. la reproduction ci-contre.

Grolier, nous fait observer M. Seymour de Ricci, possédait de cet ouvrage trois exemplaires que n'ont pas su distinguer les éditeurs des *Researches concerning Jean Grolier, his life and his library* (New York, 1907, in-8) pp. 210-211 nn. 181-184 :

1° Celui-ci, qui a appartenu à Labitte (1878), à Capron, à P. Brenot et à Morgand (1900) ;

2° Celui de M. Fairfax Murray, provenant des collections Nugent, Chalabre, Coste et d'Adda ;

3° Celui de M. Guiraud, de Marseille, qui appartint ensuite à Labitte (1878), à G. Levy, à G. B. de Forest et à George H. Richmond (1906).

2746 (60 *a*). LE REGIMEN DE L'AME, traduit de latin en français par Robert Du Herlin, 1466. Ms. in-4 sur vélin de 22 ff. (haut. 227 ; larg. 152 mill.).

Les 2 premiers ff. sont blancs.

Le texte commence ainsi au f. 3 : « Cy commence ung petit Tractié que a compilé et translaté de latin en françois ROBERT DU HERLIN, secretaire du roy nostre sire, et se appellera le Regimen de l'ame qui est posee en ce povre corps mortel ; lequel tractié je presente humblement, chief enclin, a treshault, tresexcellent, trespuissant prince (v°) et mon tresredoubté seigneur le roy de Jherusalem, de Secille et d'Arragon, en lui suppliant que par sa benignité le vueille recevoir en gré et ne l'avoir a mespris, comme de son treshumble secretaire et serviteur, car ung povre homme et de rude entendement ne puet donner grant chose.

« *Et primo*. Jhesus, le tout puissant roy du ciel eternel, par sa benignité, soit en ma teste et en mon entendement .... »

On lit à la fin (fol. 21 v°) : « Faict a Orleans le xxii. jour de decembre l'an mil cccc soixante et six ».

Ce volume est l'exemplaire même offert au roi René d'Anjou.

Le premier f. est orné d'une tête de page composée de grandes lettres, de rinceaux et d'ornements grotesques, au milieu desquels se déroule une banderole avec cette devise : *Los en croissant*. La même devise est répétée au bas de la page, autour des armes du roi, qui sont : tiercé en chef : au 1er de Hongrie, au 2 d'Anjou-Sicile, au 3 de Jérusalem ; au 4, soutenu de la pointe, d'Anjou moderne ; au 5 d'azur à deux barbeaux adossés d'argent (et non d'or), l'écu semé de croix recroisettées d'or, au pied fiché de même. Les armes ne portent pas l'écu d'Aragon brochant sur le tout. Elles sont timbrées d'une couronne royale.

La devise est celle de l'ordre du Croissant que René avait institué le 11 août 1448 sous l'invocation de Saint-Maurice.

Au f. 3 v° est une lettre ornée (un J), formée de la moitié d'une fleur de lys dans laquelle est insérée l'initiale R.

Dans un grand L du f. 19 v° la devise est encore répétée : *Los en ↄ*.

Le traducteur, Robert Du Herlin, est connu par divers ouvrages. Dès 1470, il est qualifié secrétaire du roi, et Marie de Clèves, veuve de Charles d'Orléans, lui accorde une gratification pour un recueil de poésies qu'il lui avait offert (Delisle, *Cabinet des manuscrits*, I, p. 120). On a de Robert

18 SECOND SUPPLEMENT.

Du Herlin *Le Debat du Faulcon et du Levrier* (Bibl. nat., ms. fr. 1995), *Le Pommier de doulceur*, en vers, 1481 (*ibid.*, ms. fr. 2252), un *Petit Tractié qui se intitulera et appellera* Influencia celi, *translaté de latin*, Tours, 19. septembre 1481 (*ibid.*, ms. fr. 2080), *Le Compte des .lxiiij. poins de l'escequier double, translaté de latin*, Tours, 1492 (*ibid.*, ms. fr. 2000), *Ung petit Tractié qui se intitulera et appellera L'Acort des mesdisans et biendisans*, dédié à Anne de Bretagne, et daté de Tours, le 13 novembre 1493 (Bibl. de l'Arsenal, ms. 3658). Robart fit exécuter à Tours, en 1493, les Heures du roi Charles VIII (Bibl. nat., ms. fr. 5661). De la même année 1493 est un envoi qui se lit à la fin d'un ms. de la *Louenge a la tresglorieuse Vierge*, par George Chastellain (*ibid.*, ms. 3635).

Quant au roi René, rappelons que, né à Angers le 16 janvier 1408, il mourut à Aix en Provence le 10 juillet 1480. Voy. Anselme, *Hist. généal.*, I, p. 281.

2747 (61 a). ❦ LE REMEDE ‖ de Lame. ‖ ❦ *On les vend a Paris en la rue neufue no-* ‖ *stre Dame a lenseigne de lescu de France.* — [Au v° du dernier f. :] ❦ *Cy finist le Remede de Lame. Nouuel-* ‖ *lement Imprime a Paris par Alain lo-* ‖ *trian demourant en la rue neufue nostre Dame a lenseigne de lescu de France. S. d.* [vers 1525], in-8 goth. de 36 ff. non chiffr. de 27 lignes à la page pleine, sign. *A-D* par 8, *E* par 4, mar. r. jans., tr. dor. (*Chambolle-Duru* [*fils*].)

Le titre est orné d'un bois qui représente la Crucifixion.

L'ouvrage commence, au v° du titre, de la façon suivante : « Jesus, Maria. Ame raisonnable, ame chrestienne, cree[e] a l'ymaige et semblance de Dieu le createur, rachaptee du precieulx sang de Jesucrist, espousee par Foy, douee du Sainct Esperit, deputee a tout jamais avec les anges en paradis, retourne a toy, pense et considere ou tu es.... »

Au v° du f. *A vj* commence *L'Horologe de la Passion Nostre Seigneur, durant xxiiij heures*, etc., morceau, qu'il ne faut pas confondre avec le poème de Jehan Quentin dont nous avons parlé dans notre t. 1er, n° 25. Nous en avons peut-être ici le modèle.

Viennent ensuite diverses petites oraisons, des extraits des saincts docteurs sur l'excellence du sacrifice de la messe (fol. *B ij*) ; l'explication des différentes parties de la messe (fol. *B vj*) ; des instructions pour la communion (fol. *C v* v°) ; le remède pour les péchés véniels (fol. *D v*).

Le *Remède de l'ame* se termine au f. *D viij* ; il est suivi d'une *Balade sur le le dit du saige :* Vanitas vanitatum.

En pensant la fragilité
De povre humaine nature....
Refr. O vanitas vanitatum.

On trouve après cette pièce un huitain intitulé : *Complaincte a Jesus par ryme retrograde*.

A vous, Jesus, je me complains,
Plain de dueil et de desconfort....,

puis, une *Oraison pour les trespassez ; Les dix Commandemens* (expliqués), etc.

2748 (61 a). LE CHEVA- ‖ LIER CHRE- ‖ STIEN, ‖ ❦ ‖ Composé en Latin par Eras- ‖ me, & puis traduict en lan ‖ gue Françoyse. ‖ *A Lyon,* ‖ *Par Iean de Tournes.* ‖ M.D.XLII [1542].

Pet. in-8 de 317 pp. et 1 f. blanc, mar. br. clair, fil., dos orné, tr. dor. (*Trautz-Bauzonnet.*)

<small>Le titre porte la marque de *Jean de Tournes* (Silvestre, n° 187).
Le texte commence ainsi p. 3 :
Au reuerend || pere en Christ || Monseigneur Dam Paul Volsio Reli- || gieux, & Abbé du Monastere, que || communement lon dit Curia Hugo- || nis : Desidere Erasme de Roteroda- || me, Salut.
Cette épître est datée « de Basle, le second jour après l'Assumption de Marie, mere et vierge, l'an mil cinq cens dix-huict ».
L'ouvrage latin original, l'*Enchiridion militis christiani*, est datée de Saint-Omer, 1501 ; il avait paru pour la première fois dans le recueil intitulé *Erasmi Lucubratiunculae* (Hantverpiae, ap. Th. Martini, 1509, in-4). Erasme nous apprend lui-même dans une lettre datée de Bâle, le 25 août 1525, que la traduction française de ses ouvrages fut faite par LOYS DE BERQUIN (Herminjard, *Correspondance des réformateurs*, I, p. 374). L'édition originale du *Chevalier chrestien* paraît être celle dont un exemplaire, porté au Catalogue Didot, 1882, n° 150, a été acquis par la Bibliothèque nationale (Rés. D. 67969). La seconde édition est probablement la réimpression s. l. n. d., exécutée par *Martin De Keysere* à *Anvers* vers 1529, in-8 goth. de 166 ff. chiffr. et 2 ff. blancs (Musée Condé à Chantilly, exemplaire du baron Dard : Catal., 1892, n° 1225). La troisième édition, également s. l. n. d., fut imprimée par *Pierre de Vingle*, à Neuchâtel entre 1533 et 1535 (l'exemplaire de M. Gaiffe, décrit par MM. Rilliet et Dufour dans leur introduction au *Catéchisme de Calvin*, p. clix, fait partie de la bibliothèque laissée par feu M. Ernest Stroehlin à Genève). En 1542 parurent à *Lyon* deux réimpressions exécutées : l'une par *Estienne Dolet* (Cat. Coste, n° 89 ; Christie, E. *Dolet*, éd. française, App., n° 47) ; l'autre par *Jean de Tournes* (c'est celle que nous venons de décrire). L'édition de *Jean de Tournes* est, nous dit M. Alfred Cartier, le premier volume qui porte le nom du célèbre imprimeur. Une réimpression donnée à *Anvers*, par *Antoine Des Goys* en 1543 (Cat. Veinant, 1860, n° 29) fut suivie d'une réimpression de Jean de Tournes, 1544, dont feu Charles Schmidt, de Strasbourg, possédait un exemplaire peut-être unique.
L'infortuné Berquin avait été brûlé à Paris au mois d'avril 1529. Le *Chevalier chrestien*, censuré le 31 janvier 1540, avait été condamné au feu le 24 février 1544 (n. s.).
Le présent exemplaire a successivement appartenu à LÉON TECHENER (Cat., 1887, n° 43) et au COMTE DE NAUROIS. On n'en cite que deux autres : celui de Cailhava et de Yemeniz, et celui de Solar et de Béhague.</small>

2749 (62 a). INSTRUCTION sur les estats d'oraison où sont exposées les erreurs des faux mystiques de nos jours : Avec les actes de leur condannation. Par Messire Jacques Benigne Bossuet Evesque de Meaux, Conseiller du Roy en ses Conseils, cy-devant Precepteur de Monseigneur le Dauphin. *A Paris, Chez Jean Anisson Directeur de l'Imprimerie Royale, rue de la Harpe, à la Fleur-de-Lis de Florence.* M. DC. XCVII [1697]. Avec Privilege du Roy. In-8 de 29 ff. lim., 483 pp. de texte, cxxix pp. pour les *Actes de la condannation des Quietistes, 15 ff. de Table* et d'*Errata*, mar. r., fil., dos orné, tr. dor. (*Anc. rel.*)

<small>Édition originale.
Les ff. lim. comprennent : le titre, la *Preface*, la *Table des chapitres*, l'*Approbation de monseigneur l'archevesque de Paris* [Louis Antoine,</small>

Cardinal de Noailles], en date du 12 février 1697, l'*Approbation de monseigneur l'evesque de Chartres* [Paul Godet des Marais], en date du 3 mars de la même année.

Le privilège, dont un *Extrait* est rapporté à la suite de la *Table*, est accordé à Bossuet, pour douze ans, le 21 octobre 1696. Bossuet déclare en avoir fait cession à *Jean Anisson*, directeur de l'Imprimerie royale.

L'achevé d'imprimer est du 2 mars 1697.

L'évêque de Meaux voulut seulement dans cet ouvrage développer les instructions qu'il avait données, à la date du 16 avril 1695, dans son *Ordonnance et Instruction pastorale sur les estats d'oraison*. Nous n'avons pas à rappeler que Fénelon refusa son approbation à un livre qui condamnait la doctrine de Mme Guyon et, sans attendre la publication de Bossuet, se hâta de faire paraître son *Explication des maximes des saints*.

Exemplaire relié aux armes de l'auteur JACQUES-BÉNIGNE BOSSUET.

V. — THÉOLOGIE PROTESTANTE.

2750 (89 a) ANNOTOMIA || della Messa, la qual scu- || opre gli enormi errori, & gl' infiniti abusi, dal || volgo non conosciuti, si della Messa, || quanto del Messale, Vtilissima, || anzi necessaria, à tutto il || populo Chriano. || Con vn Sermone della Eucharistia nel fine, il qual || dimostra se Christo è corporalmente nel || Sacramento, ò non. || Per l'humil seruo di Giesu Christo, || Antonio di Adamo. || Viua, & efficace è la parola di Dio, & piu ponetrante d'ogni coltello || che da due bande taglia. Alli Hebrei, al quarto. || ❧ .1552. ❧ *S. l.* [*Bâle*], in-4 de 142 ff. chiffr., mar. r., large dent., dos orné, tr. dor. (*Anc. rel.*).

Les ff. 1 v°-6 sont occupés par une épître d' « Antonio di Adamo alli christiani lettori ».

Les ff. 7 et 8 contiennent la table, le 142° f. est consacré aux errata.

L'auteur de ce livre est, d'après Gesner (*Epitome Bibliothecae*, 1555, in-fol., fol. 21°) AGOSTINO MAINARDO, ministre à Chiavenna.

Agostino, qui appartenait à l'ordre des Augustins, avait été une première fois poursuivi comme hérétique en 1535 ; mais il avait été absous par un arrêt du 28 septembre de cette année (*Archivio della R. Società romana di storia patria*, XV, 1892, p. 146). Il était passé plus tard ouvertement au protestantisme. L'*Annotomia della Missa* est le plus connu de ses ouvrages. Il en parut, en 1555, chez *Jean Crespin*, à Genève, une traduction française, réimprimée en 1557 et 1561. Une traduction anglaise parut en 1556 (Hazlitt, *Collections and Notes*, I, p. 3) ; enfin il en fut fait en 1561 une édition latine (Brunet, I, col. 259). Jacques Le Fèvre, de Moulins, docteur en théologie, entreprit, en 1563, de réfuter Mainardo et publia un volume intitulé *Hyperaspistes, pro sacrosancto missae sacrificio, adversus impiam missae et missalis Anatomen a calvinianis excogitatam* (Brunet, I, col. 259).

Le volume porte l'ex libris de GIRARDOT DE PRÉFOND, bien qu'il ne figure pas dans le Catalogue de 1757. Il a plus tard appartenu au DUC DE LA VALLIÈRE (Cat. par De Bure, 1783, n° 1024) et au COMTE DE MAC CARTHY (Cat., 1815, n° 976).

JURISPRUDENCE.

2751 (105*a*). La Coutume de Normandie, précédée d'heures abrégées. Ms. pet. in-8 sur vélin de 311 ff. (haut. 130; larg. 93 mill.), orné de 5 miniatures, de lettres ornées et de bordures (fin du XVe siècle), v. br., comp. à froid, tr. dor., traces de fermoirs (*Rel. du temps.*)

Voici la composition de ce ms.

Fol. 1. Note écrite par un propriétaire du volume au XVIa siècle : « Ce present livre appartient a Guillaume L'Archier, avocat, demourant a Saint Lo. »

Fol. 1 v°. Note d'une main du XVIIIe siècle (probablement celle d'Adrien L'Archevêque : « Il y a apparence et présomption que ce livre a été manuscrit depuis 1499, datte de l'erection de l'echiquier en parlement... »

Fol. 2. Griffe d'un propriétaire moderne : La Brosse, C-2.

Fol. 3. Blanc.

Fol. 4. Notes superposées : « Ex libris Adr. L'Archevêque, medici Rothomag[ensis], 1738, 1 b . 4. »

« Stephanus Bigot, causarum patronus 1739. »

Fol. 5-16. Calendrier. On y relève, au mois de mai, la fête de saint Yves; au 12 juillet, la dédicace de la cathédrale de Coutances ; au 21 septembre, la fête de saint Lô ; au 21 du même mois, celle des reliques de Coutances ; au 16 octobre celle de saint Michel de Tombelaine ; au 7 décembre, celle de saint Gerobold, évêque de Bayeux.

Fol. 17-18. Blancs.

Fol. 19. Commencement du livre d'heures. Miniature représentant l'Annonciation.

Fol. 43. Miniature représentant David pénitent.

Fol. 56. Prières en français.

Fol. 58. Blanc.

Fol. 59. Miniature représentant un enterrement.

Fol. 75. Miniature représentant un juge entouré de ses conseillers. — Commencement de la *Coutume de Normandie*: « Pour ce que nostre intencion est a esclarier en ceste œuvre au mieulx que nous pourron les drois et les establissemens de Normendie... »

Fol. 76-81. Table.

Fol. 77. Commencement de la première partie : « Pour ce que le malice de convoitise avoit si ardemment enlacé humain lignage que pour les discordes et discentions qu'elle avoit engendrés, paix et concorde estoient enchauz hors du monde... »

Fol. 78. Miniature qui représente le roi tenant son conseil.

Fol. 175-178. Blancs.

Fol. 179. « La seconde Partie du livre. »

Fol. 264 v° « Drois de meffaiz de corps entre simples personnes. »

Fol. 266. Blanc.

Fol. 267. « Ordonnances faites en l'eschiquier de Normendie, tenu a Rouen, au terme de Pasques mil quatre cens soixante deux. »

Fol. 285. « Aultres Ordonnances faictez et publiez en l'eschiquier de Normendie tenu a Rouen, au terme Sainct Michiel, l'an mil quatre cens soixante et neuf. »

Fol. 288 v°. Aultres Ordonnances faictes en l'eschiquier de Normendie tenu a Rouen, au terme Sainct Michiel, l'an de grace mil quatre cens lxxiiij. »

Fol. 292. « C'est la Charte aux barons et chevaliers de Normendie que les clers de l'eschiquier dient avoir en leurs roulles. »

Fol. 293 v°. « Chartre comme les batailles furent deffendues. »

Fol. 297. « Chartre de rappellement d'aucunes batailles.... Donné a Paris, le mercredi aprés la Trinité l'an de grace mil ccc et six. »

Fol. 299. « La Chartre aux Normens ».

Fol. 306 v° «.... Donné à Vicennes soubz nostre scel duquel nous usions nostre seigneur de [*sic*] pere vivant, le dixneufiesme jour de mars l'an de grace mil trois cens et quatorze. *Explicit la Chartre aux Normans.* »

Fol. 307-311. Blancs.

Ce volume est un spécimen des manuels que fabriquaient les copistes et les enlumineurs de Rouen et de Saint-Lô pour les praticiens fréquentant à la fois l'église et le palais. Les miniatures sont d'un art tout à fait courant.

Adrien LARCHEVÊQUE, né en 1682, s'était d'abord engagé dans l'état ecclésiastique, puis il s'était voué à la philosophie et à la médecine. Reçu docteur à Caen, il fut agrégé en 1724 au collège des médecins de Rouen.

Bibliophile passionné, il fit réimprimer vers 1730, *La nouvelle Fabrique des excellents traicts de vérité*, de Philippe d'Alcripe, sieur de Neri en Verbos. Il mourut subitement à Rouen le 6 avril 1746. Ses livres furent vendus en 1749.

Voy. des notes publiées par MM. Léopold Delisle et René Le Clerc dans les *Mém. de la Société d'agriculture, d'archéologie, etc., de la Manche*, 1909, pp. 5-7.

SCIENCES ET ARTS.

I. — Sciences philosophiques.

2752 (123 a). 🙵 Le conseil des ‖ sept sages de ‖ Grece : Ensemble le Mi- ‖ roer de Prudence. ‖ Le tout mis en Frãcoys, auec vne bri- ‖ efue, & familiere exposition ‖ sur chascune authorité, ‖ & sentence. ‖ *A Paris.* ‖ *Chez Iehan Ruelle, à la queue de Regnard* ‖ *Rue Saint Iacques. S. d.* [*v.* 1550], in-16 de 112 ff. chiffr., mar. r., dos et mil. ornés, tr. dor. (*Trautz-Bauzonnet.*)

Le titre porte une petite marque de Jean Ruelle, avec la devise : *In pace ubertas.* Cette marque diffère de celle que Silvestre a reproduite sous le n° 463.

Au v° du titre est un dixain au lecteur

Les *Sententiae septem sapientum*, qui avaient été imprimées en latin dès la fin du XV° siècle, soit séparément (Hain, IV, n° 14681), soit réunies au *Liber Catonis*; qui avaient été commentées par Filippo Beroaldo et par Érasme, sont ici traduites en distiques français, et accompagnées d'une explication en prose. Le texte donné par Jean Ruelle reproduit, avec diverses additions, un petit volume publié par Gilles Corrozet à la fin de l'année 1544. Le libraire-poète avait mis en français une édition latine imprimée en 1542 et l'avait donnée au public sous le titre suivant :

🙵 Le Conseil ‖ des sept Sages de ‖ Grece, mis en Francois : auec ‖ vne brieue & familie- ‖ re exposition sur ‖ chascune au- ‖ thorité ‖ & ‖ sentence. ‖ Auec priuilege. ‖ ❡ *On les vend à Paris en la grand'salle du* ‖ *Palais, pres la chambre des consula-* ‖ *tions, en la boutique de Gilles* ‖ *Corrozet.* ‖ 1545. In-8 de 44 ff. chiffr. et 4 ff. non chiffr.

Au v° du titre est un extrait du privilège accordé pour trois ans à Corrozet le 11 octobre 1544.

Au f. ii est un avis de « Gilles Corrozet au lecteur », en date de Paris, 15 octobre 1544, avis qui commence ainsi :

» Lecteur, nous t'avons traduit en distiques françois les sentences et authoritez des sept sages de Grece, avec l'exposition, à laquelle nous avons adjousté ce qui nous a semblé convenable à leur intelligence .... »

Le volume, que Brunet cite avec la date de 1544, n'a passé sous nos yeux qu'à la date de 1545 (Biblioth. nat., Inv. Z. 39572 = Falc. 19714). Un exemplaire dépourvu du titre est à la Bibliothèque Mazarine.

Ainsi, aucun doute n'est possible : Corrozet est bien l'auteur de la traduction française et des pièces qui l'accompagnent. La devise *Plus que moins* est jointe, d'ailleurs, dans cette première édition, au dixain initial, et répétée à la fin de l'ouvrage.

Le privilège expirant au mois d'octobre 1547, le libraire Jean Ruelle, qui était graveur, prépara une édition accompagnée de figures sur bois et augmentée de diverses pièces. Cette édition est celle que nous avons ici. Il en existe deux sortes d'exemplaires : les uns sont datés de 1548 (Biblioth. de Wolfenbüttel), les autres ne portent aucune date. Le nom et la devise de Corrozet, ainsi que l'extrait du privilège, ont disparu de la nouvelle édition. Jean Ruelle y a, par contre, ajouté après les dits attribués à chacun des sages diverses sentences, suivies de dixains français ; ainsi après les dits de Thalès, on trouve les sentences suivantes :

Ama proximum (fol. 6 v°).
Aymé en Dieu et pour l'amour de luy....
Occasionem nosce.
A ton povoir conguois l'occasion...
Quod facturus es nemini prodas, ne forte non compos irridearis (fol. 7).
Ce n'est qu'à faire on ne die et declaire...
Magna res futurum providere (fol. 7 v°).
C'est grand chose que prevoir l'advenir...
Amicis parce maledicere (pl. 8).
Quand tu auras quelques amys acquis ...
Fidelis terra, infidele mare, insatiabile lucrum.
Tu te pourras contenter de ta terre...

Il y a ainsi 11 additions après les dits de Solon (fol. 14-17), 7 additions après les dits de Chilo (fol. 22 v°-27), 8 additions après les dits de Pythacus (fol. 37-39), 11 additions après les dits de Bias (fol. 43 v°-46), 9 additions après les dits de Cleobulus (fol. 53 v°-56), 12 additions après les dits de Periander (fol. 72 v°-75).

Au f. 75 v° commence *Le Miroer de prudence*, suite de dixains sur les vices, les béatitudes, l'accord de la loi avec la foi, etc. Ce petit ouvrage avait paru, avec les *Ditz de neuf sibiles* et quatre ballades, à Rouen, chez *Robert et Jehan De Gort*, en 1546, in-16, avec des figures. L'auteur est vraisemblablement GUILLAUME HAUDENT, à qui l'on doit diverses productions du même genre. En tout cas, 12 des figures du *Miroer* se retrouvent en 1547 dans les *Trois cents soixante et six Apologues* traduits par le prêtre rouennais.

Le volume se termine (fol. 109 v°) par une série de distiques qui a été très répandue à la fin du moyen âge : *Les Dictz des sages*. Cette pièce, qui ne compte ici que 83 distiques, est très incorrectement reproduite. Elle commence ainsi, sans autre titre :

Les dictz des bons et sages notables....

Il faut lire :

Les faictz et dictz des bons sages notables....

Le volume est orné de 7 petits bois représentant les sept sages de la Grèce

et de 83 figures occupant chacune environ un tiers de page. En réalité le

nombre de ces figures n'est pas aussi considérable, parce que plusieurs sujets

SCIENCES ET ARTS.

sont répétés. Une de ces figures (fol. 12 et 72) est signée des initiales I. R., qui sont peut-être celles de *Jean Ruelle*. Une autre (fol. 101 v°) porte D. H.

Il faut croire que le volume ainsi décoré eut du succès, car un autre éditeur parisien, *Estienne Groulleau* le contrefit en en changeant le titre. *Les Vies et Motz dorez des sept sages de Grece* parurent en 1554 avec diverses additions et une nouvelle suite de figures. Les notices consacrées aux sept sages sont ici beaucoup plus développées ; mais les pièces ajoutées par Ruelle en 1548 ont été conservées telles quelles (Biblioth. nat., Rés. Z. p. 491).

2753 (135 *a*). Cy commance Boece de confort en françois. Ms. in-4 sur papier de 110 ff. de 22 lignes à la page (XV° siècle), haut. 201, larg. 139 mill., mar. v., fil., large dent. à petits fers, dos orné, tr. dor. (*Thompson.*)

Cette traduction, qui est attribuée à Jehan de Meun, est celle dont M. Léopold Delisle cite 17 manuscrits faisant partie des collections de la Bibliothèque nationale (*Inventaire général et méthodique des manuscrits français*, II, pp. 320-323). La copie, qui ne remonte qu'à la fin du XV° siècle, reproduit un original qui était incomplet. Elle ne contient pas le prologue adressé à Philippe le Bel, et commence directement par le premier livre :

> Je qui sueil dicter et escripre
> Les livres de haulte matire
> Et d'estuide avoir la flour,
> Faiz or diz de dueil et de plour....

L'original était également incomplet à la fin de plusieurs ff. Notre copie se termine (fol. 93 v°) par la seconde tirade versifiée du Quint Livre :

> Le soleil, qui est beau et cler
> . . . .
> Appellon le le soleil vray.

Le copiste ajoute : *Amen. Explicit.*

Le volume se termine par diverses poésies du XIII° siècle, dont voici le détail :

1° (fol. 94). *De la puissance de Dieu.*

> Quand Dieu fit le monde premier,
> Il ne luy estoit pas mestier....

Cf. Biblioth. nat., ms. fr. 12467, fol. 49 ; Biblioth. de l'Arsenal, ms. 3142. fol. 280.

2° (fol. 96). *Pour quoy Dieu fit le monde.*

> Dieu fit le monde a son voloir
> Pour ce que il peûst avoir ...

3° (fol. 97). *Pour quoy Dieu forma l'omme a [sa] semblance.*

> Dieu forma l'omme a sa semblance
> Pour ce qu'il eûst remembrance ....

4° (fol. 98). *Pour quoy Dieu ne fist homme tel qu'il ne peüst pecher.*

> Damedieu donna le povoir
> A hom(me) de faire son vouloir ...

5° (fol. 102). *Des penes d'enfer.*

> Or escoutés, se ne vous griet,
> Comment enfer on meilleu siet...

6° (fol. 103 v°). *Des joyes de paradis.*

> Se de paradis voul(é)s entendre
> Pource que est dessus pourprendre..

7° (fol. 105). *Des merveilles que Virgilles fist.*

> Devant Jhesucrist fut Virgilles
> Qui les ars ne tint pas aguilles...

8° (fol. 108). *Pour quoy monnoye fut establie.*
Monnoie si fut establie
Pour les gens qui n'avoient mie..

9° fol. (108 v°). *Du tonnerre et de l'ecler.*
En l'aier mainctes choses adviennent
Dont les gens poy parolles tiennent. —

Ce manuscrit provient des collections de Joseph BARROIS (n° 406) et de LORD ASHBURNHAM (vente de 1901, n° 70).

2754 (174 b). A. TRESILLVSTRE || ET PVISSANTE PRINCESSE et || Dame, Madame Margueritte de France, Royne || de Nauarre, Duchesse Dalencon, & de Berry, || Cōtesse Darmignac, auec humble reuerēce || prompte & fidelite [sic] seruitude, par vng || vostre treshūble seruiteur, Iehan || Barril marchant de Thou- || louze, par vng vray || zelle presente, Sa || lut & paix. — [Au v° du dernier f., au dessous d'un bois :]

⁋ Vtinam dirigantur vię meę. ||
⁋ Imprime fut cestuy petit propos / ||
A la requeste du marchant Iehan Barril / || .
Par celluy la qui ne quiert que repos ||
Au vin se preuue la bonte du Barril. ||
⁋ A Tholose. Mil cinq Cens XXXV. ||
⁋ Manet post funera virtus.

In-4 de 40 ff. non chiffr., impr. en belles lettres rondes, sign. *A-K*, mar. v., dos fleurdelisé, tr. dor. (*Trautz-Bauzonnet.*)

Réimpression des Enseignements moraux composés par ANNE DE BEAUJEU pour sa fille, Suzanne de Bourbon.

Le titre est orné des armes, assez compliquées, de Marguerite d'Angoulême ; ces armes doivent se lire ainsi :

Parti. Au premier champ coupé de 6 pièces : trois en chef et trois en pointe. Au 1er du chef, de gueules, aux chaines d'or posées en orle, en croix et en sautoir, qui est Navarre ; au 2e écartelé ; aux 1er et 4e de France ; aux 2e et 3e de gueules, qui est Albret ; au 3e d'or à 4 pals de gueules, qui est Aragon ; au 4e (1er de la pointe) écartelé : aux 1er et 4e d'argent au lion de gueules, qui est Armagnac ; aux 2e et 3e de gueules au lion léopardé d'or, qui est Rodez ; au chef d'or à deux vaches de gueules accolées et clarinées d'azur, qui est Béarn ; au 5e de France à la bande componnée d'argent et de gueules, qui est Évreux ; au 6e d'or à quatre pals de gueules, flanqué, au côté dextre, de gueules à un château sommé de trois tours d'or, qui est Castille, et, au côté senestre d'argent à un lion de gueules, qui est Léon ; et sur le tout d'or à deux lions passants de gueules, armés et lampassés d'azur, qui est Bigorre ; au 2e champ de France.

Au v° du titre est une épître, adressée à la reine de Navarre par son « treshumble serviteur », c'est-à-dire par JEHAN BARRIL.

Le texte commence au f. *A ij* comme dans l'édition décrite sous le n° 2559 : « La parfaicte amour naturelle que j'ay a vous, ma fille, etc. »

Le texte se termine de même (fol. *G i v°*) : « que puissez avoir la grace de Dieu en ce monde et en l'autre sa gloire, laquelle vous octroye le Pere, le Filz et le Sainct Esperit. *Amen.* »

Au-dessous est un bois qui représente une sphère armillaire tenue par une main qui sort des nuages. Une banderole porte ces mots : *De Dieu parvenir.*

Les 15 derniers ff. contiennent diverses pièces qui ne figurent pas dans l'édition précédemment décrite, savoir :

1° (fol. *G ij*, au-dessous d'un bois qui représente un écu chargé d'emblèmes

funèbres, avec ces mots : *Deum time, pauperes sustine, memento mori*).
Ballade de la mort :

Puis qu'ainsi est que la mort soit certaine...
Refr. Pour bien mourir et vivre longuement.

Voy. t. I, n° 541, article 7.

A TRESILLVSTRE
ET PVISSANTE PRINCESSE ET
Dame, Madame Margueritte de France, Royne
de Nauarre, Ducheſſe Dalencon, & de Berry,
Côteſſe Darmignac, auec humble reuerēce
prompte & fidelite ſeruitude, par vng
voſtre treſhūble ſeruiteur, Iehan
Barril marchant de Thou=
louze, par vng vray
zelle preſente, Sa
lut & paix.

2° (fol. *G iij*, au dessous d'un bois). *La Complainete d'une royne morte* :

J'estoye royne couronnee
Plus que aultre doubtee et craincte ...
(4 huitains.)

3° (fol. *G iiij*, au-dessous d'un bois). *Le grant Jugement general.*
>Vous qui voyez ijcelle pourtraicture,
>Arrestez vous, pensant profundement..
>(27 huitains.)

Ce poème est la *Devote Exortation* de GUILLAUME FLAMENG, dont nous avons décrit une édition séparée (t. I, n° 474) et que nous avons citée aussi parmi les pièces jointes à certaines éditions de *La Danse Macabré* (n° 541, art. 14).

4° (fol. *H iiij*, au-dessous d'un bois). *Oraison*, alias *generalle Recognition et Confession de tous ses pechez; et quiconques la dira* totiens quotiens *en estat de grace se mettra:*
>« Syre Dieu, je vous requiers pardon de tous les pechez mortelz ou veniels que je feiz jamais ... »

5° (fol. *I i*). *Spiritus ubi vult spirat:*
>« Chascun doibt sçavoir qu'on ne peult parvenir a la gloire de paradis sinon par le chemin de la grace de Dieu ... »

6° (fol. *K i*). *Meditations pour l'espace d'une basse messe:*
>« Pensez a la puissance du createur,
>A sa sapience,
>A sa bonté ... »

7° (fol. *K iij*) [*Doxologie*]:
>Gloire au createur Dieu le Pere,
>Au Filz, au benoist Sainct Esperit....
>(16 vers.)

8° (fol. *K iij v°*). *Oraison a la glorieuse vierge Marie*, [ballade]:
>Je te salue, princesse inestimable ...
>Refr. A tes servans perdurable lyesse.

Nous retrouverons plus loin cette pièce dans le recueil de « L'Esprit troublé » (n° 2963), fol. *Av v°*.

Au v° du dernier f. est la marque de l'imprimeur *Eustache Mareschal:* un écu écartelé, dont les 1er et 4e quartiers sont chargés d'un agneau pascal couché, portant une bannière avec une croix, et dont les 2e et 3e sont chargés de trois fasces. Le tout est surmonté de la devise *Spes mea Deus.*

Jehan Barril, l'éditeur du volume, ne paraît pas avoir été un simple libraire, mais un riche marchand qui faisait imprimer certains ouvrages pour les distribuer. C'est ainsi qu'il publia en 1531 la *Police subsidiaire de Lyon*, d'après une copie qui lui avait été adressée par Jehan de Vauzelles (voy. Em. Picot, *Les Français italianisants*, I, p. 120) et qu'il fit paraître en 1532, une *Brefve Compilation des tresdivines victoires donnees a Frederic comte palatin* (Brunet, I, col. 1218). Les mots « par vng vray zelle », qui figurent sur le titre, permettent de penser que Jehan de Vauzelles n'a pas été étranger à la publication des Enseignements.

La *Police subsidiaire* se termine par la même marque, les mêmes vers et les mêmes devises que nos Enseignements.

Exemplaire du COMTE DE LIGNEROLLES (Cat. 1894, n° 519).

2755 (178 *a*). C'EST LE LIVRE du gouvernement des roys et des princes, appellé le Secret des secrez, lequel fit Aristote, et l'envoya à l'empereur Alixandre. — [Les Ditz de Caton, traduits en vers françois par Jehan Le Fèvre.] Ms. in-4 sur vélin de 83 ff.; haut. 188; larg., 138 millim. (XV° siècle), v. f., fil., dos orné, tr. dor. (*Derome le jeune.*)

>Le titre et les rubriques du *Secret* occupent les deux premiers ff.
>Au fol. 3 est une miniature qui représente un auteur offrant un livre à un prince assis sur un trône. Le trône porte les armes de Flandre : d'or au lion de sable, armé et lampassé de gueules. La miniature est accompagnée de trois lignes de texte, au-dessous desquelles on voit les traces de deux blasons qui ont été anciennement grattés.

Le *Prologue* commence ainsi (fol. 4) :

« Dieu tout puissant vueille garder nostre roy et la gloire de touz ceulx qui croyent en lui, et conferme son royaume pour aprandre la foy de Dieu............. »

On trouve à la suite : *Une Epistre que envoya Alixandre a Artistote* (fol. 5) ; *Une Epistre que envoya Aristote à Alixandre*, (fol. 5, v°) ; *Le Prologue d'un docteur appellé* PHELIPPE, *qui translata ce livre en latin* (fol. 6) ; *Une Epistre que envoya Aristote a Alixandre* (fol. 7) ; le texte proprement dit du traite, lequel est divisé en 57 chapitres.

Le *Secretum secretorum*, composé au XII° siècle sous le nom d'Aristote et dont une foule de manuscrits et d'imprimés nous ont conservé le texte, a été traduit au moins cinq fois en français. M. Paul Meyer a étudié les cinq versions et fait connaître les manuscrits qui les contiennent. Celle que contient notre volume est celle qu'il décrit en dernier lieu (voy. *Romania*, t. XV, 1886, p. 189). Elle se retrouve à la Bibliothèque nationale, dans les mass. franç. 1087, 1166, 1958 ; à l'Arsenal, n° 3190, fol. 119, v°; à Cambridge, Bibl. de l'Université, EE. 1. 33.

Le petit livret dont nous avons décrit deux éditions dans notre tome I (n°˙ 191 et 192) est un abrégé des chapitres consacrés aux saisons et à la physionomie des gens.

Les *Ditz de Caton* commencent ainsi, au fol. 62 :

Caton fut preux chevalier et saige home ;
Maint bon conseil en la cité de Rome
Donna jadis pour la chose publique........

Le poème se termine ainsi (fol. 82 v°) :

Caton finist, qui fut saiges et preux,
Ces nobles vers acomplit deux à deux ;
Mais je, FEVRE, qui ne sçay le fer batre,
En cest dicté en ay fait de deux quatre.

Explicit le Caton en françois.

Nous parlons plus loin (n° 2802) de Jehan Le Fèvre et nous décrivons un autre manuscrit de sa traduction (n° 2777).

On lit au-dessous de l'*Explicit* :
Ce livre du gouvernement des roys et des princes est au duc de Nemours, conte de la Marche.

JAQUES *Pour Carlat.*
En ce livre a iiij^{xx} ij feuillès et une histoire.

La première partie de la note a été anciennement grattée ; mais il a été possible de la faire revivre. Il convient donc d'ajouter notre volume à ceux dont M. Léopold Delisle a donné la liste dans son *Cabinet des manuscrits*, t. I, p. 86, puis dans la *Bibliothèque de l'Ecole des Chartes*, t. LXVI, 1905, pp. 255-260 (cf. aussi A. Thomas, *Journal des Savants*, 1905, pp. 633-644).

Au fol. 83, qui est le feuillet de garde, on lit, d'une main du XV° siècle, une sorte de ballade :

Amour a fait son mandement ;
Mon cuer le veult aler servir......

Le refrain est :

Monté sur cheval de plaisance.

Sur le second f. de garde actuel est une étiquette ainsi conçue :

> *Relié par*
> DEROME *le Jeune,*
> *demeure presentement*
> *rue St. Jacques près le Col-*
> *lége du Plessis Hôtel de*
> *la Couture n° 65. en 1785.*

Ce manuscrit, cité par Cailleau dans son *Dictionnaire bibliographique*, t. I, p. 61, figura successivement aux ventes de Delaleu (1775, n° 282 : le volume était alors relié en velours rouge), de Mac-Carthy (1779, n° 426) et de Chardin (1824, n° 584) ; il entra ensuite dans la bibliothèque de SIR THOMAS PHILLIPPS, à Cheltenham, n° 2967 (vente de 1903, n° 462).

II. — Sciences naturelles.

2756 (193 *a*). Le ‖ Benefice commun de ‖ tout le monde, ou commodité de vie d'vn ‖ chascun, pour la conseruation de santé. ‖ Remedes segretz tirées [*sic*] des plantes ‖ contre toutes maladies. ‖ *A Rouen.* ‖ *Pour Robert du gort, au portail des Libraires.* ‖ 1558. 2 part. en un vol. in-16, mar. br., dos et mil. ornés, tr. dor. (*Chambolle-Duru.*)

[Première Partie] : 32 ff. chiffr.

Le titre est orné d'un bois qui représente un médecin examinant des plantes. Ce bois est peut-être l'œuvre d'un des frères *Du Gort*, que nous supposons avoir été graveurs.

Le 2ᵉ f. contient une épître dont le destinataire n'est pas nommé, sans doute parce que le libraire rouennais n'a fait que reproduire une compilation antérieure.

Seconde Partie : 82 ff. chiffr.

Le titre porte la marque des frères *Du Gort* (Silvestre, n° 876).

L'ouvrage est un traité d'hygiène, suivi d'un recueil de recettes ou secrets de médecine. La première partie commence ainsi : « Nous mangeons donc et beuvons ordinairement pour reparer la dissipation continue et fluxion de nostre substance corporelle.... »

Exemplaire de Ch. Lormier (Cat. 1901, n° 203).

III. — Sciences mathématiques.

2757 (203 *a*). Traités divers sur les mouvements de la lune et sur des questions de mathématiques et d'astronomie, par d'Alembert. Ms. in-4 de 307 ff. (haut. 232 ; larg. 175 mill.), cart., n. r.

Manuscrit autographe du célèbre auteur de l'*Encyclopédie*.

Ce recueil, dont il n'a été donné que quelques extraits, soit dans l'*Encyclopédie*, soit dans les *Opuscules mathématiques* de d'Alembert (1762-1780), contient les mémoires suivants :

1° (fol. 1). *Comparaison de la theorie de la lune avec les Tables de M. Newton* : « M. Newton, pour construire ses Tables de la lune, regarde l'orbite de cette planete comme une ellipse ... »

2° (fol. 90). *Du mouvement des nœuds et de la variation de l'inclinaison de l'orbite lunaire* : « § I. *Mouvement des nœuds*. Nous avons prouvé dans l'art. [ ] que si on nomme φ la force qui tend à écarter la lune ... »

3° (fol. 184). *Trouver aussy exactement qu'on voudra l'integrale de l'equation* $ddt + N^2 tdr^2 + Mdr^2 = 0$, M etant une fonction connue de t et de r ou de t seulement.

4° (fol. 166). *De l'orbite de la lune durant le tems d'une demi-revolution, ou durant le passage de l'apogée au perigée :* « Comme la terre ne fait qu'environ 15 degrés durant une demi-revolution de la lune.... »

5° (fol. 192). *Du rapport entre l'anomalie moyenne de la lune et son anomalie vraye :* « L'anomalie moyenne de la lune est le tems qu'elle employe à parcourir un angle quelconque ... »

SCIENCES ET ARTS. 31

6° (fol. 211). *Theorie de la lune :* « Comme le soleil n'est pas toujours à la même distance de la terre ... »

7° (fol. 244). *Theorie du mouvement de la terre. De la variation du soleil en latitude :* 38 (a). Je suppose : 1° que la terre et la lune se meuvent uniformement .... »

8° (fol. 259). *Soit l'Equation $dt + N^2 tdr^2 + Mdr^2 = o$, dans laquelle N^2 represente une constante et M une fonction connue de r on demande l'integrale de cette equation ou la valeur de t en r.*

Ce mémoire se rattache à l'article 3.

9° (fol. 272). *Trouver le mouvement des nœuds de l'orbite d'une planete et la variation dans l'inclinaison de son orbite :* « 1° Pour le mouvement des nœuds, soit KAR la projection de l'orbite ... »

Nous indiquons les mémoires dans l'ordre où ils ont été réunis, ordre qu'il y aurait assurément lieu de modifier. On lit à la fin de l'art. 7 (fol. 256) : « Achevé de lire par Mr Dalembert le 23 juin 1747. Paraphé le 23 juin 1747. DEFOUCHY. » Jean-Paul Grand-Jean de Fouchy était depuis 1743 secrétaire perpétuel de l'Académie des Sciences.

On lit en tête de l'article 8 (fol. 259) cette note écrite de la même main : « Le 18 may 1749, au matin, M^r d'Alembert m'a remis le present écrit contenant [ ] feuillets, pour estre paraphé, ce que j'ay fait, et le luy ay rendu. » Au-desous une autre main a écrit : « Remis le 16 juillet 1788. D. »

2758 (208 *a*). LA PRENOSTICATION prebstre Iehan. *S. l. n. d.* [*Paris, vers* 1512], in-8 goth. de 4 ff. non chiffr. de 20 lignes à la page, impr. en grosses lettres de forme, sans sign.

Le titre est orné d'une sphère armillaire tenue par une main, entourée de ces mots :

Plusieurs me liront, qui rien n'y entendront
Si ne me lisent tout du long.

La *Prenostication* commence ainsi au v° du titre :

« *La Prenostication presbstre Jehan.*
» Premierement je treuve que en ceste presente annee y avra plusieurs princes, comme roys, roynes et leurs serviteurs qui se alieront ensemble ... »

Ce morceau, qui est très court, a été reproduit par Montaiglon et Rothschild, (*Recueil de poésies françoises*, XIII, p. 12) d'après une édition intitulée *La Prenostication frere Tybault.*

Il est suivi d'une *Declaration* et de l'*Epitaphe Tribolet :*

Tribolet suis qu'on peut juger en face,
N'avoir esté des plus saiges qu'on face ;
Voir on le peult a ma teste escornee,
Vuyde de sens, de folie atournee.
Honneste fus, chacun contrefaisant,
Sans jamais estre estre aux dames mal faisant.
(Montaiglon et Rothschild, XIII, p. 9.)

Le recueil se termine (fol. 4 v°) par un rondeau qui fait allusion à la première rupture du jeune roi Henri VIII avec Louis XII (1512).

Cette pièce ne se trouve pas dans l'édition qui a été réimprimée.

Rondeau.

Ce sont les fils ou parens des Angloys
Qui ne veullent du lys ouyr bien dire.
Et sy desirent que tous les jours empire
Au noble roy de France et aux Françoys.
Mais qui sont ceulx qui tiennent aux aboys
Le Porc Apic et qui luy veullent nuyre ?
    Ce sont les filz.

Le temps passé on a veu plusieurs foys
Sans faire mal vent et oraige bruire.
Quelz gens devoient estre mis en martire ?
Je vous supplye qu'on le die cette foys.
    Ce sont les filz.

Un exemplaire de *La Prenostication prebstre Jehan* est décrit dans les *Excerpta Colombiniana* n° 184, où se trouve imprimé en entier le rondeau final.

Notre pièce fait partie d'un recueil qui contient 19 articles, savoir :

1. Le grant blason de faulses amours. [Par frère Guillaume Alexis.] *S. l. n. d.* [*Rouen, Raulin Gaullier*, 1515], in-8 goth. de 28 ff. non chiffr. (n° 2811).

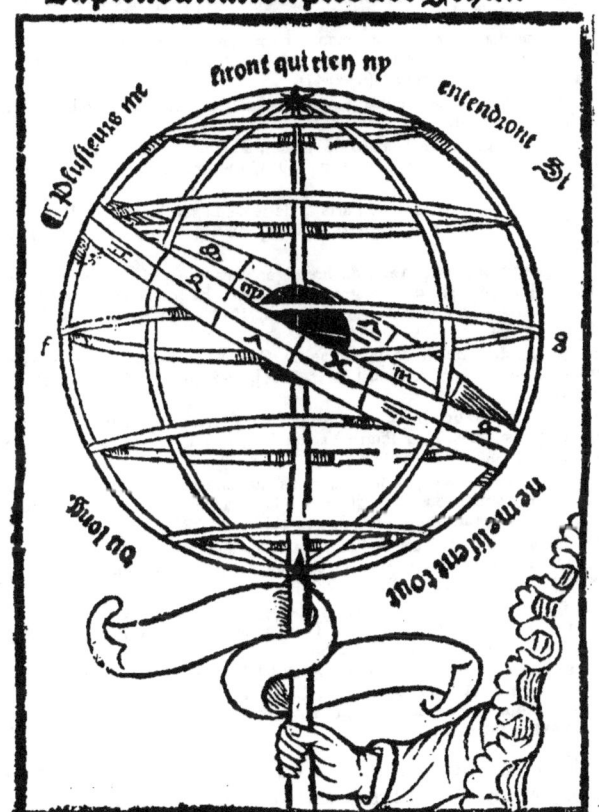

2. Le contreblason de faulces amours, Intitu-||le le grant blason damours espirituelles τ diui-||nes... [Par d'Estrées.] *nouvellement imprime a Paris :* || *pour Symõ Vostre librai-*||*re*.... S. d. [1512], in-8 goth. de 24 ff. non chiffr. (n° 2812).

3. Le debat de re||ueille matin fait et compose|| par maistre alain chartier.... *S. l. n. d.* [*Paris, v.* 1510], in-8 goth. de 8 ff. non chiffr. (n° 2804).

4. Les dictz des saiges *S. l. n. d.* [*Paris, v.* 1510], in-8 goth. de 8 ff. non chiffr. (n° 2839).

5. La coqueluche [par Pierre Gringore..... [*A la fin*]: *Imprime* par maistre Pier-||re le Dru pour iceluy Gringore le .xiiii.*tour* || *Daoust Mil cinq cens et dix* 1510]. In-8 goth. de 7 ff. non chiff. et 1 f. blanc (?) (n° 2824).

SCIENCES ET ARTS. 33

6. La prenostication prebstre Iehan S. l. n. d. [Paris, v. 1512], in-8 goth. de 4 ff. non chiffr.
Pièce en prose, suivie de deux pièces en vers.

7. Lunion des princes [par Pierre Gringore.] S. l. n. d. [Paris, v. 1510], in-8 goth. de 8 ff. non chiffr. (n° 2824).

8. LEntreprise de venise a-|| uec les villes cytez et chasteaulx forte || resses et places que vsurpēt lesditz veniciēs.... [Par Pierre Gringore] S. l. n. d. [Paris, v. 1510], in-8 goth. de 8 ff. non chiffr. (n° 2823).

9. La complainte de || venise. S. l. n. d. [Paris, 1508], in-8 goth. de 4 ff. non chiffr. (n° 2832).

10. La mauuaistie τ ob || stinacion des veniciens contre le || roy auec vnes lettres enuoyes de || par mōsieur le grant chāselier. S. l. n. d. [Paris, v. 1509], in-8 goth. de 4 ff. non chiffr. (n° 2847).

11. La cōplai- || te de Venise. S. l. n. d. [Paris, v. 1508], in-8 goth. de 4 ff. non chiffr. (n° 2833).

12. La rescription des || dames de Millan, a celles de Paris || et de Rouen. [Par Maximien.] S. l. n. d. [Paris, v. 1509], in-8 goth. de 4 ff. non chiffr. n° 2854).

13. Le debat des dames || de Paris et de Rouen, sur lentree du Roy.... [Par Maximien.] S. l. n. d. [Paris, v. 1508], in-8 goth. de 8 ff. non chiffr. (n° 2835).

14. Les epitaphes de || Anne de bretaigne royne de || frāce τ duchesse de bretaigne. || Cōpose par maistre germai || de brixi Et translatees Par || L. D. [= Laurent Des Moulins]. S. l. n. d. [Paris, 1514], in-8 goth. de 4 ff. non chiffr. (n° 2784).

15. ¶ La deploration de la Royne de France. || Composee par Maistre laurens des moulins. S. l. n. d. [Paris, 1514], in-8 goth. de 16 ff. non chiffr. (n° 2827).

16. La Deliberation || des trois estatz de france sur || lentreprinse des Angloys et || suysses. [Par Pierre Vachot.]. S. l. n. d. [Paris, v. 1513], in-8 goth. de 8 ff. non chiffr. (n° 2837).

17. Sensuiuent vnze || Belles chansons nouuelles dont les noms || sensuyuent. Et premierement || ¶ Tous loyaulx amoureux.... S. l. n. d. [Paris, v. 1515], in-8 goth. de 8 ff. non chiffr. (n° 2974).

18. Sensuiuent plusieurs belles || chansons nouuelles Et || premierement La chanson || Comment passeray ie Gaillon... S. l. n. d. [Paris, v. 1515], in-8 goth. de 24 ff. non chiffr. (n° 2975).

19. ¶ Noel fait en maniere de dyalo- || gue, qui se peult chanter sur le met || tre. En lombre dung τc. [Par Guillaume Petit.] S. l. n. d. [v. 1515], in-8 goth. de 4 ff. non chiffr. (n° 2980).

Le recueil a été recouvert à la fin du XVIIIe siècle d'une reliure en mar. v., avec fil., dos et c. ornés, tr. dor. Les plats de la reliure portent un écu timbré d'une couronne de comte, et entouré de ces mots : DE NULLY DE GROSSERVE A BEAUVAIS.

2759 (209 a). ¶ PROGNOSTICATION de Do || cteur Ioseph Grünpecks/Astrologue || du Tresillustre τ trespuyssant Empereur || Charles le .v. τc. Cōmēcāt Lan. xxxij. || et dure iusq̄s en Lan M. D. xl. || Et cōtient en soy beaucoupt || Dhystoires aduenir || ¶ *Imprime τ trāslate Dallemāt en cestuy lan* || *guage: a Genesue par wyygāt Köln.* S. d. [1532], in-4 de 4 ff. non chiffr. de 36 lignes à la page pleine, impr. en lettres de forme, sign. a.

Le titre, entouré d'un encadrement, porte les armes de l'empereur, avec la devise de Charles-Quint : *Plus oultre :*
Les prophéties de Joseph Grünpeck avaient paru à la fois en allemand

(*Pronostication Doctor Joseph Grünpecks vom zway und dreyssigsten Jar un bis auff das viertzigst Jar des.... Kaiser Carols des Fünften*, s. l. n. d., in-4), et en latin (*Pronosticum ab anno trigesimo secundo usque ad annum quadragesimum imperatoris Caroli quinti*, s. l. n. d., in-4). Le Musée britannique possède à lui seul deux éditions du texte allemand (8610. b. 2. (21) et 8610. c. 27) et deux éditions du texte latin (1395. h. 16 (2) et 4379. a.

11 (2)). Nous avons décrit précédemment (t. I, n° 210) une traduction française imprimée à Anvers en 1533 ; la traduction publiée à Genève est entièrement différente. L'imprimeur allemand *Wygand Köln* n'écrivait d'ailleurs qu'un français très incorrect :

Wygand Köln, [*1531*].

Après ce que je, par la grace et ordonnance merveilluse de Dieu et selon la coustume des antiens saiges, en l'intention d'adviser ung chascun bon chrestien, j'ay faict et escript beaucoupt de livres a tous estas de la superieurté chrestienne, ayant esperance que de tel salutaire advertissement debvroit suyvir une meilleure doctrine et ordoonances de toutes bonnes meurs, conditions et loix ; mais il surviennent [sic] journellement tant de grandes afferes et d'inconveniens....

Martin De Keysere, 1533.

Puis que j'ay, par la merveilleuse ordonnance de la divine misericorde de nostre sauveur, et selon l'acoustumance des vieulx propheles, ay faict veuir maintes manieres de livres en lumiere a tous chrestiens et nations des gens de l'universel monde, ayant espoir que par tels enseignementz je leur pouvoye donner une meilleure ordonnance de vivre, et que bons privileges et status en pourroient venir et sortir ; mais, helas ! journellement viennent tant de perilz et malheuretez....

L'édition genevoise est ornée au fol. *a iiij r°* d'une figure représentant le signe du Bélier et, au v° de ce même f., d'un bois représentant le roi des vents.

2760 (210 a). OSCVRATIONE dil sole qual si || fara alli deciotto dil mese di Aprile, con suoi significati, || Et specialmente dil sacrosanto Concilio et morte dal- || chuni Reuerendissimi Monsignori. Examinata || per lo excellente in le arti Dottore & Theolo- || gia Maestro, messer Hieronymo da Lyon || Francese, dicata al Magnifico .S. Io. || Ant. Vertuuno [*sic*], gentilhuomo || Neapolitano. *S. l. n. d.* [*Bologne*, 1539], in-4 de 2 ff., avec un simple titre de départ, car. ital.

IV. 6. 14

L'édition paraît sortir des presses de *Vincenzo Bonardo à Bologne*.

Le titre de départ est immédiatement suivi d'une épitre de « Hieronymo da Leon al magnifico S. Giovan Antonio Vertunno ».

Le discours est divisé en dix paragraphes. L'auteur, qui s'intitule simplement HIÉROSME DE LYON, paraît avoir été un véritable mathématicien, et non un simple faiseur de pronostications, bien qu'il croie à l'influence exercée par les astres sur les choses humaines.

De la bibliothèque du DUC MARIO MASSIMO (Catal., janv. 1909, n° 56).

2761 (211 a). ⁋ LE RECVEIL et || Suppliement des aultres : lesquelz ont || prognosticque sur la Theorique des || sept planettes / ⁋ obseruations daulcūs || astrologues / ⁋ bons Mathematiciens || estudiās soubz le metroroscope de Pto || lomee. Pour ceste presente annee. Mil. || Cinq Cens Quarante ⁋ deux. Et de || la pacification dentre Lempereur / et le || Roy de france treschrestian ∴ || ⁋ *Imprime pour Robert ausber.* || *Le v°tecinqesme iour dupuril* || *Mil. cinq. cens. xlii* [1542] ∴. *S. l.*, in-8, goth. de 4 ff. non chiffr. de 25 lignes à la page, sans sign., mar. r. jans., tr. dor. (*Chambolle-Duru fils.*)

IV. 9. 39

Le titre est orné d'un petit bois qui représente trois personnages vus à mi-corps. Le texte commence au v° même du titre.

Nous ne connaissons aucun libraire du nom de *Robert Ausber*; aussi faut-il plutôt voir dans ce personnage l'auteur que l'éditeur du *Recueil*. La pronostication commence par une longue dissertation, fort peu intelligible,

> ¶ **Le recueil et** Supplement des ar tres lesquelz ont prognosticque sur la Theorique des sept plan ttes, & observations daulcuns astrologues, & Bons Mathematiciens estudiās soubz le metoroscope de Pto lomee. Pour ceste presente annee. Mil. Cinq Cens Quarante & deux. Et de la pacification dentre Lempereur, et le Roy de france treschrestian.
>
> ¶ Imprime pour Robert aufser. Le Vtecindesme iour oapuril Mil. cinq. cens. xlii.

comme il convient à ce genre d'ouvrage; mais on trouve au dernier f. des nouvelles politiques assez curieuses :

« Des nouvelles de la court envoye[e]s en Picardye par le tresorier ou, autrement nommé, l'argentier de monsieur de Velly, embassadeur pour le roy [......] a faict commandement de faire pourcessions generales, tant pour entretenir la bonne confideration [*sic*] d'entre l'empereur et le roy nostre sire, que pour apaiser l'ire de Nostre Seigneur, et aussi qu'il luy plaise parfaire et amener et maintenir les labours et fruitz de present commencés sur la terre ... »

2762 (215 *a*). Centvries ‖ prophetiques. ‖ Reuelées par sacrée Theurgie & secrette ‖ Astrologie à M. Iean Belot Curé ‖ de Mil-monts, professeur és Mathema- ‖ tiques Diuines & Celestes. ‖ Ausquelles Centuries est predict les euenements, affaires ‖ & accidents plus signalez qui aduiendront en l'Eu- rope ‖ aux années suiuantes, iusques en 1626. ‖ Dediées au Roy. ‖ *A Paris,* ‖ *Chez Anthoine Champenois, ruë vieille* ‖ *Drapperie, deuant le Palais.* ‖ M. DC. XXI [1621]. ‖ Auec Priuilege du Roy. In-8 de 22 pp. et 1 f., mar. citr. jans., tr. dor. (*Chambolle-Duru.*)

Le titre est orné d'un bois qui représente un astrologue travaillant dans son cabinet.

Au v° du titre est cette épigraphe : « Ne mesprisez point les propheties. Thess. 3. »

Les pp. 3-5 contiennent une épître de Jean Belot « Au roy ».

Les prophéties se composent pour chacune des années 1621-1625 de 12 quatrains et de divers paragraphes en prose.

Le dernier f. contient, au r°, un extrait du privilège accordé à *Anthoine Champenois*, le 9 décembre 1620. La durée n'en est pas indiquée.

2763 (218 *a*). De artifi^{li}. Pspec^{va}. Viator. ter°. — [Au r° du dernier f. :] *Impressum Tulli Anno Catholice veritatis* || *Quĩgẽtesimo vicesimo primo ad Milesimũ* [1521] || *vii° Idus Septembres. Solerti opera Petri iacobi pb̃ri* || *Incole pagi Sancti Nicolai.* In-fol. de 36 ff. non chiffr., vél. blanc (*Reliure originale*.)

L'intitulé, qui est gravé sur bois, est accompagné d'un cadre en perspective, sur les côtés duquel sont deux burins. On lit au-dessous, dans un cartouche, les 18 vers suivants :

```
      O bons amis, trespassez et vivens,
      Grans esperiz, zeusins, appelliens,
      Decorans France, Almaigne et Italie,
      Geffelin, Paoul et Martin de Pavye,
      Barthelemi Fouquet, Poyet, Copin,
      André Montaigne et d'Amyens Colin,
      Le Pelusin, Hans Fris et Leonard,
      Hugues, Lucas, Luc, Albert et Benard,
      Jehan Jolis, Hans Grun et Gabriel,
      Wastele, Urbain et l'Ange Micael,
      Symon du Mans : dyamans, margarites,
      Rubiz, saphirs, smaragdes, orisolites,
      Ametistes, jacintes et topazes,
      Calcedones, asperes et a faces,
      Jaspes, berilz, acates et cristaux,
      Plus precieux vous tiens que telz joyaux,
      Et touz autres nobles entendemens,
      Ordinateurs de specieux figmens.
```

Au-dessous de ces vers, Jehan Pèlerin indique ainsi son origine :

vicus	*fons*	*diocesis*
De bosco Joannis.	Coriloni.	Malleacensis.

Le v° du titre et les 9 ff. suivants sont occupés par un texte écrit en latin et en français, et dans lequel sont intercalées diverses figures.

Le reste du volume est rempli par les planches, accompagnées pour la plupart de distiques français explicatifs.

Au r° du dernier f., au-dessous de la souscription, se trouve la devise *Sola fides sufficit*, qui est celle de l'imprimeur de Saint-Nicolas du Port, *Pierre Jacques*, ou *Jacobi*.

Jehan Pèlerin, dit Viator, né au Bois-Jouin en Coron, licencié en droit, était en 1467 chargé de la juridiction de Thiers-en-Luçay. Il devint secrétaire de Nicolas d'Anjou (1470), prieur de Saint-Cyr-en-Talmondois, puis passa au service de Commines (1472). On ne sait au juste quand il s'établit en Lorraine ; ce qui est certain, c'est qu'il devint avant 1500 chanoine de Toul. Il mourut en janvier 1524. (Voy. Célestin Port, *Dict. de Maine-et-Loire*, III, p. 66.)

Le traité *De artificiali perspectiva* fut publiée pour la première fois le 23 juin 1505. Une seconde édition parut le 12 mars 1510 (n. s.). La troisième édition, que nous venons de décrire, est la plus complète ; c'est un livre trop connu pour que nous nous y arrêtions plus longuement.

Anatole de Montaiglon s'est attaché, dans le mémoire qu'il a consacré en 1861 à Jehan Pèlerin et à son traité de la perspective, à identifier les artistes cités sur le titre de l'édition que nous venons de décrire. Voici les identifications qu'il propose (nous suivons l'ordre de l'original) :

1. *Geffelin* = Hans Leonhard Schäufelin, mort à Nördlingen en 1540. — Benjamin Fillon, dans ses *Lettres écrites de Vendée à M. Anatole de Montaiglon* (Paris, 1861, in-8, p. 35) propose de reconnaître ici Olivier Chiffelin, d'Angers, peintre, dont il cite une quittance donnée à Baulde Talboem, prêtre, chanoine de Tournai et de Dreux, etc., procureur général de Philippe de Commines, le 29 juin 1487.

2. *Paul*, artiste inconnu. C'est sans doute en pensant aux vers de Pèlerin que Théodecte Tabourot, dans une note manuscrite mise par lui sur un exemplaire d'une petite suite des *Trionfi* de Pétrarque signée du monogramme de Georg Pencz, attribue ces compositions à Paul Geffelin, « le rubis des peintres de son temps » (Montaiglon, p. 19). — Benjamin Fillon (*loc. cit.*, p. 36) pense à Paolo Uccello, né à Florence en 1389, mort en 1472, qui opéra une révolution dans l'art de la perspective, ou à Paolo Zoppo, de Brescia.

3. *Martin de Pavye.* — Montaiglon pense à Martin Schön, ou Schongauer, mort à Colmar le 2 février 1488. L'artiste aurait travaillé en Italie et aurait, comme beaucoup d'autres, été désigné sous un nom italien ; mais il faut convenir que c'est là une hypothèse peu admissible. — Benjamin Fillon (p. 37) incline à voir dans Martin de Pavie quelque artiste français ; mais il ne peut rien dire de précis

4. *Barthelemi Fouquet*, sans doute un miniaturiste parent de Jehan Foucquet.

5. *Jehan Poyet*, miniaturiste à Tours, que Jehan Brèche place au-dessus des Foucquet, et qui travailla pour Anne de Bretagne. Cf. L. Delisle, *Le Cabinet des Manuscrits*, I, p. 124 ; III, p. 346.

6. *Coppin de Delft*, miniaturiste employé, de 1456 à 1482, par le roi René, par Louis XI et par le dauphin Charles.

7. *Andrea Mantegna*, né à Padoue en 1430, mort en 1506.

8. *Colin d'Amiens*, qui fournit le patron de la statue agenouillée en bronze de Louis XI, que ce prince fit faire pour son tombeau de Cléry.

9. *Pietro Vannucci*, dit *le Pérugin*, né en 1446 à Città della Pieve, mort en 1524 à Castello di Fontignano.

10. Montaiglon parle, d'après une communication verbale des frères Tross, d'un traité de perspective que *Hans Fries* aurait publié. Nous n'avons pu trouver une mention précise de ce livre. Il s'agit ici de Hans Fries, peintre, né à Fribourg en Suisse vers 1465, mort vers 1520, et dont les musées de Fribourg, de Bâle, de Nuremberg, etc., possèdent d'assez nombreux ouvrages.

11. *Leonardo da Vinci*, mort à Amboise le 2 mai 1519.

12. *Hugo Vander Goes*, de Gand, mort en 1482. — M. Girodie, qui a relevé dans *La Couronne margaritique* de Jehan Le Maire le passage où il est dit que vint

De Francfort maistre Hugues Martin,

croit que l'artiste venu de Francfort est Martin Schongauer, Hugues ayant pu être employé pour *Hübsch*, synonyme de *Schön*. Il propose ici la même identification (*Martin Schongauer*, 1911, p. 111).

13. *Lucas van Leyden*, né en 1494, mort en 1533.

14. *Albrecht Dürer*, né à Nuremberg le 21 mai 1471, mort dans la même ville le 6 avril 1528.

15. *Bernard van Orley*, né à Bruxelles vers 1491, mort dans la même ville le 6 janvier 1542. L'identification n'est pas certaine. — Benjamin Fillon (p. 36) pense à Bernardo Zenale, de Treviglio, peintre et architecte, né vers 1460, mort en 1526 à Milan, qui s'était fait connaître par sa science de la perspective.

16. *Jehan Jolis*, pensent Montaiglon et Benjamin Fillon, pourrait être un Hans Schön ; mais on ne cite aucun artiste de ce nom. Nous croyons plutôt, comme Nagler (*Monogrammisten*, III, n° 1743) qu'il s'agit du graveur Jehan Jollat, dont la vie est presque inconnue.

Nº 2764. CAPITOLARIO DEL MESTIER DE LA LANA IN VENETIA. 1526

17. *Hans Baldung, dit Grün*, ou *Grien*, né à Weyerstein en Alsace entre 1476 et 1480, mort à Strasbourg en 1545.

18. *Gabriel Wastele* est peut-être un peintre verrier qui exécuta des vitraux pour Sainte-Gudule à Bruxelles. — Benjamin Fillon pense à quelque Guastaldo italien.

19. *Raffaello Sanzio*, ou Raphaël d'Urbin, né le 6 avril 1483, mort le 6 avril 1520.

20. *Michelangelo Buonarroti*, mort en 1564.

21. *Simon Hayeneufve*, dit *Simon du Mans*, miniaturiste, né à Château-Gontier en 1450, mort au Mans le 11 juillet 1546. Geoffroy Tory parle de cet artiste dans son *Champfleury* ; La Croix du Maine le cite également (éd. Rigoley de Juvigny, II, p. 412). L'abbé Angot lui a consacré une notice spéciale : *Simon Hayeneufve, d'après un document inédit* (Laval, v. 1893, in-8).

Le présent exemplaire porte l'ex-libris de C. WALWITZ, COMTE DE NOSTITZ, dont les armes sont écartelées : au 1er d'azur, à deux cornes de chamois adossées, échiquetées de gueules et d'argent, issant d'un croissant montant d'or ; au 2e d'argent à un demi-vol de sable, chargé d'une fasce du champ ; au 3e d'argent plein, au 4e d'azur plein, à une ancre écartelée d'or et d'azur brochant sur toutes les écartelures. Le volume a figuré dans une vente faite par le libraire J. Rosenthal à Munich en 1895; il a fait partie ensuite de la bibliothèque de G. GUYOT DE VILLENEUVE (Cat. 1900, n° 301). Le rédacteur de ce dernier catalogue dit : « On a ajouté et intercalé dans le cahier C 6 feuillets tirés d'un livre de perspective fait à l'imitation du Viator. Cet ouvrage nous est inconnu ». Les 6 ff. que nous avons compris dans notre collation en comptant en tout 36 ff. et non 30, paraissent bien être une addition due à Jehan Pèlerin lui-même. La facture des bois est toute semblable, et les caractères mobiles employés sur l'une des figures sont semblables à ceux qui ont servi à la composition du texte.

V. — ARTS MÉCANIQUES ET MÉTIERS DIVERS.

2764 (279 a). CAPITOLARIO del mestier et arte de la lana, quale si exercita nella inclyta cità de Venetia nel anno 1526, a dì primo de zugno, in tempo del serenissimo et inclyto principe miser Andrea Gritti, doxe de Venexia, et cetera. Ms. in-fol. sur vélin de 333 ff., exécuté à 2 col., haut. 320 ; larg. 228 millim., mar. r., dent. et comp., dos orné, traces de fermoirs, tr. marb. (*Rel. du XVIe siècle.*)

II.8.21

Le volume se divise en deux parties. La première partie contient les règlements de la corporation des lainiers, rédigés de 1265 à 1448. Elle se compose de 3 ff. blancs, 6 ff. pour le registre, 1 f. blanc, 2 ff. pour une grande miniature, une préface latine et une préface italienne, et 126 ff. anciennement chiffrés. Les règlements sont divisés en 254 chapitres.

La seconde partie compte 7 ff. pour le registre, chiffrés 127-133, 3 ff. laissés blancs pour la continuation éventuelle du registre, et 195 ff. de texte chiffrés 141-326. Elle contient les résolutions complémentaires prises par les représentants de la corporation depuis le 22 mars 1375. A partir de 1451 les noms des chefs de la corporation sont indiqués année par année.

Le recueil, très élégamment calligraphié, a été continué avec le même soin et des écritures presque semblables jusqu'au mois de mai 1581. Tout le volume était rempli, sauf une partie des feuillets réservés pour les registres.

Il fut alors conservé par Francesco di Anastasio Tinto, qui a mis plusieurs fois son monogramme F. A. T. sur les feuillets de garde, au commencement et à la fin.

On lit sur le dernier f. de garde :

« Franciscus Tinto, Anastasii f., qui cum undecies a mercatoribus in publica concione probatus esset et eademmet justitia cum charitate quintam rei vestiarie prefecturam curasset, invictus permissit. M. D. LXXXIIII. »

Et au-dessous :

F. A. T. (en monogramme)
Iterum. M. D. LXXXVII.

Les règlements des lainiers mériteraient une étude spéciale ; ils nous montrent quelles précautions étaient prises pour éviter les fraudes et pour que les draps de Venise justifiassent la réputation dont ils jouissaient dans le monde entier.

La miniature, qui paraît devoir être attribuée à BENEDETTO BORDONE, représente le bureau de la corporation. Au-dessous est l'inscription suivante : *M. D. XXIIII, die p[rima] mensis Junii, ducante sereniss[imo] P. Leonardus* [sic] *Lauredano, inclyto Venetiarum duce, sp[ectabilibus] v[iris] Bernardo Marino q[uondam] D[omini] Bartholomei, Augustino de Franciscis et Joanne Victurio Janitii praesulibus.* Dans le bas, on voit la tonte des moutons, le cardage et le filage de la laine, le foulage et le décatissage du drap. Voy. la reproduction ci-contre.

BELLES-LETTRES.

I. — LINGUISTIQUE.

2765 (319 a). VOCABULAIRE-LATIN-FRANÇAIS.] — [Au v° du dernier f., 2ᵉ col. :] *Ce present vocabulaire fut* || *acheue le .iiii. iour de feurier Mil* || *quatrecens quatrevingtz et cinq* [1486], n. s.] || *pour anthoyne verard libraire de* || *mourant a lymaige saint iehan* || *leuangeliste. sur le pont nostre da* || *me. ou au palaiz deuāt la chapel* || *le ou len chāte la messe de messei-* || *gneurs les presidents.* In-4 de 130 ff. non chiffr. de 39 lignes à la page pleine, impr. à 2 col. car. goth., sign. *a-p*, par 8, *q* par 10, mar. r. jans., tr. dor. (*Chambolle-Duru fils.*)

Le 1ᵉʳ f., qui était peut-être blanc, manque à notre exemplaire. Le texte commence au f. *a ij*, le fac-similé ci-contre en fera connaître le début.

L'impression a probablement été exécutée par *Pierre Le Rouge* ; nous ne pouvons cependant indiquer aucun ouvrage dans lequel aient été employées ces petites lettres de forme.

Le volume n'offre pas seulement un grand intérêt philologique, car c'est sans nul doute le premier vocabulaire français qui ait été publié ; il est aussi fort curieux pour l'histoire du libraire *Antoine Vérard.* La plus ancienne édition connue qui porte le nom de Vérard est le *Livre de Decameron ou Bocace, des cent nouvelles,* traduit par Laurent de Premier fait, lequel fut achevé le 27 novembre 1485. Les bibliographes citent ensuite des fragments d'un livre d'heures achevé le 6 février 1486, puis les *Ditz moraux des philosophes*, terminés le 27 avril suivant ; mais ni M. Mac Farlane, ni M. A. Claudin ne font mention du *Vocabulaire*.

Nous donnons ci-après (p. 40) un fac-similé de la dernière page du texte, avec la souscription.

Le Vocabulaire publié par Vérard a été réimprimé à Genève, par Loys Cruse, dit Garbin, à la date du 15 juin 1487. Le seul exemplaire connu de cette réimpression appartient à la Bibliothèque Sainte-Geneviève ; il est,

comme notre volume, incomplet du 1ᵉʳ f. Le présent exemplaire a perdu, en outre, le f. *a viij*, qui correspond au titre.

De la bibliothèque de feu MARCEL SCHWOB (Cat. 1905, nº 617).

2766 (319 b). — Vocabvlarivm latinis ‖ Gallicis et Theutho- ‖ nicis verbis scriptū. — [Au bas du f. *hiiij* r⁰ :] ❡ *Imprime a Lyon Lan M. ccccc. xiiij* [1514]. *par* ‖ *Iehan thomas demourant* ‖ *pres lospital du pont* ‖ *du rosne*. In-4 goth. de 32 ff. non chiffr. de 33 lignes à la page, dont les 6 premiers cahiers sont impr. sur 3 col. et le 7ᵉ cahier sur 2 col., sign. *a-h*. — [Dialogues français-allemands]. [S. l. n. d.

[*Lyon*, 1514], in-4 goth. à 2 col. de 33 lignes à la page, sign. *a-b* par 4, *c* par 6. — Ensemble 2 part. en un vol. in-4, mar. r. jans., tr. dor., (*Trautz-Bauzonnet.*)

Vocabularium. — Voici la reproduction du titre :

Le v° du titre est blanc. Le texte commence au f. *a ij* ; nous en reproduisons le début en fac-similé à la p. 40.

Les mots sont classés par groupes d'après leur signification. Le second chapitre (fol. *a iij*) est intitulé *De membris hominis et quibusdam aliis*; le troisième (fol. *b ij* v°), *De accidentibus et infirmitatibus hominum*; le quatrième (fol. *d iij* v°), *De differentiis hominum*, etc.

Les chapitres consacrés aux armes, aux métiers, aux plantes, aux oiseaux, aux poissons, aux outils, sont particulièrement intéressants.

Les mots allemands appartiennent aux dialectes parlés en Suisse et dans les provinces voisines. Ainsi *auricula* (petite oreille) est rendu par *orli* ; *mulier* (femme) est traduit par *wip* ; *mas, vel masculus* (malle = mâle) est traduit par *mendli*, etc.

[*Dialogues*]. — Cette seconde partie, qui complète l'ouvrage, manque à la plupart des exemplaires connus. Elle commence par six sentences en vers français, vers qui sont ici peu corrects et qui sont imprimés comme de la prose. Voici les premières sentences :

1. Jesus (soit) a mon (premier) commencement
Et tousjours a mon finement.

   Got sy an mynem ersten Anefang, ende alle **Tage** biss an mein Ende.

2. A mon premier commencement
Soit Dieu le Pere omnipotent.

   An mynem ersten Anefang sye Gott der Vatter almechtig.

Latin.	Francoys.	Alemant.
Eus	Dieu	Got
Angelus	Ange	Engel.
Archagel'	Archange	Erczengel
Spiritus	Esperit	Geist
Dominatiões	Dominations	Herchaffte
Virtutes	Vertus	Krauffte
Potestates	Puissances	Gewaltigen
Principatus	Principautez	Furst engele
Troni	Trones	Tron
Cherubin	Cherubin	Cherubin
Seraphin	Seraphin	Seraphin
Celum	Ciel	Himel
Planeta	Planete	Planet
Stella	Estoille	Sterne
Sol	Soleil	Sunne
Luna	Lune	Mon
Lux	Lumiere	Liecht
Elementum	Element	Element
Aer	Er	Lufft
Ros	Rousee	Taue
Pruina	Gel	Ryffe
Nubes	Nuee	wolck
Wentus	Vent	wind
Tonitruum	Tonnoire	Tonner
Fulgura	Fouldre	Blick
Pluuia	Pluye	Regen
Tempestas	Tempeste	Sturmwetter
Grando	Grelle	Hagel
Nix	Neyge	Schne
Glacies	Glace	Eys

a ij

3. Par bien aprendre et retenir
   Peut (ung) homme a grant honneur venir.

  Durch wol lernen und behalten mag eyn Man zu grossen Eren komen.

L'auteur était sujet de l'empereur comme on le voit par cette phrase :

Comment s'apelle nostre misericors et souverain seigneur, l'empereur ?

  Wie heyset unser aller gnedigster Herre der Keiser ?

L'édition lyonnaise du *Vocabularium* est la plus ancienne que l'on connaisse. Il en existe des réimpressions exécutées à *Strasbourg*, par *Mathis Hupfuff* en 1515 (Weller, *Repertorium*, 1864, n° 970) et par *Martin Flach*, en 1521 (Charles Schmidt, *M. Flach, père, M. Flach, fils*, 1893, p. 35, n° 64).

2767 (321 *a*). ❡ Tresvtile Et cō ‖ pendievlx Traicte de lart et science dortho- ‖ graphie Gallicane / dedans lequel sont com- ‖ prinses plusieurs choses necessaires / curieuses ‖ nouvelles / et dignes de scauoir / non veues au ‖ parauant. Auec vne petite introduction pour ‖ congnoistre a lire le chiffre. — [Fol. *C iiij* v°:] ❡ *Finis* ‖ ❡ *Imprime a paris pour Iehā saīt denis* ‖ *libraire demourāt a paris en la rue neufue* ‖ *nostre dame a lenseigne sainct Nicolas.* — [Fol. *D i* r°:] ❡ Introduction ‖ pour congnoistre a lire le chiffre. — S. d. [*v*. 1530], in-8 goth. de 16 ff. non chiffr. de 27 lignes à la page pleine, sign. *A-D* par 4, mar. bl., fil. à froid, tr. dor. (*Duru*.)

Le titre est orné d'un bois qui représente un moine assis devant un pupitre (cf. t. I, n° 192) et de deux fragments de bordure :

Au v° du titre commence une épître « A treshonnorable et excellent juge, Jaques d'Aoust, bailly d'Abbeville ». Cette épître, qui se termine au f. *A ij* v°, est datée d'Abbeville, le 22 septembre 1529. L'auteur ne nous dit rien de particulier sur sa personne.

Le Traicté commence, immédiatement après l'épître, de la façon suivante :

« Orthographie est ung terme grec fait par longue espace de temps, commun et comme propre a nostre langue, dont pour le present il nous suffira de la diffinition. Orthographie doncques est une science et industrie de sçavoir bien escripre. . . »

Le grammairien passe en revue les diphtongues, parle rapidement des voyelles, s'étend sur la « sinderese » et la « diærese », puis s'arrête aux consonnes. Les auteurs qu'il allègue sont Pierre Fabry, Jean Le Maire, George Chastellain. Tout en écrivant *aoust, saoulter*, il recommande de prononcer *oust, soulter*. Il blâme l'introduction de *h* dans le mot *Jehan* (= Jean) ; il veut qu'on écrive *magnifique, mistique*, etc., et non *magnificque, misticque* ; il repousse *dampné* et préfère la forme *damné*. Ce qui est plus remarquable c'est l'emploi du groupe *ch* pour remplacer le *ç*, auquel notre anonyme ne semble pas avoir pensé. « Il est evident, dit-il (f. *B iiij* v°), que on escriproit mal sans *h* : *franchois, fachon, lechon* et semblables, car sans *h* on profereroit *franquois*, etc. ». Il a sans doute voulu simplement reproduire les formes picardes.

De la bibliothèque du COMTE DE LIGNEROLLES (Cat., 1894, n° 700).

2768 (331 *a*). PROSE DI .M. PIETRO BEMBO || nelle qu li si ragiona del- || la volgar lingua scritta || al Cardinale de Medici che || poi è stato c eato a som- || mo Pontefice e dette Pa- || pa Clemente settimo diuise || in tre libri. — [Fol. XCIIII v°:] *Imprese in Vinegia per Giouan Tacuino, nel mese di Set-* || *tembre del M. D. XXV* [1525]. Con priuilegio di Papa Cle- || mente, et del Senato di questa Citta, et di tutti glialtri Sta || ti et Signori della Italia, nelle cui terre libri si Stampano ; || che niuno per anni .X. possa queste prose imprimere o im- || presse uendere ne loro luoghi sotto le pene, che in essi pri || uilegi si contengono ; se non coloro, a quali dal compositor || loro expressamente sara ordenato che le stampino. In-fol. de 1 f. pour le titre, XCIIII ff. chiffr. et 1 f. blanc, mar. v., fil., large bordure à compartiments de rinceaux, dos et mil. ornés, tr. dor. (*Rel. du XVI° siècle*.)

Édition originale.

Le 1er f. est blanc au r°, et porte l'intitulé au v°.

Le f. XCIIII contient, au r°, les *Erreri da glimpressori per inavertenza fatti*, et, au v°, les 8 lignes de la souscription.

Exemplaire de TOMMASO MAIOLI. Le premier plat porte le titre de l'ouvrage dans un cartouche central en mosaïque de mar. brun : *Prose di M. Pietro Bembo*, et en bas, au-dessus de la bordure ces mots : *Tho. Maioli et amicorum*. Le chiffre du célèbre amateur occupe le centre du second plat ; il est placé de même dans un cartouche de maroquin brun.

Ce volume a fait partie des bibliothèques de DENT (1813), de RICHARD HEBER (1834, I, n° 774), de WILLIAM BECKFORD et de son gendre, le dixième DUC DE HAMILTON (1882, I, n° 789).

2769 (331 *b*). ℭ VOCABVLARIVM || Anglicis et Galicis verbis

Nº 2768. PROSE DI M. PIETRO BEMBO. 1525.
(EXEMPLAIRE DE TOMMASO MAIOLI)
Dimensions de l'original. 301 × 191 millim.

scriptum. || ℭ Vocabulayre en Angloys et Francoys scelō || les parolles escriptes pour aprendre a parler An || gloys et Francoys. — ℭ *Finis.* || ℭ *On les vend a Paris en la rue neufue nostre* || *Dame a lenseigne sainct Nicolas. S. d.* [*v.* 1525], in-8 goth. de 12 ff. non chiffr. de 28 lignes à la page, sign. *A-C*, mar. r. jans., tr. dor. (*Chambolle-Duru fils.*)

Le titre de ce petit volume semble indiquer que c'est la reproduction d'un vocabulaire ayant formé série avec le vocabulaire latin-français-allemand décrit ci-dessus (n° 2756).

Le frontispice est orné d'un bois ; en voici la reproduction :

Le texte commence au v° du titre ; mais l'anglais est imprimé avec une telle négligence qu'il est parfois presque inintelligible. Voici le début, que nous reproduisons avec toutes ses fautes, nous bornant à couper convenablement les mots :

Here is good bok to lerne to spke Fresche.
Vecy ung bon livre a aprendre a parler françoys,
In te name of thet Fader, of the son
En nom du Pere et du Filz

And of the Holy Goost I will begynne
Et du Sainct Esprit je vueil commencer
To lerne to speke Frenche,
A aprendre pour parler françoys,
So that I may do my marchaundise
Afin que je puisse faire ma marchandise
In Fraunce and elleswhere in other londes,
En France et ailleurs en aultre pays,
Thereas the foke [speke] Frenche.
La ou gens parlent françois.
And fjrst I wil lerne to reken by lettre...
Et premierement je veux aprendre a compter par letre...

Les noms de nombre sont suivis d'une liste assez curieuse de noms de marchandises, de phrases usuelles, d'une liste de mots, puis du *Book of curtesie* (fol. *biij* v°) :

Lytell chydren, he maye ye lerne
Petis enfans, icy vous povez aprendre
Moche curtesie that is weylen here
Beaucoup de courtesie qui est escripte icy
Fort the clerkes that the sevene arts can..
Pour les clers qui les sept ars sçavent...

Le poème du XIVe siècle connu sous le nom de *Boke of Curtesye* a été réimprimé par J. O. Halliwell dans le tome IV de l'*Early English Poetry* (Percy Society, 1842, in-8). Il en existe deux éditions du XVe siècle l'une donnée, vers 1477, par *W. Caxton*, l'autre, vers 1492, par *Wynkyn de Worde.*

Le volume se termine par deux modèles de lettres en anglais et en français :

1 (fol. *Ciij*) *Right whorshipful sie, I recommande me unto you as moch as I maye, and please you wete that I am in right god hel, tehankeel be God, to whome I pray that so it may be of [y]ou....*

1 (fol. *Citj* v°) Tresbonnoré sire, Je me recommande a vous tant comme je puis, et plaise vous savoir que je suis en tresbonne santé, la mercy Dieu, auquel je prie que ainsy soit il de vous...

2770 (331 *b*). Habes hoc in ∥ libro cādide Lector Hebraicas Institutio ∥ nes. in quib⁹ quicquid est grāmatices He ∥ braicæ facultatis edocetur ad amussim, de ∥ literis, punctis, accē- tibus, nomine, τ nomi ∥ num speciebus, de pronominibus τ eoruʒ ∥ cū nominibus, τ verbis coniūctione, de ver ∥ bo τ verborū cōiugationibus, τ distinctio- ∥ ne, in perfecta, quies- centia, defectiua, gemi ∥ nata, de partibus indeclinabilibus, præpo ∥ sitionibus, cōiūctiōibus, aduerbijs, de re ∥ gulis exponēdi arcanas literas τ de figu ∥ ris, vt paucissima sint desiderāda, quas nu ∥ per ædidit Reuerēdus sacræ theolo. Do. ∥ Sanctes Pagninus Lucensis prædicato ∥ rij ordi. ad cōmunem studiosoʳ vtilitatē. ∥ Cum priuilegio apostolico, et ∥ Christianissimi Regis, ∥ ☙ Ὁ τὴν πρὸς περισπερχῆ νεολαίαν ἀρχηγός ∥ ὅττ' ἀρ' ἑβραίων ἢ σποράδην δόθεν ἐσθ' ὅτε δέλτοι, ∥ ἀμπώσει ποςέω, ϛᾶστα μία μὲν ἐγῶμ. — [Au v° du dernier f. :] ☙ *Expliciunt Quatuor Libri Institutionū* ∥ *Hebraicarū, Impressi Lugd' p Anto* ∥ *niū du Ry, Impēsis Reuerēdissi.* ∥ *Do. Frāci. d' Claromōte epī* ∥ *cardīalis auxita. lega* ∥ *ti Aueniōn. an.* ∥ *Dn̄i. M. d. xx* ∥ *vj* [1526]. *Die .j.* ∥ *Mēsis* ∥ *Octo* ∥ *bris.* ∥ ✠ In-fol. de 8 ff. lim. et 411 pp., dont la der- nière est cotée 421.

Le volume, imprimé sur deux colonnes, en grosses lettres de forme, se lit de droite à gauche, comme les livres orientaux.

BELLES-LETTRES.

Le titre, imprimé en rouge et en noir, est entouré d'un bel encadrement.

Au v° du titre commence une épître de Sante Pagnino « Reverendissimo ac illustri in Christo patri ac domino, domino Federico Fregosio, archiepiscopo salernitano ». C'est au même personnage que l'auteur dédia, en 1529, son *Thesaurus linguae sanctae*. L'épître se termine au f. *A*3. L'*Index* et les *Castigationes* occupent les ff. *A* 3 v°-*A* 8 r°. Au v° de ce dernier f. est une longue pièce latine intitulée : « BARTHOLOMEI RUFFI, Grimaldensis Provincialis, Endecasyllabon in Sanctem Pagninum Lucensem, sacrae theologiae doctorem. »

Le titre de départ du premier livre (**p.** 1) est accompagné d'un portrait de l'auteur, dont voici la reproduction :

1 **Institutionum hebraicarum Liber primus.**

Sante Pagnini était originaire de Lucques, où il était né vers 1470. Entré de bonne heure dans l'ordre de Saint-Dominique, il se consacra tout entier à l'étude du grec et à l'étude de l'hébreu. Il passa la plus grande partie de sa vie en France, soit à Avignon, où il eut pour Mécène le cardinal François de Clermont-Lodève, archevêque d'Auch (mort en 1538), soit à Lyon, où il lui était plus facile d'avoir des élèves et de faire imprimer ses ouvrages.

Sante mourut à Lyon le 24 août 1541. Un de ses parents, Guglielmo Pagnini, a écrit sa vie (Rome, 1653, in-8). Quétif et Échard (*Scriptores ord. Praedicatorum*, II, p. 114) lui ont consacré un assez long article ; mais, malgré ces diverses publications et celle d'une *Notice*, due à M. Antoine Péricaud en 1850, le rôle scientifique du dominicain italien, et ses ouvrages, dont l'importance est attestée par un très grand nombre d'éditions, n'ont pas encore été suffisamment étudiés. Il ne se bornait pas d'ailleurs à la culture des langues anciennes. Francesco Sansovino, en lui adressant une de ses *Lettere sopra le diece giornate del Decamerone di M. Gio. Boccaccio*, imprimées en 1542, nous apprend qu'il s'intéressait aussi à la littérature vulgaire.

Cet exemplaire porte l'ex-libris de CH. COTTIER, « lieutenant du recteur du Comté Venaissin, à Carpentras, an 1788 ».

III. — Poésie.

1. — Poètes grecs.

2771 (395 *a*). Les XXIIII || Livres de || l'Iliade d'Ho- || mere, Prince || des Poëtes Grecs. || Traduicts de Grec en vers François. || Les XI. premiers par || M. Hugues Salel Abbé || de Sainct Cheron, || et || Les XIII. derniers par Amadis Iamyn, Secretaire de la || chambre du Roy : tous les XXIIII. re- || ueuz & corrigez par ledit || Am. Iamyn. || Auec || Le premier & second de l'Odyssee d'Ho- || mere, par Iaques Peletier du Mans. || Plus vne table bien ample sur l'Iliade d'Homere. || *A Paris,* || *Pour Lucas Breyer, Libraire, tenant sa* || *boutique au second pillier de la* || *grand'salle du Palais.* || M. D. LXXX [1580]. || Auec Priuilege du Roy. In-12 de 12 ff. lim., 408 et 32 ff. chiffr., plus 23 ff. non chiffr. et 1 f. blanc, mar. r., dos et mil. ornés. tr. dor. (*Trautz-Bauzonnet.*)

Les ff. lim. contiennent le titre ; l'*Epistre de dame Poësie au tres-chrestien roy de France François, premier de ce nom, sur la traduction d'Homere, par* Salel ; un sonnet d'Est. de Navieres *sur la traduction de l'Iliade d'Homere faicte par Salel* (fol. *a viiij*) ; une longue pièce de P. de Ronsard *aux manes de Salel* (fol. *a viiij v°*) ; un huitain d'Estienne Jodelle *a la Memoire* (fol. *a xj v°*), Le 12° f. est blanc.

La partie traduite par Jamyn commence au f. 192 par un titre ainsi conçu :

Les treize || derniers Liures || de l'Iliade d'Ho-|| mere Prince des || Poetes. || Mis du Grec en vers François par || Amadis Iamyn Secretai- || re de la chambre du Roy. || Reueuz & corrigez pour la || troisieme edition. || Et dediez au Roy de France et de Polongne. || *A Paris,* || *Pour Lucas Breyer, marchant Libraire* || *tenant sa boutique au second pilier* || *de la grand'salle du Palais.* || 1580. || Auec Priuilege du Roy.

Les ff 193-197 sont occupés par les pièces liminaires, savoir : 22 vers hexamètres latins de Germain Vaillant de Guelis, abbé de Pimpont (fol. 193) ; ces vers « mis en françois par J. Du Bourg, evesque de Rieux » (fol. 193 v°) ; *Ode par monsieur de* Ronsard (fol. 194) ; 10 distiques latins *Homero et Amadisio Jamyno,* par Scévole de Saincte-Marthe (fol. 196) ; *Ode du traducteur au roy* (fol. 196 v°).

Au v° du f. 408 est un *Extrait* du privilège accordé pour dix ans au libraire *Lucas Breyer,* le 26 janvier 1574.

Le 1er f. de la seconde partie contient un nouveau titre ainsi conçu :

Premier || et Second || Liure de l'Odys- || see d'Homere.|| Par Iacques Pele-|| tier du Mans. || Reueu & corrigé de nouueau depuis la || derniere Edition. || *A Paris,* || *Pour Lucas Breyer Libraire, tenant sa* || *Boutique au second pillier de la* || *grand'salle du Palais.* || M.D.LXXX.

Au f. 2 est une épitre *Au tres-chrestien roy,* signée de la devise de Pelletier : *Moins et meilleur.*

BELLES-LETTRES.

A la fin (ff. 31-32) est une nouvelle épitre *Au roy*, par J[ACQUES] P[ELLETIER].
La *Table* et les *Fautes advenues en l'impression* remplissent 22 ff.

Au v° de l'avant dernier f. on lit :

Acheué d'imprimer le seiziéme iour || de Ianuier 1580. Par Pierre || le Voirrier, Imprimeur || du Roy és Mathe||matiques.

2772 (395 *b*). LES LIVRES || d'Hesiode poete || Grec, intitulez les Oeuures & les Iours, nou- || uellement traduictz || de Grec en Fran- || cois, || Par R. le Blanc. || Auec Priuilege. || *On les vend a Paris, chez Iacques || Bogard, demourant a l'i-|| mage S. Christofle, || deuāt le college de || Cambray. S. d.* [1547], in-8 de 42 ff. non chiffr., sign. *a-d* par 4, *e* par 10, car. ital., mar. r., fil., dos orné, tr. dor.   IV. 8. 71

Au v° du titre est le texte du privilège accordé pour trois ans au libraire *J. Bogard*, par le prévôt de Paris, [Pierre] Séguier, le 28 mai 1547.

Les ff. *a* 2 - *a* 5 r° contiennent une épitre du traducteur « A noble seigneur, monsieur Estienne de Morainville, seigneur de La Mezengere et du Couldray, maistre d'hostel de monseigneur le duc de Guise ». On y voit que Morainville avait confié à Le Blanc l'éducation de ses enfants, et que celui-ci leur avait fait étudier Hésiode.

Au f. *a* 5 v° est un huitain adressé aux lecteurs par JACQUES DE LA MER.

La traduction commence ainsi :

> Muses, en chant sur toutes excellentes,
> Orsus venez et que soiez attentes
> A celebrer le louange notable
> De Jupiter, votre pere louable..........

Voy. sur cette traduction Goujet, *Bibliothèque françoise*, IV, p. 145.
L'édition parisienne paraît avoir précédé l'édition imprimée la même année à Lyon par Jean de Tournes.

2773 (401 *a*). LES || QVATRE LIVRES || de la Venerie d'Oppian || Poete Grec || d'Anazarbe. || Par Florent Chrestien. || *A Paris,* || *De l'Imprimerie de Robert Estienne,* || *Par Mamert Patisson.* || M. D. LXXV [1575]. || Auec Priuilege du Roy. In-4 de 6 ff. lim., 39 ff. chiffr. et 1 f. non chiffr., mar. r. jans., tr. dor. (*Trautz-Bauzonnet.*)   IV. 2. 41

Le titre porte la marque de *Robert Estienne* (Silvestre, n° 508).

Les ff. *a ij - è i* contiennent une épître (en prose) de Fl. Chrestien « A tres-illustre et puissant prince, Henry, roy de Navarre », épître datée de Vendôme, le 23 mai 1575.

Les ff. *è i* v° et *è ij* sont occupés par trente distiques latins de JEAN DORAT « Ad Henricum, regem Navarrae illustriss., de Oppiani Venatoriis a Flor. Christiano gallice versis », et par douze vers hexamètres latins de J. DE LAVARDIN.

La traduction d'Oppien se termine au f. 38 ; elle est suivie d'une ode latine « Ad Lavardinum, abbatem a Stella, cum Oppiani de Venatione libros gallicis versibus de graeco verteret ».

Au v° du dernier f. est un *Extraict* du privilège accordé pour quatre ans à *Mamert Patisson* le 21 juin 1575.

On voit par un passage des *Cynegetica* (Liv. II, v. 125) que le poète était né à Pella ou Apamée, en Syrie ; il y a donc lieu de le distinguer de l'auteur des *Halieutica*, lequel était né en Cilicie. Les *Cynegetica*, dont nous ne possédons qu'un texte incomplet, ont dû être composés vers l'an 200. Jean Bodin en avait donné en 1549, chez Michel de Vascosan, une édition grecque, suivie, en 1555, d'une traduction latine avec commentaires ; mais Florent Chrestien déclare dans son épître liminaire qu'il n'a « jamais eu autre aide que du seul texte grec », et qu'il s'est efforcé de rendre l'original vers pour vers.

De la bibliothèque du COMTE DE LIGNEROLLES (Cat. 1894, n° 768).

2. — Poètes latins.

2774 (408 *b*). L'ART POETIQVE d'Hora- || ce, traduit en Vers Francois par Iacques Peletier || du Mãs, recongnu par l'auteur depuis la premie- || re impression. || Moins & meilleur. || *Imprime a Paris par Michel de Vascosan, au mois* || *d'Aoust.* Auec priuilege de la Court. || M. D. XLV [1545]. In-8 de 23 ff. chiffr. et 1 f. blanc, car. ital., mar. r. jans., tr. dor. (*Chambolle-Duru.*)

Au v° du titre est un *Extrait des registres de parlement*, en date du 11 juillet 1545, où il est dit que la cour a permis à Jacques Peletier de faire imprimer l'*Art poetique*, « par luy-mesme reveu et corrigé », et défend à tous autres de l'imprimer pendant deux ans.

Le f. 2 est occupé par un avis « Au lecteur ».

Les ff. 3-6 r° contiennent une épitre « A tresvertueux et noble homme Cretofle Perot, ecuier, seneschal du Maine ».

Au v° du 6° f. est un *Dizain*.

Voici les premiers vers de l'*Art poëtique* :

Si quelque peintre avoit fait le portrait
D'un chef humain, pris en changeant de trait...

La traduction de Peletier avait été achevée d'imprimer pour la première fois le 27 juillet 1541 ; elle avait été réimprimée en 1544.

2775 (408 *a*). LA BIBLE DES POETES. metha || morphoze. *nouuellemēt* || *imprime a paris.* — [*Au v° du dernier f.* :] ❡ *Cy fine ce present liure intitule Ouide* || *metamorphose translate de latin en frãcoys* || *et nouuellement Imprime a Paris p Phe* || *lippe le noir Libraire ⁊ lung des relieurs iu* || *rez de luniuersite dudit paris Demourant* || *en ladicte ville en la grãt rue sainct Iacq̃s* || *a lenseigne de la roze blanche couronnee. Et* || *fut acheue dimprimer Lã mil cinq cēs vĩgt* || *et trois* [1523] *le. xx. iour de May.* In-fol. goth. de 18 ff. lim., 171 ff. inexactement chiffr. et 5 ff. non

De Phineus & Perseus. fueillet.plvii.

chiffr., impr. à 2 col., v. f., f. dor., dent. à froid, tr. marbr. (*Rel. anglaise.*)

Le titre est imprimé en xylographie :

Au v° du titre est une grande figure, fort singulière, qui représente Saturne.

Les 17 ff. qui suivent sont occupés par le *Prologue* et par les *Descriptions et Figures des dieux et deesses.*

Voici les premières lignes du Prologue dans l'édition de *Colard Mansion* :

Sainct Pol l'apotre a son disciple Thymothee : ou .iii!. de son epistre, escript : « Les hommes tourneront aucunefois leur oye de verité et se convertiront aux fables. » Ceste parolle puis induire au propos de ce livre : c'est que de fables et de poetrie est aucunefois a user, affin que d'icelles aucun sens moral s'en puisse extraire....

Ici le *Prologue* est différent ; il commence ainsi :

« Combien que les fictions de aucuns vulgaires soient reputees choses vaines et fabulatoires ausquelles ne fault adjouster aucune foy, si n'est il pas pourtant raisonnable que du tout on les regecte, car, comme par experience nous voyons la Saincte Escripture.... »

Voici maintenant le début du texte (fol. 1 *b*) :

« *Cy commence Ovide son livre, auquel il invocque l'ayde de la Saincte Trinité. In nova fert animus...*

« Il m'est venu en couraige, dit Ovide, de dire comment les formes furent muez en corps nouveaulx, car vous, dieux, au commencement muastes icelles, etc. Aucuns ont esté qui s'entremirent de corriger nostre acteur, disans qu'ilz entendoient les corps en nouvelles formes muez... »

Le volume est orné en tout de 15 grandes figures remplissant chacune une page (la 15e n'est que la répétition de la seconde), de deux moyennes figures remplissant un peu plus de la moitié de la page (fol. *CCiiij* et *EEv*) et de 16 petites figures équivalant à peu près à un quart de page.

Après le 41ᵉ f. il se produit de nombreuses erreurs dans le numérotage des ff. ; le dernier est coté 173, au lieu de 171. Les 5 ff. qui terminent le volume contiennent : la *Table*, une répétition du grand bois qui décore le f. 1 r°, la souscription et la marque de *Michel Le Noir* (Silvestre, n° 59).

Les *Metamorphoses moralisées*, dans lesquelles toute la mythologie païenne est interprétée comme une simple allégorie des histoires de l'Ancien et du Nouveau Testament, sont l'œuvre du dominicain THOMAS WALLEYS, qui écrivit ses gloses en latin au XIVᵉ siècle. COLARD MANSION en imprima, en 1484, une traduction française dont il se disait l'auteur. Cette version fut reproduite, avec quelques changements, par *Antoine Vérard* en mars 1494 (n. s.), puis sans date. Les belles figures qui ornent l'édition de *Michel Le Noir* sont celles que Vérard avait employées ; mais comme nous l'a fait remarquer M. Edouard Rahir, ces figures n'ont pas toutes été gravées pour l'éditeur parisien : Vérard a fait en principe copier ou imiter les figures données par Colard Mansion ; mais l'une d'elles, celle qui précède le Vᵉ livre est tirée sur la planche originale, probablement en métal. On s'est borné à en diminuer un peu la largeur.

Vérard a complètement changé le premier prologue et supprimé le second. Il a été fidèlement suivi par les éditeurs venus après lui.

Exemplaire du MARQUIS DE BLANDFORD (Cat. 1819, n° 3185) et de CH. LORMIER (Cat. mai 1901, n° 264).

2776 (411 *a*). LA CLEF DAYMER ‖ selon ouide ‖ vous trouuerez dedans ce liure. — ℭ *Explicit. S. l. n. d.* [*v.* 1500], in-4

goth. de 34 ff. non chiffr. de 34 lignes à la page, impr. en lettres de forme, sign. *a* par 6, *b* par 4, *c-d* par 8, *e-f* par 4, mar. bl., fil., dos orné, doublé de mar. or., large dent., tr. dor. (*Chambolle-Duru fils*.)

Le r° du 1er f. ne contient que l'intitulé, lequel est précédé d'une initiale grotesque. Le v° est blanc.

Le fac-similé suivant fera connaître le début du poème (fol. *a ij*).

ci commence le li
ure daymer ouide le duc damours se
fait nommer
Amours qui les fins cueurs eueille
Et fait pencer a grant meruedlles
La nuyt quant repos doiuent prēdre
Ma fait aduiser z entendre
A cercher de cestematiere
Si vous diray en quel maniere
En vng temps iolis plain de ioye
Doulcement regarde auoye
Ma tresdoulce dame z amye
La plus belle qui soit enuie
Par qui seuffre peine z martire
Celle veoir la puis ie bien dire

Les derniers vers sont ainsi conçus :
    Comme le cochet tourne au vent.
    Dieu leur doint bon advissement.

Le v° du dernier f. est blanc.

Ce poème est une traduction de l'*Ars amatoria* d'Ovide et a été imprimé en 1866 par M. H. Michelant pour le libraire *Tross*, à Paris, et en 1890 par M. A. Doutrepont, dans la *Bibliotheca normannica*. Il est contenu dans un ms. de la Bibliothèque nationale (Nouv. acq. franç. 4531, fol. 63 v°) et dans un manuscrit de la Bibliothèque laurentienne à Florence (*Codici Ashburnhamiani*, n° 44).

On connaissait déjà une impression de *La Clef d'amour* à la suite d'*Ovide de arte amandi* (voy. Brunet, IV, 292); mais aucune édition séparée ancienne n'avait été citée jusqu'ici.

Provient d'une vente faite à Paris en nov. 1896, n° 487.

2777 (414 *a*). Les Dits de Caton, traduits en vers français par Jehan Le Fevre. Ms. in-4 sur vélin de 20 ff. (haut. 237; larg. 171 mill.), XVe siècle.

Le 1er f. manque au présent manuscrit. Il contenait les premiers vers du texte latin et la traduction de ces vers, qui devait commencer ainsi :
    Chaton fut preux chevalier et saige homme ..,

Dans son état actuel, le volume commence (fol. 2) par ces mots :
blandus esto. Cui des videto...

Le texte français, écrit au dessous de l'original latin, débute par ce quatrain :

> Supplie a Dieu ; ton pere et ta mere ame,
> [Tous] tes cousins et aultres parens clame ;
> Garde le don que ton amy te donne ;
> A ton povoir le rens et le guerdonne.

Le volume, exécuté sur un vélin très fin, est écrit en grosses lettres de forme : le latin en rouge, le français en noir. Les initiales et les bouts de lignes sont en or et en couleurs.

Le texte se termine ainsi :

> *Fol.* 20 Caton finist qui fut saiges et preux ;
> Ses nobles vers acoupla deux et deux ;
> Mais je, Fevre, qui ne sçay le fer batre,
> En ce dictié en ay fait de deux quatre.

Nous consacrons plus loin (n° 2802) une note au traducteur des *Dicta Catonis*, JEAN LE FÈVRE, de Ressons-sur-Matz. Disons seulement ici que ses *Ditz moraulx*, dont nous avons déjà décrit une copie (n° 2755), paraissent avoir eu un très grand succès si l'on en juge par le nombre infini des manuscrits qui en sont connus. Voici l'indication de quelques-uns : Biblioth. nat., f. 572, fol. 99 ; 979, fol. 123 ; 1164, fol. 86 ; 1165, fol. 94 ; 1367 ; 1551, fol. 40 ; 1958, fol. 53 ; 2239, fol. 1 ; Biblioth. de Douai, n° 765 ; Biblioth. de Chartres, n° 423 ; Biblioth. de l'Arsenal, n° 3107, où un nommé Jehan Ackerman, ou Le Laboureur, de Nivelle, s'attribue l'ouvrage ; Cat. Didot, 1881, n° 26, etc., etc.

2778 (416 *a*). [FLORETUS en françois.]

> ¶ Cy commence le noble liure ||
> De floret qui le veult ensuyure ||
> Ne peut faillir destre deliure ||
> De tout mal et sainement viure ||
> Il fut extrait de plusieurs choses ||
> Tant de textes comme de gloses ||
> Son nom ie ne quier a celer ||
> Car floret ce faict appeler ||

— ¶ *Finis. S. l. n. d.*, [*v.* 1510 ?], in-8 goth. de 64 ff. non chiffr. de 20 et 21 lignes à la page pleine, sign. A-H par 8, mar. r., fil., dos orné, tr. dor. (*Rel. du XVIII° siècle.*)

L'édition est imprimée avec les mêmes caractères que le *Sermon des repeuz franches de maistre Françoys Villon* (t. I, n° 454) et le titre est orné de la même figure. Nous en donnons la reproduction ci-contre.

Au v° du titre est une figure qui représente le Christ en croix.

Le texte commence ainsi au f. *A ij* :

> Cy commence Floret, translaté de latin en françoys.
> Vous qui prenés plaisir a lire
> Les romans d'armes et d'amours,
> Laissés les, et vueilles eslire
> Ceulx qui enseignent bonnes meurs.
> En avril, le gracieulx mois
> Qu'amoureulx doit les fleurs cuillir,
> Ou doulx pais de Vendosmoys,
> Me vint ardamment requerir
> Que luy voulsisse recuillir
> Floret de latin en françois...

Après ce prologue, qui compte 44 vers et où le traducteur nous indique,

BELLES-LETTRES.

sinon sa personne, du moins le lieu qu'il habitait, et où il dédie son œuvre au roi de France (fol. *A iij*) :

La Façon du livre et l'Excusation de l'acteur.
Qui de ce livre prent le tiltre
Par ordre et [par] chascun chapitre
Et le lit jusques a la fin....
(58 vers.)

Voici les premiers vers des chapitres qui suivent :

Fol. *A iiij* v°. *Le Tiltre :*

Cy commence le noble livre
De Floret ; qui le veult ensuyvre....
(28 vers.)

Cy commence le noble livre
De floret qui le veult ensuyvre
Ne peut faillir destre deliure
De tout mal et sainement viure
Il fust extrait de plusieurs choses
Tant de textes comme de gloses
Son nom ie ne quier a celer
Car floret ce faict appeller

Fol. *A v. Les troys Lignes de l'interpretacion oultre le texte :*

Cil qui les fleurs a faict venir
Vueille que puisse retenir...
(6 vers.)

Fol. *A v v°. La Division du livre par chappitres.*

La premiere part nous applique
A croire la foy catholique...
(12 vers.)

Fol. *A v v°. De la Foy catholicque. Premier Chappitre.*

Nous qui portons le nom du roy
Jhesucrist devons sans deloy...
(72 vers.)

Fol. *A vij* v°. *Des Commandemens de la loy. Second Chapitre :*

> Pour tousjours les maulx eschever
> Et pour le bien continuer...
>
> (44 vers.)

Plusieurs paragraphes constituent le troisième chapitre, qui est consacré au péché, savoir :

> Troys manieres sont de pechiez (fol. *A viij* v°) ...
> Amy, qui ne se veult destruire (fol. *B i* v°) ...
> Amy, point ne soyes vanteux (fol. *B ij* v°) ...
> Amy, pour Dieu laisse paresse (fol. *B iij* v°) ...
> Amy tresdoulx, je te supplie (fol. *B iiij*) ...
> Amy, je te pry, pry luxure (fol. *B iiij* v°) ...
> Ire met au cueur grant venin (fol. *B vj* v°) ...
> Fuy envie et ayme les biens (fol. *B vj* v°) ...
> Se tu veux estre gratieux (fol. *B vij*) ...
> De *veniel* vient veniel (fol. *B viij*) ...
> Qui peche trop en esperance (fol. *C i*) ...
> Amy, garde que ta parolle (fol. *C i*) ...
> Amy, tousjours de ton povoir (fol. *C ij* v°) ...
> Qui veult estre de Dieu amis (fol. *C iij*) ...
>
> (en tout 534 vers.)

Fol. *C v* v°. *Des sept Sacremens en general. Troysieme* [lis. *Quatrieme*] *Chappitre :*

> Dieu establit les sacremens
> Contre pechié et les tourmens ...

A ce chapitre appartiennent encore divers paragraphes, savoir :

> Beau est de baptesme matiere (fol. *C vj* v°) ...
> Du [sainct] sacrement de baptesme (*ibid.*) ...
> Contre grief pechié on forfait (*ibid.*) ...
> Jesucrist, le roy souverain (fol. *D i*) ...
> Ung homme malade doit estre (fol. *D iij*) ...
> Ilz sont sept ordres de clergie (fol. *D iij* v°) ...
> Le sacrement de mariage (fol. *D iiij* v°) ...
>
> (Ensemble 316 vers.)

Fol. *D v* v°. *Des Vertus et des Vices.* [*Chapitre cinquieme.*]

Plusieurs paragraphes :

> Tes pechez de ton cueur ostez (fol. *D v* v°) ...
> Vraye foy croire et obéir (fol. *D vj*) ...
> Esperance, la bonne amie (fol. *D vj* v°) ...
> Affin que bien l'entendes tu (fol. *D vij*) ...
> Prudence bien se veult gueter (fol. *D vij* v°) ...
> Soyes juste sur toute rien (fol. *D viij*) ...
> Fuy ton pechié et ton delit (fol. *D viij* v°) ...
> Se tu veulx estre bien euré (fol. *E i*) ...
> Sur toutes choses Dieu honnores (fol. *E i* v°) ...
> Se veulx avoir joye pardurable (fol. *E ij*) ...
> Si tu habondes en richesse (fol. *E ij* v°) ...
> Tout ton conseil et ton retour (fol. *E iiij*) ...
> Adoncques est d'entendement (fol. *E iiij* v°) ....
> *Sagesse espirituelle* (fol. *E v*) ....
> Povreté qui est agreable (fol. *E v* v°) ...
> Amy humble, courtoys te sien (fol. *E vj*) ....
> Soyes humble, soyes begnin (fol. *E vj* v°) ...
> En faiz et en dis metz ta cure (fol. *E vij* v°) ...
> Soyes pacient, je te pry (fol. *E viij*) ....
> Qui veult garder la conscience (fol. *E viij* v°) ...
> Quiconques desire avoir (fol. *F i*) ...
> Qui vit en contemplacion (fol. *F i* v°) ....
> Amy, ayme Dieu et honnore (fol. *F ij*) ...
> Abstiens toy de tout mal faire (fol. *F iij*) ....
> Soyes honteux par atrempance (fol. *F iiij*) ....
> Ains vueilles [   ] considerer (fol. *F iiij* v°) ....
> Qui veult voir [   ] l'estat royal (fol. *F v*) ....
> Applicque tousjours ton estude (fol. *F v* v°) ...
> De toutes vertus la nourrice (fol. *F vj*) ....
> Metz ta cure a pourvoir (= pourvenir) (fol. *F vj* v°) ....
> Soyes large et espargnable (fol. *F vij*) ....
> Si comme bon docteur doit faire (fol. *F vij* v°) ...
> Chescun est tenu d'enseigner (fol. *F viij* v°) ....
> Amy, veille ; fol est que dort (fol. *G i*) ....
> Qui veult venir en paradis (fol. *G ij* v°) ....
> Ta bouche, ton nez, tes oreilles (fol. *G iij*) ...
> Amy, garde que ta pencee (fol. *G iiij* v°) ....
> Acquier de cueur et de pensee (fol. *G vj* v°) ....
> Ordonne tost et saigement (fol. *G vij*) ....
>
> (Ensemble 1008 vers.)

Fol. *G viij*. *De [la] preparation de bien mourir*. [*Chapitre sixieme*] :

> La mort fiert et mort sans demeure
> Tout quant que est, sans dire l'eure ...
> (96 vers.)

A la suite sont trois paragraphes *Des paines d'enfer, Des paines de purgatoire, Des parfaites joyes de paradis* :

> Après la mort, ung homme a paine (fol. *H ij*) ...
> Cil qui meurt sans pechié mortel (fol. *H iij*) ....
> Quant ung homme meurt inculpable (fol. *H iij* v°) ...
> (Ensemble 117 vers. Un vers est sans rime dans le second paragraphe.)

Viennent maintenant plusieurs petites pièces :

> Cest livre que je l'ay escript, ...
> Qui par son nom *Floret* est dit (fol. *H v*) ...
> (12 vers.)

Graces a Dieu (fol. *H v*) :

> Je te loue, Dieu en Trinité (10 vers.)

Le Nombre des vers (fol. *H v* v°).

> Unze cens soixante et troys metres
> Porte Floret dedens ces lettres (7 vers) ...

En comptant les vers depuis : *Cy commence*, etc. (fol. *A iiij* v°) jusqu'à la fin du paragraphe intitulé *Des parfaictes joyes de paradis* et en rétablissant le vers sauté, on trouve, d'après notre calcul 2352 vers, autrement dit 1176 paires de rimes plates, c'est-à-dire que le chiffre indiqué est à peu près juste.

Le Jardin des fleurs de Floret (fol. *H v* v°) :

> Moult beau jardin edifña
> Cil qui *Floret* metrifia ... (106 vers.)

Ce morceau diffère beaucoup de l'*Envoy* final de l'édition imprimée par Pierre Bellescullée à Rennes en 1485 (voy. A. de La Borderie. *L'Imprimerie en Bretagne au XV° siècle*, 1878, pp. 76-80). On n'y trouve pas le nom du roi Charles VIII.

Supplication la vierge Marie (fol. *H viij*) :

> La Vierge, qui est tresoriere
> Des fleurs et du jardin buissiere ...
> (14 vers.)

Le poème intitulé *Floretus*, qui commence :

> Nomine *Floretus* Liber incipit ad bona cetus ...

On a voulu, sans preuves, en faire honneur à saint Bernard, à Jean de Garlande, à Gerson et à d'autres ; il vaut mieux avouer que l'auteur en est inconnu. Le traducteur français dit expressément qu'il ne le connaît pas et ne veut risquer aucune hypothèse :

> Quant est de vous nommer l'acteur
> Du latin, se fut ung docteur
> Qui fut de grant auctorité,
> Ou ung maistre en divinité ;
> Mais nommer ne le vous sçavroye.
> Incertain vous en parleroye.
> Si aultrement estoit trouvé,
> Menteur en seroye prouvé ;
> Pour ce ne vueil metre ma cure
> A le nommer a l'aventure ;
> Mais, qui que il fust ne qui non,
> Dieu doint a son ame pardon (fol. *A iiij*) !

Comme les distiques de Caton, comme le *De contemptu mundi* et comme le *Facetus*, dont nous parlons à l'article suivant, le *Floretus* se rencontre dans un assez grand nombre de manuscrits ; il fit partie, dans le premier siècle de l'imprimerie, de la collection de poëmes si répandus sous le nom d' *Auctores octo*. Il en fut fait aussi un grand nombre d'éditions séparées. Quant à la traduction française, elle ne remonte qu'au XV⁰ siècle, et elle est beaucoup moins connue. Il en existe des manuscrits à la Bibliothèque nationale (1849, fol. 86) et à l'Arsenal (n° 3647, fol. 1). La plus ancienne édition connue est celle qui fut imprimée par *Pierre Bellescullée, à Rennes*, en 1485, et sur laquelle on peut consulter l'ouvrage déjà cité de M. de La Borderie. Le nom du traducteur est resté tout aussi impénétrable que celui de l'auteur.

Cet exemplaire porte sur le titre, en écriture du XVIII⁰ siècle, la signature J. DE TANGUY et, au v° du titre, en écriture du XVI⁰ siècle, les signatures MAURAY et RAPHION.

Des bibliothèques de CHARLES NODIER (Cat., 1844, n° 1055) et de YEMENIZ (Cat., 1867, n° 1508).

2779 (416 b). LE LIVRE DE FACET || ℂ Comploration sur le trespas de def || functe ma Dame la Regente, || Mere du Roy Francoys || Premier. || ℂ Champ Royal, Ballade &

LE LIVRE DE FACET

ℂ Comploration ſur le treſpas de def
functe ma Dame la Regente,
Mere du Roy Francoys
Premier.

ℂ Champ Royal, Ballade & Rōdeau
en lhonneur de la Vier‑
ge Marie.

Ce vend par Galliot du Pre, libraire
Iure en luniuerſite de Paris, ayant ſa
boutique au premier pillier de
la grand ſalle du Palais.

Cum priuilegio.

Rōdeau || en lhonneur de la Vier- || ge Marie. || *Ce vend par Galliot du Pre, libraire* || *Iure en luniuersite de Paris, ayant sa* || *boutique au premier pillier de* || *la grand salle du Palais.* || Cum priuilegio. — [Au f. d vj :] *Imprime a Paris, par maistre Pierre Vidoue pour* || *Galliot du Pre, Libraires* [sic] *iures de Paris.* || 1535. In-8 de 32 ff. non chiffr. *sign. a-d,* lettres rondes, mar. br., fil., dos et coins ornés, tr. dor. (*Bauzonnet.*)

Voir ci-contre la reproduction du titre :

Au v° du titre est le texte de la requête adressée au prévôt de Paris par le poète, JACQUES DE LA HOGUE, sergent à cheval au châtelet de Paris, et le texte de la permission accordée pour deux ans audit suppliant, le 5 octobre 1535.

Le titre de départ (fol. *a ij*) est ainsi conçu :

⁋ Le liure de Facet tròslate de latin en || *francoys. Et mys en forme de rheto* || *rique par Iaques de la Hogue sergent* || *a cheual au chastellet de Paris. Conte* || *nant plusieurs instructions vtilles &* || *proffitables pour ieunes enfans.*

Le poème ainsi traduit remonte au XII° ou au XIII° siècle et paraît être l'œuvre d'un Saxon, Reisserius Alemannicus. Il fit partie à la fin du XV°, de la collection des *Auctores octo.* Cette collection comprenait les ouvrages suivants : *Cato, Facetus, Theodolus, De contemptu mundi, Floretus, Alanus, Esopus, Tobias.* Le *Facetus* fut aussi fréquemment imprimé à part. Cette diffusion explique que Jacques de La Hogue ait eu l'idée de traduire une composition qui avait déjà été mise en français. La première traduction, qui paraît être du commencement du XV° siècle, commence ainsi :

Chaton, qui fut moult saiges homme [*lis-hons*],
Du quel (plusieurs) enseignemens avons...

(Biblioth. de Carpentras, ms. 403, fol. 113.)

La nouvelle version est beaucoup plus fidèle. Le poète français rend d'abord en vers un prologue qui est en prose dans certaines éditions latines :

Prologue de l'acteur.

Pour esveiller mon esprit endormy
D'aucun sçavoir plus petit que ung formy...

C'est dans ce prologue qu'il est parlé de l'auteur du livre. Voici le passage dans le texte latin et en français.

Causa vero efficiens fuit quidam regens Parisiensis, qui, ut dicitur, nominabatur Facetus, qui, quandocumque videbat scolares sive scolasticos suos in moribus deficere, nitebatur circa omnes mores per dicta et documenta Cathonis eos redarguere ; et quia pluries non poterat auctoritatem in Cathone reperire que defectui scolarium coaptaretur, et precipue pro statu ecclesiastico et mense, meditatus est documenta agregare omnia que ab eodem Cathone exstiterant pretermissa, quod et tandem perfecit et nomine suo suum opus nominavit... Et dicitur *Facetus* per etimologiam quasi *faven cet ui*, id est placens tam in dictis quam in factis in populo.

...... Ay entrepris l'essay
De rediger et par traduction
Les documentz en composition
Jadiz escriptz d'un homme intelligent
Qui a Paris en son temps fut regent,
Faictz en latin et metrificature,
Dont il avoit la veine et ornature,
Nommé Facet, lequel, fort desirant
En doctriner, aussy considerant
Faultes de meurs en jeunes escolliers
Ausquelz monstra plusieurs vers familiers
Prins en Cathon, orateur tresprudent,
Comme son faict le descreuve [*lis.* descœuvre,
    [evident]
Et luy voyant que Cathon ne touchoit
Auctoritez qu'expressement cerchoit
Pour corriger d'iceulx susdictz les vices,
Leçons de meurs qui leur fussent propices,
Par special, des statutz de l'Eglise
Que chascun doibt sçavoir par juste guise,
Et de l'honneur et constance notable
Que toutes gens doibvent tenir en table
Sur ce assembla les discretz documentz
Dudict Cathon et advertissemens,
Lesquelz bien veuz, composa ce traicté,
Comme d'honneur instruict et affecté
De tous [les] dictz et meurs non estans mys
Audict Cathon, par oublìance obmys,
Et le nomma *Facet*, de son nom droict,
Qui bien receu et veu en tout endroit ...

Le poëme proprement dit débute ainsi :

> Cum nihil utilius humanae credo saluti
> Quam rerum novisse modos et moribus uti,
> Quod minus exequitur morosi dogma Cathonis
> Supplebo pro posse meo monitu rationis..
> O mes enfans, je Facet, petit maistre,
> Vous advertys que je ne puys congnoistre
> Aucun proffit, utille et plus commode
> A jeunes gens, que d'entendre la mode
> De sapience et retenir la chose
> Qui l'homme humain a vray salut dispose..

Le texte latin et la paraphrase française se terminent, au fol. *c iiij* v°, par la devise : *De mal en bien*, la traduction française du *Facetus* de plusieurs autres versions étrangères. Les vers allemands de Heinrich Laufenberg et surtout ceux de Sebastian Brant sont bien connus. Voy. Ch. Schmidt, *Histoire littéraire de l'Alsace*, 1879, I, p. 319 ; II, p. 348.

Le *Livre de Facet* est suivi de diverses autres pièces, savoir :

Fol. *c v. Aultres Dictons composez a plaisir par le susdict acteur, suyvans par les commencemens les lettres de l'alphabet.*

> A Dieu est deu loange et gloire
> Au roy tribut, loz et honneur...

23 quatrains, commençant successivement par *a b c d* et se terminant par la devise : *De mal en bien*.

Fol. *c vij. Comploration sur le trespas de defuncte tresmagnanime, tresillustre et trescable dame, madame Loyse de Savoye, mere du roy Françoys, premier du nom :*

> En la saison que autonne avoit son cours
> La lune errant, ou siècle, sans discours...

244 vers. A la fin, la devise : *De mal en bien*.

Fol. *d iij* v°. *Champ royal en l'honneur de la Vierge Marie :*

> En ung verger, le plus beau de la terre...
> *Refr.* Pierre de prys, tresdigne et proffitable.

La devise est répétée à la fin.

Fol. *d v Ballade en l'honneur de la susdict[e] dame.*

> Puys qu'ainsy est que Dieu le createur...
> *Refr.* Disons ave a ceste belle dame.

Fol. *d v* v°. *Rondeau.*

> Après Jesus premier fault requerir..

Fol. *d vj. L'Acteur.*

> Joye sans fin en ce monde et es cieulx..

15 vers donnant en acrostiche le nom de *Jaques de la Hogue*. A la fin : *De mal en bien*.

Le v° du f. *d vj* est blanc, ainsi que le f. *d vij*. Au r° du dernier f. (*d viij*) est la marque de *Galliot Du Pré* (Silvestre, n° 47).

L'auteur de ce volume remplissait avec zèle les fonctions judiciaires. Nous savons qu'il fut chargé par le parlement de poursuivre les débiteurs de Semblançay (voy. *Catal. des actes de François I*^{er}*. t. IV, n° 14040). Ces fonctions ne l'empêchaient pas d'aimer passionnément la poésie, ainsi qu'il nous l'apprend lui-même. *La Croix du Maine* (éd. Rigoley de Juvigny, I, p. 418) cite de lui une *Vie de Robert le Diable*, en vers, qui ne paraît pas avoir été imprimée.

Cet exemplaire provient des ventes AUG. VEINANT (Cat. 1860, n° 362), F. SOLAR (Cat., 1860, n° 1136), W. MARTIN (Cat., 1869, n° 345), L. POTIER (Cat., 1870, n° 819) et LIGNEROLLES (Cat., 1894, n° 1200).

BELLES-LETTRES. 63

2780 (416 a) DE CONTEMPTV MVNDI || Cum commento. — IV. 4. 33
ℂ *Finis. S. l. n. d.* [*Rouen, J. Le Forestier, v.* 1510], in-4
de 22 ff. non chiffr., car. goth. et lettres de forme, sign. *a*
par 6, *b-c* par 4, *c*, *d* par 6, mar. citr., fil. à froid, mil. orné,
tr. dor. (*Lortic.*)

Le titre porte la marque de *J. Le Forestier.*

Le texte commence au v° même du titre. Il est imprimé en belles lettres de forme et accompagné de gloses, imprimées en petits caractères, à longues lignes.

Le v° du dernier f. est blanc.

Le poème *De contemptu mundi*, dont nous avons ici un texte assez fautif (le premier vers notamment devrait se lire : *Cartula nostra tibi mandat*, etc.), est ordinairement attribué à saint BERNARD. Il a été imprimé nombre de fois à la fin du XVe siècle, ou au commencement du XVIe, soit séparément, soit dans la collection des *Auctores octo*. M. L. Delisle en décrit six éditions imprimées à Caen ou à Rouen de 1508 à 1520 environ (*Catalogue des livres imprimés ou publiés à Caen avant le milieu du XVIe siècle*, I, 1903, n°s 112-117). L'édition de *Jacques Le Forestier*, citée d'après le présent exemplaire (n° 114), et une autre édition, imprimée par *Laurens Hostingue* pour *Michel Angier* (n° 115), paraissent avoir seules été accompagnées d'un commentaire.

De contemptu
Cartula nostra mandat tibi dilecte salutes
Pauca videbis sed non mea dona refutes
Dulcia sunt anime solatia que tibi mando
Sed prosunt minime nisi serues hec operando
Que mea verba monent noli tu tradere vento
Cordis in aure sonent: et sic retinere memento
Ut tibi grande bonum nostri monitus operentur
Perq3 dei donum tibi celica regna parantur
Menti sincere possint hec verba placere
Hoc iter ostendit quo mundi gloria tendit.

Sicut consuetū est in aliis libris ostendere in principio cuiuslibet aliqua cōmunia: ita fiet in isto per ordinē quatenus sciat ordinē scilicet cā efficiens/ materialis/ formalis/ & finalis. Quis titulus/ et cui parti philosophie supponitur. ¶ Unde ab illa quesita respōdeat per ordinē. Et primo quis fuit causa efficiens. communiter tenetur q fuit beatus Bernardus qui erat monachus albus & erat

Un exemplaire incomplet, conservé à la bibliothèque de Tours et attribué par Mlle Pellechet (n° 2184) aux presses de *Jacques Le Forestier*, est peut-être de la même édition que le nôtre.

Exemplaire de Ch. Lormier (Cat. 1903, n° 275).

2781 (419 *a*). ¶ Petri de Blarrorivo Parhisiani insigne || Nanceidos Opus de || Bello Nanceiano. Hac primum ex alatura || elimatissime nuperrime in lucem emissum. — [Au fol. x *vj* v°, au-dessous des quatre derniers vers :] ¶ *Finit feliciter Egregium ac insigne Nanceidos opus Petri de Blarroriuo || Parhisiani de bello Nanceiano. Impressum in celebri Lothoringie || pago diui Nicolai de portu Per Petrū iacobi pbrm̄ / loci pa || ganū. Anno Cristiāe incarnatiōis M. D. XVIII* [1518]. || *Nonas Ianuar̄. quo die ipm quoq ; bellū Nanceianū pactū est, āno eiusdem || Incarnationis.* M.CCCC. || LXXVI. In-fol. de 130 ff. non chiffr., sign. *A* par 8, *B-V* par 6, *X* par 4, réglé, mar. v., fil., dos orné, tr. dor. (*Derome le jeune*.)

Le titre est orné d'un bois représentant René, duc de Lorraine.

Au v° du titre est le texte complet du privilège accordé pour deux ans par le duc Antoine à « Pierre Jacobi, prebstre, demourant a Sainct Diey », le 4 septembre 1518. Il y est dit que c'est le prince lui-même qui l'a chargé do l'impression. Le texte est surmonté des armes du duc de Lorraine et précédé d'un bel A majuscule qui paraît avoir été gravé par *Jehan Pelerin*, dit Viator pour la troisième édition de son traité *De artificiali perspectiva*.

Les ff. *a ij-a iiij* r° sont occupés par cinq pièces de Jehan Basin, de Sendacourt (Sendacurius), savoir :

1° (fol. *a ij*) Epître en prose latine à Antoine, duc de Lorraine et de Bar ;

BELLES-LETTRES.

2° (fol. *a ij* v°) Épître en prose latine à Hugues Des Hazards, évêque et comte de Toul (8 août 1507-14 octobre 1517);

3° (fol. *a iij* v°) Huit distiques du même « de *Nanceidos* item commendatione »;

4° Épître en prose latine à Didier Boussard, de Neufville, son ami intime;

5° (fol. *a iiij*) Sept strophes saphiques « in magnificas hystorie Nanceidos laudes »

Au v° du f. *a iiij* se trouvent une réponse en prose et neuf distiques de Boussard à Bazin.

Les 4 ff. qui suivent contiennent:

1° (fol. *a v*) *Autoris Endecasillabum super Renati victoria de Carolo, per eundem apud agrum Nanceium superato*;

2° (fol. *a v* v°) *Autoris in sue* Nanceidos *hystoriam Epithoma*;

3° (fol. *a vij* v°) Trois distiques de Dié Christmann, de Saint-Dié;

4° (fol. *a viij*) *Autoris Distichon de initialibus litteris priorum operis sui bis septem versuum*

> Bis septem frontes de versibus accipe primis, :
> *Nanceidos* notus carminis auctor erit.

Ces 14 vers donnent en effet le nom de Petrus de Blarru en acrostiche.

5° Un distique et quatorze vers hexamètres de Jehan Basin de Sendacourt.

6° (fol. *a viij* v°) Deux bois superposés, représentant le duc René de Lorraine et son armée. Voici la reproduction du premier:

Outre ces trois bois, le volume est orné d'une importante série de figures dont voici la description et le placement :

4 (fol. *b iiij* v°). *Nussiana per Carolum Obsidio.*

5 (fol. *c v*). *Pontismonsionis per Carolum Obsidio et ipsius urbis Deditio.*
Répétition de la fig. n° 4.

6 (fol. *d i*). *Cherme a Carolo obsesse et exuste.*

7 (fol. *d i* v°). *Urbs Spinalensis per Carolum obsessa.*
Seconde répétition de la fig. n° 4.

8 (fol. *d iij*). *Prima Nanceie urbis per Carolum Obsidio.*
Troisième répétition de la fig. n° 4.

9 (fol. *d v* v°). *Oppidum Moratum a Carolo obsessum.*
Quatrième répétition de la fig. n° 4.

10 (fol. *e i* v°). *Bellum Morathense Helvetiorum adversus Carolum, sociante Helvetos Renato.*

11 (fol. *e v*). *Burgundionum Strages per Helvetos in bello Morathensi ad ejusdem oppidi lacum.*

12 (fol. *f iij*). *Nanceium per Renatum obsessa, Burgundis pro Carolo eam tenentibus.*

13 (fol. *g iiij*). *Renatus a civibus intra Nanceium exceptus; ea illi reddita a Burgundis.*

14 (fol. *h i*). *Secunda per Carolum Nanceiae urbis Obsidio.*

15 (fol. *h iij*). *Burgundi, jussu Caroli, Nanceium obsessam tormentis bellicis impetentes.*

16 (fol. *i iij*). *Nonnulli Lothoringie Nobiles Nanceianis a Carolo obsessis noctu suppetias euntes.*
Répétition de la fig. n° 12.

17 (fol. *i vj*). *Suffron precepto Caroli laqueo suspensus.*

18 (fol. *k iiij*). *Nonnulli Helvetiorum et Germanorum in flumine Rheno naufragati, illis in auxilium Renati adversus Carolum euntibus.*

19 (fol. *l ij* v°). *Nanceianorum a Carolo obsessorum Fames, quam Renato litteris nunciant, et quibus alimentis in urbe vescantur.*

20 (fol. *m iij*). *Helveti ad succurendum Nanceianis a Carolo obsessis mox se itineri dantes, intellecta obsessorum fame.*
Répétition de la fig. n° 3.

21 (fol. *m v*). *Nanceianorum nuncii, eis a Renato de ejus reditu nuncia portantis, callidus in urbem Ingressus per castra inimicorum.*

22 (fol. *n iiij*). *Carolus suos alloquens de Renati adventu paventes.*
Répétition de la fig. n° 15.

23 (fol. *n vj* v°). *Carolus suos secundo alloquens de Renati adventu pavidos.*
Répétition de la fig. n° 14.

24 (fol. *o vj*). *Renati cum Helvetiorum et Germanorum turmis in oppidum Sanctumdeodatum Adventus cum ingenti incolarum leticia.*
Répétition de la fig. n° 13.

25 (fol. *p ij*). *Carolus gesta sua recitando suos tercio alloquens et proinde ad bellum animare studens.*
Seconde répétition du bois n° 15.

26 (fol. *p vj*). *Caroli Proceres illum alloquentes et bellum fugere exhortantes.*

Seconde répétition du bois n° 14.

27 (fol. *q ij*). *Carolus suos quarto alloquens eum de fuga hortantes.*
Troisième répétition du bois n° 15.

28 (fol. *q vj* v°). *Renati Adventus cum suo bellatorum exercitu in pagum divi Nicolai de Portu.*

Répétition de la fig. n° 2.

29 (fol. *r iiij*). *Burgundionum Strages in pago divi Nicolai per Helvetos et alios Renati bellatores.*
Répétition de la fig. n° 10.

30 (fol. *r v*). *Carolus tentoria sua respiciens igne a Nanceianis succensa.*

31 (fol. *r vj* v°). *Prima Renati Cohors ad bellum Nanceianum, antecustodia vulgo nuncupata.*
Seconde répétition de la fig. n° 3.

32 (fol. *s i* v°). *Secunda sive media Renati Cohors, bellum vulgo nuncupata.*
Seconde répétition de la fig. n° 2.

33 (fol. *s iiij* v°). *Tercia Renati Cohors ad bellum Nanceianum postcustodia vulgo nuncupata.*
Troisième répétition de la fig. n° 3.

34 (fol. *s vj*). *Bellum Nanceianum Burgundionum strage atque fuga consummatum.*
Cette figure n'est pour les deux tiers qu'une médiocre copie de la fig. décrite sous les n°s 10 et 29.

35 (fol. *v iij* v°). *Jussu Renati occisorum Corpora colliguntur et sepeliuntur.*

36 (fol. *x iij* v°). *Caroli Exequie et Sepultura in sacello divi Georgii Nanceiani.*

Au f. *x vj* v°, au-dessous de la souscription, se trouvent deux distiques de JEHAN BASIN et la marque de *Pierre Jacobi* (Silvestre, n° 177). L'avant-dernier f. est occupé, au r°, par les trois pièces suivantes :

Petri de Blarrorivo Parhisiani Epitaphium a MATHIA RITHMANNO PHILESIO *Vogesigena* (6 distiques) ;
Aliud a LAURENTIO PILLARDO *Decdatensi canonico* (6 distiques) ;
Aliud, cujus prior versus, ab ipso Petro editus, natalem ejus diem, mensem atque annum per numerales litteras insinuat, secundus vero, a Jo. BASINO, *diem, mensem atque annum obitus ejusdem Petri per numerales quoque litteras explicat.*

Voici ce dernier distique, où l'on voit que Pierre de Blarru naquit à Paris le 3 avril 1437 et mourut le 23 novembre 1505 :

NatVs In aprILI LVX terCIa CVM fVIt ILLI :
CLeMentIs festo hIC petre InCIpIs esse sepVLChro.

Par suite d'une faute d'impression, le second vers donne 1510, au lieu de 1505.

Le v° de ce même avant-dernier f. contient dix distiques de Pierre de Blarru sur les abeilles, qu'il se plaisait, paraît-il, à élever.

Le r° du dernier f. est occupé par une longue liste de corrections et par trois distiques intitulés : Jo. BASINUS *corrector ad lectorem.* C'est ce personnage qui a pris soin de l'édition, qui a rédigé les notes marginales qui accompagnent le poème et les sommaires en vers qui précèdent chaque livre (fol. *a viij*, *d v* v°, *g vj* v°, *k vj* v°, *n iij*, *q v* v°.)

Jehan Basin, vicaire en l'église Notre-Dame de Saint-Dié, avait été institué par Pierre de Blarru l'un de ses exécuteurs testamentaires. Il devint par la suite chanoine de Saint-Dié et testa le 23 avril 1523.

Au v° du dernier f. on lit en gros caractères, *Liber Nanceidos.* La grande initiale grotesque, à col de grue, reproduit le grand L employé par *Mathieu Husz à Lyon*, vers 1490, sur le titre de *La Melusine* (Claudin, *Histoire de l'imprimerie en France*, III, p. 305). Ce doit être une lettre en métal, sortie de la même matrice. Elle diffère sensiblement de l'initiale de *Jehan Du Pré*, que nous avons reproduite sous les n°s 450 et 2587.

Il est donc permis de penser que le matériel de Pierre Jacobi venait de Lyon.

Nous n'avons pas à parler ici de Pierre de Blarru que son poème a rendu célèbre. Il nous suffira de renvoyer aux notices que lui a consacrées M. Jules Rouyer dans les *Mémoires de la Société d'archéologie lorraine*, notices qui ont été tirées à part: *De Pierre de Blarru et de son poëme la Nancéide, à propos d'un manuscrit de cette œuvre appartenant au Musée historique lorrain* (1876); *Nouvelles Recherches biographiques de Pierre de Blarru, Parisien* (1883); *Le Testament de Pierre de Blarru* (1888). Nous renverrons aussi à la thèse de M. A. Collignon (*De Nanceide Petri de Blarorivo Parisiensis;* Nancy, 1893, in-8) et à l'importante publication de M. C. Couderc: *Œuvres inédites de Pierre de Blarru d'après un manuscrit récemment acquis par la Bibliothèque nationale* (*Le Bibliographe moderne*, IV, 1900, pp. 86-112).

La *Nancéide*, traduite en vers français dès la fin du XVIe siècle, par Nicolas Romain, secrétaire de François de Lorraine, duc de Vaudémont, qui ne la publia pas, tandis qu'il fit imprimer *La Salmée pastorelle comique* (1602) et *Maurice, tragedie* (1606), a été mise en prose française par M. Ferdinand Schütz (*La Nancéide ou la Guerre de Nancy, poème latin de Pierre de Blarru*, etc. Nancy, 1840, 2 vol. gr. in-8).

BELLES-LETTRES.   69

Le volume porte sur le 1er f. de garde cette étiquette.

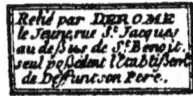

De la bibliothèque de JAMES BINDLEY. Esq., M. A., F. S. A., Stamp Office, London, et de celle de GUSTAVE GUYOT DE VILLENEUVE (Cat., 1900, n° 312).

2782 (421 a). ¶ EPITHALAMIVM Fausti de claudia ‖ Regia : et francisco valesiorum duce. ‖ ¶ *Venales reperiũtur in* ‖ *vico clausi brunelli ĩ domo* ‖ *Radulphi laliseau. S. d.* [1506], in-4 de 6 ff. non chiffr., dont la page pleine a vingt lignes, impr. en lettres de forme, sign. *a*, mar. r. jans., tr. dor. (*Masson-Debonnelle.*)

IV.4.140

Le titre est orné d'un bois, tiré d'un livre d'heures, qui représente l'adoration des mages. — L'adresse de l'imprimeur est inscrite dans un vide ménagé au bas de ce bois.
Le v° du titre est blanc.
François Ier, né le 12 septembre 1494, n'avait pas encore douze ans quand ses fiançailles avec Claude de France furent célébrées (21 mai 1506), le mariage n'eut lieu que le 18 mai 1514.
Le volume contient :
1° Une prière à Dieu en faveur des fiancés. (4 distiques.)
2° Un épithalame dédié au roi Louis XII. (37 distiques.)
3° Une supplique adressée au roi afin qu'il veuille bien recommander au pape Jules II Andrea Andrelini, frère du poète. (3 distiques.)
4° Une supplique adressée au légat [Georges d'Amboise] en faveur du même personnage. (3 distiques.)
5° Une supplique adressée au pape pour lui recommander Andrea. (5 distiques.)
6° Des vers en l'honneur de Georges d'Amboise, légat en France et en Avignon, « doctorum virorum emporium ». (7 distiques.)
7° Des vers au cardinal de Narbonne [François-Guillaume de Castelnaut, cardinal de Clermont-Lodève], chargé d'une mission à Rome. (5 distiques).
8° Un distique improvisé en présence du chancelier Guy de Rochefort et des conseillers au parlement.
9° Un remerciement adressé au chancelier Guy de Rochefort et aux autres membres du parlement, qui ont délivré au poète sans frais ses lettres de naturalité. (5 distiques.)
10° Un remerciement au trésorier Jehan Ruzé qui paye à Fausto, sans jamais le faire attendre, la pension à lui accordée par le roi. (3 distiques.)
11° Des conseils donnés par un père à son fils pour lui recommander de faire de solides études de grammaire, avant d'aborder la philosophie et les sciences naturelles. (3 distiques.)

2783 (421 a). LEPIGRĀME des ensei ‖ gnes des veniciẽs ẽuoyes a saīct denis par le roy ‖ nostre sire cõpose par F. I. oliuier croniqueur du- ‖ dit segneur translate de latin en francoys

IV.4.82

par vng || familier seruiteur de ladicte abbaye. *S. l. n. d.* [*Paris*, 1509], in-4 de 2 ff. non chiffr., impr. en lettres de forme, mar. r. jans., tr. dor. (*Chambolle-Duru fils.*)

<small>Le titre est orné d'un grand bois qui représente un clerc assis dans une chaire gothique, devant un pupitre, et dans l'attitude de la méditation.</small>

Lepigrāme des enseignes des Venicies enuoyes a saict denis par le roy nostre sire cōpose par. F. J. osinier croniqueur dudit segneur translate de latin en francoys par vng familier seruiteur de ladicte abbaye

Le poème français qui compte 64 vers, est accompagné du texte latin (en 14 distiques) ; en voici le début :

Firmarat solitum longa jam pace quietum
Francorum regum rex Lodoicus honos.

Le roy Loys, dousiesme de ce nom,
Digne sur tous d'honneur et de renom,
Après qu'il a en grant transquilité
Mis son royaulme et que par équité...

On lit à la fin, au-dessous du mot *Finis* :

Le croniqueur a composé
Le latin Ioy apposé,
Et de l'abbaye ung serviteur
En a esté le translateur.

Ce « serviteur » est peut-être celui dont il est parlé plus loin, n° 2841.

2784 (421 *b*). LES EPITAPHES de || Anne de bretaigne royne de || frāce ⁊ duchesse de bretaigne || Cōpose par maistre germaī || de brixi Et translatees Par || L. D. *S. l. n. d.* [*Paris*, 1514], in-8 goth. de 4 ff. non chiffr. de 31 lignes à la page, sans sign.

Sur le titre un écusson aux armoiries de la reine Anne de Bretagne :

Le volume renferme 15 épitaphes différentes, la dernière devant être placée sur le cœur de la reine, « lequel est enterré à Nantes ».

Germain Brice était originaire d'Auxerre, il a publié divers poèmes latins dont le plus connu, l'*Herueus sive Chordigera flagrans* (*Supplément au Manuel*, 1. 176), est dédié à la reine Anne de Bretagne.

Les vers latins de Germain Brice venaient d'être imprimés sous le titre de *Diversa Epitaphia Annae Britannae, Francorum reginae ac Britanniae ducis, a Germano Brixio, ejusdem a secretis edita* (s. l. n. d., in-4 de 2 ff. : Bibl. nat., Inv. Rés. m V c), quand LAURENT DES MOULINS les traduisit en français. Les quinze pièces que contient le recueil sont accompagnées du texte latin imprimé en manchettes.

L'édition sort probablement des presses de *Guichard Soquand*, à *Paris* ; elle a en effet un air de parenté frappant avec la pièce qui la suit dans le même recueil : *La Deploration de la royne de France* par Laurent Des Moulins (n° 2827) ; elle est cependant imprimée en caractères plus gros.

Un autre exemplaire est conservé à la Bibliothèque nationale (Rés. Ye. 3966).

Germain Brice, avant de devenir secrétaire d'Anne de Bretagne, avait habité pendant cinq ans Venise et Padoue (P. de Nolhac, *Erasme en Italie*, 1888, p. 54). Il fut lié avec tous les humanistes célèbres de son temps : Érasme, Cornelius Agrippa, Girolamo Aleandro, Sir Thomas More, Lazare de Baïf, Pierre Bunel, Salmon Macrin, Gilbert Ducher, Jean Visagier, etc. Il mourut à Bézolles (diocèse de Sées), le 27 juillet 1538.

Quant à Laurent Des Moulins, on ne sait à peu près rien de sa vie. Il est surtout connu comme auteur du *Depucellage de la ville de Tournay* et du *Catholicon des maladvisez* ou *Cymetiere des malheureux*.

Cette pièce fait partie du recueil décrit sous le n° 2758, art. 14.

2785 (421 c). AEDILOQIVM ‖ ceu Disticha, parti ‖ bus Aedium vrbanarum & ‖ rusticarum suis quæq3 locis ‖ adscribenda. Item, ‖ Epitaphia septem, de ‖ Amorum aliquot passionibus ‖ Antiquo more, & sermone ve ‖ teri, vietóq3 conficta. ‖ Authore Gotofredo Torino, ‖ Biturigico. ‖ *Parisiis* ‖ *Apud Simonem Colinæum.* ‖ 1530 ‖ Cū Priuilegio ad Biennium. Gr. in-8 de 23 ff. non chiffr. et 1 f. blanc, car. ital., mar. r., dos orné, tr. dor. (*Trautz-Bauzonnet.*)

Le titre est entouré d'un joli encadrement ; le verso en est blanc.

Le f. *a ij* contient, au r°, un avis de Geoffroy Tory « lectori candido », et, au v°, deux épigrammes, en 5 et en 7 distiques, d'EUSEBIUS PROBULINUS « ad lectorem candidum. »

Les distiques réunis sous le titre d'*Aediloquium* occupent les ff. *a iij-b iij*. On y trouve la première idée des *Blasons domestiques* de Gilles Corrozet (1539). Voici le premier, à titre de spécimen.

JANUA.
Pervia si quando vobis haec janua non est,
Pulsetis : parva fiet aperta mora.

Au f. *b iiij* r° est une *Sententia in quaque domo literis majusculis scribenda*, sentence qui ressemble beaucoup aux recommandations que certains hommes d'affaires américains font, dit-on, de nos jours, afficher dans leur bureau :

HOSPES HVC ADVENIENS, SALVE.
INTROGRESSVS, GENIVM NVLLATENVS DEFRAVDA.
MANVS ET LINGVAM COHIBE
OCVLIS VTERE.
NEGOTIVM GERE.
POSTMODVM IN REM TVAM SI VIS HINC IRE,
VADE ET VALE.

Au v° sont 4 distiques de Geoffroy Tory.

Le reste du volume est occupé par les *Epitaphia de amorum aliquot passionibus*, dans lesquels Tory a tâché de reproduire les formes archaïques de la langue latine. Cette tentative n'est pas sans intérêt pour l'histoire de l'humanisme. L'artiste a orné son texte de curieuses figures qui représentent des cœurs percés de flèches, des cœurs dans un bateau, des cœurs blessés par un porc, etc.

A la fin sont 8 distiques par lesquels Tory prend congé du lecteur.

Le volume porte les armes et les chiffres du MARQUIS DE MORANTE DE LA CORTINA (Cat., 1872, I, n° 968).

2786 (421 d). IN LODOICÆ REGIS MATRIS MOR- || TEM, Epitaphia Latina & || Gallica. || Epitaphes a la louenge de ma || Dame Mere du Roy faictz par || plusieurs recommendables || Autheurs || *On les vend a Paris deuant Les-* || *glise de la Magdeleine, A len* || *seigne du Pot Casse.* || Auec Priuilege. — [Au v° du dernier f. :] *Imprime a Paris a lenseigne* || *du Pot Casse, par Maistre Geofroy Tory de Bourges* || *Marchant, Libraire, & Im* || *primeur du Roy.* || *Le XVII. Iour Doctob.* || *M.D.XXXI* [1531]. In-4 de 10 ff. non chiffr. de 28 lignes à la page pleine, sign. *A* par 4, *B* par 6, mar. r., dos orné de fleurs de lys et de la croix de Savoie, tr. dor. (*Trautz-Bauzonnet*.)

IV.6.50

Le titre, entouré d'un bel encadrement, porte la marque de *Geofroy Tory* (Silvestre, n° 931).

Au v° du titre est un extrait du privilège accordé à Tory pour un an, par le prévôt de Paris, La Barre, le 15 octobre 1531.

Le volume contient les pièces suivantes :

1° fol. *Aij*) TH[EOCRENI] *Tetrastichon*. (Le nom de BENEDETTO TAGLIACARNE, dit TEOCRENO, nous est révélé par la seconde édition. Voy. l'article suivant.)

2° *Ano*[*nymi*]. 4 distiques latins.

3° SALMONIUS MACRINUS Juliodunensis ad Franciscum regem (10 distiques).

4° (fol. *Aij* v°) V. B. *Loysa regis et pacis parens*. (6 distiques).

Les initiales doivent être celles de VICTOR BRODEAU, secrétaire de Marguerite d'Angoulême.

5° (fol. *Aiij*) *Ejusdem Distichon laminae cordi superjacenti inscriptum*.

6° *Ludovica, regia mater, suam Galliam alloquitur et consolatur*. Go. TORINO *Bit. scribente* (12 distiques.)

7° (fol. *Aiij* v°) AN. MAC. A. S. R. [=ANTONIUS MACAUT, a secretis regi] (2 distiques.)

8° ALNETUS. (6 distiques.)

Alnetus est JACQUES DE L'AUNAY, de Vendôme, dont il est question dans les *Nugae* de Nicolas Bourbon (voy. ci-après, n° 2788).

9° (fol. *Aiiij*) L. R. Épitaphe française en 46 vers :

    Cy gist le corps dont l'ame est faicte glorieuse
    Dans les bras de celluy qui la tient precieuse...

10° (fol. *Bi*) L. M. N. [LA MAISON NEUFVE]. Épitaphe française en 132 vers :

    Je ne suis pas, viateur ocieux,
    Ce corps [vestu] d'aornementz precieux...

Le mot *vestu*, omis à l'impression, a été rétabli à la plume par une main du temps.

11° (fol. *Biij*) L. M. N. [LA MAISON NEUFVE]. Huitain :

L'intention est perverse en nature...

12° (fol. *Biij* v°) AN. MAC. A. S. R. [=ANTONIUS MACAUT, a secretis regi.] Dixain.

Pour la vivante mort de l'illustre princesse...

13° *Icelluy*. Dixain.

Trop longuement duroit le discord furieux...

14° (fol. *Biiij*) S. GELAYS. *Au Passant*. Dixain.

Elle est icy, ne va point plus avant...

15° G. B. [GERMAIN BRICE]. Dixain.

Celle jadis qui France preserva...

16° (fol. *Biiij* v°) B. *Dict en la personne de ma dame :* Cursum consummavi, fidem servavi. Douzain.

Comme il a pleu a Fortune diverse...

17° *Dict adressé a madicte dame par l'ung de ses serviteurs*. Douzain.

Puis que la foy nous faict veoir et entendre...

18° (fol. *Bv*) *Autre Dict a madicte dame*. Sixain.

Qui croit en Dieu vit sans jamais mourir...

19° A. Rondeau.

Dieu ordonnant, Mort m'a faict tel aggrès...

L'auteur qui signe A est peut-être celui qui a signé de la même initiale la traduction du Psaume C XXX. Voy. ci-dessus, n° 2737, p. 4.

20° (fol. *Biiij* v°) *Complaincte de M. A. D. L.* [peut-être ADRIEN DE L'AUNAY, secrétaire de Marguerite d'Angoulême].

Contemplons, nobles cueurs, par dictés mis en vers
Les vertus de ce corps que voyons oy envers...
(8 strophes de 6 vers.)

Le v° du dernier f. est orné d'un bel encadrement, avec la devise : *Menti bonae Deus occurrit*, inscrite en haut et en bas. Le centre est occupé par la souscription et par une répétition de la marque de *Tory*.

Exemplaire du COMTE DE LIGNEROLLES (Cat., 1894, n° 1199) et de GUSTAVE GUYOT DE VILLENEUVE (Cat., 1900, n° 276).

2787 (421 e). EPITAPHES, a la louenge de ma || Dame Mere du Roy, faictz par || plusieurs recommendables || Autheurs, || Auec autres nouuellement ad- || iouxtez. Et les tous corrigez, || & bien emendez. || *On les vend a Paris deuant Les-* || *glise de la Magdeleine, A len-* || *seigne du Pot Casse.* || Auec Priuilege. — [Au v° du dernier f. :] *Imprime a Paris, deuāt Les* || *glise de la Magdeleine, a lē* || *seigne du Pot Casse, par* || *Maistre Geofroy Tory de* || *Bourges, Marchāt, Librai* || *re, & Imprimeur du Roy,* || *Le XXVI. iour Doctob.* | M. D. XXXI [1531]. In-4 de 12 ff. non chiffr., lettres rondes, sign. A-C, mar. r. jans., tr. dor. (*Chambolle-Duru*.)

L'encadrement du titre et l'extrait du privilège sont semblables à ceux de la première édition.

Le volume, imprimé neuf jours après celui qui vient d'être décrit, contient 31 pièces, savoir :

1° THEOCRENUS (2 distiques) (fol. *Aij*).

*2° TUSANUS [= JACQUES TOUSSAINT] (3 distiques).

*3° *Idem* (1 distique).

4° SALMONIUS MACRINUS, *Juliodunensis ad Franciscum regem* (10 distiques).

5° (fol. *Aij* v°). *Loysia* V. B. ![= VICTORIS BRODAEI]. *Regis mater et Pacis parens* (6 distiques).

6° (fol. *Aiij*). *Ejusdem Distichon laminae cordi superjacenti inscriptum.*

7° *Ludovica, regia mater, suam Galliam alloquitur et consolatur.* Go. TORINO *Bit. scribente* (12 distiques).

*8° (fol. *Aiij* v°). *Idem aliter, eodem* To. *scribente.* (2 distiques).

*9° *Idem* TORINUS *ad eandem* (1 distique).

10° AN. MAC. A.S.R. [= ANTONIUS MACAUT, *a secretis regi*] (2 distiques).

11° ALNETUS [= JACQUES DE L'AUNAY] (6 distiques).

*12° (fol. *Aiiij*). N. BORBONIUS *Vand[operanus]* (3 distiques).

*13° MELLINUS SANGELASIUS (1 distique).

*14° *Ejusdem. Ludovica loquitur.* (1 distique).

*15° GERARDUS VERSELLANUS [= GÉRARD DE VERCEIL, Bourguignon]. (7 distiques).

16° (fol. *Aiiij* v°) *Ano.* (4 distiques).

Cette pièce est placée la seconde dans la première édition.

17° (fol. *Bi*). L. R. (46 vers hexamètres français).

18° (fol. *Bi* v°) L. M. N. [= LA MAISON NEUFVE] (132 vers hexamètres français).

Le mot « vestu » figure bien au second vers.

19° (fol. *Biiij*). L. M. N. [= LA MAISON NEUFVE] (Huitain français).

20° AN. MAC. S. D. R. [= ANTOINE MACAUT, *secretaire du roy*] (Dixain français).

21° (fol. *Biiij* v°). *Du mesmes* MAC[AUT] :

> Trop longuement duroit le discord furieux...
> (Dixain.)

22° S. GELAYS. *Au Passant* (Dixain).

*23° (fol. *Ci*). *Du mesmes* S. G. (Dixain).

> Quant ma dame eut remis la paix en terre...

*24° G. B. [= GERMAIN BRICE] :

> S'il est ainsi que dame puisse avoir...
> (3 strophes de 12 vers.)

25° (fol. *Ci* v°). *Du mesmes G. B.* (Dixain).

26° (fol. *Cij*). B. *Dict en la personne de ma dame :* Cursum consummavi, fidem servavi (Douzain).

27° *Dict adressé a ma dicte dame mere du roy* (Douzain).

28° (fol. *Ciij* v°). *Autre Dict a ma dicte dame* (Sixain).

29° A. (Rondeau suivi d'une queue de trois vers).

30° (fol. *Ciij*). *Complaincte de M. A. D. L.* [= ADRIEN DE L'AUNAY ?]. (8 strophes de 6 vers).

*31° (fol. *Ciiij*). MELLINI SANGELASII. (4 distiques).

Les onze pièces marquées d'un astérisque sont celles qui ne figurent pas dans la première édition.

2788 (421 *f*). NICOLAI || BORBONII Van || doperani Lin- || gonensis nuga- || rum Libri || octo. || 🍀 || Ab autore recens aucti || et recogniti. || Cum Indice. || *Apud Seb. Gryphium* || *Lugduni*, || 1538. In-8 de 504 pp. et 28 ff. non chiffr., car. ital., v. f., fil., dos orné, tr. dor. (*Rel. du XVIIIe siècle*.)

Le titre porte la marque de S. *Gryphius*.

Nicolas Bourbon n'est pas un grand poète, mais c'était un lettré qui était en relations avec tous les écrivains renommés de son temps. *Les Nugae*, qui avaient paru pour la première fois en 1533, mais qui sont ici considérablement augmentées, sont dédiées non seulement aux amis de Bourbon, mais aux élèves qu'il avait eus en France, en Angleterre, en Suisse, et à une foule de grands personnages dont il sollicitait les libéralités. Nous avons dressé une table complète du recueil, qui en facilitera singulièrement l'étude.

Les auteurs dont Nicolas Bourbon a joint des vers ou des épîtres à son recueil sont :

AUGUSTE (ANTOINE), d'Aigueperse, p. 10.
BÉRAULD (NICOLAS), d'Orléans, p. 6.
BERINGEN (GEOFFROY), pp. 12, 13.
BOURGEOIS (JEAN) « BORGIO », de Soissons, p. 504 et *Index* du recueil.
CORBUS (STEPHANUS), p. 10.
DUCHER (GILBERT), p. 8.
ÉRASME, p. 149.
FONTAINE (CHARLES), p. 14.
GAULTIER (PAUL), de Mâcon, pp. 13, 14.
GLYCONIUS (PHILIPPUS), p. 11.
MACRIN (SALMON), pp. 5-6.
MAMERCUS (HEDUARDUS), p. 14.
MOSCELLUS (P.), « poëta laureatus », pp. 7-8.
PÉRARD (ANTOINE), p. 8.
PHILOPONUS (JANUS), p. 10.
PILOST (ESTIENNE) « PILOSTIUS, jurisconsultus », p. 14.

PISO (CL.), « Cymber », p. 8.
REINIER (JEAN), « RAENERIUS », p. 9.
RICHER (CHRISTOPHE), de Thorigny, secrétaire du chancelier, pp. 6, 7, 433.
RIGOSI (FLORIO), Italien, p. 15.
ROLO (THEODORUS), p. 12.
ROSET (PIERRE), « poëta laureatus », p. 230.
RUCIANUS (ANTONIUS). Voy. PÉRARD (ANTOINE).
SAMIUS (JOANNES), « poëta laureatus », p. 5.
STABURIUS (LAURENTIUS), p. 11.
STELLA (LUCIO), jurisconsulte, p. 15.
TAGLIACARNE (BENEDETTO), dit THEOCRENUS, p. 12.
TOUSSAINT (JACQUES) « TUSANUS », pp. 5, 337.
TURBINI (PANCRAZIO), Vénitien, p. 6.

Les personnages à qui des vers sont adressés, ou dont il est parlé dans le recueil sont :

Albreolus (Stephanus). Voy. Auriol.
Albret (Jacques d'), évêque de Nevers, p. 396.
Alciato (Andrea), pp. 61, 178.
Alnetus (Jacobus). Voy. L'Aunay.
Amé (Jacques) « Amaeus », p. 365.
Ambroise (Nicolas), « doctiss. viri Appiani gener », pp. 148, 162.
Andrelini (Fausto), p. 455.
Anne de Boleyn, reine d'Angleterre, pp. 361, 378 (on voit que Nicolas Bourbon donnait des leçons aux enfants de la reine), 392, 411.

Apestigny (Pierre d'), « Franscisco regi a consiliis et Burgundiae Brixiaeque quaestor », p. 343.
Ardillon (Antoine), abbé de Fontaine-le-Comte, p. 489.
Armagnac (Georges d'), évêque de Rodez, p. 442.
Asturix (Titus), Rhetus, p. 14.
Athénodore (Claude), médecin, pp. 445, 449.
Attichy (Jean d'), p. 147.
Auger « Augerius », p. 41.
Auguste (Antoine), d'Aigueperse, pp. 221, 395.

BELLES-LETTRES.

Auriol (Estienne d'), « Stephanus Albreolus, Corforalti dominus, principisque Lautreci heri oeconomus », p. 420.

Badet (Bernard), précepteur de Henri de Foix, seigneur de Lautrec, pp. 302-303.

Barat (Jacques de) « Baratamus », pp. 54, 298.

Barbezieux. Voy. La Rochefoucauld (Antoine de), seigneur de Barbézieux.

Barthélemy (Nicolas), de Loches, p. 427.

Bate, « [Angliae] reginae herae cubicularius », p. 391.

Beaujeu (Aimar de), p. 463.

Bérauld (François), fils de Nicolas, pp. 45, 483.

Bérauld (Nicolas), p. 462.

Beringen (Geoffroy), pp. 458, 469-470.

Berruyer (Jean), p. 180.

Berthelet (Thomas), libraire du roi à Londres, p. 354.

Bigot (Guillaume), p. 461.

Bochetel (Guillaume), p. 387.

Boyssonné (Claude de), p. 460.

Boleni (Battista), Milanais, p. 386.

Boleni (Francesco), Milanais établi à Londres, p. 386.

Borgio (Joannes). Voy. Bourgeois.

Boston (William), abbé de Westminster, pp. 82-90, 347.

Boudet (Michel de) évêque de Langres, p. 92.

Boule « Bulla », « ineptus versificator et maledicus », p. 98.

Bourbon (Claude), oncle de Nicolas, pp. 139, 246.

Bourbon (Jacques), frère cadet de Nicolas, pp. 297, 311, 312.

Bourbon (Jean Ier), grand-père de Nicolas, p. 249.

Bourbon (Jean II), père de Nicolas, pp. 92, 152, 245, 341.

Bourbon (Jean III), « praetor musseianus », frère de Nicolas, pp. 48, 130, 398.

Bourgeois (Jean) « Borgio », serviteur de Nicolas Bourbon, pp. 87, 483.

Bourguignon (Olivier), trésorier de la reine de Navarre, p. 179.

Brice (Germain) « Brixius », pp. 79, 480.

Brodeau (Victor), « Francisci regis cubicularius reginaeque Navarrae a secretis », p. 414.

Buatier (Ben.), p. 427.

Budé (Dreux), p. 26.

Budé (Guillaume), pp. 79, 96, 107, 139, 211, 226, 256, 257.

Bullioud (Robert), p. 427.

Bunel (Pierre), p. 410.

Butt (Edmund), fils de William, p. 87.

Butt (William), médecin du roi d'Angleterre, pp. 87, 89, 409.

Cabriellus, pp. 320, 321.

Caeciliana, p. 200.

Caelia, p. 214.

Calvus (Charles), Juliodunensis. Voy. Chauveau.

Camillo (Giulio), pp. 63, 180, 381.

Candida, p. 109.

Candilius, p. 336.

Carboust (Jean) « Joannes Carbostus Camica, principis Lautreci Achates », p. 410.

Carey (H.), pp. 285, 421.

Carinus (Ludovicus), Helvetius, pp. 122, 145, 198, 224, 229, 376, 406.

Carle (Lancelot de), p. 258.

Carmoleus (Jacobus), quaestor, pp. 127, 225.

Carpius (Leo), de Bordeaux, p. 59.

Casca, pp. 96, 130.

Cassia, p. 28.

Catilius (Ludovicus). Voy. Perreau (Louis de), seigneur de Castillon.

Chabot (Philippe), amiral de France, 352, 376.

Charles-Quint, pp. 254, 255, 501.

Chasteauneuf (Antoine de), évêque de Tarbes, pp. 136, 381.

Chastillon (Odet, cardinal de), p. 280.

Chauveau (Charles), de Loudun « Carolus Calvus, Juliodunensis », secrétaire de Jean Du Bellay, p. 215.

Cheradame (Jean), p. 460.

Chesneau (L.) « Querculus », p. 478.

Clabonius, p. 322.

Compan (Nicolas), p. 378.
Copus. Voy. De Cop.
Cordonnier « Sutor », détracteur d'Érasme, p. 143.
Corneille (Jean), p. 430.
Corneille (P.), p. 228.
Cossé (Jeanne de), p. 473.
Cossé (Philippe de), évêque de Coutances, p. 478.
Couronneau ([Denis]), p. 193.
Cranmer (Thomas), archevêque de Cantorbéry, pp. 89, 144, 377.
Créquy (Georges de), seigneur de Ricey « Georgius Quarlecoius, Ricaei dominus », pp. 115, 230.
Cromwell (Thomas), pp. 251, 286.
Crysius (Gallus). Voy. Kruse.
Dampierre, poète, pp. 397, 459.
Danès (Pierre), pp. 220, 221.
Decombius (Achilles). Voy. Des Combes.
De Cop (Luc) « Copus », jurisconsulte, pp. 449, 481.
De Cop (Nicolas), médecin, p. 344.
Des Combes (Achille) « Decombius », p. 184.
Des Gouttes (Florimond) « Guttanus », p. 120.
Des Gouttes (Jean) « Gutta », ou « Guttanus », pp. 39, 428.
Des Marais « Paludanus », pp. 93, 94.
Des Montilz (Michel), secrétaire de Jean de Laval, p. 388.
Devacurtius (Robertus). Voy. Lenoncourt.
Dinteville (Jean de), seigneur de Polizy, pp. 257, 284, 419.
Dinteville (Louis de) chevalier de Rhodes, pp. 45, 66, 213.
Dodieu (Claude), p. 413.
Dogirolius (Claudius). Voy. Ogerolles.
Du Bellay (Guillaume), seigneur de Langey, pp. 373, 374, 390, 391, 467.
Du Bellay (Jean), cardinal, évêque de Paris, pp. 41, 213, 349, 408.
Du Boys (Guillaume) « Sylvius », médecin, p. 344.
Du Bourg (Antoine), chancelier de France, p. 420.
Du Chastel (Pierre) « Castellanus », lecteur du roi, p. 464.

Ducher (Gilbert), pp. 76, 221, 363, 364, 365, 405, 427.
Du Costé (Guillaume) « Lateranus, vir doctissimus, sacerdotio recens auctus », ancien précepteur de Claude, dit Guy XVII de Laval, p. 288.
Dudley (John), pp. 252, 385.
Du Maine (Guillaume) « Mainus », pp. 30, 437 (il est dit abbé de Beaulieu).
Du Peyrat (Jean) « Duperatius », « Lugdunensis suppraefectus », pp. 423, 468, 476.
Du Peyrat (Jean), le fils, p. 346.
Du Puis (Guillaume) « Puteanus », médecin, p. 147.
Éléonore d'Autriche, reine de France, pp. 402, 407.
Érasme, pp. 28, 29, 107, pp. 151-152, 215, 336.
Estienne (Charles) « Stephanus », p. 444.
Flory (Jean) « Joannes Florius, rhetor », p. 60.
Foix (Françoise de), dame de Chasteaubriant, p. 443.
Foix (Henri de), seigneur de Lautrec, pp. 11, 60, 134, 222, 302, 307, 309, 314, 443, 448, 451, 458, 461, 472, 495, 499, 500.
Fondolo (Girolamo), p. 306.
Fontaine (Charles) « Fontanus », pp. 8, 146, 478.
François Ier, pp. 108, 402, 404, 407, 416, 417, 439, 440, 503.
François, dauphin, pp. 283, 286.
Frellon (Jean et François), libraires à Lyon, p. 429.
Frotté (Jean), secrétaire de la reine de Navarre, pp. 213, 485.
Gallar (Marie), femme de Jean II Bourbon et mère de Nicolas, p. 246.
Galliot (François), pp. 33, 57, 60, 204.
Gargilius, p. 27.
Gaultier (Paul), de Mâcon, pp. 469-470, 485.
Gellia, amie de Gilbert Ducher, p. 146.
Gelonis, femme de Salmon Macrin, pp. 452, 454.
Genouillac (Jean de), abbé de Saint-Quentin, pp. 341, 359.

BELLES-LETTRES. 79

Gnevetus (Henricus). Voy. Knevet.

Gobin, « musicus vir », p. 69.

Goodrich (Thomas), évêque d'Ely, p. 415.

Grangier (Geoffroy), médecin, p. 395.

Grolier (Jean), p. 463.

Grondil, « ludimagister », pp. 126-127, 336.

Grynaeus (L. Grün, dit), p. 118.

Grynaeus (Simon Grün, dit), pp. 223, 428, 451.

Gryphius (Sébastien), imprimeur, v° du titre et p. 446.

Guadagni (Paolantonio), « summae spei juvenis », pp. 346, 348, 394, 432, 461.

Guadagni (Tommaso), pp. 345, 397, 441.

H. (Julien), « doctissimus juvenis », p. 222.

Harvey (Thomas), pp. 285, 339.

Heiss (Cornelius), orfèvre du roi d'Angleterre, p. 241.

Hémard (Charles) de Denonville, cardinal, p. 220.

Hénauld « Henaldus » p. 302.

[Herbster] (Johann), dit Oporinus, impr. à Bâle, p. 175.

Holbein (Hans), [le jeune] « Ulbius, Ubelius, Hansus », peintre du roi d'Angleterre, pp. 153, 175, 338, 427, 450.

Initiales :

C. P. M., compagnon de N. Bourbon en Angleterre (1535), p. 385.

Jac., « magister equitum », p. 35.

N. P., « juvenis », p. 380.

N. R., « amicus singularis » : son épitaphe, p. 386.

P. N., p. 102.

R., « episcopus nuper factus », p. 416.

Jac. (Louis), p. 44. — Cf. p. 35.

Josas, « gymnasiarcha », p. 32.

Knevet (Henry) « Gnevetus, ou « Cnevetus », pp. 252, 442.

Kruse (Gall) « Crysius », p. 302.

La Caille (Jacques) « Callia », p. 463.

La Chambre (Philippe de), cardinal, évêque de Bologne, pp. 36, 437.

La Chesnaye (Magdeleine de), « Lachenca », p. 429.

Laestrius (Gabriel), p. 394.

La Palus (Jean de) « Palusias », médecin, p. 291.

La Pommeraye (Gilles de), « nobilissimus aulicus », p. 461.

La Rochefoucauld (Antoine de), seigneur de Barbézieux, p. 77.

Lateranus (Gulielmus). Voy. Du Costé.

Latimer ([Hugh]), « concionator optimus », pp. 384, 393.

L'Aunay (Jacques de) « Alnetus », de Vendôme, poète et médecin, pp. 253, 258, 471.

Laur (F.), Gascon, p. 362.

Lausa, femme de Lucio Stella, p. 486.

Lautrec (Henry de Foix, seigneur de). Voy. Foix.

Laval (Claude, dit Guy XVII de), pp. 111, 307.

Laval (Jean de), seigneur de Chasteaubriant, pp. 289, 388, 399, 494.

Le Blanc « Albus », p. 487.

Le Breton (Nicolas), de Langres, p. 405.

Le Brun (Estienne) « Brunus », de Tours, p. 476.

Le Coq (Jean) « Gallus », pp. 223, 244, 320, 342, 343, 359.

Le Dur « Durus », p. 120.

Le Lieur « Ligarius », p. 337.

Le Moueste (Jean) « Le Mostus », seigneur de L'Espine, médecin à Laval, p. 300.

Lenoncourt (Robert de) « Devacurtius », évêque de Châlons-sur-Marne, p. 411.

Le Poulchre (Charles) « Pocrius, Pucrius », seigneur de La Bénestaye, pp. 12, 25, 32, 215, 297, 313, 357, 363, 390.

Le Poulchre (François) « Pucrius », seigneur de La Bénestaye, pp. 10, 203, 208, 211, 287, 297, 299, 301, 312, 363, 449, 485.

Le Roy (Jean) « Rex », p. 98.

Ligée (Jean) « Ligaeus », p. 472.

Lion (Antoine de) « a Lione », conseiller au parlement de Paris, p. 467.

Liset (Pierre), premier président du parlement de Paris, pp. 89, 356, 455.

Lobel, p. 38.

Loys (Jacques) « Lodoïcus », de Reims », « vir doctissimus », p. 464.

Longueil (Christophe de), p. 204.

Longwy (Claude de), évêque de Langres, pp. 69, 111.

Lorraine (Jean, cardinal de), pp. 338, 405, 410.

Louise de Savoie : épitaphes, pp. 95, 337.

Lucie, 485.

Macrin (Salmon), pp. 78, 244, 245, 291, 292, 293, 294, 296, 298, 387, 394, 450, 452.

Maldin (Jean), pp. 46, 49, 96, 254.

Marguerite d'Angoulême, reine de Navarre, pp. 70, 123, 128, 249, 285, 288, 347, 350, 398, 438, 491-493.

Marillac (Charles de), p. 446.

Marot (Clément), pp. 294, 351, 465, 473. — Traductions d'après lui, pp. 92, 295, 297.

Marsilianus, p. 195. — Cf. p. 217.

Martres (Menauld de), évêque de Couserans, pp. 358, 399.

Massilianus, p. 217. — Cf. p. 195.

Massurius, p. 320.

Mathieu (Jean), de Mâcon, p. 56.

Maure (Claude de) « a Maura », Breton, « juvenis egregius », p. 403.

Montmorency (Anne de), p. 350.

Morgar, p. 389.

N. (Marguerite), morte à quinze ans, p. 24.

Norris (Henry) « Noresius », pp. 285, 421, 473.

Ogerolles (Claude d') « Dogirolius », p. 365.

Olivier (Antoine), pp. 174, 253, 400.

Olivier (Gaston), p. 345.

Olivier (Jean), évêque d'Angers, pp. 191, 339.

Orléans (Charles, duc d'), p. 284.

P. (Charles), pp. 133, 193.

P. (Laonico), p. 317.

Paludanus. Voy. Des Marais.

Pamfili (Ambrogio) « Ambrosius Pamphilus, Adolescens », p. 303.

Papillon (Jean), p. 425.

Paradin (Guillaume), p. 488.

Pardianus (Claude), p. 144.

Parenti (René), pp. 73, 158, 173.

Paulmier (Antoine), mort jeune, p. 170.

Paulmier [(Pierre)], évêque de Vienne, p. 171.

Pellisson (Jean), pp. 248, 396.

Pérard (Antoine), « Rucianus », p. 14, 455, 469, 470, 484.

[Perreau (Louis de)], seigneur de Castillon, « Catilius », ambassadeur en Angleterre, pp. 179, 378.

Perreau (Jean) « Perellus, medicus doctissimus », pp. 260, 389.

Petrarca (Francesco) : pièces traduites de lui, pp. 190, 389.

Philangelus (Laurentius), rhetor, p. 104.

Pilost (Estienne) « Pilostius », p. 222.

Pinelli (Giovanni), p. 91.

Piochet (François), p. 462.

Pipon (Jean de) « Piponius », p. 367.

Pyraltus (Pierre), de Nantes, secrétaire de Jean de Laval, pp. 399, 486.

Pithou (Jean), de Troyes, « eloquentissimus vir », p. 472.

Pl. (Aulus), pp. 304, 340, 355.

Plancus, pp. 380, 381.

Poisson « Piscis, poëta », p. 72.

Poliziano (Angelo) : pièces grecques traduites de lui, pp. 100, 109, 218.

Polysius. Voy. Dinteville (Jean de).

Postel (Guillaume), p. 380.

Poyet (Guillaume), président au parlement de Paris, p. 457.

Pumex, pp. 104, 188.

Quarlecoius. Voy. Créquy.

Rabel, p. 153.

Rabelais (François), p. 247.

Rabot (Laurent), conseiller au parlement de Grenoble, p. 148.

Reinier (Jean) « Raenerius », pp. 218, 363, 462, 479, 482.

Reverdi (Georges) « Reperdius », peintre à Lyon, p. 153.

Richemond (Henry, duc de), fils de Henry VIII : vers sur sa mort, p. 284.

Richer (Christophe), pp. 96, 117, 204, 287, 291, 354, 359, 389, 414, 471, 479, 485.

Robertet (Claude), pp. 156, 228.

Robin (P.), p. 138.

Rochefort (Claude), jurisconsulte, p. 104.

Rohan (Claude de), « inclytus et summae spei puer », p. 263.

Roset (Pierre), « poëta », p. 455.

Roussel (Gérard), évêque d'Oléron, pp. 100, 155, 470.

Rubella, maîtresse de Nicolas Bourbon, pp. 13, 22, 25, 32, 40, 41, 112, 119, 137, 140, 204, 226, 305, 314, 322, 337, 347, 352, 357, 376, 377, 387, 409, 420, 424, 431, 440, 459, 488.

Sabellus (H.). Voy. Savelli.

Sadoleto (Jacopo), évêque de Carpentras, p. 362.

Sagon (François), p. 465.

Saint-Gelais (Mellin de), p. 448.

Salazar (Baptiste de), p. 223.

Salazar (Jean de), archidiacre de Sens, pp. 174, 175, 229.

Saliat (Pierre), p. 478.

Samius (Joannes) : pièces traduites du grec de lui, pp. 23, 29, 39, 50, 52, 57, 61, 62, 76, 81, 92, 95, 115, 119, 130, 135, 137, 138, 143, 147, 155, 158, 159, 165, 167, 170, 173, 176, 183, 194, 202, 213, 218, 219, 292, 295, 296, 306, 356, 392, 420, 424 ; vers à lui adressés, p. 393 ; épitaphes, pp. 46, 47, 162.

Savelli (Enrico ?) « H. Sabellus », p. 255.

Scaliger (Jules-César), poète, p. 445.

Scève (Guillaume), Lyonnais, p. 457.

Scève (Maurice), p. 456.

Schürel (Johann) « Sciurellus », médecin, p. 300.

Serre (Charles) « Car. Serra, Tullensis », p. 424.

Sertini (Tommaso), Florentin, pp. 177, 299, 421.

Simon, « Batavus proditor », p. 257.

Sorano (Palladio), p. 144.

Spagnuoli (Battista), dit Mantuanus, p. 455.

Stella (Lucio), pp. 27, 37, 63, 124, 295, 312, 315-334, 348, 352, 399, 436.

Strazeele, p. 159.

Sturm (Johann), pp. 115, 159.

Sutor. Voy. Cordonnier.

Tagliacarne (Benedetto), dit Theocrenus, p. 160.

Tagus, médecin, p. 107.

Taltibius, médecin, p. 110.

Tegularius (P.). Voy. Thuilier.

Tempé (Jean) « Tempius », p. 76.

Theis (Laurent), « cognomento ab Hercule », p. 364.

Thomas (Simon), p. 180.

Thomassin (Hugues), rhéteur, p. 469.

Thou (Augustin de), conseiller au parlement de Paris, p. 359.

Thou (François de), « Parisiensis, juvenis modestissimus, D. Lautreci a secretis », pp. 18-20, 47, 48, 300, 469.

Thou (Jean de), p. 192.

Thuilier (P.) « Tegularius », médecin, p. 291.

Tygnatius (Joannes), « judex lugdunensis », p. 146.

Touchet (Henry) « Tochetus », p. 482.

T[ournon] (Antoine de) fils de Just Ier, mort à Naples, p. 129.

T[ournon] (Charles de), évêque de Rodez puis de Viviers, pp. 48, 50, 95, 102, 105, 109, 113, 138, 152, 157, 166, 188, 189, 190, 305, 306.

T[ournon] (Claude de), évêque de Viviers, p. 37.

Tournon (François, cardinal de), pp. 74, 139, 142, 143, 305, 375.

Tournon (Jacques de), évêque de Castres, puis de Valence, pp. 51, 154, 163, 168, 375.

Tournon (Just de), pp. 35, 164, 171.

Toussaint (Jacques) « Tusanus », pp. 52, 53, 54, 106, 145, 254, 374, 392.

Ubelius, Ulbius (Joannes). Voy. Holbein.
Valla (Lorenzo), p. 186.
Vascosan (Michel de), pp. 224, 444.
Vauzelles (Jean de), de Lyon, « vir existimatissimus », p. 364.
Vauzelles (Mathieu de), p. 217.
Vebrius (Joannes), p. 99.

Vérac (Honoré de), d'Arles, 449.
Verceil (Georges de) « Vercellanus », p. 427.
Vergier (Eloy) « Vergerius », p. 411.
Visagier (Jean) « Vulteius », de Reims, pp. 314, 451, 474.
Vives (Luis), p. 226.

Une grande curiosité du volume, ce sont les deux portraits gravés sur bois dont il est orné, et qui sont l'œuvre de *Hans Holbein*. Le premier, qui nous montre le poète couronné de laurier, et qui porte la date de 1538, occupe la p. 17.

Le second, qui est plus simple, est placé au v° de l'avant-dernier f..

Le dessin de ce dernier portrait fait partie du célèbre recueil aujourd'hui conservé au château de Windsor. On en trouvera des reproductions dans Lodge, *Portraits of illustrious personages of the court of Henry VIII.*, 1828, in-fol., et dans Knackfuss, *Hans Holbein der jüngere*, 1905, p. 125.

La gravure est retournée ; l'inscription et l'encadrement ont été ajoutés.

Voy. les fac-similés ci-contre.

2789 (421 *f*). IOANNIS AVRATI || Lemouicis Poetæ et || Interpretis Regij Poëmatia. || Hoc est ||

Poëmatum lib. 5
Epigrammatum lib. 3
Anagrāmatum lib. 1
Funerum lib. 1

Odarum lib. 2
Epithalamiorum lib. 1
Eclogarum lib. 2
Variarum rerum lib. 1

|| Cum Indicibus rerum & verborum locupletissimis. || Ad Henricum tertium Christianiss. Franc. || & Polon. Regem. || *Lutetiæ Parisior.* || *Apud Gulielmum Linocerium in monte* || *Diui Hilarii, ad insigne Vasis aurei* || cIɔ Iɔ xcvi [1586]. || Cum priuilegio Regis. In-8 de 8 ff. lim., 384 pp., 3 ff. d'*Index*, 247 pp. et 10 ff.

Le titre porte la marque de *Guill. Linocier*. Cette marque représente un personnage versant de la liqueur dans un vase d'or. On lit à l'entour : *Imbuta recens servabit odorem.*

Au v° du titre est un portrait de Dorat, « aeta. suae LXXVIII », portrait signé des lettres Z B en monogramme et accompagné d'un anagramme. Les initiales sont peut-être celles d'un graveur qui, dès l'âge de douze ans, en 1579, avait copié le joueur de cornemuse d'Albert Dürer (Nagler, *Monogrammisten*, V, n° 2064).

Les 7 ff. qui suivent le titre contiennent : une épître au roi Henri III, en distiques ; une pièce latine (*Dialogismus*) de JEAN CLOUET, Angevin (fol. Aiij) ; l'*Errata* (fol. Aiiij) ; un avis de GUILLAUME LINOCIER au lecteur, en latin ; une pièce latine de PH. VALERAN (fol. *A v*) ; un sonnet français de M[ILES] DE NORRY, dont la devise est : 'Ο Θεὸς καὶ χρόνος ; une pièce latine de JEAN-EDOUARD DU MONIN ; une pièce latine de JEAN ROUARD, de Tournon (fol. *Avj*) ; une pièce latine d'ANTOINE VIEIL, des Andelys ; une pièce latine de JEAN VINCENT, Dauphinois ; une pièce latine de P. DE LA BAULME, Dauphinois ; le texte du privilège (fol *A vij*).

BELLES-LETTRES.

Le privilège, daté du 5 mars 1586, est accordé à *Guillaume Linocier*, pour six ans. Les lettres royales contiennent un bel éloge de Jean Dorat, éloge qu'il est permis d'attribuer à Jacques-Auguste de Thou, maître des requêtes, qui les a contresignées.

La première partie contient les *Poemata* ; la seconde les *Epigrammata*, les *Anagrammata*, les *Funera*, les *Odae* et les *Epithalami* ; les autres compositions sont réunies dans la dernière partie.

Cet artiste, n'a fait que retoucher une planche gravée par *Rabel* ; nous avons vu, en effet, chez M. Edouard Rahir un état antérieur du portrait sur lequel la signature de Rabel, à demi-effacée, est encore lisible, tandis que le monogramme Z B est fortement accusé.

Voici la table des protecteurs, des amis ou des élèves à qui Dorat adresse ses vers, ou dont il fait mention (nous indiquons chacune des trois parties du recueil par les lettres *P.*, *Ep.*, *Ecl.*) :

Angoulesme (Henry d'), grand prieur de France, *P.*, pp. 224, 302 ; *Ep.*, p. 76.

Anjou (François, duc d'Alençon, puis d'), *P.* 206 ; *Ep.* 134.

[Arces (Jean d'), baron de], Livarot, *Ep.* 150.

Baïf (Jean-Antoine de), *Ep.* 77.

Barbavera (Ambrogio), *Ep.* 155.

Basanier (Martin), *Ep.* 127.

Baudouin (François), *Ep.* 167.

Belleau (Remy), *Ep.* 69, 70 [p. cotée 94].

Berzevicki (Martin), dit, Berzevicaeus, *Ecl.* 63.

Binet (Claude), *P.* 185, 186, 188, 301 ; *Ep.* 20, 128.

Birague, *Ep.* 191.

Birague (Françoise de), femme de Jean de Laval, marquis de Nesle, *Ep.* 64.

Birague (René de), *P.* 78, 109, 250, 300, 321 ; *Ep.* 8, 152, 155.

Blanchon (Joachim), *P.* 12.

Bongars ([Jacques], *Ep.* 24.

Bouquet « Boquetus », *Ep.* 25.

Bourbon (Charles, cardinal de), *Ep.* 3.

Bourbon (Louis, cardinal de), *P.* 83.

Bourdin (Gilles), *Ep.* 162, 163, 165.

Bourges (Hiérosme de), évêque de Châlons-sur-Marne, *Ecl.*, fol. E ee iiij v°.

Breslay (Pierre), Angevin, *Ep.* 69.

Briarirus. Voy. La Bruyère.

Brinon (Jean), *P.* 173 ; *Ep.* 47.

Brisson (Barnabé), *P.* 38.

Broé (Bon), président de la première chambre des Enquêtes, *Ep.* 126, 231.

Bullion ([Claude de]), maître des requêtes, *Ep.* 31.

Bussy, *Ep.* 151.

Buttet (Marc-Claude de), *Ep.* 68.

Cailus ([Jacques de Lévis, comte de]), *Ep.* 13.

Campan (Martial), Périgourdin, médecin, *P.* 153, 312.

Capel (Guillaume), docteur en médecine, *P.* 201.

Carle (Lancelot de), évêque de Riez, *Ep.* 154.

Carnavalet (François de), *P.* 55, 318.

Caron (Antoine), peintre, *P.* 252, 263 ; *Ep.* 30.

Carpentarius (Joannes). Voy. Le Carpentier.

Carrion (Louis), *Ep.* 72.

Catherine de Médicis, *P.* 18, 159, 161, 163, 214, 216 ; *Ep.* 58, 59, 78 (p. cotée 102), 135.

Caurreus. Voy. Des Caurres.

Cavellat (Hiérosme), *Ep.* 141.

Chameau « Chamelius », *Ep.* 63.

Champagne (Péronnelle de). Voy. Montgommery.

Charles, premier fils de François Ier, *Ep.* 145. — Les généalogistes ne connaissent que Charlotte, seconde fille du roi, née le 23 octobre 1516, morte le 8 septembre 1524.

Charles IX, *P.* 6, 27, 64, 67, 70, 185, 243, 320, 330, 340, 369 ; *Ep.* 5, 34, 37, 58, 132, 133, 146, 149, 173 ; *Ecl.* 3.

Charles II, duc de Lorraine, *Ecl.* 56.

Charpentier (Jacques), docteur en médecine et professeur royal, *P.* 199, 280, 284 ; *Ep.* 28, 114.

Chipard, avocat, *Ep.* 83.

Claude de France, femme de François Ier, *Ep.* 144.

Claude de France, fille de Henri II, *Ecl.* 56.

Clermont (Claude-[Catherine] de), dame de Retz, *P.* 102. — Elle épousa en 1565 Albert de Gondi, comte, puis duc de Retz. C'est probablement elle que Dorat appelle « heroïna Camilla, comitissima [sic] de Retz », *Ep.* 36.

Clèves (Catherine de), *Ep.* 233. — Elle épousa Henri de Lorraine (1570).

Clèves (Marie de), marquise d'Isles, *Ep.* 233. — Elle épousa Henri de Bourbon, prince de Condé, duc d'Enghien (1572).

CLOUET (JEAN), d'Angers : vers en tête des *Poëmatia*, fol. Aiij.

Coligny (Gaspard de), amiral, *P.* 291, 292, 293.

Condé (Henri Ier de Bourbon, prince de), duc d'Enghien, *Ep.* 238.

Condé (Louis Ier de Bourbon, prince de), *E.* 40.

Cotton, maître des requêtes, *Ep.* 13.

Del Bene ([Bartolommeo ?]), *P.* 152 ; *Ep.* 90.

Des Caurres (Jean), chanoine et principal du collège d'Amiens, *P.* 25 ; *Ep.* 71 (p. cotée 95).

Des Portes (Philippe), *P.* 17 ; *Ep.* 20.

Dorat ([X. Disnematin ?, dit]), père du poète, *Ep.* 9.

BELLES-LETTRES.

Dorat (Louis), fils du poète, âgé de dix ans : vers français, *P.* 161.

Douglas ( ), *Ep.* 168.

Du Bartas (Guillaume de Saluste, sieur), *Ep.* 76.

Du Bellay (Joachim), *P.* 39 ; *Ep.* 74 (p. cotée 98), 73.

Du Fay (« Faius », gymnasiarcha), *Ep.* 22.

Du Monin (Jean-Edouard) : distiques latins en tête des *Poëmatia*, fol. *Av* v° ; *Ep.* 48, 70 (p. cotée 94).

Duret (Louis), médecin du roi, *P.* 198.

Élisabeth, reine d'Angleterre, *P.* 20; *Ep.* 139 [p. cotée 143].

Élisabeth d'Autriche, reine de France, *Ep.* 43 ; *Ecl.* 3.

Enghien (François de Bourbon-Vendosme, duc d'), *P.* 83.

Esbauldit (Arnould d') « Elbalditaeus, Desbalditaeus », *Ecl.*, fol. *Eee* i v°, *Eee* iij.

Esbauldit (Gérard d') « Esbalditaeus », *Ep.* fol. *Eee* iij v°.

Espence (Claude d'), *P.* 211 ; *Ep.* 79 [p. cotée 103] ; *Ecl.*, fol. *Eee* v v°, *Eee* vj v°.

Espernon (Jean-Louis de La Valette, duc d'), *P.* 231.

Este (Alfonso d'), prince de Ferrare, *Ep.* 184.

Este (Ippolito d'), cardinal. *P.* 21.

Farnese (Ottavio), duc de Parme, *Ep.* 184.

Ferdinand Ier, empereur, *Ecl.* 63.

Ferrier (Théodore), *Ep.* 153.

Fiancé (Antoine) « Phyanceus », médecin, *Ep.* 54.

Foix (Paul de), *P.* 100.

François, dauphin, fils de François Ier, *Ep* 144.

Garnier (Robert), *Ep.* 65.

Gauchet (Claude), *P.* 226.

Gondi (Albert de), comte, puis duc de Retz, *P.* 104.

Gondi (Pierre de), évêque de Paris, *P.* 112, 187, 188.

Goulu (Nicolas) « Gulonius », *Ep.* 19.

Gréaulme (Robert), médecin, *Ep.* 51.

Grégoire XIII, pape, *P.* 14, 131, 299.

Grimauldet « Grimoaldus », *Ep.* 17.

Guise (François de Lorraine, duc de), *Ep.* 17, 197 [p. cotée 187], 199.

Guise (Henri de Lorraine, duc de), *P.* 316 ; *Ep.* 136, 233.

Hennequin (Jeanne), femme de Félix Vialar, *Ep.* 244.

Henri II, *Ep.* 125, 202, 203, 206.

Henri III, *P.*, fol. *Aij*, pp. 2, 3, 4, 16, 18, 28, 67, 69, 70, 71, 74, 78, 119, 212, 218, 239, 297, 353; *Ep.* 4, 6, 7, 8, 45, 57, 86, 87, 124, 133, 134.

Henri, roi de Navarre, plus tard Henri IV, *P.* 144, 146.

Heurtevin (Jean), *Ep.* 132.

Hotman (François), *P.* 372.

Hugonis (Jacques), *P.* 134, 139.

Hurault ([Henry]), *P.* 105. — Cet enfant mourut jeune.

Hurault (Philippe) de Chiverny, *P.* 39, 205, 295, 297 ; *Ep.* 19, 25, 26, 79 [p. cotée 103], 82, 228 ; *Ecl.*, fol. *Eee* i.

Hurault (Raoul), *P.* 323.

Jamin (Amadis), *P.* 16.

Joubert (Laurent), *P.* 315, *Ep.* 68 [ici Dorat l'appelle Robert].

Joyeuse (Anne, duc de) *P.* 251. 253.

Joyeuse (François, cardinal de), *P.* 306, *Ecl.* fol. *Eee* vij v°.

Jules III, pape, *Ep.* 16.

La Baulme (P. de) « P. a Balma, Delphinas » ; pièce latine à Dorat, *P.* fol. *Avj* v°.

La Brosse (François Gilbert de) « Brossaeus », *Ep.* 67 [p. cotée 91].

La Bruyère, lieutenant civil en la prévôté de Paris, « Briarius », *P.* 103.

La Chassaigne, maître des requêtes, *Ep.* 159.

La Croix du Maine (François Grudé, sieur de), *Ep.* 56.

Lafillée (Pierre) « Λαφιλαῖος », médecin, *Ep.* 50.

La Guelle (Jacques de), « Geleus, Gelaeus, Gelaus, Guelleus », *Ep.* 21, 62, 63, 85.

L'Allemant ([Nicolas]) « Alemanus, commissarius praetorianus », *Ep.* 18.

La Marck (Antoinette de), « Antonilla Bullonae ducis filia », *Ecl.* 43.

La Molle (Edouard de), « Mollaeus », *Ep.* 128.

Lansac. Voy. Saint-Gelais (Louis de), seigneur de Lansac.

L'Apostre (Georges), *Ep.* 114.

La Ramée (Pierre de), ou Ramus, *P.* 275; *Ep.* 34, 35, 36.

L'Archer (Michel), conseiller au parlement de Paris, *P.* 313.

Lassus (Orlande de), *Ep.* 92.

L'Aubespine ([Sébastien de], évêque de Limoges, *P.* 326.

Laurent (Georges), *Ep.* 151.

Laval (Jean de), marquis de Nesle, *Ep.* 14.

La Val (Antoine Mathé de), *P.* 13.

Le Bon (Guillaume) « Bonus », *P.* 3.

Le Carpentier (Jean), « Carpenteius », *P.* 294.

Le Febvre (Guy) de La Boderie, *P.* 209.

Le Grand (Nicolas), médecin du roi, *Ep.* 49.

Le Jars (Louis), *Ep.* 77.

Le Sueur (Thibauld), « Sudorius », [conseiller au parlement de Paris], *Ep.* 25.

L'Hospital (Michel de), *Ep.* 34.

L'Huillier (Nicolas), « a rebus urbis Parisiae praefectus », *P.* 23.

Linocier (Geoffroy), *P.* 14.

Linocier (Guillaume), *Ecl.* fol. *Eee viij* v°.

Livarot. Voy. Arces (Jean d'), baron de Livarot.

Longueil (Matthieu de), *P.* 229.

Longueville (Léonor d'Orléans, duc de), *P.* 96.

Lorraine (Charles, cardinal de), *P.* 45, 275, 301; *Ep.* 46, 136, 191, 209.

Louise, première fille de François Iᵉʳ, [née le 19 août 1515, morte le 21 septembre 1517], *Ep.* 145.

Macrin (Salmon), *P.* 50.

Malmédy (Siméon de), docteur en médecine et professeur royal, *P.* 200.

Manzoli (Benedetto), évêque de Reggio, *Ep.* 130.

Marchant (Yves), docteur en médecine, *P.* 102.

Marguerite d'Angoulême, reine de Navarre, *Ep.* 187.

Marguerite de Valois, reine de Navarre, *Ep.* 12, 89, 135, 207; *Ecl.* 18, 26.

Marian « Marianus », évêque, *Ep.* 13.

Marillac ([Guillaume de)], contrôleur général des finances, *P.* 95.

Marnay ([Anselme ?] de), *P.* 298.

Marsile (Théodore), *Ep.* 66 [p. cotée 90].

Matharel (Antoine), *P.* 372.

Maugiron (Louis de), *Ep.* 13.

Maugius, *Ep.* 87, 88.

Mesmes (Jean de), président du grand conseil, *P.* 219.

Missot (Gérard de), médecin, *Ep.* 51.

Montdoré (Pierre de), *P.* 283.

Montgommery (Jacques de) et sa 1ʳᵉ femme Péronnelle de Champagne-La Suse, *P.* 142.

Montjosieux ([Louis de]), ingénieur, *P.* 252, 263.

Montmorency (Anne de), *Ep.* 153.

Montmorency (Henry de), duc de Damville, *Ecl.* 48.

Moreau (Nicolas), seigneur d'Auteuil, *P.* 204, 221.

Muret (Marc-Antoine de), *Ecl.* 61.

Neufville (Charles de) seigneur de Villeroy, *P.* 227.

Neufville (Nicolas de), seigneur de Villeroy, ¹*P.* 111; *Ep.* 32, 129, 138.

Nicolay (Nicolas de), *Ep.* 129.

Nicolas, *Ep.* 12.

NORRY (MILES DE) : sonnet français, *P.* fol. *A* v; pièce à lui adressée, *Ecl.* fol. *Eee viij* v°.

Nully (Estienne de), *Ep.* 29.

Nysomantius (Clodovaeus), *Ep.* 67 [p. cotée 91].

Orléans (Charles, duc d'), fils de François Iᵉʳ, m. en 1545, *Ep.* 145.

Pajot, trésorier, *Ep.* 156, 157.

Paré (Ambroise), chirurgien du roi, *P.* 41.

Pastoureau (André), conseiller au parlement de Paris, *P.* 224 *Ep.* 75 [p. cotée 99].

Peine (Pierre), « Paenaeus », [médecin], *Ep.* 128.
Perrot (Nicolas), conseiller au parlement de Paris, *P.* 131.
Pibrac (Guy Du Faur, seigneur de) *P.* 127.
Picard (Nicolas), médecin du roi, *Ep.* 53.
Pie V, pape, *Ep.* 160.
Piennes ([Halluin], seigneur de) « Pianus », *P.* 322.
Piètre (Simon), médecin, *P.* 230; *Ep.* 50.
Pilon (Germain), *P.* 252, 263.
Pincé (René), conseiller du roi, *Ep.* 9, 22.
Rabel (Jean), peintre, *P.* 103; *Ep.* 62, 63.
Revoil (Ennemond) « Revolus », *Ep.* 129.
Rochon (Jean), médecin, *Ep.* 52.
Ronsard (Pierre de), *P.* 46, 375; *Ep.* 73, 74, 84, 161, 176, 181, 225.
ROUARD (JEAN) « JOHANNES RUARDUS, Turnonensis » : distiques latins, *P.* fol. *Avj.*
Salignac (Louis de), évêque de Sarlat, *Ep.* 126.
Saucourt, *Ep.* 11.
Scaliger (Joseph), *Ep.* 113.
Séguier (Antoine), « propraetor », *P.* 36, 324; *Ep.* 30, 31, 32, 81, 82, 88.
Séguier (Pierre), président, *P.* 164.
Senecé (Le baron de), *Ep.* 24.
Sigonio (Carlo), auteur du traité *De consolatione*, publié sous le nom de Cicéron, *Ep.* 66 [p. cotée 90].
Sixte-Quint, *Ep.* 124.
Stanley (Henry), *Ep.* 125.
Strazeele (Jan), professeur royal, *Ep.* 46.

Strozzi (Filippo), *P.* 222.
Thermes (Pierre de), *Ep.* 14.
Thévenin (Pantaléon), *Ep.* 133.
Thévet (André), *Ep.* 91 [p. cotée 94], 187.
Thiard (Ponthus de), *Ecl.* fol. *Eee iiij.*
Thou (Anne de), femme de Philippe Hurault, *Ep.* 166.
Thou (Christophe de), *P.* 34, 122, 248; *Ep.* 157, 166.
Thou (Jacques-Auguste de), seigneur d'Emery « Armerius Thuanus », *P.* 205.
Toscano (Gio. Matteo), *Ep.* 54, 89 (mêmes pièces répétées deux fois).
Turnèbe (Adrien), *Ep.* 182.
Vaevraeus (Jean), *Ep.* 184.
Vaillant (Germain) de Guélis, abbé de Pimpont « Pimponius », *Ep.* 14, 18.
VALERAN (PHILIPPE) : pièce latine, *P.* fol. *Av* ; pièce à lui adressée, *P.* 371.
Valeran père, médecin du dauphin. *P.* 59, 371.
Valet (Antoine), *P.* 153, 201; *Ep.* 75 [p. cotée 99], 76.
VIEIL (ANTOINE), des Andelys « Anthonius Vielius, Andelinus Rothomagensis » : six distiques latins, *P.* fol. *Avj.*
Varade (Hiérosme de), médecin du roi, *Ep.* 53.
Vialard (Félix), *E.* 244.
Villemontée (de), *P.* 220.
Villequier (René de), *P.* 26; *Ep.* 25.
VINCENT (JEAN), dauphinois : distiques latins, *P.* fol. *Avj* v° ; anagramme sur son nom. *Ecl.*, fol. *Eee viij.*
Vinet (Elie), *P.* 153.
Voyer (Famille de), *Ep.* 55.
Voyer (René de), *P.* 107

2790 (421 *h*). IN NOVAE RE- || LIGIONIS AS- || SECLAS Carmen || inuectiuum || Ad virum illustrissimum Ioannem Florettum, || Consiliarium Regium, || Adamo Blacdouæo [*sic*] Scoto authore, || Eiusdem varia aliquot ad varios poëmata. || *Parisiis,* || *Ex Typographia Thomœ Richardi, sub Bibliis* || *aureis, è regione Collegij Rhemensis.* || 1564. In-4 de 15 ff.

IV. 4. 15

chiffr. et 1 f. blanc, mar. r. jans., tr. dor. (*Chambolle-Duru.*)

Le titre porte une marque de *Thomas Richard*, qui diffère de celles que Silvestre a reproduites :

Le f. 2 r° contient une épître en prose latine « Domino suo observandiss. D. Joanni Floretto, consiliario regio », épître datée du 26 décembre (7 des calendes de janvier).

Au v° sont placés douze vers asclépiades au même et deux distiques « in Zoilum ».

Le f. 10 contient cinq épigrammes « Ad sereniss. dominam suam ac principem illustriss. Mariam Steuart, Scotiae reginam ».

On trouve ensuite :

Deux distiques « De Semiramide et Sardanapalo » (fol. 11) ;

Neuf distiques « Ad D. suum observandiss. D. Joannem Florettum, senatorem regium » ;

Six distiques « Ad reverendum in Christo patrem D. D. Jacobum [Beaton], archiepiscopum Glascuensem, bonarum literarum vindicem et assertorem (fol. 11 v°) ;

Une épigramme « Ad virum amplissimum D. D. Christophorum de Thou, in suprema Parrhisiorum curia primum praesidem » ;

Deux distiques « Ad virum undique spectatissimum Galterum Reid, abbatem a Kinlos » (fol. 12) ;

Trois distiques « Ad reverend. in Christo patrem, D. Georgium Durie, abbatem Dunfermelini » ;

Une épigramme « Ad virum authoritate pariter et gravitate spectatum, Franciscum de Dormi, regium consiliarium et inquestarum praesulem » ;

Cinq distiques « Ad virum splendore generis insignem, Joannem Reid, consanguineum pariter et amicum » (fol. 13 v°) ;

Quatre distiques « Ad virum illustrissimum D. Nicolaum de Thou, senatorem » (fol. 13) ;

Six distiques « Ad Uliermum, Joannem et Philibertum Florettos fratres, suos discipulos » ;

Deux distiques « Ad virum gravissimum Rogerium de Vaudetar, senatorem amplissimum » (fol. 13 v°) ;

Trois distiques « Ad virum undique circumspectissimum, D. Adrianum de Thou, consiliarium et ecclesiae parisiensis magnum archidiaconum » ;

Deux distiques « Ad virum amplissimum Claudium L'Archier, senatorem » ;

Deux distiques « Ad dominum suum observandiss. D. Joannem Sincler, decanum a Restalerig » (fol. 14) ;

Un distique « Ad Henricum Blacvodaeum, fratrem (on y voit que celui-ci n'avait pas encore traversé la mer) » ;

Quatre distiques « Ad Joannem Fabrum, praeceptorem » ;

Deux distiques « Ad Adrianum Turnebum, philosophiae professorem regium » ;

Une épigramme « Ad Leodegarium a Quercu, praeceptorem, eloquentiae latinae professorem regium (fol. 14 v°) ;

Un distique « Ad virum antiqua fide et doctrina clarum, Joannem Ferrerium Pedemontanum » ;

Un distique « Ad Joannem Altum, Bonorum Puerorum gymnasiarcham » ;

Un distique « Ad insolentem quendam » et trois distiques « Ad medicum quendam » (fol. 15) ;

Un distique « Ad D. suum illustrissimum D. Joannem Florettum, senatorem ».

Le *Carmen invectivum* contre les huguenots est l'un des premiers ouvrages d'Adam Blackwood. Celui-ci, qui était né à Dunfermeline en 1539, achevait alors ses études à Paris. L'épître dédicatoire nous apprend que Jean Florette était son Mécène, et c'est à ce titre que le poète lui consacre les prémices de sa muse. En même temps qu'il suivait les cours de Jean Le Fèvre, d'Adrien Turnèbe et de Leger Du Chesne, Blackwood avait lui-même pour élèves Guillaume, Jean et Philibert Florette, fils du conseiller au parlement. Il devint en 1564 procureur de l'université de Paris. Il fut appelé de nouveau à ces fonctions et à celles de recteur en 1567, et enseigna le grec au collège Sainte-Barbe (voy. *Mémoires de la Soc. de l'hist. de Paris*, t. XVIII, 1891, p. 94). Ce ne fut que quelques années plus tard qu'il entra dans la magistrature provinciale.

2791 (422 a). SILLACII CASTRÆI || belli musarum'que mu- || neribus instructissimi, || animi corporisque dotibus ornatissimi, Tumu- || lus, variis Poëtarum inscriptionibus insignitus. || Le Tūbeau du seigneur || de la Chastre, dict de || Sillac, gentil-homme nague- || res orné des excellences du corps & de l'esprit, || & garni de la cognoissance des lettres & armes : || graué d'inscriptions de diuers Poëtes. || *A Paris,* || *Par Robert Estienne Imprimeur du Roy.* || M. D. LXIX [1569]. || Auec Priuilege. In-4 de 12 ff. non chiffr., sign. *A-C*.

1520. 2. 1 (3)

Le titre porte la marque de *Robert Estienne* (Silvestre, n° 958).

Jacques de La Chastre, seigneur de Sillac, capitaine des gardes du duc d'Anjou, plus tard Henri III, fut tué à Messignac, le 25 octobre 1568 (voy. Anselme, *Hist. geneal.*, t. VII, p. 370 A). Les poètes, qui lui ont consacré des vers funèbres, sont, par ordre alphabétique :

BAÏF (JEAN-ANTOINE DE) : vers franç., fol. *A ij* v° ; vers latins, fol. *A iiij* r° et v°, *B i*, *B iij*; vers grecs, fol. *B ij* v°.

BELLEAU (REMY) : sonnet franç., fol. *A iiij*.

DANIEL (PIERRE), d'Orléans : vers latins, fol. *C i*.

DES PORTES (PHILIPPE) : sonnet français, fol. *B ij* v°.

DORAT (JEAN) : vers latins, fol. *A ij*.

DU PUIS (FRANÇOIS), Beauvaisien : vers latins, fol. *B iiij*.

GARNIER (ROBERT) : sonnet français, fol. *B ij*.

LAMBIN (DENYS), de Montreuil : vers latins, fol. *A iij*.

NOURRISSON (C.) : vers latins, fol. *B iiij* v°.

ORLÉANS (LOYS D') : sonnet français, fol. *B iiij*.

PASQUIER (ESTIENNE) : sonnet français, fol. *B ij*.

PASSERAT (JEAN) : vers latins et sonnet français, fol. *B i* v°.

THORY (FRANÇOIS) : vers latins, signés : F. Thorius Bellio, fol. *B iij* v°, *Ci*.

VAILLANT (GERMAIN) DE GUÉLIS, abbé de Pimpont : vers latins, signés Val. PP., fol. *A i* v°, *C iij, C iiij* v° ; vers français, signés PP., fol. *C ij* v° ; vers grec, signés Οὐαλ. Π Π., fol. *C iiij*.

Cinq distiques latins, signés G. M. PP. P. (fol. *B i*) sont peut-être de l'abbé de Pimpont, qui fut le promoteur de la publication.

2792 (422 b). TVMVLVS || amplissimi || viri, D. Ægidii || Burdini, Regii || iuris in Suprema || Curia Cognitoris et || Procuratoris fidelissimi, & Christianiss. || Regi ab arcanis Consiliis, Equitis, || nec non Assij Toparchæ. || Le Tombeau de Tres-

IV. 6, 17

excellent Per- || sonage Messire Gilles Bourdin Cheuallier, seigneur d'Assi, Procu- || reur general du Roy en sa court de Parlement à Paris || & Conseiller au conseil priué de sa Maiesté. || Par Francois d'Amboyse Parisien. || *A Paris,* || *Par Denis du Pré Imprimeur demourant en la rue* || *des Amandiers, à l'enseigne de la Verité.* || 1570. In-4 de 6 ff. non chiffr., mar. r. jans., tr. dor. (*Chambolle-Duru.*)

<blockquote>
Le titre porte une marque de *Denis Du Pré* que Silvestre n'a pas reproduite (cf. nᵒˢ 422, 723, 724, 728)

Au vᵒ du titre est une épigramme latine adressée au premier président Christophe de Thou, et signée : FRANCISCUS DAMBOYSIUS, alumnus regius ».

On trouve à la suite : une ode française au même Chr. de Thou et un sonnet de FRANÇOIS D'AMBOISE (fol. *Aij*) ; des *Hendecasyllabi* du même (fol. *Aiij*) ; deux sonnets de P. DE LARIVEY (fol. *Bi*) ; une élégie latine d'ANTOINE VALET, médecin (fol. *Bi* vᵒ) ; la traduction en vers français de cette élégie par François d'Amboise, traduction accompagnée de la devise : *Musis sine tempore tempus* (fol. *Bij*) ; un sonnet et une épitaphe latine, en style lapidaire, par le même (fol. *Bij* vᵒ).
</blockquote>

2793 (422 *d*). AMPLISSIMÆ || SPEI PVPVLO, Francisco Gon- || zagæ, nobilissimi Principis, Ducis || Niuernensis filio. || Leodegarius a Quercu || Professor Regius, hoc Genethliacum || canit. || Chant d'alaigresse, pris des vers || latins de M. du Chesne, || lecteur du Roy. || Plus vne autre traduction des carmes dudit du Chesne || Sur la naissance de François de Gonzague, || fils de Monseigneur le Duc de Neuers. || M. D. LXXVI [1576]. S. l. [*Paris*], in-4 de 4 ff.

<blockquote>
Le poème de Léger Du Chesne compte 32 vers hexamètres : En voici le début :

Scite puer, mellite puer, puer inclyte, cujus...

Les traductions françaises, dont les auteurs ne sont pas indiqués, sont composées, la première de 52 vers alexandrins, et la seconde, de 56 vers décasyllabiques. Voici les premiers vers :

Prince gentil et beau, prince plain de douceur...
Gentil enfant, doucette creature...

Lodovico Gonzaga, duc de Nevers, avait eu d'abord deux filles : Catherine, née le 21 janvier 1568, et qui épousa, en 1588, Henri d'Orléans, duc de Longueville, et Henriette, née le 3 septembre 1571, et qui devint en 1599, la femme de Henri de Lorraine, duc d'Aiguillon et de Mayenne. Un premier fils, Frédéric, né le 11 mars 1573, était mort le 22 avril 1574. On comprend la joie que causa la naissance de François, venu au monde le 17 septembre 1576 ; mais cet enfant mourut le 15 juin 1580. Le duc de Nevers ne laissa qu'un fils, Charles, qui fut appelé en 1627, au duché de Mantoue.
</blockquote>

2794 (422 *e*). GERMANI AUDEBERTI Aurelii Venetiae. Ad Serenissimum ac Sapientissimum Venetiarum Principem Nicolaum Pontanum, vel a Ponte, vel de Ponte, Illustrissimos atque Prudentiss. Senatores Patriosq́ȝ Venetos. Ms. in-4 sur papier de 105 ff. (haut. 203 ; larg. 134 millim.), mar. ol., fil., riches compart., rinceaux et feuillages, dos orné, tr. dor. (*Rel. du XVI*e *siècle.*)

Voici le dépouillement des pièces contenues dans ce volume :

Fol. 2. Epître composée de 14 distiques « Ad sereniss. atque sapientiss. Venetiarum principem, Nicolaum Pontanum ».

Fol. 3. Epître composée de 20 vers hexamètres « Ad illustriss. atque prudentissimos Senatores et Patritios Venetos ».

Fol. 4. Trois distiques grecs « Εἰς τὴν τῶν Ἐνετῶν πόλιν ».

Fol. 5. « De Venetiis Germani Audeberti, mirae venustatis et elegantiae poëmate, LUDOVICUS ALEALMUS [= ALEAUME], apud Aurelios praeses ac subpraefectus ». 15 distiques.

Fol. 6. « Ejusdem ad Aureliam ». 3 distiques

Fol. 6 v°. « NICOLAUS HATTAEUS [= DE HATTE], a secretis regiis in doctissimi ac ornatissimi viri Germani Audeberti Aurelii Venetias ». 8 vers hexamètres.

Fol. 7. « Ad clarissimum virum Germanum Audebertum, consiliarium regium ac vectigalium indictionumque apud Aurelios primarium judicem PETRUS LAMONIUS [= PIERRE DE LAMOIGNON], in suprema parisiensi curia advocatus ». 12 vers hexamètres.

Fol. 7 v°. « ΦΛΩΡ. Ὁ ΧΡΙΣΤΙΑ´ΝΟΣ [= FLORENT CHRESTIEN] εἰς τὰς τοῦ Γερμ. Αὐδηβερτοῦ Ἐνετίας ». 2 distiques grecs.

Fol. 8. « NICOLAI AUDEBERTI Aurelii in parentis Venetias Carmen ». 3 distiques.

Fol. 9. « *Venetiarum Liber primus :*
Marcicolae gentis primordia clara situmque
Urbis, et acta ducum canimus turbamque natantem... »

Fol. 37. *Venetiarum Liber secundus. Ad clariss. ac ampliss. virum Vidum Fabrum Pibracum, secretioris regii consilii participem, et supremae parisiensis curiae praesidem.*

Fol. 82. « *Venetiarum Liber tertius. Ad Illustriss. virum Arnaldum Ferrerium, Galliae et Poloniae regis apud Remp. Venetam oratorem.*

Fol. 83. « Sereniss. ac Sapientiss. Venetiarum principem Nicol. à Ponte et Illustriss. atque Prudentiss. Senatores Patriciosque Venetos GERM. AUDEBERTI Carmen », 13 vers hexamètres.

Fol. 83 v°. « ACTII SYNCERI SANNAZARII de mirabili urbe Venetiis Epigramma ». 3 distiques.

Fol. 84. « Τὸ αὐτὸ τοῦ ΓΕΡΜ. ΑΥΔΕΒΕΡΤΟΥ », 3 distiques grecs, traduits de la pièce de Jacopo Sannazaro.

Fol. 84 v°. « Ad serenissimum Ducem et clarissimos Patricios Venetos, ob celebratas a Germano Audeberto aeterno carmine Venetias Gratulatio ». 134 vers hexamètres, à la fin desquels on lit : « Auctore clarissimo viro LUDOVICO ALEALMO, consiliario regio et Aurelianensis provinciae praeside integerrimo ».

Fol. 88. « Ad Germanum Audebertum de suis Venetiis idem LUDOVICUS ALEALMUS ». 17 distiques.

Fol. 89 v°. « Clarissimo viro Germ. Audeberto, consiliario regio et vectigalium indictionumque apud Aurelios judici, magno Veneti nominis praeconi, ANIANUS DECONTIUS [= ANIANO DE CONTI?]. 29 distiques.

Fol. 91. « In Venetias clarissimi viri Germani Audeberti Aurelii ». 43 vers hexamètres. — On lit à la fin : « Auctore doctissimo viro JOANNE ASSELINEO [= JEAN ASSELINEAU], doctore medico ».

Fol. 92 v°. « Ad lectorem in Venetias cl. v. Germani Audeberti... Carmen ». 34 vers hexamètres. — On lit à la fin : « Auctore RAYMONDO MASSACO, doctore medico excellentissimo ».

Fol. 93 v°. « In doctiss. viri Germani Audeberti... Venetiada ». 27 vers hexamètres signés : P. STUARTIUS, j. c. Aurel ».

Fol. 94 v°. « In Venetias Germani Audebertaei, vatis praestantissimi, Carmen ex miro ipsius anagrammate ductum : Germanus Audebertaeus, anagramma : *Urbs veneta a me surge*. 20 distiques signés : ANDREAS DEROSSANTIUS [= DE ROSSANT], Lugdunensis.

Fol. 96. « Ornatiss. et eruditissimo viro Germano Audeberto Aurelio. VERGIUSIUS LANDUS Placentinus », 4 distiques.

Fol. 96 v°. « De Germano Audeberto, excellentissimo poëta gallo, FABRICII RESECI Bononiensis Carmen ». Deux pièces comptant chacune 4 distiques.

Fol. 97. « Ad clarissimum virum Germanum Audebertum excusatum carmine praecellentis viri LUDOVICI ALEALMI, praesidio apud Aurelios, quod Venetias potius quam Aureliam patriam laudandas suscepisset », 10 distiques.

Fol. 97 v°. Ad eruditiss. virum Anianum Decontium, NIC. AUDEBERTUS, Germ. fil. ». 10 distiques.

Fol. 98. « ANIANUS DECONTIUS Nicolao Audeberto ». 18 distiques.

Fol. 99. GERM. AUDEBERTI Aurelii ad Nicolaum filium, ut eum ab Italia revocaret, Elegidion ». 27 distiques.

Fol. 101. « NICOLAI AUDEBERTI in longe observandi parentis Venetias Carmen ». 156 vers hexamètres.

Fol. 105 v°. Un distique dont l'auteur doit être NICOLAS AUDEBERT :

Contulit huic parvo natusque paterque labori,
Nempe manum natus, sed pater ingenium.

A la suite :

FABRICII RESECI *Bononiensis, viri doctissimi, Distichon.*

Mirari quivis, imitari nemo valebit,
Cum nati dextram, tum patris ingenium.

Germain Audebert, qui avait fait de solides études en Italie, voulut que Nicolas, son fils, né en 1556, allât visiter lui aussi les universités de la péninsule. Au moment où celui-ci franchit les Alpes, le père rassembla ses souvenirs et entreprit de chanter les merveilles qu'il avait vues à Venise, à Rome et à Naples. Son premier poème fut consacré à Venise. L'ouvrage était terminé depuis plusieurs années quand Germain pria l'ambassadeur Lorenzo Priuli, qui retournait auprès de la Seigneurie, d'en faire hommage au grand conseil. La présentation eut lieu le 31 mars 1583. Les Vénitiens, touchés de l'hommage qui leur était fait, conférèrent le jour même à l'auteur le titre de chevalier, lui firent don d'une chaîne d'or de 200 écus, et d'une médaille de Saint-Marc, enfin ordonnèrent que le poème serait imprimé à leurs frais. Le présent manuscrit est une copie élégamment calligraphiée qui a été exécutée pour Germain Audebert, et, comme on le voit par les distiques qui terminent le volume, le calligraphe n'est autre que le fils de l'auteur. Nicolas Audebert possédait en effet un talent de calligraphe dont on connaît divers spécimens. Dans plusieurs endroits, des pièces ont été rapportées pour permettre des additions ou des suppressions ; mais il a été tenu compte de ces remaniements dans le texte imprimé.

Germain Audebert mourut, à 78 ans, le 24 décembre 1598 ; son fils, devenu en 1582, conseiller au parlement de Bretagne, ne lui survécut que cinq jours. Voy. Ém. Picot, *Les Français italianisants au XVI° siècle* (II, 1907, pp. 153-180), où il est dit par inadvertence (p. 179) que notre manuscrit contient les poèmes de Germain Audebert sur Venise et sur Rome.

De la bibliothèque du Révérend WALTER SNEYD (Cat., 1903, n° 65). Ce manuscrit provient sans doute de la célèbre collection CANONICI.

2. — Poètes français.

A. Introduction. — Recueils de poésies françaises du XVe siècle et du commencement du XVIe.

2795 (425 *a*). SENSVYT LART ₵ || SCIENCE de re- || thoricque pour faire Rimes et Balades. — ☙ *Cy finist lart ₵ science de Rethoricque* || *de faire Rime: et Ballades. Nouuelle-* || *ment Imprime a Paris. S. d.* [*v.* 1520], in-8 goth. de 20 ff. non chiffr. de 27 lignes à la page pleine, sign. *A-B* par 8, *C* par 4, mar. br., fil., dos orné, tr. dor. (*Trautz-Bauzonnet*.)

> Au titre est une figure grossière, qui représente un clerc écrivant sur un pupitre. Cette figure est semblable à celle que nous avons reproduite sous le n° 2763. La figure donnée dans notre t. I, n°s 192 et 206, offre des variantes bien visibles.
>
> Le texte commence ainsi, au v° du titre :
>
> Sensuyt lart & science de rethoricq̃ || pour cõgnoistre to^9 les termes / for || mes & patrons exẽple / couleurs & || figures de dictiers tailles moder || nes qui maintenant sont en vsaige....
>
> Cet *Art de rhétorique* est ordinairement attribué à Henry de Croy, qui a signé le Prologue, adressé au roy dans l'édition publiée par Antoine Vérard le 10 mai 1493 ; mais il a été restitué à JEHAN MOLINET, par M. Ernest Langlois (*De artibus rhetoricae rhythmicae*, 1890, pp. 51 et suiv.). La présente édition ne contient pas de prologue ; elle se termine par le rondeau acrostiche à Charles VIII.
>
> L'ouvrage a été réimprimé, en 1832, d'après l'édition de Vérard, par Francisque Michel, dans les *Poésies des XVe et XVIe siècles, publiées d'après des éditions gothiques et des manuscrits* (Paris, Silvestre, in-8) et, en 1902, d'après deux manuscrits, par M. Ernest Langlois, dans son *Recueil d'arts de seconde rhétorique*, pp. 214-252.
>
> Le prologue et le rondeau acrostiche final sont des additions postérieures à Molinet.
>
> De la bibliothèque du COMTE DE LIGNEROLLES (Catal., 1894, n° 839).

2796 (432 *a*). RECUEIL de poésies françaises. Ms. in-fol. sur vélin de 132 ff. (haut. 284, larg. 187 mill.), avec miniatures, XVe siècle, v. br. fil. à froid. (*Rel. anglaise*.)

> Nous avons dressé, avec l'aide de M. Arthur Piaget, la table des pièces contenues dans ce volume :
>
> 1° [*Le Quadrilogue*, par ALAIN CHARTIER], commençant (fol. 1) par : « A la treshaulte et excellente magesté des princes, a la treshonnoree et magnificence des nobles... », et finissant (fol. 32 r°) par : « pour prouffiter par bonne exortacion que pour aulcun reprendre. *Explicit Quadrilogus* ».
>
> Alain Chartier, éd. Du Chesne, 1617, pp. 402-454. — Cf. notre tome Ier, n° 440, art. 1.
>
> 2° (fol. 83). [*Exhortation de la Couronne de France au dauphin Louis, fils de Charles VII*] :
>
>> 1. Treshault, tresnoble, trespuissant,
>> Tresredoubté prince Louys
>> Daulphin, le vostre obeissant.
>> L'autre jour, dont fus resjouys,
>> La tresnoble Couronne ouys
>> De vostre pere, le bon roy,
>> Parler, dont fort je m'esjouys,
>> Luy remonstrant par bon arroy

SECOND SUPPLEMENT.

>   2. Qu'au ceptre englois paix ne feist
>   Qu'a son honneur entierement
>   Et son profit tout ne veist
>   Et le vostre aussi clerement...   10

Le poème compte 43 strophes de huit vers. Voici la dernière (fol. 38 v°) :

>   43. Et affin que mieulx vous servés
>   Au filz en la divinité,
>   Et qu'en servant vous conservés
>   La couronne en sa deité,   340
>   Dieu par sa grant benignité
>   Vous doint estre si bien servans
>   Que de ses biens l'infinité
>   Pour voz hoirs soiés conservans.

3° (fol. 38 v°). *Une Avision, ou Songe.*

>   1. L'autre nuit en mon lit songay;
>   Je ne sçay se mensonge estoit,
>   Ung songe ; mès en ce songe ay
>   Veu merveille, et advis m'estoit
>   Que verité du tout c'estoit,   5
>   Quanque je vis en mon songer,
>   Et qu'en songe riens si n'estoit,
>   En songant qui fut mensongier.

Ce poème, qui compte 104 strophes de huit vers, se termine ainsi (fol. 52 v°) :

>   104. Moutons, brebis en ung tropel   825
>   Aient paix, faisans leurs labours.
>   Fine toison et vert chapel
>   Fleutes, flagos, trompes, tabours,
>   Leur doint Dieux en villes et bours,
>   Et l'obeyr par tel arroy,   830
>   Et le cerf ; que sans nul rebours
>   En paradis voient leur roy.
>   *Explicit.*

4° (fol. 53). *Lay de paix aux seigneurs de France*, [par ALAIN CHARTIER] :

>   Paix eureuse, fille du dieu des dieux,
>   Engendree ou trosne glorieux...,

finissant (fol. 57) par :

>   Si que a loysir leur fault leurs corps mortelx.
>   Leur ame est sauve avec la deité.
>   *Explicit.*

Alain Chartier, éd. Du Chesne, 1617, pp. 542-549. — Cf. notre tome I, n° 440, art. 3.

5° (fol. 57 v°). *Lay de complainte pour les guerres*, [par EUSTACHE DES CHAMPS, dit MOREL] :

>   Las, je fus jadis contrains
>   Et abstrains...,

finissant (fol. 61) par :

>   Tellement
>   Que d'enfer soyons destains.

Éd. Queux de Saint-Hilaire et Raynaud, II, pp. 306-314.

6° (fol. 61). *S'ensuit le Psaultier des villains*, [par MICHAUT LE CARON, dit TAILLEVENT] :

>   Des nobles j'ay veü le Breviaire,
>   Que fist jadis en son temps maistre Alain...

finissant (fol. 89) :

>   Je ne vueil point de ce rendre sentence.
>   La fin de tout en vraye expérience.
>   *Explicit le Psaultier des villains*

BELLES-LETTRES.

Les manuscrits de ce poème sont très nombreux. Voy. A. Piaget, *Romania*, t. XVIII, p. 445.

7° (fol. 69). *Cy commence le Breviaire des nobles*, [par ALAIN CHARTIER] :

> Je, Noblesse, dame de bon vouloir,
> Royne des cieulx, princesse des haulx fais...

finissant (fol. 76 v°) par :

> Sans le droit neu de leur foy desnouer,
> Puis que la fin fait les œuvres louer.

A la suite est le rondeau :

> Vostre mestier recordés,
> Nobles hommes en ce livré...

Alain Chartier, éd. Du Chesne, 1617, pp. 581-593. — Cf. notre tome I, n°ˢ 440, art. 2, et 445.

8° (fol. 77). *Le Regime de Fortuné* [par MICHAUT LE CARON, dit TAILLEVENT] :

> S'ensuit un Traictié petit
> De Fortune, qui eslieve...,

finissant (fol. 81) par :

> Estudiés ce *Regime*,
> Hommes de Fortune atains.
> *Explicit*.

Alain Chartier, éd. Du Chesne, pp. 710-717.

9° (fol. 81). *Le Passe Temps de* MICHAUT :

> Je pensoye, n'a pas sept ans,
> Ainsi qu'on pense a son affaire...,

finissant (fol. 92 v°) par :

> C'est le Passe Temps de Michaut.
> A grant froidure demy chault.
> *Explicit*.

Édition Teodor Malenberg (Upsala, 1877, in-8), pp. 17-43.

10° (fol. 93). *Lay de paix*.

> A la louenge, a l'onneur et au gré
> De la divine et haulte magesté,
> Gloire a Dieu soit exaucee en bonté...,

finissant (fol. 96 v°) par :

> Paix soit donnee au peuple pour santé
> Afin qu'il soit gary et respité
> Des griefz douleurs et maulx dont il est plain
> *Explicit*.

11° (fol. 96 v°). *Lay de guerre* :

> Guerre mauldicte, emplie de tous maulx,
> Fille du diable et des dieux infernaux ;
> Et engendree es palus arminaulx...

finissant (fol. 101) par :

> Et que le pape et tous les cardinaulx
> Puissent donner aux nobles telz consaulx
> Que ton nom soit loué par toute terre.

12° (fol. 101). *Les .xii. Vertus des nobles* :

> Vous, Yssus de noble maison
> Et de gentil sang successeurs...,

finissant (fol. 108) par :

> Et leur seras, s'ainsi le fais,
> D'onneur patron et exemplaire.

Abregé du *Breviaire des nobles* d'Alain Chartier qui se retrouve à la Bibliothèque nationale (ms. fr. 17527, fol. 196 v°) ; au British Museum (Harl. 4402, fol. 122 v°) ; à la Bibliothèque impériale de Saint Pétersbourg, ms. 585, fol. 92.

13° (fol. 103). *Balade* :

> Je, Fortune, fais a tous assavoir...
> *Refr.* Car en la fin convient ou rendre ou prendre.

14° (fol. 103 v°). *Autre Ballade* :

> Qu'est donc Nambroch, le grant geant...
> *Refr.* Soufflés : de nostre vie n'est rien.

15° (fol. 104 v°). *Balade* [sans refrain] :

> Haro, glouton, tu es toujours a table...
> *Refr.* Qui ne beuroit, que devendroit le vin ?

16° (fol. 105). *La Pater nostre au bon homme* :

> *Pater noster,* las, or n'es tu
> Mais de noz gens comme tu seulz...,

finissant (fol. 106 v°) par :

> Et qui ne hait eulx estre pez
> Deux fois. *Amen,* si n'y peust nuire !

17° (fol. 106 v°). *Ballade* :

> A Saturnus fais assignacion...
> *Refr.* Comme cane bourbetter en escume.

18° (fol. 107). *Ballade de Paris* :

> Par plusieurs poins peut Paris precellence,,
> Partout porter par puissance prouvee...

Cette pièce ordinairement intitulée *Etymologisation de Paris,* est un chant royal sans refrain. Elle se retrouve à la Bibliothèque nationale (ms. fr. 1642, fol. 330) et à la Bibliothèque royale de Bruxelles (ms. 9559-64, fol. 116, avec ce titre : *Des cinq lettres du nom de Paris, compilé par ung notable clerc normant, l'an de grace mil quatre cens dix huit.* Le même morceau se lit dans l'ancien manuscrit Ashburnham dont une notice a été insérée dans les *Œuvres d'Eustache Deschamps,* t. II, p. xxxix, n° 137). On l'a relevé à la fin d'un manuscrit du *Roman de la Rose* porté en 1887 au Catalogue Luzarche, n° 650. Il figurait enfin dans le manuscrit, aujourd'hui perdu, du cardinal de Rohan (voy. *Romania,* t. XXI, p. 428 ; t. XXVII, p. 62, n° 1). Il a été publié, d'après le manuscrit de Bruxelles, par Le Roux de Lincy et Tisserand, *Paris et ses historiens,* 1867, gr. in-4, pp. 505-511.

D'après l'*Art rhétorique* de Pierre Fabry (éd. Héron, II, p. 129), l'auteur est JEHAN MUNIER.

19° (fol. 108). *Champ royal* [sans refrain] :

> Or est il temps, Abraham et Lion
> Que relevon nostre loy de Moïse,
> Car plus n'avon, comme nous soulion,
> Adversaire qui la nous amenuise...

Cette pièce est probablement celle qui fut présentée par JEHAN MUNIER au puy de Dieppe, et qui donna lieu à la querelle engagée entre lui et Arnoul Jacquemin. Voy. Emile Picot, dans les *Mélanges Wilmotte,* 1910, pp. 457-484.

20° (fol. 109 v°) *Ballade contre Dieppe,* [par JEHAN MUNIER].

> De deux dames, a qui j'entens
> Servir, au mains faire en l'aissay,
> Mandement ay que ce gent temps...

Treize strophes de sept vers, sans refrain ni envoi.

BELLES-LETTRES.

21° (fol. 111). *Ballade pour Dieppe*, [par Arnoul Jacquemin].

> Dedens le beau champ d'une vigne
> Vint sire Egloga pour houer...

Treize strophes de sept vers, sans refrain ni envoi.

22° (fol. 112 v°). *Ballade contre Dieppe*, [par Jehan Munier].

> Virgilles, Tulles et Platon,
> Venez a l'escolle nouvelle...

Onze strophes de sept vers, sans refrain ni envoi.

23° (fol. 114). *Ballade pour Dieppe*, [par Arnoul Jacquemin].

> Ung fol musart tout radoté,
> Revenu en l'estat d'enfance...

Quinze strophes de sept vers, sans refrain ni envoi.

24° (fol. 116). *Ballade pour Dieppe*, [par Arnoul Jacquemin].

> Oués cas de fatuité
> Raconter de maistre Pantoufle...

Onze strophes de sept vers, sans refrain ni envoi.

25° (fol. 117 v°). *Dyalongue contre Dieppe*, [par Jehan Munier].

> Que ferons nous, dist Boutechoque
> A Boucachart, de ces Dieppois ?
> Envoions leur par droit de chouque
> Une vessie a quatre poix...

Dix-neuf strophes de sept vers, sans refrain ni envoi.

26° (fol. 119 v°). *Lettre aux bourgois de Dieppe*, [par Jehan Munier].

> Treschiers bourgois, qui de la ville
> De Dieppe estez, dont ne vouldroye
> L'eminence tenir a ville...

Dix strophes de sept vers, sans refrain ni envoi.

27° (fol. 121). *Cy commence de Dieppe ethimologisé*, [par Jehan Munier].

> Dedens Dieppe dort delectacion
> De divers dons devant Dieu decoree
> Dont D descript droite dotacion...

Onze vers composés de mots commençant tous par D.

28° (fol. 121). *Ballade [double]* :

> Dame de beaulté positive
> Sans degré de comparatif...
> *Refr.* Pour avoir force genitive
> Sans point estre derivative.

Cette pièce, composée de six huitains, sans envoi, a la forme d'un dialogue entre un amant et une dame. Elle se retrouve dans un manuscrit de la Bibliothèque nationale (fr. 2264, fol. 60 v°) et dans des manuscrits de Stockholm (LIII, fol. 15) et de Berne (473, fol. 91). Elle figurait aussi dans un manuscrit de Turin (L. IV. 3, fol. 162) et dans le manuscrit du cardinal de Rohan, fol. 14.

29° (fol. 122). *Ballade* :

> On parle de grans edifices...
> *Refr.* Car on n'y peut loger que roidz.

30° (fol. 122 v°). *Ballade* :

> Sans foy, sans loy, sans droit et sans mesure...
> *Refr.* Je regny Dieu et la vierge Marie.

IV.

31° (fol. 123). *Ballade* :

> Helaz, qu'est devenu Justice ? ...
> *Refr.* Par la faulte de l'estat de noblesse.

Six strophes de huit vers et un envoi.

32° (fol. 124). *Ballade* [sans envoi] :

> Quant aucun homme povrement se gouverne...
> *Refr.* Fortune n'est fors que deffault d'avis.

33° (fol. 124 v°). *Ballade* [sans envoi] :

> Petit savoir en santé et en paix ...
> *Refr.* Car tresor n'est qui puist valoir franchise.

34° (fol. 125). *Ballade en dyalogue* :

> Dont viens ? Ou vas ? Que penses tu ?
> *Refr.* Qui femme a, c'est trop grant annuy.

Cette pièce n'a que deux strophes et un envoi.

35° (fol. 125). *Ballade* [sans envoi] :

> Henny, quel mal, quel ennuy, quel douleur...
> *Refr.* Je n'ay riens fait qu'Amours ne m'ait fait faire.

Cette pièce est d'OTHON DE GRANDSON, auteur de la *Pastourelle* mal décrite dans notre tome Ier (n° 444). Voy. *Romania*, t. XIX (1890), p. 427.

36° (fol. 125 v°). *Ballade et Response* [sans envoi] :

> Dya, beaulx amis, vous vous desconfortez...
> *Refr.* Je n'ay riens fait qu'Amours ne m'ait fait faire.

Réponse de la dame à Othon de Grandson. Voy. *Romania*, t. XIX, p. 428.

37° (fol. 126). *Ballade* :

> Salus assez par bonne entencion...
> *Refr.* Car le courroux n'y vault pas une maille.

Par OTHON DE GRANDSON. Voy. *Romania*, t. XIX, p. 408.

38° (fol. 127). *Ballade* :

> De malles dagues, de faulx de Lombardie...
> *Refr.* Puissent mourir ceulx qui empeschent paix !

39° (fol. 127 v°). *Ballade* :

> Procureur sui de mon cheval...
> *Refr.* Il demoura par devers l'oste.

40° (fol. 128). *Rondel* :

> Par vieillesse qui fort m'assault
> Et joennesse qui me deffault...

41° (fol. 128 v°). *Ballade en complainte* :

> En quel point est cestui duché...
> *Refr.* Si prie a Dieu qu'il le conforte.

42° (fol. 129). *Ballade* :

> Entre vous qui a court servés...
> *Refr.* Pour aler quant la court fauldra.

Par EUSTACHE MOREL, dit DES CHAMPS (*Œuvres*, éd. Queux de Saint-Hilaire et Raynaud, t. I, p. 314).

43° (fol. 129 v°). *Ballade en dyalogue*, sans refrain :

> Haro, glouton, tu es tousjours a table....
> *Refr.* Qui ne beuroit, que deviendroit le vin ?

Répétition du n° 15 ci-dessus (fol. 104 v°).

44° (fol. 130). *Ballade* :

> Fort a souffrir est le doulx mal d'amer...
> *Refr.* Faulte d'argent est douleur non pareille.

45° (fol. 130 v°). *Ballade* [sans envoi] :

  J'é maintes fois oy parler d'amours...
Refr. Je n'en doy pas parler comme clerc d'armes.

Cette pièce est d'ALAIN CHARTIER. Voy. *Rondeaux et Ballades inédits d'Alain Chartier, publiés d'après un manuscrit de la Bibliothèque Méjanes à Aix* [par Ph. de Chennevières] (Caen, 1846, in-16), fol. A iij v°.

46° (fol. 131). *Ballade* :

  Faictes beaulx dis, bons rethoriciens...
Refr. Que Dieu nous doint de sa grace planiere.

47° (fol. 132). *Ballade* :

  On parle de santé avoir...
Refr. C'est beau tresor que de franchise.

48° (fol. 132 v°). *Rondel* :

  Ceulx qui n'ayment mieulx paix que guerre,
  Guerre les puist tousjours tenir...

Le volume est orné de huit miniatures, accompagnées de bordures richement enluminées, aux fol. 1, 3, 5 v°, 10, 12 v°, 18 v°, 22, 33.

2797 (432 *b*). RECUEIL de poésies françaises. Ms. in-fol. sur papier de 231 ff. (haut. 261 ; larg. 188 mill.), miniatures, XVe siècle, v. f., fil. et comp. à froid, tr. rouge. (*Rel. du XVIe siècle.*)

1° (fol. 1). *Le Pas de la Mort*, [par AIMÉ DE MONTGESOIE] :

  N'a pas long temps que je vivois
  En moult grande prosperité...

Cette pièce n'est pas de Pierre Michault, comme on l'a cru (voy. *Le Pas de la Mort, poème inédit de Pierre Michault, suivi d'une traduction flamande de Colyn Coellin ; publié, avec une introduction, par Jules Petit.* Bruxelles, Fr.-J. Olivier, 1869, in-8. — Société des Bibliophiles de Belgique). M. Arthur Piaget nous fait observer que la signature du poète se trouve dans le dernier vers :

  Sans fin AMÉ DE MOULT JE SOYE.

2° (fol. 17). *Le Chevalier deliberé*, [par OLIVIER DE LA MARCHE] :

  Ainsi qu'en l'arriere saison,
  Tant de mes jours que de l'année...

Nous décrivons ci-après un manuscrit de ce poème (n° 2806).

3° (fol. 79). [*Moralité de Bien Advisé et Mal Advisé.*]

Cette pièce ne porte ici aucun titre ; elle commence de la façon suivante :

Comment BIEN ADVISÉ *parle a Mal Advisé et dit qu'il aille avecq lui a l'honneur.*

  Le philosophe nous attrait
  En parlant par dilection
  Que chascun qui est divers fait
  Doibt entandre a perfection.
  Je ne voy proposition   5
  Si naturelle a mon souhait,
  (Et) en che faisant aduction
  Je le te monstreray de fait.
  Nous sçavons bien selon nature
v° Que une chose est tresparfaitte   10
  A qui humaine creature
  Doibt tendre, qui est imparfaitte,
  Car nous voyons entierement
  Toutes choses aller a declin,
  Et que tout naturellement   15
  Tousjours tendons a nostre fin...

Les interlocuteurs sont :

Bien Advisé.	Male Meschance.
Mal Advisé.	Larechin.
Franche Voulenté.	Male Fin.
Raison.	Honte.
Foy.	Les Deables.
Contricion.	Patience.
Enfermeté.	Abstinence.
Le Varlet Contricion.	Chasteté.
Confession.	Prudence.
Humilité.	Obedience.
Tendresche.	Diligence.
Oysance.	Honeur.
Rebellion.	Fortune.
Folie.	Les quatre Estas du monde : { Regno. Regnabo. Regnavi. Signe regno. }
Houllerie.	
Lecherie.	
Frilis.	
Hocquelerie.	Le tiers Escolier.
Avarice.	Les autres Escoliers.
Malice.	Reformation.
Faulce doctrine.	Le Bon Homme.
Le premier Escolier.	Gras dame.
Le second Escolier.	Le premier petit Dyable.
Apetit.	Demen, premier dyable.
Occupation.	Sathan.
Penitanche.	Leviatan.
Satisfaction.	Belial.
Le Povre.	Dyabolus.
Aulmosne.	Lucifer.
Vaine Gloire.	Gloutonnie.
La Chamberiere.	Dieu.
Jeusne.	Gabriel.
Oroison.	Raphael.
Desesperance.	Bonne Fin.
Povreté.	

La moralité compte environ 6000 vers. Le texte qui a été imprimé par *Pierre Le Caron* pour *Antoine Verard*, vers 1495 (Biblioth. nat., vél. 602 ; — Musée Condé à Chantilly, Delisle, n° 1287), est plus développé parce qu'il y a été fait de nombreuses additions.

D'après Magnin (*Journal des savants*, 1856, p. 47), dont les auteurs de l'*Histoire littéraire de la France* semblent adopter l'opinion (t. XXIV, p. 453), la *Moralité de Bien Advisé* aurait été composée entre 1388 et 1397 ; ce qui est certain c'est qu'elle fut jouée dans la première moitié du XV° siècle. Le compte de Perrin Pepin, « miseur » de la ville de Rennes de 1435 à 1443, mentionne une représentation donnée dans cette ville au mois d'août 1439, en présence de Pierre de Bretagne (*Bulletin de la Soc. des Bibliophiles bretons*, 1878, p. 51.)

Notre manuscrit contient, nous n'osons dire le texte primitif, mais, en tout cas, une rédaction antérieure à celle qui a été publiée par Antoine Vérard. Celle-ci débute par un prologue en 166 vers qui est une addition, puis vient (fol. a ij^d) le début que nous avons ici :

BIEN ADVISÉ *commence*

Le philosophe nous retraict
En parlant par dilection
Que chascun qui est imparfaict
Doit entendre a perfection.
Nous voyons [bien] selon nature
Que une chose [est] imparfaicte
A qui humaine creature
Doit tendre, qui est imparfaicte,

Mes dames j'apporte nouuelles
De deux femmes contes et belles
Enamoures trop desconfortees
Qui se sont a vous rapportees
Pour vueils iuges de leurs querelles
Embusche me suis deuieres elles
Pour ouir leurs plaintes mortelles
En escript les ay apportees
            Mes dames

Comment sceuent les ioumencelles
Que leurs parolles telles quelles
Ayt iusqua vous transportees
Soient donc par vous confortees

BELLES-LETTRES. 101

> Car nous voions entierement
> Toutes choses aller par declin
> Et tout seculierement
> Tousjours tendons a nostre fin.
> Tousjours sommes en mouvemens
> Et n'y fault ja mettre grant glose ...

Notre manuscrit se termine ainsi (fol. 231) :

L'Ame Bien Advisé.

> Tresaigneur doulz et benignin,
> Benois soyes tu en toy mesmes,
> Qui te siés sur les cherubins
> Et vois lez proffis des amis !
> Dieu qui te siez sur les haulx trosnes
> De ta glore, doulx roy celeste,
> Et qui nous as donné couronne,
> Benois, sires, puissez tu estre !
> Tu es cilz qui fus et seras,
> Et avecq[ues] toy demourron
> Qui as regné et regneras
> *In secula seculorum.*
> Amen.
> Explicit.

Voici, par contre, la fin de l'imprimé :

> Car ilz seront avec les diables,
> Dont jamais ilz ne bougeront,
> Et les autres seront amont,
> Avec Jesus, nostre createur,
> Ou [tout] se qu'ilz vouldront avront
> Et vivront tousjours en honneur.
> Faison comme ceulx sans faintise,
> Et icy ne sejournon plus ;
> Allon tous ensemble a l'eglise
> Chantant : *Te Deum laudamus.*

Un manuscrit de *Bien Advisé Mal Advisé* était à vendre à Tours vers 1490. Voy. Ach. Chéreau, *Catalogue d'un marchand libraire du XVe siècle, tenant boutique à Tours* (Paris, 1868, in-16), p. 54, n° 201.

Le volume est orné de 77 miniatures commentant les textes (4 pour le *Pas de la Mort*, 14 pour *Le Chevalier deliberé* et 59 pour la moralité). Ces miniatures, rapidement exécutées à l'aquarelle sans gouache, sont fort intéressantes. Les ff. 1, 17 et 79 r° sont en outre décorés de bordures. Au commencement du 1er et du 3e poème (fol. 1 et 79) on remarque les armes de la famille de Lalaing : de gueules à dix losanges accolées et aboutées d'argent, 3, 3, 3 et 1, la première losange du canton dextre chargée d'un lion issant de gueules.

La reliure porte les armes de Charles de Berlaymont, baron de Hierges, de Perwez, de Beaurain, seigneur de Floyon, Haultepenne, etc., chevalier de la Toison d'or, né en 1510, mort le 4 juin 1578. (Voy. *Biographie nationale de Belgique*, II, col. 250.) Ces armes sont : fascé de vair et de gueules.

2798 (432 c). Recueil de poésies françaises. Ms. in-4 sur vélin de 73 ff. (haut. 228, larg. 152 mill.), miniatures et lettres ornées, XVe siècle, rel. en mar. r., fil. à froid, plats armoriés, dos orné de chiffres, doublé de mar. bl., comp. dorés et semis de Φ, tr. dor., fermoirs (*Bauzonnet-Trautz.*)

Au 1er f. est une miniature à mi-page dont nous donnons ci-contre la reproduction.

Voici le dépouillement des pièces contenues dans ce recueil :

1° (fol. 1) [*Le Debat de deux Demoiselles, l'une nommee la Noire et l'autre la Tannee*] :

> Mesdames, j'apporte nouvelles
> De deux femmes, cointes et belles... (rond eau).

Le poème proprement dit commence ainsi, au v° :

L'Acteur.

Vouloir m'est prins d'escripre ycy
En la saison que arbres florissent...

Il se termine au fol. 22 :

Qui mal me veult n'en peut chaloir;
Je n'y pense qu'a tout esbat.
Cy fine le Debat de la Noire et de la Tasnee.

Montaiglon (*Recueil de Poésies françoises*, V, pp. 258-304) a reproduit cette pièce d'après le présent manuscrit, d'après un autre manuscrit appartenant à la Bibliothèque nationale (fr. 25420 = La Vall. 151) et d'après trois éditions anciennes. Il a établi, après De Boze, que les princesses à qui les deux demoiselles confient le soin de trancher leur débat sont Marie de Clèves, mariée en 1440 à Charles, duc d'Orléans, veuve en 1465, morte en 1487, et Marguerite de Rohan, mariée en 1446 à Jean d'Orléans, comte d'Angoulême, veuve en 1467, morte en 1496.

Le même érudit incline à voir dans le *Debat* une œuvre de Simonet Caillau, l'un des domestiques de Charles d'Orléans, parce qu'il croit que plusieurs des petites pièces transcrites à la suite sont de Simonet; mais, vérification faite, c'est là une erreur, et dans l'état actuel de nos connaissances, nous sommes forcés d'avouer qu'aucune attribution n'est possible.

2° (fol. 22). *Cy aprez ensuit le Traiclé et Debat d'entre le Gris et le Noir, et parle premier*

Le Gris.

Couché soubz une sauxe envers,
Sur ung lit battu d'herbe vert...

Cette pièce, dont nous ne connaissons pas d'édition, compte 28 strophes de 8 vers rimant *ababbcbc*, 8 strophes de 12 vers (8, 4, 8, 8, 4, 8, 8, 4, 8, 8, 4 et 8 syll.), rimant *aabaabccdccd*, ou *aabaabbbcbbc*, 1 strophe de 8 vers (8, 4, 8, 8, 4, 8, 4 et 8 syll.), 134 strophes de 8 vers, 8 strophes de 10 vers, rimant *aabaabbbcc*, 60 vers mêlés de 8 et 4 syllabes, offrant jusqu'à 4 fois la même rime de suite, 10 strophes de 10 vers et 7 strophes de 8 vers, dont voici la dernière (fol. 60) :

Cellui doncques qui porté m'a
En plusieurs lieux pour sa devise
Pour celle que tant aymé a
Et ayme, si que ailleurs ne vise,
Requiert, s'aulcun facteur advise
Aucune faulte en ce traicté,
Ainsi que de rime on devise,
Qu'il n'en soit ja trop mal traicté.
Explicit.

Le poème est orné de deux miniatures. L'une, au début, représente l'auteur couché sur la verdure, ayant devant lui le Noir galant, qui reste debout; l'autre (fol. 32 v°) représente le Noir et le Gris.

3° (fol. 60 v°). *Cy après ensuivent plusieurs ballades et rondeaux. Et premierement ballades.*

a (fol. 61). Je meurs de soif auprès de la fontaine...

Refr. Or regardez se tel homme se joue.

Cette ballade doit être rapprochée de celles qui se lisent dans les œuvres de Charles d'Orléans (éd. d'Héricault, I, pp. 212-217), dans Villon, éd. Jannet, p. 110, dans le recueil de *L'Esperit trouble*, décrit plus loin (n° 2963).

b (fol. 61 v°). Entre Courroux et Peu de joye...
Refr. Le matin que l'on recommance.

e (fol. 62). Demourant a Felicité...

Refr. En l'ermitage de Soucy.

Cf. Biblioth. nat., ms. fr. 24315, fol. 83 v°.

d (fol. 62 v°). Dessus la grant mer de Jeunesse

Refr. Par le vent de melancolye.

Charles d'Orléans a composé une ballade sur le même refrain (éd. d'Héricault, I, p. 127).

Rondeaux.

e (fol. 63 v°). Mes yeulx vont a folle adventure...

f (ibid). Sot œil, rapporteur de nouvelles,
Je suis trop bercé de voz jeux...

Ce rondeau ne doit pas être confondu avec celui qui figure dans les poésies de Charles d'Orléans, éd. d'Héricault, II, p. 133, dans *Le Jardin de plaisance*, éd. d'Olivier Arnoullet, fol. 77, et dans les *Rondeaux et autres Poésies du XVe siècle publiés par Gaston Raynaud*, 1889, p. 9.

[Rondeau double :]

g (fol. 64). Mon cueur se complaint de mes yeulx...

h (fol. 64 v°). Pour les maulx dont je suis si plains..

i (fol. 65). Las, qui ay petit souspir...

j (ibid.). Ou mylieu d'Espoir et de Doubte..

k (fol. 65 v°). En la forest de Longue Attente
Soucy me veult hanter souvent...

l (fol. 66). Pour mon cueur va, Desir, en queste...

m (ibid.). Pour tous les maulx d'amours guerir..

(fol. 66 v°). A la porte de Desiriers...

fol. 67). *Rondeau a contre vers.*

Las, je l'ayme mieulx que personne...

p (fol. 67 v°). Ung corps tasné, garny d'un cruel dueil..

q (ibid.). De l'erbe de doulce pensee...

r (fol. 68). Tendys que mes yeulx de la teste...

4° (ibid.). [Plainte d'un amant malheureux] :

Après recommandation,
Ou tiltre qu'on doit faire en lettre...

(12 strophes de 9 vers.)

5° (fol. 71). Rondeaux ajoutés en écriture cursive de la fin du XVe siècle :

aa. Tout a par moy, afin que on ne me voie...

bb. (fol. 71 v°). Tous les regrès que sus la terre sont...

cc (fol. 72). Joye me fuyt et douleur me court seure...

Cent quarante-cinq Rondeaux, n° 136 :

dd. (fol. 72 v°). Mon playsir est ors de tout bien avoir...

6° (ibid.). Six vers commençant ainsi :

Je ne porteré jamais gris...

Cette pièce se continuait peut-être sur un f. qui aura été arraché.

7° (fol. 78). Fin d'un rondeau (?).

Rendre m'en voues aveques son anseygne...

8° (*ibid.*). Note d'un ancien possesseur :

Je prometz sur ma foy a vous, madame, que, dès incontinent que seray au Mans feray faire vostre livre et le vous envoyray.

G. DE LUXEMBOURG.

Le rédacteur du Catalogue Pichon de 1869 (n° 479) fait observer que l'initiale ne peut convenir qu'à GUILLEMETTE DE LUXEMBOURG, fille de Thibault de Luxembourg, seigneur de Fiennes, etc., et de Philippe de Melun, mariée : 1° en 1463, à Aimé Ier de Sarrebrück, comte de Roucy, 2° à Gilles, seigneur de Belleville et de Montagu (Anselme, *Hist. généal.*, t. II, p 735 C). Le père de Guillemette, Thibault de Luxembourg, entra dans les ordres après son veuvage, et devint, en 1468, évêque du Mans. Philippe, cardinal de Luxembourg, fils de Thibault et frère de Guillemette, occupa le même siège de 1477 à 1507. Si l'on songe, en outre, qu'Isabeau de Luxembourg, sœur de Thibault, avait épousé, en 1443, Charles Ier d'Anjou, comte du Maine (Anselme, III, p. 726 D) on se rendra compte des liens qui rattachaient Guillemette à la ville du Mans.

9° (*ibid.*). Cinq vers, qui paraissent être le début d'un rondeau :

Deuil et annuy, sousi, regret et pene...

Le v° de ce f. est blanc.

A la fin du XVIII° siècle, ce manuscrit a été en la possession de MÉON (Cat., 1803, n° 1496). Il a ensuite appartenu à SOLEINNE, à la mort de qui il ne fut pas porté au Catalogue, mais cédé directement au baron JÉRÔME PICHON, qui fit renouveler la reliure (une note de lui indique que le volume lui fut rendu par BAUZONNET le 5 juin 1844). M. AMBROISE FIRMIN-DIDOT acheta le manuscrit en 1869 à la première vente du baron Pichon (Cat., n° 479). Revendu en 1878 à la vente Didot (n° 38), il a figuré, en dernier lieu, aux ventes LA ROCHE-LACARELLE, 1888 (n° 159) et LIGNEROLLES, 1894 (n° 23).

2799 (432 d). SENSVYT LE IARDIN DE || PLAISANCE ⁊ fleur de re- || thoricque contenant || plusieurs beaulx liures / comme le dōnet de noblesse baille || au roy Charles .viij. Le chief de ioyeusete / auec plusieurs || aultres en grant nombre / comme vous pourrez veoir par || la table de ce present liure. *Imprime nouuellemēt a Lyon.* || ☙ *On les vend a Lyon en la rue* || *merciere pres de sainct Anthoyne* || *cheux Martin Boullon.* — [Au r° de l'avant dernier f., 2° col. :] ☙ *Cy finist la table de ce pre* || *sent liure Intitule le Iardin* || *de plaisance / ⁊ fleur de Retho-* || *ricq̄. Imprime nouuellement* || *a Lyon par Oliuier arnollet. S. d.* [v. 1525], in-fol. de 202 ff. non chiffr., impr. à 2 col. en lettres de forme, sign. *a-z*, ⁊ par 8, ↄ par 10, mar. v., fil., dos orné, tr. dor. (*Trautz-Bauzonnet.*)

Le *Jardin de plaisance* est à la fois un art de rhétorique et une anthologie des poètes du XV° siècle. Il commence par un rondeau adressé à un roi qui n'est pas nommé :

1 (fol. ij{a}).

Hault protecteur, vouloir tresmagnanime...

L'art de rhétorique vient immédiatement après.

2 (fol. ij*a*).

> De science rethoricale
> Ung preambule si ensuyt,
> Et exorde, par forme equale,
> Selon ce propos s'entresuyt.

Le rhétoricien a inséré dans son traité des exemples composés par lui et des exemples tirés de divers auteurs qu'il ne nomme pas. On relève parmi ces emprunts plusieurs pièces d'une certaine étendue, savoir :

3 (fol. xiiij*a*). *Megere et le Queux*.

> En temps despit, controverse et fremeur
> Tenir les rens sans doubte, sans cremeur...

4 (fol. xx*b*). *Le Donnet baillé au feu roy Charles, huytiesme de ce nom*.

> Au treschrestien par renom
> Roy françois, qui sur tout regente...

Le recueil de poésies commence au fol. *xxiiij*.

Le compilateur, un de ces manœuvres qu'*Antoine Vérard* employait à remanier, à mutiler et surtout à démarquer les ouvrages des autres, a imaginé une sorte de roman dont la scène est le « jardin de plaisance. » Il a bâti ce roman en soudant plus ou moins adroitement des poèmes pris de tous les côtés. Beaucoup de ballades, de rondeaux et d'autres compositions n'ont aucun rapport avec ce jardin, si ce n'est qu'ils sont censés y avoir été récités. Nous citerons les principaux de ces morceaux en attendant le travail plus complet qui doit accompagner l'édition donnée par la Société des Anciens Textes français :

5 (fol. xxiiij*a*). *Le Chief de joyeuse destinee*.

> Après le temps de l'exil douloureux
> Du desolé jadis et langoureux...

6 (fol. xxxij*d*). Moralité dont les acteurs sont : L'Amoureulx languissant, Amoureuse Grace, Enuyeuse Jalousie, Espoir de parvenir, Tout Habandonné, Sot Penser, Bon Advis :

> L'AMOUREULX LANGUISSANT.
>
> Pour bien aymer, las, mourray je en vivant?
> Seray je vif tousjours en languissant?...

7 (fol. xxxviij*a*). *L'Amant sans partie* :

> Hé, Fortune, je te doy bien maudire
> Quant a moy seul [tu] es la plus cruelle...

8 (fol. xlix*c*). *Le Debat du Cueur et de l'Œil* :

> En may la premiere sepmaine,
> Que les bois sont parés de vert...

Cette pièce, qui est de MICHAUT LE CARON, dit TAILLEVENT, est imitée d'une composition latine de Philippe de Grève, chancelier de l'église de Paris, mort en 1236 : *Cordis et Oculi Altercatio* (voy. Hauréau, dans les *Notices et Extraits des manuscrits*, t. XXXII, 1, p. 312). On la trouve dans divers recueils (Biblioth. nat., franç. 1169, fol. 143 ; Nouv. Acq. franç. 4512, fol. 56 ; Bibl. de Valenciennes, n° 581 ; Biblioth. roy. de Bruxelles, n° 10998).

9 (fol. liiij*b*). Ballades et Rondeaux récités au Jardin de plaisance.

Nous n'indiquerons que quelques-unes de ces pièces :

Fol. liiij*b*. *Dictee et Chanson magistrale* :

> Ma bouche rit et ma pensee pleure...

Le même rondeau se trouve une seconde fois plus loin, fol. lxj*d*

Fol. lv*c*. *Balade faicte de plusieurs chansons* :

> Mon seul plaisir, ma doulce joye... (sans refrain).

On trouvera ci-après (n° 2973, p. 316) quelques-unes des chansons citées ici.

Fol. lv^d. *Balade de deux Escossoys* :

        Hac, ma mignon, que dit y capitain...
Refr. Moy conseil point entry hors de reame.

Cf. Biblioth. nat., ms. fr. 2206, fol. 128.

Fol. lvj^b. *Joyeulx Rondel* :

        Chantons tretous *gaudeamus*...

Pièce reproduite dans *La Muse folastre* (Iene, 1617), I, fol. 64.

Fol. lvj^d. *Balade* :

        Je ne doubte que ne vienne cher temps...
Refr. Car nul n'entend fors qu'a emplir son sac.

Cette pièce est d'EUSTACHE DES CHAMPS (éd. Queux de Saint-Hilaire et Raynaud, I, p. 229).

Fol. lvij^a. *Balade des abus des femmes* :

        Puis que femmes furent bonnes galoises...
Refr. Les trois estatz s'en deulent a merveilles.

Cette pièce se retrouve dans un manuscrit de l'Abbaye de Westminster. Voy. *Bulletin de la Société des anciens Textes français*, 1875, p. 34.

Fol. lvij^b. *Rondel* :

        Hahay, estes vous rencherie...

Cette pièce est une de celles que plusieurs éditeurs modernes ont attribuées à Villon (éd. Jannet, p. 139).

Fol. lviij^d. *Rondel* :

        A bien juger mon povre affaire...

Pièce également attribuée à Villon (éd. Jannet, p. 133).

Fol. lix^a. *Rondel excellent pour personne fortunee* :

        Paracheve ton entreprise...

Pièce reproduite par Pierre Fabri dans son *Art de rhetorique* (éd. Héron, II, p. 65).

Fol. lix^c. *Balade excellente en priant la dame* :

        Des ans y a passez deux et demy...
Refr. Pardonnez moy ; besoing le me fait faire.

Par OTHON DE GRANDSON. Voy. *Romania*, XIX (1890), p. 432. Cf. *Bulletin de la Soc. des anciens Textes français*, 1875, p 32.

Fol. lix^d. *Balade* :

        C'est noble chose que d'amour...
Refr. Dieu lui doint grace de bien faire.

Cette pièce a été refaite par un autre auteur :

        Maulvaise chose est que d'amours...
Refr. Dieu luy doint grace de bien faire.

L'Esperit trouble, ou le Joyeulx Devis recreatif, etc. (recueil décrit plus loin, n° 2963), fol. *H vij*, v°.

Fol. lx^a. *Rondel* :

        Rose sans per, sur toutes separee...

Bertrand Des Marins de Masan s'est approprié cette pièce. Voy. Montaiglon et Rothschild, *Recueil de Poésies françoises*, X, p. 186

Fol. lx^d. *Rondel* :

        Pour entretenir mes amours...

Pièce qui a été attribuée à Villon (éd. Jannet, p. 136).

Fol. lxj^c. *Rondel* :
>Une foys me dictes ouy...

Pièce qui a été attribuée à Villon (éd. Jannet, p. 134).

Fol. lxj^d. *Rondel* :
>A ma dolente departie...

Pièce copiée par Bertrand Des Marins de Masan à la fin du *Procès des deux amans* (Montaiglon et Rothschild, X, p. 192).

Fol. lxij^a. *Rondel* :
>Reposons nous entre nous, amoureulx...

Voy. notre tome I, n° 466, art. 17.

Fol. lxij^b. *Rondel* :
>Se mieulx ne vient, d'amours peu me contente...

Pièce qui a été attribuée à Villon (éd. Jannet, p. 135).

Fol. lxij^c.
>N'aray je jamais mieulx que j'ay?

Voy. ci-après, n° 2973, II, art. 23, p. 317.

Fol. lxij^d. *Rondel* :
>Les biens dont vous estes la dame...

Pièce attribuée à Villon (éd. Jannet, p. 133).

Rondel :
>J'en ay le dueil, et vous la joye...

Par HUGUES DE SAINT-MAARD, VICOMTE DE BLOSSEVILLE. Voy. Biblioth. nat., ms. fr. 9223, fol. 42.

Fol. lxiij^a. *Rondel* :
>Fine, afince, remplie de finesse...

Gratien Du Pont a refait cette pièce dans son *Art de rhetorique*, 1539, fol. 40 v°.

Fol. lxiiij^d. *Rondel* :
>En quelque place que je soye...

Rondeau copié par Bertrand Des Marins de Masan, dans son *Procès des deux amans,* Voy. Montaiglon et Rothschild, *Recueil de Poésies françoises,* X, p. 184.

Fol. lxv^d. *Rondel* :
>Quant premierement te tins...

André de La Vigne a remanié ce rondeau (*Vergier d'honneur,* éd. de Phelippe Le Noir, fol. Rv v°).

Fol. lxix^c. *Balade morale* :
>Qui ses besoignes veult bien faire...
>*Refr.* Monseigneur dit bien ; il a droit.

Cf. Biblioth. nat., ms. fr. 2201, fol. 92 ; — Nouv. Acq. fr. 6221, fol. 10 v°. — Le ms. LIII de Stockholm, fol. 7 v°, classe cette pièce parmi les œuvres de VILLON.

Balade pour ung prisonnier :
>S'en mes maulx me pense esjoyr...
>*Refr.* Une foys avant que mourir.

Pièce qui a été attribuée à Villon (éd. Jannet, p. 140).

Fol. lxix^d. *Balade morale* :
>[D'] une dague forte et aguë...
>*Refr.* Qui aultruy blasme sans raison.

Cf. Biblioth. nat., ms. fr. 2206, fol. 182 ; — Arsenal, ms. 3059, fol. 124.

Balade de mariage :

> J'ai demouré entre les Sarrazins..
> *Refr.* Gard soy chascun qu'il n'y soit attrapé.

Cette pièce figure dans le ms. LIII de Stockholm, fol. 5 v°, parmi les œuvres de VILLON.

Fol. lxx*b*. *Balade* :

> Chascun se loue de mariage...
> *Refr.* Au feu dessoubz la cheminee.

L'Esperit trouble, fol. *H viij* v°.

Fol. lxxij*b*. *Balade* :

> Je congnois bien mouches en laict...
> *Refr.* Je congnois tout, fors que moy mesmes.

Par FRANÇOIS VILLON (éd. Jannet, p. 117).

Fol. lxxij*c*. *Balade* :

> On parle des champs labourer...
> *Refr.* Povres housseurs ont assez peine.

Par FRANÇOIS VILLON (éd. Jannet, p. 119).

Fol. lxxij*d*. *Balade* :

> Que dictes vous de mon appel...
> *Refr.* Estoit il lors temps de me taire ?

Par FRANÇOIS VILLON (éd. Jannet, p. 104).

Balade :

> Freres humains qui après nous vivez...
> *Refr.* Mais priez Dieu qu'il [*lisez* que tous] nous vueille absoudre.

Par FRANÇOIS VILLON (éd. Jannet, p. 101).

Fol. lxxiij*a*. *Balade* :

> Qu'est-ce que j'oy ? — Ce suis je. — Qui ? — Ton cueur...
> *Refr.* Plus ne t'en dy. — Et je m'en passeray.

Par FRANÇOIS VILLON (éd. Jannet, p. 113).

Fol. lxxiij*b*. *Rondel* [*lisez Balade*] :

> Tous mes cinq cens, yeulx oreilles et bouche...
> *Refr.* Mere des bons et seur des benoitz anges.

Par FRANÇOIS VILLON (éd. Jannet, p. 103).

Fol. lxxiij*c*. *Balade* :

> Le monde va en amendant...
> *Refr.* Ainsi que l'escrevice va.

Cf. Biblioth. nat., ms. fr. 2206, fol. 103 ; — Biblioth. de Berne, ms. 473, fol. 206 v° ; — *L'Esperit trouble*, fol. *l i* v° ; — *Romania*, XXI, p. 428 ; — Langlois, *Arts de seconde rhétorique*, p. 182, en note.

Fol. lxxiij*d*. *Balade* :

> Il n'est danger que de villain...
> *Refr.* Ne chere que d'homme joyeulx.

Le ms. LIII de Stockholm, fol. 3, classe cette pièce, avec raison sans doute, parmi les œuvres de VILLON. Dans le ms. 3059 de l'Arsenal, fol. B, elle porte le nom d'Alain Chartier. — Cf. *L'Esperit trouble*, fol. *l i* ; — *La Dance aux aveugles*, éd. Douxfils, p. 273 ; — Villon, éd. Jannet, p. 142.

Fol. lxxiiij*a*. *Balade* :

> Las ! je me plains d'amours et de ma dame...
> *Refr.* Je hez ma dame que tant aymer souloye.

Pièce qui a été attribuée à Villon (éd. Jannet, p. 158).

Fol. lxxiiij*b*. *Balade* (incomplète) :
>Je hez ma vie et desire ma mort...
>*Refr.* Quant est a moy, je ne vueil plus aymer.

André de La Vigne a parodié le refrain de cette pièce (*Vergier d'honneur*, éd. de Philippe Le Noir, fol. *N v* v°) :
>Quant est a moy, je ne vueil plus fringuer.

Fol. lxxiiij*c*. *Rondel* :
>Par long temps j'ay nagé en l'onde...

Par FREDET. Voy. Biblioth. nat., ms. fr. 9223, fol. 16 v°.

Fol. lxxv*a*. *Balade* [*double*] :
>Pour tout plaisir ay je dueil angoisseux...
>*Refr.* Me fault servir perpetuellement.
>Et si ne puis ne guerir ne mourir.

Cette pièce est empruntée en partie à CHRISTINE DE PISAN (éd. Roy, I, p. 7). — Cf. *L'Esperit trouble*, fol. *D i*.

Fol. lxxv*c*. *Balade responsive* :
>D'ou venez vous ? — D'ou ? — Voyre. — De la court..
>*Refr.* Qui ? — Voyre ? — Qui ? — Les troys Estatz de France.

Cf. Biblioth. nat., ms. fr. 1707, fol. 62.

Fol. lxxvj*c*. *Rondel* :
>Se vous pensez que je vous ayme...

Cf. Biblioth. nat., ms. fr. 9223, fol. 10 v°.

Fol. lxxvij*a*. *Rondel* :
>Sot œil, rapporteur de nouvelles...

Par CHARLES D'ORLÉANS (éd. d'Héricault, II, p. 133). — Cf. Biblioth. nat., ms. fr. 9233, fol. 9 v°.

Rondel (incomplet) :
>Tant sont les yeulx de mon cueur endormys...

Par JEHAN CAILLAU. Voy. *Poésies complètes de Charles d'Orléans*, éd. d'Héricault, II, p. 109.

Fol. lxxvij*b*. *Rondel* :
>Doubtant refus qui [par] trop me faict craindre...

Cent quarante-cinq Rondeaux, n° 8.

Rondel :
>Assouvy suis, mais sans cesse desire...

Pièce reproduite par Gratien Du Pont dans son *Art de rhetorique*, 1539, fol. 38.

Fol. lxxvij*d*. *Rondel* :
>Excepté vous, chef d'œuvre de nature...

Cent quarante-cinq Rondeaux, n° 15.

Fol. lxxviij*b*. *Rondel* :
>Esse bien faict, dictes moy, belle amye ?...

Cent quarante-cinq rondeaux, n° 124.

Rondel :
>Loing de plaisir et près de desplaisir

Cent quarante-cinq Rondeaux, n° 127. — Cette pièce est signée G au fol. 5 v° d'un recueil ms. que nous avons vu, au mois d'avril 1900, chez M. Durel, libraire à Paris.

Fol. lxxix*a*. *Rondel* [lisez *Balade*] :
>Se tu veulx ennuyt vivre en paix...
>*Refr.* C'est la chose dont plus t'enhorte.

Cf. Biblioth. nat., ms.fr. 1140, fol. 70 ; — Nouv. Acq. fr. 6221, fol. 10 v°.

— Biblioth. du Vatican, ms. Ottoboni 1212. Voy. Keller, *Romvart*, p. 644. — Montaiglon et Rothschild, *Recueil de Poésies françoises*, X, p. 361.

Fol. lxxix*b*. *Dictié* :

> En povre loyaulté,
> En clerc humilité...

Cf. Biblioth. nat., ms. fr. 2307, fol. 43.

Aultre Balade et du nom de la dame :

> Cueur tresvaillant, autant qu'il est possible...

Cette pièce n'est pas une ballade ; elle se compose de deux strophes de huit vers contenant en acrostiche le nom de CLEMENCE PADQUETE [sic pour PASQUETE].

10 (fol. lxxix*d*. *Le Debat de l'Amoureulx et de la Dame* :

L'ACTEUR.

> Au point du jour, quant j'euz prins mon repos,
> Je me levé, puis sur ung banc m'assis...

11 (fol. lxxxiij*c*). *Le Debat de l'Estrange et de l'Escondit*

L'ACTEUR.

> En attendant allegement
> De[s] grieff[z] maulx qu'il me fault porter...

12 (fol. lxxxvj*d*). *Cy après s'ensuyvent les Lamentations de* JEHAN DE CALAIS, *lequel n'estoit plus au Jardin de plaisance* :

Prologus (en forme de ballade).

> Pour m'oster de melencolye
> Et de folle pensee mainte...
> *Refr.* Mais raison de mon bien m'acointe.

La Lamentacion.

> Tout seullet, plain d'affliction,
> Me plains de douleur et tristesse,
> Car je suis en religion...

Le poète se confond peut-être avec Jehan de Calais, commandeur de Bourgoult de 1477 à 1481. Voy. l'abbé Ch. Guéry, *La Commanderie de Bourgoult*, 1903, p. 43.

13 (fol. lxxxix*b*). *Comment le parlement d'amours fut tenu au Jardin de plaisance contre la belle dame sans mercy* :

L'ACTEUR.

> Le jour de l'an qui renouvelle
> Amours me fist commandement...

Par BAUDET HÉRENC. M. Piaget énumère 17 manuscrits de cette pièce. Voy. *Romania*, t. XXX, p. 317.

14 (fol. xcij*b*). *Comment au Jardin de plaisance est baillee sentence en la court d'amours contre la belle dame sans mercy* :

L'ACTEUR.

> Ne tout aydé, ne tout grevé,
> Moitié en vie, moytié mort...

Par ACHILLE CAULIER. M. Piaget cite 11 manuscrits de cette pièce. Voy. *Romania*, t. XXXI, p. 315.

15 (fol. xcvij*c*. *La Relation faicte au Ja[r]din de plaisance du debat de l'amant et de la dame qui est sans conclusion* :

L'ACTEUR.

> Ung doulx matin, a la froydure,
> Pour oublyer temps et tristesse...

Cette pièce est intitulée ailleurs *Le Debat sans conclusion*. M. Piaget en cite trois manuscrits. Voy. *Romania*, t. XXXIV (1905), p. 570.

16 (fol. cij^c). *Le Debat des deux Fortunez* :

         L'Acteur.
    Ung jour estois, assez n'a longuement,
    En ung chasteau assis moult plaisamment...

Par Alain Chartier. Éd. de 1617, p. 549.

17 (fol. cix^d). *La Complaincte du prisonnier d'amours faicte au Jardin de plaisance* :

    Près de ma dame et loing de mon voloir,
    Plain de desir et crainte tout ensemble...

Nous décrivons à la fin du présent volume (*Articles omis*, n° 3156) une édition séparée de cette pièce.

18 (fol. cxc). *La Lamentation faicte au Jardin de plaisance du povre serviteur sans guerdon* :

    Souspirs tirer par desconfort
    De l'hablsme de mes pensees...

Voy. Biblioth. roy. de Bruxelles, mss. 10966, 11020.

19 (fol. cxij^d). *Comment au Jardin de plaisance est fait debat de l'Homme marié et de l'Homme non marié* :

         L'Homme marié *commence*.
    Pour cuider courroulx eschever
    Et passer temps aulcunement...

Imprimé par Montaiglon (*Recueil de Poésies françoises*, t. IX, pp. 148-163) d'après un manuscrit de la Bibliothèque nationale (fr. 1661, fol. 100).

20 (fol. cxv^a). *Le Livre des dames a ycelles baillé au Jardin de plaisance* :

    Ce petit livre priseront
    Dames, si amandees ne sont...

21 (fol. cxx^d). *Cy après ensuyt comment, au Jardin de plaisance, deux dames, l'une nommee la Noire et l'aultre la Tannee, se debatant* [lisez *debattent*] *en leurs amours, et commence par ung virelay* :

    Mes dames, j'apporte nouvelles...

         L'Acteur.
    Vouloir m'est prins d'escrire icy
    Qu'en la saison qu'arbres florissent...

Voy. ci-dessus, n° 2798, fol. 1, et Montaiglon. *Recueil de Poésies françoises*, t. V, pp. 258-304.

22 (fol. cxxvj^b). *Comment au Jardin de plaisance ung des amans descript la comparaison des biens et des maulx qui sont en amours* :

    L'honneur d'amours et la noblesse,
    Le passe temps et la lyesse...

Pièce composée après la mort de Guillaume Alexis, c'est-à-dire après 1486 Voy. Arthur Piaget, *Martin Le Franc*, 1888, p. 134.

23 (fol. cxxviij^c). *Comment Dieu le Pere, le Filz et le Sainct Esperit, devant que creer le monde, estoyent gardans amours entr'eulx, laquelle est indeficieuse, et par amour creerent le monde* :

    Le grand dieu Jupiter jadis,
    Avec Mynerve la deesse...

Cette pièce compte 14 strophes de 8 vers. On trouve à la suite (fol. cxxix^b) une ballade :

    Que prouffita a Lucifer...
   Refr. Tous les desloyaulx amoureulx.

et (fol. cxxix^c) cinq strophes de même mesure que celles que Guillaumme Alexis a employées dans *Le Blason de faulses amours* :

    O vicieulx
    Presumptueux...

24 (fol. cxxix^d). *Comment au Jardin de plaisance l'amoureux est au purgatoyre d'amours et pryvé de Joye* :

> A la saison que Silla renouvelle
> Ses doulx tymbres pour myeulx cythariser...

Cf. Biblioth. de l'Arsenal, ms. 5113, fol. 39 (daté de 1486). — *Le Purgatoire d'amours* a été imprimé vers 1530 (Biblioth. du Musée Condé à Chantilly : Cigongne, n° 701 ; Delisle, n° 1621).

25 (fol. cxxxiv^d). *S'ensuyt la Pipee du dieu d'amours* :

> Au temps de ver que tou[te]s nacions
> Ont les cueurs gays, jolys...

Ce poème, dont M. A. Piaget a donné une rapide analyse (*Martin Le Franc*, 1888, p. 136), est daté de 1501 :

> L'an mil quatre cens vnze avec nonante,
> Le premier jour de may tresgracieulx...   (fol. cxxxvj^d).

Il se termine par trois ballades, un virelai et une chanson :

[Fol. cxxxix^a). *Balade* :

> Amours, amours, je vous fais ma complainte...
> *Refr.* Plus m'est la mort que la vie necessaire.

Fol. cxxxix^b. *Balade* :

> En douleur vit qui pouvreté gerroye...
> *Refr.* Mais c'est la mort que d'aymer sans partie.

Cf. Biblioth. nat., ms. fr. 2206, fol. 104.

Fol. cxxxix^c. *Balade* :

> Tous jeunes gens nourris en grant maison...
> *Refr.* Car en amours n'a foy ne loyaulté.

Même manuscrit, fol. 105.

Fol. cxxxix^d. *Virelay en chanson* :

> Je suis espoir doulx et solacieux...

Autre chanson, en forme de balade :

> Combien que Amours, qui tous amans regente...

26 (fol. cxl^a). *L'Arrest donné contre ceulx qui dyent mal des femmes* :

> En la saison que les seurs de Heton
> Avec(ques) Dempnes et le franc Pallemon ...

Cette pièce, intitulée ailleurs *La Deduccion du procès de l'Honneur femenin*, ou *L'Advocat des dames*, se termine (fol. cxlvij^c) par l'acrostiche de PIERRE MICHAULT. Elle se retrouve dans le ms. 3521 de l'Arsenal, fol. 192. Voy. *Romania*, t. XVIII, p. 441.

27 (fol. cxlvij^c). *Balades amoureuses.*

Plusieurs de ces pièces se retrouvent ailleurs.

Voici celles que nous avons notées :

Fol. cxlviij^c. *Balade*

> Rencontré soit des bestes feu gectant...
> *Refr.* Qui mal vouldroit au royaulme de France.

Par FRANÇOIS VILLON (éd. Jannet, p. 122). Cf. Biblioth. nat., ms. fr. 2206, fol. 181 ; — Montaiglon, *Recueil*, V, p. 321.

Fol. cxlviij^d. *Balade* :

> Estre trop franc et soy fier...
> *Refr.* Avoir tousjours ung pied derriere.

Cf. *L'Esperit trouble*, 1539, fol. Hviij.

Fol. cxlix^a. *Balade* :

> Il est certain qu'ung jour de la sepmaine...
> *Refr.* Tenez vous coy ; j'appeleray ma mere.

Cette pièce a été insérée par [Robinet de]Luc dans son *Petit Traicté contenant en soy la fleur de toutes joyeusetez* (Paris, Antoine Bonnemere pour Vincent Sertenas, 1540, in-16), fol. *A iiij* (Biblioth. de l'Arsenal, B.-L. 9387).

Balade :

> Je ne puis plus, ainsi que je souloye...
> *Refr.* Boire sans soif et chevaucher sans celle.

Cf. Biblioth. nat., ms. fr. 3939, fol. 27.

Fol. cxlix^b. *Balade* :

> En la forest d'ennuyeuse Tristesse...
> *Refr.* L'homme esgaré qui ne sçait ou il va.

Par Charles d'Orléans (éd. d'Héricault, I, p. 82). — Cf. Octavien de Sainct Gelays, *La Chasse et le Depart d'amours*, 1509, fol. *CCvj*^{b} ; — *L'Esperit trouble*, 1539, fol. *Eiij* v°.

André de La Vigne a refait curieusement cette pièce :

> En la forest de Tristesse ennuieuse...
> *Refr.* L'homme esgaré qui ne scet ou il est.

(*Vergier d'honneur*, éd. de Philippe Le Noir, fol. *X 6* v°).

Fol. lxlix^c. *Balade* :

> J'ay esté de la compaignie...
> *Refr.* Tout est perdu, c'est a reffaire.

Par Charles d'Orléans (éd. d'Héricault, I, p. 83).
Cf. *L'Esperit trouble*, fol. *Eij* v°.

Fol. cl^a. *Balade* :

> On souloit estre au temps passé...
> *Refr.* Chapperon et chappel en teste.

Biblioth. nat., Nouv. Acq. fr. 6221, fol. 16 v°

28 (fol. cl^b). *Comment l'amant, yssant du Jardin de plaisance, entra en la forest, cuydant avoir plus de joye, et il entra en tristesse en plusieurs fassons* :

> L'Acteur.
>
> Mil quatre cens cinquante neuf,
> En avril, que l'on voit la fleur...

29 (fol. clxx^d). *Comment une des dames qui est au Jardin de plaisance, fleur de rethorique, envoye une epistre a son singulier amy, grant orateur* :

> » Peu de temps a qu'en tes escriptz seulle a par moy meditant, homme treseloquent et de vertus non pas moins enrichy que de plaisante maniere de parler aorné...»

Cette pièce est mêlée de vers. Voici le début du premier morceau rimé :

> Rethorique.
>
> Or je reviens aux tresenormes faiz
> Dont Fortune a mes plaisirs deffaits...

30 (fol. xxxiiij^c). *Comment au Jardin de plaisance Mal Bouche chasse le chevalier dudict Jardin de plaisance, dont sa dame en meurt de courroux* :

> Au temps que Phebus a le cours
> De monstrer sa haulte puissance...

Le compilateur a soudé ici plusieurs poèmes notamment (fol. clxxix^a) *L'Oultré d'amour pour amour morte* :

> Pensant, songeant, a demy trouble...

Cf. Arsenal, ms. 5116.

Le compilateur du *Jardin de plaisance* passe pour avoir été un poète appelé JOURDAIN, dit l'Infortuné, dont le nom se trouve au fol. ix^b dans la ballade *per dialogum* :

> Ha, maistre Alain ! — Quoy ? — Qui m'apelle ?...

Le surnom d'infortuné revient dans plusieurs autres endroits notamment dans les rondeaux suivants :

> Plus que tous suis infortuné (fol. lxviij^c),
> Le despourveu infortuné   (fol. lxix^d);

mais rien ne prouve que le manœuvre employé par Vérard ait donné des vers de sa composition ; il est probable qu'il s'est borné à copier les vers des autres et à changer çà et là quelques mots.

La première édition du recueil, édition dont la Société des Anciens Textes français vient de donner un fac-similé (1910), avait été publiée vers 1501, à Paris, par *Antoine Vérard,* qui ne l'a pas signée de son nom, mais qui y a donné l'adresse de la maison qu'il occupa vers la fin de l'année 1499, après la chûte du pont Notre-Dame : « au carrefour Saint-Severin à l'ymage saint Jehan l'Evangeliste ». La présente réimpression a dû être exécutée vers 1525. Le libraire Martin Boullon exerça en effet de 1493 à 1538 (Baudrier, *Bibliogr. lyonnaise,* III, pp. 57-73, 473). Quant à l'imprimeur *Olivier Arnoullet,* on le suit de 1517 à 1552.

B. — Poètes français depuis les origines jusqu'à Villon.

2800 (434 *a*). LI ROUMANS DE LE ROSE [par Guillaume de Lorris, un anonyme et Jehan de Meun], suivi du Lai du Moine, du Bestiaire de Guillaume de Normandie, etc. Ms. in-4 de 170 ff. sur vélin, à 2 col. (non compris 3 ff. modernes), avec 78 petites miniatures et un grand nombre d'initiales en couleurs (haut. 228 ; larg. 163 mill.), XIVe siècle, mar. r., riche dorure à petits fers, tr. dor. (*Thompson.)*

Voici la table des poèmes contenus dans ce volume :

1° *Le Roman de la Rose* commençant ainsi (fol. 1^a) :

> Maintes gens cuident qu'en songes
> N'ait se fables non et menchoignes ;
> Mais on puet tel songe songier
> Qui ne sont mie menchoulier....

La partie composée par GUILLAUME DE LORRIS ne se termine pas, comme dans la plupart des manuscrits, par ces mots :

> A peu que je ne m'en despoir
>   (éd. Fr. Michel, v. 4669) ;

on trouve à la suite du vers que nous venons de citer (fol. 28^d), une tirade de 74 vers :

> Desespoir, las, qui chi lira
> En l'autre livre trouvera.
> A che qu'estoie en tel destreche
> Je vi venir par grant nobleche...

A baraenes + a anu
E mot esse si bon ami

S iuches que p' vou[s] ediche
R iheche nestoit pas si riche
A u dieu damours sa venus
G morent audi mieux que nus
P ues atouz les barons de lost
O nt ne pri dieu que il ne fost
D es secours des fins amoureus
E ntre les batailles samoureus
E ndi grasles .y. fois ou .viii.
M es de raison ne me souvint
Q eint en moi grasse de paine
M augres ribeche la vilaine
Q ui hues de pute aiuste
M es lastres me refusa
D un sincelet quele gardoit
D e cestui pas ne le gardoit
P ar ou ie lui chasteus venus
E spessement les lieus menus
M augres mes morteus aversaires
Q i tant morent arrere mis
E spendurment ialouse
A tout son ca pel de souse
Q i les amans les roses garde
M out en fait ore boue garde
A ins que dilues me remuaste
O u mon voul en cor de mouvaste
P ar gent voluntre cuilli
L a fleur ou beau rosier soilli
A insi ou la rose vermeille
A tant fu iours et ie mes veille.

Explicit li roumans de le rose
Ou lars damours est toute enclose

Si pendorum amatorum

C ist liures fu esters lan .m. ccc.
x .y. et nuef ou mois de octembre
L e venredi apres le saint denis de branche.

E t si le fist vng haut esturie
Q ui mout tres bien le sauoit suie
M i creueroit souz bulon nomer
O utres ne le pot venii damer
S i vous sou bien asauoir
S i le voul resmorgue pour bous
Q ue volenters les bamour
E mout grant enuerye meroir
A u ieu dont le rose parole
C ar il namour autre carole

Q ui lui plaisa ieu de berure
M our tres bien me cote hardiu
P our escrire cebian liuret
O n ma pele robechournet
D e gourmecours par men luv nou
D ieu nous otroie sa benichon

A mety ij amety ij che face mon

Ces vers sont la continuation anonyme qui a précédé chronologiquement celle de Jehan de Meun.

Immédiatement après on lit (fol. 29c) :

> *Explicit Primus.*
> *Incipit Secondus.*
> Desespoir, las, je non ferai ;
> Ja ne m'en desesporerai,
> Car esperanche m'iert faillans...

Le poème se termine ainsi (fol. 139a) :

> Ainsi oi la rose vermeille ;
> Atant fu jours et je m'esveille.
> *Explicit* li Roumans de le Rose,
> Ou l'ars d'amours est toute encloze.

On lit à la suite (fol. 138b) :

> *Liber speculorum amancium.*
> Chis livres fu escris l'an M.CCC.XX et nuef, ou mois de setembre le venredi après le saint Denis de Franche.
>
> Et si le fist uns bons escrire
> Qui mout tresbien le savoit lire,
> PIERRE DE BOUCHER l'oï nommer.
> Onkes ne se pot tenir d'amer ;
> Et si vous fai bien asavoir
> Et si le vous tesmoigne pour voir
> Que volentiers s'esbanioit
> Et mout grant entente metoit
> Au ju dont le Rose parole,
> Car il n'amoit autre carole.
> Quant lui plaira, j'ai deservie
> Mout tresbien me cote hardie
> Pour escrire ce biau livret.
> On m'apele ROBECHOUNET,
> DE GOUMECOURT par mon surnon.
> Diex nous otroit sa benichon !
> *Amen, amen !* Che face mon !

Le nom de PIERRE DE BOUCHER a été écrit au XVe siècle à la place d'un autre nom gratté.

Quant au copiste Robechonnet de Goumecourt, il était Picard, et sa patrie, par conséquent, ne peut être le Gommecourt du département de Seine-et-Oise, mais bien le Gommecourt du Pas-de-Calais (arrondissement d'Arras), ou le Gomiecourt, du même département.

M. E. Langlois, qui prépare depuis de longues années, une édition critique du *Roman de la Rose*, consacre à notre texte une importante notice (*Les Manuscrits du Roman de le Rose*, 1910, p. 89). Il désigne la première partie du poème par la sigle γo, et la seconde par la sigle *E b*.

Pour l'œuvre de Guillaume de Lorris et de son premier continuateur le présent manuscrit amalgame souvent, surtout au début, les leçons des deux groupes de manuscrits ; pour l'œuvre de Jehan de Meun, au contraire, il paraît n'avoir subi aucune contamination et doit se rapprocher beaucoup de l'original.

2° (fol. 138c) : [*Le Moine*] :

> Puis que je bien dire le sai,
> Une aventure que je sai
> Vous dirai, si com il avint,
> A pas encor .XXX. ans, non vint,
> C'uns noirs moignes, par grant effroi
> Chevauchoit sur son palefroi ...

Ce fableau, qui est inédit, n'a rien de commun avec d'autres fableaux connus sous un titre analogue ; il se termine ainsi (fol. 139d) :

> Ses garchons son cheval trouva
> Et li moignes tantost monta ;
> En s'abeïe en est alés.
> Ichi est mes contes fiués.
>
> *Explicit* du Moigne.

3° (fol 140ᵃ) : [Le *Bestiaire* de GUILLAUME LE CLERC, poëte normand] :

> Qui bien commenche et bien define,
> C'est verités sanee et fine.
> En toutes ouvraignes on doit
> Estre loyal, quels que il soit.
> L'euvre de boine commenchaille,
> Qui ara bone definaille
> Et bon dit et bone matire,
> Vieut WILLAUME en romans escrire.
> Ceste euvre fu faite nouvele
> [*lisez* Ceste ouvraine fu faite neuve],
> Du bon latin ou il la trueve,
> El tans que Phelippes tint Franche
> El tans de la grant mesestanche
> Que Engleterre est entredite,
> Si qu'il n'i avoit messe dite
> Ne cors mis en terre sacree ..

On voit ainsi que Guillaume écrit peu après 1208, année où l'Angleterre fut mise en interdit.

Le *Bestiaire* se termine ainsi (fol. 163ᵃ) :

> GUILLAMES qui cest livre fist
> En ceste definaille dist
> Pour l'amour Raoul son signour
> Pour cui il fu en cest labour,
> Qui bien li a guerredonné,
> Pramis li a et bien donné,
> Bien li a convenant tenu.
> A Raoul est bien avenu,
> Car il a son non acompli,
> Ne l'a mie mis en oubli ....
>
> . . . .
> Que li juste et li pecheour
> Devant le juste trambleront ;
> Ainsi l'otroit li rois du mont !
> Amen.

R. Reinsch cite notre manuscrit dans l'édition du *Bestiaire* qu'il a donnée à Leipzig en 1890 (lettre O, p. 27) ; mais il n'a pu en collationner le texte qui diffère beaucoup de celui que donnent les divers manuscrits qu'il a utilisés.

Les passages du *Besant de Dieu* intercalés dans le *Bestiaire* (voy l'édition de Reinsch, p. 151) ont fait croire que le *Besant* se trouvait dans notre manuscrit, ce qui est inexact.

4° (fol. 163ᵇ). [*Le Dit de la Tremontaine*] :

> Bele plus douche que seraine,
> Estoile clere, tresmontaine ...

Comme le fait observer M. Langlois, le titre de cette pièce est donné par le ms. fr. 378 de la Bibliothèque nationale, fol. 6 ; notre manuscrit ne donne aucun titre. Voici les derniers vers :

> Que Diex vous doint bone aventure
> Et vous doinst mon cuer metre en joie !

Il y a dans ce poëme trois strophes qui donnent une curieuse description de la boussole. Ces strophes ont été publiées par Paulin Paris, d'après le ms. 378 (*Manuscrits français*, III, p. 249), et par Francisque Michel, puis par F. Wolf, d'après notre volume.

5° (fol. 165ᵃ) [*Le Lai des .III. chevaliers*] :

> Qui a biaus dis vieut bien entendre
> De romans, moult i puet aprendre ..

Francisque Michel a imprimé cette pièce sous le titre de *Lai du Conseil*, dans ses *Lais inédits*, (p. 85) ; il a donné pour les 268 premiers vers les variantes du présent manuscrit.

En 1836, notre volume était en vente chez le libraire Techener, à Paris ; Paulin Paris (*Bulletin du Bibliophile*, 3ᵉ série, nᵒ 7 (1836), p. 241 et suiv.), et Francisque Michel (*Lais inédits des XIIᵉ et XIIIᵉ siècles* ; Paris, Techener

N° 2801. LE ROMMANT DE LA ROSE. XIVᵉ SIÈCLE.

et Londres, Pickering, 1836, in-8) en ont donné à cette époque chacun une description, dont les éléments ont été reproduits l'année suivante par F. Wolf (*Jahrbücher für wissenschaftliche Kritik*, II (1837), pp. 139-158, article réimprimé dans les *Kleinere Schriften* de F. Wolf (*Ausgaben und Abhandlangen aus dem Gebiete der romanischen Philologie*, LXXXVII, p. 127 et suiv.). Le manuscrit fut vendu par Techener à J. BARROIS, en 1836, et plus tard par celui-ci à LORD ASHBURNHAM.

Le fonds Barrois dans la bibliothèque Ashburnham comprenait trois manuscrits du *Roman de la Rose*, cotés 11, 105, et 202 dans le *Catalogue of the Manuscripts at Ashburnham Place*; *Part the second, comprising a collection formed by Mons. J. Barrois*. Le signalement du n° 11 dans ce catalogue ne laisse aucun doute sur son identité avec le volume de Techener décrit par P. Paris et F. Michel. L'identification du reste avait déjà été faite par E. Maun dans son étude sur le *Bestiaire* de Guillaume : *Der Bestiaire divin des Guillaume le Clerc* ; Heilbronn, 1888, p. 5 (*Französische Studien*, Band VI, 2. Heft).

Les trois manuscrits ont été mis aux enchères en 1901 ; ils sont décrits sous les n°s 518, 519, 520 dans le *Catalogue of the portion of the famous Collection of Manuscripts, the property of the Rt. Hon. the Earl of Ashburnham known as the Barrois Collection* (London, 1901). Le n° 11 fut adjugé, pour 345 £, au libraire J. Rosenthal de Münich, le n° 105, pour 100 £, au libraire B. Quaritch, de Londres, et le n° 202, pour 110 £, aux libraires J. et J. Leighton, de Londres. Le 8 mai 1909, le ms. de Techener a figuré de nouveau à la vente de M. LUCIEN DELAMARE, faite par la librairie Th. Belin, à Paris (n° 23). Le catalogue contient la reproduction du f. 9 v° (v. 1202-1260 de l'édition Langlois).

Ce qui n'a pas encore été remarqué jusqu'ici, c'est que le manuscrit devait compter primitivement 177 ff. Il manque en effet 2 ff. entre les ff. actuellement cotés 40 et 41 ; 1 f. entre les ff. 78 et 79, 2 ff. entre les ff. 98 et 99 (Barrois a fait remplacer ces 3 derniers ff. par des imitations, assez bien écrites, mais dont les initiales peintes ne peuvent tromper l'œil le moins exercé ; il n'a pourtant pas changé le numérotage moderne des feuillets), 1 f. entre les ff. 159 et 160 (v. 3157-3308 du *Bestiaire* dans l'édition Reinsch), 1 f. entre les ff. 161 et 162 (v. 3686-3839 du *Bestiaire*).

2801 (434 *b*). LE ROMMANT DE LA ROSE, par Guillaume de Lorris et Jehan de Meun. Le Codicille et le Testament de Jehan de Meun. Ms. in-fol. sur vélin de 158 ff. à 2 col. de 38 et 39 lignes (haut. 318; larg. 238 mill.), miniat. et lettres ornées, XIVe siècle, ais de bois recouverts de panne rouge, traces de fermoirs.

I.7.16

1° [*Le Roman de la Rose.*] Le texte commence ainsi (fol. 1a au-dessous d'une grande miniature divisée en quatre compartiments) :

> Maintes gens dient que en songes
> N'a se fables non et mensonges ;
> Mais l'en puet tlex songes songier
> Qui ne sont mie mensongier...

Il se termine (fol. 130c) par :

> Car je tesmoigne et certifie
> Que tout quanque j'ai recité
> Est fine et pure verité.
>
> *Explicit* le Rommant de la Rose.
> Ou l'art d'amours est toute enclose.
> Nature rit, si com moy semble,
> Quant *hic* et *hec* joignent ensamble.

2° (fol. 130ᵈ). *C'est le derrenier Testament maistre* JEHAN DE MEUN :

   Diex ait l'ame des trespassés,
   Car des biens qu'il ont amassés,
   Dont il n'orent onques assés...

Nous n'avons ici que les quatre premiers huitains du *Codicille* (sur onze).

3° (fol. 131ᵃ) [*Le Testament maistre* JEHAN DE MEUN.

Le début manque; le poème ne commence qu'au second vers du 5ᵉ quatrain :

   De morir, mais du terme moy n'autre n'asseiir.

Il se termine ainsi (fol. 158ᵇ) par :

   Ci fineray mon dit
   Ou non de Jhesucrist,
   Et chascuns qui l'orra
   Si prie Jhesucrist,
   Et li prie humblement
   Que nous soions escript
   Ou saint livre de vie
   Qu'il meismes escript.
    Amen.
 Explicit le Testament maistre Jehan de Meun.

On lit, en belles lettres rouges, sur le premier f. de garde, en écriture du XIVᵉ siècle : « *Iste liber nominatus le Romans de la Rossa est mei*, ASTRUSINI, *seu* MANUELIS BOTE *de Saviliano, comitis palatini* », et, au-dessous, en écriture cursive du XVIᵉ siècle : « *Monsieur mon nepveulx, Je vous prie me faire relier l'hystoire de Guichardin au filz de..... comme je l'ay promise a monseigneur d..... Je vous donne le bon soir, et a ma niepce.* »

Au dernier f., au-dessous de l'*Explicit*, est une note, malheureusement effacée en grande partie. On lit encore :

....

ville Achaté le xxv. jour de jan.... [l'an] M.ccc. liij.. Cousta...... [valans] pour le temps quinze sols parisis. Il est vrai qu'il i a IXˣˣ feulliez tous escriz, et xxxvj chapitres, tous figurés de fins ymages. »

Au vᵒ du f. de garde qui termine le volume on lit, en belle écriture du XIVᵉ siècle ; « In nomine sancte et individue Trinitatis. Amen. *Emptus fuerit hic liber nuncupatus Romanus de Rossa, qui est Astrusini Bote, comitis palatani, et constitit franchos viginti.* »

Dans l'état actuel du manuscrit il y manque 20 ff., savoir: 4 ff. après le f. 1 (vᵒ 105-901 de l'édition de Francisque Michel, 1864), 2 ff. après le f. 5 (v. 1489-1764), 5 ff. après le f. 11 (v. 2667-4016), 1 f. après le f. 12 (v. 4167-4803), 1 f. après le f. 20 (v. 5465-5596), 1 f. après le f. 60 (v. 11596-11736), 1 f. après le f. 68 (v. 12956-13087), 1 f. après le f. 69 (v. 13237-13376), 1 f. après le f. 92 (v. 16813-16953) et 1 f. après le f. 114 (v. 20328-20466, 1 f. après le f. 130 (fin du *Codicille* et commencement du *Testament*).

Outre une grande miniature, accompagnée de 6 médaillons, qui orne le 1ᵉʳ f., le volume compte encore 15 petites miniatures d'une jolie exécution, fol. 2ᵈ, 7ᵈ, 9ᶜ, 13ᵈ, 15ᶜ, 36ᵈ, 51ᵃ, 58ᵃ, 85ᶜ, 89ᵃ, 97ᶜ, 123ᵇᵈ 126ᵃᵈ de la numérotation actuelle. Les particularités du texte, l'écriture et la décoration du livre rattachent ce manuscrit à la famille que M. E. Langlois appelle famille N. Il se rapproche des mss. fr. 12593 et 24388 de la Bibliothèque nationale.

2802 (443 a). LE RESOLV en ‖ mariage § ‖ — ❡ *Cy finist le resolu en mariage Impri-* ‖ *me pour anthoine verard* ∕ *marchant li-* ‖ *braire demourant a Paris deuant la rue* ‖ *neufue nostre dame a lymage sainct Ie-* ‖ *han leuãgeliste* ∕

Ou au palais au premier || *pillier deuant la chapelle ou len chante la* || *messe de messeigneurs les presidens. S. d.* [*vers* 1505], in-4 goth. de 80 ff. non chiffr. de 30 lignes à la page pleine, sign. A-M par 6, N, O par 4, mar. br. jans., doublé de vélin, tr. dor. (*Trautz-Bauzonnet.*)

Le titre est imprimé en xylographie. Le v° en est blanc.

Le volume s'ouvre par une sorte de prologue intitulé simplement *Le Resolu en mariage* :

> En ung beau pré verdoyant et poly,
> Frisque, plaisant, amoureux et joly,
> Ung jour passé, gaillard m'esjouyssoye...

Ce morceau, dont il existe au moins une édition séparée sous le titre de *La Resolution de Ny Trop Tost ny Trop Tard Marié*, a été réimprimé par

Montaiglon (*Recueil de Poésies françoises*, III, pp. 129-137). Il se compose ici de 29 strophes de 9 vers, tandis que l'édition séparée n'en a que 25. Les 4 strophes finales manquent :

> Se vous voullez impugner et debatre
> Que mes propos les hommes doient abatre... (fol. A vj v°).

Les derniers vers de l'introduction (fol. *B i*) sont :

> Matheolus du tout veulx debouter.
> Pour tant qu'il a tousjours blasmé les femmes,
> Le livre ay fait aux louenges des dames.

Le poème qui, dans les manuscrits, est intitulé *Le Livre de leesce*, commence ainsi (fol. *B i*) :

> Mes dames, je requiers mercy,
> A vous me vueil exouser cy...

Vérard, suivant son habitude, a profondément altéré l'ouvrage qu'il donnait au public. Il l'a découpé en fragments qu'il a placés, on ne sait pourquoi, dans un ordre nouveau. L'édition suit le texte primitif jusqu'au v. 96 :

>Ses yeux font sa face moullier (fol. B iij),

puis passe au v. 1075 :

>Toutesvoyes en espousa une.

L'imprimé reproduit ensuite les manuscrits (sans tenir compte de quelques omissions) jusqu'au v. 2212 :

>Toutes femmes l'orrez blasmer (fol. F ij r° *in fine*),

et reprend au v. 935 (fol. F ij v°) :

>Et contre elles se courroucier.

Ce troisième morceau s'arrête au v. 1075 :

>Ung hom voult trois femmes avoir (fol. F vi).

A la suite vient le v. 97 :

>Car il perdit son priviliege...,

et l'édition suit les manuscrits jusqu'au v. 292 :

>Saige de loix, bel homme et fort (fol. G ij v°).

Au v. 292 succèdent les v. 397-934 :

>Sa fille eust sans un mesdisant
>(*La leçon des manuscrits est :* Et qui le fist mu et taisant),

jusqu'à :

>Et sa pensee folle et vaine (fol. H v v°).

Le dernier morceau s'étend du vers 2213 :

>A ses vices ramentevoir (fol. H v v°)

au v. 3978 :

>S'il ne sçait payer la lamproye (fol. O iiij).

Les 18 derniers vers du poème :

>Mercy, mercy au povre FEVRE
>Qui plus grant soif seuffre a la levre...

ont été remplacés par 18 vers en partie nouveaux, d'où le nom de l'auteur a disparu (nous imprimons en italiques ceux qui reproduisent à peu près les manuscrits) :

>Dames, prenez en gré ce livre
>Que le Resolu vous delivre,
>Et ne mettes en nonchalloir
>Son affection et vouloir.
>En grant traveil et soing et cure
>Pour vous a fait ceste escripture,
>*Car il sçait bien que a tous les masles*
>*Qui portent et bourses et malles*
>*Estes soulas, joye et repos.*
>
>*A tant fineray mon propos,*
>*Jusqu'a tant que plus sage vienne*
>*Qui ceste matiere soustienne ;*
>*Si croy je que jamais fines*
>*Ne sera ne determinee,*
>*Car Venus est l'amour du monde*
>*Et avarice est trop parfonde.*
>
>Icy feray fin a mon œuvre.
>Moult gaigne qui honneur recœuvre.

En résumé, Vérard a reproduit presque tout le poème primitif ; mais les transpositions, les vers omis ou modifiés le rendent parfois presque inintelligible.

Les vers volontairement supprimés par le libraire parisien sont, outre ceux qui nous révèlent le nom de l'auteur, les v. 293-396, qui ont précisément un grant intérêt historique. Ce sont ceux où l'on trouve les noms de divers parlementaires qui se seraient rendus coupables de bigamie.

Malgré ses altérations, le texte donné par Vérard fut suivi dans les réimpressions postérieures. Cependant, l'édition du poème achevée d'imprimer par *Michel Le Noir*, le 11 mai 1518, sous le titre *de Rebours de Matheolus*, édition dont il existe un fac-similé lithographique tiré à quelques exemplaires, débute par un prologue en 94 vers, entièrement différent du nôtre, et dont voici le début :

> De femmes sommes tous venus,
> Autant les gros que les menus ;
> Pour quoy celluy qui en dit blasme
> Doit estre reputé infame...

Les deux premiers vers sont empruntés au texte même du poème :

> Car nous, hommes gros et menus,
> Sommes tous de femmes venus (v. 517-518 ;

mais le reste est un réquisitoire contre Matheolus dont nous n'avons pas trouvé la source.

L'auteur du *Livre de leesce*, ou, si l'on veut, du *Resolu en mariage*, est JEHAN LE FÈVRE, de Ressons-sur-Matz (département de l'Oise), procureur, puis avocat au parlement de Paris et référendaire à la chancellerie sous Charles V, qui avait traduit en vers français le poème latin composé par Matheolus au XIIIᵉ siècle. Le *Livre de leesce* est plutôt une suite de ce poème qu'une réponse aux attaques dirigées par l'auteur contre les femmes. Le sexe faible y est plus souvent accusé que défendu, et le titre de *Rebours, ou Contredit de Matheolus* qui lui a été donné, est tout à fait trompeur.

M. A. G. van Hamel, à qui nous devons une excellente édition des *Lamentations* de Matheolus et du *Livre de leesce*, a donné une liste des manuscrits, à laquelle nous ne pouvons ajouter que le manuscrit de la Bibliothèque de Carpentras n° 372. Les autres ouvrages connus de Jehan Le Fèvre sont : la traduction des *Dits* du Pseudo-Caton, dont nous avons décrit ci-dessus deux manuscrits (n°ˢ 2755 et 2777) ; la traduction d'une églogue de Théodolet (Biblioth. nat. ms. fr. 572, fol. 112) ; la traduction de la *Vetula*, considérée au moyen âge comme une œuvre d'Ovide (Biblioth. nat., ms, fr. 881, fol. 1) ; enfin *Le Respit de la mort*, qui est daté de 1376.

Notre exemplaire du *Resolu en mariage* est imprimé sur VÉLIN, et les 32 figures sur bois dont il est orné sont soigneusement enluminées. Van Praet ne cite dans son *Catalogue des livres imprimés sur vélin* aucun exemplaire de cet ouvrage.

Des bibliothèques du BARON DE LA ROCHE-LACARELLE (Cat., 1888, n° 145) et du COMTE DE LIGNEROLLES (Cat., 1894, n° 857).

2803 (439 n). LES CENT HYSTOI || RES DE TROYE 🌸 || ℭ Lepistre de Othea deesse de prudence enuoyee a || lesperit cheualereux Hector de troye / auec cent hy- || stoires. *Nouuellemēt imprimee a paris p. Philippe* || *le noir libriare* [sic] *demourant a la rue sainct Iacques a* || *lenseigne de la Rose blanche couronnce.* — ℭ *Cy finissent les cent hystoires de troye nouuellement Imprimees a Pa-* || *ris par Philippe le noir Libraire et Relieur iure en Luniuersite de Paris.* || *Lan mil cinq cens vingt et deux le dernier iour de nouembre.* Gr. in-4 goth. de 54 ff. de 48 lignes à la page pleine, sign. A-F par 8, G par 6, mar. chamois, comp. de mosaïque de mar. br. et noir, riche dorure à petits fers, gardes de tabis, tr. dor. (*Capé.*)

Au titre, un grand L orné sur fond criblé et la marque de *Michel Le Noir* (Silvestre, n° 59).

Au v° du titre est imprimée une épître en 68 vers adressée par CHRISTINE DE PISAN, à Louis, duc d'Orléans, fils de Charles V (assassiné en 1407) :

Treshaulte fleur, par le monde louee,
A tous plaisant et de Dieu advouee...

Dans cette épître, Christine, ou, comme elle se nomme elle-même, Chrestienne, nous apprend qu'elle est

Femme ignorant, de petite estature,
Fille jadis philosophe et docteur
Qui conseillier et humble serviteur
[Fut] vostre pere (que Dieu face sa grace !),
Et jadis vint de Boulongne la grace,
Dont il fut né, par le sien mandement ;
Maistre Thomas de Pizan, autrement
De Boulongne, fut dit et surnommé,
Qui solennel clerc estoit renommé.

L'ouvrage se compose de cinq chapitres en 58, 22, 4, 8 et 18 vers et de quatre-vingt-quinze quatrains, en tout cent chapitres, accompagnés chacun d'une glose en prose et d'une figure. En voici le début :

Texte.

Cy commence l'Espître que Othea la deesse envoya a Hector de Troye quant il estoyl en l'aage de quinze ans.

Othea, deesse de prudence,
Qui adresse les bons cueurs en vaillance,
A toy Hector, noble prince puissant...

« *Glose.* Othea selon que peult estre prins pour saigesse de femme, et comme les anciens non ayans encore lumiere de foy adorassent plusieurs dieux... »

A partir du 6ᵉ chapitre, chaque page ne contient plus que la figure, le quatrain correspondant et la glose, en sorte que le volume offre beaucoup de blanc.

Les figures présentent cet intérêt qu'elles ont été spécialement gravées pour le livre ; mais en réalité il n'y en a pas plus d'une cinquantaine, beaucoup d'entre elles ayant été répétées une ou plusieurs fois.

Cet exemplaire porte sur le titre la signature de GUILLAUME MARTIN, avec la date de 1578. Il provient en dernier lieu « De la bibliothèque de Mʳ le MARQUIS D'AIX, à La Serraz. »

2804 (443c). LE DEBAT de re || ueille matin fait et compose || par maistre alain chartier de || deux cōpaignons couchez en || vng lit dont lūg estoit amou || reux ¢ lautre vouloit dormir — ℭ Fin du debat de reueille matin. S. *l. n. d.* [*Paris, vers* 1510], in-8 goth. de 8 ff. de 26 lignes à la page, sign. A.

L'édition n'a qu'un titre de départ, lequel est imprimé en lettres de forme.

Alain Chartier, éd. d'André Du Chesne, 1617, p. 493-502.

Notre édition, imprimée avec les caractères des *Trepperel*, diffère de celle que décrit Brunet et qui est celle probablement qui a figuré dans les bibliothèques de Ch. Nodier, de Yemeniz et du comte de Lignerolles.

Cette pièce fait partie du recueil décrit sous le n° 2758, art. 3.

Le debat de re
ueille matin fait et compose
par maistre alain chartier de
deux cōpaignons couchez en
vng lit dont lūg estoit amou
reux & lautre vouloit dormir

Lacteur.

Pres minuit entre deux sommes
Lors quamours les amās trauelle
En ce pays cy ou nous sommes
Pensoie au lit ainsi quon sueille
Quant on a la puce en loreille
Dont lung a lautre se conseille
Du mal dont il est douloureux

A.i.

2805 (445 *a*). ¶ Les fortv- ‖ nes & adversitez de feu no- ‖ ble homme Iehan re- ‖ gnier escuyer, en son ‖ viuant seigneur ‖ de Garchy et ‖ bailly dau- ‖ cerre. ‖ ✠ ‖ ¶ *Ilz se vendent a Paris ‖ aupres de la porte de la grāt ‖ salle du palais.* ‖ ¶ Cum priuilegio. — [Au v° du dernier f., au-dessous de 7 lignes de texte :] ¶ *Cy finissent les fortunes et aduersi- ‖ tez de feu noble hōme Iehan regnier en ‖ son viuant eslcu dauxerre, lequel a este ‖ acheue nouuellemēt dimprimer le vingt ‖ cinquiesme iour de iuing lan mil cinq cēs ‖ XXVI* [1526]. *Et est permis a Iehan de la garde ‖ libraire le exposer en vēte, et sont faictes ‖ deffences a to⁹ marchans & imprimeurs ‖ de imprimer ledit liure iusques a troys ‖ ans sur peine de confiscation & damende ‖ arbitraire a compter du iour quil a este ‖ acheue dimprimer.* ‖ ¶ Cum

Π. 3. 36

priuilegio. Gr. in-8 de 144 ff. non chiffr. de 26 lignes à la page pleine, sign. *a-s* par 8, mar. bl., fil. à froid, armes dorées sur les plats, chiffres dorés sur le dos, doublé de mar. r., semis de chiffres, tr. dor. (*Bauzonnet*, 1840.)

Le titre est entouré d'un joli encadrement ; nous en donnons la reproduction ci-dessous.

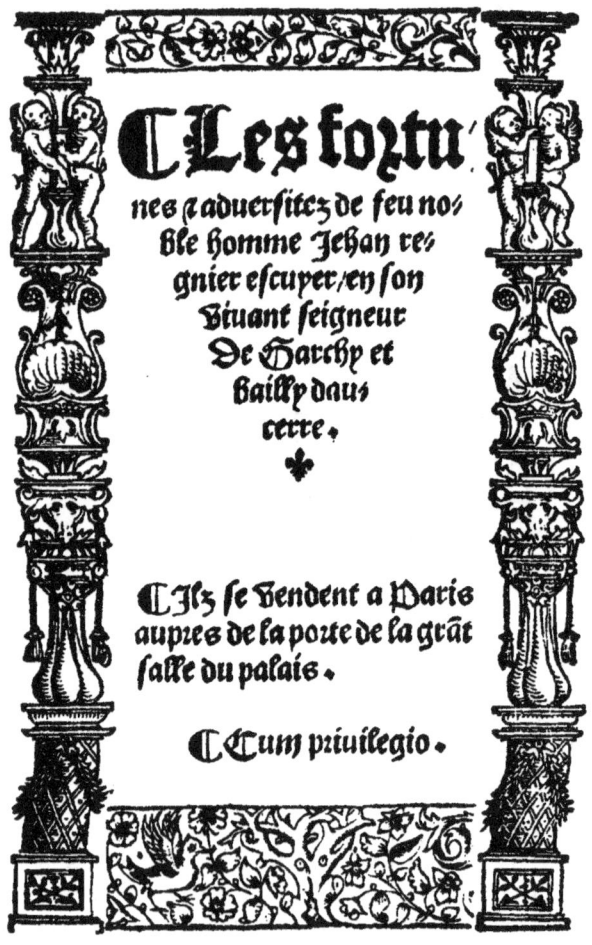

Au v° du titre est le texte de la permission accordée pour deux ans, par le prévôt de Paris, [Jehan Morin], a Jehan de La Garde, libraire juré de l'université de Paris. L'extrait est signé de l'avocat du roi Jehan Ruzé.

Au r° du f. *a ij* est une épître du libraire « a noble homme, messire Claude Le Marchant, chevalier, seigneur du Bouchet et esleu d'Aucerre ». Nous y voyons que Claude Le Marchant était parent de Jehan Régnier « en aucun degré. »

L'auteur, dont nous connaissons à peu près la vie, grâce aux recherches de M. Ernest Petit (*Le Poète Jean Regnier, bailli d'Auxerre*, dans le *Bulletin de la Société des Sciences historiques et naturelles d'Auxerre*, 1903), était né vers 1393. Après avoir voyagé au loin, il était devenu échanson et conseiller du duc de Bourgogne Philippe-le-Bon. Le 13 juillet 1424, ce prince lui confia les fonctions de bailli d'Auxerre. Au mois de janvier 1432, il remplissait une mission du duc de Bourgogne quand il fut enlevé par des coureurs de la garnison française de Beauvais, et subit une longue détention. Il fut pourtant relâché vers la fin d'avril 1433 ; mais il dut laisser en otages sa femme, Ysabeau Chrestien, et son jeune fils, jusqu'au jour où il aurait parfait sa rançon. Beaucoup des vers de Jehan Regnier ont été composés pendant sa captivité, dont ils nous font connaître les incidents. A sa sortie de prison, la faveur de la cour bourguignonne lui permit de rétablir ses affaires. Il put acquérir en 1441 la seigneurie de Guerchy, dont il prit le nom, et réunit successivement d'autres domaines. Il conserva jusqu'en 1465 ses fonctions de bailli d'Auxerre et toucha même ses gages jusqu'à sa mort, survenue, à ce qu'il semble, en 1465. Il est vrai qu'il ne cessait de rimer et que les grands seigneurs aimaient presque tous les poètes. C'est ainsi que, en 1463, il entretint avec le comte de Nevers une correspondance poétique.

Jehan Régnier, dont Villon paraît avoir connu les œuvres, est certainement un des meilleurs poètes du XVe siècle. Il est regrettable que la réimpression donnée par M. Paul Lacroix en 1867, ne soit pas encore remplacée par une édition plus correcte et accompagnée de notes historiques.

Le volume de 1526, dont on ne connaît plus que trois ou quatre exemplaires, est orné de 15 figures sur bois, dont une dizaine ont été spécialement gravées pour le livre et sont remarquables. Voici celle qui représente le poète dans sa prison de Beauvais (fol. *a iij* v°) :

En voici une autre qui représente un « poursuyvant » apportant des nouvelles au prisonnier (on remarquera que la barbe du poète a eu le temps de pousser (fol. *c v*) :

Jehan de La Garde, l'éditeur de ce volume, est, comme le remarque M. Alfred Cartier, le pauvre libraire qui fut brûlé en 1538 pour avoir été trouvé détenteur de livres hérétiques. Voy. Herminjard, *Correspondance des réformateurs,* IV, n° 702.

Exemplaire du BARON JÉRÔME PICHON, dont la reliure porte les armes et les chiffres (Cat. de 1869, n° 454) ; de GIRAUD DE SAVINE et du COMTE DE LIGNEROLLES (Cat., 1894, n° 873).

Une note du baron Pichon nous apprend que le volume est rentré de la reliure le 21 juillet 1840.

C. — Poètes français depuis Villon jusqu'à Marot.

2806 (456 *a*). LE CHEVALIER DELIBERÉ [par Olivier de La Marche], ms. pet. in-4 sur vél. de 62 ff., mar. r., fil., dos orné, tr. dor. (*Reliure du XVIII° siècle.*)

Poème composé en 1483 en souvenir de Charles le Téméraire.

Ce ms., élégamment exécuté, mesure 185 sur 130 millim. Le r° du premier f. est entouré d'une bordure décorée de rinceaux et au bas de laquelle est un écu écartelé : aux 1ᵉʳ et 4ᵉ d'azur à trois roses d'argent, au chef d'or chargé d'une aigle éployée de sable ; aux 2ᵉ et 3ᵉ d'argent à la croix pattée de gueules. Ces armes sont celles du célèbre amateur PAUL PÉTAU, reçu conseiller au parlement de Paris, en 1588, mort le 17 septembre 1614. La première page contient en outre une miniature, ou plutôt une gouache,

LE CHEVALIER DÉLIBÉRÉ, PAR OLIVIER DE LA MARCHE.
MANUSCRIT EXÉCUTÉ POUR PAUL PÉTAU

représentant le Chevalier, qui porte un costume de cour ; chapeau à plumes, pourpoint et trousses rouges à crevés blancs, manteau bleu, etc. Cette peinture et les douze autres qui ornent le volume sont certainement de la fin du XVI° ou du commencement du XVII° siècle, et il en est sans doute de même du texte. Le volume a été exécuté, soit pour Paul Pétau, soit pour son fils Alexandre, qui conserva la bibliothèque.

La photo-gravure ci-contre fera connaître le début de notre texte, ainsi que la décoration qui y a été ajoutée.

Le poème se termine ainsi (strophe 348) :

> Ce traictié fut parfait l'an mil
> CCCC quatre vings et trois,
> Ainsi que sur la fin d'avril,
> Que l'iver est en son exil
> Et que l'esté fait ses exploix.
> Au bien soit prins en tous endrois
> De ceulx a qui il est offert
> Par celluy qui tant a souffert.

Nous ignorons par quelles mains passa le présent volume lorsque la collection des Pétau fut dispersée ; nous ne savons donc pas de quel amateur le DUC DE LA VALLIÈRE l'avait acquis, à moins que ce ne soit le n° 1788 de la vente GAIGNAT. Il est porté dans le catalogue des livres de ce grand bibliophile, par De Bure (t. II, n° 2863).

Notre volume a figuré en mars 1823 à la vente du VICOMTE MOREL DE VINDÉ (Cat., n° 1393).

Nous avons cité précédemment (n° 2784) un autre manuscrit du *Chevalier deliberé*.

2807 (457 a). LVCIFER de || mande frians ç gourmans || pour les damner. S. l. n. d. [*Lyon*, v. 1540], in-8 goth. de 4 ff. non chiffr. de 22 lignes à la page pleine, sign. A, mar. r. jans., tr. dor. (*Duru et Chambolle*, 1862.)

Morceau coupé dans la *Deablerie* d'ÉLOY D'AMERVAL (liv. II, ch. xxii). Nous donnons ci-après la reproduction du titre.

Le fragment, qui ne compte que 100 vers, commence ainsi :

> Et pourtant, mon beau Lucifer,
> Si d'aventure en nostre enfer
> Ilz descendent, que Dieu le vueille...,

et se termine par :

> Car tous au feu eternel sont
> En deuil et amere tristesse,
> Comme ceulx la en grant liesse.
> *Finis*

A la suite (fol. *A iiij*) est un *Dictié* en 12 vers :

> En povre loiaulté,
> En clerc humilité...

(Voy. Biblioth. nat., ms. fr. 2307, fol. 43 : *Le Jardin de plaisance*, éd. d'Olivier Arnoullet, fol. 79).

Au v° du dernier f. est la marque de *James Meunier*, imprimeur, non pas à Paris, mais à *Lyon*.

Sur le poète et pour son œuvre, on pourra consulter avec fruit l'excellente étude de M. Andreas C. Ott, *Eloi d'Amerval und Sein « Livre de la Diablerie », ein Beitrag zur Kenntnis Frankreichs am Ausgang des Mittelalters* (Erlangen, 1908, in-8).

Exemplaire du COMTE O. DE BÉHAGUE (Cat., 1880, n° 549) et du BARON SEILLIÈRE (Cat., Londres, 1887, n° 672).

Lucifer demande frians & gourmans pour les damner.

2808 (459*a*). Des || enfans qui desirent || la mort du pere et || de la mere. — ¶ *Finis. S. l. n. d.* [*Lyon, James Meunier. v.* 1540], in-8 goth. de 4 ff. non chiffr. de 22 lignes à la page, sign. *A*, mar. bl. jans. tr. dor. (*Duru et Chambolle*, 1862.)

Autre morceau coupé dans la *Deablerie* d'Eloy d'Amerval (liv. II, ch. cxlv).

On trouvera ci-contre la reproduction du titre.

Le fragment compte 92 vers. Il commence ainsi :

> Je ne hante nullement
> Ne prise aussi aulcunement,
> Ne n'en tien compte, escoute bien...

Il se termine (fol. *A iiij*) par :

> Je te dy, mon beau Lucifer,
> Que n'en seray je despité,
> Car ilz l'avront bien merité.
> *Finis.*

Le v° du dernier f. est blanc.

Exemplaire du comte O. de Béhague (Cat., 1880, n° 545) et du baron Seillière (Cat., Londres, 1887, n° 356).

2809 (466 a). La cōplaīte ‖ de lescuyer ‖ a la dame nouuelle-ment imprime. — ℭ *Cy fine le traicte nomme la cōplain* ‖ *te de lescuyer a la dame. Nouuellemēt* ‖ *imprime cheux Barnabe chaussard.* ‖ Xp̄o laus ¢ gloria. S. l. n. d. [*Lyon, vers* 1530], in-8 goth. de 15 ff. non chiffr., dont la page la plus pleine a 23 lignes, et 1 f. blanc, signat. *A-B*, mar. bl., fil., comp. et semis de galères, doublé de mar. orange, dent., dos orné (*Chambolle-Duru.*)

Le titre est orné d'un bois. Nous en donnons ci-après la reproduction.

Voici le début du texte (fol. *Aij*) :

S'ensuyt le Traicté nouvellement fait, nommé la Complainte de l'Escuyer a la Dame.

L'Acteur.

Hier sur le tard, soubz l'ombre d'ung tapis,
En passant temps, comme souvent m'esbas...

Le poème compte 67 strophes de huit vers, et se termine ainsi :

Prions pour luy, car il va trespasser ;
Mais se sera le plus tard qu'il pourra.

Cette édition, comme celle que nous avons décrite sous le n° 466, et comme l'édition de Trepperel, porte au v. 471 (strophe LIX) :

On nous respond : « Laissez huoher sans fraude. »

Cette correction paraît bien avoir été faite pour supprimer le nom de l'auteur. M. A. Piaget, qui combat l'attribution faite par Montaiglon au poète HENRI BAUDE (voy. *Romania*, XXXVI, 1905, p. 587) a tort, croyons-nous, de considérer cette correction comme peu importante. Si les imprimeurs n'avaient pas cru voir une signature dans les mots : « Laissez buissoner Baude », ils ne les auraient pas remplacés par un hémistiche tout à fait insignifiant. Cette façon d'agir est trop conforme aux habitudes d'Antoine Vérard et de ses confrères pour que nous puissions en douter.

Notre exemplaire provient de la bibliothèque de FERNAND COLOMB, qui l'avait acheté à Turin le 18 janvier 1531. C'est ce que nous apprend la note suivante inscrite au v° du f. blanc qui termine le volume :

Vendu à Paris, en 1884, avec divers autres volumes de la même

BELLES-LETTRES. 131

provenance, il fut acquis par le BARON JÉRÔME PICHON, qui fit exécuter la reliure. Revendu en 1897 avec la bibliothèque de cet amateur (Cat., n° 758), il a figuré en dernier lieu à la vente d'EUGÈNE PAILLET (Cat., 1902, n° 23).

Voy. Harrisse, *Excerpta Colombiniana*, p. 71, n° 33.

2810 (466 *b*). LE GRANT BLASON de || faulses amours — [A la fin:] Amen. || *Pour richard mace de* || *mourāt aux cinq chappe* || *letz deuant nostre dame.* S. l. n. d. [*Rouen, v.* 1515], in-8 de 16 ff. non chiffr. de 32 lignes à la page, impr. en lettres de forme sur 2 col., sign. *A-B*, mar. v., fil. dos et coins ornés, tr. dor. ([*Niedrée.*])

L'édition n'a qu'un simple titre de départ. Voici la reproduction de la première page :

Le grant blason de faulses amours

Le gentilhomme
Ung iour passoye
Pres la saulsoye
Disant somettes.
Las cheuauchoye,
dont ie chantoye
telz chansonnettes,
toutes flourettes
sont amourettes
cest de plaisāce la mōtioye
Bō fait toucher ces mam
Et aps plusi (melettes
eurs bergerettes,
Souuēt ie la recōmēcoye
Huecques moy
Paisible ê coy
Denoit vng moyne
qui sans esmoy
destre a part soy
Mettoit grant peine
par mont par plaine
de longue allaine
disoit ses heures a tresop
Tant q ie lui dis quel tru
Uous direz bien (daine
lautre sepmaine
Chantons nous deux par
vostre soy

Car en chantant
Et se sbatant
Le temps se passe
Qui ba rusant
ê deuisant.
Moins il se lasse
Ba part tracasse
Our ê me casse
chantons nous deux,
truffant bourdant
Le moyne.
S il cōuenoit q ie chan
Iay dit il la boir (tasse
sourde ê casse
ê si nest pas biē accordāt,
Puis ie boy bien
Tant au maintien
qua la parolle
que dautre bien
Ne donnez rien
Fors damour folle
venus friuolle
en son escolle,
bo9 a fait grāt praticien,
bo9 chātez le cueur bous
Et bien mōstrez (solle
que amour affolle
Ceulx qlle tiēt en sō lyen,

A

SECOND SUPPLÉMENT.

Le poème se termine au fol. *B vij*^b par l'acrostiche GVILLyT ALECIS. Il est suivi de 17 quatrains intitulés *Ballade* :

> L'estat du monde est variable ;
> Ne cuyde nul qu'il soit establé...,

se terminant par :

> Pensons doncques de si bien vivre
> Que d'enfer nous soyons delivre.
> *Amen.*

Au v° du dernier f. sont les armes de la ville de Rouen.

Exemplaire de CH. LORMIER (Cat., 1901, n° 308).

2811 (466 c). LE GRANT BLASON de faulses ‖ amours. — *Fin dudit blason de ‖ faulses amours. S. l. n. d.* [*Rouen, vers* 1515], in-8 goth. de 28 ff. non chiffr. de 27 lignes à la page, sign. *A-C* par 8, *D* par 4.

Le titre porte la marque de *Raulin Gautier*, imprimeur à Rouen de 1507 à 1534.

Brunet, qui mentionne la présente édition, n'en cite aucune adjudication ; c'est d'après lui que les éditeurs des *Œuvres de Guillaume Alexis* (I p. 176, lettre Q) en ont donné une description sommaire.

L'acrostiche final donne GVILLiT ALECIS.

Le *Blason* est la première pièce du recueil décrit sous le n° 2758.

2812 (466 d). ❡ Le contreblason de faulces amours / Intitu- ‖ le le grant blason damours espirituelles ꝛ diui- ‖ nes ensemble pareillement. Premierement aus ‖ si certain epigrāme et seruātois dhonneur. Fait ‖ ꝛ compose a la louenge du treschristien Roy de ‖ France Loys de Vallois septiesme de ce nom. ‖ comme ycy embas pour commencement ‖ peult clerement apparoir / et veoir. ‖ *nouellement imprime a Paris :* ‖ *pour Symō Vostre librai-* ‖ *re : demourant en la rue* ‖ *neufue nostre dame* ‖ *a lenseigne sainct* ‖ *Iehan leuā* ‖ *geliste.* ‖ *** *S. d.* [1512], in-8 goth. de 24 ff. non chiffr. de 32 lignes à la page, sign. *a-e*.

IV.9.69

<small>Le titre porte une petite marque de *Simon Vostre*; une autre grande marque de ce libraire est placée au verso du dernier feuillet.</small>

¶ Le contreblason de faulces amours/ Jntitule le grant blason damours espirituelles z diuines ensemble pareillement. Premierement auf si certain epigrâme et seruâtois dhonneur. Fait z compose a la louenge du treschristien Roy de France Loys de Vallois septiesme de ce nom. comme ycy embas pour commencement peult clerement apparoir/ et veoir. nouellement imprime a Paris: pour Symô Vostre libraire: demourant en la rue neufue nostre dame a lenseigne sainct Jehan leuâgeliste.

Le poème, dont l'auteur est probablement un poète nommé D'ESTRÉES, est calqué sur le *Blason des faulces amours* de Guillaume Alexis; il est destiné à le compléter et à le continuer.

Cette édition est la plus ancienne de celles que citent MM. Piaget et Ém. Picot, qui n'ont connu que l'exemplaire de la bibliothèque du comte de Lignerolles (*Œuvres de Guill. Alexis*, I, pp. 267-268).

Le dernier f., blanc au r°, contient au v° la marque de *Simon Vostre*.

Le *Contreblason* est suivi d'une *Balade joyeuse faicte et composee a l'honneur de la tressacree, intemeree et inviolee mere de Dieu*.

Devant que la cause premiere...
Refr. Sur tous les angels couronnee.

A la fin est la devise : *Souffrir pour parvenir*.

Cette pièce fait partie du recueil que nous avons décrit dans le n° 2758, art. 2.

2813 (468 *a*). LE PASSE || TEMPS de || Tout Homme ⸝ de tou || te

BELLES-LETTRES.

Femme / nouuellemēt || [reueu] et corrige / *Et imprime nou* || *uellement a Paris.* ||

⁌ Ceulx qui vouldrōt au long ce liure lire ||
Le trouueront bien fonde en raison ||
Aussi le feist le bon moyne de Lyre ||
Qui damours faulses composa le blason ||

⁌ *On les vend a Paris en la rue neufue* || *Nostre dame a lymage sainct Nicolas par* || *Iehan sainct denys.* || xix. f. ⁋ d — [Au v° du dernier f., au-dessous des 16 derniers vers :] ⁌ *Cy finist le passe temps de tout hōme* || *et de toute femme Imprime nouuellemēt* || *pour Iehan sainct denis marchant libraire* || *demourāt a Paris en la Rue neufue nostre* || *dāe a lymage saīct Nicolas* | *ou au palays* || *a la gallerie par ou on va a la chancellerie.* S. d. [v. 1530], in-8 goth. de 156 ff. non chiffr. de 23 lignes à la page pleine, sign. *a-t* par 8, *v* par 4, mar. r., dos et mil. ornés, tr. dor.

Le titre, imprimé en rouge et en noir, est orné d'une grande initiale sur fond criblé.

Le mot *reueu*, que nous avons rétabli entre crochets, devait, à ce qu'il semble, être tiré en rouge au-dessous de l'initiale ; il n'est pas venu à l'impression.

Au v° du titre est la figure bien connue qui représente une femme devant deux hommes qui sont agenouillés tenant des torches ou des lances.

Au-dessous de cette figure sont les sept premiers vers d'un préambule à la fin duquel est l'acrostiche de **FRERE PIERRE**, un des manœuvres employés par Antoine Verard :

Ceulx qui vouldront au long ce livre lyre
Le trouueront bien fondé en raison...

Le poème proprement dit commence ainsi :

Qui veult le tiltre de ce livre
Sçavoir et comment il se nomme...

L'ouvrage est une traduction, parfois littérale et parfois abrégée, du traité *De contemptu mundi* composé par **LOTHAIRE**, qui fut pape, sous le nom d'**INNOCENT III**, de 1198 à 1216.

Au fol. *r i* sont les 14 derniers vers du poème ; on lit à la suite : ⁌ *Cy commence le A B C des doubles.* Le texte de cette seconde pièce commence au v° :

Qui scet Dieu de bon cueur amer
Trouve en ce monde tout amer...

Voy. *Œuvres poétiques de Guillaume Alexis, publiées par A. Piaget et Ém. Picot,* II, p. 91, édition F.

2814 (468 *b*). LE PASSE TEMPS || de tout Homme ⁋ de toute Femme || Nouuellement reueu et cor- || rige / *Et imprime nou* || *uellement.* || ✠ ||

⁌ Ceulx q̃ vouldront au long ce liure lyre ||
Le trouueront bien fonde en raison ||
Aussi le feist le bon moyne de lyre ||
Qui damours faulses composa le blason ||

❡ *On les vend a Paris en la Rue neufue* || *nostre dame a lenseigne sainct Nicolas*. — [Au r° du f. *T vij*, au-dessous de 15 lignes de texte :] ❡ *Cy finist le passetemps de tout homme* || *et de toute femme Imprime nouuellemēt* || *pour Pierre sergent demourant a Paris* || *en la rue neufue nostre Dame a lymaige* || *sainct Nicolas* | *ou au Palays a la galle-* || *rie par ou on va a la chancellerie*. S. d. [v. 1535], in-8 de 151 ff. non chiffr. de 23 lignes à la page pleine, et 1 f. blanc, car. goth., sign. *A-T* par 8, mar. r. à grains longs, fil. et coins dor., dent. à froid., tr. dor. (*Thouvenin*.)

Le texte commence au v° même du titre.

L'*A B C des doubles* commence au f. *Q iij* v°.

Au f. *T vij* v° est la marque de *Jehan Sainct Denys*, prédécesseur de *Pierre Sergent* (Silvestre, n° 1011). Cette marque porte encore les initiales *I. D.*, que Sergent remplaça plus tard par les lettres *P. S.*

Œuvres poétiques de Guillaume Alexis, II, p. 92, édition G.

2815 (469 *a*). Le martyrologve || des faulses langues — [Au r° du dernier f., 2ᵉ col. :] ❡ *Cy finist le martyrologue des* || *faulses langues imprime a Paris* | *par gillet couteau*. S. d. [v. 1500], in-4 goth. de 14 ff. non chiffr. de 36 lignes à la page pleine, impr. à 2 col., sign. *a* par 6, *b-c* par 4, mar. citr. jans., tr. dor. (*Chambolle-Duru*.)

Le r° du 1ᵉʳ f. ne contient que les deux lignes de l'intitulé, lesquelles

sont xylographiées. — Au v° est un bois à deux compartiments : les Fausses Langues pendues et les Fausses Langues damnées ; au-dessous on voit un personnage coiffé d'un grand bonnet (qui est censé représenter l'acteur), et un dixain :

Faulx detracteurs, mēcōgiers, raporteurs
Qui sans cesser sur tous estatz mesdictes
Et vous aussi vilains blasphemateurs
Grans seducteurs, des bons persecuteurs
Doiez cy com p feurs langues maufdictes
Sont en enfer rosties, arses et ruptes
Maintz poures ames, a pedues a douleur
Par cruelz dyables: dont ont este induictes
A tout mal dire, comme toy ssaiosseur
La langue monstre de lhomme sa folseur.

Le poème commence au f. a ij ª, au-dessous d'un petit bois qui représente un clerc assis dans une chaise gothique, près d'une librairie.

Les deux bois qui ornent le r° du titre sont répétés au v° du f. c iij.

Le v° du dernier f. porte la marque de *Gillet Couteau*, que nous savons avoir exercé de 1491 à 1530 (Silvestre, n° 11). Le volume a dû être imprimé sous le règne de Louis XII, dont on trouve le nom dans l'avant-dernier paragraphe.

> Mon toutes fes chofes veues et
> confidereez prins diligétement an
> cre et papier pour rediger le vray
> de la matiere ainfi que veue et en-
> tendue lauoie. Et quant ie eu tout
> ce fait z efcrit ie leuoiea a vng mar
> chaut bon iufte z loial en la ville de
> paris faifant refidence. lequel mar
> chant apres ce quil eut la matiere
> veue confideree et monftree a plu-
> fieurs nobles docteurs clers et ex-
> pers en toute fciencee elle eftãt par
> eulx fuffifaument corrige led mar
> chant la voulu pour perpetulle me
> moire faire imprimer ainfi que
> vous voiez. ⁋ Et demeure ledit
> marchant fur le pont noftre dame
> en lenfeigne de limage faint iehan
> leuãgelifte ou au palais deuant la
> chappelle du roy nré fire ou on chã
> te la meffe de meffeigneurs les pre
> fidens.

Cette édition contient (fol. *cij*^{ab}) quatre strophes qui manquent dans les autres éditions connues.

Œuvres poétiques de Guillaume Alexis, II, p. 303, 6d. E.

2816 (469 *b*). Le || Miroer des || Moines mondains, || et le gouuernement || d'iceux || Nouuellement Imprimé reueu & recor || rigé de nouueau. || *A Rouen,* || *Chez Addrien* [sic] *Morront, dans laistre nos-* || *tre Dame pres les changes.* S. *d.* [*v.* 1615], in-8 de 5 ff. non chiffr., mar. r. jans., tr. dor. (*Chambolle-Duru fils.*)

Le titre, encadré d'ornements typographiques, est décoré d'un petit bois signé des lettres A.M.R., c'est-à-dire probablement : *Adrien Morront, Rouennois.*

BELLES-LETTRES.

Au v° du titre, est un *Rondeau du seigneur du Rouge et Noir aux moines mondains*.

Le *Miroer* commence ainsi au 2° f. :

> Retirez vous, moines nommez,
> Qui avez fait a Dieu les vœux...

Nous savons par Du Verdier (éd. Rigoley de Juvigny, II, p. 61) que l'auteur est frère GUILLAUME ALEXIS; aussi le poème a-t-il été réimprimé par les éditeurs de ses *Œuvres poétiques* (t. III, pp. 1-14).

On trouve à la suite (fol. *A iiij, v°*) un sixain « aux dames », qui paraît bien faire allusion au mariage de Louis XIII avec la petite infante Anne d'Autriche (1615) ; puis viennent deux autres quatrains assez profanes.

Au v° du 5° f., on lit dans un cartouche ces mots : « Moines tenés vous bien clos et cerrez tous au couvent, et gardez bien ».

Les seules éditions datées d'*Adrien Morront* que nous ayons rencontrées sont deux ouvrages espagnols d'Ambrosio de Salazar : *Las Clavellanas de recreacion* et l'*Espexo general de la gramática, en diálogo*, qui sont de l'année 1614 (Alfred Morel-Fatio, *Ambrosio de Salazar*, 1901, pp. 36, 41).

2817 (470 *a*). SENSVIT LE PASSE || TEMPS doysiuete. *Explicit. F. S. l. n. d.* [*v.* 1500], in-4 goth. de 23 ff. non chiffr. de 32 lignes à la page, impr. en lettres de forme, et 1 f. bl. (?), sign. *A-C* par 8, mar. r. jans., tr. dor. (*A. Motte*.)

Le r° du premier f. ne contient que les deux lignes de l'intitulé.

> **Sensuit le Passe
> temps doysiuete**

Le v° en est blanc.
Le poème commence ainsi au fol. *A ij* :

> Ung iour ẽ allãt abbeſt, maſſẽ
> En vng bateau pla thamiſe
> Ie madreſſay au herault ſeſtre
> Et luy dis comme on ſe deuiſe
> Quel eſt le vent de la chemiſe
> Dont on dit que les femmes vſent
> Les oyſeux a petit ſamuſent
> ☞ Il me diſt aſſes ſobrement
> Comme ſage a peu de parolle
> Quil nauoit iamais longuement
> Suyuy ne les clercs ne leſcole
> Et quauſi de telle friuolle
> Les bons ne faiſoiẽt pas grãt cõpte
> Quel eſt lhõme tel eſt son compte

Cette pièce est l'œuvre de ROBERT GAGUIN, général de l'ordre des Mathurins, qui la composa, pendant une mission qu'il remplissait à Londres, au mois de décembre 1489. Elle a été reproduite avec d'excellents commentaires par Anatole de Montaiglon (*Recueil de Poésies françoises*, VII, pp. 225-286) et par M. Thuasne (*Roberti Gaguini Epistole et Orationes*, 1904, II, pp. 366-423).

Notre édition, qui ne contient ni le nom de l'auteur ni la date, est cependant plus correcte que celle qu'ont suivie Montaiglon et Thuasne. Elle nous permet de rétablir le 7° vers de la seconde strophe :

Quel est l'homme, tel est son compte.

Le volume paraît sortir des mêmes presses que l'édition de la *Devote Exortation* de Guillaume Flameng que nous avons décrite dans notre t. I (n° 474) ; cependant les caractères sont ici beaucoup plus neufs.

De la bibliothèque du COMTE DE LIGNEROLLES (Cat., 1894, n° 872).

2818 (473 *a*). ❡ LA COM- ‖ PLAINCTE de la terre saincte/ ‖ et autres Prouinces adia- ‖ centes/detenue [*sic*] en la main ‖ des Infideles. ‖ ❡ *Imprime en Anuers par* ‖ *Martin Lempereur. Pour* ‖ *Iean de la Forge / demou-* ‖ *rant a Tournay deuāt la* ‖ *court de Leuesque. Lan.* ‖ *M. D. et xxxij* [1532]. In-4 goth., de 8 ff. non chiffr. de 31 lignes à la page, sign. *A-B*, demi-rel. dos et c. cuir de Russie.

Le titre est orné d'un grand encadrement formé de 12 petits bois représentant des saints. Nous en donnons d'autre part la reproduction.

La *Complaincte* est écrite en prose et en vers ; elle commence ainsi, au v° même du titre : « Sainct Augustin dict au livre des moisnes et de leurs œuvres que tout homme puissant de labourer ne doibt estre wyseux ; et pour ce est oysiveté tant a blasmer qu'elle est mere de truffes, marastre de vertus, nourrist orgueil, faict la voie pour aller en enfer... »

Voici le début de la première strophe :

Dieu de lassus qui nous formas de cendre,
Viens toy descendre en basses regions...

Cette pièce, on le voit, n'est que la *Complainte de Grece a la Chrestienté* de JEHAN MOLINET, que nous avons citée au t. Ier, n° 471, art. 27.

Exemplaire de JEAN-NICOLAS BEAUPRÉ, conseiller à la cour de Nancy, l'historien de l'imprimerie en Lorraine. Une note manuscrite de cet amateur rappelle qu'une édition d'*Anvers*, *Guillaume Vorsterman*, 1533, in-4, est portée au Catalogue Rymenans (Gand, 1842), sous le n° 2980.

2819 (474 *a*). ŒUVRES POÉTIQUES de Jehan d'Auton. Ms. in-4 sur papier de 29 ff. (commencement du XVI° siècle, haut. 198 ; larg. 140 millim. demi-rel. dos et c. mar. viol., dos orné, tr. marbr. (*Niedrée*).

Ce recueil contient les pièces suivantes :

1° (fol. 1) *Epistre envoiee des Champs Elisees par le trespreux et tresvictorieux Hector, esné filz du roy Prian de Troye, a trescrestien et tresillustre Loys, xij^e de ce nom, roy de France, duc de Millan et de Gennes.*

Roy des François, Loys trescrestien,
Pren, s'il te plaict, ceste epistre et la tien...

Cf. Biblioth. nat., ms. fr. 1952.

2° (fol. 15). *S'ensuyt une Complaincte d'amours.*

Or ne puys je plus recoller mon duel,
Mais suys contrainctz icy a veue d'uel...

Nº 2818.

3° (fol. 19). *S'ensuyvent plusieurs Ballades [et autres pièces diverses.]*

A.
    Comme celluy qui d'amours vehemente
    Cherche repos par grace suffragante...
  Refr. Le gris je porte et vis en esperance.

B. (fol. 20). *Rondeau sur la ballade.*
    Des biens d'amours, quiconcques les despart,
    Jusques icy j'en ay petite part...

Trois cens cinquante Rondeaux (Paris, Galliot Du Pré, 1527, in-8, goth.), n° 19.

C. (fol. 20 v°). *Epistre.*
    Après avoir revoluz mes ennuytz
    Que j'ai par jours maintesfois et en nuytz...

D. (fol. 21 v°) *Rondeau.*
    Le cueur, le corps, le desir et vouloir,
    Qui s'estudient a faire leur devoir...

E. (*ibid.*) *Ballades d'amours.*
    Puys que Malheur hayneulx et tout plain d'ire
    Veult mon espoir bannir et interdire...
  Refr. Envy sera s'il m'en convient de mectre.

F. (fol. 22 v°). *Ballade d'amours.*
    Veu le danger d'amoureuse alliance,
    L'ennemy [L'ennuy ?] de dueil qui tropt souvent s'avance...
  Refr. Puis que la chasse couste plus que la prise.

G. (fol. 24). *Epistre d'amours.*
    Noercissez vous, papier sur quel j'escriptz,
    Pour aplaudir a mes douleurs et critz...

H. (fol. 24 v°). *Rondeau.*
    J'ayme si fort la vostre humanité
    Ma noble dame, que [je] suis incité...

I. (fol. 25). [*Rondeau.*]
    Par tous soubhaictz s'il povoit advenir
    Que a vostre grace je puisse parvenir...

J. (fol. 25 v°). *Autre Rondeau.*
    Jusques au bout poursuivray mon affaire ;
    Raison me dit que je le puis bien faire...

K. (fol. 26). *Rondeau.*
    Je pense en vous plus que je n'ose dire,
    En tel façon que j'en souffre martire...

L. (fol. 26 v°). [*Rondeau.*]
    Tout despourveu de mondaine plaisance
    Comme celluy (qui) ataint de desplaisance...

M. (fol. 27). [*Rondeau.*]
    D'aultre que vous je ne veulx l'acoinctance
    En vous j'ay mys du tout mon esperance...

N. (fol. 27 v°). [*Rondeau.*]
    Le cueur de moy, par voz yeulx descouvert,
    S'il n'est par vous humblement recouvert...

O. (fol. 28). [*Rondeau.*]
    Allez, mon cœur, et dictez ma pencee
    A ma mignonne qui ores est dispencee...

P. (fol. 28 v°). [*Rondeau.*]
    Mieulx que jamais vostre de corps et d'ame
    Je me tiendray, ma plus que chere dame...

4. (fol. 29). Additions postérieures, en écriture cursive.

BELLES-LETTRES.

 a. [*Rondeau.*]
   D'ung austre aimer mon cueur s'abesseroit;
   Il ne faut pas panser que je l'estrange...
 b. [*Rondeau.*]
   Attendre et mal,
   Je le sçay bien...
 c. (fol. 29 *v°*). Essai de rondeau écrit deux fois.
   Tu le sçays bien...
   Si femme serviteur a...
 d. Fragment de compte, accompagné de la signature Jo. AYMEY.

Ce manuscrit porte l'ex-libris de M. G[RATTET] DU PLESSIS. Il a plus tard appartenu au libraire A. CLAUDIN, qui y a joint une note autographe; enfin il a figuré, en 1901, à la vente CH. LORMIER (Cat. n° 313).

2820 (475*a*) LE LAICT DE DEVOTION. JHS. Ce livre est appellé le Laict de devotion, contenant plusieurs matieres doulces et delicieuses; fait et composé par frere Françoys Le Roy a la requeste des devotes sanctimoniales du monastere de la Magdalene lez Aurelians; en quel y a plusieurs devotz traitiez utiles et proffitables. Ms. in-fol. sur papier de 161 ff. (haut. 292; larg. 198 mm., sauf les ff. 88-116, qui mesurent 216 sur 140 mm.), v. f., dent. à froid, fil. dor. (*Rel. anglaise exécutée vers 1835.*)

 Voici la description de ce volume et la table des pièces qu'il contient :
 Fol. 1. Blanc. Une note écrite au crayon porte : *Bought at Rouen in 1831. W.*
 Fol. 2. Titre et table. La table énumère onze pièces. On lit au-dessous : *Toutes lesquelles choses sont imprimees a Paris.* Nous avons donc ici un manuscrit destiné à l'impression. On lit au-dessous de la table cette note : *Monasterii S. Florentii Salmuriensis congreg. 3. Martii 1715.*
 Fol. 2. *Le Colloquium de la conversion de la benoiste Magdalene avec sa seur Marthe.*

   MARTHE *parle.*
   Ma chere seur Magdalene
   Quel estoit pour lors vostre cueur ?

On lit à la fin (fol. 33 *v°*) :
   Mil cinq cens quinze, en janvier, ce fut fait;
   Vous pardon(ne)rez ce qui est imparfaict,
   Car n'y a nul que Dieu qui soit parfaict,
   Lequel meet tout ce qu'il veult en effect.
   ....
   1515.

 Fol. 34. *Oraison a la benoiste et glorieuse Magdalene, faicte et composee par frere François Le Roy* :
   O benoiste Magdalene,
   Toute pleine...

 Fol. 39. *Le Cueur devot de S. Mechtilde, religieuse vierge de Germanie; composé par frere Françoys Le Roy, confesseur de la Magdelaine d'Orleans* :
   O Mechtilde glorieuse,
   O vierge la treseureuse...

 Fol. 57. JHS. *Contemplation sur ces parolles* : Tuam ipsius animam gladius pertransivit.
   L'AME DEVOTE.
   Las ! helas ! qu'est ce que je voy ?
   Ung piteux cas, comme je croy...

Fol. 61. *Le petit Testament d'un pouvre pelerin, composé par frere Françoys.*

Jhesus.
S'ensuit le petit Testament
D'un pecheur et pouvre frere,
Lequel se donne entierement
Au doulx Jhesus debonnaire.
O doulx sauveur,
O vray seigneur...

Fol. 69. *Contemplation sur la vierge Marie estant devant la croix.*

Sur Marie, o, je regarde,
Tant de larmes en sa face...

Fol. 76. *Le petit Bethleem. Contemplation sur la nativité de Jhesus.*

LA RELIGIEUSE *parle.*
(Le ms. portait d'abord : SEUR LOUYSE *parle.*)

Mon doulx Jhesus, j'ay ouy dire
Que vous parlez en silence...

Le nom de « seur Louyse » a été effacé en tête de tous les couplets mis dans la bouche de la religieuse.

Fol. 81. *Pour sept religieuses professes en ung mesme jour au couvent de la Magdalene lez Aurelians, pour le sermon desquelles fut prins ce thesme :* Apprehendent septem mulieres virum unum.

Sept femmes fortes *in gyrum*
A l'environ,
Ainsy que dit Esaye,
Apprehendent virum unum...

Fol. 83. *Le doulx Jhesus console les malades.*

Quant tresgrefve maladie
Vous ennuye...

Fol. 88. *Oraison tresdevote du grant et singulier mygnon de la vierge Marie, monsieur sainct Bernard, pour seur Loyse Boucher :*

Bona nardus,
C'est *Bernardus*
Tant gracieux...

Fol. 86. *Oraison du devot chapellain de la vierge Marie, monsieur saint Bernald.*

O sainct Bernard tresglorieulx,
Mirouer de religion...

Fol. 87. *Oraison de sainct Françoys.*

O sainct Françoys seraphique,
Tout celique...

Fol. 88. *Pour venerable seur Anthoinete Cendre, prieure de la Magdalene d'Orleans, par frere Françoys Le Roy. Fait en l'an mil cinq cens, a la fin de mars* [1501, n. s.] :

Epitre en prose, qui commence ainsi :

« Jhesus, pour humble salutation precedente. Nostre mere, pour ce que m'avez requis, quant l'oportunité s'offreroit, veoir par escript le trespas de ma tresamee et treschere mere, seur Jehanne La Rayne, que Dieu absolle... »

Fol. 93. *S'ensuivent auchuns petis Dialogues envoyez a ma mere durant sa maladie pour la consoler.*

Dialogue comme la malade parle a Tribulation.

LA MALADE *parle.*

O dame Tribulation,
Vostre main me semble dure...

Fol. 94 v°. *Dialogue comme Jhesucrist console les malades en leur tribulation.*

JHESUCRIST *parle.*

Vous qui estes en maladie,
En fieuvre et affliction...

Fol. 95 v°. *Dialogue comme sainct Paoul console la malade.*

SAINCT PAOUL *parle*
Prenez, prenez bon courage,
Souffrez votre maladie...

Fol. 96 v°. *Dialogue comme Job console la malade.*

JOB *parle*
Je sçay par experience
Le fruit de tribulacion...

Fol. 98. *Exhortation a patience.*

Portons, portons
Patiemment
Ce que souffrons...

Fol. 99. *Meditation de la Cité supernelle, sur ce verset :* Gloriosa dicta sunt de te, etc. :

Gloriosa dicta sunt de te, Civitas Dei. O cité de Dieu supernelle, choses glorieuses sont dictes de toy. O Jherusalem celeste ! O mansion eternelle !...

Fol. 102. *Le Dialogue du voyage de Bethleem, fait et composé par frere Françoys Le Roy a la requeste de deux anciennes religieuses de la Magdalene icy denommees.*

SEUR SAINCTE.
Nouvelles, ma seur, nouvelles ?
S. PERRETTE ROGRÉ.
Sont il bonnes ? Sont il belles ?
SAINCTE.
Jamais n'en fut de pareilles.

On lit à la fin (fol. 115 v°) : *Ce fut fait l'an mil cinq cens et dix, le xxj^e de janvier* [1511, n. s.].

Fol. 116, blanc.

Fol. 117. Jhesus. Maria. Franciscus. *Les Proverbes des langues, excerpez et cueillis par frere Françoys Le Roy, confesseur du couvent de la Magdalene d'Aurelians, des fleurs et sentences de la S. Escripture, docteurs et philosophes.*

a
Je congnoys bien que je mourray
Et n'amende point ma vie ;
Je ne sçay pas la ou je iray...

Suite de 136 triolets dans lesquels il n'est guère parlé que des bonnes et des mauvaises langues. Les passages latins allégués sont cités en marge.

Fol. 140, blanc.

Fol. 141. *Le Secret devot, Cantiques, Sermons et Migravit de la venerable seur Agnès de Theligny, en son vivant prieure du couvent de la Magdalene lez Aurelians.*

Fol. 142. *Amantissimo patri Paulo Louan, sanctimonialium reformatarum prope Trecas, ordinis Fontisebraldi, confessori, frater Franciscus Regius, Ebroicensis. In vinea Domini ad mortem usque desudare, tandem vero paratissimum et confestissimum perpetis* [sic] *glorie fructum demetere.*
Lettre latine, datée à la fin (fol. 143 v°) du 3 novembre 1515.

Fol. 143 v°. *Venerando patri Francisco Regio frater* PAULUS LOUAN.
Lettre latine, datée « ex Fociaco, divi Pauli conversionis die ».

Fol. 145. *Venerabili patri confessori de Fociaco, fratri Paulo Lupillo humilis frater* AUGUSTINUS SENXII.
Lettre latine, datée « ex cenobio dive Magdalenes juxta Aurelianos, nonis novembris ».

Fol. 145 v°. *Responsio epistolaris patris confessoris conventus de Fociaco juxta litteras ad prefatum Augustinum.*
Lettre latine, datée « ex Fociaco, die Conversionis sancti Pauli ».

Fol. 146. *Ad sacratissimas virgines in conventu dive Marie Magdalenes*

Christo Jhesu pie religioseque dicatas, fratris ROBERTI FROGNET, *ejusdem conventus cenobite immeriti, in laudem defuncte matris priorisse sororis Agnetis de Theligni funebris Oratio.*

Résumé latin d'une oraison funèbre. A la fin on trouve la date du 3 des ides de juin 1516 et trois distiques « Ad lectores ».

Fol. 148, blanc.

Fol. 149. *Le Migravit de nostre venerable mere, seur Agnès de Tilligny, decedee l'an mil ccccc.xv. le iije d'aoust, l'Invention sainct Estienne.*

Oraison funèbre française, dont l'auteur doit être François Le Roy.

Fol. 156. Jhesus largitor spiritus. *Le Secret de l'Ame, fait et composé par seur* AGNES DE THILIGNY, *en son vivant prieure de la Magdalene lez Aureleans :*

« O mon tresdoulx et tresamoureulx saulveur, quant vivement et profondément contemple et considere.... »

Ce ms. paraît être l'autographe même de frère François Le Roy ; de nombreux passages sont corrigés par lui. Nous ne connaissons aucune édition des pièces qui y sont contenues, et il est probable que le volume n'aura jamais été remis à l'imprimeur. Les seuls ouvrages de Le Roy dont nous pouvons citer des éditions sont : *Dialogue de consolation entre l'Ame et la Raison*, 1499 (Brunet, II, col. 669 ; III, col. 1132) ; *Le Livre de la femme forte*, 1501 (*ibid.* III, col. 1120) ; *Devotes Oraisons et Contemplations*, ou *Meditations et Oraisons devotes en ryme* (voy. notre t. I, n° 475), *Le Dialogue de confidence en Dieu* (Brunet, III, col. 1121), *Le Miroüer de penitence*, 1507 (*ibid.*). Presque toutes les poésies de frere François offrent un singulier mélange de vers de 7 et de 8 syllabes. On y trouve des formes de strophes qui lui sont tout à fait particulières.

François Le Roy était un bibliophile, comme nous l'apprend l'épître dédicatoire qui lui est adressée par Nicolas Béraud en tête des œuvres de Guillaume d'Auvergne (Paris, Franç. Regnauld, 1816, in-fol.).

Le volume porte l'ex-libris du révérend WALTER SNEYD (Cat. 1903, n° 432).

2821 (477 c) LA || COMPLAINTE ET EPITAPHE du feu Roy || Charles dernier trespasse Cōposee || par Messire Octouian de saint ge || lais. euesque Dangoulesme. — ❡ *Cy finist la complainte et epitaphe* || *de Charles Roy tresxp̄ien et magnani-* || *me. Composee par Messire octouian de* || *saint gellais euesque Dangoulesme.* S. d. [v. 1500], in-4 goth. de 6 ff., impr. à 2 col., en petites lettres de forme, sign. *a*, mar. r. jans., tr. dor. (*Chambolle-Duru.*)

Le titre est orné du grand L grotesque de *Pierre Le Caron* imprimeur à *Paris* (cf. Claudin, *Histoire de l'imprimerie en France*, II, p. 75). Nous le reproduisons ci-contre.

Au v° du titre est un bois qui représente un orateur lisant un discours devant le roi et ses conseillers :

Nous donnons d'autre part un specimen des caractères employés dans le corps du volume.

Le v° du dernier f. est blanc.

Nous avons déjà mentionné le poème d'Octavien de Saint-Gelais dans un manuscrit qui fait partie de notre premier supplément (t. III, n° 2582, art. 7) et dans une édition du *Vergier d'honneur* (t. I, n° 479).

De la bibliothèque du COMTE DE LIGNEROLLES. (Cat., 1894, n° 1174).

complainte et epitaphe du feu Roy
Charles dernier trespasse Côpolee
par Messire Octouian de saint ge
lais. euesque Dangoulesme.

Lacteur.

En là q̃ mars eut ploye ſes banieres
Et deſploye ſes crueutes manieres
Puis et enclos/au temple pacifique
Que iupiter/par diſpos prophetique
Au criſtalin/et radieux ſeiour
Auoit promis/vng pardurable iour
Dheureur repoz/a dame cytharee
Que fait braſſoit/mixtion nectaree
Pour abreuer/de ſes doulces licqueurs
Le grãt magnat/et les gaulles bainq̃urs
Vraiz poceſſeurs/de louenge crauliſee
Que ia auoient/leur proueſſe auancee
Oultre la terre/et en loingtaine mer

2822 (479 a). La lovenge des || roys de france ∫ — ☾ *Cy fine la louenge des roys de france Impri* || *mee a paris de par eustace de b∙ ie demourāt au sa* || *bot derriere la magdaleine. Et lui a dōne la court* || *de parlement ⁊ procureur du roy vng an de temps* || *a vendre lesditz liures. Et ont este faictes deffen-* || *ces et inhibicions a tous librayres et imprimeurs* || *et a tous autres de non imprimer ledit liure ius-* || *ques a vng an prochain venant* / *du commencemēt* || *du .xvii. iour de Iuing mil cinq cens et sept et fi-* || *nissant audit iour mil cinq cens et huyt.* Gr. in-8 goth. de 72 ff. non chiffr. de 29 lignes à la page pleine, sign. *a-i*, mar. r., dos fleurdelisé, tr. dor. (*Trautz-Bauzonnet.*)

Voir ci-après la reproduction du titre et du bois qui est placé au v°.

L'ouvrage, qui est écrit en prose et en vers, commence au f. *aij*, au-dessous d'un bois qui représente l'auteur écrivant sur un pupitre chargé de livres. Nous en donnons les premières lignes :

« L'Acteur.

» Ainsi que, de naturelle inclination, après les Grecz ceulx de Romme en la langue latine ont eu bruyt et nom en belle eloquence, et decoré leur terre ytalique par excellentes oratures et fleurs de rethorique, après ce que Louys de bonne memoire, roy de France, unziesme de ce nom, que Dieu absoulle, eut envoyé vers le pape Pie et les seigneurs de l'eglise rommaine sa legation pour cause des querimonies et grandes complainctes qu'ilz (v°) faisoient touchant la pragmatique sanction, laquelle iceulx Rommains nommoient et descrivoient monstre horrible, perilleux et damnable....

L'histoire de la pragmatique sanction et l'exposé des querelles engagées à ce sujet entre le roi de France et la cour de Rome forme en effet le fond de l'ouvrage, lequel rentre dans la série des pamphlets publiés sous le règne de Louis XII pour soutenir la politique royale. L'auteur ne s'est nommé nulle part ; mais cet auteur est probablement André de La Vigne, qui a composé les diverses pièces placées à la fin du volume. C'est à André de La Vigne que l'on a cru pouvoir attribuer une moralité qui se rapporte aux mêmes démêlés et, qui appartient à l'année 1508 (voy. Em. Picot, *Recueil général des sotties*, II, p. 5).

Les vers tiennent ici beaucoup plus de place que la prose. Voici le début du premier morceau (fol. *a iij*) :

Pie second en la cité rommaine
Fist aux François une response humaine...

Plusieurs morceaux qui sont des digressions étrangères à l'ouvrage se retrouvent peut-être ailleurs, en particulier les dits d'Alexandre, de Pompée et de Charlemagne (fol. *b viij*) :

Ceulx qui les hystoires antiques
Ont fait, mettent en leurs croniques
[Ces] troys princes par excellence
Surnommez grans, car magnifiques...

Le Dit de Alexandre le Grant

Alexandre suis de Macedone nommé,
Roy triumphant, « par tout le monde [re]nommé...

Il y a dans ce morceau tant de vers faux qu'on ne sait si la première strophe est écrite en vers de 12 ou de 10 syllabes

La Louenge se termine (fol. *i ij*) par une prosopopée de Charles VIII, dont voici les dernières lignes :

« Mais après ton decès, ton vray successeur, Loys, douziesme de ce nom, a bien prins la vengence de ce qu'ilz te voulurent faire, tellement que en sa propre prison a logé celluy qui t'avoit fait telle oppression a ton retour [Lodovico Sforsa, fait prisonnier en avril 1500], et par sa proesse a bien mis en son obeissance Milan et Gennes superbe et toutes les Ytalles jusques a present, comme cy après appert par *La Patenostres des Genevois* et (de) *L'Atollite portas*, composez par maistre Andry de La Vigne, secretaire de la royne ».

a louenge des roys de france

BELLES-LETTRES.

On trouve à la suite :

1° (Fol. *i ij*). *La Patenostre des Genevois adressant leur complaincte a Dieu* :

> Pater noster, qui es hault in celis,
> Puis que pour nous si grant tristesse eslis,
> Tu es François, ores le congnoissons...

2° (Fol. *i iiij v°*). *Ensuyt* Atollite portas *et* Quis est iste rex glorie *en ballades, fais sur la prinse et conqueste de Gennes ; avec certains rondeaulx composez par ledit maistre André de La Vigne, secretaire de la royne* :

(Fol. *i v*)   *Ballade des François.*
> Gens obstinez, temeraires, haultains,
> Sur tous vivans de fol cuyder attains...

Ref. Cité superbe, *atollite portas.*

Ballade des Genevois.
> Qui est ce roy de gloire si exquise,
> Lequel a tant de hardiesse acquise...

Ref. Tu *quis est iste rex glorie ?*

Les strophes des deux ballades alternent.

3° (fol. *i vj v°*). *S'ensuyvent les Rondeaux.*

a (fol. *i vij*).	Vous estes prins, orgueilleux cueurs de Gennes...
b	Gennes a heü du noble roy Louys...
c (fol. *i vij v°*).	Qu'en dictes vous, hau, nation lombarde...
d	Il m'est advis que je me voys...
e (fol. *i viij*).	Nudz et deschaulx, criant misericorde...

Voici la reproduction de la souscription :

> ¶ Cy fine la louenge des roys de france Imprimee a paris de par eustace de brie demourāt au sabot derriere sa magdaleine. Et luy a donè la court de parlement et procureur du roy Bng an de temps a vendre sesditz liures. Et ont este faictes deffences et inhibicions a tous librayres et imprimeurs et a tous autres de noy imprimer ledit liure iusques a Bng an prochain venant/du commencemēt du p̄ viii. iour de Juing mil cinq cens et sept et finissant audit iour mil cinq cens et huyt.

Exemplaire de CHARLES NODIER. (Cat., 1844, n° 317) et du COMTE DE LIGNEROLLES, qui a fait renouveler la reliure (Cat., 1894, n° 1178).

2823 (496 *a*) LENTREPRISE DE VENISE a= ‖ uec les villes cytez chasteaulx forte ‖ resses et places que vsurpēt lesditz veniciēs ‖ des roys princes et seigneurs crestiens. *S. l. n. d.* [*Paris, vers* 1509], in-8 goth. de 8 ff. non chiffr.

Poème de PIERRE GRINGORE dont nous avons fait connaître le sujet en en décrivant une édition lyonnaise (t. I, n° 496).

Sur le titre un bois qui représente un auteur agenouillé présentant son livre à un seigneur. Cette figure est une copie de celle qu'a employée *Pierre Le Dru* dans les deux pièces décrites sous les n°ˢ 2824 et 2825 ; une comparaison attentive permet de remarquer des différences dans les tailles. Les caractères sont ceux de *Jehan Trepperel* et de ses successeurs, avec le T majuscule signalé par M. Harrisse dans ses *Excerpta Colombiniana*.

— Au v° du titre est un autre bois : une armée entrant dans une ville.

Le poème se termine au v° du 7ᵉ f. par l'acrostiche de Gringore (incomplet du 4ᵉ vers), suivi de la devise : *De bien en mieux*, qui a été généralement employée par le poète Maximien.

Le dernier f. est occupé au r° et au v° par deux bois, l'un représentant des hommes d'armes près d'un camp, l'autre un prince haranguant des troupes.

Cette pièce est la 8ᵉ du recueil décrit sous le n° 2758.

2824 (496 c) LVNION DES PRINCES. *S.l.n.d.* [*Paris, vers* 1509], in-8 goth. de 8 ff. non chiffr., dont les pages les plus pleines ont 23 lignes, sans sign.

Poème de GRINGORE écrit à l'occasion de la Ligue de Cambrai ; aucun bibliographe n'en fait mention, et nous n'en connaissions jusqu'ici qu'un exemplaire conservé à Fribourg en Suisse.

Le titre, dont nous donnons la reproduction à la page suivante, est orné d'un bois qui représente l'acteur offrant son livre à un prince. Ce bois qui se trouve déjà dans l'édition ci-dessus décrite de *La Coqueluche*, appartient, ainsi que les caractères, au matériel de *Pierre Le Dru*.

L'union des princes

On lit au v° du titre : « Il est permis par justice a PIERRE GRINGORE, acteur de ce present livre, de le vendre ou distribuer et que nul ne le puisse vendre jusques au jour sainct Jehan Baptiste, prochainement venant, sur peine d'amende, etc. »

Le poème, qui compte près de 300 vers, débute ainsi :

> Cueurs endormis, laches, lents et debilles,
> Qui vous tenez en champs, bourgs, citez, villes....

il se termine au 8ᵉ f. r° par l'acrostiche de Gringore :

> Gardez vous bien que laches ne soyez,
> Regraciez celluy qui vous a faictz,
> Joyeusement estandars desployez,
> N'ayez doubte que avec vous Dieu ne ayez ;
> Gloire donne a ceulx qui sont parfaictz.
> Ostez l'erreur que les payens infectz
> Remidrent sus par Macomet herite.
> En bien faisant son devoir, Dieu gens quicte.

Cette pièce fait partie du recueil décrit sous le n° 2758, art. 7.

2825 (496 *b*) LA COQVELVCHE — [A la fin :] *Leq̃el traicte a este imprime par maistre Pier-* || *re le Dru pour icelui Gringore le .xiiii. iour* || *Daoust Mil cinq cens et dix* [1510]. In-8 goth. de 7 ff. non chiffr., dont les pages les plus pleines ont 22 lignes, et 1 f. blanc (?), sign. *A*.

Le titre est orné de la marque particulière à GRINGORE, qui représente *Mère Sotte* et ses deux suppots :

Au v° du titre un autre bois représente un auteur agenouillé, qui offre son livre à un personnage assis dans une chaire. C'est le bois reproduit ci-dessus, art. 2824.

Le poème commence ainsi au 2ᵉ f. :

La Coqeluche, composee par Pierre Gringore, dit Mere sotte.

Je suis venue a Paris tout en haste
Pour assaillir fors, febles, grans, petis...

Il compte 30 strophes de huit vers, dont la dernière donne en acrostiche le nom de GRINGORE.

On lit à la fin : « Il est dit par l'ordonnance de justice que nul ne pourra imprimer ce present traicté ne vendre jusques a ung mois du date d'iceluy livre, fors ceulx a qui PIERRE GRINGORE, acteur et compositeur dudict traicté, les baillera et distribuera. Lequel traicté a esté imprimé, etc. »

Le dernier f. qui manque à l'exemplaire, paraît être blanc. Il manque aussi à l'exemplaire incomplet de la Bibliothèque nationale, le seul qui fût connu jusqu'à ce jour.

Œuvres de Gringore, publiées par Ch. d'Héricault et Anatole de Montaiglon, I, p. 185.

Cette pièce fait partie du recueil décrit sous le n° 2758, art. 5.

2826 (503 b). Sensvyt Lamov- || revx trāsy sans es || poir. Nouuelle- || ment Imprime a Paris. || vij. || 8. f. || ℭ On les

ℭ On les bēt a paris en la rue nenfue nostre dame A lenseigne de lescu de France.

vēt a paris en la rue neufue no- ‖ stre dame A lenseigne de lescu de France. — ❧ *Cy finissēt les faitz ‖ de Lamoureux transy ‖ sās espoir / Facteur de ce p̄sent liure mai ‖ stre Iehā bouchet procureur a poictiers ‖ Imprime nouuellement a Paris / par la ‖ veufue feu Iehan trepperel. Demourāt ‖ en la rue neufue nostre dame A lenseigne ‖ de lescu de France.* S. d. [v. 1510], in-4 goth. de 32 ff. de 40 lignes à la page, impr. à 2 col., sign. *A* par 4, *B* par 8, *C-G* par 4, mar. bl., dos et milieu ornés, tr. dor. (*Trautz-Bauzonnet.*)

L'Amoureux transy est le second ouvrage de JEHAN BOUCHET, qui pourtant n'en fait aucune mention dans la liste qu'il a donnée lui-même de ses productions (*Epistres morales et familieres*, 1545, t. II, fol. xlvij v°). La première édition, publiée par *Antoine Vérard*, avait paru vers 1503 ; mais le poète nous apprend lui-même dans ses *Genealogies, Effigies et Epitaphes des rois de France*, 1545 (fol. 143 v°) que Vérard l'avait dépouillé, et qu'il avait gagné devant le parlement de Paris un procès engagé contre les imprimeurs. Bouchet ignorait alors « la vraye observance de doulce et consonant rithme françoyse » ; il ne « synalymphoit » pas « les quadratures de la rithme de dix et vnze piedz, comme ont toujours faict Georges, Clopinel, Castel, Jehan Le Maire et aultres irreprehensibles orateurs belgiques, qui est necessairement requis », aussi a-t-il, sur la fin de sa carrière, refait son poème, qu'il a intitulé : *Le Remede d'aymer* (*Genealogies, Effigies et Epitaphes*, 1545, fol. 144).

L'Amoureux transy commence ainsi (fol. *A* ic) :

Ainsi que Orose [= *lis.* Aurora] laisse la roge couche
Du roy Titan et que la terre touche
De son regard doulx et luciferant...

On trouve à la fin (fol. G i^d) les *Epitaphes d'ung lieutenant en Poictou*, qui trespassa durant le procès de son office, l'an mil v cens et deux.

Le volume est orné de 8 figures, plus celle du titre, et porte au dernier f. la marque de *Trepperel.*

Exemplaire du BARON SEILLIÈRE (Cat., Londres, 1887, n° 168) et de SIR THOMAS BROOKE (Cat., 1909, n° 85).

2827 (511 *b*). ❧ LA DEPLORATION de la Royne de France. ‖ Composee par Maistre laurens des moulins. S. *l. n. d.* [*Paris*, 1514], in-8 goth. de 16 ff. non chiffr. de 30 lignes à la page pleine, sign. *a-b*.

Poème en l'honneur de la reine Anne de Bretagne, morte le 9 janvier 1514.

En voici la première strophe :

Soyent presens toutes gens de noblesse,
Hommes et femmes, remplis de gentillesse,
Vieulx et jeunes, sans qu'il y ait replicque ;
Vienne l'Eglise preparee en haultesse,
Vienne le Peuple, vienne, vienne en humblesse,
Pour deplorer la mort qui trop nous picque
[Et] exerce par son exploit inicque
Ces durs assaulx sur le climat de France.
Maintes gens sont par mort mis en souffrance

Cette édition diffère de celle que cite Brunet (*Manuel*, II, col. 638) et dont un exemplaire se trouvait dans la bibliothèque du comte de Lignerolles (n° 1186).

BELLES-LETTRES. 157

Elle est ornée sur le titre d'une figure qui représente la mort terrassant un homme ; cette figure, répétée au verso du premier feuillet, se voit déjà dans un livre d'heures en flamand imprimé par *Thielman Kerver* à la date du 12 février 1501, n. s. (Catal. de la librairie Barnard, à Manchester, nº 36, art. 124) :

Elle se termine par un extrait du privilège accordé à Laurent Des Moulins le 11 février 1514 (nouveau style) et valable jusqu'à la Saint-Jean-Baptiste (24 juin).

Les caractères, de petites lettres de forme très nettes, sont ceux de *Guichard Soquant*, à Paris. On peut les vérifier dans l'édition de *L'Art et Science de bien parler et soy taire* qui est décrite dans notre t. I (nº 525). M. Renouard dans ses *Imprimeurs parisiens*, (1898, p. 345) ne fait pas remonter l'exercice de *Guichard Soquant* plus haut que 1518 ; mais il est permis de penser qu'il imprimait avant cette date.

Cette pièce fait partie du recueil décrit sous le nº 2758, art. 15.

2828 (511 *c*). LE PENSER de royal || memoire. Auquel penser sont côtenuz les epistres en- || uoyez p le royal pphete Dauid au magnanime prin || ce / celeste champion / ℰ trescrestien roy de france Fran || coys premier de ce nom auecq aucuns mandemens / ℰ || aultres choses conuenables a lexortation du soulieue- || ment ℰ entretiennemēt de la saincte foy catholicque. || *Nouuellemēt imprime a Paris pour Iehan de la gar* || *de ℰ Pierre le brodeur libraires tenās leurs bouticles* || *au Palaiz.* || Cum priuilegio. — [Au v° du dernier f. :] ❧ *Finissent les lettres ℰ epistres enuoyes au trescrestien* || *roy de France Francoys premier de ce nom auec le soulas* || *de noblesse : cōposez par Guillaume michel. Nouellemēt* || *imprime a Paris pour Iehan de la garde ℰ Pierre le bro-* || *deur libraires tenans leurs bouctiques au palaiz.* S. d. [1518], in-4 goth. de 4 ff. lim. et 76 ff. chiffr., mar. r. jans., tr. dor. (*Chambolle-Duru*.)

Le v° du titre est occupé par les armes de France et par un extrait du privilège accordé pour deux ans, par Allègre, prevôt de Paris, au libraire *Jehan de La Garde*, le 2 juillet 1518.

La *Table* occupe le r° du f. *A ij*. Le v° de ce même f. est orné d'un grand bois : un clerc, assis dans une chaire gothique, considère une table qu'un ange lui présente (la table, destinée à recevoir une inscription, est restée vide).

Au f. *A iij* est le *Prologue de l'acteur* (en prose).

Le f. *A iv*, blanc au r°, est rempli au v° par un bois de David et Urie.

Le recueil contient 12 pièces, savoir :

1° (fol. 1). *L'Epistre du roy David, aveecques sa harpe, ses cinq pierres et sa fronde...*

  Com ainsy soit, o roy treschrestien,
  Que la valeur de ton bien terrien...

2° (fol. 21). *Petite Comtemplation donnant a entendre comment l'ennemy de Nature, le dyable, s'efforce de plus fort en plus fort a tenir les infidelles, Turcz et Payens, en leur obstination...*

  Dyables d'enfer, meschante compaignie,
  Creation des anges forbanie...

La fin est en prose. Le mandement de Lucifer est daté du 27 mai 1518.

3° (fol. 26 v°). *Exortation aulx roys crestiens, seigneurs et commun peuple catholique :*

  Que songez vous ? Ou est vostre couraige,
  Gens engendrez de celeste semence ?..

Ballade dont le refrain est :

  Bon crestien est en Jhesus planté.

4° (fol. 28). *Les Elegies, Threnes et Lamentacions de l'Eglise contre les gens ecclesiastiques dissoluz et aultres :*

  Pere des cieulx, souverain plasmateur,
  Gubernateur, de tous conservateur...

La fin de la pièce est en prose.

5° (fol. 36 v°). *Comment, après que les filles de Sion ou de Jherusalem sceurent que le roy David avoit envoyé sa harpe, ses cinq pierres et sa fronde de boys au trescrestien roy de France, Françoys, premier de ce nom, proposerent luy envoyer ung cheval d'armes, cellé, bridé et bien bardé, pour aller contre les Turcs et infidelles...*

> Puis que tu es tel que raison extime,
> Roy trespuissant et generosissime...

Le poëme est suivi d'un *Mandement du Saint Esprit* (en prose), daté du 27 juin.

6° (fol. 52). *L'Epistre de Jehanne la Pucelle transmise des Champs Elisees au trescrestien roy de France, Françoys, premier de ce nom, avecques les esperons dorez :*

> Salut te faict et salut sy t'envoye
> Celle qui ha aultresfoys mis en voye...

7° (fol. 57 v°). *Prophetie adressant au roy :*

> Entendz a moy, entendz et te reveille,
> Roy crestien, de gloire non pareille...
> (4 strophes de 10 vers.)

8° (fol. 58). *Les Dictz des princes crestiens, correspondant a leurs intencions :*

JHESUCRIST.

> Vrays crestiens, qui mon nom soutenez,
> Mettez mes pleurs en voz cueurs et tenez...
> (6 quatrains.)

9° (fol. 58 v°). *Invective contre les Turcz.*

> O meschant Turcq, a la Loy cedieulx,
> Ores fust temps que lessasses tes dieux...

9° (fol. 60 v°). *L'Epistre de Polynia, l'une des neuf muses ou dame Memoire, consolatif a nostre sainct pere le pape Leon moderne :*

> J'ay bien congneu, de cela point je n'erre,
> Pere tressainct et Dieu nommé en terre...

10° (fol. 64). *Advertissement au Turc par equivocques :*

> O mauldict Turc, par erreur insensé,
> Que pense tu ? Que mectz tu en courage ?...

11° (fol. 65). *Le Soulas de Noblesse sus le couronnement de la royne de France Claude :*

> Or maintenant voy je ta teste coincte,
> Dame de pris, dame tant estant saincte...

12° *L'Espitre d'Espora ou Esperance, desse du temps futur, a dame France transmise, sus la consolation d'icelle touchant la mort de tresillustre dame duchesse de Bretaigne, jadis et en son vivant royne de France* (en prose).

Comme on le voit, les compositions de Guillaume Michel ont presque toutes pour but de pousser à la guerre contre les Turcs. Elles sont inspirées par la bulle de Léon X du 1er juin 1516. Voy. notre n° 2727.

D. — Poésies anonymes du XVe siècle et de la première moitié du XVIe.

2829 (521 b). LABVZE en court. — ❡ *Fin du dyalogue de labuze en court.* S. l. n. d. [v. 1510], in-4 goth. de 34 ff. non chiffr. de 39 lignes à la page, signat. *A-G* par 4, *H* par 6, mar. br., fil. à froid, entrelacs et comp. dor., dos orné, tr. dor. ([*Hagué.*])

Le titre est décoré d'une figure, au-dessous de laquelle est placé le chiffre *vii*, et de deux fragments de bordure :

BELLES-LETTRES.

M. Paul Lacombe nous fait observer que la figure qui vient d'être reproduite, a fait partie du matériel de *Denis Meslier à Paris*. Cet imprimeur l'a employée au fol. *b iiij* v° de son édition de *Paris et Vienne* (Musée Condé, à Chantilly, n° 1407 du Cat. de Delisle) ; il s'en est également servi dans une édition des *Rues de Paris,* qui porte la marque du Pilier vert. La planche était alors intacte. Quant aux caractères, ils ne ressemblent pas à ceux de Meslier.

Au v° du titre est un bois qui représente une dame conduite en prison par un geôlier, sur l'ordre que donne un personnage vêtu d'une longue robe fourrée d'hermine.

Le volume est orné de 9 autres figures (parmi lesquelles il y a des répétitions) et de grandes initiales. Parmi ces initiales on remarque (fol *H v* v°)

un O dans l'intérieur duquel est l'aigle impériale. Cette lettre se retrouve sur le titre d'*Ovide, de Arte amandi, translaté de latin en françoys,* imprimé sous la rubrique de *Genève,* vers 1510, sans nom de typographe (Musée Condé à Chantilly, n° 1384 du Catalogue publié par L. Delisle). On devrait donc croire le volume imprimé à Genève ; mais nous devons ajouter que nous avons rencontré aussi l'O majuscule à l'aigle impériale dans une impression parisienne, une édition du *Petit Jehan de Saintré,* d'Antoine de La Salle, publiée par Jehan [*II*] Trepperel vers 1520, fol. *a ij* et *A ij* (Musée Condé, n° 1061 du même Catalogue). M. Théophile Dufour pense que l'édition du *De Arte amandi* que nous avons citée reproduit simplement un manuscrit ou une édition antérieure, et qu'elle n'appartient pas aux presses genévoises.

Exemplaire d'A. FIRMIN-DIDOT (Cat. de 1878), n° 213 et de SIR THOMAS BROOKE (Cat., 1909, n° 317).

2829 (521 *e*). Lamāt ren ‖ du cordeli ‖ er en lobseruance ‖ damours. — ❡ *Finis. S. l. n. d.* [*Lyon, vers* 1530], in-8 goth. de 48 ff. non chiffr. de 22 lignes à la page pleine, sign. *a-f*, mar. r., fil., large dent., doublé de mar. bl., dent., tr. dor. (*Chambolle-Duru.*)

Le titre, imprimé en gros caractères, est orné d'un bois qui représente trois personnages debout sous des arcades : deux religieux et un gentilhomme qui revêt une robe de moine.

Le v° du titre est blanc.

Le poème se compose ici de 232 strophes de huit vers : il commence ainsi :

Au son d'un battoer clicquant.
D'une tresbele chamberiere...

Une édition de *L'Amant rendu cordelier* a été donnée en 1881, par Anatole de Montaiglon, pour la société des Anciens Textes français. Montaiglon a voulu sans preuves attribuer l'ouvrage à **Martial d'Auvergne**.

Le présent exemplaire provient de la bibliothèque de FERNAND COLOMB à Séville ; il portait autrefois une note manuscrite constatant que Fernand l'avait acheté un sol, à Montpellier, le 12 juillet 1535. Cette note a malheureusement été effacée.

De la bibliothèque du BARON J. PICHON (Catal. de mai 1897, n° 772).

Voy. Harrisse, *Excerpta Colombiniana*, 1887, p. 57, n° 5.

2830 (522 a) LAPPARITION || DE GANELLON, de || Anthoine de Leue, & De Sebastien de môte || Cuculo, Par deuant les trois Iuges des || basses regions, Eacus, Radaman- || thus, & Mynos du creux de || confusion. Sentence sur || le merite de leur mi- || serable vie pro- || noncee par || le iuge || Mynos. || *A Lyon,* || *Chez feu Iehan de Cambray.* || 1542, In-8 de 8 ff. non chiffr. de 27 lignes à la page pleine, sign. *A-B*, mar. r., dent., dos orné, doublé de mar. r. dent., tr. dor. (*Chambolle-Duru*.)

Cette pièce, précédée d'une introduction en prose et terminée par une

LAPPARITION
DE GANELLON, DE
Anthoine de Leue, & De Sebaſtien de mōte
Cuculo, Par deuant les trois Iuges des
baſſes regions, Eacus, Radaman-
thus, & Mynos du creux de
confuſion. Sentence ſur
le merite de leur mi-
ſerable vie pro-
noncee par
le iuge
Mynos .

A LYON,
Chez feu Iehan de Cambray.
1 5 4 2.

conclusion également en prose, est une violente invective contre Sebastien de Montecuccoli, que la voix populaire accusait d'avoir empoisonné le dauphin François. Antonio de Leyva et Montecuccoli sont mis sur le même rang que le traître Gannelon et voués comme lui aux peines infernales et à l'exécration des hommes.

Le poème, qui a la forme d'un dialogue, est écrit en strophes; il commence ainsi :

GANELLON.

Pour abbreger, il me desplait
Que vous vueillez contester plait,
Vous deux, et aller devant moy...

Exemplaire du BARON J. PICHON (Cat. de 1897, n° 884). Il provient d'un recueil décrit en 1884 dans le *Bulletin du Bibliophile*, p. 50.

2831 (525 a). ❡ LAVE MARIA ‖ des espaignolz. — *Finis. S. l. n. d.* [*vers* 1523], pet. in-8 goth. de 4 ff. non chiffr., sign. A, mar. r. jans., tr. dor. (*Chambolle-Duru.*)

Le titre est orné d'un bois :

Au v° du titre est un autre bois qui représente un roi assis sur son trône et à qui trois personnages apportent des présents.

Le poème commence ainsi (fol. *a ij*) :

Ave, tresoriere de grace;
Je te salue a jointes mains...

Montaiglon, *Recueil de Poésies françoises*, t. IX, 191-196.

De la bibliothèque du COMTE DE LIGNEROLLES (Cat., 1896, n° 1193).

2832 (532 a). LA COMPLAINTE DE || VENISE. S. l. n. d. [Paris, vers 1508], in-8 goth. de 4 ff. non chiffr. dont la page la plus pleine a 25 lignes, sans sign.

Ce poème composé avant que la Ligue de Cambrai fût formée, compte 17 huitains et 14 vers de l'*Acteur*. A la fin est la devise de l'auteur : *Tout par honneur.*

Voici les deux premiers vers :

> Dieu eternel, des astres gouuerneur
> Et possesseur de paix et union...

Sur le titre un bois représentant l'entrée d'une armée dans une ville fortifiée

La complainte de venise

(c'est la figure imprimée au r° du titre de *L'Entreprise de Venise*) ; au v° du dernier f. un autre bois représentant des soldats près du camp (ce bois est celui que nous retrouvons au r° du dernier f. de l'*Entreprise de Venise*, n° 2823).

La *Complainte* a été réimprimée dans le *Recueil de Poésies françoises*, de Montaiglon (t. V, p. 120), d'après une édition différente de celle-ci.

Les caractères sont ceux des *Trepperel.*

Cette pièce est la 9e du recueil décrit sous le n° 2758.

2833 (532 b). LA CŌPLAI- || TE DE VENISE. S. l. n. d. [Paris vers 1510], in-8 goth. de 4 ff. non chiffr. dont les pages les plus pleines ont 22 lignes.

Autre édition d'un poème dont il a été parlé sous le n° précédent.

Le titre porte 3 bois accolés, à gauche une maison, au milieu un personnage debout tenant une cédule, à droite un fragment de bordure. Au-dessus de ces bois les mots : *Haa riche cité, tu soufras* [sic] *cest esté*.

Les bois et les caractères sont ceux de *Guillaume Nyverd*, successeur de *Pierre Le Caron*. La pièce se termine par la devise *Tout par honneur*.

Cette pièce fait partie du recueil décrit sous le n° 2758, art. 11.

2834 (490 a). ☞ Croniqves Abregies. || depuis lan tresze iusques a lan vingt sept. Par || lant des guerres faictes entre pluseurs || prinches Crestiens. Et de pluseurs || aultres choses aduenuez du || rant le dit tamps. || ☞ Auec vng chant royal au los de Lempereur. || *Nouuellement imprimee* [sic] *et corrigiez.* — *Finis. S. l. n. d.* [*Anvers, vers* 1527], in-4 goth. de 4 ff., mar. v., fil., dos orné, tr. dor.

<small>Le titre porte la petite marque de *Guillaume Vorsterman*, imprimeur à Anvers :</small>

Cronicques Abzegies

de puis lan treze iusques a lan vingt sept. Par
lant des guerres faictes entre pluseurs
prinches Crestiens. Et de pluseurs
aultres choses aduenuez du
rant le dit tamps.

Auec vng chant royal au los de Lempereur.
Nouuellement imprimee et corrigitz

Les chroniques, qui comptent 46 strophes, commencent au v° même du titre, et sont imprimées sur 2 colonnes ; en voici le début :

> L'an mil .V. cens et treaze
> Les Anglois descendirent,
> Tournay prinrent a laisse
> Et Therouenne ardirent ;
> Ce faict, s'en retournirent
> En laissant leurs escus
> Et par tout se vantirent
> D'avoir Franchois vaincus

Cette histoire rimée n'est pas comme on pourrait le croire, un extrait de la *Chronique* de Nicaise Ladam. Voici, en effet, comment celui-ci commence le récit des mêmes évènements (nous coupons ses vers en hexasyllabes) :

> L'an mil chincq cens et treize,
> Le roy Henry sachant
> Se partist a son aise
> De son païls puissant ;
> Mainctz nobles de sa terre,
> Prolixes a nommer,
> Du conseil d'Angleterre,
> Amena oultre mer.
> (Ms. décrit dans notre t. I, n° 490, fol. 14.)

Les *Cronicques abregies* se terminent ainsi :

> Prions Dieu pour tous ceulx
> Aymans le bien publicque,
> Ad fin que au moyen de eulx
> Aions tamps pacifique
> Cy fine la replicque
> Du tamps rude et divers.
> Qui plus sçait, sy l'esplicque.
> En ensuyvant ces vers.

Immédiatement après vient, sans aucun blanc, le *Chant royal au los de l'empereur* :

> Salomon jeune obtint par bien orer
> Gloire et honneur, richesse et sapience..

Cette pièce n'a pas de refrain.

La reliure porte le chiffre d'A. AUDENET.

De la bibliothèque du COMTE DE LIGNEROLLES (Cat., 1894, n° 1185).

2834 (2587 a). LE DEBAT de lomme mondain || et du religieux. — *Cy fine le debat de lomme* || *mondain et du religieux* S. l. n. d. [*Paris, vers* 1500], in-4 goth. de 12 ff. non chiffr. de 28 lignes à la page, sign. *a-b* par 6, mar. r. jans., tr. dor. (*Trautz-Bauzonnet.*)

Le titre porte la marque de *Jehan Trepperel* :

Le debat de lomme mondain et du religieux

Le v° du titre est orné d'une figure sur bois.

Le *Debat*, dont nous avons cité déjà une édition, a été reproduit de nouveau parmi les pièces attribuées à frère GUILLAUME ALEXIS (éd. Piaget et Picot, III, pp. 125-162).

Exemplaire de YEMENIZ (Cat., 1867, n° 1674) et du COMTE DE LIGNEROLLES. (Cat., 1894, n° 1109).

2835 (501 *a*). LE DEBAT des dames || de Paris et de Rouen / sur lentree du Roy. || Cestassauoir les Rouënoyses q̄ sont mal || contentes que le Roy est venu veoir les da || mes de Paris. et la replicque que leur font || les Parisiennes. *S. l. n. d.* [*Paris*, *vers* 1508], in-8 goth. de 8 ff. non chiffr. dont les pages les plus pleines ont 24 lignes.

Ce *Debat*, signé de la devise de MAXIMIEN : *De bien en mieulx*, raconte la querelle qui s'éleva entre les Parisiennes et les Rouennaises à propos de l'entrée de Louis XII à Rouen en 1508. Il a été réimprimé par A. de Montaiglon et J. de Rothschild dans le *Recueil de Poésies françoises* (XII, pp. 37-52) d'après une édition sortie des presses de *Guillaume Nyverd*.

Voici le début du poème :

L'ACTEUR.

Deux jours après la Saint Martin d'iver,
Phebus luysant comme au printemps, dit *ver*...

Le titre de la présente édition porte un bois représentant un roi entrant dans une ville :

Le debat des dames
de Paris et de Rouen/sur lentree du Roy.
Cestassauoir les Rouēnoyses q̄ sont mal
contentes que le Roy est venu veoir ses da
mes de Paris. et sa replicque que leur font
les Parisiennes.

Au v° du titre est une figure qui représente un homme appuyant la main sur le pommeau de son épée et parlant à une dame.

Au v° du dernier f. un autre bois représentant deux chevaliers rompant des lances.

BELLES-LETTRES.

Ces gravures et ces caractères font partie du matériel des *Trepperel*.

Nous avons déjà cité de Maximien *L'Arrest du roy des Rommains* (t. I, n° 523) et deux huitains (t. I, n°ˢ 500, art. 1 et 543). Nous décrivons plus loin un autre poème du même auteur : *La Rescription des dames de Millan a celles de Paris* (n° 2854).

Cette pièce fait partie du recueil décrit sous le n° 2758, art. 13.

2836 (544 *a*). LE DEBAT du ‖ vin ⁊ de leaue. — ℂ *Cy fine le debat* ‖ *du vin ⁊ de leaue. S. l. n. d.* [*Paris, Alain Lotrian, vers* 1530], in-8 goth. de 8 ff. de 26 lignes à la page pleine, sign. *A*, mar. r. jans., tr. dor. (*Chambolle-Duru fils.*)

Le titre est orné d'un bois qui représente trois hommes à table. Une femme agenouillée lave les pieds à l'un d'eux :

Le debat du vin ⁊ de leaue

Le poème commence au v° du titre, qui contient 29 vers. Dans l'édition in-4 décrite sous le n° 544, le texte débute ainsi :

> Ung soir tout seulet me soupoye
> De ce tantinet que j'avoye...

Ici le premier vers est altéré :

> Ung soir tout seul me souppoye...

Le *Debat* se termine au f. *A vij*, r° et v°, par l'acrostiche de PIERRE JAPES. Au v° du f. *A vij*, au-dessous des 4 derniers vers et de la souscription, est une figure qui représente cinq personnages (celui du milieu paraît être le Christ).

Au rº du f. *A viij* est une figure qui représente Pathelin, couché dans son lit, sa femme et le drapier.

Le vº du même f. est occupé par deux petits bois : un homme et deux femmes.

2837 (544 *b*). La Deliberation ‖ des trois estatz de france sur ‖ lentreprinse des Angloys et ‖ suysses. *S. l. n. d.* [*Paris, vers* 1513], in-8 goth. de 8 ff. non chiffr. de 26 lignes à la page pleine, sign. *A*.

Le titre porte les armes de France :

Au vº du titre est un bois qui représente un roi auquel s'adressent divers personnages.

Le poème commence ainsi :

> L'an que Suisses, nation tresaustere
> C'est esforcee mectre Françoys au taire...

Il est signé au milieu et à la fin d'acrostiches de l'auteur : Pierre Vachot.

Cette pièce a été reproduite par Montaiglon (*Recueil de Poésies françoises*, III, pp. 247-260) d'après une édition imprimée par *Symon Troude*, à Paris, intitulée : *Deploration des trois Estats de France*. La présente édition sort des presses des *Trepperel*.

La Deliberation fait partie du recueil décrit sous le nº 2758, art. 16.

BELLES-LETTRES.

2838 (544 c). Deploratiō de || La mort de feu hault puissant ⟨ noble || Roy Francoys de valois premier || de ce nom. || Auec plusieurs Epitaphes a la || louenges [sic] dudict seigneurs [sic]. || *Imprime a Paris par Nicolas Buffet pres* || *le College de Reims.* Auec priuilege. S. d. [1547], in-8 goth. de 8 ff. non chiffr. de 24 lignes à la page pleine, sign. *A-B*, mar. r., dos fleurdelisé, tr. dor. (*Trautz-Bauzonnet.*)

Le titre est orné d'un bois qui représente un roi, peut-être François Ier :

Deploratiō de
La mort de feu hault puissant ⟨ noble
Roy Francoys de Valois premier
de ce nom.

Auec plusieurs Epitaphes a la
louenges dudict seigneurs.

Imprime a Paris par Nicolas Buffet pres
le College de Reims. Auec priuilege

La *Deploration* commence au v° même du titre ; en voici le début :

    Puys que Atropos, la fatalle deesse,
    A faict gesir dessoubz mortelle presse
    Celuy de qui decent toute noblesse...
                (158 vers.)

On trouve à la suite :

1° (fol. *B i*) *La Traduction des epitaphes de feu le roy Francoys de Valoys, premier de ce nom* :

    Las, qui suffisamment
    Deplourer justement...
                (19 strophes de 6 vers.)

174 SECOND SUPPLÉMENT.

Cette pièce se retrouve dans le *Libera du deffunct roy Françoys* (ci-après, n° 2845).

2° (fol. *Biiij*) *Aultre Epitaphe :*
Pleure avec moy par douleur, o ma muse ;
Tes larmes d'œil augmenter [ne] refuse...
(20 vers.)

Cette pièce se retrouve également dans le *Libera du deffunct roy Françoys.*

3° (fol. *B iiij v°*) *Aultre Epitaphe.*
Soubz ce tombeau du deffunct gist le corps
Duquel l'esprit est au ciel sans discors ..
(18 vers.)

Libera, fol. aa.

Cet exemplaire, qui porte l'ex-libris d'A. AUDENET (vente faite par Techener le 11 mars 1841, n° 1443), a fait partie des bibliothèques de COSTE (Catal., 1854, n° 1529) et du COMTE DE LIGNEROLLES (Cat., 1894, n° 1211).

2839 (552 *a*). LES DITZ DES SAIGES. *S. l. n. d.* [*Paris, vers 1510*] in-8 goth. de 8 ff. non chiffr.

Au titre un bois représentant trois rois priant l'enfant Jésus qui est debout dans une gloire :

Au v° du dernier f. un autre bois : Moïse frappant le rocher.

Les *Dictz des Sages* ou *Dictz de Caton* sont une des productions les plus répandues du moyen-age ; ils comptent 100 distiques, dont voici le premier :

> Les faitz et ditz des bons saiges notables
> Rumentevoir souvent sont proffitables...

Brunet, *Manuel* (II, col. 766), cite une édition de ce livret qui se confond peut-être avec celle-ci ; trois éditions différentes sont mentionnées dans les *Excerpta Colombiniana* de M. Henry Harrisse, n°s 72-74 ; un exemplaire de l'édition citée sous le n° 72 a été décrit sous le n° 6085 du *Bulletin mensuel de la librairie Morgand et Fatout*.

Cette pièce fait partie du recueil décrit sous le n° 2758, art. 4.

2840 (563 *a*). ❡ La Doctrine ‖ du pere au filz. — ❡ *Finis*. S. l. n. d. [*Paris, vers* 1525], pet. in-8 goth. de 4 ff. de 23 lignes à la page, sign. A.

Cette édition se collationne mot pour mot comme celle que nous avons décrite sous le n° 563 ; mais les caractères sont différents :

❡ **La Doctrine**
du pere au filz
Mon enfant se tu veulx bien viure
En ce monde honneftement
Retiens en ton entendement
Ce qui eft en ce petit liure.
❡ Mon enfant tout premierement
Tu doibz pour mieulx te chevir
Aymer tousiours dieu et seruir
Et garder son commandement.
❡ Mon enfant crop treffermement
Les douze articles de la foy
Que les apoftres de la loy
Firent pour noftre saufuement
❡ Mon enfant premier tu doibs croire
Sans doubte en dit et en faict
En dieu puiffant qui a tout faict
Et cree fe ciel et la terre.
❡ Mon enfant crop en iefuchrift
Qui eft ne de la vietge marie
Sans auoir dhomme compaignie
Et conceu du fainct efperit

176   SECOND SUPPLÉMENT.

2841 (563 b). Lepistre de ma dame La || Daulphine de france Fille du roy dan || gleterre. A la Royne nostre souueraine dame || Composee par le Seruiteur. — [A la fin :] ❡ *Cy finist lepistre de ma dame la || Daulphine fille du Roy dāgleterre || A la Royne nr̄e souueraine dame. || Composee par le Seruiteur.* S. l. n. d. [1518], in-4 goth. de 4 ff. non chiffr., mar. r. jans., tr. dor. (*Chambolle-Duru.*)

Le titre est orné des armes de François Ier et de la reine Claude de France :

BELLES-LETTRES.   177

Le texte est imprimé en lettres de forme de plusieurs corps, toutes très fatiguées. Le v° du titre contient 49 lignes sur une seule colonne. Voici la reproduction des premières lignes :

> A Uropal sceptre excelse tressublime
> Du paix/fureur par clemence reprime
> Au lps dhonneur ioinct a la chaste hermine
> Du par doulceur/transquillite domine
> Salut/plaisir et tout confort abunde
> Si sembleroit que bouissise par unde
> Nouuelle apoet lempire de Neptune
> Ou adiouster le lustre de la lune
> A la splendeur de Phebus lucifere
> Si par salut ou estat plus prospere
> Je presumope exalter ta noblesse
> Royne sacree excellente deesse
> Plustost ie dops humblement requeris
> Salut vers top:sans lequel tost perir
> Me conuiendroit. Car tu es la montioye

Les trois autres ff. sont imprimés sur deux colonnes. Des caractères plus fins sont employés à partir de la 9ᵉ ligne de la 1ʳᵉ colonne du 4ᵉ f.

M. L. Potier dit, dans une note du Catalogue des livres de J.-Ch. Brunet, que les caractères paraissent être ceux qui ont été employés par *Jehan Baudouyn*, à *Rennes*, en 1524, pour son édition du livre de Marbode (Brunet, *Manuel*, III, col. 1391).

L'initiale A appartient à la même série que l'initiale L qui figure sur le titre d'une édition des *Faintises du monde* imprimée à Rouen pour *Jehan Macé* demeurant à *Rennes*; pour *Michel Angier* demeurant à *Caen* et pour *Richard Macé* demeurant à *Rouen* (voy. l'album joint au Catal. Lignerolles, n° 867, et *Œuvres poétiques de Guillaume Alexis*, publiées par MM. Piaget et Picot, I, p. 69).

Le poème, qui compte 646 vers, se rapporte au projet de mariage arrêté en 1517 entre le dauphin François, âgé seulement de quelques mois, et Marie d'Angleterre, fille du roi Henri VIII, qui était née en 1515.

On ignore le nom du poète qui se dit en termes modestes : Le Serviteur. On doit au même personnage une relation de l'entrevue du camp du drap d'or : *L'Ordonnance et Ordre du tournoy, joustes et combat a pied et a cheval*, etc. (Cat. Lignerolles, n° 2625). Comme l'a fait remarquer M. Ernest Langlois (*Recueil des arts de seconde rhétorique*, p. 230), le ms. 783 de la Bibliothèque royale de La Haye contient, entre autres ouvrages, un poème intitulé *Le Serviteur*, dont le dernier vers est :

> Le serviteur, dit Brun, qui toujours chasse.

(*Œuvres de Georges Chastellain*, éd. Kervyn de Lettenhove, I, p. lxiv). Il se pourrait qu'il s'agît ici du même personnage, dont nous aurions ainsi le nom.

Voy. encore sur le Serviteur l'article 2783 ci-dessus.

Exemplaire de J.-Ch. Brunet (Cat., 1868, n° 277) et du Comte de Lignerolles (Cat., 1894, n° 1187).

2842 (563 c). Les epitaphes des || feuz rois Loys .xi. de ce nom ∉ de Charles sõ filz || viij. de ce nom que dieu absoille : ∉ la piteuse com- || plainte de dame crestiente sur la mort du feu roy ‖ Eharles [*sic*] auec la complainte des troys estatz. S. *l. n. d.* [1498], in-4 goth. de 6 ff. non chiffr. de 32 lignes à la page pleine, impr. en lettres de forme, sign. *a*, mar. r. jans., tr. dor. (*Trautz-Bauzonnet.*)

Le titre n'est orné d'aucun bois :

Les epitaphes des feuz roys Loys. xi. de ce nom & de Charles sõ filz viii. de ce nom que dieu absoille:& la piteuse complainte de dame crestiente sur la mort du feu roy Charles auec la complainte des trays estatz

Au v° du titre commence *L'Epitaphe du feu roy Loys, XI. de ce ncm* en dix quatrains.

Voici le début du poème, ainsi qu'un spécimen de caractères employés par l'imprimeur :

**Lepitaphe du feu roy loys. xi. de ce nom
Ie fus loys. xi. de ce nom roy de france
Moult me greua fortune tost apres mõ enfance
Mon pere le roy charles septiesme me chassa
Je fus hors du royaulme iusques il trepassa**

**En flandres & brebanc longuement fus tenu
Par le duc de bourgoigne philippes et soustenu
Puis fus en sa presence sacre & courõne
En grant pompe & triumphe a paris amene**

L'Epitaphe du feu roy Charles, VIII. de ce nom commence au milieu de f. a ij r°; elle est écrite en rimes plates et compte 78 vers :

Le hault seigneur qui en tous siècles regne,
Quant (il) luy a pleu faire faillir au regne...

Cette pièce est d'ANDRÉ DE LA VIGNE ; il en existe une édition séparée, sans nom d'auteur : *Lepitaphe Du* ‖ *Roy Charles huytiesme* ‖ *De ce nom. Auec lhonnourable reception de* ‖ *son corps faict ea Paris.* S. l. n. d., in-4 goth. de 6 ff. (Librairie Techener, octobre 1889). Elle a aussi été imprimée sous le titre de : *Complainte trespiteuse de dame* ‖ *Chrestiente sur la mort*

BELLES-LETTRES.

du feu roy || *Charles huitiesme de ce nom.* S. l. n. d., in-8 goth. de 8 ff. (Biblioth. du Musée Condé, à Chantilly ; Delisle, n° 519). Elle se retrouve à la Bibliothèque nationale, dans le ms. franç. 3939, fol. 1, et enfin dans *Le Vergier d'honneur* (éd. de Philippe Le Noir, décrite sous notre n° 479, fol. *L ij* v°).

Les Regrès et Plaintes de Dame Crestienté (fol. *a iij* v°) se composent de 12 strophes de 13 vers ; en voici le début :

> Ne dois je point griefvement me complaindre,
> Par pleurs, par plains et par lermes me plaindre ?...

La Complainte des trois estatz (fol. *a vj* r°) ne compte que trois huitains.

Et premierement de Noblesse :

> Contre toy, Mort doloureuse et despite,
> Angoisseuse, maleureuse et mauldicte ;
> Ceste complainte ay fondee et escripte...

Ces premiers vers et quelques autres sont empruntés à ALAIN CHARTIER (éd. de 1617, p. 532).

Le v° du dernier f. est blanc.

Montaiglon, *Recueil de Poésies françoises*, VIII, pp. 91-104.

De la bibliothèque du COMTE DE LIGNEROLLES (Cat., 1894, n° 1 69).

2843 (566 *a*). LA FAVLCETE trayson et les tours || De ceulx qui suiuent le train damours. — *Cy fine la faulcete damours. S. l. n. d. [Paris, v. 1500]*, in-4 goth. de 58 ff. non chiffr. de 36 lignes à la page pleine, impr. à 2 col., sign. *a-b* par 8, *c-g* par 6, *h* par 8, *i* par 4, mar. r. jans., tr. dor. (*Chambolle-Duru fils.*)

Le r° du 1ᵉʳ f. ne contient que les deux lignes de l'intitulé :

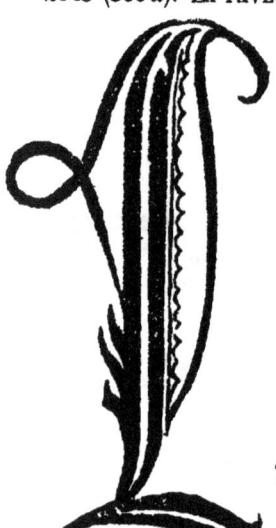

A faulcete trayson et les tours
De ceulx qui suiuent le train damours

Le poème est divisé en trente chapitres, précédés chacun (sauf le 8°, fol. *C iij* v°) d'un sommaire en huit vers, lequel est imprimé sur une seule colonne, en caractères un peu plus gros.

Voici le premier sommaire et les premiers vers du poème :

> Nobles seigneurs, bourgois, gentilz marchans,
> Qui desirez savoir le train d'amours,
> Lisez ce livre et entendez ces chans,
> Et pour certain vous congnoistrez ses tours
> Par la dame qui fut deceue d'amours,
> Comme savrez quant l'avrez recouru.
> Maintes en a, tant a Paris qu'a Tours,
> Qui de son dart ont eu le cueur feru.
>
> Dieu tout puissant, createur des humains,
> Envoie confort aux desolez mondains
> Qui en leurs cueurs ont joye desconfite,
> Dont martirs sont, sans en avoir merite...

Goujet (*Bibliothèque françoise*, t. X, pp. 149-152) a donné une analyse de l'ouvrage à laquelle il nous suffira de renvoyer. Nous reproduisons seulement les derniers vers :

L'ACTEUR.

> [O]r a celle qui le m'a fait escripre
> Dieu lui envoie en brief ce qu'el desire
> Et a tous ceulx qui priront Dieu pour elle ;
> De leur salut leur doint bonne nouuelle,
> Honneur, victoire dessus leurs ennemis
> Et en la fin les joyes de paradis.
>
> *Amen.*
> *Cy finist la Faulceté d'amours.*

Le v° du dernier f. est blanc.

Comme l'a montré Claudin (*Histoire de l'imprimerie en France*, t. II, p. 256), le volume sort des presses d'*Estienne Jehannot* vers 1500. Il est imprimé avec les mêmes caractères et précédé de la même initiale que *Le Debat du Laboureur du Prestre et du Gendarme*, de Robert Gaguin (voy. notre t. I, n° 470).

Un exemplaire tiré sur vélin, exemplaire malheureusement incomplet, est conservé à Carpentras dans le ms. 373.

2844 (566 *b*). LE FRANC AR- || CHIER de || Cherré, ||

> Vous Compagnons qui frequentez les armes ||
> Et qui de lance auez mains enferre ||
> Ie vous supply, voyez les grans faictz darmes ||
> Du tres-vaillant franc archier de Cherre. ||

A Angers. || *De l'Imprimerie d'Anthoine Hernault. S. d.* [*vers* 1580], in-16 de 12 ff. non chiffr. de 24 lignes à la page pleine, sign. *A-C* par 4, mar. citr., mil. orné à petits fers, tr. dor. (*Chambolle-Duru.*)

Au titre, une marque avec cette devise : *Un amy fiable tresor inestimable.* Le texte commence au v° du titre.

Ce joli monologue, qui est une imitation du *Franc-Archier de Baignollet*, a dû être écrit à Angers en 1524. Il était inconnu à tous les bibliographes quand MM. de Montaiglon et de Rothschild l'ont réimprimé dans le *Recueil de Poésies françoises*, t. XIII, pp. 18-44, d'après une édition de Tours, Jehan Rousset, 1554. L'auteur paraît avoir été JEHAN DANIEL, dit maistre MITHOU, l'auteur des *Noëlz*.

La pièce, qui compte 552 vers, commence ainsi :

> Sang bieu, qu'esse que j'ay oy ?
> Est ce un tabourin de Suysse ?...

L'édition angevine, que nous venons de décrire, atteste le succès prolongé du *Franc-Archier de Cherré*. L'imprimeur *Antoine Hernault* exerçait dans le dernier quart du XVI⁰ siècle. M. Célestin Port (*Dict. de Maine-et-Loire*, II, 856) nous apprend qu'il mourut en 1598.

LE FRANC AR-
CHIER DE
CHERRE.

Vous Compagnons qui frequentez les armes
Et qui de lance auez mains enferre
Ie vous supply, voyez les grans faictz darmes
Du tres-vaillant franc archier de Cherre.

A ANGERS.
De l'Imprimerie d'Anthoine Hernault.

Le présent exemplaire, qui porte la signature d'un propriétaire du XVI⁰ siècle, GOTTFRIED EICHORN, provient d'une vente faite par le libraire Rosenthal à Munich en 1895. On a conservé l'ex-libris de C. WALWITZ, COMTE DE NOSTITZ. Voy. ci-dessus, le n° 2763.

2845 (569 *a*). LE LIBERA du def || funct Roy Francoys. || Auec les laudes chantees par tous les || Estatz de France. || ❧ *Imprime a paris par Nicolas Buffet* || *pres le College de Reims*. In-8 goth. de 8 ff. non chiffr. de 25 lignes à la page pleine, sign. *A-B*, mar. r. jans., tr. dor. (*Trautz-Bauzonnet.*)

Le titre est orné du même bois que le titre de la *Deploration* décrite ci-dessus (n° 2838) :

Le libera du def
funct Roy Francoys.

Auec les laudes chantees par tous les
Estatz de France.

Imprime a paris par Nicolas Buffet
pres le College de Reims.

Le poème commence ainsi, au v° du titre :

> *Libera* le roy *de morte,*
> Vray Dieu, *et pena eterna,*
> Et, veu que piteux a esté,
> Donnez lui *loca superna*
> *Quando celi movendi sunt et terra.*

Le *Libera* est suivi de plusieurs autres pièces, savoir :
Fol. *A ij v°. Les Laudes.*

Antiphona.
> Louez, enfans, jeunes et vieulx,
> Le feu bon roy Francoys premier...

Cette pièce n'est qu'un arrangement d'un psaume de MARTIAL D'AUVERGNE *Mattines* fol. xij ; *Les Vigilles du roy Charles*; Paris, veufve Jehan Trepperel et Jehan Jehannot, in-4 goth., fol. 97a).

Martial d'Auvergne dit :

> Loués, enfans, jeunes et vieulx,
> Le feu bon roy Charles septiesme,
> Dit et nommé victorieux
> Pour conquester pays extreme...

Fol. *A iiij* v°. *L'Oraison :*
> O redempteur plain de bonté...

Aultre Oraison :
> Aussi de tous roys trespassez...

Ces deux oraisons sont de MARTIAL D'AUVERGNE, *Vigilles*, fol. 97c).

Fol. *B i. La Traduction des epitaphes de feu le roy Françoys de Valoys, premier de ce nom. Epitaphe premiere :*
> Las, qui suffisamment
> Deplourer justement...

Cette épitaphe et les deux suivantes se retrouvent dans la *Deploration* décrite ci-dessus, n° 2838.

Fol. *B iiij. Aultre Epitaphe :*
> Pleure avec moy par douleur, o ma muse;
> Tes larmes d'œil augmenter [ne] refuse...

Fol. *B iiij. Aultre Epitaphe :*
> Soubz ce tombeau du deffunct gist le corps
> Duquel l'esprit est au ciel sans discors...

De la bibliothèque du COMTE DE LIGNEROLLES (Cat., 1894, n° 1212).

2846 (574 *a*). ❡ LES SEPT MAR- || CHANS de naples. || Cestassauoir Laduenturier / Le Religieux. || Lescolier. Laueugle. Le Vilageois. Le Mar || chant. Et le Bragart. *S. l. n. d.* [*Paris, v.* 1520], in-8 goth. de 8 ff., dont les pages les plus pleines ont 24 lignes, sign. *A-B*, v. f., fil., dos orné, tr. dor. (*Reliure du XVIII° siècle.*)

Le titre est orné d'une figure et d'un fragment de bordure (voy. ci-après).

Le poème, dans lequel sept marchands qui ne vendent rien, mais qui ont acheté fort cher une triste maladie, font entendre leurs lamentations, se compose de sept strophes de 9 vers décasyllabiques alternant avec sept strophes de six vers de cinq syllabes. Il débute ainsi :

> L'ADVENTURIER, *premier marchant.*
> Tout en ce point qu'on charche l'adventure,
> Me mis aux champs, cheminant a grant erre...

On trouve à la suite trois rondeaux et une ballade, savoir :

Fol. *B ij* v°. *Rondeaulx en forme de complaincte.*
> En ung grant trou qui bouché fut de plastre...

Fol. *B iij. Aultre Rondeau.*
> Cessez, Amours ; aux armes je me rendz...

Fol. *B iij* v° *Aultre Rondeau.*
> Pour avoir faict ung tantinet cela...

Fol. *B iiij. Balade joyeuse faicte et composee a l'honneur de la tressacree et inviolee mere de Dieu.*
> Devant que la cause premiere
> Fist la terre et les cieulx jadis...
> *Ref.* Sur tous les anges couronnee.

A la fin de cette ballade est la devise *Souffrir pour parvenir.*

Cette ballade et cette devise se retrouvent à la fin du *Contreblason de faulces amours* (voy. ci-dessus, n° 2812) ; ni l'une ni l'autre ne se lisent dans l'édition de notre poème reproduite par Montaiglon (*Recueil de Poésies françoises*, t. II, pp. 99-111) ; elles sont remplacées par deux petites pièces toutes différentes.

De la bibliothèque du BARON TAYLOR (Cat., 1893, n° 305).

Les sept Marchans de naples.

Cestassauoir Laduenturier/ Le Religieux.
Lescolier. Laueugle. Le Vilageois. Le Marchant. Et le Bragart.

2847 (575 a). LA MAVVAISTIE τ ob || stinacion des veniciens contre le || roy auec vnes lettres enuoyes [sic] de || par mōsieur le grant chãselier. *S. l. n. d.* [*Paris, vers* 1509], in-8 goth. de 4 ff. non chiffr. de 26 lignes à la page, sans sign.

L'édition n'a qu'un titre de départ ; elle est imprimée avec les caractères des *Trepperel*.

Le poème, qui n'a jamais été cité jusqu'ici, commence ainsi :

> En la forest de ce monde terrestre
> Ou selon Dieu chacun doit en paix estre...

Il se termine au v° du 3e feuillet, et est suivi d'un *Rondeau* :

> De mon conseil, seigneurs Veniciens,
> Ains qu'on vous die deslogez de ceans...

A la fin est une lettre du chancelier de France, JEHAN DE GANAY, en date de Lyon, le 17 mai [1509], qui annonce à messeigneurs du parlement la victoire d'Agnadel.

Cette pièce fait partie du recueil décrit sous le n° 2758, art. 10.

BELLES-LETTRES. 185

La mauuaistie zobstinacion des veniciens contre le roy auec vnes lettres enuoyes de par mōsieur le grant chācelier

En la forest de ce monde terrestre
 ou selō dieu chacū doit en paix estre
C'est eleue vng lion rauissant
Griffant, mordant/a dextre et a senestre
Accumulant a sa cauarne et estre
Clos/manoirs/prez/& le fruit deulx yssāt
Ia auoit il du chesne florissont,
Ronge le glan et/par force et cautelle
Halle branne du gran saigle les elles
Iecte les griffes sur la queue du serpent
De toutes choses tāt douces que rebelles
Mangoit le fruit/et possessions belles
Des biēs daultruy sā paoure riche despēt
Alors coup souffler par la forest
Vng porcespic/qui voyent linterest
Quō luy faisoit/brennoit auftre mesure
Ses dars frōcoit/tāch a veoir sō appreft
Bien se monstroit deliberé et prest
Garder ses bestes en royalle pasture

2848 (575 *b*). Le Monologve ‖ des nouueaulx sotz de la ioyeuse ‖ bende : Faict & cōpose nouuelle- ‖ ment. — Explicit. ‖ ❡ *On les vend a Paris au Palays* ‖ *a la galerie cōe on va a la chācelerie. S. d.* [*vers* 1530], in-8 goth. de 20 lignes à la page, sans sign., mar. r., fil., dos orné, tr. dor. (*Bauzonnet-Trautz.*)

V. 5. 71

  Le titre n'est orné d'aucun bois ; en voici la reproduction :

Le Monologue
des nouueaulx sotz de la ioyeuse
bende: Faict & cōpose nouuelle
ment.

Le texte commence ainsi, au v° du titre :

> Marguet, surnommé Rage en teste,
> Allant, par [de]faulte de beste,
> A son beau pied le plus souvent...

Cette pièce a été reproduite dans les *Poésies des XV° et XVI° siècles* (Paris, Silvestre, 1832, gr. in-8), n° 7 ; dans le *Bulletin du Bibliophile belge*, III (1846), pp. 411-414, enfin dans le *Recueil de Poésies françoises*, publié par An. de Montaiglon, I, pp. 11-16.

Voy. aussi Ém. Picot, *Le Monologue dramatique*, Romania, XVI (1887), pp. 464-466. Le libraire dont on trouve l'adresse à la fin du volume est probablement *Jehan Longis*.

Des bibliothèques de SOLEINNE (Catal., 1844, n° 713), du COMTE DE LURDE (Catal., 1875, n° 86) et du BARON ALPH. DE RUBLE (Cat., 1899, n° 156).

2849 (575 c). ⁋ MONOLOGVE ‖ Nouueau fort ioyeulx de la Chambriere ‖ despourueue du mal Damours. *Nouuel-‖ lement Imprime a Paris.* — ⁋ *Finis. S. d.* [*v.* 1520], in-8 goth. de 4 ff. de 22 lignes à la page, impr. en grosses lettres de forme, sign. A, mar. bl., fil., dos orné, tr. dor. (*Bauzonnet-Trautz.*)

Le titre est orné d'une figure ; en voici la reproduction :

Le texte commence ainsi, au v° du titre :

> Cy ensuyt la Chambriere despourveue du mal d'amours.
>> Seulle, esgaree de tout joyeulx plaisir,
>> Dire me puis en amour malheureuse...

Il se termine ainsi :

> Qu'il vous souviengne du couraige
> De la despourveue chamberiere.

Ce monologue paraît avoir été composé à Paris, ou à Lyon, vers 1500 ; il fut repris, avec quelques changements, à Rouen, vers 1530. Il en a été fait une réimpression chez Pinard, à Paris, vers 1830 ; Montaiglon l'a reproduit dans son *Recueil de Poésies françoises*, t. II, pp. 245-252, et Ch. Brunet, dans le *Recueil de Pièces rares et facétieuses*, t. II, III, pp. 1-7.

Voy. Ém. Picot, *Le Monologue dramatique*, Romania, t. XVI (1887), pp. 482-486.

Des bibliothèques du COMTE DE LURDE (Catal., 1875, n° 87) et du BARON ALPH. DE RUBLE (Cat., 1899, n° 157).

2850 (578 *b*). ♣ LE PASSE ✠ || TEMPS et Songe du || Triste. ||

> *En ce traicte plaisant & delectable ||
> Est contenu sans mensonge ne fable ||
> Le mal, l'abbuz & trauail sans honneur ||
> D'ung poure amant trop hault entrepreneur ||
> Qui a esté vray loyal poursuyuant ||
> Les biens d'amours dix ans en son viuant ||
> Mais onc n'en eut demye once ne liure ||
> Comme verras par cestuy le sien liure ||
> Qu'il à [*sic*] nommé soit mauplaisant ou mixte ||
> Le passetemps & songe du Triste. ||

Ilz se vendent à Paris en la rue || *neufue nostre Dame à lenseigne* || *sainct Nycolas*. — [Au f. *Lvij* r° :] * *Cy fine ce present* || *Liure nouuellement Imprimé à* || *Paris par Denys Ianot, pour* || *Iehan Longis, tenant sa* || *bouticque au Pa-* || *lays en la galle* || *rie, par ou* || *on va* || *en la Chancellerie. S. d.* [*vers* 1535], in-8 de 87 ff. non chiffr. et 1 f. blanc, sign. *A-L*, mar. bl., dent., dos orné, doublé de mar. r., dent., tr. dor. (*Chambolle-Duru*.)

Toutes les pages du volume sont ornées d'un encadrement typographique.

Le poème commence ainsi au f. *A ij* :

> En cest ennuy ou rigueur m'a soubzmis,
> Ne plus ne moins qu'ung perdriau remis
> Qui n'en peult plus pour la crainte et grant doubte
> De l'espervier, qui costoye et escoute
> Pour le serrer quant il [se] levera...

L'introduction est suivie de 33 chapitres en tête de chacun desquels est un court sommaire en prose.

L'auteur ne s'est nommé nulle part ; mais il est assez vraisemblable que cet auteur est FRANÇOIS HABERT, dont le *Passetemps* serait le premier ouvrage. Dans le chapitre où le poète parle « du nom imposé à ce present livre », on lit (fol. I vj) :

> Je conseillay mon lourd entendement
> Que je feroye de ma rimasserie,
> Veu que ce n'est qu'une ravasserie
> Et que je suis *de lyesse banny*,
> Mocqué d'amours et d'heur bon forbanny.

François Habert, qui se fit appeler « le Banny de lyesse » emprunta peut-être son nom au récit de ses amours malheureuses. Il était né, à ce qu'il semble, vers 1508 ; or le privilège, dont un extrait accompagne la première édition, est daté du 20 février 1530 (v. s.). Cf., ci-après, le n° 3018.

Exemplaire du BARON JÉRÔME PICHON (Cat., 1897, n° 789).

Nous décrivons à la fin de ce volume, parmi les *Articles omis* (n° 3158), une autre éditon du *Passe temps*.

2851 (578 c). LE PATER no- || ster des Fla: || mans : Henouy : || ers ⁊ Brebansòs. — *Finis. S. l. n. d.* [*vers* 1543], in-8 goth. de 4 ff. de 25 lignes à la page pleine, impr. en lettres de forme, sans sign., mar. r. jans., tr. dor. (*Chambolle-Duru.*)

Le titre est orné des armes de France :

Le texte commence au v° du titre ; nous en reproduisons les premières lignes :

BELLES-LETTRES.

A per nofter Dieu eternel
q es puiſſãt en ciel t en tre.
Deffens de lênemy mortel
Tourses flamās qui ont la
guerre
Laquelle eſt en noſtre terre,
Par vng ſeigneur moult de hault prix
Qui nous fera noſtre pain querre
Si nobeſſons aux fleurs de lis
Qui es et auſſi regneras
Sans fin et ſans commencement
Faitz nous du mieulx que tu pourras
Ou nous mourrons tous ſeurement

La pièce où les Flamands sont censés implorer la clémence du roi des Fleur-de-Lys, se compose de 21 strophes de huit vers.

De la bibliothèque du COMTE DE LIGNEROLLES (Cat., 1894, n° 1191).

2852 (578 *d*). LE PIONNIER ‖ de Seur- ‖ dre. ‖ *A Angers.* ‖ *De l'Imprimerie d'Anthoine Hernault. S. d.* [vers 1580], in-16 de 16 ff. non chiffr. de 24 lignes à la page, sign. *A-D* par 4, mar. citr., mil. orné à petits fers, tr. dor. (*Chambolle-Duru.*)

 Le titre porte la même marque que *Le Franc Archier de Cherré*.

 Le texte commence ainsi, au v° même du titre :

  AA (*sic*) combien vendez vous ceans
  Il y a plus de trois vingtz ans,
  Pardé, ce croy, que je ne beu...

 Le monologue, qui est la contre-partie du *Franc Archier de Cherré* (n° 2844), est du même temps et probablement du même auteur. Il compte 671 vers. Il n'était connu jusqu'ici que par une mention de Bruneau de Tartifume qui, seul, nous en avait conservé le souvenir. Voy. Montaiglon et Rothschild, *Recueil de Poésies françoises*, t. XIII, p. 19.

 Le *Pionnier* est suivi d'une ballade imitée d'une pièce bien connue qui a été attribuée à Villon (voy. édition Jannet, p. 147) ; — cf. Biblioth. nat., ms. fr. 1707, fol. 43 ; voy. aussi *Le Catholicon des Maladvisez* de Laurens Des Moulins, 1513, fol. *C ij*) :

  D'un ject de dart, d'une lance aceree,
  D'un long faussart, d'une grosse massue...
 Refr. Qui nous mettra de l'eaue a nostre vin.

 Le monologue a été réimprimé par M. Émile Picot dans le *Bulletin Bibliophile*, 1896, pp. 157.

 Le présent exemplaire était joint au *Franc Archier de Cherré*.

SECOND SUPPLÉMENT.

LE PIONNIER
DE SEVR-
DRE.

A ANGERS.
De l'Imprimerie d'Anthoine Hernault.

2853 (581 a). PRONOSTICATION || nouuelle Composee par troys ou || quatre A Nantes sur vne escabelle || En lannee quon dit et appelle || Pour lan Mil cinq cens trente quatre. S. l. n. d. [Paris, 1533], in-8 de 8 ff. non chiffr. de 26 lignes à la page, car. goth., sign. A.

L'édition n'a qu'un titre de départ, au-dessous duquel est placé un bois qui représente des savetiers travaillant dans un atelier. Voy. ci-contre la reproduction du r° du 1er f.

La *Pronostication* se compose des 5 vers qui forment le titre ; de 14 strophes de 9 vers décasyllabiques ; de 12 strophes de 6 vers mêlés ; de 121 vers décasyllabiques ; de 35 vers octosyllabiques et d'une ballade en 28 vers.

La ballade se termine ainsi :

> Prince, faictes, s'il vous agree,
> Que Baccus nous face entretien ;
> Si mouillerons nostre denree,
> Car sans piot l'on ne faict rien.
>
> *Grace et Amour.*
> *Finis.*

BELLES-LETTRES.

Prenostication nouuelle Compofee par troys ou
quatre A Nantes fur vne efcabelle
En lannee quon dit et appelle
Pour lan Mil cinq cens trente quatre.

Dõt iay bié veu tout au lõg mes ficopes
Mon aftralabe, auffi les horofcopes
Mes atrafus et mes grans breuiaires
Les cours du ciel et fes fines galfopes
Monter ne puis feurement fur fes cropes
De ce fier temps tant ays de luminaires
Tous fes docteurs qui font bons ordinaires
Comme Ariftote, Albumafar, Haly,

La devise *Grace et Amour* est celle de JEHAN DANIEL, organiste à Nantes et à Angers, qui se rendit célèbre comme joueur de farces, sous le nom de maître MITOU. Par un hasard singulier, nous avons réuni et nous décrivons dans le présent Supplément tous les ouvrages connus de Jehan Daniel : *Le Franc Archier de Cherré*, qui est de 1524, *Le Pionnier de Seurdre*, qui ne doit être que de peu postérieur, les *Noëlz*, enfin la *Pronostication*. Voy. les n°s 2844, 2852, 2983-2986. Voy. aussi le n° 570, art. 5.

2854 (585 *b*). LA RESCRIPTION des || dames de Millan / a celles de Paris || et de Rouen. *S. l. n. d.* [*Paris, vers* 1509], in-8 goth. de 4 ff. non chiffr. de 28 lignes à la page, sign. *a*.

L'édition, imprimée avec les caractères des *Trepperel*, n'a qu'un titre de départ.

Cette pièce, qui n'a pas été citée jusqu'ici, soulève diverses questions difficiles à résoudre.

Le roi Louis XII fit son entrée à Rouen le jeudi 28 septembre 1508 ; la reine Anne de Bretagne fut reçue dans la ville le 3 octobre suivant, et le couple royal ne quitta la capitale de la Normandie que le 25 octobre pour retourner à Paris. Il paraît que les dames de Paris voulurent faire à la cour une réception enthousiaste, et que le roi eut l'imprudence de laisser entendre qu'elles lui plaisaient mieux que les Rouennaises.

La rescription des dames de Millan, a celles de Paris et de Rouen.

L'acteur.

Ces jours passez, en ung banquet notable
Que l'on faisoit par soulas delectable
Pour festoyer plusieurs bonnes galloises
Apres soupper ainsi que sortir de table
Fut mis auant vng escript veritable
Des seigneurs et dames millannoises
Quelles mandoyēt aux dames et bourgeoises
Tant de Paris que celles de Rouen
Pour appaiser aucuns debatz et noises
Que ensemble ont eu, ou auroient meshouen
La y auoit plusieurs grans gens de bien
Et des brigardz, vng ie ne scay combien
Bien acoustrez, bien gorriers, bien en point
Qui entendoient assez ytalien
Dont l'ung dentre eulx qui se parsa tresbien
Le declaira a tous de point en point
Parquoy dessors ieuz le couraige espoint
De se pposer en mon rude palhops
Ce que iay fait quant iay eu temps a point
De Italien en langaige francoys

L'ateneur des lettres.

a.i.

Telle est l'origine de la querelle racontée par Maximien dans le *Debat des dames de Paris et de Rouen* (ci-dessus, n° 2835), pièce qui, dans l'ordre chronologique, doit être placée avant celle-ci. Il paraît qu'un auteur italien composa sur le même sujet une lettre adressée aux dames de Paris et de Rouen pour apaiser leur querelle. La conclusion était qu'elles devaient s'entendre, veu, leur disait-il,

veu que les Lyonnoises
Qui vous passent n'en ont nul debat pris ;
Par quoy mettez que aux dames mylannoises
De tout honneur est ennuyt deu le pris.

L'existence d'un poème italien formellement attestée par l'auteur n'a au fond, rien d'invraisemblable, si l'on songe que le roi avait à sa solde des Italiens tels que Graziano da Lucca (voy. Catalogue Rothschild, I, n° 1039) et que des joueurs de farces italiens et français, comme Giorgio Alione et Jacques d'Adonville, suivaient les bandes royales des deux côtés des Alpes. Dès lors devaient exister des troupes composées d'acteurs italiens et français, comme celle que le Piémontais Giovann'Antonio Romani, dit Valfenière, forma sous François 1ᵉʳ pour suivre la cour (voy. E. Coyecque, *Recueil d'actes notariés*, 1905, nᵒˢ 3160, 3161, 3264, août et septembre 1544). Il n'est pas surprenant que les comédiens aient porté d'un pays dans l'autre les incidents de la vie populaire qui pouvaient divertir le public. L'auteur français dit que la lettre des dames milanaises a été lue récemment dans un banquet ; c'est en effet à l'issue des repas que les joueurs de farces donnaient souvent des représentations et récitaient surtout des sermons ou des monologues. Nous apprenons par la devise finale : *De bien en mieulx*, que cet auteur est MAXIMIEN, l'auteur du *Debat des dames de Paris et de Rouen*, lequel vraisemblablement avait accompagné l'armée royale en Italie.

Cette pièce fait partie du recueil décrit sous le nᵒ 2758, art. 12.

2855 (586 *a*). [CENT CINQ RONDEAULX D'AMOUR]. Ms. in-4 sur papier de 137 ff. (haut. 187 ; larg. 136 millim.), v. br., fil. à froid, comp. gaufrés avec la fig. de sainte Barbe sur le premier plat. (*Reliure du* XVIᵉ *siècle*.)

Ces rondeaux, qui forment un petit roman, sont précédés d'une épître au roi, dont voici le début :

> Combien que crainte, en voulant retenir
> Le mien vouloir, me mect en souvenir
> Qu'entendement n'ay assez suffisant
> Faire ou penser riens qui vous fut plaisant,
> Ce non obstant, par desir qui me presse,   5
> En me disant que vostre grant sagesse,
> Vostre valleur et vertu si treshaulte
> Benignement suppourt[e]ra ma faulte,
> J'ay entreprins, de honte rougissant,
> A deux genoux, et la teste bessant,   10
> Vous supplier que, comme tout parfait,
> Me pardonnés si je prens trop grand fait
> De presenter a vous, triomphant prince,
> Duquel le nom bruit par toute province,
> Ce petit livre auquel sont cent rondeaux   15
> Et cinq avec, non pas bons, mès nouveaux...

L'épître se termine ainsi :

> Et vous suppli et par vostre valleur
> Avoir pitié de ma gresve douleur,
> Et, comme humain signeur et pitiable,
> Me faire saige et avec gens metable,   70
> En me donnant estat dont puisse vivre
> Pour vous servir et me faire delivre
> Du grant malheur, lequel me suyt d'enfance,
> Qui doibt finer par vous, hault roy de France.

L'édition décrite sous le nᵒ 586 commence par un prologue intitulé : *Epistre aux lisans amoureux*, qui est entièrement différent :

> Vous qui suivez d'amourettes la dance
> Et pourchassez nuict et jour sans offence
> Avoir support du sexe feminin,
> Sans adviser qu'il y a du venin...
>   (52 vers.)

Le texte de notre manuscrit se rapproche plus du texte imprimé au XVIᵉ siècle que de celui qu'a publié M. Edwin Tross en 1863. Par suite de l'inadvertence du copiste, deux rondeaux sont restés incomplets, le 37 :

> A te gaigner je souffris grant martire...

et le 105ᵉ :

> Puys qu'elle est morte, a mourir vueil entendre ;

Mais le manuscrit contient bien les rondeaux 68 et 69 qui manquent aux anciennes éditions, lesquelles ne donnent que cent-trois rondeaux, sans doute parce qu'elles dérivaient d'un original incomplet.

Outre ces deux rondeaux :

> En cest estat qu'ay receu ton messaige...
> Ne veux tu pas que nous soupper icy...

notre volume renferme à la fin un 106ᵉ rondeau qui manque aussi bien au manuscrit suivi par Edwin Tross qu'aux anciens recueils imprimés :

> De mon vouloir lundi je reviendray,
> Hors d'avec toy bien peu je me tiendray...

Les rondeaux sont suivis de divers morceaux transcrits par des mains différentes, savoir :

1º (fol. 38). Fragments d'un livre de raison de la famille DES HAYES, dite D'ESPINAY. Naissance de Philippe Des Hayes (24 juillet 1536) ; « parrains et marraynes : damoyselle Phelippe de Sarrebruche, dame de La Roche Guion, monseigneur Jacques de Silly, son filz, prothenotayre, et damoyselle Katherine de Silly, sa fille, famme de monsieur de Gyé ». — Naissance de Marguerite Des Hayes (9 octobre 1537) ; « le parrain : Guillaume Pilaveyne, escuier, seigneur de Vilerceaux et les marraynes : damoyselle Berthe d'Isqué, dame de Buhy, et damoyselle Marguerite de Perreau, famme de monsieur d'Isqué, grand mere maternelle de l'enfant ». — Naissance de Guillemette Des Hayes (19 novembre 1538) ; « et fut le parrain Françoys de Rohan, seigneur de Gyé, et les marraynes : madame Guillemette de Sarrebruche, dame de Sedan et mareschalle de France, et Jacqueline de Sevasme, dame de Hamicourt ».

Ces enfants avaient pour père Louis Des Hayes, baron de Boisgueroult, de Trubleville, l'un des cent gentilshommes de la maison du roi, qui prit le nom de d'Espinay, et mourut en 1557. Voy. Anselme, *Hist. généal.*, t. VII, p. 478.

2º (fol. 39). Signification faite par le héraut d'armes Angoulême à François de Vivonne, seigneur de La Chasteigneraye, à la requête de Guy Chabot, seigneur de Mouthiers [et de Jarnac] : « Françoys de Vivonne, pourvoyez vous des armes que vous debvez porter au jour qui sera depputé. ... » La pièce se termine ainsi (fol. 41) : « Aujourd'huy .xvj. jour de juing mil vᶜ xlvij, a la requeste de Guy Chabot, seigneur de Montlieu, je, Angoulesme, herault d'armes du roy, qui sçay [t], [me suis] transporté par devers et a la personne de Françoys de Vivonne, seegneur de La Chastaigneraye, lequel j'ay trouvé en la rue sainct Anthoyne, en la maison de Symonne Des Roches, veufve de feu Jehan de Gretz, en son vivant varlet de chambre du deffunct roy, environ de sept heures devers le soir, avant soleil couché, auquel j'ay baillé les articles signees dudict Chabot. ... en la presence de messieurs le baron de Curton et de plusieurs aultres gentilz hommes, specialement de Guillaume Paien et Jehan Trouvé, notaires royaulx a Paris. Faict les an et jour que dessus par moy herault susdict. Ainsi signé : *d'Angoulesme* ».

Il suffit de rappeler que le combat eut lieu le 10 juillet 1547, et que François de Vivonne fut tué.

3º (fol. 42). « Cy est l'Extraict du livre de Navarre, maistre herault du tresnoble, treschrestien et trespuissant roy de France, contenant le blason et desings des armes de tous les roys chrestiens, princes et seigneurs du sang de France. ... lequel present extraict a esté faict sur ung gros livre en parchemin, d'ancienne escripture, cousu entre deux aiz, intitulé en son commencement : *Cy commencent les anciennes Histoires d'oultremer*, appartenant et estant en la saisie et possession des seigneurs de Rubercy, surnommez de Semilly, et aussi semblable livre en langaige picart, chez ung nommé Jehan de La Rue, bourgeoys de Bayeux, de l'art et mestier de painctre et vitrier ; aultre en la maison du seigneur de Benville, et autre entre les mains de André Le Hagaye, painctre et imaginier, demourant a Caen ».

Cette pièce se termine au fol. 97 vº ; elle est suivie de 4 ff. blancs.

4º (fol. 102). « Genealogie de la tresillustre maison de Kervinch, de Reymersdale, Lodicq et Vander Mandere ». — A la fin (fol. 111) : « A Gand, le xxxᵉ du mois d'aoust 1663. Chemondat ». Suivent 14 ff. blancs.

5º (fol. 126). [Alliances de Jan De Beer.] « Joannes De Beer. Obijt [ ] 9bris 1608, à Bruges. Roberte d'Embermont ». 19 blasons grossièrement coloriés.

Le volume se termine par 4 ff. blancs et 6 ff. contenant des essais de

BELLES-LETTRES.

plume. Au fol. 135, on lit : Pour Estienne Du Val, bourgois de Caen, Anne Regnault, Symon Buceloy, Jehan Du Val, Pierre Du Val, bourgeois de Caen, Denys Regnault.

Ce volume a figuré, en 1869, à la vente de JEAN DE MEYER, de Gand (Cat., n° 732).

2856 (588 *a*). SENSVIT LE SER- || MON des frappe culz nouueau τ fort ioyeulx. || Auec la responce de la dame sus le me repens de || vous auoir aymee. — ¶ *Finis. S. l. n. d.* [*v.* 1520], pet. in-8 goth. de 4 ff. non chiffr. de 33 lignes à la page pleine, impr. en petites lettres de forme, sans sign., mar. r. jans., tr. dor. (*Chambolle-Duru*.)

Le titre n'est orné d'aucun bois :

mon des frappe culz nouueau τ fort ioyeulx.
Auec la responce de la dame sus Je me repens de
vous auoir aymee.

La pièce commence ainsi au 2ᵉ f. :

> *Sermon joyeulx des frappes culz,*
> *De quonalibus vitatis*
> *Bagare bachelitatis*
> [*Et*] *prendare andouillibus.*
> *Boulate in coffinando*
> *Vel melate in coffino*
> *Et cetera... Browdiare*
> *Defessarum cultare*
> *Et ruatis de pedibus.*
> *Ces mots que j'ay dis cy dessus*
> *Sont escriptz duodecimo*
> *Quoquardorum capitulo.*
> *Bonnes gens, ces parolles la*
> *Escript jadis sus une enclume...*

Le *Sermon* ne compte que 134 vers, y compris les v. 49, 55, 83, qui manquent à l'édition. On trouve à la suite *La Responce de la dame sur la chanson* : Je me repens de vous avoir aymee :

> Ne te repens de m'avoir trop aymee.

Cette pièce figure dans les *Seize belles Chansons nouvelles* réimprimées pour le libraire *Baillieu* à Paris en 1874 (n° 9) et dans les *Dix-sept belles Chansons nouvelles* réimprimées pour le même libraire (n° 7). La pièce à laquelle celle-ci répond, figure, avec la mélodie, dans les *Chansons du XVᵉ siècle* publiées par Gaston Paris (n° 23) et, sans la mélodie, dans les *Seize belles Chansons* (n° 4) et dans les *Dix-sept belles Chansons* (n° 6).

De la bibliothèque du COMTE DE LIGNEROLLES (Cat., 1894, n° 1504).

Le monologue a été réimprimé en 1597 à la suite des *Œuvres de messire Guillaume Coquillart*, et en 1830, avec *Les Estrenes des filles de Paris* (Paris, Pinard, in-8 goth.).

Voici le titre d'une édition dont un exemplaire a également fait partie de la collection du comte de Lignerolles (n° 1503) :

2857 (591 *a*). LE VENITE nouueaumēt faict ||
A la noble Royne de France ||
Des prisonniers du chastelet ||
Qui a son entree ont fiance ||
   Cum priuilegio ||
   Ceulx qui me voullez achepter ||
Allez faire solucion ||
Deuers Nicolas Sauetier ||
Qui ma mys en impression ||
Vous en fera ostension ||
Le cent aurez pour cent liards ||
Me trouueres en sa maison ||
Pres le colliege des Lombards. ||

S. d. [1530], in-8 goth. de 8 ff. non chiffr. de 21 lignes à la page, sign. *a-b*. — ¶ Epistre de la ve- ‖ nue de la royne Alienor ou royaulme de France et du re ‖ conuremēt de messieurs les Daulphin et duc dorleans. *S. l. n. d. [Paris*, 1530], in-8 goth. de 12 ff. non chiffr. de 27 lignes à la page, sign. *A-C*. — Ensemble 2 pièces en un vol. in-8, mar. r., fil. à froid, dos fleurdelisé, tr. dor. (*H. Duru*).

Venite. — Voici la reproduction du titre :

Le Benite nouueaumēt faict
A la noble Royne de France
Des prisonniers de chastelet
Qui a son entree ont fiance

Cum priuilegio.

Ceulx qui me Voulles achepter
Asses faire solucion
Deuers Nicolas Sauetier
Qui ma mys en impression
Vous en fera ostension
Le cent aures pour cent liards
Me trouueres en sa maison
Pres le colliege des Lombards.

Le poème commence ainsi, au v° du titre :

Le Venite des prisonniers du chastelet de Paris sur la tresdesiree entree de la royne de France.

   Venite, nymphe vertueuse,
   La dame Palas gracieuse....

A la suite sont 4 distiques latins adressés par les prisonniers au lieutenant criminel [Jehan Morin]. Ces vers sont imprimés en lettres italiques ; ils se terminent par la devise : *Corona finis victoria vitae.*

Un usage ancien voulait que les prisonniers fussent mis en liberté lors des entrées royales ; aussi les prisonniers du châtelet adressent-ils d'instantes prières à la reine Eléonore, qui doit bientôt arriver à Paris. La devise finale autorise à croire que le poète n'est autre que le célèbre joueur de farces JEHAN SERRE, qui a signé la pièce suivante.

Montaiglon et Rothschild, *Recueil de Poésies françoises*, XI (1876), pp. 253-265.

Epistre. — Le titre est orné des armes de la reine Éléonore :

Au v° du titre est un bois qui représente une reine couronnée par un évêque.

La pièce, qui est écrite en prose, commence ainsi :

« A maistre Estienne Proust, gymnasiarque du Grant Precygny en Touraine.
« Frere et compaignon, obtemperant a ta prière qui m'est commandement, de toy participer des nouvelles qu'avons en ce quartier... »

On lit à la fin : « Escript a Bayonne, le .iii. de juillet mil v^c xxx. Le tien bon frere et meilleur compaignon : JEHAN SERRE.

Le Grand-Pressigny est un chef-lieu de canton de l'arrondissement de

Loches. On voit qu'il y avait une école au XVIe siècle ; cependant M. Carré de Busserolle (*Dictionnaire d'Indre-et-Loire*, V, p. 175) dit que le collège du Grand-Pressigny ne fut fondé qu'en 1628 par Théobald Henin, abbé du Jard et aumônier du roi. Nous ne savons rien d'Estienne Proust ; mais Jehan Serre est bien connu ; c'est le joueur de farces dont Marot a composé l'épitaphe (éd. Jannet, II, p. 215). Jehan faisait partie de la suite du roi, ainsi que plusieurs autres « plaisantins ».

L'*Epistre* est suivie d'une *Ballade au peuple françoys* : Gloria in excelcis et in terra pax :

Resjouy toy, o nation françoyse...
Refr. Soit gloire es cieulx et paix heureuse en terre.

On lit à la fin de la ballade les mots : *Finis coronat*. Cette devise doit être rapprochée de celle qui termine le *Venite* et permet d'attribuer les deux pièces au même auteur.

Montaiglon et Rothschild, *Recueil de poésies françoises*, XI (1876), pp. 227-252.

Des bibliothèques d'AUG. VEINANT (Cat., 1860, n° 375) et du COMTE DE LIGNEROLLES (Cat., 1894, II, n° 1197).

E. — Jehan et Clément Marot.

2858 (618 *a*). L'ENFER || de Clement || Marot, de Cahors en Quercy. || Valet de chambre du Roy : || fidelement reueu, & || cogneu par l'Au- || theur mesme. || Plus, ballades, & Rondeaulx, || dependents de l'argument. || ❦ || *Imprimé fidelement, & correcte-* || *ment, Lan de grace* || 1544. In-8 de 39 ff. non chiffr. et 1 f. bl. (?), sign. *A-E* par 8, car. ital., mar. br., fil. à froid, tr. dor. (*Bauzonnet-Trautz*.)

Voici la liste des pièces contenues dans cette édition :

1° (*A* 1 v°). *L'Enfer de Clement Marot*.

2° (fol. *B* 1 v°). *S'ensuit la Prinse de Clem. Marot*.

   a. Le Rondeau qui fut cause de sa prinse.

   b. La Ballade qu'il feist en prison suyvant le propos mesmes.

   c (fol. *B* 2 v°). *Epistre qu'il envoya, estant en la prison, à nostre maistre Bouchard, docteur en theologie*.

   d (fol. *B* 3). *Epistre à son amy Lyon Jamet*.

   e (fol. *B* 4 v°). *Rondeau parfaict envoyé à ses amis après sa delivrance, le premier jour de may*.

3° (fol. *B* 5). *La premiere Epistre du coq en l'asne. A Lyon Jamet, de Sansay en Poictou*.

4° (fol. *B* 7). *La seconde Epistre du coq en l'asne, envoyée audit Jamet*.

5° (fol. *C* 2 v°). *Epistre au roy, du temps de son exil à Ferrare*.

6° (fol. *C* 6). *Dixains à ses amys quand, laissant la royne de Navarre, fut receu en la maison et estat de ma dame Renée, duchesse de Ferrare*.

7° (ibid.). *Huictain faict à Ferrare*.

8° (fol. *C* 7 v°). *Le Dieu gard de Marot à la court apres son retour de Ferrare*.

Toutes ces pièces se trouvent dans l'édition de 1542 (n° 618), où elles sont placées dans le même ordre ; mais tandis que cette édition donne ensuite *Les Cantiques de la paix* (p. 55) et l'épître *A la royne de Hongrie venue en France* (p. 59), l'édition de 1544 supprime les *Cantiques* et l'épître, et les remplace par de nouvelles pièces qui paraissent manquer aux éditions collectives des œuvres de Marot, savoir :

9° (fol. C 7 v°). *S'ensuyvent plusieurs beaux Exemples et Documens sur le faict de la vie humaine.*

a (fol. C 8). *La Volupté veincue.*
b (fol. D 4). *Science acquise en deux manieres.*
c. Ne renouveller les haynes.
d (fol. D 4 v°). *Concorde entre les amys.*
e. N'entreprendre trop d'affaires à une fois.
f (fol. D 5). *Des inconstantz.*
g. Le Prince.
h. S'enrichir par aultruy.
i (fol. D 5 v°). *Ne juger selon la face.*
j. Ne croire du tout à soy.
k. La Paix en mariaige.
l (fol. D 6). *Ne retourner a peché.*
m. Ne soy fier en sa force.
n. Le Banquet.
o (fol. D 6 v°). *Remors de conscience.*
p. Contre les noisifz.
q. De l'Escripture saincte.
r (fol. D 7). *Preveoir les dangers.*
s. Liesse joincte a tristesse.
t. Verité.
u (fol. D 7 v°). *Prendre tout en gré.*
v. Longue tristesse, courte joye.
w. Du gouvernement de maison.
x (fol. D 8). *De la pacience des dieux.*
y. Aux meres.
z. Du feu d'amour.
aa (fol. D 8 v°). *De l'homme noisif.*
bb. La vraye Felicité.
cc. Prendre esbat ou soucy selon la necessité.
dd (fol. E 1). *L'Homme sçavant.*
ee. Douleur et Volupté.
ff. Peril inopiné.
gg (fol. E 1 v°) *Maulvais regard est à eviter.*
hh. Contre les luxurieux.
ii (fol. E 2). *Contre les babillars.*
jj. La Vie des hommes.
kk. De ce mesmes.
ll (fol. E 2 v°). *Le Vertueux.*
mm. La Metamorphose d'ignorance.
nn. De la felicité humaine.
oo (fol. E 3). *Le Riche et le Pauvre.*
pp. Des serviteurs.
qq. De soubdain mal, tardif remede.
rr (fol. E 3 v°). *Doulce Correction.*
ss. De ne parler touts ensemble.
tt. A la louange de silence.
uu (fol. E 4). *Du bon œuvre.*

vv. A silence.

ww. Les plus cruels surmontez.

xx (fol. E 4 v°). *Recognoistre bienfaict.*

yy. Concorde.

zz. Amour, affection trespuissante.

aaa (fol. E 5). *Tenir encloz secretz.*

bbb. Reverence est requise à mariaige.

ccc. Amytié durant après mort.

ddd (fol. E 5 v°). *Aulcun n'est à blesser par faict ou par parolle.*

eee. Chasser paresse.

fff (fol. E 3). *Pauvreté empesche les grandz esperitz qu'ils ne soyent eslevez.*

ggg. Destruction du corps humain.

hhh. Santé du corps humain.

iii. Les xij. Infirmitez du corps humain.

10° (fol. E 6 v°). *Epitaphe de feu monseigneur Françoys de Montelon, en son vivant vicechancelier de France.*

11° (fol. E 7 v°). *Epitaphe du president Gentil.*

Le dernier f., qui manque à l'exemplaire, doit être blanc.

On pouvait se demander si notre édition n'était pas celle que le Conseil de Genève permit à Jean Chautemps de faire imprimer le 18 août 1544 ; mais M. Alfred Cartier (*Arrêts du Conseil de Genève sur le fait de l'imprimerie et de la librairie*, 1893, pp. 69-72) a résolu la question négativement, en faisant observer que notre volume peut être avec certitude attribué aux presses lyonnaises. Le même bibliographe a constaté que jusqu'à la fin de 1544 il avait paru au moins huit éditions de *l'Enfer*.

De la bibliothèque du COMTE DE LIGNEROLLES (Cat., 1894, n° 906).

2859 (622 *a*). LE RICHE en || pauureté. || Ioyeux en || affliction. || Et content || en souffrance. || Composé par Marot : & trouué parmy ses || autres factures à Chambery. || La Mort n'y mort. || *A Paris.* || *Pour Estienne Denise Libraire.* || 1558. In-16 de 8 ff. non chiffr. de 24 lignes à la page, plus le titre courant, sign. *B*. — LA || COMPLAINCTE || d'vn Pastoureau || Chrestien. || Faicte en forme d'Eglogue rusti- || que, dressant sa plaincte à Dieu, || soubz la personne de Pan, Dieu || des Bergiers. || Composé [*sic*] par Clement Marot, laquelle à [*sic*] || esté trouuée apres sa mort à || Chambery. || *A Paris,* || *Pour Estienne Denise Libraire.* || 1558. In-16 de 8 ff. non chiffr. de 24 lignes à la page, sign. *A*. — Ens. 2 part. en un vol. in-16, mar. bl. foncé, dos orné, tr. dor. (*Anc. rel.*)

Le Riche en pauvreté. — Voir ci-après la reproduction du titre.

Au v° du titre est un avis « Au lecteur » qui commence ainsi : « En ce petit traicté nous est démonstré, amy lecteur, que toutes les tribulations que nous avons en ce monde viennent par la permission de Dieu... »

Le poème compte 300 vers, dont voici les premiers :

> J'ay prins plaisir d'ouyr les phantasies
> De ceux qui sont en ce mortel repaire...

A la fin : *La mort n'y mort.*

Le v° du dernier f. est blanc.

Œuvres complètes de Cl. Marot, éd. Jannet, I, pp. 87-96.

LE RICHE EN
pauureté.

IOYEVX EN
affliction.

ET CONTENT
en souffrance.

Composé par Marot: & trouué parmy ses
autres factures à Chambery.

La Mort n'y mort.

A PARIS.

Pour Estienne Denise Libraire.
1 5 5 8.

B

La Complaincte d'un pastoureau. — Voici le fac-similé du titre:

LA
COMPLAINCTE
d'vn Pastoureau
Chrestien.

Faicte en forme d'Eglogue rustique, dressant sa plaincte à Dieu,
soubz la personne de Pan, Dieu
des Bergiers.

*Composé par Clement Marot, laquelle a
esté trouuée apres sa mort à
Chambery.*

A PARIS.

Pour Estienne Denise Libraire.
1 5 5 8.

L'églogue commence au v° même du titre ; elle compte 320 vers. En voici le début :

>Un pastoreau n'agueres je escoutois,
>Qui s'en alloit complaignant par les bois..

Le v° du dernier f. est blanc.

Œuvres complètes de Cl. Marot, éd. Jannet, I, pp. 97-106.

De la bibliothèque du président CROZAT DE TUGNY (Cat., 1751, n° 1203).

F. — Contemporains et Successeurs de Marot jusqu'à Ronsard.

2860 (625 *a*). LE MIROIR ‖ de treschrestienne Princesse ‖ Marguerite de France, Roy- ‖ ne de Nauarre, Duchesse ‖ D'alencon & de Ber- ‖ ry : auquel elle ‖ voit & son ‖ neant, & son tout. ‖ *Imprime a Geneue* ‖ *par Iehan Girard,* ‖ M. V°. XXXIX [1539]. Pet. in-8 de 44 ff. non chiffr. de 25 lignes à la page, sign. *a-e* par 8, *f* par 4, car. ital.

Au v° du titre est un avis de *L'Imprimeur aux lecteurs*.

LE MIROIR
DE TRESCHRESTIENNE PRINCESSE
Marguerite de France, Royne de Nauarre, Duchesse
D'alencon & de Ber-
ry: auquel elle
voit & son
neant, & son tout.

IMPRIME A GENEVE
par Iehan Girard.

M. V^c. XXXIX.

Le f. *a* 2 contient l'épître de Marguerite « au lecteur » :

>Si vous lisez ceste œuvre toute entiere...

Le Miroir de l'ame pecheresse occupe les ff. a 3-c 3 r°. Il est suivi de plusieurs petites pièces, savoir :
Oraison a nostre seigneur Jesus Christ :
Mon createur qui avez cognoissance... (fol. e 3 v°) ;
L'Instruction et Foy du chrestien : Pater noster, Les Articles de la foy, Les dix Commandemens de la loy de Dieu, Somme des dix Commandemens, Benediction devant menger.

L'édition que nous venons de décrire est mentionnée sommairement par Brunet, qui ne lui assigne que 43 ff. (*Manuel* III, col. 1414); mais M. Théophile Dufour en a vainement cherché un exemplaire pour en donner la description dans sa *Notice sur les livres imprimés à Genève* ; il a dû se borner à reproduire la mention de Brunet.

Le volume est relié à la suite de *Psalmes de David*, 1541 (voy. le n° 2787 ci-dessus).

2861 (627 *a*). EPISTRE enuoyee || au Roy par sa soeur vnique la || Royne de Nauarre. — Fin. || ℭ *Imprime a Rouen par Iehan Lhomme. S. d.* [1543], in-8 goth. de 4 ff. non chiffr. de 26 lignes à la page pleine, sans sign., mar. r. jans., tr. dor. (*Trautz-Bauzonnet.*)

Le titre est orné d'un bois qui a été gravé pour diverses pièces relatives à la querelle de Marot et de Sagon ; nous en avons donné la reproduction dans notre tome I, n° 623.

L'épître commence ainsi, au v° même du titre :

Après la peur de quelque trahison,
D'une prison, de mort, ou de poison...

Cette pièce a été reproduite dans la *Suyte des Marguerites de la marguerite des princesses* (éd. de 1548, pp. 58-64 ; éd. Frank, III, pp. 221-227) ; mais on peut relever ici de nombreuses variantes.

Des bibliothèques d'ERNEST QUENTIN-BAUCHART (Cat., 1877, n° 47) et du COMTE DE LIGNEROLLES (Cat., 1894, n° 1209).

2862 (633 *a*). LE PALAIS DES NO- || BLES DAMES / auq̄l a treze parcelles ou chambres || principales : en chascune desquelles sont declarees plusieurs histoires / tant grecques / hebraic- ques / || latines que francoyses. Ensemble fictions ℞ cou- || leurs poeticques / cōcernans les vertus ℞ louāges || des Dames. Nouuellemēt cōpose en rithme fran- || coyse / par noble Iehan du pre / seigr̄ des Bartes || ℞ des Ianyhes en Quercy. Adresse a tresillustre ℞ || treshaulte prīcesse madame Marguerite de Frāce / || Royne de Nauarre / Duchesse Dalencon / seur du || treschrestien roy Francoys / a present regnant. ||

ℭ Lautheur a son liure. ||
ℭ Petit liuret si tu gaignes la grace ||
De la princesse a qui lon te dedye ||
Heureux seras quoy que le monde dye : ||
Mais aultrement / il fault que lon te casse. ||
ℭ Response du liure a lautheur. ||
ℭ Touchant a moy ie feray mon deuoir : ||
Et si la Dame se tient de moy contente / ||
Pas ne conuient encontre moy quon tente : ||
Car me fera par tout le monde voir. ||

❡ Auec Priuilege pour six ans. *S. l. n. d.* [*Lyon, v.* 1534], in-8 goth. de 128 ff. non chiffr., sign. *a-o* par 8, *p* par 6, *q* par 10, mar. bl., fil., dos orné, tr. dor. (*Trautz-Bauzonnet.*)

Le titre, imprimé en rouge et en noir, est entouré d'un encadrement formé de quatre bordures.

Au v° du titre est un bois, occupant toute la page, qui représente le palais.

Le f. *a ij* contient *L'Ordre que l'autheur tient au present livre.*

Au f. *a iij* est une épître à la reine de Navarre, suivie d'un *Couplet dialogué par lequel Honnesteté enhorte l'autheur escripre des dames.* Ce couplet, en 11 vers, commence ainsi :

> Honnesteté, la vertu venerable,
> Ung de ces jours me dit : « Amy, entens...»

Il contient en acrostiche le nom de HUGUES SALEL, et il est signé de la devise : *Honneur me guyde.*

Le f. *a iiij* et le f. *a v* r° contiennent *Les Noms des autheurs desquelz les histoires du present livre ont esté pour la pluspart tirees.*

Le poème commence ainsi (fol. *a v* v°) :

> Peu de jours a, estant pensif et quoy,
> Ung peu a part, en repoz taciturne...

Jehan Du Pré résume ensuite l'histoire de toutes les femmes célèbres à un titre quelconque dans la fable ou dans l'histoire. Le passage le plus intéressant est celui qu'il consacre à Jehanne la Pucelle (fol. *c iij-c iiij* r°). Le poème se termine au f. *m vj* r° ; il est orné de 12 jolis bois se rapportant au sujet.

Au f. *m vj* v° commence un second poème intitulé *Le Jardin,* lequel fait suite au *Palais.*

Un grand bois, qui occupe le r° du f. *m vij,* fait connaître la disposition du jardin. Le poète débute ainsi :

> Quel bon chemin, quelle parfaicte sente
> Pourray choisir, qui me soit adressante ?...

Jehan Du Pré a fait entrer dans son ouvrage divers rondeaux et ballades, qui sont de simples exercices de rhétorique. Le morceau principal est un éloge de Louise de Savoie, de la reine de Navarre et de la reine Eléonore qui occupe les ff. *p i-p v* r°. A la fin (fol. *p v* v°) est un *Huytain de l'autheur contre mesdisant,* puis vient une petite pièce qui est curieuse pour l'histoire de la versification :

Dizain par lequel l'autheur s'excuse de ce que n'a tousjours observee la sinalephe es couppes feminines.

> En plusieurs lieux la couppe feminime
> Ay observee en la sinalimphant,
> Autres foys non. Françoys plains de doctrine
> L'ont en hault pris, Tholouse la defend,
> Disant raison que sinalephe offend
> Le son du vers, veu qu'il fault que on repouse
> Sur le meillieu, or ce ressemble prose
> Quant en la couppe on mange la voyelle ;
> Soubz le vouloir de tous deux me dispose,
> A tous adhere, et ne veulx point querelle.

En parlant de Toulouse, le poète fait ici allusion à l'art de rhétorique de Gratien Du Pont.

Au r° du f. *p vj* est répété le bois du f. *m vij* ; le v° en est blanc.

La devise de Hugues Salel (*Honneur me guyde.* LELAS) est répétée à la fin de chaque chambre du *Palais* et à la fin du *Jardin.* On doit penser que le volume a été imprimé par les soins de Salel. Celui-ci y a joint la pièce suivante, qui occupe les 10 ff. du dernier cahier, sign. *q* :

Dialogue || nō mois || vtile que || delecta- || ble : Au- || quel sont || introduitz les dieux Iupi || ter et Cupido disputans || de leurs puissances : et par || fin vng Antidote et reme- || de pour obuier aux dan- || giers amoureux.

Ce titre, entouré de quatre bordures qui forment encadrement, est orné en outre d'une grande initiale au centre de laquelle est placé un roi, et d'un bois tiré d'un livre d'heures.

Au v° du f. *q i* est un grand bois qui représente Salel rêvant à Jupiter et à Cupidon.

Les ff. *q ij-q iij* r° contiennent une épître en prose adressée « A tresnoble et treshonoré seigneur, messire Brandelis de Gironde, homme d'armes de la compaignie de monseigneur le grant escuyer », par HUGUES SALEL, de Casalz en Quercy, épître datée de Lyon, le 24 août 1534, et signée : *Honneur me guyde*. SALEL, puis un *Rondeau enigmatique de la maison de Montclera en Quercy, blasonnant les armes de ladicte maison*.

Le *Dialogue* commence au f. *q iij* v° :

> Pour effacer le soucy et le dueil
> De mon las cueur, ja noircy de tristesse...

Au r° du f. *q x* est le registre des signatures.
Le v° de ce même f. est blanc.

D'après le Catalogue des livres de M. Ch. Fairfax Murray, 1909 (n° 134), le volume a été imprimé par *Claude Carcand*, veuve de *Claude Nourry, dit le Prince*.

2863 (640 *a*). LE RETOVR de la Paix || en Erance [*sic*]. || *Au Palais, en la boutique de Gilles Corrozet*. || *Du xxii. Septembre*. || 1544. In-4 de 4 ff. non chiffr. de 26 lignes à la page pleine, impr. en jolies lettres rondes, sign. A, mar. r. jans. (*Trautz-Bauzonnet*.)

Le titre porte l'écu de France ; le v° du titre est blanc.
Le poème commence ainsi :

> Tant plus ung bien est longuement caché,
> Plus est requis, attendu et cerché...

Il est l'œuvre de GILLES CORROZET, qui l'a signé de sa devise ordinaire : *Plus que moins*.

Exemplaire NON ROGNÉ, provenant de la bibliothèque du COMTE DE LIGNEROLLES (Cat., 1894, n° 1208).

2864 (640 *b*). LE COMPTE || du Rossignol. || Auec priuilege. || *A Paris* || *Au Palais, en la boutique de Gilles* || *Corrozet*. 1546. — [A la fin :] *Imprimé à Paris, le deuxiesme iour* || *d'Auril*. || 1546. In-8 de 24 ff. non chiffr., v. f., tr. r. (*Anc. rel.*)

Le titre porte la marque de *Gilles Corrozet* (Silvestre, n° 145).

Au v° du titre est le texte de la requête adressée par Corrozet au prévôt de Paris, afin d'obtenir « permission d'imprimer et vendre ce petit traicté, par luy composé, intitulé *Le Compte du Rossignol* ». Au r° du f. suivant se trouve le texte de la permission accordée pour deux ans par ledit prévôt, P. Séguier, le 24 mars 1545 [v. s.].

Au v° du f. *A ij* est placé un dizain « Au lecteur ».

Le poème commence ainsi, au f. *A iij* :

> Puis qu'ainsi est que j'ay l'intention
> De mettre en vers ceste narration...

Le v° du dernier f. est blanc.

Cette jolie pièce a été réimprimée par Montaiglon (*Recueil de Poésies françoises*, t. VIII, pp. 48-73).

Exemplaire du DUC DE LA VALLIÈRE (Cat. de 1783, n° 3117).

2865 (640 c) 🦢 Le Vol ‖ de Laigle en ‖ France. ‖ 🦢 ‖ Auec priuilege. ‖ ℭ *On les vend a Paris en la grand ‖ salle du Palais / au premier pillier ‖ deuāt la chappelle de messieurs les ‖ Presidens / par Iehan andre.* S. d. [1540], in-8 goth. de 8 ff. de 32 lignes à la page pleine, sign. *a-b*, mar. r., dos fleurdelisé, tr. dor. (*Trautz-Bauzonnet.*).

Les trois premières lignes du titre sont imprimées en lettres rondes :

🦢**LE VOL**

de Laigle en

France.

🦢

𝔄𝔲𝔢𝔯 𝔭𝔯𝔦𝔲𝔦𝔩𝔢𝔤𝔢.

ℭ𝔒𝔫 𝔩𝔢𝔰 𝔳𝔢𝔫𝔡 𝔞 𝔓𝔞𝔯𝔦𝔰 𝔢𝔫 𝔩𝔞 𝔤𝔯𝔞𝔫𝔡
𝔰𝔞𝔩𝔩𝔢 𝔡𝔲 𝔓𝔞𝔩𝔞𝔦𝔰 / 𝔞𝔲 𝔭𝔯𝔢𝔪𝔦𝔢𝔯 𝔭𝔦𝔩𝔩𝔦𝔢𝔯
𝔡𝔢𝔲𝔞̄𝔱 𝔩𝔞 𝔠𝔥𝔞𝔭𝔭𝔢𝔩𝔩𝔢 𝔡𝔢 𝔪𝔢𝔰𝔰𝔦𝔢𝔲𝔯𝔰 𝔩𝔢𝔰
𝔓𝔯𝔢𝔰𝔦𝔡𝔢𝔫𝔰 / 𝔭𝔞𝔯 𝔍𝔢𝔥𝔞𝔫 𝔞𝔫𝔡𝔯𝔢.

Au v° du titre est un extrait du privilège accordé pour un an à *J. André*, le 4 février 1539 (v. s.).

Le poème, composé à l'occasion du voyage de Charles Quint en France, est précédé d'un dixain adressé par l'auteur Jean Boiceau, seigneur de

LA BORDERIE « a son amy le Traverseur » et de la réponse de JEHAN BOUCHET. La pièce principale commence ainsi :

> Dedans son parc la pastourelle France
> Estoit ung jour en travail et souffrance...

Jean Boiceau, avocat à Poitiers, composa l'année suivante, une pièce en patois poitevin restée célèbre, *Le Monologue de Robin* (voy. *Romania* XVII (1888), p. 207.

Ami de Jean de La Péruse, il lui envoya des vers au moment où celui-ci fuyait Poitiers, où la peste s'était déclarée. Le jeune poète, de son côté, lui adressa une ode, et, quand après la mort prématurée de La Péruse (1554), l'imprimeur Guillaume Bouchet en donna une édition, ce fut à Boiceau qu'il la dédia (voy. le n° 3022 ci-après).

Par la suite, l'avocat poitevin resta lié avec les poètes (voy. notamment Scévole de Saincte Marte, *Poëtica Paraphrasis in sacra cantica*, etc., 1575, fol. 38 v°), mais il ne publia plus que des ouvrages juridiques. Il mourut le 14 avril 1589. Guillaume Du Peyrat lui a consacré des épitaphes en forme de sonnets (voy. le n° 2944 ci-après).

De la bibliothèque du COMTE DE LIGNEROLLES (Catal., 1894, n° 1206).

2866 *bis* (645 *bis*). LE TEMPLE DE || VERTV. || Auec priuilege. || *A Paris en l'imprimerie de Denys Ia-* || *not.* || 1542. Pet. in-8 de 16 ff. non chiffr., sign. *a-d* par 4, car. ital., mar. br., fil. à froid. dos et coins dor., tr. dor. (*Chambolle-Duru*.)

Au v° du titre est un extrait du privilège accordé, pour deux ans, à *Ponce Roffet*, libraire, le 28 juin 1542.

Le poème, « présenté a madame Andrienne de Touteville, contesse de Sainct Paul », commence ainsi :

> Ung jour ayant la pensee assouuie,
> De triste deuil quasi comme rauie...

Cet exemplaire ne diffère que par le nom du libraire de celui que nous avons décrit dans notre t. I, n° 645 (2).

2867 (645 *a*). LA NOV- || VELLE || IVNO, || 🙰 || Presentee à ma Dame la Daulphine, par Fran- || çoys Habert natif d'Issouldun en Berry. || Auec l'Estrenne donnee à ladicte Dame le pre- || mier iour de l'An. Aussi l'Estrene au petit || Duc, Filz de monseigneur le Daulphin. || *A Lyon.* || *Par Iean de Tournes.* || 1547. In-8 de 63 pp., car. ital. mar. r., fil., tr. dor. (*Thouvenin.*)

Seconde édition. La première avait paru également chez *J. de Tournes* en 1545 (Bibl. nat., Ye. 1689).

Le titre porte la marque de *J. de Tournes* (Silvestre, n° 187).

La dauphine à qui ces poésies sont dédiées est Catherine de Médicis, qui ne devint reine que le 31 mars 1547. Le petit duc est François II, né le 19 ou le 20 janvier 1544, et qui porta d'abord le titre de duc de Bretagne. On voit que *Jean de Tournes*, suivant l'usage lyonnais, faisait commencer l'année au 1er janvier.

Suivant une observation de M. Alfred Cartier, Habert avait publié en 1545 une sorte de trilogie composée de *La nouvelle Pallas* (Bibl. nat., Ye. 1689 et 1690), *La nouvelle Juno* et *La nouvelle Venus* (Cat. Aimé-Martin, 1847, n° 396).

Exemplaire de CHARLES NODIER (Cat., 1844, n° 415), de YÉMÉNIZ (Cat., 1867, n° 1791) et de T.-G. HERPIN (Cat., 1903, n° 83).

2868 (645 *b*). Le || Temple de Chaste- || te, auec plusieurs || Epigrāmes, tant de l'inuention de l'autheur que || de la traduction & imitation de Martial & || autres. Poetes latins. Ensemble plusieurs || petits œuures poetiques, contenus || en la table de ce pre- || sent liuvre. || * || Le tout par Françoys Habert d'Yssouldun en Berry. || *A Paris,* || *De l'Imprimerie de Michel Fezandat, au mont* || *S. Hilaire à l'hostel d'Albret.* || 1549. || Auec Priuilege du Roy. In-8 de 119 ff. non chiffr. et 1 f. blanc, mar. r., fil., dos orné, tr. dor. (*Anc. rel.*)

Le titre porte la marque de *M. Fezandat* (Silvestre, n° 423, moins les initiales).

Au v° du titre on trouve la *Table* et un huitain de « Jacques Thiboust, escuyer, seigneur de Quantilly, secretaire du roy ».

Le f. *A ij* contient une épître (en vers) « A tres noble et illustre personne, M. Jan Brinon, S. de Villaines, conseiller du roy ».

Le Temple de Chasteté n'occupe que les ff. *A iij–C ij*. Il est suivi d'épîtres, d'épigrammes, de cantiques, d'épitaphes, d'églogues, de ballades, d'un poème intitulé : *Le vieil Chevalier* et d'une *Exhortation sur l'art poëtique*. Voici la table des personnages qui sont cités dans le recueil. Les noms des auteurs qui ont adressé des vers à Fr. Habert sont imprimés en petites capitales :

Abraham (Claude), de Châteaudun, fol. *G viij.*
Amours (Robert d'), fol. *I i.*
Anet (d'), « archier de la garde de monsieur le daulphin », fol. *D ij, D iiij.*
Anjou (Nicolas II d') ; cantique sur sa naissance (9 févr. 1545), fol. *I vij* v°. — Voy. Anselme, *Hist. généalogique,* I, p. 236.
Anjou (René d'), baron de Mézières et seigneur de Saint-Fergeau : épitaphe, fol. *L i* v°, *L iiij* v°.
Anjou (Antoinette d') dite Mlle de Mézières, fol. *D viij.*
Antoine de Bourbon, duc de Vendôme, puis roi de Navarre, fol. *E ij* v°.
Archambault (Jacques), « amateur de poësie », fol. *E vij.*
Baillon (Jan), « bien merité des lettres », fol. *H v* v°.
Barguin (François), seigneur de Villeseptier, « thresorier de madame Marguerite (fille de François Ier), fol. *C v, G i.*
Bastard, « m[aistre] des enfants de la chapelle de Bourges », fol. *F vj* v°.
Benard (Pierre), « de Blayes, pourvoyeur de monsieur de Nevers », fol. *D iiij* v°.
Bestereau (Guillaume), moine ivrogne, fol. *L viij.*
Bignon (Guillaume), « de Sainct Agnan en Berry », fol. *F iiij.*
Billon (Charles), maître des requêtes de monseigneur de Vendôme, fol. *C vj.*
Bisoton (Anne), de Loches, fol. *E iij.*
Bisoton (Marie), de Bourges, fol. *D viij.*
Bouchetel ([Guillaume]), « secretaire du roy et seigneur de Sacy », fol. *C viij.*
Bover, « esleu pour le roy a Bourges », fol. *D v* v°.
Brinon (Jehan), « president de Rouen et chancellier d'Alençon » : épitaphe, fol. *M i* v° ; — épitaphes de sa femme, fol. *N i, N i* v°.
Brinon (Jehan II), seigneur de Villaines, « conseiller du roy », fol. *A ij, C iij, H iiij.*
Caraccioli (Giovanni), prince de Melfe, fol. *O vj.*
Catherine de Medicis, « estant pour lors daulphine », fol. *K ij* v°.
Caupain (Jacques), « de Rouen, poëte et musicien », fol. *H viij.*
Cervin (Claude), de Blois, fol. *H iiij* v°.
Chappuset (Guillaume), d'Issoudun, fol. *G iij* v°.

Charpillet (Françoys), banquier de Lyon, fol. *H v*.
Chartier, « conseiller du roy », fol. *E vij*.
Chrestien (Jehan), de Picardie, avocat, fol. *E vij*.
Collet (Claude), « m[aistre] d'hostel de madame la marquise de Nesle », fol. *F vj* v°.
Compain (Nicolas), de Bourges, fol. *F v* v°.
Corbin (Robert), seigneur de Boycereau, fol. *O v*, *P v* v°.
Courtin (« La baillifve »), fol. *E vij*.
David (Jehan), joueur de flûte du roi de Navarre, « le plus excellent de ce temps », fol. *F v* v°.
Des Alés (Françoys), « de la maison de la royne », fol. *G vij* v°.
Des Champs (Blaise), « de Nivernoys », fol. *H viij*.
Des Eaux (Mme), de Bourges, fol. *D r* v°.
Des Landes (Laurent) : épitaphe satirique, fol. *L viij* v°.
Dorsaine, « lieutenant particulier d'Yssouldun en Berry », fol. *G ij*.
Du Bouchet, fol. *H vj* v°.
Du Clac (Jacob), personnage grotesque, fol. *G iij* v°.
Du Danion, fol. *E v* v°.
Du Peyrat ([Jean]), lieutenant de Lyon, fol. *H ij* v°.
Du Val ([Pierre]), évêque de Séez, fol. *G i* v°.
Du Verger le jeune, « advocat du roy a Bourges », fol. *H iij*.
Emery (Pierre), seigneur de Romesac, fol. *P v* v°.
Érasme : traduction de son *Action de graces après le repas*, fol. *I viij*.
Espence (Claude d'), docteur en théologie, fol. *H iiij*.
Fournier (Méry), « fourrier de la royne », fol. *G i* v°.
François 1er : déploration sur sa mort, fol. *K vj*.
Gamaliel, de Bourges, fol. *H ij* v°.
Genet (Nicolas), « barbier de la maison de la royne », fol. *H ij* v°.
Gyrard (Claude), de Berry, fol. *H v*, *H vij*.
Grégoire (Jehan), « advocat de Chasteauroux », fol. *G ij* v°.
Grenoille, mauvais poëte, fol. *H viij*.
Guillot le Songeur, fol. *H iij*.
Henri II, encore dauphin, fol. *C vij*, *F i* v°.
[Herberay (Nicolas de)], seigneur des Essars, « traducteur d'Amadis de Gaule », fol. *H vij*.
Hullin (Maurice), fol. *H viij* v°.
Yverny (Mlle d'), de Paris, fol. *C iij* v°, *F vj*.
Jacob (Loyse), « femme de monsieur le lieutenant particulier d'Yssouldun », fol. *G v* v°.
Lacube (Claude de), d'Issoudun, fol. *H vj* v°.
L'Aubespine ([Claude] de), « secretaire du roy », fol. *G ij* v°. — Voy. Anselme *Hist. généal.*, VI, p. 558.
L'Aubespine (François de), « lieutenant general a Bourges », fol. *H vj*.
L'Aubespine ([Sebastien] de), abbé de Basse-Fontaine, fol. *D ij* v°, *H iiij* v°.
Le Clerc, « conseiller en parlement », fol, *G iij* v°.
LE JOUVRE (NICOLAS), « poëte françoys », fol. *E iiij* v°, *F iiij*, *H iiij* v° ; — réponse à Habert, fol. *F iiij* v° ; — épitaphes, fol. *E viij* v°, *L i* v°. — Il est dit originaire de Saint-Brisson-sur-Loire.
LE MOYNE (JEHAN), « excellant escrivain de son temps », fol. *F vij* v°, *F viij* ; — huitain de lui fol. *F viij*.
Le Natier (Thibault), « bon biberon » ; épitaphe, fol. *L viij* v°.
L'Hospital ([Michel] de), « lieutenant particulier de Bourges », « conseiller du roy a Paris », fol. *G vj* v°, *H ij*.
Lorraine (Charles, cardinal de), fol. *N ij* v°.
Mabonneau (Claude), « lieutenant du Bourdedieux », fol. *G ij* v°.
Marguerite d'Angoulême, reine de Navarre, fol. *F i*.
Marguerite de France, fol. *F vj*.
Marot (Clément) : épitaphe, fol. *L vij* v°.
Marron (Claude), « esleu de Loches, compagnon d'escoles de l'autheur », fol. *F vij*.
Marsault des Galles : épitaphe satirique, fol. *L viij* v°.
Martin (Frère), fol. *G vj*.

Maupas (Claude de), « abbé de Lan en Lannoys », fol. *C vj* v°.
Meusnier, « enquesteur d'Yssouldun », fol. *G iiij*.
Michelle, « lingere de la court », fol. *H vj* v°.
Monnerault (Jehan), « appotiquaire d'Yssouldun, excellant en son art », fol. *G i* v°.
Obéy, fol. *G vij*.
Orléans (Claude d'), « esleu en Berry », fol. *H viij* v°.
Plancy (Mlle de), fol. *H i* v°.
Prévost (Claude), « prieur de Sainct Ladre d'Yssouldun », fol. *G i* v°.
Raconis (François de), ou « Ranconis, receveur de Chasteau Thierry », fol. *E i*, *E i* v°, *E vj* v°.
Regnier (F.), lieutenant général d'Issoudun en Berry, fol. *D iiij*.
Riant, « advocat au parlement », fol. *H ij* v°.
Robert (Philebert), « secretaire de monsieur le marquis du Maine », fol. *I i*.
Robertet (Claude), « seigneur d'Aluis, secretaire du roy », fol. *D vj* v°.
Robin des Flustes : épitaphe satirique, fol. *M i*.
Roy (Jacques). de Châteaudun, fol. *H iij* v°.
Rollet (Maistre), fol. *F iij* v°.
Rousset (Catherine), fol. *H iiij* v°.
Saincte Marthe ([Charles] de), « poëte françoys », fol. *H ij*.
Sainct Gelais ([Mellin] de), fol. *E vj* v°.
Sainct Paul (François de Bourbon, comte de), mort à dix ans le 4 octobre 1546 : épitaphe. fol. *M i*. — Voy. Anselme, *Hist. généal.*, I, p. 327 C.
Salel (Hugues), ou « Salet, excellent poëte françoys », fol. *E viij*.
Scève (Maurice), « poëte françoys demourant a Lyon », fol. *F i*.
Thiboust (?), « damoyselle de Rozay, fille de monsieur de Quantilly », fol. *D iij* r° et v°.
THIBOUST (JACQUES), écuyer, SEIGNEUR DE QUANTILLY, « secretaire du roy » : huitain, fol. *A i* v° ; — pièces a lui adressées, fol. *D i* v°, *G iiij* v° ; — épigrammes échangées entre lui et Habert, fol. *F ij* v° — *F iij* v°.
Théry (de), d'Issoudun, fol. *C iiij* v°.
Thou (de), « advocat en parlement a Paris », fol. *H vij* v°.
VINCENT (GUILLAUME) : épître à Habert, fol. *E iij* v° ; — réponse d'Habert, fol. *E iiij* ; — étrennes à lui adressées, fol. *G vij* v°.

Exemplaire de Ste-Geneviève de Paris, 1753 ; du DUC DE LA VALLIÈRE (Cat. de De Bure, n° 3127) et de T.-G. HERPIN (Cat., 1903, n° 86).

2869 (649 *a*). EPITAPHES || de Monseigneur le Duc || d'Orleans, composees en || Latin, Grec, & Françoys, par || Simon Vallambert. || *On les vend à Paris en la maison de Chrestien* || *Wechel à l'escu de Basle en la rue sainct* || *Iacques : & au Cheual volant,* || *en la rue sainct Iehan de* || *Beauluais.* *L'an* M. || D. XLV [1545]. In-4 de 8 pp., mar. r. jans., tr. dor. (*Cuzin*.)

Au titre, une marque de *Chr. Wechel*, à peu près semblable à celle que Silvestre reproduit sous le n° 1178.

Au v° du titre est une courte épître de l'auteur « Joanni Clercio, consiliario et quaestori ducis Aureliorum, itemque consiliario et procuratori regis in intimo consilio ejusdem ».

Le recueil contient :

1° (p. 3) 4 distiques latins ;

2° une inscription latine en style lapidaire ;

3° (p. 4) 4 distiques grecs ;

4° (p. 5) une élégie latine en 10 distiques ;

5° (p. 6) une « monodie en vers heroïques », imités de la terza rima italienne ;

6° (p. 8) une épitaphe en huit vers décasyllabiques.

Charles, duc d'Orléans, de Bourbon, d'Angoulême et de Châtellerault, était le troisième fils de François 1er, qui avait pour lui une tendresse particulière et avait rêvé de lui créer un royaume en Italie. Il mourut, à 23 ans, le 9 septembre 1545.

Brunet (V, col. 1058) n'a pu citer les *Epitaphes* que d'après Du Verdier.

De la bibliothèque du COMTE DE LIGNEROLLES (Cat., 1894, n° 1210).

2870 (649 b). LES || PROPOS || fabuleux mo- || ralizez, || Extraits de plusieurs auteurs, tant || Grecz, que Latins, non moins vtiles || à l'Esprit, que recreatifz à toutes || gens, nouuellement imprimez. || *A Lyon,* || *Par Benoist Rigaud, & Ian Saugrain* || M. D. LVI [1556]. In-16 de 138 pp. et 1 f. bl., mar. bl., fil. à froid, tr. dor. (*H. Duru.*)

Le titre porte la marque de *Benoist Rigaud* (Silvestre, n° 1302).

Au v° du titre est un *Huitain à la louenge d'Esope :*

Horace dit par escrit authentique...

Le volume contient 137 fables extraites des *Trois cents soixante et six Apologues d'Esope, tresexcellent philosophe, premierement traduictz de grec en latin par plusieurs illustres autheurs, comme Laurens Valle, Erasme et autres, et nouuellement de latin en rithme françoyse par* GUILLAUME HAUDENT (a Rouen, au portail des libraires, aux boutiques de Robert et Jehan Du Gort freres, libraires, 1547, in-16).

Voici dans quel ordre les fables sont ici placées, si on les compare aux deux livres imprimés en 1547.

I, nos 4, 6, 9, 11, 18, 20, 22, 23, 28, 31-34, 43, 56, 58, 61, 63-65, 68, 73, 75, 78, 85, 86, 90, 92, 93, 100, 104, 106, 117, 124, 133, 138, 150-152, 163, 169, 175, 189, 195, 196, 198-200, 202 ; II, 8-13 ; I, 94 (la fable est ici intitulée : *La Complainte des asnes*) ; II, 109-111, 113, 115, 191, 187, 185, 186, 146, 147, 153 (le titre porte ici : *D'un veneur et d'un cerf*), 154, 179, 156-159, 161 ; II, 6 ; I, 206 ; II, 1, 15-20, 22, 24, 25, 28, 29, 33-35, 38, 39, 44-48, 50, 51, 59, 60, 68-70, 75, 76, 80-86, 108-110, 113-115, 117, 119-122, 124, 126, 132, 134, 137, 142, 146-148, 155.

Guillaume Haudent, né à Rouen au début du XVIe siècle, était prêtre. Dès l'année 1533 il concourut aux palinods de Rouen (Biblioth. nat., ms. fr. 1715). Divers actes retrouvés par E. Gosselin et par C. de Beaurepaire nous permettent de suivre sa vie de 1536 à 1557. Ses *Fables* ont été réimprimées en 1877, par Charles Lormier pour la Société des Bibliophiles normands.

2871 (649 c). LEPITHALAME & triūphe du Mariage de Monsgr Francoys de lorraine Duc de Bar & de Ma dame Chrestienne duchesse & douairiere de Milan. Composez par .I. Mallard Poete Royal. [1540 ou 1541]. Ms. pet. in-4 sur vélin de 40 ff., (haut. 177 ; 149 mill.), réglé, mar. bl., dos et mil. ornés, tr. dor. (*A. Cuzin.*)

Au v° du 1er f. (dont le r° est blanc), sont les armes de CLAUDE BOUTON, SEIGNEUR DE CORBERON, avec la devise : *Souvenir tue.*

Au 2e f. commence l'*Epithalame,* dont voici les premiers vers :

Près du bes[u] boys et maison de Brucelles,
Qu'on doibt nommer le temple de Phœbus
Et de Diane, aussi de ces ancelles,
La vraye chasse entre les champs herbus...

Le poème se divise en trois parties : l'*Epithalame* proprement dit, *Le Bastillon* et *La Chasse.* Ces trois parties forment un total de 1056 vers.

La Niphe docte et son scauoir en loix
Et droictz diuins tāt esclarcit les roys
Ausquelz transmis est sonnent de lempire
Qu'en embassade vng chacū Roy laspire
 Et au regard de laultre seigneur dit
De Corbaron, c'est Boece en credit
De rethoricque, et Martins capelle
 Musicque n'a aussi en sa chappelle
Maistre que luy, Ny la Royne minerue
Grand escuyer, n'eust oncq que tant obserue
Pourtant que c'est du rosier plein d'odeur
Le vray bouton qui fut embassadeur
Transmis aux Roys tant ayme des humains
Qu'il fut requis du bon Roy des rommains
Mesme escuyer du pere Charles quint

L'auteur, Jean Mallard, était à la fois poète et calligraphe. Il est surtout connu par sa *Description de tous les ports de mer de l'univers* (Biblioth. nat., ms. fr. 25375 et 13371).

Le manuscrit est très élégamment calligraphié et orné de charmantes petites miniatures dans les marges. Voici le relevé de ces miniatures :

Fol. 2, armes de Milan, de Lorraine et de Bar ;
Fol. 2 v°, portrait de Chrestienne [de Danemark] ;
Fol. 3, portraits de François [de Lorraine] et d'[Antoine le Bon], duc de Lorraine ; armes de Jérusalem, d'Aragon et de Naples ;
Fol. 3 v°, armes d'Holsacye (Alsace) et de Bohème ;
Fol. 4, armes de Danemarc, de Norvegue, de Suecye et d'Autriche ;
Fol. 4 v°, armes de France et de Hongrie ;
Fol. 5 v°, Uranie et une sphère armillaire ;
Fol. 6, Calliope ;
Fol. 7, Polimnia ;
Fol. 7 v°, Melpomene ;
Fol. 8 v°, Clio ;
Fol. 9, Errato ;
Fol. 9 v°, Euterpe ;
Fol. 10 v°, Terpsicore ;
Fol. 11, Talia ;
Fol. 12 v°, portrait de [Charles de Croy], évêque de Tournai ;
Fol. 13 v°, portraits de René de Chalon et de [Philippe de Croy], duc d'Ascot (c'est-à-dire Arschot) ; armes d'Orenge et de [Ligne].
Fol. 14, portraits du prince de Gymays et du comte de Buren ; armes d'[Aremberg] et de Buren ;
Fol. 14 v°, portraits de Brederouldre et de Lallain, accompagnés de leurs armes ;
Fol. 15, portraits du comte de Meurs, avec ses armes, et du chancelier de Brabant Vander Noot ;
Fol. 17, portrait et armes du seigneur de Molembay, maître d'hôtel de la reine ;
Fol. 18, portrait et armes de [Claude] Bouton, [seigneur de Corberon] ;
Fol. 19, cornet, tambour et harpiste ;
Fol. 20 v°, cavalier prêt à combattre dans un tournoi ; tribune remplie de spectateurs ;
Fol. 21, spectateurs sur les maisons ; vases d'or et verres ;
Fol. 21 v°, services de table ;
Fol. 22, masques dansant après le festin nuptial ;
Fol. 32, trophée d'armes.

On lit à la fin (fol. 40 v°) cette signature autographe : *Souvenir tue.* BOUTON.

Jean Mallard célébra en 1559 un autre mariage qui eut lieu dans la maison de Lorraine. On a de lui un *Epithalame en l'honneur du mariage de Charles II* (ou III), *duc de Lorraine, et de Claude de France, fille de Henri II* (Biblioth. nat., ms. fr. 14520). Il se qualifie sur le titre : « poëte, orateur et escripvain royal ».

2872 (649 d). LE DISCOVRS DU || Voyage de Con || stantinoble, Enuoyé dudict || lieu à une Damoy- || selle Fran- || coyse. || ✱ || *On les uend à Lyon, en rue Merciere,* || *par Pierre de Tours.* || 1542. In-8 de 64 pp. (la dernière ne portant pas de chiffre), mar. r., fil., dos orné, tr. dor. (*Hardy*.)

Au v° du titre commence un avis de « L'imprimeur au lecteur », avis dont voici les principaux passages : « Depuis peu de jours j'ay mis en lumiere une traduction d'Aristote et de Philon, du Monde, faicte par un sçavant personnage de ce temps, lequel œuvre, qui est hault et delectable...., est en prose ; mais a present, amy lecteur, je te offre ceste presente description d'une partie du monde, faicte en vers, aussi par un sçavant et gentil esprit de ce temps, laquelle il a intitulee *Le Discours du voyage de Constantinoble*, ou tu trouveras plusieurs choses qui te recreeront sans doubte, comme descriptions de terres, de isles, de mers, de villes, chasteaux et eglises, et de maintz perilz dangereux, que tu liras sans danger, digressions, inventions et fictions dessus la grand'amour qu'il portait à la damoiselle à qui il adresse ce present œuvre, escrivant de Constantinoble, laquelle il aymoit d'amour honneste et soubz le nom de mariage, par ce voyage interrompu et differé... »

Le *Discours* commence ainsi, au vº du f. *A* 2 :

    Laissant la France à nulle aultre seconde,
    La plus fertile et fameuse du monde,
    Laissant le roy, mon seigneur et mon prince,
    Pour son service en estrange province...

L'auteur de ce poème est le sieur DE LA BORDERIE, dont le nom figure en tête des éditions de 1545 et 1547 (voy. notre t. I, nº 806, art. 9).

Bertrand de La Borderie reçut, au mois d'août 1537, 450 l. t. pour se rendre en poste à Venise, où il devait s'embarquer à la recherche du protonotaire de La Forest, à qui il était chagé de remettre des lettres du roi (*Cat. des actes de François Iᵉʳ*, t. VIII, nº 30335). Il fut absent moins de dix mois, car, en juin 1538, il reçut 225 l. t. sur ce qui pouvait lui être dû pour ses voyages et vacations au pays du Levant, et pour l'aider à s'entretenir à la suite de la cour (*ibid.*, t. VIII, nº 31621).

Exemplaire de CH. SCHEFER (Cat., par Ch. Porquet, 1899, nº 154).

2873 (649 *e*). L'AMIE DE COVRT ‖ inuentee par le ‖ Seigneur de Bor- ‖ derie. ‖ *On les uend en la grand salle du Palais,* ‖ *en la bouticque de Gilles Corrozet li-* ‖ *braire.* ‖ Auec Priuilege, pour deux ans. ‖ 1542. In-8 de 32 ff. non chiffr., car. ital., mar. bl., dos et milieu ornés, tr. dor. (*Trautz-Bauzonnet.*)

Le privilège, accordé à *Gilles Corrozet*, est daté du 9 mars 1541 (1542, n. s.). Le millésime de 1541 a été conservé sur le titre de certains exemplaires.

L'*Amie de court* est reproduite dans deux des recueils que nous avons précédemment décrits (t. I, nᵒˢ 806 et 807).

2874 (649 *f*). LA PAR- ‖ FAICTE ‖ AMYE, ‖ Nouuellement composée par Antoine ‖ Heroet, dict, La Maison neufue. ‖ Auec plusieurs autres compositions ‖ dudict Autheur. ‖ *A Troyes,* ‖ *Par Maistre Nicole Paris.* ‖ 1542. In-8 de 96 pp., car. ital., mar. bl., dos et mil. ornés, tr. dor. (*Trautz-Bauzonnet.*)

Ce poème avait paru d'abord à Lyon. Il en existe une édition imprimée dans cette ville par *Pierre de Tours* en 1542 et deux éditions données par *Estienne Dolet* en 1542 et 1543 (voy. la dernière sous le nº 650).

Nicole Paris paraît avoir reproduit l'édition de *Pierre de Tours*.

2875 (650 *a*). LA ‖ CONTR'AMYE ‖ DE COVRT : ‖ Par ‖ Charles Fontaine ‖ Parisien. ‖ *Imprime par Adam Saulnier.* ‖ 1543. S. *l.* [*Lyon*], pet. in-8 de 27 ff. chiffr. et 1 f. bl., mar. bl., dos et mil. ornés, tr. dor. (*Trautz-Bauzonnet.*)

D'après Brunet, ce poème aurait été publié pour la première fois par

BELLES-LETTRES. 215

Adam Saulnier, en 1541 (1542, n. s.) ; mais l'existence d'une édition antérieure à 1543 est douteuse. Notre ami M. Alfred Cartier nous fait observer que *La Contr'amye* est une réponse à *L'Amie de court* imprimée en mars 1542 (n. s.). Elle se retrouve dans les recueils décrits au tome I, sous les n°s 806 et 807.

2876 (650 *b*). La || Fontaine || d'amovr, con- || tenant Elegies, Epi- || stres, & Epi- || grammes. || *A Paris.* || 1546. || *De l'Imprimerie de Ieanne de Marnef, demou-* || *rant en la rue Neuue nostre Dame à l'enseigne* || *saint Iean Baptiste.* In-16 de 120 ff. non chiffr., sign. *A-P* par 8, car. ital., mar. br., fil. à froid, ornements dorés, tr. marbr. (*Rel. du XVI° siècle.*)

L'intitulé est inscrit dans un joli cartouche gravé sur bois, avec la devise : *Nul ne s'y frote.*

Au v° du titre on lit un huitain de « L'autheur auz dames » et un quatrain « Aux mesdisants ».

Les ff. *A ij-A v* contiennent une épître en prose « A treshault et tresflorissant prince, monseigneur le duc d'Orleans ». Cette épître composée par Charles Fontaine pour la première édition que Jean de Tournes avait imprimée à Lyon en 1545, n'est plus trop à sa place dans une édition datée de 1546, car le jeune fils du roi Charles, duc d'Orléans, était mort le 9 septembre 1545 (voy. le n° 2869 ci-dessus).

Au v° du dernier f. est la marque de *Denis Janot* accompagnée des devises : *Patere, aut abstine, Nul ne s'y frote*, et du nom de sa veuve : *Jeanne de Marnef.*

On trouve dans ce volume un très grand nombre de noms que nous avons relevés dans la table suivante :

Alibert (Noë), Lyonnais, fol. *P vij* v°.
Aneau (Bartolomy), fol. *M vij* v°.
Annebaut ([Claude] d'), lieutenant pour le roi en Piémont, fol. *O vij* v°.
Aublé (Marin), précepteur des enfants du connétable Anne de Montmorency, fol. *O i*.
Bèze ([Théodore] de), fol. *N viij*.
Boyssonné ([Jean] de), conseiller de Chambéry, fol. *N iij* v°.
Bongrain (Pierre), fol. *P vj*.
Boulaud (Christofle), avocat au parlement, à Paris, fol. *L iij, M iiij* v°.
Braillon ([Jean]), médecin de Paris, fol. *P iiij* v°.
Briau (Jacques), fol. *L v*.
Brielle (Claude), Lyonnaise, fol. *L vj* v°.
Brielle (Marie), Lyonnaise, fol. *L vj* v°.
Brinon ([Jean]), « filz unique de feu monsieur le president de Rouen », fol. *N iiij*.

Budé ([Guillaume]), « en son vivant maistre des requestes du roy », fol. *L v*.
Bureau (Jean), de Tournus, fol. *M viij* v°.
Caillé, chanoine, fol. *O viij*.
Cambray (Jacques de), « chancelier de Bourges, estant à Ferrare », fol. *M viij*.
Canape ([Jean]), médecin à Lyon, fol. *M i, P ij*.
Canaples (de), capitaine, fol. *M i*.
Chalant (Jean), fol. *M viij* v°.
Chemant (de), président de Piémont, fol. *O vij*.
Corgueron, maître de la chapelle du roi, fol. *P iij*.
Crussol (Charles, vicomte de]) d'Uzès, fol. *L v* v°.
Danès ([Pierre]), fol. *M viij*.
Des Goutes (Jean), fol. *O i* v°.
Du Lyon ([Antoine]), ou de Lyon, conseiller en parlement, à Paris, fol. *N iiij* v°.
Du Maine (Guillaume) « Maynus », fol. *A iij*.

Du Moulin (Antoine), fol. *Kvij*, *Lvij*.

Du Peyrat ([Jean]), lieutenant général pour le roi en la sénéchaussée de Lyon, fol. *Li* v°, *Mij*, *Nv*.

Du Peyrat (Magdeleine), fille du précédent, fol. *Nv* v°.

Du Puys, lieutenant particulier en la sénéchaussée de Lyon, fol. *Lij*.

Durand (Anne), fol. *Nij* v°.

Durand (Guillaume), Lyonnais, fol. *Pi* v°.

Este (Ippolito d'), cardinal de Ferrare, fol. *Pv*.

Faure (Imbert), Lyonnais, fol. *Mij* v°.

Flora, fol. *Nviij* v°.

François Ier, fol. *Oviij* v°.

Gauteret ([Gaspard]), chanoine, fol. *Ov*.

Granger, médecin à Paris, fol. *Pv* v°.

Gravier (Jean), fol. *Miij*.

Henri [II], dauphin, fol. *Ni*.

Hugand (Vincent), élu de Mâcon, fol. *Liiij*.

Jacob (Maistre) : vers de lui et réponse, fol. *Mv* v°.

Jean (Catherin), écuyer, « maistre de la poste du roy à Lyon », fol. *Pij* v°.

[Jeanne d'Albret], princesse de Navarre, fol. *Lij* v°.

Juré (Alexis), de Quiers, fol. *Oij* v°.

La Fay (de), Lyonnais, fol. *Pvij*.

La Loupe (Vincent de), avocat au parlement de Paris, fol. *Oi* v°.

L'Archer (Françoys), clerc des Comptes, fol. *Ov*.

Le Jouvre (Nicole) : dixains de lui et réponses, fol. *Mvj* v°, *Ni* v°.

Le Maistre (Claude), Lyonnais, fol. *Oij* v°.

L'Estoile, conseiller, fol. *Nviij* v°.

Le Verrier (Odoart), « clerc au greffe du roy à Lyon », fol. *Oiiij*.

Lorraine ([Charles], cardinal de), fol. *Nvij* v°.

Loudon (de), [gendre de M. de Chemant], fol. *Ovij*.

Maynus. Voy. Du Maine (Guillaume).

Marguerite, reine de Navarre, fol. *Pi*.

Marot (Clément), fol. *Liiij*, *Lviij* v°.

Mellier (Nicole), lieutenant de monsieur le juge ordinaire de Lyon, fol. *Mij* v°.

Moyreau (Pierre), de Dourdan, compagnon imprimeur qui imprimait le livre, fol. *Oij*.

Morel (Françoys), greffier en la cour ordinaire de Lyon, fol. *Oviij*.

Morelet ([Jean]) du Museau, conseiller du roi et ambassadeur pour ledit seigneur en Suisse, seigneur de La Marche-Ferrière et du Bourgeau, fol. *Ni*, *Nvj* v°.

Noailly (Antoine), procureur à Lyon, fol. *Oiiij* v°.

Orléans (Charles, duc d'), fol. *Aij*.

Pise (Antoine de), fol. *Nvij* v°.

Pise (Philippe de), élu pour le roi à Mâcon, fol. *Nvij*.

Polier (Annemond), procureur de Lyon, fol. *Lv* v°, *Oij* v°.

Quélin ([Nicolas]), conseiller au parlement de Paris, fol. *Niiij* v°.

Reclus (Pierre), apothicaire, fol. *Pij* v°.

Regnard (Georges), capitaine lyonnais, fol. *Nij* v°.

Rochefort (Le chevalier de), fol. *Liiij* v°. (Il se confond peut-être avec le suivant.)

Rochefort (Jean de), Lyonnais, fol. *Mi* v°.

Rochefort (Marguerite Senneton, femme de Jean de), fol. *Lvj*, *Nv*.

Royet (Bartolomy), fol. *Mvj* v°.

Sala ([François]), capitaine de la ville de Lyon, fol. *Nij* v°.

Salel (Hugues), « valet de chambre du roy et poëte françois », fol. *Pi* v°.

Saliat (Pierre), fol. *Hv*, *Pij* v°, *Pv* v°.

Saleignac (de), « docteur de monseigneur le cardinal de Lorraine », fol. *Lvij*.

Sauvage (Denis), fol. *Nviij*, *Piij* v°, *Piiij* v°.

Scève, conseiller de Chambéry, fol. *Nij*.

Scève (Maurice), fol. *Miiij* v°, *Mvij* v°.

Senneton (Antoine), fol. *Mij*.

Senneton (Jacques), Lyonnais, fol. *Oij*.

Senneton (Marguerite), Lyonnaise, fol. *Lvj*. Voy. Rochefort (Jean de).

Télin (Guillaume), « secretaire de monsieur le duc de Guyse », fol. *Pi* v°.

Thezé (Jean), Lyonnais, fol. *Niij*.

Tignac, juge ordinaire, civil et criminel en la ville de Lyon, fol. *Niiij*.

Tiraqueau ([André]), conseiller au parlement de Paris, fol. *Lij*.

Tolet ([Pierre]), médecin à Lyon, fol. *Pij*.

Torvéon ([Néry de]), conseiller, fol. *Nv* v°.

Tournon (François, cardinal de), fol. *Nviij*.

Troëmont (Guillaume de), fol. *Ni*.

Trougnart (Philibert), fol. *Miij* v°.

Uzès (Charles de Crussol], vicomte d'), fol. *Lv* v°.

Vacé, médecin à Lyon, fol. *Pij*.

Verjus (Françoys), chanoine de Mâcon, fol. *Liij* v°.

Virieu (Antoine), enquêteur en la sénéchaussée de Lyon, fol. *Pij*.

Exemplaire de T.-G. HERPIN (Catal., 1903, n° 102).

2877 (650 c). ODES, ENIGMES, || ET EPIGRAM- || MES, || * || Adressez pour etreines, au Roy, à la || Royne, à Madame Marguerite & au- || tres Princes & Princesses de France. || Par Charles Fontaine Parisien. || *A Lyon*, || *Par Iean Citoys*. || M. D. LVII [1557]. || Auec Priuilege du Roy. In-8 de 111 pp., car. ital., mar. r., fil. à froid, tr. dor. (*Duru*, 1849.)

IV, 6, 134

Le titre porte la marque de J. Citoys, avec la devise : *Civis in utrumque paratus* (Silvestre, n° 1209).

Au v° du titre est un *Extrait* du privilège accordé pour huit ans à Charles Fontaine le 1ᵉʳ octobre 1555.

Le principal intérêt des petites pièces qui composent ce volume vient des noms des personnages à qui Ch. Fontaine dédie ses vers, ou qui lui adressent une réponse. Voici la table de ces personnages. Les petites capitales indiquent les auteurs de réponses :

Annebault (Jacques d'), cardinal de Lisieux, pp. 51, 52.

Antoine de Bourbon, roi de Navarre, p. 45.

Armagnac (Georges, cardinal d'), p. 52.

Aumale (Claude de Lorraine, duc d'), p. 47.

Avanson (Jean d'), président au conseil du roi, p. 52.

Baïf (Jean-Antoine de), p. 66.

Bavière (Jeanne de Genouillac, veuve de Charles de Crussol, femme de Jean-Philippe de), comte palatin du Rhin, p. 60. — Elle est appelée ici « madame de Crussol, comtesse de Reindgrave (*sic*) ».

Belleau (Remi), « poëte », p. 70.

Bertrand (Jean), archevêque de Sens, garde des sceaux de France, p. 53.

Bon (Pierre), capitaine, p. 56.

Bourbon (Charles, cardinal de), p. 44.

Bourgeois (Marie), petite fille de cinq ans », p. 74.

Bryau, lieutenant, p. 72.

Cambray (Jacques de) « conseillier et aumônier du roy, chancelier de Bourges, et ambassadeur en Transsylvanie », pp. 69, 98.

Carle (Lancelot de), évêque de Riez, p. 54.

Catherine de Médicis, p. 57.

Charles II, duc de Lorraine, p. 46.

CHASSAGNON, pp. 99, 100.

Chastillon (Odet, cardinal de), pp. 21, 27, 31, 49.

Chevrière, p. 67.

Citois (Jean), p. 79.

Coligny (Gaspard de), amiral de France, p. 49.

Condé (Henri de Bourbon, duc d'Enghien, plus tard, prince de), p. 45.
Condé (Louis Ier de Bourbon, prince de), p. 45.
Cossé (Charles de), comte de Brissac, maréchal de France, p. 50.
Coulaud (François), receveur, p. 73.
Crussol (Antoine de), comte de Tonnerre, plus tard duc d'Uzès, pp. 26, 55.
Crussol (Louise de Clermont, comtesse de Tonnerre, femme d'Antoine de), p. 61.
Crussol (Jean, Jacques, Louis, Charles et Galiot de), frères d'Antoine, p. 55. — Ils ont pour précepteur Pierre Saliat.
Dalechamps (Jacques), p. 97.
Danès (Pierre), « precepteur des enfans du roy », p. 32.
Des Autelz (Guillaume), « poëte », pp. 70, 95.
Des Cars (Anne de Peyrusse), cardinal de Givry, p. 51.
Des Masures (Louis), pp. 88, 89.
Dorat (Jean), « lecteur du roy en l'université de Paris », p. 71.
Du Bellay (Jean, cardinal), p. 52.
Du Bellay (Joachim), p. 66.
Du Bois (Jean), ou de Sylva, medecin, p. 97.
Du Tronchet (Bonaventure), pp. 87, 88.
Este (Alfonso d'), prince de Ferrare, p. 48.
Este (Anne d'), femme de François de Lorraine, duc de Guise, p. 60.
Este (Ippolito II d'), cardinal de Ferrare, p. 48.
Estouteville (Marie de Bourbon, princesse d'), fille de François de Bourbon, comte de Saint-Paul, et d'Adrienne d'Estouteville, p. 59.
Fernel (Jean), médecin à Paris, p. 94.
Ferrier, trésorier, p. 96.
Filandier (Guillaume), dit Philander, p. 83.
Flora, femme de Charles Fontaine, pp. 84-86.
Fontaine (Jacques), p. 103.
Fontaine (Jean), p. 103.

Fournaud (Jean), pp. 79, 102.
François II et ses frères, enfants, pp. 34, 44.
Fumée ([Antoine]), grand rapporteur, p. 55.
Gaudin (Alexis), médecin à Blois, p. 78.
Gauteret ([Gaspard]), chanoine, p. 72.
Gohorri (Jacques), Parisien, p. 77.
Gouffier (Claude), duc de Roannez, grand écuyer, p. 50.
Granger, médecin à Paris, p. 94.
Gravier, secretaire, p. 92.
Gruget (Claude), Parisien, p. 77.
Guise (François de Lorraine, duc de), p. 47.
Guise (Louis de Lorraine, cardinal de), p. 47.
Henri II, pp. 2, 3, 14, 42, 43.
Initiales :
  C. B., Lyonnaise, p. 70. — L'anagramme *Ateindre à ce bonheur* donne le nom de Catherine Brondeau.
  H. D. R., Lyonnoise, p. 80.
  J. C. [= Jean Citois], p. 79.
Jean (Catherin), p. 73 — Ce personnage, devenu maître de la poste à Lyon, n'était, en 1516, que simple messager de Paris à Lyon (*Bull. de la Soc. de l'hist. de Paris*, 1894, p. 208).
Jeanne d'Albret, reine de Navarre, p. 58.
Jodelle (Estienne), « poëte », p. 66.
Jugerie (de), « medecin de monsieur le cardinal de Lorraine », p. 95.
La Boutière (George de), p. 79.
La Garde (Jean-Antoine Escalin des Aimards, baron de), dit le capitaine Polin, général des galères, p. 56.
La Marck (Robert de), duc de Bouillon, « mareschal de Sedan », p. 49.
La Porte (Charles de), p. 96.
L'Archer (François), p. 93.
La Roche-sur-Yon (Charles de Bourbon, prince de), p. 46.
La Saulx, protonotaire, p. 96.
La Source, « receveur du Lyonnois », p. 94.
La Tour, p. 77.
L'Aubépine (de), trésorier de l'Épargne, p. 69.

Laurencin (Claude), seigneur de Rivirie, p. 72.
Le Jeune (Jean), p. 74.
Lenoncourt (Robert, cardinal de), p. 51.
L'Hospital (Michel de), « maistre des requestes chez le roy », p. 53.
Lorraine (Charles, cardinal de), pp. 18, 47.
Lorraine (François de), grand prieur de France, p. 48.
Magny (Olivier de), « poëte », p. 66.
Marguerite de France, duchesse de Berry, p. 16.
Marie Stuart, reine d'Ecosse, p. 57.
Montmorency (Anne, connétable de), pp. 20, 48.
Montpensier (Louis de Bourbon, duc de), p. 46.
Montpensier (Jacqueline de Longwi, duchesse de), première femme de Louis de Bourbon, p. 58.
Nemours (Jacques de Savoie, duc de), p. 47.
Nevers (François de Clèves, duc de), p. 46.
Nevers (Marguerite de Bourbon, duchesse de), p. 59.
Olivier (François), chancelier de France, p. 52.
Pascal (Pierre), « croniqueur du roy », p. 33.
Pelletier (Jacques), p. 84.
PÉRARD (ANTOINE), pp. 101, 102.
Planson, médecin à Paris, p. 94.
Poitiers (Diane de), duchesse de Valentinois, p. 60.
Polliénay (de), p. 67.
Prunier (Jean), receveur de Lyonnais et Forez, p. 90.
Renée de France, duchesse de Ferrare, p. 58.
Rochefort (Jean de), neveu de Jean Senneton, p. 73.

Ronsard (Pierre de), « poëte », pp. 66, 67, 71, 99.
Saint-André (Jacques d'Albon, maréchal de), p. 49.
Saint-Gelais (Mellin de), pp. 30, 54.
Saint-Paul (Adrienne, duchesse d'Estouteville, femme de François de Bourbon, comte de), p. 59.
Saliat (Pierre), précepteur des frères d'Antoine de Crussol, pp. 55, 75.
Sanguin (Antoine), cardinal de Meudon, p. 51.
Sauvage (Denis), sieur du Parcq, « historiographe du roy, estant malade à Paris, », p. 71.
Savoie (Claude de), comte de Tende, gouverneur pour le roi en Provence, p. 56.
Scève (Maurice), p. 95.
Senneton (Jean), p. 73.
Sylva (Jean de), médecin. Voy. Du Bois.
Strozzi (Piero), maréchal de France, p. 50.
Termes (Paul de La Barthe, seigneur de), p. 55. — Il fut fait maréchal de France en cette année 1557.
Teste (Barthelemy), p. 96.
Tyart (Pontus de), pp. 67, 95.
Touchet, lieutenant d'Orléans, p. 92.
Tournon (François, cardinal de), p. 50.
Urfé (Claude d'), gouverneur du dauphin, pp. 23, 54.
[Vendôsme (François de)], vidame de Chartres, p. 53.
Vendosme (Louis de Bourbon, cardinal de), p. 45.
Vens (de), p. 73.
Villette, p. 97.
Woëriot (Pierre); vers à lui adressés « lorsqu'il pourtrayoit l'auteur », p. 103.

De la bibliothèque de T.-G. HERPIN (Cat., 1903, n° 104).

2878 (650 d). LE CHANT || DES SERAI- || NES. || ❋ || Auec plusieurs autres compositions || nouuelles. || *A Lyon,* || *Par Iean de Tournes.* || M. D. XLVIII [1548]. In-8 de 120 pp., mar. r., dos et mil. ornés, tr. dor. (*Trautz-Bauzonnet.*)

Le titre porte la marque de *Jean de Tournes* (Silvestre, n° 188).

Les pp. 3-4 contiennent une épître (en prose) d'E. F. [ESTIENNE FORCADEL] « A son amy P. Sosigenes », épître accompagnée de la devise : *Espoir sans espoir.*

Le *Chant des Seraines* n'occupe que les pp. 5-20. Estienne Forcadel a rempli le reste du volume de pièces diverses, dont beaucoup portent les noms des amis auxquels elles sont dédiées, ou des auteurs dont elles sont imitées. Nous avons relevé ces noms dans l'article suivant :

Le volume porte l'ex-libris de JEAN THOMAS AUBRY, docteur en théologie de la société de Sorbonne, curé de Saint-Louis en l'Ile (gravé par *Martinet*) et celui de T.-G. HERPIN (Cat. 1903, n° 165).

2879 (650 e). ŒVVRES POE- || TIQVES de Estienne || Forcadel Iuriscon- || sulte. || Derniere Edition reueue, corrigee, & augmentee || par l'Autheur. || *A Paris,* || *Chez Guillaume Chaudiere, rue sainct Iacques* || *à l'enseigne du Temps & de l'Hôme sauuage.* || M. D. LXXIX [1579]. || Auec Priuilege du Roy. In-8 de 4 ff. lim., 277 pp. et 1 f., car. ital., v. f., dos orné, tr. dor. (*Anc. rel.*)

Le titre porte la marque de *Guillaume Chaudière* (Silvestre, n° 286).

Les 3 ff. qui suivent contiennent une épître de L. P. FORCADEL « A tres-illustre et magnanime prince, monseigneur Charles, monsieur de Bourbon, filz de feu tres-magnanime Louys de Bourbon, prince de Condé », en date de Paris, 20 décembre 1578 ; un sonnet « Au mesme seigneur et prince, grand amateur de lettres », signé de la devise d'Estienne Forcadel : *Espoir sans espoir ;* la *Preface ;* l'*Ordre des œuvres.*

Estienne Forcadel venait de mourir quand son fils fit paraître ce recueil, dans lequel se retrouvent la plupart des poésies publiées en 1548 et 1552. Voici une table des personnages à qui l'auteur dédie ses œuvres, de ceux dont il donne des traductions, ou à qui il consacre des épitaphes. Nous indiquons par *A* le volume décrit à l'article précédent et par *C* le présent recueil.

Alciato (Andrea) : épitaphe, *C*, p. 208.

Amerin (Thomas), *C*, p. 232.

Amyot (Jacques), grand aumônier de France, *C*, p. 179.

Aneret, *C*, p. 168.

Anne, « des belles l'outre passe », morte à seize ans, *C*, p. 199.

Ariosto (Lodovico), *A*, p. 48 ; *C*, p. 149 (le nom d'Ariosto a disparu).

Assier (François Gourdon de Genouillac, seigneur d'). Voy. Genouillac.

Audric (Jean), gentilhomme escholier », *C*, p. 167.

Aurimont (Mme d') : épitaphe, *C*, p. 200.

Az (J. d'), *C*, p. 144. Voy. Azalbert.

Azalbert (Jeanne d'), femme du poète, *C*, pp. 144, 209.

Baïf (Jean-Antoine de), *C*, p. 143.

Balarnaut (J. de), « secretaire de monseigneur le mareschal d'Anvile », *C*, pp. 270, 276.

Bellegarde (Cesar de Saint-Lary, baron de), *C*, p. 256.

Bellegarde (Roger de Saint-Lary, maréchal de), *C*, p. 212.

Bencivenny (Jean-Baptiste), abbé de Bellebranche, *C*, p. 156.

Bertrand (N.), président à Toulouse : épitaphe, *C*, 205.

Bline, *C*, p. 160.

Bourbon (Charles, monsieur de), plus tard cardinal : *C*, fol. ij, pp. 40, 224, 260.

Breton (Jean), docteur : *A*, p. 82.

Bunel (Pierre), Toulousain : épitaphe, *C*, p. 208.

Cabestain (Isabelle de), femme d'Imbert Forcadel, et mère d'Estienne. Voy. Forcadel.

Callistrate, *C*, p. 266.

Catherine de Médicis, *C*, p. 1.

Cheneril, *C*, p. 150.

Clitel, nom supposé, *C*, p. 165.

Clytie, amie du poète, *C*, pp. 17, 67, 150, 183.

BELLES-LETTRES. 221

[Coligny (Gaspard de)], amiral, *C*, p. 114.

Condé (Louis Ier de Bourbon, prince de) : épitaphe, *C*, p. 201.

Condé (Françoise d'Orléans, seconde femme de Louis Ier de Bourbon, prince de), *C*, p. 36.

Conti (François de Bourbon, plus tard prince de), *C*, p. 236.

Crussol (Charles de), vice-roi en Languedoc, *A*, p. 59 (dédicace remplacée dans *C*, par une dédicace à Guillaume de Joyeuse) ; épitaphe, *A*, p. 90 ; *C*, p. 200.

Cylindre, *C*, p. 151.

Des Cars (Charles), baron d'Eixe (ou Aix), amateur de lettres, *C*, p. 267.

Donsin, *C*, p. 172.

Doson (Helin), *C*, p. 149 ; appelé simplement « Helin », ou « Helin, advocat », *C*, p. 155 ; *A*, p. 56, *C*, 162.

Du Faur (Les trois frères), Toulousains, *A*, p. 53 ; *C*, p. 169.

Du Faur de Saint-Jory (Eléonore de Bernuy, femme de Michel), présidente à Toulouse : épitaphe, *A*, p. 92.

Du Moulin (Antoine), Mâconnais : épitaphe, *C*, p. 214.

Du Pré (Claude), Lyonnais, conseiller du roi, *C*, p. 164.

Elbeuf (René de Lorraine, marquis d'), *C*, p. 75.

Elian, *C*, pp. 142, 220.

Enghien (Charles de Bourbon, comte d') : complainte, *C*, p. 180.

Érasme : épitaphe, *C*, p. 207.

Eurial (J.) : épitaphe, p. 199.

Fadrin, nom supposé, *C*, pp. 166, 168.

Finel, nom supposé, *C*, p. 157.

Forcadel (Jeanne d'Azalbert, femme d'Estienne), *C*, p. 144 ; épitaphe, *C*, p. 209.

Forcadel (Imbert), père du poète : épitaphe, *C*, p. 189.

Forcadel (Isabelle de Cabestain, femme d'Imbert), mère du poète : épitaphe, *C*, p. 244.

FORCADEL (L.-P.) : épître dédicatoire, *C*, fol. *ij* ; vers à lui adressés, *C*, p. 151.

François Ier : épitaphes, *A*, pp. 91, 98 ; *C*, pp. 185, 197.

Genouillac (François Gourdon de), seigneur d'Assier : épitaphe, *A*, p. 89 ; *C*, p. 203.

Gondi (Claude-Catherine de Clermont, femme d'Alberto de'), comte de Retz, *C*, p. 77.

Guise (Louis de Lorraine, cardinal de), *C*, p. 86.

Hélin, avocat. Voy. Doson (Hélin).

Henri, duc d'Orléans, plus tard Henri III, *C*, p. 155.

Henri de Bourbon, roi de Navarre, plus tard Henri IV, p. 32.

Homère, *C*, p. 84.

Hullier (Alain), jurisconsulte : épitaphe, *C*, p. 199.

Huraut (Philippe), vicomte de Cheverny, garde des sceaux, *C*, p. 229. — Philippe ne reçut les sceaux qu'en 1578.

Janin, nom supposé, *C*, p. 163.

Jeanne d'Albret, reine de Navarre, *C*, p. 21.

Jobelin (Thomas), « hardy soldat » : épitaphe, *C*, p. 201.

Jodelle (Estienne), Parisien, *C*, p. 171.

Joyeuse (Guillaume, vicomte de), vice-roi en Languedoc, *C*, pp. 160, 173.

Joyeuse (Jean de), seigneur d'Arques, *C*, p 142.

Joyeuse (Françoise de Voisins, baronne d'Arques, femme de Jean de) : épitaphe, *C*, p. 207.

La Bauderie, *C*, p. 162.

Lactance, *C*, p. 260.

Lené (A.) : épitaphe de cette dame : *C*, p. 209.

Lorraine (Renée de), mariée en 1568 à Guillaume, duc de Bavière, *C*, p. 100.

Lucel (Jean), *C*, p. 217.

Lucien, *C*, p. 258.

Mainteterne (Loys de), abbé de Chatrisse, *C*, p. 148.

Marcellus, *C*, p. 267.

Marguerite d'Angoulême, reine de Navarre : épitaphe, *C*, p. 198.

Marot (Clément) : épitaphe, *A*, p. 93 ; *C*, p. 204.

Mauléon (de), *C*, p. 158.

Mélicerte, nom supposé, *C*, p. 165.

Mesmes (Henri de), vicomte de Roissy, conseiller au conseil privé du roi, *C*, p. 227.

Montmorency (Anne, duc et connétable de), *C*, p. 52. — *Le Chant des trois sereines*, qui n'est accompagné d'aucune dédicace en 1548, est dédié en 1579, à « monsieur de Montmorency ». Il s'agit peut-être de Henri.

Montmorency (Magdeleine de Savoie, femme d'Anne de), *C*, p. 94. (Le poète dit simplement « madame de Montmorency » ; l'attribution n'est donc pas certaine).

Montmorency (César de) de Damville, *C*, p. 266. — Forcadel dédie une pièce « au seigneur Cesar d'Amville, evesque de Carcassonne, amateur de lettres ». Il s'agit d'un fils naturel de Henri de Montmorency, légitimé en septembre 1573 (Anselme, *Hist. général*, III, p. 606 *D*). Ce personnage ne fut jamais évêque de Carcassonne ; mais il fut peut-être coadjuteur d'Annibal Rucellai (1569-1601).

Montpensier (Louis III de Bourbon, duc de), *C*, pp. 81, 84.

Nevers (Henriette de Clèves, duchesse de), *C*, p. 64.

Nicolaï (Marguerite), morte à seize ans : épitaphe, *A*, p. 101 ; *C*, p. 192.

Nogaret (Ber. de), baron de La Valette, *C*, p. 249.

Nogaret (Jean de), baron de Caumont, *C*, pp. 255, 258.

Ovide, *C*, p. 267.

Peletier (Jacques), « poëte, venu en Languedoc », *C*, p. 170.

Petrarca (Francesco) : traduction de trois sonnets, *A*, p. 106 ; *C*, p. 255.

Pygmet (T.) : épitaphe, *C*, p. 187.

Précy (Guyon), ivrogne : épitaphe, *A*, p. 94 ; *C*, p. 205.

Prunier (Jehan), « valet de chambre de monseigneur Charles, monsieur de Bourbon », *C*, p. 267.

Puymisson (Jacques de), juge : épitaphe, *A*, p. 92 ; *C*, p. 204.

Roguet, *C*, p. 152.

Rubempré (de), *C*, p. 153.

Sabrine (Jeanne) : épitaphe, *C*, p. 203.

Saint-Gelais (Louis de), seigneur de Lansac, *C*, p. 109.

Souvré (« Souveré »), *C*, p. 70.

Senet, *C*, p. 171.

Strozzi (Filippo), « colonel des compagnies françoises », *C*, pp. 67, 69.

Théocrite, *C*, p. 270.

Touchart (Jean), « abbé de Beleauzane », *C*, p. 170.

Vabres (Aymar de), « despuis secretaire du roy » ; dixain au lecteur, *A*, p. 53 ; *C*, p. 161 ; — Vers à lui adressés, *A*, p. 54 ; *C*, pp. 161, 168.

Valois (Charles de), dit monsieur, fils naturel de Charles IX et de Marie Touchet, plus tard duc d'Angoulême, *C*, p. 29.

Vatable (François) : épitaphe, *C*, p. 202.

Verne (Denis), *C*, p. 167.

Virgile, *C*, p. 256.

Au v° de la p. 177 est l'extrait d'un privilège général accordé à Estienne Forcadel le 13 mai 1572 et valable pour dix ans après la première impression de chacun de ses ouvrages.

Les plats de la reliure portent les armes de Louis. Urbain Le Fèvre de Caumartin, marquis de Saint-Ange, mort le 2 décembre 1720 : d'azur à cinq fasces d'argent.

2880 (650 *f*). Histoire || et Description du || Phœnix. || Composé || à l'honneur et louan- || ge de treshaulte & tresillustre princesse, Madame || Marguerite de France, sœur vnique du || Roy. Par maistre Guy de la Gar- || de, escuier de Chambonas, Lieu- || tenant du Seneschal de || Prouence, au siege d'Arles. || *A Paris.* || *De l'imprimerie de Reǵnauld Chauldiere,* || *& Claude son filz.* || 1550. In-8 de 44 ff. non chiffr., mar. r., fil., dent., dos orné, tr. dor. (*Anc. rel.*)

Le titre porte la marque des imprimeurs (Silvestre, n° 1142).

BELLES-LETTRES. 223

Au v° du titre est une table des matières.

Les ff. *A ij-A iiij* contiennent une épître de Guy de La Garde « Au seigneur Nicolas de Bernay, aulmonier ordinaire de madame Marguerite de France, sœur unique du roy », épître datée de Paris, le 20 mai 1550.

Au f. *A v* se trouvent 6 strophes de 4 vers intitulées : *Soneto italiano di M. Anto. Buada Armazanico* in laudem operis.

Au v° du même f. sont deux épigrammes latines dé NICOLAS BERGERON.

Le f. *A vj* r° contient cinq distiques latins et deux distiques grecs de JEAN MERCIER. — Au v° commence un morceau intitulé : *Adresse de Phœbus à son Phœnix*. Cette pièce et celle qui la suit : *L'Auteur à Madame* (fol. *B i*) sont signées de la devise de La Garde : *Phœbus jubet verum loqui*.

Une épître en vers « A treshaulte, tresillustre et tresexcellente princesse, madame Marguerite de France » ; accompagnée de l'anagramme *De vertus ay ma gloire* (= Marguerite de Valoys), ainsi que de la devise du poète, et suivie d'un huitain, occupe les ff. *B ij-B viij*.

La Description du Phœnix commence ainsi au f. *Ci* :

    Le souverain architecte du monde
    Voulut dresser ceste machine ronde...

Le poème et l'épître qui le précède sont accompagnés chacun d'une figure représentant le Phénix.

Au ff. *E v-F ij* on trouve une *Invective de l'aucteur du Phœnix contre l'usurpateur d'iceluy*. La Garde prétend qu'il avait fait exécuter un élégant manuscrit de son ouvrage destiné à la princesse ; mais que ce manuscrit lui fut dérobé, et que, lorsqu'il en faisait faire un second, le premier fut présenté à Marguerite par un plagiaire éhonté. Il se console en pensant qu'Homère aussi fut volé

    Par un quidam, Thestorides nommé.

Le volume se termine par trois strophes *De l'anagrammatisme, ou mieulx inversion du royal et tressacré nom de Valoys* (fol. *Fij* v°), une épigramme hébraïque de JEAN MERCIER, suivie d'une traduction latine par le même auteur (fol. *F iij* v°), enfin un avis « Aux lecteurs » (en prose), daté de Paris, le 15 juin 1550.

Exemplaire du DUC DE LA VALLIÈRE (Catal., 1783, n° 3123), de MÉON (Catal., 1803, n° 1591), de CH. NODIER (Catal., 1844, n° 4044 et de GUSTAVE GUYOT DE VILLENEUVE (Catal., 1900, n° 633).

2881 (650 *g*). LES ODES PE- ‖ NITENTES du Moins ‖ que rien. ‖ Auec Priuilege. ‖ *A Paris,* ‖ *Pour Vincent Sertenas libraire tenant sa bouti-* ‖ *que au Palais, en la galerie par ou lon va* ‖ *à la Chancellerie, & au mont sainct* ‖ *Hilaire en l'hostel d'Albret.* ‖ 1550. In-8 de 84 ff. non chiffr., sign. A-X par 4, car. ital., mar. br. jans., tr. dor. (*Cuzin.*)

Au v° du titre sont deux huitains de B. DE BOULANGER, SEIGNEUR DE PERROUZEAUX.

Les ff. *Aij-Aiij* contiennent une épître (en prose) de l'auteur, NICOLE BARGEDÉ, « A noble et puissant seigneur, monseigneur le reverendissime cardinal de Meudon », [Antoine Sanguin].

Le volume contient des odes, diverses pièces morales et des églogues.

Voici la liste alphabétique des protecteurs ou des amis à qui le poète dédie ses œuvres :

Bargedé (Claude), « lieutenant particulier des prevostez de Vezelay pour monseigneur monsieur le reverendissime cardinal de Meudon, abbé dudict Vezelay », et frère de l'auteur, fol. *X ij* v°.

Chastellux (Philippe de), chevalier, seigneur de Basarme, Saincte Palaye, Prégilbert, Trucy, etc., vicomte d'Avallon, fol. *M ij*.

Digni (François de), seigneur d'Angluz, mort dans sa 22ᵉ année, fol. *V iij* vº.
Dosme, « advocat à la court », fol. *O i* vº, *Q iij* vº.
Goyet, advocat du roy en son Chastelet, à Paris », fol. *X i* vº.
Le Maçon (Antoine), « conseiller du roy et thresorier de l'extraordinaire de ses guerres », fol. *A iiij*, *I iij*, *Q iij* vº, *R iiij*.
Mathou (C.), « payeur de la compagnie de monsieur l'Admiral », cousin par alliance de l'auteur, fol. *I iiij*.
Rizaulcourt (Christofle, seigneur de) et baron de Courson, mort dans sa 22ᵉ année, fol. *V iij* vº.
Ronsard (Pierre de), appelé « monsieur Du Ronssart », fol. *S ij*.
Sanguin (Antoine), dit le cardinal de Meudon, fol. *A ij*, *I ij*, vº, *Q iij* vº.
Vezeigneux (Jacqueline de), « dame dudict lieu, de Rizaulcourt, Sainct Martin, etc., baronne de Courson, fol. *V iij*.

La devise du poète, *Immortalité*, est plusieurs fois répétée dans le volume (fol. *I ij*, *I iij*, *M iiij* vº ; *Q iij*, *X i*, *X iij* vº, *X ij*.

2882 (655 *bis*). ❧ REMONSTRANCE || au peuple Françoys, de son || deuoir en ce temps, || enuers la Maiesté || du Roy. || A laquelle sont adioutez troys Eloges, || De la paix, || De la trefue, || & || De la guerre. || *A Paris,* || *Chez André Wechel, rue sainct Iean de Beau-* || *uais, à l'enseigne du cheual volant.* || 1559. || Auec priuilege du Roy. In-4 de 13 ff. chiffr., car. ital., relié avec 9 autres pièces en mar. v., dos orné, tr. dor. (*Rel. du XVIᵉ siècle.*)

Par GUILLAUME DES AUTELZ.

Cet exemplaire est semblable à celui que nous avons décrit sous le nº 655.

Les neuf pièces reliées à la suite sont :

1. *Le Coronnement de messire François Petrarque..., envoyé par messire Senucce Del Bene au magnifique Cam Della Scala, seigneur de Verone...,* 1565 (nº 2997).

2. *Proeme sur l'histoire des François et homme vertueux de la maison de Medici,* [par Jacques Grevin], 1567 (nº 2914).

3. *Hymne de la monarchye....,* par R. Garnier, Fertenoys, 1567 (nº 2920).

4. *Regrets sur les miseres advenues à la France par les guerres civiles....,* par H[ierosme] H[ennequin], 1569 (nº 2923).

5. *Epithalame, ou Chant nuptial sur le mariage de....Henry de Lorraine, duc de Guyse, et Catarine de Cleves, contesse d'Eu....,* par Jean Dorat, 1570 (nº 2904).

6. *Novem Cantica de pace ad Carolum nonum Galliae regem, Joanne Aurato, poëta regio auctore....,* 1570 (nº 2903).

7. [*Les Plaisirs de la vie rustique,* par Guy Du Faur, seigneur de Pibrac.] S. l. n. d. [vers 1573] (nº 2929).

8. *Stances sur la venue du roy. S. d.* [vers 1597] (nº 2962).

9. *Sur les nopces du roy et de la reyne,* pris du latin de M. Passerat, par M. J. D., advocat en la cour, [1600] (nº 2916).

Aux armes de JACQUES-AUGUSTE DE THOU et de MARIE DE BARBANÇON, sa première femme (Cat. Soubise, 1788, nº 4968).

Des bibliothèques de J.-CH. BRUNET (Cat., 1868, nº 308), de LÉOPOLD DOUBLE (Cat., 1881, nº 54) et du COMTE DE LIGNEROLLES (Cat., 1894, nº 1413).

BELLES-LETTRES.

2883 (657 a). Epistre || A Madame la Duchesse de Lorraine, Madame || Claude de France, pour la defense des || fideles seruiteurs de nostre Seigneur || Iesus Christ, en l'Eglise || de sainct Nicolas, contre || leurs calumniateurs en || la cause de l'Euan- || gile, || Par Louïs des-Masures Tournisien. ||

Isaie I. ||
Ie retourneray ma main sur toy & refondray au net ||
ton escume, & osteray tout ton plomb. ||

A Lyon || *Par Ian de Tournes.* || 1564. In-4 de 28 pp., car. ital., mar. r. jans., tr. dor. (*Chambolle-Duru.*)

Le titre porte une marque de *J. de Tournes*, ressemblant à celles que Silvestre a reproduites sous les n⁰ˢ 188, 884, 885, mais offrant pourtant des variantes.

Au v° du titre est un sonnet dans lequel le poète déplore que la Lorraine, placée entre l'Allemagne et la France, soit demeurée « sourde, aveugle, idolatre ».

L'*Epistre* commence ainsi :

> Bien que de moy absent deçà delà on porte
> Maints propos controuvez et d'une et d'autre sorte,
> Si ne peut-on de moy faire qu'au vray appere
> Cas aucun malheureux ; plustot mesme j'espere,
> Claude, excellente fleur, fille de roy de France,
> Que par toy fin un jour trouvera ma souffrance...

Des Masures écrit au moment où le duc de Lorraine vient de faire disperser par le bailli de Nancy, Jean de Savigny, l'église naissante de Saint-Nicolas, et où lui-même a dû chercher un refuge auprès du duc de Deux-Ponts (1559). Il s'efforce de justifier les assemblées tenues par les protestants et réclame la liberté religieuse.

On a joint à l'exemplaire une note manuscrite qui remplit trois pages.

2884 (660 a). Chant elegiacqve, de || la Republique, || Sur la mort de hault, & magnanime Prince, || Francoys premier de ce nom || Roy de France. || Ioings aussi, certains Epitaphes, mys a la fin. || Sur la mort dudict Prince. — [A la fin :] *Imprimé à Tholose, chez* || *Guyon Boudeuille.* || 1547. In-4 de 12 ff. non chiffr., sign. A-C, car. ital., mar. r. jans., tr. dor. (*A Motte.*)

Le titre est orné des armes de France.

Le *Chant elegiacque* commence ainsi (f. *A ij*) :

> Si les soupirs qu'en l'aer j'ay espandus
> Et mes regretz estoient bien entendus...

Les *Epitaphes*, au nombre de cinq, occupent les deux derniers ff. On trouve à la suite de la devise de l'auteur : *Souspir d'espoir*, qui est celle de Bérenger de La Tour.

De la bibliothèque du Comte de Lignerolles (Cat., 1894, n° 1213). — On a joint à l'exemplaire un portrait du roi François I⁽ᵉʳ⁾, gravé sur bois au XVI° siècle.

G. — Ronsard et les Poètes de la Pléiade.

RONSARD.

IV.2.21

2885 (672 a). L'HYMNE DE LA || PHILOSOPHIE || de P. de Ronsard, || Commenté par Pantaleon theuenin || de Commercy en Lorraine. || Auquel, outre l'Artifice Rhetorique & Dialectique François, est || sommairement traicté de toutes les parties de Philosophie : || icelles illustrées d'infinies sentences, passages & histoires : & y || rapportez à tout propos les lieux plus insignes de la diuine Se || maine du sieur du Bartas. || Auec vn traicté general de la Nature, origine || & partition de la Philosophie. || Le tout dedié à Tres-illustres & Serenissimes Princes || Messeigneurs, Monseigneur le Reuerendissime || Charles Cardinal de Vaude- || mont, & Monseigneur Charles de || Lorraine Euesque de Mets. || *A Paris,* || *Pour Iean Feburier, pres le college de Rheims.* || M.D.LXXXII [1582]. || Auec Priuilege du Roy. In-4 de 8 ff. lim., 127 pp. et 4 ff., mar. bl., dos et mil. ornés, tr. dor. (*A. Cuzin.*)

Les ff. *a ij-b iij* contiennent une épître au cardinal de Vaudemont et à l'archevêque de Reims.

Le f. *b iiij* est occupé, au r°, par un sonnet de M. ALEXANDRE FRICHE, « sur les Commentaires françois de P. Thevenin », et, au v°, par un sonnet de M. N. MASSON sur le même sujet.

L'Hymne de la Philosophie avait paru dans le recueil de 1555 (voy. notre n° 672) ; Thévenin en a reproduit le texte strophe par strophe, ou même vers par vers, en y joignant un commentaire des plus copieux, où il s'est appliqué surtout à faire connaître les définitions et les divisions de la philosophie. On trouve à la suite des sonnets de N. DE LA ROCHE (p. 113), de GILLES THÉVENIN, frère de l'auteur (p. 114), de C. DE THOUART et de VOLUSIAN (p. [115]), de N. DE LA ROCHE (p. 116).

A la fin, P. Thevenin donne un *Traité general de la philosophie* (pp. 117-127), une *Table de philosophie* (p. 128), la *Disposition generale de l'Hymne* (fol. *R i* r°).

Au v° du f. *R i* est un extrait du privilège accordé à *Jean Feburier* pour six ans, le 3 juillet 1582.

Les 8 derniers ff. contiennent la *Table.*

On lit sur le titre de cet exemplaire: *Ex bibliotheca* V. NOIROT, 1582. *Joannes Feburier me dedit.* V. NOIROT. En haut du titre est la mention suivante : *Collegii Sannicolai Societatis Jesu. Cat. insc.* 1634.

Au v° du premier plat est l'ex-libris de M⁽ᵗ⁾ F⁽ˢ⁾ P⁽ʳᵉ⁾ DU PONT DE ROMÉMONT.

II.7.56

2886 (676 a). DISCOVRS || des miseres || de ce temps. || A la Royne || Mere du Roy. || Par P. de Ronsard Vandomois. || *A Enuers.* || *Par Pierre Strout.* || M. D. LXVIII [1568]. In-8 de 16 ff., car. ital.

Cette édition contient la *Continuation du Discours des miseres de ce temps* (fol. *B ij*) et l'*Institution pour l'adolescence du roy Treschrestien, Charles neufiesme de ce nom* (fol. *D i* v°).

2887 (677 a). La Promesse, || par || Pierre de Ronsard || Van-   I. 5. 11
dosmois, || a la Royne. || M.D.LXIIII [1564]. *S. l.*, in-4 de
6 ff., car. ital.

<blockquote>
Édition originale de ce morceau que Ronsard a inséré plus tard dans le livre II des *Poëmes* (éd. Blanchemain, VI, p. 246).

Voici les premiers vers :

<blockquote>
C'estoit au poinct du jour que les songes certains
Ne decevoyent l'esprit ny les yeulx des humains...
</blockquote>

La pièce est reliée à la suite de *La Medee* de Jean de La Péruse (n° 3022).
</blockquote>

2888 (679 a). Panegyriqve || de la Renommee, || A Henry   I. 5. 11
troisiesme, Roy de France & || de Poloigne. || Par Ronsard.
|| *A Paris,* || *Chez Gabriel Buon, au Cloz Bruneau, à
l'en-* || *seigne sainct Claude.* || 1579. || Auec Priuilege. In-4
de 8 ff.

<blockquote>
Ce *Panegyrique* a été placé plus tard par Ronsard en tête du *Bocage royal* (éd. Blanchemain, III, p. 265) ; Il commence ainsi :

<blockquote>
Tout le cœur me debat d'une frayeur nouvelle ;
J'entens dessus Parnasse Apollon qui m'appelle...
</blockquote>

La pièce est reliée à la suite de *La Medée* de Jean de La Péruse (n° 3022).
</blockquote>

2889 (679 b). Discovrs || de la vie de || Pierre de Ronsard, || IV. 2. 13
Gentil-homme Vandomois, || Prince des Poëtes François, ||
Auec || vne Eclogue representee || en ses obseques, par Claude
Binet. || Plus || Les vers composez par || ledict Ronsard peu
auant sa mort : || Ensemble || son Tombeau recueilli || de
plusieurs excellens personnages. || *A Paris,* || *Chez Gabriel
Buon, au clos Bruneau, à l'image S. Claude.* ||
M.D.LXXXVI [1586]. || Auec Priuilege du Roy. In-4 de
128 pp., mar. bl., dos et mil. ornés, tr. dor. (*A. Cuzin.*)

<blockquote>
Le titre porte la marque de *G. Buon*, réduction de celle que Silvestre a donnée sous le n° 289.

Au v° du titre est le portrait de Ronsard dont on peut voir un fac-similé dans notre tome Ier, n° 667. Ce portrait est accompagné d'un quatrain.

La pagination du volume est très fautive ; elle saute de 68 à 73, et, par contre, après la p. 112, il y a un encart de 2 ff. paginés 112. 1, 112. 2, etc., en sorte que le chiffre final de 128 est exact.

Le *Discours* de Claude Binet occupe les pp. 3-33. Il est suivi (pp. 34-37) des *Derniers vers de P. de Ronsard* (éd. Blanchemain, VII, pp. 311-315).

On trouve à la suite (p. 38) *Perrot, eclogue*, par Claude Binet (éd. Blanchemain, vol. prélim., pp. 223-234), puis les pièces composant le *Tombeau* du poète, savoir :

Pp 51-54, une pièce grecque en 13 distiques, suivie d'une traduction latine en 26 distiques, et deux autres élégies par Jean Dorat, « poëta et interpres regius » ;

P. 55, une épitaphe en dix distiques grecs par N. Goulu (N. Γυλώνιος) ;

P. 56, une épitaphe latine de Germain Vaillant de Guelis, abbé de Pimpont ;

P. 57, deux distiques latins : *Ronsardus ad suos encomiastas ;* un distique
</blockquote>

latin de PONTUS DE TYARD DE BISSY, évêque de Chalon ; un quatrain français, traduisant le distique précédent, [par CL. BINET] ;

Pp. 58-59, une pièce latine et un sonnet français adressés à Claude Binet par J.-ANTOINE DE BAÏF ;

Pp. 60-62, un *Epicedion* latin et un quatrain français de JEAN PASSERAT ;

Pp. 63-64, deux élégies latines par J. A. T. AEM. [= JACQUES-AUGUSTE DE THOU, sieur D'EMERY] (la seconde est spécialement adressée à Jean Galand) ;

P. 65, cinq distiques latins de JEAN LE CLERC (CLERICUS), conseiller au conseil privé du roi, président aux requêtes du parlement de Paris ;

Pp. 66-68, une ode latine de PAUL SCHEDE, dit MELISSUS, comte palatin et chevalier, citoyen romain, ode datée de Londres, au mois de février 1586 ;

Pp. 79-82, une *Elégie* adressée « à monsieur Des Portes, abbé de Thiron », par R. GARNIER ;

P. 82, des *Stances* d'AMADIS JAMYN, « secretaire de la chambre du roy » ;

P. 83, une *Epitaphe* française par JANNE DE FAULQUIER, BARONNE DE SEIGNELAY ; cinq distiques latins de JEAN GALLAND ;

P. 84, deux petites pièces latines et un distique français d'ESTIENNE PASQUIER ; quatre vers latins d'ANT. LOISEL, jurisconsulte, deux distiques latins de PIERRE PITHOU ;

P. 85, deux vers latins de P. MASSON ; cinq vers latins d'ANTOINE HOTMAN ; un sonnet français de CLAUDE BINET ;

P. 86, une *Ode saphique* rimée de NICOLAS RAPIN, lieutenant de robe courte à Paris ;

P. 88, un sonnet de N. RAPIN le fils ;

P. 89, trente-un distiques latins (*Naenia pentasyllabica*) de NICOLAS RAPIN, le père, « succinctus in Urbe quaestor » ;

P. 91, quatre distiques de NICOLAS RAPIN, le fils ;

P. 92, 20 stances « sur le trespas de Ronsard », [par ROBERT ESTIENNE] ;

P. 97, deux quatrains français « sur l'epitaphe de Ronsard faict par luy-mesme » ; un quatrain » du temps de son trespas, qui fut vers la fin de decembre 1585 » ; un huitain « du latin de M. HEROARD » (ces pièces sont de ROBERT ESTIENNE, dont la signature se trouve au bas de la dernière) ;

P. 98, quatre epigrammes grecques du même R. ESTIENNE ;

P. 99, une pièce latine et un quatrain français de TH. SEB[ILLET.] ;

P. 100, une élégie de R. CAILLER, « Poëtevin », [neveu de N. Rapin] ;

P. 109, trois quatrains français de G. DURANT [DE LA BERGERIE] ; un sonnet italien de FERRANTE GRIGIONI ;

P. 110, une pièce latine de LOUIS D'ORLÉANS ;

P. 111, une epitaphe latine en style lapidaire, par le même ;

P. 112, 1, quatre distiques grecs de DANIEL D'AUGE (AUGENTIUS) ; six distiques latins de GEORGE CRICHTON ou CRITTON ;

P. 112, 2, deux distiques latins de CHARLES MENARD, conseiller du roi ; un quatrain français de VOLUSIAN ;

P. 112, 3, deux sonnets italiens de MATTEO ZAMPINI et de P. GIACOMO TEB. MALESPINA ;

P. 112, 4, un sonnet italien de COSIMO RUGGIERI ; deux quatrains français de C. P. C. ;

P. 113, deux sonnets « sur le tombeau de Ronsard fait par luy-mesme », par P. DEL BENE ;

P. 114, six distiques latins par A. T. A. F. [ADRIANUS TURNEBUS, Adriani filius] ; un sonnet français par le même ADRIEN DE TOURNEBU ;

P. 115, une élégie intitulée : *Cassandrae Lacrimae ad tumulum Ronsardi*, par JEAN JACQUIER, Parisien ;

P. 116, quatre distiques grecs par NIC. VALLA ; un distique latin de P. BOURGEOIS (BURGIUS) ;

P. 117, une inscription latine en style lapidaire, par JEAN HÉRARD, médecin du roi ; deux distiques grecs et deux distiques latins, par FÉDÉRIC MOREL ; un sonnet de CH. DE LA GUESLE ;

P. 118, quatre distiques grecs par G. J. ; un sonnet français de JACQUES LE GRAS ;

BELLES-LETTRES.

P. 119, une prosopopée latine, par LOUIS MARTEL, Rouennais ;
P. 120, trois distiques latins par le même ;
P. 121, deux pièces grecques, par le même ;
P. 122, trois distiques latins par ROBERT ESTIENNE, deux distiques, par ANTOINE DE LA BLÉTONNIÈRE, de Cluny ; un sonnet français, par C. DE THOUART ;
P. 123, deux sonnets par L. LENGLEZ, » secretaire de feu Monseigneur » ;
P. 124, un sonnet, par C. DU LIS, « advocat en parlement » ;
P. 125, deux distiques latins par le même ; trois distiques grecs et cinq distiques latins, par ANTOINE MORNAC ; un quatrain, par U. PHILIPPE DE VILLIERS ;
P. 126, un sonnet, par F. GAULTIER, Angevin ; trois distiques latins, par C. DE LOPPÉ ;
P. 127, un distique latin numéral et un quatrain français, également numéral, par LOUIS MARTEL ; un sonnet de SÉBASTIEN HARDY ;
P. 128, une pièce latine de FRANÇOIS DE L'ISLE, Parisien, et un distique français, par DENIS DUVAL.

Le volume se termine par un extrait du privilège accordé le 7 décembre 1583 à *Gabriel Buon* pour dix ans, et s'étendant à toutes les œuvres de Ronsard.

JOACHIM DU BELLAY.

2890 (680 a). RECVEIL DE POESIE || presenté à Tresillustre || Princesse Madame Marguerite || sœur vnique du Roy, & mis en lu- || miere par le commandement || de ma dicte Dame. || Reueu & augmenté par l'auteur, I. D. B. A. || *A Paris,* || *De l'Imprimerie de Federic Morel, rue S. Ian* || *de Beauuais, au Franc Meurier,* || M.D.LXI [1561]. || Auec Priuilege du Roy. ln-4 de 38 ff. chiffr. et 2 ff. non chiffr., car. ital.

Le titre porte la marque de *Fed. Morel* (Silvestre, n° 830). — Au v° du titre sont trois strophes de Du Bellay « A sa lyre ».
Le 2e f. contient une épître (en prose) « A tresillustre princesse, madame Marguerite, sœur unique du roy », en date de Paris, le 23 octobre 1549.

Le *Recueil* contient :
Prosphonematique au roy Treschrestien Henri II (fol. 3).
Chant triumphal sur le voyage de Boulongne, M. D. XLIX, *au moys d'aoust* (fol. 7).
Vers lyriques. A la royne. Ode I (fol. 10 v°).
A tresillustre princesse, madame Marguerite, sœur unique du roy. Ode II (fol. 12 v°).
A Mellin de Sainct Gelais. Ode III (fol. 13).
A madame Marguerite. D'escrire en sa langue. Ode IIII (fol. 14 v°).
A tresillustre prince, monseigneur reverendissime cardinal de Guyse. Ode V (fol. 15 v°).
A monseigneur reverendissime cardinal de Chastillon. Ode VI (fol. 16 v°).
L'Avant-Retour en France de monseigneur reverendissime cardinal Du Bellay. Ode VII (fol. 18).
Contre les avaricieux. Ode VIII (fol. 20).
A Bouju. Les Conditions du vray poëte. Ode IX (fol. 22 v°).
De l'Innocence, et de n'attenter contre la majesté divine. Ode X (fol. 23).
Au seign. du Boisdaulphin, maistre d'hostel du roy. Ode XI (fol. 24).
A Carles. Ode XII (fol. 24 v°).
A Heroët. Ode XIII (fol. 25 v°).

230   SECOND SUPPLÉMENT.

A Mercure et à sa lyre, pour addoucir la cruauté de sa dame. Ode XIIII (fol. 26 v°).
La Louange du feu roy François et du Treschrestien roy Henry. Ode XV (fol. 28).
A Madame la Comtesse de Tonnerre. Ode XVI (fol. 29).
Elégie (fol. 80).
Chanson (fol. 32).
Dialogue d'un amoureux et d'Echo (fol. 34).
Au seigneur de Lansac, ambassadeur pour le roy à Rome (fol. 34 v°).
Au revendissime card. De Bellay et au seigneur de Lansac, ambassadeurs pour le roy à Rome. Estrennes (fol. 37).
Sept sonnets *Au roy* (fol. 38 v°), *A madame Marguerite, A mesdames de Vandosme et de Guyse* (fol. *K iij*), *A messeigneurs de Vandosme et de Guyse, A monseigneur le connestable* (fol. *Kiij* r°). *Au pape, le premier jour de l'an, Le jour de Noël* (fol. *Kiiij*).

Au v° du dernier f. est un extrait du privilège accordé à *Féd. Morel* pour neuf ans le 18 mars 1560 (n. s.) et applicable à toutes les œuvres de Du Bellay.

2891 (680 *b*). Devx Livres de || l'Eneide de Vergile, || le quatrieme, et sixieme, || Traduits en Francois || par I. Dubellay Ang. || Auec || La Còmplainte de Didon a Enee, prise d'Ouide, || La Mort de Palinure, du cinquieme de l'Eneide, & || L'Adieu aux Muses, pris du Latin de Buccanan. || *A Paris,* || *De l'Imprimerie de Federic Morel, rue S. Ian* || *de Beauuais, au Franc Meurier.* || M.D.LXI [1561]. || Auec Priuilege du Roy. In-4 de 64 ff. chiffr., car. ital.

Le titre porte le marque de *Féd. Morel* (Silvestre, n° 830). — Au v° du titre est un *Epigramme du translateur* (en quatre vers).
Les ff. *A ij-A iiij* contiennent une épître (en prose) « Au seigneur Jan de Morel, Ambrumois » et un sonnet du même Morel.
Les deux chants de l'*Enéïde* et *La Mort de Palinure* sont traduits en vers de dix syllabes ; la *Complainte de Didon* est en strophes de six vers de diverse mesure ; l'*Épigramme sur la mort de Didon*, prins d'Ausone, est en vers décasyllabiques ; *L'Adieu aux Muses* est traduit en vers octosyllabiques.
Au v° du dernier f. est un extrait du privilège accordé à *Féd. Morel* pour neuf ans, le 18 mars 1560 (n. s.), et s'appliquant à toutes les œuvres de Du Bellay.

2892 (680 *c*). Ode || sur la naissance || du petit Duc de Beau- || mont, fils de Monseign. || de Vandosme Roy || de Nauarre. || Par || I. D. B. A. || Ensemble certains Sonnets du mesme auteur à la Royne de || Nauarre, ausquels ladicte Dame fait elle mesme response. || *A Paris.* || *De l'Imprimerie de Federic Morel, rue S. Ian* || *de Beauuais, au Franc Meurier.* || M.D.LXI [1561]. || Auec Priuilege du Roy. In-4 de 14 ff. non chiffr., car. ital.

Au titre, la marque de *Féd. Morel* (Silvestre, n° 850).
Le petit duc de Beaumont dont Du Bellay célèbre la naissance n'est autre que le roi Henri IV, né le 13 décembre 1553.
L'*Ode* est suivie de sept sonnets de Du Bellay (fol. *C i*), de six sonnets

de la reine [JEANNE D'ALBRET] (fol. *C ij* v°), de cinq sonnets du poète (fol. *C iiij*) et d'un *Hymne chrestien* (fol. *C v* v°).

Le baron Alph. de Ruble, qui ne s'est pas reporté aux éditions originales, n'a donné dans les *Mémoires et Poésies de Jeanne d'Albret* que quatre sonnets adressés par la reine à Du Bellay, dont deux seulement de ceux qui sont ici.

2893 (680 *d*). DISCOVRS au Roy || sur la Trefue de || l'an M.D.LV. || Par Ioach. du Bellay Ang. || *A Paris,* || *De l'Imprimerie de Federic Morel, rue S. Ian* || *de Beauuais, au Franc Meurier.* || M.D.LIX [1559]. || Auec Priuilege du Roy. In-4 de 6 ff. non chiffr., car. ital.

Édition originale.

Le titre porte la marque de *Féd. Morel* (Silvestre, n° 830). — Au v° du titre est un sonnet.

Le sujet de ce poème est la trève conclue à Vencelles, le 5 février 1556 (n. s.) entre Henri II et Charles-Quint.

2894 (680 *e*). DIVERS IEVX ru- || stiques, et autres || Œuures poetiques de || Ioachim Du Bellay || Angeuin. || *A Paris,* || *De l'Imprimerie de Federic Morel, rue S. Ian* || *de Beauuais, au Franc Meurier.* || M.D.LX [1560]. || Auec Priuilege du Roy. In-4 de 76 ff. non chiffr., sign. *A-T.*

Le titre porte la marque de *Féd. Morel* (Silvestre, n° 830). — Au v° du titre est un avis « Au lecteur », dans lequel Du Bellay proteste contre la publication qui a été faite d'une grande partie de ses œuvres dans des éditions très incorrectes.

Le recueil s'ouvre par une épître en vers « A monsieur [Jean] Du Thier, conseillier du roy et secretaire d'Estat ».

Le poète indique lui-même les sources de la plupart des compositions contenues dans le volume ; on y trouve : le *Moretum* traduit de VIRGILE (fol. *A iij*) ; des *Vœux rustiques*, imités du latin d'ANDREA NAVAGERO (fol. *B ij*) ; *Le Combat d'Hercule et d'Acheloys*, d'OVIDE (fol. *C iij* v°) ; la *Complainte des satyres aux nymphes* tirée du latin de P. BEMBO ; une pièce intitulée : *Sur un chapelet de roses*, tirée du même Bembo ; *La Courtisane repentie,* traduite du latin de P. GILLEBERT (fol. *O iij*) ; *La Contre Repentie,* du même Gillebert (fol. *P i*).

Notons encore deux pièces adressées à Olivier de Magny (fol. *F iij* v° et *L i*) et la fameuse satire *Contre les Petrarquistes* (fol. *B iiij*), l'*Epitaphe de l'abbé Bonnet* (fol. *M i*), une longue pièce dédiée à Bertran Bergier, « poète dithyrambique » (fol. *M iij* v°) et l'*Hymne de la surdité,* à Pierre de Ronsard (fol. *S iij* v°).

Au v° du dernier f. est un extrait du privilège accordé à *Fed. Morel* le 17 janvier 1558 (n. s.) ; la durée n'en est pas indiquée. Le privilège est contresigné de Du Thier, le ministre à qui le volume est dédié.

2895 (680 *f*). LE PREMIER LIVRE || des Antiquitez de Rome || contenant vne generale || description de sa gran- || deur, et comme vne deplo- || ration de sa ruine : || Par || Ioach. Du Bellay Ang. || Plus un Songe ou vision sur le mesme subiect, || du mesme autheur. || *A Paris,* || *De l'imprimerie de Federic Morel, rue S. Ian* || *de Beauuais, au franc*

Meurier. || M.D.LXII [1562]. || Auec Priuilege du Roy. In-4 de 13 ff. chiffr. et 1 f. non chiffr., car. ital.

<small>Le titre porte la marque de *Féd. Morel* (Silvestre, n° 830). — Au v° du titre est un sonnet « Au roy ».
Le volume contient 47 autres sonnets.
Au r° du dernier f. est rapporté in extenso le texte du privilège accordé, pour neuf ans, à Fédéric Morel, le 18 mars 1560 (n. s.), et s'appliquant à toutes les œuvres de Du Bellay. — Au v° du même f. est une confirmation de ce privilège datée du 21 juin 1561.
L'édition originale est de 1558.</small>

2896 (680 *g*). LES REGRETS || et autres Œuures || poetiques de Ioach. || Du Bellay || Ang. || *A Paris.* || *De l'imprimerie de Federic Morel, rue S. Ian* || *de Beauuais, au franc Meurier.* || M.D.LVIIII [1559]. || Auec Priuilege du Roy. In-4 de 4 ff. lim. et 46 ff. chiffr., car. ital.

<small>Le titre porte la marque de *Fed. Morel* (Silvestre, n° 830). — Au v° du titre est une pièce latine « Ad lectorem ».

Les 3 ff. qui suivent le titre contiennent une épître en vers « A monsieur d'Avanson, conseiller du roy en son privé conseil », et un sonnet de l'auteur « A son livre ».

Les *Regrets*, composés à Rome de 1553 à 1557, par le poète, jeune encore, mais atteint déjà de la maladie qui devait l'emporter, sont l'œuvre la plus personnelle de Du Bellay, bien que M. Vianey y ait relevé plus d'une imitation (voy. *Bulletin italien*, IV, 1904, p. 30).

Le volume renferme 183 sonnets dont la plupart contiennent les noms des protecteurs ou amis à qui ils sont dédiés. Voici le relevé de ces noms et des personnages dont le poète fait mention incidemment :</small>

Avanson (Jean de Saint-Marcel, seigneur d'). Voy. Saint-Marcel.
Baïf (Jean-Antoine de), fol. 6 v°, 14 v°, 37, 37 v°.
Bailleul, fol. 8.
Belleau (Remy), fol. 18 v°, 35. Cf. fol. 37 v°.
[Bergier] (Bertrand), fol. 38 v°.
Bizet, fol. 16, 32 v°, 34 v°.
Boucher ([Arnould]), fol. 4.
Bouju ([Jacques]), fol. 23, 44 v°.
Brusquet (Jean-Antoine Lombard, dit), cité fol. 28 v°.
Buchanan (George), fol. 45 v°.
Buonarroti (Michelangelo), cité, fol. 6.
Carle (Lancelot de), fol. 30 v°.
Catherine de Médicis, fol. 41 r° et v°.
Clagny, fol. 38.
Clouet (Jean), dit Janet, cité, fol. 6.
Cousin (?), fol. 34. — Il s'agit peut-être simplement d'un parent.

Dagaut, fol. 15, 27 r° et v°.
Des Aimars (Antoine Escalin), baron de La Garde, dit le capitaine Polin, fol. 40.
Des Masures (Louis), fol. 35 v°.
Dorat (Jean), fol. 31, 43 v°.
Du Thier (Jean), fol. 21, 39 v°.
Du Val ([Pierre ?]), fol. 45.
Forget, fol. 45.
François [II], dauphin, fol. 41 v°.
Gohory (Jacques), fol. 18 v°.
Gordes, fol. 14, 16, 19 r° et v°, 23 r° et v°, 34 v°.
Gournay, fol. 44.
Henri II, fol. 46 v°.
Illiers (d'), fol. 9 v°, 13, 16, 20, 27 v°, 31, 33 v°.
Jeanne d'Albret, fol. 42.
Jodelle (Estienne), fol. 37, 43 v°. Cf. fol. 37 v°.
La Chassaigne, cité fol. 23 v°.
La Haye ([Robert de]), fol. 7 v°. Cf. fol. 31.

Le Breton (Nicolas), fol. 15.
L'Hospital (Michel de), fol. 40 v°.
Magny (Olivier de), fol. 3 v°, 4 v°, 17 v°, 32. Cf. fol. 38 v°, 39 v°.
Maraud, fol. 14.
Marc-Antoine, ou plutôt Marcantonio, bouffon italien (peut-être celui que Jal, *Dict. crit.*, 2ᵉ éd., p. 97, cité comme étant pensionné par le roi en 1559), fol. 19 v°, 28 v°.
Marguerite de France, fol. 42 v°. Cf. 43 v°, 44.
Mauléon, cité fol. 31.
Mauny, fol. 13 v°, 22 v°.
Montigné, fol. 14 v°.
Morel (Jean de), fol. 5, 9 r° et v°, 10 v°, 22, 31 v°, 35, 43 v°. Cf. fol. 31.
Olivier, fol. 39.
Pardaillan (Jean de), dit le protonotaire de Panjas, fol. 4 v°.

Paschal (Pierre), fol. 1, 17, 21, 26, 45. Cf. fol. 31.
Pelletier (Jacques), fol. 20, 46.
Poitiers (Diane de), fol. 38 v°.
Rabelais (François), cité fol. 32 v°.
Robertet, fol. 21 v°.
Ronsard (Pierre de), fol. 2 v°, 3, 5 v°, 6 r° et v°, 7, 25, 33 v°, 35 v°, 44. Cf. fol. 1 v°, 31, 37 v°, 38, 39 v°.
Saint-Gelais (Mellin de), fol. 26, 43.
Saint-Marcel (Jean de), seigneur d'Avanson, fol. *A ij*, 39 v°, 40.
Salel (Hugues), cité fol. 38 v°.
Sibilet (Thomas), fol. 29.
Tyard (Pontus de), fol. 37 v°.
Ursin, fol. 25 v°.
Vaux (de), fol. 33.
Vineux, fol. 11 r° et v°, 12 r° et v°, 29 v°, 31 v°, 43.
Zani, fol. 28 v°.

2897 (680 *h*). Hymne au Roy || sur la prinse de || Calais, || Par Ioach. Du Bellay. || Auec quelques antres œuures du mesme autheur, || sur le mesme subiect. || *A Paris.* || *De l'imprimerie de Federic Morel, rue S. Ian* || *de Beauuais, au franc Meurier.* || M.D.LVIIII [1559]. || Auec Priuilege du Roy. In-4 de 6 ff., signat. A, car. ital.

Édition originale.
Le titre porte la marque de *Féd. Morel* (Silvestre, n° 830). — Au v° du titre est un extrait du privilège accordé à *Féd. Morel* le 17 janvier 1558 (n. s.). La durée n'en est pas indiquée.
L'Hymne est suivi d'une *Evocation des dieux tutelaires de Guynes* (fol. *A v*), d'une *Execration des Anglois* (fol. *A v v°*) et d'un *Sonnet à la royne d'Escosse* (fol. *A vj*).

2898 (681 *a*). Epithalame sur || le mariage de Tresillustre || Prince Philibert Emanuel, Duc || de Sauoye, et Tresillustre Prin- || cesse Marguerite de France, Soeur || vnique du Roy, et Du- || chesse de Berry. || Par || Ioach. Du Bellay Angeuin. || *A Paris,* || *De l'Imprimerie de Federic Morel, rue S. Ian* || *de Beauuais, au Franc Meurier.* || M.D.LXI [1561]. || Auec Priuilege du Roy. In-4 de 24 ff. non chiffr., sign. A-F, car. ital.

Le titre porte la marque de *Féd. Morel* (Silvestre, n° 830). — Au v° du titre est reproduit l'avis « Au lecteur » qui précède l'édition de 1559.
Le texte des 12 premiers ff. reproduit celui de 1559, y compris le sonnet français et le distique latin de Charles Utenhove ; mais au f. *D i* commence une seconde partie intitulée : *Entreprise du Roy Dauphin pour le tournoy, sous le nom des cheualiers aduantereux.* La pièce principale

est suivie de l'*Entreprise de monsieur de Lorraine* (fol. *E i* v°), d'*Inscriptions*, en 47 quatrains (fol. *E ij* v°), de trois sonnets : deux « Au roy » et un « A la royne d'Escosse » (fol. *F iij*), enfin d'un sonnet italien « All' illustriss. card. di Lorrena » (fol. *F iiij*).

Au v° du dernier f. est un avis de « L'Imprimeur au lecteur », où l'imprimeur s'excuse de publier ces poèmes « en une saison si peu convenable » ; mais ils étaient déjà pour la plus grande partie imprimés au moment de la mort du roi. Cet avis figure à la fin de l'édition séparée de *L'Entreprise* qui parut en 1559.

2899 (681 *b*). TVMVLVS HENRICI || SECVNDI || Gallorum Regis || Christianiss. per || I. Bellarium. || Idem gallice totidem || versibus expressus per eundem. || Huic accessit, Antonii || Minarij Præsidis innocentiss. Tumulus Latino- || gallicus, eodem autore. || *Parisiis.* || *Apud Federicum Morellum, in vico Bellouaco,* || *ad vrbanam Morum.* || M.D.LXI [1561]. || Cum Priuilegio Regis. In-4 de 12 ff. non chiffr.

Le titre porte la marque de *Féd. Morel* (Silvestre, n° 830). — Au [v° du titre est un extrait (en latin) du privilège général accordé pour six ans au même *Féd. Morel* le dernier jour de février 1559 [1560, n. s.] et s'appliquant à toutes les œuvres de Du Bellay.

Au r° du f. *A ij* sont cinq distiques latins du poète « Ad Janum Morellum, ex Catullo », puis trois distiques adressés à Du Bellay par ADR. TURNÈBE.

Au v° du même f. commence le *Tumulus Henrici II.*, lequel est écrit en distiques. Cette pièce est accompagnée, en regard, d'une traduction en hexamètres français. A la suite (fol. *B iij* v°) est un *Epitaphium*, en quatre distiques, également traduit en français, puis une épigramme latine avec version française, une ode française et deux épigrammes latines. Au f. *C ij* est une *Lettre du mesme auteur à un sien amy sur la mort du feu roy et le departement de madame de Savoye*, en date de Paris, 5 octobre 1559.

Les ff. *C iij* v° et *C iiij* contiennent *Le Tombeau de M. Antoine Minard, president,* en 13 distiques, rendus en 26 alexandrins français. A la suite est un anagramme latin du même personnage.

2900 (681 *c*). LA MONARCHIE || de Dauid et de Goliath, || ensemble plusieurs || autres œuures poetiques || de Ioach. Dubellay || Angeuin. || *A Paris,* || *De l'Imprimerie de Federic Morel, rue S. Ian* || *de Beauuais, au Franc Meurier.* || M.D.LXI [1561]. || Auec Priuilege du Roy. In-4 de 49 ff. chiffr., car. ital.

Le titre porte la marque de *Féd. Morel* (Silvestre, n° 830).
Ce volume contient les pièces suivantes, énumérées au v° du titre :
La Monarchie de David et de Goliath, fol. 2.
Ode au reverendiss. cardinal Du Bellay, fol. 6.
La Lyre chrestienne, fol. 9.
La Complaincte du desesperé, fol. 12.
Hymne chrestien, fol. 21.
Discours sur la louange de la vertu et sur les divers erreurs des hommes ; A Salm. Macrin, fol. 24.
Les deux Marguerites [Marguerite d'Angoulême, reine de Navarre, et Marguerite de France, duchesse de Savoie], fol. 28.
Ode au seign. des Essars [Nicolas de Herberay] *sur le discours de son Amadis,* fol. 30 v°.

Au seign. Rob. de La Haye, pour estrene, fol. 36.
Estrenne à D. M[arie de La Haye, fol. 37.
Ode pastorale à Bertrand Berger de Montembeuf, natif de Poictiers poëte bedonnique-bouffonnique, fol. 37 v°.
A Salm. Macrin, [sonnet], fol. 39.
Nouvelle Maniere de faire son profit des lettres, fol. 39 v°.
Le Poëte courtisan, fol. 43.
Treze sonnets de l'honneste amour, fol. 45 v°.
A Phebus, [ode], fol. 49.

Le privilège, dont un extrait occupe le v° du dernier f., est le privilège général accordé pour neuf ans à *Féd. Morel,* le 18 mars 1560, (n. s.), et s'appliquant à toutes les œuvres de Du Bellay.

2901 (681 *d*). DOCTE ET SINGVLIER ǁ DISCOVRS sur ǁ les quatre Estats ǁ du Royaume de France, deplora-ǁtion & calamité du temps ǁ present. ǁ Composé ǁ Par feu Ioachim Dubellay gentil-homme ǁ Angeuin, & excellent poëte François. ǁ *A Lyon. Par Benoist Rigaud.* ǁ 1568. ǁ Auec Priuilege. In-8 de 29 pp. et f. blanc, car. ital.

II.7.79

Le titre porte la marque de *B. Rigaud* (Silvestre, n° 1302).

Au v° du titre est un sonnet adressé au roi par PHILIBERT BUGNYON, Mâconnais, et accompagné de la devise : *Vouloir et esperer.*

Le *Discours* commence ainsi (p. 3) :

Syre, les anciens entre tant d'autres choses
Qu'ils avoyent dans l'esprit divinement encloses,
Trois genres nous ont fait de tout gouvernement..

La p. 29 contient les quatre derniers vers suivis de la devise de Du Bellay : *Coelo Musa beat,* et de cette signature :

P. BUGNYON.
Les Muses tirent du tombeau
Des doctes le divin troupeau.

On lit au-dessous : « Le Libraire au lecteur. Ce petit discours, fait du temps du roy François le second et à luy dedié par l'auteur, estoit fort imparfait quand il m'a esté mis en main. L'ayant fait voir, j'ay tasché de le vous rendre le plus entier qu'il m'a esté possible. »

Au v° de la p. 29 est un extrait du privilège accordé pour un an à *Benoist Rigaud* le 6 décembre 1567.

Le *Discours,* qui est traduit d'un poème latin de Michel de L'Hospital, a été reproduit dans les *Œuvres françoises de Joachim Du Bellay,* 1575, pp. 526-540. Il y est précédé d'un sonnet au cardinal de Lorraine, qui n'est pas ici ; par contre les vers de Philibert Bugnyon ont été supprimés.

JEAN-ANTOINE DE BAÏF.

2902 (685 *a*). PREMIERE ǁ SALVTATION ǁ au Roy sur son auene-ǁment à la Couronne ǁ de France. ǁ Par I. Antoine de Baïf. ǁ *A Paris.* ǁ *Par Federic Morel* ǁ *Imprimeur du Roy.* ǁ M.D.LXXV [1575]. In-4 de 8 ff. chiffr., car. ital.

I.5.11

Cet exemplaire, relié à la suite *La Medee* de Jean de La Peruse (n° 3022), est semblable à celui qui est décrit sous le n° 685.

Jean Dorat.

I.5.17

2903 (689 *bis*). Novem || Cantica de Pace || ad || Carolum Nonum || Galliæ Regem, || Ioanne Aurato Poëta Regio auctore. || Neuf || Cantiques ou sonetz de la Paix || A || Charles Neufiesme Roy de France, || Par Iean Dorat Poëte de sa Maiesté. || .... || *Lutetiæ,* || *Veneunt exemplaria in œdibus Ioannis Aurati, Poëtæ* || *Regij, extra portam diui Victoris, sub signo Fontis.* || 1570. || Cum Priuilegio Regis. In-4 de 12 ff. non chiffr.

Cet exemplaire, relié à la suite de la *Remonstrance au peuple françoys* de Guillaume Des Autelz (n° 2882), est semblable à celui qui est décrit sous le n° 689.

I.5.17

2904 (689 *a*). Epithalame || ou Chant nuptial, || sur le mariage de tresil- || lustres Prince et Princesse, || Henry de Lorraine Duc || de Guyse, et Catari- || ne de Cleues || Contesse || d'Eu. || A || mondict Seigneur Mon- || seigneur le Duc de Guyse. || Par Iean Dorat Poete du Roy. || *A Paris,* || *Pres S. Victor, à l'enseigne de la Fontaine.* || 1570. || Auec Priuilege du Roy. In-4 de 8 ff. non chiffr., sign. *A*, par 4, *B-C* par 2.

L'adresse indiquée sur le titre est celle du poète lui-même, comme on peut le voir sur la pièce suivante.

Au v° du titre est un sonnet de Jean Dorat.

L'*Epithalame*, que « chantent deux demi-chores, l'un de jouvenceaux, l'autre de pucelles », se compose de 54 quatrains. Il est suivi (fol. *B ij*) d'un sonnet « Au tresillustre prince et reverendissime cardinal de Lorraine ».

Les 2 ff. signés *c*, qui paraissent avoir été ajoutés après coup, sont occupés par quatre pièces latines.

L'*Epithalame* est relié à la suite de la *Remonstrance au peuple françoys* de Guillaume Des Autelz (n° 2882).

I.5.11

2905 (689 *b*). Chant de ioye à Nostre Dame || de Liesse, pour la victoire || du tres-heureux Roy Henry III. || Henry Duc de Guise chef || de son armee. || Par Iean Dorat Poëte du Roy. *A Paris.* || *De l'Imprimerie de Federic Morel* || *Imprimeur ordinaire du Roy.* || M.D.LXXVI [1576]. || Auec Priuilege. In-4 de 4 ff. non chiffr.

Au v° du titre est un sonnet adressé « A Henry III., roy de France ».

Le poème, dont M. Marty-Laveaux ne fait aucune mention dans son édition des *Œuvres poétiques de Jean Dorat,* se compose de 24 quatrains ; il commence ainsi :

Chantons d'un cry joyeux la dame de liesse
Par qui nous recevons triomphe si joyeux...

Cette pièce est reliée à la suite de *Le Medee* de Jean de La Peruse (n° 3022).

Remi Belleau.

2906 (690 a). Epithalame || sur le mariage || de Monseigneur le || Duc de Lorraine, || & de Madame Claude || Fille du Roy. || ❧ Chanté par les Nymphes de Seine, & de Meuse. || Par R. Belleau. || *A Paris,* || *Chez André Wechel, rue sainct Iean de Beau-* || *uais, à l'enseigne du cheual volant.* || 1559. || Auec priuilege du Roy. In-4 de 8 ff. non chiffr. sign. A-B, car. ital., réglé, mar. r. jans., tr. dor. (*Trautz-Bauzonnet.*)

<small>Le titre porte une marque d'*A. Wechel* qui diffère légèrement de celle que Silvestre reproduit sous le n° 131.</small>

<small>Le mariage de Charles II, duc de Lorraine, et de Claude de France eut lieu le 5 février 1559. Charles était né en 1542, Claude, en 1547.</small>

<small>De la bibliothèque de Chartener (Catal., 1885, n° 276).</small>

2907 (693 bis). Epithalame sur || les Nosses de René || Dolu, Conseiller et Treso- || rier general de la Reine d'Ecosse, & || de Denize Marcel à Paris XI. || iour de Iuillet || 1559. || Par R. Belleau. In-4 de 4 ff., avec un simple titre de départ.

<small>Cet exemplaire, relié avec *Le Medee* de Jean de la La Péruse (n° 3022) est semblable à celui qui est décrit sous le n° 693.</small>

Pontus de Tyard.

2908 (697 a). Continvation des Er- || reurs amou- || reuses, || ✶ || Auec vn Chant en faueur de quel- || ques excellens Poëtes de || ce Tems. || *A Lyon,* || *Par Iean de Tournes,* || M.D.LI [1551]. In-8 de 70 pp. et 1 f. blanc, mar. r., dos et mil. ornés, doublé de mar. bl., guirlande de feuillage à petits fer, tr. dor. (*Trautz-Bauzonnet.*)

<small>Par Pontus de Tyard.</small>

<small>Le titre porte la marque de *J. de Tournes* (Silvestre, n° 188).</small>

<small>Au v° du titre est le portrait de la femme aimée par le poète, portrait entouré de ces mots : *L'ombre de ma vie :*</small>

<small>A la p. 3 est un sonnet intitulé *Vœu.*</small>

<small>Les pp. 4-6 contiennent une épître (en prose) « A sa dame », signée de la devise : *Amour immortelle.*</small>

<small>Le recueil, dont nous avons ici l'édition originale, contient des sonnets et des chansons. A la p. 53 est un sonnet « eternisant Antoine Du Moulin ». *Le Chant en faveur de quelques excellens poëtes de ce tems* occupe les pp. 59-67. L'auteur y cite le roi Henri II (p. 62), Mellin de Saint-Gelais (p. 63), Maurice Scève, Antoine Heroët de La Maison Neufve, Lancelot de Carle (p. 64), Hugues Salel (p. 65), Louis Des Masures, qui continue comme traducteur l'œuvre de Marot, Jean Martin, Pierre de Ronsard, Joachim Du Bellay (p. 66) et Guillaume Des Autelz.</small>

Les pp. 69-70 contiennent cinq distiques latins et un sonnet français de Guillaume Des Autelz, accompagnés des devises : *Non otiosus in otio* et *Travail en repos*.

2909 (697 *b*). Errevrs ‖ amorev- ‖ ses, ‖ * ‖ Augmentees d'une tierce partie. ‖ Plus, ‖ Vn Liure de Vers Liriques. ‖ *A Lyon* ‖ *Par Ian de Tournes,* ‖ M.D.LV [1555]. In-8 de 169 pp. et 1 f., mar. v., fil., comp., tr. dor. (*Thouvenin*).

Première édition dans laquelle on trouve réunis : le premier livre des *Erreurs amoureuses*, publié en 1549, le second livre, imprimé en 1551, sous le titre de *Continuation*, et le troisième livre, qui n'avait pas encore paru.

Le titre est orné du joli encadrement employé, la même année, par *J. de Tournes* pour les *Euvres* de Louise Labé. — Au v° du titre est le portrait de la dame aimée par Pontus de Tyard, mais le bois, fatigué par le tirage de 1551, est légèrement écorné. — En face de ce bois (p. 3) est le sonnet intitulé *Vœu*, qui figure en tête de la *Continuation*.

Le premier livre (pp. 5-61) est précédé d'une épître (en prose) « A sa dame », datée de 1548. Il s'ouvre par un sonnet à Maurice Scève (p. 7). Suivent 69 sonnets, dans lesquels sont intercalées des épigrammes et des chansons.

Le second livre commence, p. 62, par les distiques latins et le sonnet français de Guillaume Des Autelz, qui se lisent à la fin de la *Continuation*. Le *Sonet au lecteur* qui occupe la p. 68 du recueil de 1551 a été supprimé.

Le troisième livre s'ouvre par un sonnet de Guillaume Des Autelz, accompagné de la devise : *Travail en repos* (p. 108), puis viennent une nouvelle épître (en prose) du poète « A sa dame » (pp. 109-110), 33 sonnets et une chanson (pp. 111-129).

En tête du *Livre des vers liriques* est un nouveau sonnet de Guillaume Des Autelz, terminé par la même devise (p. 130). Le recueil se compose de dix odes, dont la V°, « sur la mort de la petite chienne de Jane, nommee

BELLES-LETTRES.   239

Flore », est adressée à G. Des Autelz (p. 146) et dont la VIe est un *Epicede ou Regret à la mort de monsieur l'escuier de Saint Sarnin* (p. 151). M. Alfred Cartier nous fait observer que les cinq premières odes avaient paru en 1552 à la suite de *Solitaire premier*. Le *Chant en faveur de quelques excellents poëtes* le *Chant à son Tout* et l'*Enigme* sont tirés de la *Continuation* de 1551 (n° 2908). — La p. [170] contient un sonnet de FRANÇOIS TARTARET, Chalonois.

Le dernier f. est occupé, au r°, par les *Fautes obmises en l'impression*, et, au v°, par la marque de *J. de Tournes* (Silvestre, n° 661).

Exemplaire de CH. NODIER, qui ne figure pas dans le catalogue de 1844 ; de BAUDELOOQUE (Cat., 1859, n° 789) et de H. DE CHAPONAY (Cat., 1883, n° 306).

H. — Les Contemporains des poètes de la Pléiade et leurs successeurs jusqu'à Malherbe.

2910 (704 *a*). LA || TRICARITE. || Plus || Qelqes chants, an faueur de || pluzieurs Damoêzelles : || Par || C. De Taillemont || Lyonoes. || *A Lyon,* || *Par Iean Temporal.* || 1556. || Auec Priuilege du Roy. In-8 de 152 pp., mar. r., dos et mil. ornés, tr. dor. (*Trautz-Bauzonnet.*)

 Le titre porte la marque de *J. Temporal* (Silvestre, n° 186).
 Les pp. 3-9 contiennent un *Advertissement aux lecteurs*.
 Les pp. 11-16 sont occupées par un chant « A treshaute è trexcelante princesse, madame Jane, reyne de Navarre è duchesse de Vandôme », suivi (p. 17) d'une élégie « a elle-même », signée E. D.
 A la p. 18 on lit un sonnet de D. SAVYON, accompagné de la devise : *Si peu que plus.*
 Après deux sonnets « aus lecteurs » et « aux [*sic*] dames » (pp. 19-20), on trouve (p. 22) le portrait, fort peu séduisant, de la Tricarite, accompagné de la devise : *Qand, non plutôt,* et d'un quatrain.
 Les pp. 23-71 contiennent 97 sonnets à la louange de la Tricarite. A la suite sont des sonnets à la louange de M. Sc. [Maurice Scève], p. 72 ; de M. D. B. [Marguerite de B...], p. 72 ; de C. V. [Clémence Viole], p. 73.
 La *Melpocarite de qelqes damoêzelles*, qui commence p. 91, contient les noms de MM^{lles} de Saillant (p. 93), de Gage, de Vitré, d'Ivor (p. 94), de Toulon, de Saint Forgeux, de Bruyère (p. 95), de Chastellux, Villargeau, Pinat (p. 96), Ganly, Micery, Sugny (p. 97], Mion, de Saint Audeuil, de Rubis (p. 98), Arcenet, Auzenet.
 Le volume se termine (pp. 115-151) par le *Conte de l'infante Geniévre fig'le du roy d'Ecosse, pris dú Furieus, è fet françoes*. Cette traduction, écrite en huitains, est précédée d'un sonnet de J. de S. (p. 113) et d'un huitain d'envoi « A la reyne de Navarre » (p. 114). A la fin (pp. 151-152) sont des stances « A l'unique M. D. F. [Marguerite de France] « sus le conte precedant ». L'attribution est rendue certaine par l'anagramme : *An grace mcre de fruit.*
 On trouve à la fin du volume, comme à la p. 74, la devise : *Devoer de voer.*

 Exemplaire de T.-G. HERPIN (Cat., 1903, n° 66).

2911 (708 *a*). ODE a la Paix || Par Marc Claude de || Buttet. || *A Paris.* || *Chez Gabriel Buon, au Clos Bruneau, à* || *l'enseigne S. Claude.* || 1559. || Auec Priuilege. In-4 de 6 ff. non chiffr., car. ital., sign. *A* par 4, *B* par 2, mar. v. foncé, mil. orné, tr. dor. (*Capé.*)

 Le titre porte la marque de *Gabr. Buon* (Silvestre, n° 141).

Au v° du titre est un *Extraict* du privilège accordé au libraire, pour six mois, par le prévôt de Paris, le 21 février 1558.

L'*Ode* commence ainsi :

> Fille de Dieu, des peuples mere,
> Qui, dès que les chetifs humains...

2912 (708 *b*). Ode fvnebre || Sur le Trespas du Roi, || ou sont entreparleurs. || La France, & le Poëte. || Par Marc Claude de Buttet, Sauoisien. || *A Paris,* || *Chez Gabriel Buon au clos Bruneau,* || *à l'enseigne S. Claude.* || 1559. || Auec Priuilege. In-4 de 4 ff. non chiffr., car. ital., mar. r. jans., tr. dor. (*Chambolle-Duru.*)

Le titre porte la marque de *Buon* avec la devise : *Omnia mecum porto.*
Au v° du titre est un extrait du privilège accordé pour six mois au même Buon, le 12 août 1559.

Le poème commence ainsi :

> Mais repon moi, je te pri,
> Qui es tu qui d'un tel cri...

A la fin est la devise : Κέρας Ἀμαλθείας.

2913 (711 *a*). Response || anx calomnies || n'agueres malicieusement || inuentees contre I. G. sous le || nom faulsement deguizé de M. A. Guy- || mara Ferrarois Aduocat de M. I. || Charpentier. || *A Paris,* || *Chez Challot Billet.* || 1564. In-4 de 8 ff. non chiffr., sign. *A-B*, car. ital.

Au v° du titre est un sonnet de S. L. S. X. « A M. A. Guymara, forgeron des calomnies de M. Jaq. Charpentier contre J. G. »
Les pp. 3 et 4 contiennent une épître (en prose) de Jehan Marchant « au lecteur », en date du vendredi 8 septembre 1564.

Marchant nous apprend dans cette pièce qu'il a voulu défendre J. G. qui depuis sept ans lui a servi de guide et l'a instruit en l'art de la poésie. Il nous révèle en même temps le nom de ce mystérieux personnage. « Tu sçauras... », dit-il au lecteur, que le motif principal de toute cette querelle vient d'un nommé Jaques Charpentier, lequel par l'espace de vingt ans ayant esté nourri en divers colleges, tantost serviteur, tantost maistre és arts, voyant aussi J. G., natif d'un mesme païs et ville, avoir par sa diligence atteint à l'aage de vingt et quatre ans ce que luy n'a voulu entreprendre jusques à ce qu'il s'est veu aux fauxbourgs de viellesse, soit pour ses occupations ou choses de moindre estophe, soit par crainte d'insuffisance, voyant cela, di-je, il conceut une telle hayne (ce qui ce [*sic*] fait facilement entre gens d'un mesme estat et de mesme païs) que tout depuis ce temps ne cessa de luy garder une dent de lect, ainsi qu'il a souvent monstré, tant par parolles que par effect. »

Jacques Charpentier était né en 1524 à Clermont en Beauvaisis ; il avait enseigné la philosophie avant d'aborder l'étude de la médecine ; mais, tout philosophe qu'il était, il n'avait jamais pu supporter la contradiction. C'est ainsi qu'il avait attaqué Pierre de La Ramée au sujet d'Aristote. Son compatriote J. G., c'est-à-dire Jacques Grévin, de quatorze ans plus jeune que lui, avait d'abord été son ami ; il avait même composé un épithalame pour Jacques Charpentier et Catherine Charlot ; puis tous deux s'étaient brouillés, soit à cause de leurs opinions philosophiques, soit plutôt à cause de leurs opinions religieuses. Charpentier avait publié, ou fait publier, sous le nom de Guymara, un factum contre Grévin, dont on cherche vainement aujourd'hui quelque exemplaire. Grévin avait répondu en latin (*Responsio ad J. Carpentarii calumnias*, datée du 13 août 1564), et Charpentier avait répliqué nous ne savons sous quelle forme.

C'est alors que Jacques Grévin reprit la plume et composa la *Response* qu'il chargea son ami Jehan Marchant de présenter au public. Marchant semble avoir été avocat au parlement. Quant à Guymara, ce masque paraît avoir été pris, soit par Charpentier lui-même, soit par son ami, le médecin Jean Le Bon.

Nous renverrons pour toute cette querelle à la thèse de Lucien Pinvert : *Jacques Grévin*, 1899, p. 317.

La présente pièce est reliée à la suite de *La Medee* de Jean de La Péruse (n° 3022).

2914 (712 *bis*). PROEME || Sur l'histoire des Franç- || ois et hommes ver- || tueux de la maison de Medici. || A la Royne de || France, Mere du Roy. || *A Paris,* || *Par Robert Estienne Imprimeur de sa Majesté.* || M.D.LXVII [1567]. In-4 de 8 ff. non chiffr., car. ital.

    Par JACQUES GRÉVIN.

Cet exemplaire, relié à la suite de la *Remonstrance au peuple françoys* de Guillaume des Autelz (n° 2882), est semblable à celui qui est décrit sous le n° 712.

2915 (713 *a*). L'A-DIEV || A PHOEBVS || et aus Muses, || Auec vne Ode à Bacchus, || par || I. P. T. || Συν ἐλπιδι. || *A Paris,* || *Par Benoist Preuost, rue Frementel, à l'enseigne* || *de l'Estoille d'or, prez le Cloz Bruneau.* || 1559. In-4 de 13 ff. chiffr. et 1 f. blanc.

Les initiales portées sur le titre sont celles de JEAN PASSERAT, Troyen.
La devise grecque est répétée à la fin.

Cette pièce est reliée avec *La Medee* de Jean de La Péruse (n° 3022).

2916 (714 *a*). SVR LES NOPCES du || Roy et de la Royne. || Pris du Latin de M. Passerat. || Par M. I. D. Aduocat en la Cour. S. *l. n. d.* [*Paris*, 1600], in-4 de 2 ff., sign. A, car. ital.

La pièce n'a qu'un simple titre de départ.
L'original latin est intitulé : *In nuptias Henrici IIII. Galliae Navarrfaeque regis, et Mariae Mediceae*. Il fut imprimé d'abord séparément, mais on le retrouve dans le recueil précédemment décrit : *Joannis Passeratii..... Kalendae januariae et varia quaedam Poematia*, 1606, in-8 (voy. le n° 713). pp. 146-148.

En voici le début :

    Formosa Uraniae soboles, huc dirige gressus
    Aureolos, croceo includent vestigia socco ;
    Huc, satyri, properate, leves facilesque Napeae,
    Naiedumque chorus, vitrea qui ludit in unda...

La traduction commence ainsi :

    Belle race du ciel, gentil fils d'Uranie,
    Prens ta botine d'or mignonnement garnie,
    Et t'en viens droit icy ; satyres, venez y ;
    Venez y vistement, vous, Napees, aussi,
    Et vous qui folastrez en l'onde crystaline,
    Naiades, amenez vostre troupe divine...

Nous ignorons qui désignent les initiales J. D. inscrites sur le titre.
Cette pièce est reliée à la suite de la *Remonstrance au peuple françoys* de Guillaume Des Autelz (n° 2882).

2917 (714 *b*). Monologve || de Prouidence || diuine, parlant || a la France. || *A Enuers,* || 1561. In-8 de 8 ff. non chiffr., sign. *A-B* par 4, dem. rel. v. gr., non rogné.

Cette pièce, nettement protestante, n'a rien de dramatique; c'est une prosopopée religieuse et politique. En voici les premiers vers :

Hommes en mal et en vices confits,
Quel bien peult faire une mere à son fils...

A la suite du *Monologue* est une *Ode en maniere d'ecco* (fol. *B iij*) :

O Dieu, veux-tu que l'inique demeûre
Tousjours en regne et que l'innocent meure...;

puis une *Chanson spirituelle sur le chant du pseaume* 72 (fol. *B iij* v°) :

Tes jugemens, Dieu veritable,
Tu nous as descouvers...

L'auteur de ces pièces est Estienne Du Tronchet, qui, redevenu catholique, a, par la suite, profondément remanié le *Monologue de Providence divine*. On le trouve sous cette nouvelle forme à la suite de diverses éditions des *Lettres* de Du Tronchet. Voy notre t. II, n° 1876.

La rubrique d'*Envers* est certainement fausse.

2918 (714 *c*). Six Sonets || de l'Assemblee des Pre- || lats de France, & Ministres de la Parolle || de Dieu, tenue à Poissy l'an 1561. || Auec || vne response aux pas- || quins destournez de la saincte Escripture, & appliquez || à moquerie en faueur desdicts Prelats, par vne || Nonain Iacopine dudict Poissy. || M.D.LXI [1561]. S. *l.*, in-4 de 4 ff. non chiffr., car. ital.

La « religieuse jacopine » est Anne de Marquets, dont le nom se trouve en toutes lettres à la fin de l'épître qui précède les *Prieres et Devises en forme de pasquins pour l'assemblee de MM. les Prelats et Docteurs tenue à Poissy* (1562) et une réimpression intitulée *Sonets, Prieres et Devises en forme de pasquins,* etc. (1566).

Trois des six sonnets contenus dans le recueil sont relatifs au colloque de Poissy, le 4° est adressé « A la royne mere et au roy de Navarre » (fol. *a ij* v°), le 5° est dédié « A la royne de Navarre » (fol. *a iij*), le 6° est intitulé : « Pour quelle raison les prelats nierent seulement ce qui avoit esté dict par M. de Besze sans vouloir disputer par la Saincte Escripture ».

La *Response aux pasquins,* composée de 12 quatrains, occupe le 4° feuillet.

Anne de Marquetz fit paraître en 1568 une traduction française des *Divines Poësies de Marc-Antoine Flaminius*. Ses sonnets spirituels ont été réunis en 1605 par une autre religieuse, Marie de Fortia, qui y a joint des vers composés en l'honneur de la femme poète par Pierre de Ronsard, Jean Dorat et plusieurs autres auteurs plus modernes.

Cette pièce est reliée à la suite de *La Medee de Jean* de La Péruse (n° 3022).

2919 (714 *d*). Description || du Monde || desguisé. || Par Nicolas Margues. || *A Paris,* || *De l'Imprimerie de Thomas Richard, à la Bible* || *d'or, deuant le College de Reims.* ||

BELLES-LETTRES. 243

1563. In-4 de 7 ff. non chiffr. et 1 f. blanc, mar. r. jans., tr. dor. (*Chambolle-Duru*.)

Le titre porte une marque de *Th. Richard,* assez voisine de celle que Silvestre a reproduite sous le n° 580, mais contenant en plus un monogramme.

Au v° du titre est un sonnet anonyme « Au poëte ».

La *Description du Monde desguisé* se compose de trois satires :

1 (fol. A *ij*). Ni sur le blanc cristal de l'onde chevaline...
2 (fol. A *iiij* v°). Que l'homme est aujourd'huy en ces faicts trop divers...
3 (fol. B *ij* v°). Qu'est ce aujourd'huy du monde ? Un singe miserable...

La seconde satire, dans laquelle l'auteur s'élève contre les modes du jour, contient nombre de vers bien frappés.

2920 (714 *e*). HYMNE || de la Mo- || narchye. A. G. du Faur Seigneur || de Pibrac, Aduocat du || Roy au Parlement de Paris. || Par R. Garnier Fertenoys. || *A Paris,* || *Chez Gabriel Buon au clos bruneau* || *à l'enseigne sainct Claude.* || 1567. || Auec Priuilege. In-4 de 11 ff. chiffr. et 1 f. non chiffr., car. ital.   I.S.17

Le titre porte la marque de *Gabr. Buon* (Silvestre, n° 289).

L'*Hymne* commence ainsi :

> Je devroys à bon droit endurer, criminel,
> Sur mon corps demembré le supplice cruel...

Il ne compte pas moins de 532 vers.

Le dernier f. contient au r° un sonnet « A madamoys. de Pibrac » ; le v° en est blanc.

Cette pièce est reliée à la suite de la *Remonstrance au peuple françoys* de Guillaume Des Autelz (n° 2882).

2921 (716 *a*). LES ŒVVRES || de Sceuole de || Sainte Marthe. || Derniere Edition. || *A Poitiers,* || *Par Iean Blanchet Imprimeur* || *ordinaire du Roy.* || 1600. In-12 de 4 ff. lim., 200 ff. chiffr., 7 ff. non chiffr. et 1 f. bl., mar. v., fil., tr. dor. (*Koehler.*)   IV.9.48

Le titre porte la marque de *Jean Blanchet* (Silvestre, n° 492).

Le volume s'ouvre par un avis « Aux lecteurs », qui est daté du mois de mai 1578, et qui reproduit, en effet, celui de l'édition publiée en 1579, sauf un changement à la fin.

Le 4° f. lim. indique *Le Contenu en ce volume*.

Les ff. qui terminent le recueil contiennent une longue pièce adressée « A monsieur de Sainte-Marthe, thesorier general de France », par [RENÉ BOUCHET, SIEUR] D'AMBILLOU, des sonnets de REMY BELLEAU, de P. JOYEUS, de LA VALLETRYE et de JAQUES DE LA FONS, un anagramme de L. TRINCANT, trois distiques latins signés : GUIL. HEGATUS, Scotus ; les corrections.

L'édition que nous venons de décrire parut d'abord avec la date de 1599 ; mais il en fut fait un second tirage avec les mots *Derniere Edition* et la date de 1600 (voy. La Bouralière, *L'Imprimerie et la Librairie à Poitiers pendant le XVI° siècle*, 1900, p. 234). Le recueil est autrement disposé que celui de 1579. Le poète y a donné un grand nombre de pièces nouvelles ; par contre il en a supprimé quelques-unes, surtout dans les *Amours*. Le

Palingene n'y figure plus. Enfin, et c'est ce qui donne un prix particulier au volume, Sainte-Marthe nous fait connaître les noms de beaucoup de destinataires de ses œuvres, destinataires qu'il n'avait pas révélés tout d'abord. Plusieurs personnages à qui des vers étaient dédiés en 1579 ont été remplacés par d'autres.

Voici la table des noms qu'on peut relever dans le volume :

[Angoulême (Henri d')], grand prieur de France, fol. 96.
Ariosto (Lodovico) : chanson traduite d'après lui, fol. 124 v°
Aubert (Guillaume), fol. 85 v°, 176.
Audebert (Germain), fol. 174.
Baïf (Jean-Antoine de), fol. 94.
Beaulieu (Mlle de), fol. 83.
Belleau (Remy), fol. 79, 93 v°, 144.
Belot ([Jean de]), fol. 94.
Bertaut ([Jean]), fol. 92.
Betolaud (R. de), fol. 80 v°. — Ajoutez la pièce qui se lit au fol. 164 v° de l'édition de 1579.
Bouchet ([Jacques II ?]) ,imprimeur à Poitiers, fol. 83 v°.
Bouchet (René), sieur d'Ambillou, neveu de Scévole, fol. 178.
Chantecler (Charles), maître des requêtes, fol. 78, 91.
Charles IX, fol. 87 v°.
Chasteigner (Louis de) de La Rochepozay, sieur d'Abain, ambassadeur à Rome, fol. 91 v°, 96 v°, 97.
Chastelier (La générale). Voy. Du Chastelier.
Clermont (Jeanne de), abbesse de la Trinité à Poitiers, fol. 121. — [Jeanne, nommée abbesse en 1537, mourut en 1586.]
Clermont (Louis de), dit d'Amboise, seigneur de Bussy, [tué en 1579], fol. 88.
Condé (Henri II de Bourbon, prince de), fol. 90.
Del Bene (Jeanne) : épitaphe (anonyme en 1579), fol. 72.
Des Portes (Philippe), fol. 78 v°, 91.
Des Roches (Mme), fol. 83.
Duaren (François), fol. 81 v°.
Du Bouchet, fol. 84 v°.
[Du] Chastelier (X., femme de Jean), dite « la generale Chastelier », fol. 111.
Du Lac, avocat en la cour de parlement, fol. 172 v°.
Faucon, fol. 90 v°.

Fergon ([François de]), fol. 82 v°, 87.
Flamini (Marcantonio), fol. 190.
Forget ([François]), fol. 92.
François II, fol. 88.
Garrault, fol. 169 v°.
Gillot ([Jacques]), fol. 85 v°. — La pièce adressée à Gillot en 1600 était adresée en 1579 (fol. 155 v°) à Blaise de Vigenère.
Girard (Bernard de), sieur du Haillan, fol. 81.
Henri III, fol. 77, 87 v°, 89 v°, 166.
Henri IV, fol. 90.
Jamyn (Amadis), fol. 93.
Joyeus (P.), médecin, fol. 158.
Lage, fol. 93 v°.
La Mothe (Le jeune), fol. 95.
Maisonier (R.), fol. 86 v°.
Merevache, peintre, mort à 80 ans avant 1579, fol. 95 v°.
Montpensier ([Louis de Bourbon], duc de), fol. 77.
Morel (de), fol. 150.
Morin, fol. 93.
Muret (Marc-Antoine de), fol. 91 v°.
Nesmond ([André de]) « Nemond », fol. 92 v°.
Pasquier (Estienne), « avocat general du roy en sa chambre des Comptes, à Paris », fol. 90 v°, 107 v°.
Pellejay (Claude), fol. 94 v°.
Peletier, fol. 86 v°.
Pibrac (Guy Du Faur, sieur de), fol. 174.
Rapin (Nicolas), « grand prevost de la connestablie de France », fol. 83 v°, 104 v°. — Une pièce à lui adressée en 1579 (fol. 138 v°) a disparu.
Ronsard (Pierre de), fol. 86 (dans l'édition de 1579, fol. 157 v°, cette pièce est adressée à Hennequin). — Un sonnet adressé à Ronsard en 1579 (fol. 159 v°) a disparu.

Sainte-Marthe (R. de), grand archidiacre de Poitou, fol. 186.

Sidère, fol. 61. — René Bouchet, sieur d'Ambillou, neveu de Scévole, est l'auteur d'une « pastorelle » intitulée *Sidere* (1609).

Sourdis (Mme de), fol. 109 v°.

Thou (Christophe de), premier président, fol. 80.

Thou (Jacques-Auguste de), « conseiller d'Estat et president en la cour de parlement », fol. 85 (les *Sonnetz meslez*, qui lui sont dédiés, sont adressés en 1579 à Germain Vaillant de Guélis, abbé de Pimpont), 103.

Tiard (Ponthus de), seigneur de Bissy, fol. 91 v°.

V. (Mlle de), fol. 80 v°.

Vauquelin (Jean) de La Fresnaye, fol. 88 v°.

[Vertunien (François)], sieur de La Vau, fol. 81.

Voici les noms figurant dans les pièces du recueil de 1579, qui ont supprimées :

Belleforest (François de), fol. 151 v°.

[Boaistuau (Pierre), surnommé] L'Aunay, fol. 151 v°.

Chassereau, fol. 164 v°.

[Du] Chastelier (Guy), fol. 34 v°.

[Du] Chastenay], fol. 158.

Hennequin, fol. 157 v°.

La Noue (Les deux), fol. 167.

Macrin ([Salmon]), fol. 166 v°.

Nostre Dame (Michel de), dit Nostradamus, fol. 152 v°.

Nuilly, fol. 153.

Rembure, astrologue, fol. 152 v°.

Rondelet ([Guillaume]), fol. 167.

Scaliger ([Joseph]), fol. 31 v°.

Travarzay, fol. 151 v°.

Vaillant de Guélis (Germain), abbé de Pimpont, fol. 155.

Vigenère (Blaise), fol. 155 v°.

Exemplaire de Sir Thomas Brooke (Cat., 1909, n° 322).

2922 (726 a). Complainte || de la France, || touchant les miseres || de son dernier temps : Le but de la- || quelle tend à ce qu'elle soit exau- || cee de Dieu en ses iustes doleances : à fin que par sa misericor- || de il la vueille restaurer || à la gloire de son || sainct Nom. || Par Estienne || Valancier Foresien. || M.D.LXVIII [1568]. *S. l.*, in-8 de 8 ff. non chiffr., sign. *A-B* par 4, mar. bl. jans., tr. dor. (*Chambolle-Duru.*)

Au v° du titre est un dixain « Au peuple françois ».
Le poème commence ainsi :

Vous qui m'oyez chanter piteusement
Ces tristes vers de regrets et complainte...

A la fin est la devise : *Au point il poind.*

2923 (730 a). Regrets || sur les mise- || res aduenues à la France || par les Guerres Ciuiles. || Auec deux prieres à Dieu, || Par H. H. Parisien. || *A Paris* || *Par Denis du Pré Imprimeur, demourant en la rue des* || *Amandiers, à l'enseigne de la Verité.* || M.D.LXIX [1569]. || Auec priuilege du Roy. In-4 de 13 ff. chiffr. et 1 f. blanc, car. ital.

Les initiales H. H. désignent Hiérosme Hennequin, dont nous avons cité des vers insérés, la même année, dans le *Tombeau d'Elisabeth de France* (n° 814).

Le titre porte la marque de *Denis Du Pré*, qui a été plusieurs fois signalée précédemment (voy. t. I, n° 732).

Au v° du titre est un extrait du privilège accordé à H. H. le 18 janvier 1569 ; la durée n'en est pas indiquée.

Le f. 2 contient : au r°, un sonnet par J. A. B. [= Jean-Antoine de Baïf] et un sonnet par F. d'Amb. [= François d'Amboise] ; au v°, un sonnet signé J. M. et cinq distiques latins signés P. D.

Les *Regrets* se composent de 31 sonnets.

Ils sont suivis d'une *Priere à Dieu, de l'invention de l'autheur* (fol. 11), de *L'Oraison de Manasses, roy de Juda, estant pour lors captif en Babilone, traduicte du latin de monsieur d'Espance* (fol. 12), et d'un *Sonnet de l'autheur* (au r° du dernier f.).

Cette pièce est reliée à le suite de la *Remonstrance au peuple françoys* de Guillaume Des Autelz (n° 2882).

2924 (732 *a*). Av Roy || sur son entree, son || mariage et sa chasse, The- || ralogue, ou Eclogue Forêtiere, faite par || son commandement, & prezen- || tée à sa Mageste. || Extraite du sizième liure de la Clion, De || François d'Amboise Parisien. || *A Paris,* || *Chez Geruais Mallot, rue sainct Iean* || *de Beauuais, à l'Aigle d'or.* || 1571. || Auec priuilege du Roy. In-8 de 8 ff. non chiffr., sign. *A-B* par 4, mar. bl. jans., tr. dor. (*Chambolle-Duru.*)

Le titre porte la marque de *G. Mallot* (Silvestre, n° 1179). — Au v° du titre est un portrait, gravé sur bois, de François d'Amboise. Ce portrait est daté de 1570, « an. act. 20 ». Il est accompagné de la devise grecque du jeune poète : Μούσαις ἄνευ χρόνου χρόνος, et d'un distique grec de N. Goulu.

Le 2° f. contient une épître « Au roy » (en prose), où François d'Amboise remercie Charles IX de l'entretenir libéralement en l'étude des lettres, et rappelle qu'il doit cette faveur à l'avis de l'évêque d'Auxerre. Il s'agit de Jacques Amyot, qui obtint l'évêché d'Auxerre le 3 mars 1571.

Le poème commence ainsi :

Mon roy, pour bien chanter ta louenge sacrée...

A la fin est la devise latine de l'auteur : *Musis sine tempore tempus.*

2925 (732 *b*). Prosphonema- || tiqve au Roy sur son || entree à Paris le 6. de Mars || 1571. dedié à tres-illustre & tres vertueus || seigneur Messire Rene de Voyer Viconte || de Paulmy, Cheualier de l'ordre du || Roy & gentilhomme ordinere de sa || Chambre. || Par || Pierre de la Roche Sainctongeois. || *A Paris,* || *Par Nicolas du Mont, demeurant pres* || *saincte Geneuiefue.* || 1571. In-8 de 8 ff. non chiffr., sign. *A-B*, mar. bl. jans., tr. dor. (*Chambolle-Duru.*)

Au v° du titre est un sonnet « A mess. René de Voyer, vicont [*sic*] de Paulmy », signé de Pierre de La Roche et accompagné de la devise : *En miel le fiel.*

Le poème commence ainsi (fol. *A ij*) :

Paris, comme tes tours et tes pointes cornues
Montaignent plus leur front vers le sejour des nues...

A la suite (fol. *B iij* v°-*B iiij* r°) sont : deux distiques grecs, un sonnet français et trois distiques latins de Jean Pallet, Saintongeois, dont la devise est : *En amour la mort,* et deux distiques latins d'ANDRÉ DU BUISSON de Moulins.

Le v° du dernier f. est blanc.

2926 (732 *c*). HYMNE || sur l'entree || du tres-exellent et || tres-crestien Roy de France || en sa fameuse ville || de Paris. || A || tresillustre et tresver- || tueux seigneur Messire René de Voyer, || Viconte de Paulmi, Cheualier de l'or- || dre du Roy, & gentilhomme ordinaire || de sa Chambre. || Par François Rose Parisien. || *A Paris,* || *Par Nicolas du Mont, demeurant pres* || *saincte Geneuiefue.* || 1571. In-8 de 8 ff. non chiffr., sign. *A-B*, mar. bl. jans., tr. dor. (*Chambolle-Duru.*)

Y.6.140

Au v° du titre est un sonnet « A monsieur le viconte de Paulmi. »
Le poème commence ainsi (fol. *A ij*) :

Ou celle là, de sa face dorée,
Qui les matins rend l'Inde colorée...

Au v° du dernier f. on lit 4 distiques latins sur l'anagramme de Renatus Voierius : *Natus e viro vires.* Ces distiques sont accompagnés de la devise de Rose : *Scutum spina rosae.* Au-dessous est un sonnet signé des initiales D. T. R. A.

2927 (732 *d*). OPVSCVLES || POETIQVES de || Pierre Enoc. D. G. || A || Monsieur Dorsaine, Seigneur de Tizay, Lieu- || tenant General pour le Roy à Yssoudun, || & ressorts d'iceluy. || Virtus Phœnici similis. || *Par Iacob Stœr.* || M.D.LXXII [1572]. *S. l.* [*Genève*], in-8 de 60 ff. non chiffr., sign. *A-G* par 8, *H* 4, par mar. ol., fil., dos orné, tr. dor. (*Anc. rel.*)

Π.7.51

Au f. *A ij* est une épître (en prose) « A monsieur Dorsaine, seigneur de Tizay, etc. », datée « de vostre maison, ce premier de juin 1572 ».
Le f. *A iij* v° est occupé par un sonnet de S. G. S. [= SIMON GOULARD, Senlisien].
Au f. *A iiij* r° est un sonnet de JAQUES BIENVENU, de Genève, accompagné de la devise: *Par tout.*
Le v° du même f. et le f. suivant contiennent : deux pièces latines de PAULUS MELISSUS Francus [= PAUL SCHEDE, dit MELISSUS, Franconien]; trois distiques latin de JEAN-ANTOINE SARRAZIN, de Lyon ; deux épigrammes grecques et une latine de LUC COP, de Genève ; deux distiques latins d'EMILE PORTES.

Voici la table des parents, ou des amis, à qui le poète adresse ses vers, ou qui lui en dédient. Les noms imprimés en petites capitales sont ceux des auteurs qui ont signé quelques pièces :

BÈZE (THÉODORE DE), de Vézelay : épigramme latine signée T. B. V., accompagnée d'une traduction par Enoc, fol. *Fvij* v° ; ode à lui adressée, fol. *G i.*

BIENVENU (JACQUES), de Genève : sonnet, fol. *A iiij* ; sonnet à lui adressé, fol. *A viij.*

COP (LUC) : vers grecs et latins, fol. *A v* : traduction latine d'un sonnet d'Énoc, fol. *C i* v°.

Des Gallars (Daniel), fol *B viij.*

Dorsaine, seigneur de Tizay, fol. *A vj.*

Du Bouchet (Joachim), seigneur de Villiers, fol. *B iiij* v°, *C v* v°.

Énoc (Jeanne), sœur du poète, morte en 1570, fol. *B vj* v°.

Énoc (Louis), père du poète, mort en février 1570, fol. *D v*. — (La date de la mort de Louis, indiquée ici a échappé au nouvel éditeur de *La France protestante*, VI, col. 28).

Enoc (Françoise Minet, dame), femme du précédent, et mère du poète, morte le 19 sept. 1571, fol. *B v* v°.

GOUDIMEL (CLAUDE) : pièces à lui adressées, fol. *A vij* v°, *Bi*, *B iiij*, *C iiij*, *F iv* ; ode mise en musique par lui (avec la notation), fol. *C vj* v°.

GOULARD (SIMON), Senlisien : sonnet, fol. *A iij* v°.

Hemmès (François), fol. *F v*, *G vj*.

Initiales : A. G., fol. *A vij*, *B vij* v°, *F vj* v°.

H. C. D. G. F. D. M. L. D. D. N., fol. *Ci*, *Ei*.

T. B. V., fol. *F vj* v° ; T. D. B. D. V., fol. *Gi*. Voy. BÈZE (THÉODORE DE).

Paën (Jan), seigneur de Charray, fol. *Fi*.

PORTES (EMILE) : épigramme latine, fol. *A v* v°.

SARRASIN (JEAN-ANTOINE). de Lyon : épigramme latine, fol. *A v* ; sonnet à lui dédié, fol. *Bij*.

Sarrasin (Jean), de La Charité, fol. *B v*, *F iij* v°.

SCHEDE (PAUL) dit MELISSUS : épigrammes latines, fol. *A iiij* v° ; pièces à lui adressées, fol. *A vj* v°, *Bi*, *B iij*, *E v*.

Pierre Énoc était le fils de l'humaniste Louis Énoc, d'Issoudun, qui, vers 1549, s'était réfugié à Genève et avait été, en 1563, recteur de l'académie fondée par Calvin. On connaît de Pierre trois ouvrages, dont les deux premiers : *Les Opuscules* (1572) et les *Tableaux de la vie et de la mort* (vers 1575 ?) parurent sous son nom de famille, tandis que le troisième, *La Ceocyre*, fut imprimé sous le nom du sieur de La Meschinière (Lyon, 1578), de même que ses *Sonnets mis en musique par Jean Castro* (Douai, 1611). Voy. *La France protestante*, nouv. éd., VI, col. 24-25.

Les registres du conseil de Genève (vol. 67, fol. 79 v°) portent, à la date du 20 mai 1572 : « Pierre Enoch a présenté requeste pour avoir permission de faire imprimer en ceste ville un livre de poësie qu'il a composé. Arresté qu'on le communique aux ministres. » La permission fut accordée le 26 mai. (Note de M. Alfred Cartier.)

Exemplaire de GUYON DE SARDIÈRE (Cat., 1759, n° 583) et du DUC DE LA VALLIÈRE (Cat. de Nyon, n° 12985 ?).

2928 (734 *a*). LA || BOVTIQVE DES || VSVRIERS auec le || recouurement et || abondance des bleds || & vins. || Composé par M. Claude Mermet No- || taire Ducat [*sic*] de Sainct Rambert || en Sauoye. || *A Paris,* || *Pour Noel le Coq, tenant sa bouti-* || *que contre la chapelle S. Michel.* || 1575. || *Iouxte la copie imprimée à Lyon.* In-8 de 16 pp., mar. r., fil. à froid, tr. dor. (*Duru*, 1846.)

Au v° du titre est une *Complainte de l'auteur ayant demeuré cinq jours à Lyon pour faire imprimer cecy...* — Les pp. 3 et 4 contiennent un avis « Au Lecteur » (en prose), terminé par un quatrain.

La 1re partie de la composition (pp. 5-13) est intitulée : *Songe auquel Avarice se presente à un lourdaut, paresseux, sans mestier, n'ayant moyen de gaigner aucune chose de son industrie*, etc. ; elle commence ainsi :

Fauce avarice une fois abuser
Cherchoit quelqu'un, le voulant abuser...

A la p. 14 commence *La seconde Partie du present traicté, discourant de la cherté et disette des vins de l'année passée*, etc.

Montaiglon, *Recueil de Poésies françoises*, II, pp. 169-186.

BELLES-LETTRES.

2929 (735 *a*). [LES PLAISIRS DE LA VIE RUSTIQUE, par Guy Du Faur, sieur de Pibrac.] *S. l. n. d.* [*Paris, vers* 1575], in-4 de 11 ff. non chiffr. et 1 f. blanc.

I. 5. 17

<small>Cette édition, qui est certainement la première, a dû être imprimée à quelques exemplaires pour être distribuée aux amis de l'auteur.
Le 1er f., blanc au r°, contient, au v°, un sonnet « A M. de Ronsard ».
Le poème commence au f. *A ij* sans aucun titre. Il débute par 138 vers qui n'ont pas été reproduits dans l'édition de 1576 :</small>

<small>Pibrac, je te salue, et toy, Bocconne saincte,
Et vous, coustaux vineux, qui d'une double ençainte
Emmures le terroir où d'un cours eternel
Deux ruisselets, roulans par mon champ maternel,
Non gueres loing de là se vont perdre dans l'onde
Et dans le large sein de Garonne profonde...</small>

<small>Cette pièce est reliée à la suite de la *Remonstrance au peuple françoys* de Guillaume Des Autelz (n° 2882).</small>

2930 (733 *a*). HYMNES || ECCLESIASTIQVES. || Cantiques spirituelz, & autres Mes- || langes Poëtiques. || Au Roy Treschrestien Henry troisiesme, Roy || de France et de Polongne. || Par Guy le Feure de la Boderie, Secretaire || de Monseigneur frere vnique du Roy, & || son Interprete aux langues estrangeres. || *A Paris,* || *Pour Robert le Mangnier, rue neufue no-* || *stre Dame, à l'Image S. Iean Baptiste.* || 1578. || Auvec priuilege du Roy. In-16 de 8 ff. lim., 286 ff. chiffr., car. ital., et 2 ff. blancs. — DIVERSES || MESLANGES || poetiques. || Par Guy le Feure || de la Boderie. || *A Paris,* || *Pour Robert le Mangnier, rue neufue no-* || *stre Dame, à l'Image S. Iean Baptiste, &* || *en sa boutique au Palays en la* || *gallerie par où on va à la Chancellerie.* || 1579. || Auec priuilege du Roy. In-16 de 112 ff. chiffr., car. ital. — Ensemble 2 parties en un vol. in-16, réglé, mar. v. ol., fil., mil. et dos ornés, tr. dor. (*Capé.*)

IV. 7. 50

<small>*Hymnes.* — Le titre porte la marque de *R. Le Mangnier* (réduction de celle que Silvestre donne sous le n° 282). — Les ff. lim. contiennent une épître (en prose) « Au roy Tres-Chrestien, roy de France et de Pologne », en date de Paris, le 20 septembre 1578 (fol. *a ij*) ; douze distiques grecs de NICOLAS GOULU (fol. *a iiij*) ; quatre distiques latins de CLAUDIO ERMODORO GOZZI, F. S. F. (fol. *a v* v°) ; deux distiques latins de JACQUES DAVY DU PERRON, appelé J. D. PERRONIUS ; trente-six hexamètres de N. FILLEUL, SIEUR DE LA CHESNAYE, appelé N. FILLELIUS QUERCETANUS (fol. *a vj*) ; deux sonnets du SIEUR DE LA FRESNAYE VAUQUELIN, c'est-à-dire JEAN VAUQUELIN, SIEUR DE LA FRESNAYE (fol. *a vij*) ; l'*Extrait du privilege.*
Le privilège, daté du 13 juin 1578, est accordé à *Robert Le Mangnier* pour dix ans.
Le volume contient la traduction d'hymnes composées par les saints pères ou les anciens auteurs ecclésiastiques : saint Ambroise, Bède le vénérable, Elphide, femme de Boëce, Fortunat, saint Grégoire, saint Laurent, Paul Diacre, Paulin d'Aquilée, Prudence, Sedulius, saint Thomas d'Aquin ; la traduction d'hymnes composées par des auteurs modernes, Dante Alighieri, Pétrarque, Girolamo Vida, Jacques de Meyere, Luis Vives, Georges</small>

Fabricius ; enfin un certain nombre de pièces originales ou inspirées par des textes anciens. La plupart de ces morceaux sont dédiés par le poëte français à ses protecteurs et à ses amis. On en trouvera ci-après une table.

Meslanges. — Cette partie mentionnée sur le titre des *Hymnes* ne doit pas en être séparée ; aussi les feuilles sont-elles signées de doubles lettres. Le titre porte la marque de *R. Le Mangnier ;* le v° du titre contient un sonnet, signé de l'anagramme de Guy Le Fèvre : *L'un guide Orfée.*

Le volume contient des pièces morales, des épitaphes, etc. On y relève aussi un grand nombre de noms.

Voici la table des personnages cités dans les deux parties, que nous désignons par H et M. Nous n'y faisons pas figurer les auteurs anciens :

[Acquaviva (Anna d'), dite] Mlle d'Atri, H, fol. 247 v°.

Alighieri (Dante) : traduction H. fol. 167.

Amelot ([Jacques]), docteur en théologie, prieur de Saint-Martin des Champs à Paris, H, fol. 43 v°.

Amyot (Jacques), « evesque d'Auxerre et grand aumonier de France », H, fol. 31 v°.

Amours [Nicolas] d'), « president au parlement de Rouen », H, fol. 121 v°.

Angennes ([Nicolas] d'), de Rambouillet, « gouverneur pour le roy au Maine », H, fol. 241 v°.

Anjou (François, duc d'), H, fol. 156 v°, 250 v°, 260 v° ; — M, fol. 25, 59 v°, 73, 74-78.

Asserac. Voy. Rieux.

Auberville (Charles d'), « baillif de Caen », H, fol. 104 v°.

[Aumont (Jean d')], comte de Chasteauroux, H, fol. 65 v°.

[Babou (Isabeau)], dame de Sourdy, M, fol. 29.

[Babou (Jean), baron de Sagonne, H, fol. 81.

[Babou (Georges)], seigneur de La Bordesière, H, fol. 80 ; M, fol. 84.

Baïf ([Jean-Antoine] de), H, fol. 113 v°.

Balsac (Antoinette de) « Balsa », abbesse de Malnoue, H, fol. 246.

[Beaune (Regnault de)], « evesque du Puy, chancellier de la royne mere des roys », H, fol. 226 ; — « evesque de Mende, chancelier de monseigneur frere unique du roy », H, fol. 94 ; — M, fol. 79 v°.

Bellegarde ([Roger de Saint-Lary, seigneur de]), maréchal de France, H, fol. 258.

Bellegarde (Charles de), « fils unique de monsieur le mareschal de Bellegarde », H, fol. 96 v°.

Benoist ([René]), docteur en théologie, curé de St Eustache à Paris, H, fol. 26.

Bernard (Hector), curé de Courmesnil, H, fol. 15 v°.

Bigot ([Émery]), « president au parlement de Rouen », H, fol. 117.

[Billy (Geoffroy de)], abbé de Saint-Vincent, près de Laon en Picardie, H, fol. 81 v°.

Billy ([Jacques] de), « abbé de S. Michel en l'Her », H, fol. 37.

Billy ([Jean] de), prieur de la chartreuse de Gaillon, H, fol. 267 v°.

Bourbon ([Charles]), cardinal de), H, fol. 264.

Boursier, Parisien, gentilhomme ordinaire de monsieur le comte de Brissac, H, fol. 285 v°).

Bressieu ([Maurice]) « Bressius, professeur public en mathematiques à Paris », H, fol. 77 v°.

Bruslart [Marguerite Chevalier, femme de Pierre]), dame d'honneur de la reine mère, H, fol. 270 v°.

Busquet (Pierre), « lors qu'il vivoit curé de Bazoches près Falaize », M, fol. 108 v°.

Cahagnes (Pierre de), lors qu'il vivoit docteur regent en medecine en l'université de Caen », M, fol. 38 v°.

Chabanne (Chrestofle de), comte de Curtou, H, fol. 269 v°.

Charles IX, M, fol. 73 v°, 78 v°.

[Chastaigner (Louis de)] « d'Abeins de La Roche Posé, ambassadeur pour le roy Tres-Chrestien à Rome », H, fol. 239.

Chasteauroux (Le comte de). Voy. Aumont (Jean d').

Choesnyn ([Gilles?]), « medecin de la serenissime royne de Navarre », H, fol. 83 v°.

Connan (Marguerite de). Voy. Rieux (Marguerite de Connan, femme de René de).

[Cossé (Jeanne de), dite] Mlle de Brissac, M, fol. 42. Voy. Espinay.

[Cossé (Arthus de)], « evesque de Constances, abbé de Saint-Michel en Normendie », H, fol. 64.

[Cossé (Charles II de)], comte de Brissac, H, fol. 261 v°; M, fol. 80.

Croimare « prince du puy à Roan », M, fol. 46 v°.

DAVY (JACQUES) DU PERRON, appelé J. D. Perronius, H, fol. *a vj* v° (vers de lui); — M, fol. 59.

[De] Meyere (Jacques), ou Meyerus, H, fol. 57, 65 v° 72.

Des Greffins, « advocat au grand conseil », M, fol. 71 v°.

DES PREZ, Parisien, H, fol. 89 v°, 282 v° (vers de lui); — M, fol. 82. — Ce personnage était capitaine des enfants de Paris, comme nous l'apprend Guy Le Fèvre en lui dédiant deux sonnets qui accompagnent le *Traité du nouveau comete,* traduit de Jerónimo Muñoz, 1574.

Des Roches (Mesdames), H, fol. 60 v°.

Dolu (Geneviève), Parisienne, M, fol. 89.

Dorat ([Jean]), « poëte du roy Tres-Chrestien », H, fol. 111.

Douri (Fremin) « Dori, lorsqu'il vivoit curé de Saint Candre à Roan », M, fol. 112.

Du Moulinet ([Louis]), évêque de Sées, H, fol. 134 v°.

Du Renouart (Mlle), morte dans un incendie, M, fol. 18 v°.

Du Tremblay, « controlleur de la grand Escurie et commissaire general des vivres », H, fol. 284 v°.

Du Tremblay (Mlle), Parisienne, H, fol. 223.

Du Val ([Estienne]), « chevalier de l'ordre du roy, seigneur de Mondreville, maistre d'hostel de la royne mere, et prince heredital du puy à Caen », H, fol. 243 v°; M, fol 46 v°.

[Elisabeth d'Autriche] « la royne Blanche », M, fol. 73 v°.

Enroux, prêtre, H, fol. 78 v°.

[Espinay, seigneur] de Saint-Luc (Jeanne de Cossé, femme de François d'), H, fol. 237 v°; M, fol. 42 v°, 80 v°. — Voy. aussi Cossé.

Fabrice (Georges). Voy. Goldschmidt (Georg), dit Fabricius.

Ferrières (de), curé de Saint-Nicolas des Champs à Paris, H, fol. 86.

Feuardant ([François]), « docteur en la sacrée theologie à Paris », H, fol. 91.

Filelfo (Francesco), M, fol. 50 v°.

FILLEUL (N[ICOLAS]) DE LA CHESNAYE. « N. Filleliús Quercetanus », H, fol. *a viij.*

Forcadel (Pierre), appelé Forcatel, « filz de feu maistre Estienne Forcatel, jurisconsulte, docteur regent à Thoulouse », H, fol. 75 v°.

Fortin (Lambert), curé de Morteaux : épitaphe, M, fol. 25.

Gemma (Corneille), M, fol. 71 v°.

Genebrard ([Gilbert]), « docteur en theologie et professeur royal en la langue sainte », H, fol. 49 v°.

[Goldschmidt (Georg), dit Fabricius, ou] Fabrice (1516-1571), H, fol. 7 v°, 24, 25 v°.

[Gondi (Claude-Catherine de Clermont, dame de Dampierre, femme d'Albert de), dite] « la mareschalle de Retz », H, fol. 162 v°.

GOULU (NICOLAS), « professeur du roy aux lettres grecques à Paris », H, fol. *a iiij* (vers grecs); — H, fol, 109 v°.

GOZZI (CLAUDIO ERMODORO) F. S. E, H, fol. *a vj* v°.

Griveau (Barthelemy), Bourguignon, médecin. M, fol. 109.

Guérin, prieur de Saint-Ouen de Rouen, H, fol. 85.

[Guersens (Caye-Jule de), auteur de] *Panthée,* M, fol. 100 v°. — Voy. le n° 3023 ci-après.

Harcourt (Charles de), « frere de monsieur de Brevon », H, fol. 125.

Henri II : odes sur son tombeau, M, fol. 15 v°.

Henri III, H, fol. *a ij*) ; M, fol. 72 v°.

Jodelle (Estienne), auteur de *Cleopatre*, M, fol. 92 v°.

Kopernicki (Nicolas), dit Copernic, M, fol. 71 v°.

La Chatre ([Gabrielle de Batarnay, femme de Gaspard] de), « dame d'honneur de la royne de Navarre », H, fol. 244 v°.

La Forest (Louis de), baron de Griz, H, fol. 73.

Le Binois, Parisien, prêtre, H, fol. 90 v°.

Le Fanu ([Estienne]), de Caen, M, fol. 58 v°.

Le Fèvre de La Boderie (Anne de Mombray, femme de ?), mère du poète, H, fol. 62.

Le Fèvre (Anne) de La Boderie, sœur de Guy, H, fol. 65, 67.

Le Fèvre (Hippocras) de La Boderie, frère de Guy, M, fol. 15 v°.

Le Fèvre (Jehan) de La Boderie, frère des précédents, « lequel mourut secretaire du sieur president Barjot », M, fol. 13.

LE FÈVRE (NICOLAS) DE LA BODERIE, frère des précédents, H, fol. 71 v° ; — M, fol. 10 v° (vers sur le tombeau de son frère Pierre).

Le Fèvre (Pierre) de La Boderie, frère des précédents, M, fol. 2, 10 v°.

Le Georgelier ([Claude]), « conseiller du roy en son parlement de Rouen », M, fol. 19.

Le Jumel (Pierre), seigneur de Lisores, second président au parlement de Rouen, H, fol. 262 ; M, fol. 84 v°.

[Le Mignon (Henry)], « evesque de Dine, confesseur de la royne de Navarre », H, fol. 79 v°.

Le Rond (Robert), avocat : épitaphe, M, fol. 24 v°.

Le Tartrier ([Adrien]), frère jumeau du chanoine, H, fol. 88.

Le Tartrier ([Yves]), chanoine et grand doyen de Saint-Étienne de Troyes, H, fol. 87.

Machiavelli (Niccolo), M, fol. 79.

Maynet (Hyerosne), » lors qu'il vivoit seigneur de La Vallée et conseiller du roi en sa cour de parlement à Roan », M, fol. 49 v°.

Maldonad (Juan), « de la Société du nom de Jesus », H, fol. 140.

Marguerite de France, duchesse de Savoie : vers sur son tombeau, M, fol. 17.

Marguerite de Valois, reine de Navarre, M, fol. 68 v°.

Masparaulte, seigneur de Buy, « maistre d'hostel de la royne de Navarre », H, fol. 80.

Masparraute ([Martin]), conseiller du roy et maistre des Comptes à Paris, H, fol. 279 v°.

Matignon ([Françoise de Daillon du Lude, femme de Jacques II] de), H, fol. 58.

Mattons (Jean de), M, fol. 91 v°.

Mombray (Anne de), mère du poète, H, fol. 62.

Montagu (Philippe de), « conseiller du roy en son parlement à Rouen », M, fol. 57 v°.

Montréal ([Georges], comte de), « ambassadeur en France pour l'Altesse de Savoye », H, fol. 129 v°.

Morel (Camille de), H, fol. 52 v°, 250.

Morvillier (Jean de), « evesque d'Orleans et conseiller au privé conseil du roy » : épitaphe, M, fol. 18.

Nouveau (de), Parisien, secrétaire du roi, H, fol. 73 v°.

PAPILLON (NICOLAS), « prince du puy à Rouan en l'an 1576 » : sonnets à lui adressés, M, fol. 90 ; — réponse, M, fol. 91.

Paschal ([Charles]), « gentilhomme piémontois », M, fol. 60.

Pericard ([Guillaume]), « conseiller ecclesiastique au parlement de Rouen », H, fol. 60.

Petrarca (Francesco), H, fol. 226 v°.

Pybrac (Guy Du Faur, seigneur de), président au parlement de Paris et chancelier de la reine de Navarre, H, fol. 261.

Pichel (Roch), « curé de Nostre Dame de Guybray », H, fol. 89.

Pico (Giovanni) « Jean Picus, jadis comte de Concorde et de La Mirandole », M, fol. 81.

Pontac ([Arnauld] de), évêque de Bazas, H, fol. 38 v°.

Rambouillet (de). Voy. Angennes.

Retz (La maréchale de), Voy. Gondi.

[Rieux (René de), seigneur d'] Asserac, de L'Ile-Dieu et de La Feuillée, H, fol. 278 ; épitaphe (il était mort le 25 août 1575), M, fol. 108 v°.

[Rieux (Marguerite de Conan, femme de René de)], « dame de L'Ile-Dieu et de La Feuillée, dame d'honneur de la royne mere », H, fol. 248 v°.

[Rohan (Éléonore de Rohan, première femme de Louis VI de)], princesse de Guemené, H, fol. 213 v°.

[Rohan (Louis de)], « comte de Mombazon, aisné de monsieur le prince de Guemené », H, fol. 45 v°.

Ronsard ([Pierre] de), « gentilhomme vandomois », H, fol. 184.

Roussel (Geneviève) : vers sur son tombeau, M, fol. 19 v°.

Roussel (Jean), seigneur de Bretheville, M, fol. 59.

Rupierre (Gabriel de), « conseiller du roy en sa cour de parlement à Rouen, seigneur de Segrie, La Lande, Le Mesnil Hubert, Ollye, Belhostel, etc. », M, fol. 22 v°.

Ruzé ([Guillaume]), « evesque d'Angers, confesseur du roy Tres-Chrestien », H, fol. 42.

Sainct André (de), « chanoine de l'eglise cathedrale de Nostre Dame de Paris », H, fol. 70.

Saintes ([Claude] de), évêque d'Évreux, H, fol. 35.

Saint-François (Bernardin de), évêque de Bayeux, H, fol. 230.

Saint-Germain ([Julien] de), « docteur en la faculté de theologie à Paris », H, fol. 159.

Saint Luc (Mme de), sœur du comte de Brissac. Voy. Espinay.

Schomberg ([Jeanne de Chastaigner, femme de Gaspard] de), H, fol. 272.

[Sorbin (Arnauld), dit] de Sainte-Foy, « predicateur du roy Tres-Chrestien et evesque de Nevers », H, fol. 236.

Sorin (Tancquy), « en son vivant seigneur de Lessay, docteur regent en chacun droit et conseiller pour le roy en son siege presidial à Caen », M, fol. 36 v°.

Sourdy (Mme de). Voy. Babou (Isabeau).

Thevet (André), « Angoumoisin, cosmographe du roy », M, fol. 50 v°.

Tyard ([Pontus] de), « evesque de Chalon et ausmonier du roy Tres-Chrestien », H, fol. 170.

Tissart ([Michel]), théologien à Paris, H, fol. 74.

Toutain (Charles), M, fol. 92.

Vaumesnil (de), maistre de la chapelle de Monseigneur, frere unique du roy », H, fol. 76 v°.

Vauquelin (Antoine), capitaine d'une compagnie de gens de pied : tombeau, M, fol. 2.

VAUQUELIN (JEAN), SIEUR DE LA FRESNAYE, H, fol. å viij.

Viallart (Antoine), primat de Bourges et prieur de St-Martin-des-Champs à Paris, M, fol. 89.

Vida (Girolamo]), H, fol. 92 v°, 129 v°, 137, 140, 156 v°.

Viques (M. de L'Isle Manière, « guidon de la compaignie de monsieur de Matignon », H, fol. 149 v°.

Vives ([Luis]), H, fol. 27.

[Voyer (de)], seigneurs de Paulmy, M, fol. 27 v°.

Voyer (Anne de) : épitaphe, M, fol. 17 v°.

[Voyer (René de)], vicomte de Paulmy, bailli de Touraine, H, fol. 277 ; M, fol. 108.

De la bibliothèque de M. HERLUISON, d'Orléans (Cat., 1910, n° 155).

2931 (736 a). LES || POEMES de || Pierre de Brach || Bourdelois. || ⚜ || Diuisés en trois || liures. || *A Bourdeaux.* || *Par Simon Millanges, rue S. Iamme, pres* || *la maison de la ville,* || 1576. || Auec priuilege. In-4 de 8 ff. lim., 220 ff.

chiffr. et 2 ff. de *Table*. mar. r., fil. à froid, tr. dor. (*Thompson fils*.)

Le titre porte la marque de *Simon Millanges* (Silvestre, n° 477). — Au v° du titre est indiqué le contenu des trois livres.

Les 7 ff. qui suivent renferment : une épître (en prose) « A tresillustre et vertueuse damoiselle, madamoiselle de Foix de Candalle » (fol. *a ij*, coté *ā i*) ; 12 distiques latins et 1 sonnet français de GEOFFROY DE MALVIN (MALVINUS), conseiller du roi au parlement de Bordeaux (fol. *ā iij* v°) ; un sonnet de FLORIMOND DE RAIMOND, « cons. du roi en la cour » (fol. *ā iiij*) ; trois distiques latins d'ESTIENNE DU MIRAIL (MIRALIUS) ; un sonnet de G. DE CURSOL, « secretaire du roi en la chancellerie » (fol. *ā iiij* v°) ; un sonnet français et un sonnet italien de J. DU CHEMIN ; une pièce latine de MAR. MONIER (MONERIUS), « C. P. » (fol. *ē i*) ; cinq distiques de M. DE VIENNE (VIENNEUS) ; six distiques de F. MONCAUD (MONCAUDUS) ; un sonnet de P. CHAMBON DE GOTZ ; sept distiques grecs de DU MIRAIL (Μιράλιος) (fol. *ē i* v°) ; le portrait de Pierre de Brach, accompagné de deux distiques de S. MANIALD (MANIALDUS) ; une elegie de l'auteur « A son livre » (fol. *ē ij*) ; un sonnet de FLORIMOND DE RAIMOND « A madamoiselle Diane de Foix, de l'illustre maison de Condalle » (fol. *ē iiij*) ; un sonnet à la même, qui doit être de P. de Brach.

Le premier livre contient *Les Amours d'Aimée*, le second (fol. 92), *L'Himne de Bourdeaux*, *La Monomachie de David et de Goliat*, *l'Ode de la Paix*, le troisième (fol. 124) *Les Meslanges*.

Voici la table des personnages à qui Pierre de Brach dédie des vers.

Aimée (L'). Voy. Perrot (Anne-Aimée).

Andraut ([Joseph d']), seigneur de Regnac, conseiller au parlement de Bordeaux, fol. 172.

Bertrand, fol. 10 v°.

Beukelaar (Joachim), peintre flamand, appelé Buekler, fol. 175.

Calvimont ([Léon ?] de), seigneur de La Double, fol. 173 v°.

Camiran, conseiller au parlement de Bordeaux. Voy. Gaultier.

Chambon (P. de), fol. 172 v°.

Charles IX, fol. 215.

Cursol (G. de), secrétaire du roi, fol. 176.

Dampmartin (P.), fol. 10, 160 v°.

Du Bartas (Guillaume de Saluste, seigneur). Voy. Saluste.

Du Chemin (Jean), vicaire général de monsieur de Condom, fol. 11 v°, 214 v°.

Du Franc (François), lieutenant général au siège de Condom, fol. 172.

Du Haillan (Bernard de Girard, seigneur) Voy. Girard.

Du Mirail (Em.), fol. 84.

[Durfort (Jean de)], seigneur de Duras, chevalier de l'ordre du roi et capitaine de cinquante hommes d'armes de ses ordonnances, fol. 124.

Eymar (Joseph d'), président au parlement de Bordeaux et maire de la ville, fol. 152 v°.

Foix (Diane de) de Candalle, fol. 153 v°, 154, 176 v°, 177, 202, 209 v°.

Foix (François de) de Candalle, fol. 148 v°.

Foix (Frédéric de), captal de Buch, comte de Candalle, fol. 216.

Gasq (François de), conseiller au parlement de Bordeaux, fol. 153 v°.

Gaultier (François de) de Camiran, conseiller au parlement de Bordeaux, fol. 153.

Girard (Bernard de), seigneur du Haillan, secrétaire du roi et historiographe de Sa Majesté, fol. 131.

Girard (François), vice-sénéchal de Guyenne, fol. 138.

Imbert ([Gérard-Marie]), fol. 172 v°.

La Jessée (Jean de), fol. 11, 173.

La Lane (Sarran de), président au parlement de Bordeaux, fol. 152.

La Rochefoucauld (Françoise de), dame douairière de Candalle, fol. 207 v°.

BELLES-LETTRES.

L'Estonnac (Richard de), conseiller au parlement de Bordeaux, fol. 216 v°.

Malvin (Geoffroy de), seigneur de Cessac, conseiller au parlement de Bordeaux, fol. 131 v°, 156 v°, 169.

Maniald (E.), docteur en médecine, fol. 174.

Marguerite, femme ou maîtresse de Valade, fol 157 v°.

Merle (Léon de), sieur de Monsalut, conseiller au parlement de Bordeaux, fol. 137 v°, 216 v°.

Moncaut (François de), « poëte bourdelois », fol. 174 v°.

Monlieu (Mme de), fol. 177.

Monluc ([Jean] de), dit le chevalier, fol. 171 v°, 208.

Mons (J. de), fol. 214 v°.

Monsalut (de), conseiller au parlement de Bordeaux. Voy. Merle.

Montaigne (Michel Eyquem, seigneur de), fol. 90, 137 v°.

Nesmond (François de), président au parlement de Bordeaux, fol. 171.

Peletier, fol. 147.

Perrot (Aimée), demoiselle chantée par le poëte sous le nom d'Aimée et qui devient sa femme en 1572, fol. 1.

Piquon (G.), avocat au parlement de Bordeaux, fol. 211 v°.

Pontcastel (de), audiencier en la chancellerie à Bordeaux, fol. 156 v°.

Prévost (Antoine) de Sansac, archevêque de Bordeaux, fol. 68.

Raymond (Florimond de), conseiller au parlement de Bordeaux, fol. 59, 147.

Ronsard (Pierre de), fol. 70.

Roussanes (G.), Agénois, fol. 175 v°.

Saint-Salvadour (Catherine de), fol. 155 v°, 206 v°.

Saluste (Guillaume de), seigneur du Bartas, fol. 147, 157.

Sansac (Antoine Prévost de), archevêque de Bordeaux. Voy. Prévost.

Vallade, fol. 20 v°, 22, 129 v°.

Vienne (M.), avocat au parlement de Bordeaux, fol. 174.

Viguier (Paule de), dite « la belle Paule », fol. 155 v°.

Villeneufve ([Jean de]), second président au parlement de Bordeaux, fol. 170.

Au v° du f. 220 est un extrait du privilège général accordé à *Simon Millanges*, pour six ans, le 5 août 1574. L'imprimeur bordelais est autorisé à publier tous les livres approuvés par l'archevêque de Bordeaux.

Les 2 derniers ff. sont occupés par la *Table*.

M. Dezeimeris, qui a publié chez *Aubry*, à Paris, en 1861, une belle édition des *Œuvres poétiques de Pierre de Brach*, y a donné un grand nombre de vers inédits, mais il n'a réimprimé que partiellement les pièces qui font partie du recueil de 1576.

2932 (739 *a*). Le || premier Livre || des Poemes de Guillaume || Belliard, Secretaire de la || Royne de Nauarre. || Contenant les delitieu- || ses Amours de Marc Antoine, & de Cleopatre, || les triomphes d'Amour, & de la Mort, & || autres imitations d'Ouide, Petrar- || que, & de l'Arioste. A la Royne de Nauarre. || *A Paris,* || *Pour Claude Gautier, tenant sa boutique au second* || *pillier de la grand'salle du Palays.* || 1578. || Auec Priuilege du Roy. In-4 de 4 ff. lim., 133 ff. chiffr. et 1 f. non chiffr., car. ital., réglé, mar. r., fil. à froid, tr. dor. (*H. Duru.*)

Le titre porte la marque de *Cl. Gautier*, avec la devise *Vigilanti* (Silvestre, n° 447).

Au v° du titre est un *Extraict* du privilège accordé pour neuf ans audit *Cl. Gautier*, le dernier jour de février 1578.

Le recueil s'ouvre par une *Elegie à la royne de Navarre* (fol. *a ij*) ; pièce signée de la devise : *Virtus laudata crescit*. L'*Elegie* est suivie d'un sonnet de [CLOVIS HESTEAU, SIEUR DE] NUYSEMENT, « à la royne de Navarre » et d'un quatrain « Sur le premier livre des poëmes de monsieur Belliard », par J. DEBOISSIÈRES, c'est-à-dire JEAN DE BOISSIÈRES.

Le recueil contient :

1° (fol. 1). *Les delitieuses Amours de Marc Antoine et de Cleopatre* ;

2° (fol. 30). *Le Triomphe d'Amour, pris de Petrarque. A la royne de Navarre* ;

3° (fol. 55 v°). *Le Triomphe de la Mort, imité de Petrarque ; presenté à la royne de Navarre estant en sa maladie à Blois* ;

4° (fol. 70). *Les deplorables Amours de Pirame et Tysfé, prise* [sic] *d'Ovide* ;

5° (fol. 82). *Paraphrase sur une chanson de Petrarque, à la louange des yeux d'une dame* ;

6° (fol. 90). *La triste Lamentation d'Olympe, prise du dixiesme chant de l'Arioste. A madamoyselle d'Atry* ;

7° (fol. 101). *La Delivrance d'Olympe, prise de l'onziesme chant de l'Arioste* ;

8° (fol. 112 v°). *La Jalousie de Bradamante, tirée du trente-deuxiesme chant de l'Arioste*.

9° (fol. 122). *Les Combatz de Bradamante, pris du trente-sixiesme chant de l'Arioste*.

10° (dernier fol.). *Deux Sonnets de l'autheur à la royne de Navarre*.

La reliure porte les armes et les chiffres de PIERRE-ADOLPHE DU CAMBOUT, MARQUIS DE COISLIN. Cet exemplaire ne figure cependant pas au catalogue de la vente faite en 1847 ; mais il est porté aux catalogues des ventes GANCIA (1860, n° 321) et W. MARTIN (1869, n° 472).

2933 (747 *a*). LES ‖ NOVVELLES ‖ RECREATIONS pœti- ‖ ques de Iean Le-Masle ‖ Angeuin. ‖ Contenans aucuns discours, non moins ‖ recreatifs & plaisans, que sen- ‖ tentieux & graues. ‖ Au premier desquels est traité, Des loüanges du ‖ droit & Loix Ciuiles, ensemble de leur origine. ‖ Au second, De l'origine & excellence de la No- ‖ blesse. ‖ Et au troisiesme, De l'origine des Gaulois : ‖ Ensemble des Angeuins & Manceaux. ‖ Auec plusieurs Sonnets, Odes, & autres œuures ‖ dudit Le-masle. ‖ *A Paris,* ‖ *Pour Iean Poupy, ruë S. Iaques,* ‖ *à la Bible d'Or.* ‖ M.D.LXXX [1580]. ‖ Auec priuilege. In-12 de 94 ff. chiffr., car. ital., mar. v., fil., dos orné, tr. dor. (*Bauzonnet*.)

Le titre porte une petite marque de *J. Poupy*, réduction de celle que Silvestre donne sous le n° 487. Cette marque porte la devise : *Scrutamini Scripturas*.

Au v° du titre est un huitain de « L'autheur à son livre ».

Les ff. 2-4 contiennent une *Preface* (en vers).

Le recueil contient des sonnets, des odes, des épitaphes, etc. Voici la liste des protecteurs ou des amis à qui Jean Le Masle dédie ses vers, ou dont il parle. Nous imprimons en petites capitales les noms de ceux qui, à leur tour, lui adressent quelque composition :

BELLES-LETTRES. 257

Amours (Gabriel d'), seigneur de Serrin, conseiller au grand conseil, fol. 30 v°, 31, 54 v°, 58 v°.

Amours (Pierre d'), conseiller au parlement de Paris, fol. 65 v°, 66 v°.

ARONDEAU, docteur en la faculté de théologie, à Paris, fol. 58 v°, 60 v° (réponse à Le Masle).

Avril (Jean), prieur de Corzé, Angevin, fol. 46 v°.

Baïf (Jean Antoine de), fol. 77.

BELET (RENÉ), SIEUR DE LA CHAPELLE, fol. 34, n° XVI; fol. 40, n° XXXIX, n° XL (réponse de Belet) et n° XLI.

Belleforest (François de), gentilhomme commingeois, fol. 11 v°.

Benoist (René), docteur régent en la faculté de théologie, curé de Saint-Eustache, à Paris, fol. 83.

Bueil (Loys de), comte de Sancerre, fol. 35 v°.

Castelnau (Michel de), sieur de La Mauvissière, fol. 32.

Cerisay (de), fol. 37, n° XXVIII.

Charlet (de), président aux enquêtes du parlement de Paris, fol. 65 v°, 76.

Choppin (René), avocat au parlement de Paris, fol. 68 v°, 76 v°.

Claude, femme aimée du poète, fol. 39.

Claudine, peut-être la même, fol. 35 v°, n° XXII.

Coignet (Jacques), avocat au parlement de Paris, fol. 33 v°, n° XIV; fol. 67 v°.

Cormier, fol. 35, n° XXI.

Courtin, fol. 37 v°, n° XXX.

DORAT (JEAN), fol. 32, 50 v°; fol. 54 v° (4 distiques latins de lui); fol. 87 (traduction française d'un poème de Dorat: *Sur la paix faite l'an* 1570).

Du Bellay ([Jacques]), gouverneur d'Anjou [1574], fol. 30, 87 v°, 88.

Du Bernay, avocat, fol. 36, n° XXIIII.

Du Four (Antoine), docteur en médecine, fol. 88 v°.

Foucaut (P.), Angevin, docteur en médecine, fol. 77 v°, 87 v°, 88.

Hère (de), conseiller au parlement de Paris, fol. 76.

Hurault (Philippe), seigneur de Cheverny, « conseiller du roy en son privé conseil et garde des sceaux de France, et lors chancelier de monseigneur le duc d'Anjou », fol. 5.

Jalesnes (N. de), gentilhomme angevin, fol. 46 v°, n° LXIIII.

Joubert (Laurent), fol. 77 v°.

La Chapelle (René Belet, sieur de). Voy. Belet.

La Mauvissière (Michel de Castelnau, sieur de). Voy. Castelnau.

Le Bigot, lieutenant général au siège et ressort royal de Baugé, beau-père du poète, fol. 74.

Le Bigot (Frère Clément), de l'ordre de saint Dominique, beau-frère du poète, fol. 49.

Le Cirier, président aux enquêtes du parlement de Paris, fol. 65 v°, 76.

LE FRÈRE (JEAN), de Laval, fol. 60 v°; fol. 62 v° (sonnet à Le Masle).

Le Gaigneur (Guillaume), peintre et poète, fol. 44, n° LIIII.

Le Masle (Yolande Le Bigot, femme de Jean), fol. 38 v°, n° XXXIIII; fol. 39, n° XXXVI.

Le Masle (René), fils du poète, fol. 81.

Le Picart, conseiller au parlement de Paris, fol. 76 v°.

L'Ommeau (Robert de), Angevin, fol. 35, n° XX; fol. 45 v°, n°s LX, LXI; fol. 80.

Longuejoue (Philibert de), avocat au parlement de Paris, fol. 36 v°, n° XXVII; fol. 67.

Maillé (Simon de), archevêque de Tours, fol. 30 v°, 62 v°, 90.

Michel (René), seigneur de La Roche-Maillet, gentilhomme angevin, fol. 34, n° XVII; fol. 78.

Montherbu (de), fol. 32 v°, n° XI.

Nerbard, personnage célèbre par son avarice, fol. 38, n° XXXIII; fol. 68 v°.

Pajot, fol. 42, n° XLVIII.

Paschal, fol. 33, n° XII.

IV. 17

Petit-Jean (Enguerrant), sieur de La Garlandière, gentilhomme angevin, fol. 38, n° XXXII.
Periers (de), sieur du Bouchet, fol. 70, 74.
Porthais (Frère Jean), « tresdocte religieux de l'ordre S. François », fol. 20 v°, 33 v°, n° XV.
Poupin, fol. 43, n° L.
Ronsard (Pierre de), fol. 77.

Rose, femme aimée du poète, fol. 44, n° LIII.
Tantin, fol. 41-42, n°s XLIII-XLVI.
Vertus (Le comte de), fol. 69.
Villemereau (de), « advocat pour le roy et monseigneur au siege presidial d'Angiers », fol. 77.
Vivant ([Loys ?]), fol. 43 v°, n° LII.

On a joint à cet exemplaire 2 ff. mal imposés qui portent les n°s 5 et 6. Le f. 5 est correct ; mais le f. 6 contient le texte du f. 8 :

Et dites Plebiscites telles loix ont esté, etc.

Exemplaire du BARON JÉRÔME PICHON, dont les armes ornent les plats de la reliure (Cat. de 1869, n° 757) et du BARON DE LA ROCHE LACARELLE (Cat. de 1888, n° 217).

2934 (749 a) LES EXERCICES & PASSEFANTASIES DU CONTRISTÉ, par Epigrãmes diuerses sur aulcuns sugetz prins de l'Escriture Ste, ioinct aultres a plaisir. 1578. Ms. in-4 de 1 f. pour le titre, 132 ff. chiffr. pour le texte et 3 ff. de table (haut. 207 ; larg. 141 millim.), mar. br., fil. et comp. à froid, dos orné, tr. dor. (*Thibaron.*)

Le f. initial contient, au r°, l'intitulé et une marque peinte à la gouache. La marque représente un mulet pesamment chargé, avec cette légende : *Le trop chergié succumbe, Puis desespoir l'incumbe.* — Le v° est blanc.

Le 1er f. chiffré est occupé par un prologue qui nous révèle le nom de l'auteur :

Prologue du Contristé.
PAR contemplacion,
SEIGNEUR lecteur prudent,
J'ay bendé mon lyron ;
A sonner je pretendt
Chant de gemissement.
Qui aulx fidelz chrestiens
Voldront porter faveur
Entendront par moyens
Sy lyron en dolleur
DEspendt ung ton d'honneur.
Si bien le vœulx entendre,
Y posant ton povoir,
Voyras à me reprendre,
Rudement faisant tendre,
Ignorant le sçavoir,
Car rudesse desvoye
Haultement l'armonye
En sortant de la voye,
Vacquant à poesye,
A quoy j'avoye envye.
L'esprit las neanmoins,
Incliné a penance,
En prenant allegance,
Requiert à tout le moins
Sa faulte estre en souffrance.

Comme on le voit, ces vers donnent en acrostiche : *Par seigneur* JACQUES DE SYVRI, *chevalier.*

Le recueil, dont le titre paraît imité du volume que nous avons décrit plus haut : *Le Passe temps et Songe du triste* (n° 2850), contient cent pièces imitées de textes sacrés que l'auteur a eu soin d'indiquer en latin.

Voici le début de la seconde pièce (fol. *iij* v°) :

Bonus pastor ponit animam suam pro ovibus suis.
JOAN. 10.

Prince prudent veille souffisamment
Pour preserver son bon peuple d'oultrage
En exposant ses sens entierement,
Corps et chevance, ou que tieut davantage,
Soy demonstrant bien subtil, aussi saige,
A bien garder les siens en union....

Jacques de Sivry, chevalier, seigneur de Walhain, homme de fief du Hainaut, est cité par J.-T. De Raadt à la date de 1571. (*Sceaux armoriés des Pays-Bas et des pays avoisinants,* III, 1901, p. 364). Son sceau, combiné avec les renseignements fournis par l'*Armorial général* de Rietstap (II, p. 784), nous apprend que ses armes étaient écartelées : aux 1ᵉʳ et 4ᵉ d'or à deux chevrons de gueules, au chef de ? ; aux 2ᵉ et 3ᵉ burelés d'argent et d'azur de dix pièces. Sur le sceau, l'écu est engrêlé. Le cimier est formé de deux pieds de cerf adossés.

Au v° du f. de garde qui précède le titre, on relève des signes qui indiquent le placement du volume dans une bibliothèque, et la signature DE LALAING. Il s'agit sans doute de PHILIPPE, COMTE DE LALAING, sénéchal de Hainaut, mort en 1582. Le titre porte, en outre, d'une main qui paraît être du XVIIIᵉ siècle, le nom de CROY.

2935 (753 *a*). LA || COLOMBIERE || et Maison rustique || de Philibert Hegemon, de || Chalon sur Saone : contenant vne description || des douze Mois, & quatre Saisons de l'annee : || Auec enseignement de ce que le Laboureur || doibt faire par chacun mois. || L'Abeille Françoise du mesme Autheur. || Ses Fables Morales, & autres Poësies. || Et Les Louanges de la vie Rustique, extraites des Oeu- || ures de G. de Saluste, Sieur du Bartas. || *A Paris, Chez Robert Le Fizelier, ruë* || *S. Iaques, à la Bible d'Or,* || 1583. In-8 de 4 ff. lim., 75 ff. chiffr. et 1 f. non chiffr., mar. v. jans., doublé de mar. r., large dent. à petits fers, tr. dor. (*Capé.*)

Le titre porte la marque de *R. Le Fizelier* (Silvestre, n° 900).

Les ff. * *ij*-* *iij* contiennent : 4 strophes « A monseigneur, monseigneur Charles de Lorraine, pair de France, duc du Meyne et gouverneur pour Sa Majesté au duché de Bourgongne » ; deux quatrains « A luy encore », accompagnés de la devise : *Dieu pour guyde* ; une épigramme en 7 vers signée P. V. ; un sixain signé de la devise : *Virescit vulnere virtus,* et des initiales JOB. B. ; un huitain sur *L'Abeille,* par E. V. ; un cinquain de « L'autheur aux lecteurs », contenant en acrostiche le nom de GUIDE ; un distique latin *In Zoilum.*

Le f. * *iiij* ne contient au r° qu'un simple fleuron ; le v° en est blanc.

Le volume renferme :

1° (fol. 1). *La Colombiere et Maison rustique* ;

2° (fol. 33 v°). Un dixain « Au seigneur Du Bartas », accompagné de la devise : *Dieu pour guyde* ;

3° (fol. 34). *Louanges de la vie champestre, extraite des œuvres de* G. DE SALUSTE, SEIGNEUR DU BARTAS ;

4° (fol. 36). *Consideration sur les quatre saisons de l'annee,* sonnet accompagné de la devise : *Servir à Dieu, c'est regner,* et signé des initiales Y. R. S. [= YVES ROUSPEAU, Saintongeois].

5° (fol. 36 v°). *L'Abeille françoise,* de PHILIBERT HEGEMON, *Chalonnois,* dédiée « A monsieur, monsieur de Montessus, seigneur d'Escuelles, gouverneur et capitaine du chasteau et citadelle de Chalon » ;

6° (fol. 47). *Les Fables morales de* PHILIBERT HÉGEMON « A noble Bartolomy Galois, bourgeois et citoyen de Chalon sur Saone », précédées d'un envoi en prose qui porte la date du 1ᵉʳ janvier 1583, et d'un huitain signé : *Dieu pour guyde ;*

7° (fol. 59). *Diverses Poësies.*

On trouve dans cette dernière partie ; un acrostiche de l'auteur : PHILIBERT GUIDE (fol. 59), un acrostiche « A sa muse » (même fol.), qui donne le nom d'Estienette Villemenot, une *Paraphrase sur l'oraison dominicale* (fol. 60), un *Cantique ensuyvant l'ordre des lettres de l'alphabet* (fol. 62 v°), le *Cantique d'Ananias, Asaria et Misaël estans au milieu du feu* (fol. 64), un *Cantique extraict de la Sapience de* JESUS, *fils de Sirach* (fol. 68 v°) ; un huitain *Sur le decez de maistre François Belin, advocat à Beaune, advenu l'an xxvij de son aage* (fol. 72 v°) ; un quatrain intitulé : *Qu'il ne faut craindre la mort* (même fol.) ; une pièce donnant en acrostiche ces mots : « A maistre René Turrel salut » (fol. 73) ; une pièce en 20 vers *A P. B., affligé et fugitif* (même fol.) ; un huitain *Contre les perturbateurs de paix* (fol. 73 v°) ; *Les Arbres, Oiseaux et autres Bestes terrestres, avec aucuns de leurs epithetes* (fol. 74) ; les *Fautes à corriger* (fol. 75 v°).

Le dernier f. est occupé au r° par un fleuron, et blanc au v°.

Philibert Guide, qui eut l'idée de gréciser son nom en Hégémon, était né le 22 mars 1585 à Châlon-sur-Saône, où il remplit les fonctions de procureur du roi au bailliage. Ses fables, qui ne manquent pas de grâce, l'ont particulièrement fait connaître ; elles sont au nombre de 22. Sur la fin de sa vie, Philibert se rendit à Genève pour y embrasser la religion réformée. Il mourut à Macon, en revenant de Genève, le 29 novembre 1595. Voy. Haag, *France protestante,* V, p. 388.

2936 (754 *a*). LE || DECEZ ou Fin || du Monde, par G. de || Cheualier. || Diuisé en trois visions. || *A Paris,* || *Chez Robert le Fizelier, ruë saint Iaques* || *à la Bible d'or.* || M. D. LXXXIIII [1584]. || Auec priuilege du Roy. In-4 de 8 ff. lim. et 52 ff. chiffr., car. ital., cart.

Le titre porte la marque de *R. Le Fizelier* (Silvestre, n° 466).
Les ff. *ā ij-a iiij* r° contiennent une épître « A trespuissant et tresmagnanime prince, monseigneur le duc de Montpensier » ; les ff. *a iiij* v°-*ē i,* un style « Aux lecteurs ». Ces pièces sont suivies d'un sonnet anonyme (fol. *ē ij*), d'une ode de JEHAN CHRESTIEN (fol. *ē ij* v°) et d'un sonnet d'A. d'AMB. TH., c'est-à-dire ARTUS THOMAS, SIEUR D'AMBRY (fol. *ē iiij* v°).
Au fol. *ē iiij* est un extrait du privilège accordé, pour neuf ans, à *R. Le Fizelier,* le 30 décembre 1583.

Le poème de Chevalier a été inspiré par *Le Semaine* de Du Bartas, mais il est beaucoup moins étendu. L'auteur dit lui-même dans l'épître dédicatoire : « Le sujet est grand et semble désirer un plus long volume, veu qu'à la dissolution du monde n'y a pas moins de matiere pour discourir qu'à sa creation. »

2937 (754 *b*). EPITHALAME || pour l'heureus mariage de tres- || heroique Seigneur Monseigneur d'Aurilly, || & de tresnoble D. M. Loise de || Haut-emer [*sic*], tiré des || deus noms acouplés : || Iacques de Aurilly : Loise de Hauttemer. || Dieu ayde ce lit Heroique tramé là sus. || Par Ian Bonuoisin. || *A Paris,* || *Par Denis du Pré, Imprimeur demourant en la rue des* || *Amandiers, à l'enseigne de la Verité.* || 1584. In-4 de 5 ff. et 1 f. blanc, mar. bl. jans., tr. dor. (*Chambolle-Duru.*)

> Le titre porte la marque de *D. Du Pré*. Le sujet principal de cette marque est celui que Silvestre reproduit sous le n° 1036 ; mais la couronne de lauriers y est remplacée par des fragments d'architecture sur lesquels on remarque la double croix de Lorraine.
> Au v° du titre est un sonnet.
> L'*Epithalame* est écrit en vers alexandrins.
> Le 5° f. contient un sonnet « A monseigneur monseigneur de Fervaques » et un sonnet « A madame madame de Fervaques ».
> Louise de Hautemer, en l'honneur de qui ces vers ont été composés, était la sœur de Guillaume de Hautemer, seigneur de Fervacques, comte de Grancey, baron de Mauny, qui reçut en 1595 le bâton de maréchal de France. Restée veuve de Jacques de Hellenvilliers, seigneur d'Avrilly, elle se remaria, le 23 mars 1593, avec Aymar de Prie, marquis de Toucy. Voy. Anselme, *Hist. généal.*, VII, p. 395.
> Le seigneur et la dame de Fervacques, à qui sont adressés les derniers sonnets, sont Guillaume de Hautemer et sa femme, Renée L'Evesques, qu'il avait épousée en 1558.

2938 (754 c). Les || premieres || Œvvres poeti- || qves de Ioachim || Blanchon. || Au Treschrestien || Henry III. || Roy de France et de || Pologne. || *A Paris,* || *Pour Thomas Perier, rue* || *Sainct Iacques.* || M. D. LXXXIII [1583]. || Auec Priuilege du Roy. Pet. in-8 de 8 ff. lim., 335 [*lisez* 339] pp. et 6 ff., car. ital., mar. bl., dos et mil. ornés, tr. dor. (*Trautz-Bauzonnet.*)

> Le titre porte la marque de *Th. Perier*, réduction, avec variantes, de celle que Silvestre a reproduite sous le n° 886.
> Le f. *ā ij* contient, au r°, une pièce latine adressée à Henri III, par Antoine Valet, et, au v°, un portrait du roi gravé en taille-douce, et accompagné de la devise : *Manet ultima celo*, ainsi que d'un quatrain français.
> Le f. *ā iij* est occupé par une épître, en vers, de Blanchon « Au roy ».
> Au f. suivant se trouvent un sonnet « Au roy » et un extrait du privilège accordé pour dix ans à *Thomas Perier*, le 13 juillet 1583.
> Les 4 derniers ff. lim. contiennent : 13 distiques latins de Jean Dorat, un sonnet de Jehan de Beaubrueil, un sonnet de Bastier, un sonnet et trois distiques latins de Martial Gury, des sonnets d'Anthoine Barny, de Magdeleine Saultereau, de Chastenet et de J. Chrestien P.
> Les vers de Blanchon sont détestables, et pourtant ses œuvres offrent un réel intérêt en raison du grand nombre de personnages qui y sont nommés.
> Le poète s'adresse surtout aux Limousins. On relève parmi ses amies, ses amis ou ses parents, plusieurs peintres et émailleurs célèbres.
> Voici une table alphabétique des personnages à qui Blanchon adresse des vers. Nous y avons ajouté les auteurs de pièces à lui dédiées. Ces derniers sont indiqués par un astérisque :
>
> Amboise ([François d']), p. 326 [*lisez* 330].
> Anjou (d'), p. 110.
> Anjou (François, duc d'Alençon, puis d'), dit Monsieur, p. 214 [*lis.* 217].
> Aultriac (d'), p. 332 [*lis.* 336].
> Aumale (Claude II de Lorraine, duc d'), p. 290 [*lis.* 293].
> Bagnol, p. 328 [*lis.* 332].
> Barbou (Hugues), imprimeur, p. 286 [*lis.* 289].

BARNY (ANTHOINE), *fol. a vij, p. 105.
BASTIER, * fol. a vij, pp. 101, 282 [lis. 285] : son éloge, p. 303 [lis. 306].
BEAUBRUEIL (JEAN DE), *fol. a v v°, pp. 107, 279 [lis. 282], 303 [lis. 306], 307 [lis. 310].
Benoist, p. 332 [lis. 336].
Bermondet (Gaultier de), maître des requêtes : sonnet sur sa mort, p. 293 [lis. 296].
Berville, p. 334 [lis. 338].
Blanchon (Claude), frère du poète, p. 334 [lis. 338].
Blanchon (Justin), « ad[vocat] », autre frère du poète, p. 305 [lis. 308].
Boulhon, p. 324 [lis. 327].
Boujoi (Jeanne), p. 300 [lis. 303].
Bounet, p. 112.
Bouny, p. 157 [lis. 160].
Boyol, p. 333 [lis. 337].
Brigneil (Mme de), p. 288 [lis. 291].
Broussaud, p. 156 [lis. 159].
Brulart ([Nicolas]), secrétaire d'état, p. 276 [lis. 279].
Buely, p. 278 [lis. 281].
Catherine de Médicis, pp. 223, 225 [lis. 226, 228].
Chambéry (de), p. 284 [lis. 287].
Chambéry (Mme de), p. 288 [lis. 291].
Chantoys, p. 106.
Charles IX, p. 289 [lis. 292].
Chastelard, p. 126.
CHASTENET, * fol. a viij r°.
Chrestien (J.), P., * fol. a viij v°.
Cibot, p. 324 [lis. 328].
Cordes (de), élu, pp. 112, 286 [lis. 289].
Court (Jean [de), peintre du roi, pp. 120, 303 [lis. 306], 329 [lis. 333].
Courtois (« Corteys »), émailleur à Limoges, p. 303 [lis. 306].
Cousin, p. 113.
Cremoux, p. 331 [lis. 335].
Des Cars (de Peyrusse, comte), p. 274 [lis. 277].
Des Coutures (Simon), président à Limoges, p. 293 [lis. 296].
Des Flottes, p. 116.
Des Monts, p. 101.
Des Portes (Philippe), pp. 245, 280 [lis. 248, 283].
Dione, pp. 1-95.
DORAT (JEAN), * fol. a v r°, pp. 279, 301 [lis. 282, 304].
Dorchet (de), p. 105.
Du Bartas (Guillaume de Saluste, sieur) Voy. Saluste.
Du Bois (Siméon), lieutenant général à Limoges, autrement dit Bosius, pp. 161, 294, 302 [lis. 164, 297, 305].
Du Bourg (M.), p. 96.
Du Peyrat, p. 104.
Du Verdier ([Antoine ?], p. 122.
Espernon (Jean-Louis de Nogaret, duc d'), p. 273 [lis. 276].
Essenaud, p. 325 [lis. 329].
Fontgeoyse, p. 305 [lis. 308].
Gay, président, pp. 113 (il est appelé Gaz), 323 [lis. 326].
Galoys, pp. 122, 325 [lis. 329].
Gaz. Voy. Gay.
GUERY (MARTIAL), * fol. a vj v°, pp. 126, 285 [lis. 288], 303 [lis. 306].
Guibert, p. 322 [lis. 325].
Guise (François de Lorraine, duc de), p. 290 [lis. 293].
Guise (Henri de Lorraine, duc de), p. 262 [lis. 265].
Hardy, p. 121.
Henri III, fol. a ij, a iij, pp. 197 [lis. 200], 199 [lis. 202], 200 [lis. 203], 203 [lis. 206], 209 [lis. 212], 310 [lis. 313].
Hurault (Philippe), comte de Cheverny, chancelier de France, p. 275 [lis. 278].
Initiales :
    D. S. M., p. 295 [lis. 298].
    J. M., p. 308 [lis. 311].
Joyeuse (Anne, duc de), p. 273 [lis. 276].
La Boissière, p. 111.
La Faye, p. 116.
La Feulhade (de), p. 319 [lis. 322].
La Glaiole, p. 103.
La Gorce (de), p. 328 [lis. 332].
La Mazelle (Martin de), chanoine, mort le 20 mai 1575, p. 295 [lis. 298].
Lansac (de), p. 324 [lis. 328].
La Palherie, p. 114.

La Roche, p. 135.

Lascure (de), docteur en théologie, habile joueur de luth, pp. 285, 296 [*lis.* 288, 299].

La Tour, p. 103.

L'Aubespine (Sébastien de), m. en 1582, p. 291 [*lis.* 294].

La Vauguyon (Jean de Peyrusse Des Cars, comte de), prince de Carency, mort le 21 sept., 1596, p. 274 [*lis.* 277].

Le Roy, trésorier de l'Épargne, p. 276 [*lis.* 279].

Louise de Lorraine, reine de France, pp. 219, 252 [*lis.* 221, 255].

Maledent, p. 186 [*lis.* 189].

Marchandon, p. 320 [*lis.* 323].

Marguerite de Valois, reine de Navarre, pp. 235, 243, 256 [*lis.* 238, 248, 259].

Martin, l. cr., p. 326 [*lis.* 330].

Martin (Joachim), conseiller, pp. 127, 263 [*lis.* 266], 268 [*lis.* 271], 283 [*lis.* 286].

Maugiron (Louis de), mort le 27 avril 1578, p. 292 [*lis.* 295].

Mayenne (Charles de Lorraine, duc de), p. 313 [*lis.* 316].

Mazantin (Jean), p. 296 [*lis.* 299].

Mercœur (Nicolas de Lorraine, duc de), p. 262 [*lis.* 265].

Molan, trésorier de l'Épargne, p. 278 [*lis.* 281].

Montoudon, p. 306 [*lis.* 309].

Muret (Marc Antoine de), orateur du pape, pp. 280, 302 [*lis.* 283, 305].

Neufville ([Nicolas de]), seigneur de Villeroy, secrétaire d'État, p. 275 [*lis.* 278].

Panys, p. 116.

Paradis (de), p. 320 [*lis.* 323].

Paris, docteur médecin, p. 284 [*lis.* 287].

Pasithée, pp. 97-167 [*lis.* 170].

Pénicauld (Claude) « Glaude Penicalhc », oncle du poète, qui déplore sa mort, p. 292 [*lis.* 295].

Petiot (de), juge au siège de Limoges, pp. 281, 302, 304 [*lis.* 284, 305, 307].

Pibrac (Guy Du Faur, sieur de), p. 306 [*lis.* 309].

Pinot, p. 327 [*lis.* 331].

Quélus (Jacques, comte de), mort le 29 mai 1578, p. 291 [*lis.* 294].

Rhodes (de), p. 316 [*lis.* 319].

Rimbaud, p. 109.

Rochebrune (de), p. 283 [*lis.* 286].

Ronsard (Pierre de), p. 307 [*lis.* 310].

Rouard, p. 330 [*lis.* 334].

Sainct-André (de), p. 297 [*lis.* 300].

SAULTEREAU (MAGDELEINE), * fol. *a vij* v°.

Saluste (Guillaume de), sieur du Bartas, p. 282 [*lis.* 285].

Savignac, p. 127.

Seguier (de), lieutenant civil, p. 277 [*lis.* 280].

Selve, p. 123.

VALET (ANTOINE), * fol. *a ij*, p. 281 [*lis.* 284].

Vars (Jane de), demoiselle de Bort, p. 272 [*lis.* 275].

Verges, p. 333 [*lis.* 337].

Verthamon, p. 330 [*lis.* 334].

Vigier, émailleur à Limoges, p. 303 [*lis.* 306].

Villemort (de), maître des Comptes, p. 277 [*lis.* 280].

2939 (754 *d*). LES || PREMIERES || ŒVVRES POETIQVES || de Flaminio de Bira- || gue, Gentil-homme ordinaire || de la *Chambre* || *du Roy.* || *Au Tres-Chrestien Roy* || *de France &* de *Pologne.* || *A Paris,* || *Chez Thomas Perier, rue S. Iacques,* || *au Bellerophon.* || M. D. LXXXV [1585]. || Auec Priuilege du Roy. Pet. in-8 de 6 ff. lim., 148 ff. chiffr. et 5 ff. de Table, v. f., dos orné, tr. r. (*Rel. du XVIIIe siècle.*)

Le titre est orné d'une jolie marque (Bellérophon), gravée en taille-douce. Le *a ij*, blanc au r°, est occupé par un portrait du roi Henri III, gravé en taille-douce et accompagné de la devise : *Manet ultima coelo.* Au-dessous est un quatrain de Flaminio.

Les 4 ff. qui suivent contiennent : un sonnet au roi, un sonnet de P. DE RONSARD à Flaminio, un sonnet et une épigramme en quatre vers de G. DE SALUSTE, SIEUR DU BARTAS, un sonnet de SCÉVOLE DE SAINTE MARTHE, un autre de P. BEL BENE, abbé de Belleville, un sonnet italien de FERRANDO GUISONI, un sonnet de FLOTTAR DE MONTAIGU, SIEUR DE VOULUE, un portrait du poète, en 1585, à l'âge de vingt ans. Ce portrait, gravé en taille-douce, est accompagné de deux distiques latins de JEAN DORAT.

Le recueil contient des *Amours*, des *Elegies*, des *Bergeries*, des *Meslanges* et des *Epitaphes*.

Le privilège, dont un extrait occupe le f. 148 r°, est un privilège général accordé à Flaminio de Biragne, le 29 novembre 1584. La durée n'en est pas indiquée. Flaminio déclare avoir permis à *Thomas Perier* d'en jouir.

Voici la liste des amis de Flaminio qui lui ont adressé des vers insérés dans son recueil.

AIMERY (J. A. T.), cinq distiques latins, fol. 52.

BIRAGO (LODOVICO), frère de Flaminio, sonnets italiens, fol. 115 v°, 116.

BONNERIER (FRANÇOIS), SIEUR DU PLESSIS, sonnet, fol. 53 v°.

COTEL (RENÉ DE), sonnet, fol. 54 v°.

DEL BENE (PIERRE), abbé de Belleville, 5ᵉ f. lim.

DES ROCHES (CATHERINE), de Poitiers, fol. 93.

DORAT (JEAN), distiques latins, 6ᵉ f. lim. v°, fol. 52, 115.

DU BARTAS (GUILLAUME DE SALUSTE, SIEUR), sonnet et quatrain, 4ᵉ f. lim.

DU GAST (La présidente), fol. 116 v°.

DU THIER (Mˡˡᵉ), épigramme, fol. 116 v°.

GUISONI (FERRANDO), sonnet italien, 5ᵉ f. lim. v°.

HESTEAU (CLOVIS), SIEUR DE NUISEMENT, fol. 53.

LA MANTE (ALEX. SAL. DE), quatre distiques, fol. 115.

LA ROQUE, sonnet, fol. 54.

MONTAIGU (FLOTTAR DE), SIEUR DE VOULUE, sonnet, 6ᵉ f. lim.

PASSERAT (JEAN), sixain, fol. 33 v°.

RONSARD (PIERRE DE), sonnet, 3ᵉ f. lim.

SAINTE-MARTHE (SCÉVOLE DE), sonnet, 4ᵉ f. lim. v°.

SAINCT-GELAIS (MADELEINE DE), DAME DE BATTRESSE ET DE SAINT-SCURIN, quatrain, fol. 54.

TERLON (CLAUDE DE), quatrain, fol. 74 v°.

Voici maintenant la liste des personnages à qui Flaminio a dédié ses poésies :

Aumale (Marie de Lorraine, duchesse d'), fol. 57 v°).

Baïf (Jean-Antoine de), fol. 43.

Birague (Diane de), sœur de Flaminio, folio 40 v°.

Bourbon (Charles, cardinal de), fol. 119 v°.

Catherine de Bourbon, princesse de Navarre, plus tard duchesse de Bar, fol. 118 v°.

Catherine de Médicis, fol. 117 v°.

Christine, princesse de Lorraine, plus tard grande duchesse de Toscane, fol. 119.

Condé (Françoise d'Orléans, princesse de), fol. 119 v°.

Conti (Jeanne de Coëme, princesse de), fol. 120.

Diaceto (Anna d'Acquaviva d'Atri), comtesse de Chasteauvillain, fol. 146 v°.

Elin (Marie d') : pièces sur sa mort, fol. 110, 145 v°.

Este (Anna d'), duchesse de Nemours, fol. 120 v°.

Gonzaga (Lodovico), duc de Nevers, fol. 121 v°.

Guyse (Henri de Lorraine, duc de), fol. 121.

Henri III, fol. 117.

Henri, roi de Navarre, plus tard Henri IV, fol. 118.

Le Grand ( ), fol. 41 v°.

Louise de Lorraine, reine de France, fol. 117 v°.

Marguerite de Valois, reine de Navarre, fol. 65, 118 v°.

Montpensier (Jacqueline de Longwy, duchesse de), fol. 120 v°.

Nevers (Henriette de Clèves, duchesse de), fol. 56.

Ronsard (Pierre de), fol. 11, 13 v°, 38, 38 v°, 42, 77.

Rostain (Mlle de) la jeune, fol. 146.

Cet exemplaire porte sur le titre une étiquette imprimée sur laquelle on lit :

Bibliotheca illustrissimi Johannis d'Estrées, Cameracensis Archiepiscopi designati, quam Monasterio S. Germani a Pratis legavit anno 1718. (A côté est le timbre de l'abbaye. Le volume a plus tard appartenu au DUC DE LA VALLIÈRE (Catal. de Nyon, n° 13015, double).

De la bibliothèque de G. GUYOT DE VILLENEUVE (Catal., 1900, n° 695).

2940 (755 *a*). LES || PREMIERES || ŒVVRES Poetiques || Chrestiennes & Spirituelles de || Olenix du Mont-sacre || gentilhomme du Maine. || Diuisees en Sonnets en forme d'orai- || son, en plaintes chrestien- || nes, & Sonnets moraulx. || *A Paris,* || *Chez Gilles Beys. rue S. Iacques,* || *au Lis blanc.* || M. D. LXXXVII [1587]. || Auec Priuilege du Roy. In-12 de 4 ff. lim. et 92 ff. chiffr., car. ital., mar. bl., dos orné, tr. dor. (*Trautz-Bauzonnet.*)

Le titre porte une petite marque de *Gilles Beys,* dont les motifs principaux sont les mêmes que ceux des marques reproduites par Silvestre.

Les ff. A *ij-A iiij* r° contiennent une épître (en prose « A tres-illustre dame, madame Jacqueline de Girard, dame des baronnyes de Verigny, Frazé, Chastillon, etc. », épître datée de Paris, le 16 juin 1587. — Au v° dn f. *A iiij* est un extrait du privilège accordé à *Gilles Beys,* pour neuf ans, le 22 mai 1587.

Le recueil contient : 65 *Sonnets en forme de prières* (fol. 1) ; 107 *Sonnets en forme de pleintes spirituelles* (fol. 17 v°) ; 85 *Sonnets moraulx* (fol. 69) ; des *Stances tirees des Lamentations de Hieremye* (fol. 88).

NICOLAS DE MONTREUX, qui signa, on ne sait pourquoi, de l'anagramme Olenix du Montsacré, nous apprend dans l'épître liminaire qu'il avait reçu de Jacqueline de Girard « les moyens de profiter à l'estude des bonnes lettres ». Il avait déjà publié plusieurs ouvrages en prose quand il fit paraître ses premières poésies qui sont un recueil de vers édifiants destinés aux âme pieuses.

De la bibliothèque de M. LEBEUF DE MONTGERMONT (Cat., 1876, n° 364).

2941 (757 *a*). CONVOY || de Monsieur || le Duc de || Ioyeuse, || Composé par Christofle de Beau-Ieu, Baron dudit Beau-Ieu & Seigneur || de Iaulges. || *A Paris, Chez Pierre Le Voirrier Imprimeur du Roy és* || *Mathematiques, rue S. Iacques,* à || *l'Escu de Bourgongne.* || M. D. LXXXVIII [1588]. In-8 de 16 pp., mar. r. tr. dor. (*Chambolle-Duru.*)

La p. 3 contient un épître (en prose) « A monsieur le president Brisson », et la p. 4, un avis « Au Lecteur ».

Le poème commence ainsi (p. 5) :

Vous, qui de voz Cesars me faisiez si grand conte..

A la p. 16 on trouve 3 quatrains, intitulés : *Tombeau de monsieur le duc de Joyeuse, Tombeau de monsieur de Sainct Saulveur* et *Tombeau de monsieur de Malain, frere du baron de Lux.*

Le *Convoy* et les quatrains ont été réimprimés en 1589 dans les *Amours* de Chr. de Beaujeu.

On trouvera plus loin, parmi les poésies anonymes (n° 2960), un *Bref Discours des faits plus memorables et de la mort de mgr. le... duc de Joyeuse*, 1588.

2942 (757 *b*). Les || Amovrs de || Christofle de Beau-ieu, Baron dudit || Beau-ieu, et Seigneur || de Ieaulges : || Ensemble, || le premier Liure de la || Suisse, composé par le mesme Autheur. || Dedié || à Monsieur le Presi- || dent Brisson. || *A Paris,* || *Chez Didier Millot, demeurant ruë de* || *la petite Bretonnerie, pres la porte S. Iacques.* || M. D. LXXXIX [1589]. || Auec Priuilege. In-4 de 288 ff. chiffr., mar. r., fol., dos orné, tr. dor. (*Duru*, 1856,)

Le titre est orné d'un joli bois représentant deux scènes différentes : à gauche, deux cavaliers ; à droite, un roi visitant ses trésors. Autour de ce bois est inscrite la devise de l'auteur : *Arte, Marte, Sorte.*

Le 2ᵉ f. contient, au r°, un sonnet signé : A. D. L., et, au v°, un sonnet signé : M. D. M.

Au r° du 3ᵉ f. est une épître (en prose) « A monsieur le president Brisson », signée : Cretofle de Beau-jeu. Au v° du même f. se lit un sonnet « A monsieur de La Ferté Imbault ».

Un avis « Au lecteur », qui occupe les ff. 4-6 contient une comparaison des amours de Théagène et de Chariclée avec les amours du poète. A la suite sont des sonnets « Au roy » (fol. 6 v°), « A monseigneur le duc de Guyse » (fol. 7), « A monsieur le president Brisson (fol. 7 v°) ».

Le recueil contient des élégies, des odes, des stances, des sonnets, des quatrains, des complaintes, des mottets, des épitaphes et des chansons. Un grand nombre de ces pièces célèbrent les beautés et déplorent la cruauté d'une jeune Suissesse appelée Rose.

Au ff. 232 v°-239 l'auteur a réimprimé *L'Ordre du convoy de monsieur de Joyeuse, reveu et augmenté.*

Le f. 270 r° contient un titre ainsi conçu :

Le premier || Liure de la || Suysse, || composé || par Cretofle [sic] de Beau-ieu, || Baron dudit Beau-ieu, et || Seigneur de Ieaulges. || Dédié || à Monsieur le President || Brisson. || *A Paris,* || *Chez Didier Millot, ruë de la petite* || *Bretonnerie, pres la porte sainct Iacques.* || M. D. LXXIX. || Auec Priuilege du Roy.

Ce titre est orné d'un joli bois représentant un cavalier menant une femme en croupe et suivi de soldats. — Au v° on lit un sonnet signé : G. de Haulte-mer, comte de Grancé (c'est le futur maréchal de Fervacques) et un autre sonnet de C. d'Estampes, seigneur de La Ferté-Imbault. Ce dernier, avait épousé, le 8 mai 1579, Jeanne de Hautemer, fille puinée de Guillaume ; il fut le père de Jacques d'Estampes, marquis de La Ferté et de Mauny, maréchal de France, mort en 1668 (voy. Anselme, *Hist. généal.,* VII, p. 545).

La devise : *Arte, Marte, Sorte* est répétée à la fin du volume.

Voici la table des personnages à qui le poète adresse des vers ou consacre des épitaphes. Les noms imprimés en petites capitales sont ceux des amis dont il reproduit des vers :

Ambertin (Edme), avocat à Vitry, fol. 212 v°.

Balthazard, capitaine des Suisses du roi, fol. 215 v°.

Brisson (Barnabé), président du parlement de Paris, fol. 3, 7 v° 232 v°, 270.

Chantemesle (de), fol. 248.

Clausse (Henri), seigneur de Fleury, de Marchaumont, etc., ambassadeur de France en Suisse, fol. 213 v°.

Clausse (Denise de Neu.ville, dame de Fleury), femme du précédent, fol. 193 v°.

Des Deux Fontaines (Mme), fol. 214.

ESTAMPES (CLAUDE D'), SEIGNEUR DE LA FERTÉ IMBAULT, fol. 3, v° ; sonnet de lui, fol. 270 v°.

Fleury (Henri Clausse, seigneur de), de Marchaumont, etc. Voy. Clausse.

Fleury (Denise de Neufville, dame de) Voy. Clausse.

Gamaches (François (?) de) : tombeaux, fol. 195 v°, 240 v°.

Guise (Henri de Lorraine, duc de), fol. 7.

HAULTEMER (GUILLAUME DE), COMTE DE GRANCÉ, appelé plus tard le maréchal DE FERVAQUES, sonnet, fol. 270 v°.

Henri III, 6 v°

Initiales :
       A. D. L : sonnet, fol. 2 r°.
       M. D. M. : sonnet, fol. 2 v°.

Joyeuse (Anne, duc de), fol. 232 v°.

La Ferté (Mlle de) ; tombeau, fol. 240. — Il s'agit sans doute d'Anne d'Estampes, fille de Claude d'Estampes, seigneur de la Ferté Imbault, qui mourut jeune (Anselme, *Hist. généal.*, VII, p. 545 c).

La Ferté (La petite) } sœur et frère de la précédente, fol. 240 v°.
La Ferté (Le petit sieur de) }
(Ils ne sont pas mentionnés par le P. Anselme).

La Fondrière (Mlle de) : tombeau, fol. 239 v°.

La Rivière (Marguerite de), dame d'Ormoy : élégie sur sa mort, fol. 241 v°.

Lyverdis (de), fol. 214 v°.

Longueville (Marie de Bourbon, duchesse de), fol. 213.

Mailly (de), du comté de Bourgogne, fol. 214.

Malain, père du baron de Lux ; tombeau, fol. 239.

MENIOT (PIERRE), conseiller du roi au bailliage de Vitry ; sonnet, fol. 212 v°.

Miseré (Mlle de), « fille de monsieur Moulin Chappelle », fol. 217.

Neufville (Nicolas de), seigneur de Villeroy, fol. 213 v°.

Rose, amie du poète, *passim*.

Saint-Sauveur ; tombeau, fol. 239.

Vitré (Mlle de), fol. 217.

Wallier ([Béat-Jacques]), secrétaire du roi en Suisse, fol. 216.

Exemplaire de WILLIAM MARTIN (Cat., 1869, n° 509).

2943 (758 *a*). LES || ŒVVRES || du Sieur de la || Roque de Clair- || mont en Beauuoisis. || Reueues, et augmentees || de plusieurs Poësies outre les prece- || dentes Impressions. || A la Royne Marguerite. || *A Paris,* || *Chez la Vefue Claude de Monstr'œil* || *en la Court du Palais au nom de Iesus.* || M. DCIX [1609]. || Auec priuilege du Roy. In-12 de 8 ff.

lim., 803 pp. et 14 ff. de *Table*, mar. bl., fil., dos orné, tr. dor. (*Duru*, 1850.)

Le titre porte la marque de *Cl. de Monstr'œil* avec cette devise : *Splendor summus haud intuendus.*

Les 7 ff. qui suivent contiennent une épître de La Rocque [sic] « A la royne Marguerite » ; un quatrain de Du Perron (fol. *ā iiij* v°) ; un sonnet de Chrestien, de Provence ; un sonnet de « L'autheur à sa Phyllis » (fol. *ā v*) ; un sonnet de La Ferté, Manceau (fol. *ā v* v°) ; un sonnet de J. Grojan ; un sonnet signé : G. P. D. B. (fol. *ā vj*) ; une épigramme signée : D. L. R. [de La Roque ?] (fol. *ā vj* v°) ; une ode de Garnier ; un sonnet signé : S. D. H. (fol. *ā vij*) ; un sonnet de Motin (fol. *ā* vij v°) ; une épigramme d'Antoinette de La Tour ; l'*Extraict du privilege.*

Le privilège, daté du 10 octobre 1608, est accordé pour six ans à *Catherine Nyverd, veuve de Claude de Monstr'œil*. L'achevé d'imprimer est du 15 novembre 1608.

Les *Premieres Œuvres* de S. G., sieur de La Roque, avaient paru en 1590 ; elles avaient été réimprimées avec additions en 1596, 1597, 1599 et 1602. Le présent recueil contient :

1° (p. 1). *Les Amours de Phyllis* ;

2° (p. 61). *Les Amours de Charitee* ;

3° (p. 128). *Les Amours de Narsize* ;

4° (p. 282). *Meslanges* ;

5° (p. 385). *Elegies* ;

6° (p. 461). *Discours* ;

7° (p. 471). *Continuation de l'Angelique d'Arioste* ;

8° (p. 507). *Les heureuses Amours de Cloridan* ;

9° (p. 541). *Le Destin de Philemon* ;

10° (p. 551). *Fable de Psiché* ;

11° (p. 567). *Les Amours de Pirame et de Tisbee* ;

12° (p. 581). *Complainte d'Ardelie sur la mort de Philandre* ;

13° (p. 587). *La Nimphe de Fontenilles* ;

14° (p. 594). *Complainte de Tirsis* ;

15° (p. 600). *Les Amours de Pan* ;

16° (p. 609). *Le Jugement de Paris* ;

17° (p. 635). *Epistre de Didon à Ænee* :

18° (p. 624). *Epistre d'Hero à Leandre* ;

19° (p. 656). *La chaste Bergere, pastorale* ;

20° (p. 712). *Epitaphes* ;

21° (p. 752). *Œuvres chrestiennes* ;

22° (p. 787). *Larmes de la Magdeleine.*

Voici les noms des personnages à qui le poète dédie ses vers où à qui il consacre des épitaphes :

Amoncourt (d'), dite Mlle de Montigny, fille d'honneur de la reine Marguerite : épitaphe, p. 716.

Andreini (Isabella), p. 380.

Bourbon (Henriette-Catherine de), fille de Henri IV et de Gabrielle d'Estrées, p. 367.

Catherine de Bourbon, dite « Madame », duchesse de Bar, pp. 306, 310, 348, 849.

Des Portes (Philippe), abbé de Tiron, pp. 341, 362.

Du Arley, peintre de Madame, p. 366.

Du Moutier (Estienne), peintre, p. 361.
Du Perier (Marguerite) : épitaphe, pp. 721-722.
Estrées (Diane d'), p. 350.
Estrées (Gabrielle d'), duchesse de Beaufort, p. 349.
François Ier, p. 343.
Givry : épitaphe, p. 712.
Grandmont (Mlle de), p. 342.
Henri IV, pp. 342, 343.
Initiales : D. D. (Mlle), p. 361.
La Barre (Mlle de) : épitaphe, p. 719.
Le Caron (Loys), dit Charondas, lieutenant général de Clermont en Beauvoisis, p. 379.
Louis XIII, dauphin, pp. 316, 345.
Marguerite de Valois, reine de Navarre, pp. 302, 346, 347.

Marie de Médicis, pp. 292, 344.
Monchy (Madeleine de Suse, femme de Jean de), seigneur de Senarpont : épitaphe, p. 715.
Montigny (Mlle de). Voy. Amoncourt.
Nostre-Dame (Michel de), p. 292.
Orléans (Gaston, duc d'), né en 1608, p. 323.
Rohan (Catherine de), duchesse de Deux-Ponts, épitaphes : p. 718.
Roland (Mlle), p. 377.
Sainct Cler, p. 346.
Senarpont. Voy. Monchy.
Simyez (Mme de), p. 350.
Sully (Maximilien de Béthune, duc de), pp. 330, 336.

Exemplaire de GRATET-DUPLESSIS (Cat., 1856, n° 392).

2944 (759 a). LES ŒVVRES || LATINES ET || Francoises || de Nicolas Rapin || Poiteuin, || Grand Preuost de la || Connestablie de France. || Tombeau de l'Autheur auec plusieurs Eloges. || *A Paris*. || *Chez Oliuier de Varennes, ruē sainct* || *Iacques, à la Victoire.* || cIɔ. Iɔc. x [1610]. || Auec Priuilege du Roy. 3 part. en un vol. in-4, mar. br., fil., comp., dos orné, tr. doré (*David*.)

Les trois parties réunies par un titre commun et par une même table ne forment bien qu'un seul tout.
La première partie compte 4 ff. lim. et 268 pp. — Le titre porte les armes de France et de Navarre, gravées en taille-douce. — Le f. *ij contient une épître latine au premier président Achille de Harlay et au président Jacques-Auguste de Thou. Cette épître, datée de Paris, du 1er septembre 1610, doit être l'œuvre de JACQUES GILLOT, ou de SCÉVOLE DE SAINTE-MARTHE. — Le f. *iij est occupé par une épître latine de Rapin à Achille de Harlay, datée de 1608. — Au f. *iiij sont trois distiques latins d'ESTIENNE PASQUIER et un sonnet de [RENÉ BOUCHET], sieur d'AMBILLOU « A messieurs Gillot, conseiller du roy en sa cour de Parlement, et de Saincte-Marthe, thresorier general de France à Poictiers, sur le tumbeau de Nicol. Rapin par eux recueilly ».
Les pièces latines remplissent les pp. 1-83 ; les poésies françaises occupent les pp. 85-268.
La seconde partie compte 8 ff. lim. et 53 pp. ; elle est précédée d'un nouveau titre ainsi conçu :
Les Vers mesurez || de Nicolas Rapin, || grand Preuost de la Conestablie. || Dediez au Roy. || *A Paris,* || *Chez Pierre Cheualier, au mont* || *sainct Hilaire.* || cIɔ. Iɔc. x.
Le f. *a ij* contient une épître « Au roy [Louis XIII], signée de [RAOUL] CALLIER, neveu de Rapin. — Aux ff. *a ij-a iij* on lit deux pièces du même CALLIER : un sonnet « Au roy » et des *Stances en faveur des vers mesurez, au roy Henry IIII.*
Les 4 ff. signés *δ* renferment une *Ode à monsieur Rapin*.... par SCÉVOLE DE SAINTE-MARTHE, *des Vers mesurez* du même ; quatre pièces qui sont probablement toutes de CALLIER, bien que la seconde seule soit signée.

270   SECOND SUPPLÉMENT.

La troisième partie n'a pas de titre spécial ; elle se compose de 52 ff. non chiffr., sign. *a-n*. On y trouve : la *Traduction de l'epitre liminaire de l'Histoire de monsieur le president* DE THOU ... (fol. *a i*) ; la traduction de la *Harangue de* CICERON *prononcée au senat, en presence de Jules Cæsar, après sa victoire contre Pompée, pour le remercier du restablissement de Marcus Marcellus* (fol. *e ij*) ; le tombeau de Rapin (fol. *g ij*) ; un achevé d'imprimer du 28 août 1610 (fol. *m ij*) ; le texte du *Privilege du roy* (fol. *m ij* v°) ; 1 f. blanc (*m iiij*) ; la Table (fol. *n i*).

Voici la table des personnages à qui Rapin adresse des vers ou qui sont cités dans ses œuvres (nous ne mentionnons pas les auteurs anciens) :

Achille, musicien, I, p. 49.

Aglaeus, I, p. 78.

ALBINEUS, ALBINIUS, p. 53. — Epigramme composée par lui et par Rapin, I, p. 29.

Antonillus (Claudius). I, p. 32.

Aumale ([Claude de Lorraine], chevalier d'), I, p. 18.

Baïf (Jean-Antoine de), I, p. 51 ; II, p. 53.

Bailly [Balius], musicien, I, p. 49.

Balard, musicien, I, p. 49.

Baudier (Dominique), dit Baudius, I, p. 49.

Bellièvre (Pomponne de), I, p. 80.

Bertaut (Jean), I, p. 50.

BESLY (JEAN DE), dit Belius, avocat du roi à Fontenay-le-Comte, I, pp. 30, 52. — Vers de lui et réponse de Rapin, II, p. 38.

Beuter, I, p. 50.

Bèze (Théodore de), I, p. 80.

Billy (Jacques de) « abbé de Sainct Michel en l'Her », II, p. 50.

Bongars ([Jacques]), I, p. 53.

Bonnefons (Jean Ier), I, pp. 51, 52.

Bordeaux ([Jean ? de]), dit Burdigalla, I, p. 78.

Brisson, I, p. 52.

Brulart ([Nicolas]), I, p. 28.

Callier ([Raoul]), II, fol. *ê iij* v°, *ê iiij*.

Cappel (Ange) du Luat, I, p. 83.

Casa, ou Caza, I, p. 39.

Casaubon ([Isaac]), I, p. 53 ; II, fol. *ê iiij* v°, p. 29.

Castrin ([François]), I, pp. 53, 111 ; II, p. 37.

Certon ([Salomon]), appelé Serton, I, p. 53.

Chamlay, « maistre des requestes ordinaire de l'hostel du roy », p. 98.

Chrestien (Claude), p. 53 ; III, fol. *m i* v°.

Chrestien (Florent ?), II, p. 29.

Condé (Henri II de Bourbon, prince de), pp. 34, 185 ; II, p. 7.

Constant, p. 53.

Corrosius, musicien, p. 49. Voy. Du Courroy.

Cujas (Jacques), pp. 16, 32.

[Davy (Jacques)] du Perron, p. 50.

Des Portes (Philippe), p. 47 ; II, pp. 29, 51.

[Des Roches (Catherine Fradonnet, dame)], p. 2.

Dolé ([Louis)] « Dolaeus », p. 52.

Dorothée, poète, II, p. 35.

Douza. Voy. Vander Does.

Driesch (Jan), dit Drusius, p. 53.

Drusius. Voy. Driesch.

Du Courroy ou Corrosius ([Eustache]), musicien, I, p. 49 ; II, p. 29.

Du Laurens, p. 52.

Du Puy (Claude), pp. 29, 53, 68 ; II, p. 48.

Durand ([Gilles]) [de La Bergerie], p. 52.

Fleury (Estienne), « Floridus, senator parisiensis, p. 76.

Fontaine, p. 78.

Forget ([François]), p. 51.

Gaultier, ([François]), p. 123.

Gilot (Jacques), pp. 37, 47, 67, 80, 93 ; II, pp. 20, 28.

Goguet, p. 78.

Guédron ([Pierre]), musicien, p. 49.

Harlay (Achille de), premier président, pp. 2, 11, 61, 85, 186 ; II, pp. 29, 34.

Harlay (Achille de), sieur de Champvallon, pp. 34, 35, 51.

Harlay (François de), sieur de Champvallon, abbé de Saint-Victor, plus tard archevêque de Rouen, pp. 34, 35, 54, 72.

Heinsius ([Daniel]), p. 53.

BELLES-LETTRES.

Henri III, pp. 1, 6, 17, 184.
Henri de Bourbon, roi de Navarre, p. 41 ; — devenu Henri IV, pp. 17, 18, 20, 21, 25, 187, 245 ; II, fol. *a ij* v°, pp. 1, 3, 4, 5, 33, 35.
Henriette, II, p. 39.
Hurault (Philippe), chancelier, p. 43.
Jeannin ([Pierre]), p. 51.
Joyeuse (Anne, duc de), p. 2.
Jodelle (Estienne) « Juitellus », II, p. 53.
Juret ([François]), II, p. 29.
La Chapelle « Capella », musicien, p. 49.
La Guelle (Jacques de), « cognitor regis in senatu designatus », p. 11.
La Porte, ou Johannes Portus, pp. 14, 103.
Le Fèvre « Faber », musicien, pp. 49, 52.
L'Hospital (Michel de), p. 137.
L'Oisel ([Antoine]) « Lozellius », p. 16.
Louis XIII, II, fol. *a ij*, p. 9.
Mareschal « Marescalcus », p. 52.
Marie de Médicis, II, p. 33.
Mauduict ([Jacques]) « Malductus », musicien, p. 49.
Messa, p. 51.
Michon, p. 78.
Michonnet, p. 123.
Miron ([François ?]), pp. 17, 18.
Miron (Marc), premier médecin du roi, p. 10.
Molé (Édouard), conseiller à la grande chambre du parlement de Paris, puis président, p. 28 ; II, p. 29.
Monstreuil ([Jacques de]), ou mieux Montereul, poète, p. 51.
Montholon (François de), chancelier, p. 19.
Mornac ([Antoine de]), p. 52.
Neufville ([Nicolas] de), seigneur de Villeroy, p. 51.
Nuxius, p. 55.
Ortoman ([Nicolas]), appelé Octomomanus, p. 53.
Orléans (Gaston, duc d'), p. 17.
Pascal ([Charles]), p. 51.

Pasquier (Estienne), fol. * *iiij*, pp. 12, 17, 52 ; II, pp. 29, 35.
Passerat (Jean), p. 37.
Pellejay ([Claude]), p. 50.
Perion (Joachim), « coenobius cormeriacensis », p. 82.
Perrot (Nicolas), « senator parisiensis », p. 31.
Petau ([Paul]), pp. 52, 108.
Phillis, p. 182 ; II, pp. 39-41.
Pibrac (Guy Du Faur, sieur de), p. 6.
Pithou (Les), p. 29.
Pithou (Pierre), p. 69.
Plessius, p. 53.
Poille (Jacques), ou Poëlla, pp. 52, 77.
Polonois, musicien, p. 49.
Rapin (Maximin), fils aîné de Nicolas), p. 38.
Rapin (Postumus), p. 34.
Regnier ([Mathurin]), ou Renierus, p. 50.
Ribier ([Guillaume]), p. 52.
Richelet ([Nicolas]), p. 52.
Rigaud, p. 52.
Ronsard (Pierre de), pp. 3, 45, 244.
Sainte, pp. 189, 190.
Sainte-Marthe (Les frères de), p. 52.
Sainte Marthe (Louis de), pp. 79, 80.
Sainte-Marthe (Scévole de), fol. * *iiij* v°, pp. 3, 12, 81 ; II, fol. *a i*, *a iij*, pp. 21, 29.
Savornin, musicien p. 49.
Scaliger (Joseph), pp. 53, 73.
Serton. Voy. Certon.
Servin ([Louis]), p. 52.
Simon (Diane), p. 30.
Spifame (J.), « senator parisiensis », p. 30.
Sully (Maximilien de Béthune, marquis de Rosny, puis duc de), pp. 70, 116, 198, 243 ; II, p. 10.
Thomas (P[aul]), « qui de Tuparac laudibus poëma edidit », p. 16.
Thou (Augustin de), « senatus praeses », p. 15.
Thou (Christophe de), premier président, pp. 6, 7 ; II, p. 43.
Thou (Jacques-Auguste de), président, pp. 50, 63, 65, 118 ; II, pp. 14, 29 ; III, fol. *a i*.

Thou (Jean de), p. 6.
Thou (Nicolas de), évêque de Chartres, II, p. 26.
Thumery ([Jean de]), sieur de Boissize, p. 51 ; II, pp. 19, 29.
Tiraqueau ([Hilaire]), p. 78.
Vaillant (Germain) de Guélis, p. 56.
Valeran ([Philippe]), p. 103.
Vander Does (Jan), dit Dousa, p. 53.

Vaumeny « Valmenius », musicien, p. 49.
Vic ([Emery de) « Viccius », p. 51.
Villemontée([Charles de]),conseiller d'Etat, président en la cour des Aides, pp. 102, 118.
Villemontée (de), « regius in urbe procurator », p. 38.
Viole (Jacques), « senator », p. 15.

Les auteurs qui ont composé des vers sur la mort de Rapin sont :

ANDRIEU (LOUIS), « canonicus ambianensis, Becodianus », III, fol. *h iiij.*
BAUDIER (DOMINIQUE), dit BAUDIUS, III, fol. *g iij* v°.
BONNEFONS (JEAN Ier), III, fol. *i iiij* v°.
BOURBON (NICOLAS II), III, fol. *g iiij.*
CALLIER (RAOUL), III, fol. *k iij.*
CALLIER (SUZANNE), « niece du deffunct sieur Rapin », III, fol. *k iiij* v°.
CERTON (S[ALOMON]), III, fol. *i iij* v°, *l iiij* v°.
CRICHTON (GEORGE), dit CRITTONIUS, III, fol. *h iiij.*
ELYSIUS (JEAN), « aquarum et sylvarum praefectus Pictavii », III, fol. *k i* v°.
GOUTHIÈRR (JACQUES), ou GUTHERIUS, III, fol. *h ij* v°, *k ij.*

Initiales :
C. C. T., fol. *i iiij* v°.
J. B. P., fol. *i iiij* v°.
JACQUIER (JEAN), Parisien, III, fol. *i i* v°.
JUB[ET] (FR[ANÇOIS]), de Dijon, III, fol. *k ij* v°.
MÉNARD (CHARLES), dit MAENARDUS, III, fol. *i i* v°.
PRÉVOST, de Dorat, III, fol. *l iij.*
REGNIER ([MATHURIN]) « REIGNIER », III, fol. *l iiij.*
RICHELET (N[ICOLAS]), Parisien, III, fol. *h iij.*
ROGIER (CHARLES), « Juliodunensis consiliarius », III, fol. *i iij.*
SAINTE-MARTHE (SCÉVOLE DE), III, fol. *g ij.*
TIRAQUEAU (HILAIRE), III, fol. *k ij.*

Le privilège, daté du 7 avril 1610, est accordé à *Pierre Chevalier* pour six ans.

Exemplaire de GUNTZBERGER (Cat., 1872, n° 1089).

2945 (759 *b*). LES ESSAIS || POETIQVES || de Guillaume || Dupeyrat, Gentil- || homme Lyonnois. || A Tres-Valeu- || reux & Illustre Seigneur || Anne d'Anglu- || re, Baron de Giury, & || Mareschal de || Camp de la Cauallerie le- || gere de France. || *A Tours.* || *Chez Iamet* || *Mettayer.* || 1593. In-12 de 8 ff. lim., 202 ff, chiffr. et 6 ff. non chiffr., mar. r., fil., dos orné, tr. dor. (*Rel. du XVIIIe siècle.*)

Le titre est entouré d'un joli encadrement.

Les ff. lim. contiennent : une épître (en prose) « A tres-valeureux et illustre seigneur Anne d'Anglure, baron de Givry, etc. » ; une épître en vers au même ; un sonnet italien de FERRANTE GUISONE (fol. *ã iiij*) ; une pièce latine de PIERRE BEAUTEMPS, Auvergnat (fol. *ã iiij* v°) ; une ode française de G. DURANT P. (fol. *ã v*) ; une ode anonyme (fol. *ã vj* v°) ; un quatrain de P. DES PORTES (fol. *ã vij*) ; cinq distiques latins de L. ANDRIEU, d'Amiens (fol. *ã vij* v°) ; des épigrammes latines d'ANTOINE DE MORNAC,

BELLES-LETTRES.

d'ANDRÉ DE ROSSANT, Lyonnais, et d'un auteur qui signe E. M. (fol. *a viij*) ; un sonnet français de GAB. DE LA CHARLONIE, SIEUR DE LA VERGNE, Angoumoisin (fol. *a viij* v°).

Voici la liste des personnages à qui Du Peyrat consacre des vers ou qui lui en adressent (les noms des derniers sont imprimés en petites capitales) :

ANDRIEU (L.), d'Amiens, fol. *a vij* v°.

Anglure (Anne d'), baron de Givry, maréchal de camp de la cavalerie légère, fol. *a ij*, 135 v°, * *ij*.

Ariosto (Lodovico) : imitation des *Regrets de Bradamante et de Roger*, fol. 103-107.

Arnonville (d'), fol. 61 v°, 92 v°, 147.

BEAUTEMPS (PIERRE), Auvergnat, fol. *a iiij* v°.

Biron (Armand de Gontaut, baron et maréchal de) : épitaphe, fol. 160.

Boiceau ([Jean]), sieur de La Borderie, jurisconsulte poitevin : épitaphes, fol. 188.

Brach ([Pierre] de), fol. 159 v°.

BRISSET ([ROLAND]), fol. 5, 154 ; sonnet de lui, fol. 82 v°.

Bunet, peintre du roi, fol. 51 v°, 145 v°.

Calvimont, gentilhomme lyonnais, fol. 133.

Chandon, conseiller d'État, fol. 144 v°.

Charlotte, maîtresse de Gilles Durant, fol. 24.

Chasteau (A.), sieur de Montjavoult, fol. 5 v°, 15 v°, 24 v°, 28 v°, 34 v°, 67, 70, 130 v°.

Chauffière, fol. 123.

Coligny (François de), comte de Coligny, seigneur de Chastillon, amiral de Guyenne : épitaphes, fol. 153 v°, 154.

Coligny (Henry de), comte de Coligny, seigneur de Chastillon, amiral de Guyenne, fol. 124.

[Davy (Jacques)], seigneur du Perron, fol. 138.

Denis, fol. 103.

Des Arpentis (Mlle), fol. 143.

DES PORTES (PHILIPPE), fol. *a vij* ; sonnets à lui adressés, fol. 67 v°, 88, 97 v°, 152 v°.

DIANE, sujet d'une grande partie des poésies : sonnet d'elle, fol. 37.

DORAT (JEAN) : anagramme, fol. 162 ; sonnet sur sa mort, fol. 159.

Du Bartas (Guillaume de Saluste, seigneur). Voy. Saluste.

Du Haillan (Bernard de Girard, seigneur). Voy. Girard.

Du Peyrat (La dame), mère du poète : élégie sur sa mort, fol. 156.

Du Peyrat, frère du poète : épitaphe, fol. 157 v°.

Du Perron. Voy. Davy.

DURANT (GILLES), [SEIGNEUR DE LA BERGERIE], fol. *a v* ; vers à lui adressés, fol. 24, 129, 153, 159.

Ebert, fol. 78 v°.

Emery (d'), conseiller d'État, Voy. Thou (Jacques-Auguste de).

Eschevert (d'), fol. 29 v°, 52 v°.

Forget ([François]), conseiller au parlement, fol. 131 v°.

Girard (Bernard de), seigneur du Haillan, fol. 135 v° * *ij*.

GUISONE (FERRANTE), fol. *a iiij* ; vers à lui adressés, fol. 140.

Initiales : E. M., fol. *a viiij*.

KERCQ (CH. DE), fol. 47.

LA CHARLONIE (GABRIEL DE), SEIGNEUR DE LA VERGNE, fol. *a viij* v° ; sonnet à lui adressé, fol. 146.

La Mer (Loys de), seigneur de Mattas, Auvergnat ; épitaphe, 159 v°.

La Noue (François de) : sonnet sur sa mort, fol. 155 v°.

La Primaudaye ([Pierre] de), fol. 139.

L'Estoile ([Pierre] de), fol. 61.

Leu (Thomas de), graveur, fol. 43 v°.

Mauduit ([Jacques]), fol. 57 v°.

Montaut (de), gentilhomme béarnais, fol. 132 v°.

MORNAC ([ANTOINE DE]), fol. *a viij* ; sonnet à lui adressé, fol. 43.

Mornay (Philippe de), seigneur du Plessis-Marly, fol. 131.

Panthie, fol. 171 v°.

Pasquier ([Estienne]), fol. 144.

Phelippeaux, fol. 103.

Prévost ([Philippe]), seigneur du Plessis, fol. 145.

Rabel (Jean), peintre, fol. 43 v°, 86.

Rich (M⁰ᵉ), d'Angleterre, fol. 146 v°.

Ronsard (Pierre de) : épitaphe, fol. 158 v°.

Rossant (André de), fol. *a viij*.

Tarchant (de), fils aîné du sieur de Montmartin, fol. 129 v°.

Thou (Jacques-Auguste de), sieur d'Émery, conseiller d'estat, fol. 149.

Thouart (de) : épitaphe, fol. 158 v°.

[Tollet (Pierre de)], abbé de Pleinpied, fol. 44.

Vaumeny : épitaphe, fol. 160.

2946 (760 *a*). Ode || au Roy, || sur la reduction || de sa ville de Paris, || Par Nicolas Richelet Parisien, Aduocat || en la Cour de Parlement. || *A Paris,* || *Par Federic Morel, Imprimeur* || *ordinaire du Roy.* || 1594. || Auec Priuilege dudit Seigneur. In-8 de 16 pp., mar. r., tr. dor. (*Chambolle-Duru.*)

<small>Le titre porte une petite marque de *F. Morel,* réduction de la marque reproduite par Silvestre sous le n° 161.

Au v° du titre (p. 2) est un sonnet de C. Merault, P[arisien].</small>

2947 (760 *b*). Deux devotes || Meditations || chrestiennes auant || & apres la Communion du precieux || Corps & sang de Iesus-Christ, extrai- || ctes d'vn excellent autheur. || Et mises en vers françoys par M. B. Badere Aduocat || au Parlement Preuost & soubz Bailly de Poissy, &c. || Dediees au Tres-Chrestien Roy || de France & de Nauarre. || *A Paris,* || *Chez Estienne Preuosteau, demeurant au mont* || *S. Hilayre rue Chartiere,* || M. D. XCV [1595]. || Auec priuilege du Roy. In-12 de 8 ff. lim. et 48 pp., v. f., fil., dos orné, tr. dor. (*Capé.*)

<small>Le titre porte les armes royales, gravées en taille-douce.

Au v° du titre est une approbation de Gillet, docteur en théologie (en latin).

Les ff. 2-6, paginés 3-12, contiennent un discours « Au roy » (en prose).

Le 7ᵉ f. est occupé par une approbation de R. Benoist, curé de Saint-Eustache, évêque de Troyes, et par un extrait du privilège accordé à Baptiste Badère, pour dix ans, le 26 février 1595. Ce privilège s'applique à deux ouvrages : celui que nous décrivons et les *Devotes Meditations chrestiennes sur la mort et passion de Nostre Seigneur Jesus-Christ.*

Le 8ᵉ f. lim. est blanc.

La *Meditation avant la communion* commencence ainsi (p. 1) :

Qu'est-ce de vous. seigneur, et qu'est-ce que de moy ?...

Voici le début de la *Meditation après la communion* (p. 23) :

Bien que le Tout-Puissant, par grand methamorphose...</small>

2948 (762 *a*). Les || premieres || Œvvres poe- || tiqves et Souspirs || amoureux de Guy || de Tours. || Dediez || A Monseigneur le Grand Escuyer || de France. || *A Paris,* || *Pour Nicolas de Louuain, tenant* || *sa boutique sur le perron de la grand salle* || *du Palais, vis à vis la gallerie par où* || *lon va à la Chancellerie.* || M. D. XCVIII [1598]. || Auec

Priuilege du Roy. — [Au f. 244 r⁰ :] *Acheué d'Imprimé* [sic] *le Mardi troi-* || *siesme Feburier Mil cinq cens* || *quatre vingts dixhuit, par Iean* || *du Carroy, demeurant au mont* || *S. Hylaire ruë d'Ecosse* [sic]. In-12 de 6 ff. lim. et 244 ff. chiffr., car. ital., mar. citr., dos orné, mil. orné de rinceaux en mosaïque, tr. dor. (*Trautz-Bauzonnet*.)

Les ff. lim. contiennent : le titre, une épître (en vers) « A tres-noble et tres-illustre seigneur, messire Roger de Bellegarde, grand escuyer de France, chevalier de l'ordre du roy, etc. » ; un anagrammatisme latin en l'honneur d'une des femmes chantées par le poète (*Micael Guido = Gaude me, Clio*), une autre pièce latine à la même ; deux sonnets de MOREAU DE NEUFVIZ ; un quatrain de J. GOULU ; un sonnet d'ITH. HOBIER ; une ode de [FRANÇOIS] BÉROALDE [DE VERVILLE].

Les poésies de Michel Guy sont presque entièrement inspirées par l'amour. Le poète a chanté ses diverses maîtresses : Ente, Anne et beaucoup d'autres. Les pièces les plus intéressantes du recueil sont *Le Paradis d'amour*, dans lequel l'auteur a placé toutes les dames ou demoiselles que l'on remarquait à Tours, de son temps, puis deux longs morceaux imités de l'Arioste : *Les Regrets de Roland et de la belle Fleurdelis sur la mort de Brandimart* (fol. 173) et *Les Regrets de Bradamante pour l'absence de son Roger* (fol. 164 v⁰).

Voici la table des personnages cités dans le volume. Les noms imprimés en petites capitales sont ceux des amis du poète qui lui ont adressé des vers.

Abriard (Mlle), fol. 151.
Anne, fol. 39-66, 69 v⁰-74, 77, 87, 88, etc.
Argouge (Mlle d'), fol. 148.
Ariosto (Lodovico) ; imitations des chants xliij et xlv du *Furioso*, fol. 173, 164.
Aubin (Mlle), fol. 157.
Barantin (Mlle), fol. 155 v⁰.
Baret ([Jean]), avocat au parlement de Paris, fol. 92 v⁰.
Baudry (Catherine), fol. 157 v⁰.
Beauhère (Anne), fol. 216 (acrostiche).
Beauregard (Mlle de), fol. 150 v⁰.
— Ce devait être une Boutault.
Bellegarde (Roger de Saint-Lary, duc de), grand écuyer de France, fol. † ij, 183.
Bernier (Mlle), fol. 156 v⁰.
BÉROALDE ([FRANÇOIS]) [DE VERVILLE], fol. † vj v⁰.
Bigot (Mlle), fol. 156.
Binet (Mlles), fol. 148 v⁰.
Bougros (Mlles), fol. 151.
Bouillé (Mlle de), fol. 157.
Boutault, secrétaire de M. de Souvray, fol. 190 v⁰. — Il s'agit sans doute de Charles Boutault, sieur de Beauregard, qui fut contrôleur général des finances à Tours, et maire de la ville de 1614 à 1616.
Brèthe, avocat au parlement de Paris, fol. 200 v⁰.
Brèthe (Mlle), fol. 152 v⁰.
Bueil (Anne de), dame de Fontaines, fiancée puis femme de Roger de Saint-Lary, duc de Bellegarde, fol. 163, 164 v⁰, 167.
Bueil (Jacques de), seigneur de Fontaines : épitaphe, fol. 231 v⁰.
— Jacques ne figure pas dans la généalogie donnée par le P. Anselme (t. VII, p. 354).
Calvin ([Pierre]), avocat du roi à Châtellerault, fol. 197.
Cangay (Mlle), fol. 149 v⁰.
Caunier (Mlle), fol. 154 v⁰.
Chais (Mlle de), fol. 155. — Ce devait être une Goury.
Chalopin (Charlotte), fol. 149, 191.
Chalopin (Les sœurs), fol. 156 v⁰.
Charbonneau (Mlle), fol. 150 v⁰.
Chartier (Les deux sœurs), fol. 156.
— Peut-être faut-il lire Le Chartier. Voy. l'article Du Perré.
Chavrais (Mlle), fol. 155.
Chéreau (Mlle), fol. 157.
Chicoisneau (Marie), fol. 155, 211 v⁰.
Claude, fol. 139 v⁰-145.

Clio, fol. † *iij* v°.

Collin (Les deux sœurs), fol. 148 v°, 157.

Condé (Henry de Bourbon, prince de), fol. 160 v°, 161.

Contesse (Mlle), fol. 157.

Costes (Les trois demoiselles de), fol. 152.

Cottereau (Michel) : regrets sur sa mort : fol. 234.

Denis (Les demoiselles), fol. 155.

Des Bas Chasteliers (Mlle), fol. 188.

Des Chasses, fol. 227 v°.

Drulion (Marie), fol. 192.

Drulyon (Les demoiselles), fol. 152 v°.

Du Bois, avocat au parlement de Paris, fol. 204 v°.

Du Breuil (Mlle), fol. 156. — Ce pouvait être une Razines.

Du Fautray (Mme) : tombeau, fol. 233 v°.

Du Lut (Mlle), fol. 154.

Du Pau (Les trois demoiselles), fol. 154 v°.

Du Peyrat (Guillaume), gentilhomme lyonnais, fol. 191.

Du Perré (Mlle), fol. 156 v°. — C'était peut-être une fille de Nicolas Le Chartier, seigneur du Perré, cité en 1588 (Carré de Busserolles, *Dict. d'Indre-et-Loire*, V, p. 46).

Du Pont, fol. 193.

Du Verger (Mlle), fol. 148.

Émeray (Mlle d'), fol. 152.

Ente, fol. 1-29, 31-38.

Espagne (Mlle d'). fol. 157. — Espagne est actuellement Epigny.

Favereau (Guy), sieur de La Grange, avocat au parlement de Paris, fol. 92 v°.

Garance (Mlle de), fol. 154 v°.

Gardette (Mlle), fol. 147 v°.

Gardette (Victor), conseiller du roi et son lieutenant général au pays et duché de Touraine, fol. 177-187.

Gasnier (Mlle), fol. 154.

Gault (Mlle), fol. 155 v°. — Ce devait être la fille d'Eustache Gault, seigneur de La Brillaudière, maire de Tours en 1595.

Gène (Mlle de), fol. 151.

Gilles (Les trois demoiselles), fol. 151 v°.

Gingot (Mlle), fol. 154 v°.

Gonnefroy (Madelene), d'Orléans, fol. 218.

Goury (Mlle), fol. 151.

Grelurette, méchante bossue, fol. 226.

Guy (Michel), procureur au siège présidial de Tours, m., à 65 ans, le 10 févr. 1595, père du p ète, fol. 234 v°, 235.

Guy (X ?), frère du poète, fol. 235.

Hobier (Ith.), fol. † *v*.

Houdry (Mlle), fol. 150.

Hue (Renée), fol. 212.

Jaquet (Gabriel), Lyonnais, fol. 38 v°.

Joppitre (Mlle), fol. 149 v°.

Joret, conseiller au grand conseil, neveu du sieur de La Sagerie : regrets sur sa mort, fol. 233.

Joret (Les demoiselles), fol. 149 v°.

Joubert (Les demoiselles), fol. 156.

Jousseaulme, sieur de Guignefolle, fol. 211.

Jovys (Mlle), fol. 151, 155.

La Gogonnière (Les demoiselles de), fol. 155.

La Héronnière (de) : épitaphes satiriques, fol. 241 v°.

La Londe (Marie de), fol. 155, 212.

L'Ange (Mlle), fol. 150.

La Noue (Mlle de), fol. 150. — Elle était probablement fille de Charles Bouet, seigneur de La Noue, maire de Tours en 1596.

La Rue (Jacques de), sonnet, fol. 30 v° ; ode à lui adressée (?), fol. 214 v°.

La Rue (Jean de), dit Ruetius : pièces sur sa mort, fol. 239 v°.

La Sagerie (de), fol. 233. — Le seigneur de La Sagerie était en 1577 Jean Joret, et, en 1596, Louis Travers. Voy. Carré de Busserolle, *Dict. d'Indre-et-Loire*, VI, p. 6.

La Salle (Anne de), fol. 197. — Elle appartenait sans doute à la famille de Foulques de La Salle, maire de Tours 1572.

L'Aunay (Mlle de), fol. 149.

Laurière (de), écrit Lorière, conseiller au parlement de Paris, mort à 30 ans, fol. 233 v°.

Laurière (Mlle de), fol. 190.

L'Eau (Élisabeth de), fol. 200.

Le Doy (Mlle), fol. 149 v°.

L'Hermite (Frère Claude de), chevalier de l'ordre de St-Jean de Jérusalem : épitaphe, fol. 232 v°.

L'Huillier (Mlle), fol. 153.

L'Huillier (La « controoleure »), fol. 205.

LIVAULDIÈRE (DE) : quatrain, fol. 158 v°.

Maille (Mlle), fol. 149 v°. — Ce devait être une fille de François Maille, maire de Tours en 1591.

Mandat, lieutenant criminel à Tours, fol. 216.

Marchand (Les demoiselles), fol. 156 v°.

Martin (Jean), dit Palluau : épitaphe, fol. 240.

Mathurine, « fort belle fille », fol. 221 v°.

Méon (Mlle), fol. 153.

Molaville (Mlle de), fol 150.

MOREAU DE NEUFVIZ, c'est-à-dire de Neuvy-Roy : sonnet, fol. 66.

Morinet (Mlle), fol. 157.

Nérée, fol. 127 v°-139.

Pacollet, surnom d'un mari trompé, fol. 225 v°.

Palluau (Jean Martin, dit). Voy. Martin.

Péan (Gilles), conseiller du roi, auditeur en sa chambre des Comptes, fol. 238.

Péan (Laurent), licencié ès droits, frère de Gilles : pièces sur sa mort, fol. 237 v°, 238.

Pinerelle (les demoiselles). fol. 151.

Pisani ([Jean de Vivonne], marquis de), gouverneur de monseigneur le prince, fol. 161 v°.

Pointeau, « excellent orateur et poëte latin et françois », fol. 213 v°.

Rivière (Les deux demoiselles de), fol. 152. — C'étaient peut-être les filles de Claude Veau, seigneur de Rivière, mort en 1595.

Robin (Mlle), fol. 154 v°.

Robin (Daniel), fol. 205.

Robin (Jean) : épithalame pour son mariage avec Renée Le Breton, fol. 207 v°.

Rogier, seigneur de Calais (« Calaisius Rogerius, doctissimus et aequissimus judex »), fol. 187 v°.

Ronsard (Pierre de), « roy des poëtes françois », fol. 30 ; prosopopée, fol. 213 ; épitaphes, fol. 232.

Ruetius (Joannes). Voy. La Rue (Jean de).

Saget (Mlle), fol. 157 v°.

Saget (Mme), fol. 212 v°.

Saint-Oyn (Charlotte de), fol. 80 v°, 167 v°, 168, 172 v°, 173.

Sorel (Anne), fol. 192 v°.

Souchay, procureur du roi à Tours, fol. 138.

Sublène (Mlle), fol. 151. — Mlle de Sublaines devait être une Barentin.

Tergats (Mlle de), fol. 151 v°.

Vauderolle (de), « excellent poète liryque [sic] et compagnon d'escolle de l'autheur », fol. 139 v°, 213 v°, 234.

Vareil (Mlle) de), fol. 155 v°.

Villetrain (de), fol. 193.

Exemplaire du COMTE DE FRESNES (Cat., 1893, n° 274) et de T.-G. HERPIN (Cat., 1903, n° 243).

2949 (763 a). LE CONTR'EMPIRE || DES SCIENCES || et le Mystere || des Asnes. || P. P. P. P. [Par Paul Perrot, Parisien]. || Auec vn Paysage poetic sur autres diuers || subiets, Par le mesme Autheur. || *A Lyon,* || *De l'Impression de Françoys Aubry,* || *à l'enseigne de l'Asne bardé.* || 1599. In-12 de 4 ff. lim. sans signature et 132 ff. chiffr., sign. *A-Q* par 8, *R* par 4, mar. r., fil., dos orné, tr. dor. (*Duru*, 1858.)

    Paul Perrot, sieur de La Sale, fils de Nicolas Perrot, conseiller en la grand'chambre du parlement de Paris, et de Claude Goyet, était un fervent protestant. Il fit ses études à l'Université d'Oxford, et publia, de 1593

278 SECOND SUPPLÉMENT.

à 1606, plusieurs volumes de vers (voy. Haag, *La France protestante*, VIII, pp. 196-197, et Brunet, IV, col. 515).

Le Contr'Empire des sciences, qui parut, pour la première fois, à Middelbourg, en 1593, sous ce titre : *La Gigantomachie, ou Combat de tous les arts et sciences, avec la Louange de l'asne*, fut inspiré au poète par le traité de Corneille Agrippa *De incertitudine et vanitate scientiarum* (1530). Perrot nous l'apprend lui-même dans son *Advertissement*. Le poème est suivi dans l'édition de 1599 (fol. 92-132) de diverses pièces : satires, sonnets, odes, quatrains, dont quelques-unes portent les noms de destinataires. Voici le relevé de ces noms, ainsi que la table des personnages qui ont fourni le sujet des quatrains :

Bayart (Le sieur), fol. 107.
Catherine de Médicis, fol. 123.
Chastel (Jean), fol. 123.
Du Val (Le sieur), fol. 101 v°.
Gentilly (Le sieur et M¹¹ᵉ de), fol. 116 v°.
Grégoire XIV Sfondrato, fol. 123 v°.

Grillon (Le sieur), fol. 113 v°.
Guise (Henri de Lorraine, duc de), fol. 123.
Henri III, fol. 123.
Henri IV, fol. 124.
Marie Stuart, fol. 122 v°.
Philippe II : quatrain sur sa devise *Plus oultre*, fol. 123 v°.

Paul Perrot eut pour fils le célèbre traducteur Nicolas Perrot, sieur d'Ablancourt.

D'après les comptes de *Duru*, cet exemplaire fut relié par RICHARME de Lyon.

2950 (774 a). LES BAINS ‖ DE FEWER ‖ (vulgairement ‖ Feffers) en Suisse. ‖ ❧ ‖ Imitation d'vn Poeme Latin ‖ ℄ description d'iceux ‖ ❦ ‖ A Madame de Castille. ‖ *Par* ‖ Iean de Tournes, ‖ M.DCXIII [1613]. In-4 de 8 pp., mar. r. jans., tr. dor. (*Thibaron et Joly*.)

Le titre, entouré d'un joli encadrement, est imprimé, partie en caractères romains, partie en caractères de *Civilité*.

Le poème, imprimé en grosses lettres italiques, commence ainsi :

Parmi les monts chenuts des Alpes de la Suisse
Est un antre effroyable autant que dire on puisse...

L'auteur est le célèbre historien de la Nouvelle France, MARC LESCARBOT, dont le nom ne se lit à la fin. L'original latin qu'il a imité (*Thermae Faverianae*) avait paru à Genève entre 1604 et 1612. L'auteur était CHARLES PASCAL, VICOMTE DE QUENTE et DE DARGNY, né à Cuneo en 1547, conseiller d'Etat, ambassadeur de France auprès des Lignes Grises.

Lescarbot nous avertit à la fin qu'il n'a pas voulu employer le nom de *Pfefferbad* (*Pfäffers*). « Les Grisons, dit-il, appellent ces bains icy *Faveria*, et, suivant ce, l'auteur du poëme latin (personnage illustre et hautement qualifié) les appelle *Thermae, Faverianae, a favendo dictae*, pour ce qu'ils sont favorables aux malades ».

Notre ami M. Alfred Cartier a réimprimé le poème à 30 exemplaires en 1894, d'après le présent exemplaire. Il y a joint le texte latin d'après l'exemplaire, probablement unique, de la Bibliothèque de Zürich.

De la collection du COMTE DE LIGNEROLLES (Cat., 1894, n° 1026). Cet exemplaire est celui que les auteurs du *Supplément au Manuel du Libraire* citent à tort sous la date de 1609.

I. — Poésies anonymes de la seconde moitié du XVIᵉ siècle.

a. — Poésies de divers genres.

2951 (776 a). LA LOVENGE ‖ des Femmes, ‖ ❧ ‖ Inuention

extraite du Commentaire de || Pantagruel, sus l'Androgyne de || Platon. ||

> Qui Femmes louer entreprend, ||
> A bien dire n'ha peu d'affaire : ||
> Mais plus ha de peine a se taire, ||
> Qui au blasme d'elles se prend. ||

M. D. LI [1551]. *S. l.* [*Lyon*], in-8 de 54 pp., car. ital., mar. bl., fil., dos orné, tr. dor. (*Trautz-Bauzonnet*.)

Les pp. 3-8 sont occupées par une épître « A honneste et vertueuse dame Cœlie de Romirville », écrite en style rabelaisien : « Le tresdocte, treseloquent et tresfacecieux architecte de risees Pantagruel, au ne sçay quantieme chapitre de son commentaire sur l'Androgyne de Platon, escrit que la femme est un sexe tan[t] fragile, tant variable, tant muable, tant inconstant, tant imperfait, que Nature luy semble s'estre esgaree de ce bon sens par lequel elle avoit creé et formé toutes choses quand elle ha basti la femme.... »

Il est difficile de dire qui était Cœlie de Romirville. Nous retrouvons son nom trente ans plus tard en tête de *L'Anteros, ou Contramour* de Battista Fregoso. Thomas Sibilet lui dédie la traduction de cet ouvrage par une épître datée de Paris le 1er août 1581 (voy. notre n° 1833) ; il parle d'elle comme d'un personnage réel.

Le volume contient :

1° (p. 9). *Le Blason de la femme :*

> Femme, te loue qui voudra ;
> Ta beauté jà ne l'absoudra ...

2° (p. 16). *Epistre de messire André Misogyne, gentilhomme florentin, envoyee au seigneur Pamphile, theliarche, qui luy avoit demandé conseil sus le propos de se marier ; traduite d'italien en françois :*

> Le mariage est bonne et sainte chose,
> Et plus louable encor, si dire l'ose,
> Que célibat ou monachale vie ...

3° (p. 29). *Description d'amour par dialogue :*

> A. Qui est l'enfant ? — B. C'est le filz de Venus.
> — A. Pourquoy ha il des flesches pleine trousse ?...

4° (p. 30). *Definition d'amour.*

> Qu'est-ce qu'amour ? C'est une sainte loy ...

5° (p. 34). *Epigrammes touchant tous les mœurs, conditions et natures des femmes.*

Trente-quatre pièces, dont la première est un sonnet.

6° (p. 49). *Enigme.*

> Je fus creé six heures, ou peu plus ...

7° (p. 54). *[Douzain] aux dames.*

> Je suis outrageux en mes dits
> Et fascheux, ce dites vous, dames ...

8° (*ibid.*) [Dicton final] :

> Fama, malum ||
> Fames, pejus ||
> Foemina, pessimum.

François de Billon (*Le Fort inexpugnable de l'honneur du sexe femenin*, 1555, fol. 17) mentionne notre satire parmi les ouvrages injurieux pour le sexe dont il entreprend la défense. Il cite ce « petit traitté qui trotte encor' par le palais de Paris et qui s'appelle *La Louenge des femmes*, composé, comme se peult croire, de quelque bon pantagrueliste dans lequel l'esprit de maistre Jan du Pontalais a voulu tenir les assises, pour, en gergonnant des femmes, faire rire tout gaudisseur varlet de boutique ».

Notre exemplaire, comme celui qui est porté au Catalogue E. Bancel (1882, n° 381) ne compte bien que 54 pp. Brunet (III, col. 1182) indique la même collation ; mais il ajoute qu'on lit à la fin : *A Lyon, Par Jean de Tournes.*

L'exemplaire de l'Arsenal (B.-L. 12124 B) contient en effet cette souscription ; mais il se pourrait que *Jean de Tournes* eût lui-même fait disparaître son nom d'un volume fort peu édifiant.

Des bibliothèques de J. RICHARD, docteur en médecine ; de FÉLIX SOLAR (Cat., 1860, n° 1207) et du COMTE DE BÉHAGUE (Cat., 1880, n° 548).

Le British Museum possède, sous la cote C. 22. *a.* 10, des fragments d'une édition restée inconnue jusqu'ici et dont voici la description :

La louenge des || Femmes. || Inuentiō du, cōmentaire de Pantagruel. || Le contenu, en ce liure se voyrra en || la page suiuante. ||

> Qui femme louer entreprend ||
> A bien dire n'a peu d'affaire ||
> Mais plus a de paine a se taire ||
> Qui au, blasme delles se prent. ||

A Rouen par Pierre Lignat au bas des || *Degres du Palais.* 1552. In-8 de ? ff., lettres rondes.

Le titre est orné d'une figure qui est probablement une marque. Cette figure représente un cheval ailé surmontant un caducée tenu par deux mains. Des deux côtés du caducée surgissent des cornes d'abondance.

La table placée au v° du titre indique les pièces mentionnées ci-dessus, plus une *Response sur la question faicte par aulcunes dames d'où, quant et par qui ont esté faites les premieres femmes, selon l'advis de plusieurs nations.*

IV. 4. 183

2952 (776 *a*). LE || BLASON || du Gobel- || let. || 🙦 || M. D. LXII [1562]. *S. l.* [*Lyon*], in-8 de 8 pp., mar. r. jans., tr. dor. (*Trautz-Bauzonnet.*)

Violente satire composée par un protestant lyonnais contre le calice et contre la Messe.

Au v° du titre se trouvent un *Quatrain du pape milanois* (il s'agit de Pie IV Medici, qui occupa le trône pontifical de 1559 à 1565) et un distique latin.

Le *Blason* commence ainsi :

> Gentil gobellet argenté,
> Doré, façonné et renté...

Cet exemplaire, le seul qui ait été cité jusqu'ici, provient de la bibliothèque du COMTE DE LIGNEROLLES (Catal., 1894, n° 1104).

Montaiglon et Rothschild, *Recueil de Poésies françoises*, XIII, pp. 345-350.

IV. 9. 44

2953 (777 *a*). LA || COMPLAINTE || du Temps passé, ||

> Par le commun du temps present, ||
> Lequel à tout dueil amassé ||
> Pour faire a fortune present. ||
> Celuy qui ces regrets lira, ||
> Et de leur mal les deslira ||
> Sera en ioye perdurable, ||
> En tout temps de sa vie durable. ||

A Rouen, || *Chez Abraham Cousturier, pres le Palais,* || *au sacrifice d'Abraham. S. d.* [*vers* 1590], in-8 de 4 ff. non chiffr., car. ital., mar. r. jans., tr. dor. (*Chambolle-Duru fils.*)

Le titre est orné d'un petit bois qui représente un personnage coiffé d'un haut bonnet.

Au v° du titre sont quinze vers de « l'Acteur aux lecteurs ».
Le poème, qui compte 129 vers, commence ainsi :

> Rememorant les maux qu'ay enduré
> Au temps passé et qu'à present j'endure ...

Montaiglon et Rothschild, *Recueil de Poésies françoises*, XIII, pp. 128-135.

2954 (780 *b*). Le ‖ plaisant ‖ Qvaqvet et Resiovys- ‖ sance des femmes, ‖ pource que leurs maris n'y- ‖ urongnent plus en la ‖ Tauerne. ‖ *Chez Abraham Cousturier, pres le ‖ Palais au sacrifice d'Abraham. S. l. n. d.* [Rouen, vers 1590], in-8 de 7 ff. non chiffr. et 1 f. blanc, mar. r. jans., tr. dor. (*Chambolle-Duru fils.*)

Au titre, une figure qui représente deux femmes debout et une femme assise, jouant de la cithare. — Cette même figure est répétée au départ.
Au v° du titre est un *Huictain*.

Le poème, qui compte 276 vers, commence ainsi :

> Une grand trouppe feminime
> L'autrié je vy faisant la mine ...

Montaiglon, *Recueil de Poésies françoises*, VI, pp. 179-189 ; XI, p. 37.

2955 (780 *c*). Les ‖ Complaintes ‖ des Monniers aux ‖ Apprentifs des Tauerniers. ‖

> Les Apprentifs des Tauerniers ‖
> Qui font leur complainte aux Monniers, ‖
> Et les Monniers (dont c'est pitié) ‖
> Se plaingnent plus qu'eux la moytié. ‖

Chez Abraham Cousturier, ruë aux Iuifs ‖ au sacrifice d'Abraham pres la ‖ grand'porte du Palais. S. l. n. d. [*Rouen, vers* 1590], in-8 de 7 ff. non chiffr. et 1 f. blanc, sign. A, mar. r. jans., tr. dor. (*Chambolle-Duru fils.*)

Le titre est orné de deux petites figures : un homme et une femme debout. Le v° du titre est blanc.
Le poème se compose de deux parties en 25 et 28 quatrains. La première partie commence ainsi :

> Valletz des taverniers.
> Loyaulx monniers, que ferons-nous ?
> Au lieu d'amasser quelque bien,
> Nous n'avons gaigné que des poulx ..

Voici le début de la seconde partie :

> Les Monniers *parlent des taverniers*.
> Gentilz serviteurs de taverne[s],
> Helas, de quoy vous plaignez-vous ? ..

A la suite sont trois dixains.

2956 (780 *d*). Dialogve ‖ plaisant et ‖ recreatif en- ‖ tremeslé de ‖ plusieurs Discours ‖ plaisans & fa- ‖ cetieux. ‖ En forme de Coq à L'asne. ‖ *A Rouen, ‖ Chez Nicolas Lescuyer, pres* *le grand* || *portail, nostre Dame.* * * Pet. in-8 de 4 ff. non chiffr., mar. r. jans., tr. dor. (*Chambolle-Duru fils.*)

<small>Le titre est entouré d'un encadrement typographique et porte la marque de *N. Lescuyer*, avec la devise : Πάροντα καὶ μέλλοντα (réduction de la marque reproduite par Silvestre, n° 986).
Montaiglon, *Recueil de Poésies françoises*, V, pp. 155-161.
Exemplaire du COMTE DE LIGNEROLLES (Cat., 1894, n° 1499).</small>

b. — Poésies historiques.

2957 (783 *a*). ¶ DEPLORA- || TION & complaincte || de la mere Cardine || de Paris, cy-deuant || gouuernāte du Hu- || leu, Sur la-bolitiō [*sic*] d'i- || celuy. || Trouuee apres le deceds d'icelle Cardine en vn || escrain auquel estoient ses plus priuez & pre- || tieux secretz, tiltres de ses qualitez authenti- || ques, Receptes souueraines, Compostes, an- || thidotes, baulmes, fards, boëstes, ferrements & || vstenciles seruans audict estat dudit mestier. || 1570. *S. l.* [*Paris*], in-4 de 7 ff. non chiffr. sign. *A-B*, car. ital., et 1 f. blanc. — ELEGIE || au Iesuite qui || list gratis en luni- || uersité à Paris. || Prise du latin qui commance, || Te gratis narras Soterice, velle docere, &c. || M. D. LXV [1565]. *S. l.* [*Paris*], in-4 de 4 ff., sign. *A*, car. ital. — Ens. 2 pièces en un vol. in-4, mar. v., dos orné, tr. dor. (*Bauzonnet-Trautz.*)

<small>*Deploration.* — La mère Cardine était une célèbre entremetteuse, que l'on considérait comme la reine du Huleu et du Champ-Gaillard, où étaient réunis tous les lieux de débauche de Paris.
Sur le titre, une main du temps a effacé le mot *apres* et l'a remplacé par le mot *auant*. Cardine, en effet, n'était pas morte, ainsi que le prouve *L'Enfer*, publié en 1585.
Au v° du titre est un sonnet, dont voici le premier vers :

Vous, mignons de Venus, supports de Cupidon ...

La *Deploration* commence ainsi (fol. *A ij*) :

Soleil, qui voys, luysant, ce qui se faict cy bas ...

Montaiglon, *Recueil de Poésies françoises*, III, pp. 290-301.

Elegie. — Au v° du titre se lisent deux épigrammes latines : *Ad Sotericum* et *De fibula Sotericorum*.
L'*Elegie* commence ainsi (fol. *A ij*) :

Puis que c'est ton dessain d'enseigner et d'apprandre,
Liberal Soteric, les lettres sans rien prandre ...

La satire latine dont nous avons ici la traduction (*Ad Sotericum gratis docentem*) compte 72 vers ; elle a pour auteur ADRIEN TURNÈBE et se retrouve dans ses œuvres (éd. de 1600, in-fol., t. III). Estienne Pasquier a publié une traduction française de l'original qu'il a rendu vers pour vers, sous ce titre : *Contre le Soterique enseignant gratis*. Brunet a donc raison de faire observer (*Manuel*, II, col. 197) que l'*Elegie* n'est pas de Pasquier.
Exemplaire de J.-CH. BRUNET (Cat., 1868, n° 321) et du COMTE DE LIGNEROLLES (Cat., 1894, n° 1239).</small>

BELLES-LETTRES.   283

2958 (786 *a*). Les || Tenebres || du Grand Turc a || six Leçōs, sur les regretz de la perte || de ses gēs tant à Malte qu'à Rhode, || Cipre, Famagouste, Espaigne, Ce- || cile, Naples, & autres lieux aparte- || nans aux Chrestiens. || *A Paris par Prigent Godec, demou-* || *rant rue de Montorgueil, au Coq.* — [A la fin :] 1572. In-8 de 12 ff. non chiffr. sign. *A-C* par 4.

Le titre est orné d'un portrait du « Grand Turc ». Le même portrait est répété au r° du f. *C* 3, au-dessus de la *Conclusion*.

Au v° du titre est un douzain « Au Lecteur ».

Le poème, une des pièces les plus rares qui aient été publiées après la bataille de Lépante, est une imitation facétieuse des prières qui se récitent pendant la semaine sainte. Il est inspiré par *Les Tenebres de mariage*. En voici les premiers vers :

> Moy, qui suis sultan Soliman,
> Empereur tout premierement
> Des Grecz et aussi des Hebrieux ...

Chaque leçon se termine par ce refrain :

> Mahon, je voy, Mahon, je voy
> Que contrainct suis changer ta loy.

On trouve à la fin un sixain, le portrait du Grand Turc, un huitain et la date.

De la bibliothèque de Ch. Schefer (Cat. par Porquet, 1899, n° 155).

2959 (789 *a*). Priere a Dievꝰ pour l'heu- || reux succez des affaires || de son Altesse en ses païs bas. *S. l. n. d.* [*v.* 1582], in-4 de 4 ff. non chiffr., sign. *A*, car. ital.

Le poème, qui n'a qu'un simple titre de départ, commence ainsi :

> Dieu, qui tiens en ta main le sort douteux des armes,
> Qui donnes la victoire ou la route aux gendarmes ...

On voit à la fin que l'auteur écrivait sur les bords de la Sarthe.

Cette pièce est reliée à la suite de *La Medee* de Jean de La Péruse (n° 3022).

2960 (791 *a*). Bref || Discovrs des faits || plus memorables, & de la mort de || Monseigneur le Tres-illustre Duc de || Ioyeuse, Pair & Admiral de France, || Gouuerneur & Lieutenant General || pour sa Maiesté au Pays de Norman- || die : Ensemble son Tombeau. || Par I. D. V. || A Monsieur le Comte de Clermont, Vicomte de Thal- || lard Seigneur d'Ancy-le franc, Gentil-homme || ordinaire de la Chambre, & premier || Baron de Daulphiné. || *A Paris*, || *Chez Daniel Perier, Libraire demeurant* || *rue des Amandiers, pres le Colle-* || *ge des Crassins*. || 1588. In-8 de 22 [*lis.* 23] pp., mar. r., tr. dor. (*Chambolle-Duru*.)

Les pp. 3-5 contiennent une épître en prose « A monsieur le comte de Clermont, etc. ». Il s'agit de Charles-Henri, fils d'Henri, comte de Clermont, et d'Anne-Diane de La Mark, né vers 1571, mort en 1640.

A la p. 6 est un sonnet de JACQ. DE LA TREYNE, G. Q. [gentilhomme quercinois].

Le poème, intitulé : *La Praximorologie, ou brefve Description des plus memorables faits, etc.*, commence ainsi :

Si jamais de douleur mon ame fut attainte...

On peut voir sur la mort du duc de Joyeuse les épitaphes composées par J.-A. de Baïf (t. I, n° 685) et par Christophe de Beaujeu, ci-dessus, n° 2941).

2961 (790 a). LE || PVRGATOIRE || DES PRISONNIERS. || En forme de remonstran- || ce faicte au Roy nostre Sire Henry || quatriesme, & à messieurs de sa Cour || de Parlement, pour la reuoquation du || xlviij. art. de l'Edict de Molins, à ce || qu'il leur plaise ne permettre que par || cy-apres il soit faict aucun emprison- || nement pour debte ciuille. || *A Paris,* || *Pour Claude de Montrœil* || *& Iean Riché.* || M. D. XCIIII [1594]. In-8 de 24 pp., mar. r., dos fleurdelisé, tr. dor. (*Trautz-Bauzonnet.*)

Au v° du titre se trouve le portrait de l'auteur, PHILBERT BOYER, accompagné d'un quatrain de J. DAGONNEAU, l'avocat parisien qui, après avoir adhéré à la Réforme, alla mourir chez les chartreux en Champagne.

La p. 3 contient un sonnet et un quatrain adressés au roi par le même Boyer, procureur au parlement.

A la p. 4 est un sonnet dédié à Boyer par L. HÉBERT, dont la devise est : *Le desir croist avec[ques] l'esperance.*

Le poème, qui occupe les pp. 5-15, commence ainsi :

Peuple futur qui gis dans la matrice,
Qui n'as tiré le lait de ta nourrice....

C'est un remaniement d'une pièce qui avait paru en 1583 sans nom d'auteur, et qui fut réimprimée vers 1625 dans sa forme primitive. La seconde strophe est devenue la première. Voy. notre tome Ier, n°s 190 et 191.

A la suite du poème est une adresse en prose « A nos tres-honorez seigneurs messieurs de la cour de parlement ».

De la bibliothèque du COMTE DE LIGNEROLLES (Cat., 1894, n° 1259).

2962 (801 a). STANSES || sur || la venue du Roy. S. l. n. d. [*Paris, v.* 1597], in-4 de 3 ff. non chiffr. et 1 f. blanc, sign. A, car. ital.

La pièce n'a qu'un simple titre de départ ; elle commence ainsi :

Après tant de combats dignes d'autant d'histoires,
Tout couvert de lauriers, tout chargé de victoires,
Revien voir, ô grand roy, les hauts murs de Paris...

Les *Stances* sont de JACQUES DAVY DU PERRON, évêque d'Évreux, plus tard cardinal. Elles ont été réimprimées, en 1599, dans *Les Fleurs des plus excellents poëtes de ce temps* et dans *Les Muses françoises ralliées.* Voy. Lachèvre, *Bibliographie des recueils collectifs de poésies,* I, p. 177.

Cette pièce est reliée à la suite de la *Remonstrance du peuple françoys* de Guillaume Des Autelz (n° 2882).

BELLES-LETTRES.   285

J. — Recueils de poésies de l'époque de Marot et de ses successeurs jusqu'à Malherbe.

2963 (802 *a*). LESPERIT TROVBLE. || ¶ Le ioyeulx deuis re- || creatif de Lesperit Trouble. Contenāt plu- || sieurs Ballades Epistres Chansons Cō- || plainctes Rescriptz Dizains Huyc- tains || Epitaphes Rōdeaulx. Et aultres nouuel- || letez. Nouuellement reueu ¢ corrige depuis || la premiere Impres- sion. || ¶ On les vend a Lyon aupres de nostre da- || me de confort cheulx Oliuier Arnoullet. S. d. [vers 1537], in-8 goth. de 72 ff. non chiffr. de 27 lignes à la page, impr. en lettres de forme, sign. *A-I*, mar. bl., mil. et dos ornés, doublé de mar. citr., riche dorure à petits fers, tr. dor. (*Trautz-Bauzonnet.*)

Le titre, imprimé en rouge et en noir, est orné d'un petit bois qui repré- sente un homme vêtu d'une robe fourrée d'hermine.

Au v° du titre est un *Huytain aux lecteurs*, ce huitain est suivi de deux distiques latins : « *Lectori* FRANC. GOMANUS, *Hamentinus* ».

Les ff. *A ij-A iiij* r° sont occupés par la *Table*.

François Gomain, qui est probablement l'éditeur du recueil, n'est qu'un simple compilateur. Les pièces qu'il a réunies, numérotées de 1 à 114, sont empruntées à divers auteurs du XV° ou du XVI° siècle ; voici celles que nous avons retrouvées ailleurs :

 1.   Aulcuns se louent de mariage ...   (ballade).
 Refr. Au feu, dessoubz la chemluee.   N° 94

Jardin de plaisance, éd. de Lyon, Olivier Arnoullet, fol. 70.

 2.   Cy devant gist le seigneur de Florenge,   N° 113.

Épitaphe imprimée à la suite de : *Complainte de la ville de Peronne sur le trespas de feu le mareschal de La Marche, 1536.* (Bibl. nat., Rés. p. Ye. 215.)

 3.   Cyprès d'honneur, olivier d'excellence ...   (ballade).
 Refr. Pry ton cher filz qu'en santé il me mette.   N° 73.

Cette pièce est une de celles qu'ANDRÉ DE LA VIGNE a jointes au *Vergier d'honneur*. Elle contient en acrostiche le nom de Cecille Guemené Sordiac. Voy. notre t. I, n° 479. Le texte est ici assez fautif.

 4.   Des Mirmidons la hardiesse emprendre..   (ballade).
 Refr. Il fait assez qui son salut procure.   N° 102.

Cette pièce est de JEHAN MOLINET. Voy. notre tome I, n° 466, art. 51.

 5.   Doulce, plaisante et mignonne en aller ..   (ballade).
 Refr. L'amour de vous en mon cueur renouuelle.   N°

Deux strophes de cette ballade figurent parmi les *Cent quarante cinq Rondeaux d'amours* [publiés par M. E. Bancel], n° 36.

 6.   En approchant le pays et la terre ...   (ballade).
 Refr. En tous honneurs, et en faictz et en dis.   N° 59.

ALAIN CHARTIER, *Œuvres*, éd. de 1617, p. 803.

 7.   En la forest d'enuieuse tristesse ...   (ballade).
 Refr. L'homme esgaré qui ne sçait ou il est.   N° 50.

CHARLES D'ORLÉANS, éd. d'Héricault, I, p. 82 ; — *La Chasse et le Depart d'amours* d'Octavien de Sainct Gelays [et autres poésies], 1509, fol. CC vj^b ; — *Jardin de plaisance*, éd. de Lyon, Olivier Arnoullet, fol. 149.

    8. En la forest de tristesse ennuieuse ... (ballade).
    Refr. L'homme esgaré qui ne sçait ou il est. N° 49.

Le Vergier d'honneur, éd. décrite sous notre n° 479, fol. X vj^d. Cette pièce est probablement antérieure à André de La Vigne.

    9. En souspirant je puis bien dire : helas !.. (ballade).
    Refr. Je meurs de soif auprès de la fontaine. N° 17.

Le Vergier d'honneur, fol. X i^b. Cf. le n° 17 ci-après.

    10. Est il possible avoir un tel courage ... (ballade).
    Refr. Non, pour mourir de cinq cens mille mortz. N° 47.

Le Vergier d'honneur, fol. S iiij v°.

    11. Estre trop franc et soy fier ... (ballade).
    Refr. D'avoir tousjours ung pied derriere. N° 93.

Jardin de plaisance, fol. 148 v°.

    12. Homme mortel, creé de terre et faict ... (ballade).
    Refr. Ou aujourd'huy ; pourtant donne toy garde. N° 88.

Voy. notre t. III, n° 2562, art. 51.

    13. Il est bien aise qui n'a guere,
        Encore plus cil qui n'a riens...

Chanson citée dans la *Farce nouvelle de Tout, Rien et Chascun* (Viollet le Duc, *Ancien Théatre françis*, III, p. 200).

    14. Il n'est danger que de villain ... (ballade).
    Refr. Ne chere que d'homme joyeux. N° 95.

Voy. Bibl. nat., mss. fr. 1881, fol. 218 et 2206, fol. 106 ; — Bibl. de Lyon, ms. 1107, texte publié par Clédat dans *Lyon-Revue*, VII (1886), p. 307 ; — Ms. appartenant autrefois au baron Pichon et commençant par *Les trois Buccines* d'Adrien de Sainct Gelays ; — *Le Jardin de plaisance*, fol. 73 v° ; — *La Dance aux Aveugles*, éd. Douxfils, p. 273 ; — Villon, éd. Jannet, p. 142.

    15. J'ay ung arbre tout de plainctes d'amours... (ballade).
    Refr. Aultre planter, ne celluy enracher. N° 11.

ALAIN CHARTIER, *Rondeaux et Ballades inédits*, fol. A iij ; — Bibl. nat., ms. fr. 1127, fol. 154 ; — Villon, éd. Jannet, p. 144.

    16. Je congnois que Dieu m'a formé .... (ballade).
    Refr. Et si n'amende point m'a vie. N° 87.

Voy. notre tome III, n° 2562, art. 29.

    17. Je meurs de soif auprès de la fontaine ... (ballade).
    Refr. De tout me mectz eu vostre obeissance. N° 18.

Une foule de poètes du XVe siècle se sont exercés sur le vers : *Je meurs de soif*, etc. Voy. Charles d'Orléans, éd. d'Héricault, I, pp. 212, 214, 217 ; Villon, éd. Jannet, p. 110 ; éd. Longnon, p. 132 ; — *Bulletin de la Soc. des anciens Textes franç.*, 1875, p. 32 ; — Ms. décrit ci-dessus n° 2798), art. 3^a. Cf. l'article 9.

    18. Je te salue, o(u) Vierge inestimable ... (ballade).
    Refr. A tes servans pardurable lyesse. N° 2.

Cette ballade a été reproduite par Jehan Barril à la suite des *Enseignements* de Susanne de Bourbon (ci-dessus, n° 2754), fol. K iij v°.

    19. Le blanc et noir est ma livree ... N° 114.

Ce huitain accompagne l'épitaphe du maréchal de Fleuranges à la suite de la *Complainte de la ville de Peronne*, 1536. Voy. Ci-devant gist, etc., art. 2 ci-dessus.

    20. Le monde va en amendant ... (ballade).
    Refr. Ainsi que l'escrevice va. N° 96.

Jardin de plaisance, éd. de Lyon, Ol. Arnoullet, fol. 73 v° ; — Bibl. de Berne, ms. 473, fol. 206 v° ; — Bibl. nat., m. fr. 2206, fol. 103.

21. Maulvaise chose est que d'amours ... (ballade).
Refr. Dieu lui doint grace de bien faire. N° 92.

Jardin de plaisance, éd. citée, fol. *lix* v°.

22. O Dieu puissant tout bon et tout parfaict. (ballade).
Refr. Qui ne craint Dieu il n'avra ja bonneur. Première pièce du recueil.

Mistere de la Conception, Nativité, etc. (Voy. notre t. III, n° 2717), fol. i v^d.

23. O escharboucle reluisant ... (ballade).
Refr. Qu'ayez pitié de ma povre ame N° 98.

Biblioth. roy. de Copenhague, ms. du nouveau Fonds roy., n° 21, fol. 87 (Abrahams, *Description,* p. 13).

24. Puis que chascun est remply d'avarice ... (ballade).
Refr. Antechrist vient, la fin du monde aproche. N° 29.

Montaiglon, *Recueil,* V, p. 319.

25. Quant Perseüs par le mont Parnassus ... (ballade).
Refr. C'est grant thresor que d'avoir bon renom. N° 54.

Le refrain de cette ballade est le premier vers d'une pièce de Charles de Sainte Marthe (**Poësie,** 1540, p. 11).

26. Quand vous verrés les princes reculler ... (ballade).
Refr. Tenez vous seur d'avoir beaucoup affaire. N° 28.

Biblioth. nat., mss. fr. 1707, fol. 62, et 2070, fol. 44.

27. Que pourray je pour ma douleur passer ... (ballade).
Refr. Se de ma dame me convient departir. N° 20.

ANDRÉ DE LA VIGNE dans *Le Vergier d'honneur,* fol. X i.

28. Qui n'a joué a la paulme et aux detz ... (ballade).
Refr. Il n'est digne d'aller en compagnie. N° 6.

ANDRÉ DE LA VIGNE dans *Le Vergier d'honneur,* fol. X v.

29. Si Fortune m'a ce bien pourchassé ... (ballade).
Refr. Puis que de vous aprocher je ne puis. N° 48.

ALAIN CHARTIER, *Œuvres,* éd. de 1617, p. 805. — Cf. Bibl. nat., ms. fr. 833.

30. Une doulce, plaisant nominative ... (ballade).
Refr. Pour assembler la passive en l'actif. N° 58.

ALAIN CHARTIER, *ibid.,* p. 804.

31. Vous verres toutes les rivieres ... (ballade).
Refr. Quant tous hommes seront loyaulx. N° 30.

Cette ballade porte le nom de BLOSSEVILLE dans un ms. de la Bibl. nat. (fr. 9223, fol. 65 v°). — La même pièce se lit, sans nom d'auteur dans un ms. que nous avons décrit dans notre tome II, n° 1079, p. 17, et dans le *Recueil de poësies françoises* d'A. de Montaiglon, I, p. 227.

32. Vray dieu d'amours ...
Refr. Dueil angoisseux, rage demesuree. N° 10.

Le refrain de cette pièce est le premier vers d'une ballade de Christine de Pisan (éd. Roy, I, p. 7).

Parmi les pièces que nous n'avons pas retrouvées ailleurs, nous citerons une **Epistre du Coq en l'Asne, a M. Jehan Beguin facteur** (n° 77) :

Amy sur tous amys, Beguin ...

Ce morceau, daté de 1536, est suivi d'une réponse de JEHAN BEGUIN : *L'Escript de l'Asne au Coq* (n° 78) :

Amy, pour respondre a ta lettre,
Par deça nous fault tresmal estre ...

Ce volume, qui passe pour être unique, a figuré aux ventes L. POTIER en 1870 (Cat., n° 798) et E. M. BANCEL en 1882 (n° 268). Il existe du même recueil au moins trois autres éditions citées par Brunet III, col. 591).

On connaît de François Gomain un autre recueil intitulé : *Histoire joyeuse contenant les passions et angoisses d'un martyr amoureux d'une dame, le tout en ballades, rondeaux, epistres,* huictains et triolets. A Lyon, par B. Rigaud et J. Saugrain, 1557. In-16 de 127 pp. (Brunet, II, col. 1654).

2964 (802 *b*). RECUEIL DE POÉSIES du XVIe siècle. Ms. in-4 sur papier de 148 ff., haut. 214 ; larg. 155 mill., cart.

Recueil formé à Ferrare en 1535 et contenant surtout des poésies de Clément Marot.

Voici le détail des pièces contenues dans le volume :

1º (fol. 1). *Rondeau du vendredi sainct :*

Dueil ou plaisir me fault avoir sans cesse ...

Par CLÉMENT MAROT (éd. Jannet, II, p. 144).

2º (fol. 1 vº). *Rondeau :*

Cocu n'est pas si grant diffame ...

3º (fol. 2). *Rondeau de la saincte Trinité :*

Au grant conseil d'immense eternité . .

Par GUILLAUME CRÉTIN (éd. Coustelier, p. 28). Cf. Langlois, *Recueil des arts de seconde rhéthorique*, 1902, p. 290.

4º (fol. 3). *Autre Rondeau :*

Au temps passé Appelles, painctre saige ...

Cf. Biblioth. nat., ms. fr. 1701, fol. 68.

5º (fol. 3 vº). *Autre Rondeau :*

S'il est ainsi que ce corps t'abandonne ...

Attribué à CLÉMENT MAROT (éd. Jannet, IV, p. 180).

6º (fol. 4). *Rondeau :*

Mort ou mercy en languissant j'atendz ...

Par JEHAN MAROT. Cf. Biblioth. nat., ms. fr. 1721, fol. 12 vº. — *Trois cens cinquante Rondeaux*, nº 97.

7º (fol. 4 vº). *Rondeau :*

A si grant tort vous m'avez prins en hayne ...

Trois cens cinquante Rondeaux, nº 1.

8º (fol. 5). *Rondeau :*

Plus chault que feu je languis pour tes yeulx ...

Par JEHAN MAROT. Cf. Biblioth. nat., ms. fr. 1721, fol. 8 vº.

9º (fol. 5 vº). *Rondeau :*

Pour ton plaisir et la voulunté mienne ...

Trois cens cinquante Rondeaux, nº 209.

10º (fol. 6). *Rondeau :*

Ta foy promyse en riens ne m'as tenue ...

Trois cens cinquante Rondeaux, nº 185.

11º (fol. 6 vº). *Rondeau :*

Trop longuement folle amour me demaine ...

Trois cens cinquante Rondeaux, nº 29.

12º (fol. 7). *Rondeau :*

> Ilz ont menty les faulx trestres manteurs ...

Trois cens cinquante Rondeaux, nº 29.

13º (fol. 7 vº). *Rondeau :*

> A ce bon jour que le Saulveur nasquit ...

14º (fol. 8). *Rondeau :*

> Quant je vouldray de vous me puys vanger ..

15º (fol. 8 vº). *Rondeau :*

> Mon tour viendra, quoy qu'il tarde ou demeure ..

Trois cens cinquante Rondeaux, nº 57.

16º (fol. 9). *Rondeau :*

> Parfaicte en tout si pitié fut en elle ..

Cf. Biblioth. de l'Arsenal, ms. 5110, fol. 2.

17º (fol. 9 vº). *Rondeau :*

> En peu de temps propos de femme change ..

Octavien de Sainct Gelays, *La Chasse et le Depart d'amours*, 1509, fol. O v^b. — *Cent quarante cinq Rondeaux*, nº 74.

18º (fol. 10). *Rondeau :*

> Cueur endurcy plus que la roche bize ...

Par JEHAN MAROT. Voy. Biblioth. nat., ms. fr. 1721, fol. 18. — *Trois cens cinquante Rondeaux*, nº 96. — Cf. *Œuvres de Chastellain*, éd. Kervyn de Lettenhove, VIII, p. 320.

19º (fol. 10 vº). *Rondeau :*

> Hors de propos, de raison separé ...

Octavien de Sainct Gelays, *La Chasse et le Depart d'amours*, 1509, fol. O v^b. — *Cent quarante cinq Rondeaux*, nº 75.

20º (fol. 11). *Rondeau :*

> O vox omnes, qui par la voye passez ...

21º (fol. 11 vº). *Rondeau :*

> Dont j'ay le mal tu as causé l'offence ...

Par FRANÇOIS Iᵉʳ (*Poésies*, éd. Champollion-Figeac, p. 129).

22º (fol. 12 vº). *Rondeau :*

> O bon chemin qui recouvrer nous fais ..

Par FRANÇOIS Iᵉʳ (*Poésies*, p. 73).

23º (fol. 1 vº). *Rondeau :*

> O quel erreur, par finiz esperiz ..

Par CLÉMENT MAROT (éd. Jannet, II, p. 173). Cf. *Poésies de François Iᵉʳ*, p. 166.

24º (fol. 13). *Rondeau :*

> Par la vertu Dieu, sans peché ..

Cette pièce doit être d'ANDRÉ DE LA VIGNE. Voy. *Vergier d'honneur*, fol. V 4.

(fol. 13 vº). *Rondeau :*

> Victoire ou mort, c'est divise confuse ..

Voy. Montaiglon, *Recueil de Poésies françoises*, IX, p. 213.

26° (fol. 14). *Epitaphe de feu Mr de Bourbon.*
>Dedans le clox de ce seul tumbeau cy ...

27° (fol. 14 v°). *Rondeau :*
>Chargé d'ennuy, de tristesse et soucy ...

28° (fol. 15). *Rondeau :*
>Contre raison pour t'aymer je diffine ..

Par JEHAN MAROT. Voy. Biblioth. nat., ms. fr. 1721, fol. 10.

29° (fol. 15 v°). *Rondeau :*
>De vous aymer il fault que me retire ..

Trois cens cinquante Rondeaux, n° 8.

30° (fol. 16). *Rondeau :*
>C'est le viel jeu que (de) croire ung vieillart saige ...

Cf. Biblioth. nat., ms. fr. 2206, fol. 119.

31° (fol. 16 v°). *Rondeau :*
>Apprendre tout sans que rien y deffaille ...

Par le BAILLY d'ESTELLAN. Voy. Biblioth. nat., ms. fr. 1721, fol. 20 v°. Cf. *Trois cens cinquante Rondeaux,* n° 59.

32° (fol. 17). *Rondeau :*
>De cela seul qui m'est plus ne[ce]ssaire ...

Trois cens cinquante Rondeaux, n° 121.

33° (fol. 17 v°). *Rondeau :*
>Jusques au bout poursuivray mon affaire ...

Par JEHAN D'AUTHON. Voy. le ms. porté sous le n° 2819, fol. 25 v°.

34° (fol. 18). *Rondeau ;*
>L'ennuy que j'ay ne se pourroit escripre ..

Trois cens cinquante Rondeaux, n° 13.

35° (fol. 18 v°). *Rondeau :*
>La et ailleurs je veulx mon temps passer ...

Trois cens cinquante Rondeaux, n° 11.

36° (fol. 19). *Rondeau :*
>Des biens d'amours, quiconques les despart ...

Par JEHAN D'AUTHON. Voy. le ms. porté sous le n° 2819, fol. 20. — *Trois cens cinquante Rondeaux,* n° 19.

37° (fol. 19 v°). *Rondeau :*
>Avant mes jours mort me fault encourir ...

Par CLÉMENT MAROT (éd. Jannet, II, p. 139).

38° (fol. 20). *Rondeau :*
>En est il ung qui s'i sceust exempter ...

Trois cens cinquante Rondeaux, n° 31.

39° (fol. 20 v°). *Rondeau :*
>Par faulx rapport je me voy esperdu ...

Trois cens cinquante Rondeaux, n° 34.

40° (fol. 21). *Rondeau :*
>D'avoir ta grace ung chascun mect grant peine ..

41º (fol. 21 vº). *Rondeau :*
>N'en doubtes point, je ne vueil que la grace ..

Trois cens cinquante Rondeaux, nº 30.

42º (fol. 22). *Rondeau :*
>Dictes le moy, ou plus n'avray fiance ..

Trois cens cinquante Rondeaux, nº 21.

43º (fol. 22 vº). *Rondeau :*
>La, non ailleurs, secretement demeure ..

Trois cens cinquante Rondeaux, nº 10.

44º (fol. 23). *Rondeau :*
>Il me fault heur si je vueil bien avoir ...

Trois cens cinquante Rondeaux, nº 33. — *Cent quarante cinq Rondeaux*, nº 4.

45º (fol. 23 vº). *Rondeau :*
>Plus rien ne crains puis que sommes liez ...

46º (fol. 24). *Rondeau :*
>D'un coup d'estoc Chissay, noble homme et fort ...

Par CLÉMENT MAROT (éd. Jannet, II, p. 134).

47º (fol. 24 vº). *Rondeau :*
>Je pers mon temps si je n'y remedye ...

Trois cens cinquante Rondeaux, nº 5.

48º (fol. 25). *Rondeau :*
>A toutes deux et chascune a part soy ...

Cent quarante cinq Rondeaux, nº 100.

49º (fol. 25 vº). *Rondeau :*
>Des troys la plus et des autres l'eslite ...

Trois cens cinquante Rondeaux, nº 126.

50º (fol. 26). *Rondeau :*
>Tant suis dollent et de langueur espris ...

Octavien de Sainct Gelays, *La Chasse et le Depart d'amours*, 1509, fol. O iijᵈ. — *Trois cens cinquante Rondeaux*, nº 163. — *Cent quarante cinq Rondeaux*, nº 115.

51º (fol. 26 vº). *Rondeau :*
>En bonne foy je ne veulx point mesdire ...

52º (fol. 27). *Rondeau :*
>Mon confesseur me dit que je m(e) exempte ...

53º (fol. 27 vº). *Rondeau :*
>Noire couleur je porte pour livree ...

54º (fol. 28). *Rondeau :*
>En actendant d'avoir la jouyssance ..

Par JEHAN MAROT. Voy. Bibliot. nat., ms. fr. 1721, fol. 12 vº. — Cf. Attaignant, *Trente Chansons*, 1530, fol. 5 vº ; — *Œuvres de Chastellain*, éd. Kervyn de Lettenhove, VIII, p. 317.

55º (fol. 28 vº). *Rondeau :*
>En actendant vous perdez vostre peine ...

Par JEHAN MAROT. Voy. Biblioth. nat., ms. fr. 1721, fol. 13. — Cf. *Œuvres de Chastellain*, VIII, p. 318.

56° (fol. 29). *Rondeau :*

> De mes douleurs, mon Dieu, delivre moy ...

57° (fol. 29 v°). *Rondeau :*

> A Dieu me plains, qui seul me peult entendre ..

58° (fol. 30). CLEMENT MAROT *escript au roy pour sa delivrance de prison :*

> Roy [des] Françoys, plain de toutes bontés ...
> (Édition Jannet, I, p. 190.)

59° (fol. 32). *Au legat chancellier,* par MAROT :

> Puissant prelat, je me plains grandement ..
> (Édition Jannet, I, p. 190).

60° (fol. 32). *Au comte d'Estampes, par ledict* MAROT :

> Conte prudent, saige et rassis ..

61° (fol. 33). *Rondeau :*

> Hors du couvent je veiz soubz la couldrette ..
> Par CLÉMENT MAROT (éd. Jannet, II, p. 147).

62° (fol. 33 v°). *Huitin d'un amoureulx a sa dame :*

> Chascun vous tient de graces tant plaine [*lisez* pourveue] ..

63° (*ibid.*). *Responce de la dame.*

> Je ne suys point de graces tant pourveue ...

64° (fol. 34). *Autre Huictin d'une fille ancienne.*

> Si vous voullez ung peu belle apparoistre ..

65° (*ibid.*). [*Quatrain :*]

> Je l'ay chassee et ung autre l'a prinse ...
> *Recueil de poësie françoise,* 1550 (voy. notre t. I, n° 809), fol. F i v°.

66° (fol. 34 v°). *Rondeau :*

> Devant voz yeulx, dames, ayez honneur ..

67° (fol. 35). *Espistre en laquelle Margot*
> *Se dresse sur le maistre argot*
> *Pour tanser comme une ince[n]ssee*
> *Le gros Hector qui l'a laisse[e].*

> Mercy Dieu, gentil pannectier,
> A il fallu te nectoyer ...

Cf. Biblioth. de Soissons, ms. 203, fol. 57. MAROT, éd. Guiffrey, III, p. 64.

68° (fol. 37). *Epitaphe de Loys Jagonneau, jadiz recepveur de Soissons :*

> Cy gist Loys, Jagonneau surnommé ;
> Tresorier fut en charge renommé ....

69° (fol. 37 v°). *Cha[nson] :*

> Celle qui fut de beaulté si louable ....

Par FRANÇOIS Ier (*Poésies*, p. 159). — Cf. *Œuvres de M. de Saint-Gelais,* éd. Blanchemain, III, p. 285 ; *Hecatomphile,* fol. 43 v°.

70° (fol. 38). [*Rondeau :*]

> La nuyt passee, une dame discrete ...

Par MELLIN DE SAINT GELAYS (éd. Blanchemain, I, p. 87). — Cf. *Recueil de poësie françoise,* 1550, p. 37, et Biblioth. nat., ms. fr. 22564.

BELLES-LETTRES.

71° (fol. 38 v°). [*Signification des couleurs :*]

<blockquote>Pour fermeté et dueil le noir escrips ...</blockquote>

72° (fol. 39). *Dixin de la priaperie :*

<blockquote>Martin menoit son pourceau au marché ...</blockquote>

Cette pièce très libre a été mise en musique par Allaire dès 1534. Voy. *Trente et une Chansons musicales a quatre parties*, imprimées par Pierre Attaingnant, septembre 1534, in-4 obl., fol. 10.

73° (fol. 39 v°).

<blockquote>S'il est permis de croire fermement
Que par les corps qui sont au firmament ...</blockquote>

74° (fol. 42). C. MAROT.

<blockquote>O Seigneur, que de gens ...</blockquote>

Traduction du Psaume III. Édition Jannet, IV, p. 70.

75° (fol. 43). *Epistre de* CLEMENT [MAROT] *a tresillustrissime princesse madame Renee, duchesse de Ferrare et de Chartres.*

<blockquote>En traversant ton pays plantureux ...</blockquote>

Édition Jannet, I, p. 233.

76° (fol. 44 v°). *Espistre que* CL. MAROT *envoya au roy, ledict Marot estant a Ferrare en la court de madame Renee de France :*

<blockquote>Je pense bien que ta magnificence ...</blockquote>

Édition Jannet, I, p. 213.

77° (fol. 50 v°). *Le Herault elementaire.*

<blockquote>Messaigier suis qui viens de l'autre monde
Ou j'ay veu ceulx qu'on disoit en venir ...</blockquote>

78° (fol. 55). *La Victoire et Triumphe d'argent contre le dieu d'amours, nagueres meu dedans Paris.*

<blockquote>Au moys de may Amour point ses sagettes ...</blockquote>

Ce poème, ordinairement attribué, mais sans preuves suffisantes, à ALMANQUE PAPILLON, se retrouve dans plusieurs manuscrits et la Bibliothèque nationale en possède une édition du XVI° siècle. M. G. Schmilinsky l'a réimprimé en l'accompagnant d'une traduction en vers allemands (*Archiv für das Studium der neueren Sprachen und Litteraturen*, t. XCV, 1895, pp. 131-152.

79° (fol. 66). *Chasse privee.*

<blockquote>Plusieurs leurs filets vienent tendre
Sur moy, de Paris et [de] Tours ...</blockquote>

80° (fol. 67). *Chançon :*

<blockquote>Celle qui a deux amoureux ...</blockquote>

81° (fol. 67 v°). *La Patenostre des verolles, avec leur complaincte contre les medecins :*

<blockquote>*Pater noster* tresglorieulx ...</blockquote>

Montaiglon, *Recueil de Poésies françoises*, I, p. 68.

82° (fol. 70 v°). [*Epigramme :*]

<blockquote>Plus vault l'amour que la pecune ...</blockquote>

83° (ibid.). *Autre.*

<blockquote>Si pauvre suys, fault il qu'on me reffuze ...</blockquote>

84° (fol. 71) *L'Enfer de Paris.*

<blockquote>Comme douleurs de nouvel amassees ...</blockquote>

Par CLÉMENT MAROT (éd. Jannet, I, p. 49).

85º (fol. 82 vº). *Compte en ryme.*

> Encores n'y a pas cent ans
> Que le dieu d'amour, passant temps ...

86º (fol. 94). *Espitre de Cleriande la Rommaine a Reginus, son citoyen.*

> La lerme a l'œil et au cueur la tristesse ...

Par **MACÉ DE VILLEBRESME**. Cette pièce a été publiée par Georges Guiffrey (Paris, Impr. J. Claye, [1875], in-8).

87º (fol. 105). *Rescription des dames de Paris au roy Françoys estant dela les monts :*

> Tresexcellant et trespuissant seigneur,
> Salut, honneur, santé et bonne vie ...

88º (fol. 110 vº).

> Cent frans de rente et ung fourmaige
> Le long d'une belle saulsoye ...

89º (fol. 112 vº). *Devises sur plusieurs pays et estatz, en rethorique picarde :*

> La terre s'esmeult,
> Le ciel se courrouche ...

Cf. Biblioth. mazarine, ms. 3247, fol. 121.

90º (fol. 114).

> A l'un le gan et l'autre la mitaine.
> Je me rens a vous, cappitaine ...

91º (fol. 116 vº). Mº **ADAM DE LA VIGNE**.

> Evɛ parle.
> Adam fut faict et formé gentilhomme ...

Cf. Biblioth. nat. ms. fr, 2206, fol. 153 ; — *Hecatomphile*, fol. 53.

92º (fol. 118). *Memoire des trespassez.*

> LA MORT parle.
> Homme vivant, qui par cy vas passant
> Et tracassant de long et de travers ...

93º (fol. 120). *Ballade* ad idem.

> Homme aveuglé des plaisirs de ce monde...
> *Refr.* Pour recevoir ce qu'avra desservy.

Par **JEHAN BOUCHET** (*Opuscules*, fol. 15ª).

94º (fol. 21). *Autre Ballade.*

> Necessité, qu'on dit mere des arts ...
> *Refr.* Du mal que j'ay argent est medecine.

95º (fol. 122). *Rondeau :*

> En l'eaue de pleurs, dont procedde une source ..

96º (fol. 122 vº). *Autre Epitaphe de Jehan Serre :*

> Cy dessoubz gist a l'envers et tient serre
> Ce bon badin que l'on nommoit Jehan Serre ...

97º (fol. 123). [*Ballade.*] *Par pere* **JEHAN D'AUTHON**, *abbé d'Angle.*

> A ce bon jour, sire, que chascun donne ..
> *Refr.* Santé, jeunesse, long vivre et paradis.

98º (fol. 124). *Epitaphe :*

> Cy gist maistre Jehan Pastorel ..

99º (fol. 125). *Rondeau contre Clement Marot :*

> Par tes adieux faictz aupres de Paris ....

BELLES-LETTRES.

100° (fol. 125 v°). *Rondeau savoysien :*
>Celly cayon m'est alla accusa ...

101° (fol. 126). *Huitin du bousquet de Ferrare :*
>Puis qu'au milieu de l'eaue d'un puissaut fleuve ...

Par CLÉMENT MAROT (éd. Jannet, III, n° 60). — *Recueil de poësie françoise*, 1550, fol. E 6 v°.

102° (*ibid.*). *Les neuf Condicions des femmes :*
>Elles sont sainctes a l'eglise ...

103° (fol. 126 v°). [*Dizain.*]
>Bran, laissez moy disoit une ...

104° (*ibid.*) [*Dicton.*]
>Quatre choses sont insaciables :
>La premiere est la terre, qui jamais n'est saoulle d'air ..

105° (fol. 127). [*Dizain.*]
>Monsieur l'abbé et monsieur son varlet ..

Par CLÉMENT MAROT (éd. Jannet, III, p. 21).

106° (*ibid.*). *Chançon.*
>Quand vous vouldrez faire une amye
>Prenez la de belle grandeur ...

Par CLÉMENT MAROT (éd. Jannet, II, p. 187).

Eustorg de Beaulieu a transformé cette pièce en cantique spirituel :
>Quand vous vouldrez faire une amye,
>Pour prendre a femme en toute honneur ..

(*Chrestienne Resjouissance*, 1546, p. 10 ; *Chansonnier huguenot*, I, p. 33).

107° (fol. 127 v°). [*Dicton.*]
>Quatre choses sont incongneues :
>La premiere est le chemin par ou a passé une navyre sur la mer...

108° (fol. 128). *Les Vers de la belle Ferronniere*. MAROT.
>Pro minus a centum futitur Ferronia cachis ...

Cinq distiques macaroniques obscènes, où sont nommés les principaux amants de la belle Ferronière : Brodequin, Pérégrin et Croquet.

109° (fol. 128 v°). *Rondeau* [en rébus].
>En soubzriant fus nagueres surpris ...

Voy. le n° 113.

110° (fol. 129). *Du Coq a l'Asne, faict par* MAROT *estant a Ferrare l'an mil v° xxxv.*
>Puys que respondre tu ne veulx ...

Édition Jannet, I, p. 221.

111° (fol. 133 v°). *Du Coq a l'Asne, faict a Venise par ledict* MAROT *le dernier jour de juillet M V° xxxvj.*
>J'ay mon coq a l'asne dernier ..

Édition Jannet, I, p. 273.

112° (fol. 139). *Pronostication nouvelle pour troys jours après jamais.*
>« D'un lieu obscur et tenebreux sortiront ceulx qui font jurer, parjurer blasphemer et regnier le nom de Dieu.... »

113° (fol. 140). *Rondeau :*

> En soubriant fuz nagueres surpris ...

Voy. le n° 109.

114° (fol. 141). *Les grans Regretz du riche infortuné.*

> En son giron jadis me nourrissoit
> Doulce fortune, et tant me cherissoit.

Par CLÉMENT MAROT (éd. Jannet, II, p. 50). — Cf. Biblioth. nat., ms. fr. 19183, fol. 165.

115° (fol. 142 v°). [*Epigramme.*]

> Lorsque Maillart, juge d'enfer, menoit ...

Par CLÉMENT MAROT (éd. Jannet, III, p. 19).

116° (fol. 143). *Coq a l'asne,* 1542. MAROT.

> Amy, pour ung peu t'esjoyr ...

117° (fol. 145 v°). Espitre de l'Asne au Coq, responsive a celle du Coq a l'Asne.

> Puys que ma pleume est a Savoye ..

Par C. MAROT (éd. Guiffrey, III, p. 692).

118° (fol. 148 v°). *Les Doctrines que Aristote envoya au roy Alexandre son disciple.*

> Cele ton secret,
> Parle peu ...

On lit à la fin du volume, au v° du second plat de la reliure :

Huictain.

> Moy, JEHAN GUEFFIER, estant en Italye,
> En la court de tresillustre princesse
> Renee de France, d'honneur et renom accueillye,
> Ou j'escripviz [   ] tousjours sans cesse
> Ce present livre, plain de joyeusetez,
> L'an mil V^e trente cinq, et notez
> Que ceulx [la] qui prendront peine a le lire
> Y trouveront assez bons motz pour rire.

On a pu observer que Jehan Gueffier, qui avait commencé son recueil en 1535, le continua pendant plusieurs années, puisque les dernières pièces sont datées de 1536 et 1542.

Ce manuscrit provient de la vente CHARDIN (Catal., 1824, n° 1598). Il fut acquis alors par SIR THOMAS PHILLIPPS (Biblioth. de Middle Hill, n° 835). Il a figuré à la vente faite à Londres, le 15 juin 1908. (Catal., n° 341).

On lit sur le second f. de garde, d'une main qui paraît être du XVIIe siècle, la signature HELLOT.

I.5.41

2965 (803 *a*). RECUEIL DE POÉSIES du XVIe siècle. Ms. in-4 sur vélin de 109 ff. (haut. 175, larg. 128 millim.), v. brun, fil. et comp. à froid. (*Reliure du XVIe siècle.*)

Voici la table des pièces contenues dans ce volume avec les noms des auteurs que nous avons pu identifier :

1° (fol. 1 v°). [*Sonnet sur la mort de Renée de Bonneval*].

> Ci desous gist le cors d'une renee
> Par l'ardant feu qui la chair vivifie ...

Cette pièce est une addition de la seconde moitié du XVIe siècle. — Il s'agit de Renée-Anne de Bonneval, dame de Chefboutonne, qui, le 19 mai 1519, avait épousé Jehan de Gontaud, baron de Biron, etc. (Anselme, *Hist. généal.,* VII, p. 304). Renée était une zélée huguenotte (voy. Haag, *France protestante,* V, p. 304).

2° (fol. 2 v°). [*Sonnet,* ajouté après coup].

> O pauvre amant, qui d'une ardente flamme ...

3° (fol. 3). *Le nouvel Amour,* [par ALMANQUE PAPILLON].

> Ung jour Venus, de sa chambre doree,
> Veoyannt [*sic*] Paphos ou elle est adoree ...

Cette pièce a été imprimée, en 1547, dans les *Opuscules d'amour,* p. 237. Voy. t. I, n° 806.

4° (fol. 24). [*Huitain*].

> Il s'en fault tant que je plaine les ans ...
> [Par CLAUDE DE BOMBELLES, SEIGNEUR DE LA VAULX.]

Ce huitain et les 23 suivants se retrouvent dans un manuscrit de la Biblioth, nat. (fr. 1700, fol. 25-30). On voit dans ce recueil que les envois sont du sieur DE LA VAULX et les réponses, de MARGUERITE D'ANGOULÊME, reine de Navarre.

5° *Responce.*

> Quand vous comptez voz ans, voz pas, voz peines ...
> [Par MARGUERITE D'ANGOULÊME.]

6° [*Huitain*].

> De plus heureux beaucoup que je ne suis ...
> [Par CLAUDE DE BOMBELLES, SEIGNEUR DE LA VAULX].

7° (fol. 24 v°). *Responce.*

> Je n'ay veu nul, quand en bon lieu s'addresse ...
> [Par MARGUERITE D'ANGOULÊME.]

8° [*Huitain*].

> Je ne veulx pas desadvouer que vous ...
> [Par CLAUDE DE BOMBELLES, SEIGNEUR DE LA VAULX.]

9° (fol. 25). *Responce.*

> J'ay desiré tant que j'ay peu vous faire ...
> [Par MARGUERITE D'ANGOULÊME.]

10° [*Huitain*].

> Jusques icy, par mes plains et mes cris ...
> [Par CLAUDE DE BOMBELLES, SEIGNEUR DE LA VAULX.]

11° (fol. 25 v°). *Responce.*

> L'œil qui n'a poinct en vous veoyant peché ...
> [Par MARGUERITE D'ANGOULÊME.]

12° [*Huitain*].

> Je ne puis pas a vostre oubly pourveoir ..,
> [Par CLAUDE DE BOMBELLES, SEIGNEUR DE LA VAULX.]

13° *Responce.*

> Or voy je bien que, quand au premier poinct ...
> [Par MARGUERITE D'ANGOULÊME.]

14° (fol. 26). [*Huitain*].

> J'ay combattu malheur bien longuement ...
> [Par CLAUDE DE BOMBELLES, SEIGNEUR DE LA VAULX.]

15° *Responce.*
>Au grand malheur de quoy vous vous plaignez ..
>[Par Marguerite d'Angoulême.]

16° (fol. 26 v°). [*Huitain*].
>De tous les maulx qui d'amour excessive ...
>[Par Claude de Bombelles, seigneur de la Vaulx.]

17° *Responce.*
>D'avoir senty tous les maulx qu'i promect ...
>[Par Marguerite d'Angoulême.]

18° (fol. 27). [*Huitain*].
>Souviegne vous qu'en mon plus grand tourment ...
>[Par Claude de Bombelles, seigneur de La Vaulx.]

19° *Responce.*
>Je ne vous ay jamais tant tourmenté ...
>[Par Marguerite d'Angoulême.]

20° (fol. 27 v°). [*Huitain*].
>Depuis que j'euz en mon penser conceu ...
>[Par Claude de Bombelles, seigneur de La Vaulx.]

21° *Responce.*
>Sy mes vertus de jour en jour n'augmentent ...
>[Par Marguerite d'Angoulême.]

22° (fol. 28). [*Huitain*].
>Durant le temps de ceste longue absence ...
>[Par Claude de Bombelles, seigneur de La Vaulx.]

23° *Responce.*
>Sy vostre vie est sans aultre soustien ...
>[Par Marguerite d'Angoulême.]

24° [*Huitain*].
>Mais cest espoir ne faict plus son office ...
>[Par Claude de Bombelles, seigneur de La Vaulx.]

25° (fol. 28 v°). *Responce.*
>Je ne crainctz poinct que vostre amour soit grande ...
>[Par Marguerite d'Angoulême.]

26° [*Huitain*].
>Or donc la mort m'est par vous advancee ...
>[Par Claude de Bombelles, seigneur de La Vaulx.]

27° (fol. 29). *Responce.*
>Vous estes loing, quoy que vostre escript die ...
>[Par Marguerite d'Angoulême.]

28° (fol. 29 v°). *Discours* de M. N. [Maison Neufve.]
>*Sont les Discours faictz par une pucelle*
>*Qui se repent d'avoir esté cruelle.*
>Est ce plaisir d'incerteine asseurance.....

Ce poème, d'Antoine Heroët, dit La Maison Neufve, a été imprimé, sous le titre de *Complaincte d'une dame surprise nouvellement d'amour*, dans *La parfaicte Amye*, 1543, p. 85 (voy. tome I, n° 645) et réimprimée dans les *Opuscules d'amour*, 1547, p. 89 (tome I, n° 806).

29° (fol. 37 v°). [*Éloge d'un capitaine défunt*].
O gentil cueur, tant bien acompaigné ...
(3 strophes de 9 vers.)

30° (fol. 38). [*Quatrain*].
Tant ay gravee au cueur votre figure ...

31° [*Quatrain*].
Quand vous verrez sainct François en painoture ...

32° (fol. 38 v°). *Epitaphe pour feu madame de Traves.*
Sur ce tombeau ne respandez que fleurs ... (10 vers).

33° [*Dixain*, par] M.
O quel regret a ceulx qui ont congneu ...

34° (fol. 39). [*Huitain*].
O sotte gent, qui se va travailler ...
Ce huitain se lit dans le recueil de Rasse des Nœux (Biblioth. nat., ms. fr. 22560, p. 144A).

35° [*Huitain*, par] M.
Forte est l'amour, forte est la souvenance ...
Cf. Musée Condé à Chantilly, ms. 523, art. 189.

36° (fol. 39 v°). [*Huitain*].
Voulant Amour, soubz parler gratieux ...
Même manuscrit, art. 190.

37° [*Huitain*, par] M.
Contre le fort au foyble est deffendu ...
Même manuscrit, art. 145.

38° [*Dixain*].
M'amye ayant frayeur d'un triste adieu ...

39° (fol. 40). [*Douzain*].
Sy vraye amour l'entreprinse conduict ...

40° (fol. 40 v°). [*Dixain*].
De mon soleil la clarté j'ay perdue ...
Musée Condé à Chantilly, ms. 523, art. 81.

41° [*Huitain*].
En petit lieu comprins vous pouez veoir ...
Cette pièce se trouve, sous le nom de François Ier, dans un ms. de la Biblioth. nationale (fr. 1700, fol. 83) ; c'est l'épitaphe de « madame Laure ».
Elle a été imprimée aussi, sous le nom du roi, par *Jean de Tournes*, dans ses éditions des œuvres de Pétrarque, 1545, p. 8 ; 1550, pag. 10.

42° (fol. 41). *Dixain*, par M.
O que l'effort est aspre et dangereux ...
Cette pièce figure, sous le nom de Jacqueline de Stuard, Lyonnaise, dans les œuvres de Bonaventure des Périers (éd. Lacour, I, p. 162).

43° [*Huitain*].
Comment, Amour, qui a de toy faveur ...

44° [*Dixain*, par] M.
Congnoyssant bien Neptune son grand heur ...

45° (fol. 41 v°). [*Onzain*].
Voyant Neptune avoir en sa puissance ...
Musée Condé à Chantilly, ms. 523, art. 186.

46° (fol. 42). [*Dixain*].
>Je doy ma vie et moy mesme(s) a mes yeulx ...

47° [*Huitain*, par] M.
>Yeulx, fermés vous, de peur de trop clair veoir ...

48° (fol. 42 v°). *Epistre*.
>Mais pourquoy n'est clairement entendu
>Ce que je pense et sans parler congneu ? ...

Cette pièce se retrouve dans un ms. de la Bibliothèque nationale (fr. 2335, fol. 30).

49° (fol. 46). [*Dixain*].
>Est il poinct vray, ou si je l'ay songé ...

Poésies de François Ier, publiées par Champollion, p. 158.

50° [*Dixain*].
>Sy mon regard s'adresse a aultre dame ...

Poésies de François Ier, p. 152.

51° (fol. 46 v°). [*Epître*].
>Je sçay pour vray qu'en lisant ceste lettre
>Que tu diras que c'est follye de mectre ...

Cette épître est attribuée à FRANÇOIS Ier dans deux mss. de Chantilly : 728, fol. 170, et 1470. Elle ne figure pas dans le recueil de Champollion.

52° (fol. 47 v°). [*Dixain*].
>Le peu de foy cerche miracle veoir ...

Poésies de François Ier, publiées par Champollion, p. 155.

53° (fol. 49). [*Dixain*].
>Celuy qui mist contentement en feu ...

54° (fol. 49 v°). [*Huitain*].
>Qui veult sçavoir [   ] qui je suis ...

55° [*Dixain*].
>Aprens souffrir, cueur remys en servaige ...

56° (fol. 50). [*Dixain*].
>Le corps se deult d'avoir forme perdue ...

57° [*Huitain*].
>Cessez, mes yeulx, de plus vous tourmenter ...

58° (fol. 50 v°). [*Dixain*].
>O doulx regard dont tant je fus amye ...

59° [*Dixain*].
>C'est bien aymer d'unir sa volunté ...

60° (fol. 51). [*Dixain*].
>Ce verd laurier se consacre et ordonne ...

61° [*Huitain*].
>Las ! je ne puis pour nulle adversité ...

62° (fol. 51 v°). [*Neuvain*].
>Si j'ay voulu, en desiree attente ...

63° [*Huitain*].
>Content ne suis, ma dame, de l'honneur ...

BELLES-LETTRES.

64° [*Dixain*].
S(y) a vous servir je meotz tout mon pouvoir ...

65° (fol. 52). [*Dixain*].
Bien qu'en mon cueur ouverture Il y ait ...

66° (fol. 52 v°). [*Dixain*].
L'ung a le temps, le lieu et le loysir ...

67° [*Huitain*].
Amour me fist, auquel je suis tenu ...

68° (fol. 53). [*Huitain*].
Le petit dieu par la France vo(u)loit ...

69° [*Épître*].
Pourray je bien ma foyble main contraindre
De s'essayer sur ce pappier escripre ...

70° (fol. 57 v°). [*Dixain*].
Ce sont deux cueurs, dont l'ung est bien aymé ...

71° [*Éloge funèbre d'Hélène de Boisy ?*].
Amour qui veult tousjours soubz son pouoir reduire ...
(46 vers).

72° (fol. 58 v°). [*Dixain à la louange d'Hélène de Boisy*].
J'ay veu ensemble Avignon et Marceille ...

73° (fol. 59). [*Epitaphe de la même, Dixain*].
Ne sçay ou gist Helaine, qui en beaulté gisoit ...

74° (fol. 59 v°). [*Huitain*].
D'aller couvers descouvrir le martyre ...

75° [*Huitain*].
Sy de fortune ailleurs tu viens a veoir ...

76° [*Huitain*].
Pleurez mes yeulx ceste trop rude absence ...

77° (fol. 60). [*Neuvain*].
Fault il qu'Amour qui souloit commander ...

78° [*Huitain*].
Que doy je plus ou craindre ou estimer ?...
Hecatomphile, 1537, fol. 46 v° ; — *Poésies de François I*ᵉʳ, p. 153.

79° (fol. 60 v°). [*Huitain*].
Au triste adieu fut faict (et) le changement ...

80° [*Huitain*].
Puis que ton cueur voulut mon corps choisir ...

81° (fol. 61). [*Huitain*].
Sy j'ay esté sy loyal serviteur ...

82° [*Dixain*].
Quelle fortune eslongne de mes yeulx ...

83° (fol. 61 v°). [*Pièce en 16 vers :*]
Trop grande est la douleur quand on ne l'ose dire ...

84° (fol. 62). [*Dixain*].
Près du cercueil d'une morte gisante ...
*Poésies de François I*ᵉʳ, p. 159.

85° [*Rondeau*].

De vostre mal quand je sçux la nouvelle...

Musée Condé à Chantilly, ms. 523, art. 365.

86° (fol. 62 v°). [*Dixain*].

Qui est la nymphe assise en la fenestre...

Hecatomphile, 1537, fol. 50 v°.

87° [*Pièce en 15 vers*].

Quand a vos yeulx quelque foys deffendes...

88° (fol. 63). [*Huitain*].

Bien je congnoys par longue experience...

89° (fol. 63 v°). [*Huitain*].

En avoir tant et d'ung seul estre prise...

Traductions de Marot, etc., 1550, in-8, fol. H vij.

90° [*Epitaphe d'Hélène de Boisy. Dixain*].

O voyageur, ce marbre fut choisy...

91° (fol. 64). [*Douzain*].

Tout ce qu'en vous on peul veoir ou penser...

92° [*Douzain*].

J'ay tant de mal et vous de cruaulté...

93° (fol. 64 v°). [*Dixain*].

Sy comme espoir je n'ay de guerison...

94° [*Huitain*].

Tant son refus et maulvais traictement...

Bibl. nat., ms. fr. 2334, fol. 47 v°. — Musée Condé, à Chantilly, ms. 523, art. 192.

95° (fol. 65). [*Réponse*].

Sy le refus et maulvais traictement...

96° [*Dixain*].

L'œil trop hardy sy hault lieu regarde...

Ces vers, imprimés dès 1537, dans l'*Hecatomphile* (fol. 41) et que M. Blanchemain a fait à tort figurer dans les œuvres de Saint-Gelais (III, p. 37), se retrouvent, en 1550, dans le *Recueil de Poësie françoise* (fol. F 3 v°) avec cette mention : « De monsieur le CARDINAL DE TOURNON ». Pierre Cadéac les a mis en musique (recueil d'Attaignant, *Quart Livre*, 1540, fol. 15).

97° (fol. 65 v°). [*Dixain*].

En grand ennuy je fuys le lieu aymé...

98° [*Neuvain*].

Tousjours l'estat des hommes est muable...

99° (fol. 66). [*Huitain*].

Sy vous trouvez tant d'imperfection...

100° [*Huitain*].

Quel j'ay esté ? Le fondement de l'œuvre...

Ces vers se retrouvent, sous le nom de FRANÇOIS Ier, dans un ms. de la Bibliothèque nationale (fr. 1700, fol. 49).

BELLES-LETTRES.

101º (fol. 66 vº). [*Douzain*].
    Si j'ay le cueur, [dont] vous avez le corps ...
Musée Condé à Chantilly, ms. 523, art. 196.

102º (fol. 67). [*Dixain*].
    Ha, petit chien, que tu as de bonheur !...

103º [*Huitain*].
    L'heure je doibz maintenant bien mauldire ...
*Poésies de François I*ᵉʳ, p. 155.

104º (fol. 67 vº).
    D'ung amy fin [*sic*] je ne me puis deffaire ...
*Poésies de François I*ᵉʳ, p. 104 ; — *Quart Livre contenant xxiiij chansons* (Paris, Nicolas Du Chemin, 1549, in-4 obl.), p. xxij.

105º [*Dixain*].
    Je fuis cela qui m'ayme et suis ce qui m'empire ..

106º (fol. 68). [*Huitain*].
    Heureux revoir que tant j'ay desiré ...
Cette pièce revient plus loin, fol. 80 vº.

107º [*Huitain*].
    Sy ma façon est de triste pensee ...

108º [*Huitain*].
    Sy grand raison j'ay eu ferme creance ...

109º (fol. 68 vº). [*Huitain*].
    Puis que Diane du ciel a le pouvoir ...

110º [*Huitain*].
    Sur toy, Amour, j'ay eu tant de victoyre ...

111º (fol. 69). [*Huitain*].
    O faulce Amour, dont te vient tel vouloir ...

112º [*Dixain*].
    Puis que les pleurs appaissent la douleur ...

113º (fol. 69 vº). [*Rondeau*].
    Cueur prisonnier, vous le me disiez bien ...
Saint-Gelais, éd. Blanchemain, II, p. 257. — Le *Recueil de poësie françoise*, 1550, porte : Cœur prisonnier, je le vous disois bien.

114º (fol. 70). [*Huitain*].
    O quel douleur de celer ung vouloir ...

115º [*Huitain*].
    Ce qui souloit en deux se departir ...
Second Livre des chansons a quatre parties (Anvers, Tylman Susato, 1544, in-4 obl.), fol. 7.

116º [*Dixain*].
    Amour, se voyant trop congneu ...

117º (fol. 70 vº). [*Dixain*].
    Cessez, mes yeulx, l'acoustumé regard ...

118º (fol. 71). [*Huitain*].
    Cueur [fort] a emouvoir, plus fort a eschauffer ...

119° [*Huitain*].
    [Amans] soubdains sont de peu de duree ;
    Les attendus par longs jours se font veoir ...

120° [*Huitain*].
    Amour, craignant de perdre le pouoir ...

Biblioth. nat., ms. fr. 2334, fol. 47 v° ; — ms. fr. 2335, fol. 109, avec le nom de Claude Chappuis. — Musée Condé à Chantilly, ms. 523, art. 389.

121° (fol. 71 v°). [*Huitain*].
    Voyant souffrir celle qui me tourmente ...

122° [*Neuvain*].
    En me coyffant, pour fuir la chaleur ...

123° (fol. 72). [*Douzain*].
    Sy la beaulté se perist en peu d'heure ...

124° (fol. 72 v°). [*Huitain*].
    L'heur ou malheur de vostre congnoissance ...

Saint-Gelais, éd. Blanchemain, II, p. 53 ; — Biblioth. nat., ms. fr. 2334, fol. 51 v° ; — Musée Condé à Chantilly, ms. 523, art. 259 et 337.

125° [*Quatrain*].
    Sy ma beaulté doibt perir en peu d'heure ...

126° [*Dixain*].
    Le grand ennuy que je vous veoy sentir ...

127° (fol. 73). [*Neuvain*].
    Las, je pensoys que tant de maulx passez ...

128° [*Huitain*].
    Je veoy trop cher pour y prendre plaisir ...

129° (fol. 73 v°). [*Onzain*].
    A qui des deux doy je [donc] plus complaire ?...

130° [*Dixain*].
    L'heureux present de vostre jar[re]tiere ...

Saint-Gelais, éd. Blanchemain, I, p. 101 ; — Musée Condé à Chantilly, ms. 523, art. 201, 251, 356.

131° (fol. 74). [*Huitain*].
    Dure est la mort, cruelle passion ...

132° [*Pièce en seize vers*].
    O que souvent la grand force d'aymer ...

133° (fol. 74 v°). *Epistre*.
    J'ay longuement a part moy debattu
    Lequel m'estoit plus honte que vertu ...

134° (fol. 78 v°). *Huitain*.
    Amour a peur que mon mal le diffame ...

Biblioth. nat., ms. fr. 2334, fol. 40 v°, et 2335, fol. 89 ; — Musée Condé à Chantilly, ms. 523, art. 288.

135° (fol. 79). *Rondeau perdu au jeu des escoliez*.
    Pour m'acquitter de l'obligation ...

136° (fol. 79 v°). [*Huitain*].
> Sy charité se ordonne par raison ...

Musée Condé à Chantilly, ms. 523, art. 387.

137° [*Huitain*].
> Las, qu'on congneust mon vouloir sans le dire ...

138° [*Onzain*].
> Qui eust pensé qu'aux choses non vivantes ...

139° (fol. 80). [*Dixain*].
> Il n'est pas moins naturel de l'aymer ...

140° (fol. 80 v°). [*Huitain*].
> O vous, Venus, qui avez tout pouvoir ...

141° [*Douzain*].
> Heureux reveoir, que tant j'ay desiré ...

On a déjà vu cette pièce ci-dessus, fol. 68.

142° [*Quatrain*].
> Dissimulez vostre consentement ...

143° (fol. 81). [*Dixain*].
> Tant a donné de plaisir a mes yeulx ...

144° [*Dixain*].
> Sy celle la qui ne fut oncques mienne ...

SAINT-GELAIS, éd. Blanchemain, II, p. 129 ; — *Traduction de Marot*, etc., 1550 (voy. notre t. I, n° 808), fol. *C vj* v° ; — Biblioth. nat., ms. fr. 3939, fol. 54.

145° (fol. 81 v°). [*Dixain*].
> Bien [*lis*. Rien] n'est sy grand que mon mal ne surmonte ...

146° [*Huitain*].
> Dictes sans peur le ouy ou nenny ...

FRANÇOIS Ier, *Poésies*, p. 95 ; — *Hecatomphile*, 1539, fol. 45 v°.

147° (fol. 82). [*Neuvain*].
> J'ay trop couru, je me veulx arrester ...

148° [*Huitain*].
> Amour, veoyant l'ennuy qui tant m'oppresse ...

Hecuba, trad. par LAZARE DE BAÏF, 1544, p. 100.

149° [*Dixain*].
> L'œil dict assez s'il estoit entendu ...

Un ms. de la Biblioth. nat. (fr. 1700, fol. 85) attribue cette pièce au cardinal FRANÇOIS DE TOURNON.

150° (fol. 82 v°). [*Onzain*].
> Le temps est brief et ma volunté grande ...

151° (fol. 83). [*Pièce en quatorze vers*].
> Pour vraye amour cruaulté ne rendez ...

152° [*Dixain*].
> Qui n'a pouvoir, qui ne se veult ayder ...

153° (fol. 83 v°). [*Dixain*].
> Quel est le fruict de franche volunté ...

154° [*Dixain*].
  Cesse, mon œil, de plus la regarder ...
 SAINT-GELAIS, éd. Blanchemain, III, p. 48 ; — *Hecatomphile*, 1539, fol. 42.

155° (fol. 84). [*Dixain*].
  D'en aymer troys ce m'est force et contraincte ...
 FRANÇOIS Ier, *Poésies*, p. 97 ; — *Hecatomphile*, 1539, fol. 47 ; — *Recueil de poësie françoise*, 1550, fol. *E 3* ; — Saint-Gelais, III, p. 281.

156° (fol. 84 v°). [*Dixain*].
  Sy vous fustes par Mercure nommee ...

157° [*Huitain*].
  Le clair Phebus donne la vie et l'ayse ...

158° (fol. 85). [*Huitain*].
  Ceulx qui d'amour veullent prendre acointance ...

159° [*Huitain*].
  De tel malheur je ne me puis [ja] taire ...

160° (fol. 85 v°). [*Pièce en treize vers*].
  J'ay ceste nuict en songeant faict crier ...

161° (fol. 86). [*Dixain*].
  Ung grand ennuy souffert en amytié ...

162° [*Huitain*].
  A Menelé et Paris je pardonne ...
 Musée Condé à Chantilly, ms. 523, art. 389 ; — *Poésies de François Ier*, p. 96 ; — *Hecatomphile*, 1539, fol. 42 v° ; — *Recueil de poësie françoise*, 1550, fol. *E 5* v° ; — Saint-Gelais, éd. Blanchemain, III, p. 280.

163° (fol. 86 v°). [*Dixain*].
  J'ay veu ensemble en ung corps sur la terre ...

164° [*Dixain*].
  Amour, veoyant que prenez a louenge ...

165° (fol. 87). [*Huitain*].
  Depeschez vous, ne retardez mon heur ...

166° [*Huitain*].
  Plus je ne veulx que mon amour partye ...

167° (fol. 87 v°). [*Huitain*].
  Au departir fut faict l'eschangement ...

168° [*Neuvain*].
  Sy vous avez, Amour, sy grand puissance ...

169° [*Huitain*].
  Sy j'ay du mal et porte penitence ...

170° (fol. 88). [*Dixain*].
  Espoir, veulx tu que suive mon attente ...

171° [*Huitain*].
  Sy mon amour par travail se contente ...

172° (fol. 88 v°). [*Pièce en 70 vers*].
  N'ay je raison sy d'elle me contente ? ...

173º (fol. 90). [*Pièce en 25 vers*].
   Cesar, depuis que le traistre d'Egipte ...

174 (fol. 91). [*Huitain*].
   Doulce memoyre, en plaisir consommee ...

Plusieurs belles Chansons nouvelles, 1542, nº 2 ; *Recueil de plusieurs chansons* (Lyon, Benoist Rigaud et Jean Saugrain, 1557), p. 21, nº 13 ; *Farce nouvelle à trois personnages : Le Badin, la Femme, la Chambriere* (Viollet-Le-Duc, *Ancien Théâtre français*, I, p. 271). — Divers musiciens ont composé des mélodies pour ces paroles : Josquin Baston, Sandrin, etc. Voy. Eitner, *Bibliographie der Musik-Sammelwerke*, passim.

175. [*Huitain*].
   Or sus, Amour, puis que tu m'as actaint ...

Ce huitain se retrouve, avec une mélodie de Claudin, dans Loys Bisson, *Recueil des recueils de chansons* (Paris, Nic. Du Chemin, 1567, in-8), III, fol. 2.

176 (fol. 91 vº). [*Huitain*].
   Dictes, Amour, en quoy estes meffaict ...

177. [*Onzain*].
   Amour a dict a la Mort : « Attendez » ...

178 (fol. 92). [*Huitain*].
   Pour avoir crainct trop et mal entendu...

179. [*Onzain*].
   C'est ce propre œil, ou j'ay prins tel plaisir ...

180 (fol. 92 vº). [*Dixain*].
   Amour, Amour, je pense recongnoistre ...

181. [*Huitain*].
   Qui la vouldra souhaicte que je meure ...

182 (fol. 93). [*Dixain*].
   Voyez mon mal et escoutez ma plaincte ...

183. [*Huitain*].
   Amour me tient en l'alteration ...

184 (fol. 93 vº). [*Huitain*].
   Je vouldroys bien que l'on me vint tencer ...

185. [*Poème en 86 vers*].
   Venus, pensant son filz doulx et plaisant ...

Par ANTOINE HEROET DE LA MAISON NEUFVE. Cette pièce a été imprimée en 1543, à la suite de *La parfaicte Amye*, p. 81 (voy. tome I, nº 650) ; elle se retrouve dans les *Opuscules d'amour*, 1547, p. 86, sous le titre de : *Autre Invention, extraicte de Platon :* De n'aymer point sans estre aymé.

186 (fol. 96). [*Dixain*].
   Puis que ton cueur est de marbre couvert ...

187. [*Huitain*], par le roy [FRANÇOIS Iᵉʳ].
   Puis que tu veulx, sans vouloir consentir ...

188 (fol. 96 vº). *Disain du roy* [FRANÇOIS Iᵉʳ].
   Tousjours le feu tasche a se faire veoir ...

189. *Responce*.
   Nature en soy est sy bien composee ...

190 (fol. 97). [*Pièce en 20 vers*].
>Quand vous verrez du roy la pourtraicture ...

191 [fol. 97 v°). [*Cinquain*].
>Estant contraint a aultre m'adresser ...

192. [*Quatrain*].
>Sy mon amour par travail se conforte ...

193. [*Quatrain*].
>Peine n'avra sus mon amour puissance ...

194 (fol. 98). [*Quatrain*].
>N'aye [*lis.* N'ay je] raison si d'elle me contente ...

195. [*Rondeau.*] *Aucteur incertain, si ce n'est* AMBRES. (Ne s'agit-il pas de JACQUES COLIN, abbé de Saint-Ambroise de Bourges, lecteur du roi ?)
>En esprouvant, le vray on peult sçavoir ...

196 (fol. 98 v°). [*Dixain*].
>L'heureux present de vostre jarretiere ...

197. [*Dixain*].
>Bien que du tout pour guerir vous tenez .

198 (fol. 99). [*Rondeau*].
>En cas d'amour fermeté est maistresse ...

199. *Propos d'ung variable.* [*Rondeau*].
>En cas d'amour, c'est trop peu d'une dame ..

Musée Condé à Chantilly, ms. 523, art. 398.

200 (fol. 99 v°). [*Dixain*].
>C'estoit assez que Fortune anemye ...

201 (fol. 100). *Cantique a la deesse Santé.*
>Doulce Santé, des langueurs ennemye ...

Par CLÉMENT MAROT (éd. Jannet, II, p. 100).

202 (fol. 101). [*Neuvain*].
>Dès que m'amye est ung jour sans me veoir ...

203 (fol. 101 v°). *Dixain de madame la princesse de Navarre,* [JEANNE D'ALBRET], *arrivant, estans le roy et le roy de Navarre malades.*
>Bien soit venue auprès de pere et mere ...

Cette pièce ne figure pas dans le recueil publié par le baron Alph. de Ruble.

204 (fol. 102). [*Cinquain*].
>Las, je ne sçay s'elle me laissera ...

205. [*Cinquain*].
>De bonne grace et de grande douloeur ...

206. *A monsieur de Chasteaubriant.* [*Huitain*].
>Ce qu'ay chanté de nouveau je te donne ...

207 (fol. 102 v°). *Tierce Rime.*
>Ja commençoit la vermeille compaigne ...

208 (fol. 103 v°). *Huictain du roy* [FRANÇOIS Ier].
>Las, sy Jeunesse, Amour, Honnesteté ...

209 (fol. 104). *Dixain.*
>Marie monstroit a sa dame ...

210 (fol. 104 v°). [*Douzain*, en partie effacé].
En un lieu　　　　　　　　le faict bien sentir ...

211 (fol. 106). [*Huitain*, ajouté vers la fin du XVI° siècle].
Pour l'interest de vostre livre ...

212. [*Blason e l'œil*, ajouté vers la fin du XVI° siècle].
Œil beau, œil doux, œil gratieux ...

Le f. 108, au-dessous des 9 derniers vers du blason qui précède, contient cette inscription :

ταῦτά σου
ἸΣΑΒΈΛΗ
ὄμματα
ἼΣΑ ΒΕ'ΛΕΝ.

Plus bas, d'une main du XVIII° siècle, on lit : *Cy git Jacques*.

Au r° du 109° et dernier f. est un quatrain :
C[u]eur obstiné, difficile a entendre ...

Au-dessous est répétée l'inscription grecque en l'honneur d'Isabelle.
On lit à côté : MOREL.

Les plats de la reliure sont décorés de compartiments poussés à froid, dans chacun desquels se trouvent les initiales P. Φ, qui font penser à PHILIPPE DES PORTES. Le dos de la reliure est moderne.

2966 (813 *a*). EPITAPHES ‖ sur le tombeau ‖ de Haut et Puissant Seigneur ‖ Anne Duc de Montmorency, ‖ Pair, et Connestable ‖ de France ‖ ❋ ‖ Par ‖ I. Dorat ‖ Poete Grec et Latin, ‖ du Roy, ‖ P. de Ronsard ‖ Gentilhomme Vandomois, ‖ Et autres doctes Personnages, ‖ En diuerses langues. ‖ *A Paris.* ‖ *Par Ph. G. de Rouille,* ‖ *Rue Saint Iaques.* ‖ Auec Priuilege du Roy. ‖ 1567. [Au v° du dernier f. :] *Excudebat* ‖ *Lutetiæ Parisiorum* ‖ *suis in œdibus* ‖ *Ph. G. Rouillius.* ‖ 1567. In-4 de 32 ff. non chiffr., sign. *A-H*, mar. r. jans., tr. dor. (*Chambolle-Duru fils.*)

IV.6,15

Le titre porte la marque de *Ph. G. de Roville* (Silvestre, n° 1309).

Au v° du titre est le texte du privilège accordé pour six ans à *Ph. G. de Rovile* le 29 novembre 1567.

Le recueil contient :

1° (fol. *A ij*). 21 distiques latins de JEAN DORAT *Ad Carolum nonum, Francorum regem* ;

2° (fol. *A iij*). *Version du precedent* en 46 vers hexamètres ;

3° (fol. *A iiij*). *Ad eundem regem Hymnus*, par JEAN DORAT ;

4° (fol. *A iiij* v°). *Ad eundem regem Querimonia*, 12 distiques de Jean Dorat ;

5° (fol. *B i*) titre latin : Tumulus ‖ strenuissimi et piissimi ‖ patriæ propugnatoris ‖ Annæ Mommorantii ‖ Conestabilis. ‖ Ad clarissimum Ducem ‖ Franciscum Mommorantium ‖ Mareschallum. ‖ Io. Aurato Lemouice, Poëta Regio ‖ Græco & Latino, ‖ Auctore. ‖ *Parisiis* ‖ *In Ædibus Rouillij, via Iacobœa,* ‖ *sub signo Concordiæ.* ‖ Cum Priuilegio Regis. ‖ 1567.

6° (fol. *B i* v°) pièce latine adressée par JEAN DORAT à François de Montmorency ;

7° (fol. *B ij*) épitaphe lapidaire du connétable (en latin) ;

8° (fol. *B ij* v°) 10 distiques grecs de JEAN DORAT ;

9° (fol. *B iij*) traduction latine en un même nombre de distiques par JEAN DORAT ;

10° (fol. *B iij* v°) traduction française en 32 vers hexamètres, par JEAN DORAT ;

11° (fol. *B iiij* v°) épigramme latine de JEAN DORAT, en 7 vers, traduite par lui en un huitain français ;

12° (fol. *C i*). *Memorabilissima Mommorantii jam moribundi Constantia et memoranda Verba*, poème en 67 distiques par JEAN DORAT ;

13° (fol. *C iiij*). *Epilogus ad strenuissimos milites qui cum duce Anna Mommorantio pro patria simul occubuerunt*, 22 vers hexamètres par JEAN DORAT ;

14° (fol. *C iiij* v°). *Ad Franciscum Mommorantium ducem*, 8 distiques par JEAN DORAT ;

15° (fol. *D i*). *Epitaphe...*, par P. DE RONSARD, *gentilhome vandomois* ;

16° (fol. *E ij*) distique latin *Ad Franciscum Momorantium mareschallum*, par P. DE RONSARD ;

17° (fol. *E ij* v°) 4 distiques grecs d'AMADIS JAMIN, traduits par lui-même en un dixain français ;

18° (fol. *E iij*) épitaphe en vers alexandrins français, par E. PASQUIER, Parisien ;

19° (fol. *F ij*). *Traduction du septain latin de* DORAT (article 11), *par le mesme* PASQUIER :

20° (fol. *F ij* v°). *Epitaphe* en 10 vers, par PH. DES PORTES ;

21° Sonnet, par LOYS D'ORLEANS ;

22° (fol. *F iij*) épitaphe en 68 vers alexandrins, par ADRIAN MEMMETEAU, secrétaire de monseigneur le duc d'Anjou ;

23° (fol. *F iiij* v°) huitain par le même ;

24° épitaphe en 14 vers decasyllabiques, par J. MOISSON ;

25° (fol. *G i*) 9 distiques latins, par CLAUDE D'ESPENCE, théologien parisien ;

26° (fol. *G i* v°-*G ij*) pièce hébraïque de JEAN CINQARBRES (QUINQUARBOREUS), professeur royal, traduite en vers latins, par G. GENEBRARD ;

27° (fol. *G ij* v°-*G iij*) pièce hébraïque de G. GENEBRARD, traduite en 5 distiques latins, par lui-même ;

28° (fol. *G iij* v°-*G iiij*) pièce hébraïque d'ARNAULD DE PONTAC, traduite en 10 distiques latins, par lui-même ;

29° (fol. *G iiij* v°-*H i*) pièce hébraïque de FRANÇOIS CATEL, jurisconsulte toulousain, traduite en vers latins, par G. GENEBRARD ;

30° (fol. *H i* v°) épitaphe latine en 81 vers hexamètres, par DENIS LAMBLIN, de Montreuil, professeur royal de lettres grecques à Paris ;

31° (fol. *H ij* v°) *Chant funebre des neuf Muses...*, par PH. G. DE ROVILLE ;

32° (fol. *H iij* v°) *Acrostichide avec l'anagrammatisme d'Anne, duc de Montmorancy...*, par P. G. DE ROVILLE ;

33° (fol. *H iiij*) *Elogium* en 7 distiques, par PH. G. DE ROVILLE.

2967 (813 *b*). EPITAPHES || par P. de Ron- || sard Gentilhome || Vandomois, & autres doctes person- || nages sur le Tombeau de || Haut & puissant || Seigneur. || Anne Duc de Mommoran- || cy Pair, et Connesta- || ble de France. || *A Lyon.* || *Par Francois* [sic] *Didier,* || 1568. In-8 de 16 ff. non chiffr., sign. *A-D,* car. ital.

<small>Cette édition ne contient qu'une partie des pièces réunies dans l'édition parisienne de 1567, savoir les articles suivants :</small>

<small>7° (fol. *A 1* v°), épitaphe lapidaire ;</small>

<small>15° (fol. *A 2*), épitaphe, par P. DE RONSARD ;</small>

<small>16° (fol. *B 2* v°), distique latin, par P. DE RONSARD ;</small>

<small>18° (fol. *B 3*), épitaphe, par ESTIENNE PASQUIER ;</small>

<small>22° (fol. *C 2*). épitaphe, par ADRIAN MAMMETEAU [*sic*] ;</small>

<small>23° (fol. *C 3*), huitain, par le même ;</small>

<small>20° (fol. *C 3* v°), dixain, par PHILIPPE DES PORTES ;</small>

<small>21° Sonnet, par LOYS D'ORLÉANS ;</small>

<small>2° (fol. *C 4*), poème adressé « Au roy », par JEAN DORAT ;</small>

<small>10° (fol. *D 1*), épitaphe, par le même ;</small>

<small>11° (fol. *D 1* v°), pièce latine en 7 vers avec sa traduction française, par le même ;</small>

<small>19° (fol. *D 2*), autre version, par E. PASQUIER ;</small>

<small>31° (fol. *D 2* v°). *Chant funebre des neuf muses,* par PH. G. DE ROVILLE ;</small>

<small>32° (fol. *D 3* v°). *Acrostichide,* par le même ;</small>

<small>Au r° du dernier f. est un *Quatrain sur l'Anagrammatisme precedent, par le mesme Ph. G. D. R.* Ce quatrain est la seule pièce nouvelle du recueil.</small>

2968 (815 *a*). EGLOGVE Latine & Françoise, || Auec autres vers, || recitez deuant le Roy || au festin de Messieurs de la || ville de Paris, le vi° de || Feurier, 1578. || Ensemble l'Oracle de Pan, || presenté au Roy, pour Estrénes. || Iean Daurat Poëte du Roy, Clouis de Hesteau || Sieur de Nuisement, & I. Ant. de Bayf, || Aucteurs. || *A Paris,* || *De l'Imprimerie de Federic Morel Imprimeur ordinaire du* || *Roy, en la rue S. Iaques, à l'enseigne de la Fontaine,* || M. D. LXXVIII [1578]. || Auec Priuilege. In-4 de 23 pp., sign. *A-C,* mar. r. jans., tr. dor. (*Trautz-Bauzonnet.*)

Iv. 2. 48

<small>Au v° du titre sont cinq distiques latins de JEAN DORAT au roi. En regard (fol. *A ij*) est la traduction, en dix vers français, par le sieur DE NUISEMENT.</small>

<small>Les pp. 4-15 contiennent : JO. AURATI, *poetae regii, Ecloga. Interloquuntur duae Naiades : Sequanis, Matronis,* et, en regard, *Eglogue de* CLOVIS DE HESTEAU, SIEUR DE NUISEMENT. *Seine et Marne entreparlent.* Le nombre des vers français est le même que celui des vers latins.</small>

<small>*L'Oracle de Pan,* ou *Prœsage prins de l'anagramme des noms latins du roy et de la reine l'an 1578,* occupe la p. 16. En regard, est un sonnet qui est, comme *L'Oracle,* de JEAN DORAT. (Le nom est écrit partout ici DAURAT.)</small>

<small>A la p. 18 commencent des *Versus ad numeros musicos recitati,* a JO. AURATO *latine expressi,* et, p. 19, en regard les *Vers recitez en musique au mesme festin de la ville de Paris, le sixieme de fevrier* 1578, ANT. DE BAYF *autheur.*</small>

<small>On trouve, en outre, dans le volume des *Vers* [*latins*] *de* DAURAT *inscrits sur le portail de l'hostel de la ville* (au bas de la p. 22), des *Vers* [*françois*]</small>

de DAURAT *inscrits sur l'entrée de la grand salle* (au bas de la p. 23), enfin six *Autres vers* DE NUISEMENT (p. [24]).

On lit sur le titre, d'une main du temps : *Donum authoris.* DU JARDIN.

A cet exemplaire est joint un portrait du roi Henri III gravé par *Léonard Gaultier*, et accompagné de l'*excudit* de *J. Le Clerc*. Au-dessous est un quatrain :

> De Jupin, Mars, Phebus, l'heur, le cueur, la prudence ...

De la bibliothèque du COMTE DE LIGNEROLLES (Cat., 1894, n° 1254).

K. — Poètes français depuis Malherbe jusqu'à nos jours.

a. — Poésies de divers genres.

2969 (846 *a*). ŒUVRES POÉTIQUES du président Hénault. Ms. de 205 ff. sur papier, demi-rel. mar. v., tête dorée.

Ce recueil, préparé pour une mise au net, est en grande partie autographe ; les pièces transcrites par un secrétaire portent toutes des corrections de la main de l'auteur.

Outre les poésies, on trouve dans le volume la copie de plusieurs lettres écrites par le président, ou à lui adressées, la copie de ses discours académiques, etc.

De la bibliothèque du MARQUIS DE QUEUX DE SAINT-HILAIRE.

2970 (887 *a*). José-Maria de Heredia. — LES TROPHÉES. *Paris* M DCCCC VII [1907]. Gr. in-4 de 4 ff., 231 pp. et 1 f.

Le 4ᵉ f. lim. contient un avant-propos du poète qui remercie tous ceux qui ont concouru à illustrer magnifiquement son œuvre.

L'édition est ornée de 17 grandes figures, de 4 grands fleurons occupant chacun une page, et de 26 petits fleurons ou en-tête tirés dans le texte.

Le dernier f. contient un grand fleuron avec cette inscription : *Ad poësis gloriam.* On lit à l'entour (en lettre rouges) : *Imprimé à Paris pour le compte de M. Descamps-Scrive. Compositions de Luc Olivier-Merson. Gravures de Léopold Flameng. Tirage des planches par Alfred Porcabœuf. Impression du texte par Philippe Renouard. Papier vélin fabriqué par les Papeteries du Marais.*

Exemplaire n° 124.

b. — Poésies historiques.

2971 (903 *a*). LES || VICTOIRES || du Roy. || Sur les Estats de Hollande, || en l'année M. DC. LXXII. || Par P. Corneille. || *A Paris,* || *Chez* { *Guillaume de Luynes* [sic], *au Palais.* || *Et* || *Simon Benard, ruë Saint Iacques.* || M. DC. LXXII [1672]. || Auec Permission. In-8 de 24 pp., car. ital. — LUDOVICO || MAGNO || post || Expeditionem || Batavicam. || Epinicium. || *Parisiis,* || *Apud* { *Guillelmum de Luyne, in Palatio.* || *Et* || *Simonem Benard, viâ Jacobœâ.* ||

M. DC. LXXII [1672]. || Cum Permissu. In-8 de 21 pp. et 1 f. blanc, mar. bl. jans., tr. dor. (*Chambolle-Duru fils.*)

Le nom de P. CORNEILLE est répété à la fin de la première pièce.

L'auteur de la *Bibliographie cornélienne* (n° 161) n'a pu citer cette édition que d'après l'abbé Granet.

Le poème latin est signé à la fin : C. DE LA RUE, A la suite de la signature est la permission donnée par La Reynie le 22 novembre 1672.

De la bibliothèque de MM. E. DAGUIN et COMPAGNON DE MARCHÉVILLE (Catal., 1905, n° 797).

e. — Poésies gaillardes et burlesques.

2972 (956 *a*). LE || PREMIER [-TROISIESME] || LIVRE de la || Muse Folastre. || Recherchee des plus beaux || espirts [*sic*] de ce temps. || De nouueau reueü, corrigé & || augmente. || *A Jene* || *De l'Imprimerie de Jean* || *Beitmann.* || *Anno* cIↃ IↃ CXVII [1617]. 3 parties en un vol. pet. in-12, réglé, mar. citr. jans., doublé de mar. v., guirlande dor., tr. dor. (*Trautz-Bauzonnet.*)

Chaque partie se compose de 65 ff. chiffr. et 1 f. blanc.

On trouve dans la première partie : un avis du libraire au lecteur, assez incorrectement imprimé (fol. 2), *Les Proverbes d'amour, a madame de R.* (fol. 3), les *Estrennes du poil* (fol. 6 v°), l'*Irresolution feminine* (fol. 9 v°), *L'Anatomie du manteau de court* (fol. 10 v°), *La Courtisanne repentie, du latin de* P. GILLEBERT (fol. 13), *La Contre-Repentie, du mesme* GILLEBERT (fol. 16), etc.

Le second Livre contient . *Le Trou de madame* (fol. 2), *La Louange des cornes*, signée de C. BRISSARD (fol. 4), une *Elegie sur la mort d'un perroquet*, signée de P. DE L'ESCLUSE (fol. 6 v°), *La Puce* (fol. 10 v°), etc.

Le troisiesme Livre renferme : un *Baiser* (fol. 2), des stances *A une dame estant au lit malade d'une cholique* (fol. 7), *Les Proprietez des femmes* (fol. 8), etc., etc.

La Muse folastre avait paru pour la première fois vers 1600, et avait eu avant 1617 une demi-douzaine de réimpressions plus ou moins augmentées (voy. Brunet, III, col. 1960). Les pièces réunies sous ce titre sont presque toutes fort libres. Voici les noms ou les initiales qu'on peut relever dans le recueil :

Bembo (Pietro) : pièce imitée de lui, I, fol. 19.

Beroalde (François) de Verville, I, 31 v°, 32, 36 v°.

Bouteroue ([Alexandre]), I. 26 v° 28 v°.

Brissard (C.), II, 6 v°.

Gillebert (P.) : pièces traduites du latin de lui, I, 13, 16.

Initiales :

 A. C., II, 19 v°.
 B. A., II, 49.
 C. A., II, 19 v°.
 C. B., II, 12 v°, 16 v°, 23, 27, 31, 41 v°.
 E. G. I., II, 40.
 F. R. D., II, 24 v°.
 P. C., II, 35 v°.
 P. D. F., II, 47 v°.
 P. D. L. [PAUL DE L'ÉCLUSE], II, 17, 21, 23 v°, 42.
 R. F., II, 13, 17, 25, 46 v°.

La Souche, II, 47.

L'Écluse (Paul de), II, 10 v°; III, 53.

M. Claudin, décrivant un exemplaire de notre volume (Catal. de mai et juin 1899, n° 90081) dit : « Le nom de *Iene* est supposé. Le livre a été imprimé en France ». C'est là une erreur absolue. Le plus rapide examen de l'édition trahit une officine allemande, et l'imprimeur *Johann Beitmann* exerçait bien à Jena. Il est mentionné dans les catalogues des foires allemandes de 1616 à 1628. Il est permis de supposer qu'il arrivait de France quand il s'établit sur les bords de la Saale. Il publia 2 ouvrages en 1616, 22 en 1617, 25 en 1618, 21 en 1619 ; mais il faut croire que son commerce ne fut pas prospère, car en 1624 le nombre de ses éditions ne fut plus que de 8 ; il fut de 3 en 1625, de 2 en 1626 et de 1 seulement en 1627 et en 1628. Voy. Schwetschke, *Mess Jahrbücher des deutschen Buchhandels* (Halle, 1850-1877, 2 vol. in-fol.), I, pp. 65-82.

Un prédécesseur de Beitmann, Heinrich Rauchmaul, cité à Jena de 1613 à 1615, avait publié en 1613 *le Tableau ou Miroir des chastes et pudiques amours du prince Parthenophile et de la princesse Cleonice* (Bibliotheca exotica, 1625, p. 208).

Exemplaire du COMTE DE LIGNEROLLES (Catal., 1894, n° 1423).

4. — *Chansons et cantiques.*

A. — Chansons depuis le XV° siècle jusqu'à nos jours.

2973 (979 *a*). RECUEIL de Chansons italiennes et françaises. Ms. sur vélin de 72 ff., en forme de cœur (fin du XV° siècle), velours rouge, tr. dor. miniatures et encadrements.

Ce curieux volume se compose de 3 ff. occupés par la table ; de 1 f. occupé au r° par le frontispice et au v° par le début de la première pièce ; de 64 ff. anciennement chiffrés et de 4 ff. blancs.

Le frontispice, divisé en plusieurs compartiments, représente la Fortune au-dessus de laquelle est la planète Vénus. Au centre est une dame coiffée d'un hennin noir à long voile blanc, vêtue d'une robe noire, qui laisse passer une longue jupe noire brochée d'or. Sur le côté droit est un petit personnage entouré de rinceaux. En bas se voient des armes écartelées : Aux 1ᵉʳ et 4ᵉ de gueules, à la bande d'argent, chargée d'une aigle impériale ; aux 2ᵉ et 3ᵉ d'or à trois pals d'azur. L'écu, de forme italienne, est timbré d'un chapeau ecclésiastique ; il appartenait sans doute à quelque élégant protonotaire. La reproduction ci-contre est de la dimension de l'original.

Le volume contient 47 pièces notées à trois parties : 15 chansons italiennes et 32 chansons françaises. Les incorrections du texte italien permettent de penser que la transcription des paroles et de la musique est l'œuvre d'un artiste flamand ou français, attaché à quelque cour d'Italie.

Voici la table alphabétique des pièces :

Chansons italiennes.

1° (fol. 9 v°).   Ay ! lasso me dolento [*sic*]
De yo finire [*sic*]
Per ben servire
He lealment amare ...

Cette pièce se retrouve, avec une mélodie de Michele Pesenti, de Vérone, dans les *Frottole, libro quinto* (Venetiis, per Octavianum Petrutium, die xxiij. dec. 1505, in-4 obl.), fol. 3. Voy. Eitner, *Bibliographie der Musik Sammelwerke*, p. 778.

N° 2973
RECUEIL DE CHANSONS.
(XVe SIÈCLE)
FOL. 3 V°

N.° 2973
RECUEIL DE CHANSONS.
(XVᵉ SIÈCLE)
FOl. 1

BELLES-LETTRES.

2º (fol. 14 vº).   Amor con l'arco tesso del core
Me assera che rumpere non se pò...

3º (fol. 1 vº).   Ben lo sa Dio
Se sum verginea pura [sic] ...

4º (fol. 5 vº).   [C]hiara fontana de' belli costumi
Dentro la quale se vede ogni vertù ...

5º (fol. 2 vº).   Dona gentile he belle [sic] come l'oro,
Che supra le altri porti corona ...

6º (fol. 13 vº).   Finir voglo [sic] la vita mia
Con pianti he dolori,
Da poi ch'el mio segnore m'a tradita ...

7º (fol. 10 vº).   La gratia de voe, donzela honesta,
Gentil, guarida
Mi face membrare de chela [sic] ...

8º (fol. 12 vº).   *Mort et mercy* gentile
A quela altera ch'el tempo passa ...

9º (fol. 18 vº).   Nostra fortuna se demonstra
Como a ceco che non vede ...

10º (fol. 17 vº).   O meschin' enamorati,
Io me meto ja [sic] con uni ...

11º (fol. 15 vº).   O pelegrina, o luce,
O chiara stella...

12º (fol. d vº-l).   (H)ora cridar oymè posso o ben
Et consumare in pianti ly ochi mey [sic] ...

13º (fol. 8 vº).   O rosa bella, o dolce anima mea,
Non me lassar [sic] morir ...

14º (fol. 11 vº).   Per la mya cara, o dolce amore,
Tu sey pyù bella dona a ce che dir non say ...

15º (fol. 3 vº).   Zentil madona de non me habandonare,
O preciosa gemma, o flor de margarita ...

Cette pièce est accompagnée d'une seconde miniature, où l'on retrouve la dame au hennin noir qui écoute son amant.

Chansons françaises :

1º (fol. 52 vº).   A Dieu vous dis, l'espoir de ma jonesse ;
A Dieu, a Dieu, le tresor de liesse ...

2º (fol. 29 vº).   Cent mille escus quant je vouldroye
Et paradis quant je morroye ...

Eustorg de Beaulieu a transformé cette chanson en cantique spirituel :

Cent mille escus en la corroye ...

(Chrestienne Resjouissance, 1546.)

3º (fol. 38 vº).   Comme femme desconfortees
Sur toutes aultres esgaree ...

Cette pièce se retrouve, avec la musique, dans un ms. de la Bibliothèque nationale (franç. 1597, art. 30). Elle figure, avec une mélodie d'Agricola (la même sans doute), dans des recueils datés de 1503 et de 1536 (voy. Eitner, *Bibliographie der Musik-Sammelwerke des XVI. und XVII. Jahrhunderts,* p. 36). Le premier vers est cité dans la *Balade faicte de plusieurs chansons* (*Jardin de plaisance,* éd. Olivier Arnoullet, fol. *iv*^{c}).

4º (fol. 19 vº).   Comme ung homme desconforté
Qui de long temps a transporté ...,

5º (fol. 56 vº).   De mon pouoir vous veil complaire,
Aussi vous desclarer mon deul ...,

6º (fol. 25 vº).   De tous bien plaine est ma maistresse ;
Chascun luy doibt tribu de honneur...,

Cette pièce est une des chansons citées, en 1507, dans *La Condampnacion de Bancquet* de Nicolas de La Chesnaye. Voy. P. Lacroix, *Recueil de farces, moralités,* etc., p. 316 ; Éd. Fournier, *Le Théâtre français avant la Renaissance,* p. 230.

7° (fol. 36 v°).   Est il mercy de quoy l'on peust finer ?
                   Est il pitié qu'on peust en vous trouver ...,

Jardin de plaisance, éd. citée, fol. 57c.

8° (fol. 62 v°).   Faites moy sçavoir de la belle
                   Tout ce qui s'en pourra escrire ...,

9° (fol. 34 v°).   Fortune, par ta cruauté,
                   Pour deul, ou pour adversité ...,

10° (fol. 49 v°). Helas ! je n'ay pas osé dire
                   A Dieu ainsi que je debvoye ...,

11° (fol. 57 v°). Helas ! n'aray je jamais mieulx ?
                   Seray je tousjours en tristesse ? ...,

12° (fol. 26 v°). J'ay moins de biens que s'il n'en estoit point ;
                   Ainsi le veult ma dame et ma maistresse ...,

13° (fol. 23 v°). J'ay pris amours a ma devise
                   Pour conquerir joyeuseté ...,

Le 1er vers figure dans la *Balade faicte de plusieurs chansons Jardin de plaisance*, fol. 55c).

14° (fol. 60 v°.) Je ne veis onques la pareille
                   De vous, ma gratieuse dame ...,

15° (fol. 24 v°). L'autredantan, l'autre passa
                   Et en passant me tresperça ...

16° (fol. 21 v°). L'aultre jour, par ung matin,
                   Rabatre m'en aloye ...

17° (fol. 33 v°). Le serviteur hault guerdonné,
                   Assouvy et bien fortuné,
                   L'eslite des eureux de France ...

Cette pièce se retrouve dans le ms. IV. a. 24 de l'Escurial, fol. 76 v° ; — dans l'*Harmonice musices Odhecaton* (Venetiis, Octavianus Petrutius Forosemproniensis, decimo octavo cal. junias, 1501, in-4), fol. 37, avec une mélodie d'Antoine Busnoys ; — dans les *Canti n° cento cinquanta* (Venetiis, per Octavianum Petrutium Forosemproniensem. die 10. februarii 1503, in-4), fol. 166, avec une mélodie de Jacob Tadinghen, et fol. 167, avec une mélodie de Hancart. Voy. Eitner, *Bibliographie*, pp. 487, 617, 874.

18° (fol. 30 v°). Le souvenir de vous me tue,
                   Mon seul bien, quant je vous voy ...

Rondeau cité dans *Le Jardin de Plaisance*, fol. 59d. Le 1er vers figure aussi dans la *Balade faicte de plusieurs chansons*, ibid., fol. 55c.

19° (fol. 31 v°). L'omme banny de sa plaisance,
                   Vuyde de joye et de leesse...,

Jardin de plaisance, fol. 56a.

Cette chanson est citée dans la *Farce de Mestier et Marchandise* (Le Roux de Lincy et Francisque Michel, *Recueil de moralités, etc.*, t. IV, p. 15 de la pièce ; Fournier, Le *Théâtre français avant la Renaissance* p. 48).

20° (fol. 46 v°). Ma bouche plaint les pleurs de ma pensee
                   Et la douleur que Amours m'a pourchassee...,

21° (fol. 42 v°). Ma bouche rit et ma pensee pleure ;
                   Mon œul s'esjoye et mon cueur mauldit l'eure...,

Cette pièce figure, en 1572, avec une mélodie de Ph. Wildre dans le *Meslange* de Pierre de Ronsard, fol. 6 v°.

Une autre chanson, en vers octosyllabiques, commence ainsi :

                   Ma bouche rit et mon cueur pleure,
                   Quant parmy gens je treuve l'heure ...

Cette seconde pièce se trouve dans les *XXXVII Chansons* d'Attaignant, fol. 8 v°. Le premier vers figure dans la *Balade faicte de plusieurs chansons* (*Jardins de plaisance*, fol. 55c).

22° (fol. 44 v°). Mon seul plaisir, ma doulce joye,
                   La maistresse de mon espoir ...

Le premier vers est commun à une chanson qui figure dans le manuscrit de l'Escurial IV. a. 22, fol. 27 v°, et dans le recueil publié en 1874 par Gaston Paris, n° 73. Il se retrouve dans la *Balade faicte de plusieurs chansons* (*Jardin de plaisance*, fol. 55c). On chantait sur le même timbre un noël qui commence ainsi :

> Chantons trestous et menons joye
> De cueur parfait joyeusement...

(*Les grans Noelz nouveaulx*, v. 1525 — Musée Condé à Chantilly, n° 1318 du Catal. de Delisle — fol. *D i* v°).

23° (fol. 32 v°). N'aray je jamais mieulx que j'ay ?
Suis je la ou je demor[r]ay ? ...

Jardin de plaisance, éd. d'Olivier Arnoullet, fol. 62c. — L'Escurial, ms. IV. a. 22, fol. 130 v° ; — *XXXVI Chansons*, publiées par Attaignant, 1530, fol. 10 v° (avec une musique de Claudin) ; — *Meslange* de P. de Ronsard, 1572, fol. 21 (avec une musique de Nicolas).

24° (fol. 50 v°.) Or ay je perdu mes amours ;
Or ay je perdu toute joye ...

25° (fol. 59 v°). Quant du dire a Dieu me souvient
Et que departir me convient...

26° (fol. 22 v°). Robinet amy, la voye !
La triory, lauvredon, falory dondaine ...

27° (fol. 27 v°). S'en tel estat longuement je demeure,
Morir me faut ; eschaper n'en puis point ...,

28° (fol. 20 v°). S'il vous plaist que vostre je soye,
Pensez que bien vous ameray ...

29° (fol. 54 v°). Terriblement suis fortunee...,
Et de grans doleurs atornee,

Jardin de plaisance, fol. 61b.

Le premier vers figure dans la *Balade faicte de plusieurs chansons* (*ibid.*, fol. 55e).

30° (fol. 40 v°). Tout aparmoy, affin qu'on ne me voye,
Si desplaisant que plus je ne porroye ...

Cette pièce est de JEHAN MOLINET (voy. notre t. Ier, n° 466, art. 7) ; cf. t. IV, n° 2798, art. 5 aa). Voy. aussi Biblioth. nationale, ms. fr. 24315, fol. 28 v°, etc. Les vers de Molinet figurent encore dans les *Canti* n° *cento cinquanta* (Venetiis per Octavianum Petrutium Forosemproniensem, die 10. februarii 1503, in-4), fol. 19, avec une mélodie du musicien flamand Al. Agricola.

31° (fol. 28 v°). Vostre bruit et vostre grant fame
Me fait vous amer plus que fame ...

Jardin de plaisance, éd. d'Olivier Arnoullet, fol. *Lxiiijd*. — Montaiglon et Rothschild, *Recueil de Poésies françoises*, X, p. 190.

32° (fol. 48 v°). Vray dieu d'amours qui vrais amans resjoye
Je vous requier qu'il me soit pardonné...

Le volume porte l'ex-libris d'un PUCCI, chevalier de Malte. Il provient en dernier lieu des bibliothèques de CHÉDEAU (Cat., 1865, n° 587) et du BARON JÉRÔME PICHON (Cat., 1869, n° 636 ; 1897, n° 900).

2974 (979 b). SENSVIVENT VNZE || BELLES CHANSONS nouuelles dont les noms || sensuyuent. Et premierement || ☙ Tous loyaulx amoureux remplys de gē || tillesse || Sa mon gre ie tenoye helas la belle mariō || .... ☙ Itē apres sensuyt une belle recepte pour || faire reuenir les dēs a ceulx q̄ les ont pdues.

S. l. n. d. [*Paris, vers* 1515], in-8 goth. de 8 ff. non chiffr. de 26 lignes à la page, sign. *a*.

Au bas du titre est un fragment de bordure. Le texte commence au v° du 1er f.

> Sensuiuent vnze
> Belles chansons nouuelles dont les noms
> sensuyuent.   Et premierement
> ⁋Tous loyaulx amoureux remplys de ge̅-
> tillesse
> A mon gre ie tenoye Helas la belle mario̅
> Helas si iay mon ioly temps perdu
> Helas dame que iayme tant
> Dostre mercy ma dame par amours
> Les regretz que iay de mamye
> Las que fera la poure de solee
> La vueille de nouel en attendant matines
> Vogue Vogue galiose
> Et vne belle chanson qui se commance
> Et dieu la gard et dieu la gard.
>
> ⁋ Item apres sensuyt vne belle recepte pour
> faire venir les dez a ceulx q̅ les ont pouez

a. f.

Les pièces contenues dans ce recueil ne sont en réalité qu'au nombre de dix, en voici une table alphabétique :

1° (fol. *a vij v°*.)   Hé, Dieu la gar, hé, Dieu la gar,
  La gentille damoiselle !...]

2° (fol. *a ij*).   Helas ! dame que j'ayme tant,
  Plaise vous ma requeste ouyr...

On chantait sur le même air :

  L'on faict, l'on dit en parlement...

Fleur des chansons, édition reproduite dans les *Joyeusetez*, n° 33.

BELLES-LETTRES. 319

3° (fol. *a i* v°).   Hélas ! se j'ay mon joly temps perdu
Pour loyaulment aymer, me convient il ...

4° (fol. *a iiij*).   J'avois acquis ung amoureux
A l'avantage ...

4° *bis* (fol. *a iiij*). Las ! que feray, moy (povre) desolee
Puis que j'ay perdu mon amy ?...

Refrain de la pièce indiquée à l'article précédent. Cf. Gaston Paris, *Chansons françaises du XV° siècle*, n° 75.

5° (fol. *a iiij* v°).   La veille de Nouel,
En attendant matines ...

6° (fol. *a iij* v°).   Les regretz que j'ay de m'amie
Qui c'est eslongnee de moy ...

On chantait sur le même air :

Le mardi devant la Toussains
Est arrivé la Germanie ... (1552).

Le Roux de Lincy, *Recueil de Chants historiques*, II, p. 190.

7° (fol. *a vj* v°).   S'a mon gré je tenoye
La belle Marion ...

8° (fol. *a vj*).   Tous loyaulx amoureux,
Remplis de gentillesse ...

9° (fol. *a v* v°).   Vogue, vogue, galiace !
Si sarons quel gente sont ...

10° (fol. *a iij*).   Vostre mersi, [ma]dame par amours !
Mourir me faictes du dar d'amours ...

10 *bis* (fol. *a i* v°). Vray Dieu d'amours, confortez l'amoureux,
Et luy donnez secours, car nuyt et jour...

Voy. ci-dessus le refrain de cette pièce :

Helas ! se j'ay mon joly temps perdu ...

A la fin du recueil on trouve la *Recepte pour faire revenir les dens, composee par maistre Amos, d'Aramie, a la requeste du grant soubdam de Tartarie, lequel n'avoit encore que trois ans, trois mois et six sepmaines quant il perdit les siennes.*

Cette facétie commence ainsi : *Recipe* de la rate de la lune, iiij onces ; du sens d'ung fol et du beau chant d'une vieille anesse, trois onces,.. »

Les caractères paraissent être ceux de l'atelier des *Trepperel*.

Cette pièce fait partie du recueil décrit sous le n° 2758, n° 17.

2975 (979 *c*). Sensvivent plvsieurs belles || chansons nouuelles Et || premierement La chanson || Comment passeray ie Gaillon || Sur le pont de liesse || .... Et plusieurs autres q̄ sont en nōbre || cinquante et troys. *S. l. n. d.* [*Paris, vers* 1515], pet. in-8 goth. de 24 ff. non chiffr. de 16 lignes à la page, sign. *A-C*.

L'intitulé occupe tout le r° du 1ᵉʳ f. ; le texte commence au v°.

Les chansons ici réunies sont au nombre de 36 ; en voici une table alphabétique :

1° (fol. *A v*).   A Dieu m'amour jolie
Jusques au revenir ...

Cette pièce figure en 1529, dans les *Basses Danses* d'Antoine Arena, qui la note ainsi : *R⁹ ss d rd ss r⁹ ss ddd r d ss r⁹.*

2° (fol. *B vij*).   A Dieu soulas, tout plaisir et liesse !
Mon pauvre cueur si vit en grant tristesse ...

Moritz Haupt (*Französische Volkslieder*, 1872, p. 2) reproduit cette pièce d'après les *Chansons nouvellement assemblees*, 1538, fol. 93 v°.

3º (fol. C iij vº).   Av'ous point veu la peronnelle
               Que les gens d'armes ont emmené ?

Gaston Paris, *Chansons françaises du XVᵉ siècle*, nº 39. — Cf. *Ancien Théâtre français*, publié par Viollet-le-Duc, II, p. 154 (4 vers) ; *Navigation du compaignon a la bouteille*, p. 40 de la réimpression ; Noël Du Fail, *Propos rustiques*, éd. La Borderie, p. 142 (interpolation de 1548) ; *La Fleur des chansons*, 1600, p. 478 de la réimpression. — On chantait sur le même air :

               Av'ous point veu la malheureuse ?...

(Marguerite de Navarre, *Dernières Poésies*, publiées par Abel Lefranc, p. 331).

> Sensuiuent plusieurs belles
> chansons nouuelles   Et
> premierement   La chanson
>   Comment passeray ie gaillon
>   Sur le pont de liesse
>   Auous point veu la peronnette.
>   Et prisonnier iestoye a moult grãt descõ
>   Je lay aymee bien sept mops   (fort
>   Faulte dargent
>   Je te remercye iacquet
>   Mon mary est alle au guet
>   Puis que de vous
>   A dieu mamour iolye
>   Nous sommes de lordre de saint Babouin
>   En ce ioly temps gracieux
>   Puis que mauez congie donne
>   Vray dieu damours reconfortez ma dame
>   Il fait bon aymer loyselet
>   He fort vilain ialoux
>   Je nay pas tort se ie mesplains damours
>   Je suis mal fortune
>   Vray dieu damours maudit soit la
>   Ma doulce dame sur ma foy
>   Et plusieurs autres q̃ sont en nõbre
>   cinquante et trops   A.I.

4º (fol. A viij).   En ce joly temps gracieulx
                Nous verrons tous ces amoureux ...

Pièce très libre, dont un fragment figure dans une copie manuscrite des *Dictz de Salomon, avecques les Responces de Marcon*, porté au Catalogue Yemeniz (nº 1651, nº 1) et au Catalogue d'A. Firmin-Didot (1878, nº 222).

5º (fol. B vj vº).   Entretenu m'avés long temps
                En me jouant de vos abus ...

6º (fol. C v vº).   Et l prisonnier j'estoie
                Par moult grant desconfort ...

Chanson composée par un tailleur de pierre détenu prisonnier.

7° (fol. *B vi j*). Faulces amours, Dieu vous maudie,
Puis que m'avez si mal mené ...

8° (fol. *A i v°*). Faulte d'argent, c'est douleur nompareille,
Si je le dis, las ! je sçay bien pourquoy ...

Voy. sur cette pièce une longue note du *Recueil général des sotties* publié par Émile Picot, II (1904), p. 152. — Cf. ci-dessus, n° 2787, p. 4, et ci-après, n° 3058, p. 414, art. 18.

9° (fol. *C ij v°*). Fortune a tort
Sans nul suport ...

Gaston Paris, *Chansons françaises du XV° siècle*, n°s 92, 93.

10° (fol. *B iij v°*). Hex ! l'ors villain jalous !
Il a batue sa femme ...

11° (fol. *B ij v°*). Helas ! j'ay perdu la personne
Qu'en ce monde j'amoye le plus ...

Gaston Paris, *Chansons françaises du XV° siècle*, n° 107.

12° (fol. *C iiij*). Helas ! je l'aye aimee
Bien sept mois et demy

13° (fol. *Bvitj v°*). Helas ! que vous ay ge meffait ?
N'ay ge pas bien fait vostre gré ?...

14° (fol. *B ij*). Il fait bon aymer l'oysselet
Qui chante par nature ...

15° (fol. *B iiij*). Je n'ay pas tort se je me plains d'amours,
Veu que loyal avoye esté tousjours ...

16° (fol. *Biiij v°*). Je recommance mes douleurs
En plains [et] pleurs ...

Cette pièce se retrouve, avec une mélodie de Nicolas, à six voix, dans le *Meslange* publié par Pierre de Ronsard en 1572, fol. 64 v°.

17° (fol *B iiij*). Je suis mal fortunee d'avoir fait ung ami
Que du soir a minuit il m'a habandonnée ...

18° (fol. *A ij v°*). Je te remarcie, Jacquet,
Du grant bien que tu m'as fait ...

19° (fol. *C ij*). Las ! Fortune, que t'ai ge fait
Que tu me tiens si grant rigueur ?...

20° (fol. *B i*). (Ma) dame, mon souverain desir
Estoit de vous servir tousjours ...

Un fragment de cette pièce se trouvait dans le recueil manuscrit déjà cité qui a figuré aux ventes Yemeniz (n° 1651) et A. Firmin-Didot (1877, n° 222).

21° (fol. *B v v°*). Ma doulce dame, sur ma foy,
Plus ne vivray journee ...

Antoine Arena, en 1529, note ainsi cette pièce dans ses *Basses Danses*: *R⁹ ss d r d ss r⁹ ss ddd ss r⁹ ss d ssx r⁹*.

22° (fol. *A vj*). Maugré Danger pompera Magdelaigne,
Veuillent ou non ces envieux mauldits ...

23° (fol. *C rij v°*). Mon cueur vit en esmoy.
Las ! Que j'ay de soucy ...

Gasté, *Chansons normandes*, n° 76 ; — Gaston Paris, *Chansons françaises du XV° siècle*, n° 72.

24° (fol. *A iij v°*). Mon mary est allé au guect
Au guect, au guect ...

25° (fol. *B vj*). Mon mary m'a diffamee
Pour l'amour de mon amy ...

Biblioth. nat., ms. fr. 1597, n° 70 ; — Gaston Paris, *Chansons françaises du XV° siècle*, n° 121.

26° (fol. *A vj v°*). Nous sommes de l'ordre
De saint Babouin ...

Cette pièce figure, en 1501, dans le recueil de Petrucci avec une musique de Compère. Voy. Eitner, *Bibliographie der Musik-Sammelwerke*, 1877, p. 486.

 27° (fol. C f). Or suisje bien au pire
        De mes malheureux jours...

 8° (fol. 2 A ff j v°). Puis que de vous m'y fault partir,
        Ma doulce amye, tout maintenant...

Gaston Paris, *Chansons françaises du XVᵉ siècle*, n° 101.

 29° (fol. B f). Puis que m'avez congié donné
       Je l'ay prins a si grant regret...

 30° (fol. C vj). Quoy qu'on en die
       Des ribaulx mariez...

 31° (fol. C viij). Si j'ayme mon amy
       Trop mieulx que mon mary.

Gaston Paris, *Chansons françaises du XVᵉ siècle*, n° 118.

Eustorg de Beaulieu a transformé cette chanson en cantique (*Chrestienne Resjouissance*, 1546, p. 58) :

       Si j'ayme Jesus Christ...

 32° (fol. C vij). Sus les pons de lyesse
       Je ouy l'autruy chanter...

 33° (fol. B viij). Tous oyseaulx, grans et menus,
       Retirez vous soubz la couldroye...

 34° (fol. B vij v°). Va t'en, mon cueur, ou vous, mes yeulx,
       Devers mon gracieulx amy...

 35° (fol. B v). Vray dieu d'amour, mauldit soit la journee
       Que oncques jamais m'a servi...

Le texte de cette pièce est très incorrect ; on en trouve un meilleur dans les *Trente Chansons* d'Attaignant (vers 1515), fol. 2 v°, et dans le *Huitiesme Livre de chansons à quatre parties* (Paris, Adr. Le Roy et Rob. Ballard, 1559, in-8 obl.), fol. 6 v°, avec une mélodie d'Hilaire Penet :

      Vray dieu d'amours, mauldit soit la journee
      Que mon las cueur vous a voulu choisir...

Une autre pièce, qui commence par le même vers, est ensuite toute différente :

      Vray dieu d'amours, maudit(e) soit la journee
      Qu'oncq' en ma vie amoureuse je fus...

(*Meslange*, publié par Pierre de Ronsard, 1572, fol. 8, avec une mélodie de Mouton.)

 36° (fol. B ij). Vray dieu d'amours, reconfortez ma dame,
       Celle que j'ayme de cueur sur mon ame...

Gaston Paris, *Chansons françaises du XVᵉ siècle*, n° 124. Ce texte est plus correct. On y lit, au second vers.

      Celle que j'ayme dessus toute autre femme.

La première des chansons annoncées sur le titre :

      Comment passeray je Gaillon...

n'est pas une pièce séparée ; c'est un couplet de celle qui commence

      Quoy qu'on en die
      Des ribaulx mariez...

L'éditeur semble avoir mal à propos coupé en morceaux les chansons, dont le nombre réel n'est pas de 53, mais de 36.

Les caractères sont ceux des *Trepperel* et de leurs successeurs.

Les *Chansons* font partie du recueil décrit sous le n° 2758, art. 18.

2976 (981 *a*). CHANSONS nou- || uelles, sur le || siege de la Ville de Grenoble : & || sur la victoire que Dieu donna à || ses enfans deuant la ville de sainct || Gilles, & vne autre d'vn Capitai- || ne de Pazy. || *Imprimé nouuellement.* || M. D. LXIIII [1564]. *S. l.*, in-8 de 4 ff., mar. r. jans., tr. dor. (*Trautz-Bauzonnet.*)

Ces chansons, composées par un protestant, se rapportent aux luttes poursuivies en Dauphiné par François de Beaumont, baron des Adrets, du côté des huguenots, Laurent de Maugiron et François de La Baume, comte de Tende, du côté des catholiques. Le recueil contient trois pièces, savoir :

1° (fol. A i v°). *Chanson nouvelle sur le siege de la ville de Grenoble, et se chante sur le chant du Pseaume neufviesme :*

> De tout mon cœur t'exalteray,
> Seigneur, et si raconteray
> Toutes tes œuvres nompareilles ...
> (11 couplets de 4 vers.)

2° (fol. A ij v°). *Autre chanson nouvelle.*

> Un capitaine de Pasy,
> Se voulant monstrer fort hardy ...
> (4 couplets de 4 vers et un refrain de 2 vers.)

3° (fol. A iij). *Chanson nouvelle de la victoire que Dieu donna à ses enfans, devant la ville de S. Gilles ; et se chante sur le chant du Pseaume XLVI :*

> Voulés ouïr la grand deffaicte
> Que Dieu par sa bonté a faitte
> Aux Provenceaux et Italiens ...
> (22 couplets de 4 vers.)

Exemplaire du COMTE DE LIGNEROLLES (Cat., 1894, n° 1339).

2977 (990 a). CHANSON || nouuelle sur la || prinse de Calais par || les Bourguignons en Apuril 1596. || Sur le chant, Rouen Dieu ta mon- || stre-Ou, Ie vous supplie soldartz || VVallons monstrez vous tous || bons Champions. || *Chez Iean Bourgeois à la Bible* || *d'or.* S. l. [*Arras*], in-8 de 8 pp., car. ital., mar. r. jans., tr. dor. (*Chambolle-Duru fils.*)

Le titre est orné d'une petite figure qui représente un roi assis sur son trône et entouré de ses officiers.

La chanson, qui compte 16 couplets de 6 vers, commence au v° même du titre. En voici le début :

> Tremblez, tremblez, traistres François,
> Et detestez le Navarrois
> Causant vostre dommaige ...

On lit à la fin : *Amen. Vidit* G. GAZET. Ce censeur, Guillaume Gazet, curé de la Madeleine d'Arras, était né dans cette ville en 1554 ; il y mourut le 25 août 1612. Voy. Niceron, *Vies des hommes illustres*, XLIII, pp. 271-276.

B. — Cantiques et Noëls.

2978 (1015 a). CANTIQVE || de Debora || traduit en rime, || à la faueur de la Rochelle, || laquelle est representée || par Debora, & le Ma- || gistrat d'icelle par || Barac. || Les gens de bien qui || ont tenu leur parti sont louez soubz les || lignées qui marcherent soubz Debora || & Barac : & les deserteurs de la cause || de l'Euangile sont vituperez || auec les lignées qui furent || lasches en la defence de || l'Eglise de Dieu. || Iuges 5. 2. || Sur le chant du Pseau. 146. Sus || mon ame qu'on benie, &c. || *A Basle,* || *Par Martin Cousin.* || M. D. LXXIIII [1574]. In-8 de 8 ff. non chiffr., sign. *A-B.*

La paraphrase compte 47 strophes de 6 vers ; elle commence ainsi :

> Sus ! que chacun se dispose
> De celebrer l'Eternel...

Le v° du dernier f. est blanc.

Dans un recueil que nous avons décrit ci-dessus (n° 2930), les *Hymnes ecclesiastiques et Cantiques spirituels* de Guy Le Fèvre de La Boderie (fol. 272), il y a une autre traduction du *Cantique de Debora,* fort différente de celle-ci. En voici les premiers vers :

> Pour la vengeance prise
> En son peuple d'Israel,
> Qu'il a mis en franchise
> Benissez l'Eternel...

2979 (1015 *b*). EPITRE [*sic*], OV || CANTIQVE de Ieremie. || Argument. || L'Epistre qu'enuoya le Prophete Iere- || mie à ceux qui estoyent menez captifs || en Babylone de par le Roy des Babylo- || niens, pour leur annõcer ce qui luy estoit || commandé de Dieu. *S. l. n. d.* [*vers* 1575], in-16 de 16 ff. non chiffr., sign. *A-B.*

La pièce n'a qu'un simple titre de départ. — La traduction compte 144 quatrains ; en voici le début :

> Pour vostre offense mortelle,
> O fideles fugitifs...

Cette pièce a été reproduite dans les *Chansons spirituelles à l'honneur de Dieu,* 1596, p. 350.

On trouve à la suite (fol. *B iij* v°) l'*Oraison du prophete Jeremie,* en 23 quatrains :

> Seigneur mon Dieu, souvienne toy
> De la chose à nous advenue... ;

puis (fol. *B vj*) le *Cantique de la bienheureuse vierge Marie,* précédé d'un argument en prose et comptant seulement 18 vers :

> C'est le Seigneur duquel le nom tout magnifique... ;

enfin (fol. *B viij* v°) l'*Oraison de Nostre Seigneur Jesus-Christ :*

> Nostre pere qui es es cieux,
> Qu'un chacun ton nom sanctifie...

Exemplaire NON ROGNÉ.

2980 (1014 *a*). ❡ NOEL fait en maniere de dyalo || gue, qui se peult chanter sur le met || tre En lombre dung &c. *S. l. n. d.* [*vers* 1515], in-8 goth. de 4 ff., avec un simple titre de départ, lequel est imprimé en lettres de forme, sans sign.

Le Noël, qui est accompagné de la mélodie, imprimée, non pas en caractères mobiles, mais à l'aide de blocs gravés, commence ainsi :

> En ung logis tout seulet,
> Sur du foyn mis en litiere,
> J'ay veu ung roy nouvelet...

BELLES-LETTRES.   325

Voici la reproduction de la 1ʳᵉ page :

Cette pièce est de GUILLAUME PETIT, qui fut évêque de Troyes, puis de Senlis et confesseur du roi ; elle a été reproduite par lui, vers 1530 dans ses *Tresdevostes Oraisons a l'honneur de la tressacree et glorieuse vierge Marie...* (Paris, Simon de Colines, in-8), fol. *a vij*.

Ce *Noël* fait partie du recueil décrit sous le nº 2758, art. 19.

H. Herluison, qui avait découvert dans une reliure un exemplaire de la même édition, l'a fait reproduire, en 1896, la musique en fac-similé, le texte en caractères mobiles. Une lettre de J.-B. Weckerlin accompagne cette reproduction exécutée chez *Durand, à Chartres*, et tirée à 60 exemplaires.

2981 (1016 *a*). LES GRÂS ‖ NOELZ nouueaulx. Composez sur plusi ‖ eurs Chansons tant Vieilles que Nou- ‖ uelles. En francoys / en Poyteuin / Et en ‖ Escossois. ℭ Et premiere- ment ‖ ℭ Conditor.... — [A la fin :] ℭ *On les vend a paris Ioingnāt la p̄mier* [sic] ‖ *porte du Palays. par Iaqus* [sic] *Nyuerd.* S. d. [*vers* 1525], in-8 goth. de 24 ff. non chiffr. de 28 lignes à la page, sign. *A-F* par 4, mar. bl., fil., dent., tr. dor. (*Bauzonnet.*)

Voici la reproduction du titre :

lesgrās

Noelz nouueaulx. Composez sur plusieurs Chansons tant Vieilles que Nouuelles. En francoys, en Poycteuin, Et en Ecossois.   ¶Et premierement

¶Confitor.	Noel en ecossois
Puer nobis nascitur	Au sainct nau
Sur marguerite dessus.	Nau nau de p de nau
Sur allons allons gay	Noel des filles penitā.
Sur monsieur Sault	Sur mamour que vo⁹
Sur trop fait follye	Sur il fait bon aymer
Sur lamour de moy si.	A la venue de noel
Sur resiouyssez vo⁹	Sur helas ie lay p̄bue.
tous loyaulx amou.	Sur no⁹ sommes trois
Sur allegez moy.	Sur il my fauldra
Sur dy moy moze	Sur helasie lay aymee
Sur mon seul plaisir	Sur comment peult a /
uoir ioye qui fortune contrainct.	
¶Et plusieurs autres.	

Le recueil contient 28 pièces, dont nous donnons une table alphabétique :

1° (fol. *E iiij*).

A la venue de Noël
Chacun se doit bien resjouyr...

Cette pièce se retrouve dans les *Noëlz* publiés par Guillaume Guerson de Villelongue à Paris, s. d. Le premier vers est cité dans *La Navigation du compaignon a la bouteille* (p. 40 de la réimpression).

2° (fol. *D iiij*).

Au sainct Nau
Chanteray sans point me faindre ;
Car le jour est feriau...

Cf. le n° 2982, art. 3.

3° (fol. *D ij* v°). *Noel en ecossois sur :*

> Il n'est plaisir n'esbatement
> Que de la guerre frequenter.
> Chanty noël la hault trestous,
> Patris, Johan, Jober, Vilhan ...

4° (fol. *F i*). Sur : Helas, je l'ay perdue.

> Chantons, je vous en prie,
> Par exultation ...

Cette pièce, qui se retrouve dans plusieurs recueils, est de Lucas Le Moigne (*Noëls*, 6d, de 1860, p. 79). — *Vieux Noëls*, [publiés par M. Lemeignen], 1876, I, p. 7.

5° (fol. *C i* v°) : Il m'y fauldra la guerre habandonner.

> Chantons noël, je vous prie humblement;
> Demenons joye pour la bonne adventure ...

6° (fol. *B i* v°). Sur : Trop fait follye vieillart qui se [marie].

> Chantons noël pour l'amour de Marie,
> Car c'est la dame qu'aunorer nous devons.
> Nostre bon premier pere Adam ...

7° (fol. *A iiij*). Sur : Monsieur vault bien madame.

> Chantons noël pour la Vierge honoree
> Qui a porté le fruict tresglorieulx ...

Les grans Noëlz nouveaulx (Paris, Pierre Sergent, vers 1540, in-8 goth. de 160 ff.), fol, 27 v°.

8° (fol. *C iij*). Sur : Dy moy, more, par ta foy.

> Chanton tous noël, chanton,
> Pastoureaulx et pastourelles ...

9° (fol. *D i*). Sur le chant de : Mon seul plaisir, ma doulce joye.

> Chantons trestous et menons joye
> De cueur parfait joyeusement ...

10° (fol. *A i* v°). *Conditor alme siderum,*
> *Eterna lux credentium...*

11° (fol. *C iiij*). Sur : Je t'ay aymee.

> Doulce Vierge honnoree,
> Royne de paradis ...

12° (fol. *A ij*). Sur : Marguerite dessus la...

> Esbatons nous, chantons noël
> Pour l'amour de Marie ...
> Chantons a ce jour sollempnel
> Noël, je vous emprie ...

13° (fol. *E iij* v°). Sur : Il fait bon aymer.

> Il fait bon aymer,
> Loyaument servir
> La vierge Marie ...

14° (fol. *E ij*). *Noël des filles penitentes,*

> Je ne me pourrois plus tenir
> Que je ne chantasse noël ...

15° (fol. *D ij*). Sur : Comment peult avoir joye
> Qui fortune contrainct.

> Joye soit demenee
> Pour l'amour de Jesus ...

16° (fol. *D ij* v°), Sur : M'amour vous ay donnee.

> Long temps fut desiree
> La venue de Jesus ...

17° (fol. *E i*).

> Nau nau nau nau, de par De' nau !
> Mere, o n'est si doulce vie
> Que de pastoureau...

Biblioth. nat., ms. fr. 2368, fol. xliij v°; — *Les grans Noelz* (Paris, Jehan Bonfons, vers 1550, in-8 goth.), fol. 1; — *Trente Noëls poitevins*, publiés par H. Lemaître et H. Clouzot, 1908, in-8, p. 18.

18° (fol. *B iiij* v°). Sur : Allegez moy, doulce plaisant [brunette].

> Noel, noel tout d'un accord chantons
> De la nativité...

19° (fol. *F iiij*). Sur : Nous sommes trois compagnons
> Qui venons.

> Nous sommes trois pastoureaux
> Tous nouveaulx...

20° (fol. *A ij*). *Puer nobis nascitur*
Rectorque angelorum...

21° (fol. *A iij*). Sur : Allons, allons, gay.,.

> Resjouyssons nous gayement a la feste
> Resjouyssons nous gayment a noël...

22° (fol. *B iij* v°). Sur : Resjouyssez vous, tous loyaulx amoureux.

> Resjouyssons nous tous, chantons de cueur joyeulx
> A la venue du hault Dieu glorieux...

23° (fol. *B ij* v°). Sur : L'amour de moy si est enclose.

> Vray Dieu, il n'est si doulce chose
> Que de chanter trestous noël...

Exemplaire du DUC DE LA VALLIÈRE (Cat. de De Bure, n° 3081, art. 6), de MÉON (Catal., 1803, n° 1896), de SOLEINNE (cédé par lui à l'amiable), du BARON JÉRÔME PICHON (Cat. 1869, n° 661) et du COMTE DE LIGNEROLLES (Catal., 1894, n° 1380). Relié en 1844.

2982 (1016 *b*). CANTIQVES DE || NOELZ [sic] anciens / les mieux faicts / || ¢ les plus requis du commun peu- || ple : Composez par plusieurs an- || ciens autheurs / a lhonneur de la || Natiuité de nostre Sauueur Ie- || sus-Christ / ¢ de la Vierge Marie. || *Au Mans,* || *Pour Geruais Oliuier : marchand* || *Libraire* / *tenant boutique* || *en la court de Monnoye.* — [A la fin :] *Imprime au Mans Par Francoys* || *Oliuier Imprimeur Et Libraire* || *Demeurant au Marche Sainct* || *Pierre.* S. d. [*vers* 1590], in-8 goth. de [56] pp. et 1 f. blanc, mar. bl., fil., dent., dos orné, tr. dor. (*Bauzonnet-Trautz.*)

Le titre est orné d'un bois qui représente la Nativité; le verso en est blanc.

Les feuillets sont paginés au recto seulement.

Le recueil, imprimé en grosses lettres de forme, contient 22 Noëls, dont voici une table alphabétique :

1° (p. 3).

> A la venue de noël
> Chacun se doit bien resjouyr...

Voy. le n° précédent, art. 1.

2° (p. 43). *Sur* : Allez luy dire, allez luy demander...

> Anges, archanges, cherubins, seraphins
> Meinent grant joye ...
> L'Ange du ciel j'ay ouy chanter...

Pièce réimprimée par M. Lemeignen, *Vieux Noëls*, 1876, I, p. 45.

BELLES-LETTRES. 329

3° (p. 41).
>> Au sainct nau
>> Chanteré sans point me faindre ;
>> Je ne daigneroys rien craindre...

Cf. le n° précédent, art. 2.

4° (p. 8). *Noël sur :* Or l'ay je bien perdue.
>> Chantons, je vous en prie,
>> Par exultation...

Par Lucas Le Moigne. Voy. le n° précédent, art. 4.

5° (p. 48). *Autre chant de Noël.*
>> Chantons nau naulet, je vous prie,
>> Chantons nau nau, de par Dieu nau...

6° (p. 27).
>> En attendant la feste
>> De la nativité...

7° (p. 22). *Noël sur :* La ceinture que j'ay ceincte,
>> Mon amy la me donna.
>> Gabriel d'une volee
>> Du haut du ciel s'en vola...

8° (p. 13). *Noël sur la chanson de* La grue.
>> Il fut un jeune oyselet
>> Qui chantoit ou ver boucaige...

9° *Noël sur le chant :* Joliet est marié.
>> Joseph est bien marié
>> A la fille de Jessé...

10° (p. 29).
>> Laissez paistre vos bestes,
>> Pastoureaux, par monts et par vaux...

11° (p. 46). *Sur :* La haut en ses boys, etc.
>> L'autruy, en gardant nostre bergerie,
>> Visme trois paisans : l'un est Ysaye...

12° (p. 53). *Sur :* Mon amy s'en est allé,
>> Je prie a Dieu qu'il le conduye.
>> Le bon Joseph s'en est allé
>> En Bethleem avec Marie...

13° (p. 50).
>> Louons tretous le Createur
>> De parfaicte pensee...

14° (p. 20).
>> Luciabel trop se glorifia
>> Et se deifia...

15° (p. 25). *Noël sur :* Penotte gardoit ses moutons, etc.
>> Marie en Bethleem s'en va ; *bis*
>> Du filz de Dieu elle enfanta, *bis*...

Les grans Noëlz nouveaulx (Paris, Pierre Sergent, vers 1540, in-8 goth.) fol. 22. — Dans ce recueil le timbre se lit ainsi : Penote s'en va au marché.

16° (p. 18). *Noël sur :* Resjouyssez vous bergeres,
>> Jeunes filles de Syon, etc.
>> Nau chantons d'une alliance,
>> Jeunes filles de Syon...

17° (p. 4).
>> Noël nouvelet, noël chantons icy !
>> Nouuel ! Les gens, rendons a Dieu mercy...

Vieux Noëls, [publiés par Lemeignen], 1876, I, p. 33.

18° (p. 6). *Autre Noël sur :* Fauce traïson.
>> Noël pour l'amour de Marie
>> Nous chanterons joyeusement...

Les grans Noëlz nouveaulx (Paris, Pierre Sergent, vers 1540, in-8 goth.), fol. 30. — *Vieux Noëls*, 1876, I, p. 38.

19° (p. 33). *Noël sur le branle de La Guerre.*

> Povre humaine nature
> Et toy, peuple de Syon...

20° (p. 15). *Noël sur:* Ramenez moy chez mes amys, Nicolas mon beau frere, etc.

> Saluons le doux Jesu Christ,
> Nostre Dieu, nostre pere...

Cette pièce est de JEHAN DANIEL, dit maître MITOU, et figure dans son recueil de 1524. Voy. notre n° 2983, art. 5.

21° (p. 38). *Noël sur:* Vien t'en, Michau.

> Vien t'en, Michau; plus ne sommeille,
> Chantons a haulte voix noël...

22° (p. 36). *Sur:* Jamais je n'aymeray Mason.

> Villot, mon joliet garson,
> Robin t'apelle...

Des bibliothèques du BARON JÉRÔME PICHON (Cat., 1869, n° 664) et du COMTE DE LIGNEROLLES (Cat., 1894, n° 1385).

2983 (1016 c) CHANTZONS sain ‖ ctes pour vous esbatre ‖ Elegantement exposees ‖ Par vng prisonnier composees ‖ Cest an mil cinq cens vingt ⁊ quatre. ‖ Grace ⁊ amour. I. D. Org. ‖

> ⁋ Sur puis que amours a si beau passetemps. ‖
> Sur trop enquerre nest pas bon. he mon mignon. ‖
> Sur ma bien acquise ie suis venu icy. ‖
> Sur vne bergerotte prinze en vng buisson. ‖
> Sur las baisez moy au departir nicholas mon ‖ beau frere. ‖
> Sur est il conclud par vng arrest damours. ‖
> Sur lariran lariran houiste sil est a ma poste. ‖
> Sur ie demeure seulle esgaree.

— [A la fin:] Grace ⁊ amour. Io. Danielis Org. *S. l. n. d.* [1524], in-8 goth. de 8 ff. non chiffr. de 26 lignes à la page pleine, sign. A-B, mar. bl., fil., dent., dos orné, tr. dor. (*Bauzonnet-Trautz.*)

Le titre porte les armes de France. (Voy. la reproduction ci-contre.)

Le recueil contient 8 pièces, dont la première occupe le v° du titre. Nous en donnons la table alphabétique:

1° (fol. *B ij*). *Sur:* Lariran lariran laine
Lariran fa.

> Chantons tous a voix doulcettes
> Pour ce mistere nouvel...

Les grans Noëlz nouveaulx (Paris, Pierre Sergent, vers 1540, in-8 goth.), fol. 49.

2° (fol. *A i* v°). *Sur:* Puis qu'en amours a si beau passetemps.

> Du bon du cueur chantons en ce sainct temps
> Noël noël, car il vient le bon sire...

Les grans Noëlz nouveaulx, v. 1540, fol. 43.

3° (fol. *B i* v°). *Sur:* Est il conclud par ung arrest d'amours.

> Il est conclud que nous avrons secours:
> Chassons dehors malheureux desespoir...

Les grans Noëlz nouveaulx, v. 1540, fol. 48 v°.

BELLES-LETTRES.

4° (fol. *B iij*). *Sur :* Je demeure seule esgaree.

Puis que Marie est acouchee,
Pastoureaulx, resjouyssez vous...

Les grans Noëlz nouveaulx, v. 1540, fol. 50.

Chantzons sain
ctes pour Vous esbatre
Elegantement epposees
Par ung prisonnier composees
L'est an mil cinq cens vingt (t quatre.

Grace (t amour. J. D. Org.

¶ Sur puis que amours a si beau passetemps.
Sur trop enquerre nest pas bon. Je mō mignon.
Sur ma bien acquise ie suis venu icy.
Sur une bergerotte prinze en ung buisson.
Sur las baisez moy au departir nicholas mon beau frere.
Sur est il concluds par ung arrest damours.
Sur fariran fariran houiste/sil est a ma poste.
Sur ie demeure seulle esgaree.

5° (fol. *A iiij*). *Sur :* Nicholas, mon beau frere,
Las, baisez moy au departir.

Saluons le doulx Jesuchrist,
Nostre Dieu, nostre pere...

Cf. le n° précédent, art. 20.

Les grans Noëlz nouveaulx, v. 1540, fol. 47.

6° (fol. *A iij* v°). *Sur :* Une bergerotte
Prinse en ung buisson.

En langue picarde.

Toute ame devote,
Par bonne raison...

Les grans Noëlz nouveaulx, v. 1540, fol. 46 v°.

7° (fol. *A iij*). *Sur :* Ma bien acquise, je suis venu icy.

Tresbien acquise, ostez nous de soulcy,
Nous submetons tous en vostre mercy...

Les grans Noëlz nouveaulx, v. 1540. fol. 46.

8° (fol. *A ij*). *Sur :* Trop enquerre n'est pas bon.

Ung soir bien tard m'y levay
Pour voyr a mes brebiettes...

Les grans Noels nouveaulx, 1540, fol. 44.
Le verso du dernier f. est blanc.

Chacun des noëls est signé de l'organiste JEHAN DANIEL. Nous avons déjà parlé de cet artiste qui nous a laissé à la fois de la musique, des pièces dramatiques (voy. ci-dessus, n°ˢ 2844 et 2852), des facéties (voy. n° 2853) et des cantiques. Quelques renseignements sur lui ont été donnés dans une réimpression des noëls à laquelle il nous suffira de renvoyer :

Les Noëls de Jean Daniel, dit maître Mitou, organiste de Saint-Maurice et chapelain de Saint-Pierre d'Angers, 1520-1530, précédés d'une étude sur sa vie et ses poésies, par Henri Chardon... Le Mans, Edmond Monnoyer, 1874, in-8 de lxx et 65 pp.

Ce volume a fait partie, comme le n° 2981, du recueil du DUC DE LA VALLIÈRE (Cat. de De Bure, n° 3081, art. 3), de MÉON (Cat., 1803, n° 1896) et de SOLEINNE. Il a figuré de même aux ventes PICHON (Cat., 1869, n° 688) et LIGNEROLLES (Cat., 1894, n° 1375).

2984 (1016 *d*) 🕮 NOELS io || yeulx Plain [*sic*] de plaisir || A chanter sans nul desplaisir. || Grace ¢ amour. ||

⁋ Sur Allez luy dire allez luy demander ||
Sur mon mary na plus que faire ||
Sur dieu te gard bergere ||
Sur hurelugogu quel doulce dance ||
Sur qui en amours veult estre heureux ||
Sur ce mignon qui va denuyt qui a fait brā- ||ler le. ¢c. ||
⁋ Aultre chanson poiteuine a plaisir ||
Sur en contemplant la beaulte de mamye. ||
Sur iamais ne mauiendra. ||
Sur ¢ don venez vous ma dame lucette ||
Sur la chanson de loublieur. ||

Iohannes Danielis Org. — ⁋ *Finis. S. l. n. d.* [*vers* 1525], in-8 goth. de 12 ff. non chiffr. de 26 lignes à la page pleine, sign. *A-C*, mar. bleu, fil., dent., dos orné, tr. dor (*Bauzonnet-Trautz*).

Le titre n'est orné d'aucun bois. (Voy. la reproduction ci-contre.)
Le volume contient 11 pièces, savoir :

1° (fol. *A iij v°*). *Sur :* Dieu te gard, bergere. En Poitou.

Berger et bergere,
Gardons nos moutons...

2° (fol. *C i*). *Chanson de Poitevin, fort joyeuse,*

Chantons plus hault que a la foyre,
Ma foy, voire...

Trente Noëls poitevins publiés par H. Lemaître et H. Clouzot, 1908, p. 65, d'après deux recueils qui n'indiquent pas le nom de l'auteur.

3° (fol. *C iij v°*). S'ensuit une belle chanson fort antique et de grant valleur, la chanson de l'Oublieur, *qui est de la v[i]eile faczon.*

Destoupés tretous voz oreilles,
Vous orrez racompter merveilles...

4º (fol. A ij). *Sur :* Mon mary n'a plus que faire
De venir en ma maison.

En ce sainct temps salutaire
Chantons, car il est saison ...

Les grans Noëlz nouveaulx, v. 1540, fol. 58 v°.

NOELS IO
yeulx plain de plaisir
A chanter sans nul desplaisir.

Grace & amour.

Sur Assez luy dire assez luy demander
Sur mon mary n'a plus que faire
Sur dieu te gard bergere
Sur hurelugogu quel doulce dance
Sur qui en amours veult estre heureux
Sur ce mignon qui va de nuyt qui a faict bra-
ter ft. &c.
Aultre chanson poiteuine a plaisir
Sur en contemplant la beaulté de mamye.
Sur iamais ne m'auiendra.
Sur a don venez vous ma dame lucette
Sur la chanson de loubsticut.

Johannes Danielis Org.

5º (fol. B ij v°). *Sur :* Qui en amour veult estre heureulx.

En ce sainct temps si precieux
Que veult florir l'arbre de vie...

Les grans Noëlz nouveaulx, v. 1540, fol. 62 v°.

6º (fol. C ij). *Sur :* En contemplant la beaulté de m'amye.

En contemplant la beaulté de Marie,
La Trinité par institution ...

7º (fol. C ij v°). *Sur :* Jamais ne m'aviendra brunette,

Jamais ne cessera la feste,
Tousjours on chantera noël.
J'ay ouy la criee
Des haulx anges chantans...

8º (fol. B i v°). *Chanson en poitou, sur :*

Hurelugogu, quel doulce dance,
Tant le jeu m'y semble mignon.
Le jour est vengu, hay, la grant chere !
Mere, ol est temps de crier nau ...

Les grans Noëlz nouveaulx, v. 1540, fol. 61 v° ; *Trente Noëls poitevins*, 1908, p. 85.

9º (fol. *C iij*). *Sur le chant :* D'ou venez vous, ma dame Lucet.
> Or vous travailles, pasteurs de Judee,
> Chantez par my le preau nolet, nolet, nolet !...

Trente Noëls poitevins, 1908, p. 52.

10º (fol. *B iij* vº). *Sur :* Ce mignon qui va de nuyt,
> Et debbe sur va dy Micheau
> Gringueligotons naulet nau !
>
> Que fais tu l'ardy pastoureau ?
> Du chant ne te souvient il point ?...

Trente Noëls poitevins, 1908, p. 69.

11º (fol. *A i* vº). *Sur :* Allez luy dire, allez lui demander.
> Vivons en joye, ne soit dueil affermé,
> Car de tristesse Noël a l'huys fermé.
> Trop cousta cher le petit mors
> Du premier pere ...

Ce recueil a fait partie comme les précédents des bibliothèques du DUC DE LA VALLIÈRE (Cat. de De Bure, nº 3081, art. 7), de MÉON (Cat., 1803, nº 1896), de SOLEINNE, du BARON JÉROME PICHON (Cat., 1869, nº 662) et du COMTE DE LIGNEROLLES (Cat., 1894, nº 1376). — Relié en 1844.

V.4.111

2985 (1016 e). ☾ SENSVYVENT ‖ Plusieurs Noelz Nouueaulx. ‖
Titulus. ‖
☾ Chansons nouuelles de Nouel ‖
Composees tout de nouuel ‖
Esquelles verrez les praticques ‖
De confondre les hereticques ‖

Io. Daniellus Organista..... *S. l. n. d.* [*vers* 1525], in-8 goth. de 8 ff. de 24 lignes à la page pleine, sign. *A-B*, mar. bl , fil., dent., dos orné, tr. dor (*Bauzonnet-Trautz.*)

Le titre donne une table des noëls ; en voici la reproduction :

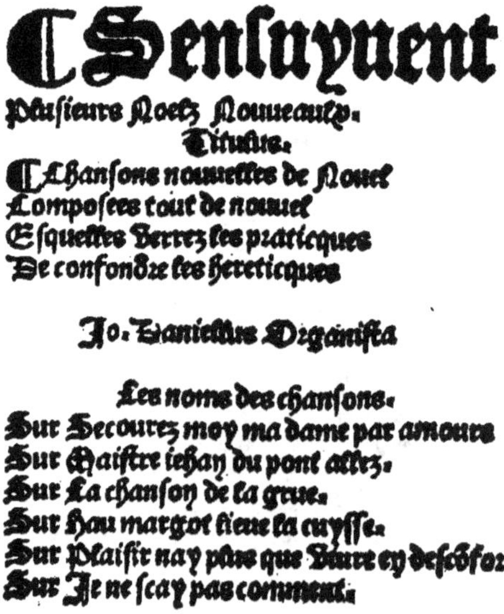

☾ Sensuyvent
plusieurs Noetz Nouueaulx.
Titulus.
☾ Chansons nouuelles de Nouel
Composees tout de nouuel
Esquelles verrez les praticques
De confondre les hereticques

Jo. Daniellus Organista

Les noms des chansons.
Sur Secourez moy ma dame par amours
Sur Maistre iehan du pont allez.
Sur La chanson de la grue.
Sur Hau margot tiens ta cuysse.
Sur Plaisir nay plus que ioure en desconfort
Sur Je ne scay pas comment.

Le volume ne contient que 6 pièces, savoir :

1° (fol. A i v°). *Sur :* Secourez moy, ma dame, par amours.

Au bon Jhesus ayons trestous recours,
Qui vient pour nous griefve mort encourir...

Les grans Noëlz nouveaulz (Paris, Pierre Sergent, v. 1540, in-8 goth.), fol. 37.

2° (fol. B iij). *Sur :* Playsir n'ay plus que vivre en desconfort.

Playsir n'est pas de vivre en desconfort.
Confortez vous, gens de noble valeur...

Les grans Noëlz nouveaulx, v. 1540. fol. 43 v°. — Dans ce recueil le 1er vers est la reproduction du timbre.

3° (fol. A iiij v°). *Sur :* Hau, Margot, lieve la cuisse.

Sur, Ragot, lieve la cuisse,
Ton rost avra bonne cuisce...
L'aultre nuict je rencontray
Bende non endormie...

Les grans Noëlz nouveaulx, (Paris, Pierre Sergent, v. 1540, in-8 goth.), fol. 40.

4° (fol. A ij). *Sur :* Maistre Jehan du Pont Allez,
             Or allez.

Ung fruict s'en vient de nouvel,
Or noël !
Nous mettre hors de souffrance...

Les grans Noëlz nouveaulx, v. 1540, fol. 38. — Cf. la pièce citée plus loin, n° 2987, art. 2.

5° (fol. A iij). *Sur la chanson de* La grue.

Ung gratieux oyselet
Est venu en nos villaige...

Les grans Noëlz nouveaulx, v. 1540, fol. 38 v°.

On a vu ci-dessus (n° 2982. art. 8) un noël composé sur le même timbre et débutant par les mêmes rimes.

6° (fol. B iij v°). *Sur :* Je ne sçay pas comment
             En mon entendement
             Plus fort je vous aymasse.

Vez cy l'advenement
Du roy du firmament
Qui des haulx cieulx desplace...

Les grans Noëls nouveaulx, v. 1540, fol. 42.

Ce recueil a fait partie des bibliothèques du DUC DE LA VALLIÈRE (Cat. de De Bure, n° 3081, art. 5), de SOLEINNE, de MÉON (Cat., 1803, n° 1896), du BARON JÉRÔME PICHON (Cat., 1869, n° 660) et du COMTE DE LIGNE-ROLLES (Cat., 1894, II, n° 1377). — Relié en 1844.

2986 (1016 *f*). CHANCONS || Ioyeuses de noel || Tres doulces ℯ recreatiues || Singulieres supellatiues || Et son faictes dassez nouuel. || Grace ℯ amour.... S. l. n. d. [vers 1525], in-8 goth. de 8 ff. de 26 lignes à la page pleine, sign. *A-B*, mar. bl., fil., dent., dos orné, tr. dor. (*Bauzonnet-Trautz.*)

Recueil composé, comme les précédents, par JEHAN DANIEL, dit maître MITOU.

Le titre contient la table :

CHANCONS
Joyeuses de noel
Tresdoulces & recreatiues
Singulieres supellatiues
Et sont faictes dassez nouuel.

Grace & amour.

¶ Sur au Boys de dueil en lombre dun soulcy
Sur qui la dira la doulleur de mon cueur
Sur mauldit soit ilqui fist amours
Sur ie my repens de Vous auoir aimee
Sur Vng iour daimer: Baisez moy tant tant
Sur amy souffrez que ie Vous aime
Sur le trihori de Basse bretaigne
Sur dictes moy Belle Voz pensee
Sur la Belle tirelire
Sur mon petit cueur helas.

Les noëls sont au nombre de 10, savoir :

1° (fol. *A iiij*). *Sur :* Ung jour d'aimer, baisez moy tant tant.
      Chantons noël, menons joyeuse vie !
      Enfans d'honneur, ayez de joye envie...

Les grans Noëlz nouveaulx (Paris, Pierre Sergent, v. 1540, in-8 goth.), fol. 54.

2° (fol. *B iiij*). *Sur :* Mon petit cueur, helas.
      Chantons noël nouël
      De voix doulce et jolye...

Les grans Noëlz nouveaulx (Paris, Pierre Sergent, v. 1540, in-8 goth.), fol. 58.

3° (fol. *A iij*). *Sur :* Mauldict soit il qui fist amours,
      Qui ne les fist durer tousjours.
      De chanter il est bien saison ;
      Chantons noël, car c'est raison...

Les grans Noëlz nouveaulx, v. 1540, fol. 59.

4° (fol. *A iij* v°). *Sur :* Je my repens de vous avoir (io) aymee.
      Gentilz pasteurs, qui veilles en la pree,
      Abandonnez tout l'amour terrien...

Les grans Noëlz nouveaulx, v. 1540, fol. 59 v°.

5° (fol. *A iiij* v°). *Sur :* Amy, souffrez que je vous ame.
      Pecheurs, souffrez que Dieu vous ame
      Et qu'il appaise sa rigueur...

Les grans Noëlz nouveaulx, v. 1540, fol. 54 v°.

6° (fol. *A ij* v°). *Sur :* Qui la dira, la douleur de mon cueur.

> Qui chantera noël du bon du cueur
> En honnorant celle qui Jesus porte ...

Les grans Noëlz nouveaulx, v. 1540, fol. 52 v°.

7° (fol. *A i* v°). *Sur :* Au boys de dueil...

> Reveillez vous, venez gaigner le pris,
> Gens endormis ; prenez en vous lyesse...

Les grans Noëlz nouveaulx, v. 1540, fol. 51 v°.

8° (fol. *B iij*). *Sus :* La belle tyre lyre. *En poitevin.*

> Sus, compeignon, vin chanter nau,
> Dancer la tyre lyre !
> Noël !

Trente Noëls poitevins publiés par H. Lemaître et H. Clouzot, 1908, p. 48.

9° (fol. *B i*). *Sur le trihory de Basse Bretaigne. Noël en breton qui parle françoys.*

> Tyvonnet et Mathery,
> Hervé, hanty trudaine,
> Faison en ung chantery ...

Les grans Noëlz nouveaulx, v. 1540, fol. 55.

10° (fol. *B ij* v°). *Sur :* Dictes moy, belles, vo(z) pensee.

> Vierge, dictes vostre pensee,
> Car nous avons a vous amour ...

Les grans Noëlz nouveaulx, v. 1540, fol. 56 v°.

Ce recueil a fait partie des bibliothèques du DUC DE LA VALLIÈRE (Cat. de De Bure, n° 3081, art. 2), de MÉON (Cat., 1803, n° 1896), de SOLEINNE, du BARON JÉRÔME PICHON (Cat., 1869, n° 657) et du COMTE DE LIGNEROLLES (Cat., 1894, n° 1378).

2987 (1016 *g*). ❡ NOELZ nouue ‖ aulx Imprimez nouuellement. ‖ Les noms des chansons. ‖ .... ‖ ❡ *On les vend a Paris a la rue sainct* ‖ *Iaques a lenseigne de sainct Martin en la* ‖ *maison de Iehan Oliuier*. S. d. [*vers* 1530], in-8 goth. de 8 ff. de 25 lignes à la page, sign. *A-B*, mar. bl., fil., dent., dos orné, tr. dor. (*Bauzonnet-Trautz*.)

Voir la reproduction du titre :

Le recueil ne contient que 5 pièces, savoir :

1° (fol. *A ij*). *Chanson de noël sur le chant de :*

> Nostre chambriere
> Et nostre varlet.
>
> Adam nostre pere,
> Quant tu fus deceu...

2° (fol. *A i* v°). *Chanson de noël sur :* Maistre Jehan du Pont Alays.

> Debout, Colin, Mariollet,
> Hau, Nolet !...

On a vu ci-dessus (n° 2985, art. 4) un autre noël composé sur le même timbre.

3° (fol. *B iij* v°). *Sur :* [Las !] que dict on en France, etc.

> Que dict on en Sirye,
> Damace et Sophené...

4º (fol. *A iiij*). *Aultre chanson sur le chant :*
Terremue tu, gentil fillette ?
Une Vierge nette et sure,
Qu'en ditz tu, dame Nature...

Les grans Noëlz nouveaulx, v. 1540, fol. 71 vº.

ℭ𝕹oelz nouue
aulɓ Imprimez nouuellement.

Les noms des chanſons.
Sur Maiſtre Jehan du pont alaitz
Sur Noſtre chamberie et noſtre Baſlet
Sur la chanſon Terremuetu gentilfillette
Sur Voicy lamant helas Voicy lamant
Sur Que dit on france.
Et pluſieurs aultres.

ℭ On les vend a Paris a la rue ſainct
Jaques a lenſeigne de ſainct Martin en la
maiſon de Jehan Oliuier.

5º (fol. *B ij*). Chanson de noël sur :
Voicy l'amant, helas, voicy l'amant
Qui tient mon cueur en presse.
Voicy l'amant, helas, voicy l'amant,
Le saulveur de nature..

Ce volume a fait partie des bibliothèques du DUC DE LA VALLIÈRE (Cat. de De Bure, nº 3081, art. 1), de MÉON (Cat., 1803, nº 1896), de SOLEINNE, du BARON JÉRÔME PICHON (Cat., 1869, nº 656) et du COMTE DE LIGNEROLLES, Cat., 1894, nº 1381).

2988 (1018*a*). NOËLZ vieux & nou- ‖ ueaux en l'honneur ‖ de la natiuité Ie- ‖ sus Christ, & de ‖ sa tresdigne mere. ‖ *A Lion* ‖ *Par Ian de Tournes* ‖ M. D. LVII [1557]. In-8 de 48 pp., mar. r. jans., tr. dor. (*Trautz-Bauzonnet.*)

Le titre est entouré du joli encadrement que *J. de Tournes* a employé pour ses éditions des œuvres de Louise Labé.

Les pp. 3-4 contiennent un avis « Au lecteur ». L'éditeur rappelle l'usage ancien des cantiques de noël. Primitivement on les composait « sur le chant de plusieurs hymnes qui se chantent en l'eglise, ausquels on avoit grande reverence. Depuis sont venuz plusieurs rythmiques qui, à leurs plaisirs, ont composé plusieurs noëlz sur le chant d'aucunes chansons lubriques et detestables, y ajoutant propos facecieux et loings du saint mystere, plus mouvant à derision qu'à devotion. » C'est pour réagir contre cette impiété que ce petit choix de noëls est publié.

Le volume contient 13 pièces latines et 12 pièces françaises, savoir :

Pièces latines

1º (p. 15). Pour le jour saint Estienne à la messe.
> *Ave fuit prima salus*
> *Qua vincitur hostis malus* ...

2º (p. 6). Pour le jour sainte Catharine.
> *Catharinae collaudemus virtutum insignia,*
> *Cordis praesentemus et oris obsequia* ...

3º (p. 5). Pour l'advent.
> *Conditor alme syderum,*
> *Aeterna lux credentium* ...

4º (p. 29). A vespres.
> *Congaudeat turba fidelium !*
> *Virgo mater peperit filium* ...

5º (p. 22). A vespres.
> *Hic discipulus ille est*
> *Qui super pectus Domini* ...

6º (p. 30). Le jour des rois, à la messe.
> *Nationis catholicae*
> *Gaudeat universitas* ...

7º (p. 7). Pour le jour saint Nicolas.
> *Nicolai solennia gaudere gentes facuint*
> *Et cantare halleluia dum ejus festa veniunt.*
> *Noë, Noë !*

8º (p. 9). Pour la messe de la minuit.
> *Noë noë iterumque noë,*
> *Triplicando noë, o noël psallite !* ...

9º (p. 14). A la grand'messe du jour de noël.
> *Noë noë noë noë !*
> *Ob nativitatem regis* ...

10º (p. 36).
> *O Messias, promissio Patris,*
> *Fili Dei, dans omnia gratis* ...

11º (p. 19). Pour le jour saint Estienne, à vespres.
> *Protomartyr Stephane,*
> *Laureatus es corona* ...

12º (p. 25). A vespres.
> *Puer natus est hodie.*
> *Decantemus melodia* ...

13º (p. 26). Pour le dimenche à la messe.
> *Puer nobis nascitur*
> *Rectorque angelorum* ...

Pièces françaises.

1º (p. 47).
> Chantons nau, de par Dé nau,
> Nau nau, de par Dé nau!...*bis*.

2º (p. 12). *Pour la messe de l'aube du jour.*
> *Chantons noë noë noë*
> *Conditor alme syderum ;*
> *Onques ne nasquit tel Joël*
> *Inter natos mulierum* ...

Les vers français alternent ici avec les vers latins.

3° (p. 37).
> Laissez paistre vos bestes,
> Pastoureaux, par monts et par vaulx..

Voy. ci-dessus, n°ˢ 2982, art. 10.

4° (p. 8). *Pour la veille de Noël.*
> L'ange du ciel descendit ;
> *Ave regina coeli* ...

Pièce moitié française, moitié latine.

5° (p. 41). *Autre [Noël].*
> Marie en Bethleem s'en va, *bis*
> Le fils de Dieu elle enfanta ... *bis*

Noëlz nouveaulx (Paris, P. Sergent, v. 1540), fol. 22.

6° (p. 33). *Pour le dimenche.*
> Noé la feste, Dieu la fit,
> Et les prophetes si l'ont dit...

7° (p. 23). *Pour le jour des Innocens, à la messe.*
> Noé noé noé de grand plaisir
> Que d'avoir un enfant ...

8° (p. 27). *A vespres.*
> Noé noé noé noé !
> Noé chantons joyeusement...

9° (p. 28). *Pour le premier jour de l'annee, à la messe.*
> Noé nouvelet, noé chantons ici ;
> Noé le chanterons à Dieu merci...

Vieux Noëls [publiés par M. Lemeignen], I, 1876, p. 33.

10° (p. 34). *Sur le chant : La brebis Morel.*
> Or chantons noé tous en bonne estraine
> De l'enfant qui est nay de vierge royne...

11° (p. 43). *Sur :* Ralliez vous, gendarmes,
Picards et Bourguignons.
> Ralies l'assemblee,
> Bergeres et pastours ...

Les vers qui servent de timbre sont ici altérés. La chanson originale, composée vers 1490, porte :
> Reveillez vous Piccars,
> Piccars et Bourguignons ...

Voy. Gaston Paris, *Chansons du XVᵉ siècle*, 1875, p. 140, n° 138.

Il est curieux de noter que cette belle et grave mélodie était encore populaire en 1557.

12° (p. 32). *A vespres.*
> Resveillez vous, cueurs endormis,
> Levez sus et chantons noé ...

La publication de ce recueil nous prouve qu'en 1557 Jean de Tournes flottait encore entre le catholicisme et le protestantisme. L'avis au lecteur témoigne de ses aspirations vers la Réforme ; mais nous voyons qu'il conserve encore les offices et les chants catholiques, ainsi que la dévotion à la Vierge.

De la bibliothèque du COMTE DE LIGNEROLLES (Cat., 1894, n° 1389).

2989. NOELZ NOV || VEAVX, et deuots Can- || tiques à l'honneur de la na- || tiuité de nostre Seigneur Iesus Christ, faicts || & composez par Christophle de Bordeaux || Parisien, pour l'annee mil cinq cens quatre || vingts || & vn. || *A Paris,* ||

BELLES-LETTRES. 341

Par Nicolas Bonfons, ruĕ neuue nostre || *Dame, a l'enseigne S. Nicolas.* — Fin. || Christophle de Bordeaux. *S. d.* [1580], in-8 de 8 ff. non chiffr., sign. *A-B* par 4, mar. r., fil., dos orné, tr. dor. (*Trautz-Bauzonnet.*)

Le titre est orné d'un bois qui représente l'adoration des mages.
Le volume contient 5 pièces, savoir :

1° (fol. *B ij*). *Noël nouveau, ou Cantique de la venue des trois roys pour adorer Nostre Seigneur, sur le chant :* Traistres de La Rochelle.

> Chantons tous ce jourd'huy
> Et donnons à congnoistre ...

2° (fol. *A i v°*). *Noël ou Cantique à la louange de la sacree vierge Marie, su[r] le chant de la* Cassandre.

> Doulce pucelle, trop aimer ne te puis,
> Tu es tant belle; c'est pourquoy te poursuys...

3° (fol. *A iij*). *Noël nouveau de la mission de l'ange Gabriel à la vierge Marie pour la conception de nostre redempteur ; sur le chant :*

> Il y a un clerc en ceste ville
> Qui est amoureux d'une fille.
> En Nazareth a une fille,
> Une pucellette gentille ...

4° (fol. *A iiij v°*). *Noël nouveau de la resjouissance des pasteurs et bergers sur le chant de :* Simonnet.

> Sus, bergers, qu'ou se resveille !
> N'esse pas assez dormy ?...

5° (fol. *A ij*). *Noël nouveau et devot Cantique fort pitoyable de la naissance de nostre Salvateur, sur le chant de la complaincte du Soldat de Poitiers.*

> Sus, catholiques ! Il me semble
> Qu'à ce tressainct jour solennel ...

Christophe de Bordeaux qui composait des farces telles que le *Varlet à louer à tout faire* (tome 1er, n° 781 ; Catal. Lignerolles, II, n° 1521), la *Chambriere à louer à tout faire* (Catal. Lignerolles, II, n° 1522 ; Montaiglon, *Recueil de Poésies françoises*, I, p. 89), tenait, comme Pierre Gringore, comme Jehan de l'Espine, dit du Pont-Alais, comme Jehan Daniel et certainement beaucoup d'autres auteurs fort profanes, à montrer son zèle religieux. On a de lui, outre ces noëls, un *Recueil de plusieurs belles chansons spirituelles* (Paris, pour Magdeleine Berthelin, s. d. [v. 1570], in-16 : Musée Condé, à Chantilly), etc.

De la bibliothèque du COMTE DE LIGNEROLLES (Cat., 1894, n° 1884).

2990. NOEL nouueau sur le chant || Pensez vous que mon cueur soit sans Amourette. *S. l. n. d.* [*v.* 1589], placard in-fol. imprimé d'un seul côté, car. ital.

Cette pièce se compose de dix couplets de quatre vers, et d'un refrain en deux vers correspondant au timbre :

> A ce jour predestiné
> Le vray Filz de Dieu est né ;
> Le ciel en a resonné
> Un canticque celeste.
> Du sainct jour de Noël
> Celebrons la feste.

On chantait sur le même air une chanson composée contre les ligueurs en 1589 :

> Les ligueurs n'ont point de foy,
> Ils ont faict tuer leur roy...

(Le Roux de Lincy, *Recueil de chants historiques*, II, p. 480.)

Ce placard a été découvert dans les cartons d'une reliure par M. SEYMOUR DE RICCI, qui a bien voulu nous l'offrir.

2991. Noelz nov- || veavx pour cette || presente année, mil six cens huict. || Par M. Toussains le Roy P. || Chanoine du Mans. ||

> Chantons enfans quoy qu'on en die ||
> Chantons Noel ieunes & vieux, ||
> En cet Aduent deuotieux ||
> Qu'on n'entende que melodie. ||
> I 'y assure ton los. ||

Au Mans, || *Chez la vefue Hierome Oliuier* : || *demeurant pres sainct Iulian.* || M. DC. VIII [1608]. In-8 de 12 ff. non chiffr., sign. *A-C*, mar. r., fil. à froid, dos et coins dor., tr. dor. (*Trautz-Bauzonnet.*)

Le titre est orné d'une figure qui représente la Nativité. Cette figure est un peu plus petite que celle du n° 2982 ; mais l'une est copiée sur l'autre.

Le recueil contient 7 pièces, savoir :

1° (fol. *B i*). *Noël nouveau, sur* : Triste habit, dont l'apparence, *ou sur* : J'avois d'une main soigneuse.

> Bergers et bergeronnettes,
> Accordons nos chalumeaux...

2° (fol. *A ij*). *Noël sur* : Par l'arrest des fatalitez.

> Il est arresté dans les cieux
> Par ordonnance souveraine...

3° (fol. *A iij* v°). *Noël nouveau sur* : Dedans ces desers solitaires.

> Le sainct Verbe engendré du Pere
> Devant la fabrique des cieux...

4° (fol. *C iij* v°). *Meditation sur* : Thyrsis vouloit mourir.

> Le Sauveur mis en croix par les Juifs inhumains
> Alloit souffrir la mort pour nous donner la vie...

5° (fol. *C ij*). *Autre Noël nouveau sur* : Nous estions trois jeunes filles.

> Nous estions trois bergerettes
> Auprès d'un petit ruisseau...

6° (fol. *B iij*). *Noël nouveau sur* : Nenny nenny, helas, nenny.

> O quelle aggreable notte
> M'a le cœur tout resjouy...

7° (fol. *B iiij* v°). *Discours de l'ange sur* : Reveillez-vous, belle Catin.

> Resveillez vous, gaiz pastoureaux,
> Qui menez paistre vos troppeaux...

La pièce qui sert de timbre se lit dans *La Fleur des chansons*, 1600, p. 238 de la réimpression.

De la bibliothèque du comte de Lignerolles (Cat., 1894, n° 1386).

2992. Noelz nov- || veavx pour cette || presente année, mil six cens vnze. || Par M. Toussains le Roy P. || chanoine du Mans. ||

> Dieu a tant aymé le monde ||
> Qu'il luy a son Fils donné ||
> Qui faict homme en terre est né ||
> D'vne Vierge pure & munde. ||
> Qui croit en luy fermement ||
> Viura perdurablement. ||
> I'y assure ton los. ||

Au Mans, || Chez la vefue Hierome Oliuier : || demeurant pres sainct Iulian. || M. DC. XI [1611]. In-8 de 8 ff. non chiffr., sign. A-B, mar. bl., dos orné, tr. dor. (Trautz-Bauzonnet.)

Le titre porte la figure de la Nativité signalée à l'article précédent.
Le volume contient 6 pièces, savoir :

1° (fol. B iij v°) ... *Noël sur le chant :*
  Il s'en va l'infidelle ;
  Pour luy je suis trop belle ...
   Elle s'en est allée
   La Vierge immaculée ...

La pièce qui sert de timbre est un « air de court » qui figure, en 1609, dans le *Rozier des chansons* (p. 20) et que Mangeant a recueilli (*Airs nouveaux*, 1608 ou 1615, fol. 95).

2° (fol. B i v°). *Autre Noël sur :* Appellez Robinette.
  Nous sommes trois bergeres
  De trois divers quantons ...

3° (fol. A iiij). *Autre Noël sur :* Quand le flambeau du monde.
  O divine puissance,
  O miracle des cieulx ...

La pièce qui sert de timbre se lit dans *La Fleur des chansons*, 1600, p. 85 de la réimpression.

4° (fol. A iij). *Autre Noël en forme de dialogue, sur le chant :* Beaux yeux dont les appasts ont sceu charmer mon cœur.
   Le Passant.
  Pasteurs, qui pleins d'espoir conduisez vos troupeaux
  Par ces ombreux valons, par ces aéres coupeaux ...

5° (fol. A ij). *Noël nouveau sur :*
  Si ceste mal'heureuse bande
  Se voit attaquée du sort,
  Plus il l'assaut, plus elle bande
  Sa force contre son effort.
   Resveillez vous, gaye brigade !
   Desja le bel astre reluit ...

6° (fol. B ij v°). *Autre Noël sur le chant :*
  Belle qui m'avez blessé d'un traict si doux,
  Helas, pourquoy me laissez vous,
  Moy qui languis d'un cruel desespoir
  Quand je suis sans vous voir ?
   Vierge qui avez receu tant de faveur, *bis*
   Que d'estre mere du Sauveur ...

De la bibliothèque du COMTE DE LIGNEROLLES (Cat., 1894, n° 1387).

2993. NOELZ NOV- || VEAVX composez || par deffunct maistre || Toussains le Roy, viuant || Prestre & Chanoine || du Mans. || I'y assure ton los. || *Au Mans,* || *Par Geruais Oliuier,* || *demeurant pres S. Iulien.* || M. DC. XV [1615]. In-8 de 8 ff. non chiffr., réglé, mar. bl. jans., tr. dor. (*Trautz-Bauzonnet.*)

Le titre est orné d'une figure qui représente la Nativité (voy. les deux articles précédents).

Le recueil, publié peu de temps après la mort de l'auteur, ne contient que 4 pièces, savoir :

1° (fol. *B ij* v°). *Noël nouveau sur le chant :*
Cessez, mortels, de souspirer ;
Ceste beauté n'est pas mortelle.

<small>Cessez, mortels, de souspirer
Après les vanitez du monde...</small>

La pièce qui sert de timbre est citée en 1640 dans *La Comedie de chansons* (Viollet-le-Duc, *Ancien Théâtre françois*, IX, p. 117).

2° (fol. *B iiij*). *Noël sur le chant :* Est-ce Mars le grand Dieu des alarmes ?

<small>Cet enfant, que je voy plein de larmes
En naissant...</small>

La pièce qui sert de timbre est tirée d'un ballet composé pour Madame. Voy. *Airs de différents autheurs mis en tablature de luth par Gabr. Bataille, quatriesme Livre* (Paris, Pierre Ballard, 1613, in-4), fol. 6 v° ; — *Le Trésor des chansons amoureuses, second Livre* (Rouen, 1614, in-12), p. 129. M. Fl. van Duyse a étudié spécialement cette mélodie (*Bulletins de l'Académie royale de Belgique*, 3ᵐᵉ série, XXVII, 1894, p. 978 ; XXXI, 1896, p. 217).

3° (fol. *A iij* v°). *Noël nouveau sur le chant :* Le petit enfant Amour, ou *sur :* Escoutez, tristes deserts.

<small>Jesus, le petit enfant,
Roy sur les cieux trimphant...</small>

La première des pièces qui servent de timbres se lit dans le *Recueil des plus belles et excellentes chansons* de Jehan Chardavoine, éd. de 1588, p. 4, et dans *La Fleur des chansons*, 1600, p. 299 de la réimpression.

4° (fol. *A ij*). *Noël nouveau sur le chant :*

Un jour l'amoureuse Silvie

<small>O doux Jesus, fils de Marie,
Sauvez moy, bon Dieu, je vous prie...</small>

Pour le timbre, voy. les *Airs nouveaux* (Caen, Jaques Mangeant, 1608, ou 1615, 3 part. in-12), I, fol. 16 v°.

De la bibliothèque du COMTE DE LIGNEROLLES (Cat., 1894, n° 1388).

2994. CANTIQVES || DE NOELS [*sic*] nouveaus, || Composés par deffunt Me. Toussains || Leroy, P. Chanoine du Mans. || Et plusieurs autres Noels, nouvellement [*sic*] || composés, sur des airs nouveaux. || Tous lesquels Noels sont notés, afin d'en trouver || le vray air, & les chanter plus gracieusement. || *A la Fleche,* || *Par Gervais Laboé, Imprimeur.* || M. DC. LXIV [1664]. || Avec Approbation, & Privilege. Pet. in-8 de 351 pp., mar. r. jans., tr. dor. (*Trautz-Bauzonnet.*)

Le titre est orné d'un bois qui représente la tête du Christ.
Le v° du titre est occupé par un avis « Au lecteur ».
Le recueil contient 85 pièces. Toutes ces pièces sont accompagnées des mélodies imprimées en caractères mobiles. Comme nous avons l'indication des chansons profanes auxquels les airs s'appliquaient primitivement, nous avons ainsi les mélodies de chansons plus anciennes d'un demi-siècle ou d'un siècle.

Voici la table alphabétique des noëls :

1° (p. 232). *Complainte des peres aus limbes, sur :*
Las ! je suis fille trop longtemps.

<small>Adam, nostre premier parent,
Fit bien nostre dommage...</small>

2° (p. 95). *Autre Noël, sur :* Alons mes amourettes,
Alons nous réjouir,
La la !

Alons, gaye bergère
Alons voir ce doux fruit,
La la...

Noëls publiés par Toussains Le Roy en 1605, fol. *L iij* v°.

3° (p. 219). *Cantique de noël, sur le chant :*
Estant couché près des ruchettes, etc.

Appuyé dessus ma houlette,
Je veillois sur ma troupelette...

La pièce qui sert de timbre est d'Amadis Jamyn (*Œuvres*, 1582, fol. 272) ; elle figure dans divers recueils de la fin du XVIe siècle.

4° (p. 113). *Dialogue de bergers, de la naissance de N. Sauveur et des beautés de la Vierge, sa mere, sur :* Croquans, croquans, *ou sur :* Elle est revenue, Denise.

Bergers, bergers, vous menez chére lie ;
D'où venez vous ainsi ?...

5° (p. 102). *Discours de l'ange aux pasteurs, sur :*
Dieus vous gard, bergerette.

Bergers et bergerettes,
Qui veillez vos troupeaux...

6° (p. 294). *Noël nouveau sur le chant :*
Triste habit, dont l'apparance, etc.

Bergers et bergeronnettes,
Accordons nos chalumeaux...

7° (p. 27). *Gayeté bergerique pour la feste de Noël, sur le chant :*
Ami, veux tu savoir comme...

Berger, veux-tu savoir comme
Je suis d'ayse transporté...

La pièce qui sert de timbre est une chanson de Claude de Pontoux (*Œuvres*, 1579, p. 222) :

Le noël figure dans le recueil composé par Toussains Le Roy en 1605 (fol. *D i* v°).

8° (p. 5). *Autre Cantique, sur le chant :* Blessé d'une playe inhumaine, etc.

Blessé d'une playe inhumaine,
Gisoit le pauvre genre humain...

Le timbre est une chanson de Philippe Des Portes (éd. Michiels, p. 149). La mélodie est probablement aussi de lui.

Noëls de Toussains Le Roy, 1605, fol. *A iij*.

9° (p. 184). *Noël nouveau, sur le chant :* Voicy, pauvres soldats, *ou :* Ne faites, bourgeois.

Ce beau jour de Noël
Menons réjouissance...

10° (p. 193). *Autre Cantique, sur le chant :* Non je ne le foray pas.

Ce beau jour plein d'alégresse,
Ce jour de sainte liesse...

11° (p. 79). Cantique de *Noël pour le jour des Innocens, sur un air de* BONNET *commançant :* Entre mile et mile douleurs.

Celui qui est sur tout puissant,
Celui qui est pur, innocent...

Le musicien Bonnet est peu connu. On trouve dans les *Œuvres* de La Valletrye, 1602, in-12 (fol. 41 v°) un sonnet et un quatrain précédés de ce titre : « De monsieur Bonnet en ses livres de musique nouvellement imprimés ».

12° (p. 335). *Noël nouveau, sur le chant :* Cessez, mortels, de soûpirer.

> Cessez, mortels, de soûpirer
> Après les vanités du monde ...

Voy. ci-dessus, n° 2993, art. 1.

13° (p. 338). *Meditation, sur le chant :* Est-ce Mars, ce grand dieu des alarmes ?

> Cet enfant que je voy plein de larmes
> En naissant ...

Voy. ci-dessus, n° 2993, art. 2.

14° (p. 17). *Noël, sur le chant :* Vive l'amour, l'houre et le jour, etc.

> C'est trop reigné sur les humains,
> Satan par trop ambitieux ...

15° (p. 198). *Complainte d'Adam, sur le chant :*
> Étendu parmi les fleurs
> Que j'arouse, etc.

> Comblé de tant de malheurs,
> Je me baigne dans mes pleurs ...

16° (p. 118). *Noël nouveau, sur le chant :*
> Il n'est point de belles amourettes,
> Qui ne les voit tous les jours.

> Dieu vous gard, vierge Marie,
> Vous et votre cher epoux ...

17° (p. 91). *Noël nouveau, sur le chant :*
> Dieu vous gard, belle bergére,
> Vous et vos moutons aussi, etc.

> Dieu vous salue, Marie,
> Plaine de grace et bonheur ...

La Chanson qui sert de timbre se trouve, avec la mélodie, dans le *Recueil des plus belles et excellentes chansons* de Jehan Chardavoine, éd. de 1588, fol. 250. Elle figure dans divers autres volumes, notamment dans le *Recueil et Eslite de plusieurs belles chansons* (Anvers, J. Waesberge, 1576, in-12), fol. 289.

18° (p. 104). *Le Baiser de la Clemance et de la Justice de Dieu, sur le chant :*

> Ce fut alors que l'aurore
> Commença, etc.

> Dieu, voyant la tyrannie
> Dont Sathan nous martyroit ...

La chanson qui sert de timbre figure, en 1597, dans *le Nouveau Recueil*, p. 184

Noëls de Toussains Le Roy, 1605, fol. L *iiij* v°.

19° (p. 321). *Noël nouveau, sur le chant :* Il s'en va l'infidelle, etc.

> Elle s'en est allée,
> La Vierge immaculée ...

Voy. ci-dessus, n° 2992, art. 1.

20° (p. 263). *Noël nouveau, sur le chant :* Enfin celle que j'aime tant, etc.

> Enfin celle que j'aime tant,
> Que Dieu nous a fait grace ...

Il faut lire :

> Enfin le jour est advenu ...

La pièce qui sert de timbre figure en 1609 dans le *Rozier des chansons*, p. 51.

21° (p. 121). *Autre Noël, sur le chant :*
> Que je ne vous veux pas dire,
> Je tenois sur l'herbe assise
> Janneton auprès de moy.

En gardant ma bergerie,
L'autre nuit, que je veillois...

22° (p. 266). *Noël nouveau, sur le chant :* En traversant ces campagnes, etc.

En traversant ces campagnes
Comme chasseurs...

23° (p. 38). *Noël nouveau, sur :*

En prenant votre plaisir
Gardez l'honneur.

Gaye pastourelle,
As-tu pas ouï le son...

24° (p. 21). *Le Paradis terrestre, sur le chant :* Pauvre fille que je suis, etc.

Ha, fragile que je suis,
Malheureuse et desolee...

La Chanson nouvelle des regretz de la marquise d'Ancre (1617), pièce réimprimée par Ed. Tricotel, en 1875, à la suite des *Unicques et parfaictes Amours de Galigaya et de Rubico*, se chantait sur :

Pauvre femme que je suis.

25° (p. 228). *Les Signes du Jugement, sur :* Esprits qui soupirez.

Humains, considerez combien sont dissemblables
Les deux advenemans du fils du Tout-Puissant...

26° (p. 289). *Noël nouveau, sur le chant :* Par l'arest des fatalitez, etc.

Il est arrêté dans les cieux
Par ordonnance souveraine...

Voy. ci-dessus, n° 2991, art. 2.

27° (p. 43). *Autre Noël, sur le chant :*

Durant le mal violant
Que sant mon ame.

J'ay bien ouï des pipeaus
Et des musettes...

28° (p. 279). *Noël nouveau, sur le chant :* Alors que mon cœur s'engage...

J'aime la sainte alégresse
Où Dieu n'est point offensé...

La pièce qui sert de timbre figure, en 1597, dans le *Nouveau Recueil*, p. 113.

29° (p. 164). *Cantique à la louange de la glorieuse vierge Marie, sur le chant :* J'aimeray toûjours ma Philis :

J'aymeray toûjours ardammant
Celle qui divinemant...

La pièce qui sert de timbre figure, en 1600, dans *La Fleur des chansons*, p. 96 de la réimpression.

30° (p. 214). *Noël nouveau, sur le chant :*

J'eusse bien voulu dresser
L'amour avec Izabelle ;
Mais je craignois de verser
L'argent de mon escarcelle, etc.

Je cheminois, l'autre nuit [*lisez* jour]
Vers Bethleem la jolie...

La pièce qui sert de timbre se lit dans *La Fleur des chansons*, 1600, p. 486 de la réimpression.

31° (p. 126). *Noël nouveau sur le chant :*

Toujours me disoit Françoise :
Vrayemant je vous mariray.

Je cheminois l'autre nuit
Mon chemin vers Bethanie...

32° (p. 256). *Autre Noël, sur le chant :*

 Je me suis levé par un matinet
 Et du muguet..

 Je me suis levé par un matinet
 Que l'aube prenoit son blanc mantelet ...

Vieux Noëls, [publiés par M. Lemeignen], I, 1876, p. 57.

33° (p. 287). *Noël nouveau, sur le chant :* Si le parler et le silence...

 Je ne veux passer sous silance
 Cet admirable advénement ...

34° (p. 328). *Noël nouveau sur le chant :* Le petit enfant, etc.

 Jesus, le petit enfant,
 Roy sur les cieus triomphant ...

Voy. le n° 2993, art. 3.

35° (p. 142). *L'Histoire des roys, sur le chant :*

 Il est vray, je le confesse,
 Je suis amoureux.

 Je veux en ce saint cantique
 Re[n]forcer ma voix ...

La pièce qui sert de timbre se lit dans *La Fleur des chansons*, 1600, p. 329 de la réimpression.

36° (p. 150). *Le Voyage d'Egipte, sur le chant :* Médor, tu fus heureux, ou : O deserts écartés...

 Joseph tu fus heureux
 Quand du Tres-Haut la sagesse infinie ...

La pièce qui sert de timbre se lit dans le *Troisiesme Livre du Recueil des chansons* (Paris, Claude de Montre-œil, 1579, in-16), fol. 68, et dans *L'Excellence des chansons* (Lyon, Benoist Rigaud, 1584, in-16), fol. 25 v°.

37° (p. 224). *Les Bergeres, sur le chant :*

 Voila, voila, la la la,
 Comme l'on fait au vilage.

 La champestre bergérette,
 Si tôt qu'aproche l'Avant ...

38° (p. 109). *Noël nouveau, sur le chant :*

 Au joli bois m'en vay,
 Au joli bois j'iray.

 La claire lumière
 Du soleil doré ...

39° (p. 283). *Noël nouveau, en forme de dialogue, sur le chant :* Quitons ce facheus point d'honneur, etc.

 LE BERGER.

 Laissons, bergers, en ces patis
 Nos moutons paitre l'herbe tendre ...

Pour le timbre, voy. *La Fleur des chansons*, 1600, p. 131 de la réimpression ; *Le Rozier des chansons*, p. 56.

40° (p. 156). *Noël nouveau, sur le chant :* On dit qu'en ce monde, etc.

 L'auteur de ce monde,
 Ayant créé les hauts cieux ...

Pour le timbre, voy. *La Fleur des chansons*, 1600, p. 481 de la réimpression.

41° (p. 54). *Noël nouveau, sur le chant :* Un jour m'en alois seulette.

 L'autre nuit sur ma logette
 J'écoutois un angelot ...

Pour le timbre, voy. *Le Recueil des plus belles et excellentes chansons*, publié par Jehan Chardavoine, éd. de 1588, fol. 189.

BELLES-LETTRES. 349

42° (p. 34). *Autre, sur le chant :*
> A Dieu, ville, vous command ;
> Il n'est plaisir que des chans.
>> L'autrui parmi ces campagnes
>> J'alois mon troupeau gardant ...

43° (p. 97). *Autre, sur :*
> Quoique l'on me porte envie,
> L'aimeray toute ma vie.
>> L'empereur de Rome
>> A fait publier ...

44° (p. 291). *Noël nouveau, sur le chant :* Dedans ces deserts solitaires.
>> Le saint Verbe engendré du Pere
>> Devant la fabrique des cieux ...

Voy. le n° 2991, art. 3.

45° (p. 307). *Meditation, sur le chant :* Tyrsis vouloit mourir.
>> Le Sauveur mis en croix par les Juifs inhumains
>> Aloit souffrir la mort pour nous donner la vie ...

Voy. le n° 2991, art. 4.

46° (p. 52). *La Chanson qui commence :* Les Mariniers *tournée en noël.*
>> Les mariniers n'adorent qu'un beau jour
>> Quand, plains d'espoir, s'en vont courir fortune ...

La pièce qui sert de timbre remonte à l'année 1535. Voy. Le Roux de Lincy, *Chants historiques*, II, p. 104.

47° (p. 56). *Cantique pour le jour de Noël, sur :*
> O combien ces hommes sont
> Ramplis d'inconstance.
>> L'eternel grand Dieu des dieux,
>> Ayant créé les hauts cieux ...

48° (p. 235). *Noël nouveau, sur le chant :* Ne vous offansez, madame.
>> Lorsque Dieu voulut du monde
>> Faire la redemption ...

Pour le timbre, voy. *La Fleur des chansons*, 1600, p. 130 de la réimpression.

49° (p. 242). *Noël nouveau, sur le chant :*
> Quand j'étois petite garce.
> Il est jeur [*lisez* jour], etc.
>> Menons tous réjouissance !
>> Il est jour ? — Non est. — Si est ...

Pour le timbre, voy. *Plusieurs belles Chansons*, 1535, n° 12 ; *Chansons nouvelles* (Paris, Alain Lotrian, 1543), fol. 18.

50° (p. 304). *Autre Cantique sur le chant :* Nous étions trois jeunes filles, etc.
>> Nous étions trois belles filles [*lisez* trois bergerettes
>> Aupres d'un petit ruisseau ...

Voy. ci-dessus, n° 2992, art. 5.

51° (p. 317). *Noël, sur :* Apellez Robinette, etc.
>> Nous sommes trois bergeres
>> De trois divers cantons ...

Voy. ci-dessus le n° 2892, art. 2.

52° (p. 314). *Noël nouveau, sur le chant :* Quand le flambeau du monde, etc.
>> O divine puissance
>> O miracle des cieux ...

Voy. ci-dessus le n° 2992, art. 3.

53° (p. 325). *Noël nouveau, sur :* Un jour, l'amoureuse Silvie.

> O doux Jesus, fils de Marie,
> Sauvez moy, bon Dieu, je vous prie ...

Voy. ci-dessus le n° 2993, art. 4.

54° (p. 270). *Noël nouveau, sur le chant :*
> [O] cruelle départie,
> Malheureux jour.

> O heureuse journée
> Jour gratieux ...

55° (p. 9). *Cantique de Noël, sur le chant.*
> On peut faindre par le ciseau
> Ou par l'ouvrage du pinceau.

> On peut d'un vers ingénieux
> Faire les miracles des cieux ...

La pièce qui sert de timbre est de JOACHIM DU BELLAY (éd. Marty-Laveaux, I, p. 270).

56° (p. 7). *Cantique pour la nuit de Noël, sur le chant :* O nuit, jalouse nuit, etc.

> O nuit, heureuse nuit, tant de fois desiree,
> Nuit qui n'a point son chef voylé d'obscurité ...

La pièce qui sert de timbre est de PHILIPPE DES PORTES (éd. Michiels, p. 378) ; elle a été reproduite dans un grand nombre de chansonniers.

57° (p. 298). *Noël nouveau sur le chant :* Nanny nanny, hélas, nanny.

> O quelle agréable note
> M'a le cœur si réjoui ...

58° (p. 259). *Noël nouveau, sur le chant :* Où t'en vas-tu si tôt, Morphée, etc.

> Où vas-tu, gente pastourelle ?
> Vien t'en assoir aupres de moy ...

59° (p. 188). *Noël nouveau, sur le chant :* Helas, monnier, beau monnier, etc.

> Par un matin me levay,
> Plû tôt que la poussinière ...

60° (p. 312). *Autre Noël en forme de dialogue, sur le chant :* Beaus yeux dont les apas ont seu charmer.

LE PASSANT.

> Pasteurs, qui plains d'espoir conduisez vos troup[e]aus,
> Par ces ombreux valons, par ces aérez coupeaus ...

Voy. ci-dessus, n° 2992, art. 4.

61° (p. 171). *L'Ange aux pasteurs, sur :* Volez, petit Amour, droit à Madame.

> Prenez, simples pasteurs, réjouissance !
> Le seigneur des seigneurs, Dieu de puissance ...

La Fleur des chansons, 1600 (p. 487 de la réimpression) donne la chanson qui sert de timbre, avec cette variante :

> Volez, petit archer, etc.

62° (p. 13). *Cantique de Noël, sur le chant :* Ma mignonne, tu efface[s], etc.

> Pucelette, tu efface[s]
> D'une excessive beauté ...

63° (p. 48). *Noël sur :* Simonet, Gajolet, Flageolet !
> Berce l'enfant qui crie
> Et si t'en va au lait.

> Puisque la blonde Aurore
> De son taint jaunelet ...

BELLES-LETTRES. 351

64º (p. 174). *Gaeté pastourale pour [le] jour de Noël, sur le chant :*
Puisque l'on ne m'a donnée
A celuy que j'aimois tant.

Puisque l'on ne m'a menée
A ce saint acouchement ...

La pièce qui sert de timbre se lit dans *La Fleur des chansons*, 1600, p. 108 de la réimpression.

65º (p. 179). *Cantique de Noël, sur :* O la pure folie, etc., *et se chantent les quatre derniéres lignes de chaque couplet sur le mesme chant du refrain.*

Puisque nôtre bel ame
A l'amour prend plaisir ...

66º (p. 273). *Noël nouveau, sur le chant :* Helas, j'ay sans mercy, etc.

Quand Adam, nôtre père
Eut le forfait commis ...

67º (p. 30). *Gayeté bergerique, sur le chant :* Benit soit l'œil brun de Madame, etc.

Quand Gabriel prit la volée
Sur les plaines de Galilée ...

La pièce qui sert de timbre est une chanson imitée de PÉTRARQUE par CLAUDE DE PONTOUX (*Œuvres*, 1579, p. 178).

68º (p. 136). *Cantique en forme de méditation dévote sur la nativité de nôtre sauveur Jesus-Christ, sur le chant :* Quand je voy ce bel œil vainqueur, etc.

Quand je voy mon Dieu tout puissant
Humble naissant ...

Pour le timbre, voy. *La Fleur des chansons*, 1600, p. 374 de la réimpression.

69º (p. 238). *La Visitation, sur :* Parmy tant de vipéres, etc.

Quand la Vierge Marie
Eut par vertu du Saint-Esprit ...

70º (p. 3). *Cantique en forme de prologue, sur le chant :* Si la vertu d'une dame constante, etc.

Qui voudra voir commant l'amour divine
A sçû gaigner le haut Dieu qui domine ...

71º (p. 200). *Clemance divine console Nature humaine, sur le chant :* En cette ville a une fille, etc.

Réjouis toy, Nature humaine,
Tu seras bien tôt hors de peine ...

72º (p. 309). *Noël nouveau, sur le chant :* Si cette malheureuse bande, etc.

Reveillez-vous, gaye brigade,
Déjà le bel astre reluit ...

Voy. ci-dessus, nº 2992, art. 5.

73º (p. 301). *Discours de l'Ange, sur :* Reveillez-vous, belle Catin.

Reveillez-vous, gaie pastoureaus,
Qui menez paître vos troupeaux ...

Voy. ci-dessus, nº 2991, art. 7.

74º (p. 275). *Noël nouveau, sur le chant :* Si c'est pour mon pucelage...

Si c'est pour ôter la vie
A cet enfant nouveau né ...

75º (p. 167). *Les Peres aux lymbes, sur le chant :*
Si fussiez venu de sorte,
Mon amour vous eussiez eu, etc.

Si Satan n'eust eu envie
Sur nôtre félicité ...

Pour le timbre, voy. *La Fleur des chansons*, 1600, p. 163 de la réimpression.

76° (p. 84). *Autre Noël, sur le chant :*
Or sus donques, dieu d'amours,
Donnez-moy quelque secours.

    Un bel enfant nous est né
    D'une vierge pure...

77° (p. 245). *Noël nouveau sur le chant :*
Une fille de vilage
M'a pris en affection.

    Une bergére jolie
    Par un matin se leva...

Pour le timbre, voy. *La Fleur des chansons*, 1600, p. 399 de la réimpression ; — *Chansons des comediens* (Caen, Jaques Mangeant, v. 1615), fol. 9 v°.

78° (p. 87). *Noël nouveau, sur le chant :*
Une jeune fillette
De noble cœur

    Une Vierge feconde,
    De grand' beauté...

Pour le timbre, voy. *Recueil de plusieurs chansons* (Lyon, Benoist Rigaud et Jan Saugrain, 1557), p. 68 ; — *Le Recueil des plus belles et excellentes chansons*, de Jehan Chardavoine, éd. de 1588, fol. 135 v° ; — Haupt, *Französische Volkslieder*, 1877, p. 152, etc., etc.

79° (p. 210). *Noël nouveau, sur le chant :* J'aime une belle bergére, etc.

    Une vierge gratieuse,
    Des filles de Nazareth...

Le timbre est un « air de court » ; on en trouve les paroles dans *La Fleur des chansons*, 1600, p. 69 de la réimpression.

80° (p. 72). *Noël nouveau, sur la chanson de Bourges commançant :* Or sus, bons François.

    Veillant l'autre nuit
    Sur ma bergerie...

81° (p. 65). *Gayeté bergerique, sur le chant :*
La rosée du joli mois de may
Si m'a mouillée,
Mon mignon et moy.

    Veillant l'une de ces nuits
    Sur ma troupe laissée...

82° (p. 62). *Autre Cantique en l'honneur de la Vierge, sur le chant :*
Belle, qui me vas martirant
Et qui me fais chanter, etc.

    Vierge qui alez bien heurant
    Par votre humilité...

La pièce qui sert de timbre se lit dans le *Nouveau Recueil de toutes les chansons nouvelles*, vers 1580, fol. 49 v°, et dans *La Fleur des chansons nouvelles* (Lyon, Benoist Rigaud, 1586), p. 37.

83° (p. 320). *Autre Cantique, sur le chant :* Belle, qui m'avez blessé, etc.

    Vierge qui avez receu tant de faveur
    Que d'estre mére du Sauveur...

Voy. ci-dessus, n° 2992, art. 6.

84° (p. 68). *Noël de la naissance et passion de N. S. J. C., sur le chant :* Adieu, mes cruelles amours.

    Voulez ouïr chose piteuse ?
    Dieu prant naissance souffreteuse...

BELLES-LETTRES.

Le timbre est peut-être la chanson qui figure dans le manuscrit V. III. 24 de l'Escurial, fol 26, avec une mélodie à deux voix :
> A Dieu mes tresbelles amours.

Voy. Pierre Aubry, *Iter hispanicum*, 1907, p. 518.

85⁰ (p. 250). *Noël nouveau, sur le chant :* En ce jour où Dieu fut né, etc.
> Voicy le jour révolu,
> Que le Sauveur a voulu ...

Exemplaire du COMTE DE LIGNEROLLES (Cat., 1894, n° 1389).

5. — *Poésies en provençal et dans les divers patois de la France.*

2995 (1024 *a*). PROLOGVE faict || par vn messager || Sauoyard, sur le || rencontre de || trois Nymphes, || prisonnieres par || trois Mores. || Faict en rime Sauoyarde, auec la plaincte de la || quatriesme Nymphe de l'emprisonne- || ment de ses sœurs. || M. D. XCVI [1596]. In-8 de 14 pp. et 1 f. blanc, mar. v., fil. à froid, doublé de mar. r., dent., tr. dor. (*Koehler.*)   II.7.81

> Le *Prologue,* qui compte 288 vers, commence ainsi :
> > Di z-a par, megna ! Di se sey !
> > N'é-jou pas prou ita à vous vey ? ...
>
> La pièce a du être récitée à Lyon lors des réjouissances qui eurent lieu dans cette ville pour le rétablissement de la paix. Voy. *Romania, XVII* (1888), pp. 237-240.
>
> Exemplaire de CHARLES NODIER (Cat. 1844, n° 644), du MARQUIS DE LA FERTÉ-SENECTÈRE (Cat., 1873, n° 1030) et de J. RENARD (Cat., 1881, n° 774).

6. — *Poètes italiens.*

A. — Poésies de divers genres.

2996 (1026 *a*). TOVTES || LES EVVRES || vulgaires || de Francoys Petrarque. || Contenans quatre Liures de M. D. Laure d'A- || uignon sa maistresse : Iadis par luy composez en || langage Thuscan, & mis en Françoys par Vas- || quin Philieul de Carpētras Docteur es Droicts. || Auecques briefz Sommaires ou Argumēs requis || pour plus facile intelligence du tout. || *En Auignon.* || *De l'Imprimerie de Barthelemy* || *Bonhomme.* || Auec priuilege du Roy. || 1555. In-8 de 399 pp. mal chiffr. (la dernière portant 409), car. ital., mar. bleu, fil., dos orné, tr. dor. (*Trautz-Bauzonnet.*)   II.7.8

> Le titre porte la marque de *B. Bonhomme,* avec la devise *Spes mea Deus* (Silvestre ne l'a pas reproduite).
> Au v° du titre est un extrait du privilège accordé pour cinq ans à Vasquin Philieul par le roi Henri II ; la date n'en est pas rapportée. On lit à la suite : « Ce livre a esté achevé d'imprimer, du consentement dudict Philieul, le quatrieme jour du moys de novembre 1555 ».
> Les pp. 3-7 contiennent une épître en vers du traducteur « A tresillustre et souveraine dame, ma dame Catharine de Medicis, royne de France » :
> > De tout mon cœur, royne qui n'as eguale,
> > Pris et appuy de la Fleur liliale ...

Le volume contient la traduction du *Canzoniere* de Pétrarque. La page 329 (chiffrée par erreur 339) est occupée par un titre ainsi conçu :

Liure qua-||trieme de Lau-||re d'Auignon. || ℨ || Contenant les six Triomphes que Petrar-||que fit pour elle. C'est a scauoir d'Amour, de || Chasteté, ou Raison, de Mort, de Renōmée, du || Temps, & d'Eternité, ou Diuinité. || Des fleurs le fruict. || *En Auignon.* || 1555.

Au vᵒ de ce titre est un sonnet de V. Philieul « Au treschrestien roy Henry deuxieme », puis vient un *Argument* (en prose).

La p. 409 [*lisez* 399] est occupée par un sonnet de JAN CHARRIER « aux lecteurs ».

L'erreur dans la pagination se produit après la feuille *P*. Les chiffres passent de 240 à 251.

Philieul s'efforce de traduire Pétrarque vers pour vers ; au moins tous les sonnets italiens sont rendus par des sonnets français.
Chaque pièce est précédée d'un argument en prose.

Voici le début du premier sonnet (p. 9) :
>Vous qui oyez les chantz icy desdulctz
>De ces souspirs dont mon cœur en detresse ...

Voici également les premiers vers du *Triomphe d'Amour* :
>Au temps, lequel mes souspirs renouvelle
>Par souuenir de la doulce journée ...

Sur le traducteur, Vasquin Philieul, voy. Émile Picot, *Les Français italianisants*, II (1907), pp. 43-48.

Exemplaire du COMTE DE LIGNEROLLES (Cat., 1894, nᵒ 1455).

2997 (1026 *a*). LE || CORONEMENT || de Messire Françoys Petrar- || que Poëte Floren- || tin, faict a Rome. || Enuoyé par Messire Sennucce Del Bene, au Ma- || gnifique Cam Della Scala, Seigneur de || Verone. || Nouuellement traduit de Toscan en François. || *A Paris,* || *Chez Gabriel Buon, au Clos Bruneau,* || *à l'enseigne S. Claude.* || 1565. In-4 de 9 ff. chiffr., caract. ital., et 1 f. blanc.

Le titre porte la marque de *Gabriel Buon* (Silvestre, nᵒ 289).

Au vᵒ du titre est une épître adressée « Au seigneur Françoys Del Bene, gentilhomme ordinaire de la chambre du roy », par BAPTISTE DE BARLEMONT. Dans cette épître, datée « de l'université de Paris, le 22. de decembre 1564 », Barlemont dit que la traduction a été faite depuis peu » par un gentilhomme versé au[x] deux langues ».

La pièce dont nous avons ici la traduction avait paru sous le titre suivant :

Il solenne Trionfo fatto in Roma quando Fr. Petrarcha fu laureato e coronato poeta in Campidoglio, ritratto fedelmente dall' antico (Stampato in Padova, per Giacopo Fabriano, 1549, in-8). Le texte italien est lui-même la traduction d'un original latin imprimé en 1531. Voy. Brunet, IV, col. 572.

La pièce est reliée à la suite de la *Remonstrance au peuple françoys* de Guillaume Des Autelz (nᵒ 2882).

2998 (1227 *a*). RVFIANELA || de Miser Ioanne bocazo Con vna || Barzeletta e Sonetti e Cancione e || Capituli nouamentē [*sic*] azonti. — *Finis. S. l. n. d.* [*Florence, vers* 1515], in-4 goth. de 4 ff. non chiffr. de 40 lignes à la page, impr. en lettres de forme sur 2 col., sign. A, mar. or., dos et milieu ornés, tr. dor. (*A. Cuzin.*)

Le titre est orné d'une figure qui représente cinq personnages : une dame dansant entre deux hommes, puis un joueur de lut et un tambourin. Le poème commence ainsi au v° même du titre :

> Venite, pulcelete et belle donne
> a me fanciulla piena di gloria
> per la dolce victoria
> ch'io hebbi d'amore, et pigliate in exemplo.

Bien que le titre porte le nom de Boccace, cette pièce, ainsi que le remarque Mazzuchelli (*Scrittori d'Italia*, II, III, p. 369), ne peut être sérieusement attribuée à l'auteur du *Decaméron*.

Voici le détail des pièces ajoutées au poème par l'imprimeur :

1° (fol. A ij^d).   *Sonetto.*
> Un naso trivisano è qui venuto ...

Ce sonnet et les trois suivants sont de DOMENICO BURCHIELLO.

2° (fol. A iij^a).   *Sonetto.*
> Io vedo un naso pien di botoncini...

3°   *Sonetto.*
> Se tutti li nasi havesseno tanto core ...

4° (fol. A iij^b).   *Sonetto.*
> Io ho un mio cullo cossi conditionato ...

5°   *Sonetto.*
> S'altro ch'el mio martel ti batte el core ...

6°   *Sonetto.*
> Maledicendo io vo de passo in passo ...

7° (fol. A iij^c).   *Barzeletta.*
> Amore eteninçaco,
> con tuta tua possanza ...

8° (fol. A iij^d).   *Cancione.*
> Son sforzato abandonare
> questa donna iniqua e ingrata ...

9° (fol. A iiij^a).   *Cancione.*
> Ogni amor torna in dispecto
> a chi serve a un cor ingrato ...

10°   *Cancione.*
> Son scoperto in ogni parte;
> più fugir non posso ornai ...

11° (fol. A iiij^b).   *Cancione.*
> Sveglia, donna, el tuo dormire;
> odi il mio grave lamento ..

12° (fol. A iiij^c).   *Capitulo.*
> Per mostrare che ancor fidel te vivo,
> non guardando che mai sbeffato tanto ...

Exemplaire de FERNAND COLOMB, qui a mis à la fin du volume la note suivante : *Este libro costo en Roma un quatrin por deziembre de 1515. Esta registrado* [2320]. Et plus bas : 5267.

De la bibliothèque du BARON JÉRÔME PICHON (Cat. de 1897, n° 924).

2999 (1029 *a*). LE RIS ‖ DE DEMOCRITE, et le ‖ Pleur de

Heraclite, || Philosophes sur les || follies, & miseres de ce monde. || Inuention de M. Antonio Phileremo Fregoso, che- || ualier Italien, interpretée en ryme Fran- || çoise, par noble homme, Michel || d'Amboyse, escuyer. || Auec priuilege. || *A Paris.* || *On les vend à Paris en la grand salle du Palais, au* || *second pillier, en la boutique d'Arnoul* || *l'Angelier, deuant la chapelle de* || *messieurs les Pre-* || *sidens.* || 1547. Gr. in-8 de 100 ff. chiffr., car. ital., mar. v., fil., tr. dor.

Au v° du titre est un extrait du privilège accordé par la cour de parlement, pour trois ans, à *Gilles Corrozet* et *Arnoul L'Angelier*, libraires à Paris, le 12 août 1547.

Le f. 2 r° contient trois distiques latins « Ad lectorem », un huitain français « au lecteur » et une sentence extraite de Sénèque.

Au v° de ce même f. commence une épître de Michel d'Amboise « A messire Christofle de Cove, chevalier, seigneur de Fontenailles et de Ray en Touraine, gentilhomme de la maison du roy », épître signée de la devise : *Dieu et non plus*, et suivie d'un quatrain.

Le *Riso de Democrito* d'Antonio Fregoso est écrit en terza rima ; il avait paru en 1506, précédé de vers encomiastiques de P. Francesco Tanzio Cornigero, de Bartolommeo Simoneta, de Niccolò Ghirlanda, de Carrare, et d'une épître dédicatoire à Geoffroy Carles, président du parlement de Dauphiné et du sénat de Milan (Mediolani, per Petrum Martyrem de Mantegatiis, 1506, in-4).

Voici les trois premiers tercets de l'original italien et les vers français correspondants :

Nel dolce tempo de mia età primera
Che veramente de la vita humana
E la legiadra e vaga primavera,

Sopra una via molto patente e piana
Io me trovai, non senza gran periglio,
Acompagnato da gran turba insana.

Quali come ebri con gravato ciglio
Andavan tutti per quell' ampla strada.
Qual gente pazza e senza alcun consiglio...

Aux premiers ans de ma tendre jeunesse,
Qui de nature humaine est le printemps
Le plus legier et moins plein de sagesse,
C'est assavoir de dix huict à vingt ans,
Avecques moy plusieurs se presentans,
Je me trouvay sus chemin large et ample
Où se trouvoient dix mille maulx patens
Qui toutesfois de doulceur sont l'exemple.

Tout le poème est ainsi traduit en strophes de huit vers.

Le v° de la p. 100, contient, au-dessous de ces mots: Fin du pleur de Hera- || clite, la devise · *Dieu et non plus*, et la marque des *L'Angelier* (Silvestre, n° 155).

3000 (1029 *b*). Rime toscane di Niccolò Martelli. Al gran Cardinal di Loreno. Ms. pet. in-4 de 119 ff. sur vélin (haut. 203 ; larg. 136 millim.), relié en velours rose découpé sur fond de velours vert, gardes de tabis rose, tr. dor. (*Rel. du XVIe siècle.*)

Le 1er f. contient, au r°, le titre reproduit ci-dessus, et, au v°, les grandes armes, finement miniaturées, du cardinal Jean de Lorraine, lesquelles sont accompagnées de ces deux devises : *Te duce ad astra volabo* ; *In manibus tuis sortes meae.*

Voici le détail des pièces contenues dans le recueil :

Fol. 2. Epître, en prose, de " Niccolò di Giovanni Martelli al gran' cardinal' di Loreno ".

Fol. 3 v°. *Sonetti di Niccolò Martelli al gran' cardinale di Loreno.*

Ces sonnets sont au nombre de 51. Les premiers commencent ainsi

1. Cantato havess' io sempre et solamente... (fol. 4).
2. Se mai prece mortal' nant' a voi venne...
3. O de' mortali unico essempio et raro... (fol. 5).
4. Deh ! perche non poss' io con voci o inchiostri...
5. Deh ! come è vano il mio sperar quand'io... (fol. 6).
6. Chi cerca l'Indo e'l Tago in preda a i venti...

Fol. 29 v°. *Di Niccolò Martelli al gran' cardinal' di Loreno, sonetto.*

Le poète dédie au cardinal les œuvres de jeunesse qui suivent :

Fol. 30 v° *Rime d'amor di Niccolò Martelli alla sua bella et nobilissima Romana.*

Epître en prose, suivie de 43 sonnets et de 55 canzoni. Les premiers sonnets commencent ainsi :

1. Donna dei miei pensier' chiara et immortale... (fol. 32 v°).
2. I crespi d'or' puro et lucente... (fol. 33).

Fol. 79 v°. *Stanze di Niccolò Martelli alla sua bella et nobilissima Romana.*

Fol. 88. *Alla Ser^{ma} Sig^{ra} madama Margherita di Valoes, regina di Navarra, sonetto :*

> Madama alta et gentil, sorella cara...

Fol. 88 v°. *Alla Realiss^a Sig^{ra} madonna Chaterina Medici di Valoes, delfina di Francia, sonetto :*

> Honorata madama, in cui si vede...

Fol. 89. *Alla Eccell^{ma} Sig^{ra} madama Margherita d'Austria :*

> Come in sereno ciel' rosata Aurora...

Il est parlé dans cette pièce de l'arrivée de Marguerite à Florence.

Fol. 89 v°. *Alla Illma Sig^{ra} la signora Maria Salviata de' Medici, sonetto :*

> Donna real, a cui la cortesia...

Fol. 90. *Alla Ecc^{ma} Signora la Sig^{ra} Vittoria Colonna, marchesa di Pescara, sonetto :*

> Alma chiara et gentil donna, gradita...

Fol. 90 v°. *Alla Nobiliss^a signora la Sig^{ra} Tadea Malaspina, sonetto :*

> Donna immortal, il cui bei nome raro...

Fol. 91. *A Marfisa sonetto :*

> Deh ! perche 'l ciel' come si largamente...

Fol. 91 v°. *A Lucretia Ciampella de' Gori, consorte carissima, sonetto :*

> Poi che 'l ciel ambe insieme ne congiunse...

Fol. 92. *In morte della bella Spadacina, sonetto :*

> Deh ! perche n'hai lassati, anima pura...

Fol. 92 v°. *Al Rev^{mo} de' Salviati, meritamente pp, sonetto :*

> Alto signor, in le cui fide braccia...

Fol. 93. *All' Illmo Sig^{or} Duca Aless^o Medici primo, sonetto :*

> Altero, illustre, glorioso et raro...

Fol. 93 v°. *All' Ill*mo *Sig*or *Duca Cosmo Medici Secondo, sonetto:*
    Spirto real, ch'in giovenil etate ...

Fol. 94. *Al' signor Pirro Colonna, sonetto:*
    Quell' ardente vertù ch' in voi florisce ...

Fol. 94 v°. *A mon' signor Bembo, sonetto:*
    A voi, padre honorato delle muse ...

Fol. 95. *A mon' S*or *Giovanni De la Casa, sonetto:*
    Se quella speme che vi cuopre intorno ...

Fol. 95 v°. *Al Rev*do *Mess. Christofani Carnesecchi, sonetto:*
    Se com'al chiaro et bello ingegno vostro ...

Fol. 96. *A Luigi Alamanni, sonetto:*
    Voi ch'havete quel ch'era prima a vile ...

Fol. 96 v°. *Al Molza, sonetto:*
    Da voi s'impara come dolcemente ...

Fol. 97. *A Pietro Aretino, sonetto:*
    O mar' d'alta eloquenza et d'honor' degno ...

Fol. 97 v°. *A Mess. Angelo di Firenzola, sonetto:*
    Voi che col chiar' ingegno scorso havete ...

Fol. 98. *A Mess. Alessandro de' Bardi, sonetto:*
    Quelle labra rosate ch'in mio danno ...

Fol. 98 v°. *A Mess. Filippo Machiavelli, sonetto:*
    Come 'l lungo servir' portate in pace ...

Fol. 99. *A Mess. Marco Bracci, sonetto:*
    Quegli occhi che vi fer' sott' un' bel' velo ...

Fol. 99 v° *A Mess. Donato Aliotti, sonetto:*
    Se ai bei vostri desir' facessi il cielo ...

Fol. 100. *A Mess. Giovan' Lorenzo Arrighetti, sonetto:*
    Che si fa hor lunge l'amate rive ...

Fol. 100 v°. *A Mess. Antonio Petrei, sonetto:*
    Quando mi risovien', Petreo, tal ' hora ...

Fol. 101. *A Mess. Ugolino Martelli, sonetto:*
    Dicon' quest' onde mormorando intorno ...

Fol 101 v°. *A Alamanno Salviati, sonetto:*
    Salviato mio gentil, cui par' tra noi ...

Fol. 102. *A Lorenzo Ridolfi, sonetto:*
    Del' bel' Bisentio in su la destra riva ...

Fol. 102 v°. *A Pandolfo Pucci, sonetto:*
    Com' è proprio di voi l'esser cortese ...

Fol. 103. *A Bartolomeo Panciatichi, sonetto:*
    Come v'ha fatto ' l ciel d'oro et d'honore ...

Fol. 103 v°. *A Lorenzo Pucci, sonetto:*
    Quanto un ' desir ' in bella donna acceso ...

Fol. 104. *A Francesco de' Medici, sonetto:*
    Animoso, gentil, cortese et chiaro ...

Fol. 104 v°. *A Filippo Pandolfini, sonetto:*
    Queste amorose ciance in ch' iho speso ...

BELLES-LETTRES.

Fol. 105. *A Bernardo Vettori, sonetto:*
    Come mi par' più di mill' anni ogn'hora ...

Fol. 105 v°. *A Francesco Guidetti, sonetto:*
    Simil 'a quel' uccel' ch'in trista valle ...

Fol. 106. *A Filippo Mannelli, sonetto:*
    Mannel' gentil, come v'hodio tal' hora ...

Fol. 106 v°. *A Cosmo de' Pazzi sonetto:*
    Deh! per qual mio fallir' sì spesso adviene ...

Fol. 107. *A Pandolfo Martelli, sonetto:*
    Sia con voi sempre 'l sol' quando ei vien' fora ...

Fol. 107 v°. *A Giovan' Manetti, sonetto:*
    Quante devete a le benigne stelle ...

Fol. 108. *A Giovannantonio de gli Alessandri, sonetto:*
    Se non s'armasse in voi tanto' l desio ...

Fol. 108 v°. *A GIOVAN BAPTISTA STROZZI, sonetto:*
    Come esser' puote mai se quel' ch'huom' dice ...

Fol. 109. *La Risposta, sonetto:*
    Io l'ho nel' cor', non tu, come si dice ...

Fol. 109 v°. *A BENEDETTO DA MONTE VARCHI, sonetto:*
    Varchi gentil, se voi sapessi quale ...

Fol. 110. *La Risposta, sonetto:*
    Dolce m'è, Niccolò, che vi sia quale ...

Fol. 110 v°. *A Andrea Taddei, sonetto:*
    Cortesissimo mio Taddeo gentil ...

Fol. 111. *A Luigi Ardinghelli, sonetto:*
    S'io potessi veder' del mese al meno ...

Fol. 111 v°. *A Giovan' Battista Guidacci, sonetto:*
    Lungo queste florite et verdi rive ...

Fol. 112. *A Giovanni Taddei, sonetto:*
    Se voi fussi in Amor' beato quale ...

Fol. 112 v°. *A Giovan' Battista Dalla Stufa, sonetto:*
    Di questo falso mondo traditore ...

Fol. 113. *A Amerigo Carnesecchi, sonetto:*
    Quant' imprese d'amor et quante 'l giorno ...

Fol. 113 v°. *A Domenico Rugasso, sonetto:*
    Rugasso mio, questi amorosi affanni ...

Fol. 114. *A Guglielmo Martelli, sonetto:*
    Quegli occhi che vi fer' sì altamente ...

Fol. 114 v°. *A Domenico Perini, sonetto:*
    Quanta rara vertù si chiude ogn'hora ...

Fol. 115. *A Bernardino Jacopi, sonetto:*
    Non lunge a Sylvia, anzi in conflu' le vive ...

Fol. 115 v°. *A Bartolomeo Carnesecchi, sonetto:*
    Quand'io v'odo parlar', Baccio, tal'hora ...

Fol. 116. *A Francesco Boni, sonetto:*
    Bono, io vidi hier' ser' la donna mia ...

Fol. 116 v°. *A Vincentio Martelli, sonetto :*
  Mentre che voi col' bel' Sebetho andate ...

Fol. 117. *In Venerdì santo, sonetto :*
  Hoggi è pur' la memoria di quel' giorno ...

Fol. 117 v°. *A due gran cognati : Carlo Quinto et Francesco primo, sonetto :*
  Hor che' l gran re del' ciel' con vera pace ...

Fol. 118. *Al Salvatore, sonetto :*
  Quando tanta da te gratia tal'hora ...

Le v° du f. 118 et le f. 119 sont blancs.

Les armes peintes au v° du titre sont semblables à celles que donne le P. Anselme (*Hist. généal.*, III, p. 69), sauf qu'elles ne contiennent ni le quartier de Gueldre, ni celui de Flandre. Elles se lisent ainsi : Coupé de six pièces : quatre en chef et deux en pointe : au 1ᵉʳ fascé d'argent et de gueules de huit pièces, qui est Hongrie ; au 2° d'Anjou-Sicile ; au 3° d'argent à la croix potencée d'or, cantonnée de quatre croisettes de même, qui est Jérusalem ; au 4° d'or à trois (il faudrait quatre) pals de gueules, qui est Aragon ; au 5° (1ᵉʳ de la pointe) de France, à la bordure de gueules, qui est Anjou ; au 6° d'azur semé de croix recroisetées, au pied fiché d'or, à deux bars adossés de même brochant sur le tout, qui est Bar ; sur le tout d'or à la bande de gueules, chargée de trois alérions d'argent, qui est Lorraine.

Ces armes appartiennent à Jean de Lorraine, né le 9 avril 1498, évêque de Metz (1505-1529, 1548-1550), administrateur de Toul (1517), administrateur de Thérouane (1518) ; cardinal le 27 juin 1518 ; archevêque de Narbonne (1520), évêque de Valence et de Die (1521-1524), évêque de Verdun (1523-1544), évêque de Luçon (1524), archevêque de Reims (1533-1538), évêque d'Albi (1535-1550) archevêque de Lyon (1537-1550), évêque d'Agen (1541-1550), évêque de Nantes (1542-1550), titulaire de neuf grandes abbayes, mort à Neuvy-sur-Loire le 10 mai 1550.

Le cardinal Charles de Lorraine, neveu de Jean, ajouta aux armes décrites ci-dessus un lambel de trois pendants de gueules.

Niccolò Martelli, rêvant de trouver en France un accueil semblable à celui qu'y avait reçu Luigi Alamanni, avait chanté de loin Catherine de Médicis, le duc d'Orléans, Marguerite d'Angoulême et le cardinal de Lorraine (voy. le recueil autographe de ses œuvres conservé parmi les manuscrits de la Riccardiana sous le n° 2862). En 1543, il se mit en route pour la France, et l'on voit par ses lettres qu'au mois de juillet il était à Paris. Là commença pour lui le désenchantement. Le cardinal de Lorraine, qu'il avait porté aux nues, lui dit simplement : « Qui es-tu ? » ; il ne lui dit même pas : « Qui êtes-vous ? » La réception fut navrante. « Trattenendomi col non mi parlare mai se non provocato da me, mi dimostrò », ajoute Martelli dans une de ses lettres (*Primo Libro*, 1546, fol. 53 v°), « in dieci giorni ch'io soprastetti alle mie spese, che non mi volea conoscere ».

Ce fut alors sans doute que Niccolò Martelli offrit au cardinal le joli manuscrit dont nous venons de faire connaître le contenu. On ne peut qu'être surpris de voir Jean de Lorraine, qui dès 1515, lors de son ambassade à Rome, s'était révélé comme un ami des Italiens (voy. Eugenio Albèri, *Relazioni degli ambasciatori veneti al senato*, ser. II, vol. III, 1846, p. 46), traiter si mal le poète. Non seulement il s'était montré très libéral envers l'Aretin, non seulement il avait fait peindre son portrait par Titien, qui ne donnait rien pour rien, mais il avait été le Mécène de plusieurs lettrés de la Péninsule. Dès 1520, il avait aidé Agostino Giustiniani à publier la traduction latine du *Timée* de Platon par Chalcidius. Il avait dû se montrer généreux envers Alamanni qui, en 1533, avait fait son éloge dans une sylve (*Opere toscane*, II, p. 7). Il avait procuré à Claudio Tolomei un bénéfice de 600 livres (*Lettere di Claudio Tolomei*, éd. de 1596, fol. 87 v°). Il est vrai qu'il avait promis à Paolo Giovio une pension qui n'avait jamais été payée (lettre de Giovio à Ridolfo Pio, en date du

20 août 1535, dans les *Lettere facete raccolte per Dionigi Atanagi*, I, 1601, p. 51).

On peut consulter sur le voyage de Niccolò Martelli en France les *Studi di storia letteraria* de Francesco Flamini, 1895, pp. 285-294. A la même époque remonte un autre manuscrit conservé à la Bibliothèque Mazarine sous le n° 2038 : *Querele piacevoli di Niccolò Martelli alla serenissima S. madonna Margherita de Valoes, regina de Navarra*.

L'ornementation en velours découpé qui recouvre la reliure de notre volume est formée de rinceaux et d'entrelacs, au milieu desquels est placée une fleur de lys. Les quatre angles sont occupés par quatre bars.

De la bibliothèque d'AD. GAIFFE (Cat. 1904, n° 231).

3001 (1035 a). QVATRE || CHANTS || de la Hierusalem de || Torquato Tasso. || Par || Pierre de-brach, Sieur de || la Motte-Montussan. || A tousiours victorieux, & debonnaire ; || Henry IIII. Roy de || France et de Nauarre. || *A Paris.* || *Chez Abel l'Angelier, au premier Pillier* || *de la grand salle du Pallais.* || M. D. XCVI [1596]. || Auec Priuilege du Roy. In-8 de 6 ff. lim. et 96 ff. chiffr., mar. r., fil., dos orné, tr. dor. (*Chambolle-Duru.*)

Les ff. lim. comprennent : le titre ; un avis « Au lecteur » ; une épître au roi ; un f., blanc au r°, et dont le v° contient une épigramme latine de SCÉVOLE DE SAINTE-MARTHE ; un portrait de « Pierre de Brach, en l'an XLVIII de son aage ».

Le volume contient la traduction du chant XVI (fol. 1-17), la traduction du chant IV, dédiée « A madame, seur unique du roy » (fol. [18]-43] ; la traduction du chant XII, dédiée « A monsieur Forget, seigneur de Fresnes, conseiller du roy en son conseil et secretaire de ses commandemens et estat » (fol. [47-79] ; la traduction du chant II, dédiée « A monsieur le conte de Torigny, Odet de Matignon, chevalier des ordres du roy, mareschal de camp en ses armées et lieutenant general pour sa Majesté en la basse Normandie » (fol. [80]-96).

La traduction est écrite en vers alexandrins.

Le XII° chant est accompagné du texte original.

Exemplaire de T.-G. HERPIN (Cat., 1903, n° 215).

B. — Poésies historiques.

3002. EL FATTO Darme Del Christianissimo Re di Frà || za contra Sguizari : Fatto a Marignano appresso a Mila- || no del M. D. xv. adi .xiii. de Septembre. — [A la fin :] ¶ *Composta per Theodoro barbiero.* || *Stampata del.* 1525. *Nel mese* || *di zugno.* In-4 de 4 ff. non chiffr., impr. à 2 col. de 44 lignes, sign. A, vél. bl. (*Lemardeley.*)

L'édition n'a qu'un simple titre de départ, au-dessous duquel est une figure représentant une bataille.

Le poème compte 80 octaves ; en voici le début :

> O alma del tuo figlio madre e sposa,
> Maria, del ciel imperio imperatrice,
> Intatta, piena, netta e preciosa,
> Più che altra castissima e felice...

On trouve à la fin une liste des pertes subies par les armées en présence.

Les Suisses perdirent Daniel Burg, blessé, Gioannes Fuir, tué, Mattheo Vran, tué, Luca Balsi, blessé, Jacobo Basil, tué, le comte da Balbian, blessé.

Au total, les Allemands perdirent 15.000 hommes, 30 drapeaux, 8 pièces de grosse artillerie et une infinité de petites ; les Italiens eurent 8.000 morts, et les Français, 12.000.

La bataille de Marignan avait été livrée le 13 septembre 1515 ; on peut s'étonner que le poème qui raconte ce fait d'armes ait été imprimé ou réimprimé près de dix ans plus tard, quatre mois après que ce même roi de France, dont le poète raconte les prouesses, avait été fait prisonnier par les Impériaux non loin de Marignan. Faut-il croire qu'il y avait encore en Lombardie un parti français assez fort pour ne pas craindre d'exprimer ses sympathies en faveur de François Ier ?

De la bibliothèque du BARON JÉRÔME PICHON (Cat. de 1897, n° 927) qui possédait (n° 926) une édition sans date de la même pièce, publiée par le même imprimeur.

7. — Poètes espagnols.

3003 (1054 a). ¶ LAS OBRAS del poeta mo || sen Ausias March, corregidas delos errores q̃ || tenian Sale con ellas el vocabulario delos vo || cablos en ellas contenidas. Dirigidas al Illus- || trissimo señor Gonçalo Fernandez de Cor- || doua, Duque de Sesa, y de Terra noua ,, Con- || de de Cabra, Señor de la casa de Vaena. &c. || Con priuilegio Real . || ¶ Tassado en [ochenta i cinco] marauedis. || ¶ *Impresso en Valladolid, Año* de . 1555. — [Au bas du f. 276 r° :] Fin del vocabula || rio Catalan. || *Fue impresso el* || *presente tractado* || *en la muy noble villa de Va-* || *lladolid.* *l'ũto a sant An-* || *dres. En casa de Se-* || *bastiã Martinez, im* || *pressor. Acabose* || *de Imprimir a* || *veynte dias* || *d Febrero* || *Año. De* . 1555, *Años*. In-8 de 276 ff. chiffr., mar. n., fil. à froid, dent. et compartiments dorés, tr. dor. et ciselée. (*Reliure du XVIe siècle.*)

Le titre porte les armes des Fernandez de Córdoba, ducs de Sesa, qui doivent se lire ainsi : parti : le premier parti écartelé, aux 1er et 4e d'or à trois fasces de gueules ; aux 2e et 3e de gueules à une tour sommée de trois tourelles d'or ; le second parti écartelé en sautoir : aux 1er et 4e de sable à cinq cotices d'or ; aux 2e et 3e d'or plein, chargé des mots *Ave Maria* ; enté en pointe : d'argent à un roi de Grenade, mouvant de la pointe, enchaîné par le col à une chaîne mouvant du flanc senestre, le tout au naturel ; l'écu entouré de vingt-deux drapeaux et timbré d'une couronne comtale.

Les ff. *A ij-A iij* r° contiennent le texte du privilège accordé à JUAN DE RESA, chapelain du roi, par la princesse, c'est-à-dire par Marie, fille de Charles-Quint, que celui-ci avait mariée à son neveu Maximilien, fils de Ferdinand.

Ce privilège, daté du 15 novembre 1554, est d'une durée de dix ans.

Les ff. *A iij* v°-*A v* sont occupés par une épître de Juan de Resa à Gonçalo Hernandez de Córdova.

Au r° du f. *A vj* est un sonnet de JORGE DE MONTEMAYOR « al auctor » ; au v° du même f. est un éloge d'Ausias March en quelques lignes.

Le volume contient cinq parties : 1° les *Cantos de amor*, au nombre de 94 (ff. 7-138) ; — 2° les *Coplas esparças*, où l'on relève une *Demanda feta per mossen Ausias March a la senyora* NACLETA DE BORJA, *neboda del pare sant* (f. 140) et la *Resposta de la dita dama* (f. 140 v°) ; la *Demanda feta per mossen* FENOLLAR *a mossen Ausias March* (ibid.), la *Resposta de Ausias March* (f. 141) et une *Altra Resposta feta per* RODRIGO DIEZ (f. 141 v°) ; — 3° les *Obras morales*, qui se composent de 14 *cantos morales* (ff. 142-183) ; — 4° un *Canto spiritual* (ff. 183-187) ; — 5° Les *Obras de muerte*, qui comptent 8 *cantos* (fol. 188-215).

On trouve au f. 215 v° une liste d'errata.

Les ff. 216-218 r° sont occupés par la *Table*.

Le reste du volume contient un *Vocabulário para las obras del poeta Ausias March, compuesto por Joan de Resa, capellan de Su Magestad, dirigido al illustríssimo señor Gonçalo Fernandez de Córdova, duque de Sesa*, etc. L'auteur y donne d'abord quelques règles applicables à la langue « limousine » ; ces règles sont suivies de deux huitains de JORGE DE MONTEMAYOR « al lector » (fol. 221 v°). Le *Vocabulário*, la souscription et le registre remplissent les ff. 222-276.

Ausias March, de Valence, mourut en 1460 ; les deux premières éditions de ses œuvres ne furent données que plus de quatre-vingts ans après sa mort, en 1543 et 1545, par l'imprimeur provençal *Charles Amouroux*, ou *Carles Amoros*, à *Barcelone*. L'édition revue par Juan de Resa présente les poésies dans un ordre différent. Voy. Salvá, *Catálogo*, I, n°ˢ 766-772.

IV. — POÉSIE DRAMATIQUE.

3. — *Théâtre français.*

A. — Introduction.

3004 (1072*a*). LA GVIRLANDE et || Responce d'Angouleuent, || à l'Archipoëte des || pois pillez. || *A Paris,* || *Par Hubert Velut, Imprimeur.* || Auec Permission. || M. D. C III [1603]. In-4 de 4 ff., non chiffr., sign. *A-B*, mar. citr. jans., tr. dor. (*Chambolle-Duru.*)

Le prince des sots, NICOLAS JOUBERT, dit le SIEUR D'ANGOULEVENT, chef des comédiens de l'hôtel de Bourgogne, avait été pris à partie par un de ses concurrents dans une satire intitulée : *La Surprise et Fustigation d'Angoulvent, poëme heroïque addressé au comte de Permission par l'archipoëte des Pois Pillez*, 1603 (voy. Éd. Fournier, *Variétés histor. et littér.*, VIII, pp. 81-91). C'est à cette pièce que répond *La Guirlande*, laquelle commence ainsi :

> Rymeur des pois pillez, qui par soigneuse peine
> As trouvé le ruisseau de la grecque Hypocrene,
> Avallant à longs traicts l'honneur du vin coullant
> Sis entre deux tresteaux à la table Rolland…

La pièce ne compte que 138 vers.

De la bibliothèque du COMTE DE LIGNEROLLES (Cat., 1894, n° 1497).

3005 (1072*b*). LA || DEFFENCE || du Prince || des Sots. ||

> Aux lecteurs. ||
> Lisant ce peu de pages ||
> Vous confesserez tous ||
> Qu'il n'appartient qu'aux sages ||
> De deffendre les fouls.

S. l. n. d. [Paris, 1605], in-8 de 19 pp., mar. r., fil., dos orné, tr. dor. (*E. Niedrée*, 1845.)

Au v° du titre sont des stances adressées par « Le Prince aux subjects revoltez ».

Le titre de départ est ainsi conçu :

Plaidoyer faict en Chastelet, le 19. de mars 1605, pour Nicolas Joubert, sieur d'Angoulevent, vallet de chambre ordinaire du roy, prince des Sots, et premier chef de la sotize de France, deffendeur, à l'encontre de Marcelot Poulet, soy disant seigneur et guidon de la Sottize, et Nicolas Arnant [sic], *aussi soy disant seigneur et heraut de la Sottize, demandeur*[s.].

Le procès soutenu par Nicolas Joubert contre des concurrents ou des sots rebelles durait déjà depuis plus d'un an quand ce plaidoyer fut prononcé. Le 2 mars 1604, Joubert avait obtenu un premier arrêt en sa faveur ; mais le procès se prolongea encore pendant des années. Voy. Éd. Fournier, *Variétés hist. et littér.*, VII, p. 37.

On lit au v° de la p. 19 · « Excuse, amy lecteur, s'il y a quelque faute en l'ortographe ou en la punctuation ; c'est une coppie soustraicte à l'auheur [sic] et imprimée à son desceu ».

Le nom d'Angoulevent était depuis longtemps traditionnel chez les joueurs de farces quand il fut pris à la fin du XVI° siècle par Nicolas Joubert. Il suffit de rappeler qu'Angoulevent est mentionné vers la fin du *Dyalogue de messieurs de Mallepaye et Baillevant* et qu'il figure dans le *Monologue des nouveaux Sotz* (Montaiglon, *Recueil*, I, p. 11). Quant à Nicolas Joubert, il était connu dès le commencement du règne du roi Henri IV ; aussi les auteurs de la *Satyre menippée* (éd. de 1709, I, pp. 104-106) ont-ils donné à Angoulevent une place dans les états de la Ligue (1593), et ont-ils publié une *Epistre du sieur d'Angoulevent à un sien amy, sur la harangue que le cardinal de Pelvé fit aux estats de Paris* (ibid., I, pp. 200-201). Ces vers, que le farceur avait peut-être réellement composés, furent réimprimés à part sous le titre de *Rithme du seigneur d'Engoulevent sur les affaires de la Ligue* (Biblioth. nat., Rés. Ye. 3960). Nicolas Joubert était attaché à la cause royaliste, et il fut récompensé de son zèle. Henri IV, étant à Nantes en 1598, créa pour lui un office d'auneur et mesureur de toile. La ville, qui devait faire les frais de cette création, refusa d'y consentir ; mais, en 1601, le roi lui adressa des lettres de jussion, et elle dut payer à Joubert une indemnité de mille écus (Montaiglon, *Recueil*, IX, p. 183). L'auteur d'une pasquil daté de 1601 paraît faire allusion à l'office nouveau que devait exercer Angoulevent quand il dit :

Angoulevent quitte sa charge ;
Marquis (de) Marigny, je t'en charge :
Tu seras le prince des Sots

(Biblioth. nat., ms. fr. 19187, fol. 18.)

Malgré son titre de valet de chambre du roi, le farceur avait fort mauvaise réputation. Louis Garon parle de lui en termes peu avantageux dans un récit du *Chasse ennuy* (Lyon, 1628, in-12, p. 536), intitulé : *D'Angoulevent, qui fut attrapé à Paris en voulant desbaucher une femme*. « Angoulevent, nous dit-il, tres-renommé entre les poissons d'avril, suivoit d'ordinaire la cour, et pouvoit à bon droict estre appelé *leno* de court... ». Joubert fut condamné à être fustigé. C'est alors que fut publiée *La Surprise et Fustigation d'Angoulevent* (1603), pièce que nous avons déjà mentionnée à l'article précédent. Le farceur répondit par *La Guirlande*, mais son adversaire fit paraître une *Replique à la Responce du poëte Angoulevent*, 1604, in-8 (Brunet, I, col. 296).

Nicolas Joubert était surtout attaqué par ses concurrents qui lui disputaient la qualité de prince des sots, et s'attribuaient des titres qu'ils prétendaient supérieurs, par exemple celui d'archi-sot. Il obtint d'abord, nous l'avons dit, un jugement en sa faveur en date du 2 mars 1604. Il voulut confondre un de ses adversaires dans *L'Archi-Sot, echo satyrique*, 1605

(Fournier, *Variétés histor. et littér.*, VII, pp. 37-52). De nouvelles attaques donnèrent lieu à *La Defense du prince des Sots* que nous venons de décrire.

Le Châtelet se prononça contre Nicolas Joubert, comme on le voit par *La Sentence de monsieur le Prevost de Paris donnée contre Angoulevent de faire son entrée de prince des Sots, avec ses heraulx, supposts et officiers* (A Paris, par David Le Clerc, rue Frementel, au petit Corbeil, 1605, in-8 : Biblioth. Méjanes, 362661). Cette sentence est datée du 19 mars 1605.

Le 4 mars 1606, Angoulevent reçut une commission fort singulière, libellée en vers. Il fut envoyé à Blois

<pre>
        Pour faire levée et recherche
        De deux cents garsses que l'on cherche
        Pour envoyer en Canada.
</pre>

(Biblioth. nat., ms. franc. 12491, pp. 16-17.)

En 1607, Nicolas Joubert, qui sans doute ne manquait pas de talent comme acteur de grosses farces, obtint l'appui des clercs de la basoche. Il fit imprimer un *Arrest du Royaume de la Basoche donné au profit du sieur d'Angoulevent, valet de chambre du roy, prince des Sots et premier chef de la Sottie de l'Hostel de Bourgongne et Isle de France, contre les pretendus maistres et autres officiers dudit Hostel, rebelles contre leurs princes*, 1607 (s. l., in-8 : Biblioth. Méjanes, 362663). Cet arrêt, signé Herpin, est daté du 27 février 1607.

L'appui des basochiens porta-t-il Joubert à quelque excès, ou le Châtelet jugea-t-il que le prétendu arrêt préjudiciait à ses droits ; toujours est-il que le farceur fut emprisonné, ansi que nous l'apprend une *Sentence prononcée contre le sieur Angoulevent, le mardy sixiesme jour du mois de mars mil six cens sept, par laquelle on voit comment l'on peut apprehender ledit Angoulevent au corps* (A Paris, par Jean Fuzy, 1607, in-8 : Catal. Lignerolles, n° 570).

Le procès soutenu par le prince des Sots contre ses concurrents n'était toujours pas terminé. Joubert, condamné par le prévôt de Paris, fit appel au parlement. Nous trouvons à cet égard de nouveaux documents dans le *Plaidoyé sur la principauté des Sots, avec l'arrest de la cour intervenu sur iceluy* (A Paris, chez David Douceur, libraire juré, rue S. Jacques, au Mercure arresté, 1608, in-8 ; Biblioth. Méjanes, 362664 ; biblioth. de M. Émile Picot). Le plaidoyer, prononcé par Julien Pelée le 19 février 1608, est suivi de l'arrêt du parlement intervenu « entre Nicolas Joubert, sieur d'Angoullevent, prince des Sots, appellant de deux sentences données par le prevost de Paris le 6° mars et 29° may [1607] et demandeur en lettres du 10° fevrier, d'une part, et Martin Hemon, ayant droit perspect de Jean L'Enfant, inthimé, d'autre ». La cour confirme la sentence dont est appel et condamne Angoulevent à payer la somme qu'il s'était primitivement engagé à payer.

Le plaidoyer de 1608 est réimprimé dans les *Plaidoyers de M° Julien Peleüs* (Paris, 1614, in-4).

Le nom d'Angoulevent reparaît en 1613 sur le titre du *Discours sur l'apparition et faits pretendus de l'effroyable Tasteur, dedié à mesdames les poissonnieres, harengeres, fruitieres et autres, qui se levent du matin d'auprès de leurs maris* (A Paris, pour Nicolas Martinant, demeurant rue de la Harpe, au Mouton rouge, 1613, in-8). Voy. Éd. Fournier, *Variétés histor. et littér.*, II, pp. 37-47.

Vers 1615 paraît le *Legat testamentaire du prince des Sots à M. C. d'Acreigne, Tullois, advocat en parlement, pour avoir descrit la defaite de deux mille hommes de pied, avec la prise de vingt cinq enseignes par monseigneur le duc de Guyse*. Cette pièce, qui ne compte que 8 pp., est signée ainsi, à la fin : « Angoulevent, prince des Sots. Et scellé de cire invisible. Et sur le reply : Par monseigneur le princes des Sots : Bigot. » (Biblioth. Méjanes, 362665 ; — British Museum, C. 32. c (29) ; — Éd. Fournier, *Variétés histor. et littér.*, III, pp. 353-359).

Les *Satyres batardes* publiées en 1615 ne sont pas de Nicolas Joubert, et ne lui sont même pas attribuées, puisque le titre porte que ces « œuvres folastres » sont du *cadet* Angoulevent, c'est-à-dire d'un farceur qui cherchait à exploiter la célébrité de son aîné.

En 1617 on mit en vente un *Plaidoyé pour la deffense du prince des Sots, par L. V.* (A Paris, chez Nicolas Rousset, en l'isle du Palais, vis à vis des Augustins, et chez Rollin Baragnes, au Palais, sur les degrez de la grand sale, 1617, in-8 de 16 pp. : Biblioth. Méjanes, 36266⁶) ; mais déjà le temps de Nicolas Joubert était passé. On voit par le *Journal* d'Héroard que le jeune roi Louis XIII l'avait chassé. Il mourut peu de temps après, vers 1623. Jean Auvray lui a consacré un tombeau dans *Le Banquet des Muses*, p. 321 ; — p. 274 de la réimpression.

M. Émile Roy, professeur à l'Université de Dijon, a entrepris des recherches sur Angoulevent, dont nous ne connaissons pas encore les résultats.

Des bibliothèques de Soleinne (Cat., V, n° 280) et de Morel, de Lyon (Cat., 1873, n° 18).

3006 (1072 *c*). Les plaisans || Devis, recitez || par les supposts du || Seigneur de la Coquille, || Le Dimanche 6. Mars, 1594. || *A Lyon, Par le Seigneur de la Coquille.* || Auec Permission. In-8 de 21 pp. et 1 f., mar. r., fil., dos orné, tr. dor. (*Trautz-Bauzonnet.*)

Les imprimeurs lyonnais formaient au XVIᵉ siècle une puissante corporation. Ils élisaient un capitaine, qu'ils nommaient plaisamment « le seigneur de la Coquille », et qui présidait aux réjouissances données par ses suppôts. Ces réjouissances avaient un caractère dramatique ; c'étaient des devis ou colloques, que la corporation ne manquait pas d'imprimer. On connaît ainsi huit pièces récitées en 1580, 1581, 1584, 1589, 1593, 1594, mai 1601, septembre ou octobre de la même année.

Les *Devis* de 1594 célèbrent l'avènement définitif du roi Henri IV à la couronne, la fin de la Ligue et la pacification générale. Ils ont été reproduits par Montfalcon dans le *Recueil des plaisants devis récités par les supposts du seigneur de la Coquille* (Lyon, Scheuring, 1857, in-8), pp. 79-108.

Exemplaire de Félix Solar (Cat., 1860, n° 2144).

B. — Première Époque. — Sotties, Mystères, Moralités, Farces.

3007 (1072 *d*). Farce nouvelle nommee la Folie des Gorriers a .IIII. personnaiges : Les Gorriers et Folie et le Fol. Ms. in-fol. sur papier de 8 ff. à 2 col. (haut. 281 ; larg. 190 mill.), fin du XVᵉ siècle, demi-rel. bas. rouge.

Pièce composée vers 1465. En voici le début :

Le Premier *commence.*
    Bastard
        Le Second.
        Barbier !
        Le Premier.
            Ou sont ses paiges ?
Si je metz la main sur leur testes,
Je croy...

La sottie est suivie (fol. 7 v°) d'une bergerie fort ordurière :

Bergerie
J'ay mes amourettes
Nouvellement faictes
En la garde robe ...

Voy. Émile Picot, *Recueil général des sotties*, I, 1902, pp. 137-175.

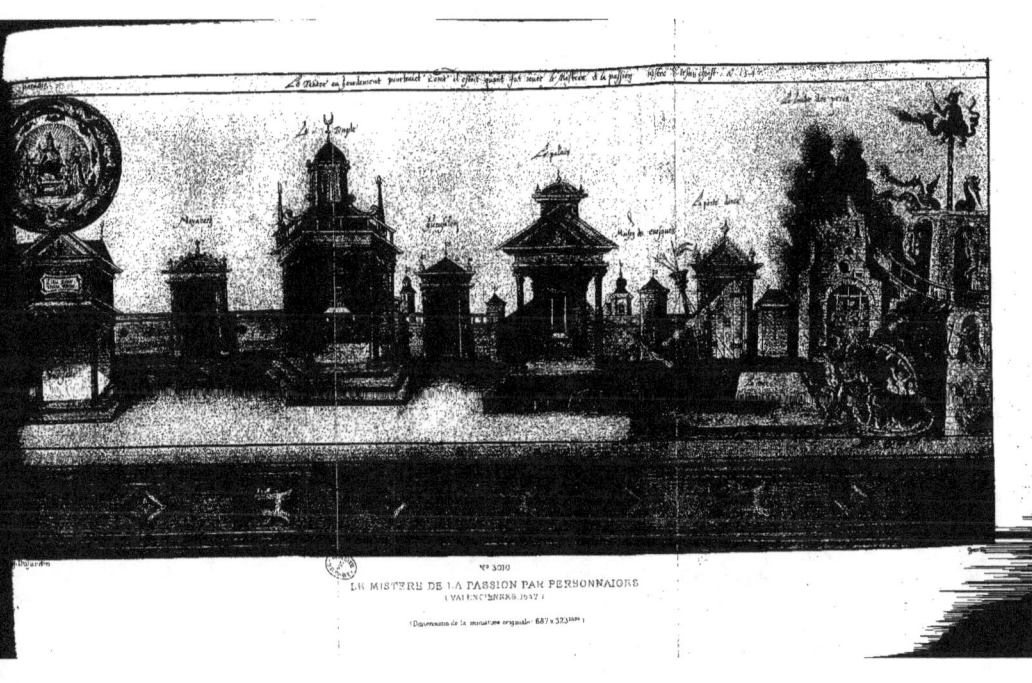

Ce ms. a été découpé dans un recueil. Le f. de garde était primitivement coté 107 ; les ff. de texte sont encore chiffrés 100-106.

A la suite de la *Bergerie* est un grand dessin qui représente une fileuse brûlant sa quenouille.

Des bibliothèques de SOLEINNE (Cat., 1844, II, n° 679) et du BARON TAYLOR (Cat., 1893, n° 287).

3008 (1072 e). [SOTTIE NOUVELLE de l'Astrologue, a cinq personnaiges : Le Prince, Primus, Secundus, L'Astrologue, Chascun.] Ms. in-4 sur papier de 12 ff. (haut. 191 ; larg. 135 mill.), fin du XV° siècle, mar. br. jans., tr. dor.

Sottie politique composée en 1498. En voici les premiers vers :

LE PRINCE.
Et puys, mes folz, qui triomphe, qui dance ?..
Qui a le bruit, qui caquette a plesance ?

Émile Picot, *Recueil général des sotties*, I, 1902, pp. 195-231.

De la bibliothèque du BARON TAYLOR (Cat., 1893, n° 258).

3009 (1072 a). LE MISTERE du viel testa ǁ mēt par persōnages ioue ǁ a paris hystorie Et impri ǁ me nouuellement au dit ǁ lieu auquel sont cōtenus ǁ les misteres cy apres de ǁ clairez — [*Fol.* 336 r°, au-dessous de 10 lignes de texte :] ☾ *Cy finist le viel testamēt per* [sic] *personnaiges ioue* ǁ *a paris Et imprime nouuellement audit lieu Par* ǁ *maistre Pierre le dru pour iehan petit libraire iu-* ǁ *re de luniuersité de paris demourant en la rue saīct* ǁ *iaques a lenseigne du lion dargent.* S. d. [vers 1500], in-fol. goth. de 336 ff. chiffr. de 50 lignes à la page, non compris le titre courant, impr. sur 2 col., sign. A-ꝯ, A-S par 8, figg. sur bois, mar. r., fil., dos orné, tr. dor. (*Rel. du XVII° siècle.*)

Le titre, imprimé en rouge et en noir, porte la marque de *Jehan Petit*, reproduite dans notre tome I, n° 421, p. 231. Le bloc est ici beaucoup plus neuf.

Au v° du titre est placée la *Tabula*.

Le volume est orné de 40 figures.

La marque de *J. Petit* est répétée au r° du dernier f., au-dessous de la souscription. — Le v° de ce même f. est blanc.

Le *Mistere du Viel Testament* n'est pas une œuvre personnelle, c'est la réunion dans l'ordre indiqué par les livres de la Bible d'un certain nombre de mystères composés à diverses époques et offrant des proportions différentes. Il est probable que cette réunion suivit de près l'apparition des grands drames arrangés et amplifiés par les frères Greban. Nous n'avons pas à parler longuement ici de cette compilation ; il nous suffit de renvoyer à l'édition publiée aux frais du baron James de Rothschild pour la Société des anciens Textes français (Paris, 1878-1891, 6 vol. in-8).

De la bibliothèque de M. PAUL SCHMIDT (Cat., 1910, n° 23).

3010 (1073 d). LE MISTERE par personnaiges de la vie, passion, mort, resurrection et assention de Nostre Seigneur Jesus Christ, en 25 journees, avec les histoires sur chascunes [sic] d'icelles, avec la figure du teatre; lequel mistere fut jouet triumphamment en la ville de Vallenchiennes, 1547, par des plus notables bourgeois et marchantz d'icelle ville, dont les noms avec ceux des joueurs sont escript [*sic*] en la fin de ce present libvre. Ms. grand in-fol. sur papier de 378 ff. et 2 ff. blancs (haut. 365; larg. 256 millim.), avec 26 grandes miniatures et 28 cartouches peints, réglé, v. f., fil. et comp. dor., dos orné, tr. dor., fermoirs. (*Rel. du XVI*e *siècle.*)

Voici la description de ce volume :

Au v° du f. de garde, ex-libris gravé de M. DELACOSTE [*sic*, dont les armes sont timbrées d'une couronne de marquis et accompagnées de cette devise : *Ex utroque costa*. — Au-dessous est une note ms. ainsi conçue : « Ce manuscrit a été donné en 1765 à Marie-Catherine-Louise Prassin de Croix par son père, prevost de la ville de Valenciennes. Elle épousa Jacques Martin, comte d'Espiennes, seigneur de Fontaine-Wargenis, vicomte de Sebourg, qui le légua à sa fille Julie-Charlotte d'Espiennes, marquise Delacoste ».

Fol. 1. Le titre reproduit ci-dessus est inscrit dans un grand cartouche miniaturé qui occupe toute la page. — Au v°, ex-libris peint de GHISBERTUS LEOVINUS, avec la devise : *Certum in incerto*, et la date du 18 mars 1570. Cet ex-libris est collé au milieu de la page.

Fol. 2 r°. Grand blason (d'azur à 3 clous d'or, chargé en chef d'une quintefeuille au naturel), avec cette devise : *Ni trop, ni peu. Clauweet*, et cette inscription placée au-dessous dans un cartouche : *Ce libvre du Mistere par personnaiges de la vie, etc. appertient à* CHARLES CLAUWEET, *marchant et bourgeois de Vallenchiennes*, 1580.

Fol. 3 v°-4 r°. Grande miniature repliée occupant la surface de 3 pages. Cette miniature représente *Le Teatre ou Hourdement pourtraict comme il estoit quant fut jouet le Mistere de la Passion Nostre Seigneur Jesus Christ, A° 1547*. Voy. la planche ci-jointe.

Fol. 4 v°-5 r°. Miniature à mi-page représentant les scènes de la première journée : *Chy comenche le Prochet de paradis, et du Mariage de Joachin et Anne, et des Bergiers*. On lit dans un cartouche qui occupe le bas du fol. 4 v° : Chy comenche la premiere journee du Mistere de la vie, faitz, mort, passion et resurrection de Nostre Seigneur Jesus Crist, jouee en Vallenchiennes an. 1547 fort magnificquement, ou furent veuz maintz beaux secretz, comme au paradis un ray d'or derriere Dieu le Pere tournant incessamment ; *item* comme Verité vint en terre couverte d'unne nuee qui se desvelopoit depuis le hault jusque en bas ; *item* en enfer, s'ouvrant le gouffre, sortoit feu et fumee, avecques diables d'oribles formes, et Lucifer s'eslevant hault sur un dragon jectant feu et fumee par la gueulle, puis on voioyt boulir la chaudiere plaine de dampnez, d'autres aussy en des roues tournantes, et autres choses. »

Fol. 5 r°, au-dessous de la miniature :

Prologhe.

Seigneur, se nous prestés silence,
Ce jour venans demonstrerons
La naissance de precellence [*ms.* precellens]
De Marie que honorerons,
Puis sieuvant ces faict[z] juerons
La vie du benoist Jhesus,
Sa mort, et puis nous conclurons
Que, suscité, monta lassus.

En paradis MISERICORDE *commence.*

O Dieu parfaict, seul judge insuparable,
Divinité, poissance souveraine
Il ost saison que tu sois pitoiable
En suportant povre(s) Nature humaine.
Elle a esté en traveil et en paine
Bien cincq mil ans et plus, poissant seigneur,
Pitié me esmeult que devers toy me amaine ;
Povres humains sont longtemps en langheur ....

herode tenant la femme de son frere · Le depart de Jhus dauec sa mere en ...

prologue

Nous auons mise pour ce jour
coment Judas triumphe
en ysariot sa pure de auoir
ceste folement mundo
Herode le quel voulut oster
sa propre femme herodias
a son frere & pour oultrer
la demande voicte le tue
de Jehan baptiste & se pourra
de son tressaint enseignement
puis estre en jourdain Jehan bap
de Jesus prendre baptissement

Le Roy de ysariot commence

Seigneurs sa soy de en fonde & tiens
quand de ma femme ou selon moy desir
ung tresbian fils quil seray heritiere
de ysariot quand viendra pour mon
mort si se plaist dun je le veoir ster...
en garnons blanc & sa lame ...
son temps a sa qui auon sa desir
de sy auoir ung jour en sens faisant
je diray mon temps en grant plaisir
pour si bien me sert mon brief estant

Le premier prince de ysariot

... doubter
... ae
... ondre

Le ij.e prince

...

Le Roy

...

ij.e prince

...

iij.e prince

...

LE MISTERE DE LA PASSION PAR PERSONNAIGES
(VALENCIENNES, 1547)
(Dimensions de la miniature originale · 233 × 148 mm)

LE MISTERE DE LA PASSION PAR PERSONNAIGES
(VALENCIENNES 1547)
(Dimensions de la miniature originale : 233 x 148 mm)

Le texte est écrit sur deux colonnes, ici et dans tout le corps du volume.

Fol. 18 v°-19 r°. Miniature, disposée comme ci-dessus : *Conception de la vierge Marie et de sa nativité et presentation au temple.* On lit dans un cartouche qui occupe le bas du f. 18 v° : « En la seconde journee de ce present mistere furent veuz deux diables jectans feu par leurs bouches et cornes, tenant en leurs pattes tisons dont sortoit flamme cracquante, plaine d'estincelles, et firent un prochez a deux anges touchant la conception de Marie. Fut aussy veue sa nativité, sa presentation au temple, son vivre celeste ; *item* les regretz des vieux peres au limbe et aultres matieres dignes d'admiration. » Comme pour la première journée la peinture présente les scènes dans l'ordre indiqué par le sommaire.

Fol. 34 r°. Grand cartouche, dans lequel on lit : « En la troizieme journee de ce mistere furent veu[z] plusieurs beaux secretz, comme de la verge Joseph qui flourist en sa main ; *item* comme Oraison revint de paradis, couverte d'unne nuee, parler aux peres du limbe ; pareillement vint aussy l'ange Gabriel a la vierge Marie, puis le Sainct Esprit descendre hors du sphere s'ouvrant trois fois ; *item* qu'on voyoit en l'air une june vierge en ung ray de soleil, tenant un petit enfant que Sibille monstroit a Octovien, etc. »

Fol. 34 v°-35 r°. Figure disposée comme ci-dessus : *Mariage de Marie. Oraison parlant aux peres. Conception de sainct Jehan. Le Annuntiation par l'anges a la vierge Marie, et la Nativité de Jehan.*

Fol. 48 r°. Cartouche contenant cette légende : « En la quatriesme journee de ce present mistere furent veuz aultres secretz, comme de l'estoille allant en l'ayr, puis d'unne nuee la venant couvrir, puis, a la nativité du Seigneur, les anges vollant en l'air et chantant et faisant grand splendeur de flambe au moien de quelque baston doré qu'ilz tenoient en leurs mains, en forme de lampe au boult, dont sortoit ladicte flambe, soufflant quelque peu ledit baston. *Item*, d'un autre secret, assavoir du petit enfant vif qu'on ne perchut venir quant la Vierge accoucha, chose admirative. »

Fol. 48 v°-49 r°. Figure à mi-page : *Retour de Joseph et Marie, et la Nativité de Jhesus, et le apparition aux rois, et de la circonchision, Herodes estant en siege.*

Fol. 60 r°. Cartouche contenant ce sommaire : « En la cinquiesme journee de ce mistere furent veuz aultres beaux secretz, comme de l'estoille qui s'apparut de rechief aux trois rois, puis des idolles qui se rompoient et tomboient d'elles mesmes, allant Marie et Joseph en Egipte. En tombant faisoient bruit comme d'un coup de canon, se faisant ce au moien de quelque esclair ou fuzee quy, en vollant en l'air, venoit toucher les coulombes ou estoient ces idolles. *Item*, a l'occision des inocens, on voyoit sortir le sang de leurs corps, puis, Herode se tuant, ung diable emporta en l'air son ame en enfer. »

Fol. 60 v°-61 r°. Figure à mi-page : *De le offretoire des rois et purification de Marie, et le Occision des inocens, et la Mort du roy Herode.*

Fol. 76 r°. Cartouche contenant ce sommaire : « En la sizieme journee du present mistere furent veuz aultres secretz, comme de l'ange vollant en l'air, faisant clarté et flambe, nonchant a Joseph le retour hors d'Egipte. *Item* de Sathan, quy conduisoit sans toucher la barque en mer, ou estoit Judas, petit enfant, en l'ille de Scharioth, et aultres misteres beaux a voyr. »

Fol. 76 v°-77 r°. Figure à mi-page : *Joseph et Marie en Egypte, le regne de Archelaüs, Joseph et Marie retournant de Egipte. Jhesus disputant au temple, Judas trouvé sur la mer.*

Fol. 89 r°. Sommaire dans un grand cartouche : « En la septiesme journee de ce present mistere fut veu jouer le ravissement d'Herodias, femme de Phelippe, par Herode Anthipe, son frere. *Item*, au baptesme de Jesus Christ furent veuz beaux secretz : le ciel en forme de pomme, et la voix de Dieu le Pere resonnante comme de groz tuyaux d'orgues ; *item*, le Sainct Esprit descendre en forme de coulombe, sortant du sphere s'ouvrant par trois fois ; *item* des anges vollant en l'air et aultres venant en bas, assistant audict baptesme, et aultres misteres. »

Fol. 89 v°-90 r°. Figure à mi-page : *Herode tenant la femme de son frere. Le Depart de Jhesus d'avec sa mere en Nazareth. Preschement de St Jehan au desert. Jhesus Christ est baptisé au Jourdain.*

Fol. 103 r°. Cartouche avec ce sommaire : « En la huitiesme journee de ce mistere furent veuz plusieurs beaux secretz, comme du filz du roy d'Ischariot occis par Judas, dont on voyoit sortir le sang du corps ; *item* aussy de Sathan, qui porta Jesus rampant contre la muraille bien quarante ou cinquante piedz de hault ; *item* aussy, aux nopces d'Architeclin [sic], ou l'eau qu'on versa dans les quennes devant tous fut muee en vin et dont en burent plus de cent personnes des spectateurs ; et aultres beaulx secretz furent veuz. »

Fol. 103 v°-104 r°. Figure à mi-page : *Sathan tempte Jhesus au desert. Jhesus mua l'eau en vin. Judas tu[e] son pere. Jhesus chasse les marchantz hors du temple. Nicodemus venant a Jhesus de nuict.*

Fol. 119 r°. Sommaire dans un cartouche. « En la ix. journee de ce present mistere fut monstré l'emprisonnement de Jehan Baptiste, l'evocation des apostres, le sermon de la montaine, la guerison d'ung ladre ; *item* du serviteur du centenier ; du filz de la vefve ressuscité ; la conversion du lazar ; *item* de la belle mere de saint Pierre guerie ; *item* des deux demoniacles gueris, ou fut veu ung beau secret, assavoir de la legion de diables qui se mist es pourceaux, dont se jecterent d'eulx mesmes en la mer, chose esmerveillable a voyr pour le grant bruit et tempeste qui se fist lors, et aultres choses. »

Fol. 119 v°-120 r°. Figure à mi-page : *L'Inprisonnement de sainct Jehan par Herode. Le Preschement de Christ sur la montaine. Jhesus garit le serviteur du centenier, et chasse les diables des demoniacles.*

Fol. 136 r°. Sommaire dans un cartouche. « En la dizieme journee furent veuz plusieurs beaux miracles, comme du pararaliticque [sic] avallé par le toict de la maison, et guerit ; *item* de la femme en flux de sang ; la fille de Jayrus ressuscitee ; la guerison de plusieurs malades ; *item* d'un demoniacle(s) dont sortit le diable avec grant bruict. *Item* fut veu la mondanité de la Magdelaine, avecq la conversion d'icelle au sermon du seigneur Jesus. Fut veu aussy l'ambassade Jehan Baptiste estant en prison, et autres choses. »

Fol. 136 v°-137 r°. Figure à mi-page : *Le Paraliticq avallé par le toict(s). Mondanité de la Magdelaine. Jayrus venant prier a Jhesus de resusciter sa fille. Magdelaine converty* [sic] *au sermon de Jhesus.*

Fol. 151 r°. Sommaire dans un cartouche. « En le xj[e] journee du present mistere fut veu la contrition de la Magdelaine aux piedz de Christ, le massacre des Gallileens par Pilate, ou fut veu ung beau secret, assavoir qu'on voyoit le sang sortir de leurs corps et des bestes sacrifieez. Fut veu le mistere de la Samaritaine, le miracle faict au filz du petit roy ; *item* comme le Seigneur prechoit dans la navire la parabole de la semence et aultres. *Item* fut veu ung beau secret de Jesus soy faisant invisible sur la montaine, ou on le vouloit precipiter du hault en bas. »

Fol. 151 v°-152 r°. Figure à mi-page : *Magdelaine au* [sic] *piedz de Jhesus. Pilate metz* [sic] *a mort les Galileens faisant leur sacrifice. Christ demande a boire a la Samaritaine, et garit le filz du petit roy.*

Fol. 166 r°. Sommaire dans un cartouche. » La xij[e] journee, ou veu a esté ung bancquet magnificq et royal du jour natal d'Herode, ou fut, a la demande de la fille d'Érodias decapité Jean Baptiste, ou se demonstra ung beau secret, car a ung corps vif fut trenchiet une teste fainte, dont sorty grande habundance de sang, mesme de la teste au plat, du coup de cousteau que Herodias frappa. *Item*, ung aultre beau secret au miracle des cincq pains d'orge et deux poissons que Jesus multiplia sans voyr nulle apparence, de sorte que en rua et donna a plus de mille personnes des spectateurs, et en fut recueillist xij corbeilles plaines. »

Fol. 166 v°-167 r°. Figure à mi-page : *Decolation sainct Jehan. La Repeue de cincq mille homme* [sic] *de çainq pains d'orge et deux poissons. Jhesus jecte de* [lisez *hors le*] *diable d'un sourdt et muet. Le Paraliticq gerit* [sic] *a la pischine probaticque.*

Fol. 181 r°. Sommaire dans un cartouche. « En la trezieme journee de ce present mistere furent veuz pluisieurs beaux miracles, signamment du premier, assavoir de l'homme hydropicque, lequel estoit terriblement enflé, qui en ung moment, a la parolle de Christ, on le perchut desenflé ; *item* de la femme courbee guerie, puis de la femme prinse en adultere amenee devant Jesus et par luy delivree au moien que le Seigneur escrivoit en terre, dont ses accusateurs, voyant l'escript, l'abandonnerent. Puis fut monstré le miracle de l'aveugle né, qui fut merveillable a voyr, pour ce qu'il ne apparoissoit nulle forme d'yeux au visaige, qui, se lavant au lavoir, furent apperchuz ses yeux. Et fut veu et ouy belle doctrine et aultres beaux faictz, comme on pœult sçavoir lisant ce libvre. »

Fol. 181 v°-182 r°. Figure à mi-page : *L'Idropicque guery au jour du sabat. La Femme courbee guery*[e] *au jour du sabat. La Prinse en adultere et delivree. L'Aveugle né enluminé au jour du sabat.*

Fol. 195 r°. Sommaire dans un cartouche : « La xiiij. journee, en laquelle furent veuz beaux misteres et miracles, comme de la fille de la Chananee guerie estant possessee du diable. *Item*, a la transfiguration de Christ fut veu ung beau secret, assavoir que sa robe de pourpre devint blanche, son visaige et ses mains rcluisantes comme or bruny, etc., et fut ouye la voix de Dieu le Pere parlant comme en tuyau d'orgue. *Item*, en une blanche nuee apparurent Moyse et Helie. Après fut veu que Pierre, jectant son hamechon, print ung poisson ou trouva une statere.

Fol. 195 v°-196 r°. Figure à mi-page : *Dispute des traditions contre Jhesus. La Transfiguration de Jhesus Christ. L'enfant lunaticq guery. D'un plus grant povoir estre au royaulme de Dieu.*

Fol. 209 r°. Sommaire dans un cartouche : « En la quinzieme journee du present mistere furent veu[z] maintz beaux faictz et miracles, comme on presentoit les petis enfans a Jesus, affin qu'il les benist ; *item*, comment Christ ressuscita le lazare, de quattre jours mort. Conspiration contre Jesus Crist par les evesques et prebstres. Les dix ladres gueris. La requeste de la mere des filz de Zebedee. Jesus faict descendre Zachee du sicomore. *Item*, que ledict Zachee, rechepvant le Seigneur en sa maison, luy fist ung bancquet ou mengeoient les publicains avec Christ, dont en murmurerent les pharisiens, dont le Seigneur leur dist maintes paraboles. »

Fol. 209 v°-210 r°. Figure à mi-page : *Jhesus rechoipt les petitz enfans a soy. Le Lazare meurt en Bethanie et est ressuscité. Le Conseil des Juifz contre Jhesus. Zachee, descendant d'un sicomore, rechoipt Jhesus en sa maison.*

Fol. 223 r°. Sommaire dans un cartouche : « En la xvj° journee du present mistere fut veu comme Magdelaine espandit l'ongnement sur le Seigneur, dont Judas en murmura. L'entree du seigneur Jesus en Jerusalem sur l'anesse, l'honneur qu'on luy fist, le chant des enfans. *Item*, comme Christ chassa les marchans du temple, comme il loua la povre vefve ayant mis deux mailles au troncq. Jesus predit la ruyne du temple et consumation du siecle, puis, l'endemain, retournant de Bethanie, ayant faim, mauldit le figuier, ou fut veu ung beau secret, car a l'instant toutes ses fœulles tomberent, et fut veu secq ».

Fol. 223 v°-224 r°. Figure à mi-page : *Magdelaine en la maison Simon lepreux. L'Entree de Christ en Jerusalemme. Jhesus loue la vefve n'ayant mis que deux mailles au troncq. Jhesus maudit le figuier.*

Fol. 235 r°. Sommaire dans un cartouche : « En la diseptiesme journee de ce present mistere fut veu comme le seigneur Jesus enseignoit au temple, respondant aux interogations des scribes et phariseens. Le Conseil d'iceulx pour le prendre, ou Judas en fist vendition. De ce chief fut interrogué des Juifz. Jesus leur predict la consumation du siecle, la destruction de Jerusalem et du temple. *Item*, il revient loger en Bethanie, ou il faict un long dialogue a sa mere touchant sa passion pour racheter le gendre humain, et aultres matieres dignes de voyr. »

Fol. 235 v°-236 r°. Figure à mi-page : *Dispute des scribes et pharisiens contre Jhesus. Judas faict marchiet de Jhesus aux prebstres et pharisiens. Christ interoguet des Juifz. Il predict la destruction Jherusalem et du temple.*

Fol. 250 r°. Sommaire dans un cartouche. » La xviij. journee de ce present mistere, ou fut veu le depart de Jesus d'avecq sa mere. *Item*, comme il mengea l'agneau de pasques avec ses apostres, comme il leur lava les piedz, comme il voulut instituer le sacrement de la cene soubz pain et vin. *Item*, le sermon qu'il fist a ses apostres apres la cene, ou il predit a Pierre sa negation. *Item*, l'assemblee des sathalittes pour prendre Jesus, dont Judas se faict leur capitaine. Le depart de Jesus pour aller prier son pere au mont des Olives et aultres belles et sainctes matieres furent veue [*sic*] en ce jour. »

Fol. 250 v°-251 r°. Figure à mi-page : *Depart de Jhesus avec sa mere en Bethanie. Christ menge l'aigniau paschal et lave les piedz a ses apostres. Il faict la cene avec ses apostres, et part pour aller au jardin d'Olivet.*

Fol. 267 r°. Sommaire dans un cartouche. » En la xix⁰ journee de ce present mistere fut monstré comme le seigneur Jesus fist sa priere au jardin d'Olivet, ou il sua sang et eaue, qu'on voyoit degouster appertement de son corps. *Item*, comme l'ange le vint conforter. *Item*, fut veu comme, a la parolle du Seigneur, les gendarmes cheurent à la renverse, comme Judas le vint baiser, comme il fut liet et prins. *Item*, comme Pierc coupa l'oreille a Malcus, et sanee par Jesus ; comme il fut mené au pontiphe Anne, ou rechupt une buffe. *Item*, comme on luy benda les yeux, et fut mocqué, battu, decraché, des tirrans. Fut aussy veu la negation de Pierre a la voix de la servante, et aultres choses. »

Fol. 267 v°-268 r°. Figure à mi-page : *Jhesus faict sa prier[e] au jardin d'Olivet. A la voix de Christ les gendarmes tombent a la renvers. La Prinse de Jhesus, et fut menné devant Anne. Piere apostres renoy Christ.*

Fol. 284 r°. Sommaire dans un cartouche. » La xx⁰ journee du present mistere fut veu comment Jesus fut mené devant Pilatte et interogué de luy ; lequel l'envoya lyet a Herode, qui le fist vestir de blancq, le mesprisant comme fol, et le renvoya audict Pilatte. *Item*, comme Judas reporta l'argent, soy repentant, quy fut calumpniet des prebstres, dont par desespoir s'alla pendre ; ou fut veu ung beau secret, car son ame sortit par son ventre, lequel creva, et fut emportee des diables vollant en l'air et tombant en enfer, ou se fist terrible tempeste. *Item*, comme sainct Jan vint raconter a Marie la prinse de son filz Jesus, et aultres misteres dignes d'estre regardez, qui furent veu[z] en ceste journee.

Fol. 284 v°-285 r°. Figure à mi-page : *Jhesus devant Pilate et envoyé de Pilate a Herode, quy le fict vestir d'ung acoustrement blancq. Judas, es lacx du diable, après avoir rendu l'argent, se pendt. Jhesus derechef ramenné a Pilate.*

Fol. 299 r°. Sommaire dans un cartouche. « La xxj⁰ journee, ou fut veu comment Pilate donna aux Juifz le chois de demander a la feste de pasques Jesus ou Barabas, lequel Barabas fut relasché, et Jesus batu et flagellé, liet a l'estache et foueté de verges, tant qu'il n'eubt peau entiere, ou par ung certain secret, on voioyt le sang couler et sortir de son corps, signamment au couronnement d'espines, ou le sang ruisseloit de son chief, puis fut vestu d'un pourpre royal par derision, avecq ung roseau en sa main pour septre, et en ce point Pilate le monstra aux Juifz, disant : vecy l'homme ; lesquelz cryerent qu'il fut crucifié, ce que Pilate en la fin leur adjugea, etc. »

Fol. 299 v°-300 r°. Figure à mi-page : *Pilate baille le chois aux Juifz de Jhesus ou de Barabas. Jhesus est fustigiés de verge et couronné d'espines Pilate le monstre aux Juifz, disant : Vecy l'homme.*

Fol. 313 r°. Sommaire dans un cartouche. « La xxij⁰ journee, ou furent veuz maintz beaux misteres et secretz, comme Jesus portant sa croix, la face d'iceluy apparut au cœuvrechief de Veronique l'essuyant. *Item,* en l'atachant en croix, on voyoit le sang sortir des pieds et mains, au moyen de quelque secret, dont aussy se monstra au coup de lanche, ou on vid sortir sang et eaue. *Item,* des signes veu[z] rendant son esprit, comme des tenebres, du tremblement de terre, des pierres fendues, des mortz sortant hors des monumentz, du soleil eclisez, du voille du temple partis en deux, toutes ces choses se faisant par beaux secretz, comme aussy des portes d'enfer, a la voix de l'ame de Christ, et aultres choses espoventables furent faictes, comme tenoires, esclairs et fuzees tirees en l'air ; puis fut veu la deposition de Jesus de la croix, qui apres fut ensepvely au monument, et aultres choses.

Fol. 313 v°-314 r°. Figure occupant à peu près les deux tiers des deux pages : *Jhesus condamné a la mort, et porte sa croix. Jhesus en la croix, eslevé entre deux larrons. Son esperit vient brisier la port[e] d'enfer. Il est despendu de la croix par Joseph et Nicodeme, et ensepvelis.*

Fol. 330 r°. Sommaire dans un cartouche. « En la xxiij° journee de ce present mistere fut monstré la resurrection de Jesus Crist, ou se fist apparence d'un tremblement de terre, dont les gardes firent semblant de paour. L'ange avec splendeur s'aparut aux trois Maries, nonchant le Christ ressuscité, qui s'apparut a sa mere, *item* a Marie Magdelaine, aux trois Maries, qui luy toucherent les piedz, puis s'apparut a Simon Piere et a Joseph d'Arimathie, estant en prison, ou fut veu ung beau secret, car la tour ou estoit ledit Joseph fut eslevee en l'air jus de son fondement, dont Joseph sortit, le prenant Jesus par la main, etc. ; »

Fol. 330 v°-331 r°. Figure à mi-page : *Jhesus resucite le tierch jour après sa mort et s'aparoit a sa mere, puis a la Magdelaine et aux troix Marie, après a Simon Piere. Jhesus tire Joseph d'Arimathie hors de prison.*

Fol. 344 r°. Sommaire dans un cartouche. « xxiii° Journee, on fut monstré la malice des prebstres de la loy quant, pour estaindre la resurection du seigneur Jesus, corrompirent les gardes par argent. *Item,* comme Jesus s'apparut aux deux pélerins allant en Ematis, comme aussy il s'apparut aux unze les portes closes, et puis après a Thomas, qui toucha les troux des playes, partant il crut ; aussy s'apparut aux apostres près la mer ou ilz peschoient, dont Piere se mist en l'eau pour aller après luy, et mengea avecq ses disciples approuvrant sa resurrection, et aultres choses. »

Fol. 344 v°-345 r°. Figure à mi-page : *Par argent les gardes sont corrompu[s] des prebstres pour nier la resurrection. Jhesus s'aparoit a dix de ses apostres ; derechief a yceulx, y estant Thomas. Il s'aparoit encor près de la mer, et menge avec eux.*

Fol. 358 r°. Sommaire dans un cartouche, au bas de la 2° colonne. « En la xxv° journee fut veu comme le seigneur Jesus s'aparut aux unze apostres, eulx mengeans a table, leur commandant prescher l'evangille a toutes gens, puis, estant sur la montaine s'esleva de luy mesmes en l'air environ quarante piedz de hault, par le moyen d'un beau secret, puis finablement fut couvert d'une blanche nuee ou s'apparurent deux anges en vestement blancq, quy parlerent aux apostres touchant son dernier advenement. *Item,* l'election de Mathias, l'emission du Sainct Esprit en forme de langues departies comme de feu, par le moyen d'un beau secret, tant en ce, comme aussy a ouyr ung grant bruit ou son, comme de tuyaux d'orgues ; quy fut la fin du mistere. »

Fol. 358 v°-359 r°. Figure à mi-page : *Jhesus mangant avec les onze, faisant reproche de leur ingratitude. Il fait asscention au ciel. Piere adjoinct Matias au nombre des douze. Piere comenche a esvangelisier aux Juifz.*

Fol. 374°: Au-dessous de quatre vers :

PIERE

Se en avrés, ainsy qu'on voira,
La gloire eternelle par don.
Fin.

EPILOGHUS.

Segneurs, l'istoire finerons
De la passion de Jhesus,
Dont ensamble vous merchions
De la silence qu'en ches juds
Avés donnet, tant sus que jus,
Priant que le sens retenés ;
Se en serés mis au ciel lassus
Se la doctrine entretenés.

1577.

« Chy fine la Passion et Resurrection de nostre saulveur et redempteur Jesuchrist, ainsi qu'elle fut juee en Valencines en le an mil cincq cens et quarantesept, par grace de maistre Nicaise Chamart, seigneur de Alsemberghe, alors prevost de la ville, et de ses peres et compaignons en loy, passee et revesetes [*sic*] des sçavantz docteurs comis a che faire de par reverendissiemes pere en Dieu Robert de Croy, evesque de Cambray, et juee par les compaignons chy après desclarés. »

Fol. 374ᵈ. « Il est a noter que, pour furnir aux despenses et ordonnances de ladicte *Passion*, lesdictz compaignons douse [lisez treize] superintendentz, eslurent en Valenchennes (que) pour estre leurs maistre[s] et conducteur[s] et pour les tenir en paix et union se il y avoit aucun divis ou debat entre eux, et mesmes povoient lesdictz superintendentz corriger et mettre a amende lesditz compaignons jueurs se aulcune defaillance estoit trouve[e] en eux, sans en inventer messeigneurs de la justice.

» *Item* est encore a notter que lesdictz treize superintendentz et tous les jueurs, lesquelz emprindrent le affaire se obligerent tous de convenir a paier les despense[s] faict[es], sy de adventure il fut advenu quelque mortalité ou guerre, que on [n']eubt peult parjuer ne parfaire ledicte emprinse, et aussy que se quelc'un emprendroit parchon pour juer et il ne eubt volut parfaire son emprinse, on se povoit retirer sur son corps et sur ses biens, et fut ladicte obligation faicte et signee le jour de jœudy absolut, et aux festes de penthecouste ensuyvant on comencha a juer.

S'ensieuvent les noms des treize superintendentz desquelz les aulcuns furent jueurs.

» Arnould de Cordes, segneur de Marbray, allors lieutenant du prevost de la ville, superintendentz et jueur de plusieurs parchons, entre lesquelles vœult juer la parchon de Ruben, pere de Judas, et (*fol.* 375ᵃ) pareillement du petit roy et plusieurs aultres ;

« Louys [de La Fontaine, dict] Wicart, superintendentz et inventeurs de plusieurs secretz et mesmes les conduire de estre faictz en temps deu, et pareillement de faire juer les *silete* sans que les originateurs en donasse[nt] quelque samblant ;

» Philippe d'Orville, recheveur de Bouchain, superintendentz et conducteurs des secretz et jueurs de plusieurs parchon[s], comme le premier princes de Herode Antippe, de sainct Philipe et aultres ;

» Quintin Coret, alors prince de Plaisance et lequel fict son voiaige a Lilles et a Tournay durant nostre ju, en en fusmes atargiés de deux jours, superintendentz et jueurs, et veult juer la parchon de ung prince a l'empereur Octhovyen, et aultres ;

» Nicolas de La Croix, bailly de Havele, superintendentz et jueurs de plusieurs parchons, entre lesquelles veult juer le lasar et aultres grande[s] parchons ;

» Michel Herlin, superintendentz et jueur de aulcune parchon, entre quoy veult juer, en la presence de l'empereur Octovyen, ung prince ;

» Jehan Steclin, superintendentz et inventeurs de plusieurs secretz, en les mettant en ordres, jueurs de plusieurs grandes parchons, comme de Herode Antipe, de Jayrus, de Antypater et aultres ;

Fol. 375ᵇ « Hery d'Oultreman, superintendentz et jueur de aulcune parchon, et avecq che conducteur des secretz, lesquelz il estoit oportun en enfer ;

» Jacques Senglet, superintendentz et jueur de aulcune parchon, et conducteur des secretz, entre quoy veult juer l'espoux et sainct Jacques ;

» Jehan Du Jonquoy, superintendentz et conducteur des secretz, jueur de plusieurs parchons, comme des Saduciens ;

» Jehan Lipson, superintendentz et conducteur des secretz ;

» Ives Grain de Or, superintendentz et jueur de plusieurs parchons, come Zacarye, pere de sainct Jehan Baptiste, et gramment de aultres ;

» Jehan Fontaine, superintendentz et conducteurs de secretz.

» *S'ensieult les Noms des troix originateurs.*

» Messire PHILIPPE CARAHEU, prebstre, originateur et escripvent des xxv original ;

» ROLAND GERARD, clercq du beginnaige, fabricateur selon le artz de rethorique de plus grande partie des ju[z] et originateur ;

» CHRISTOFLIN HAVELOIS, dict DES MARETZ (fol. 375e), originateur et parchoneur des xxv original et, avec Louys Wicart, ordoner et assoir les parchons a chascun jueur, selon que la faculté le requeroit.

» *S'ensieuvent les Noms des jueurs, lesquelz estoient de l'obligation.*

» Jehan Rasoir, jueur de plusieurs parchons, entre lesquelles veult juer la presence de notre redempteur Jhesuchrist ;

» Cole Le Febre, jueur de plusieurs parchons, entre lesquelles veult juer la presence de Herode Agripe, de Pilate et aultres ;

» Jacques de Horgny, facteur de plusieurs secretz et jueur de plusieurs parchons, entre lesquelles veult juer la presence de sainct Jehan Baptiste, de sainct Pierre et aultres ;

» Jehan Godin, jueur de plusieurs parchons, entre lesquelles veult juer la presence de Joseph, le espoux de la vierge Marie, la parchon de Anne, prince de la loy, et aultres ;

» Gratien Guiot, jueur de la presence de Dieu le Pere en paradis ;

» Jacques Des Moëlles, inventeur et facteur et mesme conducteur de plusieurs secretz, jueur de plusieurs parchons, come la presence de l'ung des troix rois, et grament de aultres ;

Fol. 375d » Jehan Le Fevre, dict L'Enfant, jueur de plusieurs parchons, entre lesquelles veult juer la presence de la Magdalene, et aultres ;

» Jhenno de Lamyne, jueur de plusieurs grandes parchons, entre lesquelles veult juer la presence de Herodias et aultres, et avant che de sainct[e] Anne, mere de la vierge Marie ;

» Nicolas Des Maretz, jueur de plusieurs parchons, entre lesquelles veult juer la presence de Sapience, en paradis, et, après, de Cayphe, princes des prebstres ;

» Simon Bougenier, jueur de plusieurs parchons, entre lesquelz il veult juer la presence de Justice, en paradis, et aultres ;

» Gobert Morielle, dict Franque Vie, allors herault de la ville, jueur de plusieurs parchons, entre lesquelles veult representer Ciboree, mere de Judas, Misericorde, en paradis, et aultres ;

» Jehan de La Nefve Brassery[e], inventeur et conducteur de grament des affaires pertynent audict [*sic*] jueurs et pareillement exercher a juer plusieurs parchons, come de Moyse, a la transfiguration de Jhesus, et aussy de Joseph d'Harimathie, et plusieurs aultres grandes ;

» Jehan Denis, alors sergeant de la (fol. 376a) paix en Vallencen, jueur de plusieurs parchons, entre lesquelles veult juer la presence de Verité, en paradis, et la royne de Yscarioth, et plusieurs aultres ;

» Gilles Carlier, jeune clercq du pratique, lequel il pleut a Dieu appeller par mort accidentele durant ladicte emprinse, apres avoir juet la presence du roy des Yscariotz, auquel Dieu vœille faire misericorde ;

» Arnould Tenneleur, jueur de plusieurs parchons, entre lesquelles veult juer la presence de Judas et aultres ;

» Guillame Labequin, jueur de plusieurs parchons de thirantz et aultres ;

» Jehan Lienart, jueur de plusieurs parchons, come de Barbapanter et aultres ;

» Jhenno Herman, jueur, en la diablerie, de la parchon de Sathan ;

» Sandrin Gohelle, jueur, en la diablerie, de la parchon de Lucifer ;

» France de Leste, jueur, en la diablerie, de la parchon do Asmodeüs et Leviatan et aultres ;

» Jehan Guiot, jueur de plusieurs parchons, entre lesquelles veult (fol. 376*b*) representer Baraquin, serviteur de Pilate, et plusieurs aultres ;

» Arnould De Lattre, jueur de plusieurs parchons entre lesquelles veult juer et representer David au limbe, et aultres ;

» Regnier de Longastre, grant inventeur et facteur des secretz, et jueur de plusieurs parchons, come l'ydropicque, de Malcus et aultres ;

» Andrieu Polet, jueur de plusieurs parchons, come des prebstres de la loy, de sainct Thomas, de Barabas et aultres ;

» Jehan Le Vasseur, inventeur et facteur de plusieurs secretz, et grant conducteur des ustensilles d'enfer, et jueur de aulcunes parchons ;

» Gille Cartrian, dict Velu, jueur de plusieurs parchons, entre lesquelles veult representer le bon laron, et aultres ;

» Gille Pot de Vin, jueur de plusieurs parchons, entre lesquelles veult juer le maulvay laron et aultres ;

» Nicais Flamen, alors sergeant des massartz de Vallencennes, jueur de plusieurs parchons, come des scribes et aultres ;

» Jhenno Le Maire, jueur de plusieurs parchons, come des pharisiens et prebstres de la loy et aultres ;

» Pierre Sauvaige, conducteur et facteur (fol. 376*c*) de plusieurs secretz, et aussy jueur de aulcune[s] parchons ;

» Jacques Caron, jueur de plusieurs parchons, comme des pharisiens et aultres ;

» Nicolas Toillier, comis a paier œuvres des hourdementz et jueur do aulcune petite parchons ;

» Jehan Lussyen, conducteur de mettre en ordre les enfantz, angelz, en paradis, et aultres offices.

» S'ensieult les Noms de aulcuns jueurs lesquelz n'estoient de l'obligation, mais furent reprins apprès les aultres.

» Maistre Jehan De Lattre, alors escevins de Vallencennes, jueurs de plusieurs parchons, entre lesquelles veult representer Simon le lepreux et aultres ;

» Pierre Wicart, jueurs de plusieurs parchons, entre lesquelles veult juer la presence de sainct Jehan l'Evangelist et aultres ;

» Percheval, [libraire], jueur de plusieurs parchons, entre lesquelles veult juer la presence de sainct Andrien et aultres ;

» Simon Du Long Pont, jueur de plusieurs parchons, entre lesquelles veult juer la presence de sainct Piere et aultres ;

» Bastien Bourse, jueur de plusieurs (fol. 376*d*) parchons, come de Grognart, fourier, et de Bruyant, thirant, et plusieurs aultres.

» Sensieult les Noms des jeunes fllz et jeunes filles juant plusieurs parchons.

» Josse Le Ricque, jueur de plusieurs parchons, come la presence de Jhesuchrist disputant au temple, et aussy la fille de Jayrus et plusieurs aultres ;

» Jhenno Huet, jueur de plusieurs parchons de angel, et aussy le filz du pety roy et aultres ;

» Jacques Rasoir, jueur de plusieurs parchons de angel, et aussy la jonesse de Judas, etc. ;

» Ernould Sterlin, jueur de plusieurs parchons de angelz ;

» Guilain Rasoir, jueur de plusieurs parchon[s] de angelz et aussy la jonesse de la Vierge Marie a la presentation au temple ;

» Jenno de Marquette, jueur de plusieurs parchons de angelz ;
» Jacques Flameng, jueur de aulcune petite parchons ;
» Vincheno de Lamyne, jueur de aulcune petite parchon ;
» Bartasin Toillier, jueur de aulcune petite parchon.

Fol. 377ᵃ » Wilmet Wicart, filz Louys, jueur de aulcune petite parchon, come des filles au temple ;

» Jenno de La Croix, filz Nicolas, la parchon du filz du roy d'Iscarioth en enfance.

» *Les Noms des jeunes filles lesquelles juerent.*

» Jennette Carahue, ordonnee representer et juer la parchon de la vierge Marie et, avant che, la parchon de Agar, servant a saincte Anne ;

» Jennette Watier, fille Martin, tripier, plusieurs parchons, come des filles au temple et aussy des filles de Jherusalem, et des servantes de la Magdelaine, aussy la nieche de la royne de Gallilee et aultres ;

» Jennette Tartelette, plusieurs parchon[s], come des fille[s] de Jherusalem, et aultres ;

» Checille Gerard, aulcune parchon des filles estant au temple ;

» Cole Labequin, aulcune parchon des filles estant au temple.

» *S'ensieult la Devise de l'obligation, ainsy qu'elle fut faicte et escript[e] en parchemin, estant en la garde de Louys de La Fontaine, dict Wicart...* »

Nous ne reproduisons pas cette pièce, qui a été publiée par G.-A.-J. Hécart dans ses *Recherches sur le théâtre de Valenciennes*, 1816, pp. 36-39 ; nous avons cru, au contraire, devoir donner en entier la liste des acteurs, plus complète que celle qu'ont donnée Hécart (*loc. cit.*, pp. 31-35) et Mangeart (*Cat. des manuscrits de la Biblioth. de Valenciennes*, 1860, appendice nº XXXIV, pp. 691-693) d'après un recueil de pièces copié au XVIIᵉ siècle.

A la fin (fol. 378ᶜ). » Hubert Caillau, du nombre de ceulx non obliget, jueurs de plusieurs parchons, come de Ruben prebstre du temple, l'ung des princes de Herode, aussy la presence de l'ung des trois roys, a sçavoir le more, la presence de Gamaliel disputant au temple, et aultres plusieurs parchons, mais, pour cause qu'il avoit quelque besoingne a soliciter, ne peult demourer jusques a la fin. »

Au dessous, dans un cadre ovale, formé de feuillage, on voit la figure de Mémoire, qui tient, de la main droite, une plume, et, de la gauche, un livre ouvert. Mémoire surmonte un cartouche dans lequel on lit ce quatrain :

    Memoire suis, qui fay revivre
    Le studieux après sa mort,
    Car celuy qui vertu veut suivre
    Moins qu'en cailleau point ne mord
        Mort.
    Point ne mord Mort.
    (Une tête de mort).

Fol. 378ᵈ. CHARLES MERINGHE estant a Marict a escript ce present libvre et mistere, qui fut joué en Vallenchiennes, 1547, auquel mistere, sur chascunne journee, HUBERT CAILLEAU, paintre, a painct les histoires, comme aussy ledict Hubert fut joueur audict mistere de pluisieurs parchons, comme de Rubens, prebstre de la loy, *item* veut representer l'ung des trois roix, assavoir le more ou negre, aussy la presence du docteur Gamaliel disputant au temple, puis de quelque chevalier d'Herode et aultres. Il donna aussy le portraict du teatre ou hourdement, avec JACQUES DES MOËLLES, tel comme il est peinct au commenchement de ce present livre et comme il estoit audit jeu. »

Le texte même du mystère n'a encore fait l'objet d'aucune étude. Il dérive à la fois de la *Passion* conservée dans le manuscrit 697 de la Bibliothèque d'Arras (on peut facilement se reporter à l'édition qu'en a donnée en 1891 M. J.-M. Richard) et de la *Passion* en vingt journées qui se trouve à Valenciennes (ms. nº 449 ; Mangeart, nº 421), laquelle n'est qu'un remaniement de celle des frères Greban, arrangée par Jehan Michel. On a vu ci-dessus que la pièce avait été retouchée, pour la représentation de 1547, par PHILIPPE CABAHEU, prêtre, ROLAND GÉRARD, clerc du béguinage, et CHRISTOPHLIN HAVELOIS, dit DES MARETZ.

La date de la transcription, 1577, est indiquée à la fin de presque toutes les journées.

Ce qui donne un grand intérêt à ce manuscrit, ce qui en fait un document capital pour l'histoire de l'ancien théâtre français, ce sont les peintures à l'aquarelle exécutées par Hubert Cailleau. Il n'existe nulle part de miniature qui représente aussi minutieusement un théâtre destiné à la représentation des mystères. Il a été fait à la même époque deux exemplaires du manuscrit. L'un qui appartenait, au commencement du XIX° siècle, à Hurez, libraire à Cambrai, et qui, en 1837, se trouvait entre les mains de sa veuve, a été acquis en 1855 par la Bibliothèque nationale, où il porte actuellement le n° 12536 du fonds français. Il ne mesure que 292 sur 205 millimètres, et ne compte que 297 feuillets. Notre exemplaire, on l'a vu, a eu pour possesseurs, au XVI° siècle, CHARLES CLAUWEET (1580) et GHISBERT LIÉVIN. » Il appartenait en 1765 à PRASSIN DE CROIX, prévôt de Valenciennes, qui en fit don à sa fille MARIE-CATHERINE-LOUISE, femme de JACQUES MARTIN, COMTE D'ESPIENNES. Celui-ci légua le volume à sa fille JULIE-CHARLOTTE D'ESPIENNES, MARQUISE DE LA COSTE. Le manuscrit appartenait en 1882 à M. de LA GRANGE qui le fit figurer à la vente des livres de LORD H[OUGHTON] (Cat., n° 187), mais le retira des enchères jugées insuffisantes.

C'est d'après l'exemplaire de la Bibliothèque nationale qu'a été exécutée, pour l'Exposition universelle de 1878, la charmante maquette en relief, qui est aujourd'hui conservée au musée de l'Opéra. Pour avoir l'échelle exacte du « hourdement », les décorateurs ont admis que les marches au-dessus desquelles sont placés plusieurs des édifices qui décorent la scène étaient hautes de 16 centimètres.

3011 (1073 d). SENSVYT LAS- || SVMPTION de la || glorieuse vierge Marie. A || xxxviij. persōnages Dōt les || noms sensuiuent cy apres — ☫ *Cy finist le Trespas-* || *sement ꝯ Assūption de la Glorieuse* || *vierge marie p personnaiges. Im-* || *prime nouuellemēt a Paris en la rue* || *neufue nostre dame : a lescu d' Frāce.* S. d. [vers 1530], in-8 goth. de 80 ff. non chiffr. de 27 lignes à la page pleine, sign. A-K, mar. r., fil., comp. ornés de vaisseaux, doublé de mar. r., large dent., dos orné, tr. dor. (*Chambolle-Duru*.)

Le titre est orné d'un bois qui représente la mort de la Vierge.

Au v° du titre sont placés les noms des personnages, qui sont au nombre de 39 et non de 38.

Dieu le Pere,	Andry,
Jhesus,	Jacques le grant,
Marie,	Philippes,
Thamar, vierge,	Mathias,
5 Dina, vierge,	25 Barthelemy,
Athalie, vierge,	Symon,
Lucifer,	Jude,
Sathan,	Thomas,
Asmodeūs,	Jacques mineur,
10 Berich,	30 Mathieu,
Tithinilus,	Paul,
Zabulon, parent de Marie,	Abraham,
Manasses, parent de Marie,	David,
Gabriel,	Ysaye,
15 Michel,	35 Ysachar, prebstre des Juifz,
Raphaël,	Ruben, Juif,
Cherubin,	Joseph, II. Juif,
Uriel,	Jacob, III. Juif,
Jehan,	Levi, IIII. Juif.
20 Pierre,	

Ce mystère diffère entièrement du chapitre correspondant des *Actes des Apostres* de Symon Graban. En voici les premiers vers :

DIEU LE PERE.

Pour donner retribution
A ma bien amee Marie
Demourant auprès de Syon,
Ou maine belle et saincte vye,
Tirer la vueil de ma partie
En dedans trois jours tous inclus,
Ou sera en gloire infinie ...

SEnsuyt lassumption de la glorieuse vierge Marie. A xxxviij. persõnages Dõt les noms sensuiuent cy apres

La représentation, qui donnait lieu à une mise en scène assez compliquée, et où l'orgue et le chant tenaient une place importante, se divisait en deux parties. La partie la plus courte était jouée dans la matinée ; l'autre partie devait occuper toute l'après-midi. La coupure est indiquée au fol. *C vij* : *Pose pour aller disner*. Le spectacle recommence par une diablerie :

LUCIFER.

Diables, j'enrage de destresse !
Je me pens, je ne puis durer.
Il te convient aventurer,
Faulx Sathan, d'aller en voiture ...

Cet exemplaire, acquis à la vente du BARON JÉROME PICHON (Cat., 1897, n° 939), provient de la bibliothèque Colombine. Il portait autrefois une note de la main de FERNAND COLOMB, que l'on a malheureusement fait disparaître, et qui était ainsi conçue : « *Este libro assi enquadernado costo .20. dineros en Leon por setiembre de .1535. Y el ducado vale 570 dineros* ». Voy. H. Harrisse, *Excerpta Colombiniana*, 1887, p. 59, n° 9.

La vie et lystore de madame saincte barbe par personna

ges/auec plusieurs des miracles dicelle. Et si est a xxxviii. personnages. dont les noms sensuyuent

Sathan
Leuiathan
Astaroth
Crocahart
Belial
Lucifer
La folle femme
Le messagier d
marcian.
Le premier che
ualier de mar
cian
Marcian em
pereur
Se.ii. cheualier
de marcian
Le messagier
de dyoscorus.
Le premier che
ualier de dyos
corus
Dioscor9 roy
Se.ii. cheualier
de dyoscorus.
La royne
Barbe
Sa premiere pu

celle. La seconde pucelle. La tierce pucelle. Le premier tyrant. Le secōd tyrant. Le tiers tyrant. Le quart tyrant. Le chartrier. Le p̄mier cheua
nalier du preuost. Le preuost. Se.ii. cheualier du preuost. Leuesq̄ de
sa foy. Le prestre de sa foy. Le p̄mier massō. Le secōd massō. Le p̄mier pa
stour. Le secōd pastour. Thermite Dieu Gabriel Saintmichel

On les trouuera chez iehā burges, le ieune.

3012 (1078 *a*). La vie et lystore de ma dame || saincte barbe par personna || ges / auec plusieurs des miracles dicelle. Et si est || a xxxviii. personnages. dont les noms sēsuyuent || .... || *On les trouuera chez iehā burges, le ieune.* — [Au v° du dernier f. :] *Cy finist la vie ſ hystore de ma dame sain* || *cte barbe par psonnages nouuellement corri* || *gee a la verite du texte de sa vie cōtenue en la* || *legende doree.* || *Imprime pour Iehan burges le ieune li-* || *braire demourant a Rouen pres le pōt de ro* || *bec au moulin Sainct ouen.* S. d. [vers 1530], in-4 goth. de 28 ff. impr. à 2 col. de 40 lignes à la page, sign. *A* par 6, *B C* par 4, *D* par 6, *E F* par 4, mar. r. jans., doublé de mar. r., tr. dor. (*Trautz-Bauzonnet.*)

Le texte de cette édition est le même que celui de l'édition de *Pierre Sergent* (n° 1078). Nous donnons ci-contre la reproduction du titre.

Le texte commence au v° du titre par le *Prologue.*

Le dernier f. contient, au r°, les 32 dernières lignes du texte, suivies du mot *Finis* et du chiffre *VI*, indiquant le nombre des cahiers ; au-dessous est un petit bois qui représente sainte Catherine. La seconde colonne est occupée par trois autres figures : sainte Barbe, une maison gothique et de nouveau sainte Barbe. Au v° du même f. on trouve la souscription et la marque de *Jehan Burges le jeune*, entourée de 6 fragments de bordures. Cette marque manque au recueil de Silvestre ; nous en donnons la reproduction :

Jehan de Burges le jeune mourut en 1541 ; il avait épousé *Marguerite Pinchon* (*Bull. du Protestantisme français*, 1887, p. 333). Pour son histoire, nous renverrons à Gosselin, *Glanes*, 1869, pp. 83-84.

Des bibliothèques du COMTE DE LIGNEROLLES (Brunet, V, col. 1198 ; Cat., 1894, n° 1527) et du COMTE A. WERLÉ (Cat., II, 1908, n° 134).

I.5.26

3013 (1078 *b*). RECUEIL de pièces dramatiques du XIVe et du XVe siècle. Ms. pet. in-4 sur papier de 1 f., 39, 80 et 16 pp. (haut. 196 ; larg. 136 millim.), XVIIIe siècle, v. marbré, tr. r. (*anc. rel.*)

Copies exécutées pour le duc de La Vallière, d'après les manuscrits de la Bibliothèque du roi.

Le recueil contient trois pièces, savoir :

1° *Le Miracle de Theophile, moralité par* RUTEBEUF. Ce titre est inscrit à l'intérieur d'un cartouche gravé servant de passe-partout. On lit au-dessous, d'une main du XIXe siècle : *Ms. du Roi n° 7218.*

Le *Miracle de Theophile* appartient à la série des mystères connus sous le nom de *Miracles de Nostre Dame*. Le ms. qui nous l'a conservé porte aujourd'hui dans le fonds français de la Bibliothèque nationale le n° 837, fol. 298. Un autre texte contenu dans le ms. franç. 1635, fol. 83 v°, est incomplet.

La pièce a été imprimée séparément par Achille Jubinal (Paris, Édouard Pannier, 1838, in-8) ; puis par le même érudit dans les *Œuvres de Rutebeuf*, 1838, II, pp. 79-105 ; — éd. de 1874, II, pp. 231-262 ; par J.-N. Monmerqué et Francisque Michel, *Théâtre français au moyen-âge*, 1842, pp. 136-156 ; par Axel Henri Klint, dans une thèse soutenue à Upsal en 1869.

2° *Moralité faite au college de Navarre le jour St-Antoine 1426.*

Copié sur le ms. 624 de Saint-Victor, coté actuellement, à la Bibliothèque nationale, franç. 25547.

3° *Moralité du Cœur et des cinq Sens.*

Pièce attribuée à JEHAN GERSON et représentée comme la précédente au collège de Navarre. Elle se trouve dans le même manuscrit, fol. 123 v°.

Des bibliothèques du DUC DE LA VALLIÈRE (Cat. de De Bure, n° 3315), de SOLEINNE (Cat., 1844, n° 613) et du BARON TAYLOR (Cat., 1893, n° 250).

II.7.2

3014 (1079 *a*). SENSVYT LA DESTRV || CTION DE TROYE la || grant Par person || naiges Faicte par les Grecz Auec les merueil || leux faitz du preux Hector de Troye filz du grāt || Roy Priam *Imprimee nouuellement a Paris* || ❡ *On les vent a paris en la Rue neufue no* || *stre dame a lenseigne de Lescu de France.* || XL. — [Au dernier f., 2^e col. :] ❡ *Cy finist lhistoire* || *de la destructiõ de troye la grāt* || *mise par persõnaiges par mai-* || *stre iacques millet licencie en* || *loix Et imprimee a Paris / par* || *la veufue feu Iehan trepperel* || *et iehan Iehannot libraire iu-* || *re en luniuersite de Paris De-* || *rant* [sic] *en la rue neufue nostre da-* || *me a lenseigne de lescu de frāce. S. d.* [vers 1520], in-4 goth. de 202 ff. non chiffr., impr. à 2 col., sign. A par 8, *B C* par 4, *D* par 8, *E F G H* par 4, *I* par 8, *K L M* par 4, *N* par 8, *O P* par 4, *Q* par 8, *R S T* par 4, *V* par 8, *x y z* par 4, *ꝗ* par 8, *aa bb cc dd* par 4, *ee* par 8, *ff gg ii* par 4, *kk* par 8, *ll mm nn* par 4, *oo* par 8, *pp* par 4, *qq* par 6, mar. r. jans., tr. dor. (*Chambolle-Duru.*)

Le titre, imprimé en rouge et en noir, est orné d'un bois qui représente un roi assis sur son trône et entouré de sa cour.

Le texte commence au v° même du titre. La colonne pleine compte 41 lignes.

Le v° du dernier f. ne contient que la répétition du nombre des cahiers : *xl*.

3015 (1080 *b*). TRAGIQVE || COMEDIE || Francoise || de l'homme iustifié || par Foy. || * || Galat III. || Auez-vous receu l'Esprit par les œuures de || la Loy, ou par la predication de la Foy? || Hebr. 10. g. || Le Iuste || viura de || Foy. || * || Composé || Par M. Henry de Barran. || 1554. S. *l.* [*Genève?*], pet. in-8 de 47 ff. non chiffr. et 1 f. blanc, sign. *a-f*, v. f., fil., dent., pièce verte sur le dos, tr. dor. (*Bound by Hayes, Oxford.*)

Le titre est orné d'un bois qui représente un grand pilastre accompagné de rinceaux. Un écu occupant le centre est rempli par la seconde épigraphe. Les deux angles inférieurs de la figure ont été évidés pour recevoir le nom de l'auteur.

Au v° du titre sont les *Personnages*, au nombre de douze, savoir :

1. La Loy.
2. L'Esprit de crainte.
3. Satan.
4. Peché.
5. La Mort.
6. Concupiscence.

7. L'Homme.
8. Rabby, predicateur de la Loy.
9. Paul, predicateur de l'Evangile.
10. Foy.
11. Grace.
12. L'Esprit d'amour.

Les ff. *a* 2 - *a* 3 r° sont occupés par une épître « Au lecteur » ; le *Prologue* (en vers) remplit les ff. *a* 3 v°-*a* 4.

La moralité est écrite en vers décasyllabiques, à rimes plates. Elle est divisée en cinq actes, précédés chacun d'un argument en prose. L'auteur, Henry de Barran, était un ministre qui avait été attaché à la maison de Jeanne d'Albret. On connaît fort peu sa vie. Voy. *La France protestante*, nouvelle édition, I, col. 872-877. L'auteur de l'article a donné une analyse et des extraits de la pièce.

Le titre porte la signature de H. VORBOLT. Voy. ci-après.

3016 (1081 a). De || l'Orgveil et || Presvmption || de l'Empereur || Iouinien. || Histoire extraicte des gestes des Romains : || Lequel fut decognu de tout son peuple || par le vouloir de Dieu, & apres remis en || son Empire. || A dix neuf personnages, dont les noms || sont à la page suyuante. || *A Lyon,* || *Par Benoist Rigaud. S. d.* [*vers* 1580], in-8 de 86 pp. et 1 f. blanc.

Le titre est orné de trois petites figures gravées sur bois.
Au v° du titre sont *Les Noms des personnages de ceste histoire.* Ces personnages sont en réalité au nombre de vingt, savoir :

L'Empereur,
L'Emperiere,
Le premier Baron,
Le second Baron,
5 Le premier Venneur,
Le second Venneur,
Dieu,
Raphaël,

BELLES-LETTRES.

  Le Chevalier,
10 Le Portier,
  Le Palfrenier,
  Le Duc,
  Deux Tyrans,
15 Le deuxiesme Portier,
  Le troisiesme Portier,
  Guillot,
  Margot,
  Philippot,
20 L'Hermite.

Cette pièce n'était connue jusqu'ici des bibliographes que par une mention de Du Verdier (éd. de 1773, II, p. 562), qui donne à l'édition de Rigaud la date de 1584, en ajoutant qu'elle était faite sur une vieille copie.

Il suffit de citer les premiers vers pour montrer que la pièce appartient au commencement du XVI⁰ siècle :

    L'EMPEREUR *commence.*

  En contemplant ma haute humanité,
  Mon bruit et los, ma grande dignité
  Et les honneurs que de tous je reçoy,
  Dire je puis sans controversité,
  Veu ma puissance et mon authorité,   5
  Qu'en terre et cieux n'a autre dieu que moy.
  Sus tout le monde eslevé je me voy,
  Tresopulent en terres et alloy
  Cent mille fois plus qu'on ne sçavroit dire,
  Il n'y a duc, prince ne autre roy   10
  Qui ne me doive obeissance et foy
  Et qui ne soit sujet a mon empire ....

On peut comparer cette tirade à la ballade récitée par Octavien dans le *Mistere du Viel Testament* (t. VI, p. 180 de la réimpression). La pièce est d'ailleurs écrite en vers de huit syllabes.

En voici le couplet final :

    L'EMPEREUR.

  Je vous pardonne, mes avis,
  Je vous pardonne, n'en doutez ;
  Mais dedans vos esprits notez   1805
  Ce grant mistere merveilleux.
  O mondains, mondains orgueilleux,
  Qui dessus les biens vous fondez,
  Fuyez les dangers perilleux
  Et a Dieu vous recommandez.   1810
  Amendez vous tous, amendez,
  A fin qu'en sa grace vous tienne
  Par foy, croyant l'Eglise sienne,
  Que suyvre doit tout bon chrestien,
  Et pour la fin qu'il vous souvienne   1815
  De l'empereur Jovinien.
    Fin.

Le sujet est tiré des *Gesta Romanorum* (éd. Graesse, p. 95). On trouvera dans les *Sacre Rappresentazioni* publiées par Alessandro D'Ancona (III, 1872, pp. 175-177) des notes étendues sur les origines de la légende et les auteurs qui s'en sont inspirés. Bornons-nous à mentionner les œuvres dramatiques. En Italie, la *Rappresentazione del re superbo* obtint un succès prolongé. D'Ancona, qui l'a réimprimée (III, pp. 175-188) en mentionne 16 éditions, et il ne cite ni l'édition de *Fiorenza, appresso alla Badia*, 1568, in-4 de 8 ff. (British Museum, 11426. dd. 89 ; Bibliothèque de Wolfenbüttel, dans un recueil contenant 91 pièces italiennes), ni celle de *Firenze, appresso alle scalee della Badia*, 1585, in-4 de 6 ff. (British Museum, *C. 34, L. 6*). En Espagne on rencontre l'*Auto dil emperador Juveniano*, à 12 personnages (Pedroso, *Autos sacramentales*, 1865, gr. in-8, pp. 26-29), et un drame de Rodrigo de Herrera y Ribera, mort en 1641, intitulé : *Del cielo viene el buen rey* (La Barrera, *Catálogo del Teatro antiguo español*, 1860, p. 184). En Angleterre, Collier *(History of the English drama*, I, p. 113), parle d'une moralité représentée à Chester en 1529. En Allemagne le sujet a été traité en 1555 par Hans Sachs (*Julianus der Kaiser im Bad*) et par Johann Römoldt dans un drame que Goedeke a réimprimé en 1855. Le théâtre latin peut citer un *Jovianus castigatus*, joué à Ingolstadt en 1623 (*Serapeum*, XXV, 1864), p. 224, nº 77), une pièce intitulée : *Joviani Superbia castigata*, représentée à Dillingen en 1642, et qui se confond vraisemblablement avec la précédente (*ibid.*, p. 333, n° 186), enfin un *Jovianus* joué à Paris, par les élèves du collège de Clermont, le 16 février 1675 (Biblioth. Mazarine, 18824, Z²⁵).

De la bibliothèque de Paul Schmidt (Cat., 1910, n° 767).

3017 (1081 *a*). Traitte plai- ‖ sant et sententi- ‖ eux de Figue, Noix, & Chastaigne. ‖ Et contient trois petites parties. La ‖ premiere est ioyeuse. La secon- ‖ de serieuse. La tierce ‖ mythologalle. ‖ *On les vend a Paris par Iehan* ‖ *corbom en la rue des Carmes pres* ‖ *le college des Lombars.* S. d. [*vers* 1530], in-8 de 8 ff. non chiffr., sign. *a*, mar. r. jans., tr. dor. (*Trautz-Bauzonnet.*)

Le titre est entouré d'un joli encadrement :

La pièce, qui est très morale, commence ainsi, au v° même du titre :

>   Figue.
>
> Ne sommes nous pas nous trois celles
> Que Grammaire appelle femelles,
> En arbre et fruict sans noz semblables ?
>
>   Noix.
>
> Grammairiens nous tiennent telles,
> Gueres n'avons de noz sequelles ;
> Parquoy nous sommes plus louables
> Apportees des champs sus tables
> Pour sustanter le corps humain.

Voici les dernies vers :

>   Figue.
>
> Faison fin, nous qui sommes celles
> Que Grammaire appelle femelles,
> En arbre et fruict sans noz semblables.

On lit ensuite : *Finist ce present traicté intitulé : Figue, Noix, Chastaigne, bien moralisé.*

> Qui voudroit sçavoir l'exercice
> De l'autheur et qui il peult estre,
> Est Chastaigner sans benefice,
> Quarante ans vivant, maistre et prestre,
> Qui feict a ung Compendiole
> François (et) latin (i)cy annexé,
> Ainsi que l'œuvre monstre et reole,
> Autrement nommé l'A B C.
>   *Amen.*

La Bibliothèque nationale possède les cinq premiers ff. d'une édition qui est probablement antérieure à celle-ci et dont le titre est ainsi disposé :

Traitte plaisant ‖ et sententieux de Figue Noez et ‖ Chastegne. Et coüet troys ‖ petites parties. La pre ‖ miere est ioyeuse. La se ‖ cunde serieuse. La ‖ tierce theo ‖ logalle. *S. l. n. d.*, in-8 goth. de 8 (?) ff. non chiffr. de 30 lignes à la page, sign. *a*.

Pierre Grognet nous a conservé le souvenir de Chastaigner dans sa *Louange* et *Excellence des bons facteurs, qui bien ont composé en rime, tant deça que dela les monts* :

> De Castanea, de Thoucy,
> Scet bien rithmer sans grant soucy,
> Tant en latin comme en françoys ;
> Bon est facteur de l'Auxerroys.
>
> Celluy Castenea rithma,
> Françoys et latin estima ;
> Son *Compendiole* l'enseigne ;
> Aussi fait *Noix, Figue et Chastaigne.*

(Montaiglon, *Recueil de Poésies françoises*, VII, p. 15.)

La pièce de Pierre Grognet est de 1538; on voit que la moralité est antérieure.

De la bibliothèque du COMTE DE LIGNEROLLES (Cat., 1894, n° 1528).

3018 (1080 c). Le Iardin de Iennes || Auecques la plainte de Religion, et le soulas de || Labeur Cōpose nouuellemēt A lhonneur du roy || treschrestian Nostre sire le Roy de frāce / ¢ de son || royaulme. Contenant treze personnaiges. || ¶ Cestassauoir ❡ Labeur || ❡ Les deux pelerins Francoys || ❡ Religion || ❡ Les quatre vertus cardinales || ❡ Cestassauoir ❡ Force ❡ Iustice ❡ Prudence || ❡ Et temperance || ❡ Les deux filles geneuoises || ❡ Guerre ❡ Diuision ❡ Et rebellion. S. l. 'n. d. [*Paris, Michel Le Noir, vers* 1506], in-4 goth. de ? ff., cart.

Voici la reproduction du titre :

Le Jardin de Jennes

Auecques la plainte de Religion/et le soulas de Labeur Côposé nouuellemêt A lhonneur du roy treschrestian Nostre sire le Roy de frâce/ z de son royaulme. Contenant treze personnaiges.
❡ Cestassauoir ❡ Labeur
❡ Les deux pelerins Francoys
❡ Religion
❡ Les quattre Vertus cardinales
❡ Cestassauoir ❡ Force ❡ Justice ❡ Prudence
❡ Et temperance
❡ Les deux filles geneuoises
❡ Guerre ❡ Diuision ❡ Et rebellion.

Cette moralité se rapporte au soulèvement des Génois contre Louis XII en 1506. Au début, Labeur, c'est-à-dire le peuple, fait un tableau des plus riants de la prospérité dont il jouit sous le roi de France, et plusieurs fois exprime le vœu qu'il puisse naître un héritier du sang royal. Quant aux allusions aux affaires de Gênes que la pièce pouvait contenir, nous ne pouvons en parler ; le volume est incomplet ; nous n'en possédons que 14 ff., savoir : le cahier *A* (6 ff.), le cahier B (4 ff.), plus les ff. *C ij-C v*. Nous tenons cependant à mentionner ici cette pièce qui n'est connue que par les mentions des catalogues et dont aucun exemplaire complet n'a jamais été signalé

Voici le début du texte :

LABEUR *commence.*

Louee soit la (haulte) Trinité,
Aussi toute la court celeste,
Maintenant je vis en seur(e)té,
Nul si hardy qu'i [me] moleste ;
Mon pain est seur en ma malete
Et mes moutons au parc, aux champs;
Je n'ay chappon, coq ne poulete
Qui ne soit mien. Il court bon temps ...

Les ff. *A iij* et *B i* v° contiennent chacun une figure gravée spécialement pour le livre.

Nous donnons un fac-similé de la première, qui représente les deux Pélerins abordant Labeur :

Des bibliothèques de SOLEINNE (Cat., 1844, I, n° 645) et du BARON TAYLOR (Cat. de 1893, n° 261).

3019 (1082 a). DIALOGVE || NOVEAV || a trois personaiges || Cest a scauoir || Le'mbassadeur [sic] de Lempereur || Dame Paix & ¶ Bellone la Deesse de guerre. || Bello Pax comes est, || Apres la Guerre uient Paix. || ¶. *En Binch.* ¶ || *Imprimes* [sic] *par Guillame Cordier.* || *Lan* . M. D. XLIIII [1544]. In-4 de 8 ff. non chiffr., sign. *a-b*, car. ital., v. f., fil., tr. dor. (Anc. rel.)

Le titre est orné des colonnes et de l'aigle de Charles-Quint; en voici la reproduction :

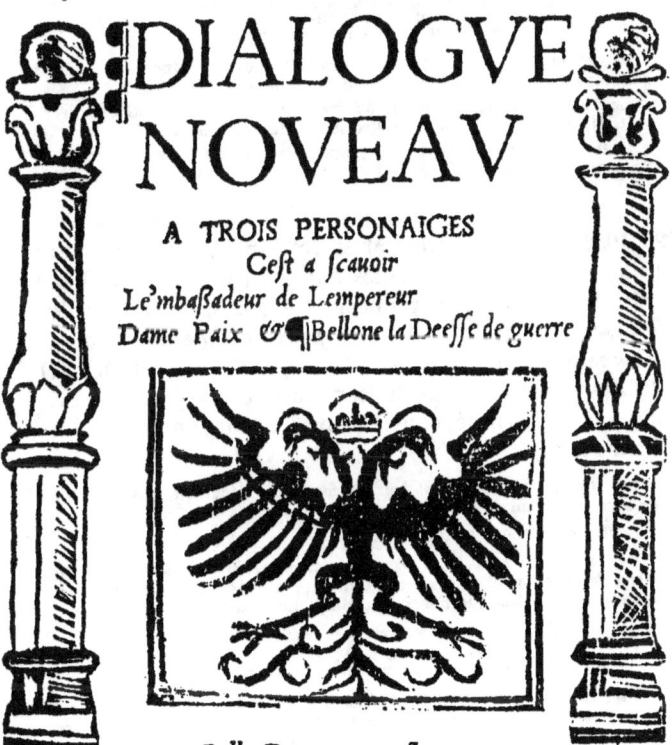

L'aigle impériale est reproduite au v° du titre. Au-dessus sont deux quatrains :

> A l'imperial majesté.
> *Parce pias scelerare manus.*
> Sire, humblement pri(e) vostre majesté
> De mes escripz qu'el(le) ne soit offensee...

Le *Dialogue* commence ainsi (fol. *a* 2) :

> L'EMBASSADEUR DE L'EMPEREUR.
> Dame puissante et de grande excellence,
> De tous humains amée et desiree,
> Je vous suppli(e), donés moy audience;
> Bien tost j'auray ma harenge finee.
>
> DAME PAIX.
> 5 Qui estes vous et quy est vostre nom?

La pièce, qui est un pamphlet contre François Ier se termine ainsi :

> Pour Paix avoir, de tout bien la princesse,
> D'amour, plaisir, d'honneur et de chevance,
> Doulce, amiable, tresliberale deesse,
> Faisons la guerre a Bellone de France.

Au v° du dernier f. sont deux quatrains « Au roy Franchois » et deux quatrains « Aux Franchois fuieurs du Cambresis avec leur roy ».

Le *Dialogue* est probablement du même auteur que le *Trialogue* décrit au t. II, n° 1082 ; il ne doit pas être séparé de cette pièce.

Exemplaire du DUC DE LA VALLIÈRE (Cat. de De Bure, n° 3104), de SOLEINNE (Cat., 1844, I, n° 712) et du BARON TAYLOR (Cat. de 1893, n° 304).

3020 (1082 *b*). RECVEIL || de || plusieurs Farces, || tant anciennes || que modernes. || Lesquelles ont esté || mises en meilleur ordre & langage || qu'auparauant. || *A Paris,* || *Chez Nicolas Rousset, ruë de la* || *Pelleterie prés l'orloge du Palais à l'image S.* || *Iacques, deuant la chaire de fer.* || M. DC. XII [1612]. || Auec Priuilege du Roy. In-12 de 144 pp., mar. v., fil., comp., dos orné, doublé de mar. r., large dent., tr. dor. (*Bauzonnet.*)

Le titre est orné d'un petit bois, en forme de médaillon, qui représente un homme versant de l'eau dans une coupe.

Le *Recueil* contient 7 pièces, savoir :

1 (p. 3). *Farce nouvelle et recreative du medecin qui guarist de toutes sortes de maladies et de plusieurs autres... à quatre personnages, c'est à sçavoir :* Le Medecin, le Boiteux, le Mary, La Femme.

> LE MÉDECIN *commence.*
> Or faictes paix, je vous [en] prie,
> Afin que m'oyez publier...

2 (p. 23). *Farce de Colin, fils de Thenot le maire qui revient de la guerre de Naples, et ameine un pelerin prisonnier, pensant que ce feust un Turc ; à quatre personnages, assavoir :* Thenot, la Femme, Colin, Le Pelerin.

> THENOT *commence.*
> Vive Thenot, monsieur le maire,
> Et aussi mon grand fils Colin...

Cette pièce est connue par une édition ancienne dont un exemplaire fait partie du célèbre recueil du Musée britannique. Voy. Viollet-le-Duc. *Ancien Théâtre françois*, II, pp. 388-405.

3 (p. 47). *Farce nouvelle de deux Savetiers, l'un pauvre, l'autre riche...; à trois personnages c'est à sçavoir :* Le Pauvre, Le Riche et le Juge.

Le Pauvre *commence en chantant.*

Hay, hay, avant, Jean de Nivelle !
Jean de Nivelle a des houzeaux ...

Cette pièce est connue par une édition gothique, de format allongé, imprimée vers 1530. Ce premier texte a été reproduit par les frères Parfaict dans leur *Histoire du théâtre françois* (t. II, pp. 145-162), et par Silvestre en 1838, in-fol. goth. allongé.

4 (p. 65). *Farce nouvelle des femmes qui ayment mieux suivre et croire Folconduit et vivre à leur plaisance que d'apprendre aucune bonne science ; à quatre personnages ; c'est à sçavoir :* Le Maistre, Folconduit, Promptitude, Tardive à bien faire.

Le Maistre.

Je tiens icy le grand college
D'humaine et divine science ...

5 (p. 77). *Farce nouvelle de l'Antechrist... à quatre personnages, c'est à sçavoir :* Hamelot, premiere poissonniere, Colechon, deuxiesme poissonniere, La Bourgeoise, L'Antrechrist.

Hamelot *commence.*

Colechon, à ce que j'entens,
Ce caresme avons eu bon temps ...

6 (p. 97). *Farce joyeuse et recreative d'une femme qui demande les arrerages à son mary, à cinq personnages, c'est à sçavoir :* Le Mary, La Femme, La Chambriere, Le Sergent, Le Voisin.

Le Mary *commence en chantant.*

Amy ay fait nouvellement,
Jolys et d'assez beau maintien ...

A la suite de cette pièce (p. 118) est une *Chanson nouvelle* en cinq couplets :

Estant si lasche de courage
Pour travailler à mon ouvrage ...

7 (p. 121). *Farce nouvelle contenant le debat d'un jeune moine et d'un vieil gendarme par devant le dieu Cupido, pour une fille... ; a 4 personnages, c'est à sçavoir :* Cupidon, La Fille, Le Moine, Le Gendarme.

Cupidon.

A tous amans, mes serviteurs loyaulx,
Sçavoir je faits de puissance royalle ...

Il existe de ce *Recueil* deux réimpressions modernes : celle de Caron dans sa *Collection de différens ouvrages anciens et modernes*, I (1798), pet. in-8, et celle qu'a donnée Charles Brunet, dans le *Recueil de pièces rares et facétieuses* (Paris, Barraud, 1872-1873), tome I.

On ne connaît de l'édition de 1612 que trois ou quatre exemplaires. Celui-ci, qui provient de la bibliothèque du Prytanée de La Flèche, a appartenu à Edward Vernon Utterson (Cat., 1857, n° 600) et au Comte de Lignerolles (Cat., 1894, n° 1532).

3021 (1085 *a*). ❡ Sensvyt la dv || re et crvelle Bataille et paix du glorieulx || sainct Pensard alencontre de Caresme Cõ || pose par le Prince de la Bazoche Dissould'. || iij. f. ℊ. d. || ❡ *On les vend a Paris en la Rue neufue* || *nostre Dame a Lenseigne sainct Nycolas.* — [Au v° du dernier f., audessous de 18 lignes de texte :] ❡ *Cy finist la Dure et cruelle Bataille Et* || *paix du glorieux sainct Pensard alencon-* || *tre de caresme. Imprimee nouuellement a* || *Paris pour Iehan saīct Denys libraire de-* || *mourant en la Rue neufue nostre Dame a* || *lenseigne sainct Nycolas.* S. d. [vers 1535.], in-8 goth. de 28 ff. de 28 lignes à la page, sign. *A-G* par 4, mar. br., fil. et comp. à froid, titre doré sur les plats, tr. dor. et cis. (*Cuzin père.*)

Le titre, qui porte la signature *A. i.*, est orné d'un bois qui représente un bourgeois et un clerc se parlant ; en voici la reproduction :

Au v° du titre sont les noms des personnages, lesquels sont très nombreux, savoir :

Charnau,
Maubué, conseiller,
Leschebroche, conseiller,
Tirelardon, conseiller,
5. Appetit Friant, messagier,
Chose, cappitaine,
Commentenon, cappitaine,
Le Rotisseur,
Le Patissier,
10. Le Trippier,
Le Coquetier,
Le Bouchier,
L'Escorcheur,
Le dieu Bacus, ⎫
15. Architriclin, ⎬ Paradis.
Noë,   ⎪
Lot,   ⎭
Tien cy, proviseur de Charnau,

Bassa, aultre proviseur de Charnau,
20. Maistre Accipe, ambassadeur de Charnau,
Rien ne vault, son varlet,
Caresme,
Humebrouet, messagier,
Bricquet, cappitaine,
25. Marquet, cappitaine,
Pance a poix,
Las de jeusner,
Vuydeboyau,
Maigre Doz,
30. Macquaire, escuyer de cuysine,
Grosmolu, escuyer,
Ordelot, escuyer,
Maistre Aliborum, ambassadeur.

La pièce est plutôt une mascarade à grand spectacle qu'une véritable farce ; l'action y est presque nulle. On y voit les préparatifs d'une bataille entre les ennemis traditionnels : Caresme et Charnau ; on assiste à la bataille, puis bientôt les adversaires font la paix, et c'est tout.

Voici les premiers vers :

PROLOGUE.

Stultissima simulare loco summa prudentia est.

De tout le latin de ce monde
J'ay retenu ce petit mot,
Et malle goute vous confonde
Si je l'enfends point, tans suis sot !...

Qui était le roi de la basoche d'Issoudun en 1534 ou 1535, date approximative de la farce ? On peut penser à trois auteurs : Charles de Billon, Claude de Lacube et François Habert. Billon adressa, vers 1540, au nom des habitants d'Issoudun, une épître à Jehan Bouchet, à laquelle celui-ci répondit (*Epistres familieres du Traverseur* 1545, fol. 61^d, 62^a). Nous savons que ce Billon, était un ami du père de François Habert. Celui-ci lui adressa des vers insérés dans *La Jeunesse du banny de lyesse*, 1541 (fol. 46 v°), dans *Le Temple de Chasteté*, 1549 (fol. C vj) et dans *L'Excellence de poësie*, 1556 (p. 49). Billon est qualifié en 1549 « maistre des requestes de monseigneur de Vendosme » et, en 1556 » maistre des requestes de madame de Vendosme » ; il est probable qu'il n'était plus d'âge en 1535 à se mêler aux farces de la basoche.

Claude de Lacube, « advocat d'Yssouldun en Berry, bien entendu en poësie, tant latine que françoyse », est également cité par François Habert, qui dit dans une épître à lui adressée :

... Tout mon advancement
A prins de vous le vray commencement
Lorsqu'incitoit vostre muse authentique
A triumpher Bazoche yssoudunique
D'un grave accent, ferme comme ung pillier.

(*La Suytte du Banny de liesse*, 1541, fol. 60.)

Habert adresse encore un dixain à Lacube dans *Le Temple de Chasteté* (voy. ci-dessus, n° 2868, p. 210).

C'est entre Lacube et Habert lui-même qu'on peut hésiter. Nous savons, en effet par ce dernier qu'il était venu étudier à Paris, qu'il y mena une vie dissipée, et que son père fit le voyage pour le retirer de l'école (*La Jeunesse du banny de lyesse*, 1541, fol. 47). De retour à Issoudun, il prit part avec le greffier de la ville, Jean Le Brun, aux jeux de la basoche. Le Brun fournissait les sujets, et le jeune Habert se chargeait de mettre les scènes en vers (*Suytte du Banny de liesse*, 1541, fol. 64).

BELLES-LETTRES.

La date que nous attribuons à la pièce se justifie facilement. Le volume provient de la bibliothèque Colombine à Séville. Il a dû être acheté par FERNAND COLOMB à Montpellier, ou à Lyon, en 1535. Le célèbre bibliophile y avait joint, selon son habitude, une note manuscrite datée qui a malheureusement disparu ; mais il ne revint pas en France jusqu'à l'époque de sa mort, arrivée en 1539.

Nous avons décrit ci-dessus (n° 2850) un volume qu'il ne nous paraît pas téméraire d'attribuer à Habert ; la liste déjà longue de ses ouvrages doit peut-être s'allonger encore de *La Bataille et Paix du glorieulx saint Pensard.*

Cet exemplaire, le seul connu, fut acquis, en 1884, par M. DAGUIN avec un lot de divers ouvrages provenant de la Bibliothèque Colombine ; il a figuré en 1905 à la vente des livres de M. COMPAIGNON DE MARCHÉVILLE, gendre de M. Daguin (Cat., n° 1243).

C. — Seconde Époque. — Le Théâtre français depuis la Renaissance jusqu'au commencement du XVIIe siècle.

3022 (1087 a). LA || MEDEE, Tragedie. || Et autres diuerses || Poesies, par I. de || la Peruse. || .... || *A Poitiers,* || *Par les de Marnefz, & Bouchetz, freres.* S. d. [vers 1557], in-4 de 4 ff. lim. et 150 pp., relié avec dix autres pièces, mar. v., fil. et chiffres dorés sur le dos, armes sur les plats, tr. dor. (*Rel. du XVIe siècle.*)

I. 5. 11

Le titre porte la marque des *Marnef* et des *Bouchet*, marque qui représente une imprimerie, et qui est accompagnée de ces devises : *Vitam mortuo reddo, Je ravie le mort.* On lit au-dessous :

L'homme est forcé par la Parque, la Mort
Par les écris ; mais le puissant effort
Du temps vainqueur les écris même force.
L'impression, plus forte que pas un ,
Force le Temps qui forceoit un châcun,
Randant égalle aus immortels la force.
L'un apres l'autre. G. BOUCHET.

Au v° du titre est un sonnet de MARC ANTHOINE DE MURET.

Au fol. *A ij* est une épître de G. BOUCHET à J. Boiceau, seigneur de La Borderie, suivie (fol. *A iij*) de *L'Argument de la tragedie.*

Le fol. *A iiij* v° contient un sonnet de N. L. R. DE LA BOICIÈRE, accompagné de la devise *Mort ou merci*, et un sonnet de CH. TOUTAIN.

Au fol. *A iiij* r° sont deux sonnets de R. MAISS[ONNIER] et de JA. BOUCHET, et, au v°, deux sonnets : par G. BOUCHET, avec la devise : *L'un après l'autre,* et par R. MAISSONNIER.

La tragédie occupe les pp. 1-42. La p. 43 contient un nouveau titre ainsi conçu :

Diuerses poësies de || feu I. de la Peruse.||

Tombier, tu panses donc remerchant cette pierre,||
Grauer tout vn Peruze auéque ton ciseau ?||
Di moi, comment l'auroit vn si petit tombeau ?||
Tout vn Peruze auoir ne peut toute la Terre.||
R. Mais. Poiteuin.

Au-dessous de ces lignes on trouve la marque décrite ci-dessus, les six vers de G. Bouchet qui y sont joints et les noms des imprimeurs.

En tête des *Poësies* est une *Epitaphe* par P. DE RONSARD, Vandomois (p. 44), puis viennent une épigramme de G. BOUCHET « De l'amie de feu J. de La Peruse » (p. 45), et un tombeau par J. VACQ[UELIN] DE LA FRÊNÉE [*sic*].

Voici une table des personnages à qui La Péruse dédie ses œuvres ou dont il parle, ainsi que de ceux qui lui adressent des vers :

Achon (A. d'), « evesque de Therbes », p. 47.
Admirée (L'), femme aimée de Jacques Tahureau, pp. 93, 129.
Baïf (Jean-Antoine de), pp. 89, 130, 133.
Berthelot (Mlle J.). p. 99.
BLONDEL (P. Marin), Lodunois : Ode à La Péruse, p. 150.
BOICEAU (JEAN), SEIGNEUR DE LA BORDERIE, fol. I, p. 54. — Ode à La Péruse, p. 70.
Boissot (F.), p. 142.
BOUCHET (GUILLAUME), fol. *A i*, *A iiij* r° et v°, pp. 44, 102, 123.
Buchanan (George), p. 73.
Chesnai (P.), banquier à Poitiers, p. 115.
Clermont (F. de), seigneur de Dampierre, p. 112.
Clermont (Claude-Catherine de), dite Mlle de Dampierre, p. 98.
Faïoles (Le capitaine) le puîné, p. 107.
Francheville (P. de), p. 127.
Francine, dame aimée par J. A. de Baïf, p. 89.

Henri II, p. 105.
Initiales : C.C. [Catherine Cottel ?], pp. 101, 131, 132, 134.
F. de G. ([Mlle]), p. 101.
N. L. R. DE LA BOICIÈRE, fol. *A iiij* v°.
Jane, p. 97.
La Mothe (Charlotte de) : acrostiche à elle adressé, p. 103.
Lauzon (F. de), « docteur », p. 107.
Magny (Olivier de), p. 128.
MAISONNIER (ROBERT), fol. *A iiij* r° et v°, pp. 43, 132.
Marguerite, dame chantée par M.-A. de Muret, p. 130.
Meline, dame chantée par J.-A. de Baïf, p. 130.
MURET (MARC-ANTOINE DE), fol. *A i* v°, p. 130.
Polignac (Anne de), p. 119.
RONSARD (PIERRE DE), pp. 44, 128.
Roscamver, p. 126.
Tahureau (Jacques), pp. 93, 133.
TOUTAIN (CHARLES), fol. *A iij* v°.
VAUQUELIN (JEAN) DE LA FRÊNÉE, p. 45.

La Medée et les *Poësies* avaient paru pour la première fois à Poitiers sous la date de 1556 ; la présente édition, qui ne porte pas de date, a dû paraître un an ou deux plus tard.

Les pièces suivantes sont reliées dans le même recueil, à la suite de *La Médée* :

1° *Panthée, tragedie prise du grec de Xenophon*, mise en ordre par Caye Jule de Guersens, 1571 (n° 3023).

2° *Panegyrique de la Renommée*, par Ronsard, 1579 (n° 2888).

3° *Premiere Salutation au roy*, par J. Antoine de Baïf, 1575 (n° 2902).

4° *L'A-Dieu à Phœbus et aux muses*, par J. P. T. [Jean Passerat, Troyen], 1559 (n° 2915).

5° *La Promesse*, par Pierre de Ronsard, 1564 (n° 2887).

6° *Chant de joye à Nostre Dame de Liesse*, par Jean Dorat, 1576 (n° 2905).

7° *Epithalame sur les nosses de René Dolu*, par R. Belleau, 1569 (n° 2907).

8° *Six Sonets de l'Assemblee des Prelatz de France et ministres de la Parolle de Dieu tenue à Poissy*, [par Anne de Marquetz], 1561 (n° 2918).

9° *Response aux calomnies n'aguères malicieusement inventees contre J. G., sous le nom faulsement deguizé de M. A. Guymara, Ferrarois, advocat de M. J. Charpentier*, 1564 (n° 2913).

10° *Priere à Dieu pour l'heureux succez des affaires de son Altesse et des Païs Bas* (n° 2959).

Aux armes de JACQUES-AUGUSTE DE THOU et de MARIE DE BARBANÇON, sa première femme (Cat. de 1679, t. II, p. 311) ; vente SOUBISE, 1789, n° 5236.

De la bibliothèque de G. GUYOT DE VILLENEUVE (Cat., 1900, n° 688).

3023 (1093 a). PANTHEE, || Tragedie, prise du || Grec de Xenophon. || Mise en ordre par Caye Iule de Guersens. || *A Poitiers,* || *Par les Bouchetz.* || 1571. In-4 de 4 ff. lim. et 16 ff. chiffr.

I. 5. 11

Le titre est orné de la même marque et contient les mêmes vers que le titre de *La Medée* de Jean de La Péruse (voy. l'article 3022) ; cependant la devise et le nom de Guillaume Bouchet ont été supprimés.

Au v° du titre est un quatrain de MADELENE NEVEU, [DAME DES ROCHES], à C. Jules de Guersens.

Le f. * *ij* est occupé par une épître (en prose) de Guersens « à monsieur de Coutances » [Arthus de Cossé].

Au f. * *iij* sont deux épigrammes latines de LOYS DE SAINCTE-MARTHE et un sonnet français de Guersens.

Les pièces liminaires se terminent par un sonnet de LOYS DE SAINCTE-MARTHE (fol. * *iiij*), deux épigrammes latines de ROBERT HOWE, Écossais, et les noms des *Entre-Parleurs* (fol. * *iiij* v°).

Guersens, né à Gisors vers 1545, était tout jeune quand il publia une *Complaincte sur la mort d'Adrien Turnebe* (Paris, 1565, in-4). Fixé pendant quelque temps à Poitiers, il y publia sa tragédie de *Panthée,* qu'il prétendit dans son épître à l'évêque de Coutances lui avoir était inspirée par Mme Des Roches. Il y composa sans doute d'autres pièces : *Thobie,* une *Bergerie à six personnages,* et un poème intitulé *Les Cornus* (voy. La Croix du Maine, I, p. 98, et Goujet, *Bibliothèque françoise,* III, p. 265).

Scévole de Sainte-Marthe lui adressa un poème intitulé *De mulierum levitate,* et il y répondit par une longue pièce latine (*Scaevolae Sammarthani poëtica Paraphrasis in sacra Cantica,* 1575, fol. 39, 66 v°).

Guersens, devenu lecteur ordinaire du roi, fut pourvu en juin 1579 d'un office de conseiller au parlement de Bretagne, office auquel il fut reçu le 24 octobre suivant. Il mourut à Rennes le 5 mai 1583. Voy. Frédéric Saulnier, *Le Parlement de Bretagne,* 1909, in-4, p. 461.

Un *Prologue avant le recit de la tragedie de Panthée* figure dans les *Meslanges* de Guy Le Fèvre de La Boderie, 1579 (ci-dessus n° 2930), fol. 100 v°-103.

Panthée est reliée à la suite de la pièce qui précède.

3024 (1098 a). LA || TRAGEDIE de || feu Gaspard de Colli- || gny iadis Admiral de France, || contenāt ce qui aduint a Paris le 24. d'Aoust || 1572 . auec le nom des personnages. || L'Admiral. || Mongommery. || Le Peuple. || Le Roy. || Le Conseil du Roy. || Briquemaut. || Cauagne. || Mercure. || Pilles. || D'Andelot sortant des enfers. || Les Furies. || Le Delateur. || Le Messager. || Par F. Françoys de Chantelouue Gentilhomme || Bourdelois, & Cheualier de l'ordre de || sainct Iean de Hierusalem. || 1575. *S. l.,* in-8 de 23 ff. non chiffr., car.

VI. 2. 2

ital., et 1 f. blanc, mar. citr. à grains longs, fil. et dent. à froid, fil. dor. sur le dos, tr. dor. ([*Bradel.*])

Cette pièce, dans laquelle les huguenots sont fort mal traités, est écrite dans un style des plus pénibles ; elle commence ainsi :

L'Admiral.

O manes noircissans es enfers impiteux,
O mes chers compagnons, hé, que je suis honteus
Qu'un enfant ait bridé mon efroyabl'audace !
Que me reste-il, chetif, pour hontoyer ma race
Sinon que me cacher et du vilain licol
De mes boureles mains haut estraindre mon col ?...

A la fin est une approbation donnée par deux docteurs de la faculté de Paris le 23 octobre 1574. Cette approbation est signée : De Piro et F. David Berot.

Il est difficile de croire que cette pièce ait été représentée ; en tout cas il est curieux de voir un contemporain essayer de mettre sur la scène le drame de la Saint Barthélemy.

La *Tragedie* a été réimprimée en 1744 par Lenglet-Dufresnoy, à la fin du tome Ier du *Journal de Henri III* par Pierre de L'Estoile (voy. notre tome III, n° 2188).

Exemplaire de Soleinne (Supplément au t. I du Cat., 1844, n° 121) et du Baron Taylor (Cat., 1893, n° 346). Plusieurs ff. qui avaient été transposés ont été remis à leurs places.

3025 (1098 *b*). Recueil de pièces dramatiques. 1575. Ms. pet. in-4 de 89 ff. sur papier (haut 169 ; larg. 129 millim.), mar. v. foncé, fil., dos orné, tr. dor. (*Reliure du XVIII° siècle.*)

Ce volume contient les pièces suivantes :

1° (fol. 3 v°). *Tragedie françoise du bon Kanut, roy de Dannemarch.*
La tragédie, datée à la fin de 1575, compte les personnages suivants : « Les Wandalles, princes (Coquet) ; Les Lutiens, cousins (Habert) ; Blaccon, prince (Carrier) ; Le roy Kanut (monsieur Moriset) ; Elde, la royne (Broly) ; Charles, filz du roy (de Haus) ; Benoist, frere (id.) ; Henry, frere (Chollet) ; Le Chœur des enfans.

Les noms inscrits entre parenthèses sont ceux des acteurs ; ils sont portés sur le manuscrit à la suite des noms des personnages.

Voici le début de la tragédie ;

Les Wandalles.

Des combats furieux le martial oraige
Encore n'a repeu son avide couraige...

A la fin (fol. 59) se trouvent de petits croquis à la plume représentant les huit personnages.

Cette pièce et les deux suivantes paraissent avoir été représentées dans un collège de Paris.

2° (fol. 60 v°). *La Bataille des Geans contre les dieulx.* Les Interlocuteurs : La Terre, mere ; Tiphaeus, Ancelade, Briarée, geans ; Iris, messagere des dieulx ; Jupiter, grand dieu ; Mercure, dieu ; Pallas, deesse ; Vulcain, forgeur des dieulx.

La Terre.

Jusque a quant verras tu, o mere infortunée,
Fremir tes nourrissons soubs une destinée...

3° (fol. 75 v°). *Moralité sur la France.* Personnages : Discorde, deesse infernalle ; Mars, le dieu de guerre ; Abus, deese infernalle ; La Loy, deesse celeste ; Noblesse, deesse ; Justice, pilier de Vertu ; l'Eglise catholicque ; Le Peuple françoys.

Acte premier.
DISCORDE, MARS.

Je sors des gouffres noirs où les rives fangeuses
Couvent dedans leur sein mille rages piteuses...

4° (fol. 84). *Elegie à la royne de Navarre.*

Je ne regrette poinct d'avoir laissé la court,
D'avoir laissé Paris et le plaisant séjour...

Cette pièce est l'œuvre de FRANÇOIS, DUC D'ALENÇON, plus tard DUC D'ANJOU, qui la composa lorsqu'il s'échappa de la cour le 15 septembre 1575. Elle se retrouve dans les papiers de Rasse des Nœux (Biblioth. nat., ms. franç. 22561, p. 11 A).

Le recueil a fait partie de la bibliothèque du DUC DE LA VALLIÈRE ; il est indiqué à tort dans le Catalogue de De Bure (n° 3399) comme étant du XVII° siècle : Il appartient bien au XVI°. On a vu que la *Tragedie du roy Kanut* est datée de 1575 ; c'est à la même année que se rapporte la dernière pièce, l'*Elegie* du duc d'Alençon. Il est difficile de dire si le prince a rimé lui-même les vers qu'il adresse à sa sœur, ou si l'on doit les considérer comme l'œuvre d'un de ses secrétaires, par exemple de Jean de La Gessée.

Les pièces ont été transcrites par trois mains différentes. Les n°° 2 et 3 sont seuls du même scribe.

Vente du BARON J. PICHON (Cat., 1897), n° 938.

3026. (1099 *a*). L'OMBRE || DE GARNIER STOF- || FACHER, Suisse. || Tragicomedie. || Sur l'alliance perpetuelle de la Cité de Geneue auec || les deux premiers & puissans Cantons || Zurich & Berne. || Par Ios. Du Ch. S. de la Viol. || *Chez Iean Durant.* || M. D. LXXXIIII [1584]. *S. l.* [*Genève*], in-4 de 4 ff. lim. et 37 pp., mar. r. jans., tr. dor. (*A. Cuzin.*)

Les 3 ff. qui suivent le titre contiennent une épître « A l'illustre et genereux seigneur, monsieur Charles, baron de Zerotin, seigneur de Namescht, Rossittz, Brandeittz, etc. », épître datée de Genève, le 24 novembre 1584, et signée : JOS. D. CHESNE ; un sonnet « A monsieur de La Violette », signé : FRED. DESCROS ; un sonnet « audit sieur », signé : DE VEINES ; les *Acteurs*.

La pièce, divisée en trois actes, est écrite en vers alexandrins. Les *personnages sont* :

Bellone,
Le Chœur des soldats,
L'Ombre de Garnier,
Le Chœur des cantons reformez,

Discorde,
La Paix,
Le Chœur des trois villes,
Le Messager.

Ce fut le 18 octobre 1584 que fut juré à Genève le traité d' « alliance, amitié et confédération » entre la république et les villes de Zurich et de Berne (voy. J. A. Gautier, *Histoire de Genève*, V, 1901, pp. 337-361). Les Genevois s'adressèrent pour célébrer cet évènement à un poète établi depuis peu parmi eux. Joseph Du Chesne, sieur de La Violette, né à Lectoure en 1546, avait fait une grande partie de ses études dans les pays allemands ; il avait été reçu docteur en médecine à Bâle en 1573. Il s'était marié à Lyon à une femme riche, Anne Trye, fille d'un échevin, et il exerçait dans cette ville, quand il prit, vers 1580, le parti de se fixer à Genève. Cela ne l'empêcha pas d'être nommé médecin du roi Henri IV, ni d'être chargé par ce prince d'une mission spéciale auprès de la république de Genève et des cantons protestants (voy. Ed. Rott, *Histoire de la représentation diplomatique de la France auprès des cantons suisses*, II (1902), p. 405). Il mourut à Paris le 20 août 1609.

Le sieur de La Violette, bien qu'il ait composé beaucoup de vers est loin d'être un grand poète. Il y a cependant des choses curieuses dans sa pièce. Le morceau le plus intéressant est le second acte, où l'Ombre de Garnier raconte longuement l'histoire de Guillaume Tell.

D. — Troisième Époque.

a. — Prédécesseurs et Contemporains de Pierre Corneille.

3027 (1117 *a*). L<small>A</small> || P<small>VCELLE</small> || D'O<small>RLEANS</small>. || Tragedie || *A Paris,* || *Chez Anthoine de Sommauille, en la Ga* || *lerie des Merciers, à l'Escu de France.* || *& Augustin Courbé, en la mesme Gale-* || *rie, à la Palme.* || M. DC.XXXXII [1642]. || Auec Priuilege du Roy. In-4 de 2 ff., 98 pp. et 1 f. blanc, mar. r. jans., tr. dor. (*A. Cuzin.*)

<small>Pièce en cinq actes, en vers, dont l'auteur paraît être H<small>IPPOLYTE</small> J<small>ULES</small> P<small>ILET DE</small> L<small>A</small> M<small>ESNARDIÈRE</small>.

Les 2 ff. lim. contiennent le titre, l'*Extraict du privilege* et les *Personnages*.

Le privilège, daté du 8 avril 1642, est accordé pour cinq ans au libraire *Courbé*. L'achevé d'imprimer est du 15 mai 1642.

Exemplaire du C<small>OMTE DE</small> L<small>IGNEROLLES</small> (Cat., IV, 1895, n° 674).

Nous avons décrit dans notre tome II (n° 1103) une *Tragedie de Jeanne d'Arques* composée vers la fin du XVI<small>e</small> siècle.</small>

b. — Pierre et Thomas Corneille.

3028 (1136 *a*). L<small>A</small> || S<small>VIVANTE</small>, || Comedie. || *A Paris,* || *Chez Augustin Courbé, Imprimeur* || *& Libraire de Monseigneur Frere du Roy, dans la* || *petite Salle du Palais, à la Palme.* || M. DC. XXXVII [1637]. || Auec Priuilege du Roy. In-4 de 5 ff. lim. et 128 pp., mar. r. jans., tr. dor. (*A. Cuzin.*)

<small>Édition originale.

Le titre est suivi de 3 ff. signés *a* pour l'épître dédicatoire et d'un 5<small>e</small> f., non signé, qui forme encart. Ce dernier f. contient un extrait du privilège accordé pour vingt ans à *Augustin Courbé* le 21 janvier 1637 (c'est-à-dire après la représentation du *Cid*). Courbé déclare y associer *François Targa*. L'achevé d'imprimer est du 9 septembre 1637.

Émile Picot, *Bibliographie Cornélienne*, n° 5.

De la bibliothèque du C<small>OMTE DE</small> L<small>IGNEROLLES</small> (Cat., IV, 1895, n° 595).</small>

3029 (1136 *b*). L<small>A</small> P<small>LACE</small> || R<small>OYALLE</small>, || <small>OV</small> || L'A<small>MOVREVX</small> || Extrauagant. || Comedie. || *A Paris,* || *Chez François Targa, au premier pillier de la* || *grand' Salle du Palais, deuant la Chappelle,* || *au Soleil d'or.* || M. DC. XXXVII [1637]. || Auec Priuilege du Roy. In-4 de 4 ff. et 112 pp., mar. r. jans., tr. dor. (*A. Cuzin.*)

<small>Édition originale.

Le titre est suivi de 2 ff., pour une épître « A Monsieur *** » et de 1 f. pour le *Privilege*. Ce privilège est celui du 21 janvier 1637 dont il est</small>

BELLES-LETTRES.

parlé à l'article précédent. L'achevé d'imprimer est du 20 février 1637 ; ainsi la pièce, jouée après *La Suivante*, avait été publiée la première.

Bibliographie Cornélienne, n° 6.

De la bibliothèque du COMTE DE LIGNEROLLES (Cat., IV, 1895, n° 696).

3030 (1136c). MEDEE || Tragedie. || *A Paris*, || *Chez François Targa, au* || *premier pillier de la grand'Salle du Palais,* || *deuant la Chapelle, au Soleil d'or.* || M. DC. XXXIX [1639]. || Auec Priuilege du Roy. In-4 de 4 ff. et 95 pp., mar. r. jans., tr. dor. (*Chambolle-Duru.*)

Édition originale.

Le titre porte les armes de France et de Navarre. — Les 2 ff. qui suivent contiennent une épître « A Monsieur P. T. N. G. », épître signée : CORNEILLE. — Le 4° f. est occupé, au r°, par l'*Extraict du priuilege*, et, au v°, par les *Acteurs*.

Le privilège, daté du 11 février 1639, est accordé à *François Targa* pour sept ans. L'achevé d'imprimer est du 16 mars 1639.

Bibliographie cornélienne, n° 7.

Exemplaire de M. E. DAGUIN (Cat., 1905, n° 680). Haut. 224 ; larg. 169 millim.

3031 (1144a). HORACE || Tragedie. || *Imprimé à Roüen, & se vend* || *A Paris,* || *Chez Augustin Courbé,* || *au Palais, en la Gallerie des* || *Merciers, à la Palme.* || M. DC. XLVII [1647]. || Auec Priuilege du Roy. In-12 de 4 ff. lim., 74 pp. et 1 f.

Quatrième édition.

Le titre est orné d'un fleuron qui représente un panier fleuri. L'épître au cardinal de Richelieu occupe les 5 pages suivantes.

Au v° du 4° f. sont les noms des *Acteurs*.

Le f. final contient le texte du privilège accordé à *Courbé* le 11 décembre 1640. L'achevé d'imprimer est celui du 10 janvier 1641.

Bibliographie Cornélienne, n° 18.

De la bibliothèque du COMTE DE LIGNEROLLES (Cat., IV, 1895, n° 608).

3032 (1145a). CINNA || OV || LA CLEMENCE || D'AVGVSTE || Tragedie. ||

Horat. — cui lecta potenter erit res ||
Nec facundia deseret hunc, nec lucidus ordo. ||

Imprimé à Roüen, & se vend || *A Paris,* || *Chez Toussainct Quinet, au Palais, sous* || *la montée de la Cour des Aydes.* || M. DC. XLVI [1646] || Auec Priuilege du Roy. In-4 de 8 ff. lim. et 96 pp., mar. r. jans., tr. dor. (*A. Cuzin.*)

Troisième édition.

Les ff. lim. comprennent : le titre ; 2 ff. pour l'épître « A monsieur de Montoron » ; 1 f. pour l'extrait de Sénèque ; 1 f. pour l'extrait de Montaigne ; 2 ff. pour une *Lettre de monsieur* DE BALZAC *à monsieur Corneille* (pièce imprimée ici pour la première fois) ; 1 f. pour l'*Extrait du privilege* et les noms des *Acteurs*.

Le privilège et l'achevé d'imprimer sont les mêmes que dans l'édition de 1643.
Bibliographie Cornélienne, n° 22.
De la bibliothèque du COMTE DE LIGNEROLLES (Cat., IV, 1895, n° 613).

3033 (1149 *a*). LE || MENTEVR, || Comedie. || *Imprimé à Roüen, & se vend* || *A Paris,* || *Chez* || *Antoine de Somma-* || *uille,* || *en la Gallerie des Merciers,* || *a l'Escu de France.* || *Et* || *Augustin Courbé, en la mesme* || *Gallerie, à la Palme.* || *Au* || *Palais.* || M. DC. XLIV [1644]. || Auec Priuilege du Roy. In-4 de 4 ff. lim., 130 pp. et 1 f. pour le *Priuilege*, mar. r. jans., tr. dor. (*A. Cuzin.*)

Édition originale.
Le titre est orné d'un fleuron aux initiales de l'imprimeur *Laurens Maury*. — Les 3 ff. qui suivent le titre contiennent l'épître dédicatoire et les noms des *Acteurs*.
Le privilège, dont le texte occupe le dernier f., est accordé à Corneille, pour dix ans, le 22 janvier 1644. Il s'applique à *La Mort de Pompée* et au *Menteur*. On lit à la fin : *Acheué d'imprimer pour la premiere fois, à Roüen, par Laurens Maurry, le dernier d'Octobre 1644.*
Bibliographie Cornélienne, n° 35.
De la bibliothèque du COMTE DE LIGNEROLLES (Catal., IV, 1895, n° 628).

3034 (1149 *b*). LE || MENTEVR || Comedie. || *A Paris,* || *Chez* || *Antoine de Somma-* || *uille, en la Gallerie* || *des Merciers, à l'Escu* || *de France.* || *Et* || *Augustin Courbé* || *en la mesme Gallerie,* || *à la Palme.* || *Au* || *Palais* || M. DC. XLIV [1644]. || Auec Priuilege du Roy. In-12 de 4 ff. et 91 pp.

Première édition en petit format.
Les 2 ff. qui suivent le titre sont occupés par l'*Epistre*. — Le 4ᵉ f. lim. contient un extrait du privilège dont il est parlé à l'article précédent, et la liste des *Acteurs*.
Bibliographie Cornélienne, n° 36.
De la bibliothèque du COMTE DE LIGNEROLLES (Cat., IV, 1895, n° 629).

3035 (1151 *a*). THEODORE || VIERGE ET MARTYRE, || Tragedie || chrestienne. || *Imprimé à Roüen, & se vend* || *A Paris,* || *Chez Augustin Courbé, au Palais, en* || *la Gallerie des Merciers, à la Palme.* || M. DC. XLVI [1646]. || Auec Priuilege du Roy. In-4 de 4 ff. et 128 pp.

Édition originale.
Comme l'exemplaire de la Bibliothèque Victor Cousin, celui-ci n'a pas le frontispice gravé que l'on trouve en tête des exemplaires datés de 1647. — Le titre est orné du fleuron de *Laurens Maurry*, avec ses initiales. Il est suivi d'une épître à monsieur L. P. C. B., qui occupe 5 pp. — Le 4ᵉ f. lim. contient l'*Extrait du privilege* et les *Acteurs*.
Le privilège, daté, comme celui de *Rodogune*, du 17 avril 1646, est accordé pour cinq ans à *Toussainct Quinet,* qui déclare y associer *Antoine de Sommaville* et *Augustin Courbé*. L'achevé d'imprimer est du dernier d'octobre 1646.
Bibliographie Cornélienne, n° 47.
De la bibliothèque du COMTE DE LIGNEROLLES (Cat., IV, 1895, n° 638).

3036 (1151 *b*). Theodore || Vierge et Martyre, || Tragedie || chrestienne. || *Imprimé à Roüen, & se vend* || *A Paris,* || *Chez Augustin Courbé,* || *au Palais, en la Gallerie des* || *Merciers, à la Palme.* || M. DC. XLVI [1646]. || Auec Priuilege du Roy. In-12 de 4 ff. et 82 pp.

> Seconde édition.
> Les 2 ff. qui suivent le titre sont occupés par l'épître à monsieur L. P. C. B. — Le 4ᵉ f. lim. contient l'*Extrait du privilege*.
> Le privilège et l'achevé d'imprimer sont les mêmes que dans l'édition in-4.
> *Bibliographie Cornélienne,* n° 48.
> De la bibliothèque du Comte de Lignerolles (Cat., IV, 1895, n° 639 *bis*).

3037 (1165 *a*). Sertorivs, || Tragedie. || *Imprimé à Rouen, Et se vend* || *A Paris,* || *Chez* || *Augustin Courbé, au Palais, en la* || *Gallerie des Merciers, à la Palme.* || *Et* || *Guillaume de Luyne, Libraire* || *Iuré, au Palais, en la Gallerie des* || *Merciers, à la Iustice.* || M. DC. LXII [1662]. || Auec Priuilege du Roy. In-12 de 6 ff., 82 pp. et 1 f. blanc.

> Les 5 ff. qui suivent le titre contiennent le titre, un avis « Au Lecteur », un *Extrait du privilege* (semblable à celui de l'édition en 95 pp.) et les *Acteurs*.
> L'achevé d'imprimé est daté du 8 juillet 1662.
> *Bibliographie Cornélienne,* n° 81.

3037 *bis* (1166 *a*). Oton || Tragedie. || Par P. Corneille. || *A Paris,* || *Chez Guillaume de Luyne, Libraire Iuré,* || *au Palais dans la Sale des Merciers* || *à la Iustice.* || M.DC.LXV [1665]. || Auec Priuilege du Roy. In-12 de 2 ff., 78 pp. et 1 f.

> Édition originale.
> Le présent tirage, avec le mot *Oton* (ainsi orthographié) a dû précéder celui que nous décrivons à l'article 1167.
> *Bibliographie Cornélienne,* n° 84.
> Exemplaire d' E. Daguin (Cat., 1905, n° 747).

d. — Molière.

3038 (1184 *a*). Sgnanarelle || ou || le Cocu imaginaire. || Comedie. || Auec les Argumens de chaque || Scene. || *A Paris,* || *Chez Augustin Courbé, au Palais,* || *en la Gallerie des Merciers,* || *à la Palme.* || M. DC. LXII [1662]. || Auec Priuilege du Roy. In-12 de 6 ff. et 59 pp., mar. r., fil., dos orné, tr. dor. (*Trautz-Bauzonnet.*)

> Seconde édition. — Les arguments du sieur de Neuf-Villenaine ont été conservés, mais son nom a disparu.

Les ff. lim. comprennent : le titre ; 2 ff. pour une épître « A monsieur de Molier, chef de la trouppe des Comediens de Monsieur, frere unique du roy », épître signée*** ; 3 ff. pour une épître « A un amy » et pour les *Acteurs*.

Au v° de la p. 59 est un extrait du privilège accordé pour cinq ans « au sieur de Molier [*sic*] ». Molière déclare avoir cédé ses droits à *Guillaume de Luyne*, marchand libraire juré à Paris, qui y associe *Augustin Couré* [*sic*] et *Estienne Loyson*, aussi marchands libraires. L'achevé d'imprimer est du 12 août 1660.

Le présent exemplaire est celui qui est cité dans le *Supplément au Manuel du Libraire* (I, col. 1059).

De la bibliothèque de G. GUYOT DE VILLENEUVE (Cat., 1900, n° 873).

3039 (1190 *a*). LE MARIAGE || FORCÉ || Ballet || du Roy. || Dansé par sa Majesté, le 29. jour || de Ianuier 1664. || *A Paris,* || *Par Robert Ballard, seul Imprimeur* || *du Roy pour la Musique.* || M.DC.LXIV [1664]. || Auec Priuilege de sa Majesté. In-4 de 12 ff., cart.

Argument du ballet et couplets chantés.

Au v° du titre sont les *Acteurs de la comedie :*

Sganarelle	*Molier* [sic].
Geronimo	*La Thorilliere.*
Dorimene	Mad^{lle} *Du Parc.*
Alcantor	*Bejart.*
Lycante	*La Grange.*
Premier[e] Boësmienne	Mad^{lle} *Bejart.*
Seconde Boësmienne	Mad^{lle} *de Brie.*
Premier Docteur	*Brecourt.*
Second Docteur	*Du Croisy.*

Dans le ballet figuraient : le roi, le comte d'Armagnac, le marquis de Villeroy, le marquis de Rassan ; Mlle Hilaire, chanteuse, d'Estival, chanteur ; une troupe italienne composée d'Anna Bergerotti, Bordigoni, Chiarini, Jon. Agustin [= Gio. Agostini], Taillavaca [= Tagliavacca], Angelo Michael [= Micheli], qui chantaient des couplets espagnols ; enfin MM. d'Olivet, Saint-André, Des Brosses, de Lorge, Le Chantre, d'Heureux, Beauchamp, Des Airs le jeune, Raynal, Noblet, La Pierre, Des Airs l'aîné, Le Mercier, Du Pille, Tartas, de La Lanne, Balthasard, Vagnae, Bonnard, Des Cousteaux et les trois Opterre, frères, danseurs. Lulli paraissait lui-même à la fin du ballet, dans le *Charivary crotesque*.

De la bibliothèque du COMTE DE LIGNEROLLES (Cat., IV, 1895, n° 701).

3040 (1213 *a*). LE || DIVERTISSEMENT || ROYAL, || Meslé de Comedie, de || Musique, & d'Entrée || de Ballet. || *A Paris, Par Robert Ballard, seul Imprimeur* || *du Roy pour la Musique.* || M.DC.LXX [1670]. || Auec Priuilege de sa Majesté. In-4 de 30 pp. et 1 f. blanc, cart.

Argument et couplets chantés.

A côté du roi, qui représentait Neptune, figuraient : M. le Grand [= Louis de Lorraine, comte d'Armagnac], le marquis de Villeroy, le marquis de Rassan ; Mlles Des Fronteaux, Hilaire et de Saint-Christophe, chanteuses ; MM. Estival, Blondel, Gaye, Le Gros, Hédouin, Don, Rebel, Beaumont, Bony, Gingan aîné et cadet, Fernon aîné et cadet, Deschamps, Morel,

BELLES-LETTRES.

Aurat, David, Devellois, Serignan, chanteurs ou musiciens; MM. La Plaine, Lorange, Du Clos, Beaupré, Carbonnet, Férier, trompettes; M. Daicre, timbalier; MM. Beauchamp, Raynal, Favier aîné et cadet, La Pierre, Noblet, Langez et Fernon le cadet, chanteurs; Gillet, Jouan, Chicanneau, Péan aîné et cadet, Magny, Joubert, Mayeux, La Montagne, L'Estang, Arnald, Foignard aîné et cadet, Isaac, Joubert, Bouilland, Vaignard, Thibauld, Daluseau, d'Olivet [père], Le Chantre, Saint-André, d'Olivet fils, Le Prestre, Paysan, La Vallée, Favre, Girard, Charpentier, Des Granges.

Il existe de ce programme une autre édition, antérieure à celle-ci et comptant 43 pages, dont les 12 premières sont reproduites ici sans altération. Notre édition est la seule qui contienne les noms des acteurs.

Ces couplets, mis en musique par Lulli, forment les intermèdes des *Amants magnifiques*, pièce représentée au mois de septembre 1670 et imprimée seulement après la mort de Molière. — Voy. Paul Lacroix, *Bibliographie moliéresque*, pp. 50-51, n° 199.

De la bibliothèque du COMTE DE LIGNEROLLES (Cat., IV, 1895, n° 715).

3041 (1214 *b*). LE || BOVRGEOIS || GENTIL-HOMME, || Comedie-Ballet, || Donné par le Roy à toute sa Cour || dans le Chasteau de Chambort, || au mois d'Octobre 1670. || *A Paris* || *Chez Robert Ballard, seul Imprimeur* || *du Roy pour la Musique.* || M. DC. LXX [1670]. || Auec Priuilege de sa Majesté. In-4 du 1 f. et 26 pp., cart.

Argument et couplets chantés.

Dans le ballet figuraient : Mlle Hilaire, chanteuse; MM. Langez, Gaye, Blondel, La Grille, Morel, Chiacheron [= Ciaccheroni ?], qui représentait le muphti, Le Gros, Estival, Gingant, aîné et cadet, Rebel, Gillet, Fernon cadet, Hédouin, Bernard, Deschamps, Noblet, Philbert, Martin, Jeannot, Pierrot, Renier, chanteurs; MM. Laquaisse et Marchand, violons; MM. Des Cousteaux, Pièche fils, Philidor, Boutet, Du Clos, Plumet, Fossart, Nicolas Hotterre, flûtistes; MM. Beauchamp, La Pierre, Favier, Saint-André, Foignard cadet, d'Olivet, Le Chantre, Bonnart, Isaac, Magny, Mayeu, Joubert, Chicanneau, danseurs.

De la bibliothèque du COMTE DE LIGNEROLLES (Cat., IV, 1895, n° 719).

3042 (1214 *a*) LE || BOURGEOIS || GENTILHOMME || Comedie-Balet. || Faite à Chambort, || pour le Divertissement du Roy. || Par J. B. P. Moliere. || *A Paris,* || *Chez Claude Barbin, au Palais, sur le* || *second Perron de la Sainte-Chapelle.* || M. DC. LXXIII [1673]. || Avec Privilege du Roy. In-12 de 2 ff. et 139 pp., cart.

Seconde édition.

Le f. qui suit le titre contient un extrait du privilège du 31 décembre 1670.

De la bibliothèque du COMTE DE LIGNEROLLES (Cat., IV, 1895, n° 720).

3043 (1218 *a*). BALLET || DES BALLETS. || Dansé devant sa Majesté en son || Chasteau de S. Germain en Laye || au mois de Decembre 1671. || *A Paris,* || *Par Robert Ballard, seul Imprimeur du Roy* || *pour la Musique, ruë S. Jean de*

Beauvais, || *au Mont-Parnasse.* || M. DC. LXXI [1671]. || Avec Privilege de sa Majesté. In-4 de 64 pp., cart.

Ballet dansé pour fêter l'arrivée à la cour de la seconde Madame, Charlotte-Élisabeth de Bavière. « Le Roy », dit l'*Avant-Propos*, qui ne veut que des choses extraordinaires dans tout ce qu'il entreprend, s'est proposé de donner un Divertissement à Madame à son arrivée à la Cour, qui fust composé de tout ce que le Theatre peut avoir de plus beau ; et pour répondre à cette idée, Sa Majesté a choisi tous les plus beaux endroits des divertissemens qui se sont representez devant Elle depuis plusieurs années, et ordonné à MOLIERE de faire une comedie qui enchaînast tous ces beaux morceaux de musique et de dance, afin que ce pompeux et magnifique assemblage de tant de choses differentes, puisse fournir le plus beau spectacle qui ce [*sic*] soit encore veu pour la salle et le theatre de Saint Germain en Laye.

Pour remplir ce programme, Molière avait improvisé *La Comtesse d'Escartagnas*, et avait soudé ensemble les morceaux suivants :

1° le *Prologue* du *Divertissement royal* de 1670, p. 3 ;

2° le *Prologue de Venus* de *Psyché* (1671) ;

3° *La Comtesse d'Escarbagnas*, dont le texte ne fut publié qu'en 1682 (voy. notre tome II, n° 1177) ; mais dont nous avons avons ici (p. 16) la distribution complète :

Le Vicomte	*le sieur de La Grange.*
La Comtesse	*mademoiselle Marotte.*
La Suivante	*Bonneau.*
Le petit Comte	*le sieur Gaudon.*
Le Precepteur du petit Comte	*le sieur de Beauval.*
Le Laquais	*Finet.*
La Marquise	*mademoiselle de Beauval.*
Le Conseiller	*le sieur Hubert.*
Le Receveur des Tailles	*le sieur Du Croisy.*
Le Laquais du Conseiller	*Boulonnois.*

4° *La Pastorale comique*, dont le texte ne nous est pas parvenu, mais dont nous avons aussi la distribution (p. 16) :

La Nymphe	*mademoiselle de Brie.*
La Bergere en homme	*mademoiselle Moliere.*
La Bergere en femme	*mademoiselle Moliere.*
L'Amant berger	*le sieur Baron.*
Premier Pastre	*le sieur Moliere.*
Second Pastre	*le sieur de La Torilliere.*
Le Turc	*le sieur Moliere.*

La Pastorale avait été intercalée en 1666, dans le *Ballet des Muses*.

5° Le premier Intermede de *Psyché*, p. 17.

6° *La Ceremonie turcque* du *Bourgeois gentilhomme*, p. 39.

7° La quatrième Entrée, puis la troisième Entrée du ballet qui termine *Le Bourgeois gentilhomme*, ballet appelé souvent le *Ballet des Nations*, p. 44.

8° L'Entrée d'Apollon et le dernier Intermède de *Psyché*, (p. 50).

De la bibliothèque du COMTE DE LIGNEROLLES (Cat., IV, 1895, n° 722).

3044 (1214 *b*). PSICHÉ || Tragi-Comedie, || et Ballet. || Dansé devant sa Majesté au mois || de Ianvier 1671. || *A Paris,* || *Par Robert Ballard, seul Impri-* || *meur du Roy pour la Musique, ruë S. Iean* || *de Beauvais, au Mont-Parnasse.* ||

BELLES-LETTRES.   407

M. DC. LXXI [1671]. || Avec Privilege de Sa Majesté. In-4 de 43 pp., cart.

> Ce livret contient l'argument de chaque scène et les couplets chantés. Il offre cet intérêt que la distribution complète y est indiquée. La troupe de Molière avait été renforcée d'un grand nombre de chanteurs : Mlles Hilaire et Des Fronteaux, MM. Gingan cadet, Langeais, Gillet, Oudot, Jannot, de La Grille, Gaye, Le Gros, Hédouin, Beaumont, Fernon aîné et cadet, Rebel, Serignan, Le Maire, Bony, Estival, Dom, Gingan aîné, Morel, Deschamps, etc. On y avait adjoint aussi beaucoup de danseurs.
>
> De la bibliothèque du COMTE DE LIGNEROLLES (Cat., IV, 1895, n° 721).

3045 (1218 b). LES FESTES DE L'AMOUR ET DE BACCHUS. Pastorale. Representée par l'Academie Royale de Musique *On la vend A Paris, A l'entrée de la Porte de l'Academie Royale de Musique, près Luxembourg, vis à vis Bel-air.* M DC LXXII [1672]. Avec Privilege du Roy. — [A la fin :] *Imprimé aux dépens de l'Academie Royale de Musique, par François Muguet, Imprimeur du Roy.* In-4 de 4 ff. et 48 pp., plus 4 grandes figures pliées, mar. r. jans., tr. dor. (*Thibaron et Echaubard.*)

> Le privilège, dont le texte est rapporté au f. *a ij* est un privilège général accordé pour trente ans, le 20 septembre 1672, à JEAN-BAPTISTE LULLI, surintendant de la musique de la chambre du roi. — L'achevé d'imprimer est du 10 novembre 1672.
>
> Les ff. *a iij-a iiij* sont occupés par un *Avant Propos* et les *Acteurs*. Les noms des artistes ne sont pas indiqués.
>
> Les figures, qui représentent les décors du prologue et des trois actes, ne portent aucune signature.
>
> *Les Festes de l'Amour et de Bacchus* étaient l'œuvre collective du président de PÉRIGNY, de QUINAULT, de MOLIÈRE et de BENSSERADE ; la musique était de Lulli et de DESBROSSES ; les machines, de VIGARANI.
>
> La pièce fut reprise en 1689, 1696, 1706, 1716 et 1733. Voy. Chouquet, *Histoire de la musique dramatique en France.* — Cf. P. Lacroix, *Bibliographie moliéresque,* n° 206.
>
> On lit sur le f. de garde de notre exemplaire : « *Ce livre est à M^r* ALLOY, *peintre, de l'Academy royal* [sic] *de Paris* ».
>
> Des bibliothèques d'E. BANCEL (Cat., 1882, n° 583) et de G. GUYOT DE VILLENEUVE (Cat., 1900, n° 908).

3046 (1220 a). LE MALADE || IMAGINAIRE || Comedie. || Meslée de Musique, & || de Dance. || Representee sur le Theatre || du Palais Royal. || *A Paris,* || *Chez Christophe Ballard, seul* || *Imprimeur du Roy pour la Musique, rue* || *S. Iean de Beauvais, au Mont Parnasse.* || M. DC. LXXIII [1673]. In-4 de 36 pp.

> Prologue, intermèdes et cérémonie finale. La distribution des rôles n'est pas indiquée.
>
> De la bibliothèque du COMTE DE LIGNEROLLES (Cat., IV, 1895, n° 723).

G. — Ballets, Opéras, etc.

3047 (1454 *a*). BALLET || DV TEMPS. || Dansé par le Roy le dernier jour || de Nouembre 1654. || *A Paris,* || *Chez Robert Ballard, seul Imprimeur* || *du Roy pour la Musique.* || M. DC. LIV [1654]. In-4 de 1 f. et 11 pp., cart.

<blockquote>
Le titre porte la marque de *Ballard.*

Le ballet, dont les récits en vers sont d'ISAAC DE BENSSERADE (cf. *Œuvres de Bensserade,* 1697, II, p. 111), se compose de onze entrées.

Le livret donne les récits en vers et la distribution des rôles. Le roi représentait un Moment, le Siècle d'or et le Feu. A côté de lui dansaient : M. Bontemps, le comte de Vivonne, le grand-maître [Thomas-François de Savoie, prince de Carignan], le marquis de Villequier, M. Sainctot, le marquis de Genlis, le comte de Guiche, le duc de Danville, M. Hesselin, le chevalier de Rohan, le marquis d'Alluye, le marquis de Mirepoix, le comte de Rohan, M. La Chesnaye, le marquis de Rassan, M. Gontery, le comte de Saucour, puis les sieurs Baptiste (c'est-à-dire Lulli), Raynal, Des Airs, Verpré, Mollier, Beauchamp, Le Vacher, et une foule d'autres artistes dont on trouvera les noms dans la table que nous donnons en appendice, à la fin de ce volume.

De la bibliothèque du COMTE DE LIGNEROLLES (Cat., IV, 1895, n° 802).
</blockquote>

3048 (1455 *a*). AMOVR MALADE, || Ballet || du Roy. || Dansé par sa Majesté, le 17. jour || de Ianuier 1657. || *A Paris,* || *Par Robert Ballard, seul Imprimeur* || *du Roy pour la Musique.* || M. DC. LVII [1657]. In-4 de 32 pp., avec la marque de *Ballard* au titre, cart.

<blockquote>
Ballet moitié italien, moitié français, dont LULLI avait composé la musique et sans doute aussi les paroles italiennes.

Nous n'avons ici que les paroles italiennes accompagnées d'une traduction libre en vers français. Les couplets que Bensserade avait rimés pour cette pièce (cf. *Œuvres de Bensserade,* 1697, II, p. 173) ne sont pas reproduits ici. Le livret n'indique pas non plus la distribution des rôles.

De la bibliothèque du COMTE DE LIGNEROLLES (Cat., IV, 1895, n° 807).
</blockquote>

3049 (1455 *b*). LES || PLAISIRS || TROVBLEZ. || Mascarade. || Dansée devant le Roy par Monsieur || le Duc de Guise. || *A Paris,* || *Par Robert Ballard, seul Imprimeur* || *du Roy pour la Musique.* || M. DC. LVII [1657]. In-4 de 24 pp., cart.

<blockquote>
Nous ignorons qui avait fait le plan de cette mascarade. Le duc de Guise y représentait « un aga » et Attabalipa, roi du Pérou. A côté de lui paraissaient le marquis de Séguier, les chevaliers de La Marthe et de Forbin, MM. de Fercour et de Novion, les chevaliers de Hautefeuille et de Requissan, les sieurs Le Gros, Don, aîné et cadet, Mollier et un grand nombre d'artistes dont les noms figurent à la table que nous donnons en appendice.

De la bibliothèque du COMTE DE LIGNEROLLES (Cat., IV, 1895, n° 806).
</blockquote>

3050 (1455 c). Ballet ‖ de la Raillerie. ‖ Dansé par sa Majesté le 19. ‖ Feburier 1659. ‖ *A Paris, ‖ Par Robert Ballard, seul Imprimeur ‖ du Roy, pour la Musique. ‖ M. DC. LIX [1659]. ‖ Auec Priuilege du Roy.* In-4 de 31 pp.

> Les vers de ce ballet avaient été composés par Bensserade (voy. *Œuvres de Bensserade*, 1697, II, p. 207) ; la musique était de Lulli, qui a sans doute collaboré aux vers italiens.
>
> Le roi représentait le Ris et le Bonheur ; près de lui paraissaient les marquis de Genlis, de Villeroy, de Mirepoix et de Rassan ; Mlles de La Barre, Hilaire et Anna Bergerotti, Mme Guichart, Mme de Buridan, Mlle Molier, la fille, et Mlle de La Faveur, chanteuses ; les sieurs Hébert, Le Gros, Meusnier Saint-Elme, de Molier, etc. Lulli paraissait lui-même à deux reprises.
>
> Voy. la table que nous donnons en appendice.
>
> De la bibliothèque du Comte de Lignerolles (Cat., IV, 1895, n° 809).

3051 (1455 d). Ballet ‖ royal ‖ de l'Impatience. ‖ Dansé par sa Majesté le 14. ‖ Feburier 1661. ‖ *A Paris, ‖ Par Robert Ballard, seul Imprimeur ‖ du Roy, pour la Musique. ‖ M. DC. LIX [1659]. ‖ Auec Priuilege du Roy.* In-4 de 31 pp., cart.

> Les vers intercalés dans le livret sont de Bensserade (*Œuvres*, 1697, II, p. 211) à l'exception des vers français et italiens chantés dans les intermèdes.
>
> Le roi figurait dans ce ballet, ainsi que le marquis de Genlis, le marquis de Villeroy, les marquis de Mirepoix et de Rassan, Lulli, Mlle de La Barre, Mlle Hilaire, la signora Anna Bergerotti, etc. On trouvera dans notre table le relevé des artistes cités dans le livret.
>
> De la bibliothèque du Comte de Lignerolles (Cat., IV, 1895, n° 812).

3052 (1455 e). Ballet ‖ des Saisons. ‖ Dansé à Fontainebleau par sa ‖ Majesté le 23. Iuillet. 1661. ‖ *A Paris, ‖ Par Robert Ballard, seul Imprimeur du Roy ‖ pour la Musique. ‖ M. DC. LXI [1661]. ‖ Auec Priuilege de sa Majesté.* In-4 de 23 pp., cart.

> Le titre porte la grande marque de *Robert Ballard.*
>
> Les vers sont de Bensserade (*Œuvres*, 1697, II, p. 217) ; la musique était de Lulli.
>
> Les personnages de la cour qui remplissaient des rôles étaient : Madame, la duchesse de Valentinois, Mlle de Montbazon, Mme de Gourdon, Mlle Du Fouilloux, Mlle de Chemerault, Mlle de La Mothe, Mlle de Menneville, Mlle Des Autels, Mlle de La Vallière, Mlle de Pont, le comte de Sery, le marquis de Genlis, le roi, le comte de St-Aignan, le comte de Guiche, le marquis de Villeroy, Mme de Villequier, Mlle de Montausier, Mlle d'Arquien, Mlle de Barbesière, le duc de Guise, le comte d'Armagnac, monsieur le Duc, le duc de Beaufort, Mlle de Mancini, la comtesse d'Estrées, Mlle de Laval, Mlle de Saluces, Mlle de Cologon [= Coëtlogon], Mme de Comminges, Mlle Stuard. Avec eux paraissaient Lulli, Mlle Hilaire, le chanteur Le Gros, etc.
>
> De la bibliothèque du Comte de Lignerolles (Cat., IV, 1895, n° 813).

3053 (1455 *f*). BALLET || DES || ARTS, || Dansé par sa Majesté le 8. || Ianuier 1663. || *A Paris,* || *Par Robert Ballard, seul Imprimeur du* || *Roy pour la Musique.* || M. DC. LXIII [1663]. || Auec Priuilege de sa Majesté. In-4 de 26 pp. et 1 f. blanc, cart.

Ce livret contient un avant-propos et les couplets chantés.

Dans le ballet figuraient : le roi, Madame, monsieur le Duc, Mlle de Mortemart, Mlle de Saint-Simon, Mlle de La Vallière, Mlle de Sévigny [= Sévigné], le marquis de Rassan, le comte de Saint-Aignan, le comte d'Armagnac, le comte de Séry, le marquis de Genlis, le duc de Beaufort, les marquis de Villeroy et de Mirepoix, M. de Sourville. Ces personnages avaient pour auxiliaires des artistes de profession : Mlles Hilaire, de Saint-Christophe, de Cercamanan, de La Barre ; MM. de Beaumont, d'Estival, de La Grille, Don, chanteurs ; MM. Raynal, Noblet, La Pierre, d'Heureux, Beauchamp, de Saint-André, Desbrosses, Coquet, L'Anglois, de Lorges, Le Chantre, Le Comte, Molier, Des Airs, aîné et cadet, Païsan, Desonets, Cabou, d'Olivet, La Vigne, Besson, Magny, Barry, Geoffroy, Bonard, Laleu, danseurs. Lulli paraissait lui-même, comme chirurgien, dans la 6e entrée.

De la bibliothèque du COMTE DE LIGNEROLLES (Cat., IV, 1895, n° 816).

3054 (1455 *g*). LES NOPCES || DE VILAGE, || Mascarade ridicule. Dansé par sa Majesté à son || Chasteau de Vincennes. || *A Paris,* || *Par Robert Ballart, seul Imprimeur* || *du Roy pour la Musique.* || M. DC. LXIII [1663]. In-4 de 1 f. et 9 pp., cart.

Les vers récités dans ce ballet sont de BENSSERADE (voy. *Œuvres de Bensserade,* 1697, II, pp. 281-282). Le roi y paraissait avec les comtes de Crussol, de Sault et de Ragny, les marquis de La Vallière, de Courcelles et de Coislin, le comte d'Armagnac, les comtes de Foix, de Canaples, etc. Lulli y représentait un maître d'école et un opérateur. Voy. la table donnée en appendice.

De la bibliothèque du COMTE DE LIGNEROLLES (Cat., IV, 1895, n° 817).

3055 (1455 *h*). LES AMOVRS || DEGVISEZ, || Ballet || du Roy. || Dansé par sa Majesté, au mois || de Feurier 1664. || *A Paris,* || *Par Robert Ballard, seul Imprimeur du* || *Roy pour la musique.* || M. DC. LXIV [1664]. || Auec Priuilege de sa Majesté. In-4 de 48 pp., cart.

L'argument de ce ballet est du président DE PERRIGNY ; les vers sont d'ISAAC DE BENSSERADE (*Œuvres,* 1697, II, pp. 300-318), la musique était de GIO. BATTISTA LULLI.
Le livret indique que le rôle de Mercure était tenu par Floridor, celui de Pallas par Mlle Des Œillets, celui de Vénus par Mlle de Montfleury.
Tous les personnages mentionnés dans le livret sont relevés dans la table que nous avons dressée.
De la bibliothèque du COMTE DE LIGNEROLLES (Cat., IV, 1895, n° 818).

3056 (1455 *i*). BALLET || ROYAL || DE FLORE. || Dansé par sa

Majesté, le mois || de Février 1669. || *A Paris,* || *Par Robert Ballard, seul Imprimeur du Roy* || *pour la Musique.* || M. DC. LXIX [1669]. || Avec Privilege du Roy. In-4 de 62 pp., cart.

<blockquote>
Les vers de ce ballet sont de BENSSERADE (Œuvres, 1697, II, pp. 382-403). Le roi y paraissait avec Madame, Mlle de La Vallière et toutes les plus belles personnes de la cour. Il nous suffit de renvoyer à la table donnée en appendice.
</blockquote>

De la bibliothèque du COMTE DE LIGNEROLLES (Cat., IV, 1895, n° 823).

4. — *Théâtre italien.*

3057 (1463 *a*). SOPHONISBA. || Tragedie tresexcellente, || tant pour l'argument, que pour le poly || langage et graues sentences dont elle || est ornée : representée ₵ prononcée deuant || le Roy en sa ville de Bloys. || *A Paris.* || *De l'Imprimerie de Philippe Danfrie, et* || *Richard Breton, Rue S. Iacques, à l'escreuisse* || M. v° LIX [1559]. || Auec priuilege du Roy. In-8 de 47 ff. chiffr. et 1 f. blanc, mar. r., fil. à froid, dos et coins ornés, tr. dor. (*Cuzin.*)

<blockquote>
Le titre porte la marque des imprimeurs (Silvestre, n° 632).

Le 2e f. contient, au r°, un avis de GILLES CORROZET au lecteur. Corrozet, qui n'est que l'éditeur, dit n'avoir pas besoin de recommander l'ouvrage, « parce que l'authorité, sçavoir, noblesse et experience de ceulx que l'ont mis en françois, et avec grande pompe et digne appareil ont représenté les mesmes personnages de la tragedie devant la majesté roialle en sa ville de Blois, sont tressuffisans tesmoignages de la beauté et elegance de la matiere... »

Au v° du même f. sont *Les Personnages de la tragedie.*

La *Sofonisba* de GIO. GIORGIO TRISSINO, imprimée en 1524, était en Italie la première tragédie régulière ; elle fut le point de départ d'une évolution du théâtre moderne. La traduction française est l'œuvre de MELLIN DE SAINT GELAIS, comme le constate un avis imprimé au v° du f. xlvij : « Sois adverty, lecteur, qu'en imprimant la presente tragedie nous avons esté faictz certains que feu Mellin de Sainct Gelais en a esté le principal autheur, duquel n'est besoin t'escrire les louanges ; au reste, que toute la tragedie est en prose, excepté le *Chorus*, ou assemblée de dames, qui parle en vers de plusieurs genres. » Au-dessous de cet avis est une figure, finement gravée, que l'on considère comme la marque de *Richard Breton* (Silvestre, n° 633).

L'édition est imprimée en lettres françaises, dites caractères de *Civilité.*
</blockquote>

3058 (1085 *a*). ₵ OPERA IOCVNDA No. D. || IOHÂIS. GEORGII ALIONI. || ASTENSIS Metro macharronico Ma || terno : ₵ Galli || co compo || sita. — [Au r° du dernier f., au dessous de 24 lignes de texte :] *Impressum Ast per magistrum. Fran* || *cischum de silua Anno dñi. Milesi-* || *mo quingentesimo vigesimoprimo* [1521]. || *die. xij. mensis Marcij.* ||

Finis. In-8 goth. de 200 ff. non chiffr. de 32 lignes à la page, impr. en petites lettres de forme, sign. *a-z*, ɛ, ¶, mar. br., fil. et comp. à froid, titre doré sur les plats, tr. dor. et cis. (*Cuzin*.)

Le f. *a i*, qui manque à l'exemplaire, doit être blanc.

Le titre, qui occupe le f. *a ij* r°, est accompagné d'un texte biblique en deux lignes et de trois distiques de BUONAVENTURA DELLA CHIESA, professeur de droit à Asti :

¶ Animus gaudens etatem floridam facit
Spiritus tristis exiccat ossa: prouerb. 17.

¶ Opera Jocunda No. D.
Johãis. georgij Alioni
Astensis Metro ma
charronico Ma
terno: τ Galli
co compo
sita.

¶ Bonauentura de ecclesia iuriũ pfessor Asten.
Ad lectorem.

Perlegis hos versus quisquis non sperne labores
Auctoris: vestri si memor est viti.
Nec tacuit patriae ritum: non crimina: mores.
Seneca: sic Tulius: sic grauis ille Cato.
Veloces calamos: τ chartam tolle poetis
Linguam rade: latent crimina tunc hominum.

a ij

Au v° du titre sont neuf distiques de Buonaventura Della Chiesa et quatre distiques de NICCOLÒ FALETO, de Tridino.

Les ff. *a iij-a iiij* sont occupés par la *Tabula contentorum in opere.*

Après un *Prologo* en patois astesan, on trouve dans le recueil les pièces suivantes :

I. — *Macharronea contra Macharroneam Bassani, ad spectabilem d. Baltasarem Lupum, Astensem, studentem Papie*, fol. *a vj.*

II. — Dix farces en italien et en français, savoir :

1. *Comedia de l'homo et de soy cinque sent imenti*, fol. *b vij* v°.

Imitation de la *Farce nouvelle des cinq sens de l'homme* (Viollet-le-Duc, *Ancien Théâtre françois*, III, pp. 300-324). Alione a substitué le Nez à l'Ouye.

2. *Farsa de Zohan zavatino et de Biatrix soa mogliere, et del prete ascoso soto el grometto*, fol. *e i*.

Imitation d'une pièce qui fait partie, comme la précédente, du célèbre recueil du Musée britannique : *Farce joyeuse, tresbonne et recreative pour rire, du Savetier, a troys personnaiges, c'est assavoir : Audin, savetier, Audette, sa femme, et le Curé* (Viollet-le-Duc, II, pp. 128-139).

3. *Farsa de Gina et de Relucha, doe matrone repolite, quale voliano reprender le zovene*, fol. *f viij*.

4. *Farsa de la dona chi se credi havere una roba de veluto dal Franzoso alogiato in casa soa*, fol. *g vij*.

Le Français et son page s'expriment en français.

5. *Farsa de Nicolao Spranga caligario, el quale, credendo haver prestata la soa veste, trovò per sententia che era donata*, fol. *h viij*.

6. *Farsa de Peron et Cheyrina, jugalli, chi littigoreno per un petto*, fol. *k vj*.

Imitation et, par endroits, simple traduction de la *Farce nouvelle et fort joyeuse du Pect, a quatre personnages, c'est assavoir : Hubert, la Femme, le Juge et le Procureur* (Viollet-le-Duc, I, pp. 94-110).

7. *Farsa del lanternero chi acconciò la lanterna et el soffieto de doe done vegie*, fol. *m iiij*.

8. *Farsa de Nicora et de Fibrina, soa sposa, chi fece el figliolo in cavo del meise*, fol. *o i*.

9. *Farsa del Bracho et del Milaneise inamorato in Ast*, fol. *p vj*.

10. *Farsa del Franzoso alogiato a l'osteria del Lombardo, a tre personagij, et quantunque l'auctore nostro non sia stato inventore del subgecto de quella, niente dy meno, per haverla luy ampliata et emendata, ne è parso farla stampare de compagnia*, fol. *r vij*.

Ici encore le Français s'exprime dans sa langue.

III. — Poésies diverses, savoir :

1. *Conseglo in favore de doe sorelle spose contra el fornaro de Primello nominato Meyni*, fol. *t i*.

2. *Frotola* :

> Nostre done han y cigl ercu,
> Porton chioche e van stringa... (fol. *t iiij* v°).

3. *Cantione de li disciplinati de Ast quando littigaveno contra li frati de sancto Augustino per la capella de l'Anunciata*, fol. *t v* v°.

4. *Altra Cantione de' dicti disciplinati per la medesima capella*, fol. *t vij*.

5. *Benedicite, Gracie*, fol. *t viij*.

6. *S'ensuivent les Œuvres de l'acteur en langue françoise, et premierement le Recœil que les citoyens d'Ast feirent a leur duc d'Orleans a sa joyeuse entre[e], quant il descendi en Italie...*, fol. *v i*.

7. *Le Voyaige et Conqueste de Charles huitiesme, roy de France, sur le royaulme de Neaples, et sa victoire de Fournoue*, fol. *v ij*.

8. *La Conqueste de Loys douziesme, roy de France, sur sa duchié de Milan...*, fol. *x i*.

9. *Ditz que devoit pronuncier une pucelle d'Ast au roy François a son retour de la bataille de Marignan*, fol. *y iij*.

10. *En chascune couple des vers qui s'ensuivent se trouvera par lectres numerales l'an que les choses y mencionnees sont advenues (1492-1500)*, fol. *y iiij*.

11. *Louange au marquis de Monferra sur la concqueste d'Ancise*, fol. *y iiij* v°.

12. *Le Dit du singe*, fol. *y v*.
Variante d'une facétie qui, dès 1509, se rencontre dans *Les Abus du monde* de Pierre Gringore, v. 534-545.

13. *Chapitre de liberté* (un rime tierce), fol. *y v* v°.

14. *Louange a Nostre dame en chant, sur la teneur :* A l'ostel au cigne allons bien souvent.

> Grace soit rendue a Dieu de la sus
> Pour l'umble Marie, mere de Jhesus..., fol. *y viij*.

Cette chanson n'est pas l'œuvre d'Alione ; c'est une pièce qui a été longtemps et qui est peut-être encore populaire. On en trouve une variante dans les *Vieux Noëls*, publiés par M. Lemeignen, 1876, I, p. 25.

15. *Autre Louange a Nostre Dame, sur l'Obsecro et sur la teneur de :* Ung franc archier du roy par cy passa.

> Obsecro te, Marie, escoute moy,
> Car devant toy est ma cause evocquee... fol. *z* ii.

16. *Autre louange a Nostre dame, sur le Salve* regina *et sur la teneur de :* Toute fleur de noblesse en qui mon cœur ressort.

> Salve regina, mater misericordie,
> A qui fit l'ambassade l'archangle Gabriel... fol. *z iij* v°.

La pièce citée comme timbre de la chanson est très connue. Elle commençait en réalité par :

> Gente fleur de noblesse...

On la trouve dans les *Chansons normandes* publiées par Gasté, d'après le manuscrit de Vire, n° 7 ; dans *Plusieurs belles Chansons nouvelles*, 1535, fol. 42 v°, etc., etc.

17. *Autre louange a Nostre Dame, sur la teneur :* Vive le pape et le bon roy François.

> O maris stella, salut [impr. sault], oyés noz voix,
> Humble pucelle, mere du roy des roix..., fol. *z v*.

18. *Louange a saincte Catherine, sur la teneur de :* Faulte d'argent est douleur non pareille.

> Gaude, gaude, glorieuse pucelle
> Catherine, qui tant as soustenu..., fol. *z vj*.

Nous avons déjà cité plusieurs fois le vers passé en proverbe qui sert de timbre. Voy. ci-dessus, n° 2737, p. 4, mélodie appliquée par J. Favre au Psaume CVIII, et n° 2975, p. 321, art. 8.

19. *Chanson des Suyces sur la bataille de Marignan et sur la teneur de :* Venez au pont des Pierres [*sic*], Brughelins et Gantois.

> Seigneurs, oyez des Suyces
> Qui tant font du grobiz..., fol. *z viij*.

Cette pièce a été reproduite par Le Roux de Lincy dans son *Recueil de chants historiques français*, 1842, II, p. 56. — La chanson qui sert de timbre doit se rapporter à l'attaque des Gantois contre Tournai en 1477. Il faut lire :

> Venez au pont d'Espierres...

On chantait sur la même mélodie :

> L'ancienne ordonnance,
> C'est de(s) la Saint André...

(*Vieux Noëls*, publiés par M. Lemeignan, 1876, I, p. 52).

20. *Chanson et Complainte d'une josne fille mariee a ung vieillart jaloux, sur la teneur de :*

> Mon pere m'a donné mary
> A qui la barbe grise point.
> Venus, a toy je me complains
> D'un vieu mari qu'on m'a donné..., fol. *z iij*.

M. Parducci n'a pas cité cette pièce dans l'étude qu'il a consacrée aux chansons françaises de la mal mariée (*Romania*, 1909, p. 286).

21. *Chanson d'une bergiere, sur la teneur de :* La tyrelitantaine.

      L'autre jour chevauchoye
      De Paris a Lyon... fol. τ *iiij* v°

22. *Aultre chanson.*

      Qui veult oyr belle chanson
      D'une fillette de Lyon... fol. τ *v* v°.

23. *Rondeau d'amours composé par signiffications.*

      Amour fait moult s'argent de ly se mesle..

Curieuse suite de rébus, comprenant 27 figures.

24. *De mesmes.*

      Ce n'est qu'abuz d'amours et sa querelle...

Autre rondeau formé de 28 figures.

25. *Rondeau en flameng.*

      Florens hauweel vriendt vuyt vercord..., fol. o *iij*.

26. *Cy se replicque en italien le Dit du singe noté cy devant en françois*

      Note ben tug isto buga...

    Le poète Gio. Giorgio Alione, d'Asti, mériterait d'être mieux étudié qu'il ne l'a été jusqu'ici. Sujet du duc d'Orléans, qui devint Louis XII, il fut vraisemblablement chargé d'amuser les armées françaises en Italie, et suivit sans doute les colonnes, avec quelques joycux compagnons, comme le fit vers le même temps Jacques d'Adonville (voy. notre tome Ier, n° 481). Les noms de ses camarades nous ont été conservés par Virgilio Zangrandi, à qui nous devons une réimpression exécutée en 1661 dans la même ville d'Asti ; c'étaient Secondino Grometto, Ambrogio Stella, Gio. Bartolomeo Garrone, Giovanino Bussolero, Enrico Bellotto, Cesare Camerano, Bernardino Pagliaro « et alcuni altri belli umori ». Alione vivait encore en 1521 quand parut le recueil que nous venons de décrire. Bien qu'il eût pris, comme la plupart des joueurs de farces (voy. ce que nous avons dit ci-dessus n° 2989), la sage précaution de joindre à ses œuvres un peu trop profanes des poésies pieuses, il n'en tomba pas moins sous le coup de l'Inquisition. Il fut condamné à la prison perpétuelle et ne dut son salut qu'au dévouement d'un ami. Le recueil était voué par les inquisiteurs à la destruction ; aussi les quatre ou cinq exemplaires qui subsistent sont-ils presque tous incomplets.

    Une édition tronquée, publiée en 1560, est elle-même très rare. Une troisième édition imprimée dans la ville d'Asti par Virgilio Zangrandi en 1601 (la Bibliothèque Mazarine en possède un exemplaire coté 45368) donne un texte moins complet ; mais elle est précédée d'un avis de l'imprimeur qui nous apprend le peu que nous savons de la vie du poète. On cite encore une édition de Turin, 1628.

    J.-Ch. Brunet, ayant acquis l'exemplaire du recueil de 1521, qui avait appartenu à Reina, à Tosi, à Payne, à Henrott et à Crozet (exemplaire incomplet de 2 ff.), réimprima en 1836 les poésies françaises, bien qu'elles soient infiniment moins intéressantes que les farces (voy. notre t. I, n° 482).

    En 1865 G. Daelli, de Milan, a donné en deux petits volumes la reproduction complète des *Opera jocunda*. Depuis lors, Alione a fait l'objet d'études de M. Bruno Cotronei (Le *Farse di G. G. Alione, studio critico*; Reggio Calabria, 1889, in-8) de M. Ferd. Gabotto *(La Vita in Asti a tempo di G. G. Alione*; Asti, Bianchi, 1899, in-16) et de M. Maurice Mignon (J.-G. Alione, *Poésies françaises : Chapitre de liberté, Chanson d'une bergère ;* Paris, 1905, in-12) ; mais le sujet est loin d'être épuisé.

    Il est très intéressant de rapprocher les farces d'Alione des farces françaises qui leur ont servi de modèles, ou parmi lesquelles on doit les ranger, puisque plusieurs personnages emploient notre langue. Les pièces en dialecte astésan ou en dialecte milanais offrent d'assez nombreux passages dont l'interprétation est difficile. Aucun critique ne s'est encore occupé d'en donner un texte correct et intelligible. Quant aux pièces françaises, on ne peut en attribuer qu'une partie à l'auteur italien ; pour les chansons, notamment, il nous paraît s'être borné à transcrire, à retoucher peut-être, des chansons qui étaient populaires de son temps.

4 a. — Théâtre espagnol.

3059 (1474 a). ❧ CELESTINE en la- || quelle est traicte des deceptions des seruiteurs || enuers leurs maistres / ¢ des macquerelles en- || uers les amoureux trāslate dytaliē en frācois. || ❧ Auec priuilege. || ❧ *On les vend a Paris en la grant salle du* || *Palais en la boutique de Galliot du pre.* — [A la fin, fol. *y viij r°* :] ❧ *Imprime a Paris* | *par Nicolas* || *cousteau imprimeur. Pour Gal* || *liot du pre marchant libraire* || *iure de luniuersite. Et fut* || *acheue le p̄mier iour* || *Daoust Lan mil* || *cinq Cens* || *vingt et* || *sept* [1527]. Gr. in-8 goth. de 182 ff. non chiffr., sign. *a* par 6, *A-Y* par 8.

Le titre, imprimé en rouge et en noir, est orné d'une figure qui représente Célestine ; le v° en est blanc.

Le f. *a ij* contient, au r°, le texte du privilège accordé à *Galliot Du Pré*, pour deux ans, par le prévôt de Paris, J. de La Barre, le 23 juin 1527. — Au v° commence le *Prologue*, qui se termine au f. *a vj r°* : En voici le début : « Toutes choses avoir esté cree[e]s par maniere de litige ou bataille dit le grant sage Eraclius dedans son mode : *Omnia secundum littere* [sic] *flunt*, sentence a mon advis digne de perpetuelle et recordable memoire... »

La *Celestina*, qui tient une si grande place dans l'histoire de la littérature espagnole, fut imprimée pour la première fois à Burgos, par Fadrique de Basilea, en 1499, sous le titre de *Comedia de Calisto y Melibea*. Le premier auteur fut, selon les uns, RODRIGO COTA, selon les autres, JUAN DE MENA. Le succès de l'ouvrage fut immense ; il est difficile de compter les réimpressions plus ou moins augmentées qui en furent faites, les suites qui en furent publiées. Une traduction italienne de la première rédaction parut à Milan en 1514 et fut reproduite à Venise en 1515, 1523 et 1535. L'espagnol était alors presque inconnu en France, tandis que l'italien commençait à s'y répandre ; aussi est-ce sur le texte italien que fut faite la version française, comme l'avait été celle du *Carcel de amor* (voy. notre t. I, n° 1747). La présente édition est la première. On ignore le nom du traducteur.

Pour la description des éditions de la *Celestina*, nous renverrons au *Catálogo* de Vicente Salvá, I, n°ˢ 1157-1175, pp. 384-400 ; à la *Bibliografía ibérica del siglo XV* de C. Haebler, n°ˢ 146, 147, et aux *Observations sur la Célestine* de M. Foulché-Delbosc (*Revue hispanique*, t. VII).

Exemplaire d'HERLUISON (Cat., 1910, n° 64).

V. — ROMANS.

2. — Romans français.

A. — Romans de chevalerie.

3060 (1485 *a*). La conqveste que fit le || grant Roy Charlemaigne es Espaignes. Auec les nobles prouesses || des douze pers de France ¢ aussi celles de Fierabras. Oultre plus est || comprins aucun recueil faict a lhonneur du treschrestien Roy de Frā || ce Charles viii. dernieremēt decede / touchāt la iournee de Fournoue. || ℭ *On les vend a Lyon chez le Prince.* — [Au bas du f. *Vij* r°:] ℭ *Cy finist Fierabras Imprime a Lyon par Pierre || de sainte Lucie dit le Prince. Lan de grace || Mil cinq cens cinquante deux* [1552] || *Le .xiii.iour Daoust.* In-4 goth. de 80 ff. à longues lignes, au nombre de 37 à la page pleine, sign. *A-V*, mar. r., fil., dos orné, tr. dor. (*Trautz-Bauzonnet.*)

    Le titre est orné d'une grande figure, qui est répétée au v° du dernier f.
    Cette figure est celle que *Barnabé Chaussart* avait précédemment employée sur le titre de son *Mandeville*; *Martin Havard* s'en était servi ensuite sur le titre de son édition de *La Conqueste que fist le grant roy Charlemaigne*, 1505 (voy. Claudin, *Histoire de l'imprimerie en France*, IV, pp. 193, 213). *Claude Nourry* la fit reparaître vers 1508, sur le titre d'une édition de *Mandeville* (Cat. Ch. Fairfax Murray, n° 350) et, en 1525, sur le titre d'une édition d'*Ogier le Dannoys* (ibid., n° 401).
    Le texte commence au v° même du titre.
    Le volume contient la mise en prose du roman de *Fierabras*. L'auteur nous apprend dans son avant-propos qu'il a pris la plume à la requête d'un chanoine de Lausanne, Henry Bolomier, et qu'il a complété le roman par divers chapitres tirés du *Miroir historial* de Vincent de Beauvais et des *Grandes Chroniques de France*. Nous savons de plus par divers manuscrits que cet auteur était natif du pays de Vaud. Il s'appelait Jehan Bagnyon, ainsi qu'on le voit dans l'édition lyonnaise de 1489 (Cat. Didot, 1878, n° 553). Henry Bolomier, qui était sans doute parent du vice-chancelier de Savoie Guillaume Bolomier, condamné à mort en 1446, est mentionné dans un acte du chapitre de Lausanne en date du 17 mai 1453 (F. de Gingins-Le-Sarra et F. Fovel, *Recueil de chartes, statuts et documents concernant l'ancien évêché de Lausanne*, 1846, p. 545). Quant à Jehan Bagnyon, il était bachelier ès lois et notaire; il est qualifié, le 6 juillet 1481, « authoritate imperiali notarius publicus, curieque officialatus Lausannensis juratus ». Il exerçait encore son office le 28 septembre 1482. Voy. F. de Gingins-La-Serra et François Fovel, *loc. cit.*, pp. 617, 649, 659. Son ouvrage, publié à Genève en 1478, sous le titre de *Fierabras* et réimprimé au moins sept fois sous le même titre jusqu'en 1497 (voy. Brunet, II, col. 1249-1251) a été reproduit au XVI° siècle et même au XVII° dans de nombreuses éditions qui toutes portent le titre donné ci-dessus. Brunet, qui en a dressé une

longue liste (II, col. 227-229) ne cite pas l'édition de *Pierre de Sainote Lucie.* Elle se termine (fol. *Vij v°-Viiij r°*) par une addition qui figure dès 1505 dans l'édition de *Martin Havard: Proësses et Vaillances faictes par le treschrestien roy de France Charles VIII. de ce nom, touchant la conqueste du royaulme de Naples, et aussi de la journee de Fournoue.*

La conqueste que fit le

grant Roy Charlemaigne es Espaignes. Auec les nobles prouesses des douze pers de France z aussi celles de Fierabras. Oultre plus est comp:ins aucun recueil faict a l'honneur du treseh:estien Roy de Frace Charles.VIII. dernierem?t de:ede/touchat la iournee de Fournoue.

℧ On les vend a Lyon chez le Prince.

L'auteur de ce récit raconte surtout les joûtes auxquelles Charles VIII prit part à Lyon ; il rapporte les vers latins qui furent inscrits sur des piliers de pierre érigés en souvenir de ces fêtes.

Les figures qui décorent l'intérieur du volume ne sont plus celles qu'avait employées *Martin Havard.*

Des bibliothèques du BARON ACHILLE SEILLIÈRE (Cat., Londres, 1887, n° 317) et de SIR THOMAS BROOKE (Cat., 1909, n° 70).

3061 (1491 a). LA GRANT DESTRVCTION DE || TROYE auec la genealogie de ceulx par q̃ || elle fut edifiee et destruicte / ensemble || quelz terres habiterent ceulx qui || eschapperẽt / auec la fondatiõ de || Romme et plusieurs autres || hystoires nouuellement [sic] || corrigee et *imprimee* || ** *a Paris* ** — [Au f. R vj^b :] ℭ Cy finist la grant destru || ction de troye auec la gencalo || gie de ceulx par qui elle fut edi || fiee et destruicte / aussi quelz ter || res habiterent ceulx qui escha- || perent / ℭ la fondation de rõme || et plusieurs autres histoires. || *Imprimee a paris par . Iehan* || *treperel demourant en la Rue* || *neufue nostre dame a lensai-* || *gne de lescu de France.* S. d. [v. 1510], in-4 goth. de 94 ff. non chiffr., impr. à 2 col. de 38 lignes à la page, sign. *A-F* par 6, *G* par 4, *H-K* par 6, *L M* par 4, *N* par 6, *O* par 4, *P-R* par 6.

IV.9.16

Le titre, imprimé en rouge et en noir, est orné d'un bois qui représente le siège d'une ville. Ce bois est tiré en rouge. Au v° du titre, on voit un roi et une reine, debout devant une tente, entourés d'hommes d'armes.

Au f. *A ij^a* commence un prologue dont voici les premières lignes : « Celuy qui a ceste histoire commencee a tous ceulx qui [i]celle verront salut. Pour ce que plusieurs, comme princes, nobles, bourgoys, marchans et aultres se doubtoient de la genealogie de ceulx par qui Troye fut destruicte... »

Les ff. *A iiij-B i^ab* contiennent la table des chapitres.

L'ouvrage est divisé en trois parties. La première qui « traicte dont procederent ceulx qui edifierent Troye la grant quant en genealogie ». Elle est précédée d'un *Prologue* dont voici les premiers mots : « Après ce que Thebes fut destruicte, bien cinq cens et quarante ans droitement devant ce que Rome fut fondee... » Le récit est divisé en 19 chapitres.

La seconde partie, qui contient « la vraye hystoire de Troye », est une traduction abrégée de l'*Historia trojana* composée en 1287 par GUIDO COLONNA d'après Darès et Dictys de Crète. En voici le début (fol. *C i^b*) : « Peleüs eut ung frere puissant et hardi qui eut nom Eusson... » Le récit est divisé en 79 chapitres.

La troisième partie, qui se compose d'un prologue et de 76 chapitres, « parle de ceulx qui eschapperent de Troye ». Le prologue débute ainsi (fol. *L iiij^a*) : « Ceste histoire dessus escripte feist Darès, et escript qu'il estoit demourant avec Anthenor a Troye... ». Le dernier chapitre se termine ainsi : « lequel glorieulx seigneur vit et regne sans fin et sans commencement en gloire perdurable, laquelle gloire il nous vueille donner et ottroyer. *Amen.* »

Cette compilation, dont l'auteur a ainsi résumé toute l'histoire fabuleuse des Troyens, fut imprimée deux fois vers 1480 (Brunet, II, col. 169). L'édition que nous venons de décrire est la troisième.

3062 (1501 a). LHYSTOYRE ET PLAISANTE CRONICQVE || du petit Iehan de saintre / de la ieune dame des belles cousines sans || autre nom nommer / auecques deux autres petites hystoyres de mes- || sire Floridan et la belle Ellinde / et lextraict des cronicques de flandres. *Nouuelle* || *ment imprime par Michel le noir Libraire iure de luniuersite de Paris.* || Cum priuilegio. — ⁅ *Cy finist lhystoire et cronicque* || *du petit Iehan de saintre / et de la* || *ieune dame des belles cousines sās* || *autre nom nommer. Auecques lhy* || *stoire de messire Floridan / et la bel-* || *le ellinde. Et lextraict des cronic* || *ques de flandres / touchant la paix* || *Entre le trescrestien roy de france* || *Phelippes / et le roy Edouard dan-* || *gleterre. Nouuellement Imprime* || *a paris par Michel le noir Libraire* || *iure de luniuersite dudit lieu. Le* || *quinziesme iour de Mars Lan mil* || *cinq cens ҫ xvii* [1518, n. s.]. In-fol. goth. de 4 ff. lim. et 76 ff. non chiffr., impr. à 2 col., sign. *a* par 4, *b-n* par 6, *o* par 4, mar. bl., fil., dos orné, tr. dor. (*Rel. du XVIII° siècle.*)

Le titre est orné d'une grande et magnifique figure, reproduite ci-contre.

Au v° du titre est imprimé, à longues lignes, le texte d'un privilège accordé par le roi, pour trois ans, au libraire **Michel Le Noir**, le 12 août 1517. Ce privilège s'applique à quatre ouvrages différents, savoir : « le livre appellé *Les Passaiges d'oultre mer faict[z] par les Françoys contre les Turcqz et Mores oultremarins* (voy. notre t. II, n° 1503), *Le petit Saintré, Guerin de Montglane* (Brunet, II, col. 1786) et *L'Instruction du jeune prince* (il s'agit sans doute de *L'Espinette du jeune prince*, de Simon Bourgoing, dont Michel Le Noir avait déjà donné une édition au mois d'octobre 1514 (Brunet, II, col. 1063).

Les ff. *a ij-a iiij* r° sont occupés par la *Table.* — Au v° du f. *a iiij* est une figure qui représente un roi assis sur son trône et entouré de divers personnages ; un auteur agenouillé lui fait hommage d'un livre.

Le volume contient trois parties :

1° *L'Ystoire et Cronicque du petit Saintré et de la jeune dame* (fol. *b i*ᵃ). En tête est une épître de l'auteur à très excellent et puissant prince, monseigneur Jehan d'Anjou, duc de Calabre et de Lorraine, « marchis et marquis du Pont », son très redoubté seigneur. Cette épître n'est pas signée, tandis que dans le ms. fr. 1506 de la Bibliothèque nationale elle porte le nom d'ANTOINE DE LA SALLE.

Le premier chapitre commence ainsi : « Ou temps du roy Jehan de France, filz ainsné du roy Philippes de Valloys, estoit en sa court le seigneur de Pouilly en Touraine... »

Le roman se termine au f. *n ij*ᵇ par une nouvelle épître a Jehan d'Anjou, datée de « Genepe en Breban, le xxv. jour de septembre, l'an de Nostre Seigneur mil quatre cens cinquante et neuf ». Cette épître ne porte également pas de signature.

Au f. *n ij*ᶜ est un explicit.

2° Au f. *n ij*ᵈ commence *La trespiteuse Hyhoire* [sic] *de messire Floridan, jadis chevalier, et de la tresbonne et vertueuse damoyselle Ellinde et de leurs trespiteuses fins.*

Une grande figure, qui représente les deux amants à cheval, occupe le reste de la page.

Hystoyre et plaisante cronicque

du petit Jehan de saintre/de la ieune dame des Belles cousines sans autre nom nommer/auecques deux autres petites hystoires de mess idan et la Belle Elsinde/et lextraict des cronicques de flandres. Nouuelle ment prime par Michel le noir Libraire iure de luniuersite de Paris.

Cum priuilegio.

Le ms. déjà cité de la Bibliothèque nationale nous apprend que cette histoire est traduite de Nicolas de Clémenges par Rasse de Brunchamel; elle est divisée en cinq chapitres et commence ainsi : « Los haulx et courageux faictz des nobles et vertueuses personnes sont dignes d'estre racomptez et escriptz... »

Au f. *n vj^d* commence une *Addition extraite des Cronicques de Flandres, qui est tresbelle chose. Comment le duc de Bourgogne desconfit messire Robert d'Artois*....

Le haut du f. *o i r°* est occupé par une figure représentant une bataille.

Au f. *o ij r°* est une autre figure, où l'on voit trois personnages discutant sous une tente entourée de soldats.

On lit au f. *o iiij^b*, avant la souscription : « L'acteur, Anthoine de La Salle ».

Au v° de ce dernier f. est la marque de *Michel Le Noir* (Silvestre, n° 59).

Exemplaire du duc de La Vallière (Cat. de 1783, n° 4109), de Félix Solar (Cat., 1860, n° 1888) et du comte de Lignerolles (Cat., 1894, n° 1775).

B. — Romans de divers genres.

3063 (1508 *a*). Gargantva. || 'Αγαθη Τυχη || La Vie || inestima- || ble du grand || Gargantua, pere de || Pantagruel, iadis cõ- || posee par L'abstra- || cteur de quĩte essẽce. || Liure plein de || pantagruelisme. || M.D.XXXV [1535]. || *On les vend a Lyon* / *chés* || *Frãcoys Iuste deuãt nostre* || *Dame de Confort.* In-8 goth. all. de 102 ff. non chiffr. de 33 lignes à la page, sign. *A-N*, titre rouge et noir. — 'Αγαθη Τυχη || Pantagrveli- || ne prognostication, certaine, || veritable, et infalible, pour || Lan M. D. xxxv. Nou- || uellemẽt composée au prof- || fit et aduisement de gens || estourdis et musars || de nature, p maistre || Alcofribas, archi || triclin dudict || Pãtagruel. || De || nõbre || dor non || dicitur, ie nẽ || trouue poĩct ceste || année quelque calcu || lation que i'en aye faict, || passõs oultre, verte folium. — ☙ *Finis. S. l. n. d.* [*Lyon*, 1534], in-8 goth. all. de 8 ff. non chiffr. de 32 lignes à la page, sign. *a*. — Pantagrvel || 'Αγαθη Τυχη || Les horri- || bles faictz || & prouesses espouẽ || tables de Pan || ta- gruel || roy des Dipsodes, || composes par M. || Alcofribas || abstracteur de quin || te essence. || M.D. XXXIIII [1534]. *S. l.* [*Lyon*], in-8 all. de 88 ff. chiffr., 3 ff. non chiffr. et 1 f. blanc, sign. *A-M*, titre rouge et noir. — Ensemble 3 parties en un vol. in-8, format d'agenda, mar. r., fil., dos orné, tr. dor. (*Reliure du XVIIe siècle*.)

Gargantua. — Nous donnons le fac-similé du titre déjà reproduit par M. P.-P. Plan (*Les Editions de Rabelais de 1532 à 1711*, n° 32).

Au v° du titre est le dixain « Aux lecteurs », qui commence ainsi :

Amis lecteurs, qui ce livre lisez...

BELLES-LETTRES.

Le *Prologue de l'auteur* (« Beuveurs tresillustres et vous, verolés tres precieulx.. ») occupe les ff. *A ij-A iiij* r°.

Le texte de *Gargantua* commence au v° du même f. *A iiij.*

Au r° du dernier f., au-dessous de cinq lignes de texte et du mot *Finis*, est la marque de *Françoys Juste* (Silvestre, n° 210) ; le v° est blanc.

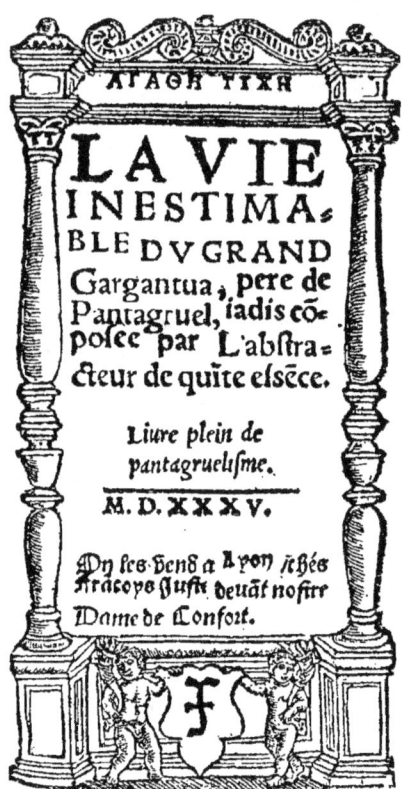

Pantagrueline Prognostication. — Le titre est reproduit par P.-P. Plan, n° 28.

Le v° du titre est blanc.

Le f. *a ij* est occupé par l'épître : « Au liseur benivole salut et paix en Jesus le Christ. Considerant infiniz abus estre perpetrez a cause d'un tas de prognostications de Louan faictes a l'ombre d'un verre de vin... »

Pantagruel. — Le titre est reproduit par P.-P. Plan, n° 24.

Au v° du titre est un *Dixain de M.* HUGUES SALEL *a l'auteur de cestui livre* :

Si pour mesler profit avecq doulceur...

Au-dessous on lit : *Vivent tous bons pantagruelistes.*

Ce recueil a fait partie de la collection de CHARLES SPENCER, troisième COMTE DE SUNDERLAND. Il a fait partie ensuite de la collection DU DUC DE MARLBOROUGH à Blenheim (*Bibliotheca Sunderlandiana,* 1882, n° 10470). Il a été acquis à la vente des livres de H. BORDES (Cat., 1897, n° 54).

3064 (1321 *a*). La || Folie fainte || de l'amant || loyal. || Histoire nouuelle, contenant plusieurs || Chansons, Stances & || Sonnets. || Reueuë, & changee de tiltre, puis la premiere || impression, par N. C. I. R. Autheur || d'icelle. || *A Lyon,* || *Par André Papillon.* || 1597. In-16 de 288 pp., mar. bl. clair, fil., guirl. de fleurs, comp. remplis de fleurs variées, dos orné, tr. dor. (*Trautz-Bauzonnet.*)

<blockquote>
Le titre est orné d'un petit bois qui représente l'Amour tenant son arc et une flèche.

Au v° du titre est un « sonnet » (*lisez* un quatrain) de « L'autheur à son livre ».

Les pp. 3-6 sont occupées par une épître de « L'autheur à sa dame ».

Les pp. 7-8 contiennent une épître en vers « Aux dames » :

> Gentilles damoiselettes,
> Damoiselles gentillettes,
> Ne destournez pas voz yeux
> De ce livrelet joyeux...

A la p. 9 on trouve un quatrain de l'auteur « à sa dame » et un distique du même « à son livre »; à la p. 10 est un sonnet « Sur le chiffre de l'autheur et de sa dame ».

Un « Advertissement de l'autheur au lecteur », qui remplit les pp. 11-13, nous apprend que, à l'âge de dix-neuf à vingt ans, il fut soldat pendant trois mois et que, ayant alors quelques loisirs, il en profita pour écrire ce livre plutôt que de jouer aux cartes ou aux dés. L'ouvrage a été imprimé une première fois sans son aveu; il l'a revu, en a changé le titre et l'a remis au libraire, pour le faire paraître plus correctement.

A la p. 14 est encore un *Quatrain de l'autheur sur la réimpression de son livre.*

Ce roman, dont l'héroïne est appelée Poussemie, contient diverses pièces de vers. On y remarque des énumérations imitées de Rabelais, par exemple à la p. 149, où il n'y pas moins de 69 épithètes terminées par *euse*.

De la bibliothèque du Comte de Fresne (Cat., 1893, n° 417).
</blockquote>

3. — *Romans et Contes italiens et espagnols.*

3065 (1748 *a*). El ingenioso || Hidalgo Don Qui- || xote de la Mancha, || Compuesto por Miguel de Ceruantes || Saauedra. || Dirigido al Duque de Beiar, || Marques de Gibraleon, Conde de Benalcaçar, y Baña- || res, Vizconde de la Puebla de Alcozer, Señor de || las villas de Capilla, Curiel, y || Burguillos. || Año, 1605. || Con Priuilegio, || *En Madrid, Por Iuan de la Cuesta.* || *Vendese en casa de Francisco de Robles, librero del Rey nro señor.* In-4 de 12 ff. lim., 312 ff. chiffr. et 8 ff. non chiffr., mar. r., chiffres sur le dos et dans les coins, tr. dor. (*Trautz-Bauzonnet.*)

<blockquote>
Édition originale de la première partie de l'immortel roman. Elle se reconnaît à ce qu'elle contient le privilège pour la Castille seulement et le *Testimonio de las erratas*, ainsi qu'un passage du chapitre XXVI (fol. 132)
</blockquote>

qui a été supprimé dans la réimpression exécutée à Madrid la même année : « mas ya sé los más que él hizo fué rezar y encomendarse à Dios.... donde rezo un millon de *Ave Marias.* » Voy. *Catálogo de Salvá*, II, nº 1543.

Le titre est orné de la marque de *Juan de La Cuesta* (un faucon encapuchonné, avec cette devise : *Post tenebras spero lucem*).

Le 2ᵉ f. contient, au rº, la taxe, datée de Valladolid le 20 décembre 1604 et signée de JUAN GALLO DE ANDRADA (cette taxe est pour chaque feuille de 3 maravedis et 1/2, soit au total de 290 maravedis et 1/2). Au vº est le *Testimonio de las erratas*, délivré, au nom du collège des théologiens d'Alcalá, le 1ᵉʳ décembre 1604, par le licencié Francisco MURCIA DE LA LLANA.

Le texte du privilège accordé par le roi à Cervantes occupe le 3ᵉ f. Il est daté de Valladolid le 26 septembre 1604. La durée en est de dix ans.

On trouve à la suite : une épître de Cervantes au duc de Bejar (f. ¶ 4) ; le *Prologo* (ff. ¶¶ 1-¶¶ 4) ; diverses pièces portant les noms des héros de romans : *Al libro de Don Quixote de la Mancha. Urganda la desconocida ; Amadis de Gaula a Don Quixote de la Mancha,* soneto ; *Don Belianis de Grecia a don Quixote de la Mancha,* soneto ; *La señora Oriana a Dulzinea del Toboso,* soneto ; *Gandalin, escudero de Amadis de Gaula a Sancho Pança, escudero de don Quixote,* soneto ; *Del Donoso, poeta entreverado, a Sancho Pança y Rozinante : Orlando furioso a don Quixote de la Mancha, Sancho Pança y Rozinante ; Orlando furioso a don Quixote de la Mancha,* soneto ; *El cavallero del Febo a don Quixto de la Mancha,* soneto ; *De Solisdan a don Quixote de la Mancha,* soneto ; *Dialogo entre Babieca y Rozinante* (ff. ¶¶ 5-¶¶ 8).

Les 8 ff. non chiffr. qui terminent le volume contiennent : la fin du texte (ff. *1-*2 rº) ; diverses pièces de vers analogues à celles du début : *El Monicongo, academico de la Argamasilla, a la sepultura de don Quixote,* epitafio ; *Del Paniaguado, academico de la Argamasilla,* in laudem Dulzineae del Doboso, soneto ; *Del Caprichoso, discretissimo academico de la Argamasilla, en loor de Rozinante, cavallo de don Quixote de la Mancha,* soneto ; *Del Burlador, academico argamasillesco a Sancho Pança,* soneto ; *Del Cachidiablo, academico de la Argamasilla, en la sepultura de don Quixote,* epitafio ; *Del Tiquitor, academico de la Argamasilla, en la sepultura de Dulzinea del Toboso,* epitafio, ff. *2 vº-*4) ; la *Tabla de los capitulos* (ff. **1-**4). — Le vº du dernier f. est blanc.

Exemplaire du comte ALEXANDRE DE LURDE, dont la reliure porte le chiffre (Cat., 1875, nº 327) et du baron ALPHONSE DE RUBLE, son neveu (Cat., 1899, nº 478).

3066 (1748 *b*). EL INGENIOSO || HIDALGO Don || Quixote de la || Mancha. || Compuesto por Miguel de Ceruantes || Saauedra. || *Em Lisboa.* || *Impresso com licença do Santo Officio por Iorge* || *Rodriguez. Anno de* 1605. In-4 de 10 ff. lim., 209 ff. chiffr., impr. à 2 col., et 2 ff. non chiffr., mar. v., dos orné, armes sur les plats, tr. dor. (*Rel. du commencement du* XVIIᵉ *siècle.*)

I.6.35

Cette édition, exécutée moins de deux mois après que le roman avait paru à Madrid, a certainement précédé la réimpression donnée à Madrid, *par Juan de La Cuesta*, en 1605. Elle contient le passage supprimé au chapitre XXVI.

Le titre est orné d'un bois qui représente don Quichotte à cheval, précédé de Sancho Pança, qui s'avance à pied.

Le second f. contient, au rº, une approbation donnée au collège de Saint-Augustin, à Lisbonne, le 26 février 1605, par frère ANTONIO FREYRE, et un permis d'imprimer signé de MARCOS TEYXERA et de RUY PIRES DA VEYGA, en date de Lisbonne, 1ᵉʳ mars 1605.

Les 8 ff. qui suivent sont occupés par le *Prólogo* et les vers attribués aux héros de romans.

Exemplaire de JACQUES-AUGUSTE DE THOU, portant ses armes et celles de GASPARDE DE LA CHATRE, sa seconde femme (Cat., 1679, II, p. 409). Cet exemplaire a figuré aux ventes du PRINCE DE SOUBISE (Cat., 1789, n° 5344), de LORD GRANVILLE (1844) et de WILMOT, COMTE DE LISBURNE (Cat. anonyme, 18 juillet 1895, n° 51).

Salvá (*Catálogo*, II, n° 1544) déclare ne connaître de cette édition que son propre exemplaire.

3067 (1748 c). EL INGENIOSO || HIDALGO DON QVI- || XOTE DE LA MANCHA. || Compuesto por Miguel de Ceruantes || Saauedra. || Dirigido al Duque de Beiar, || Marques de Gibraleon, Conde de Benalcaçar, y Baña- || res, Vizconde de la Puebla de Alcozer, Señor de || las villas de Capilla, Curiel, y || Burgillos. || Año 1608. || Con priuilegio de Castilla, Aragon, y Portugal. || *En Madrid, Por Iuan de la Cuesta.* || *Vendese en casa de Francisco de Robles, librero del Rey mio señor.* In-4 de 12 ff. lim., 277 ff. chiffr. et 3 ff. non chiffr., mar. bl., fil., dos orné, tr. dor. (*Chambolle-Duru.*)

Le titre porte la marque de *Juan de La Cuesta*. — Les ff. lim. reproduisent toutes les pièces contenues dans la première édition, y compris la taxe du 20 décembre 1604.

On lit sur le f. de garde, en grosse écriture du XVIIᵉ siècle : *Ce livre est à madame la* DUCHESSE DE ROHAN, *à Sainct Jehan d'Angely*. Cette dame était MARGUERITE DE BÉTHUNE, fille aînée de Sully, qui avait épousé, le 7 février 1605, HENRI, DUC DE ROHAN, à qui Henri IV donna le gouvernement de Saint-Jean-d'Angely.

3068 (1748 d). L'INGENIEVX || DON || QVIXOTE || DE LA MANCHE || Composé par Michel de || Ceruantes, || Traduit fidellement || d'Espagnol en François, || et || Dedié au Roy || Par Cesar Oudin, Secretaire Interprete de || sa Majesté, és langues Germanique, Italienne, || & Epagnole : & Secret. ordinaire de Mon- || seigneur le Prince de Condé. || *A Paris.* || *Chez Iean Fouët, ruë sainct* || *Iacques au Rosier,* || M. D. C. XIV. [1614]. || Auec Priuilege de sa Maiesté. In-8 de 8 ff. lim., 720 pp. et 4 ff., v. f., fil., dos et mil. ornés, tr. v. (*Rel. du commencement du XVIIᵉ siècle.*)

Édition originale de cette traduction.

Le titre est orné d'une jolie marque, gravée en taille douce, avec cette devise : *Quicquid agas sapienter agas, et respice finem.*

Le f. *A ij* est occupé par une épître « Au roy », signée de César Oudin. Les 5 ff. qui suivent contiennent le *Prologue*.

Le 8ᵉ f. est rempli par l'*Extrait du privilege*. Les lettres du roi sont datées du 17 mars 1614 ; elles sont octroyées pour dix ans au libraire *Fouet*.

L'achevé d'imprimer est du 4 juin 1614.

BELLES-LETTRES.

A cet exemplaire est jointe la quittance originale, écrite sur vélin, de la somme donnée au traducteur par le roy. En voici le texte :

« En la presence de moy [*espace resté blanc*], conseiller et secretaire du roy, Cezard Oudin, l'un des secretaires interpretes dudict sieur es langues germanicque, itallyenne et espagnolle, a confessé avoir receu comptant de M° Vincent Bouhier, sieur de Beaumarchais, conseiller du roy en son conseil d'Estat et tresorier de son Espargne, la somme de trois cens livres dont Sa Majesté luy a faict don en consideration de ses services et de la traduction qu'il a faicte par commandement de Sadicte Majesté de l'*Histoire de dom Quixotte* d'espagnol en françois ; de laquelle somme de trois cens livres ledict Oudin s'est tenu pour content et bien paié et en a quicté et quicte ledict sieur de Beaumarchais, tresorier de l'Espargne susdict et tous autres. Tesmoing mon seing manuel cy mis à sa requeste le vingt-cinquiesme jour de juing mil six cens quatorze.

« D'ARGOUGES. OUDIN. »

De la bibliothèque de M. E. DAGUIN (Cat., 1905, n° 1435).

3069 (1748 *e*). SEGVNDA PARTE || DEL INGENIOSO || CAVALLERO Don || Quixote de la || Mancha. || Por Miguel de Ceruantes Saauedra, autor de su primera parte. || Dirigida a don Pedro Fernandez de Castro, Conde de Le- || mos, de Andrade, y de Villalua. Marques de Sarria, Gentil- || hombre de la Camara de su Magestad, Comendador de la || Encomienda de Peñafiel, y la Zarça de la Orden de Al- || cantara, Virrey, Gouernador, y Capitan General || del Reyno de Napoles, y Presidente del su- || premo Consejo de Italia. || *Año* 1615 || Con Priuilegio, || *En Madrid, Por Iuan de la Cuesta.* || *vendese en casa de Francisco de Robles, librero del Rey N. S.* In-4 de 8 ff. lim., 280 ff. chiffr. et 4 ff. pour la table et la souscription, mar. r., chiffres au dos et dans les coins, tr. dor. (*Trautz-Bauzonnet.*)

Le roman de Cervantes était publié depuis neuf ans quand Alonso Fernandez de Avellaneda fit paraître un *Segundo Tomo del ingenioso hidalgo don Quixote de la Mancha, que contiene su tercera salida, y es la quinta parte de sus aventuras...* ; en Tarragona, en casa de Felipe Roberto, año 1614, in-8 (Catálogo de Salvá, II, n° 1606). — Nous décrivons dans notre tome II, n° 1753, la traduction de cette suite donnée par Le Sage en 1704. — Ce fut alors que Cervantes prit la plume et donna la *Segunda Parte*, dont nous avons ici l'édition originale.

Le titre porte la marque déjà décrite de *Juan de La Cuesta.*

Le f. ¶ 2 est occupé, au r°, par la *Tassa*, datée de Madrid le 21 octobre 1615 et signée : HERNANDO DE VALLEJO (à 4 maravedis par feuille, la taxe monte à 292 maravedis), puis par la *Fee de erratas*, datée de Madrid le 21 octobre 1615, et signée : El licenciado FRANCISCO MURCIA DE LA LLANA.

Le v° du même f. et les 2 ff. suivants contiennent les approbations données à Madrid, le 5 novembre 1615, par le docteur GUTIERRE DE CETINA ; le 17 mars 1615, par maître JOSEPH DE VALDIVIELSO, et, le 26 février 1615, par le licencié MARQUEZ TORRES.

Au f. ¶ 5 est le texte du privilège accordé à Cervantes par le roi, pour vingt ans, le 30 mars 1615.

Le *Prólogo al lector*, dans lequel Cervantes se plaint de la publication de Fernandez de Avellaneda, remplit les ff. ¶ 6 et ¶ 7.

Le dernier f. lim. (¶ 8) est occupé par l'épître au comte de Lemos, en date de Madrid, le 31 octobre 1615.

Les 3 premiers ff. du cahier N[*n*] contiennent la *Tabla de los capítulos* ;

le 4º porte, au r°, cette souscription : *En Madrid,* || *por Iuan de la Cuesta,* || *Año M. D C. XV,* et le v° en est blanc.

On lit sur le titre de cet exemplaire : *Ce livre est à* Daniel Dumonstier. Il s'agit du célèbre peintre né à Paris le 14 mai 1574, mort dans la même ville le 21 juin 1646. La reliure, qui porte les chiffres du comte Alexandre de Lurde, a été exécutée pour le Baron Alphonse de Ruble, qui avait réussi à joindre ce volume à la première partie que lui avait léguée son oncle (Cat., 1899, n° 481).

3070 (1748*f*). Seconde Partie de || l'Histoire || de l'Ingenieux, || et redoutable || Cheualier, || Don Quichot || de la Manche. || Composée en Espagnol, Par Miguel de Ceruantes, Saauedra. || Et traduicte fidelement en nostre Langue, || Par F. de Rosset. || *A Paris,* || *Chez la vefue Iacques du Clou, & Denis* || *Moreau, ruë S. Iacques, à la Salemandre,* || M. DC. XVIII [1618]. || Auec Priuilege du Roy. In-8 de 4 ff. lim., 878 pp. et 4 ff. de *Table,* v. f., fil., dos et mil. ornés, tr. v. (*Rel. du commencement du XVII*ᵉ *siècle.*)

Édition originale.

Le titre est orné d'une fig., gravée en taille-douce, qui représente Don Quichotte et Sancho Pança.

Les 3 ff. qui suivent contiennent une épître de Rosset « A madame de Luynes » et l'*Extraict du privilege.* Ce privilège, daté du 19 mars 1618, est accordé pour six ans à « *Françoise Getard,* vefve de feu Jacques Du Clou, vivant fondeur, imprimeur et libraire en l'université de Paris », et à *Denis Moreau,* « marchand libraire en ladite université ».

L'achevé d'imprimer est du 8 juillet 1618.

De la bibliothèque de M. E. Daguin (Cat., 1905, n° 1435).

VI. — FACÉTIES.

1. — *Facéties de divers genres.*

3071 (1780*a*). Le || Moyen de || parvenir. || Œuure contenant la || raison de tout ce qui || a esté, est, sera : || Auec demonstrations certaines ne- || cessaires, selon la rencontre des || effets de Vertu. || Et aduiendra que ceux qui auront nez à || porter lunettes s'en seruiront ; ainsi qu'il || est escrit au Dictionnaire à dormir en tou- || tes langues. S. || Recensuit Sapiens ab A, ad Z. || Nunc ipsa vocat res, Hac inter est, || Æneid. IX. 320. || *Imprimé ceste année.* S. *l. n. d.*

[*vers* 1610], in-12 de 960 pp. mal chiffr., vélin estampé, tr. bleue ciselée (*Rel. du XVIIᵉ siècle.*)

Édition imprimée en gros caractères. On y relève deux erreurs dans la pagination. Après la p. 335 il manque les nᵒˢ 336 et 337, en sorte que le cahier *P* commence à la p. 339 (au lieu de 337). Plus loin les chiffres sautent de 423 à 434, en sorte que la dernière page, qui devrait être cotée 960, porte le nᵒ 972 (imprimé 672).

Une édition semblable, dont un exemplaire a figuré en 1875 à la vente des livres de M. Jules Taschereau (Cat., nᵒ 1731), portait sur le titre les mots : « reveu, corrigé et augmenté » qui ne se trouvent pas ici. Le présent volume est donc antérieur.

Exemplaire du BARON DE LA ROCHE LACARELLE (Cat., 1888, nᵒ 595) et d'EUGÈNE PAILLET (Cat., 1902, nᵒ 53).

3. — *Ouvrages sur l'amour, les femmes et le mariage.*

3072 (1832*a*). LE REMEDE DAMOVR || Cöpose par Eneas || Siluius. Aultremēt dit Pape pie se || cōd / trāslate de latī en frācois p maī || stre Albī des auenelles chanoine de leglise de sois || sōs auec aulcunes additiōs de Baptiste Mātuē — ❡ *Cy finist le remede damour. Nouuelle-* || *ment imprime a Paris par la veufue feu* || *Iehan iannot* || *demourāt a lensegne sainct* || *Iehā baptiste* / *en la rue neufue nr̄e dame.* S. d. [*v.* 1515], in-4 goth. de 12 ff. non chiffr. de 39 et 40 lignes à la page, sign. A-C, mar. r. jans., tr. dor. (*Duru*, 1851.)

Le titre, imprimé en rouge et en noir, porte la grande marque de *Jehan Janot*, dont Silvestre a donné une réduction sous le nᵒ 77.

Le traité d'Enea Silvio Piccolomini est écrit en prose latine, tandis que les additions du Mantouan sont en vers. Albin Des Avenelles a traduit le tout en vers décasyllabiques. L'éditeur a joint à la version française le texte original, lequel est placé dans les marges extérieures. Sur les trois pages tirées en même temps que le titre (fol. *A ij* vᵒ, *A iij* et *A iiij* vᵒ) le texte latin est imprimé en rouge.

Voici le début de l'ouvrage :

Discite sanari per quem discitis [sic] *amare ;*
Una manus vobis vulnus opemque feret.

Querebatis mecum nocte proterita [sic] *quod amori operam daree* [sic]*, nec delicatum ac vinctum animum solvere posses. Dixisti te nec virginem, nec nuptam, nec viduam amare, sed mulierem, quamvis pulcram, meretricem tamen....*

Vous qui avez par ma folle doctrine
Esté deceuz, retournez a la vraye,
Car cette main qui vous donna la playe
Vous donnera parfaicte medecine.

L'autre nuytee, en douloureuse plainte,
Mon cher amy, me gettas ta complainte,
En me disant, se bien je m'en recorde,
Que Cupido te tenoit en sa corde,
Et que ton cueur, des las d'amours lyé,
Estre ne peult solut ne deslié,
Et que celle qui de toy est aymee
N'est point vierge, veufve ne mariee.
Tu ayme[s] femme assez plaisante et belle,
Qui est meschante en faict et en querelle,
Qui pour argent ou pris d'estre [= d'aultre] vallue
A ung chascun s'adonne et prostitue....

Des bibliothèques du BARON ACHILLE SEILLIÈRE (Cat., Londres, 1887, nᵒ 10) et de SIR THOMAS BROOKE (Cat., 1909, nᵒ 1).

LE Remede damour
Lōpose par Eneas
Siluius. Aultremēt dit Pape pie se
cōd/trāslate de latī en frācois p mai
stre Albi des auenelles chanoine de leglise de sois
sōs auec aulcunes additiōs de Baptiste Mātuē

Jehan . Janot

3073 (1832 b). La || Deiphire de || M. Leon-Baptiste || Albert, Traduict [sic] d'I- || talien en Françoys, laquelle || enseigne d'euiter l'amour || mal commencé. || De nouueau reueu & mieux corrigé || que par-cy deuant. || *A Paris.* || *Pour Michel de Roigny, demeurant rue S.* || *Iaques à l'enseigne des quatre elements.* S. d. [vers 1570], in-16 de 32 ff. non chiffr., sign. *L-O*, mar. r., jans., tr. dor. (*Trautz-Bauzonnet.*)

> La *Deifira* de Leon Battista Alberti avait paru pour la première fois, en 1471, sous ce titre latin: *Batistae de Albertis, poetae laureati, Opus praeclarum in amoris remedio* (Hain, n° *422). La traduction française, œuvre de Gilles Corrozet, fut publiée par lui en 1547, avec le texte italien en regard. La réimpression que nous venons de décrire paraît avoir été faite pour être jointe à un autre ouvrage dont les cahiers auraient été signés *A-K*. Nous supposons qu'il s'agit de l'ouvrage de Niccolò Liburnio, *Les treselegantes Sentences et belles Authoritez de plusieurs sages princes, rois et philosophes grecs et latins*, que Corrozet avait donné au public en 1546, en y joignant de même le texte original. Malgré nos recherches, nous n'avons pas été à même de vérifier le fait.
>
> Exemplaire d'Anatole Delorme, d'Orléans (Cat., n° 281) et de Henri Herluison (Cat. 1910, n° 5).

VII. — PHILOLOGIE.

---

1. — *Satires.*

3074 (1851 a). Nouvelle Ecole publique des Finances ou l'Art de voler sans aîles Par toutes les Regions du Monde. En deux parties. *A Paris, Chez Robert le Turc, ruë d'Enfer, à la Hache d'or* [Hollande], 1707. In-12 de 4 ff. lim., 270 pp. chiffrées de 5 à 274, et 3 ff. de *Table*, mar. r., fil., dos orné, tr. dor. (*Anc. rel.*)

> Très curieux recueils d'histoires satiriques concernant les partisans, qui y sont nommés en toutes lettres. Les principaux personnages dénoncés à l'indignation du public sont: La Noue, secrétaire du roi, Monnerot de Sèvres, Mlle Le Maire, chanteuse et danseuse à l'Opéra, le prince d'Elbeuf, David Du Motrai, directeur des Aides, Ragarue, fermier général, Taillefert de Soligny, Des Buttes, ancien caissier de la Marine, Raymond, fermier général, Garot de Paloizel, receveur général des Gabelles, Bruchet, La Morandière, Desmares, d'Apoigny, Blondel, etc.
>
> L'exemplaire porte l'ex-libris de Jean de Bry, le célèbre conventionnel, né à Vervins en 1760, mort à Paris en 1834. Cet ex-libris porte l'aigle impériale.

2. — Dialogues et Entretiens.

3075 (1856 a). DIALOGVE || de la vil- || le et des || champs. || *⁎* || Epistre de la sobre vie, || Par I. du Chol; Gentil-homme || Lyonnois. || *Imprimé à Lyon, l'an* || M. D. LXV [1565]. In-8 de 39 ff. non chiffr. et 1 f. blanc, mar. r., fil., large dent. de chasse, dos orné, tr. dor. (*Trautz-Bauzonnet.*)

> Le titre est orné des armes de Du Choul, qui portait : de gueules à deux fasces d'argent, surmontées d'une tête de lion arrachée d'or, l'écu timbré d'un cimier au lion issant d'or.
> Les 2 ff. qui suivent contiennent une épître « A tresillustre gentil-homme, monsieur le baron de Senecei, ballyf de Chalon ».
> Le *Dialogue* se termine au f. *C vj*. Dans un avis « Au benin lecteur » qui le suit (f. *C vj* v°), l'auteur nous apprend que son ouvrage, composé d'abord en latin sous le titre de *Rura et Urbes*, avait été perdu pendant les troubles religieux et qu'il l'a partiellement récrit en français.
> Le volume se termine par diverses pièces morales : De la vie sobre, De la concorde, De la religion, De tous commencemens et fins, De la pensee humaine, etc.
> Jean Du Choul était le fils de l'archéologue lyonnais, à qui nous devons divers beaux ouvrages ornés de figures. Il est surtout connu comme naturaliste.
> D'après Brunet (II, col. 859), le volume devrait se terminer par un f. portant le nom de *Pierre Merant*.
> Exemplaire de R.-S. TURNER (Cat., 1878, n° 143) et du BARON J. PICHON (Cat., 1897, n° 246). Ce dernier amateur a fait pousser sur les plats une très riche roulette du XVI° siècle.

3. — Sentences et Proverbes.

3076 (1861 a). LES APOPHTHEG- || MES c'est à dire, || promptz, subtilz, et || sentencieux dictz, de plusieurs || Roys, chefz d'armees, Phi- || losophes & autres grands || personnages, tant || Grecz que || Latins. || 🌿 || Translatez de Latin en Françoys, par || l'esleu Macault notaire secretaire, & vallet || de chambre du Roy. || *A Paris,* || *Par Iehan Caueiller rue Frementel, près le* || *Cloz Bruneau à l'enseigne de l'Estoille d'Or.* || 1556. In-16 de 364 ff. mal chiffr. (le dernier porte 374) et 4 ff. de *Table*, mar. r., mil. orné, tr. dor. (*Capé.*)

> Traduction des cinq premiers livres du recueil publié par Erasme, en 1531, sous le titre de : *Apophtegmatum, sive scite dictorum Libri sex*.
> Au v° du titre sont un dixain et un huitain de CLEMENT MAROT.
> Les ff. *a ij-a viij* contiennent une épître du traducteur « A la treshaulte, tresillustre et tressacrée majesté du tresvertueux et treschrestien roy François ». L'épître est datée de Paris, au mois de juillet 1537.
> Cette traduction parut pour la première fois en 1539, à *Paris*, chez la *veuve Claude Chevallon*, in-8. Elle fut réimprimée en 1540 et 1543, dans le

même atelier ; en 1545, à *Paris* également, par *Jeanne de Marnef, veuve de Denis Janot* ; en 1549, à *Lyon*, par *Balthazard Arnoullet*, pour les libraires *Guillaume Roville, Thibaud Payen, Macé Bonhomme* ; en 1551, à *Paris*, par *Estienne Groulleau*, pour lui et pour la veuve de *Guillaume Le Bret*. Notre édition existe aussi au nom de *Jacques Du Puis* et avec la date de 1557.

En 1553 le livre VI des *Apophtegmata* et les deux livres ajoutés par Érasme en 1532 avaient été mis en français par E. Des Pl., et publiés par *Estienne Groulleau* et *Vincent Sertenas*. Voy. Ferd. Vander Haeghen, *Bibliotheca belgica*, 2ᵉ série.

4. — *Emblèmes.*

3077 (1871 *a*). Di Battista Pittoni || Pittore Vicentino. || IMPRESE DI DIVERSI PRE- || NCIPI, DVCHI, signori, e || d'altri personaggi || et huomini letterati || et illustri. || Con priuilegio di Venetia per || Anni XV. || Con alcune stanze del Dolce che || dichiarano i motti di esse imprese. In-4 obl. contenant 1 front., 1 f. pour l'épître, 52 planches gravées et 52 ff. de texte.

Le frontispice est signé des initiales B. P. V. [= BATTISTA PITTONI, Vicentino].

L'épître de Pittoni, adressée « All'illustriss. et eccellentiss. signore, il sig. donno Alfonso II. da Este, duca quinto di Ferrara », est datée de Venise, le 6 octobre 1562.

Les planches contiennent chacune un emblème et une devise, accompagnés du nom du personnage à qui l'emblème et la devise appartiennent.

Par exception, les planches [45] et [46] contiennent chacune les emblèmes de deux personnages. Les planches ne sont pas chiffrées ; mais les feuillets de texte, occupés par les octaves de Lodovico Dolce et entourés d'élégants encadrements, portent des numéros imprimés.

Voici la table du recueil :

Accademia olimpica : un cirque avec ces mots : *Hoc opus, hic labor est*, 40.

Adorno (Girolamo) : un foudre, avec ces mots : *Expiabit, aut obruet*, 33.

Alciato (Andrea) : le caducée et le chapeau de Mercure, accompagnés de deux cornes d'abondance (sans devise), 45.

Alphonse, roi d'Aragon : trois diadèmes et une couronne, avec le mot *Valer*, 8.

Ariosto (Lodovico) : des abeilles enfumées, avec cette devise : *Pro bono malum*, 45.

Avalos (Hernando de), marquis de Pescara : un bouclier accompagné de cette devise : *Aut cum hoc, aut in hoc*, 22.

Barbaro ([Daniele]), patriarche élu d'Aquilée : un feu montant vers une étoile. Devise : *Volentes*, 37.

Bembo (Pietro), cardinal : Pégase à qui un bras sorti des nuages présente une palme et un laurier. Devise : *Si te fata vocant*, 11.

Canale ([Agostino]), provéditeur de Venise : une main étouffant des serpents. Devise : *In vanum laboraverunt*, 27.

Candia (Francesco di) : un pic frappé de la foudre. Devise : *Feriunt summos fulmina montes*, 29.

Charles-Quint : les colonnes d'Hercule avec les mots : *Plus ultra*, 4.

Chieregato (Le chevalier Valerio) : un arc et un carquois posés par terre. Devise : *Mi riposo no es flaquezza*, 35.

Colonna, famille romaine : des roseaux s'élevant au milieu de l'eau. Devise : *Flectimur, non frangimur undis*, 16.

Colonna (Marcantonio) : une palme et une branche de cyprès. Devise : *Erit altera merces*. Le sens est : La gloire dans la victoire ou dans la mort, 18.

Dell' Anguillara (Giov. Andrea) : un scorpion s'attaquant au croissant de la lune. Devise : *Fatis agor*, 47.

Della Rovere (Francesco Maria), duc d'Urbin : un palmier portant une pierre suspendue à l'une de ses branches. Devise : *Inclinata resurgit*, 13.

Dolce (Lodovico) : un cheval, contre lequel soufflent deux Vents, s'efforce de gravir un rocher. Devise : *Terrestria flamina vetant*, 44.

Domenichi (Lodovico) : un arbre entouré de ces mots : *Translata proficit arbor*, 46.

Este (Alfonso I d'), duc de Ferrare : une grenade faisant explosion, avec ces mots : *A lieu et temps*, 12.

Este (Alfonso II d'), duc de Ferrare : un obélisque, avec ces mots : *Excelsae firmitudini*, 1.

Este ([Luigi] d') , cardinal : un homme s'élevant dans les airs, une torche à la main. Devise : *Altiora*, 9.

Faettato (Francesco) : un autel sur lequel est le nœud gordien percé d'un glaive. Devise : *Tanto monta*, [41].

Faletti (Girolamo), comte de Trignano : un rosier fleuri placé entre deux oignons. Devise : *Per opposita*, 42.

Farnese ([Alessandro]), cardinal : une flèche frappant le centre d'une cible, avec ces mots : Βάλλ' οὕτως, 10.

Fiesco (Sinibaldo, comte) : une boussole placée sur le rivage et des navires flottant sur la mer au-dessous d'une étoile. Devise : *Aspicit unam*, 28.

Giovio (Paolo) : un castor se mangeant lui-même. Devise : Ἀνάγκη, 46.

Grimani ([Giovanni]), patriarche d'Aquilée : la constellation du chariot, avec cette devise : *Ad verum iter te maxima servo*, 36.

Guise (François de Lorraine, duc de) : une épée traversant un bouclier que surmonte une couronne. Devise : *Perimit et tuetur*, 14.

Henri II, roi de France : un croissant surmonté d'une couronne, avec ces mots : *Donec totum impleat orbem*, 6.

La Trémoïlle ([Louis] de) : une roue accompagnée de cette devise : *Sans poinct sortir hors de l'orniere*, 25.

Léon X, pape : un joug, avec cette devise : *Suave*, 2.

Louis XII, roi de France : un porc épic, avec ces mots : *Cominus et eminus*, 5.

Luxembourg (Louis de), comte de Ligny : le soleil entouré de nuages. Devise : *Constantia nubila solvet*, 24.

Montmorency (Anne de), connétable : un bras tenant une épée droite autour de laquelle se déroule cette devise : Ἀπλανός, 5.

Nani (Bernardo) : le soleil se reflétant dans une glace. Devise : *Ut valeo*, 50.

Navarro (Le comte Pedro) : deux autruches soufflant sur leurs œufs. Devise : *Diversa ab aliis virtute valemus*, 23.

Orologgi (Le chevalier) : une galère contre laquelle soufflent les vents. Devise : *Adversis ventis et undis*, 39.

Orologgi (Giuseppe) : une main tenant une ligne à laquelle est suspendu un hameçon qu'entourent des poissons. Devise : *Non capio ni capior*, 48.

Orsini (Gio. Francesco), comte de Pitigliano : un collier garni de pointes. Devise : *Sauciat et defendit*, 19.

Orsini (Vioginis) : un chameau posant le pied dans une flaque d'eau. Devise : *Il me plait la tourble* [sic], 17.

Pallavicino (Sforza) : une hydre menaçant de ses sept têtes. Devise : *Utcunque*, 34.

Paul III, pape : un foudre avec ces mots : *Hoc uno Jupiter ultor*, 3.

Pérez (Gonsalvo) : un centaure au milieu du labyrinthe. Devise : *In silentio et spe*, 21.

Philippe II, roi d'Espagne : le char du soleil, avec ces mots : *Jam illustrabit omnia*, 7.

Pigna (Gio. Battista Nicolucci, dit) : un pin, sur le tronc duquel s'enroulent deux serpents et poussent deux branches de laurier. Devise : *Modo Juppiter adsit*, 38 (chiffré 34).

Pittoni (Battista), de Vicence : un ver à soie sortant de son cocon. Devise : *Juvandi munere feror*, 52.

Poitiers (Jean de), seigneur de Saint-Valier : une torche enflammée, avec ces mots : *Qui me alit me extinguit*, 20.

Ruscelli (Girolamo) : un arbre fleuri près d'un ruisseau. Devise : Θεοῦ συμπαρόντος, 43.

Sanseverino (Francesco), comte de Gaiazzo : un travail à ferrer les chevaux. Devise : *Pour dompter follie*, 26.

Sansovino (Francesco Tatti, dit) : un arc de triomphe en construction. Devise : *In dies*, 49.

Thiene (Le comte Odoardo) : un laurier résistant à l'orage. Devise : *Intacta virtus*, 80.

Trivulzio (Gio. Giacomo), maréchal de France : une aiguille dressée en face du soleil. Devise : *Non cedit umbra soli*, 32.

Val de Marino (Le comte Brandolino di) : un palmier et un laurier. Devise : *Non qui inceperit, sed qui perseveraverit*, 31.

Vecelli (Tiziano) : un ours, avec cette devise : *Natura potentior ars*, 51.

VIII. — Epistolaires.

3078 (1875 *a*). Delle Lettere scritte a Messer Giovan Giorgio Trissino Dal Vello d'Oro Volume primo [— secondo]. *Vicenza M DCC XLVI* [1746]. *In casa del raccoglitore*. 2 vol. in-fol., vél. bl.

Recueil des lettres originales écrites à Gio. Giorgio Trissino par les princes, les princesses, les cardinaux et une foule de grands personnages de son temps. Au XVIIIe siècle ces lettres étaient précieusement conservées dans la famille du poëte, qui les fit classer et relier en deux volumes. Chaque volume est précédé d'un titre imprimé, lequel est orné des armes des Trissini gravées en taille douce. L'écu est parti : au 1er d'or, à un arbre de sinople, le fût se fourchant près du feuillage et portant au-dessous de la fourche une toison d'or ; ledit arbre terrassé de sinople et entouré au pied d'un serpent d'azur ; dans les branches une banderole porte la devise : Τὸ ζητούμενον ἁλωτόν (Ce que l'on cherchait est conquis) ; au 2e bandé-brétessé d'or et de sinople de six pièces.

L'écu, dont nous indiquons les émaux d'après les armoriaux, est posé sur l'estomac d'une aigle éployée [de sable], surmontée d'une couronne impériale [d'or].

En tête du tome Ier est une épître aux « signori conti, conte Ciro, zio paterno, Irene, madre, Pompeo, Roberto, comendator Giustino, Gio. Giorgio, Teodoro, fratelli, nipoti e figliuoli ». Cette pièce, datée de Vicence, le 30 novembre 1746, est signée de Bartolommeo Ziggiotti, qui a disposé les lettres pour la reliure et y a joint des tables manuscrites.

Le recueil ne contient pas seulement des lettres originales ; le collecteur y a joint la copie de plusieurs lettres adressées au Trissin, ou écrites par lui. Voici la table complète des deux volumes (les astérisques indiquent les lettres qui ont été imprimées par Bernardo Morsolin, *Giangiorgio Trissino*, 2ᵃ edizione, 1894, in-8) :

ACCORAMBONI (FELICE) : In Roma, l'ultimo di novembre del 1549, 6 pp. et 1/2 autogr. (précieux détails sur le conclave qui suivit la mort du pape Paul V), II, lett. 86. — In Roma, li 8 di ottobre del 1550, 1/2 p. autogr., II, lett. 89.

ALCIATO (ANDREA) : In Milano adì 27 di agosto 1542, 1/2 p., sign. autogr., II, lett. 77. — In Ferrara, alli 30 di magio 1544, 1 p., sign. autogr. II, lett. 78. — Ces deux lettres se rapportent aux propositions faites au jurisconsulte par l'université de Ferrare.

BALDO (FRANCESCO) « Franciscus Baldus, Mirabellius » : [Venise, 1547], 1 p. autogr. (lettre latine, reçue à Vicence le 7 juin 1547), II, lett. 74.

BANDINI (MARIO) : Di Siena, alì 3 di settembre 1545, 1 p. autogr., II, lett. 80.

BEMBO (PIETRO) : *Lettre s. d. à Trissino, relative à une médaille d'Anton Niccolò ressemblant à une dame qui figure dans les *Asolani* sous le nom de Berenice, [1506] ; réponse de Trissino. Copies faites sur l'édition de 1629, libro III, cap. VIII, pp. 251, 258.

BENTIVOGLIO (IPPOLITA SFORZA) : *Mediolani, 1. Maii 1512, 1 p. autogr., II, lett. 34. — Mediolani, primo junii 1512, 1 p. autogr., II, lett. 36.

BEVILACQUA (MARIO) : Di Verona, alli 12 di ottobrio 1583 , a Pompeo Trissino, 1 p. autogr., II, lett. 94.

BIBBIENA (BERNARDO DOVIZIO, dit DA), cardinal de Santa Maria in Portico : In Sᵗᵒ Germano, 15. aprilis 1519, sign. autogr. : Sᵗᵃ Maria in portico, legato di Francia, I, lett. 26.

BORGIA (LUCREZIA), femme d'ALFONSO D'ESTE, duc de Ferrare : *Belriguardi, 18. sept. 1515 (en ital.), 1 p., I, lett. 9. — *Ferrariae, 22. novembris 1515 (en ital.), 2/3 de p., I, lett. 12. — *In Ferrara, 26 di marzio 1516, 2/3 de p., I, lett. 15. — *Belriguardi, prima junii 1516, I, lett. 16. — *Di Ferrara, il di 20 di ottobre 1518, 1/2 p., I, lett. 24. — Ces lettres sont probablement de la main d'un secrétaire, comme presque toutes les lettres des princesses de ce temps ; cependant, au moins pour la lettre 16, la signature doit être autographe.

CAMPEGGI (GIROLAMO), évêque de Parengo : Venetiis, die 4. februarii 1517, 1 page autogr., I, lett. 20.

CAMPEGGI (TOMMASO), évêque de Feltre : Di Vincentia, alli 25 di maggio 1538, 1/2 p. autogr., I, lett. 48.

CANTELMO (MARGHERITA [MAROSCELLI]), DUCHESSA DI SORA : 8 di luio [1512 ?] in Ferrara, 2 pp. autogr., signée : « M. C. », II, lett. 38. — *In Mantua, 21 de martio 1513, 1 p. autogr., II, lett. 41. — In Lona, 17 de marzo 1514, 2 pp. autogr., signée : Margarita Cantelma, II, lett. 42.

CARBONE (GIROLAMO), *Napoli , maggio 28 1518, 1 p. autogr., II, lett. 59.

CARPI (RODOLFO PIO, CARDINAL DE) : Voy. PIO.

CASTELLESI (ADRIANO) : dit le cardinal CORNETANO, évêque de Hertford, Bath et Wels, cardinal de S. Chrysogone : Rovereto, 26 août 1510, lettre en latin, 1 p. autogr., I, lett. 1. — Pietrapiana, 14 nov. 1510, 1 page autogr. en latin, I, lett. 2. — Tridenti, currente calamo, 24. decembris 1510, 1 p. autogr. en latin, I, lett. 3.

CHALCONDYLAS (DÉMÈTRE) : Mediolani, die septimo aprilis 1508, 1 p. et 1/2 autogr. (en italien), II, lett. 29.

CLÉMENT VII, pape : Romae, apud Sanctum Petrum , sub annulo piscatoris, die 16. septembris 1526, passeport accordé à G. G. Trissino, pièce sur vélin, signée : EVANGELISTA, I, lett. 42.

CLESIUS (BERNARDUS), évêque de Trente. Voy. GLESS.

COLLACCIO (Frà MATTEO) : [1480], lettre latine à Gasparo Trissino, épitaphe du fils de Gasparo, Girolamo, mort à 11 ans le 1ᵉʳ mars 1480 (copie), II, lett. 1.

BELLES-LETTRES.

COLONNA (MARCANTONIO), général du pape et gouverneur de Vérone : Veronae, 23. sept. 1515, lettre italienne, 2/3 de page, sign. autogr., I, lett. 10.

COLONNA (VITTORIA) : *Da Ferrara, adì 10 de gennaro]1537], 1/2 p. autogr., signée : « la Marchesa di Pescara », II, lett. 90.

CONTERNIO (FRANCESCO) : Dalla Academia Malliana, allo 29 di marzo 1538, a Marcantonio [Da] Mula, 1 p. autogr., II, lett. 68.

CORNETANO (ADRIANO CASTELLESI, dit cardinal), m. v. 1517. Voy. CASTELLESI.

CROCIO (BONO) : Bergomi, quarto nonas septembris 1508, 1 p. autogr. (en latin), signée : Bonus Crotius, physicus bergomas, II, lett. 32.

DA MULA (MARCANTONIO) : Da Venetia, il dì 13 di genn. 1538, 1 p. autogr., II, lett. 64. — Da Venetia, il dì 11 di aprile 1539, 1 p. et 1/4 autogr., II, lett. 75. — Il dì 8 di febr. 1543, di Venetia, 1 p. et 1/3 autogr., II, lett. 76.

DELLA RIPA (ISOTTA) : [Brescia, 10 sett. 1505], 1/2 p. autogr., II, lett. 6. — Sur le même f. sont des lettres de VERONICA GAMBARA, de GRAZIOSA PIO et d'ANNIBAL PIO.

DELLA ROVERE (GUIDO UBALDO), duc d'Urbino : Di Lignago, alli 3 decembre 1539, 1 p., I, lett. 50.

DELLA TORRE (MICHELE DE' CONTI) : Da Roma, alli 13 di decembre 1550, lettre à Ciro Trissino (condéances sur la mort de Gio. Giorgio Trissino, père de Ciro), 1 page, sign. autogr., I, lett. 77.

DONATO (FRANCESCO) : Da Vinetia, alli 16 di decembre 1544, 1 p. autogr., signée : Francesco, Donado, k^{tier} et proc^r, II, lett. 79.

DORIA (GIO. BATTISTA) : Di Giobbia, 2 di maggio 1538, 1 p. et 1/2 autogr., II, lett. 73.

DOVIZIO (BERNARDO). Voy. BIBBIENA.

FARNESE (ALESSANDRO), cardinal : Di Roma, alli 4 di febraro 1548, 1 p., sign. autogr., I, lett. 64. — Di Roma, a' 24 di novembre 1548, 1 p., sign. autogr., I, lett. 71.

FARNESE (RANNUCCIO), cardinal de Naples : Da Nepi, alli 19 di dicembre del 1545, 1 p. sign. autogr., I, lett. 58. — Di Napoli, alli 4 d'aprile del 1546, 2/3 de p. sign. autogr., I, lett. 65.

GALLERANA (CECILIA) DE' BERGAMINI : Mediolani, die 22. maii 1512, 1 p. autogr. en italien, II, lett. 35.

GAMBARA (ALDA PIO DA) : *Brixie, 30. augusti 1505, 1 p. et 1/2 autogr., en italien, II, lett. 4. — *Brixie, 7. martii 1506, 1 p. autogr., en italien, II, lett. 13. — *Brixie, 24. martii 1506, 1 p. et 1/4 autogr., en italien, II, lett. 14.

GAMBARA (GIO. FRANCESCO DA) : Brixiae, 30. augusti 1505, 2/3 de p. autogr., en italien, signé : Jo. Franciscus de Gambara, comes armorum, II, lett. 3.

GAMBARA (UBERTO DA) : Brixie, 10. septembris, hora 4. noctis 1505, 1/2 p. autogr., en italien, II, lett. 9.

GAMBARA (VERONICA DA) : [Brescia, 10. sept. 1505], 1/2 p. autogr., en ital., II, lett. 5. — Le même f. contient des lettres d'ISOTTA DELLA RIPA, de GRASIOSA PIA et d'ANNIBAL PIO. — *[Brescia, 7 mars 1506], 1/3 de p. autogr., II, lett. 11. — Le même f. contient des lettres de GRAZIOSA PIA et d'ANNIBAL PIO.

GIBERTI (GIO. MATTEO), évêque de Vérone : Di Roma, alli 5 di gennaro 1525, sign. autogr., I, lett. 34.

GLESS (BERNHARDT VON), dit CLESIUS, évêque de Trente, cardinal en 1530 : In Triden, die 10. decembris 1516, en latin, I, lett. 18.

GONZAGA (FEDERICO), « marchio Mantuae ac exercitus reipublicae Florentinae capitanus generalis » : Mantuae, 5. novembris 1525, 2/3 de p., en italien, I, lett. 38.

GONZAGA (FRANCESCO di Federico) : Di Mantova, il 15 aprile nel 49, 1 p. autogr., lett. 73.

GONZAGA (ISABELLA D'ESTE), femme de FRANCESCO GONZAGA, marquis de Mantoue : *Mantuae, 10. decembris 1513, 1/2 p., I, lett. 5. —

In Sallo, a dì 24 de marzo 1514, 1 p. et 1/2, I, lett. 7. — Mantuae, 5° maii 1514, 1 p., sign. autogr., I, lett. 6. — *Mantuae, die 16. decembris 1521, 1 p., I, lett. 29. — *Mantuae, 19. julii 1522, 1 p. et 2/3, I, lett. 30. — *Di Mantova, il 4 d'aprile nel 1537, 2/3 de p., I, lett. 46. — *Da Mantova, l'ultimo d'agosto 1538, 1 p., I, lett. 49. — Ces lettres paraissent pour la plupart, être de la main de secrétaires.

GONZAGA (GIO. LODOVICO) : In Schivinoglia, ali 5 di giugno 1517, 2 pp. autogr., sign. : Jo. Lo. G., II, lett. 56.

GRAZIANO (BATTISTA) : In Ponte Alto, [1507 ?], « A li clarissimi poeti et excellenti oratori, D. Johanigeorgio Trissino [et] D. Vincentio Magrado », 1 p. autogr., II, lett. 21.

GRIMANI (MARINO), patriarche d'Aquilée, puis cardinal : Di Venetia, el 14 di dicembre 1525, 1/2 p., sign. autogr., I, lett. 39. — Di Venetia, il 23 di marzo del 1526, 1 p. autogr., I, lett. 40. — Di Venetia, lo 11 di aprile del 1526, 1 p., sign., autogr., I, lett. 41. — Di Murano, alli 10 ott. 1526, 1 p. autogr., I, lett. 43. — Dalla Trinità di Orvieto, alli 3 d'agosto 1546, 1 p., sign. autogr., I, lett. 59

GROPELLO (?) : Di Ripa, a' 15 d'aprile 1550, 1 p. autogr., II, lett. 92.

GUALDO (JERONIMO) : Di Vicenza, alli 20 di maggio 1538, 2 pp. et 1/3 autogr., II, lett. 74.

HURTADO DE MENDOZA (DIEGO DE) : Venecia, a 10 de agosto 1540, 1 p. autogr. (en espagnol), I, lett. 51.

LASCARIS (JEAN) : Romae, die 21. septembris 1516, 1 p., sign. autogr., I, lett. 17.

LÉON X : *bref relatif à G. G. Trissino, 1515, copie du XVIe siècle, I, lett. 75 ; — lettre à Gio. Batt. Spinelli, comte de Cariati, gouverneur de Vérone, v. 1515, copie du XVIIIe siècle, I, lett. 8 ; — lettre latine à Trissino : Romae, nonas januarii anno quarto [1517], copie du XVIIIe siècle, I, lett. 19 ; — Romae, pridie nonas sept. 1517, lettres de créance adressées au doge de Venise Lionardo Lauredano, en faveur de Trissino, copie du XVIIIe siècle, I, lett. 22.

LOSCO (GIO. GIROLAMO) : Villae, 21 dec. 1515, 2/3 de p. autogr. (en italien), II, lett. 52.

MADRUCCIO (CRISTOFORO), cardinal-prince de Trente : Augustae Vindelicorum, 25. januarii 1548, 1/2 p. autogr. (en italien), I, lett. 63 ; — Augustae Vindelicorum, die 16. aprilis 1548, 1/2 p. autogr. (en italien), I, p. 67 ; — Di Riva, alli 16 d'aprile 1550, 1 p., sign. autogr., I, p. 76.

MAGNOLO (PAOLO) : Venetiis, a Leone, marzo [v. 1538 ?], 1 p. autogr. (en latin), II, lett. 71 ; — Patavii, 10. cal. jun. [v. 1538], 2 pp. autogr., II, lett. 69 ; — Patavio, cal. jun. [v. 1538 ?], 1 p. autogr., II, lett. 72 ; — — Patavio, apud quadrivium ad Divi, non jun. [v. 1538 ?], 1 p. autogr., sans sign., II, lett. 70.

MAGRÈ (VINCENZO) : Di Vicenza, a dì 2 zenaro 1507, 2 pp. autogr., II, lett. 19. — Voy. l'article Graziano (Battista).

MANARDO (GIOVANNI) : Ferrariae, ex aedibus nostris, 20. julii 1512, 4 pp. (copie faite au XVIIIe siècle d'après les Epistolae medic. Jo. Manardi, 1540, lib. III, p. xxxi)

MANSFELD (ROBERT), « eques, orator Anglie » : Auguste, 28. septembris 1516, 1 p. autogr. (en latin), II, lett. 55.

MAXIMILIEN Ier, empereur : Friburgi, die 16. jan. anno Dom. 1511, copie du XVIIIe siècle, I, lett. 14 ; — *In civitate nostra Tridentina, die octava mensis Martii, anno Dom. 1516, copie du XVIIIe siècle, I, lett. 14.

MAXIMILIEN II : Di Milano, il giorno 12 di maggio del 1548, 1 p., sign. autogr., I, lett. 68.

MEDICI (GIULIO DE'), plus tard pape sous le nom de CLÉMENT VII : Bononia, 13. novembris 1515, 1/2 p., sign. autogr., I, lett. 11. — Bononia, 20. decembris 1515, 1 p., sign. autogr., I, lett., 13.

BELLES-LETTRES.   439

Obizi (Antonio degli) : Ferrarie, die 22. julii 1506, 1 p. autogr. (en italien), II, lett. 17.

Orsini (Valerio), fils de Giulio, prince d'Ascoli : Di Padova il 6 di ott. nel 48, I, lett. 69.

Parrasio (Giano) : Ex aedibus Demetrii, 1/2 p. autogr. (en latin), II, lett. 18 ; — Vicentiae, ex aedibus tuis , pridie eid. decembris [1507], 1 p. et 2/3 autogr. (en latin), II, lett. 24 ; — Venetiis, 8 eidus januar. [1508], 2 pp. autogr. (en latin), II, lett. 25 ; — s. d. [1508], 3 pp. et 1/2 autogr. (en latin), II, lett. 26 ; — Venetiis, pridie eidus aug. 1508 , 3/4 de p. autogr. (en latin), II, lett. 27 ; — 10. decembris 1508, 2/3 de p. autogr. II, lett. 30.

Perrenot (Antoine) , évêque d'Arras, plus tard cardinal de Granvelle : Di Agosta, alli 17 di aprile nel 48, 1 p., sign. autogr., I, lett. 66 ; — Di Brusselles, lo ultimo di maggio nel 49, 1 p., sign. autogr., I, lett. 74.

Pio (Annibale) : [Brescia, 10 sett. 1505], 1/2 p. autogr. (le même f. contient des lettres de Veronica da Gambara, d'Isotta Della Ripa et de Graziosa Pio), II, lett. 6 ; —[Brescia, 7 marzo 1506], 1 p. autogr. (le même f. contient des lettres de Graziosa Pio et de Veronica da Gambara), II, lett. 12.

Pio (Enea) : *Ferrariae, 27. julii 1515, 1 p. autogr. (en italien), II, lett. 46.

Pio (Graziosa [Maggi]) : Brixie, 10 sept. 1505, 1/2 p. autogr. (en italien), signée : « Quella che assai vi ama. G. P. » (le même f. contient des lettres de Veronica da Gambara, d'Isotta Della Ripa et d'Annibale Pio,), II, lett. 7 ; — *Brixie, 7. martii, 1506, 2/3 de p. autogr. (en italien), même signature (le même f. contient des lettres de Veronica da Gambara et d'Annibale Pio), II, lett. 10 ; — *Nel Borgo, a' 20 de aprile 1512, 1 p. autogr., avec postscriptum signé : « Una M. infelicissima [= Margherita Pio Sanseverino], II, lett. 37 ; — [Ferrara, 10 aprile 1514], addition autographe à une lettre de Margherita Pio Sanseverino, II, lett. 43.

Pio (Rodolfo), cardinal de Carpi : Di Roma , alli 20 di genaro 1548, 1/2 page autogr., I, lett. 62 ; — Da Roma, alli 22 di dicembre 1548 , 1 p., sign. autogr., I, lett. 72.

Pirovano (Maffeo) : Di Milano, alli 26 di febraro 1550, al conte Marco da Thiene, 1 p. autogr., II, lett. 88.

Pistoia (Bastiano da) : In Firenze, a dì 4 di marzo 1516, 1/2 p. autogr., II, lett. 53.

Porcia (Girolamo de ' conti di), évêque de Torcello : Porcia, 1° maggio 1517, 1 p. autogr., I, lett. 21.

Re (Romano), Ro[mano] : quarto idus decembris 1504, 1 p. autogr., II, lettre 2.

Ridolfi (Niccolò) , cardinal : Roma, alli 28 di decembre 1518, sign. autogr. I, lett. 25 ; — Romae, 12. novembris 1524, sign. autogr., I, lett. 32 ; — Roma, a li 4 di genaro 1525, sign. autogr., I, lett. 33 ; — Roma, il giorno 3 di marzo 1525, sign. autogr., I, lett. 35 ; — Roma a li 9 di maggio 1525, sign. autogr., I, lett. 36 ; — Firenze, alli 17 di giugno 1527, 2 pp. et 1/2 autogr., I, lett. 44 ; — Parma, alli 30 di nov. 1527, 1 p. et 1/2 autogr., I, lett. 45 ; — Roma, ali 11 di gennaro 1538, sign. autogr., I, lett. 47 ; — Roma, alli 5 di novembre 1540, sign. autogr., I, lett. 52 ; — Bologna, alli 26 d'agosto 1543, sign. autogr., I, lett. 53 ; — Vicenza, al' ultimo d'aprile 1544, sign. autogr., I, lett. 56 ; — Vicenza, alli 23 di giugno 1544, sign. autogr., I, lett. 57 ; — Ragusa, a' 25 di ottobre 1548, sign. autogr., I, lett. 70.

Ricci (Marco Bruto) : Vicentiae, tertio id. januarii 1507, 2 pp. autogr., en latin, II, lett. 20.

Rucellai (Cosimo) : Constantia, il giorno xii. di febraio 1515, 1 p. autogr., II, lett. 44.

Rucellai (Giovanni) : Viterbo, a dì ultimo d'ottobre 1515, 2/3 de p. autogr. (reçue à Innspruck, le 12 novembre), II, lett. 47 ; — Viterbo, a dì. 13 di novembre

1515, 2 pp. autogr., II, lett. 48 ;
— Viterbo, alli 3 di novembre 1515, 1 p. et 1/2 autogr., II, lett. 49 ; — Bologna, a dì 18 di dicembre 1515, 1 p. autogr., II, lett. 51.

SALVIATI (GIOVANNI), cardinal : Romae, die 8. augusti 1519, sign. autogr., I, lett. 28 ; — Romae, 11. decembris 1523, sign. autógr., I, lett. 31 ; — Parmae, 17. Junii 1525, 1 p. autogr., I, lett. 37 ; — Viguenza nel Ferrarese, alli 27 di settembre 1543, sign. autogr., I, lett. 54.

SALVIDIO (MAURO), vescovo di San Leo : Acri, alli x di febbraio 1547, sign. autogr., I, lett. 60.

SANSEVERINO (MARGHERITA PIO) : *Milano, a di 3 de zugno 1512, 2/3 de p. autogr., II, lett. 39 ; — Ferrara, a dì 10 de aprile 1514, 1 p. autogr., II, lett. 43 ; — *Ferrara, il giorno xv di magio 1515, 1 p. autogr., II, lett. 45 ; — *Belriguardo, a dì ultimo di magio 1516, 1 p. et 1/2 autogr., II, lett. 54 ; — Nel Borgo, a 20 de aprile 1520, post-scriptum ajouté à une lettre de Graziosa Pio, II, 37.

SENILE (CIPRIANO), Anconitano : Mediolani, 1507, 4. nonas Aprilis, 1 p. et 1/2 autogr., II, lett. 22.

SFONDRATO (FRANCESCO), cardinal : Augusta, alli 5 di decembre 1547, sign. autogr., I, lett. 61.

SFORZA (ISABELLA d'ARAGONA), femme de GALEAZZO SFORZA, duc de Milan : *Milano, 27 maggio 1518, 1 p., sign. autogr., I, lett. 23.

SFORZA (GUID' ASCANIO), cardinal : Roma, alli 22 di dicembre 1543, sign. autogr. : « Il Car¹ Cam. », I, lett. 65.

TRIVULZIO (AGOSTINO), cardinal : Romae, in pallatio apostolico, sexto Augusti 1519, sign. autogr., I, lett. 27.

TRIVULZIO (CESARE) : nel giorno 28 di aprile del 1512, a Colle Petroso, 1 p. et 1/2 autogr., II, lett. 31 ; — nel giorno 29 di aprile del 1512, a Montemorli, 1/3 de page autogr., II, lett. 33.

ZIGGIOTTI (BARTOLOMMEO) : Vicenza, 30 novembre 1746. Épître aux membres de la famille Trissino, en tête du recueil.

3079 (1883 *a*). LETTRES ET PAPIERS de Jacques-Bénigne Bossuet, évêque de Meaux. Pièces in-8, in-4 et in-fol.

La collection décrite sous le n° 1883 s'est enrichie d'un grand nombre de pièces provenant pour la plupart de la bibliothèque d'Amable Floquet, de Rouen, mort en 1881. M. l'abbé Levesque a bien voulu nous aider à les classer, et nous allons en donner une notice en suivant l'ordre précédemment adopté. Les notes et fragments qui forment la 3ᵉ section comprennent les 14 fragments dont nous n'avions publié en 1887 qu'une indication sommaire.

I. — LETTRES AUTOGRAPHES DE BOSSUET ET DE SES CORRESPONDANTS.

1. Lettre de Bossuet à ? Saint-Germain, mardi soir [26 mai 1671] : « J'ay appris, monsieur, de Mʳ l'abbé de Cassaignes ce qui se passa hier à l'Academie sur mon sujet... ».

2 pp. in-4.

De la collection MOREL DE VINDÉ.

Le fac-similé de cette lettre se trouve dans l'*Isographie des hommes célèbres*, I (1828, in-fol.).

Édition Urbain et Levesque, I (1909), p. 218.

2. Lettre de Bossuet à Jean-Baptiste Lantin, l'érudit bourguignon. Saint-Germain, 23 oct. 1671 : « Monsieur, Je vous suis sensiblement obligé de vous souvenir de moy d'une maniere aussi utile... »

2 pp. in-4.

Édition Urbain et Levesque, I, p. 229.

Les lettres précédemment cotées 1 et 2 doivent porter les nᵒˢ 3 et 4.

5. Lettre de Bossuet [à M. Dirois, à Rome]. Versailles, 17 nov. [1672] : « Monsieur, Il y a déja fort longtemps que je me suis donné l'honneur de vous écrire une grande lettre... »

5 pp. et 1/2 in-4.

Éd. Urbain et Lévesque, pp. 262-267.

Les lettres primitivement cotées 3, 4, 5, 6, 7, doivent porter les n⁰ˢ 6, 7, 8, 9, 10.

11. Lettre de Bossuet à Jacob Spon. St-Germain, 15 octobre 1679 : « Monsieur, J'ay receu le paquet où il y avoit plusieurs exemplaires du commencement de vos *Miscellanea*... »

1 p. gr. in-4.

Éd. Urbain et Levesque, II, p. 186.

12. Lettre de Bossuet à M. Dirois, à Rome. Versailles, 28 octobre 1682 : « Je reviens, monsieur, d'un assez long voyage que j'ay fait en Normandie... ».

12 pp. in-4 autogr.

Ed. Lachat, XXVI, p. 306.

12 *bis*. Copie partielle d'une lettre de Mᵐᵉ GUYON au P. de La Combe, en date du 28 févr. 1683 : « Au P. de La C. Le commencement sur son union avec luy. Un peu après : Il y aura quantité de croix qui nous seront communes ; mais vous remarquerez qu'elles nous uniront davantage en Dieu... ».

4 pp. in-4 de la main de Bossuet. En tête est un titre écrit par lui et complété par l'abbé Le Dieu. Bossuet dit de la lettre : « Il en est parlé dans la *Vie*, p. 489, à la mesme année ».

Éd. Lachat, XXVIII, p. 573.

13. Lettre de Bossuet à ? Meaux, 2 juin 1684 : « Monsieur, Je vous prie d'écrire à M. de St-Pons que j'ay receu dans le cours de ma visite la lettre qu'il m'a fait l'honneur de m'ecrire... ».

1 p. et 1/2 in-4.

Édition Urbain et Levesque, III, p. 4.

14. Lettre de Bossuet [à Mᵐᵉ de Beringhen, abbesse de Faremoutiers]. Germigny, 21 juillet [1687 ?] : « J'accompagne de bon cœur de ce mot les lettres de Mᵐᵉ de Mauléon... ».

1 p. in-4.

Édition Urbain et Levesque, III, p. 412.

La lettre actuellement cotée 8 doit prendre le n° 15.

16. Lettre du DUC DE PERTH, chancelier d'Écosse, à Bossuet. Sterling Castle, 11. Jan. 89 : « My Lord, I have told Abbot Renaudot... ».

4 pp. in-4.

Le duc de Perth était alors emprisonné comme catholique.

Édition Lachat, XXVI, pp. 446-448 (traduction seule). — Édit. Urbain et Levesque, IV, p. 395.

La lettre 9 doit porter le n° 17.

18. Lettre de Bossuet [à Mᵐᵉ d'Albert]. Versailles, 15 mars 1690 : « J'ay receu, ma fille, vostre [lettre] du 11. mars... ».

2 pp. et 2/3.

Édition Urbain et Levesque, IV, p. 67.

Les lettres 10 et 11 doivent porter les n⁰ˢ 19 et 20.

21. Lettre de Bossuet [à Mme d'Albert]. Meaux, 18 déc. 1690 : « Je viens d'arriver en bonne santé, Dieu merci, ma fille... ».
4 pp. in-4.
Éd. Urbain et Levesque, IV, p. 158.

22. Lettre de Bossuet au P. Mauduit. Versailles, 7 mars 1691 : « J'ay receu, mon reverend pere, vostre lettre du 3., et je suis tres aise... ».
3 pp. et 2/3 in-4.
Édition Urbain et Levesque, IV, p. 182.

Les lettres actuellement cotées 12 et 13, doivent prendre les n°s 23 et 24.

25. Note adressée par Mme DE BRINON à Bossuet : « *Copie d'un article d'une lettre de Mad. la duchesse d'Hanover du 10. sept. 1691.* J'ay envoyé la lettre de Mad. de Brinon [à] Leibenitz, qui est presentement dans la bibliotheque de Wolfenbuttel... ».
3 pp. in-4 autogr.

La lettre actuellement cotée 14 doit porter le n° 26.

27. Lettre de Bossuet [à Mme d'Albert]. Paris, 9 novembre 1691: « J'arrive en bonne santé, Dieu merci, ma fille, et on me rend vos lettres du 7. et du 8.... »
8 pp. in-4.

La lettre est incomplète ; elle contient cependant à la fin 3 lignes qui manquent à l'édition Lachat (XXVIII, pp. 46-48).

28. Lettre de Bossuet [à Mme d'Albert]. Paris, 21 janv. 1692 : « Je souhaite d'entendre, ma fille, que vos douleurs vous ont quittée... ».
2 pp. in-4.
Éd. Lachat, XXVIII, p. 59.

La lettre de Mme de Brinon qui porte le n° 15 doit prendre le n° 29.

30. Lettre de Bossuet à Pellisson. Meaux, 7 mai 1692 : « J'ay veu, monsieur, la piece que nous envoye Mr de Leibnitz sur les Calixtins... »
4 pp. in-4.
Édition Lachat, XVIII, pp. 158-160.

Les lettres actuellement cotées 16-21 doivent prendre les n°s 31-36.

37. Lettre de Bossuet à Mme d'Albert. Meaux, 30 déc. 1693 : « La lettre de madame vostre sœur partira aujourd'huy. Il y a déja, ma fille, plus de 500 pages des miennes... ».
4 pp. in-4.
Édition Lachat, XXVIII, p. 153. (L'éditeur a supprimé le début.)

Les lettres actuellement cotées 22 et 23 doivent prendre les n°s 38 et 39.

40. Lettre de Mme DE BRINON à Bossuet. 18 juillet 1694 : « Voilà enfin la reponce de M^r l'abbé de Locom, que je vous envoie, monseigneur... ».
7 pp. in-4 autogr.
Édition Lachat, XVIII, p. 241.

Les lettres actuellement cotées 25 et 26 doivent prendre les n°s 41 et 42.

43. Lettre de Bossuet à Mme d'Albert. Paris, 23 août 1694 : « Je n'ay point songé à M^e de La Tour, mais bien à Me de Sainte Gertrude. Vostre conclusion, ma fille, sur les chansons de l'Opera... ».
3 pp. in-4.
Édition Lachat, XXVIII, p. 197. (L'éditeur a supprimé le début.)

44. Lettre de Bossuet [à Mme d'Albert]. Paris, 9 nov. 94 : « Il faut, ma fille, vous respondre aussi brievement qu'il se poura ... ».
4 pp. in-4. (La fin manque.)
Édition Lachat, XXVIII, pp. 215-217.

44 bis. Lettre de FÉNELON à Bossuet. Versailles, 12 décembre [1694].
Voy. l'article suivant.

Les lettres actuellement cotées 27 et 28 doivent être cotées 45 et 46.

47. Lettre de Bossuet [à Mme d'Albert]. Meaux, 1er mai [1695] : « J'avois ecrit la lettre cy jointe pour l'envoyer par la poste ... ».
2 pp. in-4.
Édition Lachat, XXVIII, p. 237.

La lettre 29 doit prendre le n° 48.

49. Lettre de Bossuet à l'abbé Renaudot. Paris, 16 mai [1695 ?] : « Je ne puis tarder davantage à vous rendre graces, monsieur, du soin que vous avez pris de me donner part d'une lettre qui me cause en effet beaucoup de joye ... ».
1 p. et 1/2 in-4.

50. Lettre de Bossuet « à monsieur monsieur l'abbé Renaudot, à la porte de Richelieu ». Paris, lundi soir, [juill. ? 1695] : « Si je m'estois trouvé ici, monsieur ... ».
1 p. in-4.
Édition Lachat, XXVI, p. 499.

La lettre actuellement cotée 30 doit prendre le n° 51.

52. Lettre de Bossuet [à Mme d'Albert]. Germigny, 1er juill. 1693 : « Par vostre lettre du 28. je voy, ma fille ... ».
8 pp. in-4.
Édition Lachat, XXVIII, pp. 246-249.

53. Lettre de Bossuet [à Mme d'Albert]. Meaux, 3 juill. 1695 : « M. d'Ajou m'a rendu vos deux billets ; je ne trouve rien que de bon ... ».
1 p. in-4.
Édition Lachat, XXVIII, p. 249.

La lettre n° 31 doit être cotée 54.

55. Lettre de Bossuet [à Mme d'Albert]. Meaux, 25 sept. 1695 : « Il est difficile, ma fille, qu'occupé autant que je le suis ... ».
4 pp. et 1/2 in-4.
Édition Lachat, XXVIII, pp. 256-257.

La lettre n° 32 doit être cotée 56.

57. Lettre de Bossuet à Mme d'Albert. Meaux, 20 déc. 1695 : « J'ecris à ma sœur Cornuau ... ».
4 pp. in-4.
Édition Lachat, XXVIII, pp. 265-266.

La lettre actuellement cotée 34 n'a pas été écrite par Bossuet pour son compte personnel. Comme l'a établi M. l'abbé Levesque, elle a été faite pour Alix Clerginet, supérieure de la maison de la Propagation de la foi, et elle est adressée à la maréchale de Schomberg. Elle a due être écrite entre 1658 et 1665.
Édition Urbain et Levesque, I, p. 31.

La lettre n° 35 doit être cotée 58.

59. Lettre de Bossuet à son neveu l'abbé Bossuet, à Meaux, 9 septembre 1696 : « Je vien de recevoir vostre lettre du 21 ... ».

1 p. in-4, plus un post-scriptum de 1 p. et 1/2 de l'abbé Ledieu.

Manque dans l'édition Lachat.

Vente M. L. T. (Paris, 27 et 28 février 1887), n° 51.

La lettre n° 36 doit être cotée 60.

61. Lettre de Bossuet à Mme de Beringhen. Meaux ce jour des Morts [2 nov. 1697] : « Vos deux lettres, madame, sont egalement obligeantes : celle où vous vous rejouissez de la nouvelle marque de distinction et de confiance dont le roy vient de m'honorer ... ».

1 p. in-4.

Bossuet fait allusion à la charge de premier aumônier de la duchesse de Bourgogne qui venait de lui être donnée.

Les lettres n°s 37 et 38 doivent être cotées 62 et 63.

64. Lettre de Bossuet [à son neveu l'abbé Bossuet, à Rome]. Versailles, 14 janv. 1698 : « Vostre lettre du 14. jointe à la lettre que j'ecrivois ... ».

4 pp. in-4.

Édition Lachat, XXIX, pp. 309-310.

65. Lettre de Bossuet [à son neveu l'abbé Bossuet, à Rome]. Paris, 17. févr. 1698 : « Je receu hier fort tard vostre lettre du 28. janv... ».

4 pp. in-4.

Édition Lachat, XXIX, pp. 311-312.

66. Lettre de Bossuet à son neveu l'abbé Bossuet, à Rome. Meaux, 24 mars 1698 : « Je ne vous dirai qu'un mot sur vostre affaire, parce que je n'ai receu vostre lettre du 4. qu'hier fort tard... ».

2 pp. in-4.

Éd. Lachat, XXIX, p. 357.

67. Lettre de Bossuet [à son neveu l'abbé Bossuet, à Rome]. Paris, 12. may 1698 : « Je receu hier seulement vostre lettre du 22. avril ... ».

7 pp. et 1/2 in-4.

Édition Lachat, XXIX, pp. 411-413.

68. Lettre de Bossuet [à M. de Noailles, archevêque de Paris]. Marly, 2 juill. 1678 : « J'ay receu, mon tres cher seigneur, la lettre que vous m'avez fait l'honneur de m'ecrire ... »,

6 pp. in-4.

Édition Lachat, XXIX, pp. 479-480.

69. Lettre de Bossuet [à M. de Noailles, archevêque de Paris]. Versailles, 27 juill. 1698 : « Je vous renvoye, mon cher seigneur, la lettre de mon neveu ... ».

4 pp. in-4.

Édition Lachat, XXIX, p. 514.

70. Lettre de Bossuet [à M. de Noailles, archevêque de Paris]. Meaux, 4 août 1698 : « Je ne vous dis rien, mon cher seigneur, des nouvelles de Rome ... ».

4 pp. in-4.

Édition Lachat, XXIX, p. 528.

La lettre n° 39 doit être cotée 71.

BELLES-LETTRES. 445

72. Lettre de Bossuet [à M. de Noailles, archevêque de Paris]. Fontainebleau, 26 oct. 1698 : « Vostre lettre à M. le Nonce a tout expliqué ... ».
2 pp. in-4.
Édition Lachat, XXX, pp. 57-58.
Vente GUYOT DE VILLENEUVE, 1900, n° 29, art. 12.
La lettre n° 40 doit être cotée 73.

74. Lettre de Bossuet [à son neveu l'abbé Bossuet, à Rome. Germigny, 16 nov. 1698 : « Quoique l'ordinaire de Rome ne soit pas venu ... ».
4 pp. in-4.
Édition Lachat, XXX, pp. 92-93.
La lettre n° 41 doit être cotée 75.

76. Lettre de Bossuet « à monsieur monsieur l'abbé Renaudot, à la porte de Richelieu, à Paris ». Meaux, 11 avril 1699 : « J'ay receu ce matin, monsieur, avant depart pour icy ... ».
2 pp. et 1/2 in-4. — Le corps de la lettre est de l'abbé Ledieu ; la signature et un postscriptum sont autographes.
Édition Lachat, XXX, pp. 371-372.

77. Lettre de Bossuet [à son neveu l'abbé Bossuet, à Rome]. Meaux, 19 avril, jour de Pasque, 1699 : « Je n'ay receu par l'ordinaire qu'une lettre de M. Phelipeaux ... ».
4 pp. gr. in-4, écrites par l'abbé Ledieu. Sign. autogr.
Édition Lachat, XXX, pp. 386-388.

78. Lettre de l'abbé DE PHELIPEAUX à Bossuet. Rome, 26. juin 1699 : « Monseigneur, Le proces verbal de l'assemblée provinciale de Paris ... ».
2 pp. in-4.
Édition Lachat, XXX, pp. 461-462.

79. Lettre de Bossuet à M. [Payen], lieutenant general à Meaux. Versailles, 25 nov. 1699 : « Vous aurez sans doute bien agreable ... ».
2 pp. gr. in-4.
Cette lettre accompagnoit une autre lettre adressée aux membres du présidial de Meaux.

80. Lettre de Bossuet [à M. de Noailles, archevêque de Paris]. Meaux, 14 dec. 1699 : « Ceux avec qui je parlai hier, mon cher seigneur, chez M. l'archevesque de Reims ... ».
4 pp. gr. in-4.
Les lettres n°s 42, 43, 44 et 44 bis doivent être cotées 81, 82, 83 et 84.

85. Lettre de Bossuet [au cardinal de Noailles]. [Commencement de juillet 1700] : « C'est avec une joye inexplicable, mon tres cher seigneur... ».
2 pp. in-4. — Il félicite M. de Noailles de sa promotion au cardinalat (21 juin 1700).
Édition Lachat, XXVII, p. 109.

86. Lettre de Bossuet à M. le curé de Vareddes. Versailles, 26 nov. 1700 : « La lettre que vous avez pris la peine de m'ecrire est venue à moy apres beaucoup d'allées et de venues ... ».
3 pp. in-4.
Les lettres n°s 45-47 doivent être cotées 87-89.

90. Lettre de Bossuet au pape Clément XI relative à la canonisation de saint Vincent de Paul. In civitate nostra Meldensi, 2. Aug. 1702 : « Beatis-

sime pater, Oportet episcopos ad Apostolicam Sedem sincerum atque integrum deferre testimonium veritatis... ».

3 pp. 3/4 in-fol.

Minute écrite de la main de l'abbé Le Dieu, avec corrections et signature autographes.

Édition Lachat, XXVII, pp. 275-277.

91. Lettre de Bossuet [au cardinal de Noailles]. Germigny, 23 octobre 1702 : « La reponse, monseigneur, que j'ay receue me fait voir... ».

11 pp. et 1/3 in-4.

Édition Lachat, XXXI, pp. 65-66.

92. Lettre de Bossuet [au cardinal de Noailles]. [Germigny, 28 oct 1702] : « La lettre du 26., pleine de bonté, que je reçoy de V. E. me console dans les mauvais traitemens qu'on me fait... ».

6 pp. in-4.

Édition Lachat, XXXI, p. 79, supprime les deux dernières pages de cette lettre.

93. Lettre de Bossuet « A monsieur monsieur Lediou, chez Mr de Meaux, rue Ste-Anne, à Paris ». Versailles, dimanche soir, [26 ? nov. 1702] : « Je fus hier si occupé que je ne pus vous mander...

2 pp. in-4 autogr.

Vente faite par E. Charavay à Paris le 26 mars 1887, n° 22.

94. Lettre de J.-B. H. DU TROUSSET DE VALINCOURT à l'abbé Le Dieu, secrétaire de Bossuet. A bord de l'Amiral, 17 septembre [vers 1703] : « J'ay receu icy, monsieur, le dernier livre de M. de Meaux, qui fait toute ma consolation... ».

1 p. in-4 autogr.

Valincourt, secrétaire de la marine, avait été élu en 1699 membre de l'Académie française à la place de Racine.

III. — NOTES ET FRAGMENTS DIVERS DE BOSSUET.

1. — *Sermons et Panégyriques.*

1. Premier Panégyrique de saint Joseph, prononcé en 1656 : « *Depositum custodi.* I. Timoth. 6. Dans le dessein que je me propose d'appuyer les louanges du grand saint Joseph, non point sur des conjectures douteuses... ».

13 pp. et 1/4 gr. in-fol.

Édition Lachat, XII, p. 104 (Le premier exorde manque.) Édition Lebarq, I, p. 117.

2. Fragment du premier exorde du premier sermon pour le second dimanche de Carême, sermon prononcé chez les Minimes de Paris le 22 février 1660 : « C'est une doctrine fondamentale de la religion chret. que Dieu a choisi l'ouie entre tous nos sens... ».

1 p. et 1/3 gr. in-4.

L'exorde est un peu différent de celui qui se lit dans le manuscrit de la Bibliothèque nationale, il a dû servir pour une reprise.

Voy. Lebarq, *Histoire critique de la prédication de Bossuet,* pp. 55, 80, 180, 190.

3. Troisième Point d'un sermon pour la fête de la Visitation prononcé au

monastère de Sainte-Marie de Chaillot, devant Henriette de France, reine d'Angleterre, le 2 juillet 1660. Le sermon avait été prêché l'année précédente ; en le reprenant Bossuet y ajoute une allusion à la paix des Pyrénées : « Encore que cette paix admirable de toutes les nations chretiennes, paix si sagement menagee ... ».

8 pp. gr. in-4 autogr.

Édition Lachat, XI, pp. 213-222 ; — édition Lebarq, III, p. 468.

Lebarq, *Histoire critique de la prédication de Bossuet*, p. 181.

4. Notes prises dans les sermons de saint Augustin, avec analyses ou développements en français. Vers 1660.

21 pp. in-4 autogr.

5. Premier exorde pour le sermon sur la parole de Dieu, prêché dans la chapelle des Carmélites, à Paris, devant la reine mère, le 13 mars 1661.

M. l'abbé Levesque a publié dans la *Revue Bossuet* (1909, p. 3) un curieux texte de ce sermon recueilli à l'audition et conservé dans un manuscrit de Saint-Pétersbourg.

Voici le début des deux textes :

Ms. de Bossuet.	Texte sténographié.
« *Ipsum audite*. Matt 17. Dieu ayant parlé à nos peres en plusieurs façons differentes par la bouche de ses prophetes, nous a enfin parlé par son propre fils, qui est l'unique heritier de son domaine et la parole immuable par laquelle il a fait les siecles.... ».	« *Ipsum audite*. Madame, Dieu nous ayant plusieurs fois parlé par ses prophetes, il nous a parlé nouvellement et dans la plenitude des siecles par son propre fils, sa parole eternelle et substantielle, par laquelle il nous a fait connoistre les mysteres les plus cachez.... ».

2 pp. in-4 autogr. Cf. Édition Lebarq, IV, p. 516.

6. Premier exorde du panégyrique de saint Sulpice prêché dans l'ancienne église de ce nom, à Paris, le 19 janvier 1664 : « *Nos autem non spiritum hujus mundi accepimus* ... ».

2 pp. gr. in-4 autogr.

Édition Lachat, XII, pp. 57-58 ; — éd. Lebarq, IV, pp. 450-451.

7. Notice sur saint Pierre Nolasque et début du panégyrique de ce saint, prêché dans l'église des pères de la Merci, à Paris, le 29 janvier 1665 : « S. Pierre Nolasque. 29. jan. Noble famille nolasque. Nay sous Philippe Aug.... » —— « *Dedit semetipsum pronobis. Ad Tit.* 2. C'est un plus grand honneur, dit le Fils de Dieu, de donner que de recevoir ... ».

10 pp. gr. in-4 autogr.

Édition Lachat, XII, p. 88 ; éd. Lebarq, IV, p. 492.

8. Notes pour un sermon : « Abus des richesses. Dureté de cœur condamnée. Avarice. Monde. Pompes. Vie mondaine. Contagion du monde. Mort des impies. Decrire la vie du mauvais riche comme la vie d'un homme du monde qui meurt en fin comme il a vecu ... ». Vers 1665.

2 pp. in-4 autogr. et 1 f. blanc.

9. Fragments tirés du Panégyrique de sainte Gorgonie par saint Grégoire de Naziance probablement pour le Panégyrique (perdu) de sainte Fare : «... les retenint, la vieillesse un apuy, la jeunesse un moderateur, la pauvreté un soutien, les richesses un dispensateur. En ce premier temps la theologie étoit simple ;... » Plus loin : « Vous dirai-je une de ses louanges, dont, à la vérité, elle faisoit peu d'état, aussi bien que toutes les personnes pudiques, mais que les femmes galantes et somptueuses ont rendu néanmoins fort recommandable ? Elle ne s'est point souciée de se charger d'or ni de pierreries, ni de cette beauté méprisable et qu'on achete à vil prix... ». Vers 1665.

4 pp. gr. in-4 aut. — Les 2 ff. sont chiffrés 3 et 4.

Des extraits de ces notes ont été publiés par les bénédictins parmi les *Pensées* (éd. **Lachat, X, pp. 633-634**).

10. Notes pour un sermon, extraites des œuvres de Clément d'Alexandrie, de saint Grégoire de Nysse et de saint Grégoire de Nazianze. Vers 1665.

5 pp. et 1/2, in-4 autogr.

A la 3e p. (cotée 11) est un passage rédigé en français : « Ces ennemis de la justice : l'interest, la sollicitation violente, la corruption. On se corront soy-mesme par l'attache à son sens et à ses impressions. Interest délicat, jaloux de ses pensées... ».

La p. 5 (cotée 17) est presque tout entière en français : « *Justice*... de hater le regne de Dieu et les voyes du ciel. St. Greg. XXI. Qu'aucun ne craigne, sinon les meschans ; qu'aucun n'espere, sinon les bons. *Justice*. Detail des choses.... ».

11. Notes en latin et en français prises dans les 17e et 19e discours de saint Grégoire de Nazianze, probablement pour des sermons. Vers 1665.

Feuillet paginé 13-14 : « *Orat*. 17. ...ad praefectos loquitur ; eos suo throno fultos esse... ».

Feuillet paginé au r° 5 (d'une autre époque) : *Orat*. 19. [*De*] *obitu patris Gregorii ; laus Nonnae matris*. Nonne donnoit aux pauvres et particulierement à ses proches... ».

3 pp. 3/4 in-4 autogr.

12. Sermon pour la fête de l'Immaculée Conception prêché à Saint-Thomas du Louvre le samedi 8 décembre 1668 : « C'est un trait merveilleux de miséricorde que la promesse de nostre salut... ».

14 pp. et 1/2 autogr. — Édition Lebarq, V, p. 385.

Lebarq, *Histoire critique de la prédication de Bossuet*, pp. 426-438.

13. Sermon prêché le 4 juin 1675, chez les Carmélites de la rue Saint-Jacques, pour la profession de foi de Mlle de La Vallière : « *Et dixit qui sedebat in throno : Ecce nova facio omnia. Apoc*. 21..... ».

18 pp. gr. in-4 de la main d'un copiste, mais avec de très nombreuses corrections autographes.

Édition Lachat, XI, pp. 563-581 ; — édition Lebarq, VI, p. 25.

14. Extraits de traités de Tertullien et de sermons de saint Augustin ayant servi au *Sermon sur l'unité de l'Eglise* (1681).

2 pp. in-4 de la main de l'abbé Le Dieu, avec 6 lignes autogr. de Bossuet.

2. — *Fragments divers relatifs à l'éducation de Louis, Dauphin, fils de Louis XIV*

Devoirs du dauphin corrigés de la main de Bossuet.

1. Fragments des devoirs français de Louis, dauphin, fils de Louis XIV, corrigés de la main de Bossuet.. vers 1675.

22 pp. in-4.

2. Extraits des Chroniques de Monstrelet, transcrits par un secrétaire et accompagnés de notes de la main de Bossuet.

204 pp. in-4.

3. Extraits des mémoires de Philippe de Commines, transcrits par un secrétaire, avec additions et corrections de la main de Bossuet.

12 pp. in-4.

4. Extraits de l'histoire universelle de J.-A. de Thou, se rapportant à l'année 1561.

4 pp. in-4 autogr.

BELLES-LETTRES.

5. Extraits de l'histoire universelle de J.-A. de Thou (années 1561-1589).
249 pp. in-fol. Notes et additions autographes.

6. Extraits du 3ᵉ livre de l'Histoire de d'Avila (année 1562).
14 pp. in-fol. Notes et corrections autographes.

7. Fragment de l'*Abregé de l'histoire de France* écrit par Bossuet, vers 1675, pour l'éducation du dauphin : « douter au duc de Guise du succez qu'il avoit esperé du siege. On eut recours à la negociation que la presence et l'adresse de la reyne rendoit facile et avantageuse ».
2 pp. gr. in-4 autogr.

Édition Lachat, XXV, p. 329. Un long passage raturé nous montre quel soin Bossuet apportait à la rédaction de son abrégé historique.

8. Rédaction historique du dauphin, avec corrections de Bossuet.
12 pp. in-14.

9. Notes pour la rédaction du premier chapitre du traité *De la connoissance de Dieu et de soi-même*, composé pour l'éducation du dauphin, et rédigé plus tard, vers 1691-1692.
4 pp. in-4 autogr.

Ces fragments, relatifs à la physiologie et à l'anatomie, sont accompagnés d'une note écrite par l'abbé LEDIEU : « Premieres Remarques sur l'*Introduction à la philosophie* de Mgr. de Meaux, écrites de la main mesme de ce prelat à qui M. Dodart pere les a dictees à Versailles dès l'année 1691 ou 1692, etc. ».

Cf. Floquet, *Bossuet précepteur du dauphin*, pp. 215-217.
Cf. édition Lachat, XXIII, p. 36.

3. — *Ouvrages divers.*

1. Fragment sur le purgatoire, avec citations de Tertullien, du cardinal de Richelieu et de Bellarmin : « ... Ce feu là est meprisé, d'autant qu'il est dit : Il sera sauvé. Mais, encore qu'ilz soient sauvez par le feu, ce feu sera plus grief que quoy qu'ils puissent souffrir en cette vie... ». Vers 1660.
2 pp. gr. in-4 autogr.

2. Fragment d'un traité latin sur le purgatoire, avec citations de saint Augustin, de saint Thomas, de Du Perron, de Richelieu, etc : « De loco nihil necesse probari.... ». Vers 1660.
7 pp. 3/4 in-4 autogr.

3. Extraits de saint Augustin, *De sermone in monte.*
4 pp. gr. in-4 autogr.

4. Notes diverses prises dans les œuvres de saint Augustin. Vers 1660.
27 pp. et 1/2 in-fol. autogr.

5. Extraits des épîtres 58, 59 et 62 de saint Augustin. Vers 1660.
Ces extraits, transcrits par un secrétaire, portent des annotations autographes. A la fin sont plusieurs lignes de la main de Bossuet.
4 pp. in-fol.

6. Extraits des épîtres 121 et 261 de saint Augustin : « *Epist. 121 ad Probam de orando Deo...* ». Vers 1660.
2 pp. gr. in-4 autogr.

7. Notes tirées de saint Augustin sur la conscience : « bonne conscience un refuge assuré ; ceux qui l'ont mauvaise, sans refuge, parce que dans leur conscience nulle sûreté, nul repos... ». Vers 1662, avec quelques mots à la marge écrits après 1680.

2 pp. gr. in-4 autogr.

Vente DAILMÉ (8 févr. 1889), Cat., n° 21.

8. Petit traité adressé au cardinal de Bouillon sur le style et la lecture des écrivains et des pères de l'Église, pour former un orateur : « Pour la prédication il y a deux choses à faire... ». [1670].

9 pp. gr. in-4 autogr.

Édition Lachat, XXVI, pp. 107-114.

9. Notes au crayon tirées des œuvres de saint Augustin. Vers 1670.

1 p. et 1/2 gr. in-4 autogr.

10. Exposition de l'épître de saint Paul aux Galates : « *Expos. Ep. ad Gal.* Nunquam alieni peccati objurgandi suscipiendum est negotium, nisi. . ». Vers 1670.

2 pp. gr. in-4 autogr.

11. Extraits des canons du concile de Trente (sessions XXIII, XXIV et XXV). Vers 1675.

36 pp. gr. in-4 autogr.

12. Extraits d'un ouvrage de théologie relatif au culte des saints et des images : « *Cent. IV. C. IV. de doct....* ». Vers 1680.

8 pp. gr. in-4 autogr.

Vente CHARAVAY (23 nov. 1889), n° 30.

13. Notes extraites des pp. 798-855 d'un ouvrage qui n'est pas désigné : « 798. Par la justice J.-C. s'impose luy-mesme à nostre desir... » Vers 1680.

4 pp. in-4 autogr.

14. Citations extraites des Décrétales et de divers auteurs sur le mariage. Vers 1680.

8 pp. gr. in-4 autogr.

15. Notes tirées des *Confessions* de saint Augustin sur saint Ambroise, sur l'idolâtrie, sur les anges : « *Aug. 9. Confess. 7.* ... alors vous decouvrites à ce saint prelat (Ambroise) en quel lieu estoient cachez les corps de St Protais et de St Gervais que vous aviez renfermez incorruptibles dans vostre thresor durant tant d'années... ». Vers 1680.

3 pp. gr. in-4 autogr.

Vente CHARAVAY (21 juin 1889), n° 24.

16. Traduction d'un passage d'une homélie de saint Jean Chrysostome : « Si vous faites quelque injure à l'habit royal, ne porte-t-elle pas à celuy qui en est revestu ?... ». Vers 1680.

1 p. in-8 autogr.

Cette pièce est accompagnée d'une lettre de l'évêque de Chartres, CLAUDE-HIPPOLYTE CLAUSEL DE MONTALS (1824-1852), adressée, croit-on, au marquis de Loyal en lui envoyant cet autographe.

17. Notes prises aux pp. 791-807, 476-503, 622-720, 530-567 d'un ouvrage latin dont le titre n'est pas indiqué : 9. Cyp[rianus]. Vers 1680.

16 pp. in-4 autogr.

Ces notes sont numérotées par cahiers de 4 pp. Nous avons ici les cahiers 8, 9, 11, 13.

18. Notes prises aux pp. 1317-1334, 1341-1357 d'un ouvrage latin dont le titre n'est pas indiqué. Vers 1680.

6 pp. in-4 autogr.

Ces notes étaient numérotées par cahiers de 4 pages. Nous avons ici le cahier 8 et la moitié du cahier 9.

19. Note probablement destinée aux conférences faites à l'assemblée du clergé : « Les casuistes enseignent que les loix de l'Eglise perdent leur force quand on ne les observe plus, d'où derivent des maximes scandaleuses... » Vers 1680.

3 pp. in-4 autogr.

20. Extraits d'un ouvrage du ministre Daillé relatifs aux reliques et à l'honneur religieux. Ces extraits semblent avoir servi à rédiger le second fragment relatif à l'*Exposition*, fragment qui est une défense des chapitres II et III de l'*Exposition de la doctrine de l'Eglise catholique sur les matieres de controvere*. Vers 1680.

1 p. in-8 autogr.

Cf. Édition Lachat, t. XIII, p. 173.

21. Notes prises dans saint Jean Chrysostome, Clément d'Alexandrie, etc., pour le *Traité de l'usure*, 1682.

3 pp. et 1/4 in-4 de la main d'un secrétaire et 12 lignes autogr.

Cf. éd. Lachat, XXXI, pp. 21-59.

22. Extraits des censures du concile de la province de Sens en 1528. Vers 1682.

4 pp. in-4 autogr.

23. Extraits de l'ouvrage du cardinal Juan de Torquemada ou Turrecremata, intitulé. *Summa contra impugnatores potestatis summi pontificis*, extraits ayant servi à rédiger le livre V de la seconde partie de la *Defensio Declarationis cleri gallicani de ecclesiastica potestate*. Vers 1683.

3 pp. pet. in-4 autogr.

24. Notes tirées de saint Jérôme sur sainte Paule. Vers 1685.

1 p. et 2 lignes pet. in-4 autogr.

25. Notes prises dans les *Confessions* de saint Augustin. Vers 1685.

4 pp. pet. in-4 autogr.

26. Extraits de l'*Opus imperfectum de Genesi* de saint Augustin. Vers 1685.

29 pp. et 1/2 in-4 autogr., précédées d'un titre écrit par l'abbé Le Dieu.

27. Notes prises aux pp. 113-143 d'un ouvrage latin dont le titre n'est pas indiqué : « duos modos justificat[ionis] tradunt, 113... ». Vers 1685.

3 pp. pet. in-4 autogr.

28. Notes prises dans divers auteurs protestants pour l'*Histoire des variations*. Vers 1685.

27 pp. et 1/2 in-4 autogr.

29. Notes prises dans l'*Histoire de la Réforme en Angleterre* de Gilbert Burnet, pour le livre VII de l'*Histoire des Variations*. Vers 1685.

4 pp. in-8 autogr.

30. Notes tirées des auteurs protestants sur le culte des images « Symbola res sanctae venerandaeque. *Conf. Basil.* 1536... ». Vers 1688

1 p. in-4 autogr.

31. Fragment d'une citation prise pour le *Premier Avertissement aux protestants (1689)* : « ... le monde ; c'est où le papisme, au prix duquel je ne fais pas difficulté de dire que l'arianisme estoit pur, car, pour une erreur capitale qu'avoit l'arianisme, le papisme en a vint... ». 1689.

2 pp. in-4 autogr. cotées 105-106.

Bossuet n'a pas conservé ce morceau dans sa rédaction définitive.

Vente LEYSTE (8 décembre 1888), Cat., n° 1888.

32. Notes pour le *Commentaire de l'Apocalypse.* 1689.

2 pp. pet. in-4 autogr.

33. Commentaires sur le Psaume 99 [lisez 98] : « *Ps. 99. Heb.* Incurvate vos scabellum pedum ejus... ». Vers 1690.

1 p. pet. in-4 autogr.

34. Passages extraits de saint Cyprien. Vers 1690

1 p. petit in-8 autogr., écrite au crayon.

35. Mémoire de ce qui est à corriger dans la *Nouvelle Bibliotheque des auteurs ecclesiastiques* [de M. Du Pin] : « Sur le peché originel. L'auteur renverse manifestement la tradition de ce dogme, et oste à l'Eglise les preuves qu'elle a pour l'etablir... ». Vers 1692.

Première rédaction de ce mémoire. Elle est beaucoup plus développée que celle qui a été imprimée.

84 pp. in-fol. et in-4, dont 20 pp. autographes. La partie transcrite par un secrétaire a reçu de nombreuses corrections de la main de Bossuet.

35 *bis*. Memoire pour Monsieur Du Pin sur le peché originel : « J'ay dit, tome I, p. 689, que tous les premiers peres ont reconnu les peines et les plaies du peché d'Adam... ».

14 pp. in-fol. transcrites par un secrétaire. Vers 1692.

36. Mémoire de ce qui est à corriger dans la *Nouvelle Bibliotheque des auteurs ecclesiastiques* [de M. Du Pin] : « Les erreurs contenues dans cette Bibliotheque ont paru principalement depuis la reponse aux remarques des Peres de St Vannes... ». Vers 1692.

44 pp. in-4 et in-fol. autogr.

Le ms. s'arrête vers la fin du paragraphe consacré à la grâce.

Éd. Lachat, t. XX, pp. 514-524. Le manuscrit diffère beaucoup du texte imprimé.

37. *In Canticum canticorum Praefatio [et Commentarii].*

19 pp. in-fol. Les 11 premières pages sont en majeure partie de la main de l'abbé Fleury ; mais elles portent de nombreuses additions et corrections autographes ; plusieurs passages sont de la main de Bossuet, qui de plus a seul écrit les deux dernières pages.

Éd. Lachat, t. I, pp. 569-608.

Cet ouvrage, composé vers 1693, n'a été imprimé pour la première fois qu'en 1748.

Le manuscrit contient la préface et le commentaire des deux premiers chapitres jusqu'à la note 7 du second, puis, de la main de Bossuet, la fin de la dernière note du chapitre VIII et de la conclusion : « *Satis est, Domine, et illa : Aut pati aut mori...* » et la première moitié de la conclusion.

38. Notes prises dans un ouvrage de théologie : « Scrip. PP., doct., auctoritates. 14. Vers .... ». Vers 1695.

4 pp. pet. in-4 autogr.

39. Passages extraits d'Isaïe (ch. XXIV et LXVI), probablement pour un sermon. Vers 1695.

16 pp. et 1/2 pet. in-4 et in-4 autogr. — Sur le 1ᵉʳ f., qui est blanc, l'abbé Le Dieu a écrit : *Ex Isaia. Poenitentia, Amor, Cordis Conversio.*

40. Notes prises dans le livre du cardinal Celestino Sfondrate intitulé : *Nodus praedestinationis dissolutus*, 1696. Ces notes ont servi à rédiger la lettre adressée par les archevêques de Reims et de Paris, les évêques de Meaux, d'Arras et d'Amiens au pape Innocent XII (1697). Voy. l'édition Lachat, t. XXVI, pp. 519-530.

6 pp. in-4 autogr.

41. Fragment d'un premier projet de lettre au pape Innocent XII pour le prier de censurer le livre du cardinal Celestino Sfondrato : *Nodus praedestinationis dissolutus :* « ... neque propterea omittimus tot per libros thesesque nostris temporibus fusa Pelagiana aut Semipelagiana commenta, ut ab omni undecumque labe purgata catholica veritas elucescat. Quae nos ratio impulit, ne de peccato originali tardemus ... » [1697.]

3 pp. in-4 autogr. — Cf. Édition Lachat, t. XXVI, p. 519.

42. Les quatre Definitions de M. de C[ambray]. [1697.]

Ces définitions sont extraites de la seconde réponse (aujourd'hui perdue) de Fénelon à l'évêque de Chartres, Paul Godet des Marais.

8 pp. et 1/2 in-fol., avec notes autogr. au crayon. — Le titre, écrit à la plume, est de la main de Bossuet.

43. Quatre Demandes de M. de C[ambray] à M. de Meaux [1697].

Ces questions, qui portent sur la charité et l'espérance, sont soigneusement transcrites par un copiste ; elles sont accompagnées en marge d'observations écrites de la main de Bossuet.

4 pp. et 1/2 très gr. in-4.

44. Fragment du traité intitulé *Mystici in tuto :* « Cap. 60. De impedimentis divinis per modum purgationis aut perfectissimae contemplationis ; egregia doctrina B. Joannis a Cruce..... » 1698.

1 p. gr. in-4 autogr.

Dans l'imprimé ce chapitre porte le n° 10.

Éd. Lachat, t. XIX, p. 592.

45. Notes remises à Mabillon, au mois de novembre 1699, sur la préface qui accompagne l'édition des œuvres de saint Augustin entreprise par les bénédictins en 1679 : « *Item ad reg.* 4, p. 64, 65 *et seq.* L'explication qu'on donne ici en principe : *non deserit nisi deseratur*, confirmera plustost le soupçon que de le lever, et fera dire, non seulement que les auteurs de l'edition attestent de ne pas trouver la grace suffisante dans St-Augustin... »

11 pp. et 1/4 in-4 autogr.

Voy. *Revue Bossuet*, V (1904), pp. 145-150.

46. Conférence sur l'amour de Dieu.

53 pp. in-4 autogr. Vers 1699.

Bossuet changea par la suite le plan de son ouvrage et le rédigea en latin sous ce titre : *De doctrina concilii Tridentini circa dilectionem in sacramento poenitentiae requisitam* (éd. Lachat, V, p. 403).

Le début du texte français primitif a passé dans la rédaction définitive :

« La matiere de nos conferences ecclesiastiques dans les dernieres années ne pouvoit estre plus importante puisqu'on y traitoit de la premiere et principale obligation du chretien, qui est celle d'aimer Dieu ; aussi nous prismes dès lors un soin particulier de vos assemblees, nous allames en plusieurs endroits pour y establir les principes qui expliquent l'etendue de ce grand et premier commandement ; vous nous envoyastes vos resolutions selon nos statuts, et, selon les mesmes regles, vous nous fistes promettre les nostres au premier loisir qu'il plairoit à Dieu nous donner... »	Cum in ecclesiasticis et solemnibus collationibus nostris per annos proxime elapsos, saepe multumque quaesitum sit de dilectione Dei, praesertim ea quae ad sacramentum poenitentiae requisitur, nos quidem, rogantibus fratribus et compresbyteris nostris, polliciti sumus futurum ut quae de tanta re per diversos conventus viva voce responsa protulimus, eadem scripto traderemus ad rei memoriam... ».

Le texte français imprimé en 1736 (voy. notre t. Ier, n° 44) est entièrement différent de celui-ci. On l'attribue au P. Lenet, genovéfain.

Voy. *Revue Bossuet*, V (1904), pp. 129-138.

47. Fragment du manuscrit original de la 2e partie du *Decretum de morali disciplina quod erat a clero gallicano publicandum in comitiis generalibus anni 1682*.

28 pp. in-fol.

Ce fragment, qui comprend les trois derniers chapitres (*De usura, De simonia, De regula morum et probabilitate*) est écrit par un secrétaire ; mais il est couvert de corrections de la main de Bossuet.

Édition Lachat, XXII, pp. 709-720.

L'assemblée de 1682 n'eut pas le temps d'examiner le projet de décret; il ne fut publié qu'en 1700.

48. *Pars 2^a Decreti de morali disciplina* 1700.

80 pp. in-fol.

Copie complète dans laquelle il a été tenu compte des corrections faites par Bossuet au manuscrit précédent. L'évêque de Meaux n'a plus eu à y faire qu'un petit nombre de corrections nouvelles.

Édition Lachat, XXII, pp. 692-720.

49. Notes pour la rédaction de la *Censura et Declaratio conventus generalis cleri gallicani*, 1700.

3 pp. et 1/4 aut.

Cf. Édition Lachat, XXII, pp. 744-770.

Vente CHARAVAY (12 novembre 1887), Cat., n° 47.

50. Notes en français pour la rédaction de la *Censura et Declaratio conventus gallicani anno* 1700.

14 pp. in-4 autogr.

Cf. éd. Lachat, XXII, pp. 749 et suiv.

51. Fragment de la *Censura propositionum* votée par l'assemblée du clergé de France en 1700. Ce fragment, paginé 27-34, correspond aux propositions 95-124 (lisez 92-122).

8 pp. écrites par un secrétaire, avec corrections de la main de Bossuet.

Édition Lachat, XXII, pp. 703-709.

52. Notes prises aux pp. 921-933 d'un ouvrage dont le titre n'est pas indiqué, mais qui était relatif à l'autorité du pape. Vers 1700.

2 pp. in-4 autogr. cotées à l'encre rouge 27 et 28.

53. Note de Bossuet sur un acte de soumission de l'abbé Couet, accusé d'être l'auteur du *Cas de conscience*, 1703.

6 pp. et 1/2 in-fol., dont 1 p. et 1/2 autogr.

Il parut en 1703 un écrit janséniste intitulé *Cas de conscience proposé par un confesseur de province touchant un ecclésiastique qui est sous sa conduite*, etc. Cet écrit, qui fit beaucoup de bruit, fut attribué à l'abbé Couet, l'un des vicaires généraux de l'archevêque de Rouen. L'abbé Couet, suspect d'hérésie, fut invité à présenter un acte de soumission. Nous avons ici les observations de Bossuet sur cet acte, qui, revu et complété, fut présenté, le 9 juin 1703, au cardinal Louis-Antoine de Noailles, archevêque de Paris, à Claude de Saint-Georges, archevêque de Lyon, à Jacques-Nicolas Colbert, archevêque de Rouen, et à l'évêque de Meaux. Voy. sur cette affaire la lettre de Bossuet à Mme de Maintenon, éd. Lachat, t. XXX, p. 589.

D'après Goujet, le véritable auteur du *Cas de conscience* aurait été Eustace, confesseur des religieuses de Port-Royal (voy. Barbier, *Dict. des ouvrages anonymes*, 3e éd., I, col. 504) ; mais M. L. Bertrand (*Bibliothèque Sulpicienne*, t. III, p. 122) a démontré que le *Cas de conscience* est de M. Fréhel, curé de N.-D. du Port à Clermont.

IV. — ACTES ET PIÈCES CONCERNANT LA VIE DE BOSSUET ET SON ADMINISTRATION ÉPISCOPALE.

4. Présentation faite par Bossuet, comme prieur commendataire du Plessis-Grimoult, à l'évêque de Bayeux, François de Nesmond, de frère Jean Le Prévost, chanoine régulier de saint Augustin, pour la cure de St-Vigor de Mézerets (Calvados, canton de Condé). Paris, 18 avril 1684.

Grande pièce signée sur vélin.

Les n°s 4-9 actuels doivent être cotés 5-10.

11. Copie de l'attestation donnée par Bossuet à Mme Guyon le 1er juillet 1695 (éd. Lachat, t. XXVIII, p. 656). Cette copie, qui remplit 1 p. in-4, est suivie d'une addition autographe en 2 pp., datée de Meaux, le 13 juillet 1698 : « C'est la copie de l'attestation que nous avons donnée à Me Guyon, laquelle nous certifions estre veritable. Elle en peut produire une autre de mesme teneur jusqu'à ces paroles : *declarons en outre que nous ne l'avons trouve[e] impliquee en aucune sorte dans les abominations de Molinos, ni autres condamnees ailleurs ;* au lieu desquelles nous avons mis, pour luy faire plaisir, *declarons en outre qu'elle a toujours detesté en nostre presence . . .* »

Le manuscrit a beaucoup souffert de l'humidité.

12. Permission accordée au P. Joseph-Antoine de Saint-Maur, prêtre, curé de la paroisse de Julli, [oratorien], de faire prêcher, confesser et catéchiser dans son église tous ceux qu'il trouvera à propos. 9 mars 1700.

1 p. gr. in-4.

Les pièces actuellement cotées 10 et 11 doivent prendre les n°s 13 et 14.

V. — LETTRES ET PAPIERS DES MEMBRES DE LA FAMILLE DE BOSSUET.

1. — *François Bossuet,* « *conseiller, secretaire du roy, maison et couronne de France et de ses finances, du nombre et college des six vingts des finances* », cousin de l'évêque de Meaux. — Antoine Bossuet avait eu pour fils : Jacques et André. Jacques fut le père de Bénigne, père de l'évêque de Meaux ; André fut le père de François Bossuet, dit le Riche.

1. Quittance d'une somme de 320 l., 4 s., pour ses gages du quartier d'avril 1640. Paris, 25 juillet 1641.

Pièce sur vélin, signée.

2. Mandat de paiement signé de lui le 1ᵉʳ novembre 1648.
1 p. in-fol. — Les premiers mots manquent.

2. — *Bénigne Bossuet, conseiller au parlement de Metz, père de l'évêque de Meaux, et Marguerite Mochet, femme dudit Bénigne.*

1. Pièce judiciaire datée du 14 mars 1641 et signée : B. Bossuet.
1 p. in-fol.

2. État de paiement daté du 13 juillet 1641 et portant entre autres la signature de B. Bossuet.
4 pp. in-fol.

3. État de paiement daté du 21 janvier 1642 et portant entre autres signatures, celle de « Margueritte Mochet, femme de monsʳ Bossuet absent ».
3 pp. in-fol.

4. Expédition signée de lui, de lettres du roi datées de Paris le 14 février 1642, et relatives à Jean Foos, bourgeois de la ville de Metz.
1 p. in-fol.

5. Interrogatoire de François Midenet, sergent du domaine de Mirecourt (août 1644), pièce signée de B. Bossuet et de Fr. Midenet.
3 pp. in-fol.

6. Vérification d'écriture, pièce signée : B. Bossuet. S. d.
1 p. in-fol.

7. Reçu d'une somme de 750 l. payée à B. Bossuet pour le semestre de ses gages de conseiller échu le dernier jour de juillet 1645. Metz, 5 mai 1647.
1 p. in-8 sur vélin.

Les pièces primitivement cotées 1 et 2 doivent prendre les nᵒˢ 8 et 9.

3. — *Antoine Bossuet, fils du précédent et frère de l'évêque de Meaux.*

Quittance de 1.200 l. donnée par Antoine Bossuet, écuyer, seigneur de La Cosne et Dazu, conseiller du roi en ses conseils, maître des requêtes ordinaires de son hôtel, pour trois quartiers de ses gages échus le 30 septembre précédent. Paris, 15 janvier 1682.
Pièce sur vélin signée.

45 Lettres adressées à son fils, l'abbé Jacques-Bénigne Bossuet, à Rome.
Voici les dates de ces lettres, dont deux seulement (les nᵒˢ 1 et 10) ont figuré dans le tome II du Catalogue.

1. Paris, 10 sept. 96 : « J'ai receu votre lettre du 21. aoust. M. de Meaux vous écrivera peut-être de Germini... ».
1 p. in-4.

2. Paris, 4 février 97 : « J'envoié hier à M. de Meaux, à Versailles, la lettre que vous m'avés écrite du 8. janvier, de Naples... ».
2 pp. in-4. Suscription.

3. Paris, lundi 11 février [1697] : « Quoique nous n'aions point de vos nouvelles par le dernier ordinaire, M. de M. ni moi... ».
1 p. in-4.

4. Paris, 18 février 97 : « M. de M. revint avant-hier de Versailles un peu après qu'on nous eut apporté vos lettres de Rome du 29. janvier... ».
3 pp. in-4. Suscription.

5. Paris, 25 mars [1697] : « Nous reçumes le 22. vos lettres du 5. de ce mois. 63 [« M. de Meaux] est très aise... ».
2 pp. in-4. Suscription.

6. Paris, 1er avril 97 : « J'ai reçu votre lettre du 12. mars que j'ai envoiée à M. de Meaux... ».
1 p. in-4. Suscription.

7. Paris, 22 avril [1697] : « Nous avons reçu vos lettres et celle de M. Phelyp, du 2. : nous sommes satisfaits des dispositions... ».
2 pp. in-4. Suscription.

8. P. 29 avril 97 : « M. de St Priets, conseiller au parlement de Grenoble, m'ecrivit de Lion, du 20. que M. l'abbé Guignard, son oncle, venoit de mourir... ».
2 pp. in-4. Suscription.

9. Paris, 10 juin 97 : « J'ai reçu votre lettre du 21. mai. Votre paquet du meme jour alla vendredi à Meaux, où M. de M. étoit pour la fête du St Sacrement... ».
2 pp. et 1/2 in-4. Suscription.

10. 17 juin [1697] : « Nous avions la lettre de M. de C., comme vous avés vû. C'est toujours bien fait d'envoier... ».
1 p. et 1/2 in-4.

11. P. 24 juin [1697] : Nous avons appris par vos lettres du 4. l'arrivée de M. le card. de Bouillon... ».
2 pp. in-4. Suscription.

12. Paris, 1er juillet [1697] : « Nous recevons exactement vos lettres ; je ne sçai a quoi il tient que vous ne recevés pas les nôtres de même... ».
2 pp. in-4. Suscription.

13. Paris, 8 juillet [1697] : « M. de M. preta le serment et prit place mercredi ; tout le conseil, toute la cour et tout Paris en ont témoigné de la joie... ».
2 pp. in-4. Suscription.

14. Paris, 15 juillet 97 : « On aura pu mander à Rome par le dernier ordinaire que M. le P. de Conti avoit été élu roi de Pologne... ».
2 pp. in-4. Suscription.

15. Paris, lundi 24 juillet [1697] : « Nous n'avons point eu de vos nouvelles par le dernier ordinaire ; mais M. Phelyp. a mandé à M. de M... ».
1 p. in-8. Suscription.

16. Paris, 29 juillet [1697] : « Nous avons reçu par le courrier de vendredi vos lettres du 2. et du 9. de ce mois... ».
1 p. in-4. Suscription.

17. Paris, 5 aoust 97 : « Nous avons reçu vos lettres du 22. juillet par M. Noblet et celles du 26. par l'ordinaire. Toute la cour a été en joie de la promotion de M. d'Orleans... ».
1 p. et 1/2 in-4. Suscription.

18. P. 19 aoust 97 : « M. de M. est allé passer la Notre-Dame dans son diocese ; il demeurera une quinzaine a Germini... ».
1 p. 1/3 in-4. Suscription.

19. Paris, 26 aoust [1697] : « Voici une depesche importante de M. de M. ; il vous donne avis de la reception de vos lettres du 6. de ce mois... ».

1/2 p. in-4. Suscription.

20. Paris, 16 sept. 97 : « Nous avons reçu vos lettres du 24. qui tiennent bien un autre langage sur 24 [= M. de Cambrai] que les abbés qui sont venus de 65 [= Rome]... ».

1 p. 3/4 in-4. Suscription.

21. Lundi, 23 sept. [1697] : « Depuis ma derniere nous avons reçu vos lettres du 2. de ce mois. J'ai vû M. l'abbé de La Viéville et fait ma cour à M. le cardinal de Jansson, qui nous fit l'honneur de venir cenes hier matin... ».

1 p. 1/3. Suscription.

22. Paris, 30 sept. 97, lundi : « Nous reçumes vendredi vos lettres du 10. de ce mois. J'ai vû ce que vous mandés à St Bazile [= M. de Meaux] du nouveau commissaire. Il partit le lendemain avec M. Chasot pour Germini... ».

2 pp. in-4. Suscription.

23. Paris, 7 oct. [1697] : « Le courrier de Rome n'arriva qu'hier, au lieu qu'il avoit accoutumé de venir deux ou trois jours auparavant... ».

1 p. in-4. Suscription.

24. Paris, entre 8 et 9 heures du soir, 17 oct [1697] : « Depuis ma lettre d'aujourd'hui midi et une heure, l'ordinaire de Rome est arrivé, qui a apporté vos lettres du 30. septembre... ».

1 p. in-4.

25. Paris, 28 octobre 97 : « M. de M. est bien averti du paquet qui lui vient sous les enveloppes de M. de R. et de M. de Barbez... ».

2 pp. in-4. Suscription.

26. Paris, 4 novembre 97 : « Une heure après avoir reçu votre lettre du 15. octobre et avoir meme envoié à la poste votre paquet de meme date pour M. de Meaux... ».

2 pp. in-4. Suscription.

27. Paris, 11 novembre 97 : « Nous avons reçu vos lettres du 22. octobre ; en voici de M. de M., qui est encores à Versailles, et de M. Chasot, à quoi je n'ai rien à ajouter... ».

2/3 de p. in-4. Suscription.

28. P., 28 nov. [1697] : « Nous avons reçu vos lettres du 5. Je n'ai pas vû 63 [= M. de Meaux] depuis ; il est toujours à 7 [= la cour]... ».

1 p. in-4.

29. Paris, 9 déc. 97 : « Le paquet de Rome du dernier ordinaire n'est arrivé qu'aujourd'hui à cinq heures du soir. Je viens dez ce soir de l'envoier à Versailles par le laquais qui m'a apporté à la même heure cellui qui est ci-joint... ».

1 p. et 2/3. Suscription.

30. Paris, 16 déc. 97 : « J'ai reçu votre lettre du 26. novembre. M. Chasot vous mande sans doute que les aumoniers furent déclarés mardi... ».

1 p. in-4. Suscription.

31. Paris, 6ms de l'an 98 : « Nous avons reçu vos lettres du 17. decembre En voici deux que M. Pirot vient de m'envoier pour M. Phelyp... ».

1 p. in-4. Suscription.

32. Paris, 13 janvier 98 : « J'ai été bien aise d'apprendre de votre main que vous étiés presque guéri le 24. du mal de gorge et de la fievre... ».

1 p. in-4. Suscription.

33. Paris, 27 janvier [1698] : « Nous avons reçu vos lettres du 7. M. de M. s'en retourna incontinent aprez à Versailles, resolu de parler à 34 [= le roi]... ».

2/3 de p.

34. Paris, 10 fevr. [1698] : « 32 [= Vous] a bien jugé par nos 2 [= lettres] 8 [= que] 7 [= on] étoit mieux instruit en ce païs ici de ce qui vous étoit arrivé au claustral 8 [= que] 3 [= vous] ne le mandoit... ».

1 p. in-4. Suscription.

35. Paris, 17 fevr. 98 : « J'ai reçu votre lettre du 28. janvier. Nous attendons toujours de vos nouvelles sur les bruits qui ont couru et qui sont comme appaisés... ».

3/4 de p. in-4. Suscription.

36. Paris, 24 fevrier 98 : « Je reçus hier votre lettre du 4. entre 7 et 8, et envoié en même tems à Versailles, à M. de M., votre paquet et celui de M. Phylyp... »

1 p. in-4. Suscription.

37. Paris, 3 mars 98 : « Nous avons reçu vos lettres du XI. fevrier. M. de M. a presenté son dernier livre ce matin au roi, à Versailles, d'où je viens de recevoir le paquet ci-joint... »

1 p. 1/4 in-4. Suscription.

38. P., 10 mars 98 : « Nonobstant 13 [= les] 4 [= lettres] 8 [= que] 6 [= nous] avons de 1 [= vous] du 18. fevr. 7 [= on] ne laisse pas d'être en peine... ».

3/4 de p. in-4. Suscription.

39. Paris, 17 mars 98 : « Je reçu hier vos lettres du 25. fevrier. J'envoié en même tems expedier à Meaux votre paquet pour mon frere... ».

1 p. in-4. Suscription.

40. Paris, 24 mars [1698] : « J'ai reçu hier à midi votre paquet du 4. de ce mois. Je parcouru fort legierement tout ce qui i étoit et l'envoié sur le champ par un homme à cheval à Meaux... ».

1 p. in-4. Suscription.

41. Paris, 31 mars 98 ; « Je ne vous dirai rien de l'effet qu'a eu à la cour ce que nous avons fait passer par les mains de M. de M., de Paris, et ce que M. de M. a écrit par la même voie... ».

1 p. in-4. Suscription.

42. Paris, 7 avril 98 : « J'ai eu la goute depuis 8 jours avec des douleurs extremes ; elle est au bout de sa furie. J'ai passé une bonne nuit... ».

2 pp. in-4. Suscription.

43. Paris, lundi 14 avril [1798] : « La goute est fort adoucie ; mais je ne puis me servir de mes pieds. M. de M. arriva samedi... ».

1 p. in-4. Suscription.

43. Paris, 21 avril [1698] : « Nous avons reçu vos lettres du 1er de ce mois. J'envoié le même pour celles qui i étoient jointes pour M. l'abbé Vivand... ».

1 p. 2/3 in-4. Suscription.

45. Paris, 28. avril 98 ; « Nous avons reçu vos lettres du 8. J'attens les p [= lettres] de 63 [= M. de Meaux], qui est a u [= la cour]... »
2/3 de p. in-4.

Antoine Bossuet mourut à Paris neuf mois plus tard, le 1ᵉʳ février 1699.

4. — *Jacques-Bénigne Bossuet, fils du précédent et neveu de l'évêque de Meaux.*

4. Le corps de la lettre est de la main de l'abbé Le Dieu. La suscription est autographe.

7. — *Isaac Chasot, conseiller au parlement de Metz* (1651), *président au même parlement* (1676), *m. en 1688, beau frère de l'évêque de Meaux.*

1. Quittance donnée par Isaac Chasot, conseiller du roi en son parlement de Metz, d'une somme de 750 livres, pour ses gages du semestre échu le 31 janvier 1653.

Pièce sur vélin, datée du 21 juillet 1653.

2. Lettre à M. Gaudet, Dimanche matin, s. d. : « Je vous fais reparation, monsieur ; j'avais tort avant hier... »
2 pp. in-8. Suscription.

8. — *Marie Bossuet, femme du précédent et sœur ainée de l'évêque de Meaux, morte, à 78 ans le 24 février 1702.*

Lettre à « monsieur, monsieur l'abbé de Sainct Benoist, à l'abbaye de Sainct Benoist ». De Mets, 26. novembre 1682 : « Monsieur, je vous suis tres obligée de l'honneur de vostre souvenir et vous rand tres humble grasse des livres que vous m'avés envoyés... ». Signé : M. Bossuet Chasot.
1 p. in-8. Suscription. Cachets aux armes des Bossuet.

3080 (1884 *a*). LETTRE DE FÉNELON à Bossuet ; A Versailles, dimanche 12 decembre [1694] : « J'ai oublié, monseigneur, de vous demander si vous avez parlé de M. Le Blanc pour M. le C. de Tholoze. J'ai oublié aussi de vous dire que M. de La Sale convient qu'il ne m'a jamais parlé pour vous parler, ni pour me faire er*rer dans l'affaire... » 3 pp. in-4 autogr., suscription : « A   onseigneur, monseigneur l'Evêque de Meaux ».

Cette lettre contient la soumission complète de Fénelon à la doctrine défendue par Bossuet. En voici la seconde partie :

« Je ne puis m'empescher de vous demander avec une pleine soumission si vous avez des à present quelque chose à exiger de moi. Je vous conjure au nom de Dieu de ne me menager en rien et, sans attendre les conversations que vous me promettez, si vous croyez maintenant que je doive quelque chose à la verité et à l'Eglise dans laquelle je suis prestre, un mot sans raisonnement me suffira. Je ne tiens qu'à une seule chose, qui est l'obeissance simple. Ma conscience est donc dans la vôtre. Si je manque, c'est vous qui me faittes manquer, faute de m'avertir. C'est à vous à répondre de moi si je suis un moment dans l'erreur. Je suis prest à me taire, à me retracter, à m'accuser et même à me retirer, si j'ai manqué à ce que je dois à l'Eglise. En un mot, reglez moi tout ce que vous voudrez et, si vous ne me croyez pas, prenez moi au mot pour m'embarrasser. Aprez une telle declaration, je ne crois pas, monseigneur, devoir finir par des compliments. A Versailles, dimanche 12. decembre. L'ABBÉ DE FÉNELON. »

Malgré cette déclaration, Fénelon, qui, en 1694, avait pris parti pour Mme Guyon, publia en 1697 l'*Explication des Maximes des saints*.

Œuvres complètes de Bossuet, éd. Lachat, XXVIII, p. 626.

Vente GUYOT DE VILLENEUVE, 1900, n° 29, art. 14.

3081 (1884 *b*). LETTRE DE FÉNELON à Louis XIV. Ms. autographe, 12 ff. in-4, mar. viol., fil. et comp. à froid et dor., dos orné, tr. dor. (*Thouvenin*.)

Cette pièce célèbre a donné lieu à de nombreuses polémiques. Elle a dû être écrite vers 1694 ; mais la vivacité des termes employés par l'archevêque de Cambrai permet de douter qu'elle ait jamais été remise au roi.

Le manuscrit original, vu par d'Alembert et par Condorcet, avait disparu à la fin du XVIII° siècle ; il se retrouva en 1825 à la vente des livres de GENTIL. A.-A. RENOUARD, qui en fit alors l'acquisition, le fit imprimer à quelques exemplaires en l'accompagnant d'un avant-propos, où il rectifiait avec beaucoup de sagacité une note inscrite par le marquis de Fénelon en tête de l'original.

La plaquette publiée par Renouard est accompagnée d'un fac-similé de la 1re page ; elle est ornée d'un portrait de Louis XIV et d'un portrait de Fénelon. On en trouve ici un exemplaire relié à la suite de l'autographe dans le recueil formé par Renouard lui-même. Le célèbre amateur y a joint un billet adressé par Fénelon à la contesse de Montberon, en date du mercredi 7 novembre 1703.

De la bibliothèque de G. GUYOT DE VILLENEUVE (Cat., 1900, n° 28). Le dernier propriétaire a placé en tête du volume 2 ff. extraits du *Bulletin de la Société de l'histoire de France*, 1886, pp. 53-56. Ces ff. contiennent le compte-rendu d'une séance à laquelle M. de Villeneuve avait communiqué la lettre de Fénelon et une savante note de M. Arthur de Boislisle.

3082 (1884 *c*). LETTRE DE FÉNELON « A monsieur, monsieur le marquis de Fenelon chez madame de Chevry, rue de Tournon pres le Luxembourg, à Paris » [Cambrai], jeudi 27 decembre 1704 : « Je vous prie, mon t. c. f., de dire à M. Dupuy que je n'entends point parler de M. Fr. qui devoit arriver ici... » 1 p. in-8 et 1 f. blanc pour la suscription.

Vente G. GUYOT DE VILLENEUVE, 1900, n° 29, art. 13.

3083 (1896 *a*). LETTRES de Philippe Néricault des Touches à Françoise d'Isembourt d'Happoncourt, dame de Graffigny. 40 lettres autographes, formant ensemble environ 127 pp. in-4.

Destouches, né à Tours en 1680, élu membre de l'Académie française en

IX. — POLYGRAPHES.

3084 (1904 *a*). L#es# n#ovvelles#, & ‖ Antiques meruefilles, ‖ Plus, ‖ Vn traicté des douze Cesars, Premiers ‖ Empereurs de Romme, nouuellement ‖ traduit d'Italien en François. ‖ En fin y a vne Ode pour Dieu gard à ‖ la ville de Paris, faite en Iuin 1554. ‖ Auec Priuilege, ‖ *A Paris,* ‖ *Chez Guillaume le Noir, rue sainct Iac-* ‖ *ques à la Rose blanche couronnée,* ‖ 1554. In-16 de 96 ff. non chiffr., sign. *A-M* par 8, mar. v., fil., dos orné, tr. dor. (*Duru*, 1850.)

Les ff. *A ij-A iiij* sont occupés par une épître de C#h#. F#ontaine# « A monsieur d'Ivor, secrétaire du roy ».

Le volume contient 4 pièces, savoir :

1° (fol. *A v*). *Sommaire du livre des nouvelles isles,* résumé des découvertes faites en Afrique et surtout en Amérique.

2° (fol. *D i*). *Les antiques Merveilles, autrement les Fleurs du livre de Asse,* [de G#uillaume# B#udé#], *qui est un petit recueil et brief sommaire de plusieurs belles antiquitez,* etc.

3° (fol. *F viij*). *Petit Traité des douze premiers empereurs de Romme, à sçavoir depuis Jules Cesar jusques à Domitian, nouvellement traduit d'italien en françoys.*

4° (fol. *K v*). « *Ode pour Dieu gard à la ville de Paris,* par C#harles# F#ontaine#, *Parisien,* 1554, en juin.

Cette pièce, composée de 102 quatrains, est accompagnée (fol. *M o-M viij*) d'une note « pour intelligence à quelz personnages s'adressent les quatrains de l'Ode, etc. » Entre le poème et la note on trouve une *Ode, par Charles Fontaine, à sa Flora, Lyonnoise* (fol. *L vij*) ; une autre *Ode, par ledict Fontaine, à la même* (f. *L viij v°*) ; une *Ode, par ledict Fontaine, à un sien ami* (fol. *M i*) ; une *Ode par ledict Fontaine à Bonaventure Du Tronchet* (fol. *M i v°*) ; une *Ode à M. François L'Archer, faite à Lyon en may 1554... Auteur Charles Fontaine* (fol. *M ij*) ; une *Ode a Charles Fontaine,* par B#onaventure# D#u# T#ronchet#, *Masconnois* (fol. *M ij v°*) et un dizain de Charles Fontaine au même Bonaventure Du Tronchet.

Au v° du dernier f. est le texte du privilège accordé pour trois ans au libraire *Guillaume Le Noir,* le 28 juillet 1554.

3085 (1917 *a*). L#e# L#ivre# d#es# o#isivetez# d#es# e#mperieres# [de Gervais de Tilbury], translaté en français par Jehan Du Vignay, frere de Haut Pas. — L#a# D#ivision# frere Odoric des merveilles de la Terre Sainte. Ms. in-fol. à 2 col. sur vélin

Ci comence le liure des oisiue
tez des empereres translate
de latin en francois par Jehan
du vignay frere de haut pas.

Son tres excel
lent seigneur
Oeton le quart
empereur ro
main. de la no
ble lignee des

cesariens. Geruaise par la vo
lente de vous voustre humble
deuot & loial mareschal. du
regne de la terre dar le com
salut. victoire & pes en cuer
& en cors. Ci comence la di

stinction de regne & de pre
strise. & coment l'un & l'au
tre doiuent estre gouuer
nez en terre.

he empereur
noble. ij. cho
ses sont par
lesqueles le
monde est
gouuerne.

Cest assauoir prestrise. &
gouuernement de seignorie.
Le prestre si prie pour le pue
ple. Et le roy gouuerne. Le
prestre si pardonne les mesfes.
Le roy punist les malfeteurs.

OTIA IMPERIALIA DE GERVAIS DE TILBURY.
TRADUITS PAR JEHAN DU VIGNAY, MS. (XIVe SIÈCLE)

de 236 ff. (haut. 281 ; larg. 198 mill.), miniatures et bordures (XIVᵉ siècle), mar. r., riches entrelacs à petits fers, doublé de vélin blanc, dos orné, tr. dor. (*Thompson.*)

Les *Otia imperialia*, composés au début du XIIIᵉ siècle par Gervais de Tilbury, maréchal du royaume d'Arles, et dédiés par lui à l'empereur Othon IV (1197-1218), sont un abrégé de l'histoire universelle et un recueil de récits extraordinaires. Pour le texte latin, on peut se reporter à l'édition Liebrecht (1856). Des extraits en ont été donnés dans les *Monumenta Germaniae historica, Scriptores,* t. XXVII, in-fol., pp. 359-394. Il existe des *Otia* une première traduction française exécutée dans la seconde moitié du XIIIᵉ siècle par Jean d'Antioche, dit le Harent, (Bibl. nat., ms. fr. 9113). La version de frère Jehan Du Vignay, dont le présent manuscrit est jusqu'ici le seul exemplaire connu, a été sommairement étudiée par M. Léopold Delisle (*Histoire littéraire de la France,* t. XXXIII, pp. 17, 624-628). Après une table des chapitres, qui occupe les 4 premiers ff., commence le texte, précédé d'une miniature à deux compartiments. La reproduction ci-jointe fera connaître à la fois le style de cette peinture, la décoration du volume, les armes dont est orné le frontispice et le début du texte.

La seconde partie du volume contient la traduction de la relation latine du voyage exécuté en Asie vers 1318 par frère Odorico Mattiuzzi ou Odorico da Pordenone, religieux franciscain, né en 1226 à Villanova, près de Pordenone, mort le 14 janvier 1331. Odorico n'avait laissé qu'une ébauche de son récit en langue vulgaire. La relation latine fut écrite en 1336 par un autre franciscain, frère Guglielmo da Solagna, qui avait entendu les récits des voyageurs.

Voici les premières lignes de la traduction française :

Ja soit ce que mout de gens racontent mout de choses et diverses des manieres et des condicions de ce monde, toutevoies est il assavoir que frere Odoric du Marchié Julien, alliant volenté de trespasser la mer et couveitant de aler al parties des mescroians...

La relation se termine ainsi :

« Certes le devant dit frere Odoric, aprés ce si trespassa de cest siecle en Nostre Seigneur, el convent de Venise, l'an de Nostre Seigneur mil CCC. XXXI, le xiiije jour de janvier, qui aprés ce est ennobli de moult de grans miracles ».

Le texte est orné de 47 petites miniatures, dont 15 ont la largeur de la page, tandis que les 32 autres n'ont que la largeur d'une colonne. Les grandes initiales peintes sont également au nombre de 47.

Ce manuscrit a fait partie de la collection de Barrois (n° 19). Celui-ci, prétendant, croyant peut-être, que le volume avait appartenu à Charles V, a fait mettre sur les plats l'écu de France avec les fleurs de lys sans nombre.

Le volume a figuré en 1903 à la vente du Comte d'Ashburnham (n° 432) ; il provient en dernier lieu de la bibliothèque de M. Charles Fairfax Murray.

HISTOIRE.

I. — Géographie et voyages.

5. — *Voyages en Asie.*

3086 (1935 *a*). Opera dilettevole da intendere, nel- || la qual si contiene doi Itinerarij in Tartaria, per alcuni Frati dell' ordine Minore, || è [*sic*] di .S. Dominico, mandati da Papa Innocentio IIII, nella detta Prouincia || de Scithia per Ambasciatori, Non più uulgarizata. — [A la fin :] *Stampata in Vinegia per Giouan' Antonio* || *de Nicolini da Sabio. Ne l'Anno del* || *Signore*. MDXXXVII[1537]. || *Adi 17 Ottobrio*. In-8 de 56 ff. non chiffr., sign. *A-O* par 4, car. ital., mar. viol., fil., dos orné, tr. dor. (*Rel. anglaise*.)

Le titre est orné d'une curieuse figure :

Au v° du titre est une pièce en *terza rima*. — Les ff. *A ij-A iij* contiennent la table des cinquante chapitres. — Le f. *A iiij* est occupé par un avis « Alli lettori ».

Frà Giovanni dal Piano del Carpine avait été chargé par le pape Innocent IV en 1246 d'une ambassade auprès des princes mongols, dont le

HISTOIRE. 465

souverain pontife voulait arrêter les invasions. Il rencontra de grandes difficultés dans cette mission dont il nous a laissé une très curieuse relation. Son ouvrage est ici imprimé pour la première fois ; mais il avait été en grande partie reproduit dans le *Speculum historiale* de Vincent de Beauvais. Nous avons déjà dit qu'une traduction anglaise en fut donnée en 1598 par Richard Hakluyt et Samuel Purchas dans le recueil intitulé : *The principal Navigations, Voyages, Traffiques and Discoveries of the English Nation*, etc., et nous avons décrit (t. I, n°ˢ 1935) la traduction française donnée par Pierre Bergeron en 1634.

Les derniers travaux consacrés à frà Giovanni sont ceux de Giorgio Pullè publiés en 1909 dans la *Rivista geografica italiana* et dans les *Atti e Memorie della R. Accademia di scienze, lettere ed arti in Padova*.

De la bibliothèque de W. BECKFORD, et de son gendre, le dixième DUC DE HAMILTON (Cat., 1883, II, n° 179). C'est probablement l'exemplaire qui avait figuré à la vente du MARQUIS DE BLANDFORD (Cat., 1819, n° 4048).

3087 (1938 *a*). [REISE NACH JERUSALEM.] — [Au r° du 1ᵉʳ f. :] Nach Christi vnnsers lieben herrn gepurt || M.cccc.lxxix. jare. Am dorstage der do || was der sechst tage des monats Maij. || Pin ich Hans tucher burger vn̄ die zeit || einer des kleinen Rates d' stat Nürem- || berg... — [Au r° du dernier f., au-dessous de 20 lignes de texte :] ℂ *Gedruckt vnd volendet durch Hansen schönsperger zū* || *Augspurgk Anno dn̄i Tausent vierhundert jm .lxxxij* [1482]. *iar.* In-fol. goth. de 75 ff. impr. en gros caractères à longues lignes, au nombre de 34 à la page, sans chiffr., récl. ni sign., mar. br., fil. et comp. à froid, dos orné, tr. dor. (*Chambolle-Duru*.)

I. 4. 4

Seconde édition publiée par *Hans Schönsperger* sous la même date. Elle se reconnaît à la qualification de membre du petit conseil prise par l'auteur à la 5ᵉ ligne du texte.

Hans Tucher, bourgeois et membre du petit conseil de Nuremberg, avait 51 ans et 5 semaines quand il entreprit son voyage le 6 mai 1479. Il eut pour compagnons Siebolt Rieter, également bourgeois et membre du petit conseil de Nuremberg, et Otto Spiegel.

Il visita Jérusalem en même temps qu'un membre de la famille de Hornes et que Balthasar, duc de Mecklembourg.

La galère d'Agostino Contarini, sur laquelle Tucher avait pris passage, partit de Venise le 10 juin 1479 ; elle y rentra le 17 mars 1480.

Röhricht, *Bibliotheca geographica Palaestinae*, 1890, n° 390.

La description que donne Hain de cette édition (n° 15665) montre qu'il a eu sous les yeux un exemplaire très différent de celui-ci. Quant au nombre des lignes, Hain en indique 35, ce qui doit être une erreur d'impression.

3088 (1939 *b*). ITINERARIVS ioannis De || hese presbyteri a Hierusalem describens dispositiones || terrarum insularum mōtium ι aquarum. ac etiam que || dam mirabilia ι pericula per diuersas partes mundi cō || tingentia lucidissime enarrans. || ℂ Tractatus de decē nationibus ι sectis christianorū || ℂ Epistola Ioannis soldani ad piū Papam secundum || ℂ Epistola responsoria Pii pape ad soldanum. || ℂ Ioannis presbyteri

I. 4. 50

maximi Indorum ɩ ethiopum || christianorum Imperatoris
ɩ patriarche. Epistola ad || Emanuelem rome gubernatorem
de ritu ɩ moribus in- || dorū. deqz eius potentia diuitiis ɩ
excellentia. || ❡ Tractatus pulcherrimus de situ ɩ disposi-
tione regio || num ɩ insularum totius indie. Necnō de rerum
mirabi || lium ac gentium diuersitate. — [Au r⁰ du dernier
f. : ❡ *Expliciūt duo tractatuli de mirabilibns* [sic] || *rerum
totius Indie ac prīcipe eorum pres* || *bytero Ioanne.
Impressum Parisius per* || *Robertū gourmont pro Oliuerio
senant* || *commorantem in vico sancti Iacobi ad in-* || *tersi-
gnium beate Barbare.* S. d. [vers 1510], in-4 de 20 ff. non
chiffr. de 40 lignes à la page, sign. *A* par 4, *B et C* par 6,
D par 4, v. f., fil., dos orné, tr. dor. (*Trautz-Bauzonnet*.)

Le titre est imprimé en belles lettres de forme ; le v⁰ en est blanc.

Le corps du volume est imprimé en caractères ronds très serrés.

Le dernier f. contient, au r⁰, les deux dernières lignes du texte et la souscription. Au v⁰ est la marque d'*Olivier Senant*, libraire à Paris de 1505 à 1511 (Silvestre, n⁰ 429).

Jan van Hees, prêtre du diocèse d'Utrecht, nous dit qu'il visita Jerusalem au mois de mai 1489. Il parcourut ensuite la Palestine, l'Egypte et parvint en Æthiopie, où il visita, nous assure-t-il, le tombeau de saint Thomas. Son récit est tellement fabuleux qu'on le croit composé en grande partie d'après les dires d'autres voyageurs. La première édition paraît être celle qui fut donnée à Deventer, par *Richard Paffroet* en 1499 ; mais le livre eut un grand succès, et les réimpressions qui en furent faites au début sont presque toutes introuvables.

Röhricht (n⁰ 227) date le voyage de 1389.

Les pièces jointes à la relation sont apocryphes.

Exemplaire de CHARLES SCHEFER (Cat. par Ch. Porquet, 1899, n⁰ 307).

3089 (1939 *a*). CHY SENSVYVENT LES || GISTES repaistres Et ||
Despens Que Moy Iac- || ques Lesaige marchāt de || mourant
a Douay : Ay faict de Douay a Rōme || Nostre Dame de
Lorette. A Venise .. Et dela en la || Saincte Cite de Hieru-
salem. Fleuue Iourdain || Et autres lieux. Iusquez au retour
dudit douay || ❡ *Imprime Nouuellement a Cambray* .. ||
Par Bonauenture Brassart Demou- || *rant En la Rue
Sainct Iehan* || *Empres la magdalaine* ∴ *Au* [sic] ||
despens dudict iacques. S. d. [vers 1523], in-4 goth. de 78 ff.
de 34 lignes à la page pleine, sign. *A-T* par 4, *V* par 2,
mar. r. jans., tr. dor. (*Trautz-Bauzonnet*.)

Seconde édition de cette relation.

Jacques Le Sage, parti de Douai le 19 mars 1519 (n. s.), passa par Paris, Lyon, la Savoie, le mont Cenis, visita la Lombardie, Plaisance, Bologne, Florence, Sienne, et entra dans Rome le 26 avril, ne s'étant arrêté qu'une demi-journée à Paris, autant à Lyon et à Florence. Il se rendit ensuite à Lorette, puis gagna Ancone. Là, deux de ses compagnons, Jehan et Jacques Vendezie, le quittèrent ; un troisième, Jehan Du Bos, de

Soignies en Hainaut, continua le voyage. Les deux pélerins se rendirent par eau d'Ancone à Venise, où ils s'embarquèrent sur un navire commandé par Giovanni Delfino. Le voyage se fit dans les conditions ordinaires ; mais il fut des plus difficiles au retour. Jacques Le Sage vit mourir en mer, le 19 septembre 1519 le serviteur d'un homme d'église d'Angleterre (fol. P iij), le 20 septembre, Antoine Belua, de Gamaches, et Pierre Dehors, curé de Gisors (fol. P iij v°), le 26 septembre, son ami Jehan Du Bos (fol. P iij v°), le 4 octobre, un pélerin suisse et un cordelier d'Angers appelé Pierre Tarin (fol. Q i r° et v°), le 6 octobre, un pélerin suisse qui faisait le voyage pour la seconde fois (fol. Q i v°). Le Sage rentra dans sa ville de Douai le jour de Noël. Il finit ainsi sa relation :

« Et ainssy croy que ceulx devant penssoient que ne revenroie point ; pour che prenoient ce qu'il povoient. Mais, loés soit Dieu le createur, j'en suis revenus tout dehet. Et pour donner loenge audit createur, *aujourd'huy, XI° de juillet quinse cens vingt trois,* ayans achevés ce second livre, trœuvé que ay plus de biens temporelz chincquante livre chascun an que n'avoie quant je partis pour aller audit voyage.

« Et pourtant l'ayde de Dieu est grande, dont luy prie qu'y nous donne a chascun sa grace et paradis en la fin. Amen.

« Che present livre a faict Jacque Le Faige [sic],
Lequel est bien sarpilit de languaige,
Grant crocheteur de boutelles et (de) flacquon.
Je pry a Dieu qu'y luy fache pardon.
Amen. »

Röhricht, n° 608.

Exemplaire du COMTE DE LIGNEROLLES (Cat., 1894, n° 2192).

3090 (1939 *aaa*). ❡ ITINERARII TERRE SANCTE : inibiqz || sacrorum locorū : ac rerum clarissima descriptio : omnibus sa- || cre scripture tractatoribus vtilissima : peramena auditoribus : || per Bartholomeū a Saligniaco sedis apl'ice prothonotariū : || equestris ordinis militē : ac vtriusqz iuris pfessorē nup emissa. || ❡ *Veneūt hec opuscula nūqʒ hactenus excusa | Lugduni ī vi-* || *co mercuriali ī edibͦ honesti viri Gilberti de Villiers ad ima-* || *ginem diui Ioānis Baptiste cū oronibͦ ī Terra sctā reptis.* || ❡ Cum priuilegio. — [Au fol. lxx v°, au-dessous de 8 lignes de texte :] ❡ *Finit perutile hoc opusculuʒ optimi cuiusqz* || *Christiani lectiōe dignissimum : cui Itinerario* [sic] || *nomen est : in Tomos decem sectum : variarum* || *vrbium : regionum : insularuʒ : ac locorum Terre* || *sancte situm complectēs : ab excellentis ingenij* || *viro Domino Barptolomeo a Saligniaco se-* || *dis apostolice pthonotario : ac vtriusqʒ iuris p-* || *fessore prestātissimo magnis laboribus conditū* || *Lugduniqʒ in edibus honesti ac industrii cal-* || *cographi Gilberti de Villiers impressuʒ. Anno* || *a virginis partu Millesimo quingētesimo. xxv* [1525]. || *die duodetrigesimo Mensis Augusti.* || Finis. In-8 goth. de 70 ff. chiffr., 9 ff. non chiffr. et 1 f. blanc, mar. br., mil. orné, tr. dor. (*Chambolle-Duru.*)

Le titre porte les armes de Jehan, cardinal de Lorraine ; voir la reproduction ci-après.

Au v° du titre est une table des pièces contenues dans le volume, une épigramme en six distiques de Gabriel Delez et une autre épigramme, non signée, qui est probablement du même auteur.

Les ff. *ij et iij* sont occupés par une épître de Barthélemy de Salignac « Reverendissimo in Christo domino, domino Joanni a Lotharingia, sacrosancte romane ecclesie tituli sancti Onophrii cardinali magnificentissimo ac principi illustrissimo ».

La relation de Barthélemy de Salignac, bien que fort intéressante, ne contient que peu de renseignements personnels. Le voyageur nous apprend (fol. 10 v°) qu'il quitta Venise le jeudi 22 juin 1522. Il ne donne pas les noms de ses compagnons. Il raconte seulement (fol. 44 v°) qu'un des pèlerins, un médecin français, fut dévoré par un crocodile comme il voulait entrer dans le Jourdain. Plus loin (fol. 46) il dit qu'un pèlerin flamand mourut de fatigue et de chaleur. Un passage qui mérite d'être relevé est celui où l'auteur parle de l'Amérique (fol. 56 v°).

Au f. 59 v° est une élégie latine en 10 distiques par GABRIEL DELEZ.

Le f. 60 est occupé, au r°, par une grande figure qui représente le Christ en croix, entre les deux larrons, la Vierge, les saintes femmes et une foule nombreuse.

Au v° commencent les oraisons, qui s'étendent jusqu'à la fin des ff. chiffrés et sont ornées de 10 petites figures.

Les 9 ff. qui terminent le volume sont occupés par un registre alphabétique, une *Anastrophe ad lectorem* et deux oraisons latines, composées, l'une par un pélerin français, l'autre par un pélerin allemand.

Röhricht (n° 610) n'a certainement pas vu le volume, puisqu'il place le voyage vers 1518.

Exemplaire de CH. SCHEFER (Cat. par Ch. Porquet, 1899, n° 325).

3091 (1939 *aaaa*). TRESAMPLE ꝫ ABON- ǁ DANTE DESCRIPTION du voyaige de la terre saincte / derniere- ǁ ment commence Lan de grace Mil cinq cens trentedeux. ǁ En laquelle description sont nommees ꝫ declarees toutes ǁ les Villes Citez ꝫ choses dignes de memoire q̃ se treuuent ǁ entre cy ꝫ la / tant en France / comme aux Itales / pays de ǁ Grece ꝫ Turquie. Cōmencant ledict voyage depuis la ǁ ville de Nogeãt sur Sene / iusques a la saĩcte cite de Hieru- ǁ salem. Et comprenant diuerses coustumes ꝫ manieres de ǁ faire / selon lusance de plusieurs nations lesquelles se treu- ǁ uent entre cy ꝫ ladicte terre saincte. Le tout premierement ǁ escript ꝫ diligemment redige en forme par Messire Denis ǁ Possot presbtre natif de Coulemiers / q̃ au retour demou- ǁ rant a Candie laissa la charge dacheuer ladite descriptiō ǁ a messire Charles Philippe seigneur de Champarmoy / ǁ et Grandchamp / Procureur de trespuissant Seigneur ǁ Messire Robert de la Marche / ǁ et cheualier du sainct ǁ Sepulchre. Ce ǁ quil fist au ǁ singulier prouffit et delectation ǁ de toutes personnes ǁ bien affectionnees audict ǁ voyage. ǁ (⸪) ǁ ✠ ǁ ✠ ✠ ǁ ∴ ǁ ℂ *On les vend a Paris / rue sainct Iacques* ǁ *a lenseigne de Lhomme Sauluaige*. [1536]. In-4 goth. de 60 ff. non chiffr., sign. A-P, mar. v. jans., tr. dor. (*Trautz-Bauzonnet.*)

Voir ci-après la reproduction du titre.

Au v° du titre est une très belle figure qui représente le Christ crucifié entre les deux larrons, la Vierge, saint Jean, les saintes femmes et les bourreaux.

Denis Possot, le principal auteur de cette relation, partit de Nogent-sur-Seine, où s'étaient réunis les autres pélerins, le 11 mars 1532 (n. s.).

Les voyageurs arrivèrent à Venise le samedi 14 avril et logèrent « au Grifon, en la place Sainct Marc ». Ils quittèrent Venise le mardi 14 mai et firent leur entrée à Jérusalem le mardi 2 juillet, au soir. Leur retour fut particulièrement pénible. Denis Possot dut rester à Candie, ainsi que Jehan de Beauvais et Jehan de Savoie. Charles Philippe, seigneur de Champarmoy et de Granchamp, de La Ferté-Gaucher, procureur de Robert de

Tresample & abondante

description du voyaige de la terre saincte, dernierement commence l'an de grace Mil cinq cens trentedeux. En laquelle description sont nommees & declarees toutes les Villes Citez & choses dignes de memoire q̃ se treuuent entre cy & la, tant en France, comme aux Itales, pays de Grèce & Turquie. Commençant ledict voyaige depuis la ville de Nogeät sur Sene, iusques a la saicte cité de Hierusalem. Et comprenant diuerses coustumes & manieres de faire, selon l'usance de plusieurs nations lesquelles se treuuent entre cy & ladicte terre saincte. Le tout premierement escript & diligemment redige en forme par Messire Denis Possot presbtre natif de Coulemiers, q̃ au retour demourant a Landre laissa la charge dacheuer ladicte descriptiõ a messire Charles Philippe seigneur de Champarmoy, et Granchamp, Procureur de trespuissant Seigneur Messire Robert de la Marche, et cheualier du sainct Sepulchre. Le quil fist au singulier proufit et delectation de toutes personnes bien affectionnees audict voyaige.

(∴)

☞ On les vend a Paris, rue sainct Jacques a lenseigne de Lhomme Sauluaige.

La Mark, seigneur de Fleuranges, maréchal de France, continua le voyage avec le capitaine Mouton et Carne Juvénal, d'Aix-le-Duc, qui mourut en route. Il acheva la relation commencée par Possot. Il était de retour à La Ferté-Gaucher le 11 novembre.

HISTOIRE. 471

Voici une table des personnages cités dans la relation :

Barbarigo (Co. Angelo), fol. *F iiij* (il est appelé le comte Angelus), *G iij*.

Beauvais (Jehan de), marchand de Coulommiers, fol. *B i*, *G i* v°, *I ij* v°, *M iiij*.

Bianco (Paolo) « Paule Blanc », patron de navire, fol. *F iiij*.

Bourment (Albert), fol. *I ij* v°.

Bourment (Fassin), fol. *I ij* v°.

Cenami (Pandolfo) « Pandoulfe Cenayme, marchant natif de Paris », fol. *E iij*.

Champarmoy (Charles Philippe, seigneur de). Voy. Philippe.

Chappot (Henry), écuyer de monsieur du Moutiers en Tarentaise, fol. *F iiij* (une lacune dans le texte donnerait lieu de croire que M. de Tarentaise faisait aussi partie du voyage), *I ij* v°.

Cornaro (Gabriello), capitaine, fol. *F iiij*.

Danès (Guillaume), marchand demeurant à Paris, fol. *B iiij* v°.

Delfino (Costantino), patron de navire, fol. *H iij* v°.

Faucoulleau (Anthoine), ermite, fol. *I ij* v°.

Folliet (Frère Anthoyne), compagnon de Jehan Gacy, fol. *F iiij* (il n'est appelé que père Anthoyne), *I ij* v°.

Fonnenot (Verle de), fol. *I ij* v°, personnage appelé ailleurs Carne Juvenal.

Gachi (Frère Jehan), gardien de Beaune, fol. *F iiij*, *G i*, *I ij* r° et v°, *K ij* v°. — C'est le poète cité dans le *Catalogue Yemenis*, n° 354, et dans le *Recueil de Poésies françoises*, de Montaiglon, IV, p. 94.

Gerard, confesseur du roi de Hongrie, fol. *F iiij*, *I ij* v°.

Gritti (Andrea), doge de Venise, fol. *E i* v°, *E iij*, *F iij*.

Houllier (Jehan), secrétaire de l'évêque de Chalon-sur-Saône, fol. *B iij* v°.

Isabelle (Sœur) d'Espagne, fol. *I ij* v°.

Jehan (Catherin), concierge de l'hôtel du roi à Lyon, fol. *B iiij*.

Julienne (Sœur) de Crese, fol. *I ij* v°.

Juvenal (Carne), d'Aix-le-Duc, près de Molesmes, fol. *M iiij* r° et v°, *N iij*. Voy. Fonnenot.

Le Gros (Jehan), marchand de Paris, fol. *F iiij*, *G iij* (il est appelé Jehan de Paris), *I ij* v°, *M ij* v°.

Mariano, de Naples, fol. *I ij* v°.

Marthory (Menault de), ou Martres, évêque de Conserans, fol. *B i* v° (il est appelé Machory), *E iij* (il est appelé Mathory).

Mouton (Jehan), capitaine, natif de Provins, fol. *B i*, *I ij* v°, *M iiij*, *N i*.

Paris (Jehan de). Voy. Le Gros (Jehan).

Philippe (Charles), seigneur de Champarmoy et de Grandchamp, fol. *B i*, *C iij* (il est appelé « le procureur de La Ferté », *I ij* v°.

Pietro « Pierre », Sicilien, fol. *I ij* v°.

Pyon, marchand à Troyes, fol. *B ij*.

Possot (Denis), fol. *A i*, *I ij* v°, *M ij*, etc.

Pradines (Hubert de), fils aîné de Christophe de Pradines, seigneur du Plessis, fol. *B i* v°.

Sempolo (Stefano), ou Stempolo, « provisor generalis et vicecapitaneus Famagoste et consiliarius Cipri », fol. *E iij*, *F iiij*.

Trevisano (Marcantonio), lieutenant de la seigneurie de Venise à Famagouste, fol. *E iij*.

Viaspres (? de), seigneur de Viaspres, à Troyes, fol. *B i* v°.

La relation est suivie (fol. *P ij*-*P iij*) du texte latin et françois des lettres de chevalerie du Saint-Sépulcre octroyées à Charles-Philippe, le 14 juillet

1532, par frère Battista da Macerata, du mont de Sion, de l'ordre des frères mineurs.

Le volume se termine (fol. *P iiij*) par le texte de la supplique adressée au prévôt de Paris par le libraire *Regnault Chaudière* et le texte de la permission à lui donnée pour deux ans le 18 mai 1536.

Le v° du dernier f. est blanc.

Röhricht, n° 707.

Exemplaire du COMTE DE LIGNEROLLES (Cat., 1894, n° 2194).

3092 (1939 *d*). DISCOVRS || DV VOYAGE || d'outre-mer au saint || Sepulchre de Ierusalem || & autres lieux de la || terre Saincte. || Et du mont de Sinaï, qui est és desers d'Ara- || bie, où Dieu donna la loy à Moyse. || Par Gabriel Giraudet, de la ville du Puy en || Velay, prestre Hierosolymitain. || Où nous auons de nouueau adiousté à chacune station vne || histoire & vne Oraison propre. || *A Paris,* || *Chez Thomas Brumen, au mont S. Hilaire* || *à l'enseigne de l'Oliuier.* || M.D.LXXXV [1585]. In-8 de 6 ff. lim. paginés, 99 ff. chiffr. et 7 ff. non chiffr., mar. v. jans., croix poussée à froid sur les plats, tr.dor. (*Trautz-Bauzonnet.*)

Le titre est orné de la croix de Jérusalem.

Les pp. 8-5 contiennent une épître de l'auteur « A tres-illustre et vertueuse princesse et dame, madame Loyse de Lorraine, royne de France ».

A la p. 6 est un avis « Au lecteur ».

Les 8 autres ff. lim. sont occupés par une *Instruction à tous chrestiens qui desirent faire et accomplir les voyages de Jerusalem et du mont de Sinaï*.

Le voyage de Gabriel Giraudet n'a rien de personnel. Il nous dit (fol. 3), qu'il s'embarqua à Venise avec deux gentilshommes envoyés comme gouverneurs à Corfou et à Candie, des marchands chypriotes et des marchands juifs allant à Tripoli de Syrie. Les pèlerins étaient au nombre de 67, « tant françois, italiens que flamans ». Nous ignorons quand il se mit en route. Ce fut probablement vers 1565. En effet un compatriote du voyageur, Jean Burel, nous a donné sur lui les renseignements suivants : « Sera remarqué, « dit-il, », comme chose non jamays plus advenue que messire Guabriel Giraudet, prestre, il y avoit environ deux ans auparavant qu'il estoit marié, et accompaigné d'une fille à maistre Pierre Mondot, notaire, de laquelle avoit heu des enfans, ayant il demeuré environ six ou sept ans en la Terre Saincte de Jerusalem, enfant, ladicte Mondot, sa femme, deceda de peste, pouvant avoir environ deux ans, et, comme il se fust faict prebstre, dellibera fere la sepulture à sadicte femme, comme il fist, en l'eglise Sainct Pierre le Monastier. Luy mesmes, vestu de chappe sacerdotal, fist l'office tant par la ville comme prebstre, que dire et chanter la messe en hault, y ayant en ladicte sepulture nombre de prebstres, de pouvres vestus et luminaire : chose toute estrange, non guieres advenue ». (*Mémoires de Jean Burel, bourgeois du Puy, publiés par Augustin Chassaing*, 1875, in-4, p. 54).

Un autre historien du Puy, Estienne Médicis, qui a donné une énumération de ceux de ses concitoyens qui avaient fait le voyage de Jérusalem (*Chroniques*, éd. Chassaing, I, 1869, in-4, p. 269), ne fait aucune mention de notre voyageur.

Le livre de Giraudet, dont nous avons ici la troisième édition (il avait paru pour la première fois chez *Michel Jove*, à *Lyon*, et, pour la seconde, chez *A. et J. Colomiés, à Toulouse*), a toute la sécheresse d'un guide. L'auteur a voulu l'agrémenter en y ajoutant des oraisons et 23 gravures, tirées d'un recueil de figures de la Bible. Ces gravures sont accompagnées de vers français et latins.

Il y a pourtant dans la relation des passages curieux, par exemple celui où Giraudet raconte son passage à Candie et sa visite au « labirinthe de Minotaurus » (fol. 4 v°).

Au f. 97 commence un poème intitulé *Prosopopée de la Terre Sainte par manière de piteuse complainte qu'elle faict aux prelats, princes et seigneurs chrestiens pour estre recouvrée des infideles :*

> Vous, princes de la terre, augmenteurs de la foy,
> Regardez moy sans loy, sans justice et sans roy...

Cette pièce se termine au r° du f. 99. Au v° du même f. commence une épître latine « Illustrissimo viro, domino Joanni Stephano Duranto, senatus regii tolosani primo praesidi ». L'épître est datée « e musaeo tuo et nostro Tolosano, calend. octobris 1583 ».

Les derniers ff. sont occupés par la *Table*.

Röhricht, n° 707.

Exemplaire du COMTE DE LIGNEROLLES (Cat., 1894, n° 2197).

3093 (1940 *a*). DE L'ANTIQVITÉ, || fondation, nomination, || splendeur, ruyne, et || estat present de la ville || de Ierusalem. || Ou est Incidemment traitée cette an- || tiene dificulté, qui estoit Melchisedec. || Par Noble homme, Albert Padioleau || Sieur de Launay, Conseiller du Roy, & || Auditeur en sa Chambre des || Comptes de Bretagne. || *A Nantes,* || *Par Hilaire Mauclerc, Impri-* || *meur, & Libraire, demeurant en* || *la grand rue Sainct Pierre-* || M. DC. XXXV [1635]. In-4 de 2 ff. et 111 pp., mar. br., fil. à froid, tr.. r. (*Mettrey.*)

Le titre porte les armes de Bretagne.

Le second f. lim. est occupé par un avis « Au lecteur ».

Padioleau ne nous dit pas qu'il ait fait lui-même le voyage de Jérusalem. Il s'est contenté de raconter l'histoire de la ville et d'en faire connaître l'état actuel d'après différents auteurs.

Röhricht, n° 1028.

Exemplaire du COMTE DE LIGNEROLLES (Cat., 1894, n° 2200).

II. — HISTOIRE.

2. — *Histoire des religions.*

A. — Histoire du paganisme.

3094 (2000 *a*). BOCCACE DE LA GENEALOGIE DES DIEVX. — [Au v° du dernier f., 1re col. :] *Cy finist Iehan bocace de la genea-* ||

logie des dieux Imprime nouuellemēt ‖ *a Paris Lā mil CCCC. quatre vīgtz* ‖ *⁊ dixhuit* [1499, n. s.] *le neufuiesme iour de feurier* ‖ *Pour Anthoine verard libraire demou-* ‖ *rant a Paris sur le pont nostre dame a* ‖ *lymage saint Iehan leuāgeliste* ∣ *ou au* ‖ *palais au premier pilier deuant la cha-* ‖ *pelle ou len chante la messe de messei-* ‖ *gneurs les presidens.* In-fol. de 226 ff. chiffr. et 6 ff. non chiffr., impr. à 2 col. de 46 lignes à la page, mar. r. jans., tr. dor. (*Trautz-Bauzonnet.*)

Exemplaire imprimé sur VÉLIN ; qui diffère sensiblement de l'exemplaire imprimé sur papier que nous avons décrit sous le n° 2001.

Le r° du 1ᵉʳ f. ne contient que l'intitulé (en une seule ligne). Le mot *Boccace* y est écrit ainsi. — Le v° du titre est blanc.

Le cahier *a* compte 8 ff. — Au f. *a i* [*j*] est une grande miniature qui représente un homme debout sur le rivage de la mer, et considérant quatre navires qui y sont accostés.

Ce premier cahier contient en outre 6 petites miniatures (il n'y a qu'une seule figure dans le cahier réduit à 6 ff.).

Au second cahier tous les feuillets sont bien de la même impression, tandis que dans l'édition remaniée les ff. *b ij* et *b vij* ont été réimprimés avec les mêmes caractères que le cahier *a*.

Les figures qui décorent les exemplaires imprimés sur papier n'ont pas été tirées dans celui-ci. Elles ont été remplacées par 11 grandes et 33 petites miniatures, dont les sujets sont souvent très différents. Plusieurs de ces peintures sont remarquables ; on y admire ces fonds lointains, perdus dans l'azur, qui sont particuliers aux artistes de l'école de Tours.

Cet exemplaire, le seul imprimé sur vélin que l'on connaisse, avait été légué en 1611, par HENRI, COMTE DE CLERMONT-TONNERRE, aux minimes de Tonnerre. Les minimes l'offrirent au cardinal LOMÉNIE DE BRIENNE. Le volume a fait partie ensuite des bibliothèques de PARIS D'ILLENS (Cat., 1790, n° 353), du COMTE DE MAC CARTHY (Cat., 1815, n° 3259), de GEORGE HIBBERT (Cat., 1829, n° 1246) et du PRINCE D'ESSLING (Cat., 1847, n° 137). Il a figuré en dernier lieu dans une des ventes de GUGLIELMO LIBRI (Cat., 1855, n° 1267).

B. — Histoire du christianisme.

a. — *Histoire générale de l'Église.*

3095 (2009 *a*). Sensuiuēt les faitz ‖ institutions ⁊ ordon ‖ nances p messeigñrs ‖ les cardinaulx / archeuesques / euesques / pre ‖ latz / abbes et docteurs en chascune faculte ‖ Par eulx ordonnez et faitz dedens la ville ‖ de Pise pour commencer le concille. Ce ql ‖ fut fait lan de grace Mil cinq cens et vnze. ‖ le iour de tous sainctz Et ce que depuis a este ‖ fait audit Pise. S. l. n. d. [*Paris, décembre* 1513], in-8 goth. de 4 ff. non chiffr., vél. blanc.

Le titre n'est orné d'aucune figure.

Au v° du dernier f. est une figure qui représente le Christ en croix et, debout, à ses côtés, la Vierge et saint Jean.

Le concile de Pise, auquel assistèrent quelques cardinaux et quelques prélats décidés à soutenir Louis XII dans sa lutte contre le pape Jules II, tint sa première session le mercredi 5 novembre 1511. Les cardinaux étaient en petit nombre. L'auteur de la relation cite : Sainte-Croix, c'est-à-dire Bernardino de Carvajal, évêque de Sabine et patriarche de Jérusalem ; Saint Malo (Guillaume Briçonnet, évêque de Saint-Malo), Amanieu d'Albret, évêque de Pamiers, René de Prie, évêque de Bayeux. A la seconde session, tenue le 7 novembre, on voit figurer : l'évêque d'Autun, [Jacques Hurault de Cheverny], ambassadeur à Florence, l'évêque de Luçon, [Pierre de Sacierges], l'évêque de Rodez, [François d'Estaing], l'évêque d'Angoulême, [Antoine d'Estaing]. A la troisième session, tenue le 12 novembre, le concile prescrivit à tous, « pour les perilz et dangiers qui pourroient survenir, se trouver a Millan le huytiesme jour de decembre, en la maison de monseigneur de Sainte Croix ».

b. — *Histoire des ordres religieux.*

3096 (2011 *a*). MONASTICON GALLICANUM. S. *l. n. d.* [Paris, 1677-1710], in-fol. de 183 planches non numérotées, veau brun, dos orné, tr. rouge (*Reliure ancienne.*)

La reliure porte au dos cette légende : *Representatien* [sic] *des abbayes et monastères de St Maur.* 1710.

Le recueil de planches connu des bibliophiles sous le nom de *Monasticon gallicanum,* dénomination qu'a consacrée une réimpression exécutée au XIXe siècle, renferme les vues cavalières, dessinées avec plus de zèle que de talent et assez médiocrement gravées en taille-douce, de près de cent cinquante abbayes bénédictines de l'ancienne France.

Ce recueil, qui ne fut jamais achevé ni mis dans le commerce, devait servir d'album à une histoire générale des abbayes françaises de la Congrégation de Saint-Maur projetée par le célèbre bénédictin dom Michel Germain (1645-1694). Son ouvrage, commencé vers 1670 et qui, au moment de sa mort, était achevé en manuscrit, devait porter le titre suivant : *Monasticon gallicanum, seu Historiae monasteriorum Ordinis sancti Benedicti in compendium redactae, cum tabulis topographicis centum et octoginta monasteriorum.*

Le manuscrit est conservé à la Bibliothèque nationale (mss. latins 11818 et 11819) et Léopold Delisle en a publié la description dans son catalogue du fonds latin (*Bibliothèque de l'École des Chartes,* t. XXVI, pp. 205-207). Il est demeuré inédit, à l'exception du chapitre concernant Saint-Germain-des-Prés, dont on a imprimé quelques exemplaires : le seul qui soit parvenu jusqu'à nous figure précisément dans l'exemplaire que nous décrivons. C'est à ce chapitre que fait allusion dom Germain dans une lettre à Gaignières (Bibl. nat., ms. fr. 22573, f. 9) : « Je n'ay plus aucun exemplaire de l'*Abbregé de l'histoire de Saint-Germain*, excepté celui-ci, que j'ay tout brouillé en le retouchant. C'est mon original, que je ne vous confierois pas, si je n'étois seur qu'il ne sortira jamais de vos mains ».

Les planches du *Monasticon* ont été l'objet d'une étude fort sagace de feu Louis Courajod (*Etudes iconographiques sur la topographie ecclésiastique de la France aux XVIIe et XVIIIe siècles ; le Monasticon gallicanum ;* Paris, Liepmanssohn et Dufour, mai 1869, in-fol. de 28 pp.) ; elles ont été reproduites en fac-similé réduit, avec une préface de Léopold Delisle, par Peigné-Delacourt, dans une publication utile et qui a rendu accessibles ces estampes aux travailleurs provinciaux : le recueil original est en effet d'une rareté extrême et l'on n'en a signalé qu'une douzaine d'exemplaires, tous présentant de légères différences dans leur composition ; en voici la liste, d'après Courajod, avec les quelques additions que nous avons pu y apporter. Il faudrait peut-être y ajouter l'exemplaire vendu 160 francs à la vente Thierry en 1817, et celui qui, selon Le Prévost et E.-H. Langlois, appartenait, il y a un demi-siècle, au marquis Le Ver.

1. Bibliothèque nationale, mss. latins 11820-11821. Exemplaire aux armes de Saint-Victor de Paris, provenant de la Bibliothèque de l'Arsenal. Il contient 138 planches.

2. Bibliothèque nationale, Cabinet des estampes. Exemplaire assez médiocre des Genovéfains, provenant de la Bibliothèque Sainte-Geneviève. Il contient 155 planches.

3. Bibliothèque Mazarine. Exemplaire provenant des Blancs-Manteaux et contenant 175 planches dont beaucoup n'ont rien à faire avec le *Monasticon*.

4. Bibliothèque du Sénat. Exemplaire remmargé et enrichi de nombreuses planches additionnelles. Il provient de la collection Morel de Vindé.

5. Bibliothèque de l'École des Beaux-Arts. Exemplaire légué par Lesoufaché et provenant de la vente du comte de Toustain.

6. Bibliothèque de Reims. Exemplaire provenant de l'abbaye de Saint-Nicaise ; il contient 158 planches dont 23 étrangères au *Monasticon*.

7. Exemplaire provenant de Saint-Corneille de Compiègne et qui se trouvait encore il y a quelques années à l'Évêché de Beauvais. Il est incomplet et mal conservé.

8. Collection de M. Lesouef à Paris. Exemplaire provenant, assure-t-on, d'Auguste Le Prévost et, en dernier lieu, d'Hippolyte Destailleur (Cat. 1895, n° 391). Il contient 150 planches du *Monasticon* (sur 152) et une cinquantaine de planches additionnelles.

9. Exemplaire signalé à la Cathédrale d'York.

10. Le présent exemplaire, cité par Courajod comme se trouvant en 1869 entre les mains du libraire Ch. Porquet. C'est un des plus beaux et des plus complets que l'on connaisse et nous avons cru utile d'en donner planche par planche une description minutieuse. Il contient 183 planches dont 146 font véritablement partie du *Monasticon*. La plupart des 37 estampes additionnelles (que nous avons désignées par des numéros *bis*) sont extraites des *Annales Ordinis Sancti Benedicti* de Mabillon. Les chiffres entre parenthèses renvoient à la table dressée par Courajod.

1 (1). *Carte Geographique des Abbayes et Monasteres de la Congregation de St. Maur avec les Archevechez et Evechez de France. Par Fr. Fr. Le Chevallier, R. B. 1710. — (H. van Loon sculp.)*

    Belle carte, signalée par le P. Lelong (*Bibl. hist.*, t. I, p. 77, n° 1181). C'est la dernière pièce gravée pour le recueil.

2 (18). *Regalis Abbatiæ S^{ti} Iuniani nobiliacensis Scenographia. 1690.*

    Saint-Junien de Noaillé (Vienne).

3 (55). *Abbatia S. Faronis Meldensis. D. Franciscus Vrayet delineavit. 1676.*

    Saint-Faron de Meaux (Seine-et-Marne).

3bis. *Tumulus Otgerii ac Benedicti, illustrium sub Carolo M. heroum postea monachorum. Qualis extat etiam nunc in Basilicâ S. Faronis apud Meldos. P. Giffart fec.*

    Extrait de Mabillon, *Annales Ordinis S. Benedicti*, t. II, p. 376, pl. L.

3ter. *Effigies Otgerii et Benedicti monachorum S. Faronis.*

4 (109). *Regalis Abbatiæ Gemmeticen. Topographia.* — [Au-dessous de la table :] 1678. — *F. G. de la Tremblaye delen.* [sic] *Toustain f.*

    Abbaye de Jumièges (Seine-Inférieure).

5 (68). *Corbeia Uetus illustrata. delineauit D. F. V.* [= *D. Franc. Vrayet*]. *Anno 1677.* Corbie (Somme).

6 (31). *Regalis S. Petri Solemniacensis Abbatiæ Delineatio.*

    Saint-Pierre de Solignac (Haute-Vienne).

7 (48). *Cardinalis Abbatiæ SS.^æ Trinitatis Vindocinensis Topographia. 1683. — F. Guill. de la Tremblaye delin. Leuesque sculp.*

    La Trinité de Vendôme (Loir-et-Cher).

HISTOIRE.

7bis. Détail de la chapelle de ce monastère, représentant divers épisodes de la translation de la Sainte-Larme.

Extrait de Mabillon, *Annales*, t. IV, p. 533 [48].

7ter. Chasse dans laquelle était conservée la Sainte-Larme.

Extrait du même ouvrage, [p. 49].

8 (81). *Regalis Abbatia S. Quintini de monte.*
Mont-Saint-Quentin (Somme).

9 (83). *Mons S^{ti} Michaelis.*
Mont-Saint-Michel (Manche). Épreuve de second état avec la fumée sortant des cheminées du monastère et le petit navire sur la droite de l'estampe.

9bis. *Montis S. Michaelis Conspectus Aquilonaris. Ejusdem Conspectus australis. — P. F. Giffart sc.*

Extrait de Mabillon, *Annales*, T. IV, p. 75.

10 (8). *Prospectus Monasterij S. Sauini Tarbiensis, anno 1676 delineatus.*
Saint-Savin de Tarbes (Hautes-Pyrénées).

11 (131). *Prioratus S. Clementis de Credonio.*
Saint-Clément de Craon (Mayenne).

12 (105). *Celebris Abbatiæ Beccensis Delineatio.* 1677.
Abbaye du Bec (Eure).
Comme l'observe Courajod, cette planche non signée paraît être de frère *Guillaume de La Tremblaye.*

13 (22). *Abbatiæ S. Ioan. Angeriacens. Topographia.*
Saint-Jean d'Angely (Charente-Inférieure).

14 (111). *Prioratus B. M. de Bononâtio Rotho. Topographia.* 1683.
Prieuré de Bonne-Nouvelle de Rouen (Seine-Inférieure).

15 (89). *Regalis Abbatia S. Cornelii Compendiensis.*
Saint-Corneille de Compiègne (Oise).

15 ^{bis} [Diptyque en ivoire provenant de Saint-Corneille de Compiègne].

16 (86). *Prioratus B. Mariæ Retellensis.*
Notre-Dame de Rethel (Ardennes).

17 (85). *Regalis Archimonasterii Sancti Remigii Remensis Topographia.*
Saint-Rémy de Reims (Marne).

17bis. *Le rare et somptueux tombeau de S. Remy. E. Moreau excudit.*

17ter. *Rex Lotarius I.*

Extrait de Mabillon, *Annales*, IV, p. 32. — Une autre gravure est donnée par Montfaucon (*Monum. de la monarchie franç.*, I, pl. XXX).

18 (124). *Prioratus B. Mariæ Deauratæ.*
Prieuré de Notre-Dame de la Daurade à Toulouse (Haute-Garonne).

19 (57). *Insignis Abbatia S^{ti} Benedicti Floriacensis Topographia.*
Saint-Benoît de Fleury (Loiret).

20 (13). *Nobilis Abbatia S^æ Crucis Burdigalensis.*
Sainte-Croix de Bordeaux (Gironde).

21 (45). *Regalis Abbatiæ S. Launomari Blesensis Topographia.*
Saint-Laumer de Blois (Loir-et-Cher).

22 (144). *Topographia Abbatiæ S^{ti} Melanii. Rhedonensis.*
Saint-Melaine de Rennes (Ille-et-Vilaine).

23 (87). *Abbatia S. Theodorici, prope Remos.*
Saint-Thierry près Reims (Marne).

24 (151). *Conspectus Monasterij S. Saluatoris de Rothono.*
Saint-Sauveur de Redon (Ille-et-Vilaine).

25 (101). *Regalis Abbatiæ B. M. de Bernayo Scenographia* 1687.
Notre-Dame de Bernay (Eure).

26 (5). *Effigies Monasterii St Petri de Regula,* 1702.
Saint-Pierre de La Réole (Gironde).

27 (102). *Regalis Abbatiæ Sancti Ebrulfi Ichnographia.*
Saint-Évroult (Orne).

28 (128). *Monasterium S.S. Sergii et Bachi Andega.*
Saint-Serge d'Angers (Maine-et-Loire).

29 (44). *Monasterij S. Aniani, diœc. S. Pontii Tomeriar. Delineatio.*
Saint-Aignan, dit Saint-Chignan (Hérault).

30 (54). *Abbatiæ SS. Trinitatis de Tyronio Topographia.*
La Trinité de Tiron (Eure-et-Loir).

31 (117). *Abbatiæ Regalis Sancti Germani Autissidiorensis Scenographia.*
Saint-Germain d'Auxerre (Yonne).

32 (129). *Regalis Abbatiæ S^{ti} Petri de Burgolio Iconographia.*
Saint-Pierre de Bourgueil (Indre-et-Loire).

33 (96). *Abbatiæ S^{ti} Petri de Conchis Topographia.* 1681.
Saint-Pierre de Conches (Eure).

34 (67). *Regalis Abbatiæ S. Germani a Pratis Scenographia* 1687.
Saint-Germain des Prés, à Paris.

34 bis. *Conspectus majoris Portæ Basilicæ S_{ti} Germani à Pratis.*
Extrait de Mabillon, *Annales,* I, p. 170.

34ter. *Tumulus Fredegundis Reginæ.*
Extrait de Mabillon, *Annales,* I, p. 248.

34^{quater}. *Historiæ Regalis Abbatiæ Sancti Germani a Pratis Compendium.*
In-folio de 8 pp. Fragment imprimé du texte de dom Germain.

35 (10). *Prospectus Regalis Abbatiæ S.S. Gervasii et Protasii de Axis.* 1687.
Saint Gervais et Saint Protais d'Eysses (Lot-et-Garonne).

36 (46). *Abbatia[e] B. Mariæ De Ponte Leuio Topograp.* 1682.
Notre-Dame de Pontlevoy (Loir-et-Cher).

37 (118). *Abbatiæ Regiæ S. Petri Ferariensis Scenographia.*
Saint-Pierre de Ferrières (Loiret).

38 (82). *Regalis apud Noviomum Abbatia Sancti Eligii. D. F. V. delineauit. Anno Domini.* 1677.
Saint-Eloy, près de Noyon (Oise).
Les initiales sont celles de dom François Vrayet.

39 (127). *Prioratus conventualis S. Salvatoris de Aquaria.*
Saint-Sauveur de l'Evière à Angers (Maine-et-Loire).

40 (62). *Regalis Abbatiæ S. Dionysii in Francia Topographia. Abbatiæ Regalis Ichnographia.*
Abbaye de Saint-Denis (Seine).

40bis. *Forma habitus monachorum S. Dionysii sub Fulrado Abbate.*
Extrait de Mabillon, *Annales,* II, p. 254.

41 (16). *Regalis Abbatiæ Sancti Maxentii pict' Topographia.*
Saint-Maixent (Deux-Sèvres).

42 (84). *Regalis Abbatia S. Nicasii Remensis illustrata.*
Saint-Nicaise de Reims (Marne).

42bis. *Tumulus Jovini. F. Dasonneuille fecit. — Tumulus Sti Nicasij.*
F. Dassonneville.

43 (42). *Regalis Abbatiæ S. Saluatoris Anianæ Topographia.*
Saint-Sauveur d'Aniane (Hérault).

44 (114). *Regalis Abbatiæ S. Wandregesili Ichnographia.*
Saint-Wandrille (Seine-Inférieure).

45 (37). *Abbatia S^{ti} Ioannis Reomensis Scenographia.* 1689.
Moutier Saint-Jean (Côte-d'Or).

46 (9). *S. Andreæ Auenionis Monasterij Scenographia.*
Saint-André de Villeneuve-lez-Avignon (Gard).

47 (15). *Monasterij B. Petri de Brantolmio Topographia.*
Saint-Pierre de Brantôme (Dordogne).

48 (120). *Abbatia S^{tæ} Columbæ Senonensis.*
Sainte-Colombe de Sens (Yonne).

49 (141). *Abbatiæ S. Vincentij Cenomanensis Topographia.*
Saint-Vincent du Mans (Sarthe).

50 (116). *Abbatiæ S. Martini Sagiensis Topographia.*
Saint-Martin de Séez (Orne).

51 (23). *Abbatiæ Regalis Sti. Sulpicij Bituricencis Topographia.*
Saint-Sulpice de Bourges (Cher).

52 (26). *Regalis Abbatiæ Sancti Illidii Claromontanensis Topographia.*
Saint-Allyre de Clermont (Puy-de-Dôme).

53 (143). *Conspectus Monasterij S. Vuingaloloej de Landeveneco.*
Saint-Guignolé de Landeveneo (Finistère).

54 (146). *Totius majoris Monasterij prope Turones Delineatio.*
Marmoutiers (Indre-et-Loire).

55 (148). *Abbatiæ S. Iuliani Turonensis Delineatio.*
Saint-Julien de Tours (Indre-et-Loire).

56 (92). *Celeberrimum in agro Suessionensi S. Medardi Cœnobium.*
Saint-Médard de Soissons (Aisne).

57 (134). *Perspectiua Monasterij Sancti Florentij Salmuriensis.*
Saint-Florent de Saumur (Maine-et-Loire).

58 (3). *Prospectus ædium Coenobii montis maioris* 1684.
Montmajour (Bouches-du-Rhône).

59 (25). *Regalis Abbatiæ Sancti Roberti Casædei Topographia.*
Saint-Robert de la Chaise-Dieu (Haute-Loire).

60 (69). *Scenographia Monasterii S. Petri Latiniacensis.*
Saint-Pierre de Lagny (Seine-et-Marne).

61 (97). *Regalis Abbatiæ Sancti Taurini Ebroycensis Topographia,* 1680.
Saint-Taurin d'Évreux (Eure).

62 (122). *Regalis Abbatia B. Mariæ de Soricinio.* 1687.
Notre-Dame de Sorrèze (Tarn).

63 (80). *Regalis Abbatiae S. Vincentij ad Laudunum Hujus Diœcesis secundæ sedis Ichnographica Descriptio.*
Saint-Vincent près Laon (Aisne).

64 (20). *Regalis Abbatiæ S. Sauini Pictauiensis Scenographia*, 1688.
Saint-Savin près Poitiers (Vienne).

65 (83). *Abbatia Sancti Basoli.*
Saint-Basle (Marne).

66 (72). *Regalis Abbatia Sancti Walarici supra mare.*
Saint-Valery-sur-Somme (Somme).

67 (121). *Abbatia S. Petri uiui prope Senonas.*
Saint-Pierre-le-Vif-lez-Sens (Yonne).

68 (32). *Abbatiæ Sti Petri Flaviniacensis Scenographia.* 1690.
Saint-Pierre de Flavigny (Côte-d'Or).

69 (4). *Prospectus Monasterij S. Seueri in capite Vasconiæ an.* 1678 *delineatus.*
Saint-Sever Cap de Gascogne (Landes).

70 (73). *Prospectus Monasterij B. Mariæ de Britulio.*
Notre-Dame de Breteuil (Oise).

71 (52). *Abbatia B. M. de Iosaphat Topographia.*
Notre-Dame de Josaphat (Eure-et-Loir).

72 (19). *Regalis Abbatiæ Sti Cypriani Pictauiensis Scenographia*, 1692.
Saint-Cyprien de Poitiers (Vienne).

73 (40). *Abbatiæ Sancti Tiberij Topographia.*
Saint-Thibéry (Hérault).

74 (74). *Topographia Abbatiæ Sancti Geremari.*
Saint-Germe de Flaix (Oise).

75 (99). *Abbatiæ Beatæ Mariæ de Lyra Topographia*, 1678.
Notre-Dame de Lyre (Eure).

76 (91). *Abatia S. Crispini Maioris in suburbio Suessionensi.*
Saint-Crépin de Soissons (Aisne).

77 (59). *Prioratus B. Mariæ de Argentolio Ord. S. Benedicti congr. S. Mauri. die* 26. *Ian.* 1674.
Notre-Dame d'Argenteuil (Seine-et-Oise).

78 (142). *Prioratus B. M. de Tuffeio. Topographia.*
Notre-Dame de Tuffé (Sarthe).

78bis. *Abbatia SS. Omnium Andegav. Eius d°. Congreg. fundata anno* [c. 1048]. Rmo *Patri Franc. Blanchart, S. Genouef. Paris. Abbati Can. Reg. Congreg. Gall. gnalj. digniss., obseruantiæ Perpel⁹ monim⁹ D. D. C. addict. Fil. H. F.*
Jean Paul fecit.

79 (77) *Nobilis Abbatiæ Sancti Iohannis Bapᵗ. Laudunensis Ichnographia.*
Saint-Jean-Baptiste de Laon (Aisne).

80 (78). *Abbatia B. M. U. de Novigento.*
Notre-Dame de Nogent-sous-Coucy (Aisne).

81 (35). *Prospectus ædium Monasterij Molismensis.*
Molesme (Côte-d'Or).

82 (123). *Celebris Abbatia S. Petri de Curte seu de Manso Garnerio*, 1686.
Saint-Pierre de Mas-Garnier (Haute-Garonne).

83 (49). *Abbatiæ S. Florentini Bonævallis Topographia.*
Saint-Florentin de Bonneval (Eure-et-Loir).

84 (39). *Abbatiæ Beatæ Mariæ de Ambroniaco Topographia*, 1681.
Notre-Dame d'Ambronay (Ain).

85 (53). *Prioratus S. Nigasii Melletensis Adumbratio.*
Saint-Nicaise de Meulan (Seine-et-Oise).

86 (135). *Monasterii S^{ti} Iacutj Scenographia*, 1690.
Saint-Jacut ou Saint-Jagu (Côtes-du-Nord).

87 (69). *Abbatia S. Fusciani de Nemore illustrata.*
Saint-Fuscien-aux-Bois (Somme).

88 (51). *Abbatiæ B. M. de Columbis Topographia*, 1682.
Notre-Dame de Coulombs (Eure-et-Loir).

89 (107). *Regalis Abbatiæ SS^{mæ} Trinitatis Fiscanensis Topographia*, 1687.
La Trinité de Fécamp (Seine-Inférieure).

90 (50). *Abbatiæ S^{ti} Petri Carnutensis Topographia.*
Saint-Père de Chartres (Eure-et-Loir).

91 (108). *Abbatiæ S^{ti} Petri Pratellensis Topographia*, 1683. — *F. G. De la Tremblaye delin. — H. van Loon fec.*
Saint-Pierre de Préaux (Calvados).

92 (152). *Regalis Abbatiæ S^{ti} Gildasii Rutensis Scenographia*, 1687.
Saint-Gildas de Rhuis (Morbihan).

93 (34). *Celebris Abbatiæ S. Benigni Divionensis Topographiæ.*
Saint-Bénigne de Dijon (Côte-d'Or).

93bis. *Ecclesiæ inferioris Ichnographia. — Antiquæ Basilicæ mediæ S. Benigni Ichnographia.*
Extrait de Mabillon, *Annales*, t. IV, p. 152.

93ter. *Ecclesiæ superioris Ichnographia.*
Extrait de Mabillon, *Annales*, t. IV, p. 153.

94 (119). *Conspectus Monasterij S^{ti} Petri Melodunensis.*
Saint-Pierre de Melun (Seine-et-Marne).

95 (110). *Regalis Abbatia Sancti Martini ad Pontem Isarae delineata anno Domini* 1674.
Saint-Martin de Pontoise (Seine-et-Oise).

96 (17). *Topographia Abbatiæ S^{ti} Iouini de Marnis, diœcesis pictauiensis*, 1690.
Saint-Jouin de Marnes (Deux-Sèvres).

97 (11). *Prioratus Conuentualis S^{tæ} Liberatæ Scenographia*, 1688.
Sainte-Livrade (Lot-et-Garonne).

98 (12). *Proiectio nobilis Abbatiæ S. Maurini*, 1688.
Saint-Maurin (Lot-et-Garonne).

99 (136). *Topographia S^{ti} Matthæi in finibus terræ.*
Saint-Mahé-de-Fineterre (Finistère).

100 (30). *Prospectus ædium Prioratus Conuentualis S. Michaëlis de Angelis.*
Saint-Michel des Anges (Haute-Vienne).

Il existe deux états de cette planche, *avant* et *avec* le Saint-Michel dans l'écusson réservé aux armes du Monastère. Notre épreuve est du second état.

101 (140). *Abbatia S^{ti} Petri de Cultura jn suburbio Cenomanensi. Topographia*, 1682.

    Saint-Pierre de la Couture au Mans (Sarthe).

102 (153). *Monasterij S^{ti} Roberti de Cornilione Topographia.*

    Saint-Robert de Cornillon (Isère).

103 (94). *Monasterii S^{ti} Vigoris Baiocensis Scenographia.*

    Saint-Vigor de Bayeux (Calvados).

104 (139). *Abbatia Beatæ Mariæ de Lonlayo in Desertis.*

    Notre-Dame de Lonlay (Orne).

105 (147). *Monasterij B^æ Mariæ Nuchariensis Scenographia.*

    Notre-Dame de Noyers (Indre-et-Loire).

106 (138). *Regalis Abbatiæ S. Karilefi Anisonensis schema delineatum anno* 1675.

    Saint-Calais (Sarthe).

107 (108). *Abbatiæ S. Georgii prope Rotomagum Topographia*, 1683.

    Saint-Georges de Boscherville près Rouen (Seine-Inférieure).

108 (71). *Regalis Abbatia Sancti Richarii Centulensis.*

    Saint-Riquier (Somme).

109 (2). *Abbatiæ B. Mariæ de Soliaco Scenographia,* 1687.

    Notre-Dame de Souillac (Lot).

110 (113). *Abbatia S. Michaelis de Ulteriori Portu.*

    Saint-Michel du Tréport (Seine-Inférieure).

111 (14). *Scenographia Celebris Abbatiæ Beatæ Mariæ Sylvæ Majoris,* 1679.

    Notre-Dame de la Sauve-Majeure (Gironde).

112 (112). *Regalis Abbatiæ S^{ti} Andoeni Rotomagensis Scenographia.*

    Saint-Ouen de Rouen.

112*bis*. *Regalis Abbatiæ Sancti Audoeni Rothomagensis Topographia. Plan de l'Abbaye Royale de s_t Oüen de Roüen.* — *I. Toustain f.*

112*ter*. *Plan geometral de l'Eglise de Sainct Ouen.* — *I. Toutain fec.*

112*quater*. *Eglise de labbaye royale de St Ouen de Rouen veüe du costé du Midy.* — *I. Toutain del.* — *G. Audran. Scul.*

Au-dessous de la figure sont 4 distiques latins traduits en deux sixains français.

112*quinquies*. *Perspective du dedans de l'eglise de Sainct Oüen de Roüen veüe dans une distance raisonnable le Portail coupé.* — *Regalis Basylicæ D. Audoëni Rothomagensis, Ordinis S. Benedicti, optica Delineatio.* — *J C Dauid fecit &c.* — *I. toutain delin.*

112*sexies*. *Iubé de Leglise de S_t Ouen Fait lan 1462 par le Cardinal d'Estouteuille Ruiné par les Heretiques lan 1562 & Repare Lan* [ ] *par D. Guillaume Cotterel Prieur de Cette Abbaye.* — *Iean toutain Fecit ex.*

112*septies*. *Portail de leglise d' St Ouen de Rouen Comme il Doit estre Acheué.* — *Porticus Ecclesiæ S^{ti} Andoeni Rotom. Perficiendo.* — *R. harel fecit.*

112*octies*. *Face du logis abbatial de l'Abbaye Royale de S_t Ouen de Rouen Lun des Magnifiques Ouurages Dantoine Bohier Abbé depuis Archeuesque de Bourges Et Cardinal.* — *Regalis Monasterii D. Audoeni Rothomagensis*

Domus Abbatialis Opus Anthonii Bohierii abbatis ac postea Archiepiscopi Bituricensis ac S. R. E. Cardinalis.

En bas, 3 distiques latins rendus en un sixain qui commence ainsi :

*D'Amboise et de Boyer les riches bastimens
Servent a leur pieté d'illustres monumens* ...

Ces sept planches, souvent jointes au *Monasticon*, n'en font pas partie ; elles ont été gravées pour l'ouvrage de Dom Pommeraye sur Saint-Ouen de Rouen (1662). Les cuivres se trouvaient encore, assure-t-on, en 1827, chez le curé de Saint-Ouen.

113 (125). *Abbatia Sti Albini Andegau. Ichnographica Tabula.*
Saint-Aubin d'Angers (Maine-et-Loire).

114 (56). *Scenographia Monasterij S. Petri Resbacensis.*
Saint-Pierre de Rebais (Seine-et-Marne).

115 (88). *Scenographia Monasterij S. Petri Casiacensis.*
Saint-Pierre de Chézy (Aisne).

116 (104). *Prioratus B. M. de Bellomonte jn Algia Topographia*, 1675.
Notre-Dame de Beaumont-en-Auge (Calvados).

117 (58). *Monasterium Beatæ Mariæ de Bono Nuntio Aurelianensis Scenographia.*
Notre-Dame de Bonne-Nouvelle d'Orléans (Loiret).

118 (33). *Abbatiæ Sanctorum Petri et Pauli Bezuensis Scenographia*, 1690.
Saints Pierre et Paul de Bèze (Côte-d'Or).

119 (75). *Abbatia S Wlmari. — D. franciscus Vrayet delin.*
Saint-Wulmer (Pas-de-Calais).

120 (145). *Delineatio Imperialis Abbatiæ Pauli Cormeriacensis.*
Saint-Paul de Cormery (Indre-et-Loire).

121 (98). *Monasterium Sancti Petri De bello Loco Lemouensis.*
Saint-Pierre de Beaulieu (Haute-Vienne).

122 (41). *Scenographia Imperialis Abbatiæ B. Mariæ de Crassa*, 1687.
Notre-Dame de la Grasse (Aude).

123 (95). *Regalis Abbatiæ S. Stephani Cadomensis Scenographia*, 1684.
Saint-Étienne de Caen (Calvados).

124 (43). *Delineatio Reg. Abbatia S. Petri de Caunis*, 1687.
Saint-Pierre de Caunes (Aude).

125 (27). *Abbatiæ Sti Austremonii Issioderensis Scenographia*, 1689.
Saint-Austremoine d'Issoire (Puy-de-Dôme).

126 (7). *Conspectus Monasterij S. Petri de Generoso.*
Saint-Pé de Générez (Hautes-Pyrénées).

127 (6). *Prospectus Monasterij Sorduësis delineatus an.* 1678.
Saint-Jean de Sordes (Landes).

128 (36). *Monasterij St Petri Molosmensis Topographia*, 1690.
Saint-Pierre de Molesme (Côte-d'Or).

129 (38). *Prospectus Ædium Monasterij S. Michaelis Tornodorensis.*
Saint-Michel de Tonnerre (Yonne).

130 (149). *Turpiniaci Deserti Monasteriū Immaculatæ Conceptioni B. Mariæ Matris Dei Dicatum.*
L'Immaculée Conception de Turpenay (Indre-et-Loire).

131 (90). *Scenographia Monasterij Sancti Petri Orbacensis.*
Saint-Pierre d'Orbais (Aisne).

132 (21). *Conspectus Abbatiæ S. Stephani Bassacensis.*
Saint-Étienne de Bassac (Charente).

133 (24). *Abbatiæ Sancti Petri Virsionensis Topographia.*
Saint-Pierre de Vierzon (Cher).

134 (115). *Abbatiæ B. Mariæ S. Petri super Divam Scenographia.*
Saint-Pierre-sur-Dive (Calvados).

135 (139). *Topographia Abbatiæ Sti Mauri glannafoliensis Super Ligerim.*
Saint-Maur de Glanfeuil (Maine-et-Loire).

136 (150). *Sancti Saluatoris Villæ lupensis Abbatiæ delineatio.*
Saint-Sauveur de Villeloin (Indre-et-Loire).

137 (137). *Monasterii S. Benedicti Macloviensis Scenographia*, 1687.
Saint-Malo (Ille-et-Vilaine).

138 (76). *Prioratus S. Marculphi Corbeniensis.*
Saint-Marcoul de Corbeny (Aisne).

139 (130). *Prioratus S. Ioañis Baptistæ de Castrogonterio.*
Saint-Jean Baptiste de Château-Gontier (Mayenne).

140 (98). *Abbatiæ B. Mariæ de Ybreio scenographia.* 1687.
Notre-Dame d'Ivry (Eure).

141 (70). *Regalis Abbatia S. Iudoci supra mare.*
Saint-Josse-sur-Mer (Pas-de-Calais).

142 (29). *Prospectus S. Andreæ Maimacensis.*
Saint-André de Maimac (Corrèze).

143 (79). *Regalis Abbatia S. Nicolai de Nemore.*
Saint-Nicolas-aux-Bois (Aisne).

144 (126). *Abbatia S. Nicolai Andegauensis Ichnographia* [sic] *Tabula.*
Saint-Nicolas d'Angers (Maine-et-Loire).

145 (60). *Plan perspectif ou Elevation de l'Abbaye Royalle de Chelles fondée par Sainte Bathilde Reine de France enuiron l'année six cent soixante de N. S. Veu du costé de l'entrée,* 1688.
Chelles (Seine-et-Marne).
Cette épreuve ne porte pas la signature de *dom Hilaire Champion.*

146 (61). *Plan perspectif ou Elevation De l'Abbaye Royale de Chelles fondée par Sainte Bathilde Reine de France environ l'annee six cent soixante de N. S.,* 1688. — *Dom. Hilarius Champion delineabat.*
Chelles (Seine-et-Marne).

146 bis. *Plan de l'Abbaye de Port Royal des champs à vuë d'oyseau.*

146 ter. Suite de quinze petites gravures oblongues, exécutées par *Magdeleine Horthemels,* femme de *Charles-Nicolas Cochin,* et figurant divers incidents de la vie à Port Royal. La première est une réduction de la planche 146 bis.

Des planches décrites par Courajod il ne manque dans cet exemplaire que les suivantes :

47. *Cardinalis Abbatiæ SSæ Trinitatis Vindocinensis Delineatio.*
Planche différente de celle qui est décrite plus haut sous le n° 7 et représentant aussi l'abbaye de la Trinité de Vendôme (Loir-et-Cher).

HISTOIRE. 485

64-65. Deux vues de l'abbaye de Notre-Dame des Blancs-Manteaux. Ces vues, ayant la lettre en français, ne font peut-être pas partie du *Monasticon*.

66. *Regalis abbatiæ S. Germain a Pratis Topographia.*
Abbaye de Saint-Germain-des-Prés à Paris. Voy. notre n° 34.

100. *Regalis Abbatiæ B. Mariæ de Bernayo Topographia.*
Notre-Dame de Bernay (Eure). Voy. notre n° 25.

106. *Iconographia Regalis Abbatiæ Fiscanensis Ordinis S^{ti} Benedicti, congregationis S. Mauri.*
La Trinité de Fécamp. Voy. notre n° 89.

132. *Figura Monasterii S. Mauri ad Ligerim.*
Saint-Maur de Glanfeuil. Voy. notre n° 135.

De ces sept planches, cinq font double emploi avec des estampes de notre recueil, et les deux autres n'ont peut-être aucun droit à y figurer.

(Article rédigé par M. SEYMOUR DE RICCI.)

c. — *Vie des saints.*

3097 (2020 *a*). RECVEIL de la vie || de Saint || Adrien, || Martyr glorieux || Patron de Grand-mont, || et de Madame || S. Natalie || Sa Compagne || A l'instance des Confreres & Pe- || lerins. || Par le R. P. Martin le Brun || Licentié en Theologie, Religieux || Abbé du Monastere de S. || Adrien || *A Brusselles* || *Chez Iean de Meerbeque.* || 1631. || Auec permission. In-8 de 8 ff. lim., 184 pp., 1 f. d'Errata et 1 f. blanc, mar. v. jans., tr. dor. (*Trautz-Bauzonnet.*)

Le titre est orné d'une jolie marque, gravée en taille-douce, qui représente le globe du monde au-dessous duquel sont un livre et une épée. On lit en exergue : *His nititur orbis.*

Les 3 ff. qui suivent contiennent une épître « A Son Alteze Serenissime » [l'archiduchesse Isabelle]. — Les 5° et 6° ff. sont occupés par une épître « A messieurs, messieurs les bourgemaistre et magistratz en la ville de Geraert-Mont ». — Aux 2 derniers ff. lim. on trouve une épître « Aux confreres et devotz de S. Adrien et sainte Natalie », puis une figure, gravée en taille douce, qui représente les deux saints.

Au bas de la p. 184 est l'approbation du censeur « Henricus Calenus, s. theologiae licentiatus, archipresbyter Bruxellensis ».

Exemplaire du comte de LIGNEROLLES (Cat., 1894, n° 2342).

3098 (2020 *b*). ¶ CY SENSVYT LA VIE de || Monseigneur Sainct Albain roy de hongrie et martyr. || *Nouuellement imprime a Paris.* V. c. || ¶ *On les vend a Paris en la Rue neufue nostre Dame* || *a lenseigne Sainct Nicolas.* — [Au r° du dernier f. :] ¶ *Cy fine la vie Du* || *Glorieux martir Monseigneur Sainct Albain* || *Roy de Hongrie Translate na gueres de* || *Latin en Francoys. Et Nouuelle-* || *ment Imprime a Paris par* || *Pierre Ratoyre Demourāt en la Rue Iudas* || *Pour Pierre* || *Sergent* || *Libraire Demourant en la rue* || *Neufue Nostre Dame a* || *Lenseigne Sainct* || *Nicolas. S. d.* [*v.* 1530], in-4 goth. de 20 ff. non chiffr. de 38 lignes à la page pleine, sign. *A-E* par 4.

Le titre est orné d'une figure qui représente David en prière :

HISTOIRE. 487

Le texte commence ainsi, au v° même du titre :

« A l'honneur et à la gloire de Dieu tout puissant, qui se monstre merveilleux en ses faictz, comme tesmoigne David en son Psaultier, je me suis voulu parforce[r] de translater de latin en rommant la fructueuse vie de monseigneur sainct Albain, glorieux martir de Nostre Seigneur... »

Le v° du dernier f. ne contient que la marque de *Pierre Sergent* (Silvestre, n° 1011).

La Vie de monseigneur sainct Albain avait été imprimée une première fois en 1483, à Lyon, avec les caractères de *J. Syber*. Voy. le Cat. de Ch. Fairfax Murray, n° 569.

3099 (2020 c). LA VIE ET LEGENDE de || monseigneur sainct a || lecis. — ❡ *Cy finist la vie et legende du glorieux amy || de dieu monseigneur sainct Alexis.* S. l. n. d. [v. 1500], in-4 goth. de 4 ff. non chiffr. de 32 lignes à la page pleine, sign. *a*, mar. r. jans., tr. dor. (*Duru*, 1853.)

Le titre est orné d'une figure :

La légende commence ainsi :

L'Interpretacion du nom sainct Alexis. Alexis vault autant a dire comme yssant de la loy, car il yssait hors de la loy et du sacrement de mariage.... — *La Vie de monseigneur sainct Alexis.* Alexis fut filz de tresnoble homme nommé Eufemien, qui estoit premier en la salle de l'empereur de Romme, et avoit soubz luy trois mille jouvenceaux qui estoient tous sainctz de saintures d'or... »

Le v° du dernier f. est blanc.

Exemplaire du COMTE DE LIGNEROLLES (Cat., 1894, n° 2343).

3100 (2022 a). LIBER CONFORMITATVM. — [Au fol. I*ᵃ* :] In nomine dñi nr̃i iesu xp̄i. & beatissime Virgi- || nis Marie : mr̃is sue. ac beati par̃is nostri Frãcisci. || Incipit opus quod intitulaf de cõformitate uite || beati Francisci : ad uitã dñi iesu xp̄i redẽptoris nr̃i. edi || tum a fratre Bartolomeo de Pisis : ordinis minorum sa || cre theologie magistro : ob reuerentiam sui patris pre || cipui Beati Francisci. anno domini .M.ccc.lxxxv. — [Fol. CCLV*ᵇ* :] ❡ *Impressum Mediolani per Gotardum Ponticũ : cu-* || *ius Officina libraria est apud templum sancti Satiri.* || *Anno Domini. MCCCCCX* [1510]. *Die. xviii. Mensis Se-* || *ptembris.* In-fol. de 4 ff. lim. et 256 ff. chiffr., réglé, mar. citr., comp. de mosaïque en mar. v. et r., riche dor., doublé de mar. r., large dent., gardes de tabis, tr. dor. (*Derome le jeune.*)

Seconde édition du célèbre ouvrage de BARTOLOMEO DEGLI ALBIZZI, s'il est vrai que l'édition vénitienne citée par Prosper Marchand soit antérieure.

Le titre, entouré d'un riche encadrement, dans lequel sont insérés trois médaillons représentant Amphion, Arion et Orphée, est orné de deux bois. Le premier représente saint François recevant les stigmates. Au-dessus on lit en gros caractères : *Francisce sequens dogmata superni creatoris* || *tibi impressa stigmata sunt Christi saluatoris.* L'intitulé : *Liber Conformitatum* est inscrit au-dessous de ce bois, puis vient la marque de l'imprimeur Gottardo Da Ponte (*Fac-simile di alcune imprese di stampatori italiani dei secoli XV e XVI*, 1838, pl. 3 ; Kristeller *Die italienischen Buchdrucker und Verlegerzeichen*, n° 90.

Au v° du titre est une grande figure qui représente saint François au pied de la croix. Des cartouches disposés sur les côtés indiquent, en caractères mobiles, les quarante conformités de saint François avec le Christ.

Les 3 ff. qui suivent sont occupés par la table, par une épître de frère FRANCESCO DA SAN COLOMBANO, provincial de Milan, aux définiteurs de l'ordre, frère Paolo Balsamo, frère Raffaello da Varisio, frère Dionisio de' Leonardi, de Novare, et frère Girolamo Battaglie (Milan, 12 mai 1510), et par une épître de frère Francesco Zeno, de Milan, vicaire général dans la province cisalpine.

En tête du texte (fol. I*ᵃ*) est une figure qui représente saint François recevant les stigmates. Le corps du volume est orné de belles initiales.

A la fin de l'ouvrage on trouve une épître de Bartolomeo degli Albizzi au général de son ordre, frère Enrico, et l'approbation de celui-ci, datée d'Assise le 2 août 1399. A la suite est un avis au lecteur.

Au bas du dernier f. r° est une nouvelle marque de *Gottardo Da Ponte* (Kristeller, n° 91) ; le v° de ce f. est blanc.

Ce volume a passé, comme l'exemplaire daté de 1513, par les bibliothèques de GAIGNAT (Cat., 1769, n° 2745) et du DUC DE LA VALLIÈRE (Cat. de De Bure, n° 4678). La reliure est la même ; cependant les compartiments qui sont

HISTOIRE. 489

rouges dans l'un des volumes sont verts dans l'autre, et vice versa. — En tête sont deux belles figures gravées sur bois en Allemagne au XVIe siècle : la Visitation (haut. 247 ; larg. 169 mill.) et la Crucifixion, où, près de la croix, se tiennent la Vierge et Saint-Jean (haut. 267 ; larg. 173 mill.)

d. — *Histoire des sectes chrétiennes.*

3101 (2053 a). LA || VRAYE HI- || STOIRE, contenant || linique iugement et fausse || procedure faite contre le fidele ser- || uiteur de Dieu Anne du Bourg, || Conseillier pour le Roy, en la cour || du Parlement de Paris, & les diuer || ses opinions des Presidens & Con- || seilliers, touchant le fait de la religiõ || Chrestienne. || Les demandes faites audit || du Bourg, & les responses d'iceluy : || auec || Sa confession de Foy, son constant mar || tyre & heureuse mort, pour soutenir la querele de || nostre Seigneur Iesus Christ. || Semblablement ce qui a esté fait contre quatre desdits || Conseilliers ; prisonniers pour la mesme cause. || Le tout contient les principaux points de la religion Chre- || stienne, pour la defense de la verité & parole || de Dieu. || *A Geneue* || *Par Iaques Bres.* || Auec Priuilege. || 1560. In-8 de 128 pp., mar. r. jans., tr. dor. (*Trautz-Bauzonnet.*)

Ce volume contient un récit détaillé de ce qui se passa au parlement de Paris à la suite de la mercuriale prononcée par le procureur général Gilles Bourdin, le dernier mercredi d'avril 1559. On y rappelle que les conseillers Arnaud Du Ferrier, Antoine Fumée, Nicole Du Val, Claude Viole, Eustache de La Porte, Du Four, Anne Du Bourg et Paul de Foix, les présidents de Harlay, Séguier et Christophe de Thou se prononcèrent pour la tolérance religieuse, tandis que le président Minard, le conseiller Le Maistre et plusieurs autres poussaient la cour à la répression. L'avis des fanatiques l'emporta. Le roi délégua le président de Saint-André, Jean de Mesmes, maître des requêtes, Louis Gayant et Robert Bouette, conseillers au parlement, l'évêque de Paris, Eustache Du Bellay, et l'inquisiteur Antoine de Monchy, dit Demochares, pour instruire le procès d'Anne Du Bourg et de plusieurs autres. Les interrogatoires du principal accusé, Du Bourg, sont ici rapportés tout au long. Tandis que les autres accusés réussirent à se tirer d'affaire, Du Bourg fut condamné au feu.

Au volume est jointe une estampe, tirée du recueil de *Hogenberg*, qui représente l'exécution du martyr le 21 décembre 1559.

Exemplaire du COMTE DE LIGNEROLLES (Cat., 1894, n° 2429).

3. — *Histoire des peuples anciens.*

3102 (2078 a). GUILIELMI POSTELLI De Republica, Seu Magistratibus Atheniensium Liber. Ex Musæo Joan. Balesdens, In Principe Senatu Advocati. Accessit Antonii Thysii J C. Discursus Politicus de eadem materiâ, & Collatio Atticarum & Romanarum legum. *Lugduni Batavorum, Ex Officina*

Joannis Maire cIɔ Iɔc xlv [1645]. In-16 all. de 8 ff. lim. et 364 pp. chiffrées de 5 à 368, mar. br. clair, très riche dorure à petits fers recouvrant entièrement les plats et le dos du volume, tr. dor. (*Rel. du XVIIe siècle*.)

> Le titre est suivi de 6 ff. qui contiennent une épître d'Antoine Thysius, professeur à Leide « Nobilissimo magnificoque viro Christophoro Thysio, illustrissimo Brederodio a consiliis ejusdemque saltuum praefecto, cognato suo », épître datée de Leide en septembre 1645.
>
> Le 8e f. lim., blanc au r°, contient au v° un joli portrait de Guillaume Postel, qui paraît bien reproduire un original contemporain.
>
> Le traité *De magistratibus atheniensibus* avait paru pour la première fois chez Michel de Vascosan, à Paris, en 1541, in-4. Il avait été réimprimé à Venise en 1541, à Bâle en 1543 et 1551. Il faut croire que toutes ces éditions étaient rares, puisque l'on dut pour rééditer l'ouvrage en emprunter un exemplaire à Ballesdens
>
> Sur Guillaume Postel, voy. Émile Picot, *Les Français italianisants*, I (1906), pp. 313-324.

5. — *Histoire de France.*

A. — Introduction. — Histoire des Gaulois.

3103 (2091 *a*). Le recveil de || l'antique preex- || cellence de Gaule et || des Gauloys. Composé par || M. Guillaume le Ro- || uille d'Alençon, || licentié es Lois. || Auec Priuilege. || *A Paris*, || *Par Chresticn VVechel, en la rue S.* || *Iehan de Beauuais, au cheual* || *volant*. M.D.LI [1551]. In-8 de 106 ff. chiffr. et 2 ff. non chiffr., mar. r., jans., tr. dor. (*Trautz-Bauzonnet.*)

> Le titre porte la petite marque de *Chr. Wechel* (Silvestre, n° 923).
>
> Au v° du titre est un douzain intitulé : *Le Livre parlant au roy, prosopopee.*
>
> Le 2e f. contient une épître de l'auteur « A mon seigneur, mon seigneur maistre Françoys Olivier, tresillustre chancelier de France ».
>
> Les ff. 3-7 sont occupés par un prologue « A tous lecteurs » et par le sommaire de la première partie.
>
> L'ouvrage de Guillaume Le Rouillé, bien que dépourvu de toute critique, renferme pourtant çà et là des citations curieuses empruntées aux auteurs anciens et modernes. A la suite de la seconde partie se trouve (fol. 74 v° — 78 r°) une *Epistre composée... au nom des rossignols du parc d'Alençon, à la tresillustre royne de Navarre, duchesse d'Alençon et de Berry, etc., du retour de ladicte dame du pays de Gascongne en la ville d'Alençon au moys d'apvril* 1544 :
>
>> Par cestre epistre, en style rude escripte,
>> Princesse illustre, o royne Marguerite...
>
> Le f. 78 v° contient un *Dixain estant à la porte de l'acteur, doré et enluminé, lorsque la royne passa*. Cette pièce est accompagnée de la devise : *Virtus in adversis*.
>
> Le 1er des 2 ff. non chiffr. qui terminent le volume est occupé, au r°, par trois distiques de Nicolas Bourbon « D. Guilielmo Rubigineo, amico doctissimo », distiques accompagnés de la devise : Ουχ ἄνευ τῶν μουσῶν. — Au v° est un extrait du privilège accordé à *Chr. Wechel* pour six ans, par la cour de parlement de Paris le 12 janvier 1552 (n. s.).

HISTOIRE. 491

Le dernier f., blanc au r°, porte au v° la marque de *Wechel* (Silvestre, n° 923).

Exemplaire du COMTE DE LIGNEROLLES (Cat., 1894, n° 2480).

B. — Histoire de France par époques.

b. — *Louis XII.*

3104 (2105 *a*). LA PROPOSITION ET HAREN || GVE translatee de latin en francoys par messire || Claude de seessel [*sic*] cöseillier et ambassadeur du || roy trescrestiẽ Loys douziesme de cenõ au roy dan || gleterre Henry septiesme de ce nom pour le mari || age de madame Claude de france. Auecques monsieur le duc de || Valois. — ❡ *Explicit. S. l. n d.* [1506], in-4 goth. de 6 ff. non chiffr. de 38 lignes à la page pleine, sign. A, mar. r. jans., tr. dor. (*Trautz-Bauzonnet.*)

Le titre est orné d'une figure qui représente un mariage royal ; en voici la reproduction :

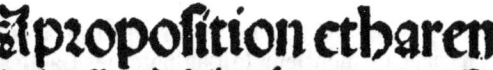

Voici les premières lignes du texte :

« *Cy commence la harangue.*
« L'en dit par ung commun proverbe qui est fondé sur les loys tant divines que humaines, treshault et trespuissant prince, que toutes les choses entre amys doivent estre communes... »

Le v° du dernier f. est blanc.

Claude, la jeune fille de Louis XII, avait été fiancée à l'archiduc Charles d'Autriche qui fut Charles-Quint. Le roi, reconnaissant les dangers de cette alliance, qui aurait livré la Bretagne à la maison d'Autriche, annula sa promesse au mois de mars 1506, et chargea Claude de Seyssel de donner avis de sa résolution au roi d'Angleterre Henri VII. Le négociateur traversa deux fois le détroit, et ce fut à son second voyage, au mois de mai, qu'il prononça son discours. Cette pièce fut d'abord imprimée en latin en Angleterre, mais d'une façon si peu correcte que l'ambassadeur dut en revoir le texte et le faire publier à nouveau par Josse Bade (voy. Ph. Renouard, *Bibliographie des impressions et des œuvres de Josse Badius Ascensius*, 1908, III, p. 258). Le texte français ne dut paraître qu'après le latin.

Sur Claude de Seyssel on peut consulter Émile Picot, *Les Français italianisants*, I (1906), pp. 1-25.

C. — François Ier.

3105 (2124 *bb*). ❡ Le livre et oraison a la ‖ Louenge du mariage de monsieur le Daulphin des Gaulles / Francoys / ‖ et Marie fille du roy Dangleterre. *S. l. n. d.* [1518], in-4 goth. de 6 ff. non chiffr., impr. en petites lettres de forme, à 48 lignes à la page, sign. *A* par 4, *b* par 2, réglé, mar. r. jans., tr. dor. (*Chambolle-Duru.*)

Le titre est orné des armes de France supportées par deux anges. Voy. ci-contre.

Cette figure appartenait à *Jehan Gourmont*, imprimeur à Paris (voy. les n°s 2262 et 2659).

Le texte commence, au v° même du titre, par une épître de Bernardin Rince, Milanais, docteur ès arts et en médecine, adressée « A tresillustre et saige Anthoyne Du Prat, chancellier des deux Gaulles et fauteur de bien », en date de Paris, 12 décembre 1518.

A la suite est l'*Oraison en la louenge des nopces du daulphin de France et de Marie, fille du roy d'Angleterre.*

Nous avons déjà parlé du projet de mariage arrêté en 1517 entre le dauphin, alors âgé de quelques mois, et Marie Tudor, née en 1515 (voy. le n° 2841). Nous avons également décrit une autre pièce de Rince se rapportant au même évènement (n° 2659).

Le volume se termine par une épître de Jehan Ange Bollan, Milanais, « a tresillustre conte, segneur Galeace, visconte de Millan..., comme a son bon fauteur ». Cette dernière pièce contient un éloge hyperbolique de Rince, qui « est si grant orateur que a ja attaint la doulceur de Nestor, la jucundité de Isocrates, la doulce uberté de Theophraste, la suavité de Xenophon ». Rince sait tout ce qu'enseignent Aristote et Hippocrate. Il peut « curer et guarir toutes maladies, comme se c'estoit ung aultre Esculapius ». Il a lu et enseigné à Padoue ; il a professé la médecine à Pavie ; enfin, ajoute l'auteur, « je ne veulx pas taire ne omettre la fontaine des sciences, l'université de Paris, la ou souvent a disputé et parlé avec les docteurs et grans clercz de graves et ardues matieres de philosophie et theologie ».

ℭLeliure et oraison a la

Louenge du mariage de monsieur le Daulphin des Gaulles, francoys, et Marie fille du roy Dangleterre.

Les caractères employés pour l'impression sont ceux de *Prigent Calvarin*, qui paraît avoir été le successeur de *Jehan Gourmont* (voy. le n° 2659).

Il parut en même temps que l'édition française une édition latine intulée : *Clarissimi Bernardini Rincii, Mediolanensis, Epitalamion in nuptiis Francisci, Galliarum delphini, et Mariae Britannorum regis filiae*; in excellentissimo Parrhysino gymnasio, in aedibus J. Gormontii, [1518], in-4 (Biblioth. nat., Rés. Lb. 30 80 et Rés. G. 2823; British Museum, 596. e. 34).

Exemplaire du COMTE DE LIGNEROLLES (Cat., 1894, n° 2622).

3106 (2130 A). ℭ LA BATAILLE faicte par- ‖ dela les mons deuant la ‖ ville de Pauie le .xxiiii. iour de feurir [sic] Lan .M.ccccc.xxiiii. *S. l. n. d.* [*Anvers, Guillaume Vorsterman,* 1525], in-4 goth. de 8 ff. non chiffr., mar. r., fil., dos orné, tr. dor. (*Bauzonnet-Trautz.*)

L'édition n'a qu'un simple titre de départ, et le r° du 1ᵉʳ f. contient

30 lignes de texte. Nous donnons ci-dessous une reproduction de la première page :

ℭ La bataille faicte par dela les mons deuant la

Bille de Pauie le.xxiiii.iour de feurit l'an.M.ccccc.xxiiii.

Remierement le Bingt a troisiesme iour qui estoit le iour deuant que la bataille fut donee Monsieur le Bisce Roy: a monsieur de Bour Bon auecque monsieur le Marquis de Pisqua re a aultres Capitaines, deliberes de comba tre le Roy de Fräche a son armee: lequel Roy de Fräche estoit fortifie dedès le parc de Paule. Et de nupt(as sauoir)le Bisce roy, a monsieur de Bourbon, a le marquis de pisquare se mirent trestous en ordonanche auecque leur armee a enuiron minupt allerent a Bng coste dudict parc qui sappelle monsiBel : lequel est Bng petit hault: a la se myrent les pietös (assauoir) les espaignols a allemans. Et en la Balee se mirët le Bisce Roy, a monsieur de Bourbon auecques les gendar mes en deux bendes. Et incontinent que lesdits pietons furët arriues audit monsiBel comencherent a abatre Bne partie de la muraille en terre auecque lartilerie, a eurent fait au matin Bng heure apres le iour leuant. Entretant les francois auecs que leurs artileries Bindrent a lencontre de eulx: a rencontre rent lung lautre: tellement quilz ne cesserent de tierer lespace de trois heures de loing: a y mourut enuiron de quarante hom mes du coste de l'empereur a lentree dudit parc. Car ilz entre rent a genoulx la main en terre. Et tousiours le Marquis de pisquare faisoit lauätgarde : a les gendarmes le suyuoient pas o pas. Et incontinent que lesdits pietons furent dedès le parc ilz souurirent en deux parties: a estoit leur artillerie au milieu deulx: de la quelle artillerie tiererent Bne bonne espace en fai sant grand domaige aulx francois: a entretans les cheuaulx legiers entrerët dedans ledit parc. Et soubit apres entra mon sieur le Bische Roy, a monsieur de Bourbon auecque leur ar mee: adonc Bint le Roy de franche a tout son armee pour secou

La relation est suivie d'une liste des prisonniers, qui remplit le 2e f.
Le reste du volume est occupé par des *Cronicques abregiez des guerres*

HISTOIRE. 495

faictes depuis l'an M. ccccc. et XX. jusques a la prise du roy Franchoys, M. ccccc et x x v.

>Promotheûs, des dieux le souverain,
Et Jupiter, du ciel gubernateur,
Le dieu Bachus, tenant là vingne en main [s],
Damme Cerès, procreatresse es grains,
Et Aurora, la deesse des fleurs,
Oyez comment Eolus, ce souffleur,
M'at pourbondit et boutet en oreilles,
Que cel an c'est l'an des grandes merveilles...

Les *Cronicques* se composent de 37 strophes de 8 vers. On lit à la fin :

>*Explicit.*
En endurant durant endure.
Datte en latin.
Aquila conculcavit Lilium.
Datte en franchois.
Le visce roy a pris le roy Franchoys
Et si a vainqui en son champ(s) ses Franchoys.

On voit par la devise que l'auteur de la chronique rimée s'appelait DURAND.

Le volume est orné de deux jolis bois, dont l'un est répété deux fois.

Au v° du dernier f. est la marque de *Guillaume Vorsterman* que nous avons reproduite dans notre t. II, n° 2134.

De la bibliothèque du COMTE DE LIGNEROLLES (Cat., 1894, n° 2631).

3107 (2031 *a*). 🙵 GILBERTI || DVCHERII Epistola, || ad D. Gulielmum Pratia- || num Rotomagensis Ecclesiæ || archidiaconum primarium, su- || per Pompa in funere Clau || diæ Francorum || Reginæ. || 🙵 || ¶ *Imprimebat Petrus Vidouœus* || *Librarius Adscriptitius, Typis ac Sumpti* || *bus suis, Mense Decemb.* || 1526. || Par sit fortuna labori. In-4 de 6 ff. non chiffr., sign. *a*, mar. v. jans., tr. dor. (*Capé.*) *IV. 4. 98*

Le titre est entouré d'un bel encadrement dans le style de la Renaissance.

Claude de France, née le 14 octobre 1499, mariée au mois de mai 1514, était morte le 20 juillet 1524. Elle fut provisoirement enterrée à Blois et ce ne fut qu'à son retour de captivité que François 1ᵉʳ ordonna des funérailles solennelles. Le corps de la princesse fut transféré à Bourg-la-Reine, d'où il fut porté en grande pompe à Notre-Dame et à Saint-Denis, le 6 novembre 1526.

La relation de Gilbert Ducher est écrite avec une grande prétention ; il y a multiplié les termes antiques qu'il a dû lui-même interpréter à l'aide de notes maginales. A la fin sont trois épigrammes latines en l'honneur de la reine

Au v° du dernier f. est la marque de *Pierre Vidoué* (Silvestre, n° 823).

3108 (2674 *a*). 🙵 LEMBOV 🙵 || CHEMENT de nostre || sainct pere le Pape, Lempereur, || & le Roy, faict a Nice, Auec les ar || ticles de la trefue, & lettres du || Roy a monsieur le gouuerneur de || Lyon. || M.D.XXXVIII [1538]. || *On les vend a Paris, en la bouticque* || *de Arnould & Charles les Ange-* || *liers freres, deuant la chapelle de* || *messieurs les Presidens, au Palays.* In-8 de 16 ff. non chiffr. de 25 lignes à la page pleine, sign. *A-D* par 4; mar. r. jans. tr. dor. (*Thibaron et Joly.*) *IV. 3. 225*

La relation est la même que celle dont nous avons décrit sous le n° 2674 une édition imprimée par *Françoys Juste* à Lyon ; les articles de la trêve sont également semblables. On a supprimé ici les deux pièces latines placées au v° du titre de la première édition. On a par contre ajouté (fol. *C iij v°-D i*) des *Lettres du roy au seigneur Pomponio* [*Trivulzio*], en date de Nîmes, le 18 juillet.

La pièce de MAROT : *La Chrestienté parlant a Charles empereur et a Francoys, roy de France, le premier de juing* 1538, commence au f. *D i* et se termine, au f. *D iij v°*, par la devise *La Mort n'y mord*. Elle est suivie, et non précédée, du dizain de JEHAN DE CONCHES ; mais la pièce signée de la devise de Pierre Gringore a disparu. Le v° du dernier f. est blanc.

3109 (2137 a). DOVBLE || d'vne lettre || enuoyee a vng Alemant touchāt || les differens qui sont entre || le Roy treschrestien & || Lēpereur, & les motifz || de la Guerre || presente || Item vng arbre de consanguinite par la- || quelle appert qui vient a la succession des maisons de Milan, Bourgoigne, & Sauoye. || M. D. XXXVI [1536]. || *On les vend a Lyon en la maison de* || *Francoys Iuste, pres la grand porte* || *nostre Dame de Confort.* In-16 de 36 ff. non chiffr. de 26 lignes à la page pleine, sign. *A-D* par 8, *E* par 4.

L'auteur de cette pièce est GUILLAUME DU BELLAY, SEIGNEUR DE LANGEY, qui se trouvait alors en Allemagne. Il en parle lui-même dans ses *Mémoires*. Après avoir fait allusion aux griefs que les Allemands avaient contre le roi, il ajoute : « Langey redigea les responses qu'il leur avoit faictes par escrit, et trouva moyen de les faire secretement imprimer et publier par toute la Germanie, tant en latin qu'en alleman, et depuis en françois, afin qu'en plus de lieux elles fussent leues et la verité cogneue. Aussi, pour faire cognoistre aux protestans combien ils estoient abusez en la persuasion qu'ils avoient sur la lettre que leur avoit l'empereur escrite et sur les doubles de la protestation dudit seigneur, il les feit de mot a mot translater a la verité et imprimer en alleman et publier par toute l'Allemagne, chose qui diminua beaucoup de l'affection qu'iceux protestans avoient desja mise a l'empereur, mais ne leur osta encores la mauvaise volonté que tant les ecclesiastiques qu'eux portoient au roy ». (*Memoires de mess. Martin Du Bellay, seigneur de Langey*, 1572, fol. 176 v° ; Coll. Petitot, 1ʳᵉ série, t. XVIII, p. 440.)

Nous avouons n'avoir jamais rencontré l'édition allemande, ni l'édition latine du factum de Guill. Du Bellay. L'édition française que nous venons de décrire ne se confond avec aucune des huit que possède la Bibliothèque nationale (Rés. Lb.³⁰ 65 et Lb.³⁰ 65 A-G) ; elle n'est citée par aucun bibliographe. On n'y trouve pas (au moins dans notre exemplaire) l'*Arbre de consanguinité* annoncé sur le titre.

3110 (2141 *bb*). CRY || DE LA GVERRE || ouuerte entre le || Roy de France, & l'Empereur || Roy des Hespai- || gnes. || ✱ || Et ce à cause des grandes, execrables, & estranges || iniures, cruaultés, & inhumanités, desquelles ledict || Empereur a usé enuers le Roy : & mesmement || enuers ses Ambassadeurs. À cause || aussi des pays, qu'il luy detient, || & occupe indeuement, || & iniuste- || ment. || * || *A Lyon,* || *Chés Estienne Dolet.* || 1542. || Auec priuileige du Roy pour ung an. In-4 de 4 ff., mar. r., dos fleurdelisé, tr. dor. (*Trautz-Bauzonnet.*)

Les lettres du roi proclamant la guerre sont datées de Ligny, le 18 juillet 1542, et contresignées : Bayard.

Le v° du 4° f. est occupé par la marque de *Dolet* (Silvestre, n° 183).

De la bibliothèque du COMTE DE LIGNEROLLES (Cat., 1894, n° 2663).

3111 (2141 *bbb*). Le || Voyage dv Roy || F. I. en sa ville de la Rochelle, en || l'An 1542. Auec l'Arrest & Iugemēt || par luy donné pour la des-obeïs- || sance & rebellion que luy feirent || les habitans d'icelle || *A Paris, par G. de Nyuerd, Imprimeur.* || Auec Priuilege du Roy. *S. d.* [1542], in-8 de 24 ff., mar. r., dos fleurdelisé, tr. dor. (*Trautz-Bauzonnet.*)

Le titre est orné d'un portrait de François Iᵉʳ, placé dans un médaillon ovale :

Au v° du titre est un extrait du privilège général accordé à *Guillaume de Nyuerd*, privilège dont la date n'est pas indiquée. Il est notamment fait « inhibitions et deffenses à tous autres de non imprimer, vendre, n'exposer en vente aucuns cayers, livres nouveaux et autres ainsi imprimez par ledit *de Nyuerd*, ny pocher, tailler ou contrefaire aucune de ses histoires ou autres sortes de caractaires... »

La relation est précédée (fol. 2) d'une épître « Au seigneur de La Ereingirom [= Morinière] l'aisné », et d'un quatrain.

Le narrateur raconte en détail la rébellion des Rochellois et rapporte le texte des lettres royales données à Mâcon, le 6 août 1542, à Trévoux, le 8 août, et à Chisay, le 27 décembre de la même année. François Ier, cette fois, se montre clément et voulut bien pardonner aux rebelles.

Le f. 24 contient une pièce en vers : *Advertissement aux manans et habitans de La Rochelle de se reduire à l'union de l'Église catholique et obeissance du roy* :

<blockquote>
Quelle fureur, peuple de la Rochelle,
Peuple obstiné, trouble ainsi ta cervelle ?....
</blockquote>

Des bibliothèques du COMTE DE LIGNEROLLES (Cat., 1894, n° 2665) et de HENRI BORDES (Cat., 1911, n° 141).

3112 (2141 *h*). LE TRESPAS, OBSEQVES, ET || ENTERREMENT de treshault, trespuissant, & tresma || gnanime Frācois par la grace de Dieu Roy de Frā- || ce, treschrestien, premier de ce nom, prince clement, || pere des ars & sciences. || Les deux sermons funebres prononcez esdictes obse- || ques, l'ūg a Nostre dame de Paris, l'autre a Sainct || Denys en France. || *De l'imprimerie de Rob. Estienne Imprimeur du Roy.* || Par Commandement & Priuile- || ge dudict Seigneur. In-8 de 106 pp., car. ital., mar. r., dos fleurdelisé, tr. dor. (*Trautz-Bauzonnet.*)

Le titre porte la marque de *Robert Estienne* (Silvestre, n° 958).
La relation occupe les pp. 3-31.

François Ier mourut à Rambouillet le 31 mars 1547 (n. s.), et son corps fut porté en l'abbaye de Hautebruyère. Le lundi de Pâques, 11 avril, la dépouille fut transférée au pont de Saint-Cloud, en la maison de l'évêque de Paris, où elle resta jusqu'au 21 mai, jour choisi pour les obsèques. Le corps du roi fut alors mené à N.-D. des Champs, où l'on apporta également le corps du dauphin François, mort à Tournon le 10 août 1536, et qu'on avait laissé dans cette ville, et le corps de Charles, duc d'Orléans, son frère, mort à Faremoutiers, le 9 septembre 1545, et qui était resté en l'abbaye de Saint-Lucien près de Beauvais. Le roi et ses deux fils étaient représentés par des effigies richement habillées et posées sur des litières. Le dimanche 22 mai les trois cercueils furent conduits en grande pompe à N.-D. de Paris, où le 23 mai eut lieu le service funèbre. L'évêque de Mâcon, PIERRE DU CHASTEL, prononça une oraison funèbre, qu'il continua, le lendemain à Saint-Denis. Après le discours eut lieu l'enterrement auquel présida le cardinal [Louis] de Bourbon.

Les deux oraisons funèbres remplissent les pp. 33-106.

De la bibliothèque du COMTE DE LIGNEROLLES. (Cat., 1894, n° 2677).

d. — Henri II.

3113 (2142 *a*). LA INTRATA || del Re Christianissimo || Henrico .II. nella || citta di Rens et || la sua incoro || natione. || ❦ || *In Vinegia per Paolo Gherardo* || M. D. XLVII [1547]. — [Au v° du dernier f. :]. *In Vinegia per Comin de Trino* || *di Monferrato, L'anno* || M. D. XLVII. In-8 de 15 ff. chiffr. et 1 f. blanc, car. ital., cart.

Le titre porte la marque de *Gherardo* : un livre ouvert que surmonte un caducée accompagné de deux mains réunies et de deux cornes d'abondance. Sur le tout est une grande aigle couronnée, les ailes déployées.

HISTOIRE. 499

La relation, datée de Villers-Cotterets le 8 août 1547, commence ainsi :

« Alli XXV. del passato Sua Maestà Christianissima si condusse di buon nattino ad un luoco una lega lontano di qui, per disponere et ordinare la entrata sua, nella quale dovendo intervenire il signor Pietro Strozzi et monsignor di Castiglion, suoi favoriti, non volse che venissero senza l'ordine di San Michele... »

3114 (2143 *a*). C'est l'Ordre qui || a esté tenu a la nouuelle || et ioyeuse entree, que tres- || hault, tresexcellent, & trespuis- sant Prince, le Roy || treschrestien Henry deuxiesme de ce nom, a || faicte en sa bonne ville & cité de Paris, || capitale de son Royaume, le se- || ziesme iour de Iuing || M. D. XLIX. || *A Paris, || Par Iean Dallier Libraire, demourant sur le pont sainct* || *Michel à lenseigne de la Rose blanche.* || Par Priuilege Du Roy. In-4 de 37 ff. chiffr. et 1 f. non chiffr., plus une planche double pliée. — C'est l'Ordre || et Forme qui a esté te- || nue au Sacre & Couronnement de treshaulte & tres- || illustre Dame Madame Catharine de Medicis, Roy- || ne de France, faict en l'Eglise Monseigneur sainct De- || nys en France, Le X. iour de Iuin. || M. D. XLIX. || *A Paris, || Par Iean Dallier, demourant sur le pont sainct* || *Michel a l'enseigne de la Rose Blanche.* || Par Priuilege Du Roy. In-4 de 10 ff. — Le Recveil des || Inscrip- tions, Figvres, Devises, et Mas || quarades, ordonnees en l'hostel || de ville à Paris, le Ieudi 17. || de Feurier. 1558. || Autres Inscriptions en vers Heroïques Latins, || pour les Images des Princes de la Chrestienté. || Par Estienne Iodelle Parisien. || *A Paris.* || *Chez André Wechel, à l'enseigne du Cheual* || *volant, rue. S. Iean de Beauuais.* || 1558. || Auec priuilege du Roy. In-4 de 4 ff. lim., 43 ff. chiffr. et 1 f. non chiffr. — Henrici II Gal- || lorvm Regis Christia- || niss. Epitaphia. || Iulii Cæsaris Scaligeri || Funus. || Mellini San- gelasii || Epicedium. || Autore Auger. Ferrerio Tolos. medico. || *Parisiis,* || *Apud Federicum Morellum, in vico Bello- uaco,* || *ad vrbanam Morum.* || M. D. LVIIII [1559]. In-4 de 7 ff. non chiffr. et 1 f. blanc. — Hymne trivmphal || sus la reduction du Conté || d'Oye en l'obeissance du Roy || à Mon- seigneur le Daulphin : par Iacques du Plessis gentil || hōme de Dunois. || Auec une uaticination des uictoires de France, || par le mesme autheur. || *A Paris,* || *De l'Imprimerie de Federic Morel, rue S. Ian* || *de Beauuais, au franc Meurier.* || M. D. LVIII [1558]. In-4 de 8 ff. non chiffr. — Ens. 5 pièces en un vol. in-4 vél. bl., fil. dor., tr. dor. (*Rel du XVI° siècle.*)

1. *Entrée du roy.* — Le titre porte la marque de *J. Dallier* (Silvestre, n° 113).

La relation de l'entrée du roi est suivie de la relation de l'entrée de la reine qui eut lieu deux jours après, le 18 juillet.

Le texte est accompagné de 10 grandes figures, finement gravées sur bois, qui représentent les principaux détails de la fête, savoir :

Fol. 4, Décoration de la porte Saint-Denis ;

Fol. 5 v°, Décoration de la fontaine du Ponceau ;

Fol. 9, Arc de triomphe devant Saint-Jacques de l'Hôpital ;

Fol. 10 v°, Obélisque porté par un rhinocéros, devant l'église du Sépulcre (l'extrémité supérieure de l'obélisque, au lieu d'être tirée sur une petite pièce de rapport collée après la planche, est tirée ici sur la grande planche pliée qui termine le volume) ;

Fol. 13, Portique en plate peinture décorant la place de l'Apport de Paris ;

Fol. 15, Arc de triomphe au bout du pont Notre-Dame ;

Fol. 16, Décoration du pont Notre-Dame ;

Fol. 19, Le roi sur son cheval de parade ;

Fol. 38, L'échafaud dressé pour le roi aux joûtes.

La planche double qui termine le volume, planche qui est ici placée après le *Sacre et Couronnement,* contient 3 sujets : le haut de l'obélisque de l'église du Sépulcre, l'escalier menant aux tribunes élevées pour les joûtes, l'arcade élevée aux Tournelles, arcade au-dessus de laquelle était une grande salle à la mode française, garnie de croisées à vitres.

2. *Sacre et Couronnement.* — Le titre porte la marque de *J. Dallier* (Silvestre, n° 113).

La reine fut sacrée le 10 juin 1549 par le cardinal [Louis] de Bourbon. La description de cette fête aurait dû être placée en tête du volume.

3. *Recueil des Inscriptions.* — Voy. t. I, n° 697.

4. *Epitaphia.* — Le titre porte la marque de *Fed. Morel* (réduction de celle que Silvestre donne sous le n° 830).

Les épitaphes du roi, écrites en distiques, sont au nombre de cinq.

L'épitaphe de Jules-César Scaliger, dédiée à Pierre Danès, évêque de Lavaur, est écrite en distiques. Elle est suivie de 3 pièces en distiques.

Les vers sur la mort de Mellin de Saint-Gelais se composent de trois pièces en distiques.

Au r° du dernier f. sont dix distiques *De stella pleno die radiante*, 1558.

5. *Hymne triomphal.* — Le titre porte la marque de *Fed. Morel* (Silvestre, n° 830).

Au v° du titre est un avis « Aux lecteurs », dans lequel le poète s'excuse de n'avoir pu parler des princes, capitaines et vaillants hommes de l'armée en observant « tel ordre que leur dignité requiert ».

Au r° du dernier f. est un *Sonnet à la royne d'Ecosse*, signé de la devise : *Neque ferro neque flamma.*

Ce recueil, dont la reliure porte les armes de Jacques-Auguste de Thou, sortit de la collection avant la vente de la bibliothèque de Soubise en 1789, car le titre porte l'ex-libris des Jésuites de Paris. Il a figuré aux ventes Beckford (Cat., 1882, II, n° 682), Destailleur (Cat., 1891, n° 206) et, en dernier lieu, à la vente du Comte de Mosbourg (Cat., 1898, n° 285).

3115 (2146 *a*). Le ‖ Discovrs de la guerre ‖ et descente que ‖ les Anglois & Flamans se ‖ sont efforcez faire en ‖ Bretaigne, ‖ Et de la resistence qui leur a esté faicte ‖ par les gentils-hommes & com- ‖ mune du pays. ‖ *A Paris,* ‖ *Pour Maturin Breuille demourāt rue* ‖ *sainct Iacques au chef S. Denis,* ‖ *pres les Mathurins.* ‖ Auec Priuilege. ‖ 1558.

In-8 de 8 ff. non chiffr., sign. *a-b* par 4, mar. bl., fil., dos orné, tr. dor. (*Chambolle-Duru*.)

<small>Le f. *A ij* est occupé par un avis « Au lecteur ».

La relation a la forme d'une lettre datée de Châteaulin, le 5 août 1558, et signée : F. D. R. Elle commence ainsi : « Monseigneur, Je vous supplie avoir agreable ce que je vous escryps d'asseurance de la guerre de Bretaigne, et tenir pour vray que, le vingt-neufieme jour de juillet dernier, environ le point du jour, s'apparut devant un havre nommé Le Conquest, ou est située l'abbaïe de Sainct Mahé, que l'on dit estre *in finibus terrae*, grand nombre de vaisseaux... ».

Le dernier f. contient, au r°, un extrait du privilège accordé pour six mois au libraire *Maturin Bréville*, le 30 août 1558.

De la bibliothèque du BARON JÉRÔME PICHON (Cat., 1897, n° 1231).</small>

e. — François II.

3116 (2149 *a*). EPITRE || enuoiee || au Tigre de la France. S. l. n. d. [1560], in-16 de 6 ff. non chiffr. et 2 ff. blancs.

IV. 7. 48

<small>Violente invective contre le cardinal Charles de Lorraine. On sait par divers témoignages qu'elle est l'œuvre de FRANÇOIS HOTMAN (voy. Brunet, II, col. 1032, et III, col. 357). Ce pamphlet coûta la vie à l'imprimeur *Martin l'Homme*, condamné à être pendu par arrêt du parlement de Paris, en date du 13 juillet 1560.

Notre édition est d'un format plus petit que celle dont un exemplaire, ayant appartenu au peintre Daniel Du Monstier et, en dernier lieu, à J.-Ch. Brunet, est passé dans la bibliothèque de la ville de Paris et a été reproduit en fac-similé, avec une notice et un portrait, par Charles Read (*Paris*, 1875, in-16).</small>

f. — Charles IX.

3117. (2169 *a*). BREF ET SOMMAI- || RE RECVEIL de ce qui a esté faict, || & de l'ordre tenüe à la ioyeuse & triumphante || Entree de tres-puissant, tres-magnanime & tres- || chrestien Prince Charles IX. de ce nom Roy || de France, en sa bonne ville & cité de Paris, capi- || tale de son Royaume, le Mardi sixiesme iour de || Mars. || Auec || le Couronnement de tres || haute, tres-illustre & tres-excellente Princesse Madame || Elizabet d'Austriche son espouse, le Dimanche || vingtcinquiesme. || Et || Entree de ladicte Dame en icelle || ville le Ieudi xxix. dudict mois de Mars, M. D.LXXI. || *A Paris,* || *De l'Imprimerie de Denis du Pré, pour Oliuier Codoré.* || *rüe Guillaume Iosse, au Heraut d'armes, pres la rüe* || *des Lombars.* || 1572. || Auec Priuilege du Roy. In-4 de 53 ff. chiffr., 1 f. non chiffr. et 2 planches hors texte. — C'EST L'ORDRE ET || FORME qui a este tenu au || sacre & couronnement de tres-haute, tres-excellen- || te, & tres-puissante

I. 5. 4

princesse Madame Elizabet || d'Austriche Roine de France : faict en l'Eglise de || l'Abbaie sainct Denis en France le vingt cinquies || me iour de Mars, 1571. || *A Paris,* || *De l'Imprimerie de Denis du Pré, pour Oliuier Codoré,* || *rüe Guillaume Iosse, au Heraut d'armes, pres la rüe* || *des Lombars.* || 1571. || Auec Priuilege du Roy. In-4 de 10 ff. — L'Ordre tenu a || l'Entrée de tres-haute & tres- || chrestienne Princesse Madame Elizabet || d'Austriche Royne de France. In-4 de 26 ff. chiffr., 1 f. non chiffr. et 1 f. blanc. — Av Roy || Congratvlation || de la Paix faite par || sa Maiesté entre ses subiectz || l'vnziesme iour d'Aoust, || 1570. — [A la fin :] E. Pasquier Parisien. In-4 de de 6 [*lis.* 9] ff. chiffr. et 1 f. blanc. — Ens. 4 part. en un vol. in-4, vél. bl., fil. dor., tr. dor. (*Reliure du XVI*[e] *siècle.*)

1. *Bref et sommaire Recueil.* — Le titre est orné d'une charmante petite figure, gravée sur bois, qui represente un trompette à cheval.

Le 2e f. est occupé par 14 distiques latins de Jean Dorat, dans lesquels est cité le nom de l'auteur : S. Bouquet.

Au 3e f. est le texte du privilège royal accordé pour dix ans à *Oliuier Codoré*, « tailleur et graveur de pierres précieuses ». A la suite (fol. 3 v°) se trouve une mention détaillée de la publication dudit privilège faite à Paris par Pasquier Rossignol, « crieur juré du roy nostre sire aux ville, prevosté et vicomté de Paris », accompagné de Guillaume Denis, commis de Michel Noiret, « trompette juré dudit seigneur esdictz lieux », le 7 mars 1571.

Le 4e f. contient, au r°, un sonnet français d'E. Pasquier, Parisien, et, au v°, deux épigrammes grecques, l'une de Jean Dorat, l'autre de N. Goulu.

Le f. 5 est rempli, au r°, par un sonnet de Pierre de Ronsard « à l'autheur », et, au v°, par un *Sonet de l'autheur*, signé B.

La relation de Bouquet est accompagnée de diverses pièces composées à l'occasion de la fête par Pierre de Ronsard (fol. 23, 24, petites pièces signées R ; — fol. 10, 27, 34) ; Guy Du Faur de Pibrac (fol. 15 — quatrain signé D. F., — 16, 24) ; Jean Dorat (fol. 22 v°) ; Antoine de Baif (fol. 50 v°, 51) ; Amadis Jamin (fol. 51 v°, 52) et Bouquet lui-même (pièces signées B, fol. 19, 20, 21, 23 v°, 26, 27 v°).

Les planches, gravées par *Olivier Codoré*, ou sous sa direction, sont fort belles. En voici le détail :

Fol. 13, Arc de triomphe élevé à la porte Saint-Denis ;

Fol. 18, Fontaine du Ponceau ;

Fol. 22, Arc de triomphe élevé à la porte aux Peintres ;

Fol. 28, Statue de Junon devant l'église du Sépulcre ;

Fol. 30 v°, Fontaine de Saint Innocent ;

Planche pliée, encartée après le f. 32, Arc de triomphe élevé devant le Châtelet, à l'Apport de Paris ;

Autre planche encartée à la suite, Décoration du pont Notre-Dame ;

Fol. 35 v°, Arc de triomphe élevé au bout du pont Notre-Dame ;

Fol. 42, Le roi à cheval ;

Fol. 54, Surtout de vermeil offert au roi par la ville de Paris.

2. *Ordre et Forme.* — Le titre est orné du même petit bois que le titre de la pièce précédente.

HISTOIRE. 503

L'auteur de la relation est probablement SIMON BOUQUET.

3. *Ordre tenu à l'entrée.* — L'édition n'a qu'un simple titre de départ ; mais il est probable que les exemplaires ont toujours accompagné ceux du *Sacre et Couronnement.*

L'entrée de la reine eut lieu 28 jours plus tard que celle du roi. Les artistes chargés de décorer la ville n'eurent pas le temps de construire de nouveaux arcs de triomphe. Ils laissèrent subsister ceux qui avaient été élevés en l'honneur du roi ; mais ils changèrent toutes les statues qui les surmontaient.

Les figures, gravées par *Olivier Codoré*, ou sous sa direction, sont au nombre de 6 seulement ; elles représentent : l'arc de triomphe de la porte Saint-Denis (fol. 4), la fontaine du Ponceau (fol. 5), l'arc de triomphe de la porte aux Peintres (fol. 8), la statue de Junon (fol. 9), la fontaine de Saint-Innocent (fol. 10), l'arc de triomphe du pont Notre-Dame (fol. 12).

L'avant-dernier f. r° contient une longue souscription à laquelle l'imprimeur a donné la forme d'un hanap couvert :

> SIMON BOVQVET
> ciuis Parisiensis, populi suffragio no-
> minatus, & ab omnibus vrbis ordinibus designa-
> tus, Regiæq, Maiestatis autoritate confirmatus, ad
> rerum vrbanarum administrationem, & Ædilitiam pote-
> statem gerendam anno Domini miless. quingentess. septuage-
> simo...
>
> GRÆCI,
> & Latini ver-
> sus præter eos qui
> ex antiquis sunt excerpti,
> sunt AVRATI Poëtæ Regij :
> Gallici verò qui R. literâ subnotan-
> tur, RONSARDI : quibus B. litera sup-
> ponitur, dicto BOVQVET ascribendi.

4. *Congratulation.* — La pièce, imprimée en caractères italiques, n'a qu'un titre de départ. Elle commence ainsi :

> Puisque Dieu, qui les cœurs des grands roys illumine,
> Sire, vous a faict voir des vostres la ruine....

On lit à la fin : E. PASQUIER, Parisien.

Ce recueil, dont la reliure porte les armes de JACQUES-AUGUSTE DE THOU, provient, comme celui qui est décrit sous le n° 3113, des ventes BECKFORD (Cat., 1882, I, n° 2822), H. DESTAILLEUR (Cat., 1891, n° 218) et MOSBOURG (Cat., 1893, n° 286).

3118 (2167 *a*). ARREST || de la Court de || Parlement contre Gas- || part de Colligny, qui fut Admiral || de France, mis en huict langues, à || sçauoir, François, Latin, Italien, || Epagnol, Allemant, Flament, An- || glois & Escoçois. || *A Paris,* || *Par Iean Dallier Libraire, demeurant* || *sur le Pont S. Michel, à la Rose* || *blanche.* || 1569. || Auec Priuilege du Roy & de sa Court de Parlement. In-8 de 32 ff. non chiffr.

Le titre porte la rose de *J. Dallier* (Silvestre, n° 308).
La formule finale de l'arrêt est abrégée dans les traductions.
Le v° du dernier f. porte les armes royales avec la devise : *Pietate et justitia.*

3119 (2172 *a*). DECLARATIÕ du Roy, de || la cause et occa- || sion de la mort de l'Admiral, & au- || tres ses adherēs & complices, der- || nieremēt aduenue en ceste ville de || Paris le xxiiii. iour du present moys || d'Aoust. || M. D. LXXII [1572]. || *A Paris.* || *Par Iean Dallier libraire demeurant* || *sur le pont sainct Michel, à l'enseigne* || *de la rose blanche.* || M. D. LXXII [1572]. || Par Permission du Roy. In-8 de 4 ff. non chiffr.

<blockquote>
Le titre porte la rose de *J. Dallier* (Silvestre, n° 308).

Cette déclaration, datée de Paris le 28 août 1572, porte que ce qui est advenu a eu lieu par ordre du roi « non pour cause aucune de religion...., ains pour obvier et prevenir l'execution d'une malheureuse et detestable conspiration, faicte par ledict admiral, chef et autheur d'icelle, et sesdicts adherans et complices, en la personne dudit seigneur roy et contre son estat, la royne sa mere, messieurs ses freres, le roy de Navarre, etc. ».
</blockquote>

3120 (2172 *b*). Figvre || et || Exposition des || pourtraictz et dictons || contenuz es medailles de la conspi- || ration des Rebelles en France, || opprimée & estaincte par le || Roy Tres-Chrestien, || Charles IX, le 24. || iour d'Aoust || 1572. || Par Nic. Fauyer, Conseiller || dudit Sieur, et General || de ses Monnoyes. || *A Paris.* || *Par Iean Dallier, Libraire* *demeurant sur* || *le pōt S. Michel à l'enseigne de* || *la Rose blanche.* || 1572. || Auec Priuilege. In-8 de 6 ff. non chiffr. et 2 ff. blancs.

<blockquote>
Les deux médailles imaginées par Nicolas Favyer sont dites, l'une « populaire », l'autre « à l'entique ». La première représente le roi assis sur son trône, tenant d'une main son sceptre, et de l'autre une épée nue, sur laquelle est enroulée une palme, en signe de victoire. Aux pieds du roi sont les corps morts des rebelles. On lit en exergue: *Virtus in rebelles.* Le revers porte les armes royales avec la date: *24. Augusti 1572*, et cette légende: *Pietas excitavit justitiam.*

La seconde médaille représente le roi, en buste, couronné de lauriers, avec cette légende: *Charles IX. domteur des rebelles. 24. aoust 1572.* Au revers on voit Hercule vainqueur de l'hydre.

Favyer dit avoir présenté au roi le dessin de ces médailles le 3 septembre 1572. Les deux pièces ont été gravées avec d'importantes variantes (cf. *Trésor de numismatique et de glyptique. Médailles françaises*, I, pl. XIX).

Au f. *B ij* r° est un extrait du privilège accordé à *Jehan Dallier* le 14 octobre suivant. L'extrait est signé: Séguier.
</blockquote>

3121 (2172 *c*). Declaration du Roy || pour le faict de || ceulx de la nouuelle Opinion, || qui se sont absentez depuis le || XXIIII° d'Aoust, 1572. || *A Paris.* || *De l'Imprimerie de* *Federic Morel* || *Imprimeur ordinaire du Roy.* || M. D. LXXII [1572]. || Auec Priuilege dudit Seigneur. In-8 de 4 ff. non chiffr.

<blockquote>
Au v° du titre est un sommaire du privilège général accordé à *Fédéric Morel*, le 4 mars 1571, pour l'impression des édits, ordonnances, mandements et lettres-patentes.
</blockquote>

La déclaration, datée de Paris, le 8 octobre 1572 et contresignée : BRULART, ordonne aux huguenots qui ont pris la fuite, de réintégrer leur domicile, sous peine de voir leurs biens confisqués. Le prévôt de Paris est chargé de dresser une liste de ceux qui n'auront pas obéi à l'ordre royal.

Au v° du 4ᵉ f. est mentionnée la publication faite, le 21 octobre 1572, par Pasquier Rossignol, crieur juré à Paris, assisté de Michel Noiret, trompette juré.

3122 (2180 a). LES ACTES ET || DISPENSE du Ma- || riage confirmé, con- || tracté, & celebré par l'auctorité || Apostolique, entre tresnobles, || & tresillustres, Henry de Bour- || bon, & Marie de Cleues, Prince || & Princesse de Condé. || *A Paris,* || *Par Iean Dallier marchant libraire* || *demeurant sur le pont S. Michel* || *a la Rose blanche.* || Auec Priuilege. *S. d.* [1573], in-8 de 8 ff. non chiffr., sign. A-B.

Le titre est orné de la rose de *Jean Dallier* (Silvestre, n° 308).

Au v° du titre est un extrait du privilège accordé pour trois mois à *Dallier,* par la cour du parlement, le 1ᵉʳ janvier 1573.

Henri de Bourbon, prince de Condé avait épousé, au mois de juillet 1572, sa cousine Marie de Clèves, marquise d'Isles, fille de François de Clèves, premier duc de Nevers, et de Marguerite de Bourbon. Le mariage avait été célébré au château de Blandy, près de Melun, dans les formes de l'Église protestante. Henri faillit être massacré à la Saint-Barthélemy, et fut contraint d'abjurer vers la fin du mois de septembre. Le prince et sa femme durent solliciter l'absolution du pape et célébrer de nouveau leur mariage suivant les règles de l'Église catholique.

Le volume contient :

1° un acte dressé par Jean de Corbie et Yves Ricoart, notaires apostoliques, attestant que le mariage du prince de Condé et de Marie de Clèves a été célébré, le 4 décembre 1572, en la nef de la chapelle Notre-Dame de l'abbaye de St-Germain des Prés, par Charles, cardinal de Bourbon, archevêque de Rouen, abbé dudit monastère, la messe étant dite par Simon Vigor, docteur en théologie, curé de Saint-Paul à Paris. Etaient présents : Louis, cardinal de Guise, les évêques de Pamiers, [Robert de Pellevé], de Laon, [Jean de Bours], de Digne, [Henri Le Mignon], et de Lodève, [Alfonso Vercelli], le nonce du pape, [Antonmaria Salviati], le général des augustins, Jacques de Mainteternes, abbé de Chatrices et de Saint-Fuscien-au-Bois, Julien de Saint-Germain, docteur en théologie, grand aumônier du roi de Navarre, Louis de Gonzague, duc de Nivernais, André de Bourbon, seigneur de Rubempré, et Christophe de Thou, premier président en la cour de parlement de Paris.

2° (fol. *A iiij* v°) le texte de la bulle du pape Grégoire XIII, en date du 27 octobre 1572, félicitant les futurs époux de leur retour à la foi catholique et les relevant de l'empêchement résultant du lien de consanguinité.

3° (fol. *B iij*) le texte des lettres du roi, en date du mois de décembre 1572, qui portent consentement au mariage du prince.

3123 (2181 a). DISCOVRS || sur l'heur || des presages adue- || nuz de nostre temps, signifiantz la || felicité, du regne de nostre Roy || Charles neufiesme tres- || chrestien. || Par François de Belleforest Comingeois. || *A Paris,* || *PourRobert le Mangnier libraire, rue Neufue* || *nostre Dame, à l'image saint Iehan baptiste,* || *& au Palais, en la galerie par ou on* || *va* *à la Chancellerie.* || 1572. || Auec Priuilege. In-8 de 35 ff. chiffr. et 1 f. blanc.

<small>Le titre porte la marque de *R. Le Mangnier* (Silvestre, n° 282).
Première édition de ce *Discours*, réimprimé en 1574.</small>

3124 (2182 a). Triomphe || glorievx de l'Egli- || se chrestienne, contre || ses ennemis. Et du iuste iugement de Dieu, || contre vng nommé Gaspard de Col- || ligny, qui fut seigneur de Cha- || stillon, & Admiral de || France. Le tout sur || le Pseaume, || 128. || Par Frere Hilaire Coquy, Docteur || en Theologie. || *A Troyes,* || *De l'Imprimerie de Iean Moreau.* || 1573. In-8 de 20 ff. non chiffr., sign. *A-E*, notes marginales.

<small>Le titre porte la marque de *Jehan Le Coq*, prédécesseur ou associé de *Jean Moreau*. Cette marque, réduction de celle que Silvestre a reproduite sous le n° 877, est accompagnée de la devise : *Quis dabit gallo intelligentiam.* Cf. Corrard de Bréban, *Recherches sur l'imprimerie à Troyes*, 1873, p. 127, note.
Le f. *A ij* contient une traduction en prose du Psaume CXXVIII.</small>

3125 (2182 a). Le Reveille-Matin || des François, et || de leurs voisins. || Composé par Eusebe Philadelphe Cosmo- || polite, en forme de || Dialogues. || *A Edimbourg,* || *De l'imprimerie de Iaques Iames.* || Auec permission. || 1574. In-8 de 19 ff. lim. et 159 pp. — Dialogve || second dv || Reueille Matin || des François, et || de leurs voisins. || Composé par Eusebe Philadelphe Cosmo- || polite, & mis de nouueau en || lumiere. || *A Edimbourg,* || *De l'imprimerie de Iaques Iames.* || Auec permission. || 1574. In-8 de 192 pp. — Ens. 2 part. en un vol. in-12, mar. r., fil., dos orné, tr. dor. (*Rel. du XVIII° siècle.*)

<small>La première partie du *Reveille-Matin* avait paru à Bâle en 1573, « le 12° jour du 6° mois d'après la journée de la trahison », c'est-à-dire le 12 février. Une édition latine en avait été donnée presque aussitôt, sous cette rubrique : *Oragniae, excudebat Adamus de Monte.*
L'auteur reprit son ouvrage l'année suivante en y ajoutant une seconde partie. Voici la description de cette nouvelle édition que l'on attribue généralement aux presses bâloises :
1re partie. — Le f. *a ij* r° contient une épître de « L'Imprimeur aux François et autres nations voisines ». — Au v° de ce même f. commence une épître « A tres-excellente et tres-illustre princesse, Elizabeth, royne d'Angleterre, de France, d'Irlande, etc », pièce qui se termine au r° du f. suivant et qui est datée « De Eleutheroville, le 20. de novembre 1573 ».
Les ff. *a iij* v°-*b iij* r° sont occupés par une *Epistre traduite en françois du livre latin dedié aux estats, princes, seigneurs, barons, gentilshommes et peuple polonois, par Eusebe Philadelphe, cosmopolite*. Le texte original de cette épître précède l'édition latine de 1574.</small>

Les ff. *b iij v°- b vij* sont remplis par le *Double d'une lettre missive escrite au duc de Guise par un gentilhomme duquel on n'a peu sçavoir le nom.*

Aux ff. *b viij-c ij* se trouvent un *Dialogisme sur l'effigie de la Paix* (en vers), des *Vers au chasseur déloyal*, et trois quatrains *Aux vrais gentilshommes françois*.

L'Argument du premier dialogue remplit le f. *c iij.*

Dialogue second. — Le v° du titre contient l'*Argument*. Il n'y a pas d'autre pièce liminaire.

Le Reveille-Matin est un livre célèbre, il n'en est pas de plus connu parmi ceux qui ont été publiés pour dénoncer au monde l'horreur de la Saint-Barthélemy. Tandis que Cujas a fait honneur de ce pamphlet au jurisconsulte Hugues Doneau, d'autres auteurs l'ont attribué à Nicolas Barnaud, et cette opinion paraît avoir prévalu jusqu'à ces derniers temps (il nous suffira de renvoyer à la longue note insérée dans la nouvelle édition de *La France protestante*, t. I, col. 843-851) ; mais, dans un travail récent (*Die Publizistik der Bartholomäusnacht und Mornays « Vindiciae contra Tyrannos »* ; Heidelberg, 1905, in-6, pp. 57-58), M. Albert Elkan établit que l'auteur doit être FRANÇOIS HOTMAN. Hotman aurait peut-être été aidé par plusieurs amis, entre autres par Simmler.

Le retentissement du *Reveille-Matin* est attesté, non seulement par les éditions latines et françaises, mais encore par la traduction allemande de Johann Fischart, plusieurs fois imprimée, et par une version néerlandaise imprimée deux fois en 1574 et une troisième fois en 1608 (voy. la *Bibliotheca belgica*).

On trouve dans les *Dialogues* un assez long extrait du *Discours de la servitude volontaire* d'ESTIENNE DE LA BOÉTIE. Voy. *Œuvres complètes d'Estienne de La Boétie*, publiées par Paul Bonnefou, 1892, pp. 3 et suiv.

De la bibliothèque du COMTE DE LIGNEROLLES (Cat., 1894, n° 2740).

g. — *Henri III.*

3126 (2193 *a*). RECUEIL de pièces sur les guerres de religion et l'obéissance due au roi par ses sujets. 4 pièces en un vol. in-8, vél. bl., fil., tr. dor. (*Anc. rel.*).

Voici la description de ces 4 pièces :

1. ADVERTISSEMENT || sainct et chrestien, || touchant le port des || armes. || Par M. Pierre Charpentier, || Iurisconsulte. || A Monsieur de Lomanie, Baron de || Terride & de Seriniac. || Traduict du Latin. || *A Paris*, || *Chez Sebastien Niuelle, au* [sic] *Cicognes*, || *rue Sainct Iaques.* || 1575. || Auec Priuilege. In-8 de 69 (*lisez* 68) ff. chiffr.

Le titre porte la marque de *Séb. Nivelle*, réduction avec variantes de celle que Silvestre reproduit sous le n° 201.

L'*Advertissement* est daté, à la fin, de Lyon, le dernier de décembre 1594.

Au v° du dernier f. est un extrait du privilège accordé pour deux ans à *Séb. Nivelle* le 8 avril 1575.

Pierre Charpentier, qui était protestant, entreprit, au grand scandale de ses coréligionnaires, de justifier les massacres. Il publia d'abord (en latin et en français) une *Lettre addressée à Fr. Portes Candiois*, en date du 15 septembre 1572. Cette lettre lui attira une réponse sévère de François Portus, ce qui n'empêcha pas le jurisconsulte lyonnais de reprendre la plume. Le texte latin du présent factum est intitulé : *Pium et christianum de armis Consilium* ; il avait paru chez le même imprimeur. La Croix du Maine (éd. Rigoley de Juvigny, t. I, p. 440) dit que « d'aucuns » attribuent à Jean-Antoine de Baïf la traduction française du *Consilium*. Sur Charpentier, voy. *La France protestante*, nouvelle édition, t. IV, col. 65-68.

2. Traitte || duquel on || peut apprendre || en quel cas il est permis à l'hom- || me Chrestien de porter || les armes, || et || par lequel est re- || spondu à Pierre Charpentier, ten- || dant à fin d'empescher la || paix, & nous laisser || la guerre : || Par Pierre Fabre, || A Monsieur de Lomanie, Baron de || Terride, & de Seriniac. || Traduit du Latin. || Matth. 5. || Bien heureux sont ceux qui procurent la paix, || Car ils seront appellez enfans de Dieu. || M. D. LXXVI [1576]. *S.l.*, in-8 de 114 p. et 1 f. pour les *Fautes*.

L'original latin avait paru sous le titre suivant : *Ad Pet. Carpentarii, famelici rabulae, saevum de retinendis armis et pace repudienda Consilium, Petri Fabri Responsio* (Neustadii, 1575, in-8).

L'ouvrage est daté, à la fin, du 24 mai 1575.

3. De la || Pvissance || legitime du || Prince sur || le peuple, et || du peuple sur le || Prince. || Traité tres-vtile & digne de lecture en ce temps, || escrit en latin par Estienne Iunius Bru- || tus, & nouuellement traduit || en François || M. D. LXXXI (1581). *S.l.*, in-8 de 264 pp.

Au v° du titre sont inscrites les *Questions expliquées en ce traité*.

La p. 3 contient une lettre des empereurs Théodose et Valentinien à Volusiau, grand-prévôt de l'empire, et un extrait de Justin.

Les pp. 5-14 sont occupées par une *Préface de C.* Superrantius *sur le traité d'Estienne Junius Brutus*, pièce datée « de Soleurre, ce premier jour de janvier 1577 ».

Le volume que nous venons de décrire est la traduction française des *Vindiciae contra tyrannos* publiées pour la première fois par *Thomas Guérin*, à *Bâle*, sous la rubrique d'Edimbourg, en 1579. Mme de Mornay dit dans ses *Mémoires* (éd. de 1868, I, p. 81) que son mari, étant à Jamets en 1574, « fit en latin un livre intitulé *De la puissance legitime d'un prince sur son peuple*, lequel a esté depuis imprimé et mis en lumiere sans touteffois que beaucoup en ayent seu l'autheur ». Il est étrange que, malgré un témoignage aussi précis, beaucoup de critiques aient attribué les *Vindiciae* à Hubert Languet. M. Albert Elkan a repris le sujet et montré que Philippe de Mornay a bien dû composer l'ouvrage (*Die Publizistik der Bartholomäusnacht und Mornays « Vindiciae contra tyrannos »*; Heidelberg, 1905, in-8) ; tout au plus peut-on admettre que la préface est d'une autre plume. Elle est peut-être de Pierre L'Oyseleur, seigneur de Villiers, qui aurait fait la publication, que Mornay n'avait pas eu le temps d'entreprendre (*ibid.*, pp. 63, 98).

4. De || Ivre Magi- || stratvvm in sub- || ditos, et officio || subditorum erga Ma- || gistratus : || Tractatus breuis & perspicuus, his turbu- || lentis temporibus vtrique ordini || apprimè necessarius. || È Gallico in Latinum conuersus. || Cum Indice Quæstionum ; & obiectio- || num quibus hîc respondetur. || Psal. 2. || Erudimini qui iudicatis terram. || M. D. LXXX [1580]. || *Apud Ioannem Marescallum* || *Lugdunensem. S. l.* [*Heidelberg*], in-8 de 136 pp. et 2 ff.

Au v° du titre sont placés quatre passages extraits de l'Ancien et du Nouveau Testament.

Comme l'ont remarqué Barbier et Brunet, ce traité ne doit pas être confondu avec un ouvrage de Théodore de Bèze qui porte presque le même titre.

L'original français est intitulé : *Du droit des magistrats sur leurs subjects, traitté tres-necessaire en ce temps pour advertir de leur devoir, tant les magistrats que subjects, publié par ceux de Magdebourg l'an M. DL et maintenant reveu et augmenté de plusieurs raisons et exemples*, 1574. *S.l.*, in-8.

Le volume porte les armes de Jacques-Auguste de Thou

De la bibliothèque du comte de Lignerolles (Cat., 1894, n° 2759).

3127 (2188*a*). Recueil de pièces sur l'élection de Pologne, l'obédience pretée par Henri III au pape, les Etats généraux

HISTOIRE. 509

de Blois, et les troupes suisses du roi Henri IV. 12 pièces en un vol. in-4, vélin noir. (*Rel. de la fin du XVIe siècle.*)

Voici la description de ces douze pièces que nous plaçons ici dans l'ordre chronologique :

1 (10). L'ORAISON du Seigneur || Iean de Zamoscie, || Gouuerneur de Belzs || &de Zamech, l'vn des Ambassadeurs enuoyez || en Frâce par les Estats du Royaume de Poloigne, || & du grand Duché de Lithuanie. || Au Serenissime Roy eleu de Poloigne, Henry, Fils & Frere des || Roys de France, Duc d'Anjou, &c. Sur la Declaration de || son Election, & pourquoy il a esté preferé aux autres Competi- || teurs. Où l'estat present d'iceluy Royaume est proposé au vray, || & ce que les Polonnois attendent de Sa Majesté. Traduite de || Latin en François par Loys Regius, suiuant le commandement || dudit Seigneur Roy, & à la requeste des Seigneurs Ambassadeurs. || *A Paris*. || *Par Federic Morel Imprimeur du Roy.* || M. D. LXXIIII [1574]. || Auec Priuilege. In-4 de 19 ff. chiffr. et 1 f. blanc, notes marginales.

Le titre porte la marque de *Fed. Morel* (Silvestre, n° 165).

Au v° du titre est une liste contenant les noms des ambassadeurs polonais. Jean Zamojski était accompagné de dix grands personnages.

2 (11). ORAISON de Marc Antoine de || Muret, Prestre, Iuris- || consulte, et Citoyen || Romain. || Prononcee pour Henry III. Roy de France & || de Pologne, deuant nostre S. Pere le Pape || Gregoire XIII. || *A Paris* || *De l'Imprimerie de Federic Morel* || *Imprimeur ordinaire du Roy.* || M. D. LXXVI (1576). || Auec Priuilege. In-4 de 5 ff. chiffr. et 1 f. blanc.

Le titre porte les armes de France avec la devise : *Pietate et Justitia*.

Le discours est suivi d'une note ainsi conçue : « Ceste oraison fut prononcee au consistoire public le xviij. de juin 1576, Louis de Chastaignier, seigneur de La Rochepozé, prestant l'obeïssance pour le roy. H. C. traducteur ».

3 (1). LA || HARENGVE faicte || par le Roy Henry III. de || France et de Pologne, à l'ouuer- || ture de l'assemblee des Trois Estats generaux de || son Royaume, en sa ville de Bloys, le seizième iour || d'Octobre, 1588. || *A Paris*, || *Par Federic Morel Imprimeur ordinaire du Roy* || *Iamet Mettayer, aussi Imprimeur dudit Sieur,* || *& l'Huillier Libraire Iuré.* || M. D. LXXXVIII [1588]. || Auec Priuilege de sa Majesté. In-4 de 11 ff. chiffr. et 1 f. blanc.

Le titre porte les armes de France.

La harangue royale est suivie (fol. 10) de deux sonnets de CL. BINET, « lieutenant general en la seneschaussee et siege presidial d'Auvergne estably à Riom », et (fol. 11) d'un avis « aux lecteurs », dans lequel l'éditeur annonce qu'il va donner au public divers autres discours.

4 (2). REMONSTRANCE || faicte par Monsieur le Garde des || Seaux de France, en l'assemblée || des Estats. *S. l. n. d.* [*Paris, Federic Morel* 1580], in-4 de 25 pp. et 1 f. blanc.

La pièce n'a qu'un simple faux-titre : elle devait être vendue en même temps que *La Harangue faicte par le roy*.

Au v° de la p. 25 est un sonnet « A monseigneur de Montholon, garde des Seaux de France », par SEB. ROUILLARD, de Melun, « advocat en parlement ».

5 (3). REMERCIEMENT || faict au Roy, par Monsieur || l'Archeuesque de Bourges, Pa- || triarche, & Primat d'Aquitaine, au || nom des Estats de ce Royaume, || sur la proposition faicte par sa || Majesté à l'ouuerture de ses Estats || pour la declaration de sa bien- || veillance enuers ses subiects, le || Dimanche xvj. Octobre 1588. iour || de l'ouuerture des Estats. *S. l. n. d.* [*Paris, Federic Morel,* 1588], in-4 de 11 pp.

La pièce n'a qu'un simple faux-titre, au verso duquel est un avis ainsi conçu : « Le Lecteur sera adverty que cy devant a esté mis en lumiere quelque autre *Harangue, ou Proposition faicte au roy sur l'union de la noblesse catholique,* comme presentees au roy par monsieur de Mende, archevesque de Bourges, imprimée à Paris par *André Le Coq,* laquelle est faulsement attribuée audit sieur archevesque et par luy desadvouée ».

L'archevêque de Bourges, RENAUD DE BEAUNE DE SEMBLANÇAY, avait occupé le siège de Mende de 1568 à 1583.

Nous n'avons pas trouvé dans le Catalogue de la Bibliothèque nationale la pièce désavouée par Renaud de Beaune ; mais elle est citée par le P. Lelong (t. II, n° 18710)

6 (7). REMERCIEMENT || faict au nom de la Noblesse de || France, par le Baron de Senecey. *S.l.n.d.* [*Paris, Federic Morel,* 1588], in-4 de 4 pp., avec un simple faux-titre.

7 (6). HARANGVE de || Monsieur le Preuost des Mar || châs President pour le tiers Estat. *S.l.n.d.* [*Paris, Federic Morel,* 1588], in-4 de 4 pp. avec un simple faux-titre.

Discours prononcé le 16 octobre, à la fin de la première séance des Etats. Le prévôt des marchands était MICHEL MARTEAU.

8 (5). ACTES de la || seconde Seance des E- || stats generaux de Fran- || ce tenus à Blois, le mar- || dy xviij. du mois d'O- || ctobre, 1588. *S.l.n.d.* [*Paris Federic Morel,* 1588], in-4 de 3 pp., avec un simple faux-titre.

Le roi, ayant adressé à l'assemblée ces quelques paroles, fait lire, par [Martin] Ruzé, sieur de Beaulieu, secrétaire d'Etat, la déclaration suivante :

9 (4). DECLARATION du || Roy, sur son Edict de l'Vnion de || tous ses subiects Catholiques. *S.l.n.d.* [*Paris, Federic Morel,* 1588], in-4 de 2 ff. mal paginés.

Cette déclaration est datée de Blois le même jour.

10 (8). EDICT du Roy sur || l'Vnion de ses subjects Catholi- || ques, verifié en la Cour de Parle- || ment, le vingt & vniéme iour de || Iuillet, 1588. *S.l.n.d.* [*Paris, Federic Morel,* 1588], in-4 de 10 pp., 1 f. blanc et 3 pp. ; avec un simple faux-titre.

L'édit royal est daté de Rouen, au mois juillet 1588, et contresigné : de Neufville.

La mention de la publication en parlement est signée de Du Tillet.

Lecture de cet édit ayant été faite aux Etats généraux le 18 octobre, le roi fait dresser par Martin Ruzé un acte de serment général, et l'assemblée se rend à l'église Saint-Sauveur, où l'on chante un *Te Deum*.

Au v° du dernier f. est un sommaire du privilège accordé le 21 octobre 1588, sans limitation de durée, à *Fédéric Morel* et à *Jamet Mettayer* pour l'impression et la vente des ordonnances et autres actes concernant les États généraux.

11 (9). BRIEFVE EXHORTA- || TION faicte aux Estats de ce Roy- || aume, par Monsieur l'Archeues- || que de Bourges, par commande- || ment du Roy, sur le serment so- || lennel presté par sa Majesté : & || par luy requis de ses subiects, pour || l'entretenement de l'Edict d'V- || nion, le Mardy xviij. d'Octobre, || 1588. apres l'ouuerture des Estats. *S.l.n.d.* [*Paris, Fédéric Morel,* 1588], in-4 de 14 pp., avec un simple faux-titre

Au v° du 1er f. est réimprimé l'avis dont nous avons donné le texte ci-dessus.

12. PLAIDOYÉ pour les Priuileges || des treze Cantons Suisses. || Contre les Fermiers du Gros & || Huictiesme. *S.l.n.d.* [*Paris,* 1598], in-4 de 16 pp., avec un simple titre de départ.

Analyse d'un plaidoyer prononcé par Mornac « pour Nicolas Le Guay, Jean Firman, Hierosme Du Cotart et Adam Roman, tous des Cens Suisses et gardes du corps du roy, demandeurs et requerans l'entherinement et verification des lettres patentes du roy, portants exemption, en date du huictiesme jour de juin cinq cens quatre vingts dix huict, Gaspar Galary, Hens de Lantan, dit Haid, Balthasard de Grissard, Himbert de Diesbac, Laurent Arect et Vix, tous colonels, soy faisans et portans forts de tous les autres colonels et capitaines suisses, ensemble des republiques et treze Cantons suisses, et encore Joachin de Carteheusse, du canton de Salourre (*sic*), Jaques Bergier, Jean Brissarc, Pierre de Laiszan, Jaques

Mascherry, tous du canton de Fribour, Jaques Vis et Jaques Polete, du canton de Zuric, Pierre Bron, du canton de Berne, et Claude Jaques, tous joincts avec lesdits demandeurs, contre Guy Celot et Le Clerc, fermier[s] du gros et huictiesme de ceste ville de Paris, defendeurs ».

Le volume a reçu à la fin du XVII° siècle les armes de Louis-ALEXANDRE DE BOURBON, COMTE DE TOULOUSE, grand amiral de France.

De la bibliothèque du COMTE DE LIGNEROLLES (Cat., 1894, n° 2772).

h. — Henri IV.

3128 (2254 *a*). DISCOVRS || de la batail- || le, siege et prise || des ville et cha- || steau de Dourlens || emportez par assaut le dernier || iour de Iuillet 1595. || Auec autres particularitez des choses || aduenues auparauant sur la fron- || tiere de Picardie. || *A Arras*, || *Chez Guillaume de la Riuiere*, || *Et* || *Gilles Bauduin, Au Missel d'or*. || M. D. XCV [1595]. In-8 de 23 pp.

Le titre est orné d'une petite figure qui représente un combat.

Le *Discours* commence ainsi : « Le dire des anciens peres est veritable, à sçavoir que les princes excommuniez et ennemis de l'Eglise prosperent peu souvent en leurs affaires... »

L'auteur raconte que le Béarnais, ayant déclaré la guerre au roi d'Espagne au commencement de l'année 1595, brûla d'abord quelques villages de l'Artois, entr'autres Avesne-le-Comte (20 mars) ; mais le marquis de Warembon, gouverneur général de l'Artois, vint en personne diriger les troupes espagnoles, et, au mois de juin, le comte de Fuentes en prit le commandement supérieur ; dès lors les choses changèrent de face. Les Espagnols s'emparèrent du Châtelet, ravitaillèrent La Fère et, le 31 juillet, emportèrent Dourlens ou Doullens.

Au v° du dernier f. est un chronogramme latin, suivi du visa du censeur : François Maugré.

i. — Louis XIII.

3129 (2267 *a*). LETTRE || de Guillaume || sans peur, enuoyee || aux desbandez de la || Cour. || M. DC. XV [1615]. *S. l.*, in-8 de 14 pp. et f. blanc, mar. r. jans., tr. dor. (*A. Motte.*)

Pamphlet contre l'Espagne.

3130 (2281 *a*). MEMOIRES & INSTRUCTIONS pour servir à justifier l'innocence de Messire François Auguste de Thou, Conseiller du Roi en son conseil d'Estat. [Par Pierre Du Puy.] Ms. in-fol. de 221 ff. sur papier (haut. 285 ; larg. 191 mill.), v. f., tr. r. (*Anc. rel.*).

Manuscrit autographe de l'auteur. On y relève de nombreuses corrections et additions qui sont de la même main que le texte.

A la fin du volume sont insérées trois lettres originales de Fr. A DE THOU à Pierre Du Puy, savoir :

1° De Terault près de Montpellier, ce mardy 16. juin 1642 : « Monsieur,

Encores que je sois une personne assez peu considerable dans l'estat... », 2 pp. in-4.

2° Du chasteau de Tarascon, ce 21. juin 1642 : « Monsieur, je vous ay desja escrit une fois depuis ma prison... », 4 pp. in-4.

3° « Monsieur mon cher cousin, Je vous fais ce mot avant que de mourir pour vous conjurer de vous souvenir de moi. Je vous prometz la mesme chose en l'autre monde, où j'espere que Dieu me recevra en la gloire de ses eleus. Je vous recommande mon frere [Jacques-Auguste de Thou, baron de Meslay] et M. de Toulon [Jacques Danès de Marly, veuf de Madeleine de Thou]. Ma seur de Pontac [Louise de Thou, femme d'Arnaud de Pontac], est ici, que je pleins extremement. Je vous prie d'employer nos amis pour faire donner ma confiscation à mon frere. L'interest que je suis capable d'y prendre est pour le paiement de mes debtes, outre que j'ay fait un veu pendant ma prison, dont le P. gardien des cordeliers de Tarascon est temoing, c'est de fonder une messe à leur eglise de cent escus de rente. Je vous recommande Petitjean, mon vallet, et meurs vostre serviteur. DE THOU. « Le 12. septembre 1642, à Lyon ».

1 p. in-4 et 1 f. pour la suscription.

François-Auguste de Thou fut exécuté le lendemain du jour où il écrivait cette touchante lettre. Son frère, Jacque-Auguste, baron de Meslay, conseiller et depuis président au parlement de Paris, présenta une requête au roi tendant à la réhabilitation du condamné ; mais cette requête fut rejetée, Richelieu ne voulant pas que la non-révélation des complots tramés contre l'Etat cessât d'être considérée comme un crime.

Pierre Du Puy, désirant exécuter les volontés de son infortuné cousin, a rédigé un long mémoire où il établit son innocence. En tête du volume il a placé lui-même la requête adressée au roi par Jacques-Auguste.

Le présent manuscrit a fait partie de la bibliothèque de ce dernier, et ses armes décorent les plats de la reliure. Il a passé ensuite chez le DUC DE LA VALLIÈRE (Cat. par De Bure, 1783, n° 5207) et provient en dernier lieu de la vente GUYOT DE VILLENEUVE (Cat., 1900, n° 24).

m. — La Révolution française et les gouvernements qui l'ont suivie.

3131 (2299 a). CONSPIRATION DE BABEUF et Utopie du bonheur commun, par Louis Reybaud, Ms. autographe de 31 ff., demi-rel. ch. r.

Article qui paraît avoir été rédigé pour la *Revue des Deux Mondes*, mais qui n'y a point paru. L'auteur ne l'a pas non plus inséré dans ses *Études sur les réformateurs ou socialistes modernes* (1840-1843), bien que l'on retrouve quelques phrases du manuscrit dans un article publié dans la *Revue des Deux Mondes* du 1er juillet 1842 sur *Les idées et les Sectes communistes.*

De la bibliothèque du COMTE DE MANDRE.

C. — Histoire des provinces de France.

f. — Histoire de l'Aquitaine (Poitou, Berry, Saintonge, Limousin, Guyenne).

3132 (2346 a). RECVEIL EN FORME || D'HISTOIRE de ce qui se || trouve par escrit, de la ville || et des comtes d'Engo- || lesme : Party en troys liures. || Le premier traicte de l'estat de la

HISTOIRE. 513

Ville d'Engolesme, || deuant & au temps des premiers Roys Françoys. || Le second, des Comtes hereditaires d'Engomois, qui com- || mancerent soubz le Roy Charles surnommé le Chauue. || Et le tiers, despuis le temps que le Comté fut reuni à la cou || ronne par Pilippes le Bel, iusques à maintenant. || Par Frāçois de Corlieu procureur du Roy, à Engolesme || *A Engolesme.* || *Par Iean de Minieres Imprimeur.* 1566. In-4 de 8 ff. lim. et 152 pp., la dernière chiffrée par erreur 151, le n° 136 étant répété dans la pagination, vél. souple. (*Rel. anc.*)

> Les 2 ff. qui suivent le titre sont occupés par une épître de Corlieu « A monsieur, M. F. Nesmond, conseiller du roy et lieutenant general d'Engoumois », épître datée d'Angoulême, le 1ᵉʳ octobre 1576.
> Le 4ᵉ f. lim. contient une liste des auteurs allégués.
> Les 5ᵉ et 6ᵉ ff. renferment : huit distiques latins d'HÉLIE L'AISNE (LAISNEUS), avocat du roi et collègue de Corlieu ; une épigramme latine de JEAN DU PORT (JO. A PORTU), avocat ; quatre distiques, qui sont peut-être du même auteur ; une pièce latine de MARTIAL CARLON (MARCIALIS CAROLONIUS) ; deux distiques de FRANÇOIS HAUTCLER (ALTECLARUS) et deux distiques de Corlieu lui-même.
> Les 2 autres ff. lim. sont réservés à la *Table.*
> Les 3 dernières pages du volume ne contiennent que les fautes advenues en l'impression.
> Exemplaire donné en 1714, par FRANÇOIS ROUSSIN, à l'abbaye de St-Faron, de Meaux.
> De la bibliothèque de HENRI BORDES (Cat., 1911, n° 18).

3133 (2346 *b*). CHRONIQVE || BOVRDELOISE || Composée cy-deuant en Latin par Gabriel de || Lurbe Aduocat en la Cour, Procureur & || Syndic de la ville de Bourdeaus. || Et par luy de nouueau augmentée & traduite || en François. || Auec deux siens discours cy-deuant imprimez, l'vn de || la conuersion du Roi, & l'autre des antiqui- || tez n'aguieres trouuées hors || ladicte ville. || *⁎⁎⁎* || *A Bourdeaus,* || *Par S. Millanges Imprimeur ordinaire du Roy* || 1594. In-4 de 70 ff., v. f., fil. et mil. à froid, comp. dor., tr. v.

> Le 2ᵉ f. contient un avis « Au Lecteur ». — Le 3ᵉ f. est occupé par un *Catalogue des autheurs des escrits desquels ceste Chronique a esté tirée.*
> La *Chronique* commence à Jules-César et s'arrête à la mort d'Angier de Gourgues, conseiller d'Etat, maître des requêtes et président des trésoriers de France en la généralité de Guyenne, le 20 octobre 1594.
> La liste des archevêques et celle des officiers occupe les ff. 55 et 56 r°. Elle est suivie de sonnets par un anonyme et par S. D. G. (fol. 56 v°), par J. DE LA CHIÈZE et par un anonyme (fol. 57 r°), par P. D. L. [P. DE LURBE] (fol. 57 v°).
> Au f. 58 commence le *Discours sur l'apparition des colombes blanches du haut de l'Eglise Sainct Denis lors de la conversion du roy.* Cette pièce se termine au fol. 60 v°.
> Le *Discours sur les antiquitez* est précédé de deux planches représentant

le cachet de Néron et trois statues, puis d'un titre ainsi conçu qui correspond au fol. 61 :

DISCOVRS || sur les Antiquitez || trouuees pres le prieuré || S. Martin les Bourdeaux || en juillet 1594. || Avec les portraicts des statues & principales || medailles trouuées audict lieu. || *A Bourdeaus,* || *par S. Millanges Imprimeur ordinaire* || *du Roy.* 1595.

Au v° de ce titre est un nouueau sonnet de P. D. L. [= P. DE LURBE]. Le texte remplit 7 ff. paginés 58-63.

Nous décrivons plus loin (n° 3168) la seconde édition latine de la *Chronique* (1590).

7. — *Histoire des Pays-Bas.*

3134 (2374 *a*). SĒSVYT LA TENEVR DES LETTRES || contenant les lamentables || inundatiōs et eleuation des || eaues tant de la mer que des || riuieres doulces : au pays de || Flandres Brabant ᴣ Holā- || de aussi aux isles de zelande : || auec partie des gros dōmai || ge [*sic*] aduenuz le. v. iour de No || uembre par ycelles. *S. l. n. d.* [1530], in-4 goth. de 4 ff. non chiffr. de 30 lignes à la page pleine, sign. *A*, mar. r., fil., large dent. sur les plats, dos orné tr. dor. (*Chambolle-Duru.*)

Le titre, imprimé en gros caractères, est orné d'un bois qui représente les pays de « Flandres, Holande, Zelande ». Le texte commence au v° même du titre.

L'auteur, qui signe : PIERRE WILSTET, et qui date sa lettre de Bruxelles, le 10 novembre 1530, décrit les ravages causés par les inondations, ravages estimés à huit millions, « sans la perte de plusieurs grans personnaiges et bons marchans ».

La relation se termine au 3° f. r° ; elle est suivie d'une *Exhortation au peuple chrestien* qui est l'œuvre de l'éditeur. Il est dit dans cette pièce que les maux qui ont éprouvé les Pays-Bas ont été envoyés par le ciel pour punir « les pechés du peuple desobeissant et corrompu en la foy de Jesuchrist ». Diverses calamités ont fondu aussi sur d'autres pays ; ainsi Dieu a envoyé « sur la Savoie guerre et tribulation, comme à Genesve et Chamberi ».

Cette mention semble indiquer le lieu où les lettres ont été imprimées. Elles sortent peut-être des presses de *Genève.*

Au v° du dernier f. est un grand bois représentant l'Aigle impériale dont les ailes sont chargées, à gauche des armes d'Espagne, à droite des armes de Bourgogne et Castille.

Cet exemplaire, qui est celui de FERNAND COLOMB, provient de la bibliothèque du BARON J. PICHON (Cat., 1897, n° 1416).

3135 (2400 *a*). ADVERTISSEMENS || veritables, et con- || seil salutaire aux Pro- || uinces de Brabant, Frandre, Hollan- || de, Zelande, Frize & autres &c. sur || les comportemens, ruses & facti- || ons du Duc d'Aniou appellé pour leur commander : par ou poeeuuent || veoir ce qu'ilz doibuent d'oresena- || uant atendre de luy. || *A Enuers,* || *l'An* M. D. LXXXIII [1583]. In-16 de 24 ff. non chiffr., sign. *A-C* par 8.

Cette pièce n'est citée ni par P.A. Tiele, dans la *Bibliotheek van neder-*

8. — *Histoire d'Allemagne.*

3136 (2409 *aa*). De inclito atqz apud Germanos rarissimo ‖ actu ecclesiastico Kalen. Augusti Au ‖ guste. Celebrato anno domini ‖ 1518. *S. l.* [*Augbourg?*], in-4 goth. de 8 ff. non chiffr. de 40 lignes à la page, sign. *A-B*.

> Le titre est orné d'un très beau bois qui représente un ange tenant, de la main droite, la croix cardinalice et, de la main gauche, le bonnet et le glaive des empereurs.
>
> On lit au v° du titre : *Ad reverendissimum in Christo patrem et illustrem principem Fabricium de Carreto, ex marchionibus Finalis, sacrosancti militaris ordinis beatissimi Joannis Baptistae, etc., magnum magistrum Rhodi, etc.,* Jacobi Manlii, *Friburgensis Brisgaudii, doctoris, divi Maximiliani Cesaris Augusti hystoriographi et consiliarii, etc., Hystoria.*
>
> Au f. *A ij* est l'épître dédicatoire, puis vient le récit (*Hystoria*). Jakob Mandel raconte que, le 1ᵉʳ août 1518, neuvième dimanche après la Pentecôte, vers six heures du matin, Tommaso [Vio], cardinal-prêtre du titre de Saint-Sixte, légat *a latere*, s'est rendu à la chapelle du palais d'Augsbourg, avec son collègue [Matthäus Lange], évêque de Gurck, cardinal diacre du titre de Saint-Ange, prince-coadjuteur de Salzbourg et légat *a latere* en Allemagne, et Albert, marquis de Brandebourg, nouveau cardinal. Les deux légats ont reçu le serment du prince, et le chancelier de ce dernier a donné lecture de la bulle, en date du 8 mai 1518, par laquelle le pape Léon X lui a conféré la pourpre. Le maître des cérémonies Truphème a revêtu ensuite Albert de Brandebourg du costume et des insignes cardinalices, et tous les hauts personnages présents ont pris leurs places dans le chœur pour assister à la messe. L'empereur Maximilien a fait alors son entrée. Le légat Tommaso Vio l'a salué d'une harangue, à laquelle Pietro Bonomo a répondu au nom de Sa Majesté. Le jurisconsulte Jakob Spiegel, secrétaire et conseiller de l'empereur, a donné lecture des lettres pontificales adressées à ce dernier en date du 5 mai 1518, puis le légat a prononcé une allocution en remettant à Maximilien le bonnet et l'épée envoyés par le souverain pontife. Un remerciement fait par l'évêque de Trieste [Pietro Bonomo], au nom de l'empereur, a terminé la cérémonie.
>
> Nous avons ici le texte même des bulles et des diverses harangues.
>
> Le dernier f. contient au r°, un écu chargé de deux vols d'aigle. Le cimier, timbré d'une couronne de marquis, est surmonté d'un buste à figure barbue, et de deux proboscides terminées par des plumes de paon.
>
> Le titre porte ces mots d'une main de la fin du XVIᵉ siècle : « Sum Joannis Christiani a Sernhim ». Au-dessous est l'étiquette de la bibliothèque des Jésuites d'Innspruck.

3137 (2409 *bb*). Caroli Ro. Re- ‖ gis recessuri, Adlocutio ‖ in conuentu His- ‖ paniarum. *S. l. n. d.* [*Augsbourg?*, 1519], in-4 de 2 ff.

> Discours prononcé par Charles-Quint au moment où il quittait l'Espagne pour prendre possession de l'Empire.

Le titre est orné d'un écu à seize quartiers où sont réunies les armes de tous les états, appartenant au jeune prince.

Le discours commence ainsi, au v° du titre.

« Ego profecto, viri Hispani, non eam in vultu vestro animorum alacritatem, non expressa illa leticiae, quibus me excepistis, signa video, neque aliam subesse causam suspicor quam quod grato adventu meo gravior discessus videatur, ea in primis causa quod recedente sole noctem fieri, redeunte diem videatis... »

Cette harangue ne doit pas être confondue avec celle que Charles-Quint adressa dix ans plus tard aux Espagnols (n° 2714).

On lit sur le titre : « *Sum* JOANNIS CHRISTIANI A SERNHIM. »

HISTOIRE. 517

3138 (2409 *bbb*). LE CORŌNEMENT du tresil- || lustre Roy de Behemen/ || Archeduc Ferdinande. ɤc. || Et de sa Royalle Mageste espousee la Royne || faicte en la grande ɤ puyssante cite || de Prag / au Royaulme de || Beheme. En Lan. || M. D. xxvij. || ⁋ Translate ou vray Dallemāt en francoys || par Vuygant de Köln. — ⁋ *Finis. S. l. n. d.* [*Genève*, 1527], in-4 de 4 ff. non chiffr. de 43 lignes à la page, impr. en lettres de forme, sign. *a*, mar. br., fil., riches comp., entrelacs et rinceaux dorés à petits fers, doublés de mar. bl., dent., gardes de moire bleue, tr. dor., dans un étui de mar. br. (*Lortic*.)

IV. 6. 58

<small>Le titre, encadré de quatre bordures, est orné des armes de Bohême et de Hongrie. Voy. ci-contre.

La relation commence ainsi, au v° même du titre :

« Le dymenche, le 24. jour du moys de fevrier l'an M. D. xxvii, est venu le roy Ferdinande comme archeduc d'Austrice, portant manteau et abillemens d'archeduc, de carmosin rouge, et chappeau archeducal, avec une croix d'or, et tous deux, manteau et chappeau fourrez d'hermines, au matin, environ a sept heures ; ensemble avec luy trois princes ecclesiastiques, c'est assavoir l'ung, l'evesque d'Olmūcz, l'autre de Preslau et l'evesque de Trient, et avec deux princes seculiers, l'ung Casimieres et George, freres, marquis de Brandenburg... »

L'imprimeur WYGAND KÖLN, qui a traduit cette pièce, était Allemand, et savait fort imparfaitement le français ; aussi le style en est-il fort incorrect.

La reliure, exécutée pour RUGGIERI, dont l'emblème se voit sur la doublure (cf. *Catal.*, 1878, n° 886), est semblable à celle qui orne le volume suivant.</small>

3139 (2409 *a*). LE EXCELLENT et || plus diuin q̄ humain voyage entro- || prins ot faict par plus q̄ illustrissime || prince Charles Cesar tousiours Au || guste Empereur des Rommains et || Allemaigne. Roy trescatholique des || Espaignes ɤc. Pour son Courōne- || mēt / Entree es Itales / Embarque- || ment / Triumphe de Gennes / Sa || receue es pays Ditalie / et du duc de || Ferrare. Auec le recueil q̄ luy a faict || nostre saīct pere le pape a Bolongne || la grasse / et de lentree en icelle. — [*Au fol. Di :*] Le triūphant et || magnificque estat en sumptueuse cerimo- || nie bien obserue / au tres heureux corōne- || ment du tres noble ɤ victorieux Charles || Cesar Auguste Roy des Hespaignes ɤc. || Empereur quint de ce nom. Par Cle- || ment pape. VII°. en la tres renommee cite || de Bolongne la grace / en grande maieste || tres illustrement couronne le iour sainct || Mathias Mil. ccccc. ɤ .xxx [1530]. *S. l.*, in-4 de 20 ff. non chiffr. de 29 lignes à la page, sign. *A-E* par 4, mar. br., fil., comp., rinceaux et entrelacs dorés à petits fers, dos orné, doublé de mar. bl., dent., gardes de moire bleue, tr. dor., dans un étui de mar. br. (*Lortic*.)

IV. 6. 57

<small>Le titre de la première partie est entouré d'un encadrement formé de bordure, et porte l'Aigle impériale.</small>

Au v° du titre est une figure qui représente un roi assis sur son trône au milieu de sa cour, et rendant la justice.

La relation commence ainsi (fol. *A ij*).

« Après que l'empereur toujours auguste et roy Trescatholique, notre souverain seigneur, eust determiné, contre l'opinion toutesfois de plusieurs ses loyaulx et principaulx serviteurs, de passer en Ytalie... »

Le titre de la seconde partie est entouré d'un encadrement et porte le même écu, chargé de l'Aigle impériale, que le titre de la première.

Le texte commence au v° même du titre de la façon suivante :

« *Le Contenu des cerimonies observees a la coronation de Charles, roy d'Hespaigne, esleu empereur, faicte le jour de sainct Mathias, xxiiii. de febvrier. M. cccc. xxx. en Bologne la grasse, en l'eglise collegiale de sainct Petronille, par le pape Clement VII., l'an de son pontificat vii.*

» Premierement, laissant la coronation de la corone d'argent faicte le mardi .xxii. dudict moys de febvrier, laquelle corone se souloit prendre a Milan, parleroy seulement de la coronation de la corone d'or, laquelle et pour derniere se souloit prendre a Romme.

« *L'Appareil et Disposition des eschaffaux pour telle coronation. Chapitre I.*

« Est a sçavoir que ung peu avant la journee du coronement estoient faictz eschaffaultz de bois assis en l'eglise de sainct Petronille... ».

Le v° du dernier f. est blanc.

Les caractères paraissent être ceux de *Martin De Keysere*, ou *L'Empereur*, imprimeur à *Anvers*.

La reliure, exécutée pour RUGGIERI, dont l'emblème se voit sur la doublure (Cat., 1873, n° 890), est semblable à celle qui orne le volume précédent.

3140 (2412 *a*). ¶ LE VOYAGE et || expedition de Charles le quint em- || pereur en Africque cōtre la || ville de Argiere. || ¶ La description de larmee ⁊ voyage de || Lempereur en Africque contre la || ville de Argiere / enuoyee a || mōsieur de Langest / tra- || duicte de latin en || françois. || ¶ Mil. D. xlii [1542] || ¶ *On les vend a Paris en la rue sainct Ia-* || *ques a lenseigne des troys Brochetz* / *par Be-* || *noist de Gourmont.* In-8 de 20 ff. non chiffr. de 25 lignes à la page, sign. *A-E* par 4, mar. br., riches entrelacs et rinceaux en mosaïque de mar. vert, citron et rouge, doublé de mar. bleu, feuillages à petits fers, dos orné, gardes de moire bleue, tr. dor., dans un étui de mar. v. (*Lortic.*)

Le titre n'est orné d'aucune figure ; nous en donnons la reproduction d'autre part.

Le texte commence, au v° même de titre, par une épître dont voici le début :

« A treshault et puissant seigneur, messire Guillaume Du Bellay, viceroy de Pimont et chevalier de l'ordre du roy Trescrestien, messire NICOLE VILLAGON [*sic*] salut.

» Je vous ay fait sçavoir par mes dernieres lettres, mō treshonnoré seigneur, que, me hastant de venir vers vous, j'ay esté retardé et contraint de demourer a Romme, a cause du renouvellement et engriefvement des playes dont j'avoys esté blessé... »

La relation commence au verso du f. *A ij* de la façon suivante :

« Comme, l'esté dernier passé, mes privez et domesticques affaires me eussent revocqué et retiré en France, je fuz par mes amys adverty du retour de Cesar aux Itales et du passage deliberé de son armee en Africque, lesquelz miens amys, entendu le conseil et deliberation de l'empereur, me invitoient a ceste belle et honneste entreprinse... »

Nous avons décrit précédemment (tome III, n° 2723) une édition latine de l'épître et de la relation de Villegagnon, imprimée la même année à Paris.

La reliure de ce volume a été exécutée pour M. PARRAN.

ℭ Le voyage et

expedition de Charles le quint empereur en Africque cōtre la Ville de Argiere.

ℭ La description de larmee & voyage de lempereur en Africque contre la Ville de Argiere / ennoyee a mōsieur de Langest/tras duicte de latin en francois.

ℭ M.D.XLII.

ℭ On les vend a Paris en la rue sainct Jacques a lenseigne des troys Crochetz/par Benoist de Gourmont.

12. — *Histoire des Turcs.*

3141 (2457 *a*). SCANDERBEG. || Commentaire d'aucunes || choses des Turcs, & du Seigneur George Scan || derbeg, Prince d'Epirre, & d'Albanie, Conte- || nāt sa vie, & les victoires par luy obtenues, auec || l'ayde du treshault Dieu, & les inestimables for || ces & vertus d'icelluy, dignes de memoire. || Traduict de Toscan, en Frācois, Par Guillaume || Gaulteron de Cenquoins, secretaire de M. de || Montluc Conseiller du Roy & son Ambassa- || deur, aupres de la Seigneurie de Venize. || Qui voit s'esbat. || 1544. || ℭ *De l'imprimerie de Denys Ianot imprimeur* || *du Roy en langue Francoyse,*

& *libraire iuré de* || *l'Vniuersité de Paris.* || ❡ Auec priuilege du Roy pour cinq ans. || ❡ *On les vend a Paris en la Galerie du Palays* || *pres la Chancellerie par Ian Longis.* In-8 de 92 ff. non chiffr., sign. *A-L* par 8, *M* par 4, mar. bl., fil., dos orné, tr. dor.

 Au v° du titre est le texte du privilège accordé pour cinq ans à *Denys Janot* le 12 avril 1543. A la suite est un achevé d'imprimer du 2 janvier 1544. Ces deux dates sont données en nouveau style.
 Les ff. *A ij-A iij* r° contiennent une épître de Guillaume Gaulteron au roi.
 Cette histoire est tirée du *Commentario delle cose de' Turchi*, publié par Paolo Giovio en 1531 et plusieurs fois réimprimé depuis. Elle est précédée (fol. *A iij* v°-*A iiij*) d'un *Prologue de l'aucteur a Frederic Gonzague, duc de Mantoe*, en date du 1ᵉʳ juin 1539, ce qui prouve que le traducteur a eu sous les yeux une édition de 1539 ou de 1540. L'ouvrage, où l'on trouve un résumé de l'histoire des Turcs jusqu'en 1529, est divisé en 44 chapitres. On lit à la fin : « Traduict à Rome, au palays du mons Jourdain, ou moys d'Octobre, l'an mil cinq cens quarante deux. *Qui voyt s'esbat.* »
 Le f. *L viij* v° et le cahier *M* contiennent la *Table* et la liste d'*Aucunes Faultes à corriger.*
 Sur les écrits relatifs à Scanderbeg on peut consulter : Georges T. Pétrovitch, *Scanderberg (Georges Castriota), essai de bibliographie raisonnée* (Paris, E. Leroux, 1881, in-8).
 Exemplaire de Ch. Schefer (Cat. par Ch. Porquet, 1899, n° 722).

3142 (2457 *b*). Le double de Loriginal / ḋl || a este escript ꝫ mande par || le grād Turck / ensemble || le Roy de Cathey / ꝫ le roy || de Perse / a tous princes ꝫ || seigneurs et estatz de toute la chrestiēte. || De Lempire Rōmain. || ❡ Item la teneur cōmāt Lempereur de || Turquie a deffie le Roy Dhungrie : || Lan. M. d. xxvi. || Nouuellemēt trāslate dallemāt en frā- || coys / *a Geñ. par V. k. S. d.* [1526], in-4 goth. de 4 ff. non chiffr. de 29 lignes à la page, impr. en grosses lettres de forme, sign. *a*, mar. br. jans., tr. dor. (*Capé*.)

 Le titre, encadré des bordures ordinairement employées par *Wygand Köln* à Genève, est orné d'un portrait du sultan. Voy. la reproduction ci-après.
 Le v° du titre est blanc.
 La lettre des princes musulmans commence ainsi :

 « Nous Theseüs, avec la puissance de Dieu empereur de Turcquie, de Idumé, Alexandria, Anthiochia, Capadocia, Constantinoble, Dalmacien, Croacien, Boarien, puissant roy et seigneur a Salamin et Leben, duc de Region, Pattalion, Assom, Tyton, Tragalon, Chyon, Iconion, Pavion et Mileten, et seigneur de .xix. royaulmes chrestiens et de Candie, grant prince de Rhodes, lieutenant de la mer Oceane, et Nous, Saladimus [*sic*], du consentement de Dieu roy de Cathay et Alkeyre, etc... »

 La lettre était signée d'un sceau sur lequel était écrit en grec cette légende : *La force de Dieu est le sceau de toutes gens.*
 Le texte de *La Deffiance que l'empereur de Turcquie a mandé au roy d'Ungrie*, débute ainsi :

 « Nous, Theseüs, par la grace de Dieu empereur de Turquie, enfant du grant roy, nommé de par le grand Machometh, natiff de tresgrande lignee des payens... »

 Le texte allemand de cette pièce est intitulé : *Die Abschrift aus dem Original, so der Turck sampt dem König von Cathey und Persien allen christlichen Stenden des Röm. Reychs geschriben hat.* Ainsi que nous l'avons dit déjà sous le n° 2458, Benkert, qui, sous l'anagramme de Kertbeny, a publié la bibliographie des *Ungarn betreffende deutsche Erstlings-Drucke* (Budapest, 1880, in-8), en cite cinq éditions (n°ˢ 248-253).

Comme les autres pièces traduites par Wigand Köln, celle-ci est écrite dans une langue fort peu correcte.

Exemplaire de Charles Schefer (Cat. par Ch. Porquet, 1899, n° 754).

3143 (2459 *aa*). Bref Discovrs du || rencontre faict || par les Chrestiens & les Turqz, || aux moys de Mars, Auril, || & May derniers. || 1560. || *A Lyon,* || *Chez Anthoine du Rosne.* || M. D. LX [1560]. || Auec permission. In-8 goth. de 8 ff., cart.

 L'imprimeur a réuni sous ce titre deux lettres dont les auteurs ne sont pas nommés. La première lettre commence ainsi :
 « Monsieur, Vous sçavez que le samedy dixiesme de fevrier dernier, partant de Malte, vinsmes donner port à la nuict au Frioul... »
 Elle est datée (fol. *B iij*) « Du poullaillier des Gerbes, que nous voulons faire fort, ce vingtroisiesme jour de mars mil cinq cens soixante ».
 La seconde lettre, datée de Rome, le 22 mai 1560, débute ainsi :
 « Monsieur, vous devez entendre que lundy dernier arrivarent deux gentilzhommes en poste qui aportarent nouvelles a nostre sainct pere le pape... ».
 Exemplaire de **Charles Schefer** (Cat. par Ch. Porquet, 1899, n° 787).

3144 (2459 *aaa*) Brief Discovrs de || l'entreprise et assem || blee faicte par les Princes Chrestiens, || pour aller courir contre les || Turcs & Payens. || *A Lyon* || *Par Anthoine du Rosne* || 1560. || Auec permission. In-8 de 4 ff., lettres rondes, cart.

 Le titre est orné d'un bois qui représente des fortifications près desquelles sont réunis des cavaliers.
 La lettre, qui ne porte ni date ni signature, commence ainsi :
 « Monsieur, Après plusieurs lettres escriptes, maintenant vous veulx advertir et declarer comme, par lettres escriptes du vingtiesme de juin dernier passé, venant de Licata, faisant mention que, le jour precedent, qui estoit le dixneufiesme, estoit arrivé une fregate de cincq baucz... ».
 Exemplaire de **Charles Schefer** (Cat. par Ch. Porquet, 1899, n° 788).

3145 (2459 *bb*). Le || Discovrs de la guerre || esmeue enuers || le seigneur grand Turc || par l'esmotiõ d'au- || cuns ses sub- || ietz. || La cause pourquoy ledict seigneur grãd || Turc a prohibé le vin en son païs : & plu- || sieurs autres defenses. || La cruauté qu'il faict faire à ceux qui cõ- || treuiennent à ses defenses. || Auec la description des armes & harnois de guerre || inuentez de nouuel audict païs. || Traduict d'Italien en langue Françoise. Et acheué || d'imprimer le xxvi. Iour de septembre, 1561. || *A Paris.* || *Par Guillaume Nyuerd, Imprimeur & Libraire, tenant* || *sa boutique ioignant le pont aux muniers,* || *vers le Chastellet : au bon Pasteur.* || Auec Priuilege. In-8 de 14 ff. non chiffr., sign. A-C par 4, D par 2, mar. or., fil. à froid, fil. et coins dorés, dos orné, tr. dor. (*Capé.*)

 Lettre datée de Péra, le 1ᵉʳ mars 1561, et signée : André Bon Accorto. Elle commence ainsi :
 « Après les choses particulieres alleguées en la rescription à Vostre Seigneurie, il m'a semblé bon et convenable, par ceste mienne lettre, de singulierement vous advertir des grandes, horribles et espovantables choses qu'on dit en ce quartier... »

Les deux derniers ff. contiennent la *Description du premier exercite des Hebreux*.

Exemplaire d'AD. GAIFFE (Cat. anonyme de 1904, n° 257).

3146 (2462 a). LA || PRINSE de || Biserte : et || nouueaux Aduer || tissemens du suc- || ces des affaires || de Tunes. || La sentence donnee contre le Roy || Mulei Hamida. || Auec l'inuestison du Prince Muleazen || nouueau Roy de Tunes. || *A Lyon,* || *Par Benoist Rigaud.* || 1573. In-8 de 6 pp. et 1 f. bl., cart.

Lettre datée « de Tunes, le xx. octobre » ; en voici le début :

« Le sieur don Jean, estant à Tunes le xiij. de ce mois, est adverti que quatre cens Turcs, des trois mille qui estoyent à la garde de Tunes... ».

Le titre porte la devise de *Rigaud*, inscrite dans un cartouche ovale : *Initium sapientie timor Domini.*

3147 (2464 a). NOVVELLES || trescertai- || nes de la deffai- || cte de l'armee du || Turc en Transiluanie || et Hongrie aduenue es || mois de May, Iuing et Iuillet || de cest an 1595. Venant de la Court de l'Archiduc || Ferdinand a Inspruck du xiiij. Iullet [*sic*] 1595. || Suiuant la Copie escrite au vray || d'Inspruck. || Par M. Iacques Regnart. || M. D. XCV [1595]. *S. l.*, in-8 de 4 ff. non chiffr., vél. blanc.

Le titre est orné d'un joli bois de style allemand.

La lettre est adressée « à M. Jean Regnart, pasteur de S. Estienne à Lille » ; en voici le début :

« Monsieur et tres-aymé frere, J'ay receu deux de vos lettres : la premiere estoit du 8. de may, laquelle m'est venue és mains par le moyen d'un nommé Jean de Stigare, demeurant à Nuremberg, lequel pareillement me rescript une petite lettre, m'offrant tous ses services... »

Le signataire, JACQUES REGNART, n'est autre que le musicien flamand bien connu. Né à Douai vers 1531, Jacques avait d'abord été chantre à la cathédrale de Tournai, puis il était passé en Allemagne. Après avoir fait un moment partie de la chapelle impériale, il avait été appelé à Munich par le duc Albert de Bavière, et s'était marié dans cette ville. Vers 1575 il était entré de nouveau dans la chapelle impériale, avait servi successivement Maximilien II et Rodolphe II, puis il avait suivi à Innspruck l'archiduc Ferdinand. Il mourut en 1600 ou 1601. Fétis, à qui nous devons ces détails (*Biogr. des musiciens*, VII, p. 200), a donné une liste sommaire, mais assez complète, des œuvres de Jacques Regnart. On peut y ajouter les pièces relevées par Eitner dans divers recueils publiés de 1564 à 1629 (*Bibliographie der Musik-Sammelwerke*, p. 800), et les ouvrages suivants : *Kurtzweilige teutsche Liedlein ;* Wien, 1574, in-4 obl. (Weller, *Annalen,* II, p. 313) ; *Threni amorum ; lustige weltliche Lieder mit fünff Stimmen, hiebevor in welscher Spraach gesatzt, jetzund aber mit lieblichen teutschen darumter applicirten Texten in Truck geben durch Abraham Ratzen ;* Nürnberg durch Paulum Kauffman 1595, in-4 (Draudius, *Bibliotheca librorum germanicorum classica*, 1625, p. 759) ; *Flos Missarum illustrium ;* Francofurti, Nic. Stein, 1600, in-4 (Clessius, *Elenchus,* 1602, p. 399).

Outre le frère à qui est adressée la lettre que nous avons décrite, Jacques avait trois frères, tous musiciens : François (son aîné), Pasquier et Charles, Voy. Fétis, t. VII, pp. 199-201.

Exemplaire de CHARLES SCHEFER (Cat. par Ch. Porquet, 1899, n° 857).

3148 (2466 *a*). Exploicts || des galeres || de France, es || costes de Barbarie. || *A Paris,* || *Chez F. Morel, Imprimeur or-* || *dinaire du Roy, ruë. S. Iacques* || *à la Fontaine.* || M. DCXX [1620]. || Auec Priuilege de sa Majesté. In-8 de 18 pp.

<small>Le titre porte la petite marque de *Fed. Morel.*

Le titre de départ est ainsi conçu : *Lettre d'un Gentilhomme à un sien amy, contenant les Exploits faicts ès costes d'Espagne & Barbarie, par Monsieur le Comte de Joigny, Chevalier des Ordres du Roy, & General des Galeres de France.*

La lettre, signée : D. G., est datée de Marseille, le 27 août 1620.</small>

III. — Paralipomènes historiques.

1. — *Histoire de la noblesse et de la chevalerie.*

3149 (2487 *a*). Histoire genealogique de la Maison de Rabutin, dressée par messire Roger de Rabutin, comte de Bussy, lieutenant general des armées du roy et mestre de camp general de la cavallerie legere de France, et addressée à dame Marie de Rabutin, marquise de Sevigné. Ms. in-4 de 70 ff., plus 22 ff. blancs (haut. 219, larg. 162 mill.), mar. r., fil., dos orné, tr. dor. (*Rel. du XVIIe siècle.*)

<small>Manuscrit autographe de l'auteur de l'*Histoire amoureuse des Gaules.* L'étude du texte prouve qu'il date du début de l'année 1684.

En tête du volume (fol. 2-4) est une épître « A madame la marquise de Sevigné ».

Au f. 32 est une seconde épître « A madame la duchesse d'Holstein, comtesse de Rabutin (femme de Louis de Rabutin, marquis de Prémonville, général au service de l'empereur).

« L'histoire généalogique elle-même, dit le rédacteur du Catalogue Didot en 1881, est fort intéressante. L'auteur y a inséré, textuellement ou par extrait, un certain nombre de documents historiques dont le plus ancien date de 1147. On y trouve, entre autre autres, une lettre de Charles IX et une autre de Henri IV adressées à Guy de Rabutin de Chantal, beau-père de sainte Chantal. L'éloge de Mme de Sévigné (fol. 57-58) est d'une grâce particulière ». Le dernier article de la généalogie est celui qui est consacré au fils aîné de l'auteur, Amé-Nicolas de Rabutin. Les dernières lignes sont ainsi conçues : « Il s'attacha particulierement à la personne de Louis, monseigneur le daufin, jusques à la fin de 1683, que le roy, levant de nouvelles trouppes, luy redonna une compagnie de cavalerie dans le regiment de Belleport. »

La reliure porte, sur le premier plat, les armes de Bussy, c'est-à-dire celles de Rabutin de Chantal : écartelé : aux 1er et 4e à cinq points d'or équipollés à quatre de gueules ; aux 2e et 3e d'or à la croix de sable. L'écu, timbré d'une couronne de comte, est entouré de douze bannières semées de France. Le second plat porte les mêmes armes de Rabutin de Chantal accolées d'armes qui se lisent ainsi : écartelé : aux 1er et 4e de... à deux fasces de... ; aux 2e et 3e de... à une croix fichée de... ; l'écu timbré d'une couronne ducale, surmontée d'un monde cintré et croisé. Ces armes doivent être celles de la duchesse de Holstein. Comme l'a fait observer le</small>

rédacteur du Catalogue de manuscrits publié par la librairie Techener en 1862 (n° 155), la duchesse de Holstein, n'appartenant pas à la branche de Chantal, ne pouvant porter que les armes de Holstein accompagnées des armes simples de Rabutin : cinq points d'or équipollés à quatre de gueules. On est donc fondé à croire que le volume a été relié pour Bussy lui-même, qui n'y aura joint les armes de Holstein que par vanité.

Ce volume provient de la bibliothèque d'AMBROISE FIRMIN-DIDOT (Cat., 1881, n° 72 ; 1910, n° 493).

2. — Blason.

3150 (2490 a). DE || LA PRIMITIVE INSTI- || TVTION des Roys, Herauldz, || & Poursuiuans d'armes, || Composé par Maistre Iehan le Feron, Aduocat en la Cour || de Parlement à Paris. || *A Paris.* || *De l'Imprimerie de Maurice Menier, demourant aux* || *faulxbourgs sainct Victor, Rue neufue, à l'en-* || *seigne sainct Pierre.* || 1555. || Auec Priuilege du Roy pour dix ans. — [A la fin :] *Acheué d'Imprimer le quatorziesme de Decembre* || *Mil cinq cent cinquante & cinq.* In-4 de 47 ff. chiffr. et 1 f. non chiffr. — LE || SIMBOL ARMORIAL || des Armoiries de || France, & d'Escoce, & de || Lorraine. || Composé par Maistre Iehan le Feron Escuyer, & dedié à || Tresillustre Dame, Ma dame Marie de Loraine || Royne & douairiere d'Escoce. || *A Paris.* || *De l'Imprimerie de Maurice Menier, demourant aux* || *faulxbourgs sainct Victor, rue neufue, à l'en-* || *seigne sainct Pierre.* || 1555. || Auec priuilege du Roy pour dix ans. — [A la fin :] *Acheué d'Imprimer le septiesme de Decembre,* || *Mil cinq cent cinquante & cinq.* In-4 de 39 ff. chiffr. et 1 f. non chiffr., mar. r., fil., tr. dor. (*Rel. anglaise.*)

Institution. — Le titre est orné d'une jolie figure représentant un héraut d'armes.

Au v° du titre sont les armes et les emblèmes de Claude Gouffier, avec sa devise : *Hic terminus haeret.*

Les ff. 2 et 3 r° contiennent une épître de J. Le Féron « A ault et puissant seigneur, messire Claude Gouffier, seigneur de Boisy, chevalier de l'ordre sainct Michel, comte de Carvas et de Maulevrier, capitaine de cent gentilz-hommes de la maison du roy et grand escuyer de France ».

Le v° du 3° f. est occupé par un extrait du privilège accordé à l'imprimeur *Maurice Menier*, pour dix ans, le 6 septembre 1555.

L'ouvrage se termine, au f. 47 v°, par un achevé d'imprimer du 14 décembre 1555.

Au r° du dernier f. est une grande marque aux armes de Le Féron : [de gueules], au sautoir [d'or], accompagné en chef et en pointe d'une molette et à chaque flanc d'une aigle, [le tout également d'or]. Les armes sont supportées par deux lions dragonnés ; le cimier est surmonté d'un lion issant. Sur les côtés de l'écu sont deux grands personnages debout, lisant dans un livre. En bas on lit cette devise : *Laborem pro generositate optavi et superavi.*

Simbol armorial. — Le titre porte la marque de *Maurice Menier* (Silvestre, n° 789).

¶ De hamilchar surnomme barque pere de hanibal. De hasdrubal gendre de hamilchar. De ladolescence & vertus de hannibal. De lage quil auoit quant il fut esleu souuerain capitaine des carthaginiens. Chapitre premier

TROIS VIES DE PLUTARQUE TRADUITES PAR SIMON BOURGOUIN.
MS. EXÉCUTÉ POUR PIERRE II DE BOURBON ET ANNE DE FRANCE

Au v° du titre sont les écus de France, d'Écosse et de Lorraine.

Les ff. 2 et 3 contiennent une épître « A tresaulte dame, madame Marie de Lorraine, royne et douairiere d'Escoce, jadis femme de magnanime roy d'Escoce Jaques, cinquiesme du nom, mere alumne de Marie, royne d'Escoce, fille d'iceluy Jaques, roy d'Escoce, et de ladicte Marie de Lorraine ». A la fin est cette devise : *Satiabor cum appuruerit gloria tua.*

Au r° du 4° f. se lisent six distiques latins.

Le *Traicté des armes des illustres roys d'Escoce, Juques, cinqiesme* [sic] *de ce nom, et de feu Magdeleine de France*, etc., commence au v° et se termine au f. 39 v° par la devise : *Satiabor*, etc.

Le dernier f. contient, au r°, un extrait du privilège du 6 septembre 1555, avec un achevé d'imprimer du 7 décembre, et, au v°, une répétition de la marque personnelle de Jean Le Féron.

Exemplaire de WILLIAM AMHURST TYSSEN-AMHERST, premier BARON AMHERST OF HACKNEY (Seymour de Ricci, *Hand-List*, 1906, n°s 1061-1062).

IV. — BIOGRAPHIE.

3151 (2503 *a*). VIES D'HANNIBAL, DE SCIPION et DE POMPÉE traduites de Plutarque par Simon Bourgouin. Ms. gr. in-fol. sur VÉLIN de 124 ff. (haut. 362, larg. 224 mill.), mar. bl. jans., gardes de vél., tr. dor.

Le traducteur français de ces trois vies n'est ici nommé nulle part ; mais nous savons par d'autres manuscrits que c'est SIMON BOURGOUIN, valet de chambre du roi, qui s'est servi d'une version latine due à Donato Acciaiuoli. Aug. de Blignières (*Essai sur Amyot*, 1851, p. 177) cite un autre manuscrit qui contient les mêmes vies ; c'est peut-être le volume, exécuté pour le roi Louis XII, qui est conservé au musée de l'Ermitage à Saint-Pétersbourg (voy. L. Delisle, *Le Cabinet des manuscrits*, I, p. 124). La Bibliothèque nationale possède, avec le nom de « Symon Bourgouyn » les vies de Pompée, de Cicéron et de Scipion l'Africain (ms. fr. 732).

Voici les premières lignes de chacune des vies que nous possédons :

1° (fol. 1). « *De Hamilchar surnomme Bargue, pere de Hamnibal .... Chapitre premier.*

Fol. 1 v°). Si nous voulons ramener a memoire la premiere guerre puniqueque que feirent les Carthaginiens aux Rommains, nous trouverons plus capitaines qui par leurs faictz ont acquis gloire et a leurs posteres et successeurs ont laissé solennelle renommee.... »

2 (fol. 38). *La Genealogie des Scipions et la louenge que Plutarque fait de Scipion l'Africain. Chapitre premier.*

« (Fol. 38 v°). Publie Scipion, homme praticien de la tresnoble lignee des Corneliens, capitaine rommain ou temps duquel Hannibal banieres et estendars en Italie premierement porta, fut pere de Cornelie Scipion. Premierement, du nom de la gent par luy vaincue fut dit et appellé Africain.... »

3 (fol. 71). *De Pompee, surnommé le grand, et de Strabo, pere dudit Pompee.*

« (Fol. 71 v°). Le peuple rommain semble bien avoir esté affecté envers Pompee, comme Promotheüs fut affecté envers Hercules, car Promotheüs, delivré par Hercules, dist, ainsi qu'il est ou poete Eschyle contenu : Ce don de pere mal voulu m'est doulx et tresagreable. Pareillement les Rommains ne monstrerent avoir hayne plus grande ou plus aigre contre aucun capitaine... »

Ce volume, supérieurement écrit en belles lettres rondes, a été exécuté pour PIERRE II DE BOURBON, d'abord sire de Beaujeu, puis duc de Bourbon, après la mort de Jehan, son frère aîné (1488), et pour sa femme, ANNE DE FRANCE, fille de Louis XI.

Les armes du prince, supportées par deux cerfs blancs ailés et accompagnées de la devise : *Esperance*, se voient au 1ᵉʳ f.

La bordure de ce 1ᵉʳ f. a été richement enluminée ; les grandes initiales du volume ont été peintes également ; mais les miniatures prévues par le copiste n'ont pas été exécutées.

La planche ci-jointe représente la partie supérieure et la partie inférieure du 1ᵉʳ f. r°.

Si la décoration du volume avait été achevée, il serait devenu un livre d'un prix inestimable. En effet, le scribe a réservé des espaces vides pour 32 très grandes miniatures et 26 moyennes ou petites. L'exagération de cette décoration y a sans doute fait renoncer, à moins que les artistes n'aient été arrêtés par la mort du duc de Bourbon, survenue le 8 octobre 1503.

On voit que la transcription a du être faite vers 1500.

Une note ms. collée à l'intérieur du premier plat nous apprend que le volume était en 1776 possédé par un célestin de Vichy.

Simon Bourgouin est l'auteur de deux ouvrages très connus : *L'Homme juste et l'Homme mondain*, moralité imprimée en 1508, qui se termine par un acrostiche incomplet : « Simon Bougouin », et *L'Espinette du jeune prince conquerant le royaume de bonne renommee*, 1508 et 1514. Il mit en outre de latin en français deux traités de Lucien : *La Confusion des faulx rapporteurs, medisans et calomniateurs* (v. 1525) et *Les vrayes Narrations* (mars 1530, n. s., et 1540). On lui doit enfin une traduction des *Triomphes* de Pétrarque, traduction connue par le très précieux manuscrit de la Bibliothèque de l'Arsenal (n° 6480), par celui de la Bibliothèque nationale (fr. 12423) et par un manuscrit ayant appartenu à Anne de Polignac (voy. E. Quentin-Bauchart, *Les Femmes bibliophiles*, I, p. 50).

3152 (2509 a). COMMENTARIO della vita di messere Palla Strozi, composta da Vespasiano. Mandata ad Philippo Strozi. Ms. in-4 sur vélin de 49 ff., exécuté en belles lettres rondes (haut. 195 ; larg. 126 mill.), mar. br., fil., tr. dor. et ciselé (*Rel. italienne du milieu du XIXᵉ siècle, aux armes des Strozzi.*)

Le volume, dont la première page est ornée d'une très belle bordure et d'un ravissant portrait de Palla Strozzi, commence par un *Proemio di Vespasiano ad Philippo Strozi, nel Commentario della Vita di messere Palla di messere Marcello, Mattheo et Benedetto delli Strozi*.

De belles et grandes initiales ornent les ff. 6 v°, 36 v° (commencement de la *Vita di [Mattheo di] Simone Strozi*, 39 v° (commencement de la *Vita di Marcello Strozi*) et 45 (commencement de la *Vita di Benedecto Strozi*).

Palla Strozzi, né à Florence en 1372, mourut à Padoue le 8 mai 1462. Son biographe, Vespasiano de' Bisticci, né à Florence en 1421, exerça le métier de libraire dans sa ville natale. Il y mourut en 1498.

VII. — ENCYCLOPÉDIES ET JOURNAUX.

3153 (2523 a). LA GAZETTE DE FRANCE. *Paris*, 1630-1791. 163 vol. in-4, demi-rel. basane, tr. marbr. — TABLE, 1766-1768. 3 tomes en 2 vol. in-4, bas., dos ornés, tr. r. — ÉTATS-GÉNÉRAUX, 1789 ; ASSEMBLÉE NATIONALE, 1789-1790.

PROEMIO di Vespasiano a
Philippo Strozi del commentario
della uita di Messere P[alla] [di] M[essere]
Marcello Marinco et Bernardo
delli Strozi. foeliciter [incipit]

A Roma
na re publi
ca crebbe i
grandissimo
stato: et ac
quistorono
l'imperio del
mondo mentre lo gouernorono quel
li primi fondatori i quali la ressono per
propria uirtu uolendo che quella in
tra tutte laltre tenesse il primo luogo
hauendo per loro primo fondamento

VITA DI PALLA STROZZI. MS (XVe SIÈCLE)

HISTOIRE. 529

In-4, v. f., dos orné, tr. r. — LE GAZETTIN, 1790-1791. In-4, v. f., dos orné, tr. r. — Ensemble 167 vol. in-4.

Voici la description de tous les volumes qui composent cet exemplaire :

Année 1630. — INVENTAIRE des Addresses du || Bureau de || rencontre, || Ou chacun peut donner & reçevoir [*sic*] avis || de toutes les necessitez, || & comodi- || tez de la vie & société humaine. || Par Permission du Roy, || Contenue en ses Brevét [*sic*], Arrests de son Conseil d'Estat, De- || claration, Privilege, Confirmation, Arrest de sa Cour de || Parlement, Sentēces & jugements donnez en consequence. || Dédié à Monseigneur le Commandeur de la Porte, || par T. Renaudot, Medecin du Roy. || *A Paris.* || *A l'enseigne du Coq ruē de la Calandre sortant au Marché neuf,* || *ou l'on desdits Bureaux d'adresse est establly,* || 1630. In-4 de 32 pp. et 2 ff.

Le titre porte les armes de France et de Navarre. — Au v° est un quatrain « A monseigneur le commandeur de La Porte », par ISAAC RENAUDOT, « estudiant en medecine ».

Les pp. 3-8 contiennent une épître de T. Renaudot « A haut et puissant seigneur, M¹ᵉ Amador de La Porte, chevalier de l'ordre de S. Jean de Hierusalem, conseiller du roy en ses conseils d'Estat et Privé, bailly de la Morée, commandeur de La Bracque, ambassadeur ordinaire dudit ordre près Sa Majesté, gouverneur de la ville et chasteau d'Angers, etc. ».

On trouve à la suite : une *Préface*, dans laquelle Renaudot a inséré le texte des brevets et des privilèges à lui accordés par le roi le 14 octobre 1612 et le 8 juin 1629 ; une *Declaration du roy pour l'establissement des bureaux d'adresse et tables de rencontre en tous les lieux de son obeissance* (31 mars 1628) ; des *Lettres de confirmation du don desdits bureaux d'addresses* (en faveur de Th. Renaudot, en date du 13 fevrier 1630 ; un *Sommaire des chapitres de l'inventaire des addresses du bureau ou table de rencontre* ; un *Advertissement au lecteur*, enfin un avis donné « de par le roy » et faisant connaître les opérations du bureau.

Année 1631. — RECVEIL DES GAZETTES, || de l'année 1631. || Dédié au Roy. || Avec vne Preface seruant || à l'intelligence des choses qui y sont contenuës. || Et vne Table alphabetique des matieres. || *Au Bureau d'Addrese, au grand Coq, ruē de la Calandre,* || *sortant au marché neuf, pres le Palais à Paris.* || M. DC. XXXII [1632]. || Auec Priuilege. 12 pp. pour le titre, une épître de Th. Renaudot « Au roy » et la *Preface* ; 28 pp. pour la *Table alphabetique* ; 53 nᵒˢ divers ayant chacun 4 pages.

Le volume contient 21 nᵒˢ intitulés *Gazette.* Les premiers, qui ne portent aucune date, sont de la fin de mai, de juin et de juillet. La 10ᵉ pièce, est datée, à la fin, du 1ᵉʳ août ; la 31ᵉ, du 26 décembre. Les *Gazettes* ne sont pas numérotées. Elles portent, à partir du 4 juillet 1631, la souscription suivante, accompagnée de la date : *Du Bureau d'Adresse au grand Coq, rue de la Calandre sortant au marché neuf prés le Palais à Paris...* Auec Priuilege.

Une seconde série, composée de 21 numéros, se compose des *Nouvelles ordinaires.* Celles-ci portent les nᵒˢ 27-31, 33, 34, 36, 37, 39-[50] ; elles s'étendent du 17 juillet (n° 27) au 26 décembre (n° [50]). Les nᵒˢ 27-30 n'ont pas de souscription ; les nᵒˢ 31-54 se terminent par la souscription suivante : *A Paris, chez Iean Martin sur le Pont S. Michel a l'Anchre double. Et chez Louys Vendosme dans la cour du Palais, Place du Change, à la ville de Venise.* A partir du n° 36 on lit seulement à la fin : *A Paris, Chez Louys Vendosme, dans la Cour du Palais, Place du Change, à la Ville de Venise.*

Le volume se termine par une pièce facétieuse qui appartient à l'année 1632 : *Lettre du Marquis de Vistempenard, escrite au Baron d'Anconarez* (à la fin : De la Boutique de M. Christofle Brandoface, à l'enseigne du Soleil Dendrome), in-4 de 4 pp.

Année 1632. — RECVEIL || DES || GAZETTES, || Nouuelles, || Relations & autres choses Memora- || bles de toute l'Annee 1632. || Dedié au Roy. || Par

Theophraste Renaudot, || Conseiller & Medecin de sa Maiesté, Intendant || General des Bureaux d'Adresse de France. || *A Paris,* || *Au Bureau d'Adresse, ruë de la Calende, au Grand Coq.* || M. DC. XXXIII. 3 ff. lim. et 530 pp.

Les 2 ff. qui suivent le titre contiennent une épître de Renaudot « Au roy », en date du 1ᵉʳ janvier 1633.

Les *Gazettes* et les *Nouvelles ordinaires de divers endroicts* se suivent ici avec pagination continue. Il paraît chaque semaine une gazette et un n° des *Nouvelles*. A la fin de chaque mois Renaudot donne une *Relation des nouvelles du monde* (pp. 45-58 ; 87-94 ; 125-131 ; 173-180 ; 191 [lis. 193]-196 ; 249-256 ; 297-304 ; 337-344 ; 393-400 ; 433-440 ; 475-486 ; 525-530).

On peut relever diverses irrégularités dans le numérotage des pp. Les nᵒˢ 37 et 38, 449-450 manquent. Les nᵒˢ 51-54 répétés en double remplacent les nᵒˢ 59-62. La *Relation* du mois de mars, paginée 125-131, vient après les *Nouvelles* paginées 123-126, avant la *Gazette* paginée 129-132. La *Gazette* du 17 décembre est paginée 506-509 au lieu de 507-510.

Les pp. 361-364, 503-506 contiennent des suppléments : la *Relation envoyée au roy par le Mareschal de Schomberg du combat fait entre les armes qu'il commande et l'armée de Monsieur,* et le *Recit de la bataille d'entre les Imperiaux et les Suesdois..., escrit d'Erfort le 22. Novembre 1632.*

La *Gazette* du 24 decembre (pp. 515-518) manque.

Année 1633. — 122 nᵒˢ, ayant ensemble 532 pp. — Les *Nouvelles ordinaires* alternent aveé la *Gazette.* — Les nᵒˢ 11, 20, 26, 40, 52, 61, 72, 81, 92, 102, 112, 122 sont réservés à la *Relation des nouvelles du monde.*

Plusieurs erreurs se sont produites dans le numérotage des cahiers et des pp. — Le titre et les nᵒˢ 41 et 42 (pp. 177-184) manquent au présent exemplaire. On y a, par contre, ajouté les pièces suivantes :

1. Après la p. 32 :

ADVIS || aux Absens. *S. l. n. d.,* in-4 de 6 pp. et 1 f. blanc.

L'*Advis* est en vers et ne porte aucune signature.

Après la p. 72 :

2. ODE || à || Monseigneur || le Cardinal || Sur l'heureux succés du voyage || du Roy en Languedoc. || *A Paris,* || *Chez Toussainct du Bray,* || *rue S. Iaques, aux Espis meurs.* || M. D C. XXXIII [1633]. In-4 de 8 ff.

L'*Ode* est signée MAYNARD. A la fin est un dixain « A monsieur de Bautru, introducteur des ambassadeurs ».

3. LETTRE || sur les || Occcurrences || des Pays-Bas. || *A Poictiers.* || M. DC. XXXII [1632]. In-4 de 2 ff., dont le 1ᵉʳ est blanc, et 12 pp.

Cette lettre, datée de Poitiers, ce 25 novembre, est signée : SCOTOFEE. — Le premier propriétaire a écrit sur le f. blanc qui précède le titre une note, que le couteau du relieur a malheureusement entamée : « Ces lettres sont de monsieur DE PIGRÉS (?), conseiller es conseilz du roy, qu'il m'a envoyees le 25. de febvrier 1633 ».

M. de La Bouralière (*L'Imprimerie et la Librairie à Poitiers pendant les XVIIᵉ et XVIIIᵉ siècles,* 1905, in-8) ne fait aucune mention de cette pièce.

4. SECONDE || LETTRE || concernant || les Pays Bas, || & autres matieres. || *A Paris,* || M. DC. XXXII [1632]. In-4 de 2 ff., dont le premier est blanc, et 8 pp.

Cette lettre est signée de même SCOTOFEE, et datée « de Paris, ce 10. decembre 1632 ».

5. LETTRE || de Messire || Victor || des Montagnes || Curé de Sainct Eusebe en || Bourgongne. || Au || Pere Segueran || Iesuiste, Sur l'obligation de || se confesser aux Curez. || Iouxte la copie reueuë & augmentee || par l'Autheur. || *A Orleans,* || *Chez Renè* [sic] *Fremont, Libraire & Imprimeur,* || *Ruë de l'Escriuinerie,* 1632. In-4 de 29 pp.

Cette pièce manque à la liste des éditions de *Frémont* donnée par H. Herluison (*Recherches sur les imprimeurs et libraires d'Orléans,* 1868, (p. 98).

HISTOIRE.   531

6. Après la p. 80 :

CONSOLATION de Hubert || & Breully, sur l'assassinat par eux commis || en la personne de François Charbonneau. *S. l. n. d.*, in-4 de 8 pp., avec un simple titre de départ.

7. Après la p. 152 :

Declaration || et Desadueu des || Peres Iesuistes. *S. l. n. d.* [*Paris, mars* 1633], in-4 de 2 ff., avec un simple titre de départ.

Les jésuites désavouent les ouvrages suivant comme n'ayant été composés par aucun membre de la compagnie : *Nicolaus Smythaeus ; Danielis a Jesu Apologia ; Hermanni Leomelii Spongia ; Querimonia Ecclesiae Anglicanae et Appendix ad illustrissimum archiepiscopum parisiensem.* (Paris, 23 mars 1633).

A la suite est une déclaration des jésuites, des mathurins, des carmes, des jacobins, des augustins, des feuillants, des minimes et des récollets qui s'engagent à ne prêcher ni confesser dans aucun diocèse sans la permission des ordinaires. (Paris, 19 février 1633).

8. Après la p. 236 :

A MONSEIGNEVR || le Cogneux Conseiller du || Roy en ses Conseils, et Chancelier || de Monseigneur Frere || vnique de Sa Majesté, *S. l. n. d.* [1630], in-4 de 2 ff., 6 pp. et 1 f. blanc, avec un simple titre de départ.

Cette pièce contient : une épître en français, signée GARCIA ; une épître latine de PETRUS ALBIRUPEUS [DE BLANCHEROCHE ?] au même Garcia, en date de Poitiers, 30 septembre 1630 ; un poème latin dont l'auteur doit être Albirupeus.

9. Après la p. 260 :

ADVIS presenté || à Monseigneur || l'Eminentissime Cardinal, || Duc de Richelieu. || Pair, Grand Maistre || Chef, & Sur-intendant de la Nauigation || & Commerce de France. || Pour la conionction de la Mer Oceane auec || la Mediterranée. || Par Estienne Richot, Ingenieur du Roy, & || Anthoine Baudan, Maistre des ouurages || Royaux en la Prouince de Languedoc. || *A Paris.* || M. DC. XXXIII [1633]. In-4 de 14 pp. et 1 f. blanc.

10. Après la pp. 332 :

3 ff. contenant un chiffre avec annotations manuscrites de l'amateur qui a formé le recueil.

11. Après la p. 420 :

A MONSEIGNEVR || le Cardinal || Duc || de Richelieu, || Sur ses deux dernieres maladies. || Stances. *S. l. n. d.*, in-4 de 2 ff., avec un simple titre de départ.

Ces stances sont signées : BOIS-ROBERT. — A la suite est un sonnet manuscrit de [CLAUDE DE] L'ESTOILE.

12. Après la p. 436 :

Placard replié contenant des distiques didactiques disposés sur 4 colonnes : *Bona opera sunt efficaciter necessaria ad salutem, Ad remissionem peccati gravioris necessaria est poenitentia actualis, Summa potestas temporalis non spectat ad pontificem romanum, Reprobus quisquis sua sola perit malitia.*

Année 1634. — 147 n[os] remplissant ensemble 596 pp. — Le titre manque. — Il n'y a plus cette année qu'une seule *Relation extraordinaire des nouvelles de tout le monde*, publiée au commencement de mars (n° 19) ; par contre les *Extraordinaires* s'intercalent entre les *Nouvelles ordinaires* et les *Gazettes.* — On lit à la fin de chaque n° : *Du Bureau d'Adresse, au grand Coq, ruë de la Calandre pres le Palais, à Paris.....* Avec Privilege. Au volume sont jointes les pièces suivantes :

1. FACTVM, || Pour Maistre Vrbain Grandier, Prestre Curé de l'Eglise S. Pierre du || Marché de Loudun, & l'vn des Chanoines en l'Eglise saincte Croix || dudit lieu. *S. l. n. d.* [*Paris*, 1634], in-4 de 12 pp., avec un simple titre de départ.

2. REMARQVES & Considerations seruans à la Iustification du || Curé de Loudun, autres que celles contenuës en son Factum. S. l. n. d., in-4 de 8 pp., avec un simple titre de départ.

3. FACTVM || Pour le Curé de Forest en Vexin, deffendeur en Re- || glement de Iuges. || Contre les Moynes de Sainct Vuandrille demandeurs. S. l. n. d., in-4 de 12 pp.

Cette pièce, écrite en vers, est suivie d'un sonnet signé : N. PIEDEVANT, curé dudit Forest.

4. BALET || de la Vallée || de Misere. || Dansé deuant la Reyne, & en presence de Monseigneur || l'Eminentissime Cardinal duc de Richelieu, à l'Arcenal. — [A la fin :] A Paris, || De l'Imprimerie de Michel Blageart, ruë || de la Calandre, à la fleur de Lys prés le Palais. || M. DC. XXXIIII [1634]. In-4 de 10 pp.

Année 1635. — Titre : RECVEIL || DE TOVTES LES GAZETTES. || Nouvelles || Ordinaires & Extraordinaires || & autres Relations. || Contenant || le Recit des choses remarquables, || avenuës tant en ce Royaume qu'és pays estrangers, dont les || nouvelles nous sont venuës toute l'annee 1635. || Dedié au Roy. || Par Theophraste Renaudot, Conseiller & Me- || decin ordinaire de Sa Majesté, M^e & Intendant General || des Bureaux d'Adresse de France. || *A Paris* || *Au Bureau d'Adresse, ruë de la Calandre.* || M.DC.XXXVI [1636]. || Auec Priuilege. 1 f. et 742 (lisez 744) pp., comprenant 185 n^{os}.

Les chiffres 587-588 sont répétés deux fois et l'erreur de pagination (deux unités en moins) se poursuit jusqu'à la fin de l'année.

On a joint au volume les pièces suivantes :

1° (après la p. 60). Liste || des Predicateurs || qui doivent prescher || le Caresme cette annee 1635 dans la ville || & faux-bourgs de Paris. — [A la fin] : *Du Bureau d'Adresse, au grand Coq, ruë de la Calandre, pres le* || *Palais, à Paris, le 7. Février* 1635. Avec Privilége. In-4 de 4 pp.

2° (à la fin). Lettres || du Roy || en forme de || chartre. || Contenans le Privilege || octroyé par Sa Majesté à Theophraste Renaudot, etc. In-4 de 16 pp.

Le privilège est accordé sans limitation de durée au mois de février 1635. Il précède la réimpression des privilèges antérieurs.

Année 1636. — RECVEIL || DES || NOVVELLES || Ordinaires et || Extraordinaires, || Relations et Recits de || choses avenues tant en ce Royaume || qu'ailleurs, pendant l'année mil six cent || trente-six. || *A Paris,* || *Du Bureau d'Adresse, aux Galleries du Louvre,* || *devant la ruë Saint Thomas.* || M. DC. XXXVII [1637]. || Avec Priuilege. 1 f. pour le titre et 209 n^{os} comptant ensemble 836 pp.

Le nombre des pp. est en réalité de 840, parce que la p. 44 est suivie de 4 ff. foliotés et non paginés.

On remarquera que d'après le titre général, le Bureau d'adresse n'était plus établi rue de la Calandre, mais aux galeries du Louvre ; cependant le titre du volume suivant montre qu'il n'y avait au Louvre qu'une succursale.

Année 1637. — RECVEIL || DE TOVTES LES || NOVVELLES || Ordinaires, Extraordinaires, Gazettes || & autres Relations. || Contenant || le recit des choses remarquables || avenuës tant en ce Royaume qu'és pays Estrangers, dont les || Nouvelles nous sont venuës toute l'année 1637. || Avec les Edicts, Ordonnances, Declarations, & Reglemens sur || le fait des Armes, Iustice & Police de ce Royaume, publiez || toute ladite année derniere : Et autres pieces || servantes à nostre Histoire. || Par Theophraste Renaudot, Conseiller & Medecin || ordinaire de Sa Majesté, M^e & Intendant general || des Bureaux d'Adresse de France. || *A Paris,* || *Au Bureau d'Adresse, ruë de la Calandre, au grand Coq.* || M. DC. XXXVIII [1638]. || Avec Privilege. 1 f. et 199 n^{os} ayant ensemble 808 pp.

Le nombre des pp. est en réalité de 812 parce que le n° 27, qui contient un poème latin de Renaudot : *Gazeta Antverpiensis*, est folioté 109-112, au lieu d'être paginé 109-116.

HISTOIRE. 533

Le titre porte cette note manuscrite : *Ex libris* HARDUINI DE ROUXEL DE MEDAVY, ABBATIS DE GRANCEY.

Année 1638. — RECVEIL || DES || GAZETTES || Nouvelles || Relations || Extraordinaires || et autres recits des choses || avenues toute l'annee 1638. || Par Théophraste Renaudot, Conseiller & Medecin || de Sa Majesté, Maistre & Intendant General des || Bureaux d'Adresse de France. || *A Paris,* || *Au Bureau d'Adresse, ruë de la Calandre au grand Coq.* || M. DC. XXXIX [1639]. || Avec Privilege. 1 f. et 181 n^{os} comptant ensemble 772 pp.

Année 1639. — RECVEIL || DES || NOVVELLES || Ordinaires et || Extraordinaires, || Relations et Recits des || choses avenues tant en ce Royaume || qu'ailleurs, pendant l'année mil six cent || trente-neuf. *A Paris,* || *Du Bureau d'Adresse, aux Galleries du Louvre,* || *devant la rüe Saint Thomas.* || M. DC. XXXX [1640]. || Avec Privilege. 1 f. et 182 n^{os} ayant ensemble 852 pp.

Le volume compte en réalité 856 pp., parce que le n° 153, qui suit la p. 720, est paginé 723-728, et que le n° 154 reprend à la p. 721.

Année 1640. — Même titre que pour l'année 1639, sauf le changement des dates. 3 ff. et 162 n^{os} comptant ensemble 856 pp.

Le titre est suivi de deux ff. contenant une epître de Renaudot « A monseigneur, monseigneur de La Mesleraye, chevalier des ordres du roy, conseiller en ses conseils, lieutenant general pour Sa Majesté en la haute et basse Bretagne, gouverneur des ville et chasteau de Nantes et Port-Louis, mareschal de France et grand maistre de l'Artillerie, etc. ».

De nombreuses irrégularités se sont glissées dans la pagination. La p. 87 est suivie des pp. 64, 67, 66, 67, 68, 99, 101, 97. Après la p. 108 viennent 4 ff. foliotés (et non paginés) 109-112. La p. 216 est suivie de la p. 281 et l'erreur se continue. Après la p. 636, la pagination reprend à 633.

Deux n^{os} sont cotés 106, en sorte que le volume compte en réalité 163 n^{os}. Les n°s 1, 2, 31 (pp. 1-8, 129-136) manquent à l'exemplaire. Le relieur a fait en outre plusieurs transpositions. Les n°s 98-112 sont placés entre les n°s 129 et 130 ; le n° 119 précède le n° 118.

Année 1641. — Même titre, sauf le changement des dates. 163 n^{os}.

La pagination de cette année présente de grandes irrégularités. Nous ne releverons que celles qui modifient le chiffre final. Le n° 11 est paginé 53-56 ; le n° 12, 53-56, 61-64 ; le n° 13, 61-64, et l'erreur se continue avec 4 unités en moins. Le n° 91 est paginé 489-492 ; le n° 92, 489-497 ; le n° 93, 473-476 ; le n° 94, 501-508 (il faudrait 505-512). Les chiffres passent de 647 à 668. La p. 864 est suivie des pp. 849, 846, 847, 848, 849 et l'erreur se continue. La pagination saute enfin de 892 à 903. La dernière p. est cotée 974. Si toutes les erreurs étaient rectifiées, il faudrait lire 968. Le n° 28 (pp. 133-136) manque.

Année 1642. — RECVEIL || DE TOVTES LES || GAZETTES, || Nouvelles Ordinaires, Extraordi- || naires & autres Relations : || Contenant || Le recit des choses re- || marquables avenuës tant en ce Royaume qu'aux || païs Estrangers, dont les Nouvelles nous sont || venuës toute l'année 1642. || Avec les Edits, Ordonnances, Déclarations & Régle- || mens sur le fait des Armes, Iustice & Police de ce || Royaume, publiez toute ladite année dernière : Et || autres piéces servantes à nostre Histoire. || Par Theophraste Renaudot, Conseiller & || Médecin du Roy, Commissaire général des pauvres de son Royaume, || Maistre & Intendant général des Bureaux d'Adresse de France. || *A Paris,* || *Au Bureau d'Adresse, rüe de la Calandre au grand Coq.* || M. DC. XLIII [1643]. || Avec Privilege. 1 f. et 165 n^{os}, comptant ensemble 1216 (*lisez* 1140) pp.

Il y a de nombreuses erreurs dans la pagination. Après le chiffre 60, elle recommence à 57, 58, etc. La p. 270 est suivie de la p. 273 ; mais par contre, il y a 2 ff. paginés 277-278. Après la p. 432, les n^{os} recommencent à 429. La p. 528 est suivie des pp. 526, 521, 522, 523, 524, 531 à 538, puis 529 (qui devrait être 545). Il y a deux n°ˢ 83, paginés, l'un 557-568 (*lisez* 573-584), l'autre 557-564 (*lisez* 585-592) ; ensuite viennent les n°ˢ 86, pp. 577-584 (*lisez* 593-600) ; 87, pp. 565-568 (*lisez* 601-604) ; 88, pp. 585-592 (pp. 605-612). Après le n° 99, les chiffres sautent de 664 à 669. Ils passent ensuite de 676 à 719, puis de 726 à 779 (au lieu de 701). Le n° 111 est paginé 799, 780, 781-786 (au lieu 721-728). Après 832, la pagination revient à 825 (*lisez* 775). Plus loin elle passe de 839 (*lisez* 789) à 880 (*lisez* 790). Le chiffre 900 (*lisez* 810) est suivi du chiffre 897 ; le chiffre 936 (*lisez* 850), des chiffres 943-950 ; enfin, le chiffre 950 (*lisez* 868), des chiffres 945-1216 (*lisez* 869-1140).

Année 1643. — 163 n°ˢ en 1116 pp. (la dernière cotée 1016). — Le titre manque.

Année 1644. — Recveil || des || Gazettes || et Novvelles, || Ordinaires et || Extraordinaires : || Et autres Relations des choses || avenues toute l'année || mil six cents quarante-quatre : || Dedié a Son Eminence, || Par Theophraste Renaudot || Conseiller et Médecin du Roy, Commissaire général des pauvres, || Maistre & Intendant général des Bureaux d'Adresse || de France : || *A Paris,* || *Au Bureau d'Adresse, ruë de la Calandre, au grand Coq.* || M. DC. XLV [1645]. || Avec Privilege. Titre et 154 n°ˢ en 1064 pp.

La première moitié du n° 66 (pp. 429-432) est en double.

Année 1645. — 169 n°ˢ en 1218 (*lisez* 1204) pp.
La pagination passe de 332 à 343 ; de 353 à 356 ; revient de 375 à 374 ; saute de 546 (*lis.* 530) à 543 ; revient de 655 (*lis.* 649) à 652 ; passe de 769 (*lis.* 767) à 780 ; enfin de 1191 à 1194.

Le titre manque.
Le volume se termine par les pièces suivantes :

1. La Liste || veritable || de tous les || Predicateurs, || Nouuellement augmentée de quantité || d'Eglises, auec les Noms & qualitez || de ceux qui doiuent Prescher le Ca- || resme de la presente Année 1645, en || ceste ville & faux-bourgs de Paris, tant || aux Parroisses que Monasteres. || Ensemble les lieux où l'on Presche les Controuerses. || Le tout exactement recherché pour la commodité du public. || *A Paris, De l'Imprimerie de Mathieu Colombel, rue* || *neufve S. Anne du Palais, à la Colombe Royale.* || M. DC. XLV [1645]. Auec Priuilege du Roy. In-4 de 8 pp.

Le privilège, daté du 28 octobre 1643, permet à *M. Colombel* d'imprimer la *Liste des predicateurs* et défend aux autres imprimeurs de la contrefaire. La durée de ce privilege n'est pas indiquée.

2. La Liste || veritable de tous les || Predicateurs, || .... qui doiuent Prescher l'Ad- || uent de la presente Année 1645, en || ceste ville & faux-bourgs de Paris.... || *A Paris,* || *De l'Imprimerie de Mathieu Colombel,....* || M. DC. XLV. || ... In-4 de 8 pp.

3. Lettre || de Nostre S. Pere le Pape || Innocent X. || Addressée || Aux Patriarches, Archeuesques, & || Euesques de l'Eglise Catholique, sur || les presentes necessitez de la Chre- || stienté contre le Turc. || *A Paris,* || *Chez Iulian Iacquin ruë des Maisons,* || *deuant l'Eglise de Sorbonne.* || M. DC. XLV [1645]. || Auec Permission. In-4 de 11 pp.

Le titre porte une marque représentant un enfant suspendu à un palmier. Autour du tronc de l'arbre s'enroule cette devise : *Obdurandum adversus urgentia.*

Le bref du pape, daté de Rome, le 17 juillet 1645, et contresigné : Gaspar de Simeonibus, est reproduit en latin et en français.

4. Le || Mavsolée de la Vertv || ou || Le Tombeau || de Monseigneur || L'Eminentissime Cardinal de || la Roche Foucault. || A La Reine || d'Angleterre. || *A Paris,* || *Chez Iean Petrinal, ruë de la Bucherie aux Marmouzets.* || M. DC. XXXXV (1645). In-4 de 8 pp.

L'épître « A la reine d'Angleterre » est signée : D. P.
La pièce, qui est en prose, est suivie de deux épitaphes : un quatrain français et deux distiques latins.

HISTOIRE.   535

5. LISTE DES EDICTS || qui ont esté verifiez en la Cour || de Parlement de Paris, le Roy || sceant en son lict de Iustice, le 7. || iour de Septembre 1645. l'execu- || tion desquels doit produire vn || grand secours, pour employer à || partie des despences necessaires || pour la defence & conseruation || de l'Estat, sans apporter aucune || charge sur le Peuple. || *A Paris.* || *Chez P. Rocolet, Imprim. & Lib. ord. du Roy,* || *au Palais, aux Armes du Roy, & de la Ville.* || M. DC. XLV [1645]. || Auec Priuilege de Sa Majesté. In-4 de 4 pp., avec les armes royales au titre.

6. LISTE || DES EDICTS || verifiez en la chambre || des Comptes par le Commandement du Roy, Porté par || Monsieur le Duc d'Orleans le vnziesme Septembre mil || six cens quarante-cinq. S. *l. n. d.*, in-4 de 3 pp., avec un simple titre de départ.

7. CONTRACT DE MARIAGE || du Roy de Pologne || auec la Princesse || Marie. — [Au v° du dernier f., au-dessous de la marque de l'imprimeur qui reproduit à peu près celle des Estienne (cf. Silvestre, n° 1003) :] *A Paris,* || *Chez Iacques Dugast, Imprimeur & Libraire or-* || *dinaire du Roy, au bout du Pont S. Michel, vis à vis* || *la ruë de la Huchette à l'Oliuier.* || M. DC. XLV [1645]. || Auec Permission. In-4 de 11 pp., avec un simple titre de départ.

Louise-Marie de Gonzague avait environ 33 ans quand elle épousa le vieux roi de Pologne, Ladislas VII, représenté par le palatin de Posnanie, Opalinski. Le contrat de mariage avait été signé à Fontainebleau le 26 septembre 1645.

8. LE RECIT || VERITABLE || ET || PRODIGIEVX, || De la prise d'vn Animal Monstrueux || dans la fosse de Loyes, dans l'Isle de || Ré, prés la ville de la Rochelle : lequel || signifie abondance de tous biens, le || bon-heur & tranquillité du peuple. || *Iouxte la coppie Imprimée à Poitiers, Par P. Amassard.* || *A Paris,* || *De l'Imprimerie de Mathieu Colombel, ruë* || *neufve S. Anne du Palais, à la Colombe Royale.* || M. DC. XLV [1645]. In-4 de 8 pp.

Au v° du titre est un grand bois qui représente l'animal monstrueux, sorte de gryphon ailé.

La p. 3 contient quatre *Centuries* (ou prédictions) écrites sur une table d'airain trouvée par les Rochellois.

9. BALET || DE || L'ORACLE || de la || Sibile de Pansoust. || Dansé au Palais Royal, & à l'Hostel || de Luxembourg. || *A Paris,* || *Chez Iean Bessin, ruë de Reims prés la porte du College.* || M. DC. XLV [1645]. || Auec Permission. In-4 de 22 pp., avec les armes de France au titre.

10. L'AVANT- || COUREVR || DE LA GAZETTE || Ou la defaite de l'Armée || Bauaroise par l'Armée du Roy, commandée || par Monseigneur le Duc d'Anguien. — [A la fin :] *A Paris,* || *Chez Claude Morlot, au Prieuré* || *Sainct Iulien le Pauure.* || *Pour l'Autheur.* In-4 de 7 pp., avec un simple titre de départ.

Cette 'dernière pièce porte au-dessus du titre : *N. 1*, ce qui semblerait que l'auteur se proposait de faire concurrence à la *Gazette* ; mais Renaudot aura su imposer scilence à ce concurrent comme à ceux dont il se plaint à diverses reprises.

Année 1646. — RECVEIL || DES || GAZETTES, || Nouvelles || Ordinaires et || Extraordinaires : || Relations et autres Recits des || choses avenues l'année || mille six cents quarante-six : || Par Theophraste Renaudot || Conseiller & Médecin du Roy, Historiographe de Sa Majesté, || Commissaire général des pauvres, Maistre & Intendant || général des Bureaux d'Adresse de France. || *A Paris,* || *Du Bureau d'Adresse, au Marché-neuf.* || M. DC. XLVII [1647]. || Avec Privilege. Titre et 163 n°ˢ ayant ensemble 1260 (*lis.* 1276) pp.

Après la p. 856 (cotée par erreur 854), la pagination revient à 835. Après la p. 929 (*lis.* 951), elle saute à 936.

Année 1647. — Même titre, sauf le changement de date. On lit au bas : *A Paris,* || *Au Bureau d'Adresse.* || M. DC. XLVIII [1648]. || Auec Priuilege. Titre et 161 n°ˢ, comptant ensemble 1290 (*lis.* 1286) pp. — La pagination passe de 929 à 936 et revient de 1256 à 1255.

Année 1648. — 195 nᵒˢ comptant ensemble 1768 pp. — Le titre manque.

Année 1649. — 160 nᵒˢ comptant ensemble 1292 pp. — Le titre et le n° 1 manquent. — On a joint au volume :

La Liste || veritable || et generale || de tous les || Predicateurs, || Auec les Noms & qualitez de tous ceux || qui doiuent Preschor l'Aduent de la || presente Année 1649. en ceste ville || & faux-bourgs de Paris,..... || *A Paris,* || *De l'Imprimerie de Mathieu Colombel,*.... || M. DC. XLIX... In-4 de 12 pp.

Année 1650. — Recveil || des || Gazettes || Nouvelles || Ordinaires et || Extraordinaires, || Relations et Recits des || Choses avenues toute l'année || mil six cens cinquante. || Par Theophraste Renaudot || Médecin & Historiographe du Roy, Maistre & Intendant || général des Bureaux d'Adresse de France. || *A Paris,* || *Du Bureau d'Adresse, aux Galleries du Louvre.* || M. DC. LI [1651]. || Avec Privilege. Titre, 16 pp. pour l'*Estat general des affaires*, et 197 nᵒˢ ayant ensemble 1710 (*lisez* 1724) pp.

La pagination saute de 488 à 449 ; revient de 460 (*lisez* 508) à 501, puis, après 522, se retrouve juste à 513. La p. 1656 est suivie d'une nouvelle p. 1653, et l'erreur se poursuit jusqu'à la fin, avec 4 unités en moins. La dernière p. porte 1710 ; il faudrait 1720 (*lisez* 1724).

La pièce suivante est placée après la p. 1436 :

Les || Ceremonies || obseruées || au Couronnement || de Christine || Reyne de Suede, || à Stokholm le 30. Octobre 1650. || *A Paris,* || *Chez Edme Martin, ruë sainct Iacques,* || *au Soleil d'or.* || M. DC. L [1650]. || Auec Permission. In-4 de 2 ff. et 9 pp.

Le f. qui suit le titre contient une épître adressée « A monseigneur, monseigneur le comte de Rosenhane, gouverneur d'Ostrogothie, seigneur de Torp, Engelholm, etc. », et signé : D. Godefroy.

Année 1651. — 179 nᵒˢ comptant ensemble 1516 [*lis.* 1524] pp. — L'erreur de pagination se produit à la p. 464, après laquelle les nᵒˢ reprennent à 457. Le titre manque.

Année 1652. — Recveil || des Gazettes || Nouvelles || Ordinaires et || Extraordinaires, || Relations et Recits des || choses avenues tant en ce royaume || qu'ailleurs toute l'année mil six cent || cinquante-deux. || Imprimées et publiées par || l'ordre de Mʳᵉ Theophraste Renaudot, Con- || seiller, Médecin & Historiographe ordinaire du Roy, || Maistre & Intendant général des Bureaux || d'Adresse de France. || *A Paris,* || *Du Bureau d'Adresse, aux Galleries du Louvre, devant* || *la ruë S. Thomas.* || M. DC. LIII [1653]. || Avec Priuilege. Titre et 152 nᵒˢ ayant ensemble 1200 pp.

Année 1653. — Recveil || des || Gazettes || Nouvelles || Ordinaires et || Extraordinaires || Relations et Recits des || choses avenues tant en ce royaume || qu'ailleurs toute l'année mil six cent || cinquante-trois. || *A Paris, Du Bureau d'Adresse, aux Galleries du Louvre, devant* || *la ruë S. Thomas.* || M. DC. LIV [1654]. || Avec Privilege. Titre, 16 pp. pour l'*Estat general des affaires*, et 159 nᵒˢ ayant ensemble 1268 pp.

Le titre ne porte plus le nom de Th. Renaudot, dont la *Gazette* (p. 1088) annonce la mort, survenue, à 69 ans, le 25 octobre 1653. — Il manque à l'exemplaire le n° 2 et la moitié du n° 3 (pp. 13-20), le n° 64 (pp. 497-508), le n° 87 (pp. 697-704) et le n° 57 (pp. 1249-1256). — Le n° 58 est coté, par erreur, 57.

Année 1654. — 16 pp. pour l'*Estat general des affaires* et 167 nᵒˢ ayant ensemble 1388 pp.

Le n° 113 est paginé 949-952, au lieu de 937-940 ; le n° 144 est paginé 1221-1224, au lieu de 1197-1200 ; mais ces erreurs sont aussitôt rectifiées. — Le titre général manque.

On a placé en tête du volume :

1. La Liste || Generale || de tous les || Predicateurs, || Auec les Noms & qualitez de ceux qui || doiuent Prescher l'Aduent... || *A Paris,* || *De l'Imprimerie de Mathieu Colombel...* || M. DC. LIV [1654].... In-4 de 12 pp.

HISTOIRE. 537

2. La Liste || Generale || de tous les || Predicateurs, || Auec les Noms & qualitez de ceux qui || doiuent Prescher le Caresme... || *A Paris,* || *De l'Imprimerie de Mathieu Colombel...* || M. DC. LIV [1654]... In-4 de 12 pp.

Année 1655. — 16 pp. pour l'*Estat general des affaires* et 175 n⁰ˢ ayant ensemble 1476 pp.

Il y a plusieurs erreurs de pagination. Les pages qui devraient être cotées 793-796, portent 785-788. Les pp. 1101-1128 sont cotées 1201-1228. Ces erreurs sont rectifiées ensuite.

Les n⁰ˢ 9 et 10 (pp. 69-80), 86 et 87 (pp. 701-712), 98, 99, 100 et 101 (pp. 805-840), 150, 151 et 152 (pp. 1249-1272) appartiennent à la réimpression lyonnaise. On lit à la fin : *A Lyon, ce...., 1655. Chez Iean Aymé Candy, Imprimeur Ordinaire du Roy, ruë du Puy-pelu au Dauphin Royal.* Auec permission de l'Intendant general du Bureau d'Adresse de France.

Le titre général manque ainsi que les n⁰ˢ 57 (pp. 449-460) et 156 (pp. 1301-1308). L'*Estat general des affaires* est placé, par erreur, après la p. 236.

On a intercalé dans le volume les pièces suivantes :

1 (après la p. 14). Du 2. Ianvier 1655. || A Son Altesse || Mademoiselle || De Longueville. — [A la fin :] *A Lyon, ce 10 Ianvier 1655. Chez Iean-Ay-* || *mé Candy, Imprimeur Ordinaire du Roy,* || *& du Clergé,* Avec Priuilege du Roy. In-4 de 10 pp. et 1 f.

Cette pièce est un fragment de la gazette rimée de Jean Loret, dont il se faisait, comme on voit, une réimpression à Lyon.

2. (après la p. 448). Lettre || dv Roy, || Enuoyée à Messieurs || les Preuost des Marchands & || Eschevins de la Ville de Paris. || Sur l'exaltation de nostre S. Pere le Pape Alexandre || VII. au Saint Siege ; Auec mandement de || faire des Feux de joye. || Le septiéme iour de May 1655. || *A Paris,* || *Chez P. Rocolet, Impr. & Libr. ordin. du Roy,* || *& de la Maison de Ville, Au Palais, aux Armes* || *du Roy, & de la Ville.* || M. DC. LV [1655]. || Auec Priuilege de Sa Majesté. In-4 de 4 pp., avec les armes de la ville au titre.

Année 1656. — 16 pp. pour l'*Estat general des affaires* et 166 n⁰ˢ comptant 1524 pp.

Le titre général manque.

En tête du volume on trouve :

1. La Liste || Generale || de tous les || Predicateurs, || Auec les Noms & qualitez de ceux qui || doiuent Prescher l'Aduent de la pre- || sente Année 1656.... || *A Paris,* || *De l'Imprimerie de Mathieu Colombel...* || M. DC. LVI [1656]... In-4 de 12 pp.

2. La Liste || Generale || de tous les || Predicateurs, || Auec les Noms & qualitez de ceux qui || doiuent Prescher le Caresme de la pre- || sente Année 1656... || *A Paris,* || *De l'Imprimerie de Mathieu Colombel...* || M. DC.LVI [1656]... In-4 de 12 pp.

Année 1657. — 16 pp. pour l'*Estat général des affaires* et 163 n⁰ˢ ayant ensemble 1338 [*lisez* 1328] pp.

Le n⁰ 5 est paginé par erreur 33-36, au lieu de 37-40. Le n⁰ 6 reprend à la p. 41.

La p. 1217 est suivie de la p. 1226, et l'erreur se continue jusqu'à la fin du volume.

Les n⁰ˢ 13-15 (pp. 97-120), 43-45 (pp. 337-360), 52-85 (pp. 409-684), 89-91 (pp. 709-732), 95-102 (pp. 757-828), 117-120 (pp. 961-984), 130-133 (pp. 1057-1092), 149-151 (pp. 1213-1246) appartiennent à l'édition publiée : *A Lyon... Chez Iean-Aymé Candy, Imprimeur Ordinaire du Roy, ruë du Puy-pelu au Dauphin Royal.* — Le titre général manque, ainsi que les pp. 95-96. — Le n⁰ 20 est relié avant le n⁰ 19. — L'*Estat général des affaires* est placé après le n⁰ 25, p. 204.

Année 1658. — Recueil || des || Nouvelles || Ordinaires || et Extraordinaires, || Relations et Recits des || choses avenues, tant en ce Royaume || qu'ailleurs, pendant l'année mil six cent || cinquante-huit. || *A Paris,* || *Du Bureau d'Adresse, aux Galleries du Louvre,* || *devant la ruë Saint Thomas.* || M. DC. LIX [1659]. || Avec Privilege. Titre, 16 pp. pour l'*Estat general des affaires*, et 158 n⁰ˢ ayant ensemble 1258 [*lisez* 1272] pp.

On relève plusieurs erreurs dans la pagination. Le n° 7 est paginé 53-56, au lieu de 49-52 ; mais l'erreur est ensuite rectifiée. Le n° 22 est paginé 157-164, au lieu de 161-168, et l'erreur se continue. Le n° 69 est paginé 525-532 ; il faudrait 529-536, ou plus exactement 533-540. Au n° 120 la pagination revient de 952 [*lis.* 956] à 951. Elle passe ensuite de 962 [*lis.* 968] à 965 [*lis.* 969], revient de 968 [*lis.* 972] à 967 [*lis.* 973], puis de 1014 [*lis.* 1020] à 1011 [*lis.* 1021], enfin de 1182 [*lis.* 1192] à 1179.

Le n° 96 manque. Il est remplacé par le n° 85, qui est double.

Le titre est certainement d'une impression beaucoup plus récente que la date.

Année 1659. — Titre, semblable au précédent, sauf le changement de date ; 16 pp. pour l'*Estat général des affaires*, et 157 n⁰ˢ ayant ensemble 1262 [*lisez* 1264] pp.

Le n° 61 est paginé 485-488, au lieu de 481-484 ; mais cette première erreur est ensuite réparée. La pagination passe de 672 à 675, et suit ainsi jusqu'à 1078 [*lisez* 1076] ; elle revient alors à 1075 et continue jusqu'au bout avec une erreur de deux unités en moins.

Année 1660. — 12 pp. pour l'*Estat general des affaires*, et 151 n⁰ˢ ayant ensemble 1274 [*lis.* 1196] pp.

Les fautes de pagination sont tellement nombreuses que nous renonçons à les indiquer.

Les n⁰ˢ 103 (pp. 785-816), 108-119 (pp. 841-934), 123-125 (pp. 963-986), 131-133 (pp. 1023-1050), 140-142 (pp. 1099-1122) appartiennent à l'édition imprimée : *A Lyon, Chez Iacques Ollier, ruë du Puy-pelu, au Dauphin Royal.* Avec permission de l'Intendant General du Bureau d'Adresse de France.

Le titre général manque. — L'*Estat general des affaires* est placé par erreur après la p. 288.

Année 1661. — 16 pp. pour l'*Estat general des affaires*, et 156 n⁰ˢ ayant ensemble 1374 [*lis.* 1244] pp.

La pagination offre de nombreuses irrégularités.

L'*Estat general*, placé par erreur après la p. 272, appartient à la réimpression publiée à Lyon par *Jacques Ollier*, ainsi que les n⁰ˢ 30-32 (pp. 225-248).

Le titre général manque.

Année 1662. — Recueil || des || Nouvelles || Ordinaires || et || Extraordinaires, || Relations et Recits des || choses avenues, tant en ce Royaume || qu'ailleurs, pendant l'année mil six cent || soixante-deux. || *A Paris,* || *Du Bureau d'Adresse, aux Galleries du Louvre,* || *devant la rüe Saint Thomas.* || M. DC. LXIII [1663]. || Avec Privilege. Titre, 16 pp. pour l'*Estat général des affaires* et 155 n⁰ˢ ayant ensemble 1278 [*lis.* 1256] pp.

La pagination est fort irrégulière.

Année 1663. — Même titre qu'à l'année précédente, sauf le changement de date, 16 pp. pour l'*Estat general des affaires* ; et 155 n⁰ˢ ayant ensemble 1276 [*lis.* 1272] pp.

Les erreurs de pagination sont encore très nombreuses. Nous jugeons inutile de les indiquer en détail.

Année 1664. — Recveil || des || Gazettes || Nouvelles || Ordinaires et || Extraordinaires, || Relations et Recits des || choses avenues tant en ce royaume || qu'ailleurs, pendant l'année mil six cent || soixante-quatre. || *A Paris,* || *Du Bureau d'Adresse aux Galleries du Louvre, devant* || *la ruë S.*

HISTOIRE. 539

Thomas. || M.DC. LXV [1665]. || Avec Privilege. 156 n^{os} en 1278 [*lis.* 1276] pp. — Le volume offre plusieurs erreurs de pagination qui sont rectifiées, sauf la dernière. La p. 1077 est cotée 1079, et l'erreur se continue jusqu'à la fin.

Année 1665. — Même titre que pour l'année 1664, sauf la date ; 153 n^{os} ; 1258 [*lisez* 1228] pp. — La pagination est très irrégulière. Le n° 46 est incomplet. Les pp. 353-356 sont remplacées par 4 pp. cotées 465-468 et qui sont en double. Le n° 52 (pp. 405-408) est également double. Un premier exemplaire est placé par erreur après le n° 40.

Année 1666. — Même titre que pour l'année 1664, sauf la date, 157 n^{os} ayant ensemble 1336 [*lis.* 1308] pp., dont le numérotage est très incorrect. Le n° 63 (pp. 545-548) manque.

Année 1667. — Même titre que pour l'année 1662, sauf la date ; 155 n^{os} ayant ensemble 1438 [*lis.* 1388] pp.

Année 1668. — Même titre que pour l'année 1664, sauf la date ; 151 n^{os} ayant ensemble 1352 [*lis.* 1476] pp.

Année 1669. — 153 n^{os} ayant ensemble 1136 [*lisez* 1240] pp. — Le titre manque. — A la fin du volume est reliée la pièce suivante : *La Sorbonne au Roy sur de nouvelles Theses contraires à la verité, outrageuses aux libertés de l'Eglise Gallicane, funestes à l'Estat, & condamnées par deux Arrests du Parlement.* S. l. n. d., in-4 de 8 pp. mal chiffr. (en vers). D'après Borbier, ce poème est de JEAN DUVAL.

Année 1670. — RECVEIL || DES || GAZETTES || Nouvelles || Ordinaires et || Extraordinaires, || Relations et Recits des || choses avenues tant en ce Royaume || qu'ailleurs, pendant l'année mil six cent || septante. || *A Paris,* || *Du Bureau d'Adresse, aux Galleries du Louvre, devant* || *la ruë Saint Thomas.* M. DC. LXXI [1671]. || Avec Privilege. Titre et 154 n^{os} ayant ensemble 1240 [*lis.* 1252] pp.

Année 1671. — Même titre qu'en 1670, sauf la date : *mil six cent septante-un.* 154 n^{os} comptant ensemble 1242 [*lis.* 1240] pp.

Année 1672. — Même titre qu'en 1670, sauf la date : *mil six cent septante-deux.* 145 [*lisez* 154] n^{os} comptant ensemble 1304 [*lisez* 1312] pp.

Année 1673. — Même titre qu'en 1670, sauf la date : *mil six cent septante-trois.* 156 n^{os} comptant ensemble 1240 [*lisez* 1244] pp.

Année 1674. — Même titre qu'en 1670, sauf la date : *mil six cent septante-quatre.* xij pp. pour l'*Estat general des Affaires* ; 141 n^{os} comptant ensemble 1242 [*lis.* 1148] pp. — Après la p. 578 est un f. blanc qui n'a pas été compris dans la pagination. L'erreur la plus grave se trouve après la p. 798 [*lis.* 804], qui est suivie de la p. 899. — La pièce suivante est intercalée entre les n°s 102 et 103.

LETTRE DV ROY, Ecrite A Monseigneur l'Archevesque de Paris, Duc & Pair de France. Pour faire chanter le Te Deum, Mercredy 22. Aoust 1674. en Action de grace de la Victoire remportée par l'Armée du Roy, commandée par Monseigneur le Prince de Condé, sur les Troupes Imperiale, Espagnole, & des Holandois. *A Paris, Chez François Muguet, Imprimeur du Roy & de M. l'Archevesque, ruë de la Harpe, à l'Adoration des trois Rois.* M DC LXXIV [1674]. Avec Privilege de Sa Majesté. In-4 de 4 pp., avec les armes de l'archevêque au titre. — Cette lettre est datée du 19 août.

Année 1675. — Même titre qu'en 1670, sauf la date : *mil six cent septante-cinq.* 125 n^{os} comptant ensemble 984 [*lisez* 960] pp. — Les cahiers sont inexactement chiffrés. Le n° 33 est double, puis les chiffres passent à 37 et se suivent jusqu'à 125.

Année 1676. — Le titre, dont la rédaction est la même qu'à l'année 1672, est un passe-partout portant seulement : *pendant l'année mil six cent.*

La date est complétée à la main. En bas on lit la date de M. DC. I. — 115 nᵒˢ comptant 912 pp. En réalité il y a 117 nᵒˢ, parce qu'il y a deux cahiers cotés 106 et deux cahiers cotés 110. — Les chiffres 821-828 sont répétés dans la pagination, en sorte que la dernière page devrait être cotée 920.

Année 1677. — Le titre, dont la rédaction est la même qu'à l'année 1672, est un passe-partout portant : *pendant l'année mil six cent*. La date est complétée à la main. En bas on lit : M. DCI. — 117 nᵒˢ comptant ensemble 992 pp. Il n'y a pas de nᵒ 85 ; mais le nᵒ 101 est répété. Les erreurs rectifiées, la dernière page devrait être cotée 996. — Après la p. 280 il y a deux extraordinaires, savoir :

1° LE IOVRNAL de ce qui s'est passé au siége et à la prise de la Ville et de la Citadelle de Cambray, par le Roi, qui y commandoit en personne. — [A la fin :] *A Paris, Du Bureau d'Adresse, aux Galleries du Louvre, devant la rüe Saint Thomas*. Avec Privilége, 1677. In-4 de 24 pp.

2° TRAITÉ et Capitulation accordée par Sa Majesté Tres Chrestienne Aux Prévost, Doyen & Chapitre de la Metropolitaine, Prélats & autres Chapitres & Communautez, composans le Clergé de la Ville, Cité, & Duché de Cambray, Pays & Comté de Cambrésis : . . . . — [A la fin :] *Jouxte la copie imprimée à Cambray. A Paris, du Bureau d'Adresse*... 1677. In-4 de 23 pp.

Année 1678. — Le titre, dont la rédaction est celle de 1672, porte bien : pendant l'année *mil six cent soixante-dix-huit*, et en bas : M. DCC. LXXIX [*sic*]. — 126 nᵒˢ comptant 1034 [*lisez* 1036] pp. — Le numérotage des cahiers est très irrégulier. Après le nᵒ 19, on trouve les nᵒˢ 21, 21, 22, 21, 23, 23, 23-33, 40, 34, etc. Ces erreurs ne sont pas rectifiées, en sorte que le nombre des nᵒˢ est en réalité de 130. On trouve de plus dans le volume les pièces suivantes :

1° (p. 1). MÉMOIRE des Ambassadeurs de France, Donné ce jourd'huy 17 Iuillet 1678, à Messieurs les Ambassadeurs des Estats Généraux des Provinces Vnies des Pays-Bas. *S. l.*, in-4 de 8 pp.

2° (p. 753). L'ORDRE et le Réglement qui doit estre observé entre nos Troupes & celles des Espagnols, des Hollandois & des Alliez ; apres la Ratification du Traité de Paix signé entre la France & la Hollande ; & qui le doit estre incessamment par l'Espagne. *S. l.*, in-4 de 7 pp.

Année 1679. — Le volume n'a pas de titre. — 125 [*lisez* 105] nᵒˢ comptant ensemble 680 pp. — Le numérotage des cahiers saute de 79 à 90, et se termine dans cet ordre : 112, 123, 114, 125. — 16 pp. contenant *Les Harangues que le Roy de la Grand'Bretagne & son Chancelier ont fait aux deux Chambres*, etc. ont été ajoutées au nᵒ 13, à la suite de la p. 76 ; elles sont cotées 75-90, et la pagination reprend à 79. — Les 4 premières pages du nᵒ 73, cotées 433-436, manquent.

Année 1680. — Le titre, dont la rédaction est celle de 1672, porte bien : *l'année mil six cent quatre-vingt*, et la date de M. DC. LXXXI. — 110 nᵒˢ comptant ensemble 992 [*lisez* 692] pp.

Année 1681. — Titre comme ci-dessus, avec la date de *mil six cent quatre-vingt vn* dans le texte et, en bas, celle de M. DC. LXXXII. — 114 nᵒˢ comptant ensemble 760 pp. — Les nᵒˢ passent de 10 à 12. Après le cahier 78 (p. 520), on trouve les cahiers 79, 78, 79, 82, 81, 82, 83, 84, etc., en sorte que le nombre total des cahiers est en réalité de 115. Le cahier 90 a un titre spécial compris dans la pagination : *Articles Proposez par les Préteurs, Consuls & Magistrat de la Ville de Strasbourg, le 30 Septembre 1681*. A Paris, Au Bureau d'Adresse, etc.

Année 1682. — Titre avec les dates de *mil six cent quatre-vingt deux* et M. DCC. LXXXIII [*sic*]. — 120 nᵒˢ comptant ensemble 808 pp.

Année 1683. — Titre avec les dates de *mil six cent quatre-vingt-trois dans le texte* et, M. DCC. LXXXIV [*sic*]. — 56 n°ˢ comptant 732 pp. — Le nombre des cahiers est en réalité de 60. Après le cahier 30, on trouve des cahiers cotés 21, 22, 23, 24, 34, 25, 34, 35, 36, etc. Après le cahier 49 viennent des cahiers cotés 50, 51, 50, 51, 52, etc. — Après la p. 720 on a inséré une note manuscrite relative à une conspiration qui aurait été ourdie contre Louis XIV, en 1683 par les jésuites et l'archevêque de Paris, François de Harlay de Champvallon. Il est dit que cette conspiration fut dénoncée par l'abbé Blache, de Grenoble, qui alla mourir à la Bastille. La note est datée de 1787 et signée : F. **MAISSON**.

Année 1684. — Titre avec les dates de *mil six cent quatre-vingt-quatre* M. DC. XCV [*sic*]. — 68 n°ˢ comptant ensemble 816 pp. — Il n'y a en réalité que 67 n°ˢ, parce qu il n'y a pas de n° 21.

Année 1685. — Titre avec les dates de *mil six cent quatre-vingt-cinq* et M. DCC. LXXXVI [*sic*]. — 59 n°ˢ comptant ensemble 748 pp. — Le numérotage des cahiers est, comme toujours, très incorrect. Il n'y a pas de cahier coté 11, mais il y a deux cahiers cotés 23. Plus loin, les chiffres se suivent dans cet ordre : 54, 55, 56, 57, 56, 57, 56, 57, 58, 59, 60, 59, en sorte que le volume est en réalité composé de 63 cahiers. A la fin se trouve la pièce suivante :

ARTICLES accordez par le Roy a la Republique de Genes, Signez à Versailles le 12 Fevrier 1685. Ratifiez par Sa Majesté le 3 Mars, & par la République le 25 Fevrier. *A Paris, De l'Imprimerie de Laurent Rondet ; Et se vendent Au Bureau d'Adresse, aux Galeries du Louvre, devant la rue S. Thomas.* M. DC. LXXXV [1685]. Par Ordre exprés de Sa Majesté. In-4 de 16 pp.

La pièce se termine par un extrait du privilège, accordé pour dix ans, le 7 juillet 1684, aux sieurs Bergeret et Mignon, principaux commis du sieur marquis de Croissy, ministre et secrétaire d'Etat, et leur permettant de faire imprimer tous les traités qui seront signés et arrêtés au nom de Sa Majesté. Bergeret et Mignon déclarent avoir cédé leurs droits à Laurent Rondet. L'achevé d'imprimer pour la première fois est du 19 mars 1684.

Année 1686. — Titre avec les dates de *mil six cent quatre-vingt-six* et M. DC. XCVII [*sic*]. — 58 n°ˢ occupant 786 pp. — En réalité il y a dans le volume 59 n°ˢ, parce que le n° 30 est répété, et 796 pp.

Année 1687. — Titre avec les dates de *mil six cens quatre-vingt sept,* et M. DC. LXXXVIII. — 57 n°ˢ très inexactement chiffrés. Le dernier est coté 41. — 692 pp.

Année 1688. — Titre avec les dates de *mil six cent quatre-vingt huit* et M. DC. XCIX. — 88 n°ˢ très inexactement chiffrés. Le dernier est coté 56. — 704 pp.

Année 1689. — Titre avec les dates de *mil six cens quatre-vingt neuf* et M. DC. LXXXX. — 54 n°ˢ ; 638 pp. — Le n° 21 est précédé d'un titre spécial qui correspond aux pp. 237-288 : RELATION du Combat donné par les Vaisseaux du Roy, commandez par le Comte de Chateaurenault, Lieutenant general des Armées navales de Sa Majesté, contre la Flote Anglaise commandée par le Vice-Amiral Herbert. Par Privilege du Roy.

Année 1690. — Titre avec les dates de *mil six cens quatre-vingt dix* et M. DC. XCI. — 55 n°ˢ ; 680 pp.

Année 1691. — Le titre manque. — 57 n°ˢ ; 672 pp., très inexactement chiffrées. La dernière porte 740.

Année 1692. — Titre comme ci-dessus, avec la date de *mil six cent quatre-vingt douze* dans le texte, et, en bas, celle de M. DC. XCIII. — 57 n°ˢ ; 658 pp.

Année 1693. — Titre avec les dates de *mil six cent quatre-vingt-treize* et M. DC. XCIIII. — 52 n°ˢ ; 662 pp.

Année 1694. — Titre avec les dates de *mil six cent quatre-vingt-quatorze* et M. DC. XCV. — 53 n⁰ˢ; 636 pp.

Année 1695. — Titre avec les dates de *mil six cent quatre-vingt quinze* et M. DC. LXXXXVI. — 51 n⁰ˢ; 626 [*lisez* 624] pp.

Année 1696. — Titre avec les dates de *mil six cent quatre-vingt seize* et M. DC. XCVII. — 51 n⁰ˢ; 624 pp.

Année 1697. — Titre avec les dates de *mil six cent quatre-vingt dix-sept* et M. DC. XCVIII. — 52 n⁰ˢ; 624 pp.

Année 1698. — Titre avec les dates de *mil six cent quatre-vingt dix-huit* et M. DC. XCIX. — 52 n⁰ˢ; 524 [*lisez* 624] pp.

Année 1699. — Titre avec les dates de *mil six cent quatre-vingt dix-neuf* et M. DCC. — 52 n⁰ˢ; 624 pp.

Année 1700. — Titre avec les dates de *mil sept cent* et M. DCCI. — 52 n⁰ˢ; 656 pp.

Année 1701. — Le volume n'a pas de titre. — 52 n⁰ˢ; 624 pp.

Année 1702. — Le volume n'a pas de titre. — 52 n⁰ˢ; 624 pp.

Année 1703. — Le volume n'a pas de titre. — 55 n⁰ˢ; 656 pp.

Année 1704. — Titre comme ci-dessus, avec la date de *mil sept cent quatre* dans le texte, et, en bas, celle de M. DCCV. — 52 n⁰ˢ; 624 pp.

Année 1705. — Titre avec les dates de *mil sept cent cinq* et M. DCCVI. — 53 n⁰ˢ; 632 pp.

Année 1706. — Le volume n'a pas de titre. — 53 n⁰ˢ; 632 pp.

Année 1707. — Le volume n'a pas de titre. — 52 n⁰ˢ; 620 pp.

Année 1708. — Le volume n'a pas de titre. — 52 n⁰ˢ; 624 pp.

Année 1709. — Titre comme ci-dessus, avec la date de *mil sept cent neuf* dans le texte et, en bas, celle de M. DCCX. — 52 n⁰ˢ; 624 pp.

Année 1710. — Titre avec les dates de *mil sept cent dix* et M. DCCXI. — 53 n⁰ˢ; 632 pp.

Année 1711. — Titre avec les dates de *mil sept cent onze* et M. DCCXII. — 53 n⁰ˢ; 636 pp.

Année 1712. — Le volume n'a pas de titre. — 55 n⁰ˢ; 656 pp.

Année 1713. — Titre comme ci-dessus, avec les dates de *mil sept cent treize* et M. DCC. XIV. — 53 n⁰ˢ; 632 pp.

Année 1714. — Titre avec les dates de *mil sept cent quatorze* et M. DCCXV. — 52 n⁰ˢ; 624 pp.

Année 1715. — Titre avec les dates de *mil sept cent quinze* et M. DCCXVI. — 52 n⁰ˢ; 624 pp.

Année 1716. — Le volume n'a pas de titre. — 52 n⁰ˢ; 624 pp.

Année 1717. — Le volume n'a pas de titre. — 53 n⁰ˢ; 636 pp.

Année 1718. — Titre comme ci-dessus, avec la date de *mil sept cent dix-huit* dans le texte, et, en bas, celle de M. DCCXIX. — 52 n⁰ˢ; 624 pp.

Année 1719. — Titre avec les dates de *mil sept cent dix-neuf* et M. DCC. XX. — 53 n⁰ˢ; 636 pp.

HISTOIRE. 543

Année 1720. — Titre avec les dates de *mil sept cent vingt* et M. DCCXXI. — 52 n°⁸ ; 624 pp.

Année 1721. — Titre avec les dates de *mil sept cent vingt-un* et M. DCCXXII. — 54 n°⁸ ; 640 pp.

Année 1722. — Titre de 1700, corrigé à la main. — 58 n°⁸ ; 792 pp., dont la dernière est cotée 756. — Après le n° 46 (p. 540) on trouve une relation en 60 pp. qui tient lieu du n° 47. En voici le titre : RELATION de la ceremonie du Sacre et Couronnement du Roy, de celles qui ont suivi & de tout ce qui s'est passé pendant le Voyage de Sa Majesté. *A Paris, Au Bureau d'Adresse.* M. DCC XXII. — Un avis placé au v° du titre nous apprend que nous avons ici une seconde édition rectifiée et complétée. — La 1ʳᵉ page du n° 48 est cotée 565 (au lieu de 601).

Année 1723. — Le volume n'a pas de titre. — 54 n°⁸ ; 624 pp.

Année 1724. — Titre comme ci-dessus, avec la date de *mil sept cent vingt-quatre* dans le texte, et, en bas, celle de M. DCC.XXV. — 53 n°⁸ ; 656 pp.

Année 1725. — Titre avec les dates de *mil sept cent vingt-cinq* et M. DCCXXVI. — 52 n°⁸ ; 652 pp.

Année 1726. — Titre avec les dates de *mil sept cent vingt-six* et M. DCCXXVII. — 52 n°⁸ ; 624 pp.

Année 1727. — Titre avec les dates de *mil sept cent ving-sept* et M. DCCXXVIII. — 52 n°⁸ ; 624 pp.

Année 1728. — Titre avec les dates de *mil sept cent vingt-huit* et M. DCCXXIX. — 53 n°⁸ ; 686 pp.

Année 1729. — Titre avec les dates de *mil sept cent vingt-neuf* et M. DCCXXX. — 53 n°⁸ ; 640 pp.

Année 1730. — Titre avec les dates de *mil sept cent trente* et M. DCCXXXI. — 52 n°⁸ ; 624 pp.

Année 1731. — Titre avec les dates de *mil sept cent trente-un* et M. DCCXXXII. — 52 n°⁸ ; 624 pp.

Année 1732. — Titre avec les dates de *mil sept cent trente-deux* et M. DCCXXXIII. — 52 n°⁸ ; 624 pp.

Année 1733. — Titre avec les dates de *mil sept cent trente-trois* et M. DCCXXXIV. — 52 n°⁸ ; 624 pp.

Année 1734. — Titre avec les dates de *mil sept cent trente-quatre* et M. DCCXXXV. — 57 n°⁸ ; 676 pp.

Année 1735. — Titre avec les dates de *mil sept cent trente-cinq* et M. DCCXXXVI. — 53 n°⁸ ; 636 pp.

Année 1736. — Titre avec les dates de *mil sept cent trente-six* et M. DCCXXXVII. — 52 n°⁸ ; 624 pp.

Année 1737. — Titre avec les dates de *mil sept cent trente sept* et M. DCCXXXVIII. — 52 n°⁸ ; 624 pp.

Année 1738. — Titre avec les dates de *mil sept cent trente-huit* et M. DCCXXXIX. — 53 n°⁸ ; 628 pp. (la dernière cotée 626). — L'erreur de pagination se produit au n° 39, dont la première page porte 447, au lieu de 449.

Année 1739. — Titre avec les dates de *mil sept cent trente-neuf* et M.DCC XL. — 53 n°⁸ ; 636 pp.

Année 1740. — Titre avec les dates de *mil sept cent quarante* et M. DCC. XLI. — 53 nᵒˢ ; 642 pp. — Le chiffre des pages (642 et non 644) vient de ce que le n° 13 ne compte que 6 pp. cotées 145-150.

Année 1741. — Titre avec les dates de *mil sept cent quarante-un* et M. DCC XLII. — 52 nᵒˢ ; 624 pp., dont la dernière est cotée 626. — L'erreur dans la pagination se produit après la p. 524, qui est suivie de la p. 527.

Année 1742. — Titre avec les dates de *mil sept cent quarante-deux* et M. DCC XLIII. — 52 nᵒˢ ; 630 pp. — Le chiffre irrégulier des pp. vient de ce que la p. 34 est suivie d'un f. qui complète le n° 3, mais qui n'est pas compris dans la pagination.

Année 1743. — Titre avec les dates de *mil sept cent quarante-trois* et M. DCC XLIV. — 53 nᵒˢ ; 628 pp.

Année 1744. — Titre avec les dates de *mil sept cent quarante-quatre* et M. DCC XLV. — 53 nᵒˢ ; 636 pp.

Année 1745. — Titre avec les dates de *mil sept cent quarante-cinq* et M. DCC. XLV [*sic*]. — 55 nᵒˢ ; 660 pp.

Année 1746. — Titre avec les dates de *mil sept cent quarante-six* et M. DCC. XLVI [*sic*]. — 53 nᵒˢ ; 636 pp.

Année 1747. — Titre daté seulement de l'année. — 53 nᵒˢ ; 632 pp.

Année 1748. — Titre daté seulement de l'année. — 54 nᵒˢ ; 642 pp. et 1 f. blanc.

Année 1749. — Le volume et les 9 suivants n'ont pas de titres. — 53 nᵒˢ ; 648 pp.

Année 1750. — 52 nᵒˢ ; 624 pp.

Année 1751. — 52 nᵒˢ ; 628 pp.

Année 1752. — 53 nᵒˢ ; 644 pp.

Année 1753. — 52 nᵒˢ ; 624 pp.

Année 1754. — 52 nᵒˢ ; 624 pp., dont la dernière est cotée 622, parce que les chiffres 507-508 sont répétés.

Année 1755. — 52 nᵒˢ ; 628 pp.

Année 1756. — 52 nᵒˢ ; 634 [*lisez* 632] pp.

Année 1757. — 53 nᵒˢ ; 676 pp.

Année 1758. — 52 nᵒˢ ; 656 pp.

Année 1759. — Titre ainsi conçu : Recueil des Gazettes de France. Année M DCC LIX. *A Paris, Du Bureau d'Adresse, aux Galleries du Louvre, vis-à-vis la rue Saint-Thomas*. Avec Privilege du Roi. — 53 nᵒˢ ; 656 pp.

Année 1760. — Titre semblable au précédent, sauf la date. — 52 nᵒˢ ; 628 pp.

Année 1761. — Titre comme en 1759, sauf la date. — 52 nᵒˢ ; 648 [*lisez* 650 pp.] — La pagination saute de 332 à 335 ; mais, d'autre part, le volume contient un supplément au n° du 26 décembre, qui n'a que 2 pages.

Année 1762. — La *Gazette* paraît désormais deux fois par semaine et est imprimée à 2 colonnes dans un format un peu plus grand. — 105 nᵒˢ ; 512 pp. — Le volume n'a pas de titre.

HISTOIRE. 545

Année 1763. — 104 n°˚; 450 pp. — Le volume n'a pas de titre.

Année 1764. — Titre : RECUEIL des Gazettes de France. Année M DCC.LXIV. *A Paris, De l'Imprimerie de la Gazette de France, aux Galeries du Louvre.* Avec Privilege du Roi. — 105 n°˚; 424 pp., plus xxvij pp. pour la *Table des matieres*, du 1ᵉʳ semestre, et xx pp. pour la *Table* du second semestre.

Année 1765. — Le volume n'a pas de titre. — 104 n°˚; 416 pp., plus xx et xxij pp. pour les *Tables*.

Année 1766. — Le volume n'a pas de titre. — 104 n°˚; 424 pp., plus xx et xviij pp. pour les *Tables*, et 1 f. blanc.

Année 1767. — Le volume n'a pas de titre. — 104 n°˚; 446 pp. (ce chiffre, qui paraît irrégulier, au lieu de 444 ou 448, vient de ce que le n° 5 a un supplément d'un seul f.), xviij pp., 1 f. blanc, xij pp. pour les *Tables*, plus vj pp., 1 f. blanc et viij pp. pour un *Index des noms françois* qui est nouveau.

Année 1768. — Le volume n'a pas de titre. — 105 n°˚; 430 pp., plus xxxj pp. pour la *Table* et l'*Index* qui se rapportent à l'année entière.

Année 1769. — Le volume n'a pas de titre. — 104 n°˚; 422 pp., plus 1 f. et xxxiij pp. pour la *Table*. — Cette seconde partie est précédée d'un titre ainsi conçu : TABLE des matieres ou Précis par ordre alphabétique du volume de la Gazette de France, année M. DCC. LXIX. Avec l'Index général des Noms françois qui y sont employés. — Prix trois livres. — *A Paris, Aux deux Bureaux de la Gazette, Rue Neuve S. Roch et Cul-de-Sac S. Thomas du Louvre: De l'Imprimerie de la Gazette de France, aux Galeries du Louvre.*

Année 1770. — Le volume n'a pas de titre. — 105 n°˚; 426 pp., plus 1 f. et xxxilj pp. pour la *Table*, laquelle est précédée d'un titre, comme celle de 1769.

Année 1771. — Le volume n'a pas de titre. — 104 n°˚; 438 pp. et 1 f. blanc, plus 1 f. de titre et xxxj pp. pour la *Table*.

Année 1772. — Le volume n'a pas de titre. — 104 n°˚; 476 pp., plus 1 f. blanc, 1 f. de titre et xxxj pp. pour la *Table*.

Année 1773. — Le volume n'a pas de titre. — 104 n°˚; 472 pp. et xxvij pp. pour la *Table*, qui n'a pas de f. de titre.

Année 1774. — Le volume n'a pas de titre. — 105 n°˚; 462 pp., plus 1 f. de titre et xxvj [*lisez* xxvij] pp. pour la *Table*.

Année 1775. — Le volume n'a pas de titre. — 104 n°˚; 462 pp., plus 1 f. de titre et xxiv pp. pour la *Table*.

Année 1776. — Le volume n'a pas de titre. — 105 n°˚; 474 pp., plus 1 f. de titre et xxij pp. pour la *Table*.

Année 1777. — Le volume n'a pas de titre. — 104 n°˚; 524 pp.

Année 1778. — Le volume n'a pas de titre. — 104 n°˚; 486 pp.

Année 1779. — Le format est agrandi ; les pages ont environ 223 mill. de hauteur (y compris les chiffres de la pagination). — L'impression est faite à l'*Imprimerie royale*. — 105 n°˚; 514 pp. — Il n'y a plus désormais de titre ni de table.

Année 1780. — 104 n°˚; 487 pp.

Année 1781. — 104 n°˚; 498 pp., plus 4 pp. pour un *Précis de la campagne de l'armée navale aux ordres du comte de Grasse*.

Année 1782. — 105 n⁰ˢ ; 500 pp.

Année 1783. — 104 n⁰ˢ ; 460 pp.

Année 1784. — 105 n⁰ˢ ; 434 pp.

Année 1785. — 104 n⁰ˢ ; 438 pp.

Année 1786. — 104 n⁰ˢ ; 446 pp.

Année 1787. — 104 n⁰ˢ ; 506 pp. — *De l'imprimerie du Cabinet du Roy.*

Année 1788. — 105 n⁰ˢ ; 464 pp. — *De l'imprimerie de la Gazette de France.*

Année 1789. — 104 n⁰ˢ ; 534 pp.

Année 1790. — 105 n⁰ˢ ; 524 pp.

Année 1791. — 102 n⁰ˢ, 462 pp. — Après le n° 96 est un *Avertissement sur la Gazette de France* en 1 f. non compris dans la pagination. Cet Avertissement, imprimé à l'*Imprimerie royale*, dit que la rédaction a été dirigée près de trente ans par M. RÉMOND DE SAINTE-ALBINE, et annonce divers changements dans la publication.

TABLE en Abrégé des cent trente-cinq volumes de la Gazette de France, depuis son commencement en 1631, jusqu'à la fin de l'année 1765. *A Paris, De l'Imprimerie de la Gazette de France, aux Galeries du Louvre.* M. DCC. LXVI.

Tome premier. — 1 f., 104 n⁰ˢ ; 415 pp.

[*Tome second*]. — Le volume n'a pas de titre. — 104 n⁰ˢ ; 418 pp.

[*Tome troisieme*]. — 91 n⁰ˢ ; 364 pp., plus un *Supplément* de 16 pp.

[*Tome quatrieme*]. — Ce volume est constitué à l'aide des tables afférentes aux années 1765-1769. Nous avons donné ci-dessus la collation de ces tables.

D'après Barbier (II, col. 524), cette table est l'œuvre d'EDME-JACQUES GENEST.

ÉTATS-GÉNÉRAUX, mai 1789 ; [à partir du n° 12, juillet 1789 : ASSEMBLÉE NATIONALE]. 100 n⁰ˢ en un vol.

Les n⁰ˢ 1, 3, 4, 6, 9, 10, 13-18, 22, 24, 30, 33, 34, 36, 38, 50-100 ont chacun 4 pp. ; les autres n'en ont que 2. — A partir du n° 50, le second f. est intitulé : *Nouvelles politiques.*

LE GAZETIN. Ouvrage périodique, par l'ancien Rédacteur du Courier de l'Europe, [Serre de La Tour]. — 78 n⁰ˢ comptant ensemble 320 pp., du 1ᵉʳ juin 1790 au 1ᵉʳ mai 1791.

Les innombrables pamphlets imprimés pendant les premières années du règne de Louis XIII avaient habitué le public aux publications politiques journalières. Richelieu arrêta l'impression de ces factums ; mais il était trop convaincu de la force que la presse pouvait lui donner pour ne pas avoir secondé l'initiative de son compatriote, le médecin THÉOPHRASTE RENAUDOT, quand celui-ci voulut doter la France d'une *Gazette* analogue aux journaux qui existaient déjà dans certains pays étrangers. Renaudot obtint un privilège et sut organiser et rédiger la *Gazette*, à laquelle collaborèrent le roi Louis XIII lui-même et ses ministres. Les nouvelles furent toujours présentées sous une forme noble et digne, en dehors de toute polémique. Les correspondances de l'étranger furent extraites des dépêches diplomatiques, ou fournies par les secrétaires de nos missions.

Théophraste Renaudot mourut à Paris le 25 octobre 1653. Son fils, EUSÈBE Iᵉʳ, médecin lui aussi, eut alors le privilège de la *Gazette*. Celui-ci fut aidé dans sa tâche par plusieurs personnages d'importance, notamment par GABRIEL-JOSEPH DE LA VERGNE, COMTE DE GUILLERAGUES, secrétaire de la chambre et du cabinet du roi. « Guilleragues a fait des merveilles dans sa Gazette », écrit Mme de Sévigné, le 3 août 1675 (éd. des *Grands Ecrivains*, IV, p. 17).

Eusèbe, mort le 17 novembre 1679, eut pour successeur le second de ses quatorze enfants, FRANÇOIS RENAUDOT ; mais celui-ci venait de prendre l'habit chez les chanoines réguliers de Sainte-Geneviève. Il abandonna ses droits à son frère EUSÈBE II, à qui le roi confirma le privilège avant la fin de l'année 1679 (*Mém. de la Société de l'hist. de Paris*, IV, p. 268).

Il est probable que le célèbre abbé Renaudot, absorbé par ses travaux d'érudition, ne put guère travailler lui-même à la *Gazette*. Nous ignorons les noms de ses collaborateurs et ne pouvons dire quels furent ses successeurs quand il mourut le 1er septembre 1720.

Le privilège, c'est-à-dire l'exploitation commerciale du journal, était devenu une chose entièrement différente de la rédaction. Après les Renaudot, il fut donné à JACQUES-EUSÈBE CHASPOUX, COMTE, puis, en 1746, MARQUIS DE VERNEUIL, secrétaire de la chambre et du cabinet du roi et introducteur des ambassadeurs. Celui-ci mourut le 2 janvier 1747 (*Lettres de M. de Marville au ministre Maurepas*, III, 1905, p. 135). Son fils, EUSÈBE-FÉLIX CHASPOUX, MARQUIS DE VERNEUIL, lui succéda comme introducteur des ambassadeurs, et, plus tard, comme secrétaire du cabinet. Dès le mois de mars 1747, le roi, poussé par Mme de Pompadour, fut sur le point de lui racheter le privilège de la *Gazette* pour le donner à l'abbé DE BERNIS ; mais ce projet fut abandonné (*Lettres de M. de Marville*, III, pp. 190, 191, 207). Le marquis de Verneuil vendit alors ses droits au président AUNILLON. Le nouveau propriétaire suscita bientôt des plaintes de la cour ou d'ailleurs ; il fut question, au mois d'avril 1750, de le déposséder et de donner le privilège à LA CHAPELLE (*Journal et Mémoires du marquis d'Argenson*, éd. Rathery, VI, 1864, p. 191). Aunillon trouva le moyen d'échapper à l'orage, et d'obtenir même le privilège des *Affiches de Paris* (*ibid.*, VI, p. 250) ; mais, quelques jours plus tard, un intrigant appelé MESLÉ, soutenu par Mme de Pompadour, prétendit avoir acheté la *Gazette*, envahit les bureaux du journal et y installa ses commis (*ibid.*, VI, p. 401). Après des démêlés dont le détail nous est inconnu, LOUIS-DOMINIQUE LE BAS DE COURMONT devint, en avril 1751, titulaire régulier du privilège (Ch. Desmaze, *Curiosités des anciennes justices*, 1867, p. 270).

Quant à la rédaction, elle subit naturellement aussi des vicissitudes. Au mois de mai 1750, PIERRE RÉMOND DE SAINTE-ALBINE, censeur royal, qui rédigeait le *Mercure* depuis le mois de septembre 1748, prit la direction de la *Gazette*. Il dut la conserver jusqu'à sa mort arrivée le 9 octobre 1778. Un avis publié après le n° 96 de 1791 porte en effet que la rédaction du journal a été dirigée par Sainte-Albine *pendant près de trente ans*. Il avait eu dans les dernières années pour collaborateur ANTOINE BRET, autre censeur royal, bien connu par ses pièces de théâtre et son édition des *Œuvres de Molière* (voy. notre tome II, n° 1179). Le n° 28 de 1775 annonce que M. Bret est chargé de la composition de la *Gazette*, et que c'est à lui que doivent être adressés les articles que l'on veut y faire insérer. A côté de lui sont MM. MUGNEROT et ARNOUX, directeurs-caissiers.

Nous ne savons quand prit fin la rédaction de Bret. Il avait depuis longtemps abandonné ses fonctions quand il mourut le 25 février 1792.

Le libraire CHARLES-JOSEPH PANCKOUCKE, qui avait fait fortune en publiant le *Mercure* de juin 1778 à janvier 1786 (voy. notre t. III, n° 2524, p. 314), prit à bail en 1787 le privilège de la *Gazette* (Hatin, *Bibliogr. de la presse périodique*, 1866, p. 8). Il ne manqua certainement pas d'en renouveler la rédaction. Une note publiée dans le n° 103 de 1791 nous apprend que FALLET en était chargé, et que DELAROUE était chef de bureau, c'est-à-dire administrateur.

Panckoucke, qui ne pouvait rédiger la *Gazette* à sa guise et qui partout s'entendait reprocher le manque d'intérêt de son journal, y joignit d'abord un compte rendu des États-Généraux et de l'Assemblée nationale, puis *Le Gazetin*, où il donna des nouvelles non officielles dans tous les genres.

Nous renverrons pour l'histoire de la *Gazette* à la notice insérée par M. Maurice Tourneux dans sa *Bibliographie de l'histoire de Paris pendant la Révolution française*, II (1894), p. 485.

Cet exemplaire est celui qui appartenait à CHARLES-MAURICE DE TALLEYRAND-PÉRIGORD, PRINCE DE BÉNÉVENT, mort le 17 mai 1838. Il provient de la vente du château de Valençay (Cat., 4 déc. 1899, n° 113). On y a joint la table suivante, qui est bien loin d'être complète:

Répertoire Historique et Biographique de la Gazette de France depuis l'origine jusqu'à la Révolution, 1631-1790, Par le Marquis de Granges de Surgères. *Paris, Librairie Henri Leclerc, 219, rue Saint-Honoré, et 16, rue d'Alger.* [*Vannes, Imprimerie Lafolye frères*]. 1902-1906. 4 vol. in-4.

Tome premier, 1902 : xxviii pp. et 832 col.

Tome deuxième, 1903 : 2 ff. et 736 col.

Tome troisième, 1904 : 2 ff. et 896 col.

Tome quatrième, 1906, 2 ff. et 940 col.

ARTICLES OMIS ET ACQUISITIONS RÉCENTES

THÉOLOGIE.

3154 (24 *a*). HEURES DE NOTRE-DAME, en vers et en prose, en latin et en français. Ms. sur vélin de la fin du XIV° ou du commencement du XV° siècle (haut. 140; larg. 94 mill.), mar. ol., dos et mil. de mar. or., très riche dor. à petits fers, tr. dor. (*Rel. du XVI° siècle.*)

II. 7. 85

Voici l'indication du contenu actuel de ce manuscrit, dont les 4 premiers ff. ont été anciennement arrachés :

1 (fol. 1). Prière en latin : « Digna Virgo, flos, nubes, regina thetotos thetota, imperatrix pacifica, sancta Dei genitrix... »

2 (fol. 2 v°). *Oraison de Nostre Dame.*

    Esjoï te, Vierge pucielle,
    Qui a Dieu fus si pure anciella,
    Que par ta sainte dignitet
    En ton corps prist humanitet.

Six quatrains écrits à longues lignes, comme de la prose.

3 (fol. 3 v°). Prière en latin : « Deus, qui beatissimam virginem Mariam, in conceptu et in partu virginate servata, duplici gaudio letificasti... »

4 (fol. 4). *Memore de sainte Katherine :* « Virgo sancta Katerina... »

5 (fol. 4 v°). *Orison :* « Deus, qui dedisti legem Moysi... »

6 (fol. 5). *Chi apriés s'ensieut li Vie sainte Margherite.*

    Apriés la sainte Passion
    Jhesucrist, a l'Ascension,
    Quant il fu es cielx montés,
    Furent aucun de grant bontés...

Ce texte, qui compte 669 vers, diffère beaucoup de celui qu'a imprimé M. Auguste Scheler (*Deux Rédactions diverses de la légende de sainte Marguerite en vers français, publiées, avec variantes, d'après des mss. du XIII° et du XIV° siècle*; Anvers, 1877, in-8), p. 14. Le poème se termine ainsi :

    Encore dirai (jou) plus assés.
    Souvent y o[i]t on canter
    Les sains angeles, pour tourmenter
    Le mal tirant qui duel avoit   660
    Des grans miracles qu'elle faisoit.

> La Vie sainte Margerite faut.
> Dieu, qui tout voit [et] bas et haut,
> Envoie a celui sa giore
> De cui nous l'avons en memore,   665
> De cui sera ramentewe.
> Grant joie li soit [ac]crewe
> La sus en paradis tout droit !
> Dittes : Amen. Que Dieu l'otroit !
> *Chi fine li Vie sainte Margerite.*

Les ff. 30-33 sont blancs. Ils étaient suivis de 3 ff. qui ont été arrachés.

7 (fol. 34). Prière : « Biaus sires Dieus, plains de doulçour et de misericorde, je vous prie et requier... »

8 (fol. 36). *Orison*, qui paraît avoir été primitivement écrite en vers : « Biaus sires Dieus, corps precieus, vrais sans precieus, nostre vraie redemption, nostre salut, nostre petition, je te requier, je te aeure, je te loe.... »

9 (fol. 37 v°). *Orison* : « Biaus sires Dieus, si vraiement que je vous ai veut aujourd'ui a ceste presente messe... »

10 (fol. 40). *Orison* (en vers, mais écrite comme prose) :

> Benois sans, precieus corps,
> Qui de la crois espandi sors
> De Jhesucrist, qui en crois pendi...

11 (fol. 42). *Orison* : « Jhesus de Nazarech plains de pitet, regarde moy, si aics merchit de moi... »

12 (fol. 43 v°). « *Magnificat anima mea Dominum*. Manefier vueil nostre signeur, magnefier le doit bien m'ame... »

La traduction française suit ainsi le texte de chaque verset.

13 (fol. 46). *Orison de Nostre Dame* : « Je te prie, dame sainte Marie, mere de Dieu tresplaine de pitié... »

14 (fol. 49). *Orison* : O doulce dame, vierge Marie, en cui fermement je croi, ayés en garde l'ame et le corps de moi... »

15 (fol. 49 v°). *Orison de Nostre Dame.*

> Royne des chielz glorieuse,
> Fille et mere de Dieu precieuse,
> Je vieng a toi mieroit querir...

16 (fol. 55). *Chi après s'ensieut une orison contre l'epideimie.*

> O saint Sebastien, fin cuer pieu,
> Qui, de la volenteit de Dieu,
> Feiss jadis en Lombardie
> Trois fois cesser l'epidemie...   (16 vers.)

17 (fol. 56). [*Prière contre les fièvres*] : A le porte de Galilee gisoit sains Pierre moult travilliés... »

18 (fol. 57). *Chi après s'ensieut une orison que on doit dire quant on on vœlt sakier un quainau hors d'une persone et dire :* « Nicodemus extraxit plagas... »

19 (fol. 58). *Orison de Nostre Signeur* : « Je me coumand hui a Dieu le tout puissant... »

La conclusion, qui est écrite comme de la prose, est en vers fort altérés :

> Personne qui ceste orison dira
> De cuer et chiere tenra,
> Ja ne mora de mort soubite
> En celui jour qu'il l'avera ditte...

20 (fol. 63). *Orison* (en vers écrits comme prose) :

> Precieus sang, saintisme corps,
> Qui en la crois pour nous fus mors...

21 (fol. 66 v°). *De saint Jehan Baptiste* (hymne écrite comme de la prose) :

O Baptista graciose,
O Johannes gloriose...

L'hymne est suivie d'une oraison.

22 (fol. 68). *Orison de Nostre Dame* (écrite comme de la prose) :

O Maria piissima.
Stella maris clarissima...

23 (fol. 69). *Chi après s'ensieuvent les .xv. Joies Nostre Dame* : « O douche dame de misericorde, mere de pitet, fontaine de tous biens... »

24 (fol. 75). *Quiconques vœlt iestre bien consilliés de la cose dont il a grant mestier, si die cascun jour acoustumeement ces orisons que vous trouverés chi après escriptes....* « Douls Dieus, douls peres, sainte Trinitet.... (7 prières) »,

25 (fol. 79 v°). *Chi après s'ensieuvent les Heures de le crois. A matines* :

Sire, mes levres aouvrés
Et loenges de mi arés.
Dieus, entendés a mi aidier,
Isniellement je vous requier...

Ce manuscrit, exécuté en grosses lettres de forme, est orné d'initiales en couleurs et de bordures de feuillages. La reliure, qui remonte au XVI⁰ siècle, est un curieux spécimen de l'art lyonnais. Le milieu des plats, en maroquin orange, de même que le dos, est en creux. Il est, comme la bordure, richement décoré de filets, de fleurons, de motifs divers en or et en mosaïque.

Des bibliothèques de CAROLINE - FERDINANDE - LOUISE DE BOURBON, DUCHESSE DE BERRY (Cat., 1864, n° 16) et d'AMBROISE FIRMIN-DIDOT (Cat., 1881, n° 17 ; 1910, n° 238). — Une reproduction de la reliure est donnée dans le Catalogue illustré de 1881.

3155 (48 a). VNG NOTABLE SERMON cō ‖ tenāt lexcellence ⨍ sain ‖ ctete du pur et saīt vier ‖ ge ioseph espoux a la tres digne ‖ mere de dieu la vierge hōnoree ‖ cōpose par vng religieux de lor- ‖ dre des freres mineurs nōmez ‖ de lobseruance / demourant a ‖ rouen au conuent dud' ordre do ‖ cteur en theologie et decret mis ‖ en francoys a la requeste de plu ‖ sieurs notables personnaiges ‖ ayāt deuotiō a icelluy pur sainct ‖ ioseph *nouuellement imprime* ‖ *a Rouen par maistre Martin* ‖ *morin demourant deudt saint* ‖ *Lo a lenseigne saint Eustace.* — [Au r° du dernier f., au-dessous de 5 lignes de texte :] ❡ *Cy finist la vie saint ioseph nouuellemēt* ‖ *imprime a Rouen par Maistre Martin* ‖ *Morin demourant deuant Saint Lo a* ‖ *lenseigne saint Eustace.* S. d. [v. 1510], in-4 goth. de 24 ff. non chiffr. de 34 lignes à la page, impr. en lettres de forme, sign. *a-d* par 6.

Voy. ci-après la reproduction du titre.

Le religieux désigné comme auteur de ce sermon est frère NICOLAS DENISE.

L'ouvrage commence ainsi :

» *S'ensuyt la Vie saint Joseph, vierge, translatee de latin en françoys.*
» Se nous voulons assembler les sainctes Escritures et les sentences des sainctz docteurs qui sont de grant renom en saincte Eglise a l'honneur du tresexcellent vierge saint Joseph, espoux et mary de la tresdigne vierge mere de Dieu.... »

Ung notable sermon cō
tenāt lexcellence ɇ sain
ctete du pur et saīt bier
ge ioseph espoux a la tres digne
mere de dieu la bierge hōnoꝛee
cōpose par ung religieux de loꝛ-
dꝛe des freres mineurs nōmez
de lobseruance / demourant a
rouen au conuent dud oꝛdꝛe do
cteur en theologie et decret mis
en francoys a la requeste de plu
sieurs notables personnaiges
ayāt deuotiō a icelluy pur saint
ioseph nouuellement impꝛime
a Rouen par maistre Martin
moꝛin demourant deuāt saint
Lo a lenseigne saint Eustace.

Nous donnons un fac-similé des dernières lignes du texte et de la souscription :

Au v° du dernier f. porte la marque de *Martin Morin* (Silvestre n° 68).

$\mathfrak{H}$ec autem poſſunt iuſte deſiderari z quod iuſte deſide
ratur a deo petitur. vt aug. ad pzobatianū et recitaf a
tho. in ſecunda ſecunde. q. lxxxiii. ar. ſexto. et ad idem
aler. in quarta. q. lxxxvi. non ſolum pzope ſed etiā pzo
aliis et tho. ad id in pzima ſecunde.q.cxiiii.ar.ſexto.

Cy finiſt la vie ſaint ioſeph nouuellemēt impzimee a Rouen par Maiſtre Martin Mozin demourant deuant Saint Lo a lenſeigne ſaint Euſtace.

3156 (80 a). LA MARMITE || renuersee et fon- || due, de laquelle no- || stre Dieu parle par || les saincts Prophetes. || Où est prouué que la secte Caluinique est la vraye Mar- || mitte & est comprins vn brief sommaire des des- || seins & coniurations sanguinaires d'icel- || le, cause de son entiere ruine. || Par Th. Beauxamis C. Theologien de Paris. || Mets la Marmitte vuyde sur les charbons, à fin qu'eschauffee, || elle se brusle & se fonde. Ezechiel chap. 24. || *A Paris,* || *Chez Guillaume Chaudiere, Rue sainct Iaques, a l'en-* || *seigne du Temps & de l'homme sauuage.* || 1572. || Auec Priuilege. In-8 de 23 ff. chiffr. et 1 f. blanc.

IV. 6. 165

<small>Le titre porte la marque de *Guill. Chaudière* (Silvestre, n° 286).</small>
<small>Le 2° f. contient un avis « Au lecteur ».</small>

<small>Thomas Beauxamis a voulu réfuter les protestants qui appelaient l'Église catholique la « marmitte du pape ». Son factum avait été composé et imprimé dès l'année 1562 ; mais il nous apprend lui-même qu'il l'a revu et complété, probablement après la saint-Barthélemy.</small>

3157 (83 a). ALMANACH spiri- || tuel et perpetuel / || necessaire a tout || homme sen- || suel et tē- || porel. — [Au v° du dernier f. :] ¶ *Fin de lalmanach perpetuel. S. l. n. d.* [*v.* 1530], in-8 goth. de 16 ff. non chiffr., dont la page pleine a 20 lignes,

IV. 8. 75

sign. *A-B*, v. f., fil., dos orné, tr. dor. (*Petit, successeur de Simier.*)

Voici la reproduction du titre, dont le v° est blanc.

Le texte commence ainsi au f. *A ij*:

« Almanach spirituel. auquel vng chascun chrestien pœut apprendre tous les jours ce que est bon a faire ou laisser pour conserver la santé de l'ame, non pas selon les medecins naturelz, ou philosophes ou astrologues, qui par l'influence des planetes ne veulent pas seulement assubjectir noz corps, mais aussi noz ames..... »

Ce livret, presque inconnu, est un simple traité de propagande publié par un partisan de la Réforme. Ce n'est pas, comme le *Calendrier historial*, dont nous avons décrit deux éditions (t. I, n°⁵ 6 et 205), un véritable almanach ; le titre a été choisi pour faciliter une circulation clandestine.

Voici les dernières lignes du livret :

« Quiconques apprent bien et vit selon cost almanach, la lumiere d'icelluy ne sera pas eclipsee par les tenebres infernales en ceste annee, ne obscurcye eternellement. »

Les caractères sont ceux de *Simon Du Bois*, imprimeur à Paris (1525-1529), puis à Alençon (1530-1533), et ce petit volume doit être ajouté à ceux que nous avons cités sous le n° 2738.

De la bibliothèque de Léon CAILHAVA (Cat., 1862, n° 45).

3158 (90 a). La || prophetie des petits || enfans. || Tout est a Dieu. || 🙵 ||

> Pseaume 8. ||
> En tout ce void ta grand vertu parfaite ||
> Iusqu'a la bouche aux enfans qu'on alaite ||
> Et rens par la confus & abatu ||
> Tout ennemi qui nie ta vertu. ||

M. D. LXII [1562]. *S. l.*, in-8 de 12 ff. non chiffr., sign. *A* par 8, *B* par 4, mar. bl., fil., dos orné, tr. dor. (*Bauzonnet.*)

Voici un curieux spécimen des petits livrets que les colporteurs protestants répandaient au péril de leur vie. Il est imprimé avec des caractères usés et disparates.

Les 3 ff. qui suivent le titre, composés en petit texte, contiennent une exhortation aux enfants :

« Le temps jadis et aussi de nostre temps a esté monstré et donné de Dieu a cognoistre, comme par esprit de prophetie, aux petits enfans n'ayans encores attaint le temps et usage de raison, ce que peu de gens n'ont cogneu, l'horreur qui est es grands, merveilleux et terribles monstres, pires sans comparaison que lions rugissans, tigres, aspics ou serpens venimeux.... »

Au 5ᵉ f. est une oraison, imprimée en grosses lettres, qui commence par un avis dont voici le début : « Pour destruire et abolir l'idolatrie et toutes subperstitions qui regnent pour le jourd'hui en l'eglise de Sathan, dont l'Antechrist est le chef, a esté composée ceste presente oraison... » Au vᵒ du f., avant un avis au lecteur, on lit : « *Par Quantian Bruyere, libraire demourant a Gyen sur Loyre.* »

L'oraison, qui est en réalité un exposé de la doctrine des réformés, occupe le reste du volume ; elle est imprimée en petit texte. On lit à la fin (f. 12 rᵒ) : *Imprimé pour Quancien Bruyere, libraire marchant, demourant a Gien sur Loyre.*

Le vᵒ du dernier f. est blanc.

Ce petit volume porte à la fin la signature du peintre-bibliophile Daniel Dumonstier. Il provient, en dernier lieu, des bibliothèques de Charles Nodier (Cat.. 1844, nᵒ 40) et de Herluison (Catal. 1910, nᵒ 440).

3159 (90 b). Exhorta- || tion chrestienne || extraicte des sainctes || Escritures à la grande consolation de toute per- || sonne fidele estant en agonie de mort, deuant la- || quelle on la doit lire & reciter plusieurs fois (si || besoin est) iusques à la fin du trespassement. || A laquelle est inseree à la fin unne [*sic*] oraison singuliere pour la || personne grādemēt affligee de maladie, laquelle semble s'ap- || procher plus de la mort que de la vie. Auec ce vn Catechis || me abbregé, qui est non seulement pour instruire le malade, || Mais aussi pour luy rafreschir sa memoire, du grand mistere || de nostre redemption. || Matthieu XXIIII. || Le Seruiteur nonchalant ne se tenant point prest, sera || surprins & diuisé, & sa part auec les hypo || crites, La sera pleur & grince || ment de dens. || Mort est fin, & commencement de vie. || *A Lyon,* || *Par*

556 SECOND SUPPLÉMENT.

Iean Saugrain, || M. D. LXVI [1566]. In-8 de 59 pp. et 2 ff. blancs ; mar. br. jans., tr. dor. (*Chambolle-Duru fils.*)

<small>Le v° du titre est occupé par quatre citations bibliques.

Les pp. 3-4 contiennent un avis « Au lecteur fidele ».

A la p. 5 commence une épître « A monsieur monseigneur de Senarpont, chevalier de l'ordre du roy, capitaine de cinquante hommes d'armes, et son lieutenant general en Picardie. » Cette épître se termine au milieu de la p. 9.

Rien n'indique quel est l'auteur de l'*Exhortation*.

Exemplaire de PAUL SCHMIDT (Cat. 1910, n° 767).</small>

3160 (93 *a*). RESPONSE || aux Argumens || de Monsieur Doresse || Chanoine Theologal d'Arles, || Pretendant monstrer || que l'Eglise Romaine est la vraye || Eglise. || Par || Paul Maurice l'vn des Pasteurs de l'Eglise || reformee d'Aurange. || *A Geneue.* || *De l'Imprimerie de Pierre Aubert.* || M. DC. X [1610]. In-8 de 88 pp., mar. br. jans., tr. dor. (*Chambolle-Duru fils.*)

<small>Le titre est orné de la marque de *P. Aubert*.

Les pp. 3-12 contiennent diverses lettres échangées à l'occasion du livre du théologal d'Arles et de la réponse qu'il provoqua, savoir :

1° *Lettre de madame de Sainct Andiol a monsieur Maurice, pasteur de l'Eglise reformee d'Aurange,* s. d., signée : JEANNE D'ALIN (p. 3) ;

2° *Lettre de monsieur le theologal d'Arles à monsieur Maurice, ministre à Aurange,* s. d., signée : DORESSES (p. 4) ;

3° *Lettre de monsieur de Beauchastel à monsieur Maurice, ministre du sainct Evangile à Aurange,* s. d., signée : BEAUCHASTEL (p. 6) ;

4° *A tresnoble et vertueuse Jeanne d'Alin, dame de Sainct Andiol,* lettre datée d'Aurange, le 1er février 1610, et signée : MAURICE (p. 7).

A la p. 13 sont deux épigraphes tirées de Tertullien et de saint Jean Chrysostome. Le reste du volume est occupé par le traité, dont les marges sont remplies de citations bibliques.

Exemplaire de PAUL SCHMIDT (Cat., 1910, n° 767).</small>

SCIENCES ET ARTS.

3161 (192 *a*). EXCELLENTIS || SIMI PHILOSOPHI, ET || MEDICI CONSVMATISSIMI D. || Hieronymi Acoromboni Eugubij, Ordinariam || practicæ Medicinæ in Patauino Gymnasio le- || gentis, Tractatus de Lacte. || *Norimbergæ apud Iohan. Petreium, anno M. D. xxxviii* [1538]. — [Au r° du dernier f., l. 30 :] *Finis.* || *Norimbergæ apud Ioh. Petreium.* ||

Anno M. D. xxxviii. In-4 de 36 ff. non chiffr., car. rom., sign. *a-i* par 4, mar. r. jans., dent. int., tr. dor. (*A. Cuzin.*)

Au v° du titre est une épître de l'auteur Girolamo Accoramboni, à Jean Chojeński, évêque de Plock.

Dans cette épître, datée de 1536, Girolamo Accoramboni nous apprend qu'il avait écrit ce traité à Rome, où le pape Léon X l'avait appelé de Pérouse. L'ouvrage était terminé quand la ville éternelle fut mise à sac par les Impériaux. Le manuscrit disparut avec un autre ouvrage intitulé *De fluxu omnium generum et ejus curatione*, et tous les meubles de l'auteur. Celui-ci professait la médecine à Padoue (où il avait été nommé le 22 octobre 1527) quand son fils Fabio, qui enseignait le droit civil dans la même université, eut l'occasion d'aller à Rome et y retrouva les deux premiers livres du *Tractatus de lacte*. Le troisième fut rapporté à Girolamo par un Allemand qui avait été son élève à Rome. C'est ainsi que l'ouvrage peut paraître. Girolamo le dédie à l'évêque de Plock, Jean Chojeński, qu'il sait être un savant juriste, et dont les Polonais qui suivent les cours de médecine, en particulier André Czarnkowski, lui ont vanté les vertus.

La première édition du volume est celle de *Venise, Andreas de Arrivabenis*, 1536, in-8. Girolamo Accoramboni vivait encore, et n'était pas mort en 1535, comme le dit Mazzuchelli (*Scrittori d'Italia*, I, p. 80).

Cette pièce provient du même recueil que le *Pillularium* décrit ci-dessous (n° 3164). Elle porte sur le titre l'inscription suivante : ACHILLIS P. GASSARI, *kalendis novembribus a° 1538, Lindoae. 1 batz*. Ce Gasser, médecin et mathématicien, qui se faisait appeler Achilles Pirminus Gasserus, est l'auteur d'une chronique universelle, publiée en 1532, réimprimée plusieurs fois depuis et même traduite en français (voy. Brunet, II, col. 1499). Gesner (*Epitome*, 1555, fol. 1ᵈ) cite en outre de lui une table mathématique, imprimée à Zürich sous le titre de *Sciaterion pedarium*, et des descriptions des villes de Lindau et d'Augsbourg, insérées dans la *Cosmographia* de Sebastian Münster.

3162 (192 *b*). LIBELLVS || DE LACTE, ET OPE || RIBVS LACTARIIS, || philologus pariter ac medicus. || Cum epistola ad Iaco || bum Auienum de montium admiratione. || Authore Conrado Gesnero medico. || Ad Lectorem. ||

Ἐνθάδε ποιμενικὸν δεῦρο ξένε πλοῦτον ὀπίσσω, ||
Τυροὺς, βούτυρον, καὶ γάλα λευκὸν ὁμοῦ. ||

Tiguri apud Chri- || *stophorum Froschouerum. S. d.* [1541], pet. in-8, de 51 ff. ch. (plus un feuillet blanc final ?), car. ital., sign. *A-F* par 8 et *G* par 4, mar. r. jans., tr. dor. (*A. Cuzin.*)

Les ff. 2-7 contiennent une épître de Conrad Gessner « clarissimo viro Jacobo Avieno », en date de Zürich, au mois de juin 1541.

3163 (198 *a*). LES VERTVS des eaues et || des herbes. Auec le regime contre la pestilence / faict || et compose par messieurs les medicins de la || cite de Basle en Alemaigne. iiii. *S. l. n. d.* [*Lyon, vers* 1510], in-4 goth. de 17 ff. non chiffr. et 1 f. blanc, cart.

Le titre est orné d'une curieuse figure qui représente l'officine d'un apothicaire.

𝕷𝖊𝖘 𝖛𝖊𝖗𝖙𝖚𝖘 𝖉𝖊𝖘 𝖊𝖆𝖚𝖊𝖘 𝖊𝖙

des herbes. Avec le regime contre la pestilence/faict et composé par messieurs les medicins de la cité de Basle en Alemaigne.   iiii.

Le texte commence au v° du titre.

Le premier traité, dont les feuillets sont signés *a-c* par 4, est le même que celui dont nous avons cité une édition sous le n° 198 ; mais l'édition que nous décrivons est beaucoup plus complète. L'article consacré à l'ail, qui était tronqué, se trouve ici dans son intégrité. Il est suivi d'articles sur la vertu du plantain, la vertu du fenouil, la verveine, le lys, la sauge, le

BEAUX-ARTS. 559

chàvrefeuille, le cresson, l'ortie, puis de diverses recettes « lesquelles sont utiles et proffitables pour la consolation des corps humains. »

La seconde partie se compose de 5 ff. signés A et d'un f. blanc ; elle pouvait se vendre séparément. Au f. A i r° est un titre ainsi conçu :

⁋ REGIME contre la pestilē || ce faict et compose par messieurs les medicins || de la tresrenommee cité de Basle || en Allemaigne.

Au-dessus de cet intitulé est une figure qui représente un homme laissant voir tout l'intérieur de son corps.

Le texte commence ainsi, au v° du titre :

« Combien que contre la terrible et espoventable maladie qu'on appelle pestilence sont trouves par les souverains medicins bons et utiles remedes et en divers livres de medicine inserez et escriptz ; toutesfoys le commun peuple est ignorant d'iceulx remedes et medecines.... »

Il existe des deux traités une autre édition qui porte le nom de *Claude Nourry* à *Lyon* (Biblioth. Colombine à Séville). Dans cette édition, la seconde partie, qui se trouve aussi à la Bibliothèque nationale (Te. 30. 235. Rés.) et à la Bibliothèque de l'Ecole de Pharmacie, est précédée d'un titre ainsi conçu :

Regime cõtre la pestilēce || faict ⁊ cõpose par messieurs les medicins de la cite de Balle en || Allemaigne / laqlle despuis dix ans en ca a regne en ladicte cite.

L'addition des derniers mots semble indiquer une réimpression postérieure ; mais il est probable que les deux éditions sortent des mêmes presses.

A la suite du *Regime* (fol. A v v°) est une ballade qui commence ainsi :

Qui veult son corps en santé maintenir...
Refr. N'aille point hors s'il ne faict bel et clair.

Nous avons rencontré cette pièce dans un manuscrit de la Bibliothèque de Soissons (n° 199, fol. 1).

3164 (198 *b*). PILLVLARIV̄ om || nibus medicis q̃ȝ necessarium claris- || simi docto. magistri Panthaleonis. || Summa lacticiniorum completa om- || nibus idonea eiusdem doctoris. || Cautele medicorum nō inutiles clarissi || mi doctoris magistri Gabrielis zer- || bi Veronensis. || Cuȝ priuilegio. — [Fol. xxxviii r°, col. 2, l. 37 :] ⁋ *Impressum Lugduni per An-* || *tonium Blanchard. An-* || *no domini Mil.ccccc* || *xxv* [1526, n. s.]. *die .vij. Ia-* || *nuarij.* — [Fol. xxxviii v° :] Tabula. — [Au r° du dernier f., col. 2, l. 33 :] ⁋ Explicit tabula. In-4 goth., de 38 ff. chiffr. et 2 ff. n. chiffr., sign. A-E par 8, mar. r. jans., tr. dor. (*A. Cuzin.*)

Le titre est entouré d'une bordure gravée sur bois et composée de quatre pièces ; le bandeau qui occupe la partie inférieure de la page porte la devise : *Audaces fortuna juvat timidosque repellit.* Ce bandeau, comme l'a fait observer M. Baudrier (*Bibliographie lyonnaise*, T. V, pp. 99), en décrivant notre édition d'après l'exemplaire de la Bibliothèque nationale, faisait partie du matériel de *Laurent Hyllaire* qui l'a utilisé sans interruption de 1521 à 1530, et qui l'avait sans doute prêté à Blanchard.

Sur le titre se lit un curieux autographe de ce Gasser dont nous avons parlé à l'article 3161 : *Panthaleon hic fuit natione Vercellensis. 4 krits.* ACHILLES P. GASSARI (monogramme), *kalendis septembribus 1528 Avinionis.* — Au recto du dernier feuillet, le possesseur a inscrit la date de *1528* et le prix *1 batz* ; au verso il a répété le monogramme inscrit sur le titre au-dessus d'un grand ex-libris aux armes de la famille Gasser, imprimé avec un tampon humide.

Selon M. Baudrier (t. V, pp. 92-93) c'est pour le libraire lyonnais *Barthélemi Trot* qu'*Antoine Blanchard* aurait imprimé ce *Pillularium*.

3165 (207 *a*). La prenosticatiō ou re- ‖ uelation diuine que dieu reuela au ‖ bon saīct Esdras La q̃lle est perpetuelle.—[Au v° du dernier f., au-dessous de 13 lignes de texte:] ℭ. *Cy fi* ‖ *nist la prenosti* ‖ *catiō ou reulatiō* ‖ *que dieu reuela au bon* ‖ *sainct esdras. Im* ‖ *prime a Bourd'* ‖ *par Iehan.* ‖ *Guyart.* ‖ ✠ *S. d.* [*v.* 1530], in-8 goth. de 4 ff. de 23 lignes à la page pleine, impr. en lettres de forme, sans sign., mar. r. jans., tr. dor. (*Trautz-Bauzonnet.*)

Le titre porte la marque de *Jehan Guyart*, le typographe bordelais dont nous avons décrit précédemment deux impressions (t. I, n°ˢ 518 et 519) :

Le texte commence ainsi, au v° même du titre :

« La Prenostication nouvelle, ou aultrement dicte la Revellation divine que Dieu revella au bon sainct prophete Esdras pour sçavoir et congnoistre les anne[e]s qui seront fertilles et en grant habondance de biens.... »

3166 (211 *a*). PROGNOSTICATION pour || Plusieurs Annees fort vtile || a toute personne / en la quelle || est declare. || Quelles personnes ont plus de domination sur || les estoilles et astres / et quelles moins. Et || que pour ceste raison les iugemens des Astro- || logues sont moins veritables. Don- || nant ensemble grande consola || tion a ceulx qui trop crai- || gnent les constella- || tions ❦ || ❦ Item || De la quatriesme et derniere Monar || chie la quelle gouuerne par la Grace de || Dieu Charles Cincquiesme Tres || uictorieux Empereur des || Romains / comprenant ocy brief- || uement quelques parolles || de la derniere vieillesse || de ce monde. || Par Maistre Arnault Bogard || Docteur en Medicine resident a Bruxelles. *Imprime en Anuers au Pand de nostre dame / par moy* || *Iean Loe. Lan de nostre Seigneur* M. D. LIII [1553]. || Auec grace et Priuilege. In-4 goth. de 10 ff. non chiffr. de 39 lignes à la page pleine, sign. *A-B* par 4, *C* par 2, mar. v., dent., tr. dor.

<small>Le texte commence au v° même du titre.

La pièce se termine (fol. *C ij*) par une *Conclusion* tout à fait édifiante et morale ; aussi lit-on au-dessous : « Visité et approuvé par M. Martin Cools, curé de S. Goedele à Bruxelles. »

Le v° du dernier f. est blanc.

La reliure porte le chiffre d'AUDENET.

Exemplaire de FR. VERGAUWEN (Cat., 1884, n° 775).</small>

3167 (239 *a*). PORTRAITS DES GRANDS HOMMES, femmes illustres, et sujets mémorables de France, gravés et imprimés en couleurs, dédiés Au Roi. *A Paris, Chez Blin, Imprimeur en Taille-Douce, Place Maubert, N° 17, vis-à-vis la rue des trois Portes.* Avec privil. du Roi. S. d. [1786-1792], pet. in-folio de 194 ff. demi-rel. mar. vert., dos orné.

<small>Ouvrage entièrement gravé, comprenant : un titre-frontispice aux armes de France, tiré à la sépia ; un feuillet qui renferme une dédicace signée de l'éditeur PIERRE BLIN, et gravée par le calligraphe BEAUBLÉ ; 96 portraits ovales et autant de planches à mi-page, les uns et les autres imprimés en couleurs. Chaque portrait est suivi d'une planche relative à la vie du personnage qu'il représente.

L'ouvrage a paru en 48 livraisons, dont chacune renfermait quatre planches. Ces planches portent à la partie supérieure une numérotation souvent fautive.

Voici le détail des cahiers : *A :* 6 planches (1-2, 5-8). — *B :* 22 planches (3-15, 12-20). — *C :* 52 planches (3-54). — *D :* 6 planches (3-8). — *E :* 6 planches (1-6). — *F :* 4 planches (3-6). — *G :* 12 planches (1-12). — *H :* 2 planches (1-2). — *I :* 2 planches (1-2). — *K :* 12 planches 1-6, 5-10). — *L :* 10 planches (1-4, 3-8). — *M :* 2 planches (1, 1). — *N :* 6 planches (3, 3, 5-8). — *O :* 6 planches (1-3, 3, 5-6). — *P :* 2 planches (3-4). —</small>

Q : 4 planches (1-4). — *Y :* 4 planches (1-4). — *Z :* 6 planches (1-6). — *AA :* 4 planches (1-4). — *BB :* 2 planches (1-2). — *CC :* 2 planches (3-4). — *EE :* 2 planches (3-4). — *NN :* 2 planches (1-2). — *UU :* 2 planches (1-2). — *XX :* 2 planches (1-2). — *FFF :* 2 planches (1-2). — *JJJ :* 8 planches (1-5, 4, 7, 8). *OOO :* 2 planches (1-2).

Les n^{os} suivants ont été employés deux fois : *B* 12-15, *K* 5-6, *L* 3-4, *M* 1, *N* 3, *O* 3, *JJJ* 4.

Les 4 premières planches représentant des scènes historiques sont dans des médaillons de forme ovale ; les autres planches historiques sont toutes des tableaux de forme carrée, à mi-page.

Les 192 planches ont été dessinées par *Sergent* (138), *Desfontaines* (43), *Naigeon* (5), *P. Barbier* (2), *Bénard* (1), *Duplessi-Bertaux* (2), *F. Gérard* (1), et gravées par *Mme de Cernel*, *Morret*, *Morret* (ou *Moret*), *Ridé*, *Louis Roger*, *Lecœur* et *Sergent* lui-même.

ANTOINE-FRANÇOIS SERGENT, qui avait dirigé l'exécution de cet ouvrage et dessiné la plus grande partie des portraits et des sujets historiques, était né à Chartres le 9 septembre 1751. Elève de Saint Aubin, il s'était fait un nom comme peintre et graveur quand il se lança dans la mêlée révolutionnaire. Il devint secrétaire du club des Jacobins, membre de la Convention et vota la mort du roi. Dans sa vie privée c'était un homme doux et serviable. Son mariage avec la sœur de Marceau l'a souvent fait appeler Sergent-Marceau. Il mourut à Nice au mois de juillet 1847.

Cet exemplaire paraît être celui de VICTORIEN SARDOU (Cat., I, 1909, n° 241).

BELLES-LETTRES.

3168 (415 *a*). LES || MOTS DOREZ || du graue et sage || Caton: pour la || doctrine de la Ieunesse, || par F. H. || *A Rouen,* || *Chez George l'Oyselet, rue martain* || *uille, à l'enseigne du Signot. S. d.* [*vers* 1590], in-8 de 90 pp. et 3 ff., mar. bl. jans., tr. dor. (*Chambolle-Duru fils.*)

Le titre porte la marque de *G. L'Oyselet* (Silvestre, n° 601).

Au v° du titre est un *Sonnet en forme de cantique à Dieu, par lequel appert aux lettres capitales le nom de l'autheur*. Ce sonnet donne en acrostiche : FRANÇOIS HABERT.

Les pp. 3-8 contiennent la *Preface et Argument de Caton, avec aucuns enseignemens interpretez pour l'instruction puerile* :

Considerant plusieurs hommes non meurs...

Les Dits de Caton sont divisés en quatre livres. Ils sont traduits en quatrains suivis chacun d'une épigramme. Il y a dans le premier livre 40 quatrains, dans le second 31, dans le troisième 23, dans le quatrième 49 ; le nombre des épigrammes est le même. Chaque livre est précédé d'une préface en vers.

Voici le début du premier quatrain :

Puis que de Dieu maint prophete a escrit
Qu'essence il est haute et spirituelle...

Les 3 ff. qui terminent le volume sont occupés par les pièces suivantes :

De l'homme prudent, traduction de Beroalde par F. Habert (7 strophes de 8 vers) ;

Cantique durant le repas (20 vers) ;

Cantique après le repas (18 vers) ;

Autre Cantique sur le chant : Si mon travail...

La traduction des *Disticha de moribus* de Denys Caton par François Habert avait été imprimée pour la première fois par *Estienne Groulleau à Paris*, en 1548, in-16.

Exemplaire de Paul Schmidt (Cat., 1910, n° 767).

3169 (416 *a*). Avsonii || Bvrdigalensis, || Viri Consularis, omnia, || quæ adhuc in veteribus bi- || bliothecis inueniri potuerunt, || Opera. || Ad hæc. || Symmachi, & Pontij Paulini litteræ ad Ausonium scri- || ptę. tum Ciceronis, Sulpicię, aliorúmque quorun- || dam veterum carmina nonnulla, || Cuncta ad varia, vetera, nouaq́ue exemplaria, hac secunda editione || emendata, commentariisq́ue auctioribus illustrata, per || Eliam Vinetum Santonem, Iosephum || Scaligerum, & alios, quos pagina || tertia ab hac indicat. || Indices duo subiuncti praefationi, || Scriptorum hic contentorum, rerum, & verborùm. || Adiunctum est & Chronicon rerum Burdigalensium || Gabrielis Lurbæi. || *Burdigalæ,* || *Apud S. Millangium Typographium Regium.* || M. D. XC. [1590]. In-4 de 418 ff. non chiffr., plus 4 planches pliées après les feuillets *R 6*, *S 1* et *S 5* (2 planches). — Iosephi || Scaligeri || Ivlii Caes. || F. || Ausonianarum Lectio- || num Libri duo. || Ad optimum & eruditissimum virum Eliam || Vinetum Santonem. || Omnia ab Auctore recognita & emendata hac po- || strema editione. || *Burdigalæ.* || *Apud S. Millangium Typographum* || *Regium.* || cIↃ. IↃ. LXXXX [1590]. In-4 de 52 ff. non chiffr., dont le dernier est blanc. — Bvdigalensivm [*sic*] || rervm || Chronicon. || Auctore || Gabr. Lurbeo I. C. Procuratore & Syndico || Ciuitatis Burdigalensis. || Editio secunda aucta et recognita. || *Burdigalæ.* || *Excudebat S. Millangius Typographus Regius.* || cIↃ. IↃ. xc. [1590]. In-4 de 28 ff. et 2 ff. non chiffr. — Ensemble 3 parties en un vol. in-4, mar. r. fil., dos orné, tr. dor. (*Rel. de la fin du XVIe siècle.*)

Ausonii Opera. — Le titre est imprimé en rouge et en noir.

Le f. *2 contient un avis de *Simon Millanges* (*Simon Millangius typographus lectori*), en date du 1er août 1590. Cet avis contient des renseignements curieux sur l'édition.

Le f. *3 est occupé, au r°, par neuf distiques grecs et deux épigrammes latines d'Antoine Valet, médecin, et, au v°, par la liste des fautes à corriger, tant dans les œuvres d'Ausone, que dans les commentaires de Vinet.

Les 3 ff. qui complètent le cahier * renferment une préface d'ÉLIE VINET, où l'on voit comment le texte d'Ausone a été établi et quelles en ont été les éditions successives.

L'*Index* remplit 12 ff. signés *a* par 8 et *e* par 4.

On trouve à la suite deux autres pièces liminaires : *Ausonii Vita* (fol. *A 1- A 3* r°) et *Ausonii poetae Epicedium, incerto authore* (fol. *A 3* v°) ; puis viennent les œuvres du poète lui-même qui sont comme noyées dans les commentaires de Vinet. Les ff. ne sont pas cotés ; mais ils portent dans les marges les chiffres de l'édition de 1580, et c'est à ces chiffres que renvoie l'*Index*.

L'édition se termine par les pièces suivantes : *Vita Eliae Vineti* (celui-ci était mort le 14 mai 1587), fol. *D d d 1;* des vers latins de M. MONIER, fol. *D dd 2* v° ; deux épigrammes latines de B. ARNAULDEAU (ARNALDAEUS), jurisconsulte bordelais, fol. *D dd 3 ;* douze distiques latins, trois distiques grecs et la traduction de ces derniers vers en autant de vers latins, par ESTIENNE MANIALD, médecin bordelais, fol. *D dd* 3 v ; une élégie latine de JEAN DE SAINT-MARTIN, jurisconsulte, fol. *D dd 4 ;* une épitaphe latine de Vinet, par le même, fol. *D dd 5 ;* deux épigrammes grecques du même (4 et 6 distiques), fol. *D dd 5* v° ; trois distiques grecs de CHRISTOPHE LE COMTE (Κριστόφορος Κόντιος Σάντων), ibid. ; 15 distiques grecs de JEAN DORAT, fol. *D dd 6 ;* une pièce latine d'ESTIENNE CRUSEAU (STEPHANUS CRUSELLUS), « Burdeg. fisci patro. » et une épitaphe de Vinet, signée : JO. TALL, fol. *D dd 6* v° ; une élégie latine sur la mort de Vinet, par LE CLERC, docteur ès droits, fol. *D dd 7 ;* un éloge de Vinet, en prose latine, par P. DE PASCAL, suivi de deux distiques grecs, traduits en deux distiques latins par le même, fol. *D dd 7* v° ; des *Anagrammatismi* d'ANTOINE DES VALLÉES (ANTONIUS A VALLIBUS), fol. *D dd 8 ;* une petite pièce latine du même et une autre de PIERRE GUIONNET, fol. *D dd 8* v°.

La planche qui se trouve après le f. *R 6* représente un autel antique avec cette inscription : *Augusto sacrum et Genio civitatis Bit. viv.*

La planche qui suit le f. *S. 1* contient un plan sommaire de Bordeaux.

Les deux autres planches, qui ont un format double de celui du livre représentent l'Amphithéâtre de Bordeaux et le Palais de Tutèle.

Jos. Scaligeri Ausonionarum Lectionum Libri. — Le titre porte la marque de *S. Millanges* (Silvestre, n° 477). — Au v° du titre est un avis du même Millanges au lecteur (en latin).

Le 2° f. contient une épître de Scaliger « Eliae Vineto, Santoni, suo, Burdegalam », en date de Bâle, le 29 août 1573.

Les ff. *g v-g v ij* r° sont occupés par un *Index rerum membrabilium.* — Au v° du f. *g v ij* on lit l'inscription lapidaire suivante :

SENATV, P. Q. BVRDIGALEN.
AVCTORE AC AVSPICE, AVSO-
NII BVRDIG. VIRI CONSVLAR.
SCRIPTA AB ELIA VINETO
SANT. ET IOSEPHO SCALIGE-
RO EMENDATA, COMMENTA-
RIISQ. ILLVSTRATA, SIMON
MILLANG. LEMOVIX, CLARIS-
SIMÆ CIVITAT. TYPOGRAPHVS
AC CIVIS, SVIS FORMIS EDE
BAT. ANN. CHR. M. D. XC.

Le dernier f. (*g viij*) est blanc.

Burdigalensium rerum Chronicon. — Le titre porte une marque de *S. Millanges* que Silvestre n'a pas reproduite. Voy. ci-contre.

Au v° du titre sont deux épigrammes latines. La première est signée : M. MON. [= MARTIAL MONIER].

Le f. *A 2* contient, au r°, un avis au lecteur et, au v°, la liste des auteurs consultés par G. de Lurbe.

Le *Chronicon,* dont nous avons ici la seconde édition, avait été imprimée pour la première fois, l'année précédente, par le même *Simon Millanges.*

Les annales se poursuivent jusqu'à l'année 1590. Elles sont suivies (fol. 28 v°-[29] r° d'une liste des archevêques de Bordeaux et d'une liste de divers officiers ayant exercé ou exerçant dans la ville.

Le f. [29] v° et le r° du dernier f. sont occupés par des pièces latines de JACQUES BRASSIER, de PHILIPPE HERVÉ, de JEAN VERDONK et d'ESTIENNE VESSIER.

Nous décrivons ci-dessus (n° 3133) la première édition de la traduction française.

Cet exemplaire porte les chiffres et les armes de JACQUES-AUGUSTE DE THOU et de sa première femme, MARIE DE BARBANÇON, qu'il avait épousée en 1587.

Les deux derniers cahiers (*D dd* et *E ee*) des *Ausonii Opera,* contenant la vie d'Elie Vinet, sont reliés à la suite des *Ausonianae Lectiones* et non à leur place naturelle.

Le volume a figuré aux ventes de MARÉCHAL (Cat. 1850, n° 955), du MARQUIS DE MORANTE (Cat., 1872, I, n° 933) et de HENRI BORDES (Cat., 1911, n° 3).

3170 (421 *i*), POMPA || FVNEBRIS || Gaspardi Col- || lignæi. || Per Adamum Blacuodæum. || Τῶν τυράννων ἡδίστος ὁ βίος, θάνατος πικρώτατος. || *Parisiis,* || *Apud Michaelem de Roigny, via Iacobœa,* || *sub signo quatuor Elementorum.* || 1572. || Cum priuilegio Regis. In-8 de 11 ff. non chiffr., sign. *A-C,* car. ital., et 1 f. blanc.

<small>Au v° du titre est un distique grec, signé : Ἰακ. ὁ Χαρνασσ., c'est-à-dire JACQUES DE CHARNACÉ, né en Anjou le 16 oct. 1548, conseiller au parlement de Bretagne (1577-1582), mort le 8 août 1617 (voy. Fr. Saulnier, *Le Parlement de Bretagne,* 1909, p. 222).

Le poème, écrit en vers hexamètres, commence ainsi :

Terror erat solito major pallantis in Orci
Carcere; confusi trepidabant undique claustris..

Au f. *C iij* sont deux épitaphes latines et une épitaphe grecque de Coligny. Le v° du même f. contient quatre distiques latins de PETRUS CHATAEUS, sans doute PIERRE LE CHAT, qui fut maire d'Angers en 1588.</small>

3171 (430 *a*). DE || L'ORIGINE et || inuention de || la rhyme. || Par I. le Bon Medecin du Roy. || A Ronsard premier || rhymeur des || François. || *A Lyon,* || *Par Benoist Rigaud.* || M. D. LXXXII [1582]. || Auec permission. In-8 de 27 pp. et 2 ff., mar. r. jans., tr. dor. (*Chambolle-Duru fils.*)

<small>Le titre est orné d'un bois qui représente les muses ; le v° en est blanc.

Les pp. 3-4 contiennent une épître latine « Ad lectorem », datée d'Avignon le 26 novembre 1574.

Aux pp. 5-7 est une autre épître en français, datée d'Avignon, le 18 novembre 1574, « en la maison de monsieur de Beauchamps ».

Jean Le Bon voit l'origine de la rime dans la poésie hébraïque, révélée au monde par le christianisme. Son petit traité est suivi (p. 26) de distiques latins adressés à Dorat, à Baïf, à [François] Portes.

Le v° de la p. 27 est blanc.

Au r° de l'avant-dernier f. est un bois qui représente trois muses.

Exemplaire de PAUL SCHMIDT (Cat., 1910, n° 767).</small>

3172 (495 *a*). LES FOLLES ENTRE || PRISES ||

Au pellican rue sainct iacques ce liure ||
Intitule les folles entreprises ||
Ou les faultes de plusieurs sont cōprises ||
A tous venans on les vent et deliure

— [Au r° du f. *h viij,* au-dessous de 19 lignes de texte :] *Cy finist le liure des folles entreprises* || *imprime a paris Lan cinq cens ɛ̄ sept* || *le penultime iour de Ianuier* [1508, n. s.]. In-8 goth. de 64 ff. non chiffr., sign. *a-h,* mar. bl. jans., tr. dor. (*H. Duru.*)

<small>Le titre porte la marque de Mère sotte :

Au v° du titre, la figure que nous avons reproduite à l'article 2827 (p. 154). Cette figure et les caractères du texte appartiennent au matériel de *Pierre Le Dru.* Le corps du texte est orné de 20 autres figures, déjà employées par le même imprimeur. Cf. Cat. Ch. Fairfax Murray, n° 206.

Exemplaire d'AMBROISE FIRMIN-DIDOT (Cat. de 1878, n° 180 ; Cat. de 1910, n° 213).</small>

Les folles entreprises

Au pellican rue sainct iacques ce liure
Intitule les folles entreprises
On les fauttes de plusieurs sont cōprises
A tous venans on les vent et deliure

3173 (527 a). ❡ Le caqvet ‖ des bonnes Chambrieres / decla-rant ‖ aucunes finesses dont elles vsent ‖ vers leurs maistres ¢ maistres ‖ ses. Imprime par le com- ‖ mandement de leur ‖ Secretaire mai ‖ stre Pierre ‖ babil ‖ let. ‖ ❡ Item vne Pronostication sur les ‖ Maries ¢ femmes veufues. ‖ ❡ Auec la maniere pour con- ‖ gnoistre de quel boys se ‖ chauffe Amour. ‖ ❡ *On les vend a Lyon en la mayson* ‖ *de feu Barnabe Chaussard / pres* ‖ *nostre dame de Confort.* S. d. [*vers* 1549], in-8 goth. de 12 ff. non chiffr., impr. en lettres de forme, sign. *A-C* par 4, mar. v., fil., dos et c. ornés, tr. dor.

La première pièce, qui est un monologue dramatique, commence au v° même du titre :

> Chambrieres, vueilliés moy pardonner
> Si je pretens descouvrir vos finesses....

Voy. Montaiglon, *Recueil de Poésies françoises*, V, pp. 71-84.

La seconde pièce, intitulée : *Pronostication sur les mariez et femmes veufves pour l'an mil cinq cens et cinquante*, commence ainsi (fol. *C ij*) :

<blockquote>
Pronostication nouvelle
Qu'ung pronostiqueur vous revelle...
</blockquote>

Ce morceau ne figure pas dans l'édition reproduite par Montaiglon.

La troisième pièce imprimée au v° du dernier f., n'est qu'un simple dixain :

<blockquote>
De quel boys se chaulfe amour.
Amour faict feu de tramble et de sarment...
</blockquote>

Montaiglon, *Recueil*, V, p. 84.

Le volume se termine par la devise : *Quoy qu'il advienne,* suivie du mot : *Finis.*

¶ Le raquet
des bonnes Chambrieres / declarant
aucunes finesses dont elles usent
vers leurs maistres & maistres-
ses. Imprime par le com-
mandement de leur
Secretaire mai-
stre Pierre
babil-
let.

¶ Item une Pronostication sur les
Maries & femmes veufues.

¶ Auec la maniere pour con-
gnoistre de quel boys se
chaulfe Amour.

¶ On les vend a Lyon en la mayson
de feu Barnabe Chaussard / pres
nostre dame de Confort.

Exemplaire de Ch. NODIER (Cat., 1844, n° 576), de YEMENIZ (Cat., 1867, n° 1678) et d'AMBR. FIRMIN-DIDOT (Cat. de 1878, n° 215 ; Cat. de 1910, n° 224).

IV.8.69   3174 (536 *a*). LA CŌPLAINTE || du prisonnier damours || faicte au Iardin de || plaisance. ⁂ — ¶ *Finis. S. l n. d.*

BELLES-LETTRES. 569

[*Lyon ? vers* 1540], in-8 goth. de 4 ff. non chiffr. de 22 lignes à la page, sign. *A*, mar. v., fil. sur le dos, tr. dor.

Voici la reproduction du titre :

La cōplainte
ou prisonnier damours faicte au Jardin de plaisance.

Le poème dont nous avons parlé en décrivant une édition du *Jardin de plaisance* (t. IV, n° 2799, art. 17, p. 111) commence ainsi :

Pres [de] ma dame et loing de mon voloir,
Plain de desir et crainte tout ensemble...

Exemplaire de Ch. NODIER (Cat., 1844, n° 332), de YEMENIZ (Cat., 1867, n° 1687) et d'AMBR. FIRMIN-DIDOT (Cat. de 1878, n° 218 ; Cat. de 1910, n° 225).

3175 (546 *a*). LA DESTRVCTIŌ || de troÿe la grant || abregee .*.*. — [Au v° du dernier f., au-dessous de 3 quatrains :] *Cÿ finist la de-* || *struction de troÿe* || *abregee* .*.*. || Xp̄o laus et gl'ia. *S. l. n. d.* [*Lyon, vers* 1490], in-4 goth. de 4 ff. non chiffr. de 32 lignes à la page, impr. en lettres de forme sans sign.

Le titre n'est orné d'aucune figure ; on y reconnaîtra les caractères employés par *Pierre Mareschal* et *Barnabé Chaunard* :

SECOND SUPPLÉMENT.

A destructiō de troye la grant abregee.

Voici la reproduction des premières lignes du texte :

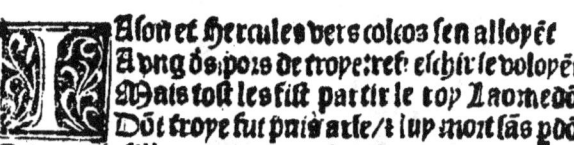

C Cy cõmence la destruction de trope abregee.

Ison et Hercules vers colcos sen alloyēt
A vng os pois de trope: ref: elchir le volopēt
Mais tost les fist partir le roy Laomedō
Dōt trope fut pris arse / t lup mort sās pōō
Erionne la fille emmence en seruage
Et la tint Thelamon sans lop de mariage
Priam son filz, au temps de celle aduersion
Maintenoit guerre ailleurs pour aultre question
Depuis trope reffist / Jlpon rabouba
Cincq filz et trops filles il auoit de Hecuba.
Rauoir voulut Erionne / responie en eut villene
Troyans en eurent dueil. Paris en prins Helene

Cet abrégé du roman de Troie se compose de 51 quatrains, dont deux sont incomplets.

Aucun bibliographe ne paraît avoir cité d'édition de ce petit poème qui ne se rencontre que dans les manuscrits (voy. notamment Bibl. nat., ms. fr. 2861, fol. 224 ; Bibl. de Valenciennes, ms. 425 (du Cat. de Mangeart), fol. 201 ; Bibl. de Bruxelles, ms. 9651.

3176 (575 cc). MONOLOGVE || nouueau & fort ioyeulx de la Cham || beriere desproueue du mal damours. — [A la fin :] *On les vent a Lion pres les || halles par pierres preuost. & au || palays a la Galerie de la || chancellerie || Finis.* S. d. [vers 1530], in-8 goth. de 4 ff. non chiffr. de 27 lignes à la page pleine, sans sign., mar. bl., fil., dos orné, tr. dor. (*Trautz-Bauzonnet.*)

Le titre est orné d'une jolie figure :

Monologue nouueau & fort ioyeulx de la Chamberiere despouruue du mal damours.

Le monologue commence ainsi au v° même du titre :

Seulle, esgaree de tout joyeux plaisir,
Dire me puis en amours maleureuse...

Le r° du dernier f. contient les trois derniers vers, suivis de la souscription et d'une grande fleur de lys florentine. Au v° sont deux petites figures ; l'une représente la sibylle delphique et l'autre, trois têtes grotesques de chanteurs.

Cette édition paraît être postérieure à celle que nous avons décrite sous le n° 2849. Elle sort probablement des presses de *Jacques Moderne à Lyon.*

Exemplaire de YEMENIZ (Cat., 1867, n° 1679) et d'AMBROISE FIRMIN-DIDOT (Cat. de 1878, n° 232 ; Cat. de 1910, n° 228).

3177 (578 *a*). LE PASSE || TEMPS / et le songe || du Triste. Lamant || triste songeant. — [Au r° du dernier f., au-dessous de 14 lignes de texte :] ❡ Fin. || ❡ *Cy fine ce present liure intitule | Le passe* || *Temps | et le songe du Triste | Auec le De* || *profundis des Amoureux | Nouuellement* || *imprime a Lyon: par Antoyne Blanchard. S. d.* [*vers* 1532], in-8 goth. de 88 ff. non chiffr., sign. *A-L,* mar. r. jans., tr. dor. (*H. Duru.*)

<small>Le titre, imprimé en rouge et en noir, est orné de quatre fragments de bordure et d'un petit bois représentant l'amant triste :</small>

<small>Au v° du titre est le dixain reproduit ci-dessus (n° 2850) ; mais le dernier vers porte correctement :</small>

<small>Le passe temps et le songe du Triste.</small>

<small>Le poème se termine au bas du f. *L v* v° ; il est suivi du *De profundis des amoureux :*</small>

<small>Dedans le gouffre tenebreux
Ou sont amoureux interditz....</small>

<small>(Montaiglon, *Recueil de Poésies françoises,* IV, p. 206) ;</small>

de la souscription et d'un quatrain indiquant la date de M CCCCC XXX, qui est celle de l'édition originale :

> L'an de troys croix, cinq croyssans, vng trepier,
> Viendront d'Espaigne nos seigneurs filz de France,
> Et a Bayonne, de juillet le premier,
> De leur ostage fust faicte delivrance.

Le v° du dernier f. est blanc.

Exemplaire de YEMENIZ (Cat., 1867, n° 1696) et d'AMBROISE FIRMIN-DIDOT (Cat. de 1878, n° 233 ; Cat. de 1910, n° 229).

3178 (717 *a*). CANTIQVE || DE VICTOI- || RE par lequel on || peut remarquer la ven- || gence, que Dieu a prise dessus ceux qui || vouloiēt ruyner son Eglise & la France. || Par Loys Dorleans. || *A Paris,* || *Pour Robert le Mangnier Libraire, Ruē* || *neufue nostre Dame, à l'enseigne S.* || *Iean Baptiste.* || 1569. || Auec Priuilege. In-8 de 8 ff. non chiffr., car. ital., sign. *A-B*.

Le titre porte la marque de *R. Le Mangnier* (Silvestre, n° 282).

Le v° du titre est occupé par un sonnet de P. T. et par l'extrait du privilège. Ce privilège, daté du 25 mars 1569, est accordé à *R. Le Mangnier* ; la durée n'en est pas indiquée.

Le *Cantique* compte 46 strophes de six vers ; il commence ainsi :

> Or estions nous de Dieu tousjours bien asseurez
> Qu'en rigueur noz pechez ne seroient mesurez...

Au v° du dernier f. est un second sonnet signé : P. T.

Nous décrivons dans notre tome I (n° 794) une autre pièce composée plus tard par Louis d'Orléans.

3179 (724 *a*). LA || PASTORALE || AMOVREVSE, || contenant plu- || sieurs discours nō moins || proufitables que || recreatifs. || Auec des descriptions de Paisages. || Par F. de Belleforest Comingois [*sic*]. || *A Paris.* || *Chez Iean Hulpeau Rue saint Iean* || *de Latran.* || Auec Priuilege du Roy. || 1569. In-8 de 40 ff. non chiffr., sign. *A-K*, lettres ital., mar. v., fil., dent., tr. dor.

Au v° du titre est un extrait du privilège accordé à *Jean Hulpeau,* pour huit ans, le 19 février 1569.

Les ff. *A ij-Aiij* v° contiennent une épître « A tresnoble, illustre et genereux seigneur, monsieur Loys de Tournon, seigneur d'Arlan », épître datée de Paris, le 1er mars 1569.

Au v° du f. *A iij* est un sonnet « A treshaute et heroïque dame, Claude de Turaine, dame de Tournon et contesse de Roussillon », signée : JEAN WILLEMIN.

La Pastorale est écrite en vers alexandrins ; les personnages en sont : Turne, Sylvie, Camille et Alpin.

Au v° du f. *K ij* est un sonnet de JAQUES MOYSSON « A monsieur d'Arlan ».

Les 2 derniers ff. sont occupés par un poème latin : *Ad illustrissimum et optime institutum adolescentem, Ludovicum a Turnone,* CLAUDII SELLIER, *Lingonici, Carmen in Sylvam Belleforesti.*

Exemplaire du BARON TAYLOR (Cat. de 1894, n° 343).

3180 (733 a). Discovrs ‖ sur les occurrences ‖ des guerres intestines ‖ de ce royaume, et de la iu- ‖ stice de Dieu contre les rebelles au Roy, ‖ & comme de droict diuin, est licite ‖ à sa maiesté punir ses subiets, ‖ pour la Religion violée. ‖ Ensemble le tombeau de Gaspar de Colligny, iadis ‖ Admiral de France. ‖ Au Roy. ‖ Lætabitur Iustus cum viderit vindictam : lauabit manus suas ‖ in sanguine peccatoris. Psal. 57. ‖ Par I. T. ‖ *A Paris.* ‖ *Par Michel de Roigny demeurant Rue S. Iacques à* ‖ *l'Enseigne des quatre Elemens.* ‖ M. D. LXXII [1572]. ‖ Auec priuilege du Roy. In-8 de 8 ff. chiffr.

Au v° du titre sont des anagrammes de Charles de Valois et d'Élisabeth d'Autriche, puis un sonnet « Au roy », signé de la devise du poète : *Ce que Dieu touche ard.* Cette devise appartenait à Jean Touchard.

Le Discours commence ainsi :

Le grand Dieu d'Israël ne sommeille ne dort ;
Sur son peuple a les yeux pour conduire à bon port...

Au f. 8 v° est le tombeau, intitulé *Piramide renversee sur la mort de Gaspar de Colligny, jadis admiral de France :*

Quel nouveau changement ! Quel metamorphose !
Sur le lict d'un gibet à Monfaucon repose...

Le dernier vers de la pyramide n'a que trois syllabes.

3181 (733 b). Hymne ‖ trionfal ‖ au Roy, sus l'equi- ‖ table iustice que ‖ sa Maiesté feit des rebelles ‖ la veille & iour de ‖ Sainct Loys. ‖ Aueq' l'anagramme du nom de sa Maiesté. ‖ Par Claude Nouuelet, ‖ Religieux, & natif de Talloyres ‖ en Sauoye. ‖ Le tout reueu & corrigé, depuis la premie- ‖ re impression, par le mesme autheur. ‖ *A Paris,* ‖ *Par Robert Granjon, au mont sainct Hylaire,* ‖ *à l'enseigne saincte Katherine.* ‖ 1572. ‖ Auec Priuilege. In-8 de 8 ff. non chiffr., car. ital., sign. A-B.

Le v° du titre contient quatre distiques latins de Jean Dorat et un quatrain de « P. de May, secretaire de monseigneur le duc de Savoye, à l'autheur, sus l'anagramme de son nom ».

L'*Hymne*, divisé en tours, retours et pause, débute ainsi :

Sus, ma chrestienne Calliope,
Ravy moy et me develope...

Il se termine par la devise : *Victrix patientia surgit.*

On trouve à la suite : un sonnet de Nouvelet « sus l'anagramme du nom de Sa Majesté » (fol. *B ij* v°) ; un sonnet « A monseigneur le president de Birague, conseiller du roy en son conseil privé et garde des seaux de France », par P. Demay [*sic*], dont la devise est : *Mourant verdoyer* (fol. *B iij*) ; deux sonnets de Pierre de La Roche, Saintongeois (fol. *B iij* v° et *B iiij*) ; un sonnet de Jean de Lorme, « de Molins en Bourbonnois », accompagné de la devise : *Adnitendum intrare volenti ?*

3182 (733 c). Le ‖ Bannisse- ‖ ment et Adiev des ‖ Ministres

BELLES-LETTRES.

des Huguenotz, sur le || depart du pays de France. || Où est contenu le piteux despart du Mi- || nistre de Castanet. || Faict par C. Odde de Triors || Dauphynois. || *A Paris,* || *Chez Iean Ruelle, rue S. Iaques,* || *à l'enseigne S. Hierosme* || M. D. LXXIII [1573]. || Auec Priuilege. In-8 de 4 ff. non chiffr.

> Le titre porte la marque de *Jean Ruelle* (Silvestre, n° 467).
> Au v° du titre est un extrait du privilège accordé au même *Ruelle* pour trois mois. Ce privilège, dont la date n'est pas indiquée, s'applique à deux petits livres, la présente pièce et une autre intitulée : *Response prophetique d'un gentilhomme françois* (voy. ci-après, n° 3195, et Montaiglon, *Recueil de Poésies françoises*, IX, pp. 355-359).
> Le poème se compose de 40 quatrains ; en voici le début :
>
>> A Dieu noble pays de France,
>> A Dieu terre de promission,
>> A Dieu pays de jouissance
>> Et plein de grand perfection...
>
> Les vers sont censés récités par le ministre de Castanet, dont le nom n'est pas rapporté. Le poème se termine par la devise : *De bonne vie, bonne fin*.
> Une réimpression de *Lyon, par Benoist Rigaud*, 1573, in-8, est portée au Cat. Lignerolles (1894), n° 1247.

3183 (733 *d*). La || Galliade, || ou || de la reuolution des || Arts et Sciences. || A || Monseigneur Fils de || France, Frere vnique || du Roy. || Par || Guy le Féure de la Boderie, Secretaire de Monseigneur, || & son interprete aux langues peregrines. || *A Paris.* || *Chez Guillaume Chaudiere, ruë sainct Ia-* || *ques, à l'enseigne du Temps, & de* || *l'Homme sauuage* || 1578. || Auec Priuilege du Roy. In-4 de 14 ff. lim. et 131 ff. chiffr., car. ital., réglé, mar. v., fil., dos orné, tr. dor. (*E. Niedrée.*)

> Le titre est orné de la marque de *Guill. Chaudière* (Silvestre, n° 286).
> Le f. *a ij* contient 18 distiques latins et 9 distiques grecs de Jean Dorat.
> Le f. *a iij* est occupé, au r°, par 9 distiques latins de Claudio Ermodoro Gozzi, et, au v°, par 11 distiques latins de Charles Toustain « Carolus Tustanus Mazurius, tribunitiis Falezae comitiis suppraefectus generalis ».
> Au r° du f. *a iiij* sont 15 distiques latins de Jean Roussel de Brethouville « Johannes Russelius Brethovillanus », et, au v° du même f., 14 distiques d'Estienne Fanu, de Caen « Stephanus Fanutius, Cadomensis ».
> Une *Ode* de Nicolas Le Fèvre de La Boderie, frère de l'auteur, remplit le f. *ẽ i* et la moitié du f. *ẽ ij* r° ; elle est accompagnée de l'anagramme : *Le Serafin vole*.
> Une *Ode* d'Antoine Le Fèvre, autre frère de l'auteur, occupe le reste du f. *ẽ ij*.
> Au f. *ẽ iij* r° se lisent deux sonnets : l'un d'Anthoine Le Fèvre, accompagné de l'anagramme : *En luy hante Orfée* ; l'autre d'Henry Bellin, « gentil-homme bourguignon, historiographe et poëte du roy catholique ».
> Au f. *ẽ iij* v° commencent 10 sonnets adressés par l'auteur « A treshaut et trespuissant prince, monseigneur, fils de France, frere unique du roy, duc d'Anjou, Allençon, Berry, Touraine, etc., et lieutenant general pour Sa Majesté par tout le royaume de France ».

Un *Advertissement aux lecteurs* (en prose) occupe les ff. t iiij-t vj r°; il est suivi d'un sonnet, d'un vers hébraïque et de la traduction de ce vers en un distique français.

La *Galliade* est divisée en cinq cercles ou chants.

L'ouvrage, fort peu poétique, a pour sous-titre *la Révolution des Arts et Sciences*. Ce qui lui donne de l'intérêt, ce sont les noms des savants, des artistes, des poètes cités à la fin des cercles I, II, III et V. Voici une table des noms cités (nous n'y avons relevé que les personnages du XVIe siècle) :

Abel, architecte, fol. 41.

Alciato ([Andrea]), jurisconsulte, fol. 75 v°.

Amiot ([Jacques]), érudit, fol. 32.

Aubin, architecte, fol. 41.

Baïf (Jean-Antoine de), poète, fol. 125.

Baïf (Lazare de), érudit, fol. 32.

Baro ([Hercule]), jurisconsulte, fol. 75 v°.

Baudouin ([François]), « Balduin », jurisconsulte, fol. 75 v°.

Belleau ([Remy]), poète, fol. 125.

Belleforest ([François de]), érudit, fol. 32 v°.

Benoist ([René]), orateur, fol. 75.

Billy ([Jacques de), théologien, fol. 75.

Boni ([Guillaume]), musicien, fol. 126.

[Boulainvilliers (Philippe de)], comte de Dammartin, architecte, fol. 41.

Bourges ([Louis de]), ou Burgensis, médecin, fol. 76 v°.

Budé ([Guillaume]), fol. 31 v°, 75 v°.

Certon (Pierre), musicien, fol. 128 v°.

Conan ([François de]), jurisconsulte, fol. 75 v°.

Coras ([Jean de]), jurisconsulte, fol. 75 v°.

Costeley, « la Costelee », chanteuse, fol. 126.

Courlenge, architecte, fol. 41.

Courville, musicien, fol. 126.

Cousin ([Jean]), architecte, fol. 41.

Cujas ([Jacques]), jurisconsulte, fol. 75 v°.

Danès ([Pierre]), érudit, fol. 31 v°.

Davy ([Jacques]) [du Perron], poète, fol. 125 v°.

[Della Ripa] (Alberto), « Alberto », joueur de luth, fol. 129 v°.

[Denisot (Nicolas), dit] le conte d'Alsinois, poète, fol. 125.

Des Portes ([Philippe], poète, fol. 125.

Dorat ([Jean]), poète, fol. 124.

Duaren ([François]), « Duarin », jurisconsulte, fol. 75 v°.

[Du Bellay (Guillaume), sieur de] Langey, érudit, fol. 31 v°.

Du Bellay ([Joachim]), poète, fol. 124 v°.

Du Faur ([Guy]) [de Pibrac], jurisconsulte, fol. 76.

Du Moulin ([Charles]), jurisconsulte, fol. 75 v°.

Duret ([Louis]), médecin, fol. 76 v°.

Érasme, érudit, fol. 31 v°.

Espence ([Claude] d'), orateur, fol. 75.

Fernel ([Jean]), mathématicien et médecin, fol. 32, 76 v°.

[Fillandier (Guillaume), dit] Philandre, architecte, fol. 40 v°.

Filleul ([Nicolas]), poète, fol. 125 v°.

[Finé] (Oronce), mathématicien, fol. 31 v°.

Flesselles ([Philippe] de), médecin, fol. 76 v°.

[Foix (François de)] de Candale, mathématicien, fol. 32.

Forcadel ([Estienne]), érudit, fol. 32 v°.

François Ier, protecteur des sciences, fol. 30.

Garnier ([Robert]), poète, fol. 124 v°.

Gautier ([Adrien ?]), théologien, fol. 75.

Gemma ([X. et Corneille]), mathématiciens, fol. 32.

Genebrard (Gilbert), érudit, fol. 75.

Gosselin ([Guillaume]), bibliothécaire du roi, fol. 32.

Goujon ([Jean]), architecte et sculpteur, fol. 41.

Goulu ([Nicolas]), poète, fol. 124 v°.

Goupil ([Jacques]), médecin, fol. 76 v°.

Hamel ([Pasquier]), astronome, fol. 32.

BELLES-LETTRES.

Héroët ([Antoine]), poète, fol. 123 v°.
Hesteau ([Clovis]), poète, fol. 125 v°.
[Hotman (François)], « Ottoman », jurisconsulte, fol. 75 v°.
Houlier ([Jacques]), médecin, fol. 76 v°.
Hugonis ([Jacques]), théologien, fol. 75.
Jamin ([Amadis]), poète, fol. 125 v°.
Jamin ([Benjamin]), poète, fol. 125 v°.
Jannequin ([Clément]), musicien, fol. 123 v°.
Jodelle ([Estienne]), poète, fol. 124 v°.
La Bigne ([Marguerin de]), théologien, fol. 75.
La Forest [Pierre de], médecin, fol. 75 v°.
[La] Péruse ([Jean de]), poète, fol. 124 v°.
La Ramée ([Pierre de]), érudit, fol. 32.
[Lassus] (Orlande [de]), musicien, fol. 126.
Le Fèvre ([Nicolas ?]), érudit, « du grand roy precepteur », fol. 31 v°.
Le Grand ([Nicolas]), médecin, fol. 76 v°.
[Le] Paulmier [Julien]), médecin, fol. 76 v°.
Le Prevost, théologien, fol. 75.
Le Sage, jurisconsulte, fol. 75 v°.
[Lescot (Pierre), sieur de] Clagny, architecte, fol. 41.
Longueil ([Christophe de]), érudit, fol. 32.
Lorme ([Philibert] de), architecte, fol. 41.
Marguerite d'Angoulême, citée parmi les poètes, fol. 125.
Marguerite de France, citée parmi les poètes, 125.
Marot ([Clément]), poète, fol. 123.
Muret ([Marc. Antoine de]), poète, fol. 125 v°.

Oger, orateur, fol. 75.
Paré (Ambroise), chirurgien, fol. 76 v°.
Passerat ([Jean]), poète, fol. 125 v°.
Pelletier ([Jacques]), mathématicien et poète, fol. 32, 125.
Périon ([Joachim]), orateur, fol. 75.
Picard ([François]), orateur, fol. 75.
Plançon, médecin, fol. 76 v°.
Poncet ([Maurice]), théologien, fol. 75.
Postel ([Guillaume]), érudit, fol. 32.
Quintin ([Jean]), jurisconsulte, fol. 75 v°.
Ronsard ([Pierre de]), poète, fol. 124 v°.
Sainctes ([Claude de]), théologien, fol. 75.
Saint Gelais (Mélin de), poète, fol. 123 v°.
Saint-Germain ([Julien de]), théologien, fol. 75.
Sainct-Laurens, chanteur, fol. 126.
Salel ([Hugues]), poète, fol. 123 v°.
Scève ([Maurice]), poète, fol. 125.
Serlio ([Sebastiano]), architecte, fol. 40 v°.
Thiard ([Pontus de]), poète, fol. 125.
Tiraqueau ([André]), jurisconsulte, fol. 75 v°.
Toustain ([Charles]), poète, fol. 125 v°.
Turnèbe ([Adrien]), érudit, fol. 32.
Vatable ([François Watebled, dit]), érudit, fol. 31 v°.
Vaumesnil, joueur de luth, fol. 125 v°. Voy. ci-dessus, n°s 2930, p. 253 ; 2944, p. 272 ; 2945, p. 274.
Verdun ([Jean de]), architecte, fol. 41.
Vigor ([Simon]), théologien, fol. 75.

Le privilège, dont un extrait occupe le v° du dernier f., est accordé à *Guillaume Chaudière*, pour six ans, le 4 janvier 1578.

Exemplaire en grand papier, portant les ex-libris d'ARMAND BERTIN (Cat., 1854, n° 496), de YEMENIZ (Cat., 1867, n° 1898) et d'AMBROISE FIRMIN-DIDOT (Cat. de 1878, n° 360 ; Cat. de 1910, n° 249).

3184 (735 a). LES ‖ QVATRAINS ‖ du Seigneur de ‖ Pybrac, Conseiller ‖ du Roy, en son Conseil priué. ‖ Contenans preceptes ⁊ enseignemens vtiles ⁊ || profitables à la vie de l'homme, de nou- || ueau mis en leur ordre, ⁊ augmentez || par ledit Seigneur. || Auec les plaisirs de la vie Rustique. || *A Rouen,* || *Chez George L'Oyselet. S. d.* [vers 1590], in-8 de 32 pp. — Les || Plaisirs || de la Vie rustique, || extraits d'vn plus || long poëme composé par || le S. de Pybrac. || Auec vn Ode par Philippes des Portes, || sur le mesme plaisir. || *A Rouen,* || *De l'Imprimerie de George* || *L'Oyselet. S. d.*, in-8 de 22 pp. et 1 f. — Ensemble 2 part. en un vol. in-8, mar. bl. jans., tr. dor. (*Chambolle-Duru fils.*)

Éditions imprimées en lettres françaises, dites caractères de *Civilité*.

Le premier titre est tiré en rouge et en noir. Comme le second titre, il offre un mélange de grosses lettres romaines et de caractères de *Civilité*. Les deux frontispices portent la marque de *Georges L'Oyselet* (Silvestre, n° 601).

Quatrains. — Au v° du titre sont placés quatre vers « au lecteur ». Les *Quatrains* sont au nombre de 126. On trouve à la suite cinq sonnets de Pibrac sur « Lucresse, Virginie, Porcie, femme de Brutus, Cornelie et Dido, royne de Carthage ».

Plaisirs. — L'édition commence par ce vers :

Je te salue aussi jardin, le seul plaisir...

Les pp. 19-22 sont occupées par l'*Ode de Philippe Des Portes sur le plaisir de la vie rustique :*

O bienheureux qui peut passer sa vie...

A la p. [23] est un sonnet « A P. de Ronsard » :

Si ores esloigné de l'importune presse...

Le v° du dernier f. est blanc.

3185 (747 *a*). Brief || Discovrs || sur les troubles || qui depuis douze ans ont || continuellement agité & tourmenté le || Royaume de France : Et de la deffaicte || d'aucuns chefs plus segnalez des mutins || & seditieux qui les esmouuoient, & met- || toient sus quandb on leur sembloit. || Auec vne exhor- tatiõ à iceux mutins de bien tost || abiurer leur erreur & heresie. || Par Iean le Masle Angeuin, Enquesteur || à Baugé. || *A Paris,* || *Chez Nicolas Chesneau, rue S. Iaques* || *au Chesne verd.* || M. D. LXXIII [1573]. || Auec Priuilege. In-8 de 11 ff. chiffr. et 1 f. blanc.

Le titre porte la marque de *N. Chesneau* (Silvestre, n° 915).

Le 2° f. est occupé par une épître en vers « A monseigneur Hurault, seigneur de Cheverny, conseiller du roy en son privé conseil et chancelier de monseigner duc d'Anjou et de Bourbonnois, fils et frere de roy ». Cette épître est suivie de trois distiques latins.

Le 3° f. contient, au r°, une pièce française de Jean Le Frère, de Laval, et, au v°, extraict du priuilège accordé à *N. Chesneau*, pour six mois, le

27 décembre 1572. Ce privilège s'applique à la fois au *Discours sur les troubles* et à l'*Exhortation aux mutins* que nous décrivons ci-après.

Le *Discours* commence ainsi :

> Ny les destins, ny les parques aussi
> Vont gouvernant ce monde rond icy...

3186 (747 *b*). EXHORTATION || aux rebelles et seditieux, || de bien tost abiurer leur here- || sie, & faire profession publique & || solennelle de la Religion Catho- || lique & Romaine. || Par Iean le Masle, Angeuin, Enquesteur || à Baugé. || *A Paris,* || *Chez Nicolas Chesneau, rue S. Iaques* || *au Chesne verd.* || M. D. LXXIII [1573]. || Auec Priuilege. In-8 de 8 ff. chiffr.

Le titre porte la marque de *N. Chesneau* (Silvestre, n° 915).

Au v° du titre est une épigramme « A monsieur d'Amours, seigneur du Serrin, conseiller du roy en son grand conseil. »

L'*Exhortation* commence ainsi :

> Puis qu'on a descouvert la cruelle entreprise
> Des chefs plus signalés de vostre belle église...

Cette pièce est reliée à la suite du *Brief Discours sur les troubles*. Le volume est complété par les pièces suivantes copiées par un amateur du XVIe siècle :

1. CHANT d'allegresse sur la mort de Gaspar de Colligni iadis admiral de France. Par M. Iean le Masle Enquesteur à Baugé. *A Paris, Chez Nicolas Chesneau, rue S. Iacques. Au chesne verd.* 1572. Auec Priuilege.

La copie remplit 7 ff. Au v° du titre est un sonnet « A François de Belleforest, gentilhomme commingeois ».

Le poème commence ainsi :

> C'est a ce coup, seditieux,
> Que vous devez tous de vos yeux...

2. DE INTERNECIONE Gasparis Colligni Sylua. Ad Carolum Galliarum Regem Christianissimum. Authore Leodegario à Quercu, professore Regio. *Parisiis, Apud Gabrielem Buon in clauso Brunello sub insigni diui Claudii.* 1572. Cum Priuilegio. In-8.

Le poème commence ainsi :

> Ridiculos ausus hominum, sine robore vires
> Spes inopes, hebetes sensus et insania vota...

A la suite est une épitaphe *De Gaspare Collignio,* puis viennent six épitaphes sur la mort de Pierre de La Ramée (*Leodegarius a Quercu de Petro Romano* (sic pour *Ramo*), une épigramme *lectori candido* et un distique *De sculptorio*.

3. EXHORTATION au Roy pour vertueusement poursuyvre ce que saigement il a commencé contre les huguenots, avec les Epitaphes de Gaspar de Colligny, jadis admiral de France, et de Pierre Ramus. Au roy Trescrestien Charles neufieme. Traduite du latin de M. Legier Du Chesne, lecteur du Roy, 14 ff.

La traduction, dont l'auteur n'est pas connu, commence ainsi :

> Tu peux veoir a ce coup un exemple certain
> Que l'effort des mortels est ridicule et vain...

Voici le début de l'épitaphe :

> Passant, tu apprendras par la mort de celuy
> Qu'en France on peut nommer Oloferne aujourd'huy...

Les *Epitaphes* de *P. Ramus* sont au nombre de sept.

La pièce se termine par un *Extraict de l'arrest de la court de parlement de Paris contre Gaspart de Coligny, le 29. d'octobre 1572*, et par l'*Arrest de la court de parlement donné contre Briquemault et Cavagnes le 26. d'octobre 1572*.

On verra plus loin un poëme sur la mort des deux derniers personnages.

4. Tumulus Gabrielis Mongommerii, authore Leodegario a Quercu, professor regio. *Parisiis, Apud Gabrielem Buon, in clauso Brunello, sub signo D. Claudii*, 1574. Avec Permission.

Neuf épigrammes contre Montgommery, suivies de deux distiques *De haereticis die sancti Bartholomei peremptis*... *incerti authoris*, d'un distique également anonyme, de deux épigrammes contre Coligny et d'un *Sonnet sur ce qui advint un peu après la Sainct Barthelemy*. Cette dernière pièce, qui compte 24 vers, n'est nullement un sonnet.

Les quatre pièces transcrites à la main avaient été imprimées dans le format in-4 et n'avaient pu être jointes en original à des livrets de petit format.

IV.8.26

3187 (759 *a*). Poesies || Chrestiennes. || ❦ || De Messire Odet || de la Noue, Capitai- || ne de cinquante hommes d'armes, & Gou- || uerneur pour sa Maiesté au fort de Gournay || sur Marne. || Nouuellement mises en lu- || miere par le sieur de la Violette. || Le contenu en ce liure se void apres la Preface. || *Pour les heritiers d'Eustache Vignon*. || M.D.XCIIII [1594]. S. l. [*Genève*], in-8 de 4 ff. lim. et 311 pp., car. ital.

Le titre porte la marque d'*Eustache Vignon* (Silvestre, n° 1016), dont l'inscription a été supprimée.

Les ff. *ij et *iij contiennent une épître « A madame de La Noue », signée de [Joseph Du Chesne, sieur] de La Violette. Celui-ci, s'adressant à la mère du poète, fait un grand éloge du jeune homme en qui revivent les vertus de François de La Noue, son père.

Le f. *iiij est occupé, au r°, par un sonnet « A Joseph Du Chesne, sieur de La Violette, etc. », signé : S. G. S. [= Simon Goulard, Senlisien], et, au v°, par la table.

Odet de La Noue, né vers 1560, s'était de bonne heure appliqué à la poésie. Il avait même cultivé les muses italiennes dans la prison de Tournai, où il fut retenu de 1584 à 1591 (voy. Ém. Picot, *Les Français italianisants*. II, 1907, pp. 249-258).

Les *Poësies chrestiennes* contiennent : 150 *Sonnets chrestiens* sur la maladie, le remede et la guérison (pp. 1-78) ; 9 *Cantiques chrestiens* (pp. 79-162) ; 12 *Odes* (pp. 163-249) ; un *Discours meditatif sur la sepmaine de Pasques* (pp. 250-266) ; des *Stances* (pp. 267-272) et le *Paradoxe, que les adversitez sont plus necessaires que les prosperitez* (pp. 273-311), pièce qui avait été imprimée à La Rochelle, par Hiérosme Haultin dès 1588.

Plusieurs des compositions réunies dans le volume font allusion à des évènements contemporains, par exemple le *Cantique septieme, des affligez au royaume de France, implorans l'aide de Dieu contre la Ligue l'an 1887* (p. 134), le *Cantique huictieme, des François implorans l'aide de Dieu contre les Ligueurs après la mort du roy Henri troisieme, l'an 1589* (p. 142), etc.

Odet de La Noue cite à diverses reprises le nom de son compagnon Charretier, qui recouvra la liberté avant lui (pp. 183, 186, 193, 220, 223). Il nous parle aussi de N. de Bersée (pp. 225, 230), de M. de Cuincy (ou Quincy ?) et de sa demeure de Beaupré (p. 239).

IV.6.189

3188 (762 *b*). Le Cimetiere d'amovr || Dedié || A Tresillu- || stre

BELLES-LETTRES. 581

et vertueux || Prince Charles Ale- || xandre de Croy Comte || de Fontenoy, Prince || du Sainct Em- || pire, &c. || Par Pierre Thierry || Sieur de Mon-ieutin [*sic*]. || *A Pontoyse.* || CIƆ IƆ XCVII [1597]. In-8 de 48 pp., mar. r. jans., tr. dor. (*Chambolle Duru fils.*)

<blockquote>
Le titre est orné d'un petit médaillon ovale, qui représente le sacrifice d'Abraham.

Les pp. 3-9 sont occupées par une ode adressée à Charles-Alexandre de Croy.

A la p. 10 est un sonnet de J. P. M. « sur le Cimetiere d'amour de monsieur de Mont-Justin », et, à la p. 11, une pièce latine, en six distiques, de GÉDÉON SERRIAN.

Le volume contient une série de pièces sur Hippolyte, Œnone, Hémon et Antigone, Orphée, Micca, Pirithoüs, Aristoclea, Hippo et Melitia, Semiramis, Ariane et autres héros de l'antiquité.

Malgré la rubrique de *Pontoise*, l'impression paraît avoir été exécutée dans les Pays-Bas.

Pierre Thierry, sieur de Mon-Justin, est l'auteur de plusieurs ouvrages publiés de 1597 à 1601 sous la rubrique de *Pontoise*. Ces ouvrages, réunis sous le titre collectif d'*Œuvres premieres du sieur de Mon-Justin*, sont : *Le folastre Floris*, *Les Triomphes d'amour*, *Le Cimetiere d'amour*, les *Odes spirituelles*, la *Tragedie de Coriolanus* et *David persecuté* (British Museum, 11475, aa, 82).

Le *Cimetiere* a été réimprimé en 1874 par la Société des Bibliophiles de Mons, in-8.

Exemplaire de PAUL SCHMIDT (Cat., 1910, n° 767).
</blockquote>

3189 (784 *a*). COMPLAINTE || et Regretz de Gas- || pard de Colligny, qui fut || Admiral de France. || *A Paris,* || *Au mont S. Hilaire à l'ensei-* || *gne du Pelican,* || 1572 || Auec Priuilege. In-8 de 4 ff. non chiffr., sign. A, car. ital.

IV. 6. 156

<blockquote>
Le titre est orné d'un grand fleuron composé d'arabesques. — L'adresse est celle des imprimeurs *Hierosme de Marnef* et *Guillaume Cavellat*.

Au v° du titre est un extrait du privilège accordé pour six mois à *Guillaume Cavellat* le 2 septembre 1572.

On a vu précédemment (t. I, n° 784) que cette pièce avait été composée et imprimée en 1569, alors que Coligny n'était condamné que par contumace. La date du privilège nous montre que les partisans du massacre ne perdirent pas de temps pour faire exécuter cette nouvelle édition.
</blockquote>

3190 (786 *a*). ELEGIE SATYRI- || QVE sur la mort || de Gaspar de Colligny || qui fut Admiral de France, à || laquelle chacun carme commence || par la fin de l'autre, autrement || appellez carmes serpentins. || Ecce ego ad te Mons pestifer, qui corrumpis vniuer- || sam terram, Hierem. 51. || *A Paris,* || *Pour Anthoine Houic, demeurant en la rue S. Iacques,* || *à l'enseigne de l'Elephant.* || 1572. || Auec Priuilege. In-8 de 4 ff. non chiffr., sign. A.

IV. 6. 148

<blockquote>
La satire, qui compte 87 vers, commence ainsi :
Furies, accourés à ce monstre barbare,
Barbare insidieux, eslancé du Tartare,
Tartare veneñoque des pallus infernaux ...
</blockquote>

A la suite est un quatrain « A Briquemault ».

<blockquote>Brigans brigueurs, la brigue des brigueurs...</blockquote>

Le 4e f. est occupé par un Rondeau contenant le congé aux huguenotz estrangers de vuyder hors de France :

<blockquote>A part, à part, huguenots variables ...</blockquote>

A la suite est un quatrain « A Cavaigne » :

<blockquote>Causant causeur, la cause des causeurs...</blockquote>

Les personnages auxquels les deux quatrains font allusion sont François de Beauvais, seigneur de Briquemault et Arnauld de Cavagnes pendus à Paris au mois d'octobre 1572. L'arrêt rendu contre eux par le parlement de Paris est transcrit à la suite des poèmes de Jean Le Masle (n° 3187, art. 3).

3191 (786 b). MORT PRO- || DIGIEVSE de Ga- || spart de Coligny, qui || fut Admiral de France & de ses adherens || les noms d'iceux : Ensemble des plus segna- || lez Huguenotz morts le iour sainct Ber- || thelemy vingt quatriesme iour || d'Aoust, 1572. & autres || Iours subsequens. || De Peu, Peu. || *A Paris.* || *Pour Germain Fourbet à la* || *paix vniuerselle.* S. d. [1572], in-8 de 7 ff. non chiffr., car. it., et 1 f. blanc.

Ce curieux poème, œuvre d'un fanatique, commence ainsi :

<blockquote>Bons dieux, que voy-je ioy ? Est-ce point quelque songe
Qui me fait sommeillant accoster le mensonge ?...</blockquote>

L'auteur nous donne une longue énumération des victimes du massacre. A côté de l'amiral il cite : La Rochefoucauld, Soubise, le marquis de Raynel, de Pile, Teligny, gendre de Coligny, Pons de Bretagne, Bussy Saint-Georges, les trois Pardaillan, Monin, Guerchi, Louviers, La Roche, Rouvré, Lavardin, le capitaine Coignée, le capitaine de La Roche, Du Boys, Du Périer, Langoiran, La Coche, le jeune de Jarnac, Montaubert, Cérignan, Hubert, le fils de Beaurepaire, le capitaine Valavoir, le sieur de Beauvais, le bailli d'Orléans et son batard, le gouverneur Francourt, La Rivière, secrétaire de La Rochefoucauld, Ramus, qui fut précipité du haut de son logis, puis jeté à la Seine, Chesneau, le président de La Place, Rouillart, Goyet, Loménie, l'avocat Robert Chape, le procureur Thevart et sept des siens, Taverny, lieutenant de la maréchaussée, Lopes, ministre espagnol, maître Abraham, Coulombiers.

La devise *De peu, peu* est répétée à la fin du poème et à la fin d'un sonnet qui occupe le f. B iij v°.

3192 (786 c). LES REGRETS et complainctes de Bri- || quemault. || || Auec son Epitaphe. || *A Paris,* || *Au mont Sainct Hilaire, au Lion noir, deuant* || *le college des Lombards,* || 1572. || Auec priuilege. In-8 de 4 ff. non chiffr., car. ital., sign. A.

Nous avons parlé aux articles 3187 et 3190 de François de Beauvais, seigneur de Briquemault, capitaine protestant pendu à Paris en octobre 1572. Les *Regrets* commencent ainsi :

<blockquote>Si mes ans subsequens comme les printanniers
Eussent toujours duré et fussent les derniers...</blockquote>

A la fin est la devise : *Vertu s'en recule.*

A la suite est une épitaphe en huit vers signée de la devise : *Nul ne s'y frotte.*

BELLES-LETTRES. 583

3193 (786 *d*). Exhortation || du Peuple de || Paris faict au Roy
Charles neufiesme || de ce nõ treschrestien Roy de Frāce, ||
pour poursuyure l'extermination || des Heretiques par luy
diuinement || encommancée. || ☞ *A Paris par Prigent
Godec, de-* || *mourant rue de Montorgueil. S. d.* [1572], in-8
de 8 ff. non chiffr., sign. *A-B.*

Ⅳ.6.151

Le titre porte les armes de France. — Au v° du titre sont les armes du
roi, avec la devise : *Pietate et justitia.*

L'*Exhortation* commence ainsi :

Tres-chrestien roy des Françoys,
Charles, que Dieu conduict et guyde...

Elle compte 23 strophes de 8 vers et se termine pour la devise : *Sic itur
ad astra.*

A la suite est une seconde pièce en 7 strophes de 8 vers :

Si jamais fut sur terre,
Soit en paix ou en guerre...

Deux erreurs sont survenues dans l'imposition du texte. Les vers qui
devraient être placés au r° du f. *B ij* sont placés au v° du f. *B i*. Même
transposition aux ff. *B iij* v° et *B iiij* r°.

Le v° du dernier f. est blanc.

3194 (786 *e*). Discovrs con- || tre les Huguenotz, auquel est
contenue & de- || clarée la source de leur damnable religion.
|| Aussi est faict mention de la iuste vengẽce que Dieu à [*sic*]
prins d'eux & qu'il prendra a l'aduenir || s'ilz ne font peni-
tence. En iceluy est d'auan- || tage contenue vne admonition
à tous fidelles || Chrestiens pour les aduertir de rendre
graces || à Dieu & au Roy d'vne telle victoire. || Villia nulla
poni. || *A Paris,* || *De l'Imprimerie de Hierosme de
Marnef, &* || *Guillaume Cauellat, au mont S. Hilai-* || *re,
à l'enseigne du Pelican.* || 1573. In-8 de 13 pp. et 1 f., car.
ital.

Ⅳ.6.152

Le titre porte la marque des imprimeurs, avec la devise : *En moy la
mort, en moy la vie* (Silvestre, n° 332, a donné cette marque avec une
devise latine : *In me mors, in me vita*).

Au f. *A ij* r°, on trouve un sonnet, ou plutôt les deux premiers quatrains
d'un sonnet « A monsieur de Monterfil, chevalier de l'ordre du roy ». —
Au v° du même f. est un huitain « Au lecteur ».

Voici les premiers vers du poème :

Or est le temps venu que Charles. notre roy,
A voulu renverser l'ennemy de la foy...

Les pp. 12 et 13 sont occupées par une *Ode en signe d'allegresse
touchant la deffaicte des huguenoz à Paris :*

Puis que Dieu nous a tant aimez
Qu'il nous a mis hors de servage...

A la p. [14] est un extrait du privilège accordé pour six mois à *Hiérosme
de Marnef* le 31 décembre 1572.

Le dernier f. est occupé, au r°, par un grand fleuron.

Le Catalogue du comte de Lignerolles, où l'on trouve (n° 1248) la description d'une édition de la même pièce publiée à *Lyon*, par *Benoist Rigaud* en 1573, attribue l'ouvrage à Jean Le Masle, sur la foi d'une note que le célèbre bibliophile avait inscrite sur son exemplaire; mais cette attribution semble difficile à justifier. Elle n'est appuyée par aucune allusion relevée dans le poème, et l'on doit remarquer, au contraire, que Le Masle avait pour éditeur à Paris, en 1572, *Nicolas Chesneau*, (voy. les nos 8179 et 3180).

3195 (787 a). RESPONCE ‖ PROPHETIQVE ‖ d'vn Gentil-homme ‖ François. ‖ Sur la demande à luy faicte par vn quidam, le iour de la ‖ feste sainct Barthelemy 24. d'Aoust dernier passé, 1572. ‖ Sur ce que pouuoient signifier ou presager les vents impe- ‖ tueux qui couroient ledit iour. ‖ Par ‖ F. M. D. M. L. C. D. E. B. ‖ *A Paris,* ‖ *Chez Iean Ruelle, ruë S. Iaques,* ‖ *à l'enseigne S. Hierosme.* ‖ M. D. LXXIII [1573]. ‖ Auec Priuilege. In-8 de 4 ff. non chiffr., sign. *A*.

Le titre porte la marque de *J. Ruelle* (Silvestre, n° 469).

Le poème commence ainsi :

Certain quidam, arrogant en la foy,
A ce matin s'est adressé à moy...

Voy. Montaiglon, *Recueil de Poésies françoises*, IX, pp. 353-359.

3196 (802 a). DESCRIPTION de ‖ l'assiette, ‖ maison et mar- ‖ quisat d'Hauré. ‖ Redigée en vers Francoys. ‖ *A Mons* ‖ *De l'Imprimerie de Charles Michel.* ‖ M. DC. VI [1606]. In-8 de 31 f. non chiffr. et 1 f. blanc.

Le titre est orné des armes de Croy, marquis d'Havré, gravées en taille douce. Ces armes sont accompagnées des devises : *Je soustiendray, Croy* et *J'ayme qui m'ayme*.

Au f. *A* 2 r° est un avis « Au lecteur ».

Le f. *A* 3 est occupé par une épître « A hault et illustre prince, Charles-Alexandre de Croy, comte de Fontenay, prince du St-Empire, seigneur de Hannaches, Blicourt, Les Mazis, Le Marré du Fresne, Thy le Chasteau, pair et seigneur de Blarignies, etc., du Conseil de guerre de Sa Magesté, gentil-homme de la chambre de Son Alteze Serenissime, et capitaine d'une compagnie d'hommes d'armes de ses ordonnances ». Cette épître est signée A. A. D.

Au 3° f. r° est le texte de l'approbation donnée à Mons, le 15 novembre 1606, par PHILIPPE HANNOTIN, « bacelier formé en la sainte theologie, curé de S. Nicolas et doyen de Chrestienté, député à la visitation des libvres ».

Les ff. *A* 4-*A* 5 r° contiennent une *Ode*.

Le poème commence au f. *A* 5 v°. Il est imprimé en caractères italiques.

L'auteur de la *Description* est resté inconnu ; tout ce qu'on sait de lui, c'est qu'il était Français. Voici, en effet, comment il s'exprime (fol. *B* 7) :

France, païs où j'ey pris ma naissance,
France, païs dans lequel j'ay apris
Si peu qu'on voit paroistre en mes escritz.

Rousselle, qui relève ce passage (*Bibliographie montoise*, 1867, p. 179, art. 89) dit ne connaître de l'ouvrage que deux exemplaires.

De la bibliothèque de PAUL SCHMIDT (Cat., 1910, n° 767).

3197 (812 a). RECUEIL DE POÉSIES FRANÇAISES, offert à Marie de

Montmorency, fille du connétable. Ms. in-fol. sur papier de 166 ff. (haut. 260 ; larg. 178 mill.), mar. br., mosaïque de mar. r. et de mar. citr., riche dor. à petits fers, tr. dor. (*Rel. du XVIe siècle.*)

> L'étude de ce manuscrit nous apprend qu'il a été exécuté vers 1565 ou 1566 par les soins d'Henri de Foix, comte de Candale, de Bénauges et d'Astarac, captal de Buéh, pour être offert à Marie de Montmorency, fille cadette du connétable. Non seulement la reliure porte le monogramme de Marie (les lettres M A entrelacées) ; mais ce monogramme, un peu différent, avec les lettres M D M, est répété plusieurs fois dans le corps du volume. De plus, une pièce composée de 36 vers, qui se lit au f. 159, contient en acrostiche le nom de « Marie de Momoransi. » Quant au galant, qui a choisi les pièces du recueil et les a fait élégamment calligraphier, il s'est dissimulé sous plusieurs monogrammes. La reliure porte un chiffre singulier formé de deux F enlacés ; dans le texte on trouve plusieurs fois la lettre Φ, ou encore les lettres Δ Φ entrelacées. Diverses devises contiennent aussi des jeux de mots sur le nom de Foy, rendu par *fides : Etiam post funera fides*, etc.
>
> Une partie de l'album était restée blanche quand eut lieu le mariage d'Henri de Foix et de la belle qu'il paraît avoir longtemps courtisée (le contrat est du 12 juillet 1567). Le volume reçut quelques mois après une addition importante, une pièce de Philippe Des Portes sur la mort du connetable de Montmorency, advenue le 12 novembre de la même année (fol. 141 v°). Cette pièce est écrite de la même main que ce qui précède ; mais le reste du recueil trahit des mains différentes. La première partie renferme un grand nombre de pièces empruntées aux poètes du temps ; la seconde, au contraire, est composée de pièces qui sont probablement l'œuvre d'Henri de Foix ou de Marie de Montmorency ; quelques-unes sont d'une facture très incorrecte.
>
> Voici une table alphabétique du recueil :
>
> A l penser trop penser, donne quelque repos... (sonnet). fol. 131 v°.
> Ainsy que le sanglier, par les forests lassé... (huitain), fol. 118.
> Ainsy que Promatee anima son image... (chanson), fol. 147 v°.
> Ainsy qu'un seul Phenis est unique en la terre... (quatrain), fol. 150 v°.
> Amour, au paradis de sa douce lumière... (sonnet), fol. 156 v°.
> Amour, comme nay de la fame... (quatrain), fol. 150 v°.
> Amour, d'une flèche tortue... , fol. 156 v°.
>
> *Ode à l'imitation d'Anacreon.*
>
> Amour d'un zele ardant si fort ores m'enflamme... fol. 10 v°.
>
> J. PASSERAT, *Œuvres*, 1606, p. 165.
>
> Amour entre les bras d'une belle guerriere... (sonnet), fol. 140.
> Amour, je prans congé... (chanson), fol. 164 v°.
> Amour, lequel jamais hors de mon cœur ne part... (sonnet). fol. 122.
> Amour portoit au ciel l'image de madame... (sonnet), fol. 145.
> Amour, qui quelquefois emportes sur les aisles... , fol. 78.
>
> *Chapitre de l'Amour.* A la fin : *Fine probatur opus.*
>
> Amour, qui va[s] couvant et le mal et le bien... (sonnet), fol. 137 v°.
> Amour qui voletoit aupres du roy des dieux... (sonnet), fol. 4 v°.
>
> J. PASSERAT, *Œuvres*, 1606, p. 207.
>
> Amour, quoy qu'il en soit, ton pouvoir admirable... (sonnet), fol. 24 v°.
> Après avoir passé tant d'estranges traverses... (élegie), fol. 99 v°.
>
> Ph. DES PORTES, *Œuvres*, 1858, p. 232.
>
> Aprenant soubz les lois de l'amoureuse escole... (sonnet). fol. 151.
> Arreste un peu, mon cœur, où va tu si courant... (sonnet), fol. 117.
> Ayant receu tant de bien et d'honneur... (sonnet), fol. 24 v°.
> Belle, ta beauté s'enfuit... (chanson), fol. 110.
>
> J. PASSERAT, *Œuvres*, 1606, p. 174.

586   SECOND SUPPLÉMENT.

 Ce beau soleil, lumiere des humains... (5 quatrains), fol. 161.
 Celuy qui ne veut point asservir son courage. . fol. 5 v°.
Pour une masquarade d'hermites.
 Celuy qui traversa de l'un a l'autre pole... (sonnet), fol. 146.
 Ce malheureux Amour, ce tyran plein de rage... fol. 25.
Contre Amour. — Ph. DES PORTES, éd. de 1858, p. 61.
 Ce petit dieu, choler, archer, leger oyseau... , fol. 69.
Ode mesuree par piedz comme les grecques et latines et rythme[e] a la françoise, telle est celle d'Horace qui se commence : Miserum est neque amori dare ludum. — J. PASSERAT, Œuvres, 1606, p. 89.
 Ce que de beau l'on voit au cabinet d'Amour... (sonnet), fol. 147.
 Cette fille d'un œuf, la belle Tyndaride... (sonnet). fol. 11.
J. PASSERAT, Œuvres, 1606, p. 219.
 Ceste nature, ouvriere sacree... (5 vers), fol. 112.
 C'est en vain qu'on s'essaye à forcer la puissance... (élégie). fol. 88 v°.
 C'estoit sur la minuit, et desja le sommeil... (sonnet), fol. 141.
 Chargé de desespoir qui trouble ma pensée... , fol. 91.
Procès contre Amour au siege de Raison. — Ph. DES PORTES, Œuvres, 1858, p. 53.
 Comme dedans un bois enrichi de feuillage, fol. 81 v°.
PH. DES PORTES, Œuvres, 1858, p. 250.
 Croyez que madamoiselle de Lalain... (quatrain fort incorrect), fol. 114.
 (Ma)dame, tout aussy tost que je vois voz beaux yeulx... (sonnet), fol. 122.
 Dans un faible vaiseau, sur l'amoureulx Neptune... (sonnet), fol. 145 v°.
 Depuis que le malheur qui m'abisme tousjours... (huitain). fol. 117 v°.
 De science et doctrine... (quatrain), fol. 121 v°.
 Des mutins aquilons les escadrons legers..., fol. 19.
Sonet sur le mois d'apvril. — J. PASSERAT, Œuvres, 1606, p. 204.
 De toutes les douleurs dont une ame est atainte... (sonnet), fol. 154.
 Dictes, mes yeulx, hé ! que deviendrons nous... (chanson), fol. 103 v°.
 Dy moy de grace, Amour, qui t'a si mal trayté... , fol. 1.
Sonnet en dialogue.
 Dy moy, mon cœur, quelle sera ma vie... (chanson), fol. 102.
 Dis moy, mon cœur, qui te faict souspirer, fol. 9 v°.
Sonnet en dialogue.
 Doncques sera il vray qu'il faille que je suive... , fol. 96.
Imitation de l'Arioste. — DES PORTES, Œuvres, 1858, p. 353.
 Douce unique beauté d'amoureuse nature... (chanson), fol. 166.
 D'une belle beauté vous ornerent les cieulx... (sonnet), fol. 108.
 Emperiere des mois, ma belle chaceresse... (sonnet), fol. 146 v°.
 En lisant ces Amours on congnoist l'injustice, fol. 68 v°.
Mort ou Amour. Sonnet sur les amours d'Angelicque et Medor.
 Esclave du malheur, nouri de pateance [sic]... (sonnet), fol. 165.
 Esprit gentil, dont l'orgueil me devore... (sonnet), fol. 133 v°.
 Esthuy, se gardien des outils dont l'usaige... (sonnet), fol. 138 v°.
 Et le corail vermeil de deux levres compaignes (sonnet), fol. 139 v°.
 Parder son ceur [sic] et faindre son martire.... fol. 154 v°.
La Dicimulation d'amour. Sonnet. — Au-dessous : *La structure n'est pas à ce sonnet.*
 Fils aisné de Malheur et nourry de l'Envie... (sonnet), fol. 5 v°.
 Ha ! malheureuse main qui me rends malheureux..., fol. 120 v°.
Sonnet. L'Amant parle à sa main.
 Ha ! quel malheur se m'est d'aimer et de me taire. . (sonnet), fol. 148 v°.
 Helas ! chassez ce vouloir obstiné... (sonnet), fol. 115.
DES PORTES, Œuvres, 1858, p. 79.

BELLES-LETTRES.

Helas ! cœur plus cruel... (onzain), fol. 119 v°.
Helas, mon Dieu ! las ! que j'ay grand vouloir... fol. 71.

Blason de l'Amour.

Helas ! que vous sert-il de m'estre si cruelle..., fol. 135 v°.
L. Hola, hola, Karon ! — K. Qui me demande ainsy ?..., fol. 107 v°.

Sonnet. L'Umbre, Karon.

Immortelle des cieulx, o ma douce ennemie... (sixain), fol. 164.
Immortel le desir quy trace dans les cieulx... (sonnet), fol. 152 v°.
J'ahis de l'incarnat la cruelle sofrance... (sonnet), fol. 160 v°.
J'ay si bien paincte au vif dans ce livre l'image... (sonnet), fol. 152.
J'ay souvent souhaitté et le souhaitte encore..., fol. 5.

Sonnet contenant en acrostiche le nom de JEAN-FRANÇOIS.

J'avois ung jour tant faict par mon humble priere... (sonnet), fol. 140.
Je chante une beauté des beautes la premiere..., fol. 59.

L'Angelicque, [continuation du sujet de l'Arioste]. — PH. DES PORTES, *Œuvres*, 1858, p. 357.

Je delibere en vain d'une chose advenue... (élégie), fol. 128.
Je me laisse brusler d'une flamme couverte... (sonnet), fol. 104.

PH. DES PORTES, *Œuvres*, 1858, p. 14.

Je me plais de bruler au beau feu de mon astre... (sonnet), fol. 148 v°.
Je me rens bien heureulx de servir ma maytresse... (sonnet), fol. 3 v°.
Je me suis embarqué sur l'amoureuse mer... (sonnet), fol. 145.
Je n'ay eu nul repos despuis que j'euz au cœur... (sonnet), fol. 114 v°.
Je ne saurois luy dire adieu qu'il ne demeure... (huitain), fol. 119.
Je ne souhaitte point me vouloir transformer... (sonnet), fol. 24.
J'en jure par l'amour, vostre belle puissance (sonnet), fol. 2.
Je sens d'un feu divin ma poictrine enflammée... fol. 44.

La Mort de Rodomont et sa descente es enfers. A monsieur de Carnevalet. — PH. DES PORTES, *Œuvres*, 1858, p. 336.

Je sens ung grief regret affin de m'arracher... (huitan), fol. 118.
Je suis ung temple sainct où l'amour se retire... (sonnet), fol. 155 v°.
Je t'en fais juge, Amour, je ne me plains à tort... (sixain), fol. 118 v°.
Je veux, Amour, me plaindre de ma dame... (élégie), fol. 134 v°.

A la fin : N.

Je veux blasmer Amour et sa cuisante flamme... (complainte), fol. 69 v°.
Je veux chanter Roland, sa fureur et sa rage..., fol. 33.

La Folie de Roland, prise de l'Arioste.

Je veux fidellement tenter par loyaulté... (quatrain), fol. 122 v°.
Je vis au feu..., fol. 1 v°.
Je vouldrois bien aller dans l'eau(e) de l'oubly boire... (douzain), fol. 119.
Je voudrois estre nay sans yeulx..., fol. 157.

Ode. Jalousie.

Je vous offre ces vers immolés sur l'autel... (stances), fol. 149.
Jusques icy par mes plainctz et mes cris..., fol. 74.

D'après un ms. de la Bibliothèque nationale (fr. 1700, fol. 25), cette pièce est de CLAUDE DE BOMBELLES, SEIGNEUR DE LA VAULX.

La Foy desesperée, Amour et la Fortune..., fol. 95 v°.

Plainte d'une damoyselle.

L'archerot indompté, ce guerrier porte-flame... (sonnet), fol. 160.
Las ! faut-il que tousjours mon dueil je continue ?... (élégie), fol. 97 v°.
Las ! quand sera le mois, le jour et l'heure... (quatrain), fol. 113 v°.
Le chevalier Desir, ce grand entrepreneur... (sonnet), fol. 156.
Le ciel ne pouvoit mieux nous monstrer son savoir... (sonnet), fol. 23.
Le cours des eaux, en hyver languissant... (ode), fol. 16.
Le croye qui vouldra, je n'en croy plus de telles... (sonnet), fol. 11 v°.
Le grand Maonien, de sa muse divine... (sonnet), fol. 17 v°.

J. PASSERAT, *Œuvres*, 1606, p. 209.

Le sage Tarentin, ce grand pythagorieque... (sonnet), fol. 19.

J. Passerat, Œuvres, 1606, p. 229.

Livre, tu as plus d'heur cent mille fois que moy... (quatrain), fol. 166.
Lorsque l'enfant Amour se rendit mon vainceur [sic]... (sonnet), fol. 146.
Madame, hatés-vous, la jeunesse se passe... (sonnet), fol. 165.
Ma fille, tu auras le tissu qu'une dame... (sonnet), fol. 139.
Ma maistresse Hoist ung jour... (ode), fol. 156 v°.
Ma mignonne, ne crois pas... (sixain), fol. 132 v°.
Mary jaloux, qui me deffend la veue... (sonnet). fol. 117 v°.

Des Portes, Œuvres, 1858, p. 87.

Maulgré envie || Toutte ma vie... (quatrain), fol. 113 v°.
Mettes moy là et en tous lieux..., fol. 116.
Mon astre, mon suport, divine que j'adore... (stances), fol. 153.

36 vers contenant cet acrostiche : MARIE DE MOMORANSI, SON ESCLAVE PAR SA VERTU.

Mon conseil, d'où me vient ce favorable songe... (sonnet). fol. 139.
Mon livre, qui as l'heur que j'ay tant souhaité..., fol. 3.

Quatrain signé de la devise : *Entes muerto que mudado.*

Mort pasle, qui du dart que tu tiens en tes mains... (dixain), fol. 118.
Nature, qui en nous ne voullut oublier... (quatrain), fol. 112.
Ne vous estonnez point que d'un si beau visage... (sonnet). fol. 23 v°.
Ny le more soldat, au milieu de la guerre... (sonnet). fol. 18 v°.
Non, je ne croy qu'Amour se soit vengé de vous... (sonnet), fol. 24.
Nymphe qui, jours et nuicts, outrée de douleur... (écho). fol. 22.
Nymphes, filles du ciel, roynes de ceste prée... (sonnet), fol. 18.

Priere aux nymphes de Hercueil. — J. Passerat, Œuvres, 1606, p. 202.

O bel anneau, sorti des doigts polis..., fol. 143.

J. Passerat, Œuvres, 1606, p. 83.

O bel œil de la Nuict, ô la fille argentée... (sonnet), fol. 20.

J. Passerat, Œuvres, 1606. p. 207.

O gentil livre, va, puisqu'on te livre... (quatrain), fol. 114.
Ombre, tu as tant d'heur que pour ta destinée... fol. 126.

A l'Ombre. Sonnet.

On demande en vain que la serve raison..., fol. 73.

Odes en vers saphicques et adonicques.

O que heureux est celuy qui peult passer son aage... (sonnet), fol. 131 v°.
Ores je te veux faire un solemnel serment... (sonnet), fol. 6.
Ostez moy ce brandon qui me brule les veines... (sonnet), fol. 16 v°.

J. Passerat, Œuvres, 1606, p. 249.

Pastoureau, m'aymes-tu bien ?... (chanson), fol. 109.

J. Passerat, Œuvres. 1606, p. 169.

Plaindre me veus de vous à Cupidon, madame, fol. 14.

Elegie contre une cruelle.

Pleust aux bons dieux que par metamorfose... (sonnet), fol. 131.
Plus j'eslongne les yeux qui nourrissent la flamme... (élégie), fol. 84 v°.

Ph. Des Portes, Œuvres, 1858, p. 238.

Plustot les eaux et les feux... (sixain), fol. 132 v°.
Plus tost on pourra voir l'astre de la lumiere... (sonnet), fol. 165 v°.
Pour monstrer que mon cœur qui vos beaultez adore... (sonnet), fol. 110 v°.
Prestes [moy] l'ung de vos yeux bien apris... (quatrain incorrect), fol. 114.

Recueil de poesie françoyse, 1550 (voy. t. I, n° 809), fol. F 2.

Princesse des enfers, royne de mon corrage... (sonnet), fol. 146 v°.
Puisqu'en ce triste adieu il convient que ma vie..., fol. 123.

Ung adieu pour sa dame.

BELLES-LETTRES.

Puis qu'ores je me voys la vertu pour maytresse... (sonnet), fol. 153.
Puyssé-je donc mourir en ta presence... (douzain), fol. 130.
Quant ce grant chevalier qui tient l'Heurope en l'arme..., fol. 141 v°.

Epitaphe de feu monsseigneur le connestable, par PHILIPPE DES PORTES. — Cette pièce n'a pas été recueillie dans les œuvres du poète.

Quand du fruict de l'amour je me rens poursuivant... (sonnet), fol. 129 v°.
Quand je lis, de Baïf, tes escris amoureux... (sonnet), fol. 10.
Quand je pense aux plaisirs qu'on reçoit en aymant... (chanson), fol. 87.
Quand je veux faire revenir... (4 quatrains), fol. 120.
Quand je voy la beauté qu'en vous Nature a mise... (sonnet), fol. 68 v°.
Quant le dieu tout voyant faict ses chevaux marcher... (sonnet), fol. 19 v°.
Quant parler il luy plaist, son propos l'ær embasme... (sonnet), fol. 138.
Quand plus je pretendois que ma grand loyauté..., fol. 11 v°.

Lettre à sa dame.

Quand vous viendrez à regarder par cy... (quatrain), fol. 118 v°.
Quatre damoiselles de païs etrange... (quatrain fort incorrect), fol. 114 v°.

Les quatre demoiselles sont : Mombec, Namur, Gramen et Blamon.

Que, franc de passion, par la seule lecture... (sonnet), fol. 10 v°.
Que je serois heureulx, mon cœur [sic]... (chanson), fol. 155.
Quelque lieu, quelque amour, quelque loy qui t'absente..., fol. 125.
Quel supplice infernal, quelle extreme souffrance... (sonnet), fol. 130 v°.
Que maudi[ts] soi[en]t mes yeulx cy pronts à mon dommage... (sonnet), fol. 130 v°.

PH. DES PORTES, *Œuvres*, 1858, p. 100.

Que sert de desguiser et faindre... (congé), fol. 21 v°.
Que tardés-vous a concentir... (quatrain), fol. 114 v°.
Quy fut ton pere, Amour ? — Se fut oisiveté... (sonnet), fol. 151.

Dialogue entre M[arie] et Φ.

Qui voudra (sça)voir Amour et sa nature..., fol. 105.
Qui vouldra voir dedans une jeunesse... (sonnet), fol. 104 v°.
Quoy ? M'oses-tu blasmer d'avoir bien commencé... fol. 120 v°.

Sonnet. La Main respond a l'amant. Voy. Ha! malheureuse Main..

Quoy! Qu'i a il, mon cœur? Qu'a[s]-tu veu de nouveau ?... (sonnet), fol. 133 v°.
Riens n'est plus cher que ce que l'on desire... (dixain), fol. 119 v°.

CHARLES DE SAINCTE-MARTHE, *Poésie*, 1540, p. 13.

Selon mon jugement celuy le pris emporte... (sonnet), fol. 17.
Si à gré je luy suis... (chanson), fol. 105 v°.
Si c'est aymer que porter bas la veue... (sonnet) fol. 111.

PH. DES PORTES, *Œuvres*, 1858, p. 25.

Si dedans ce papier je vous pouvois, madame... (élégie), fol. 161 v°.
Si j'ay en un seul point oublié mon devoir... (sonnet), fol. 21 v°.
Si la pitié trouve en vous quelque place... (sonnet), fol. 112 v°.

A sa maistresse.

Si les ames de ceux-là... (sixain), fol. 133.
Si le temps a faict voir ce qu'on (n')estimoit congnoistre... (18 vers incorrects), fol.

Si mon conseil ne se lasse... (quatrain incorrect), fol. 113.
Si mon desir davantaige me tante... (sonnet), fol. 121 v°.
Si ne veux ny peux aussy... (sonnet), fol. 138.
Si tu es tel, Amour, qu'i n'est rien qui ne sente... (dixain), fol. 118 v°.
Si vous, madame, Amour et la Fortune... (chanson), fol. 111.
Si vous m'aymes (ma)dame, si vous m'aymez... (sonnet), fol. 115 v°.
Solitaire et pensif, ce petit dieu volage... (sonnet), fol. 152.
Solitaire et pansif, dans un bois escarté... (sonnet), fol. 134.

PH. DES PORTES, *Œuvres*, 1858, p. 31.

Soubs l'effort malheureux de l'impudicque force... (sonnet), fol. 137.
Sur le moule eternel de la plus belle idée... (sonnet), fol. 138.
Tant que j'ay peu j'ay voullu mes ennuys... (sonnet), fol. 112 v°.

> Tout habillé de gris comme devotieux... (sonnet), fol. 151 v°.
> Tout le monde vous ayme bien... (2 quatrains), fol. 10.

Pour un masque de Bohemiens disans la bonne adventure.
> Ung respect importun, à mon amour contraire... (sonnet), fol. 150.
> Un soir, me souvenant de la pene meurtriere... (sonnet), fol. 150.
> Venus cherche son fils, Venus tout en colere... (sonnet), fol. 124 v° et 132.

PH. DES PORTES, *Œuvres*, 1858, p. 116.
> Verray-je point, après tant de douleurs..., fol. 4.

L'Elegie à l'Amour. — J. PASSERAT, *Œuvres*, 1606, p. 52.
> Vivons, aymons, passons nos jeunes ans... (élégie), fol. 20.

J. PASSERAT, *Œuvres*, 1606, p. 56.
> Vostre bonté qui surpasse... (quatrain), fol. 114.
> Vostre vertu qui peulx aulx ames immortelles... (sonnet), fol. 2.
> Vos yeulx sont tous brillans d'amoureuse puissance... (quatrain), fol. 150 v°.
> Vous vous repentirés quand la courbe vielesse... (sonnet). fol. 108 v°.
> Voyant vostre enfançon en qui ont mis lieux..., fol. 17 v°.

Sonet sur l'enfant d'une dame.

Voici maintenant une table des devises qui se trouvent dans le recueil :

Amore ben ly custode ; liga non pò, fol. 130.

A toy le cœur ; aux autres la parolle, fol. 112 et 120.

Colaudat [sic] *validos Fortuna mantes* [sic], fol. 151 v°.

Entes mourir [sic] *que mudar* sur le premier plat de la reliure, fol. 112 et 119.

Entes muerto que mudado, fol. 3.

Etiam post funera fides, fol. 154 et 166.

Fermeté jusqu'à la mort.

Mais la mort n'y mort, fol. 113.

Fidei laurus victoria mortis, fol. 155 v°. — On avait d'abord écrit : *Mortis fides victoria laurus.*

Fi des biens, qui n'a joye, fol. 133. — Cette devise est répétée à l'intérieur du second plat de la reliure.

Fine probatur opus, fol. 81 v°.

J'adore le soleil qui m'aveugle les yeulx, fol. 149 v°.

Je me plaictz en mon soucy. — Et moy aussy, fol. 113 v°.

Je vis au feu comme la salemandre, fol. 161.

La mort n'y mort, fol. 114.

Mortalibus immutabile fatum, fol. 147.

Mortis fides victoria laurus (phrase incompréhensible), fol 145 v°. Voy. *Fidei laurus,* etc.

Nudrisco il buono et spengo il reo, fol. 161.

O que l'absence est grand chose en amour, fol. 133.

Più preste [sic] *morte que* [sic] *di mangar* [sic] *d'amor,* fol. 148. — *Più presto morto que* [sic] *di maguar* [sic] *d'amor,* fol. 165 v°.

Tal volte ride que [sic] *mi crepa il core,* fol. 148.

Toute chose a sa fin, fol. 166 v°. — Cette devise est répétée par Des Errards, à la date de 1647, à l'intérieur du second plat de la reliure.

Vostre douceur et ma foy sont uniques au monde, fol. 155 v°.

Yo spero para mi trabaso loner fin a my dolor, fol. 113 v°.

Au XVII° siècle le volume a été en la possession d'un amateur qui y a joint quelques notes ou quelques vers. On lit au v° du 1ᵉʳ plat : « A la louange de tres honneste et vertueuse damoyselle, madamoyelle Isabeau de Rouviere DES ERARDS. »

Au-dessous se lisent un quatrain et un huitain du même :

> La loy ne permet a personne....
> Beauté dont les appas, les charmes et les grasses....

En tête du f. 1 est une curieuse mention de Vualdo, de Wicleff, de Jean Hus et de Luther, « vrais reformateur de la vraie esglisse de Nostre Seigneur Jesus Christ. »

A l'intérieur du second plat le même possesseur a inscrit un sixain :

> Ma Rouviere, ne crois pas
> Que l'amour que je te porte
> Preigne fin par mon trespas...

Ce sixain est accompagné de la devise : *Fy des biens, qui n'a joye*, empruntée au f. 133, et signé : DES ERARDS.

Au-dessous se lisent encore trois vers :

> Rouviere, demeure donc en mon cœur seurement,
> Mais faict que ton ardeur ne soit pas sy cruelle,
> Et je te cacheray beaucoup plus aysement.

Ces derniers mots sont accompagnés de la devise : *Toutte chose a sa fin*, empruntée au v° du f. précédent ; ils sont signés : DES ERRARDS et datés de 1647.

Le présent volume a fait l'objet d'une notice publiée par M. le Dr Bouland dans le *Bulletin du Bibliophile*, 1909, pp. 121-125. On y trouvera une reproduction réduite de la reliure et des fac-similés des monogrammes.

3198 (1018 *a*). CANTIQVES || sur la natiuité || de Nostre Sei- || gneur Iesus Christ, || En nombre de douze : Odes Latines || de mesme argument, trois, || Et, || Chansons de Quaresme, sept, || Par E. G. D. || Chantez au Seigneur nouueau Canti- || que : & que sa louange soit ouye en la con- || gregation des bons. Pseau. CXLIX. || *A Lyon,* || M. D. LVIII [1558]. In-8 de 39 pp., car. ital.

Au v° du titre est un portrait de l'auteur, accompagné de deux distiques.

Au 2° f. est une épître adressée par l'auteur à son jeune fils, Philippe, encore au berceau (décembre 1558). Le poète espère que l'enfant apprendra de bonne heure à chanter des cantiques pieux et non des chansons dissolues.

Les odes latines occupent les pp. 22-24 et la moitié de la p. 27.

En tête des *Chansons de quaresme* (p. 25) l'auteur anonyme adresse une épître analogue à sa fille Chatherine (9 février 1557). Il cite, à cette occasion, les timbres de plusieurs chansons bourguignonnes que les enfants chantaient alors en dansant, et recommande de les remplacer par des compositions religieuses.

Voici la table des noëls et des cantiques.

1. — *Cantiques sur la nativité.*

> A cop, a cop, bergers !
> Crions : aillot, vaillot !....   (p. 20, n° 11).

Sur : Il y avoit un peintre.

> Amy, as tu ouy les anges
> Qui chantent à l'Emanuel....   (p. 8, n° 3).

Sur : Mon pere m'a mariee....

> Chantons noël, ma muse, doucement
> Et dechassons l'ennuyeux pensement....   (p. 21, n° 12).

Sur : Tant que vivray....

SECOND SUPPLÉMENT.

E. C. D.
AD LECTOREM.

Componit sacros, & chartis illinit hymnos
Afflatus domino quisque Poëta Deo.
Hunc sterilem, Lector, si dixeris esse laborem,
Cerberus in cerebro ullulat ipse tuo.

  Courrez, pasteurs, accourez, pastoreaulx ;
  Voicy le temps que les enflez toreaulx.... (p. 13, n° 6).
Sur : Voici le temps ...

  Joye, a t'envoler soudaine,
  Esbas et menu plaisir.... (p. 14, n° 7).
Sur : Si j'avoie un tant bon pere.

  Las, mon Dieu, que de gens
  A dire diligens.... (p. 5, n° 1).
Sur : Elle m'avoit promis ;... *ou :* Ma mere, je veux Robin...

  Mais quoy ? Qu'as tu, Girolet ?
  Si ceste beste sauvage.... (p. 17, n° 9].
Sur : Mon pere s'en est allé.

BELLES-LETTRES.

> O noēl nouuelet.
> Noēl je chante et crie.... (p. 11, n° 5).

Sur : Brunete suis et le veux [estre]...

> Or est vostre temps passé,
> Prosperité, allegresse.... (p. 6, n° 2).

Sur : Laissez la verde couleur..., *ou :* Or ay je tant de douleur..., *ou :* Fault il que mette en obly ?...

> Pleurs, soupirs, douleurs, tristesses,
> Laissez mon cœur en repos.... (p. 16, n° 8).

Sur : Si j'avoie un tant bon pere....

> Suyvez ma luysante lanterne,
> Pastorelles et pastoreaulx.... (p. 19, n° 10).

Sur : Que maudite soit, etc.

> Voicy le temps, Eve, Marionnette,
> Le temps heureux; chantons soir et matin... (p. 10, n° 4).

Sur : Quand j'estoie petite bergiere....

2. — *Chansons de quaresme.*

> A peu tient que je ne delyre;
> De douleur ja le cœur me faut.... (p. 30, n° 3).

Sur le chant du Pseaume XLIII : Revenge moy pour la querelle.

> Ce brandon, c'est le Dieu des cieulx;
> Ce feu, c'est sa parolle sainte.... (p. 29, n° 2).

Sur le chant du Pseaume XV : Qui est ce qui conversera ?...

> Je suis de ta passion,
> Seigneur toute desolée.... (p. 37, n° 7).

Chaque couplet de cette pièce devait être chanté sur les mélodies des six autres pièces, dans leur ordre.

> Ma fragilité, ma nasselle
> Est assaillie en toutes pars.... (p. 34, n° 5).

Sur le chant du XXXIII. Pseaume : Reveillez vous, chacun fidele.

> Monde, abysme d'erreurs
> Et horribles terreurs.... (p. 35, n° 6).

Sur le chant du Pseaume III : O seigneur, que de gens.

> O les merveilleux decretz
> Aux humains yeux !.... (p. 32, n° 4).

Sur : Trop penser me font Amours...

> Pleurs, soupirs, tristesse, esmoy,
> Sus a mon obeissance.... (p. 28, n° 1).

Sur : Laissez la verde couleur.

Exemplaire de TERRAY de Lyon (Cat. de M. de R***, déc. 1911, n° 392).

3199 (1512 *a*). TIERS LIVRE || DES FAICTZ ET DICTZ || Heroiques du noble Pantagruel, com || posez par M. Franç. Rabelais do- || cteur en Medicine, & Calloier || des Isles Hieres. || L'auteur susdict supplie les Lecteurs || beneuoles, soy reseruer a rire au soixāte || & dixhuictiesme liure. || *Nouuellement Imprimé à Lyon,* || Auec Priuilege du Roy, pour six Ans. || M. D. XLVI. [1546]. — [A la fin :] Fin de la Table.

|| 1546. In-8 de 4 ff. lim., 237 pp. et 3 pp. non chiffrés pour la *Table*, mar. r. jans., tr. dor. (*Thibaron et Joly*.)

<small>M. P.-P. Plan (*Les Éditions de Rabelais de 1532 à 1711*, n° 71) donne une reproduction du titre. — Le v° du titre est blanc.

Le privilège, qui occupe les 2° et 3° ff. liminaires, est imprimé en caractères gothiques. Au r° du f. 4 (qui est blanc au v°) figure le dixain « A l'esprit de la Royne de Navarre ».

Exemplaire de la collection Henri Bordes (Cat. de 1897, n° 60 ; Cat. de 1911, n° 103) ; c'est celui qui a figuré au *Bull. de la librairie Morgand*, n° 10608. — Rahir, *Notice*, p. 20, n° XI.</small>

3200 (1512 b). Le Tiers || Livre des Faictz || et ditz Heroiques du no- || ble Pantagruel, côposez par M. Franç. Ra- || belais, Docteur en Medecine, et Cal || loier des Isles || Hiere. || ✠ || Reueu & corrigē diligēment depuis || les autres impressions. || Auec priuileige du Roy || pour six ans. || *A Lyon, Lan* || M. D. XLVII. [1547]. In-16 de 297 pp. et 3 ff. pour la *Table*, plus 1 f. blanc, mar. citr., fil., dos orné, tr. dor. (*Capé*.)

<small>Le titre est reproduit par P.-P. Plan (*Les Éditions de Rabelais*, n° 72). — Au v° du titre est le dixain de *Franç. Rabelais à l'Esprit de la royne de Navarre*.

Le privilège, dont il n'est donné qu'un extrait, occupe le v° du dernier f. M. Plan en donne le fac-similé.

Suivant la remarque de ce bibliographe, l'édition paraît sortir des presses de *Pierre de Tours*.

Des bibliothèques de Jules Taschereau (Cat., 1875, n° 1649), du baron de La Roche Lacarelle (Cat., 1888, n° 344) et de Henri Bordes (Cat., 1911, n° 106). — Rahir, *Notice*, p. 22, n° XIII.</small>

3201 (1512 c). Le || tiers li- || vre des faicts et dits || Heroiques du bon Pantagruel : || Composé par M. Fran. || Rabelais docteur || en Medi- || cine. || Reueu, & corrigé par l'Autheur, sus || la censure antique. || L'Autheur susdict sup- || plie les Lecteurs beneuoles, soy re- || seruer a rire au soixante || & dixhuytiesme || Liure. || *Imprime A Lyon par Maistre Iehan Cha* || *bin. Sur la Copie Imprimée A Paris.* || Auec Priuilege du Roy || 1552. In-16 de 160 ff. inexactement chiffr., dont le dernier est coté 170, et 3 ff. pour la *Table*, mar. r., fil., dos orné, tr. dor. (*Rel. du XVII° siècle.*)

<small>Le titre est reproduit par M. P.-P. Plan (*Les Éditions de Rabelais*, n° 75). — Au v° du titre est le dixain de *François Rabelais à l'esprit de la royne de Navarre*.

Le privilège, qui est celui du 6 août 1550, occupe les ff. 2 et 3.

Cette édition est une copie fidèle de celle de *Michel Fezandat*. L'imprimeur n'a même pas rectifié le numérotage des feuillets. *Jehan Chabin* n'est connu que par ce volume et doit être probablement classé parmi les imprimeurs imaginaires.

De la bibliothèque de Charles Spencer, troisième comte de Sunderland (Cat., 1882, IV, n° 10474) et de la collection Henri Bordes (Cat. de 1897, n° 68 ; Cat. de 1911, n° 104). — Rahir, *Notice*, p. 25, n° XVI.</small>

BELLES-LETTRES.

3202 (1512 d). La Plaisante, & || ioyevse || histoyre du grand || Geant Gargantua. || Prochainement reueue, & de beaucoup || augmentée par l'Autheur mesme. || *A Valence,* || *Chés Claude la Ville.* || 1547. — [A la fin :] *Cest œuure fut imprimé l'an* || *de grace Mil cinq cents qua-* || *rāte, & sept. A Valance chés* || *Claude la Ville demeurant* || *pour lors en la grant Rue ti-* || *rant a la place des clers* || *aupres l'enseigne* || *du Dau-* || *phin.* In-16 de 245 pp. et 1 f. blanc final. — Second || Livre de Pātagruel, || Roy des Dipsodes, Restitué || à son naturel : auec ses faictz, & || prouesses espouuentables : com || posés par M. Franç. Rabe || lais, Docteur en Mede- || cine, & Calloier des || Isles Hieres. || ℞ || Plus || les merueilleuses nauigations || du disciple de Pantagruel, || dict Panurge. || ℞ || *A Valence,* || *Chés Claude la Ville.* || 1547. In-16 de 303 pp. — ℞ Tiers ℞ || Livre Des Faictz, et || Dictz Heroiques du noble || Pantagruel, composés par || M. Franç. Rabelais, Docteur || en Medecine, & Calloier || des Isles Hieres. || ℞ || L'autheur susdict supplie les Lecteurs || beneuoles, soy reseruer à rire au || soixante & dixhuictiesme liure. || *Nouuellemēt Imprime, reueu, & corrige,* || *& de nouueau Istorie.* || *A Valence.* || *Par Claude la Ville.* || 1547. In-16 de 272 pp. — Ensemble 3 vol., mar. r., mil. et dos ornés, doublés de mar. citron., guirlande à petits fers, tr. dor, (*Trautz-Bauzonnet.*)

Gargantua. — Le titre est orné d'une figure qui représente un groupe de chanteurs (voy. le fac-similé donné par P.-P. Plan, p. 162). — A la p. 2 est le titre de départ suivi du dixain « Aux lecteurs ».

Le texte est orné de 58 petites figures gravées sur bois, dont plusieurs sont répétées. La première p. 3 est un passe-partout qui représente un auteur offrant son livre à un grand personnage. Un cartouche, laissé vide, offre les mots : *Franç. Rabel.* en typographie. La plupart des figures n'ont pas été gravées pour le livre ; elles proviennent d'une édition des Fables d'Ésope.

Second Livre de Pantagruel. — Le titre est reproduit par P.-P. Plan, p. 163. — A la p. 2 est le *Dixain de* M. Hugrs [sic] Salel *a l'autheur de ce liure.* — Les figures sont au nombre de 50. La première (p. 3) est le passe-partout au nom de *Franç. Rabel.* — *La pantagrueline Pronostication, certaine, veritable et infaillible pour l'an mil cinq cents quarante et sept* commence p. 205, et *Le Voyage et Nauigation que fist Panurge, disciple de Pantagruel, aux isles incongneues,* à la p. 222. — A la p. 223 est répété le passe-partout dont il est parlé ci-dessous ; mais cette fois le cadre est vide ; le nom de Rabelais n'y figure pas.

Tiers Livre. — Le titre est reproduit par P.-P. Plan, p. 164. Au v° du titre on lit deux dixains : *Franç. Rabelais à l'esprit de la royne de Navarre,* et Jean Favre *au lecteur.* Cette seconde pièce paraît ici pour la première fois. L'auteur doit être le poète dont nous parlons au n° 2737, p. 4. — Les figures sont au nombre de 46. — Le passe-partout de la p. 3 porte bien le nom de Rabelais.

Claude La Ville a suivi pour les deux premiers livres l'édition de *Dolet*, et pour le Tiers Livre celle de Lyon, 1546, que nous décrivons ci-dessus (n° 3199).

Il existe, sous la même date de 1547, une contrefaçon, très postérieure, de l'édition de Valence. A cette contrefaçon est jointe une réimpression du Quart Livre.

De la bibliothèque du baron ACHILLE SEILLIÈRE (Cat. de Londres, 1887, n° 896, pour le tome I, et Cat. de Paris, 1890, n° 705, pour les tomes II et III) et de la collection Henri BORDES (Cat.. 1911, n° 108). C'est l'exemplaire découvert par Edwin Tross et cité dans le *Supplément* au *Manuel du libraire* (tome II, col. 364).

3203 (1514 *a*). LE || VOYAGE ET || NAVIGATION || des Isles inco- || gneues, || Contenant choses merueilleuses & || fort difficiles à croire, toutes- || fois ioyeuses || & recreatiues. || *A Lyon*, || *Par Benoist Rigaud & Ian Saugrain.* || M. D. LVI [1556]. — [A la fin :] Fin. || *Imprimé à Lyon, par* || *Iaques Faure.* In-16 de 127 pp., mar. br., fil. à froid, guirlandes et comp. dorés, dos orné, doublé de mar. bl., guirl. à petits fers, tr. dor. (*Thibaron et Joly.*)

Le titre porte la marque de *B. Rigaud*. Voy. la reproduction donnée par P.-P. Plan, p. 118.

Le *Prologue*, qui occupe les pp. 3-5, est imprimé en caractères italiques; le reste du volume est en caractères romains.

Le petit volume que nous venons de décrire avait paru pour la première fois en 1538. Il était alors intitulé *Le Disciple de Pantagruel* (P.-P. Plan, n° 46). Il subit ensuite de nombreux changements, tant dans le titre que dans le texte. La présente édition est divisée en 31 chapitres, non compris le prologue.

Le nom de Bringuenarilles y est substitué à celui de Panurge et celui de Gallimassue au nom de Bringuenarilles.

L'ouvrage ne peut sérieusement être attribué à Rabelais ; cependant, comme, de son vivant même, il a été joint à des éditions de ses œuvres (voy. l'article précédent), il doit figurer dans une collection rabelaisienne.

P.-P. Plan, n° 59.

Exemplaire du BARON ACHILLE SEILLIÈRE (Cat., 1890, n° 710) et de HENRI BORDES (Cat., 1911, n° 107).

APPENDICE.

TABLE

DES PERSONNAGES QUI FIGURENT DANS LES BALLETS PORTÉS
AU PRÉSENT CATALOGUE.

Les ballets forment, au XVIIe siècle, un curieux chapitre de l'histoire littéraire et de l'histoire de la cour ; aussi avons-nous pensé qu'il ne serait pas sans intérêt de dresser une table générale de tous les personnages cités dans les livrets que nous possédons. Nous avons fait rentrer dans cette table certains ballets pour lesquels nous ne pouvons renvoyer qu'à la *Gazette* ou aux œuvres de Bensserade.

Voici la liste chronologique des pièces qui figurent dans le présent Catalogue :

1615 (19 mars). *Ballet de Madame.* (Voy. notre t. II, n° 1448.)

1619 (12 février). *Ballet de Tancrede.* (II, n° 1449.)

1627 (?). *Ballet dancé à Dijon.* (II, n° 1451.)

1635 (18, 20 février). *Ballet des Triomphes.* (II, n° 1452.)

— (25 février). *Ballet de la Marine.* (II, n° 1453.)

— (15 mars). *Ballet de la Merlaizon.* (*Gazette*, 1635, p. 143.)

1636 (2 mars). *Ballet des deux Magiciens.* (Catal., II, n° 1454 ; cf. *Gazette*, 1636, p. 156.)

1639 (8 mars). *Ballet de la Felicité.* (*Gazette*, 1639, p. 137.)

1645 (février). *Ballet de l'Oracle de la Sibile de Pansoust.* (Annexe à la *Gazette*, 1645.)

1645 (26 février). *Ballet de la Paix, dansé à Münster.* (*Gazette*, 1645, p. 216.)

1651 (26 février). *Ballet de Cassandre.* (*Gazette*, 1651, p. 223. — Bensserade, Œuvres, 1697, II, pp. 1-13.)

1653 (23 février). *Ballet royal de la Nuit.* (Bensserade, 1697, II, pp. 14-71. — Cf. *Gazette*, 1653, p. 222.)

1654 (janvier?). *Ballet royal des Nopces de Pelée et de Thetis.* (Bensserade, 1697, II, pp. 72-100.)

1654 (février). *Ballet royal des Proverbes.* (Bensserade, 1697, pp. 101-110. — Cf. *Gazette*, 1654, p. 200.)

1654 (30 novembre. *Ballet du Temps* (Cat., IV, n° 3047 ; — Bensserade, 1697, II, pp. 111-112. — Cf. *Gazette*, 1654, p. 1316.)

1655 (4 février). *Ballet royal des Plaisirs* (Bensserade, 1697, II, pp. 116-141. — Cf. *Gazette*, 1655, pp. 152, 175.)

1655 (30 mai). *Ballet des Bien-Venus dansé à Compiegne aux nôces de la duchesse de Modene.* (Bensserade, 1697, II, pp. 113-114. — Cf. *Gazette*, 1655, p. 579.)

1655 (?). *Ballet de la revente des habits du ballet.* (Bensserade, 1697, II, p. 115.)

1656 (16 janvier). *Ballet de Psyché.* (*Cat.*, II, n° 1455 ; — Bensserade, 1697, II, pp. 142-172. — Cf. *Gazette*, 1656, p. 83.)

1657 (17 janvier). *Ballet de l'Amour malade.* (IV, n° 3048 ; — Bensserade, 1697, II, pp. 173-182. — Cf. *Gazette*, 1657, p. 72.)

1657 (12 février). *Les Plaisirs troublez*, mascarade. (IV, n° 3049. — Cf. *Gazette*, 1657, p. 168.)

1658 (14 février). *Ballet royal d'Alcidiane.* (Bensserade, 1697, II, pp. 183-206. — Cf. *Gazette*, 1658, pp. 144, 163.)

1659 (19 février). *Ballet de la Raillerie.* (IV, n° 3050 ; — Bensserade, 1697, II, pp. 207-216. — Cf. *Gazette*, 1659, pp. 192, 216.)

1661 (14 février). *Ballet royal de l'Impatience.* (IV, n° 3051 ; — Bensserade, 1697, II, pp. 231-253. — Cf. *Gazette*, 1661, pp. 200, 203.)

1661 (23 juillet). *Ballet royal des Saisons.* (IV, n° 3052 ; — Bensserade, 1697, II, pp. 217-230. — Cf. *Gazette*, 1661, pp. 727, 752, 783, 798, 935.)

1662 (7 février). *Ballet royal d'Hercule amoureux.* (Bensserade, 1697, II, pp. 254-280. — Cf. *Gazette*, 1662, pp. 147, 170, 195, 400, 412, 543 [*lisez* 435], 459.)

1663 (8 janvier). *Ballet des Arts.* (IV, n° 3053 ; — Bensserade, 1697, II, pp. 283-299. — Cf. *Gazette*, 1663, pp. 47, 72, 120, 144, 168.)

1663 (3 octobre). *Les Nopces de village.* (IV, n° 3054 ; — Bensserade, 1697, II, pp. 281-282. — Cf. *Gazette*, 1663, p. 970.)

1664 (29 janvier). *Le Mariage forcé*, ballet. (IV, n° 3039.)

— (février). *Les Amours deguisez.* (IV, n° 3055 ; — Bensserade, 1697, II, pp. 300-318. — Cf. *Gazette*, 1664, pp. 166, 168, 192, 204.)

1664 (7-9 mai). *Les Plaisirs de l'Isle enchantée, La Princesse d'Elide, Ballet du Palais d'Alcide.* (II, n° 1192 ; — Bensserade, II, pp. 319-324. — Cf. *Gazette*, 1664, pp. 456, 472, 481-496.)

1665 (26 janvier). *Ballet royal de la Naissance de Venus.* (Bensserade, 1697, II, pp. 325-356 ; — Cf. *Gazette*, 1665, pp. 111-112, 136, 160.)

1666 (2 décembre). *Ballet royal des Muses.* (Bensserade, 1697, II, pp. 357-377 ; — *Gazette*, 1666, pp. 1239, 1263, 1319 ; 1667, pp. 35, 60, 108, 131, 156, 176, 197.)

1668 (18 janvier). *Le Carnaval*, mascarade royale. (Bensserade, 1697, II, pp. 378-381 ; — Cf. *Gazette*, 1668, pp. 72, 123.)

1668 (18 juillet). *Feste de Versailles : Feste de l'Amour et de Bacchus, George Dandin.* (II, n° 1209. — Cf. *Gazette*, 1668, p. 695 [*lisez* 707].)

1669 (13 février). *Ballet royal de Flore.* (IV, n° 3056. — Cf. *Gazette*, 1669, pp. 167, 191, 216, 239.)

1669 (25 août). Ballet accompagnant la *Princesse d'Elide* de Molière. (*Gazette*, 1669, pp. 859 [*lisez* 839], 883 [*lisez* 863].)

1670 (4 février). *Le Divertissement royal.* (IV, n° 3040. — Cf. *Gazette*, 1670, p. 143.)

1670 (octobre). *Le Bourgeois gentilhomme.* (IV, n°ˢ 3041, 3042).

1671 (17 janvier). *Psiché.* (IV, n° 3049. — Cf. *Gazette*, 1671, pp. 81-88, 107, 152, 156, 782 [*lisez* 780].)

1671 (2 décembre). *Ballet des ballets.* (IV, n° 3030. — Cf. *Gazette*, 1671, pp. 1168, 1179, 1191 ; 1672, pp. 167, 191.)

1672 (15 novembre). *Les Festes dè l'Amour et de Bacchus.* (IV, n° 3045).

1673 (octobre). *Le Malade imaginaire*, *Ballet des Nations.* (IV, n° 3032.)

1681 (avril). *Ballet royal du Triomple de l'Amour.* (Bensserade, 1697, IV pp. 404-428. — Cf. *Gazette*, p. 312.)

APPENDICE. 599

Agostini (Giovanni), chanteur italien : *Ballet royal de l'Impatience* (14 février 1661), livret, pp. 2, 32, 41 (son nom est écrit Augustini) ; *Mariage forcé* (29 janv. 1664), p. 10 (il est appelé Jon Agustin).

Alençon (Élisabeth d'Orléans, dite Mlle d') : *Ballet royal d'Hercule amoureux* (7 févr. 1662), Bensserade, 1697, II, p. 257.

Aligre (d'), fils : *Ballet royal de l'Impatience* (14 février 1661), p. 27 ; — *Ballet royal d'Hercule amoureux* (7 févr. 1662), Bensserade, 1697, II, p. 264. — Il représente un nain ; ce doit être un enfant.

Alincourt (Nicolas VI de Neufville, marquis d'), plus tard duc de Villeroy : *Triomphe de l'Amour* (avril 1681), Bensserade, 1697, II, pp. 412, 423.

Alissan (d'), musicien : *Ballet de la Raillerie* (19 févr. 1659), p. 11.

Allais, flûte : *Ballet royal de l'Impatience* (14 févr. 1661), p. 18 ; — *Amours déguisez* (févr. 1664), pp. 5, 21). — Le nom est écrit Alais.

Allais, violon : *Ballet de la Raillerie* (19 févr. 1659), p. 27. — Le nom est écrit Halais ; — *Ballet royal de Flore* (13 févr. 1669), p. 61 [*lis.* 41] — même observation ; — *Psyché* (janv. 1671), p. 41 ; — *Ballet des Ballets* (déc. 1671), pp. 27, 62. — Jal (*Dict. crit.*, 2e éd., p. 23) cite deux frères Allais, « maistres à danser et joueurs d'instruments » : Laurent, mentionné en 1667, 1669, 1670, et Louis, mentionné en 1669.

Allego, danseur : *Ballet de la Paix* (Münster, 26 févr. 1645), *Gazette*, 1645, p. 218.

Alluye (Paul d'Escoubleau de Sourdis, marquis d'), plus tard marquis de Sourdis : *Ballet de l'Oracle* (févr. 1645), pp. 8, 18 ; — *Ballet du Temps* (30 nov. 1654), p. 9 ; — *Ballet des Plaisirs* (4 févr. 1655), Bensserade, 1697, II, pp. 135, 141 ; — *Ballet de Psyché* (16 janv. 1656), pp. 12, 30, 34, 35 ; Bensserade, 1697, II, p. 170 ; — *Ballet d'Alcidiane* (14 févr. 1658), Bensserade, II, p. 189.

Amelot, danseur : *Ballet de Madame* (1615), p. 23.

Anglebert (Jean Henry d'), clavecin : *Princesse d'Elide* (8 mai 1664), *Plaisirs de l'Isle enchantée*, 1664, p. 71. Cf. Fétis, I, p. 109.

Angoulême (Charles de Valois, duc d') : *Ballet des Triomphes* (18 févr. 1635), pp. 3, 4, 6.

Anne d'Autriche, reine de France : *Ballet des Triomphes* (18 févr. 1635), p. 5.

Anne-Marie d'Orléans, dite Mademoiselle, plus tard duchesse de Savoie : *Triomphe de l'Amour* (avril 1681), Bensserade, 1697, II, p. 404.

Anse, danseur (?) : *Plaisirs troublez* (1657), pp. 19-20.

Ardelet, violon : *Psyché* (17 janv. 1671), p. 39 ; — *Ballet des Ballets* (2 déc. 1671), p. 60.

Ardennes (Louise d'Ille d') : *Amours déguisez* (févr. 1664), pp. 35, 36 ; Bensserade, 1697, II, p. 312. — Mlle d'Ardennes se fit carmélite en 1666.

Ariague, danseur : *Ballet de la Marine* (25 févr. 1635), pp. 6, 7.

Armagnac (Louis de Lorraine, comte d') : *Ballet de l'Impatience* (14 févr. 1661), pp. 19, 21, 40, 41 ; Bensserade, 1697, II, pp. 234, 253 ; — *Ballet des Saisons* (23 juill. 1661), pp. 15, 16 ; Bensserade, II, p. 225) ; — *Ballet d'Hercule amoureux* (7 févr. 1662), Bensserade, II, pp. 273, 276 ; — *Naissance de Vénus* (26 janv. 1665), Bensserade, II, pp. 339, 356 ; — *Ballet des Arts* (8 janv. 1663), p. 12 ; Bensserade, II, p. 290 ; — *Nopces de village* (8 oct. 1663), pp. 3, 8 ; — *Mariage forcé* (29 janv. 1664), p. 5 ; — *Amours déguisez* (févr. 1664), p. 29 ; Bensserade, II, p. 306 ; — *Plaisirs de l'Isle enchantée* (7 mai 1664), pp. 8, 11 ; Bensserade, II, p. 322 — *Ballet des Muses* (2 déc. 1666), Bensserade, II, pp. 358, 377 ; — *Le Carnaval* (18 janv. 1668), Bensserade, II, p. 380 ; — *Ballet de Flore* (13 févr. 1669), pp. 10, 23 ; — *Divertissement royal* (4 févr. 1670), pp. 5, 8, 28, 30. — En 1668 et 1669 il est appelé simplement : « monsieur le Grand. »

Armagnac (Catherine de Neufville de Villeroy, comtesse d') : *Hercule amoureux* (7 févr. 1662), Bensserade, 1697, II, p. 258.

Arnal, ou Arnald, danseur : *Princesse d'Elide* (8 mai 1664), *Plaisirs de l'Isle enchantée* 1664, p. 71 ; — *Ballet du Palais d'Alcine* (9 mai 1664), *ibid.*, p. [79] ; *Festes de l'Amour et de Bacchus* (18 juillet

1668), *Relation*, p. 18; — *Ballet de Flore* (13 févr. 1669), pp. 26, 60 [*lis.* 40]; — *Divertissement royal* (4 févr. 1670), pp. 23, 27; — *Psyché* (7 janv. 1671), pp. 7, 40; — *Ballet des Ballets* (2 déc. 1671), pp. 28, 60.

Arquien (Louise-Marie de La Grange d'), plus tard reine de Pologne : *Ballet des Saisons* (23 juill. 1661), pp. 13, 14, 19, 20; Benserade, 1697, II, pp. 224, 229; — *Amours déguisez* (févr. 1664), pp. 22, 26; Benserade, II, p. 304; — *Ballet des Muses* (2 déc. 1666), Benserade, II. p. 371.

Artagnan ([Joseph de Montesquiou, comte] d'), page du roi dans *Les Plaisirs de l'Isle enchantée* (7 mai 1664), p. 5. — Joseph était né le 27 mars 1651.

Artus, danseur : *Psyché* (17 janv. 1671), p. 20.

Assalone, chanteur italien : *Ballet de l'Impatience* (14 févr. 1661), pp. 2, 32, 41.

Atto, chanteur italien : *Ballet de l'Impatience* (14 févr. 1661), pp. 2, 41.

Aubry (Mlle), chanteuse : *Ballet de Flore* (13 févr. 1669), pp. 34, 36, 60 [*lis.* 40]; Benserade, 1697, II, p. 402. — Est-ce Mlle Hervé Aubry, qui fit partie de la troupe du roi et mourut le 3 juill. 1674 ? Voy. *Registre de La Grange*, pp. 146, 179.

Auche (d'), violon : *Psyché* (17 janv. 1671), p. 41; — *Ballet des Ballets* (2 déc. 1671), p. 62.

Aumale (Louise-Marie-Françoise-Élisabeth de Savoie, dite Mlle d'), plus tard reine de Portugal : *Hercule amoureux* (7 févr. 1662), Benserade, 1697, II, p. 259; — *Amours déguisez* (févr. 1664), p. 35; Benserade, II, p. 310.

Aurat, chanteur : *Ballet de Flore* (13 févr. 1669, p. 60 [*lis.* 40] — il est appelé Orat — ; *Divertissement royal* (4 févr. 1670), pp. 5,29; — *Psyché* (17 janv. 1671), p. 39 — il est appelé Horat —; *Ballet des Ballets* (2 déc. 1671), pp. 6, 10, 28, 60.

Autel (X., comte d') : *Triomphe de l'Amour* (avril 1681). Benserade, 1697, II, p. 427.

Bailleul (Mlle de) : *Hercule amoureux* (7 févr. 1662), Benserade, 1697, II, p. 280.

Ballart ([Robert]), musicien, conduit une « musique de luts » dans le *Ballet de Madame* (19 mars 1615), p. 27.

Balon, danseur : *Ballet de l'Oracle* (1645), pp. 6, 21.

Balthasar, musicien : Charivari final du *Mariage forcé* (29 janv. 1664), p. 11; — *Amours déguisez* (févr. 1664), pp. 17, 47; — *Princesse d'Elide* (8 mai 1664), *Plaisirs de l'Isle enchantée*, 1664, pp. 42, 71; — *Ballet du Palais d'Alcine* (9 mai 1664), *ibid.*, p. [79].

Balus, violon : *Ballet de Flore* (févr. 1669), p. 61 [*lis.* 41]; — *Psyché* (janv. 1671), p. 36; *Ballet des Ballets* (déc. 1671), p. 57.

Balus fils, violon : *Psyché* (17 janv. 1671), p. 36; — *Ballet des Ballets* (déc. 1671), p. 57.

Banneville (de) : *Ballet des Triomphes* (18 févr. 1635), pp. 4, 5.

Baptiste, danseur : *Ballet des deux Magiciens* (2 mars 1636), pp. 3, 4, 7; — *Ballet de la Félicité* (8 mars 1639), pp. 139, 146.

Baptiste. Voy. Lulli (Gio. Battista).

Baraillon : *Psyché* (17 janv. 1671), p. 7. — Ce devait être alors un enfant, probablement frère de Jean Baraillon, tailleur d'habits de la troupe du roi, qui, le 25 févr. 1672, épousa Jeanne-Françoise Brouart, sœur de Mlle de Brie. Voy. *Registre de La Grange*, pp. 131, 135.

Barbesière (Mlle de) : *Ballet des Saisons* (23 juill. 1661), pp. 13. 15); Benserade, 1697, II, p. 224 (elle est appelée Barbezieux).

Barbot, danseur : *Ballet de Psyché* (16 janv. 1656), pp. 32, 38 (son nom est écrit Barbau; *Ballet de la Raillerie* (1659), p. 22; — *Ballet royal de l'Impatience* (14 févr. 1661), p. 4.

Barillonet : *Psyché* (17 janv. 1671), p. 12. — Ce devait être un enfant.

Baro : *Ballet des Triomphes* (18 févr. 1639), pp. 3, 4, 5; — *Ballet de la Marine* (25 févr. 1635), pp. 5, 6, 7, 10; *Ballet de la Félicité* (8 mars 1639), *Gazette*, 1639, pp. 139, 146. — Est-ce le poète Balthasar Baro ? Cf. Barrault.

Baron (Michel Boyron, dit), né le 7 ou le 8 oct. 1653, joue le rôle de l'Amour dans *Psyché* (janv. 1671), p. 12; — il représente l'Amour berger dans la *Pastorale comique* (*Ballet des Ballets*, déc. 1671, p. 16).

Barrault (peut-être le même que Baro) : *Ballet des deux Magiciens* (2 mars 1636), pp. 3, 6, 7.

Barry, danseur : *Ballet des Arts* (8 janv. 1663), p. 19. — Il était peut-être de la même famille qu'Antoine Bary, ou de Bary, joueur d'instruments et opérateur, qui, le 10 août 1632, avait épousé Michelle Brenet. Voy. Jal, *Dict. crit.*, 2ᵉ éd., p. 123.

Bassompierre (François de). *Ballet de Tancrède* (12 févr. 1619), Gramont, *Relation*, p. 29.

Bazoche, danseur : *Ballet de la Merlaison* (15 mars 1635), *Gazette*, 1635, p. 144.

Beaubrun, danseur : *Ballet de l'Oracle* (1645), *Gazette*, pp. 7, 13 ; — *Ballet de Cassandre* (26 févr. 1651), *Gazette*, p. 227 ; Bensserade, 1697, II, p. 8 ; — *Ballet des Proverbes* (févr. 1654), Bensserade, II, pp. 102, 104.

Beauchamp (Pierre), danseur et compositeur de ballets : *Ballet de la Nuit* (23 févr. 1653), Bensserade, 1697, II, p. 15 ; — *Ballet des Proverbes*, Bensserade, II, pp. 103, 105, 107, 110 ; — *Ballet du Temps* (30 nov. 1654), pp. 4, 7, 10, 11 ; — *Ballet de Psyché* (16 janv. 1656), pp. 5, 15, 18, 31, 33 ; Bensserade, II, p. 152 ; — *Les Plaisirs troublez* (12 févr. 1657), pp. 3, 6, 10, 17, 19, 22, 23 ; *Ballet d'Alcidiane* (14 févr. 1658), Bensserade, II, p. 184 ; — — *Ballet de la Raillerie* (1659), pp. 12, 15, 22, 24 ; — *Ballet de l'Impatience* (14 févr. 1661), pp. 19, 25, 34 ; Bensserade, II, p. 233 ; — *Ballet des Saisons* (23 juill. 1661), pp. 11, 15 ; — *Ballet des Arts* (8 janv. 1663), p. 1 ; — *Nopces de village* (3 oct. 1663), pp. 2, 3, 6 ; — *Mariage forcé* (29 janv. 1664), pp. 5, 8 ; — *Amours déguisez* (févr. 1664), pp. 29, 34, 45 ; — *Ballet du Palais d'Alcine* (9 mai 1664), *Plaisir de l'Isle enchantée*, 1664, p. [79] ; — *Festes de l'Amour et de Bacchus* (18 juill. 1668), *Relation*, pp. 13, 17, 22 ; — *Ballet de Flore* (févr. 1669), pp. 10, 18, 25, 29, 39 ; — *Divertissement royal* (4 févr. 1670), pp. 5, 9, 23, 28 ; — *Bourgeois gentilhomme* (oct. 1670), pp. 8, 20, 23 ; — *Psyché* (janv. 1671), pp. 7, 18, 27, 34, 42 ; — *Ballet des Ballets* (déc. 1671), pp. 6, 10, 28, 37, 39, 45, 63. —

Voy. Jal, p. 137 ; *Registre de La Grange*, pp. 124, 135.

Beaufort (François de Vandosme, duc de) : *Ballet des Triomphes* (18 févr. 1635), pp. 3, 4 ; — *Ballet de la Merlaison* (15 mars 1635), *Gazette*, pp. 143, 144 ; — *Ballet de l'Impatience* (14 févr. 1661), pp. 19, 21 ; Bensserade, 1697, p. 233 ; — *Ballet des Saisons* (23 juill. 1661), pp. 19, 20 ; Bensserade ; II, p. 228 ; — *Ballet des Arts* (8 janv. 1663), p. 17 ; Bensserade, II, p. 293.

Beaumavielle, chanteur : *Psyché* (janv. 1671), pp. 7, 41. — Cet artiste était venu de Toulouse à Paris en 1670 ; il mourut en 1688. Voy. Fétis, *Biogr. univ. des musiciens*, 2ᵉ éd., I, p. 286.

Beaumont (de), chanteur : *Ballet des Arts* (8 janv. 1663), p. 14 ; — *Ballet de Flore* (févr. 1669), pp. 8, 29, 30 ; Bensserade, 1697, II, p. 397 ; — il y a un couplet, comme les grands seigneurs, p. 60 [lis. 40] ; — *Divertissement royal* (4 févr. 1670), pp. 5, 26, 28 ; — *Psyché* (janv. 1671), pp. 6, 39 ; — *Ballet des Ballets* (déc. 1671), pp. 6, 10, 27, 60.

Beaumont, enfant : *Amours déguisez* (févr. 1664), p. 39.

Beaupré, trompette : *Divertissement royal* (4 févr. 1670), p. 27.

Beauvais (X. Bellier, baron de) : *Ballet royal de Flore* (févr. 1669), pp. 19, 20 ; Bensserade, 1697, II, p. 392.

Beauval (Jean Pitel, dit de), acteur : rôle du précepteur du petit comte dans *La Comtesse d'Escarbagnas* (déc. 1671), *Ballet des Ballets*, p. 16.

Beauval (Jeanne Olivier, dite Bourguignon, femme de Jean Pitel de), actrice : rôle d'une des sœurs de Psyché dans *Psyché* (janv. 1671), p. 12 ; — rôle de la marquise dans *La Comtesse d'Escarbagnas* (déc. 1671), *Ballet des Ballets*, p. 16.

Béjart (Louis), acteur : rôle d'Alcantor dans *Le Mariage forcé* (29 janv. 1664), p. 2 ; — rôle de l'Hiver dans *Les Plaisirs de l'Isle enchantée* (7 mai 1664), p. 16 ; — rôle de Théocle dans *La Princesse d'Elide* (8 mai 1664), *ibid.* p. 26.

Béjart (Geneviève), actrice ; rôle de la première bohémienne dans *Le Mariage forcé* (29 janv. 1664), p. 2 ; — rôle de la Princesse d'Elide dans

Les Plaisirs de l'Isle enchantée (8 mai 1664), p. 26.

Belleville, maître de ballets, combine les pas du *Ballet de Tancrede* (12 févr. 1619), Gramont, *Relation*, p. 25.

Belo : *Ballet de l'Impatience* (24 févr. 1661), p. 27. Il représente un nain.

Benjamin, danseur : *Ballet des Triomphes* (18 févr. 1635), pp. 3, 5 ; — *Ballet de la Merlaizon* (15 mars 1635), *Gazette*, pp. 143, 144.

Bérangé, musicien : charivari des *Plaisirs troubles* (1657), p. 15.

Berbisy (de) : *Ballet dancé à Dijon* (11 févr. 1627). p. 2.

Bergerotti (Anna), chanteuse : *Ballet de Psyché* (16 janv. 1656), p. 38 ; — *Ballet de la Raillerie* (19 févr. 1659), pp. 5, 16 ; — *Ballet royal de l'Impatience* (14 févr. 1661), pp. 2, 41 ; — *Mariage forcé* (29 janv. 1664), p. 10 ; — *Amours déguisez* (févr. 1664), p. 37. — On trouve dans le recueil décrit sous le n° 1460 (fol. 53 v°) le dessin d'un costume destiné à « la seignore Anne ».

Beringhen (Jacques-Louis, marquis de), appelé « Beringuen » : *Naissance de Venus* (26 janv. 1665), Bensserade, 1697, II, p. 347.

Bernard, chanteur : *Ballet de Flore* (févr. 1669), p. 61 [lis. 41] ; — *Bourgeois gentilhomme* (oct. 1670), pp. 8, 13 ; — *Psyché* (janv. 1671), pp. 7, 33, 36, 38 ; — *Ballet des Ballets* (déc. 1671). pp. 6, 10, 28, 39, 57, 59.

Bertau, danseur, 1671. Voy. Breteau.

Besson, musicien : *Ballet de la Raillerie* (19 févr. 1659). p. 27 ; — *Ballet des Arts* (8 janv. 1663), p. 19 ; — *Amours déguisez* (févr. 1664), pp. 5, 21, 31.

Biancolelli (Domenico), dit Dominique : *Bourgeois gentilhomme* (oct. 1670), p. 23 ; — *Ballet des Ballets* (déc. 1671). p. 45.

Biron (Louise de Gontault, dite Mlle de) : *Triomphe de l'Amour* (avril 1681), Bensserade, 1697, II, p. 417. — Elle épousa, le 19 sept. 1684, Joseph, marquis d'Urfé.

Biscaras (marquis de) : *Nopces de village* (1663), p. 3.

Blainville (Jean de Varigniez, seigneur de) : *Ballet de Tancrede* (12 février 1619), Gramont, *Relation*, p. 28.

Blondeau, danseur : *Ballet dancé à Dijon* (11 févr. 1627), p. 3.

Blondel ([Louis-Nicolas]), chanteur : *Nopces de village* (1663), p.2 ; — *Amours déguisez* (févr. 1664), p. 18 ; — *Princesse d'Elide* (8 mai 1664), *Plaisirs de l'Isle enchantée*, 1664, pp. 22, 82 ; — *Feste de l'Amour et de Bacchus* (18 juill. 1668), *Relation*, 1679, p. 14 ; — *Ballet de Flore* (13 févr. 1669), p. 7 ; Bensserade, 1697, II, p. 383 ; — *Divertissement royal* (4 févr. 1670), p. 23 ; — *Bourgeois gentilhomme* (oct. 1670), pp. 6, 8, 13 ; — *Psyché* (janv. 1671), p. 38. — Voy. Fétis, I, p, 447.

Boësset ([Jean-Baptiste] de), musicien : rôle d'Apollon dans le ballet de *Psyché* (16 janv. 1656), p. 28. — Né en 1612, il mourut le 25 déc. 1685. Voy. Fétis, I, p. 474 ; Jal, p. 234.

Bomaviel. Voy. Beaumavielle.

Boncour, danseur : *Plaisirs troublez* (12 févr. 1656), p. 7.

Bony, chanteur : *Ballet de Flore* (févr. 1669), p. 60 [lis. 40] ; — *Divertissement royal* (4 févr. 1670), p. 28 ; — *Psyché* (janv. 1671), pp. 7, 41 ; — *Ballet des Ballets* (déc. 1671), pp. 6, 10, 27, 62. — Mlle Bony chanta plus tard à l'Académie royale de Musique. Elle figure dans le prologue de *Thésée* (11 janv. 1675).

Bonnard, Bonard, danseur : *Ballet des Proverbes* (févr. 1654), Bensserade, 1697, II, p. 108 ; — *Ballet de Psyché* (16 janv. 1656), p. 32 ; — *Plaisirs troublez* (1657), p. 7 ; — *Ballet de la Raillerie* (1659), p. 20 ; — *Ballet de l'Impatience* (14 févr. 1661), pp 32, 38 — son nom est écrit Bonar et Bonat ; — *Ballet des Arts* (8 janv. 1663), p. 19 ; — *Nopces de village* (1663), p. 7 ; *Mariage forcé* (29 janv. 1664), p. 11 ; — *Princesse d'Elide* (8 mai 1664), *Plaisirs de l'Isle enchantée*, 1664, pp. 26, 42, 71 ; — *Festes de l'Amour et de Bacchus* (18 juill. 1668). *Relation*, 1679, p. 18 ; — *Ballet de Flore* (13 févr. 1679), pp. 18, 25, 29, 60 [lis. 40] ; — *Bourgeois gentilhomme* (oct. 1670), pp. 5, 20 ; — *Psyché* (janv. 1671), pp. 7, 16, 40 ; — *Ballet des Ballets* (déc. 1671), pp. 26, 37, 39, 48.

Bonnard, enfant : *Ballet du Temps* (30 nov. 1654), p. 5.

Bonneau, acteur : rôle de la suivante

dans *La Comtesse d'Escarbagnas* (déc. 1671), *Ballet des Ballets*, p. 16.

Bonnefons, violon : *Psyché* (janv. 1671), p. 41 ; — *Ballet des Ballets* (déc. 1672), p. 62.

Bonneuil (Mlle de) : *Ballet des Nopces de Pelée et de Thetis* (janv. 1654), Bensserade, 1697, II, p. 94 ; — *Ballet de Psyché* (16 janv. 1656), pp. 19, 21.

Bontemps ([Alexandre]) : *Ballet des Proverbes* (févr. 1654), Bensserade, 1697, II, pp. 103, 105, 109, 110 ; — *Ballet du Temps* (30 nov. 1654), pp. 4, 5, 9, 11 ; — *Ballet de Psyché* (16 janv. 1656), pp. 25, 32 ; — *Ballet de la Raillerie* (1659), pp. 12, 21, 25 ; — *Ballet de l'Impatience* (14 févr. 1661), pp. 19, 23, 30, 33, 38 ; Bensserade, II, p 236 ; — *Ballet des Saisons* (23 juill. 1661), pp. 10, 17 ; — *Ballet des Arts* (8 janv. 1663), p. 17 ; — *Nopces de village* (1663), p. 6 ; — *Amours déguisez* (févr. 1664), p. 40. — Né le 6 juin 1626, Bontemps fut conseiller et valet de chambre du roi, gouverneur de Versailles, etc. Il mourut le 17 janv. 1701. Voy. Jal, pp. 247-249.

Bordigone, chanteur : *Ballet royal de l'Impatience* (14 févr. 1661), pp. 2, 32 — son nom est écrit Bourdigoné ; — *Mariage forcé* (29 janv. 1664), p. 10.

Borel du Miracle, chanteur. Voy. Du Miracle.

Boucher, danseur : *Ballet de l'Oracle* (1645), pp. 4, 12.

Bouilland, danseur : *Divertissement royal* (4 févr. 1670), p. 23 ; — *Psyché* (janv. 1671), p. 20.

Bouillon (Marie-Anne Mancini, duchesse de) : *Naissance de Venus* (26 janv. 1665), Bensserade, 1697, II, p. 329.

Bouligneux (X. de La Palu, comte de), cadet : *Triomphe de l'Amour* (avril 1681), Bensserade, 1697, II, p. 409.

Boulonnois, acteur : rôle du laquais du conseiller dans *La Comtesse d'Escarbagnas* (déc. 1671), *Ballet des Ballets*, p. 16.

Bourbon (Anne-Geneviève, dite Mlle de) : *Ballet des Triomphes* (18 févr. 1635), p. 5.

Bourdonné, danseur : *Ballet de la Merlaison* (15 mars 1635), *Gazette*, pp. 143, 144.

Boutet, flûte : *Bourgeois gentilhomme* (oct. 1670), p. 26 — son nom est imprimé Bouret ; — *Psyché* (janv. 1671), pp. 15, 41 ; — *Ballet des Ballets* (déc. 1671), pp. 17, 62.

Bouteville, danseur : *Plaisirs troublez* (1657), p. 15 ; — *Psyché* (janv. 1671), p. 20.

Brancas (Suzanne Garnier, comtesse de) : *Nopces de Pelée et de Thetis* (janv. 1654), Bensserade, 1697, II, p. 93.

Brancas (Françoise de) : *Hercule amoureux* (17 févr. 1662). Bensserade, 1697, II, p. 280 ; — *Amours déguisez* (févr. 1664), p. 35 ; Bensserade, II, p. 311 ; — *Naissance de Venus* (26 janv. 1665), Bensserade, II, p. 333 ; — *Ballet des Muses* (2 déc. 1666), Bensserade, II, p. 375. — Elle épousa, le 18 févr. 1667, Alphonse-Henri-Charles de Lorraine, prince d'Harcourt, et mourut le 13 avril 1715. Voy. aussi Harcourt.

Brantes (Léon d'Albert, seigneur de), plus tard duc de Luxembourg : *Ballet de Tancrede* (12 févr. 1619), Gramont, *Relation*, p. 29.

Brécourt (Guillaume Marscoureau, sieur de), acteur : rôle du premier docteur dans le *Mariage forcé* (29 janv. 1664), p. 2.

Breteau, danseur : *Psyché* (17 janv. 1671), p. 37 ; — *Ballet des Ballets* (2 déc. 1671), pp. 37 (il est appelé Bertau), 57.

Brezé (X., marquis de) : *Ballet de la Félicité* (8 mars 1639), *Gazette*, pp. 139, 145.

Brie (Edme Villequin, dit de), acteur : rôle de Fleuve dans *Psyché* (17 janv. 1671), p. 12.

Brie (Catherine Le Clerc, femme d'Edme Villequin de), actrice : rôle de la seconde Bohémienne dans *Le Mariage forcé* (29 janv. 1664), p. 2 ; — rôle du siècle d'airain dans *Les Plaisirs de l'Isle enchantée* (7 mai 1664), *Relation*, 1664, p. 13 ; — rôle de Cinthie dans *La Princesse d'Elide* (8 mai 1664), *ibid.*, p. 26 ; — rôle de Célie dans le *Ballet du Palais d'Alcine* (9 mai 1664), *ibid.*, p. [77] ; — rôle de Vénus dans *Psyché* (17 janv. 1671), pp. 7, 12 et dans le *Ballet des Ballets* (2 déc. 1671), p. 10 ; — rôle de la nymphe dans la *Pastorale comique* (2 déc. 1671), *Ballet des Ballets*, p. 16.

Brigny (X. de) : *Ballet de Psyché* (16 janv. 1656, p. 28.

Brion (François-Christophe de Levis, comte de) : *Ballet des Triomphes* (18 févr. 1635), pp. 3, 4 — Brion remplaçait Puylaurens, qui venait d'être arrêté : voy. Bassompierre, *Mémoires*, IV, p. 169 — ; *Ballet de la Marine* (25 févr. 1635), pp. 5, 6, 7, 10, 11, 15, 19 ; — *Ballet des deux magiciens* (2 mars 1636), pp. 2, 4, 6, 8, 13 ; — *Ballet de l'Oracle* (1645), pp. 3, 14, 18.

Brionne (Henri de Lorraine, comte de) : *Triomphe de l'Amour* (avril 1681), Bensserade, 1697, II, pp. 408, 413, 417.

Broglie (Victor-Maurice, comte de) : *Nopces de village* (1663), p. 6. — Son nom est écrit Broglia.

Brotin, danseur : *Ballet des deux Magiciens* (2 mars 1636), pp. 2, 6, 7.

Brouard, violon : *Plaisirs troublez* (1657), p. 7 ; — *Amours déguisez* (févr. 1664), pp. 5, 47 ; — *Ballet royal de Flore* (févr. 1669), p. 62 [*lis.* 42] ; — *Psyché* (janv. 1671), p. 39 ; — *Ballet des Ballets* (déc. 1671), p. 60.

Brouilly (X. de Piennes, dite Mlle de) : *Triomphe de l'Amour* (avril 1681), Bensserade, 1697, II, p. 417.

Bruneau, danseur : *Ballet des Proverbes* (févr. 1654), Bensserade, 1697, II, pp. 103, 110 ; — *Ballet du Temps* (30 nov. 1654), pp. 6, 9, 11 ; — *Ballet de la Raillerie* (1659), pp. 21, 25 ; — *Ballet des Saisons* (23 juill. 1661), p. 11 : — *Nopces de village* (1663), p. 8 ; — *Amours déguisez* (févr. 1664), p. 17.

Brunet, musicien : *Ballet de la Raillerie* (19 févr. 1659), p. 27 ; — *Nopces de village* (1663), p. 2. — Jean Brunet était huissier des ballets en 1662. Voy. Jal, *Dict. crit.*, 2e éd., p. 896, 2e col.

Bruslard aîné, violon : *Ballet de Flore* (févr. 1669), p. 61 [*lis.* 41].

Bruslard cadet, violon : *ibid.*

Bruslon (de), ou Brulon : *Ballet de l'Oracle* (1645), pp. 13, 19.

Buckingham (George Villiers, duc de) : *Ballet de la Nuit* (23 févr. 1653), Bensserade, 1697, II, pp. 24, 57, 63.

Bureau, danseur : *Ballet du Palais d'Alcine* (9 mai 1664), *Plaisirs de l'Isle enchantée*, 1664, p. [79] ; — *Psyché* (17 janv. 1671), p. 40.

Buret, musicien : *Ballet de la Raillerie* (19 févr. 1659), p. 11. — Ce doit être le harpiste Claude Burette. Voy. Fétis, II, p. 114.

Buridan (Mme de) : *ibid.*, p. 23.

Cabou, danseur : *Ballet de la Nuit* (23 févr. 1653), Bensserade, 1697, II, p. 15 ; — *Ballet des Proverbes* (févr. 1654), *ibid.*, pp. 103, 105, 109, 110 ; — *Ballet du Temps* (30 nov. 1654), pp. 6, 7, 10, 11 ; — *Ballet des Plaisirs* (4 févr. 1655), Bensserade, II, p. 138 ; — *Balle, de Psyché* (16 janv. 1656), pp. 5, 15, 29, 33 ; Bensserade, II, p. 152 ; — *Ballet d'Alcidiane* (14 févr. 1658), II, p. 184 ; — *Ballet de la Raillerie* (19 févr. 1659), pp. 11, 15, 22, 24 ; — *Nopces de village* (3 oct. 1668), p. 4 ; — *Amours déguisez* (févr. 1664), p. 16.

Cambray (Mlle de), enfant : *Amours déguisez* (févr. 1664), p. 39.

Camet, danseur : *Psyché* (17 janv. 1671), p. 42.

Camille, violon : *Ballet royal de Flore* (13 févr. 1669), p. 61 [*lis.* 41] ; *Psyché* (17 janv. 1671), p. 33.

Canaples (Alphonse de Créquy, comte de) : *Ballet de la Nuit* (23 févr. 1653), Bensserade, 1697, II, p. 21 ; — *Nopces de village* (3 oct. 1663), p. 3. — Il devint duc de Lesdiguières en 1704, et mourut, à 85 ans, le 5 août 1711.

Candale (Louis-Charles-Gaston de Nogaret de La Valette, duc de) : *Ballet de Cassandre* (26 févr. 1651), *Gazette*, pp. 224, 231 ; Bensserade, 1697, II, pp. 5, 12 ; — *Nopces de Pelée et de Thetis* (janv. ? 1654), Bensserade, II, p. 91 ; — *Ballet de Psyché* (16 janv. 1656), pp. 19-22 ; Bensserade, II, p. 158. — Né en 1627, mort en 1658.

Carbonnet, trompette : *Divertissement royal* (4 févr. 1670), p. 27.

Carignan (Thomas-François de Savoie, prince de), grand-maître de France : *Ballet du Temps* (30 nov. 1654), pp. 6, 10.

Carle (Le comte) ? : *Ballet de Psyché* (16 janv. 1656), pp. 30, 34.

Carses (Le comte de) : *Ballet de la Marine* (25 févr. 1635), pp. 5, 6, 19, 22.

Castelnau (Marie-Charlotte de) : *Amours déguisez* (févr. 1664), pp. 35, 36 ; Bensserade, 1697, II, p. 311 ; —

Naissance de Venus (26 janv. 1665), Bensserade, II, p. 334. — Née en 1648, elle épousa le 15 mai 1668 Antoine-Charles, duc de Gramont, et mourut en 1694.

Cercamanan (Mlle), chanteuse : *Ballet des Arts* (8 janv. 1663), p. 10 ; *Amours déguisez* (févr. 1664), p. 46.

Chalain (de) : *Ballet de la Paix* (Münster, 26 févr. 1645), *Gazette*, pp. 218, 220.

Chalais (Henry de Talleyrand, marquis de) : *Ballet de Tancrede* (12 févr. 1619), Gramont, *Relation*, p. 28. — Plus tard jugé et exécuté.

Chambonière, danseur ; *Ballet de la Marine* (25 févr. 1635), pp. 5, 6, 7.

Champvallon (François-Bonaventure de Harlay, marquis de) : *Ballet de Flore* (13 févr. 1669), Bensserade, 1697, II, p. 392.

Chancy, l'un des maîtres de la musique du roi, dirige un concert de luths dans le *Ballet des Triomphes* (18 fév. 1635), *Gazette*, p. 90. — Cf. Fétis, II, p. 248.

Chandoure, danseur : *Plaisirs troubles* (12 févr. 1657), pp. 10, 17, 21.

Chapelle, danseur : *Ballet des Triomphes* (18 févr. 1635), p. 4.

Charlot, violon : *Amours déguisez* (févr. 1664), pp. 5, 21, 31 ; — *Ballet royal de Flore* (13 févr. 1669), p. 62 [*lis.* 42] ; — *Ballet des Ballets* (2 déc. 1671), pp. 27, 60.

Charpentier, violon : *Ballet royal de Flore* (13 févr. 1669), p. 61 [*lis.* 41] ; — *Divertissement royal* (4 févr. 1670), p. 26 ; — *Psyché* (17 janv. 1671), p. 39 ; *Ballet des Ballets* (2 déc. 1671), p. 60. — C'est probablement le compositeur Marc-Antoine Charpentier, né en 1634, m. en 1702. Voy. Fétis, II, 253 ; *Registre de La Grange*, p. 135.

Charron, danseur : *Ballet royal de Flore* (13 févr. 1669), pp. 19, 26, 60 [*lis.* 40].

Chasans : *Ballet dancé à Dijon* (11 févr. 1627), p. 3.

Chasteau d'Assier (Mlle), enfant : *Amours déguisez* (févr. 1664), p. 39.

Chasteau-Thierry (Louise-Julie de La La Tour, dite Mlle de), appelée Châteautier : *Triomphe de l'Amour* (avril 1681), Bensserade, 1697, II, p. 407. — Elle était encore enfant. Elle épousa le 22 juin 1698 François-Armand de Rohan, prince de Montbazon.

Chastelet, compose les paroles et la musique d'une chanson à boire dans le *Ballet de la Felicité* (8 mars 1639), *Gazette*, p. 143.

Chaudron, appelé aussi Chaudron père, danseur et violon. *Ballet de Psyché* (16 janv. 1656), p. 33 ; — *Plaisirs troubles* (12 févr. 1657), p 7 ; — *Ballet de Flore* (13 févr. 1669), p. 61 [*lis.* 41] ; — *Psyché* (17 janv. 1671), p. 33.

Chaudron fils, chanteur et violon : *Psyché* (17 janv. 1671), p. 36 ; — — *Ballet des Ballets* (2 déc. 1671), p. 57.

Chaulnes (Charlotte d'Ailly, duchesse de) : *Ballet des Triomphes* (18 févr. 1635), p. 5.

Chauveau, danseur : *Ballet de Flore* (13 févr. 1669), pp. 18, 26, 60 [*lis.* 40] ; — *Psyché* (17 janv. 1671), p. 7 ; — *Ballet des Ballets* (2 déc. 1671), pp. 37, 61.

Chemerault (X. de Barbezières, dite Mlle de) : *Ballet des Saisons* (23 juill. 1661), pp. 6, 9 ; Bensserade, 1697, II, p. 220.

Chevalier, violon : *Ballet de Flore* (13 févr. 1669), p. 62 [*lis.* 42] ; — *Psyché* (17 janv. 1671), p. 33.

Chevreuse (Charles-Honoré d'Albert, duc de) : *Le Carnaval* (18 janv. 1668), Bensserade, 1697, II, p. 379 ; *Ballet de Flore* (13 févr. 1669), *ibid.*, II, p. 390.

Chevreuse (Jeanne-Marie Colbert, duchesse de) : *Ballet royal de Flore* (13 févr. 1669), pp. 12, 13 ; Bensserade, 1697, II, p. 387.

Chiacheron : rôle du mufti dans la cérémonie du *Bourgeois gentilhomme* (oct. 1670), p. 8 ; *Ballet des Ballets* (2 déc. 1671), p. 39.

Chiarini, chanteur : *Ballet royal de l'Impatience* (14 févr. 1661), pp. 2, 32, 41 ; — *Mariage forcé* (29 janv. 1664), p. 10.

Chicanneau, danseur et violon : *Nopces de village* (1663), pp. 3, 6 ; — *Amours déguisez* (févr. 1664), p. 45 ; — *Princesse d'Elide* (8 mai 1664), *Plaisirs de l'Isle enchantée*, 1664, pp. 26, 42, 71 ; — *Ballet du Palais d'Alcine* (9 mai 1664), *ibid.*, p. [79] ; *Festes de l'Amour et de Bacchus* (18 juill. 1668) ; — *Relation*, 1679, pp. 17, 18, 22 ; — *Ballet royal de Flore* (févr. 1669), pp. 23, 27, 60 [*lis.* 40]; — *Divertissement royal* (4 févr. 1670), pp. 5, 27 ; — *Bourgeois gentilhomme* (oct. 1670), pp. 8, 20 ; — *Psyché* (janv. 1671), pp. 7, 18, 27, 34, 41, 42 ; — *Ballet des Ballets* (déc. 1671), pp. 6, 10, 28, 37, 39, 62 63.

Christine de France: *Ballet de Madame* (19 mars 1615), p. 27. — Née le 10 févr. 1606, elle épousa le 10 févr. 1619 Victor-Amédée, prince de Piémont, qui devint duc de Savoie en 1630. Elle mourut le 27 déc. 1663.

Clérambault, musicien : *Psyché* (17 janv. 1671), p. 33. — Fétis (II, p. 323) cite le fils et le petit-fils de cet artiste.

Clinchant (de) : *Ballet des Triomphes* (18 févr. 1635), pp. 4, 5 ; — *Ballet de l'Oracle* (1645), pp. 7, 17 ; — *Ballet de l'Impatience* (14 févr. 1661), p. 27. — Ce nom est écrit Clinchamp.

Clisson (Mlle de) : *Triomphe de l'Amour* (avril 1681), Bensserade, 1697, II, pp. 417, 426.

Cobus, sauteur : *Psyché* (17 janv. 1671), p. 27.

Coëtlogon (Louise-Philippe de) : *Ballet des Saisons* (23 juill. 1661), pp. 19, 22 ; Bensserade, 1697, II, p. 375 ; *Amours déguisés* (févr. 1664), pp. 35, 37 ; Bensserade, II, p. 312 ; — *Ballet des Muses* (2 déc. 1666), Bensserade, II, p. 375 ; — *Ballet de Flore* (13 févr. 1669), pp. 14, 18. — Elle est appelée Cologon ou Cologeon.

Coëtquen (Marguerite de Rohan Chabot, marquise de Coaquin, ou mieux) : *Ballet royal de Flore* (13 févr. 1669), pp. 14, 15 ; Bensserade, 1697, II, p. 388.

Coislin (Pierre César Du Cambout, marquis de) : *Ballet de la Marine* (25 févr. 1635), pp. 5, 6, 7, 10, 19 ; — *Ballet des deux Magiciens* (2 mars 1636), pp. 2, 6, 9, 10, 11, 12 ; — *Ballet de la Félicité* (8 mars 1639), *Gazette*, pp. 142, 145. — Né en 1613, mort en 1641.

Coislin (Armand Du Cambout, duc de) : rôle de Didon dans les *Plaisirs de l'Isle enchantée* (7 mai 1664), *Relation*, pp. 9, 12 ; Bensserade, 1697, II, p. 322. — Né en 1635, mort en 1702.

Coislin (Charles-César, chevalier de) : *Nopces de village* (3 oct. 1663), p. 2. — Né en 1641, mort en 1699. Voy. Anselme, *Hist. généal.*, IV, p. 806.

Commercy (Charles-François de Lorraine, prince de) : *Triomphe de l'Amour* (avril 1681), Bensserade, 1697, II, p. 409. — Né le 11 juillet 1661 ; m. le 15 août 1722.

Commercy (Mlle de) : *Triomphe de l'Amour* (avril 1681), Bensserade, II, p. 405. — Ce doit être Béatrice Hiéronyme de Lorraine, née le 1er juillet 1662, abbesse de Remiremont en 1711, ou peut-être sa sœur, Élisabeth, née le 5 avril 1664, mariée en 1691 au prince d'Espinoy.

Comminges (Gaston-Jean-Baptiste, comte de) : *Ballet de la Félicité* (8 mars 1639), *Gazette*, 1639, pp. 142, 143 ; — *Ballet de l'Oracle* (fév,. 1645), p. 14.

Comminges (Sibylle Angélique d'Amalby, comtesse de), mariée au précédent en 1643 : *Nopces de Pelée et de Thetis* (janv. ? 1654), Bensserade, 1697, II, p. 96 ; — *Ballet des Saisons* (23 juill. 1661), pp. 19, 22 ; Bensserade, II, p. 229.

Condé (Louis II de Bourbon, prince de) : *Ballet de l'Impatience* (14 févr. 1661), pp. 19, 20 ; Bensserade, 1697, II, p. 233 ; — *Hercule amoureux* (7 févr. 1662), Bensserade, II, p. 267.

Conti (Anne-Marie Martinozzi, princesse de) : *Nopces de Pelée et de Thetis* (26 janv. 1654), Bensserade, 1697, II, p. 75. — Anne-Marie, née à Rome en 1637, n'était pas pas encore mariée. Ce ne fut que le 22 févr. 1654 qu'elle épousa le prince de Conti (Anselme, *Hist. généal.*, I, p. 346).

Conti (Marie-Anne de Bourbon, dite Mlle de Blois, princese de) : *Triomphe de l'Amour* (avril 1681), Bensserade, 1697, II, pp. 413, 418.

Coquet (Le « général » et son fils, représentent Gombault et Macée dans le *Ballet de Cassandre* (26 févr. 1651), *Gazette*, 1651, p. 230 ; Bensserade, 1697, II, p. 11.

Coquet, danseur, peut-être le même : *Ballet de la Nuit* (23 févr. 1653) ; Bensserade, 1697, II, p. 21 ; — *Ballet de Psyché* (16 janv. 1656), pp. 12, 30, 34 ; Bensserade, II, p. 166 ; — *Ballet de la Raillerie* (19

APPENDICE. 607

févr. 1659), pp. 12, 22, 24; — *Ballet des Saisons* (13 juill. 1661), p. 17; — *Hercule amoureux* (7 févr. 1662), Bensserade, II, p. 275; — *Ballet des Arts* (8 janv. 1663), p. 12.

Cordesse, danseur: *Ballet de l'Impatience* (14 févr. 1661), pp. 25, 32, 37.

Cornu, danseur: *Ballet de l'Oracle* (1645), pp. 4, 12.

Couperin ([Louis]), claveciniste et dessus de viole: *Ballet de Psyché* (16 janv. 1656), p. 14; — *Plaisirs troublez* (12 févr. 1657). — Voy. Jal, p. 440; Fétis, II, p. 375.

Couperin ([François Ier]), dit le jeune, organiste et claveciniste: *Ballet de la Raillerie* (19 févr. 1659), p. 11. — Voy. Jal, p. 440; Fétis, II, p. 375.

Courcelles (Le marquis de): *Nopces de village* (3 oct. 1663), p. 2.

Courtenvaux (Jean de Sonvré, marquis de): *Ballet de Tancrede* (12 févr. 1619), Gramont, *Relation*, p. 30.

Courtois, danseur: *Ballet de Cassandre* (26 févr. 1651), p. 227; Bensserade, 1697, II, p. 8.

Crecia (Mlle de): *Ballet de Madame* (19 mars 1615), *Description*, p. 27.

Créquy (Charles III, sire de): *Ballet de la Nuit* (23 févr. 1653), Bensserade, 1697, II, p. 70.

Créquy (Armande de Saint-Gelais-Lusignan de Lansac, duchesse de): *Nopces de Pelée et de Thetis* (26 janv. 1654), Bensserade, 1697, II, p. 74; — *Ballet de Psyché* (16 janv. 1656), pp. 6, 8; Bensserade, II, p. 146; — *Hercule amoureux* (7 févr. 1662), II, Bensserade, p. 260; — *Amours déguisez* (févr. 1664), pp. 22, 24; Bensserade, II, p. 303; — *Naissance de Venus* (26 janv. 1665), Bensserade, II, p. 329.

Crussol (Emmanuel, comte de): *Nopces de village* (3 oct. 1663), p. 2; — *Naissance de Venus* (26 janv. 1665), Bensserade, 1697, II, p. 336. — Né en 1642, duc d'Uzès en 1680, m. le 1er juill. 1692. Anselme, III, p. 772.

Crussol (Julie-Marie de Sainte-Maure, comtesse de): *Ballet des Muses* (2 déc. 1666), Bensserade, 1697, II, p. 372.

Cuzac (? de Rotundis de Caheuzac, dit): *Ballet de la Marine* (25 févr. 1635, pp. 5, 6, 7, 20.

Daicre, timbalier: *Divertissement royal* (4 févr. 1670), p. — 27; *Psyché* (17 janv. 1671), p. 41; — *Ballet des Ballets* (2 déc. 1671), p. 62.

Daluseau, danseur: *Divertissement royal* (4 févr. 1670), p. 23; — — *Psyché* (17 janv. 1672), p. 20.

Dambourg (Mlle): *Ballet de Psyché* (16 janv. 1656), p. 39.

Dampierre (Mlle [de]): *Naissance de Venus* (26 janv. 1665), Bensserade, 1697, II, p. 334.

Damville (François-Christophe de Lévis-Ventadour, comte de Brion, duc de): *Ballet de la Nuit* (23 févr. 1653), Bensserade, 1697, II, pp. 27, 38, 45; — *Ballet des Proverbes* (févr. 1654), Bensserade, II, pp. 102, 104, 108; — *Nopces de Pelée et de Thetis* (26 janv. 1654), Bensserade, II, pp. 82, 97; — *Ballet du Temps* (30 nov. 1654), p. 9; — *Ballet des Plaisirs* (4 févr. 1655), Bensserade, II, p. 136; — *Ballet de Psyché* (16 janv. 1656), pp. 16, 17, 31, 32; Bensserade, II, p. 151 (une note porte « amoureux de mademoiselle de Menneville », qu'il épousa peu après); — *Amour malade* (17 janv. 1657), Bensserade, II, pp. 174, 181. — Il mourut le 9 nov. 1661.

Dauphin, danseur: *Ballet de la Marine* (25 févr. 1635), pp. 5, 6, 7; — *Ballet des deux Magiciens* (2 mars 1636), pp. 3, 4, 7.

Dauphin, [fils?]: Un amour dans *Psyché* (17 janv. 1671). — Ce Dauphin pourrait être celui qui chanta dans le prologue de *Thésée*, opéra de Quinault et de Lulli (11 janv. 1675). Voy. Chouquet, *Hist. de la musique dram.*, p. 318.

David, chanteur: *Ballet royal de Flore* (13 févr. 1669), p. 60 [*lis.* 40]; — *Divertissement royal* (4 févr. 1670), pp. 5, 29; — *Psyché* (17 janv. 1671), p. 41; — *Ballet des Ballets* (2 déc. 1671), pp. 6, 10, 28, 62. — Le chanteur pouvait être fils de Jacques David, maître joueur de luth, qui fit baptiser en 1638, une fille appelée Philiberte. Jal, p. 110.

Dazy, danseur: *Ballet de la Nuit* (23 févr. 1653), Bensserade, 1697, II, p. 40.

Degan, danseur : *Ballet de Psyché* (16 janv. 1656), pp. 30, 33 ; Bensserade, 1697, II, p. 166 ; — *Plaisirs troublez* (12 févr. 1657), p. 6, 11, 17, 22, 23 ; — *Ballet de l'Impatience* (14 févr. 1661), pp. 28, 37 ; — *Amours déguisez* (févr. 1664) ; — *Ballet du Palais d'Alcine* (9 mai 1664), *Plaisirs de l'Isle enchantée*, 1664, p. [79]. — Le nom est écrit presque toujours de Gan.

Denis, trompette : *Psyché* (17 janv. 1671), p. 41 ; — *Ballet des Ballets* (2 déc. 1671), p. 62.

Des Airs, aîné, chanteur et danseur : *Ballet de la Nuit* (23 févr. 1653), Bensserade, 1697, II, pp. 20, 24 ; — *Ballet des Proverbes* (févr. 1654), Bensserade, II, pp. 103, 106, 108, 110 ; — *Ballet du Temps* (30 nov. 1654), pp. 4, 5, 6, 10 ; — *Ballet de Psyché* (16 janv. 1656), pp. 15, 38 ; Bensserade, II, p. 151 ; — *Ballet de la Raillerie* (19 févr. 1659), pp. 12, 23, 25 ; — *Ballet de l'Impatience* (14 févr. 1661), pp. 25, 30 ; — *Ballet des Saisons* (23 juill. 1661), pp. 13, 17 ; — *Ballet des Arts* (8 janv. 1663), p. 26 ; — *Mariage forcé* (29 janv. 1664), p. 11 ; — *Amours déguisez* (févr. 1664), p. 17 ; — *Ballet du Palais d'Alcine* (9 mai 1664), *Plaisirs de l'Isle enchantée*, 1664, p. [79].

Des Airs, cadet, danseur : *Ballet de Psyché* (16 janv. 1656), pp. 15, 32, 38 ; Bensserade, 1697, II, p. 151 ; — *Ballet de la Raillerie* (19 févr. 1659), p. 21 ; — *Ballet royal de l'Impatience* (14 févr. 1661), p. 28 ; — *Ballet des Arts* (8 janv. 1663), pp. 15, 26 ; — *Nopces de village* (3 oct. 1663), p. 8 ; — *Mariage forcé* (29 janv. 1664), p. 11 ; — *Amours déguisez* (févr. 1664), pp. 17, 45 ; — *Ballet du Palais d'Alcine* (9 mai 1664), p. [79].

Des Airs, le fils, en troisième : *Ballet de la Raillerie* (19 févr. 1659). p. 11 ; — Des Airs est encore enfant — ; *Amours déguisez* (févr. 1664), p. 45 ; — *Psyché* (17 janv. 1671), p. 20. — Le Livret de *Psyché* porte simplement Des Airs.

Des Airs, [quatrième ?] : Petit Amour dans *Les Amours déguisez* (févr. 1664), p. 39 ; — *Ballet du Palais d'Alcine* (9 mai 1669), *Plaisirs de l'Isle enchantée*, 1664, p. [78].

Des Airs, [cinquième ?] : « Les deux petits Des Airs » (celui-ci et le précédent ?) représentent des nains dans le *Ballet du Palais d'Alcine* (9 mai 1669), *Plaisirs de l'Isle enchantée*, 1664, p. [78].

Des Autels (Mˡˡᵉ) : *Ballet des Saisons* (23 juill. 1661), p. 6 ; Bensserade, 1697, II, p. 220 ; — *Hercule amoureux* (7 févr. 1662), Bensserade, II, p. 261.

Des Bardins, héraut chargé d'annoncer la course de bagues dans *Les Plaisirs de l'Isle enchantée* (7 mai 1664), p. 3.

Des Brosses, danseur : *Ballet de la Raillerie* (19 févr. 1659), pp. 15, 22 ; — *Ballet de l'Impatience* (14 févr. 1661), pp. 37, 40 ; — *Ballet des Arts* (8 janv. 1663), pp. 11, 15 ; — *Nopces de village* (3 oct. 1663), p. 4 ; — *Mariage forcé* (29 janv. 1664), p. 5 ; — *Amours déguisez* (févr. 1664), pp. 16, 21, 47 ; — *Ballet du Palais d'Alcine* (9 mai 1664), *Les Plaisirs de l'Isle enchantée*, 1614, p. [79] ; — *Psyché* (17 janv. 1671), pp. 7, 18, 27, 34. — Le ballet des *Festes de l'Amour et de Bacchus*, dansé à Versailles le 18 juill. 1668, repris à Paris le 15 nov. 1672, avait été composé par Des Brosses (Chouquet, *Hist. de la mus. dram.*, p. 317). — Mˡˡᵉ Des Brosses faisait partie, en 1679, de la troupe de monsieur le Prince. Voy. *Bulletin du Bibliophile*, 1898, p. 570.

Deschamps, chanteur : *Ballet royal de Flore* (13 févr. 1669), pp. 5, 60 [lis. 40] ; — *Divertissement royal* (4 févr. 1670), pp. 5, 28 ; — *Bourgeois gentilhomme* (oct. 1670), pp. 8, 13 ; — *Psyché* (17 janv. 1671), pp. 7, 39 ; — *Ballet des Ballets* (2 déc. 1671), pp. 6, 10, 28, 39, 60.

Des Couteaux (Philibert ?), flûte : *Ballet de la Raillerie* (19 févr. 1659), pp. 11, 27 ; — *Ballet de l'Impatience* (14 févr. 1661), p. 18 — il est appelé « Descouteaux pere » ; — *Nopces de village* (3 oct. 1663), p. 2 ; — *Mariage forcé* (29 janv. 1664), p. 11 ; — *Amours déguisez* (févr. 1664), pp. 5, 31 ; — *Festes de l'Amour et de Bacchus* (18 juill. 1668), *Relation*, 1679 p. 13 ; — *Ballet royal de Flore* (13 févr. 1669), p. 62 [lis. 42] ; — *Bourgeois gentilhomme* (oct. 1670) ; p. 26 ; — *Psyché* (17 janv. 1671), p. 15 ; — *Ballet des Ballets* (2 déc. 1671), pp. 17, 27, 54. — Fétis (III, p. 3) ne cite Philibert Des Couteaux que comme joueur de musette.

Des Couteaux, fils, flûte : *Ballet de l'Impatience* (14 févr. 1661), p. 18. — Quelques-unes des mentions considérées à l'article précédent comme se rapportant à Des Couteaux père, visent peut-être le fils. Ce dernier paraît être devenu chanteur, et nous inclinerions à le confondre avec le Des Couteaux qui chanta le rôle d'une muse dans *Psyché* (17 janv. 1671), p. 33.

Des Forges, danseur ; *Psyché* (17 janv. 1671), p. 37.

Des Fronteaux (Mlle), chanteuse : *Festes de l'Amour et de Bacchus* (18 juill. 1668), *Relation*, 1679, p. 13 ; — *Ballet royal de Flore* (13 févr. 1669), pp. 22, 51, 51 [*lis.* 31], 60 [*lis.* 40] ; Benserade, 1697, II, p. 401 ; — *Divertissement royal* (4 févr. 1670), p. 10 ; — *Psyché* (17 janv. 1671), pp. 6, 33, 35 ; — *Ballet des Ballets* (2 déc. 1671), pp. 27, 54, 56. — Mlle Des Fronteaux passa ensuite à l'opéra. Elle chanta le rôle de Minerve dans *Thésée*, opéra de Quinault et de Lulli (Chouquet, *Hist. de la mus. dramat.*, p. 318).

Des Granges : *Divertissement royal* (4 févr. 1670), p. 27.

Desmartins, violon et danseur : *Ballet royal de Flore* (13 févr. 1669), p. 61 [*lis.* 41] ; — *Psyché* (17 janv. 1671), p. 36 ; — *Ballet des Ballets* (2 déc. 1671), pp. 37, 57, 61.

Des Noyers, danseur et musicien : *Ballet de la Marine* (25 févr. 1635), pp. 5, 7 ; — *Ballet de l'Oracle* (1645), pp. 4, 12 ; — *Ballet de Flore* (13 févr. 1669), p. 61 [*lis.* 41] ; — *Psyché* (17 janv. 1671), p. 33.

Des Œillets (Alix Faviole, dite Mlle) : rôle de Pallas dans les *Amours déguisez* (févr. 1664), p. 5.

Desonets, danseur : *Ballet de l'Impatience* (14 févr. 1661), pp. 25, 27, 32, 37 ; — *Ballet des Arts* (8 janv. 1663), p. 15 ; — *Amours déguisez* (févr. 1664), p. 16 ; — *Ballet du Palais d'Alcine* (9 mai 1664), *Plaisirs de l'Isle enchantée*, 16 64, p. [79].

Des Roches (Le chevalier) : *Ballet de la Marine* (25 févr. 1635), pp. 5, 7, 17, 23.

Destouches, musicien (flûte et violon) : *Ballet de la Raillerie* (19 févr. 1659), p. 27 ; — *Ballet de l'Impatience* (14 févr. 1661), p. 18 ; — *Nopces de village* (3 oct. 1663), p. 2 ; — *Amours déguisez* (févr. 1664), p. 5 ; — *Ballet royal de Flore* (13 févr. 1669), p. 61 [*lis.* 41] ; — *Psyché* (17 janv. 1671), p. 39 ; — *Ballet des Ballets* (2 déc. 1671), pp. 27, 60. — Peut-être n'y-a-t-il eu deux artistes du même nom.

Develois, chanteur : *Ballet royal de Flore* (13 févr. 1669), p. 60 [*lis.* 40] — il est appelé Revelois ; — *Divertissement royal* (4 févr. 1670), pp. 5, 29 ; — *Psyché* (17 janv. 1671), p. 41 — il est appelé Desvelois ; — *Ballet des Ballets* (2 déc. 1671)(pp. 6, 10, 62.

Dominique (1670). Voy. Biancolelli (Domenico).

Don, aîné (?), chanteur (?) : *Plaisirs troublez* (12 févr. 1657), p. 19.

Don, cadet, ou simplement Don : *Plaisirs troublez* (12 févr. 1657), pp. 3, 10, 21 ; — *Ballet de la Raillerie* (19 févr. 1659), pp. 12, 22 ; — *Ballet de l'Impatience* (14 févr. 1661), pp. 25, 28, 32, 37, 38 ; — *Ballet des Arts* (8 janv. 1663), p. 21 ; — *Princesse d'Élide* (8 mai 1664), *Plaisirs de l'Isle enchantée*, 1664, pp. 22, 70 ; *Ballet royal de Flore* (13 févr. 1669), pp. 8, 60 [*lis.* 40] ; — *Divertissement royal* (4 févr. 1670), pp. 5, 28 ; — *Psyché* (17 janv. 1671), pp. 7, 39 ; — *Ballet des Ballets* (2 déc. 1671), pp. 6, 10, 27 ; — Fétis (III, p. 78) a consacré quelques lignes à la famille Don, qu'il appelle Dun.

Doyat, danseur : *Divertissement royal* (4 févr. 1670), p. 26.

Du Bois, violon : *Psyché* (17 janv. 1671), p. 41 ; — *Ballet des Ballets* (2 déc. 1671), p. 62.

Du Buisson, danseur : *Psyché* (17 janv. 1671), p. 42. — Une Mlle Du Buisson jouait à Hanovre en 1680 (H. Müller, *Chronik des kön. Hoftheaters zu Hannover*, 1876, p. 11) ; elle faisait partie en 1688 de la troupe du duc de Savoie. — M. et Mme Du Buisson firent partie en 1715 et 1721 de la troupe française de Copenhague. Voy. Overskou, *Den danske Skueplads i dens Historie*, 1854, I, p. 135. — Un Du Buisson de Chalandray fut, de 1753 à 1766, maître de ballet à la cour de Bavière. Voy. Rudhart, *Geschichte der Oper am Hofe zu München*, 1865, à la table.

Du Chesne, danseur : *Psyché* (17 janv. 1671), p. 7.

Du Chot, hautbois : *Psyché* (17 janv. 1671), p. 36.

Du Clos, chanteur : *Ballet des Ballets* (2 déc. 1671), p. 28. — Il se confond peut-être avec l'un des suivants.

Du Clos, flûte et hautbois : *Bourgeois gentilhomme* (oct. 1670), p. 26 ; — *Psyché* (17 janv. 1671), pp. 15, 36 ; — *Ballet des Ballets* (2 déc. 1671), pp. 17, 57.

Du Clos, trompette : *Divertissement royal* (4 févr. 1670), p. 27 ; — *Psyché* (17 janv. 1671), p. 41 ; — *Ballet des Ballets* (2 déc. 1671), p. 62.

Du Clou (Mlle), enfant : *Ballet du Temps* (30 nov. 1654), p. 5 ; — *Ballet de Psyché* (17 janv. 1671), p. 39.

Du Croisy (Nicole Gassot), plus tard Mlle de Bellerose, représente une Grâce dans *Psyché* (17 janv. 1671), pp. 7, 12.

Du Croisy (Philibert Gassot, dit) : rôle du second docteur dans *Le Mariage forcé* (29 janv. 1664), p. 2 ; — rôle d'Aristomène dans *La Princesse d'Elide* (8 mai 1664, *Plaisirs de l'Isle enchantée*, 1664, p. 26 ; — rôle de Jupiter dans *Psyché* (17 janv. 1671), p. 12 ; — rôle du receveur des tailles dans *La Comtesse d'Escarbagnas* (2 déc. 1671), *Ballet des Ballets*, p. 16.

Du Faur, danseur : *Ballet de l'Impatience* (14 février. 1661), pp. 35, 40. — Il se confond peut-être avec Du Fort.

Du Feu, danseur : *Amours déguisez* (févr. 1664), p. 45.

Du Fort, danseur : *Ballet des Ballets* (2 déc. 1671), p. 57. — Mlle Du Fort dansa, en 1697, dans la pastorale d'*Issé* (Chouquet, *Hist. de la mus. dram.*, p. 326) ; elle fut remarquée à Marly en 1702 (*Mercure galant*, févr. 1700, pp. 166, 225, 229) ; elle dansa, la même année dans *Hésione*, et, l'année suivante, dans *Scylla* (Chouquet, pp. 327, 328).

Du Fouilloux (Bénigne de Meaux, dite Mlle) : *Ballet de Cassandre* (26 févr. 1651), *Gazette*, 1651, p. 231 ; Bensserade, 1697, II, p. 12 ; — *Nopces de Pelée et de Thetis* (26 janv. 1654), Bensserade II, p. 95 ; — *Ballet de Psyché* (16 janv. 1656), pp. 19, 22, Bensserade, II, p. 158 ; — *Ballet des Saisons* (23 juill. 1661), pp. 6, 8 ; Bensserade, II, p. 219.

Du Fresne, violon : *Psyché* (17 janv. 1671), p. 41 ; — *Ballet des Ballets* (2 déc. 1671), p. 62.

Du Fresnoy, danseur ou musicien, *Ballet de la Nuit*, Bensserade, 1697, II, p. 20.

Du Gard, aîné, danseur : *Divertissement royal* (4 févr. 1670), p. 26.

Du Gard, cadet, danseur, *ibid*.

Du Lude (Henri de Daillon, comte) : *Ballet de la Nuit* (23 févr. 1653), Bensserade, 1697, II, p. 65 ; — *Nopces de Pelée et de Thetis* (26 janv. 1654), *ibid.*, II, pp. 79, 98 ; — *Ballet des Plaisirs* (4 févr. 1655), *ibid.*, II, pp. 119, 127 ; — *Ballet de Psyché* (16 janv. 1656), pp. 10, 19, 23, 30 ; Bensserade, II, p. 148 ; — *Nopces de village* (3 oct. 1663), p. 8 ; — *Amours déguisez* (févr. 1664), p. 23 ; Bensserade, II, p. 306 ; — *Plaisirs de l'Isle enchantée* (7 mai 1664), *Relation*, 1664, pp. 9, 12 ; Bensserade, II, p. 322.

Du Ludre. Voy. Ludres (de).

Du Manoir, danseur : *Ballet de la Merlaizon* (15 mars 1635), *Gazette*, 1635, pp. 143, 144 ; — *Ballet des deux Magiciens* (2 mars 1636), pp. 4, 6, 7. — Il s'agit peut-être de Mathieu Du Manoir, père du suivant.

Du Manoir (Guillaume), violon : *Ballet de Psyché* (16 janv. 1656), p. 33 ; — *Ballet de Flore* (13 févr. 1669, p. 61 [*lis*. 41] ; — *Psyché* (17 janv. 1671), p. 36 — il est appelé Du Manoir père ; — *Ballet des Ballets* (2 déc. 1671), p. 57 — même observation. — Né le 16 nov. 1615, il mourut après 1677. Voy, Jal, *Dict.*, 2e éd., p. 831.

Du Manoir (Guillaume-Michel), violon, fils du précédent : *Ballet du Temps* (30 nov. 1654), p. 5 — il figure comme enfant ; — *Psyché* (17 janv. 1671), p. 36 ; — *Ballet des Ballets* (2 déc. 1671), p. 57. — Il était né vers 1645. Voy. Jal, p. 831.

Du Miracle (Borel), chanteur : *Psyché* (17 janv. 1671), pp. 7, 41.

Du Miracle (Borel), cadet, chanteur : *Psyché* (17 janv. 1671), p. 36. —

APPENDICE.   611

Les frères Du Miracle, l'un d'eux au moins, continuèrent leur carrière à l'opéra. Voy. Chouquet, *Hist. de la musique dram.*, pp. 317, 318.

Du Mirail, danseur : *Psyché* (17 janv. 1671), p. 20.

Du Mont, danseur et violon : *Ballet de la Raillerie* (19 févr. 1659), p. 11 — il figure comme enfant ; — *Ballet royal de l'Impatience* (14 févr. 1661), p. 27 — il représente un nain ; — *Ballet royal de Flore* (13 févr. 1669), pp 17. 31 ; — *Psyché* (17 janv. 1671), p. 41 ; — *Ballet des ballets* (2 déc. 1671), p. 62.

Du Moustier, musicien : *Ballet des Proverbes* (févr. 1654), Bensserade, 1697, II, pp. 104, 107, 108 ; — *Ballet du Temps* (30 nov. 1654), p. 9 ; — *Ballet de Psyché* (16 janv. 1654), p. 32 ; — *Ballet de la Raillerie* (19 févr. 1659), p. 21 ; — *Ballet de l'Impatience* (14 févr. 1661), pp. 32, 38 (dans cette dernière scène il joue de la « basse à cordes à boyau ») ; — *Nopces de village* (3 oct. 1663), p. 5.

Du Moustier (Mlle), enfant : *Ballet de Psyché* (16 janv. 1656), p. 39.

Dun. Voy. Don.

Du Parc (René Berthelot, dit) : rôle de l'Été dans le ballet dansé à la fin de la première journée des *Plaisirs de l'Isle enchantée* (7 mai 1664), p. 16.

Du Parc (Marquise-Thérèse de Gorle, dite Mlle) : rôle de Dorimène dans *Le Mariage forcé* (29 janv. 1664), p. 2 ; — rôle du Printemps dans le ballet dansé à la fin de la première journée des *Plaisirs de l'Isle enchantée* (7 mai 1664) — elle est montée sur un cheval d'Espagne, — *Relation*, 1664, p. 16 ; - rôle d'Aglante dans *La Princesse d'Elide* (8 mai 1664), *ibid.*, p. 26 ; – rôle d'Alcine dans le *Ballet du Palais d'Alcine* (9 mai 1664), *ibid.*, p. [77].

Du Pille, danseur : *Mariage forcé* (29 janv. 1664), p. 11 ; — *Amours déguisez* (févr. 1664), pp. 27, 41. — M. et Mme Du Pille, qui faisaient partie, en 1721, de la troupe française de Copenhague (voy. Overskou, *Den danske Skueplads*, I, p. 135), étaient peut-être le fils et la belle-fille du danseur.

Du Pin, violon : *Ballet de Flore* (13 févr. 1669), p. 61 [= 41]. — Un Pierre Du Pin, joueur d'instruments, marié à Jeanne Bary, avait fait baptiser, le 27 sept. 1634, un fils appelé de même Pierre (Jal, p. 123).

Du Pin (Jules), enfant : *Ballet de l'Impatience* (14 févr. 1661), — il représente une chouette, p. 28 ; Bensserade, 1697, II, p. 230 ; — *Ballet des Saisons* (23 juill. 1661), — il représente l'Amour, pp. 19, 22 ; Bensserade, II, p. 240.

Du Plessis-Praslin (César de Choiseul, comte) : *Ballet de la Nuit* (23 févr. 1653), Bensserade, 1697, II, p. 20. — Maréchal de France en 1645, il devint duc de Choiseul en 1665.

Du Plessis-Praslin (Marie-Louise Le Loup de Bellenave, comtesse), plus tard marquise de Clérembaut : *Naissance de Venus* (26 janv. 1665), Bensserade, 1697, II, p. 331 ; — *Ballet des Muses* (2 déc. 1666), *ibid.*, II, p. 373.

Du Pron, danseur et musicien : *Plaisirs troublez* (12 févr. 1657), pp. 6, 20 ; — *Ballet de la Raillerie* (19 févr. 1659), p, 12 ; — *Ballet de l'Impatience* (14 févr. 1661), pp. 28, 40 ; — *Nopces de village* (3 oct. 1663), p. 3 ; — *Amour déguisez* (févr. 1664), p. 40 ; — *Princesse d'Elide* (8 mai 1664), *Plaisirs de l'Isle enchantée*, 1664, p. 71 ; — *Ballet du Palais d'Alcine* (9 mai 1664), *ibid.* p. [79]. — Un Du Pron, qui était violon du roi, avait marié Catherine, sa fille, à Guillaume Du Manoir, le 27 sept. 1639 (Jal, p. 831).

Du Vivier, violon : *Psyché* (17 janv. 1671), p. 41 ; — *Ballet des Ballets* (2 déc. 1671), p. 62.

Effiat (Ruzé, marquis d') : *Ballet de la Marine* (25 févr. 1635), pp. 5, 6, 15.

Eydieu (d'), danseur : *Ballet de Flore* (13 févr. 1669), pp. 18, 29, 59 [= 39] ; — *Psyché* (17 janv. 1671), pp. 27, 37 — il est appelé Hidieu ; — *Ballet des ballets* (2 déc. 1671), pp. 6, 10, 63.

Elbeuf (Charles de Lorraine, duc d') : *Ballet de Tancrede* (12 févr. 1619), Gramont, *Relation*, p. 28.

Elbeuf (Marie-Marguerite de Lorraine, dite Mlle d') : *Amours déguisez* (févr. 1664), pp. 41, 43 ; Bensserade, 1697, II, p. 315 ; *Naissance de Venus* (26 janv. 1665), Bensserade, II, p. 328.

Elisabeth de France, dite Madame : rôle de Minerve dans le *Ballet de*

Madame (19 mars 1615), *Description*, pp. 27, 28. — Née le 22 nov. 1602, elle épousa en oct. 1615 Philippe, infant d'Espagne, depuis Philippe IV. Elle mourut le 6 oct. 1644.

Enghien (Henri-Jules de Bourbon, duc d'), dit Monsieur le Duc : *Ballet des Saisons* (23 juill. 1661) p. 17 ; Bensserade, 1697, II, p. 226 ; — *Hercule amoureux* (7 févr. 1662), Bensserade, II, pp. 256, 272, 278 ; — *Ballet des Arts* (8 janv. 1663), p. 17 ; Bensserade, II, p. 293 ; — *Amours déguisez* (févr. 1664), p. 27 ; Bensserade, II, p. 305 ; — *Plaisirs de l'Isle enchantée* (7 mai 1664), pp. 10, 12 ; Bensserade, II, p. 324 ; — *Naissance de Venus* (26 janv. 1665), Bensserade, II, p. 341.

Estival (d'), chanteur : *Ballet des Arts* (8 janv. 1663), p. 14 ; — *Mariage forcé* (29 janv. 1664), p. II ; — *Princesse d'Elide* (8 mai 1664), *Plaisirs de l'Isle enchantée*, 1664, pp. 22, 70 ; — *Festes de l'Amour et de Bacchus* (18 juill. 1667), *Relation*, 1679, p. 19 ; — *Ballet royal de Flore* (13 févr. 1669), pp. 8, 32, 60 [= 40] ; *Divertissement royal* (4 févr. 1670), pp. 5, 10, 28 ; *Bourgeois gentilhomme* (oct. 1670), pp. 8, 13, — *Psyché* (17 janv. 1671), pp. 7, 32 ; — *Ballet des Ballets* (2 déc. 1671), pp. 6, 27, 39, 53, 63). — Estival mourut à la fin de 1678. Voy. *Mercure galant*, déc. 1678, p. 130.

Estrées (La comtesse d') : *Ballet des Saisons* (23 juil. 1661), pp. 19, 20 ; Bensserade, 1697, II, p. 228.

Estrées (Christine d') : *Nopces de Pelée et de Thetis* (26 janv. 1654), Bensserade, 1697, II, p. 94. — Elle fut la première femme de François-Marie de Lorraine, comte de Lislebonne. Elle mourut le 18 sept. 1658.

Faussart. Voy. Fossart.

Favier, danseur : *Ballet royal de l'Impatience* (14 févr. 1661), p. 32 ; — *Festes de l'Amour et de Bacchus* (18 juill. 1668), *Relation*, 1679, pp. 13, 17, 18 ; — *Ballet royal de Flore* (13 févr. 1669), pp. 19, 23, 27, 29, 59 [= 39] — dans les quatre dernières scènes il est appelé Favier aîné ; — *Divertissement royal* (4 fév. 1670), pp. 5, 9, 28 — il est appelé Favier aîné ; — *Bourgeois gentilhomme* (oct. 1670), pp. 5, 8. 19, 26 ; — *Psyché* (17 janv. 1671), pp. 7, 18, 42, 27, 34 — dans les deux dernières scènes il est appelé Favier aîné ; — *Ballet des Ballets* (2 déc. 1671), pp. 6, 10, 22, 63.

Favier, enfant : *Ballet royal de l'Impatience* (14 févr. 1661), p. 24 ; — *Amours déguisez* (févr. 1664), p. 39.

Favier, cadet (probablement le même que le précédent) : *Ballet royal de Flore* (13 févr. 1669), p. 26 ; — *Divertissement royal* (4 févr. 1670), pp. 23, 27 ; — *Bourgeois gentilhomme* (oct. 1670), p. 26 ; — *Psyché* (17 janv. 1670), pp. 7, 40 ; — *Ballet des Ballets* (2 déc. 1671), pp. 6, 10, 28, 37, 60.

Favier, violon (se confond peut-être avec l'un des précédents) : *Ballet royal de Flore* (13 févr. 1669), p. 61 [= 41].

Favre, danseur : *Psyché* (17 janv. 1671), pp. 7, 40 ; — *Ballet des Ballets* (2 déc. 1671), pp. 6, 10, 37 — C'était peut-être le père du Favre cité par Fétis, III, p. 194.

Febvrier, danseur : *Plaisirs troubles* (12 févr. 1657), pp. 6, 17, 21.

Fercour (Le chevalier de), *ibid.*, pp. 13, 15, 16, 22, 23.

Ferier, flûte ou hautbois : *Ballet royal de Flore* (13 févr. 1669), p. 62 [= 42] ; *Divertissement royal* (4 fév. 1670), p. 27. Voy. Ferrier.

Fernon, aîné, chanteur : *Ballet royal de Flore* (13 févr. 1669), pp. 8, 60 [= 40] ; — *Divertissement royal* (4 févr. 1670), pp. 5, 28 ; — *Psyché* (17 févr. 1671), pp. 6, 39 ; — *Ballet des Ballets* (2 déc. 1671), pp. 6, 10, 28, 60.

Fernon, cadet, chanteur : *Ballet royal de Flore* (13 févr. 1669), pp. 8, 60 [= 40] ; — *Divertissement royal* (4 févr. 1670), pp. 5, 10, 28 ; — *Bourgeois gentilhomme* (oct. 1670), pp. 8, 13 ; — *Psyché* (17 févr. 1671), pp. 6, 39 ; — *Ballet des Ballets* (2 déc. 1671), pp. 6, 10, 27, 39, 60.

Feros, danseur : *Ballet de la Nuit* (23 févr. 1653), Bensserade, 1697, II, p. 23.

Ferrier, « sacqdebout » : *Ballet des Ballets* (2 déc. 1671), p. 62. Voy. Ferier.

Ferron, conducteur de ballets resté célèbre, mis en scène dans le *Ballet des Triomphes* (1635) ; *Gazette*, 1635, p. 88.

Feugré, violon : *Ballet de Flore* (13 fév. 1669), p. 61 [= 41].

APPENDICE. 613

Fiennes (Élisabeth de) : *Naissance de Vénus* (26 janv. 1665), Benserade, 1697, II, p. 335 ; — *Ballet des Muses* (2 déc. 1666), *ibid.*, II, p. 394.

Fiesque (Charles-Léon, comte de) : *Ballet des deux Magiciens* (2 mars 1636) ; pp. 2, 4, 6, 9.

Fiesque (Jean-Louis, comte de) : *Triomphe de l'Amour* (avril 1681), Benserade, 1697, II, p. 322.

Finet, acteur : rôle de laquais dans *La Comtesse d'Escarbagnas*, *Ballet des Ballets* (2 déc. 1671), p. 16.

Fyot Barain : *Ballet dancé à Dijon* (11 févr. 1627), p. 3. — Ce personnage ne peut-être que Jacques Fyot, seigneur de Barain, qui avait étudié le droit à l'université de Padoue (où l'on voit encore une inscription avec son nom et ses armes), et qui, le 23 oct. 1622, avait été pourvu d'un office de conseiller lai au parlement de Bourgogne. Voy. Palliot, *Le Parlement de Bourgogne*, 1649, in-fol., p. 290.

Floridor (Josias de Soulas, sieur de), acteur : rôle de Mercure dans *Les Amours déguisez* (févr. 1664), p. 5.

Foignard, aîné, danseur : *Festes de l'Amour et de Bacchus* (18 juillet 1668), *Relation*, 1679, p. 16 ; — *Ballet de Flore* (13 févr. 1669), pp. 19, 26, 29, 60 [= 40] — il est appelé Foignard, ou même Foignac tout court ; — *Divertissement royal* (4 févr. 1670), pp. 23, 26 ; — *Psyché* (17 janv. 1671), pp. 16, 18, 27, 34 ; — *Ballet des ballets* (2 déc. 1671), pp. 6, 10, 28, 45.

Foignard, cadet : *Divertissement royal* (4 févr. 1670), pp. 23, 26 ; — *Bourgeois gentilhomme* (oct. 1670), pp. 5, 23, 26 ; — *Psyché* (17 janv. 1671), pp. 7, 18, 27, 34 ; — *Ballet des Ballets* (2 déc. 1671), pp. 6, 10, 37, 39, 45.

Foix (Jean-Baptiste-Gaston de Foix, comte de Fleix, ou de) : *Nopces de village* (oct. 1663), p. 3.

Foix (Gaston-Jean-Baptiste de Foix, duc de Randan, dit le duc de). *Plaisirs de l'Isle enchantée* (7 mai 1664), *Relation*, 1664, pp. 8, 12. — Il meurt à 27 ans le 12 déc. 1665.

Foix (Madeleine-Charlotte d'Ailly d'Albert, duchesse de) : *Amours déguisez* (févr. 1664), pp. 22, 26. — Mariée en 1663, elle meurt en août 1665.

Fontenelle (de) : *Ballet de la Paix* (Münster, 26 févr. 1645), p. 217.

Forbin (Melchior, chevalier de) : *Plaisirs troublez* (12 févr. 1657), pp. 13, 16, 22, 23 ; — *Ballet de l'Impatience* (14 févr. 1661), pp. 33, 40.

Fors (Le marquis de) : *Ballet de la Félicité* (8 mars 1639), *Gazette*, pp. 139, 143.

Fors, danseur : *Bourgeois gentilhomme* (oct. 1670), p. 26.

Fossart, flûte : *Bourgeois gentilhomme* (oct. 1670), p. 26 ; — *Psyché* (17 janv. 1671), p. 15 ; — *Ballet des Ballets* (2 déc. 1671), pp. 17, 27, 39. — Dans le dernier passage, l'artiste est appelé Faussart. Il chante dans la cérémonie du *Bourgeois gentilhomme*.

Fossart, violon : *Ballet de Flore* (13 févr. 1669), p. 61 [= 41] ; — *Psyché* (17 janv. 1671), p. 39 ; — *Ballet des Ballets* (2 déc. 1671), p. 60.

Francine (Tommaso-Francini, dit), architecte et ingénieur du roi, construit les machines du *Ballet de Tancrede* (12 févr. 1619), Gramont, *Relation*, p. 25.

Francine : *Triomphe de l'Amour* (avril 1681), Benserade, 1697, II, pp. 409, 427.

Francinet, danseur : *Ballet de la Marine* (25 févr. 1635), pp. 5, 6, 7 ; — *Ballet des deux Magicieux* (2 mars 1636), pp. 2, 4, 6.

Froulay (Charles, comte de), ou Froulé : *Ballet de Cassandre* (26 févr. 1651), *Gazette*, pp. 224, 225, 230 ; Benserade, 1697, II, pp. 5, 11 ; — *Ballet de la Nuit* (23 févr. 1653), Benserade, II, p. 64.

Garnier, chanteur : *Plaisirs troublez* (12 févr. 1657), p. 3 ; — *Ballet de la Raillerie* (19 févr. 1659), p. 11.

Gaudon, musicien : *Plaisirs troublez* (12 févr. 1657), p. 15.

Gaudon, acteur : rôle du petit comte dans *La Comtesse d'Escarbagnas* (2 déc. 1671), *Ballet des Ballets*, p. 16.

Gaye (Jean), chanteur : *Festes de l'Amour et de Bacchus* (18 juillet 1668), *Relation*, 1679, p. 14 ; — *Ballet de Flore* (13 févr. 1669), pp. 8, 22, 60 [= 40] ; — *Divertissement royal* (4 févr. 1670), pp. 10, 25 ; — *Bourgeois gentilhomme*) oct. 1670), pp. 1, 8, 13, 23 ; — *Psyché* (17 janv. 1671), pp. 6, 9, 31 ; — *Ballet des ballets* (2 déc. 1671), pp. 6, 10, 12, 24, 27, 39, 44, 52, 58. — Né vers 1640, mort en 1701. Voy. Fétis, III, p. 432.

Gédoyn, danseur : *Ballet de la Paix* (Münster, 26 févr. 1645), *Gazette*, 1645, p. 218.

Genay, musicien : *Ballet de Psyché* (16 janv. 1656), p. 14.

Genlis (Florimond Brulart, marquis de) : *Ballet de l'Oracle* (févr. 1645), pp. 3, 14. — Il mourt à 83 ans le 10 janvier 1685. Nous pensons que toutes les autres mentions du marquis de Genlis se rapportent à Claude, son troisième fils.

Genlis (Claude Brulart, marquis de) : *Ballet de Cassandre* (26 févr. 1651), *Gazette*, 1651, pp. 223, 228 ; Bensserade, 1697, II, pp. 4, 9 ; — *Ballet de la Nuit* (23 févr. 1653), Bensserade, II, pp. 15, 17, 50, 60 ; — *Nopces de Pelée et de Thetis* (26 janv. 1654), *ibid.*, II, pp. 80, 85, 87, 92 ; — *Ballet des Proverbes* (févr. 1654), *ibid.*, II, pp. 103, 105, 110 ; — *Ballet du Temps* (30 nov. 1654), p. 7 ; — *Ballet des Plaisirs* (4 févr. 1655), Bensserade, II, pp. 128, 133 ; — *Ballet de Psyché* (16 janv. 1656), pp. 5, 29, 32 ; Bensserade, II, pp. 143, 166, 168 ; — *Amour malade* (17 janv. 1657), Bensserade, II, pp. 175, 179 ; — *Ballet d'Alcidiane* (14 févr. 1658), *ibid.*, II, pp. 186, 197, 204 ; — *Ballet de la Raillerie* (19 févr. 1659), p. 15 ; Bensserade, II, p. 211 ; — *Ballet de l'Impatience* (14 fév. 1661), pp. 19, 37, 38 ; Bensserade, II, pp. 235, 236, 250 ; — *Ballet des Saisons* (juill. 1661), pp. 10, 11, 17 ; Bensserade, II, p. 22 ; — *Hercule amoureux* (7 févr. 1662), Bensserade, II, pp. 273, 279 ; — *Ballet des Arts* (8 janv. 1663), pp. 12, 13 ; Bensserade II, p. 291 ; — *Nopces de village* (3 oct. 1663), pp. 4, 8 ; — *Amours déguisez* (févr. 1664), pp. 29, 31 ; Bensserade, II, p. 308 ; — *Naissance de Venus* (26 janv. 1665), Bensserade, II, p. 342. — Claude mourut longtemps avant son père, le 15 avril 1673.

Gentilly (Le baron de) : *Hercule amoureux* (7 févr. 1662), Bensserade, II. p. 264.

Geoffroy, chanteur ou danseur : *Ballet des Proverbes* (févr. 1654), Bensserade, II, pp. 104, 106, 107, 108 ; — *Ballet du Temps* (30 nov. 1654), pp. 5, 6, 9 ; — *Ballet de Psyché* (16 janv. 1656), p. 32, — *Ballet de la Raillerie* (19 févr. 1659), p. 21 ; — *Ballet de l'Impatience* (14 févr. 1661), pp. 32, 38 ; — *Ballet des Arts* (8 janv. 1663), p. 19.

Germain, danseur : *Psyché* (17 janv. 1671, p. 20.

Gervais, musicien, *ibid.*, p. 33. — C'était peut-être le père de Charles-Hubert Gervais (1671-1744). Voy. Fétis, III, p. 466.

Gillet, chanteur : *Divertissement royal* (4 févr. 1670), p. 5 ; — *Bourgeois gentilhomme* (oct. 1670), pp. 8, 13, 19 ; — *Psyché* (17 janv. 1671), pp. 6, 33 ; — *Ballet des Ballets* (2 déc. 1671), pp. 6, 10, 27, 39, 47, 54

Gingan, aîné, chanteur : *Festes de l'Amour et de Bacchus* (18 juillet 1668), *Relation*, 1679, p. 20 ; — *Ballet royal de Flore* (13 févr. 1669), pp. 8, 60 [= 40] ; — *Divertissement royal* (4 févr. 1670), pp. 5, 28 ; — *Bourgeois gentilhomme* (oct. 1670), pp. 8, 13 ; — *Psyché* (17 janv. 1671), pp 7, 36 ; — *Ballet des ballets* (2 déc. 1671), pp. 6, 10, 27, 37, 59.

Gingan, cadet, chanteur : *Ballet royal de Flore* (13 févr. 1669), p. 60 [= 40] ; — *Divertissement royal* (4 févr. 1670), pp. 5, 28 ; — *Bourgeois gentilhomme* (oct. 1670), p. 8 ; — *Psyché* (17 janv. 1671), pp. 6, 39 ; — *Ballet des Ballets* (2 déc. 1671), pp. 6, 10, 27, 39, 58, 59, 60.

Girard, danseur : *Divertissement royal* (4 févr. 1670), p. 26 ; — *Psyché* (17 janv. 1671), pp. 16, 40 ; — *Ballet des Ballets* (2 déc. 1671), p. 61.

Giraut (Mlle) : *Ballet de Psyché* (16 janv. 1656), p. 39 — elle est encore enfant ; — *Ballet de l'Impatience* (14 févr. 1661), pp. 35, 40.

Gonore (Le comte de), enfant : *Amours déguisez* (févr. 1664), p. 39.

Gontaut (Mlle de) : *Triomphe de l'Amour* (avril 1681), Bensserade, 1697, II, p. 417.

Gontery, danseur : *Ballet du Temps* (30 nov. 1654), pp. 6, 7, 10 ; — *Ballet des Plaisirs* (4 févr. 1655), Bensserade, 1697, II, p. 120 ; — *Ballet d'Alcidiane* (14 févr. 1658), Bensserade, II, p. 202.

Gourdon (Henriette de) de Hontely : *Nopces de Pelée et de Thetis* (26

APPENDICE.

janv. 1654), Bensserade, 1697, II, p. 78 ; — *Ballet de Psyché* (16 janv. 1656), pp. 16, 18 ; Bensserade, II, p. 154 ; — *Ballet des Saisons* (23 juill. 1661), pp. 6, 7 ; Bensserade, II, p. 219.

Goyer, danseur : *Psyché* (17 janv. 1671), p. 40.

Gramont (Catherine-Charlotte de) : *Ballet de Psyché* (16 janv. 1656), p. 16 ; Bensserade, 1697, II, p. 152. — Elle épousa, le 30 mars 1660, Louis de Grimaldi, prince de Monaco, duc de Valentinois, et mourut, à 39 ans, le 4 juin 1678.

Gramont (Antoine-Charles, chevalier de) : *Ballet de la Nuit* (23 févr. 1653), Bensserade, 1697, II, p. 64.

Gramont (Élisabeth Hamilton, comtesse de) : *Naissance de Vénus* (26 janv. 1665), *ibid.*, II, p. 330. — Femme de Philibert, comte de Gramont, mort à 86 ans le 30 janv. 1707. Elle mourut, à 67 ans, le 3 juin 1708.

Grancey (Élisabeth Rouxel de) : *Amours déguisez* (févr. 1664), pp. 35, 36 ; Bensserade, 1697, II, p. 311 ; — *Ballet royal de Flore* (13 févr. 1669), pp. 14, 15 ; Bensserade, II, p. 389.

Grancey (Jeanne-Aimée de Rabodanges, marquise de) : *Triomphe de l'Amour* (avril 1681), Bensserade, 1697, II, p. 416.

Granville, musicien : *Plaisirs troublez* (12 févr. 1657), p. 15.

Grenerin (Henri ?), théorbe : *Ballet de Psyché* (16 janv. 1656), p. 14 ; — *Ballet royal de l'Impatience* (14 févr. 1661), pp. 18, 26. — Cf. Fétis, IV, p. 99.

Grignan (Adhémar de Monteil, marquis de) : *Nopces de village* (3 oct. 1663), p. 6.

Guédron (Pierre), auteur de la musique du *Ballet de Tancrede* (12 févr. 1619), Gramont, *Relation*, p. 25. — Cf. Fétis, IV, p. 130.

Guémené (Charlotte-Élisabeth de Cochefilet, princesse de), ou « Guimené » : *Triomphe de l'Amour* (avril 1681), Bensserade, 1697, II, pp. 416, 426. — Seconde femme de Charles III de Rohan, prince de Guéméné, elle avait été mariée le 2 déc. 1679. Elle mourut à 57 ans le 24 déc. 1719.

Guénin, violon : *Ballet de Flore* (13 févr. 1669), p. 61 [*lis.* 41] ; —

Psyché [17 janv. 1671), p. 39 ; *Ballet des ballets* (2 déc. 1671), pp. 27, 60.

Guérin, conducteur de ballets, est mis en scène dans le *Ballet des Triomphes* (18 févr. 1635) ; il est représenté par le duc de La Valette. (*Gazette*, 1635, p. 88).

Guérin, musicien : *Amours déguisez* (févr. 1664), p. 5.

Guichart (M*me*) : *Ballet de la Raillerie* (19 févr. 1659), p. 23. — Elle était probablement de la même famille que Henri Guichard, qui fut un moment l'associé de Lulli, avec qui il eut des démêlés retentissants, et qui établit un opéra à Madrid, où il mourut à la fin de 1679. Voy. le *Mercure galant*, janv. 1680, p. 299. — Cf. Fétis, IV, p. 144.

Guiche (Armand de Gramont, comte de) : *Ballet de Cassandre* (26 févr. 1651), *Gazette*, p. 226 ; Bensserade, 1697, II, p. 7 ; — *Ballet de la Nuit* (23 févr. 1653), Bensserade, II, pp. 26, 49 ; — *Nopces de Pelée et de Thetis* (26 janv. 1654), Bensserade, II, pp. 82, 99 ; — *Ballet des Proverbes* (févr. 1654), *ibid.*, II, p. 102 ; — *Ballet du Temps* (30 nov. 1654), pp. 7, 10 ; — *Ballet de Psyché* (16 janv. 1656), pp. 13, 29 ; Bensserade, II, p. 150 ; — *Ballet d'Alcidiane* (14 févr. 1658), Bensserade, II, p. 200 ; — *Ballet de l'Impatience* (14 févr. 1661), pp. 19, 22 ; Bensserade, II, p. 234 ; — *Ballet des Saisons* (23 juill. 1661), p. 13 ; Bensserade, II, p. 223 ; — *Hercule amoureux* (7 févr. 1662), Bensserade, II, pp. 273, 278.

Guiche (Antoine de Gramont, comte de) ; *Triomphe de l'Amour* (avril 1681), Bensserade, 1697, II, p. 412.

Guiche (Louise-Marguerite-Suzanne de Béthune, comtesse de) : *Hercule amoureux* (7 févr. 1662), Bensserade, 1697, II, p. 280 ; — *Naissance de Vénus* (26 janv. 1665), *ibid.*, II, p. 337 ; — *Ballet de Flore* (13 févr. 1669), pp. 12, 13 ; Bensserade, II, p. 387.

Guise (Henri II de Lorraine, duc de) : *Ballet de Psyché* (16 janv. 1656), pp. 31, 33 ; Bensserade, 1697, II, pp. 167, 169 ; — *Plaisirs troublez* (12 févr. 1657), pp. 22 ; — *Ballet d'Alcidiane* (14 févr. 1658), Bensserade, II, p. 193 ; — *Ballet de l'Impatience* (14 févr. 1661), p. 40 ;

— *Ballet des Saisons* (23 juillet 1661), p. 13 ; — Bensserade, II, p. 225 ; — *Hercule amoureux* (7 févr. 1662), Bensserade, II, p. 270 ; — *Nopces de village* (3 oct. 1663), p. 6 ; — *Amours déguisez* (févr. 1664), pp. 44. 45 ; Bensserade, II, p 317 ; — *Plaisirs de l'Isle enchantée* (7 mai 1664), *Relation*, pp. 8, 11 ; Bensserade, II, p. 321.

Guyencourt : *Ballet de la Merlaizon* (15 mars 1635), *Gazette*, 1635, pp. 143, 144.

Halais, violon : (1659, 1669). Voy. Allais.

Hamilton (Antoine, comte de) « Amilton » : *Triomphe de l'Amour* (avril 1681), Bensserade, 1697, II, p. 423.

Hans, danseur : *Ballet des Proverbes* (févr. 1654), Bensserade, 1697, II, p. 104 ; — *Ballet du Temps* (30 nov. 1654), p. 9.

Haraucourt (Le marquis d') de Longueval : *Triomphe de l'Amour* (avril 1681), Bensserade, 1697, II, p. 413.

Harcourt (Henri de Lorraine, comte d') : *Ballet des Triomphes* (18 févr. 1635), pp. 3, 4, 5, 10, 11 ; — *Ballet de la Merlaizon* (15 mars 1635), *Gazette*, pp. 143, 144 ; — *Ballet de Flore* (13 févr. 1669), p. 12.

Harcourt (Françoise de Brancas, princesse d') : *Ballet de Flore* (13 févr. 1669), Bensserade, 1697, II, p. 386.

Harlay (Louis de), marquis de Champvallon : *Ballet de Flore* (13 févr. 1669), p. 20.

Harpin, danseur : *Ballet de Madame* 19 mars 1615), p. 23.

Hautefeuille (Le chevalier de) : *Plaisirs troublez* (12 févr. 1657, pp. 13, 14.

Hautefort (Marie de) : *Ballet des Triomphes* (18 févr. 1635), p. 5.

Hauteman, musicien : *Ballet de la Raillerie* (19 févr. 1659), p. 11.

Hébert, chanteur : *Ballet de la Raillerie* (19 févr. 1659), p. 21 ; — *Ballet des Ballets* (2 déc. 1671), p. 27.

Hédouin, chanteur : *Ballet de Flore* (13 févr. 1669), pp. 8, 60 [*lis*. 40] ; — *Divertissement royal* (4 févr. 1670), pp. 5, 28 ; — *Bourgeois gentilhomme* (oct. 1670), pp. 8, 13 ; — *Psyché* (17 janv. 1671), pp. 6, 41 ; — *Ballet des Ballets*, (2 déc. 1671), 6, 10, 28, 39, 62.

Hénaut, danseur : *Ballet des Triomphes* (18 févr. 1635), pp. 3, 4, 5 ; — *Ballet de la Marine* (25 févr. 1635), pp. 5, 6, 7 ; — *Ballet de la Merlaizon* (15 mars 1635), *Gazette*, pp. 142, 144 ; — *Ballet des deux Magiciens* (2 mars 1636), pp. 2, 3, 4, 6 ; — *Ballet de la Felicité* (8 mars 1639), *Gazette* pp. 139, 142, 146 — il est appelé Haynault.

Henry, musicien : *Plaisirs troublez* (12 févr. 1657), p. 15 ; *Psyché* (17 janv. 1671), p. 39.

Henrichemont (Le prince d') : *Ballet de la Felicité* (8 mars 1639), *Gazette*, 1639, p. 145.

Henriette d'Angleterre, représente Erato dans *Les Nopces de Pelée et de Thetis* (26 janv. 1654), Bensserade, 1697, II, p. 73 ; — devenue duchesse d'Orléans (« Madame »), représente Diane dans le *Ballet des Saisons* (23 juill. 1661), p. 16 ; Bensserade, II, p. 218 ; — représente une bergère, puis Pallas dans le *Ballet des Arts* (8 janv. 1663), pp. 6, 7 ; Bensserade, II, pp. 286, 297 ; — représente Venus, puis Roxane, dans *La Naissance de Venus* (26 janv. 1665), Bensserade, II, pp. 327, 351 ; — représente une bergère, puis une piéride, dans le *Ballet des Muses* (2 déc. 1666), *ibid.*, II, pp. 361, 369, 376. — Elle devait représenter Flore dans le *Ballet de Flore* (13 févr. 1669) ; elle est remplacée par Mme de Sully, *ibid.*, II, pp. 386, 399, 403.

Herbigny (d') : *Ballet de la Paix* (Münster, 26 févr. 1645), *Gazette*, p. 218.

Hesselin (Louis) : *Ballet de la Nuit* (23 févr. 1653), Bensserade, 1697, II, pp. 31, 41 ; — *Nopces de Pelée et de Thetis* (26 janv. 1654), *ibid.*, II, pp. 88, 89 ; — *Ballet des Proverbes* (févr. 1654), *ibid.*, II, p. 103 ; — *Ballet du Temps* (30 nov. 1654), p. 9 ; — *Ballet des Plaisirs* (4 févr. 1655), Bensserade, II, p. 134 ; — *Ballet d'Alcidiane* (14 févr. 1658), *ibid.*, II, p. 187. — Le 6 sept. 1656 Hesselin fit danser un ballet dans sa maison d'Essonne lors de l'arrivée de la reine Christine de Suède (Goizet, *Dict. univ. du Théâtre*, I, p. 275). — Cf. Cat. Pichon, 1897, n° 961.

Hesselin fils, enfant : *Ballet de l'Impatience* (14 févr. 1661), pp. 24, 27 ;

APPENDICE. 617

— *Hercule amoureux* (7 févr. 1662), Bensserade, 1697, II, p. 264.

Heudicourt (Bonne de Pons, marquise d') : *Ballet des Muses* (2 déc. 1666), Bensserade, II, p. 370.

Heugé, musicien : *Amours déguisés* (févr. 1664), pp. 5, 21, 31.

Heureux (d'), danseur : *Plaisirs troublés* (12 févr. 1657), p. 9 ; — *Ballet de l'Impatience* (14 févr. 1661), pp. 33, 40 ; — *Ballet des Saisons* (23 juill. 1661), pp. 10, 15 ; — *Ballet des Arts* (8 janv. 1663), p. 11 ; — *Nopces de village* (3 oct. 1663), pp. 2, 6, 8 ; — *Mariage forcé* (29 janv. 1664), pp. 5, 8 ; — *Amours déguisés* (févr. 1664), pp. 29, 45 ; — *Ballet du Palais d'Alcine* (9 mai 1664), *Plaisirs de l'Isle enchantée*, 1664, p. [78].

Hidieu, danseur, 1671. Voy. Eydieu.

Hilaire (Henry), chanteur : *Psyché* (17 janv. 1671), p. 33.

Hilaire (Hilaire Du Puy, dite Mlle), chanteuse : *Ballet d'Alcidiane* (14 févr. 1658), Bensserade, 1697, II, pp. 183, 198 ; — *Ballet de la Raillerie* (19 févr. 1659), pp. 5, 27 ; — *Ballet de l'Impatience* (14 févr. 1661), p. 36 ; — *Ballet des Saisons* (23 juillet 1661), p. 5 ; — *Hercule amoureux* (7 févr. 1662), Bensserade, II, p. 271 ; — *Ballet des Arts* (8 janv. 1663), pp. 4, 12, 21 ; — *Mariage forcé* (29 janv. 1664), p. 5 ; — *Amours déguisés* (févr. 1664), p. 18 ; — *Plaisirs de l'Isle enchantée* (8 mai 1664), *Relation*, pp. 21, 70 ; — *Ballet de Flore* (13 févr. 1669), pp. 28, 35, 56 [= 36], 60 [= 40] ; Bensserade, II, p. 401 ; — *Divertissement royal* (4 févr. 1670), pp. 10, 25 ; — *Bourgeois gentilhomme* (oct. 1670), pp. 2, 22 ; — *Psyché* (17 janv. 1671), pp. 6, 7, 11, 14, 15, 33, 35 ; — *Ballet des Ballets* (2 déc. 1671), pp. 10, 11, 14, 17, 18, 19, 23, 27, 44, 54, 56. — Née le 7 avril 1625, elle mourut le 30 nov. 1709. Voy. Jal, pp. 683-684.

Hobterre. Voy. Hotterre.

Horat, chanteur : *Psyché* (17 janv. 1671), p. 39. — Dans le *Ballet des Ballets*, il est appelé Aurat. Voy. ce nom.

Hotterre, musicien : *Ballet de la Raillerie* (19 févr. 1659), p. 27. — Le nom est écrit Hobterre.

Hotterre (Colin), flûte et basson : *Psyché* (17 janv. 1671), pp. 15, 36 ; — *Ballet des ballets* (2 déc. 1671), (pp. 17, 57).

Hotterre (Jean), flûte : *Nopces de village* (3 oct. 1663), p. 2 — le livret porte : les quatre Optere ; — *Ballet de l'Impatience* (14 févr. 1661), p. 18 ; — *Mariage forcé* (29 janv. 1664), p. 11 — ces deux livrets portent : les trois Optere, ou Opterre ; — *Amours déguisés* (févr. 1664), pp. 5, 31 ; — *Festes de l'Amour et de Bacchus* (18 juill. 1668), *Relation*, p. 13.

Hotterre (Louis), flûte et hautbois ; *Nopces de village* (3 oct. 1663), p. 2 — le livret porte : les quatre Optere ; — *Ballet de l'Impatience* (14 févr. 1661), p. 18 ; — *Mariage forcé* (19 janv. 1664), p. 11 — ces deux livrets portent : les trois Optere ou Opterre ; — *Ballet de Flore* (13 févr. 1669), p. 62 [= 42] : — *Psyché* (17 janv. 1671), pp. 15, 40 ; — *Ballet des Ballets* (2 déc. 1671), pp. 17, 60.

Hotterre (Martin), flûte et basson : *Amours déguisés* (févr. 1664), pp. 5, 21 ; — *Festes de l'Amour et de Bacchus* (18 juill. 1668), *Relation*, p. 13 ; — *Psyché* (17 janv. 1671), pp. 15, 40 ; — *Ballet des Ballets* (2 déc. 1671), p. 60.

Hotterre (Nicolas), flûte et basson : *Nopces de village* (3 oct. 1663), p. 2 — le livret porte : les quatre Opterre ; — *Ballet de l'Impatience* (14 févr. 1661), p. 18 ; — *Mariage forcé* (29 janv. 1664), p. 11 — ces deux livrets portent les trois Optere ou Opterre ; — *Amours déguisés* (févr. 1664), pp. 5, 31 ; — *Ballet de Flore* (13 févr. 1669), p. 62 [= 42] ; — *Bourgeois gentilhomme* (oct. 1670), p. 26 ; — *Psyché* (17 janv. 1671), pp. 15, 40 ; — *Ballet des Ballets* (2 déc. 1671), pp. 17, 60.

Hotterre (Les quatre). — L'étude du livret des *Amours déguisés* (févr. 1664) permet de penser que « les trois Hotterre » cités p. 31 de cette pièce et cités déjà dans le *Ballet royal de l'Impatience* (14 févr. 1661) et dans *Le Mariage forcé* (29 janv. 1664), sont : Jean, Martin et Nicolas. Le livret des *Nopces de village* (3 oct. 1663) porte : les quatre Optere (p. 2) ; il ne nous a pas été possible de savoir si le quatrième était Colin ou Louis.

Hubert (André), acteur : rôle d'Iphitas dans *La Princesse d'Elide* (8 mai 1664), *Plaisirs de l'Isle enchantée*, 1664, p. 26 ; — rôle d'un des amants de Psyché dans *Psyché* (7 janv. 1671), p. 12 ; — rôle du conseiller dans *La Comtesse d'Escarbagnas* (2 déc. 1671), *Ballet des Ballets*, p. 16.

Huguenet, aîné, violon : *Ballet de l'Impatience* (14 févr. 1661), p. 18 ; — *Amours déguisez* (févr. 1664), pp. 5, 31 ; — *Ballet de Flore* (13 févr. 1669), p. 62 [= 42] ; — *Psyché* (17 janv. 1671), p. 39 ; — *Ballet des Ballets* (2 déc. 1671), pp. 27, 60. — Cet artiste est probablement Pierre Huguenet, ténor de viole de la chapelle du roi en 1661, et qui vivait encore en 1699. Voy. Fétis, IV, p. 383.

Huguenet, cadet, violon : *Ballet de Flore* (13 févr. 1669), p. 62 [= 42] ; *Psyché* (17 janv. 1671), p. 39 ; — *Ballet des Ballets* (2 déc. 1671), pp. 27, 60. — Cet artiste devait être frère du précédent, et l'on peut voir en lui Jacques Huguenet, fils de Pierre (Fétis, IV, p. 383).

Humbert, danseur : *Ballet dansé à Dijon* (11 févr. 1627), p. 3.

Humières (Charles-Hercule de Crevant, marquis d') : *Ballet de Tancrede* (12 févr. 1619), *Relation*, p. 28.

Humières (Louis de Crevant, marquis d') : *Ballet de la Nuit* (23 févr. 1653), Bensserade, 1697, II, p. 24 ; — *Plaisirs de l'Isle enchantée* (Versailles, 7 mai 1664), pp. 10, 12 ; Bensserade, II, p. 323. — Maréchal de France en 1668 ; duc d'Humières en 1690 ; mort le 30 août 1694.

Humières (Le marquis d') : *Triomphes de l'Amour* (avril 1681), Bensserade, II, pp. 409, 410, 427. — Tué à l'ennemi en 1684.

Hurel, « tuorbe » : *Ballet de l'Impatience* (14 févr. 1661), p. 18.

Husse (d') : *Triompe de l'Amour* (avril 1681), Bensserade, 1697, II, p. 409.

Illiers (Le marquis d') : *Balet de Cassandre* (26 févr. 1651), *Gazette*, pp. 224, 231 ; Bensserade, 1697, II, pp. 5, 12.

Isaac, chanteur et danseur : *Divertissement royal* (4 fév. 1670), p. 23 ; — *Bourgeois gentilhomme* (octobre 1670), pp. 5, 20 ; — *Psyché* (17 janv. 1671), pp. 16, 37 ; — *Ballet des Ballets* (2 déc. 1671), pp. 6, 10, 37, 48, 57, 63.

Itier (Léonard), théorbe et viole : *Ballet de Psyché* (16 janv. 1656), p. 14 ; — *Plaisir troublez* (12 févr. 1657), p, 3 ; — *Ballet de la Raillerie* (19 févr. 1659), p. 11 ; — *Ballet de l'Impatience* (14 févr. 1661), pp. 18, 26, 32, 36 ; — *Princesse d'Elide* (8 mai 1664), *Plaisirs de l'Isle enchantée*, 1664, p. 71. — Cet artiste épousa le 29 avril 1664 Marie-Blanche de Molier, fille du musicien ; il vivait en 1697. Voy. Jal, *Dict. crit.*, 2ᵉ éd., p. 877.

Jacquier, danseur : *Ballet des Triomphes* (18, 20 févr. 1635), pp. 3, 5 ; — *Ballet de la Marine* (25 fév. 1635), pp. 5, 6, 7 ; — *Ballet des deux Magiciens* (2 mars 1636), pp. 2, 4, 7 ; — *Ballet de la Felicité* (8, 17 mars 1639), *Gazette*, pp. 139, 146 ; — *Ballet de la Nuit* (23 févr. 1653), Bensserade, 1697, II, p. 20.

Jaquot, danseur : *Ballet dansé à Dijon* (11 févr. 1627), *Relation*, p. 2.

Jamme, chanteur : *Plaisirs troublez* (12 févr. 1657), p. 15 ; — *Ballet de Flore* (13 févr. 1669), pp. 8, 60 [lis. 40] ; — *Bourgeois gentilhomme* (oct. 1670), p. 13 ; — *Psyché* (17 janv. 1671), pp. 6, 20, 36 ; — *Ballet des Ballets* (2 déc. 1671), pp. 6, 10, 57.

Joly, danseur : *Divertissement royal* (4 févr. 1670), p. 26.

Jouan, danseur : *Festes de l'Amour et de Bacchus* (18 juill. 1668), *Relation*, p. 17 ; — *Divertissement royal* (4 févr. 1670), pp. 5, 26.

Joubert ([Hiérosme]), danseur et violon : *Ballet du Palais d'Alcine* (9 mai 1664), *Plaisirs de l'Isle enchantée*, 1664, p. [78] ; — *Ballet de Flore* (13 févr. 1669), pp. 18, 27, 29, 60 [lis. 40], 62 [lis. 42] ; — *Divertissement royal* (4 févr. 1670), pp. 5, 23, 26 ; — *Bourgeois gentilhomme* (oct. 1670), p. 20 ; — *Psyché* (17 janv. 1671), pp. 16, 18, 27, 37 ; — *Ballet des Ballets* (2 déc. 1671), pp. 6, 10, 28, 37, 48, 57. — Hiérosme Joubert, maître à danser et joueur d'instruments, juré dudit état, est cité dans un acte du 17 juill. 1667 (Jal. *Dict. crit.*, 2ᵉ éd., p. 23).

Joubert (?), chanteur et danseur : *Psyché* (27 janv. 1671), p. 37 ; — *Ballet des Ballets* (2 déc. 1671), p. 57. — Ce Joubert devait être un fils du précédent.

APPENDICE. 619

Joyeuse (Louis de Lorraine, duc de) : *Ballet de la Nuit* (23 févr. 1653), Bensserade, 1697, II, pp. 27, 44, 59 ; — *Nopces de Pelée et de Thetis* (26 janv. 1654), *ibid.*, II, pp. 84, 86, 96 ; — *Ballet des Proverbes* (févr. 1654), *ibid.*, II, pp. 102, 105, 107. — Né le 11 janv. 1622, il mourut le 27 sept. 1654.

Joyeux (de), danseur : *Ballet de Cassandre* (26 févr. 1651), Bensserade, 1697, II, p. 10 ; *Gazette*, 1651, p. 229 ; — *Ballet de la Nuit* (23 févr. 1653), Bensserade, II, p. 21 ; — *Ballet des Proverbes* (févr. 1654), *ibid.*, II, p. 104 ; — *Ballet du Temps* (30 nov. 1654), pp. 6, 7, 11 ; — *Ballet des Plaisirs* (4 févr. 1655), Bensserade, II, p. 125 ; — *Ballet de Psyché* (16 janv. 1656), pp. 12, 32 ; — *Amour malade* (17 janv. 1657), Bensserade, II, p. 176 ; — *Ballet de la Raillerie* (19 févr. 1659), pp. 15, 20 ; — *Ballet de l'Impatience* (14 févr. 1661), pp. 35, 38.

La Barre, danseur et musicien : *Ballet des Triomphes* (18, 20 févr. 1635), pp. 3, 4, 5 ; — *Ballet de la Félicité* (8, 17 mars 1639), *Gazette*, pp. 139, 146 ; — *Ballet de la Raillerie* (19 févr. 1659), p. 27 ; — *Ballet de l'Impatience* (14 févr. 1661), pp. 18, 26, 32, 36.

La Barre, cadet : *Princesse d'Élide* (8 mai 1664), *Plaisirs de l'Isle enchantée*, 1664, p. 71.

La Barre (Mlle de), chanteuse : *Ballet de Psyché* (16 janv. 1656), p. 6 ; — *Ballet de la Raillerie* (19 févr. 1659), pp. 5, 16, 27 ; — *Ballet de l'Impatience* (14 févr. 1661), p. 26 ; — *Ballet des Arts* (8 janv. 1663), p. 16 ; — *Princesse d'Élide* (8 mai 1664), *Plaisirs de l'Isle enchantée*, 1664. p. 70.

La Berge, danseur : *Ballet des Triomphes* (18, 20 févr. 1635), p. 5.

La Brodière, sauteur : *Ballet du Palais d'Alcine* (9 mai 1664), *Plaisirs de l'Isle enchantée*, 1664, p. [79].

La Caisse. Voy. La Quaisse.

La Chapelle, musicien ou danseur : *Ballet de la Nuit* (23 févr. 1653), Bensserade, 1697, II, p. 21.

La Chesnaye, danseur : *Ballet de la Félicité* (8, 17 mars 1639), *Gazette*, pp. 142, 146 ; — *Ballet de la Paix* (Münster, 26 févr. 1645), *Gazette*, pp. 217, 219 ; — *Ballet de Cassandre* (26 févr. 1651), *Gazette*, p. 229 ;

Bensserade, 1697, II, p. 10 ; — *Ballet de la Nuit* (23 févr. 1653), Bensserade, 1697, II, p. 21 ; — *Ballet des Proverbes* (févr. 1654), Bensserade, II, pp. 102, 104 ; — *Ballet du Temps* (30 nov. 1654), p. 9 ; — *Ballet des Plaisirs* (4 févr. 1655), Bensserade, II, p. 125 ; — *Ballet de Psyché* (16 janv. 1656), pp. 12, 34 ; — *Amour malade* (17 janv. 1657), Bensserade, II, p. 176.

La Clavelle, conducteur de ballets, est mis en scène dans le *Ballet des Triomphes* (18, 20 févr. 1635) ; il est représenté par le duc de Mercœur. *Gazette*, 1635, p. 88.

La Fare (Charles-Auguste, marquis de) : *Nopces de village* (8 oct. 1663), p. 6. — Né en 1644, il mourut le 3 juin 1712. Voy. Anselme, II, p. 138 E.

La Faveur (Mlle de) : *Ballet de la Raillerie* (19 févr. 1659), p. 23 ; — *Ballet de l'Impatience* (14 fév. 1661), pp. 35, 40.

La Fayette (Mme de) : *Ballet des Triomphes* (18, 20 févr. 1635), p. 5.

La Ferté (Marie-Isabelle-Gabrielle-Angélique de La Mothe-Houdancourt, duchesse de) : *Triomphe de l'Amour* (avril 1681), Bensserade, 1697, II, p. 425. — Elle avait été mariée le 18 mars 1675.

La Font, danseur : *Ballet de la Raillerie* (19 févr. 1659), pp. 12, 22 ; — *Ballet de l'Impatience* (14 février 1661), pp. 28, 37.

La Fontaine, violon : *Ballet de l'Impatience* (14 févr. 1661), pp. 18, 26, 36 ; — *Amours déguisez* (févr. 1664), pp. 5, 18, 31 ; — *Ballet de Flore* (13 févr. 1669), p. 62 [*lis.* 42] ; — *Psyché* (17 janv. 1671), p. 39 ; — *Ballet des Ballets* (2 déc. 1671), pp. 27, 60.

La Forest, chanteur : *Psyché* (17 janv. 1671), p. 36 ; *Ballet des ballets* (2 déc. 1671), pp. 37, 57.

La Grange (Charles Varlet de), acteur : rôle de Lycante dans *Le Mariage forcé* (29 janv. 1664), p. 2 ; — rôle d'Euriale dans *La Princesse d'Élide* (8 mai 1664), *Plaisirs de l'Isle enchantée*, 1664, p. 26 ; — rôle d'un des amants dans *Psyché* (17 janv. 1671), p. 2 ; — rôle du vicomte dans *La Comtesse d'Escarbagnas* (2 déc. 1671), *Ballet des Ballets*, p. 16.

La Griffonnière, chanteur : *Psyché* (17 janv. 1671), p. 41.

La Grille, chanteur: *Ballet des Arts* (8 janv. 1663), p. 19 ; — *Bourgeois gentilhomme* (oct. 1670), pp. 6, 24 ; — *Psyché* (17 janv. 1671), pp. 6, 9, 36, 38 ; — *Ballet des Ballets* (2 déc. 1671), pp. 6, 10, 12, 47, 57, 59). — La Grille chanta ensuite sur la scène de l'opéra.

La Haye, danseur: *Ballet de la Marine* (25 févr. 1635), pp. 5, 6, 7.

La Haye, danseur, qu'il faut sans doute distinguer du précédent ; *Psyché* (17 janv. 1671), p. 42).

Laigu, chanteur: *Ballet royal de Flore* (13 févr. 1669), pp. 8, 60 [*lis.* 40].

La Lanne, danseur : *Ballet des Triomphes* (18, 20 févr. 1635), pp. 4, 5 ; — *Balet de la Merlaizon* (Chantilly, 15 mars 1635), *Gazette*, p. 144.

La Lanne, danseur: *Mariage forcé* (29 janv. 1664), p. 11 ; — *Amours déguisez* (févr. 1664), pp. 27, 41 ; *Naissance de Venus* (26 janv. 1665), Bensserade, 1697, II, p. 339 ; — *Ballet de Flore* (13 févr. 1669), p. 29 ; Bensserade, II, p. 397.

Laleu, danseur : *Ballet des Proverbes* (févr. 1654), 1697, Bensserade, II, pp. 102, 110 ; — *Ballet de Psyché* (16 janv. 1656), p. 32; — *Nopces de village* (3 oct. 1663), p. 3 ; —*Amours déguisez* (févr. 1664), p. 16.

Laleu fils : *Ballet des Proverbes* (févr. 1654), Bensserade, 1697, II, p. 108.

La Loupe (Mlle de) : *Nopces de Pelée et de Thetis* (26 janv. 1653), Bensserade, II, p. 95.

Lalun, danseur : *Ballet des deux Magiciens* (2 mars 1636), pp. 3, 5, 7 ; — *Ballet de la Félicité* (8, 17 mars 1639), *Gazette*, p. 142 ; — *Ballet de l'Oracle* (1645), pp. 9, 14, 19 ; — *Ballet de Cassandre* (26 févr. 1651), p. 227 ; Bensserade, 1697, II, p. 8.

La Marck (Marie-Françoise de), [fille d'honneur de la reine]: *Ballet des Muses* (2 déc. 1666), Bensserade, 1697, II, p. 375.

La Marre, danseur: *Plaisirs troubles* (12 févr. 1657), pp. 6, 11, 19, 22, 23 ; — *Amours déguisez* (févr. 1664), p. 45 ; — *Ballet du Palais d'Alcine* (9 mai 1664), *Plaisirs de l'Isle enchantée* (1664, p. [79].

La Marthe (Le chevalier de) : *Plaisirs troubles* (12 févr. 1657), pp. 13, 15, 16, 22, 23) ; — *Ballet d'Alcidiane* (14 févr. 1658), Bensserade, 1697, II, p. 194 ; — *Ballet de l'Impatience* (14 févr. 1661), pp. 33, 40.

Lambert, musicien et danseur: *Ballet de Cassandre* (26 févr. 1651), Bensserade, 1697, II, p. 9 ; *Gazette*, p. 228 ; — *Ballet des Proverbes* (févr. 1654), Bensserade, II, pp. 104, 109 ; — *Ballet du Temps* (30 nov. 1654), pp. 5, 6. — *Ballet des Plaisirs* (4 févr. 1655), Bensserade, II, p. 138 ; — *Ballet de Psyché* (16 janv. 1656), p. 12, 32) ; Bensserade, II, p. 149 ; — *Ballet de la Raillerie* (19 févr. 1659) ; *Ballet de l'Impatience* (14 févr. 1661) ; — *Nopces de village* (3 oct. 1663), p. 5. — Il s'agit probablement du célèbre Michel Lambert, né en 1610, mort en 1696. Voy. Fétis, V, p. 175.

La Meilleraye (Armand-Charles de La Porte, marquis et maréchal de), grand-maître de l'Artillerie : *Ballet de Cassandre* (26 févr. 1651), Bensserade, 1697, II, p. 12 ; *Gazette*, 1651, p. 231 ; — *Ballet de la Nuit* (23 févr. 1653), Bensserade, II, pp. 37, 59 ; — *Ballet des Plaisirs* (4 févr. 1655), ibid., pp. 118, 139. — Duc et pair en 1663, il mourut, à 61 ans, le 8 févr. 1664.

La Montagne, chanteur et danseur : *Divertissement royal* (4 févr. 1670), pp. 5, 23, 27 ; — *Psyché* (17 janv. 1671), pp. 7, 16, 18, 20, 39, 40 ; — *Ballet des Ballets* (2 déc. 1671), pp. 28, 37, 45, 60, 61.

La Mothe-Argencourt (Mlle de) : *Amours déguisez* (févr. 1664), pp. 35, 36 ; Bensserade, 1697, II, p. 311 ; — *Ballet des Muses* (2 déc. 1666), Bensserade, II, p. 372 ; — *Ballet de Flore* (13 févr. 1669), pp. 14, 15 ; Bensserade, II, p. 389.

La Mothe-Houdancourt (Mlle de) : *Ballet des Saisons* (23 juill. 1661), pp. 6, 8, 19, 22 ; Bensserade, 1697, II, pp. 220, 230.

Langeron, danseur : *Ballet de l'Oracle* (1645), pp. 3, 14.

Langez ou Langeais, chanteur : *Divertissement royal* (4 févr. 1670), pp. 5, 10, 25 ; — *Bourgeois gentilhomme* (oct. 1670), pp. 2, 8, 13 ; — *Psyché* (17 janv. 1671), pp. 6, 14, 15, 30, 34 ; — *Ballet des Ballets* (2 déc. 1671), pp. 6, 10, 17, 19, 27, 39, 51, 55.

L'Anglois, musicien : *Ballet de la Félicité* (8, 17 mars 1639), *Gazette*, pp. 137-147 ; — *Ballet de l'Oracle* 1645), pp. 13, 17 ; — *Ballet des Proverbes* (févr. 1654), Bensserade,

1697, II, pp. 108, 105 (il joue de la flûte), 108, 110 ; — *Ballet de Psyché* (16 janv. 1656), pp. 15, 25, 30, 32 ; Bensserade, II, 151, 166 ; — *Ballet de la Raillerie* (19 févr. 1659), pp. 13, 25 ; — *Ballet de l'Impatience* (14 févr. 1661), pp. 23, 33, 38 ; Bensserade, II, p. 236 ; — *Ballet des Arts* (8 janv. 1663), p. 19. — Langlois était un des artistes qui avaient le privilège de danser d'ordinaire auprès du roi.

Lansac (Le marquis de) : *Ballet des deux Magiciens* (2 mars 1636), pp. 4, 7, 10.

La Pierre, [aîné], danseur et violon : *Plaisirs troublez* (12 févr. 1657), pp. 6, 15 ; — *Ballet de l'Impatience* (14 févr. 1661), pp. 18, 25, 30, 34, 38 ; — *Ballet des Saisons* (23 juill. 1661), pp. 11, 18 ; — *Ballet des Arts* (8 janv. 1663), pp. 6, 19 ; — *Mariage forcé* (29 janv. 1664), pp. 7, 11 ; *Amours déguisez* (févr. 1664), pp. 5, 47 ; — *Princesse d'Elide* (8 mai 1664), *Plaisirs de l'Isle enchantée*, 1664, pp. 26, 42, 71 ; — *Ballet du Palais d'Alcine* (9 mai 1664), *ibid.*, p. 279 ; — *Festes de l'Amour et de Bacchus* (18 juill. 1668), *Relation*, 1679, pp. 13, 18 ; — *Ballet de Flore* (13 févr. 1669), pp. 23, 27, 29 ; — *Divertissement royal* (4 févr. 1670), p. 5 ; — *Bourgeois gentilhomme* (oct. 1670), pp. 5, 8, 19, 26) ; — *Psyché* (17 janv. 1671), pp. 7, 18, 34, 42 ; — *Ballet des ballets* (2 déc. 1671), pp. 24, 28, 37, 39, 63. — La Pierre était un chef d'emploi ; il dansait d'ordinaire auprès du roi.

La Pierre, cadet, danseur : *Ballet de Flore* (13 févr. 1669), pp. 23, 27, 39. — Il est douteux que cet artiste se confonde avec Guillaume de La Pierre, fils de Claude de La Pierre, bourgeois de Paris, qui, le 17 juill. 1667, entra en apprentissage pour quatre ans chez Laurent Allais, maître à danser et joueur d'instruments (Jal, *Dict. crit.*, 2ᵉ éd., p. 236).

La Place, violon : *Ballet royal de Flore* (13 févr. 1669), p. 62 [*lis*. 42] ; — *Psyché* (17 janv. 1671), p. 41 ; — *Ballet des Ballets* (2 déc. 1671), p. 62.

La Plaine, trompette : *Divertissement royal* (4 févr. 1670), p. 27 ; — *Psyché* (17 janv. 1671), p. 41 ; — *Ballet des Ballets* (2 déc. 1671), p. 62.

La Porte (Mˡˡᵉ de) : *Ballet de Psyché* (16 janv. 1656), pp. 16, 18 ; Bensserade, 1697, II, p. 155.

La Quaisse [aîné], violon : *Ballet de la Raillerie* (19 févr. 1659), pp. 21, 27 ; — *Ballet de l'Impatience* (14 févr. 1661), pp. 18, 26, 36, 38 ; — son nom est écrit La Caisse ; — *Amours déguisez* (févr. 1664), pp. 5, 18, 31 ; — *Ballet royal de Flore* (13 févr. 1669), p. 62 [*lis*. 42] — son nom est écrit La Caisse ; — *Bourgeois gentilhomme* (oct. 1670), p. 2 ; — *Psyché* (17 janv. 1671), p. 39 ; — *Ballet des Ballets* (2 déc. 1671), pp. 27, 60.

La Quaisse cadet, violon : *Ballet royal de Flore* (13 févr. 1669), p. 62 [*lis*. 42] — son nom est écrit La Caisse ; — *Psyché* (17 janv. 1671), p. 33 ; — *Ballet des Ballets* (2 déc. 1671), pp. 27, 54.

La Richardière, danseur : *Ballet de la Félicité* (8, 17 mars 1639), *Gazette*, pp. 142, 145, 146.

La Rivière, trompette. *Amours déguisez* (févr. 1664), pp. 5, 31 ; — *Psyché* (17 janv. 1671), p. 41 ; — *Ballet des Ballets* (2 déc. 1671), p. 62.

La Rochefoucauld (François V, comte de) : *Ballet de Tancrede* (12 févr. 1619), *Relation*, p. 30.

La Rochefoucauld (Gabrielle Du Plessis-Liancourt, comtesse de) : *Ballet de Madame* (1615), *Description*, p. 27.

La Roche-Guyon (François de Silly, comte de) : *Ballet de Tancrede* (12 févr. 1619), p. 29.

La Roche-sur-Yon (François-Louis de Bourbon, prince de) : *Triomphe de l'Amour* (avril 1681), Bensserade, 1697, II, pp. 413, 422, — Né en 1664, il devint prince de Conti en 1685 et mourut en 1709.

La Roque (Le marquis de) : *Triomphe de l'Amour* (avril 1681), *ibid.*, II, p. 409.

La Thorillière (Charlotte Le Noir de), actrice ; rôle d'une Grâce dans *Psyché* (17 janv. 1671), p. 17 (« Mˡˡᵉ de La Thorillière »), p. 12 (« la petite La Thorillière »). — Charlotte, fille de François Le Noir de La Thorillière et de Marie Petit-Jean, avait été baptisée le 16 avril 1661. Elle épousa, le 1ᵉʳ sept. 1675, Michel Boyron, dit Baron. Elle paraît s'être retirée du théâtre le 22 oct. 1691. (Jal, *Dict. crit.*, 2ᵉ éd., p. 744).

La Thorillière (François Le Noir de), acteur : rôle de Geronimo dans *Le Mariage forcé* (29 janv. 1664), p. 2 ; — rôle de l'Automne dans *Les Plaisirs de l'Isle enchantée* (7 mai 1664), *Relation*, p. 16 — il est monté sur un chameau ; — rôle d'Arbate dans *La Princesse d'Elide* (8 mai 1664), *Plaisirs de l'Isle enchadtée*, 1664, p. 26 ; — rôle du père de *Psyché* dans *Psyché* (17 janv. 1671), p. 12 ; — rôle du second pâtre dans *La Pastorale comique* (2 déc. 1671), *Ballet des Ballets*, p. 16.

La Thorillière (Pierre Le Noir de), le fils : rôle de l'Amour dans le prologue de *Psyché* (17 janv. 1671), p. 7. — Il fait partie d'une troupe d'amours dansants, *ibid.*, p. 20. — Il était né le 3 sept. 1659. Voy. Jal, p. 744.

La Tour, danseur : *Ballet des Triomphes* (18, 20 févr. 1635), pp. 3, 5.

La Troche (de) : *Triomphe de l'Amour* (avril 1681), Bensserade, 1697, II, p. 408.

La Trousse, danseur : *Ballet de la Marine* (25 févr. 1635), pp. 5, 6, 11, 14, 21.

Lannoy (de) : *Divertissement royal* (4 févr. 1670), p. 26.

Lause (de) : *Ballet de la Felicité* (8, 17 mars 1639), *Gazette*, p. 142.

Laval (Mˡˡᵉ de) ; *Ballet des Saisons* (23 juillet 1661), pp. 19, 20 ; Bensserade, 1697, II, p. 229.

Laval (Marie-Louise de) : *Triomphe de l'Amour* (avril 1681), Bensserade, II, pp. 414, 421. — Elle épousa en 1683 Gaston-Jean-Baptiste-Antoine, duc de Roquelaure, maréchal de France, et mourut le 12 mars 1735.

La Valette (Bernard de Nogaret, duc de) : *Ballet des Triomphes* (18, 20 févr. 1635), p. 3 ; *Ballet des deux Magiciens* (2 mars 1636), pp. 4, 7, 10.

La Valette (Gabrielle-Angélique de Verneuil, légitimée de France, duchesse de) : *Ballet des Triomphes* 18, 20 févr. 1635), p. 5.

La Vallée, danseur : *Plaisirs troublez* (12 févr. 1657), p. 9 ; — *Ballet de Flore* (13 févr. 1669), pp. 19, 29 ; — *Divertissement royal* (4 févr. 1670), p. 26 ; — *Psyché* (17 janv. 1671), p. 40 ; — *Ballet des Ballets* (2 déc. 1671), pp. 28, 37, 61.

La Vallée (Mˡˡᵉ de), probablement fille du précédent : *Amours déguisés* (févr. 1664), p. 39.

La Vallière (Jean-François de La Baume Le Blanc, marquis de) : *Nopces de village* (3 oct. 1663), p. 2 ; — *Plaisirs de l'Isle enchantée* (7 mai 1664), pp. 10, 12.

La Vallière (Gabrielle Glay de La Cotardaie, marquise de) : *Ballet des Flore :* 13 févr. 1669), pp. 14, 15 ; — *Ballet des Muses* (2 déc. 1666), Bensserade, 1697, II, p. 374 ; — *Ballet de Flore* (13 févr. 1669), pp. 14, 15 ; Bensserade, II, p. 389.

La Vallière (Louise de La Baume Le Blanc, dite Mˡˡᵉ de) : *Ballet des Saisons* (23 janv. 1661), p. 6 ; Bensserade, 1697, II, p. 221 ; — *Ballet des Arts* (23 juill. 1663), pp. 6, 8, 9, 22, 23 ; Bensserade, II, pp. 287, 298 ; — *Ballet des Muses* (2 déc. 1666), Bensserade, II, pp. 365, 370.

La Vigne, aîné, violon : *Ballet de la Raillerie* (19 févr. 1659), p. 27 ; — *Ballet de l'Impatience* (14 févr. 1661), pp. 18, 36 ; — *Ballet des Arts* (8 janv. 1663), p. 19.

La Vigne, jeune, violon : *Ballet royal de l'Impatience* (14 févr. 1661), p. 18.

La Voisière, musicien : *Plaisirs troublez* (12 févr. 1657), p. 15.

Le Bret, chef d'orchestre : *Ballet de Madame*, 19 mars 1615), *Description*, p. 28.

Le Bret, violon : *Ballet de la Raillerie* (19 févr. 1659), p. 27 ; — *Ballet de l'Impatience* (14 févr. 1661), pp. 18, 26, 36 ; il y joue de la « basse à cordes à boyau », p. 38 ; — *Psyché* (17 janv. 1671), p. 41 ; — *Ballet des ballets* (2 déc. 1671), p. 62.

Le Camus, violon : *Ballet des Triomphes* (18, 20 févr. 1635), p. 3 ; — *Ballet de la Raillerie* (19 févr. 1659), p. 11. — Le Camus mourut en 1677 (voy. *Mercure galant*, 1677, II, p. 19). Ce renseignement précis permet de rectifier Fétis (II, p. 243).

Le Chantre, danseur : *Ballet de l'Impatience* (24 févr. 1661), pp. 25, 27,

APPENDICE. 623

37 ; — *Ballet des Arts* (8 janv. 1663), p. 15 ; — *Nopces de village* (3 oct. 1663), p. 4 ; — *Mariage forcé* (29 janv. 1664), p. 11 ; — *Amours déguisez* (févr. 1664), pp. 16, 21, 45 ; — *Ballet du Palais d'Alcine* (9 mai 1664), *Plaisirs de l'Isle enchantée*, 1664, p. [79] ; — *Divertissement royal* (4 févr. 1670), pp. 23, 24, 26 ; — *Bourgeois gentilhomme* (oct. 1670), pp. 5, 20 ; — *Psyché* (17 janv. 1671), pp. 16, 37 ; — *Ballet des Ballets* (2 déc. 1671), pp. 24, 37, 48, 57.

Le Chevalier, enfant : *Ballet de la Raillerie* (19 févr. 1659), p. 11.

Le Comte, violon et danseur : *Ballet des Proverbes* (févr. 1654), Bensserade, 1697, II, pp. 104, 105 (il bat du tambour), 109 ; — *Ballet du Temps* (30 nov. 1654), pp. 9, 10 ; — *Ballet de Psyché* (16 janv. 1656), pp. 12, 13, 28, 33 ; Bensserade, II, p. 149 ; — *Ballet de la Raillerie* (19 févr. 1659), pp. 15, 21, 27 ; — *Ballet de l'Impatience* (14 févr. 1661), pp. 18, 25, 34, 38 ; — *Ballet des Saisons* (23 juill. 1661), pp. 11, 18 ; — *Ballet des Arts* (8 janv. 1663), pp. 15, 19.

Le Doux, musicien : *Psyché* (17 janv. 1671), p. 33.

Le Duc, danseur : *Psyché* (17 janv. 1671), p. 42.

Le Fèvre, danseur : *Plaisirs troublez* (12 févr. 1657), p. 9.

Le Febvre, danseur (peut-être le même que le précédent) : *Psyché* (17 janv. 1671), p. 40 ; — *Ballet des Ballets* (2 déc. 1671), p. 57.

Leger, violon : *Ballet de Flore* (13 févr. 1669), p. 61 [*lis.* 41] ; — *Psyché* (17 janv. 1671), p. 36 ; — *Ballet des Ballets* (2 déc. 1671), p. 57.

Le Gois, musicien et danseur : *Ballet des Triomphes* (18, 20 févr. 1635), pp. (, 5 ; — *Ballet des deux Magiciens* (2 mars 1636), pp. 2, 4, 5, 6, 11 ; — *Ballet de la Félicité* (8, 17 mars 1639), *Gazette*, pp. 142, 145, 146.

Le Grec, violon : *Ballet de la Raillerie* (19 févr. 1659), p. 27 ; — *Ballet de l'Impatience* (14 févr. 1661), p. 18 — il est appelé Le Grès ; — *Amours déguisez* (févr. 1664), pp. 21, 31 — il est appelé Le Grais ; — *Ballet de Flore* (13 févr. 1669), p. 61 [*lis.* 41] — même observation ; — *Ballet des Ballets* (2 déc. 1671), pp. 27, 57 ; — il est appelé Le Grez ou Le Grais.

Le Gros, chanteur : *Plaisirs troublez* (12 févr. 1657), p. 3 ; — *Ballet de la Raillerie* (19 févr. 1659), pp. 21, 27 ; — *Ballet de l'Impatience* (14 févr. 1661), pp. 18, 38 ; — *Ballet des Saisons* (23 juill. 1661), p. 16 ; Bensserade, 1697, II, p. 225 ; — *Princesse d'Elide* (8 mai 1664), *Plaisirs de l'Isle enchantée*, 1664, p. 70 ; — *Festes de l'Amour et de Bacchus* (18 juill. 1668), p. 21 ; — *Ballet de Flore* (13 févr. 1669), pp. 8, 32, 60 [*lis.* 40] ; — *Divertissement royal* (4 févr. 1670), pp. 5, 28 ; — *Bourgeois gentilhomme* (oct. 1670), pp. 8, 13 ; — *Psyché* (17 janv. 1671), pp. 6, 36 ; — *Ballet des Ballets* (2 déc. 1671), pp. 6, 10, 24, 27, 39, 57.

Le Gros, violon : *Psyché* (17 janv. 1671), p. 36.

Le Jeune, violon : *Psyché* (17 janv. 1671), p. 41 ; *Ballet des Ballets* (2 déc. 1671), p. 62.

Le Maire ([Charles]), chanteur : *Psyché* (17 janv. 1671), p. 6, 41 ; — *Ballet des Ballets* (2 déc. 1671), pp. 6, 10, 28, 62. — Charles Le Maire entra, comme haute-contre, à la chapelle du roi en 1682 ; il se retira en 1702 et mourut en 1704. Fétis, V, p. 263.

Le Marchand, violon. Voy. Marchand.

Le Marquis, danseur : *Ballet des Triomphes* (18, 20 févr. 1635), *Gazette*, pp. 85-92.

Le Mercier, danseur : *Mariage forcé* (29 janv. 1664), p. 8. — Il s'agit sans doute de Nicolas Le Mercier, maître à danser et joueur d'instruments, juré dudit état, cité dans un acte du 17 juill. 1667. Jal, p. 23[b].

Le Moine, théorbe : *Ballet de la Raillerie* (19 févr. 1659), p. 11 ; — *Ballet de l'Impatience* (14 févr. 1661), pp. 18, 36 ; — *Princesse d'Elide* (8 mai 1664), *Plaisirs de l'Isle enchantée*, 1664, p. 71.

L'Enfant, danseur : *Ballet royal de Flore* (13 févr. 1669), pp. 19, 60 [*lis.* 40].

Le Noble, danseur : *Ballet de la Raillerie* (19 févr. 1659), p. 22.

Le Peintre, violon : *Amours déguisez* (févr. 1664), pp. 5, 21, 31 ; — *Psyché* (17 janv. 1671), p. 36 ; — *Ballet des Ballets* (2 déc. 1671), p. 57.

Le Plessis, danseur : *Ballet de Madame* (1615), p. 23.

Le Prestre, danseur : *Ballet de Flore* (13 févr. 1669), pp. 17, 31 ; — *Divertissement royal* (4 févr. 1670), p. 26.

Lerambert, musicien et danseur : *Ballet des Proverbes* (févr. 1654), Bensserade, 1697, II, p. 107 ; — *Ballet du Temps* (30 nov. 1654), p. 9 ; — *Ballet de la Raillerie* (19 févr. 1659), p. 20 ; — *Nopces de village* (3 oct. 1668), p. 5.

Le Roy, musicien : *Plaisirs troublez* (12 févr. 1657), p. 15.

Le Roy, danseur (peut-être le même) : *Festes de l'Amour et de Bacchus* (18 juill. 1668), *Relation*, p. 22 ; — *Ballet royal de Flore* (13 févr. 1669), pp. 21, 29 ; — *Ballet des Ballets* (2 déc. 1671), p. 37.

Le Roux, aîné, violon : *Ballet de la Raillerie* (19 févr. 1659), p. 27 ; — *Ballet de l'Impatience* (14 févr. 1661), p. 18 ; — *Amours déguisez* (févr. 1664), pp. 5, 31 ; — *Ballet de Flore* (13 févr. 1669), p. 61 [*lis.* 41] ; — *Psyché* (17 janv. 1671), p. 36 ; — *Ballet des Ballets* (2 déc. 1671), pp. 27, 57.

Le Roux jeune, violon : mêmes ballets (1659-1671), mêmes pages, sauf pour les *Amours déguisez*, p. 21.

Lesche (? de La Fontaine, dite Mlle de) : *Ballet des Triomphes* (18, 20 févr. 1635), p. 5.

Les Sergents (Mlle), enfant : *Ballet de Psyché* (16 janv. 1656), p. 39.

L'Espine, violon : *Ballet de Flore* (13 févr. 1669), p. 61 [*lis.* 41] ; — *Ballet des Ballets* (2 déc. 1671), p. 57.

L'Estang (de), aîné, danseur : *Ballet de la Raillerie* (19 févr. 1659), p. 11 — il est encore enfant ; — *Ballet de l'Impatience* (24 févr. 1661), pp. 24, 27, 32 — même observation ; — *Ballet de Flore* (13 févr. 1669), pp 19, 26, 59 [*lis.* 39]) ; — *Divertissement royal* (4 févr. 1670), pp. 5, 23, 27 ; — *Bourgeois gentilhomme* (oct. 1670), p. 20 ; — *Psyché* (17 janv. 1671), pp. 7, 18, 27, 34, 42 ; — *Ballet des Ballets* (2 déc. 1671), pp. 6, 10, 24, 48, 63.

L'Estang (de) cadet, danseur : *Ballet de l'Impatience* (24 févr. 1661), pp. 24, 32 ; — *Psyché* (17 janv. 1671), p. 20.

Leuville (Mlle de) : *Ballet de Madame* (19 mars 1615), p. 27.

Le Vacher, danseur : *Balet de la Paix* (Münster, 26 févr. 1645), *Gazette*, pp. 216, 218 ; — *Ballet de la Nuit* (23 févr. 1643), Bensserade, 1697, II, p. 24 ; — *Ballet des Proverbes* (févr. 1654), Bensserade, II, pp. 103, 105 ; — *Ballet du Temps* (30 nov. 1654), pp. 4, 6, 11 ; — *Ballet de Psyché* (16 janv. 1656), pp. 28, 30 ; — *Ballet de la Raillerie* (13 février 1659), pp. 13, 25 ; — *Ballet de l'Impatience* (11 févr. 1661), p. 34. — Le Vacher avait l'honneur de figurer auprès du roi ; c'était donc un chef d'emploi.

Liancourt (Charles Du Plessis, seigneur de), marquis de Guercheville, gouverneur de Paris : *Ballet de Tancrede* (18 févr. 1619), *Relation*, p. 28. — M. de Liancourt mourut le 20 oct. 1620.

Liancourt (Roger Du Plessis, seigneur de) : *Ballet des Triomphes* (18, 20 févr. 1635), p. 3.

Liancourt (Mme de) : même ballet, p. 5.

Lillebonne (François-Marie de Lorraine, comte de) : *Ballet de Cassandre* (26 févr. 1651), *Gazette*, p. 231 ; Bensserade, 1697, II, p. 12.

Lillebonne (Mlle de), ou « Lislebonne » : *Triomphe de l'Amour* (avril 1681), Bensserade, 1697, II, p. 419. — Ce doit être Élisabeth de Lorraine, 3e fille de François-Marie de Lorraine, comte de Lillebonne (la première fille était religieuse, la seconde était morte). Élisabeth, née le 5 avril 1664, épousa, le 8 octobre 1691, Louis de Melun, prince d'Espinoy.

Lionnois (Pierre), représente un amour dans *Psyché* (17 janv. 1671), p. 7.

Lique, violon : *Ballet de Flore* (13 févr. 1669), p. 62 [*lis.* 42] ; — *Psyché* (17 janv. 1671), p. 36 ; — *Ballet des Ballets* (2 déc. 1671), p. 57.

Loménie (Mlle de) : *Ballet de Madame* (19 mars 1615), p. 27.

Longueil, chanteur : *Ballet des Ballets* (2 déc. 1671), p. 27.

Longueil (Mlle de), enfant : *Ballet de Psyché* (16 janv. 1656), p. 39.

Longueval (Mlle de), fille du marquis de Cressy, fille d'honneur de la reine : *Ballet des Muses* (2 déc. 1666), Bensserade, 1697, II, p. 371).

Longueville (Henri d'Orléans, duc de) : *Ballet des Triomphes* (18, 20 février 1635), pp. 4, 5, 7, 9.

Longueville (Louise de Bourbon, duchesse de) : même ballet, p. 5.

L'Orange, trompette : *Ballet de la Raillerie* (19 févr. 1659), p. 27 — son nom est écrit Orange ; — *Divertissement royal* (4 févr. 1670), p. 27 ; — *Psyché* (17 janv. 1671), p. 41 ; — *Ballet des Ballets* (2 déc. 1671), p. 62.

Lore, danseur : *Ballet de la Marine* (25 févr. 1635), pp. 5, 6, 7.

Lore (Le petit), même ballet, pp. 5, 6, 7.

Lorge (de), père, musicien : *Ballet des Proverbes* (févr. 1654), Bensserade, 1697, II, pp. 103, 105, 107, 110 ; — *Ballet du Temps* (30 nov. 1654), pp. 7, 9, 11 ; — *Ballet de Psyché* (16 janv. 1656), pp. 26, 28, 33 ; — *Ballet d'Alcidiane* (14 févr. 1658), Bensserade, II, p. 184 ; — *Plaisirs troubles* (12 févr. 1657), p. 15 — c'est lui qui compose la musique du charivari.

Lorge (de) fils, musicien et danseur : *Plaisirs troubles* (12 févr. 1657), pp. 12, 17, 22, 23 ; — *Ballet de la Raillerie* (19 févr. 1659), p. 20 ; — *Ballet de l'Impatience* (11 févr. 1661), pp. 24, 30, 38 ; — *Ballet des Saisons* (23 juill. 1661), pp. 10, 15 ; — *Ballet des Arts* (8 janv. 1663), pp. 15, 26 ; — *Nopces de village* (3 oct. 1663), p. 3 ; — *Mariage forcé* (29 janvier 1664), pp. 5, 8 ; — *Amours déguisez* (févr. 1664), pp. 17, 29, 45 ; — *Ballte du Palais d'Alcine* (9 mai 1664), *Plaisirs de l'Isle enchantée*, 1664, p. [79] ; — *Psyché* (17 janv. 1671), pp. 7, 18, 40 ; — *Ballet des Ballets* (2 déc. 1671), pp. 37, 60. — Peut-être l'une ou l'autre de ces mentions se rapporte-t-elle à de Lorge père.

Lorge (de), enfant : *Amours déguisez* (févr. 1664), p. 39.

Lorraine (Charles, prince de) : *Hercule amoureux* (7 févr. 1662), Bensserade, 1697, II, p. 272.

Loube (Mlle de) : *Triomphe de l'Amour* (avril 1681), Bensserade, II, p. 426.

Louis XIII, figure dans le *Ballet de Tancrede* (12 févr. 1619) ; il y représente « le chef des chevaliers des Advantures », *Relation*, pp. 27, 32 ; — dans le *Ballet des Triomphes* (18, 20 févr. 1635), il représente un capitaine suisse (p. 3), une dame d'honneur (p. 3), l'oncle de la mariée de Vaugirard (pp. 4, 6) ; — dans le *Ballet de la Merlaizon* (15 mars 1635), il représente la femme de maître Pierre de La Croix de Lorraine (*Gazette*, p. 143), le fermier (*ibid.*, p. 144).

Louis XIV, figure dans le *Ballet de Cassandre* (26 févr. 1651), *Gazette*, p. 224 ; il y danse le « tricotet poitevin » (p. 229), Cf. Bensserade, 1697, II, pp. 5, 10. — Dans le *Ballet de la Nuit* (23 févr. 1653) il représente la Première Veille de la Nuit (Bensserade, II, pp. 15) ; un des jeux de la suite de Vénus (*ibid.*, p. 34) ; un ardent (*ibid.*, p. 47), un curieux (*ibid.*, p. 52) ; un furieux (*ibid.*, p. 58) ; le soleil (*ibid.*, p. 69). — Dans *Les Nopces de Pelée et Thetis* (26 janv. 1654), il représente une furie (*ibid.*, p. 72), une dryade (*ibid.*, p. 84), un académiste *ibid.*, p. 85) ; il devait remplir le rôle d'un courtisan (*ibid.*, pp. 89, 90) ; il y représente la Guerre (*ibid.*, p. 97). — Dans le *Ballet des Proverbes* (févr. 1654), il représente ce qui reluit (*ibid.*, p. 103) ; un Maure (*ibid.*, p. 105), un attaquant (*ibid.*, p. 107), un Espagnol (*ibid.*, p. 110). — Dans le *Ballet du Mariage forcé* (29 janv. 1664), il représente un Égyptien (p. 7). — Dans le *Ballet du Temps* (30 nov. 1654) il représente un Moment (p. 4), le Siècle d'or (p. 7), le Printemps (p. 10), le Feu (p. 11). — Dans le *Ballet des Plaisirs* (4 févr. 1655) il représente un berger (Bensserade, II, p. 117), un Égyptien (*ibid.*, II, p. 127), un débauché (*ibid.*, p. 131), le Génie de la danse (*ibid.*, p. 137). — Dans le *Ballet du Psyché* (16 janv. 1656), il représente le Printemps pp. 6, 7), un Esprit follet (p. 25), Pluton (p. 38). Cf. Bensserade, II, pp. 145, 161, 171. — Dans le *Ballet de l'Amour malade* (17 janv. 1657) il il représente le Divertissement (Bensserade, II, p. 175), un des parents et amis des mariés (*ibid.*, p. 181). — Dans le *Ballet d'Alcidiane* (14 févr. 1658) il représente la Haine (Bensserade, II, p. 184), Éole (*ibid.*, II, p. 192), un démon (*ibid.*, p. 196), un Maure (*ibid.*, p. 205). — Dans le *Ballet de la Raillerie* (19 févr. 1659) il représente le Ris (p. 10), le Bonheur (p. 13), le gentilhomme français (p. 25). Cf. Bensserade, II, pp. 207, 210, 215. — Dans le *Ballet* de *l'Impatience* (14 févr. 1661) il représente « un grand » (p. 19) Jupiter (p. 30), un ancien chevalier (p. 34). Cf. Bensserade, II, pp. 232, 242, 246. — Dans le *Ballet des Saisons* (23 juill. 1661) il représente Cérès (p. 11), le Printemps (p. 18. Cf. Bensserade, II, pp. 222), (un moissonneur, 227. — Dans le *Ballet d'Hercule amoureux* (7 févr. 1662) il représente Pluton (Bensserade, II, p. 265), Mars (*ibid.*, p. 266), le Soleil (*ibid.*, p. 277). — Dans le *Ballet des Arts* (8 janv. 1663) il représente un berger (Bensserade, II, p. 285). — Dans *Les Nopces de village* (3 oct. 1663) il représente une fille (p. 5) ; il devait figurer un Bohémien (p. 9). Cf. Bensserade, II, p. 282. — Dans le ballet du *Mariage forcé* (29 janv. 1664) il représente un Egyptien (p. 7).— Dans le *Ballet des Amours déguisez* (févr. 1664) il représente Renaud (p. 32). Cf. Bensserade, II, p. 308. — Dans *Les Plaisirs de l'Isle enchantée* (7 mai 1664), il représente Roger (p. 7). Cf. Bensserade, II, p. 320. — Dans le *Ballet de la Naissance de Venus* (26 janv. 1665), il représente Alexandre (Bensserade, II, p. 350). — Dans le *Ballet des Muses* (2 déc. 1666) il représente un berger (Bensserade, II, p. 360), Cyrus (*ibid.*, p. 376). — Dans le *Carnaval* (18 janv. 1668) il représente le Plaisir (Bensserade, II, p. 378), un masque sérieux (*ibid.*, p. 380). — Dans le *Ballet de Flore* (13 févr. 1669) il représente le Soleil (p. 10), un Européen 35, 59 [*lisez* 39].— Dans le *Divertissement royal* (4 fév. 1670), il représente Neptune (pp. 5, 7), Apollon ou le Soleil (pp. 28, 29).

Louis, dauphin, représente un Plaisir, un Indien, un Zéphir dans les *Triomphes de l'Amour* (Bensserade, 1697, II, pp. 408, 418, 421, 424.

Louis (Le petit) : *Ballet des Triomphes* (18, 20 févr. 1635), p. 3.

Louvigny (Antoine-Charles de Gramont, comte de), « vulgairement dit le Gros Homme » : *Ballet de la Nuit* (23 févr. 1653), Bensserade, 1697, II, p. 36

Ludres (Marie-Isabelle de), ou « du Ludre : *Ballet des Muses* (2 déc. 1666), Bensserade, II, p. 374. — Cf. *Continuateurs de Loret*, II, col. 552.

Luynes (Charles d'Albert, duc de) : *Ballet de Tancrede* (12 févr. 1619), *Relation*, p. 30.

Luynes (Louis-Charles d'Albert, duc de) : *Ballet de l'Oracle* (1645), pp. 8, 13.

Luynes (Anne de Rohan, duchesse de Luynes) ; *Hercule amoureux* (7 févr. 1662), Bensserade, 1697, II, p. 259 ; — *Amours déguisez* (février 1664), pp. 22, 24 ; Bensserade, II, p. 308.

Lulli (Baptiste) : *Ballet de la Nuit* (23 févr. 1653), Bensserade, 1697, II, p. 23 ; — *Ballet des Proverbes* (févr. 1654), *ibid.*, II, pp. 104, 107, 108, 109 ; — *Ballet du Temps* (30 nov. 1654) ; — il y représente un colporteur (p. 4), une Heure (p. 5), un Siècle (p. 6), le Soleil (p. 11) ; — *Ballet de Psyché* (16 janv. 1656) ; — il y représente un Esprit follet de la suite du roi (p. 25), une bacchante (p. 32) ; il y dirige un concert italien (p. 35) ; il y figure un démon, auprès du roi (p. 38) ; — *Amour malade* (17 janv. 1657), Bensserade, II, p. 178 ; — *Ballet d'Alcidiane* (14 févr. 1658), *ibid.*, p. 190 ; — *Ballet de la Raillerie* (19 févr. 1659) — il y représente un poltron (p. 12), un contrefaiseur (p. 21), un Italien (p. 25) ; Bensserade, II, p. 213 ; — *Ballet de l'Impatience* (14 fév. 1661) — il y fait partie de la suite du roi (pp. 19, 30, 34) ; il y joue de la guitare (p. 32) ; il y remplit le rôle d'un aveugle (pp. 38, 39) ; — *Ballet des Saisons* (23 juill. 1661) — il y représente un moissonneur, auprès du roi, qui figure Cérès (p. 11) ; il y représente le Jeu, auprès du roi qui figure le Printemps (p. 18) ; — *Ballet des Arts* (8 janv. 1663) — il joue le rôle d'un chirurgien (p. 19) ; Bensserade, II, p. 295 ; — *Nopces de village* (3 oct. 1663 — il y représente un maître d'école (p. 5) et un opérateur (p. 7) ; — *Mariage forcé* (29 janv. 1664) — il dirige le « charivary crotesque » qui termine la pièce ; — *Amours déguisez* (février 1664) — il représente un goujat (pp. 47, 48) ; Bensserade II, p. 318 ; — *Naissance de Venus* (26 janvier 1665) — il y représente Bacchus — Bensserade, II, p. 349 ; — *Ballet des Muses* (2 déc. 1666) — il y représente Orphée [*ibid.*, II, p. 366).

Magny, musicien (violon et flûte) :

Ballet de la Raillerie (19 févr. 1659), p. 27 ; — *Ballet de l'Impatience* (14 févr. 1661), pp. 18, 36, 38 ; — *Ballet des Arts* (8 janv. 1663), p. 19 ; — *Amours déguisez* (févr. 1664), pp. 5, 21 ; — *Princesse d'Elide* (8 mai 1664), *Plaisirs de l'Isle enchantée*, 1664, pp. 42, 71 ; — *Ballet du Palais d'Alcine* (9 mai 1664), *ibid.*, p. [79] ; — *Ballet de Flore* (13 févr. 1669), p. 61 [*lis.* 41] ; — *Divertissement royal* (4 février 1670), pp. 5, 23, 24, 26 ; — *Bourgeois gentilhomme* (oct. 1670), pp. 5, 23 ; — *Psyché* (17 janv. 1671), pp. 7, 18, 27, 34, 39, 42 ; — *Ballet des Ballets* (2 déc. 1671), pp. 6, 10, 27, 28, 37, 60. — Un costume de Suisse dessiné pour Magny se trouve au fol. 51 v° du recueil que nous avons décrit sous le n° 1460.

Mahieux, danseur, 1657. Voy. Mayeu.

Manseau ou Manceau, danseur : *Amours déguisez* (févr. 1664), p. 40 *Princesse d'Elide* (8 mai 1664), *Plaisirs de l'Isle enchantée*, 1664, p. 42 ; — *Ballet du Palais d'Alcine* (9 mai 1664), *ibid.*, p. [78] ; — *Festes de l'Amour et de Bacchus* (18 juill. 1668), p. 22 ; *Psyché* (17 janv. 1671), p. 40

Mancini (Marie) : *Nopces de Pelée et de Thétis* (26 janv. 1654), Bensserade, 1697, II, p. 93 ; — *Ballet de Psyché* (16 janv. 1656), pp. 6, 9 ; — Bensserade, II, p. 146. — Elle épousa le 11 avril 1661 Lorenzo Onofrio Colonna, connétable de Naples, et mourut en 1715.

Mancini (Marie-Anne) : *Ballet des Saisons* (23 juill. 1661), pp. 19, 20 ; Bensserade, 1697, II, p. 228. — Elle devait figurer dans *Hercule amoureux* (7 févr. 1662), Bensserade, II, p. 279 ; mais elle n'y parut pas, sans doute parce qu'elle était fiancée à Godefroi-Maurice de La Tour, duc de Bouillon, qu'elle épousa le 20 avril suivant. Elle mourut le 20 juin 1714.

Manicamp (Bernard de Longueval, marquis de) : *Ballet royal de Cassandre* (26 févr. 1651), *Gazette*, p. 226 ; Bensserade, 1697, II, p. 7.

Manneville. Voy. Menneville.

Manse (de) : *Ballet de la Félicité* (8, 17 mars 1639), *Gazette*, pp. 137, 143, 146.

Marais ou Marests, homme d'armes de la compagnie du grand écuyer, chanteur et danseur : *Ballet de Madame* (1615), *Description*, pp. 19 et 22 ; — *Ballet des Triomphes* (18, 20 févr. 1635), p. 3, 4 ; — *Ballet de la Merlaizon* (15 mars 1635), *Gazette*, p. 144 ; — *Ballet des deux Magiciens* (2 mars 1636) — il en termine la musique, p. 8 ; — *Ballet de la Félicité* (8, 17 mars 1639), p. 14.

Marandé, danseur : *Ballet de Madame* (1615), *Description*, p. 23.

Marc (Les deux), trompettes allemandes : *Ballet de Flore* (13 févr. 1669), p. 60 [*lis.* 40].

Marchand (Pierre) ou Le Marchand, violon : *Ballet de la Raillerie* (19 févr. 1659), pp. 21-27 ; — *Ballet de l'Impatience* (14 févr. 1661), pp. 18, 26, 36, 38 ; — *Amours déguisez* (févr. 1664), pp. 5, 18, 31 ; — *Ballet de Flore* (13 févr. 1669), p. 62 [*lis* 42] ; — *Bourgeois gentilhomme* (oct. 1670), p. 2 ; — *Psyché* (17 janv. 1671), pp. 33, 39 ; — *Ballet des Ballets* (2 déc. 1671), pp. 27, 54, 60. — Un Pierre Marchand, officier de la musique de Monsieur, est cité en 1678 (Jal, *Dict. crit.*, 2ᵉ éd., p. 137) ; ce pouvait être un fils de notre violoniste. Fétis mentionne plusieurs musiciens du même nom.

Marie-Anne-Christine-Victoire de Bavière, dauphine : *Triomphe de l'Amour* (avril 1681), *ibid.*, pp. 405, 424.

Marcillac (François VII de La Rochefoucauld, prince de) : *Plaisirs de l'Isle enchantée* (7 mai 1664), *Relation*, pp. 9, 12. — Fils de l'auteur des *Maximes*, il était né le 15 juin 1634. Il devint duc de La Rochefoucauld en 1680, et mourut le 12 juin 1714.

Marie-Thérèse d'Autriche, reine de France, représente la Maison d'Autriche dans *Hercule amoureux* (7 févr. 1662), Bensserade, 1697, II, p. 255 ; — représente Proserpine dans *Les Amours déguisez* (févr. 1664), p. 22 ; Bensserade, II, p. 301.

Marotte (Marie Ragueneau de L'Estang, dite Mˡˡᵉ), actrice : rôle d'une des sœurs de Psyché dans *Psyché* (17 janv. 1671), p. 12 ; — rôle de la comtesse dans *La Comtesse d'Escarbagnas* (2 déc. 1671), p. 16. —

Marie épousa Charles Varlet de La Grange.

Marsan (Le comte de) : *Ballet de l'Impatience* (14 févr. 1661), pp. 24, 27 ; Bensserade, 1697, II, p. 239 ; — *Hercule amoureux* (7 févr. 1662), Bensserade, II, p. 263.

Martin, chanteur : *Plaisirs troublez* (12 févr. 1657), p. 3. — *Ballet de la Raillerie* (19 févr. 1659), p. 11 ; — *Bourgeois gentilhomme* (oct. 1670), p. 19.

Martineau, musicien : *Plaisirs troublez* (12 févr. 1657), p. 15.

Martinot, père, violon : *Ballet de Flore* (13 févr. 1669), p. 62 [*lis.* 42] ; — *Psyché* (17 janv. 1671), p. 39 ; — *Ballet des Ballets* (2 déc. 1671), pp. 27, 60.

Martinot fils, violon : mêmes ballets.

Mata (Le comte de) : *Ballet des deux Magiciens* (2 mars 1636), pp. 2, 5, 6, 8, 11, 13.

Mathieu, chanteur : *Psyché* (17 janv., 1671), pp. 7, 41.

Maugé, enfant : *Psyché* (17 janv. 1671). p. 7.

Maulevrier (Cosme Savary, marquis de) : *Ballet de la Marine* (25 févr. 1635), pp. 5, 6, 10, 17, 22.

Maurice, lutin, faisant des sauts périlleux : *Psyché* (17 janv. 1671), p. 27.

Mayeu, ou Mayeux, danseur : *Plaisirs troublez* (12 févr. 1657), p. 15 — il est appelé Mahieux ; — *Festes de l'Amour et de Bacchus* (18 juill. 1668), *Relation*, pp. 17, 22 ; — *Ballet de Flore* (13 févr. 1669), pp. 18, 26, 29, 39 ; — *Divertissment royal* (4 févr. 1670), pp. 5, 23, 27 ; — *Bourgeois gentilhomme* (oct. 1670), pp. 8, 23 ; — *Psyché* (17 janv. 1671), pp. 7, 18, 27, 42 ; — *Ballet des Ballets* (2 déc. 1671), pp. 6, 10, 28, 45.

Mazuel, ou Masuel, violon : *Ballet de Flore* (13 févr. 1669), p. 61 [*lis.* 41] ; — *Psyché* (17 janv. 1671), p. 41 ; — *Ballet des Ballets* (2 déc. 1671), p. 62. — Voy. Ern. Thoinan, *Un Bisaïeul de Molière, recherches sur les Mazuel, musiciens des XVI*e *et XVII*e *siècles, alliés de la famille Poquelin.*

Melani ([Atto]), musicien : *Ballet de l'Impatience* (14 févr. 1661), pp. 2, 41. — Fétis (VI, p. 72) cite deux musiciens du même nom qui vivaient à la même époque : Allessandro Melani à Bologne, puis à Rome (c'était le frère d'Atto), et Antonio Melani à Innspruck.

Melone, chanteur : Même ballet, pp. 2, 32, 41.

Memont, danseur : *Ballet de l'Oracle* (1645), p. 13. — Memont tenait à Paris une « académie » renommée. La *Gazette* de 1638 (p. 76) rapporte que cet artiste instruisait les fils du chancelier et amiral de Danemark.

Meniglaise (de), « satyre voltigeur » : *Psyché* (17 janv. 1671), p. 39 ; — *Ballet des Ballets* (2 déc. 1671), p. 60.

Menneville (Catherine de) : *Ballet de Psyché* (16 janv. 1656), pp. 6, 9 ; — Bensserade, 1697, II, p. 147 ; *Ballet des Saisons* (23 juill. 1661), pp. 6, 8 ; Bensserade, II, p. 220.

Mercier, violon : *Ballet du Palais d'Alcine* (9 mai 1664), *Plaisirs de l'Isle enchantée*, 1664, p. [79] ; — *Ballet royal de Flore* (13 févr. 1669), p. 62 [*lis.* 42] ; — *Psyché* (17 janv. 1671), p. 33 ; — *Ballet des Ballets* (2 déc. 1671), p. 54.

Mercœur (Louis de Vendosme, duc de) : *Ballet des Triomphes* (18, 20 févr. 1635), pp. 3, 4, 5 ; — *Ballet de la Merlaison* (15 mars 1635), *Gazette*, p. 144 ; — *Ballet de Cassandre* (26 févr. 1651), *Gazette*, pp. 224, 231 ; Bensserade, 1697, II, pp. 5, 12. — Né en 1612, duc de Vendosme en 1665, Louis mourut le 6 août 1669.

Mercœur (Laure Mancini, duchesse de) : *Ballet de Psyché* (16 janv. 1656), pp. 6, 8 ; Bensserade, 1697, II, p. 145. — Née en 1636, elle mourut en 1657.

Meusnier Saint-Elme, chanteur : *Ballet de Psyché* (16 janv. 1656), pp. 6, 38 ; — *Ballet de la Raillerie* (19 févr. 1659), p. 57.

Mezeret, musicien : *Ballet de la Raillerie* (19 févr. 1659), p. 11.

Micaeli (Angelo), chanteur : *Mariage forcé* (29 janv. 1669), p. 10. — Il est appelé Angelo Michaël.

Millière : *Ballet dansé à Dijon* (11 févr. 1627), *Relation*, p. 2.

Mimeur (J.L. Valon, chevalier de), appelé « Mimurre » : *Triomphe de l'Amour* (avril 1681), Bensserade, 1697, II, p. 413.

Miracle, chanteurs. Voy. Du Miracle.

Mirepoix (Gaston-Jean-Baptiste de Lévis, marquis de) : *Ballet de la*

Nuit (23 févr. 1653), Bensserade, 1697, II, pp. 21, 60 ; — *Nopces de Pelée et de Thetis* (26 janv. 1654), Bensserade, II, p. 83 ; — *Ballet du Temps* (30 nov. 1654), pp. 9, 11 ; — *Ballet des Plaisirs* (4 févr. 1655), Bensserade, II, pp. 121, 129 ; — *Ballet de la Raillerie* (19 févr. 1659), p. 23 ; Bensserade, II, p. 214 ; — *Hercule amoureux* (7 févr. 1662), *ibid.*, II, p. 274 ; — *Ballet des Arts* (8 janv. 1663), pp. 17, 18 ; Bensserade, II, p. 294 ; — *Nopces de village* (8 oct. 1663), pp. 4, 8 ; — *Naissance de Vénus* (26 janv. 1665), Bensserade, II, p. 344 ; — *Ballet des Muses* (2 déc. 1666), *ibid.*, II, p. 359. — Il mourut le 6 mai 1687. Voy. Anselme, IV, p. 19.

Mirepoix (Gaston-Jean-Baptiste II de Lévis et de Lomagne, comte de) : *Triomphe de l'Amour* (avril 1681), Bensserade, 1697, II, p. 427. — Né en 1660, il mourut en 1699.

Molier (Louis de) ou Mollier, musicien : *Ballet de Cassandre* (26 févr. 1651), *Gazette*, pp. 225, 232 ; Bensserade, 1697, II, pp. 6, 13 (il est appelé « Molière ») ; — *Ballet des Proverbes* (févr. 1654), Bensserade, II, pp. 105, 110 ; — *Ballet du Temps* (30 nov. 1654), pp. 4, 7, 11 — Molier avait composé la musique de cette pièce en collaboration avec Jean-Baptiste Boësset ; — *Ballet de Psyché* (16 janv. 1656), pp. 28, 31, 33 ; — *Plaisirs troublez* (12 févr. 1657), pp. 3, 9, 11, 23 ; — *Ballet d'Alcidiane* (14 févr. 1658), Bensserade, II, p. 184 ; — *Ballet de la Raillerie* (19 févr. 1659), pp. 11 23 ; — *Ballet des Arts* (8 janv. 1663), p. 15 ; — *Nopces de village* (3 oct. 1663), p. 4 ; — *Amours déguisez* (févr. 1664), pp. 16, 29 ; — *Ballet du Palais d'Alcine* (9 mai 1664), *Plaisirs de l'Isle enchantée*, 1664, p. [79]. — Louis de Molier, écuyer, se qualifiait gentilhomme servant de la comtesse de Soissons, quand il épousa Adrienne Jacob, fille de Jacques Jacob, avocat au conseil (2 juin 1642). A la mort de cette princesse il passa dans la musique du roi. Il mourut le 18 avril 1688. Voy. Jal, *Dict. crit.*, 2ᵉ éd., p. 877 ; Fétis, VI, p. 159.

Molier (Marie-Blanche de) : *Ballet du Temps* (30 nov. 1654), p. 5 — elle est appelée « la petite Mollier » ; — *Ballet de Psyché* (16 janv. 1656), p. 39 ; — *Ballet de la Raillerie* (19 févr. 1659), p. 23. — Mˡˡᵉ de Molier était fille de Louis de Molier, qui précède. Elle était née le 22 janv. 1644. Elle épousa le 29 avril 1664, le musicien Léonard Ithier. Voy. Jal, *Dict. crit.*, 2ᵉ éd., p. 877.

Molière (Jean-Baptiste Poquelin de) : rôle de Sganarelle dans *Le Mariage forcé* (29 janv. 1664), p. 2 ; — rôle de Moron dans *La Princesse d'Elide* (8 mai 1664), *Plaisirs de l'Isle enchantée*, 1664, p. 26 ; — 3ᵉ entrée du *Ballet des Muses* (2 déc. 1666), Bensserade, 1697, II, p. 359 ; — rôle du Zéphyr dans *Psyché* (17 janv. 1671), p. 12 ; — rôles du premier pâtre et du Turc dans *La Pastorale comique* (2 déc. 1671), *Ballet des Ballets*, p. 16.

Molière (Armande-Grésinde-Claire-Élisabeth Béjart, dite Mˡˡᵉ), femme du poète : rôle de la princesse dans *La Princesse d'Elide* (8 mai 1664), *Plaisirs de l'Isle enchantée*, 1664, p. 26 ; — rôle de Psyché dans *Psyché* (17 janv. 1671), p. 12 ; — rôle de Dircé dans le *Ballet d'Alcine* (9 mai 1664), *Plaisirs de l'Isle enchantée*, 1664, p. [77] ; — rôle de la bergère, en homme et en femme, dans *La Pastorale comique* (2 déc. 1671), *Ballet des Ballets*, p. 16.

Molinier (Estienne). Voy. Moulinié.

Mongé, danseur (?) : *Ballet de la Nuit* (23 févr. 1653), Bensserade, 1697, II, p. 23 ; — *Ballet de Psyché* (16 janv. 1656), pp. 28, 34 ; — *Plaisirs troublez* (12 févr. 1657), pp. 9, 20.

Mongey (de) : *Ballet dancé à Dijon* (11 févr. 1627), p. 4 ; — *Ballet de la Marine* (25 févr. 1635), pp. 5, 6, 7.

Monier, chanteur : *Ballet royal de Flore* (13 févr. 1669), pp. 8, 60 [lis. 40].

Montaigu, danseur : *Ballet de Madame* (19 mars 1615), *Description*, p. 23.

Montan, chanteur et danseur : *Ballet des Triomphes* (18, 20 févr. 1635), pp. 3, 4, 5 ; — *Ballet de la Merlaison* (15 mars 1635), *Gazette*, pp. 143, 144 ; — *Ballet de la Félicité* (8, 17 mars 1639), *Gazette*, pp. 139, 143, 145.

Montausier (Marie-Julie de Sainte-Maure, dite Mˡˡᵉ de) : *Ballet des Saisons* (23 juill. 1661), pp. 13, 14 ; Bensserade, 1697, II, p. 224 ; — *Amours déguisez* (févr. 1664), pp. 22, 26 ; Bensserade, II, p. 304. — Mˡˡᵉ de Montausier épousa, le 16 août 1664, Emmanuel II de Crussol, duc d'Uzès ; elle mourut le 14 avril 1695. Voy. Anselme, V, p. 20.

Montbazon (Anne de Rohan, princesse de Guéméné, duchesse de) : *Ballet des Triomphes* (18, 20 févr. 1635), p. 5. — Anne, femme de Louis VII de Rohan, prince de Guéméné, duc de Montbazon, était née en 1604 et s'était mariée en 1617. Elle mourut le 24 mars 1685. Voy. Anselme, IV, p. 64.

Montbazon (Anne de Rohan, dite Mlle de) : *Ballet des Saisons* (23 juill. 1661), pp. 6, 7 ; Bensserade, 1697, II, p. 219. — Anne, belle-sœur de la précédente, était fille d'Hercule de Rohan, premier duc de Montbazon, et de sa seconde femme, Marie d'Avaugour de Bretagne. Née en 1640, elle épousa Louis d'Albert, duc de Luynes. Elle mourut le 29 oct. 1684. Voy. Anselme, IV, p. 64.

Montenor : *Ballet des Triomphes* (18, 20 févr. 1635), pp. 3, 4, 5 ; — *Ballet de la Merlaizon* (15 mars 1635), pp. 143, 144.

Montespan (Françoise-Athénaïs de Rochechouart de Mortemart, marquise de) : *Amours déguisez* (févr. 1664), pp. 41, 43 ; Bensserade, 1697, II, p. 316 ; — *Naissance de Venus* (26 janv. 1665), Bensserade, II, p. 337 ; — *Ballet des Muses* (2 déc. 1666), ibid., II, pp. 364, 371. Voy. aussi Mortemart.

Montesquiou (de), représente Cujas dans le *Ballet de l'Oracle* (1645), p. 7 ; il y représente un matelot, p. 15.

Montfleury (Mlle de), représente Vénus dans *Les Amours déguisez* (févr. 1664), p. 5. — Mlle de Montfleury doit être Claude, seconde fille du comédien Zacharie Jacob, dit Montfleury. Sa sœur aînée avait épousé, en 1661, Mathieu d'Ennebault. Voy. Jal, *Dict. crit.*, 2e éd., p. 889.

Montglas (François de Paule de Clermont, marquis de) : *Ballet de l'Oracle* (1645), p. 15 ; — *Ballet de Cassandre* (26 févr. 1651), *Gazette*, p. 229 ; Bensserade, 1697, II, p. 10 ; — *Ballet de la Nuit* (23 févr. 1653), Bensserade, II, p. 30.

Monjoly : *Ballet des Triomphes* (18, 20 févr. 1635), pp. 3, 4, 5 ; — *Ballet de la Marine* (25 févr. 1635), p. 5 ; — *Ballet de la Merlaizon* (15 mars 1635), *Gazette*, p. 144 ; — *Ballet des deux Magiciens* (2 mars 1636), pp. 3, 6.

Monjustin : *Ballet des Triomphes* (18, 20 févr. 1635), pp. 3, 5.

Montlaur (Mlle de), enfant : *Amours déguisez* (févr. 1664), p. 39.

Montlouet (Mme de) : *Nopces de Pelée et de Thetis* (26 janv. 1654), Bensserade, 1697, II, p. 76.

Montmorency (Maria Felice Orsini di Bracciano, duchesse de) : *Ballet de Madame* (19 mars 1615), *Description*, p. 27. — Maria Felice, fille de Virginio Orsini, avait épousé, par contrat du 28 nov. 1612, Henri de Montmorency, duc le 2 avril 1614, décapité le 30 oct. 1632. Elle mourut le 5 juin 1666. Anselme, III, p. 607.

Montpensier (Marie de Bourbon, dite Mlle de) : *Ballet de Madame* (19 mars 1615), *Description*, p. 27.

Montpensier (Anne-Marie-Louise d'Orléans, dite Mlle de) : *Hercule amoureux* (7 févr. 1662), Bensserade, 1697, II, p. 257.

Morel, artificier : *Ballet de Tancrede* (12 févr. 1619), *Relation*, p. 25. — Morel devint commissaire général des feux d'artifices, et fut parfois chargé de fournir des pièces employées contre les escadres ennemies. Voy. une pièce du 18 sept. 1627 analysée dans la *Revue des autographes*, catalogue de Mme Vve Gabriel Charavay, nov. 1899 ; n° 275.

Morel, chanteur : *Divertissement royal* (4 févr. 1670), pp. 5, 10, 29 ; — *Bourgeois gentilhomme* (oct. 1670), oct. 1670), pp. 8, 13, 19 ; — *Psyché* (17 janv. 1671), pp. 7, 14, 15, 32, 40 ; — *Ballet des Ballets* (2 déc. 1671), pp. 6, 10, 17, 19, 24, 28, 39, 47, 52, 61. — Morel chanta ensuite à l'opéra. Voy. Chouquet, *Hist. de la musique dram.*, p. 318.

Morin l'aîné, chanteur : *Ballet dancé à Dijon* (11 févr. 1627), p. 1.

Mortemart (Gabriel de Rochechouart, marquis de), représente le poète Ronsard et une Suissesse dans le *Ballet des Triomphes* (18, 20 févr. 1635), p. 3.

Mortemart (Diane de Grandseigne, marquise de) : même ballet, p. 5.

Mortemart (Françoise-Athénaïs de Rochechouart, dite Mlle de) : *Nopces*

APPENDICE. 631

de *Pelée et de Thetis* (janv. 1654), Bensserade, 1697, II, p. 94 ; — *Hercule amoureux* (7 févr. 1662), ibid., II, p. 261 ; — *Ballet des Arts* (8 janv. 1663), pp. 6, 8, 22, 23 ; Bensserade, II, pp. 286, 297. — Née en 1641, Mlle de Mortemart épousa en 1663 Henri-Louis de Pardaillan de Gondrin, marquis de Montespan. Elle devint en 1668 la maîtresse du roi. Voy. Montespan.

Mortemart (Marie-Anne Colbert, duchesse de) : *Triomphe de l'Amour* (avril 1681), Bensserade, 1697, II, pp. 414, 420. — Elle avait épousé, le 14 févr. 1679, Louis de Rochechouart, duc de Mortemart, qui mourut à 25 ans le 3 avril 1688.

Moulinié ([Estienne]), musicien : *Ballet des Triomphes* (18, 20 févr. 1635), p. 3 — il est appelé Molinier ; — *Ballet de la Félicité* (8, 17 mars 1639), *Gazette*, p. 144. Voy. Fétis, VI, p. 218.

Mouy (Le comte de) : *Triomphe de l'Amour* (avril 1681), Bensserade, 1697, II, pp. 413, 423.

Nancey (Le comte de) : *Ballet des Triomphes* (18, 20 févr. 1635), pp. 4, 5.

Nangis (Le marquis de) : *Triomphe de l'Amour* (avril 1681), Bensserade, 1697, II, pp. 409, 411.

Nantes (Louise-Françoise de Bourbon, dite Mlle de) : *Triomphe de l'Amour* (avril 1681), Bensserade, II, p. 428. — Fille de Mme de Montespan, née le 19 sept. 1673, légitimée en déc. 1673, elle épousa Louis III, duc de Bourbon.

Nemours (Louise-Marie-Françoise-Élisabeth de Savoie, dite Mlle de) : *Hercule amoureux* (7 févr. 1662), Bensserade, II, p. 259 ; — *Amours déguisez* (févr. 1664), pp. 22, 24 ; Bensserade, II. p. 302.

Neuillan (Mlle de) : *Ballet de Psyché* (16 janv. 1656), pp. 16, 17 ; Bensserade, 1697, II, p. 154.

Nicolaï, musicien : *Ballet de la Raillerie* (19 févr. 1659), p. 27.

Nyères (de), chanteur : *Ballet des Triomphes* (18, 20 févr. 1635), p. 3.

Nivelon, violon : *Psyché* (17 janv. 1671), p. 41 ; — *Ballet des Ballets* (2 déc. 1671), p. 62.

Noailles (Anne, duc de) : *Plaisirs de l'Isle enchantée* (7 mai 1664), *Relation*, p. 7 ; Bensserade, 1697, II,

p. 321. — Anne, premier duc de Noailles (1663), mourut le 15 févr. 1678.

Noblet, danseur et chanteur : *Ballet des Arts* (8 janv. 1663), pp. 6, 19 ; — *Nopces de village* (3 oct. 1663), pp. 4, 7 ; — *Mariage forcé* (29 janv. 1664), p. 7 ; — *Amours déguisez* (févr. 1664), pp. 40, 47 ; — *Princesse d'Élide* (8 mai 1664), *Plaisirs de l'Isle enchantée*, 1664, pp. 26, 42, 71 ; — *Ballet du Palais d'Alcine* (9 mai 1664), ibid., p. [79] ; — *Festes de l'Amour et de Bacchus* (18 juill. 1668), *Relation*, pp. 17, 18 ; — *Ballet de Flore* (13 févr. 1669), pp. 8, 18, 29, 59 [lis. 39] ; — *Divertissement royal* (4 févr. 1670), pp. 5, 23, 27 ; — *Bourgeois gentilhomme* (oct. 1670), pp. 8, 13, 42 ; — *Psyché* (17 janv. 1671), pp. 18, 34, 42 ; — *Ballet des Ballets* (2 déc. 1671), pp. 28, 35, 39.

Nogent (Le chevalier de) : *Nopces de village* (3 oct. 1663), p. 3.

Nogent (Le comte de) : *Ballet du Temps* (30 nov. 1654), p. 9 ; — *Nopces de village* (3 oct. 1663), p. 3 ; — *Ballet des Plaisirs* (4 févr. 1655), Bensserade, 1697, II, p. 141.

Noiron, géant : *Ballet de la Marine* (25 févr. 1635), p. 7.

Novion . *Plaisirs troubles* (12 févr. 1657), p. 13.

Olivet (d'), danseur : *Ballet des Proverbes* (févr. 1654), Bensserade, 1697, II, pp. 103, 106, 109, 110 ; — *Ballet du Temps* (30 nov. 1654) ; pp. 5, 7, 10 ; — *Ballet des Plaisirs* (4 févr. 1655), Bensserade, 11, p. 138 ; — *Ballet de Psyché* (16 janv. 1656), pp. 12, 26, 28, 33 ; Bensserade, II, p. 149 ; — *Plaisirs troubles* (12 févr. 1657), pp. 6, 18, 22, 23 ; — *Ballet de la Raillerie* (19 févr. 1659), pp. 11, 15, 24 ; — *Ballet de l'Impatience* (11 févr. 1661), pp. 24, 27, 37 ; — *Ballet des Arts* (8 janv. 1663), p. 15 ; — *Nopces de village* (3 oct. 1663), p. 4 ; — *Mariage forcé* (29 janv. 1664), pp. 5, 10 ; — *Amours déguisez* (févr. 1664), p. 16 ; — *Festes de l'Amour et de Bacchus* (18 juill. 1668), *Relation*, p. 22 ; — *Divertissement royal* (4 févr. 1670), pp. 23, 24, 26 ; — *Bourgeois gentilhomme* (oct. 1670), pp. 5, 8, 20 ; — *Psyché* (17 janv. 1671), pp. 16, 37 ; — *Ballet des Ballets* (2 déc. 1671), pp. 24, 28, 39, 48, 57. — D'Olivet était un chef d'emploi, qui parfois composait les ballets. Il composa notamment, avec Beauchamp, les ballets de *Thésée*, opéra de Quinault et de Lulli (11 janv. 1675). Voy. Chouquet, *Hist. de la musique dramat.*, p. 318.

Olivet (d'), fils, danseur : *Divertissement royal* (4 févr. 1670), pp. 23, 26 ; — *Psyché* (17 janv. 1671), pp. 16, 20, 37 ; — *Ballet des Ballets* (2 déc. 1671), pp. 24, 57.

Olonne (Mme d') : *Nopces de Pelée et de Thetis* (26 janv. 1654), Bensserade, 1697, II, p. 77.

Opterre. Voy. Hotterre.

Orange. Voy. L'Orange.

Orat. Voy. Aurat.

Orléans (Gaston, duc d') : *Ballet des Triomphes* (18, 20 févr. 1635), pp. 3, 5.

Orléans (Philippe, duc d') : *Ballet de Cassandre* (26 févr. 1651), p. 226 ; Bensserade, 1697, II, p. 7 ; — *Ballet de la Nuit* (23 févr. 1653), Bensserade, II, pp. 25, 27 ; — *Nopces de Pelée et de Thetis* (26 janv. 1654, *ibid.*, II, pp. 81, 98 ; — *Ballet du Temps* (30 nov. 1654), p. 10 ; — *Ballet des Plaisirs* (4 févr. 1655), Bensserade, II, pp. 122, 138 ; — *Ballet de Psyché* (16 janv. 1656), pp. 29, 40 ; Bensserade, II, pp. 165, 172 ; — *Ballet des Saisons* (23 juill. 1661), p. 13 ; Bensserade, II, p. 223 ; — *Hercule amoureux* (7 févr. 1662), Bensserade, II, p. 256 ; — *Amours déguisez* (févr. 1664), p. 41 ; Bensserade, II, p. 314 ; — *Naissance de Venus* (26 janv. 1665), Bensserade, II, p. 335.

Orléans (Henriette d'Angleterre, duchesse d'). Voy. Henriette.

Oudot, chanteur : *Ballet de Flore* (13 févr. 1669), p. 60 [*lis.* 40] ; — *Psyché* (17 janv. 1671), pp. 6, 33 ; *Ballet des Ballets* (2 déc. 1671), pp. 6, 16, 28, 54.

Pagès (Simon), chanteur : *Ballet de Flore* (13 févr. 1669), pp. 8, 60 [*lis.* 40].

Pagès (Thierry), chanteur, *ibid.*

Paget : même ballet, pp. 17, 31. — Paget se confond probablement avec l'un des deux précédents.

Païsan, ou Paysan, danseur : *Ballet des Arts* (8 janv. 1663), p. 15 ; — *Nopces de village* (3 oct. 1663), pp. 3, 7 ; — *Amours déguisez* (févr. 1664), p. 47 ; — *Plaisirs de l'Isle enchantée* (8 mai 1664), *Relation*, p. 26 ; — *Festes de l'Amour et de Bacchus* (18 juill. 1668), *Relation*, p. 22 ; — *Ballet royal de Flore* (13 févr. 1669), pp. 21, 60 [*lis.* 40] ; — *Divertissement royal* (4 févr. 1670), p. 26 ; — *Psyché* (17 janv. 1671), p. 37.

Paisible, flûte : *Ballet de l'Impatience* (14 févr. 1661), p. 18 ; — *Psyché* (17 janv. 1671), p. 41.

Parade, danseur : *Ballet des Triomphes* (18, 20 févr. 1635), pp. 3, 4, 5 ; — *Ballet des deux Magiciens* (2 mars 1636), pp. 2, 4, 6, 7.

Passe, violon : *Psyché* (17 janv. 1671), p. 41 ; — *Ballet des Ballets* (2 déc. 1671), p. 62.

Paul, enfant : *Amours déguisez* (févr. 1664), p. 39.

Pécourt, danseur : *Psyché* (17 janv. 1671), p. 20. — Pécourt dansa plus tard à l'opéra (voy. Chouquet, *Hist. de la mus. dramat.*, p. 318) ; il composa les entrées de divers ballets (voy. *Mercure galant*, sept. 1688, II, p. 98 ; aoust 1689, p. 237 ; févr. 1700, p. 226 ; juillet 1700, p. 278.

Pellissier, trompette : *Psyché* (17 janv. 1671), p. 41 ; — *Ballet des Ballets* (2 déc. 1671), p. 62.

Perchot, chanteur : mêmes ballets, pp. 7, 41 et pp. 6, 28, 62.

Pesan, aîné, musicien et danseur : *Plaisirs de l'Isle enchantée* (8 mai 1664), *Relation*, p. 26 ; — *Ballet du Palais d'Alcine* (9 mai 1664), *ibid.*, pp. [78], [79] ; — *Festes de l'Amour et de Bacchus* (18 juill. 1668), *Relation*, p. 22 — les pièces qui précèdent portent simplement « Pesan » ; — *Ballet royal de Flore* (13 févr. 1669), pp. 21, 27, 29, 60 [*lis.* 40] ; — *Divertissement royal* (4 févr. 1670), pp 5, 26 ; — *Psyché* (17 janv. 1671), p. 33 ; — *Ballet des Ballets* (2 déc. 1671), pp. 28, 37, 60.

Pesan, cadet, danseur : *Ballet de Flore* (13 févr. 1669), pp. 21, 29, 60 [*lis.* 40] ; — *Divertissement royal* (4 févr. 1670), p. 26.

Pétigny : *Plaisirs troublez* (12 févr. 1657), pp. 15, 21.

Petit-Jean, acrobate : *Psyché* (17 janv. 1671), p. 27 — il représente un lutin et fait des sauts périlleux.

Pêtre, trompette : *Psyché* (17 janv.

1671), p. 41 ; — *Ballet des Ballets* (2 déc. 1671), p. 62. — Cf. Piètre.

Philbert, flûte : *Festes de l'Amour et de Bacchus* (18 juillet 1668), *Relation*, p. 13 ; — *Ballet de Flore* (13 févr. 1669), p. 62 [*lis*. 42] ; — *Bourgeois gentilhomme* (oct. 1670), pp. 8, 13 — il y chante ; — *Psyché* (17 janv. 1671), pp. 15, 41 ; — *Ballet des Ballets* (2 déc. 1671), pp. 17, 27, 39, 62.

Philidor (Michel Danican, dit) aîné, flûte et basson : *Bourgeois gentilhomme* (oct. 1670), p. 26 ; — *Psyché* 17 janv. 1671), p. 36 ; — *Ballet des Ballets* (2 déc. 1671), p. 57. — Né à Paris vers 1635, il mourut après 1700. Voy. Fétis, VII, p. 26.

Philidor (André Danican, dit) cadet, hautbois : *Psyché* (17 janv. 1671), p. 36 ; — *Ballet des Ballets* (2 déc. 1671), p. 57. — Né vers 1645, il mourut en 1785. Voy. Fétis, VII, p. 26.

Picot, danseur : *Ballet des Triomphes* (18, 20 févr. 1635), pp. 3, 4, 5 ; — *Ballet de la Marine* (25 févr. 1635), pp. 6, 16 ; — *Ballet des deux Magiciens* (2 mars 1636), pp. 3, 4, 6 ; — *Ballet de la Merlaison* (15 mars 1635), pp. 143, 144.

Pienne (Mlle de) : *Triomphe de l'Amour* (avril 1681), Benserade, 1697, II, pp. 405, 414, 421.

Pierrot, chanteur : *Bourgeois gentilhomme* (oct. 1670), p. 13 ; — *Psyché* (17 janv. 1671), pp. 7, 39 ; — *Ballet des Ballets* (2 déc. 1671), pp. 6, 27, 60.

Piesche, ou Pièche, flûte et hautbois : *Ballet de la Raillerie* (19 févr. 1659), pp. 21, 27 : — *Ballet de l'Impatience* (14 févr. 1661), pp. 18, 38 ; — *Nopces de village* (3 oct. 1663), p. 2 ; — *Amours déguisez* (févr. 1664), pp. 5, 31 ; — *Ballet de Flore* (13 février 1669), p. 62 [*lis*. 42] ; — *Psyché* (17 janvier 1671), p. 40 ; — *Ballet des Ballets* (2 déc. 1671). — A partir de 1669, cet artiste est appelé Piesche père ; il se confond sans doute avec Pierre Pièche, huissier des ballets en 1662. Voy. Jal, *Dict. crit.*, 2e éd., p. 896.

Piesche fils aîné, flûte : *Ballet de Flore* (13 févr. 1669), p. 62 [*lis*. 42] ; — *Bourgeois gentilhomme* (oct. 1670), p. 26 ; — *Psyché* (17 janv. 1671), pp. 15, 33 ; — *Ballet des Ballets* (2 déc. 1671), pp. 17, 27.

Piesche cadet, chanteur : *Psyché* (17 janv. 1671), p. 33.

Piesche (Mlle) aînée, chanteuse, *ibid*. — Elle chanta plus tard à l'opéra. Voy. Chouquet, *Hist. de la musique dram*., p. 318.

Piesche (Mlle) cadette, chanteuse, *ibid*.

Piètre, musicien : *Plaisirs troublez* (12 févr. 1657), p. 15. — Cf. Pètre.

Pinelle père, musicien : *Ballet de Psyché* (16 janv. 1656), p. 14 ; — *Ballet de la Raillerie* (19 févr. 1659), p. 11 — le nom est écrit Pinel.

Pinelle, fils, musicien : *Ballet de Psyché* (16 janv. 1656), p. 14.

Pinelle, frère, musicien, *ibid*. ; *Ballet de la Raillerie* (19 févr. 1659), p. 11 — il est appelé Pinel le jeune.

Pischini, chanteur : *Ballet royal de l'Impatience* (14 févr. 1661), pp. 2, 32, 41. — A la p. 32 le nom est écrit Pichini ; il faut sans doute lire Piccini.

Plessis : *Ballet de l'Oracle* (1645), p. 19.

Plumet, flûte et hautbois : *Bourgeois gentilhomme* (oct. 1670), p. 26 ; — *Psyché* (17 janv. 1671), p. 40 ; — *Ballet des Ballets* (2 déc. 1671), p. 60.

Poitiers (Mlle de) : *Triomphe de l'Amour* (avril 1681), Benserade, 1697, II, p. 407.

Pol (Le chevalier) : *Psyché* (17 janv. 1671), p. 20. — Il danse parmi les amours ; ce doit être un enfant.

Pons (Mlle de) ou de Pont : *Ballet des Saisons* (23 juill. 1661), pp. 6, 10 ; Benserade, 1697, II, p. 221 ; — *Amours déguisez* (févr. 1664), pp. 35, 37 ; Benserade, II, p. 312 ; — *Naissance de Vénus* (26 janv. 1665), Benserade, II, p. 333.

Poulet, exécute des sauts périlleux dans *Psyché* (17 janv. 1671), p. 27.

Poyane (Le marquis de) : *Ballet des Triomphes* (18, 20 févr. 1635), pp. 3, 4 ; — *Ballet de la Marine* (25 févr. 1635), pp. 5, 6, 7 ; — *Ballet des deux Magiciens* (2 mars 1636), pp. 2, 4, 7, 11.

Préfontaine (de) : *Ballet de la Paix* (Münster, 26 févr. 1645), *Gazette*, p. 217.

Prévost, acteur : rôle d'un suivant dans *La Princesse d'Elide* (8 mai 1664), *Plaisirs de l'Isle enchantée*, 1664, p. 26.

Puisieux (Madeleine de Neufville de Villeroy, marquise de) : *Ballet de Madame* (13 mars 1615), *Description*, p. 27.

Quarté : *Ballet dancé devant mgr. le Prince* (Dijon, 11 févr. 1627), p. 3.

Quéru : *Ballet de la Nuit* (23 février 1653), Bensserade, 1697, II, p. 23. — C'était peut-être un parent d'Hugues Quéru, ou Guéru, si célèbre sous le nom de Fléchelle, ou de Gautier Garguille, qui mourut en 1633.

Raffié, violon : *Ballet de Flore* (13 févr. 1669), p. 61 [*lis.* 41] — il est appelé Reffiet ; — *Psyché* 17 janv. 1671), p. 36 ; — *Ballet des Ballets* (2 déc. 1671), p. 57.

Ragny (Le comte de) : *Nopces de village* (3 oct. 1663), p. 2.

Raynal, chanteur : *Ballet de la Nuit* (23 févr. 1653), Bensserade, 1697, II, p. 20 ; — *Ballet du Temps* (30 nov. 1654), pp. 4, 5, 6, 11) ; — *Ballet de Psyché* (16 janv. 1656), pp. 5, 15, 28, 31, 33 ; Bensserade, II, p. 132 ; — *Plaisirs troubles* (12 févr. 1657), pp. 8, 13, 15, 19, 22 ; — *Ballet de la Raillerie* (19 février 1659), pp. 12, 15, 22 ; — *Ballet de l'Impatience* (11 févr. 1661), pp. 25, 34, 40 ; — *Ballet des Saisons* (23 juill. 1661), pp. 11, 15, 18 ; — *Ballet des Arts* (8 janv. 1663), pp. 6, 25 ; — Dans cette pièce Raynal représenta la Force, et le costume dessiné pour ce rôle figure dans le grand album précédemment décrit (tome II, n° 1460), fol. 54. Le rôle était alors destiné à Des Airs cadet, qui, en réalité, représenta la Constance. — *Nopces de village* (3 oct. 1663), pp. 5, 8 ; *Mariage forcé* (29 janvier 1664), p. 7 ; — *Amours déguisez* (févr. 1664), pp. 17, 82, 45 ; — *Ballet du Palais d'Alcine* (9 mai 1664), *Plaisirs de l'Isle enchantée* 1664, p. [79] ; — *Divertissement royal* (4 févr. 1670), p. 28.

Ralière : *Ballet de l'Oracle* (1645), pp. 8, 18.

Ramburе (Charles de) : *Ballet des Triomphes* (18, 20 févr. 1635), p. 4.

Rambure (Mlle de) : *Triomphe de l'Amour* (avril 1681), Bensserade, 1697, II, p. 407.

Raré (Mme de) : *Ballet de Flore* (13 févr. 1669), pp. 14, 16.

Rassan (Le marquis de) : *Nopces de Pelée et de Thétis* (26 janv. 1654), Bensserade, 1697, II, p. 100 (il est appelé « le petit Rassent, page du roy, bon danseur ») ; — *Ballet des Proverbes* (févr. 1654), *ibid.*, II, p. 102 ; — *Ballet du Temps* (30 nov. 1654), p. 10 ; — *Ballet des Plaisirs* (4 févr. 1655), Bensserade, II, p. 136 ; — *Ballet de Psyché* (16 janv. 1654), pp. 10, 13, 29, 34 ; Bensserade, II, p. 169 ; — *Amour malade* (17 janv. 1657), Bensserade, II, p. 175 ; — *Ballet d'Alcidiane* (14 févr. 1658), *ibid.*, p. 202 ; — *Ballet de la Raillerie* (19 févr. 1659), pp. 23, 24 ; Bensserade, II, p. 214 ; — *Ballet de l'Impatience* (14 févr. 1661), pp. 19, 23, 30, 33, 38 ; Bensserade, II, p. 236 ; — *Hercule amoureux* (7 févr. 1662), Bensserade ; II, pp. 269, 274 ; — *Ballet des Arts* (8 janv. 1663), pp. 6, 9 ; Bensserade, II, p. 288 ; — *Nopces de village* (3 oct. 1663), pp. 5, 8 ; — *Mariage forcé* (29 janv. 1664), p. 7 ; — *Amours déguisez* (févr. 1664), pp. 32, 41, 43 ; Bensserade, II, p. 315 ; — *Naissance de Venus* (26 janv. 1665), Bensserade, II, p, 352 ; — *Mascarade royale* (18 janv. 1668). *ibid.*, II, p. 381 ; — *Ballet de Flore* (févr. 1669), pp. 10, 23, 59 [*lis.* 39] ; — *Divertissement royal* (4 février 1670), pp. 5, 8, 28, 30.

Rebel, chanteur : *Ballet de Flore* (13 févr. 1669), pp. 8, 60 [*lis.* 40] ; — *Divertissement royal* (4 févr. 1670), pp. 5, 27, 28 ; — *Bourgeois gentilhomme* (oct. 1670), pp. 8, 13 ; — *Psyché* (17 janv. 1671), pp. 6, 41 ; — *Ballet des Ballets* (2 déc. 1671), pp. 6, 10, 27, 39, 62. — Rebel pouvait être le père du violoniste Jean-Ferry Rebel cité par Fétis (VII, p. 193).

Reffiet, violon, 1669. Voy. Raffié.

Regnaut, violon : *Psyché* (17 janv. 1671), p. 41 ; — *Ballet des Ballets* (2 déc. 1671), p. 62.

Regnier, ou Renier, chanteur : *Bourgeois gentilhomme* (oct. 1670), p. 13 ; — *Psyché* (17 janv. 1671), pp. 7, 20, 36 ; — *Ballet des Ballets* (2 déc. 1671), pp. 6, 27, 57.

Requissan (chevalier de) : *Plaisirs troublez* (12 févr. 1657), pp. 13, 14.

Retz (Pierre de Gondi, duc de) : *Ballet de Tancrede* (12 févr. 1619), *Relation*, p. 29. — Pierre n'est appelé que « le general des Galeres ». Il remplit ces fonctions de 1616 à 1635.

Retz (Catherine de Gondi, duchesse de), femme du précédent : *Ballet des Triomphes* (18, 20 févr. 1635), p. 5. — Née le 28 déc. 1612, Catherine fut mariée à son cousin en 1633 ; elle mourut le 30 sept. 1679.

Rhodes (Le marquis de) : *Triomphe de l'Amour* (avril 1681), Bensserade, 1697, II, p. 410.

Ribérac (de) : *Ballet de Psyché* (16 janv. 1656), p. 39.

Ribérac (de), enfant : *Ballet du Temps* (30 nov. 1654), p. 5.

Ribérac (Mlle de) : *Ballet du Temps* (30 nov. 1654), p. 5 — elle est appelée « la petite Ribera » ; — *Ballet de Psyché* (1656), p. 39 ; — *Amours déguisez* (févr. 1664), p. 39 — elle est appelée « Mlle de Ribéra ».

Richard, clavecin ou théorbe : *Ballet de la Raillerie* (19 févr. 1659), p. 11 ; — *Princesse d'Elide* (8 mai 1664), *Plaisirs de l'Isle enchantée*, 1664, p. 71.

Richelieu (Jean-Baptiste-Amador de Wignerod du Plessis, marquis de) : *Ballet de Cassandre* (26 févr. 1651), *Gazette*, pp. 224, 225, 229 ; Bensserade, 1697, II, pp. 5, 10 ; — *Ballet de Psyché* (16 janv. 1656), p. 30 ; Bensserade, II, p. 167 ; — *Ballet d'Alcidiane* (14 févr. 1658), Bensserade, II, pp. 188, 195, 203.

Richelieu (Louis de Wignerod du Plessis, marquis de) : *Triomphe de l'Amour* (avril 1681), Bensserade, 1697, II, pp. 423, 427. — Il était né le 9 oct. 1654.

Rivani : *Ballet de l'Impatience* (14 févr. 1661), pp. 2, 41. Il représente l'Amour.

Rivière : *Ballet de Psyché* (16 janvier 1656), pp. 10, 34.

Roannez ([Arthus Gouffier, duc] de) : *Ballet de l'Oracle* (1645), pp. 8, 13. — Arthus, duc de Roannois, était né vers 1626. Il mourut le 4 oct. 1696. Il avait vendu son duché à François d'Aubusson, comte de La Feuillade. Voy. Anselme, *Hist. généal.*, V, p. 612 B.

Robau, musicien : *Plaisirs troublez* (12 févr. 1657), p. 15.

Robert, chanteur : *Ballet de Madame* (19 mars 1615), *Description*, p. 16.

Robertet, vielle : *Ballet de l'Impatience* (14 févr. 1661), p. 38.

Robichon, danseur : *Ballet des deux Magiciens* (2 mars 1636), pp. 3, 4, 5, 7 ; — *Ballet de Cassandre* (26 févr. 1651), *Gazette*, pp. 225, 228, 232 ; Bensserade, 1697, II, pp. 6, 9, 13.

Rochefort (Madeleine de Laval-Boisdauphin, marquise de) : *Naissance de Venus* (26 janv. 1665), Bensserade, II, p. 338 ; — *Ballet des Muses* (2 déc. 1666), *ibid.*, II, p. 373.

Rodier, danseur : *Ballet de l'Impatience* (11 févr. 1661), pp. 25, 32, 38.

Rodolfe, trompette : *Psyché* (17 janv. 1671), p. 41 ; — *Ballet des Ballets* (2 déc. 1671), p. 62.

Rohan (Henri, duc de) : *Ballet de Tancrede* (12 févr. 1619), *Relation*, p. 29.

Rohan (Mlle de) : *Ballet des Triomphes* (18, 20 févr. 1635), p. 5.

Rohan (Mlle de) : *Hercule amoureux* (7 févr. 1662), Bensserade, 1697, II, p. 261.

Rohan (Le chevalier de) : *Ballet du Temps* (30 nov. 1654), p. 9 ; — *Ballet des Plaisirs* (4 févr. 1655), Bensserade, 1697, II, p. 140.

Rolin, danseur : *Ballet des Triomphes* (18, 20 févr. 1635), p. 3.

Roquelaure (Gaston-Jean-Baptiste, marquis, puis duc de) : *Ballet des deux Magiciens* (2 mars 1636), pp. 2, 5, 9 ; — *Ballet de la Félicité* (8 mars 1639), *Gazette*, pp. 139, 143 ; — *Ballet de la Nuit* (23 févr. 1653), Bensserade, II, pp. 18, 59 ; — *Nopces de Pelée et de Thetis* (26 janv. 1654), *ibid.*, II, p. 87 ; — *Ballet des Proverbes* (février 1654), *ibid.*, II, p. 109 ; — *Ballet des Plaisirs* (4 févr. 1655), *ibid.*, II, pp. 118, 128 ; — *Ballet de Psyché* (16 janv. 1656), pp. 34, 35 ; Bensserade, II, p. 170 ; — *Nopces de village* (3 oct. 1663), p. 7. — Né en 1617, le duc de Roquelaure mourut le 10 mars 1683.

Roquelaure (Charlotte-Marie de Daillon du Lude, duchesse de) : *Nopces de Pelée et de Thetis* (26 janv. 1654), Bensserade, 1697, II, p. 75 ; — *Ballet de Psyché* (16 janv. 1656), pp. 19, 20. — Charlotte-Marie avait été mariée le 17 sept. 1653 ; elle mourut, à 21 ans, le 15 déc. 1657.

Rosny (Le marquis de) : *Ballet des Plaisirs* (4 févr. 1655), Bensserade, 1697, II, p. 123 ; — *Ballet d'Alci-*

diane (14 févr. 1658), *ibid.*, II, p. 201.

Rossignol, chanteur : *Psyché* (17 janv. 1671), pp. 7, 36 ; — Rossignol avait une voix de basse ; il chanta le 19 mars de la même année dans *Pomone*, opéra de Cambert. En févr. 1673, il chanta dans *Cadmus et Hermione*, opéra de Quinault et Lulli (Chouquet, *Hist. de la musique dramat.*, pp. 317, 318).

Roullé, violon : *Ballet de la Raillerie* (19 févr. 1659), p. 27 — il est appelé Roulet ; — *Ballet de l'Impatience* (14 février 1661), p. 18. — il est appelé Roulé ; — *Amours déguisez* (février 1664), pp. 5, 31 ; — *Ballet de Flore* (13 févr. 1669), p. 61 [*lis.* 41] ; — *Psyché* (17 janv. 1671), p. 39 ; — *Ballet des Ballets* (2 déc. 1671), pp. 27, 60.

Roullé second, violon : *Ballet de Flore* (13 févr. 1669), p. 61 [*lis.* 41].

Rousseau, danseur et musicien : *Ballet du Temps* (30 nov. 1654), p. 5 — Rousseau était alors enfant ; — *Ballet de Psyché* (16 janv. 1656), p. 33. — Cet artiste se confond peut-être avec le violiste Jean Rousseau dont parle Fétis (VII, p. 333).

Rousselet, flûte ou hautbois : *Plaisirs troublez* (12 févr. 1657), p. 15 ; — *Ballet de Flore* (13 févr. 1669), p. 62 [*lis.* 42].

Rousselet fils, violon : *Psyché* (17 janv. 1671), p. 41 ; — *Ballet des Ballets* (2 déc. 1671), p. 62.

Rousset, basson : *Psyché* (17 janvier 1671), p. 41.

Roussillon (Le comte de) : *Ballet de la Félicité* (8 mars 1639), *Gazette*, pp. 139, 142.

Roussillon (Le comte de) : *Triomphe de l'Amour* (avril 1681), Bensserade, 1697, II, p. 409.

Roussillon, trompette : *Psyché* (17 janv. 1671), p. 41.

Rouville : *Ballet de la Marine* (25 févr. 1635), pp. 5, 6.

Royer, danseur ou musicien : *Psyché* (17 janv. 1671), p. 37.

Sablé (Madeleine de Souvré, marquise de) : *Ballet de Madame* (19 mars 1615), *Description*, p. 27.

Sainctot (de), aîné : *Ballet des Triomphes* (18, 20 févr. 1635), p. 3, art. 7 ; p. 5, art. 10 ; — *Ballet de la Marine* (25 févr. 1635), p. 5 ; — *Ballet de la Merlaizon* (15 mars 1635), *Gazette*, pp. 143, 144 ; — *Ballet des deux Magiciens* (2 mars 1636), pp. 4, 6, 7 ; — *Ballet de l'Oracle* (févr. 1645), pp. 9, 13, 19 ; — *Ballet de la Nuit* (23 févr. 1653), Bensserade, 1697, II, p. 61 ; — *Ballet des Proverbes* (févr. 1654), *ibid.*, II, pp. 103, 110 ; — *Ballet du Temps* (30 nov. 1654), pp. 6, 9. — Ce personnage doit être Nicolas Ier de Sainctot, seigneur de Vémars, maître des cérémonies, mort le 18 janv. 1655. Voy. Jal. *Dict. crit.*, 2e éd., p. 1100a.

Sainctot-Lardenay : *Ballet des Triomphes* (18, 20 févr. 1635), pp. 3, 4 ; — il n'est appelé que « Sainctot jeune » ; — *Ballet de la Marine* (25 févr. 1635), pp. 5, 6, 15, 20, 24 ; — *Ballet de la Merlaizon* (15 mars 1635), *Gazette*, p. 144 — il n'est appelé encore que Sainctot jeune.

Saint-Aignan (François de Beauvilliers, comte de) : *Ballet de l'Oracle* (1645), pp. 3, 8 ; — *Amours déguisez* (févr. 1664), pp. 17, 34 ; Bensserade, II, p. 310 — il est appelé duc ; — *Plaisirs de l'Isle enchantée* (7 mai 1664), p. 4 (le duc de Saint-Aignan avait organisé cette fête, dont il avait emprunté le sujet à l'Arioste ; il y représenta Guidon le Sauvage, p. 6 ; Bensserade, II, p. 319 ; — *Naissance de Vénus* (26 janv. 1665), Bensserade, II, pp. 340, 355 ; — *Ballet de Flore* (13 févr. 1669), pp. 18, 20 ; — Bensserade, II, p. 392. — François, né en 1610, fut fait duc au mois de déc. 1663 ; il mourut le 16 juin 1687.

Saint-Aignan (François de Beauvilliers, comte de) fils : *Ballet de Cassandre* (26 févr. 1651), Bensserade, 1697, II, pp. 10, 13 ; — *Ballet de la Nuit* (23 févr. 1653), *ibid.*, II, pp. 46, 48 ; — *Nopces de Pelée et de Thetis* (26 janv. 1654), *ibid.*, II, pp. 80, 88 ; — *Ballet des Proverbes* (févr. 1654), *ibid.*, II, pp. 103, 105 ; — *Ballet des Plaisirs* (4 févr. 1655), *ibid.*, II, p. 108 ; — *Amour malade* (17 janv. 1657), *ibid.*, II, pp. 175, 182 ; — *Ballet d'Alcidiane* (14 févr. 1658), II, pp. 184, 185, 197, 199, 206 ; — *Ballet des Saisons* (23 juill. 1661), pp. 11, 12, 17 ; Bensserade, II, pp. 222, 226 ; — *Ballet de l'Impatience* (14 févr. 1661), pp. 19, 30, 31, 33 ; Bensserade, II, pp. 234, 236, 243, 245 ; — *Hercule amoureux* (7 févr. 1662), *ibid.*, II, pp.

254, 268, 278; — *Ballet des Arts* (8 janvier 1663), pp. 11, 25, 26; Benserade, II, pp. 289, 299; — *Nopces de village* (3 oct. 1663), p. 8; Benserade, 1697, II, p. 8; — *Nopces de Pelée et de Thetis* (26 janv. 1654), Benserade, II, pp. 83, 100; — *Ballet des Proverbes* (févr. 1654), *ibid.*, II, p. 104; — *Ballet des Plaisirs* (4 févr. 1655), *ibid.*, II, p. 121.

Saint-André, danseur: *Ballet de la Félicité* (8, 17 mars 1639), *Gazette*, pp. 139, 146; — *Ballet de l'Oracle* (1645), pp. 10, 16, 21; — *Plaisirs troubles* (12 févr. 1657), pp. 12, 20; — *Ballet de l'Impatience* (11 février 1661), pp. 27, 37; — *Ballet des Arts* (8 janv. 1663), pp. 11, 17; — *Nopces de village* (3 oct. 1663), p. 3; — *Amours deguisez* (févr. 1664), pp. 21, 47; — *Mariage forcé* (29 févr. 1664), p. 5 — lui et Des Brosses y représentent les Chagrins, et l'on peut voir, au fol. 51 v° de l'album décrit sous notre n° 1460, un croquis du costume que portaient les deux artistes —, p. 11; — *Ballet du Palais d'Alcine* (9 mai 1664), *Plaisirs de l'Isle enchantée*, 1664, p. [79]; — *Festes de l'Amour et de Bacchus* (18 juill. 1668), *Relation*, 1679, pp. 13, 18; — *Ballet de Flore* (13 févr. 1669), pp. 18, 26, 29, 58 [*lis.* 39]; — *Divertissement royal* (4 févr. 1670), pp. 9, 23, 24, 26; — *Bourgeois gentilhomme* (oct. 1670), pp. 5, 19, 26; — *Psyché* (17 janv. 1671), pp. 16, 37 — il est appelé Saint-André aîné; — *Ballet des Ballets* (2 déc. 1671), pp. 6, 24, 28, 37 — même observation.

Saint-André cadet, danseur: *Psyché* (17 janv. 1671), pp. 7, 16, 18, 27; — *Ballet des Ballets* (2 déc. 1671), pp. 6, 10, 37, 57.

Saint-Christophe (Mlle de), chanteuse: *Ballet des Arts* (8 janv. 1663), p. 4; — *Ballet de Flore* (13 févr. 1669), pp. 22, 35, 56 [*lis.* 36], 60 [*lis.* 40]; Benserade, 1697, II, p. 402; — *Divertissement royal* (4 févr. 1670), p. 23. — Mlle de Saint-Christophe chanta ensuite à l'Opéra. Le 2 janv. 1674 elle tint le rôle principal dans l'*Alceste* de Quinault et Lulli; le 11 janv. 1675 elle remplit le rôle de Médée dans le *Thésée* des mêmes auteurs (Chouquet, *Hist. de la musique dramatique*, p. 318).

Sainte Frique (M. de): *Ballet de l'Oracle* (1645), pp. 6, 15.

Sainte Frique (Le marquis de): *Triomphe de l'Amour* (août 1681), Benserade, 1697, II, p. 409.

Saint Fré, danseur: *Ballet des Proverbes* (févr. 1654), Benserade, 1697, II, pp. 103, 106, 108; — *Ballet du Temps* (30 nov. 1654), pp. 6, 9; — *Ballet de Psyché* (16 janv. 1656), pp. 12, 28, 82; Benserade, II, p. 149; — *Plaisirs troubles* (12 févr. 1657), pp. 11, 20; — *Ballet de l'Impatience* (11 févr. 1661), pp. 28, 37.

Saint-Fré, enfant: *Ballet du Temps* (30 nov. 1654), p. 5; — *Ballet de Psyché* (16 janv. 1656), p. 33.

Saint-Georges (Mlle de): *Ballet des Triomphes* (18, 20 févr. 1635), p. 5.

Saint-Germain d'Apchon (Le comte de): *Ballet de Flore* (13 févr. 1669), pp. 17, 31.

Saint-Maury: *Ballet de la Raillerie* (19 févr. 1659), pp. 11, 21.

Saint Père, violon: *Ballet royal de Flore* (13 févr. 1669), p. 61 [*lis.* 41]; — *Psyché* (17 janv. 1671), p. 33.

Saint-Preuil: *Ballet des deux Magiciens* (2 mars 1636), pp. 3, 6, 11.

Saint-Simon (Claude de Rouvroy, duc de): *Ballet des Triomphes* (18, 20 févr. 1635), pp. 3, 4, 5, 11: — *Ballet de la Merlaizon* (15 mars 1635), *Gazette*, p. 143.

Saint-Simon (Diane-Henriette de Budos, duchesse de): *Nopces de Pelée et de Thetis* (26 janv. 1654), Benserade, II, p. 77; — *Ballet des Arts* (8 janv. 1663), pp. 6, 9, 22, 25. — Elle mourut le 1er déc. 1670.

Saint-Simon (Gabrielle-Louise de): *Ballet des Arts* (8 janv. 1663), Benserade, 1697, II, pp. 287, 298. — Elle épousa le 17 avril suivant Henri-Albert de Cossé, duc de Brissac, et mourut le 28 févr. 1684.

Saluces (Mlle de): *Ballet des Saisons* (23 juill. 1661), pp. 19, 20; Benserade, 1697, II, p. 229.

Samson, chanteur: *Ballet royal de Flore* (13 févr. 1669), p. 60 [*lis.* 40].

Sanguin: représente Turlupin dans le *Ballet de Cassandre* (26 févr. 1651), *Gazette*, p. 230; Benserade, 1697, II, p. 11.

Sanguin fils: *Hercule amoureux* (7 févr. 1662), Benserade, II, p. 264.

Saucourt. Voy. Soyecourt.

Sault (François-Emmanuel de Blanchefort de Bonne de Créquy, comte de) : *Nopces de village* (3 oct. 1663), p. 2 ; — *Naissance de Venus* (26 janv. 1665), Bensserade, 1697, II, p. 342.

Sevourni, conducteur de ballets, mis en scène dans le *Ballet des Triomphes* et représenté par Jaquier (18, 20 févr. 1635), *Gazette*, p. 88.

Séguier (Pierre Séguier, marquis de Saint Brisson, (ou de) : *Ballet de Psyché* (16 janv. 1656), pp. 10, 11, 26 ; Bensserade, 1697, II, p. 149 ; — *Plaisirs troubles* (12 févr. 1657), p. 11 ; — *Ballet d'Alcidiane* (14 févr. 1658), Bensserade, II, p. 189 ; — *Naissance de Venus* (26 janv. 1665(, *ibid.* II, p. 341. — Il mourut le 13 août 1659.

Seignelay (Catherine-Thérèse de Matignon de Lonré , marquise de) : *Triomphe de l'Amour* (avril 1681), Bensserade, 1697, II, pp. 420, 426. — Elle était la seconde femme de Jean-Baptiste Colbert, marquis de Seignelay, qu'elle avait épousé le 6 sept. 1679.

Senecé (Mlle de) : *Ballet des Triomphes* (18, 20 févr. 1635), p. 5.

Séry (François de Beauvilliers, comte de : *Amour malade* (17 janv. 1657), Bensserade, 1697, II, pp. 175, 179 ; — *Ballet d'Alcidiane* (14 févr. 1658), *ibid.*, II,, pp. 186, 202 ; — *Ballet de l'Impatience* (14 févr. 1661), pp. 28, 29 ; Bensserade, II, p. 241 ; — *Ballet des Saisons* (23 juill. 1661), p. 10 ; Bensserade, II, p. 221 ; — *Hercule amoureux* (7 févr. 1662), Bensserade, II, p. 273 ; — *Ballet des Arts* (8 janv. 1663), pp. 6, 10, 28, 62 ; Bensserade, II, p. 291 ; — *Naissance de Venus* (26 janv. 1665), Bensserade, II, p. 343. — Fils aîné du duc de Saint-Aignan, il était né le 4 octobre 1637. Il mourut le 1er oct. 1666.

Sérignan, chanteur : *Ballet de Flore* (13 févr. 1669), pp. 8, 60 [*lis.* 40] ; — *Divertissement royal* (4 févr. 1670), pp. 5, 29 ; — *Psyché* (17 janv. 1671), pp. 6, 41 ; — *Ballet des Ballets* (2 déc. 1671), pp. 6, 10, 28, 62.

Sévigné (Françoise-Marguerite de) : *Ballet des Arts* (8 janv. 1663), pp. 6, 9, 22, 25 ; Bensserade, 1697, II, pp. 288, 299 ; — *Amours déguisez* (févr. 1664), pp. 41, 44 ; Bensserade, II, p. 316 ; — *Naissance de Vénus* (26 janv. 1665), Bensserade, II, p. 354. — Née en 1646, elle épousa en 1669 le comte de Grignan ; elle mourut en 1705. Son nom est écrit Sévigny.

Sibert : *Plaisirs troubles* (12 févr. 1657), pp. 15.

Sillery (Pierre Brulart, marquis de) : *Ballet de la Félicité* (8 mars 1639), pp. 139, 143. — Il mourut, à 57 ans, le 22 avril 1640.

Simonet (Mlle), enfant : *Ballet de Psyché* (16 janv. 1656), p. 39.

Soissons (Anne de Montafié, comtesse de) : *Ballet de Madame* (19 mars 1615), p. 27. — Anne était veuve de Charles de Bourbon, comte de Soissons, né le 3 nov. 1566, m. le 1er nov. 1612.

Soissons (Louis de Bourbon, comte de) : *Ballet de Tancrede* (12 févr. 1619), *Relation*, p. 31 ; — *Ballet des Triomphes* (18 févr. 1635), pp. 3, 4, 5 — il n'est appelé que « monsieur le Comte » ; — *Ballet des deux Magiciens* (2 mars 1636, pp. 2, 7, 9, 13, 14 — il est appelé : « monsieur le Grand Maistre ». — Louis, fils de la précédente, était né en 1604 ; il fut tué en 1641.

Soissons (Olympe Mancini, comtesse de) : *Hercule amoureux* (7 févr. 1662), Bensserade, 1697, II, p. 258 ; — *Amours déguisez* (févr. 1664), pp. 22, 29 ; Bensserade, II, p. 302.

Souville, danseur : *Ballet des Triomphes* (18, 20 févr. 1635), pp. 3, 4 ; — *Ballet des deux Magiciens* (2 mars 1636), pp. 4, 7 ; — *Ballet de la Félicité* (8, 17 mars 1639), *Gazette*, p. 145 ; — *Ballet de l'Oracle* (1645), pp. 6, 16, 21 ; — *Ballet des Arts* (8 janv. 1663), p. 25. — Dans ce ballet il représente la Beauté et le dessin du costume exécuté pour lui se trouve dans l'album décrit sous notre n° 1460, fol. 52 v°. — *Amours déguisez* (févr. 1664), pp. 17, 45 ; — *Ballet du Palais d'Alcine* (9 mai 1664), *Plaisirs de l'Isle enchantée*, 1664, p. [79].

Soyecourt (Maximilien de Belleforière, comte, puis marquis de) : *Ballet du Temps* (30 nov. 1654), p. 11 — il est appelé le comte de Saucour ; — *Ballet des Plaisirs* (4 févr. 1665), Bensserade, 1697, II, pp. 119, 140 ; — *Ballet de Psyché* (16 janv. 1656), pp. 10, 11, 19, 24, 30 ; Bensserade, II, pp. 149, 160 ; — il est appelé le marquis de Saucourt ; — *Ballet*

APPENDICE.

d'*Alcidiane* (11 févr. 1658), Bensserade, II, p. 188, 195 ; — il est appelé Saucour ; — *Nopces de village* (3 oct. 1663, p. 6 — même observation ; — *Amours déguisez* (févr. 1664), pp. 30, 40 ; Bensserade, II, pp. 307, 313 ; — même observation ;— *Palais d'Alcine* (7 mai 1664), *Plaisirs de l'Isle enchantée*, 1664, pp. 9, 12 ; Bensserade, II, p. 323 ; — *Naissance de Venus* (26 janv. 1665), Bensserade, II, p. 342.

Spirli, musicien : *Ballet de l'Impatience* (14 févr. 1661), p. 38.

Stuart (Mlle) : *Ballet des Saisons* (23 juill. 1661), pp. 19, 22 ; Bensserade, 1697, II, p. 230.

Sully (Maximilien - François de Béthune, duc de) : *Amours déguisez* (févr. 1664), p. 27 ; Bensserade, 1697, II, p. 305 ; — *Naissance de Venus* (26 janv. 1665), Bensserade, II, p. 342.

Sully (Charlotte Séguier, duchesse de) : *Amours déguisez* (févr. 1664), pp. 22, 24 ; — *Ballet royal de Flore* (13 févr. 1669), p. 12 ; — *Hercule amoureux* (7 févr. 1662), Bensserade, 1697, II, p. 260 ; — *Amours déguisez* (févr. 1664), pp. 22, 24 ; Bensserade, II, p. 305 ; — *Naissance de Venus* (26 janv. 1665), Bensserade, II, p. 353 ; — elle remplit le rôle de Vénus, qui devait être primitivement tenu par Madame, dans le *Ballet de Flore* (13 févr. 1669) , p. 12 ; Bensserade, II , p. 388.

Sully (Marie-Antoinette Servien, duchesse de) : *Triomphe de l'Amour* (avril 1681), Bensserade, II, pp. 416, 419, 425. — Elle mourut à 57 ans le 26 janv. 1702.

Tagliavacca, chanteur : *Ballet de Psyché* (16 janv. 1656), p. 38 ; — *Ballet de l'Impatience* (14 fév. 1661), pp. 2, 41 ; — *Mariage forcé* (29 janv. 1664), p. 10.

Tajollet (Mlle) aînée, enfant : *Ballet de Psyché* (16 janv. 1656), p. 39.

Tajollet (Mlle) jeune, enfant, *ibid.*

Tallard (Roger d'Hostun, comte de) : *Ballet de Flore* (févr. 1669), pp. 19, 20 ; Bensserade, II, p. 392.

Tallouet (La petite) : *Ballet du Temps* (30 nov. 1654), p. 5.

Tartas, danseur ou musicien : *Ballet de Psyché* (16 janv. 1656), p. 38 ; — *Ballet de la Raillerie* (19 févr. 1659), p. 22 ; — *Ballet de l'Impatience* (14 févr. 1661), p. 28 ; — *Mariage forcé* (29 janv. 1664), p. 11.

Termes (Le marquis de) : *Naissance de Venus* (26 janv. 1665), Bensserade, 1697, II, p. 343.

Thaumin, violon : *Psyché* (17 janv. 1671), p. 41 ; — *Ballet des Ballets* (2 déc. 1671), p. 62.

Thibauld : *Divertissement royal* (4 févr. 1670), p. 23.

Thibaut, enfant : *Psyché* (17 janv. 1671), p. 20.

Thierry, chanteur : *ibid.*, pp. 7, 41.

Thierry (Mlle), enfant : *Ballet de Psyché* (16 janv. 1656), p. 39.

Thorillon, enfant : *Psyché* (17 janv. 1671), pp. 7, 12.

Thoury, danseur ou musicien : *Plaisirs troublez* (12 févr. 1657), pp. 9, 15 ; — *Ballet de la Raillerie* (19 févr. 1659), p. 14 — son nom est écrit Tourry.

Tilladet (Jean-Baptiste de Cassagnet, marquis de) : *Nopces de village* (3 oct. 1663), p. 3.

Tissu, chanteur : *Plaisirs troublez* (12 févr. 1657), p. 9 ; — *Ballet de la Raillerie* (12 févr. 1657), p. 11 ; — clavecin ou théorbe : *Princesse d'Elide* (8 mai 1664), *Plaisirs de l'Isle enchantée*, 1664, p. 71.

Tondi, chanteur : *Ballet de Psyché* (16 janv. 1656), p. 38.

Tonnerre (le comte de) : *Triomphe de l'Amour* (avril 1681), Bensserade, 1697, II, p. 408.

Toulongeon (Le comte de) : *Ballet de la Félicité* (8 mars 1639), *Gazette*, pp. 142, 143.

Toussy (Françoise-Angélique de La Mothe-Houdancourt, dite Mlle de) : *Hercule amoureux* (7 févr. 1662), Bensserade, 1697, II, p. 279 ; — *Ballet des Muses* (2 déc. 1666), *ibid.*, II, pp. 364, 373 ; — *Ballet de Flore* (13 févr. 1669), pp. 12, 13 ; Bensserade, II, p. 387.

Troye (Le comte de) : *Ballet de la Nuit* (23 févr. 1653), Bensserade, 1697, II, p. 40.

Tutin, danseur : *Ballet du Palais d'Alcine* (9 mai 1664), *Plaisirs de l'Isle enchantée*, 1664, p. [79].

Tutin, enfant : *ibid.*, p. [78].

Urfé (Geneviève d') : *Ballet de Madame* (19 mars 1615), *Description*, p. 27.— Geneviève épousa le duc de Croy.

Vagnard, danseur et musicien : *Ballet*

de Psyché (16 janv. 1656), p. 34 — il est appelé Vagnac ; — *Plaisirs troubles* (12 févr. 1656), pp. 15, 19 — même observation ; — *Ballet de la Raillerie* (19 févr. 1659), p. 20 — il est appelé Vagnar ; — *Ballet de l'Impatience* (14 févr. 1661), pp. 27, 32 — il est appelé Vaignac et Vagnac ; — *Nopces de village* (3 oct. 1663), pp. 5, 7 — il est appelé Vagnac ; — *Mariage forcé* (29 janv. 1664), p. 11 — même observation ; — *Ballet du Palais d'Alcine* (9 mai 1664) ; — *Plaisirs de l'Isle enchantée*, 1664, p. [78] ; — *Divertissement royal* (4 févr. 1670), pp. 23, 26 ; — *Psyché* (17 janv. 1671), pp. 16, 18 — il est appelé Vaignard aîné.

Vagnard cadet, danseur : *Ballet du Palais d'Alcine* (9 mai 1664), *Plaisirs de l'Isle enchantée*, 1664, p. [78] — il est encore enfant ; — *Psyché* (17 janv. 1671), p. 20.

Valentinois (Catherine-Charlotte de Gramont, duchesse de) : *Ballet des Saisons* (23 juill. 1661), pp. 6, 7 ; Bensserade, 1697, II, p. 219. — Elle avait épousé, en 1660, Louis de Grimaldi, prince de Monaco, duc de Valentinois.

Valois (Françoise-Madeleine d'Orléans, dite Mlle de) : *Hercule amoureux* [7 févr. 1662], Bensserade, 1697, II, p. 257. — Fille de Gaston, duc d'Orléans, elle était née en 1648 ; elle mourut en 1664.

Varin, violon : *Plaisirs troublez* (12 févr. 1657), pp. 7, 15 ; — *Ballet de la Nuit* (7 févr. 1653), Bensserade, 1697, II, p. 24 ; — *Ballet de Flore* (13 févr. 1669), p. 62 [*lis.* 42] ; — *Psyché* [17 janv. 1671), p. 36 ; — *Ballet des Ballets* (2 déc. 1671), p. 57.

Vaugimois (de) : *Ballet dancé à Dijon* (11 févr. 1627), p. 2.

Vendosme (Catherine-Henriette, légitimée de France, dite Mlle de) : *Ballet de Madame* (1615), p. 27. — Elle épousa le duc d'Elbeuf.

Vendosme (Alexandre de Bourbon, chevalier de), grand prieur de France, *Ballet de Tancrede* (12 févr. 1619) : *Relation*, p. 31.

Vendosme (Louis-Joseph, duc de) : *Ballet de Flore* (13 févr. 1669), p. 17 ; Bensserade, 1697, II, p. 391.

Vendosme (Philippe, chevalier de) : *ibid.*

Verbec, danseur ou musicien : *Ballet de Psyché* (16 janv. 1656), pp. 31, 34 ; — *Plaisirs troublez* (12 févr. 1657), pp. 13, 20.

Verderonne (Mlle de) : *Ballet de Madame* (19 mars 1615), p. 27.

Verdier (Edme), musicien : *Psyché* (17 janv. 1671), p. 33.

Verdier, musicien : *ibid.* — Mlle Verdier chanta à l'opéra en 1675. Elle remplit, en 1677, le rôle de Syrinx dans l'*Isis* de Quinault et Lulli, et le costume dessiné pour ce rôle, probablement par Bérain, se trouve au fol. 52 v° de l'album décrit dans notre t. II, n° 1460.

Vermandois (Louis de Bourbon, comte de) : *Triomphe de l'Amour* (avril 1681), Bensserade, 1697, II, pp. 411, 422. — Fils de Mlle de La Vallière, il était né le 2 oct. 1667 ; il mourut le 18 nov. 1683.

Verneuil (Gabrielle-Angélique, légitimée de France, dite Mlle de) : *Ballet de Madame* (19 mars 1615), p. 27.

Verpré, danseur : *Ballet des Triomphes* (18, 20 févr. 1635), pp. 3, 4 ; — *Ballet de la Merlaizon* (15 mars 1635), *Gazette*, pp. 143, 144 ; — *Ballet des deux Magiciens* (2 mars 1636), pp. 2, 4, 7 ; — *Ballet de la Félicité* (8, 17 mars 1639), *Gazette*, pp. 139, 142, 146 ; — *Ballet de l'Oracle* (1645), pp. 5, 14, 21 ; — *Ballet du Temps* (30 nov. 1654), pp. 4, 7, 10 ; — *Ballet des Proverbes* (févr. 1654), Bensserade, 1697, II, pp. 103, 105, 106, 110 ; — *Ballet de Psyché* (16 janv. 1656), pp. 25, 38 ; — *Ballet de la Raillerie* (19 févr. 1659), p. 25 ; — *Ballet de l'Impatience* (14 févr. 1661), pp. 30, 34 ; — *Ballet des Saisons* (23 juill. 1661), p. 11 ; — *Nopces de village* (3 oct. 1663), p. 8 ; — *Amours déguisez* (févr. 1664), p. 17.

Verpré (Mlle de), danseuse : *Ballet de la Raillerie* (19 févr. 1659), p. 25 ; — *Ballet de l'Impatience* (14 févr. 1661), pp. 19, 34 ; *Ballet des Saisons* (28 juill. 1161), p. 17 ; — *Amours déguisez* (févr. 1664), p. 17.

Verrue (Le comte de) : *Triomphe de l'Amour* (avril 1681), Bensserade, 1697, II, p. 412.

Vibraye (La marquise de) : *Amours déguisez* (févr. 1664), pp. 41, 44 ; Bensserade, 1697, II, p. 316 ; — *Naissance de Venus* (26 janv. 1665), Bensserade, II, pp. 332, 353.

APPENDICE.

Vieux-Amant, danseur : *Psyché* (17 janv. 1671), p. 39 ; — *Ballet des Ballets* (2 déc. 1671), p. 60.

Vieux-Chasteau, danseur : *Ballet de l'Oracle* (1645), pp. 13, 19.

Vieuxpont (Mlle de) : *Ballet des Triomphes* (18, 20 févr. 1635), p. 5.

Vigarani (Carlo), de Modène, ingénieur et décorateur, construit les machines employées dans *Les Plaisirs de l'Isle enchantée* (7-9 mai 1664), *Relation*, p. 4 ; — dresse le théâtre pour une grande fête donnée par le roi (18 juill. 1668), *Relation*, pp. 4, 11. — Voy. Jal, *Dict. crit.*, 2e éd., p. 1267.

Villequier (Antoine d'Aumont, marquis de) : *Ballet des Triomphes* (18, 20 févr. 1635), p. 4 ; — *Ballet de la Merlaison* (15 mars 1635), *Gazette*, p. 143. — Antoine d'Aumont, né en 1601 ou 1602, porta le titre de marquis de Villequier jusqu'au jour où il fut élevé à la dignité de maréchal de France (5 janv. 1651). Il devint, en 1665, duc d'Aumont et mourut le 11 janv. 1669.

Villequier (Louis-Marie-Victor d'Aumont, marquis de) : *Ballet de Cassandre* (26 févr. 1651), pp. 224, 225, 229 ; Bensserade, 1697, II, pp. 5, 10 ; — *Ballet de la Nuit* (23 févr. 1653), Bensserade, II, pp. 24, 49 ; — *Nopces de Pelée et de Thétis* (26 janv. 1654), *ibid.*, II, pp. 79, 92 ; — *Ballet des Proverbes* (févr. 1654), *ibid.*, II, pp. 105, 108 ; — *Ballet du Temps* (30 nov. 1654), pp. 6, 7, 10 ; — *Ballet des Plaisirs* (4 févr. 1655), Bensserade, II, pp. 119, 140 ; — *Ballet de Psyché* (16 janv. 1656), pp. 10, 11, 19, 24, 30 ; Bensserade, II, pp. 148, 160 ; — *Ballet d'Alcidiane* (14 févr. 1658), Bensserade, II, p. 203 ; — *Nopces de village* (3 oct. 1663), p. 6 ; — *Amours déguisez* (févr. 1664), pp. 27, 28 ; Bensserade, II, p. 305 ; — *Ballet du Palais d'Alcine* (7 mai 1664), *Plaisirs de l'Isle enchantée*, 1664, pp. 9, 12 ; — *Naissance de Venus* (26 janv. 1665), Bensserade, II, p. 343. — Louis-Marie-Victor, fils du précédent, était né le 9 déc. 1632. Il devint duc d'Aumont, après la mort de son père, et mourut le 19 mars 1704.

Villequier (Madeleine-Fare Le Tellier, marquise de), femme du précédent : *Ballet des Saisons* (23 juill. 1661), pp. 13, 14 ; Bensserade, 1697, II, p. 224 ; — *Amours déguisez* (févr. 1664), p. 95 ; Bensserade, II, p. 310 ; — *Ballet des Muses* (2 déc. 1666), Bensserade, II, p. 372. — Madeleine avait été mariée à quatorze ans, le 21 nov. 1660 ; elle mourut, à vingt-deux ans, le 22 juin 1668.

Villeroy (François de Neufville, marquis de) : *Ballet de la Nuit* (23 févr. 1653), Bensserade, 1697, II, p. 27 ; — *Nopces de Pelée et de Thetis* (26 janv. 1654), *ibid.*, II, p. 100 ; — *Ballet du Temps* (30 nov. 1654), p. 16 ; — *Ballet des Plaisirs* (4 février 1655), Bensserade, II, pp. 123, 136 ; — *Ballet de Psyché* (16 janv. 1656), pp. 12, 13, 34 ; Bensserade, II, p. 150 — il y représente Cupidon et un chasseur ; — *Amour malade* (17 janv. 1657), Bensserade, II, p. 181 ; — *Ballet d'Alcidiane* (14 févr. 1658), *ibid.*, II, pp. 200, 204 ; — *Ballet de la Raillerie* (19 févr. 1659), p. 20 ; Bensserade, II, p. 212 ; — *Ballet de l'Impatience* (14 févr. 1661), Bensserade, II, pp. 235, 236, 241 ; — *Ballet des Saisons* (23 juill. 1661), pp. 13, 14, 17 ; Bensserade, II, p. 226 ; — *Hercule amoureux* (7 févr. 1662), Bensserade, II, p. 274 ; — *Ballet des Arts* (8 janv. 1663), pp. 17, 18 ; Bensserade, II, p. 294 ; — *Nopces de village* (3 oct. 1663), pp. 4, 8 ; — *Mariage forcé* (29 janvier 1664), p. 7 ; — *Amours déguisez* (févr. 1664), pp. 27, 28, 41, 42 ; Bensserade, II, pp. 306, 315 ; — *Naissance de Venus* (26 janv. 1665), Bensserade, II, pp. 338, 352 ; — *Ballet des Muses* (2 déc. 1666), *ibid.*, II, pp. 364, 368, 376 ; — *Le Carnaval* (18 janv. 1668), *ibid.*, II, pp. 379, 381 ; — *Ballet royal de Flore* (13 févr. 1669), pp. 10, 23, 59 [lis. 39] ; — *Divertissement royal* (4 févr. 1670), pp. 5, 8, 28, 30. — François, né en 1644, succéda à son père, comme duc de Villeroy, le 28 nov. 1685. Il fut fait maréchal de France en 1693, et mourut le 17 juill. 1730.

Villeroy (Catherine de Neufville, dite Mlle de), sœur du précédent : *Nopces de Pelée et de Thetis* (26 janv. 1654), Bensserade, 1697, II, p. 74 ; — *Ballet de Psyché* (16 janv. 1656), pp. 19, 20 ; Bensserade, II, p. 157. — Elle épousa, le 7 octobre 1660, Louis de Lorraine, comte d'Armagnac, grand écuyer de France.

Vincent, chanteur : *Plaisirs troublez* (12 février 1657), pp. 3, 27 ; —

théorbe : *Ballet de l'Impatience* (14 févr. 1661), pp. 18, 26, 32, 36.

Vitrac (de) : *Ballet de Flore* (13 févr. 1669), pp. 23, 31.

Vitry Blanc (Mlle de) : *Ballet de Madame* (19 mars 1615), *Description*, p. 27.

Vitrou, enfant : *Psyché* (17 janv. 1671), p. 20.

Vivonne (Louis-Victor de Rochechouart, comte de) : *Ballet de Cassandre* (26 févr. 1651), *Gazette*, p. 226. — Il est appelé « marquis de Vivonne ». — *Ballet de la Nuit* (23 févr. 1653), Bensserade, 1697, II, pp. 21, 63 ; — *Ballet des Proverbes* (févr. 1654), *ibid.*, II, pp. 104, 105 ; — *Ballet du Temps* (30 nov. 1654), pp. 5, 10 ; — *Ballet des Plaisirs* (4 févr. 1655), Bensserade, II, p. 140. — Louis Victor, né le 25 août 1636, fut fait maréchal de France en 1675 ; il devint duc de Mortemart et de Vivonne, après la mort de son père, le 26 déc. 1675, et mourut le 15 déc. 1688.

Vivonne (Antoinette-Louise de Mesmes, comtesse de) : *Naissance de Vénus* (26 janv. 1665), Bensserade, 1697, II, p. 352.

York (Jacques, duc d') : *Ballet de la Nuit* (23 févr. 1653), Bensserade, 1697, II, p. 62 ; — *Nopces de Pelée et de Thetis* (26 janv. 1654), *ibid.*, II, p. 82 ; — *Ballet des Plaisirs* (4 févr. 1655), *ibid.*, II, p. 139. — Né en 1633, il prit en 1644 le titre de duc d'York. Roi d'Angleterre en 1685, il fut détrôné en 1689, et vécut en France jusqu'en 1707.

Zanetto, chanteur : *Ballet de l'Impatience* (14 févr. 1661), pp. 2, 41.

SECOND SUPPLÉMENT

TABLE DES DIVISIONS

THÉOLOGIE.

I.	— Écriture sainte..................................	2736
II.	— Liturgie	2741
IV.	— Théologiens	2743
V.	— Théologie protestante.........................	2750

JURISPRUDENCE.

Droit français	2751

SCIENCES ET ARTS.

I.	— Sciences philosophiques......................	2752
II.	— Sciences naturelles............................	2756
III.	— Sciences mathématiques......................	2757
V.	— Arts mécaniques et Métiers divers..........	2764

BELLES-LETTRES.

I. — Linguistique 2765
III. — Poésie.
    1. — *Poètes grecs* 2771
    2. — *Poètes latins* 2774
    3. — *Poètes français*.
        A. — Introduction. — Recueils de poésies françaises du XVe siècle et du commencement du XVIe 2795
        B. — Poètes français depuis les origines jusqu'à Villon 2800
        C. — Poètes français depuis Villon jusqu'à Marot 2806
        D. — Poésies anonymes du XVe siècle et de la première moitié du XVIe 2829
        E. — Jehan et Clément Marot 2858
        F. — Contemporains et Successeurs de Marot jusqu'à Ronsard. 2860
        G. — Ronsard et les Poètes de la Pléiade.
            Ronsard 2885
            Joachim Du Bellay 2890
            Jean-Antoine de Baïf 2902
            Jean Dorat 2903
            Remi Belleau 2906
            Pontus de Tyard 2908
        H. — Les Contemporains des poètes de la Pléiade et leurs successeurs jusqu'à Malherbe 2910
        I. — Poésies anonymes de la seconde moitié du XVIe siècle.
            a. — *Poésies de divers genres* 2951
            b. — *Poésies historiques* 2957
        J. — Recueils de poésies de l'époque de Marot et de ses successeurs jusqu'à Malherbe 2963
    4. — *Chansons et Cantiques.*
        A. — Chansons depuis le XVe siècle jusqu'à nos jours 2973
        B. — Cantiques et Noëls 2978
    5. — *Poésies en provençal et dans les divers patois de la France* 2995
    6. — *Poètes italiens.*
        A. — Poésies de divers genres 2996
        B. — Poésies historiques 3002
    7. — *Poètes espagnols* 3003

TABLE DES DIVISIONS.   645

IV. — Poésie dramatique.

    3. — *Théâtre français.*

        A. — Introduction 3004

        B. — Première Époque. — Sotties, Mystères, Moralités, Farces.. 3007

        C. — Seconde Époque. — Le Théâtre français depuis la Renaissance jusqu'au commencement du XVIIe siècle. 3022

        D. — Troisième Époque.

            a. — *Prédécesseurs et Contemporains de Pierre Corneille.* 3027

            b. — *Pierre et Thomas Corneille* 3028

            d. — *Molière.* 3038

        G. — Ballets, Opéras, etc 3047

    4. — *Théâtre italien* 3057

    4 a. — *Théâtre espagnol.* 3059

V. — Romans.

    2. — *Romans français.*

        A. — Romans de chevalerie........................ 3060

        B. — Romans de divers genres 3063

    3. — *Romans et Contes italiens et espagnols.* 3065

VI. — Facéties.

    1. — *Facéties de divers genres.* 3071

    2. — *Ouvrages sur l'amour, les femmes et le mariage* 3072

VII. — Philologie.

    1. — *Satires* 3074

    2. — *Dialogues et Entretiens* 3075

    3. — *Sentences et Proverbes.* 3076

    4. — *Emblèmes* 3077

VIII. — Épistolaires 3078

IX. — Polygraphes.. 3084

HISTOIRE.

I. — Géographie et Voyages.

    5. — *Voyages en Asie.* 3086

II. — Histoire.

1. — *Histoire des religions.*

    A. — Histoire du paganisme 3094
    B. — Histoire du christianisme.
        a. — *Histoire générale de l'Église.* 3095
        b. — *Histoire des Ordres religieux* 3096
        c. — *Vies des saints* 3097
        d. — *Histoire des sectes chrétiennes.* 3101

3. — *Histoire des peuples anciens* 3102

5. — *Histoire de France.*

    A. — Introduction. — Histoire des Gaulois 3103
    B. — Histoire de France par époques.
        b. — *Louis XII* 3104
        c. — *François Ier* 3105
        d. — *Henri II* 3113
        e. — *François II* 3116
        f. — *Charles IX* 3117
        g. — *Henri III* 3120
        h. — *Henri IV* 3128
        i. — *Louis XIII* 3129
        m. — *La Révolution française et les gouvernements qui l'ont suivie* 3131
    C. — Histoire des provinces de France.
        f. — *Histoire de l'Aquitaine (Poitou, Berry, Saintonge, Limousin, Guyenne).* 3132

7. — *Histoire des Pays-Bas* 3134

8. — *Histoire d'Allemagne* 3136

12. — *Histoire des Turcs* 3141

III. — Paralipomènes historiques.

1. — *Histoire de la noblesse et de la chevalerie* 3149

2. — *Blason* 3150

IV. — Biographie 3151

VII. — Encyclopédies et Journaux 3153

    Articles omis 3154

Appendice. — Tables des personnages ayant figuré dans les ballets portés au présent Catalogue .... p. 597

LISTE

DES

PLANCHES TIRÉES HORS TEXTE.

1. Titre des *Versus Psalmorum penitentis*, v. 1500 .... n° 2736
2. Reliure exécutée pour Grolier sur un exemplaire de l'Ecclesiastes d'Érasme, 1535 2745
3. *Le Regimen de l'ame*, ms. exécuté pour le roi René, 1466 2746
4. *Capitolario del mestier de la lana in Venetia*, 1526, ms. 2764
5. Reliure exécutée pour Tommaso Maioli sur un exemplaire des *Prose* de Pietro Bembo 2768
6. Figure de *La Bible des poetes* (1523) empruntée à Colard Mansion 2775
7. Portraits de Nicolas Bourbon dessinés par Hans Holbein le jeune 2788
8. *Le Debat de deux demoiselles*, ms. 2798
9. *Li Roumans de la Rose*, ms. (1329) 2800
10. *Le Roumant de la Rose*, ms. (XIV° s.) 2801
11. *Le Chevalier deliberé*, ms. exécuté pour Paul Pétau 2806
12. *Epithalame de Françoys de Lorraine*, par J. Mallard, ms. (1540) 2871
13-14. Recueil de chansons, ms. en forme de cœur (XV° siècle) 2973
15-17. Mistere de la Passion (Valenciennes, 1547), ms. 3010
18. *Otia imperialia*, traduits par Jehan du Vignay, ms. (XIV° siècle) 3085
19. *Trois Vies de Plutarque, traduites par Simon Bourgouin*, ms. exécuté pour Pierre II, duc de Bourbon et Anne de France. 3151
20. *Vita di Palla Strozzi*, ms. (XV° siècle) 3152

LILLE. — IMPRIMERIE L. DANEL.

www.ingramcontent.com/pod-product-compliance
Lightning Source LLC
Chambersburg PA
CBHW050317240426
43673CB00042B/1436